Ernst

FREIEXEMPLAR

S. 358
S. 755

Kompetenzmessung im Unternehmen

edition QUEM
Studien zur beruflichen Weiterbildung
im Transformationsprozess

herausgegeben von der Arbeitsgemeinschaft
Betriebliche Weiterbildungsforschung e.V. / Projekt
Qualifikations-Entwicklungs-Management
Berlin

Band 18

Waxmann Münster/New York
München/Berlin

Kompetenzmessung im Unternehmen

Lernkultur- und Kompetenzanalysen
im betrieblichen Umfeld

Waxmann Münster/New York
München/Berlin

Bibliografische Informationen Der Deutsche Bibliothek
Die Deutsche Bibliothek verzeichnet diese Publikation in
der Deutschen Nationalbibliografie; detaillierte bibliografische
Daten sind im Internet über http://dnb.ddb.de abrufbar.

*Gefördert aus Mitteln des Bundesministeriums
für Bildung und Forschung sowie
aus Mitteln des Europäischen Sozialfonds*

edition QUEM
herausgegeben von der Arbeitsgemeinschaft
Betriebliche Weiterbildungsforschung e.V. /
Projekt Qualifikations-Entwicklungs-Management
Storkower Straße 158, D-10407 Berlin

ISSN 0945-1773
ISBN 3-8309-1471-7

© 2005 Waxmann Verlag GmbH
Postfach 8603, D-48046 Münster
Waxmann Publishing Co., P. O. Box 1318,
New York, NY 10028, U. S. A.

www.waxmann.com
E-Mail: info@waxmann.com

Satz: Stoddart Satz und Layout Service, Münster
Umschlag: Ursula Sprakel
Druck: Runge GmbH, Cloppenburg
Gedruckt auf alterungsbeständigem Papier, DIN 6738

Alle Rechte vorbehalten
Printed in Germany

Inhalt

Vorbemerkung
von John Erpenbeck

Das Unermessliche messbar machen
Lernkultur- und Kompetenzmessung im Unternehmen 11

Literatur 17

Karlheinz Sonntag, Niclas Schaper, Judith Friebe
Erfassung und Bewertung von Merkmalen
unternehmensbezogener Lernkulturen

1	Einleitung	19
2	Kultur im Unternehmen	22
2.1	Der Begriff Kultur	22
2.2	Ansätze der Unternehmenskultur	23
2.3	Kulturdiagnose	31
3	Lernen im Unternehmen	34
3.1	Einleitung	34
3.2	Rahmenbedingungen in einer Lernkultur	37
3.3	Personalentwicklung in einer Lernkultur	53
3.4	Führung in einer Lernkultur	68
3.5	Lernformen in einer Lernkultur	79
3.6	Fazit	96
4	Das Konzept zu Lernkultur im Unternehmen	97
4.1	Das Konzept Lernkultur – eigene Definition und Inhalte	97
4.2	Merkmalsbereiche und Merkmale von Lernkultur in Unternehmen	102
4.3	Handlungsebenen einer Lernkultur	109
4.4	Ein hypothetisches Wirkmodell unternehmensbezogener Lernkultur	110
5	Fragestellungen der empirischen Studien	112
6	Explorative Studie mit Experten aus der Unternehmenspraxis und der angewandten Forschung	113
6.1	Zielsetzung der Studie	113
6.2	Der Leitfaden zu Lernkultur in Unternehmen	114
6.3	Kontext und Durchführung der Untersuchung	118
6.4	Die Auswertungsmethode: qualitative Inhaltsanalyse	119
6.5	Forschungsfragen der explorativen Interviewstudie	120

6.6	Ergebnisse der Interviewstudie	120
6.7	Abschließende Betrachtung und Fazit	140
7	Der Fragebogen zur Erfassung unternehmensbezogener Lernkulturen: Das Lernkulturinventar (LKI)	145
7.1	Methodische Zugänge zur Erfassung lernrelevanter Arbeits- und Organisationsmerkmale	145
7.2	Die Fragebogenentwicklung	150
7.3	Die Stichprobe zur Erprobung des Lernkulturinventars	162
7.4	Die psychometrische Überprüfung der ersten Fassung des Lernkulturinventars	164
7.5	Explorative Analyse des Zusammenhangs von Ausprägungen der Lernkultur mit Charakteristika der Organisation	187
7.6	Zusammenfassung und Diskussion	190
8	Untersuchung von Branchenunterschieden in Bezug auf Lernkulturmerkmale	193
8.1	Lernkulturbezogene Charakteristika von kleinen und mittelgroßen Unternehmen	194
8.2	Methodisches Vorgehen	202
8.3	Ergebnisse	204
8.4	Zusammenfassung der wichtigsten Ergebnisse	225
8.5	Kritische Diskussion der Untersuchungsmethodik	226
9	Studie zur Wirkung von Lernkultur auf Kompetenzentwicklung	227
9.1	Zielsetzung der Studie	227
9.2	Theoretische Grundlagen zum Zusammenhang zwischen Lernkultur und Kompetenzentwicklung	227
9.3	Fragestellungen der Studie	233
9.4	Methodisches Vorgehen	234
9.5	Ergebnisse	241
9.6	Diskussion	252
10	Zusammenfassendes Fazit	255
10.1	Erkenntnisgewinn der theoretischen Arbeiten und der empirischen Studien	255
10.2	Der praktische Nutzen eines Einsatzes des Lernkulturinventars	257
10.3	Perspektiven und Ausblick	258
Literatur		259
Anhang I:	Leitfaden der Experteninterviews	268
	A: Experten der angewandten Forschung	268
	B: Experten aus der Unternehmenspraxis	273
Anhang II:	Die Versionen des Lernkulturinventars	279
Anhang III:	Itemcodes der Versionen des Lernkulturinventars	321

Peter Pawlowsky, Daniela Menzel, Uta Wilkens
Wissens- und Kompetenzerfassung in Organisationen

1	Einleitung	341
2	Kompetenz – Definitorische Eingrenzung eines Mehrebenenkonzeptes	343
2.1	Individuumsebene	344
2.2	Gruppenebene	346
2.3	Organisationsebene	347
2.4	Netzwerkebene	350
2.5	Resümee	351
3	Kompetenzmessinstrumente – Übersicht	352
3.1	Kriterien zur Bewertung der Kompetenzmessinstrumente	352
3.2	Instrumentbeschreibung für die Individuumsebene	354
3.3	Instrumentbeschreibung für die Gruppenebene – Das Kasseler-Kompetenz-Raster nach Frieling et al.	364
3.4	Instrumente auf der Organisationsebene	371
3.5	Instrumentbeschreibung für die Netzwerkebene – Das Koevolutionsmodell nach Hoffmann	403
3.6	Resümee	409
4	Untersuchungsmethodik und Unternehmensfallstudie – Entwicklung und Erprobung eines Diagnoseinstrumentes zur Bewertung organisationaler Wissensprozesse	410
4.1	Theoretischer Rahmen: Zugang zu den wertgenerierenden organisationsinternen Prozessen	410
4.2	Operationalisierung und Konzeption des Diagnoseinstrumentes	412
4.3	Datenerhebung und Stichprobe	415
4.4	Datenanalyse	416
4.5	Wettbewerbsvorteile und zukünftige Herausforderungen des Telekommunikationsunternehmens	419
4.6	Zusammenhänge zwischen Wissensprozessen und wahrgenommenen Wettbewerbsvorteilen bzw. der Bewältigungsfähigkeit von Herausforderungen	420
4.7	Stärken-Schwächen-Analyse wissensbezogener Prozesse	423
4.8	Kritische Würdigung	425
4.9	Analyseraster als zusammenfassende Übersicht	428
5	Gesamtresümee und Ausblick	429
Anhang: Übersicht über recherchierte Instrumente		431
Literatur		445

Thomas Lang-von Wins, Ursula Gisela Barth, Andrea Sandor und Claas Triebel
Grundlagen einer lernenden Kompetenzbeurteilung in Unternehmen

Teil I
1	Aufgabenstellung	453
1.1	Ausgangsüberlegungen	453
1.2	Bedingungen einer operativ einsetzbaren Kompetenzdiagnostik	454
1.3	Aufgabenstellung und Ansatzpunkt des Projektes	456
1.4	Das methodische Vorgehen	456
2	Durchführung des Forschungsprojektes	457
3	Planung und Ablauf des Vorhabens	458
3.1	Aufbau der Interviews	458
3.2	Die Repertory-Grid-Technik	458
3.3	Mind-Maps und Strukturlegetechnik	459
4	Theoretische und empirische Anknüpfungspunkte	461
4.1	Die Entstehung impliziter Kompetenzhypothesen	461
4.2	Praxologische Kriterien eines Kompetenzbeurteilungsverfahrens	469
5	Die Studie und ihre Ergebnisse	474
5.1	Erzielte Ergebnisse	474
6	Voraussichtlicher Nutzen und Verwertbarkeit der Ergebnisse	493

Teil II: Falldarstellungen ... 495
Verlagshaus – Falldarstellung 1 • Lebensmitteltechnologie – Falldarstellung 2 • Software-Unternehmen – Falldarstellung 3 • Media – Falldarstellung 4 • IT-Unternehmen – Falldarstellung 5 • Biotech I – Falldarstellung 6 • Biotech II – Falldarstellung 7 • Unternehmen Netzwerktechnik – Falldarstellung 8 • Versorgungsunternehmen – Falldarstellung 9 • Beratungsunternehmen – Falldarstellung 10 • Software-Unternehmen – Falldarstellung 11 • Reiseveranstalter – Falldarstellung 12 • Personalberatung – Falldarstellung 13 • Elektronikbauteile – Falldarstellung 14

Literatur ... 598

Klaus North, Peter Friedrich, Annika Lantz
Kompetenzentwicklung zur Selbstorganisation

Vorbemerkung		601
1	Einleitung	602
1.1	Im Wissenswettbewerb bestehen	602
1.2	Zielsetzung praxisrelevanter Forschung zur Selbstorganisation	604
1.3	Beschreibung der Tatsachenfelder	604

2	Bedeutung der Selbstorganisation für Unternehmen	610
2.1	Begriffsbestimmung	610
2.2	Selbstorganisation in der Praxis	613
3	Entwicklung von Kompetenzen zur Selbstorganisation	615
3.1	Selbstorganisation aus kompetenztheoretischer Sicht	616
3.2	Wie untersucht man Selbstorganisation empirisch?	622
3.3	Kompetenzmodell zur Untersuchung von Selbstorganisation in Arbeitstätigkeiten	624
3.4	Untersuchungsmodell	627
4	Zulieferbeziehungen – Selbstorganisation im Zusammenspiel zwischen Unternehmen	630
4.1	Critical Events – eine andere Art von Arbeit	630
4.2	Kompetenzstatus der Zuliefererbeziehung	631
4.3	Reflexives Zusammenspiel	632
4.4	Die „Gestalt" der Kompetenzen als System – ein Zwischenergebnis auf dem Weg zur Metakompetenz?	637
5	Gruppenarbeit – Selbstorganisation im Zusammenspiel innerhalb eines Unternehmens	640
5.1	Zusammenspiel für Selbstorganisation	640
5.2	Selbstorganisation als Metaroutine/Metakompetenz	643
6	Rahmenbedingungen für Selbstorganisation gestalten	654
7	Versuch einer Modellbildung „Selbstorganisation als Metakompetenz"	658
7.1	Zwingende Voraussetzungen für Selbstorganisation	658
7.2	Vorläufiges Modell der Selbstorganisation	662
8	Instrumente zur Entwicklung von Metaroutinen zur Selbstorganisation	664
8.1	Das Critical Event Forum	665
Literatur		670

Heinz-Jürgen Rothe, Liane Hinnerichs
Wissens- und Kompetenzmanagement – verhaltensbeeinflussende subjektive und organisationale Bedingungen

1	Leitfragen des Forschungsprojekts	673
2	Konzeptionelle Grundlagen zum Wissens- und Kompetenzmanagement	674
2.1	Wissen und Kompetenz	674
2.2	Wissensmanagement in Klein- und mittelständischen Unternehmen	676
2.3	Individuelles und organisationales Wissensmanagement: Abgrenzung und Zusammenhang	677
2.4	Die Aufgaben und Bausteine des Wissensmanagements	678
2.5	Instrumente des Wissensmanagements	680

3	Empirische Untersuchungen zum Wissens- und Kompetenzmanagement in einem Handels- und Dienstleistungsunternehmen	683
3.1	Unternehmensprofil	683
3.2	Charakteristik der einzelnen Tätigkeitsbereiche	684
3.3	Organisationales Wissensmanagement	686
3.4	Individuelles Wissens- und Kompetenzmanagement	688
3.5	Belastungsanalyse	703
4	Diskussion	714
4.1	Empirische Befunde	714
4.2	Methodenkritik	717
5	Schlussfolgerungen	718
5.1	Personbezogene Interventionen	718
5.2	Maßnahmen zur Verbesserung des organisationalen Wissensmanagements und der Arbeitsorganisation	718
Literatur		721

Wildenmann Consulting, Karlsbad
(Bearbeitung durch Stefanie Lowey, Stefan Czempik, Birgitt Lütze)

Die Kompetenzhaltigkeit moderner betrieblicher Assessments

1	Einleitung und Ziele	723
2	Kompetenzen: Begriff und Beurteilung	724
2.1	Der Kompetenzbegriff	724
2.2	Erklärungsanspruch des Kompetenz-Konzeptes	727
2.3	Kritische Reflexion des QUEM-Kompetenz-Konzeptes	728
2.4	Praxisbeispiel: Kompetenzmodell für das Management	729
3	Potenzial	733
3.1	Zum Zusammenhang zwischen Kompetenzen und Potenzial	733
3.2	Potenzialkonzepte	734
3.3	Konsequenzen für das Potenzialmodell	739
4	Verfahren zur Messung von Potenzial	741
4.1	Kompetenzen und Potenziale im Assessment Center	742
4.2	Defizite und Weiterentwicklungsbedarf	750
5	Schlussfolgerungen für ein Assessment Center zur Potenzialeinschätzung	751
5.1	Operationalisierung der Dimensionen	751
5.2	Konzeption der Übungen	751
Literatur		759
Zu den Autoren		761

Vorbemerkung
von John Erpenbeck

What you can't measure you can't manage. *Alte Managerweisheit*	Nicht alles, was man zählen kann, zählt auch. Und nicht alles, was zählt, kann man zählen. *Albert Einstein*

Das Unermessliche messbar machen
Lernkultur- und Kompetenzmessung im Unternehmen

„Der Wunder gibt es viele, der Wunder größtes jedoch ist der Mensch", heißt es in Sophokles' Antigone. Wunder sind unermesslich; der Mensch ist nicht zu bemessen, nicht auszumessen. Und doch müssen wir immer dort, wo er sozial, ökonomisch, politisch wirksam wird, sein Handeln verstehen und erklären. Das bedarf zumindest qualitativer, besser noch quantitativer (Be-)Messungen. Erst dann ist sein Handeln voraus planbar. Zwischen der zitierten Managerweisheit, dass man nur managen könne, was man messen kann, und Einsteins Überzeugung, dass man gerade die Dinge des Lebens, die wirklich zählen, nicht messen könne, klafft ein Erklärungsabgrund.

Er wird einsichtig und praktikabel vom Kompetenzkonstrukt überbrückt.

Kompetenzen lassen sich erklären und verstehen. Der Zwiespalt von Erklären und Verstehen, der alle Versuche durchzieht, menschliches Verhalten psychologisch oder soziologisch zu beschreiben (Schmidt 1995) ist unaufhebbar. Doch ist heute, *einerseits*, durch die Verankerung von Kompetenzmodellen im modernen Evolutions- und Selbstorganisationsdenken eine gesetzeswissenschaftliche Erklärungsbasis geschaffen, von der aus sich Kompetenzmodelle rechnen und Performanzen von Individuen und Gruppen vorausberechnen lassen (Scharnhorst 1999). Insbesondere hat die Einbettung des Selbstorganisationsdenkens in Modelle der verallgemeinerten Evolutionstheorie zu einem erweiterten Kompetenzverständnis geführt. Verstehen die meisten Forscher unter Kompetenzen individuelle oder kollektive Selbstorganisationsdispositionen des Handelns, rückt bei neueren Überlegungen zusätzlich die individual- und aktualgenetische Gewordenheit der Kompetenzen ins Blickfeld und wird mit thematisiert. Zugleich wird die Zukunftsoffenheit kompetenten Handelns genauer akzentuiert. So wird festgestellt, dass nicht jede zukünftige Handlungsmöglichkeit gleichermaßen offen steht; vielmehr können nur bestimmte Entwicklungspfade eingeschlagen werden. Die sind allerdings ihrerseits so weit, komplex und offen, dass sie ein selbstorganisiertes Handeln und damit individuelle Selbstorganisationsdispositionen zwingend erfordern. Eine entsprechend erweiterte Kompetenzdefinition lautet dann: *Kompetenzen sind evolutionär entstandene, generalisierte Selbstorganisationsdispositionen komplexer, adaptiver Systeme – insbesondere menschlicher Individuen – zu reflexivem, kreativem Problemlösungshandeln im Hinblick auf allgemeine Klassen von komplexen, selektiv bedeutsamen Situationen (Pfade)* (vgl. Kappelhoff 2004). Es ist klar, dass diese Definition analog für andere komplexe adaptive Systeme wie Teams und Gruppen, Unternehmen und Netzwerke, Märkte und Regionen usw. gilt. *Andererseits* ist heute nicht weniger deutlich, dass Kompetenzen um Wertekerne gruppiert sind. *Regeln, Werte und Normen* entziehen sich aber einer bloßen gesetzeswissenschaftlichen Erklärung, sind nur über Deutungs- und Sinnkategorien, über Prozesse des Verstehens angemessen zu erfassen. Nur solche Prozesse fassen das Unermessliche des Menschen, gestatten uns, trotz grundlegender Wissensdefizite zu handeln. Wie oft handeln wir in gutem Glauben – das heißt aufgrund von bewertetem Nichtwissen. Kompetenzen überbrücken also den erwähnten Abgrund mit Hilfe von Erklären *und* Verstehen und sind deshalb für die Gestaltung einer Zukunft unter – persönlicher, organisationaler, regionaler – Unsicherheit unverzichtbar.

Kompetenzen lassen sich messen. Hielt man noch vor zehn Jahren Kompetenzanalysen für eine der typischen Managementmoden – viel benutzt und zu wenig nütze –, so hat sich die Situation heute radikal geändert. Man kann unterschiedliche, validierte Kompetenzmessmethoden für unterschiedliche Zwecke angeben, man kann Basis- und abgeleitete Kompetenzen, Querschnitts- und Metakompetenzen definieren und messen. Im deutschen Sprachraum hat sich eine Vielzahl von Verfahren etabliert (Erpenbeck & von Rosenstiel 2003), international werden fieberhaft immer neue entwickelt. (Internationales Monitoring, ab 2001). Verfahren der Kompetenzbilanzierung haben sich in verschiedenen europäischen Ländern durchgesetzt oder sind auf dem Wege zu breiterer Anerkennung (Gnahs, Neß & Schrader 2003; Lang-von Wins & Triebel; CeKom). Dabei wird Messung nicht nur quantitativ, im Sinne von Tests verstanden. Im Gegensatz zu rein psychologischen Konstrukten sind Kompetenzen stark kontextabhängig und nicht auf klassische Weise zu validieren. Kompetenzmessung umfasst vielmehr alle Verfahren, die Kompetenzen quantitativ erfassen, qualitativ charakterisieren oder komparativ beschreiben.

Kompetenzen lassen sich trainieren (Heyse & Erpenbeck 2004). Moderne Methoden der Kompetenzentwicklung gestatten es, das Gemessene und Bilanzierte wirksam zur Erhöhung individueller wie kollektiver Kompetenzen – von Teams und Gruppen, Unternehmen und Netzwerken, Märkten und Regionen usw. – zu nutzen. Dabei kommen alle Lernformen zum Einsatz. Nicht nur beim Lernen in Weiterbildungseinrichtungen, die sich von traditionellen Lehrmodellen verabschiedet haben und zu selbstorganisativ fundierten Lern- und Trainingsmethoden übergegangen sind. Auch beim Lernen im Prozess der Arbeit, beim Lernen im sozialen Umfeld, beim Lernen im Netz und mit Multimedia kommen neben formellen vor allem Formen des non-formellen und des informellen Lernens zum Tragen (Arbeitsgemeinschaft Betriebliche Weiterberbildungsforschung e.V., 2003b). Im Gegensatz zur Weitergabe von Informationen und Wissen im engeren Sinne bedarf es zur Weitergabe von Regeln, Normen und Werten – und damit zur Aneignung von Kompetenzen – immer konfliktinduzierter, emotional-motivationaler Labilisierungsprozesse (Draschoff 2000). Sie sind grundsätzlich nicht mit Hilfe von instruktionalem Lernen zu bewältigen. Je mehr Menschen und Unternehmen gezwungen sind, kreativ in eine ökonomisch, sozial und politisch offene, unsichere Zukunft hinein zu handeln, desto unumgänglicher sind die Erklärung *und* das Verstehen, das Messen *und* das Training von Kompetenzen.

Im Bereich moderner Unternehmen spielen die Messung und das Management von Kompetenzen eine schnell zunehmende Rolle. Dies aus einem doppelten Grunde.

Zum einen werden Erkennen, Verstehen, Messen und Managen von Kompetenzen zu einem immer wichtigeren Teil des betrieblichen Personalmanagements. Dieses wiederum fungiert als entscheidender Promotor und Motor modernen Kompetenzmanagements (Probst, Deussen, Eppler & Raub, 2000) als moderner Form eines nicht auf Datenmanagement reduzierten Wissensmanagements. Doch räumen deutsche Unternehmen nach einer Online-Befragung des Competence Center Wissensmanagement (CC WM) am Fraunhofer-Institut für Produktionsanlagen und Konstruktionstechnik (IPK), Berlin, und des Instituts für angewandtes Wissen e.V. (iaw), Köln, dem Kompetenzmanagement keineswegs ausreichend den ihm gebührenden Stellenwert ein. Zumindest wird Kompetenzmanagement in den Unternehmen häufig nicht konsequent umgesetzt. Weder die Deckung des kurzfristigen, aufgabenspezifischen Wissensbedarfs noch die Messung und Förderung der Mitarbeiterkompetenzen werden von den Unternehmen im Durchschnitt hinreichend unterstützt. Die Mitarbeiter sind in erster Linie auf sich allein gestellt. Deshalb fordert die aus der Umfrage resultierende Studie, in Zukunft die Bemühungen sowohl im Kompetenzmanagement als auch im Wissensmanagement einerseits auf die strategische Entwicklung der Unternehmens- und Mitarbeiterkompetenzen und zum anderen auf die strukturelle Unterstützung und Förderung des selbst organisierten Lernens zu verlagern. Die Studie fragt sowohl nach der persönlichen Kompetenzeinschätzung (etwa nach der persönlichen Entwicklung von Kompetenzen und dem selbst eingeschätzten Kompetenz- und Kompetenzentwicklungsbedarf) als auch nach dem Kompetenzmanagement im Unternehmen (etwa nach dem regelmäßig vorgenommenen Soll-/Ist-Abgleich zwischen geforderten und vorhandenen Kompetenzen und den dafür verwendeten Instrumenten, nach entsprechenden Qualifizierungsangeboten, die speziell die Kompetenz im Umgang mit Wissen bzw. die Nutzung von Wissen gezielt unterstützen sowie nach der Analyse von Wissens- und Kompetenzprofilen). Besonders die Faktoren, die zu einem eigenständigen, selbst organisierten Lernen am Arbeitsplatz motivieren, also den lernkulturellen Voraussetzungen der Kompetenzentwicklung, sind von Interesse. Selbstorganisierte Kompetenzentwicklung, so das Fazit, wird zum Kern beruflicher Weiterentwicklung, gleichermaßen wichtig für die persönliche wie für die Unternehmensentwicklung insgesamt (Mertins & Döring-Katerkamp 2004). Entsprechend widmen sich die hier vorgelegten Studien neben der Messung individueller Kompetenzen und ihren methodologischen Grenzen auch der Erfassung und Bewertung unternehmensbezogener Lernkulturen und dem Zusammenhang von Kompetenzanalysen auf Individuums-, Gruppen-, Organisations- und Netzwerksebene.

Zum anderen spielt die Kompetenzmessung eine schnell zunehmende Rolle, weil sie für die Bewertung der immateriellen Vermögenswerte in modernen Unternehmen immer wichtiger wird (Erpenbeck, Hasebrook & Zawacki-Richter 2004). In diesen verlieren die traditionellen Produktionsfaktoren Arbeit, Boden und Kapital an Bedeutung, während Wissen in einem weiten, Kompetenzen einschließenden Sinne zunehmend als wertvolle Ressource und Wettbewerbsvorteil anerkannt wird. Vor allem international konkurrierende Unternehmen brauchen zukünftig Handlungsrichtlinien, mit deren Hilfe die Erfassung und Bewertung von Kompetenzen als wesentlicher Teil der immateriellen Vermögenswerte in Wettbewerbsvorteile umgemünzt werden können. Die immateriellen Vermögenswerte bzw. das Wissenskapital beinhalten „das Wissen aller Organisationsmitglieder und die Fähigkeit des Unternehmens, dieses Wissen für die nachhaltige Befriedigung der Kundenerwartungen einzusetzen. Wissenskapital beinhaltet somit alle Wertschöpfungskomponenten, die durch die Maschen klassischer Rechnungslegungs- und Buchführungsvorschriften fallen und somit – bislang – unsichtbar sind." (Reinhardt, 1998) Komponenten des Wissenskapitals sind das Strukturkapital (organisationale Strukturen, Beziehungen und Prozesse; intelligente, innovative Produkte) und das Humankapital. Letzteres wird durch Wissen, Erfahrungen und Fertigkeiten, durch Motivationen, Verhaltensbereitschaften und Werte sowie durch Anpassungs-, Innovations- und Umsetzungsfähigkeiten gekennzeichnet – also durch fachlich-methodische, personale und sozial-kommunikative sowie durch aktivitäts- und umsetzungsbezogene Kompetenzen. *„Kompetenz stellt die ‚inhaltliche Seite' des Humankapitals dar* und legt somit fest, über welche Handlungsmöglichkeiten ein Unternehmen verfügt. ... Kompetente Menschen ... gelten als der wichtigste Produktionsfaktor eines Unternehmens in der Wissensökonomie: War der maßgebliche Produktionsfaktor ursprünglich die Maschine, so findet sich jetzt eine zunehmende Dominanz des Menschen und seiner Kompetenzen als produktiver Ressource." (ebd.) Dieser steigenden Bedeutung von Kompetenzen tragen moderne Ansätze zur Bewertung von Unternehmen zunehmend Rechnung. Dabei wird in kompetenten Mitarbeitern die entscheidende Quelle nichtimitierbarer Wettbewerbsvorteile am Markt gesehen. Das International Accounting Standard Committee (IASC) ist bestrebt, einen Kompetenzen berücksichtigenden „International Accounting Standard on Intangible Assets" für die Kapitalbewertung börsennotierter Unternehmen verbindlich zu machen (IASB, 2003). Ab 2005 übernimmt die EU den IAS als verbindliche Form der Rechnungslegung für alle börsennotierte Unternehmen, nach deutschem Recht für so genannte kapitalmarktorientierte Unternehmen (Zawacki-Richter, Hasebrook & Barthel 2004). Folgerichtig prognostizieren führende amerikanische Ökonomen des Council of Competitiveness, dass die Entwicklung der Kompetenzen von Arbeitnehmern zum wichtigsten Wettbewerbsfaktor der nächsten Dekade wird. Sie sagen ein „skills race" voraus (Council of Competitivness 1998): Der Konkurrenzkampf der Zukunft wird zunehmend als Kompetenzkampf geführt.

Die Messung von Kompetenzen und ihren lernkulturellen Voraussetzungen in Unternehmen ist somit kein Randthema der gegenwärtigen Kompetenzdiskussionen, sondern stößt ins Zentrum künftiger innovativer Arbeitsgestaltung in Deutschland vor. Im Rahmen des Programms „Lernkultur Kompetenzentwicklung", gefördert aus Mitteln des Bundesministeriums für Bildung und Forschung sowie aus Mitteln des Europäischen Sozialfonds, wurden dazu grundlegende Untersuchungen durchgeführt.

Sie ergeben, hier zusammengefasst, so etwas wie den Grundstock für ein *Handbuch Kompetenzmessung im Unternehmen*.

Ausgehend von der bahnbrechenden Analyse Jens Bjornavolds „Lernen sichtbar machen. Ermittlung, Bewertung und Anerkennung nicht formal erworbener Kompetenzen in Europa" (2001) und vom „Handbuch Kompetenzmessung" (Erpenbeck & von Rosenstiel 2003), wo u.a. alle im Rahmen des Lernkultur-Kompetenzentwicklungs-Projekts durchgeführten *messmethodischen Arbeiten* Eingang fanden, weiterhin die Untersuchungen zur *Geschichte und Theorie* von Lernkultur und Kompetenzentwicklung einbeziehend (Arbeitsgemeinschaft Betriebliche Weiterbildung e.V. 2003a; Veith 2003; Schmidt 2003), auf die bereits publizierten Arbeiten zur *Online-Messung von Kompetenzen* (Ridder, Bruns & Brünn 2004) und zur *Kompetenzentwicklung in Netzwerken* verweisend (Sydow, Duschek, Möllering & Rometsch 2003) und das *Internationale Monitoring Kompetenzmessung* mit berücksichtigend liegen mit dieser Edition untereinander zusammenhängende Arbeiten vor, die alle wichtigen Aspekte der Kompetenzmessung in Unternehmen berühren.

Den Auftakt bildet der Bericht von Karlheinz Sonntag, Niclas Schaper und Judith Friebe zur „Erfassung und Bewertung von Merkmalen unternehmensbezogener Lernkulturen". Neben einer gründlichen Analyse des Begriffsrahmens – Kultur, Lernen, Lernkultur in der Unternehmensrealität – werden neuere Verfahren zur Erfassung lernrelevanter Arbeits- und Organisationsmerkmale resümiert sowie Experten aus Unternehmenspraxis und angewandter Forschung zu einzelnen Facetten der Thematik befragt. Resultat ist ein Lernkulturinventar (LKI), das es ermöglicht, nahezu alle Aspekte von Lernkultur und Kompetenzentwicklung in einem Unternehmen zu erfassen. Sicher kann man zu jedem der Items anderer Auffassung sein oder Defizite und weitergehende Sichtweisen einfordern. Doch liegt mit dem LKI erstmals eine umfassende und fassbare Beschreibung dieser Lernkultur, ja überhaupt erstmals eine operationalisierte Fassung des so oft unscharf und verwaschen gebrauchten Begriffs vor, dass der Bericht, weit über den engeren Unternehmensbezug hinaus, auf starkes Interesse stoßen wird.

Nicht weniger fundamental geht der von Peter Pawlowsky, Daniela Menzel und Uta Wilkens vorgelegte Beitrag „Wissens- und Kompetenzdiagnostik in Organisationen" zu Werke. Nach den Ebenen Individuum, Gruppe, Organisation und Netzwerk geordnet, werden zunächst unterschiedliche Kompetenzmessinstrumente vorgestellt, gegeneinander abgewogen und bewertet. Darüber hinaus wird aber vor allem auf die – praktisch vorhandenen und in Messungen widergespiegelten – Zusammenhänge dieser Ebenen verwiesen. Ein eigenes Diagnoseinstrument zur Erfassung und Bewertung organisationaler Wissensprozesse bezieht dann alle diese Ebenen ein und gestattet damit ein neues, für das Wissensmanagement fruchtbares Herangehen. Die praktische Erprobung des Instruments, prägnant dokumentiert, deutet bereits heute an, dass es bei der Gestaltung künftiger betrieblicher Innovationsprozesse eine wichtige Rolle zu spielen vermag.

Auf eine ganz andere Weise grundlegend ist der von Thomas Lang-von Wins, Ursula Gisela Barth, Andrea Sandor und Claas Triebel beigesteuerte Text, der den „impliziten

Theorien von Kompetenzen messenden Praktikern" nachspürt: Nicht um billig nachzuweisen, dass sie Fehler machen, sondern um diesen impliziten Theorien nachzuspüren, sie hinterfragbar und überprüfbar zu machen. Dem Glauben an die Objektivität, Reliabilität und Validität von Kompetenzmessungen, der klassischen Eignungsdiagnostik entlehnt, wird damit ein kräftiger Dämpfer verpasst. Aber nicht um diese Forderungen für sinnlos zu erklären, sondern um zu verstehen, was Personalpraktiker unter realen Bedingungen in realen Unternehmen unter realer Zeitnot wirklich betreiben, wenn sie Kompetenzdiagnosen zu stellen veranlasst sind. Ziel der Untersuchungen war es, eine „lernende Kompetenzbeurteilung" im Unternehmen zu entwickeln, die in einem intensiven Dialog der Personalpraktiker deren Beurteilungskompetenz erhöht, ohne ihre bisherigen Erfahrungen und Intentionen gering zu schätzen. Gelungen ist es, Möglichkeiten zu finden, um implizite Kompetenzkonstrukte von Personalpraktikern einer bewussten Reflexion zugänglich zu machen, zugleich aber die Qualitätskriterien für ein Kompetenzbeurteilungsverfahren aus Sicht dieser Personalpraktiker zu erfassen. Das ist eine wichtige Vorbedingung zum operativen Einsatz jeglicher Kompetenzmess- und Zertifizierungsverfahren – auch der in diesem Band vorgestellten.

Drei ausgewählte, für unterschiedliche Richtungen von Kompetenzmessungen typische Beispiele schließen sich an.

Klaus North, Peter Friedrich und Annika Lantz beschäftigen sich mit der „Kompetenzentwicklung zur Selbstorganisation" und dies unter zwei Gesichtspunkten. Einerseits reflektieren sie die praktische Bedeutung von Selbstorganisation. Der Verweis auf synergetische oder konstruktivistische Selbstorganisationsmodelle blendet ja oft aus, dass es sich bei der Selbstorganisationskompetenz um etwas ganz Praktisches, ganz Grundlegendes handelt. Martin Baethge und Volker Baethge-Kinsky haben in einer neuen Arbeit (2004) überzeugend gezeigt, dass die Fähigkeiten, selbstorganisiert zu handeln, Metakompetenzen (ähnlich den Metakognitionen) darstellen (Bergmann, Daub & Meurer 2003). Diese Ansicht greifen die Autoren auf und verleihen damit ihren Untersuchungen eine große Tiefenschärfe. Andererseits werden ganz praktische Analysen- und Trainingsmethoden umrissen, um Selbstorganisationskompetenzen zu erkennen und zu fördern.

Heinz-Jürgen Rothe und Liane Hinnerichs betrachten „Wissens- und Kompetenzmanagement – verhaltensbeeinflussende subjektive und organisationale Bedingungen". Sie interessieren sich dabei besonders für die Motivation und Volition sowie für das Wissen und Können, das Arbeitsverhalten und die Leistungen eines Mitarbeiters, abhängig auch von den sozialen Normen und den konkreten Arbeitsaufgaben im Unternehmen. Diese Analyse wird mit Hilfe einer Reihe von bekannten, für den spezifischen Zweck weiterentwickelten Messinstrumenten in einem mittelständischen Handels- und Dienstleistungsunternehmen für Mitarbeiter aus vier Tätigkeitsgruppen des Unternehmens durchgeführt. Die Ergebnisse der komplexen empirischen Analyse führten zu neuen arbeitsgestalterischen Maßnahmen und zur Verbesserung des Wissens- und Kompetenzmanagements im Unternehmen; sie lassen Rückschlüsse auf die Effizienz und Diagnostizität der eingesetzten Methoden zu.

„Die Kompetenzhaltigkeit moderner betrieblicher Assessments" von Stefanie Lowey, Stefan Czempik und Birgitt Lütze, zur Zeit der Erarbeitung der Studie bei Wildenmann Consulting, Karlsbad, tätig, will keinesfalls eine – noch ausstehende – Monografie „Betriebliche Assessments als Kompetenzfeststellungsverfahren" ersetzen (vgl. Wolf 1995). Der kurze Abriss macht vielmehr skizzenhaft plausibel, dass und wie in betrieblichen Assessments Kompetenzgesichtspunkte zum Tragen kommen, ja dass es das eigentliche Anliegen von Assessments war und ist, den entscheidenden Raum zwischen dokumentierten Qualifikationen und realen Handlungsfähigkeiten auszuleuchten. Diese Analyse geschieht hier aus der Sicht von Beratungspraktikern: Ausklang des Buches und Anregung zugleich, im betrieblichen Alltag nach jenen Prozessen Ausschau zu halten, die direkt oder indirekt Kompetenzen ermitteln oder zumindest einer solchen Ermittlung bedürften.

Der Wunder größtes, der Mensch, ist tatsächlich nicht zu bemessen, nicht auszumessen. Daran ändern auch Kompetenzmessungen nichts. Und doch tragen sie dazu bei, sich dem Wunder – erklärend und verstehend – zu nähern, sein soziales, ökonomisches und politisches Handeln auf innovative Pfade zu lenken und so Zukunft mit zu gestalten.

Literatur

Arbeitsgemeinschaft Betriebliche Weiterbildungsforschung e. V./Projekt Qualifikations-Entwicklungs-Management (Hrsg.) (2003a). QUEM-report 82. Was kann ich wissen? Theorie und Geschichte von Lernkultur und Kompetenzentwicklung, Berlin.
Arbeitsgemeinschaft Betriebliche Weiterbildungsforschung e. V./Projekt Qualifikations-Entwicklungs-Management (Hrsg.) (2003b). QUEM-report 79. Zwei Jahre „Lernkultur Kompetenzentwicklung". Inhalte – Ergebnisse – Perspektiven, Berlin.
Baethge, M. & Baethge-Kinsky, V. (2004). Der ungleiche Kampf um das lebenslange Lernen. edition QUEM, Bd. 16, Münster.
Bergmann, G., Daub, J. & Meurer, G. (2003). Die absolute Kompetenz. Von der Kompetenz zur Metakompetenz, Siegen.
Bjornavold, J. (2001). Lernen sichtbar machen. Ermittlung, Bewertung und Anerkennung nicht formal erworbener Kompetenzen in Europa, Thessaloniki.
CeKom (2004). Centrum für Kompetenzbilanzierung: www.cekom-deutschland.de.
Council of Competitivness (1998). Winning the Skills Race, Washington.
Draschoff, S. (2000). Lernen am Computer durch Konfliktinduzierung, Münster.
Erpenbeck, J., Hasebrook, J. & Zawacki-Richter, O. (Hrsg.) (2004). Kompetenzkapital, Frankfurt am Main (i.D.).
Erpenbeck, J. & v. Rosenstiel, L. (Hrsg.) (2003). Handbuch Kompetenzmessung. Erkennen, verstehen und bewerten von Kompetenzen in der betrieblichen, pädagogischen und psychologischen Praxis, Stuttgart.
Gnahs, D., Neß, H. & Schrader, J. (Hrsg.) (2003). Machbarkeitsstudie im Rahmen des BLK-Verbundprojektes, Weiterbildungspass mit Zertifizierung informellen Lernens, Frankfurt am Main.
Heyse, V. & Erpenbeck, J. (2004). Kompetenztraining. 64 Informations- und Trainingsprogramme, Stuttgart.
IASB (Hrsg.) (2003). Abbreviated International Financial Reporting Standards 2003 (IAS 1 to IAS 41), London.
Internationales Monitoring Kompetenzmessung (ab 2001). In: URL: http://www.abwf.de/main/programm/frame_html?ebene2=befunk&ebene3Monitoring.

Kappelhoff, P. (2004). Kompetenzentwicklung in Netzwerken. Die Sicht der Komplexitäts- und allgemeinen Evolutionstheorie, Berlin.

Lang-von Wins, T., Triebel, C (2005). Kompetenzorientierte Laufbahnberatung. Berlin, Heidelberg, New York.

Mertins, K. & Döring-Katerkamp, U. (Hrsg.) (2004). Kompetenzmanagement – Der Faktor Mensch entscheidet! Eine gemeinsame Studie des Fraunhofer IPK und des Instituts für angewandtes Wissen iaw, Berlin (i.D.).

Probst, G. J., Deussen, A., Eppler, M. & Raub, S. P. (2000). Kompetenzmanagement. Wie Individuen und Organisationen Kompetenzen entwickeln, Wiesbaden.

Reinhardt, R. (1998). Das Management von Wissenskapital. In: P. Pawlowsky (Hrsg.). Wissensmanagement. Erfahrungen und Perspektiven, Wiesbaden, 152-153.

Ridder, H.-G., Bruns, H.-J. & Brünn, S. (2004). Online- und Multimediainstrumente zur Kompetenzerfassung, Berlin.

Scharnhorst, A. (1999). Zur Modellierung der Kompetenzentwicklung durch selbstorganisiertes Lernen. In: J. Erpenbeck & V. Heyse (Hrsg.). Kompetenzbiographie – Kompetenzmilieu – Kompetenztransfer. Zum biographischen Kompetenzerwerb von Führungskräften der mittleren Ebene, nachgeordneten Mitarbeitern, Betriebsräten und Unternehmensnachfolgern, Berlin, 106-190.

Schmidt, N. (1995). Philosophie und Psychologie. Trennungsgeschichte, Dogmen und Perspektiven, Reinbeck.

Schmidt, S. J. (2003). Was wir vom Lernen zu wissen glauben. Selbstorganisation, Lernkultur und Kompetenzentwicklung. Gutachten, Berlin.

Sydow, J., Duschek, S., Möllering, G. & Rometsch, M. (2003). Kompetenzentwicklung in Netzwerken, Wiesbaden.

Veith, H. (2003). Kompetenzen und Lernkulturen. Zur historischen Rekonstruktion moderner Bildungsleitsemantiken, Münster.

Wolf, A. (1995). Competence-Based Assessment (Assessing Assessment), New York.

Zawacki-Richter, O., Hasebrook, J. & Barthel, E. (2004). Kompetenzen als immaterielle Vermögenswerte in Betrieben. In: QUEM-Bulletin (i.D.).

Karlheinz Sonntag, Niclas Schaper, Judith Friebe

Erfassung und Bewertung von Merkmalen unternehmensbezogener Lernkulturen

1 Einleitung

Marktveränderungen, Produkt- und Prozessinnovationen, organisationale Veränderungsprozesse, die Vermehrung von Wissen und die Forderung nach Flexibilität und Innovationen stellen neue Ansprüche an individuelles, kollektives und organisationales Lernen. Der qualitative und quantitative Lernbedarf in Unternehmen ist groß, und traditionelle Lehrformen wie die klassischen Weiterbildungsveranstaltungen im Sinne eines organisierten Lernens stoßen deutlich an ihre Grenzen. Neue Lernformen sind gefordert. Arbeitsbezogene Lernformen, Lernen im sozialen Umfeld sowie mediengestütztes Lernen treten in den Mittelpunkt der organisationalen Kompetenzentwicklung im Unternehmen. Das Unternehmen hat die Aufgabe, durch geeignete Rahmenbedingungen und Maßnahmen die Handlungskompetenz der Mitarbeiter nachhaltig zu verbessern und zu intensivieren.

Diese beschriebenen Veränderungen in der unternehmensbezogenen Lernorganisation stellen auch neue Ansprüche an die Mitarbeiter. Ins Zentrum der Betrachtung rückt hier das „Paradigma der Selbstorganisation" (Probst 1987). Die Unternehmensmitarbeiter haben mehr Eigenverantwortung hinsichtlich ihrer beruflichen Kompetenzentwicklung und haben die Aufgabe ihre Lernprozesse zunehmend selbst zu organisieren und zu steuern.

Als notwendige Konsequenz entsteht der Bedarf bzw. die Forderung nach einem neuen Verständnis von Lernen im Unternehmen und nach einer neuen Lernkultur, die dieses Verständnis fördert und unterstützt. Eine in dieser Form verstandene Lernkultur verdeutlicht den Stellenwert von Lernen im Unternehmen, beinhaltet Wertvorstellungen und Erwartungen in Bezug auf Lernen und schafft lernförderliche Rahmenbedingungen, die es ermöglichen, dass Kompetenzentwicklung überhaupt stattfinden kann und die Organisation für den Transfer dieser Kompetenz offen ist. Eine neue, zeitgemäße Lernkultur kann somit als lern- und kompetenzförderlich verstanden werden.

Im Rahmen der Lernkulturforschung bedarf es noch erheblicher theoretischer und empirischer Forschung, da bis dato kaum fundierte Ansätze zur theoretischen Bestimmung sowie zu einer angemessenen Operationalisierung des Konzepts vorliegen. Von daher verfolgte das diesem Forschungsbericht zugrunde liegende Projekt, das dem Bereich der Grundlagenforschung zuzuordnen ist, das Ziel der Erfassung und Bewertung von Merkmalen unternehmensbezogener Lernkulturen. Um dieses Ziel zu erreichen wurden verschiedene Arbeitsschritte definiert und festgelegt. Die Arbeitsschwerpunkte und inhaltlichen Ziele dieser Arbeitsschritte werden nachfolgend kurz vorgestellt.

In einem ersten umfassenden Schritt fand eine theoretisch fundierte Klärung des Lernkulturkonzepts statt. Auf der Basis thematisch verwandter Forschungsbereiche wie der Organisationskulturforschung, Ansätzen zum Human Resource Development und zur Personalentwicklung, Konzepten zu neuen Formen des Lernens und Ansätzen zur lernförderlichen Arbeits- und Organisationsgestaltung wurde das Lernkulturkonzept inhaltlich definiert sowie Merkmale und Dimensionen einer förderlichen Lernkultur theoretisch-konzeptionell bestimmt. Dabei wurde festgelegt, was unter einer unternehmensbezogenen, kompetenzförderlichen Lernkultur zu verstehen ist, wie sich dieses Konzept inhaltlich und theoretisch strukturieren lässt und welche Analyseebenen und Zugänge dabei zu berücksichtigen sind. Außerdem wurde eruiert, welche Verfahrensformen bereits zur Erfassung von Lernkulturen vorliegen bzw. welche Instrumente in welcher Form lernförderliche Merkmale der Arbeits- und Organisationsgestaltung erfassen.

Auf Basis dieser theoretischen Bestimmungen fand in einem zweiten Arbeitsschritt eine Operationalisierung der ermittelten Merkmale und Dimensionen einer förderlichen Lernkultur im Unternehmen statt mit dem Ziel, ein Instrumentarium zur Erfassung von wesentlichen Lernkulturmerkmalen im Unternehmen zu entwickeln. Die definierten Lernkulturmerkmale wurden zunächst mit Hilfe einer Expertenbefragung konkretisiert und inhaltlich für eine Operationalisierung spezifiziert. Als Experten wurden Personalentwicklungsfachleute und Human Resource Manager aus Unternehmen und Wissenschaftler der angewandten Forschung herangezogen. Darauf aufbauend wurde ein organisationsdiagnostisches Verfahren in Form eines Fragebogens entwickelt: das Lernkulturinventar (LKI). Dieser Fragebogen sollte testtheoretischen und methodischen Ansprüchen genügen, in der Personalentwicklungspraxis handhabbar und sowohl in Großunternehmen als auch in mittelständischen Unternehmen einsetzbar sein. Anhand einer ersten Stichprobe galt es, das Verfahren zu überprüfen und zu überarbeiten.

In einem weiteren Arbeitsschritt wurde ein Vergleich unternehmensbezogener Lernkulturen in Abhängigkeit der Branchenzugehörigkeit von Unternehmen durchgeführt. Dazu wurde eine aussagefähige Stichprobe von Unternehmen rekrutiert, die das Lernkulturinventar bearbeitete. Des Weiteren wurden in der Studie zusätzliche Unternehmensmerkmale wie die Unternehmensgröße und die Unternehmensstruktur erhoben.

Gegenstand einer weiteren Studie war die Überprüfung von Zusammenhängen von Lernkulturmerkmalen mit Variablen der Kompetenzentwicklung und des Lernverhaltens der Mitarbeiter. In einer Fragebogenstudie wurde der Einfluss der Lernkulturmerkmale auf ausgewählte Parameter der genannten abhängigen Variablen untersucht. Auch hier wurde wiederum der entwickelte Fragebogen zur Erfassung unternehmensbezogener Lernkulturen sowie weitere ausgewählte Verfahren zur Operationalisierung der abhängigen Variablen eingesetzt.

Dieser Forschungsbericht stellt die umfassenden und inhaltsreichen Ergebnisse des beschriebenen Projektvorhabens dar. Die Gliederung folgt größtenteils dem Ablauf der beschriebenen Arbeitsschritte. Die Kapitel 2 bis 4 stellen eine theoretisch-konzeptionelle Bestimmung des Lernkulturkonzepts dar. Ausgehend von einer Betrachtung der beiden Teilbegriffe des Terminus Lernkultur – ‚Lernen' und ‚Kultur' – erfolgt in *Kapitel 2* zunächst eine Definition von Lernkultur unter der Kulturperspektive. Es werden einflussreiche Ansätze aus der Organisationskulturforschung im Hinblick auf mögliche Ableitungen für die Bestimmung einer kompetenzförderlichen Lernkultur analysiert und Möglichkeiten zur Erfassung kulturbezogener Merkmale vorgestellt und bewertet. In *Kapitel 3* werden unter einer Lernperspektive lernförderliche und lernhinderliche Merkmale einer neuen und zeitgemäßen Lernkultur identifiziert und bestimmt sowie ihre Relevanz erläutert. Hierzu zählen unter anderem Rahmenbedingungen für Lernen im Unternehmen ebenso wie neue Lernformen, die Ausdruck einer neuen Lernkultur sind und ihrer Unterstützung bedürfen. *Kapitel 4* verbindet die in Kapitel 2 und 3 herausgearbeiteten Inhalte und Merkmale einer kompetenzförderlichen Lernkultur zu einem theoretisch-fundierten Lernkulturkonzept, das unternehmensbezogene Lernkulturen definiert, dazugehörige Merkmale darlegt, Handlungsebenen bestimmt und ein mögliches Wirkmodell von Lernkulturen in Unternehmen aufzeigt. *Kapitel 5* beinhaltet als Übergang zum empirischen Teil des Forschungsberichts aus den theoretischen Grundlagen abgeleitete Forschungs- und Untersuchungsfragen. *Kapitel 6* stellt das Vorgehen und die Ergebnisse der Expertenbefragung vor, die neben den theoretischen Ausführungen eine weitere Grundlage für die Fragebogenentwicklung liefert. Gegenstand von *Kapitel 7* ist das im Rahmen des Projekts konzipierte Verfahren zur Erfassung unternehmensbezogener Lernkulturen, das Lernkulturinventar (LKI). Beschrieben wird hier die Entwicklung des Lernkulturinventars mit der Operationalisierung der identifizierten Lernkulturmerkmale. Außerdem wird das Lernkulturinventar hinsichtlich seiner Handhabbarkeit, seiner Akzeptanz und seiner Aufwandsökonomie sowie bezüglich seiner testtheoretischen Gütekriterien überprüft. *Kapitel 8* beinhaltet eine Vergleichsstudie in Bezug auf unternehmensbezogene Lernkulturen bei Unternehmen unterschiedlicher Branchenzugehörigkeit. Hier wird untersucht, ob Unterschiede der Lernkulturmerkmale in Abhängigkeit von der Branche existieren. In *Kapitel 9* wird eine Fragebogenstudie vorgestellt, die die Zusammenhänge von Merkmalen unternehmensbezogener Lernkulturen mit der Kompetenzentwicklung der Mitarbeiter unter Berücksichtigung personenbezogener Merkmale untersucht. *Kapitel 10* enthält ein abschließendes Fazit, in dem die Projektergebnisse zusammenfassend diskutiert und Implikationen für die Einsatzmöglichkeiten in der Praxis abgeleitet werden. Ebenso werden mögliche Perspektiven und Wege einer zukünftigen Lernkulturforschung diskutiert.

2 Kultur im Unternehmen

Das folgende Kapitel beschäftigt sich mit dem Terminus „Kultur" im Begriff Lernkultur. Ausgehend von einer allgemeinen Definition des Kulturbegriffs (Kapitel 2.1) werden in einem nächsten Schritt die Kultur in Unternehmen betrachtet und Zusammenhänge und Abgrenzungen zur Lernkultur dargestellt.

Nach einer Begriffsbestimmung werden drei paradigmatische Ansätze zur Unternehmenskultur dargestellt und gegenübergestellt (Kapitel 2.2). Kapitel 2.3 stellt Diagnosemöglichkeiten von Unternehmenskultur dar, dabei werden einige Instrumente beispielhaft herausgegriffen und erläutert.

2.1 Der Begriff Kultur

Zunächst soll der Begriff der Kultur näher beleuchtet werden. Umgangssprachlich ist Kultur assoziiert mit etwas Geistigem, mit Ästhetik und Ethik, also etwas, das auf menschlicher Weisheit beruht. Bei genauerer Betrachtung lassen sich jedoch zwei grundsätzliche Bedeutungen des Kulturbegriffs ausmachen: Die erste Bedeutung folgt der allgemeinsprachlichen Verwendung des Begriffs und versteht unter Kultur die ideelle Bewusstseinssicherung durch „Bebauung" oder „Pflege" des Geistes (lat. Colare = pflegen, bebauen). Unter Kultur wird jedoch auch eine materielle Daseinssicherung verstanden, indem Saatgut in Form von Kulturen ausgesät wird, um Nahrung anzubauen (Wiendieck 1994).

In der Kulturanthropologie hingegen bezeichnet Kultur die Anpassung des Menschen an die materielle Umwelt, d.h. die Entwicklung adaptiver Lebens- und Bewusstseinsformen. Ein neuerer konstruktivistischer Ansatz von Schmidt (1994) differenziert dieses Verständnis von Kultur und bezieht sie auf die Ebene des Unternehmens: „Kultur kann in der hier vertretenen Konzeption [...] charakterisiert werden als Ausführungsprogramm für Sozialität auf der kognitiven, kommunikativen und sozial-strukturellen Ebene." (Erpenbeck & Sauer 2000, S. 305-306). Schmidt (1994) bezeichnet Kultur auch als „historisch und sozial veränderliche Mannigfaltigkeit selbstorganisierter ‚Programme' für die Erzeugung einer komplexen, nicht voraussagbaren Menge kultureller Aktivitäten durch seine Anwender, die von anderen als zu dieser Kultur gehörig identifiziert und akzeptiert werden können" (Schmidt 1994, S. 243).

Die Gemeinsamkeit dieser Kulturkonzepte liegt darin, dass sie Kultur als ein normatives Ordnungs- und Steuerungssystem verstehen, welches dem Individuum erleichtern soll, sich auf kognitiver und Verhaltensebene mit einer sozial und materiell komplexen Welt zurecht zu finden. Damit dient Kultur nach Wiendieck (1994) der Orientierung, und der Vermittlung von sozialer Bindung und Identität.

2.2 Ansätze der Unternehmenskultur

2.2.1 Der Begriff der Unternehmenskultur

Trotz einer Vielzahl an Veröffentlichungen zum Thema Unternehmenskultur seit Beginn der achtziger Jahre findet sich in der bisherigen Literatur keine präzise, allgemeingültige Definition des Begriffs. Der Begriff Kultur wird vielmehr schlagwortartig verwendet. Unterschiedliche Perspektiven (s.u.) führen dazu, dass eine Definition des Konstrukts Unternehmenskultur nur als ein Ausschnitt aus einer umfangreichen Sammlung theoretischer Ansätze verstanden werden kann. Eine mögliche Definition geben Dill & Hügler (1987):
„Unter Unternehmenskultur wird eine Grundgesamtheit gemeinsamer Werte, Normen und Einstellungen verstanden, welche die Entscheidungen, die Handlungen und das Verhalten der Organisationsmitglieder prägen. Die gemeinsamen Werte, Normen und Einstellungen stellen dabei die unternehmenskulturellen Basiselemente dar. Diese werden durch organisationale Handlungsweisen, Symbole und symbolische Handlungen verkörpert und konkretisiert."

Eine erste Orientierung über das Konstrukt der Organisationskultur gibt auch die Auflistung wichtiger Merkmale nach Hofstede, Neuijen & Ohayv (1990). Demnach ist Organisationskultur:
- ganzheitlich
- geschichtlich bestimmt
- steht in Beziehung zu anthropologischen Konzepten
- wird im soziokulturellen Kontext konstruiert
- weich
- schwierig zu ändern

Weitere Merkmale sind nach Kaschube (1993):
- Organisationskultur entsteht mit der Gründung der Organisation und wird im Laufe der Zeit überliefert.
- Sie ist ein von Menschen geschaffenes, soziales Phänomen, bei dessen Entstehung die Gründer eine wichtige Rolle spielen.
- Sie ist relativ stabil im Zeitablauf, aber auch wandelbar und an die Zeit angepasst.
- Sie wird an neue Organisationsmitglieder weitergegeben.
- Sie besitzt eine Funktionalität für die Organisationsmitglieder.
- Sie ist eine individuelle Eigenschaft der Organisation.

2.2.2 Darstellung verschiedener Kulturkonzepte

Bei differenzierter Betrachtung des Kulturkonzeptes lassen sich drei paradigmatische Ansätze unterscheiden (Smircich 1983): Der Variablenansatz, der Metaphernansatz und der Dynamische Ansatz. Diese sollen im Folgenden mit ihren Annahmen und Implikationen für die Erforschung des Konzeptes dargestellt werden.

2.2.2.1 Der Variablenansatz

Dieser Ansatz wird auch als „objektivistische Position" oder als „strukturfunktionalistischer Ansatz" bezeichnet und versteht Organisationskultur als eine von mehreren Gestaltungsvariablen der Organisation. Das heißt, die Organisation „hat" eine Kultur. Nach diesem Ansatz besteht Kultur aus vielen Teilen, die sich zu einem homogenen Ganzen integrieren und manifestiert sich in Form von Artefakten und tradierten kollektiven Verhaltensweisen. So drückt sich die Kultur eines Unternehmens z.B. im Firmenlogo, den hergestellten Produkten und speziellen Verhaltensweisen wie z.B. dem Umgang miteinander aus. Kulturforschung, die auf dem Variablenansatz basiert, ist systemtheoretisch und schreibt Normen, Werten, Idealen und Symbolen eine große Bedeutung zu (Sackmann 1992). Eine häufig anzutreffende Definition innerhalb dieses Ansatzes lautet „the way we do things here" (Sackmann 1992, S. 160). Deal und Kennedy (1982) schlagen eine etwas ausführlichere Definition vor. Sie beschreiben Organisationskultur als „corporate culture: a cohesion of values, myths, heroes, and symbols, that has come to mean a great deal to the people who work here" (Deal & Kennedy 1982, S. 4).

Die Untersuchung der Kultur erfolgt durch die Erfassung sichtbarer oder greifbarer Erscheinungsformen (vgl. Tiebler & Prätorius 1993), z.B. durch Aufzählung oder Beschreibung materieller oder immaterieller Artefakte (Produkte, Architektur, Sprache, Riten etc.). Das heißt, man geht davon aus, dass von sichtbaren Manifestationen auf zugrunde liegende Werte und Verhaltensnormen („cultural forms", vgl. Trice & Beyer 1993) geschlossen werden kann.

Die Erfassung sichtbarer Kulturmanifestationen soll direkte Rückschlüsse auf die zugrunde liegende Kultur erlauben. Indem die Ist-Kultur identifiziert und in Richtung der gewünschten Soll-Kultur verändert wird (die Veränderung ist insbesondere durch das Management möglich), kann Unternehmenskultur „gemacht" bzw. beeinflusst werden (Sackmann 1992). Kultur wird demnach untersucht, um die Funktionalität und dadurch den Unternehmenserfolg zu verbessern. Kobi und Wütherich (1986) unterscheiden direkte und indirekte Mittel der Kulturanpassung. Strategien, Führungsinstrumente und Aktionen werden zu den direkten Mitteln gezählt, während symbolische Handlungen, Führung und Kommunikation Beispiele für die Anpassung durch indirekte Mittel darstellen. Neben diesem Gestaltungsansatz innerhalb der objektivistischen Perspektive gibt es eine Vielzahl an weiteren Vorgehensweisen. Allerdings können auf Grundlage derzeitiger empirischer Ergebnisse keine Aussagen über die Effektivität der einzelnen Vorgehensweisen gemacht werden.

Neben dem Mangel an empirischer Evidenz ist der Variablenansatz dahingehend kritisch zu beurteilen, dass von einer „Machbarkeit" der Organisationskultur ausgegangen wird. Dies ist u.a. problematisch, da nicht klar ist, welches die *relevanten* Dimensionen der Unternehmenskultur sind. Weiterhin problematisch ist, dass dem Top-Management die Rolle der „Polizisten" (Sackmann 1992, S. 165) für die Einführung und Einhaltung bestimmter kultureller Ausprägungen zugeschrieben wird. Bestehende Machtverhältnisse verändern sich auf diese Weise nicht und werden nicht problematisiert. Ein weiterer Kritikpunkt muss hinsichtlich der Annahme der Homogenität geäußert werden, womit die Entstehung von Subkulturen, die z.B. durch Arbeitsteilung entstehen, nicht in die Betrachtung mit einbezogen wird (Sackmann 1985).

2.2.2.2 Der Metaphernansatz

Der Methaphernansatz oder auch „subjektivistische Ansatz" fasst Organisationskultur als eine soziale, von Organisationsmitgliedern geschaffene Konstruktion der Wirklichkeit auf, die interpretativ erschlossen werden muss (Sackmann 1985). Grundlage ist der Symbolische Interaktionismus, das heißt die Annahme, dass die soziale Welt erst aus Bedeutungszuweisungen entsteht, die in einem sozialen Interaktionsprozess entstehen und ständiger Interpretation unterliegen. Daher muss Kultur auch nicht homogen und konsistent sein, vielmehr tragen einzelne Subkulturen zum Gesamtbild der kulturellen Wirklichkeit eines Unternehmens bei.

Im Gegensatz zum Variablenansatz geht man in diesem Ansatz davon aus, dass eine Organisation nicht über eine bestimmte Kultur als ein Gestaltungsmerkmal verfügt, sondern die Gesamtheit des Unternehmens als Kultur aufgefasst werden kann (d.h. das Unternehmen ist oder funktioniert wie eine Kultur). Diese Betrachtungsweise impliziert, dass, um Unternehmenskultur zu untersuchen, das Unternehmen nicht in seine Einzelteile zerlegt werden kann, sondern als Ganzes untersucht werden muss. „Es interessieren hier nicht der Gegenstand Kultur, bzw. die Teilprodukte, sondern Prozesse, die diese organisatorische Wirklichkeit charakterisieren und ausmachen." (Sackmann 1992, S. 167) Das heißt, es handelt sich um einen eher dynamischen Untersuchungsansatz, der weniger die Methoden der Aufzählung und Beschreibung heranzieht, sondern sich auf die Untersuchung der Bedeutungsinhalte konzentriert, die durch Interpretation entstehen (Sackmann 1989). Ziel der Untersuchung ist es, die Abläufe und Zusammenhänge durch die Erfassung der Organisationskultur besser zu verstehen, und nicht die Anpassung der Organisationskultur an die Unternehmensstrategie.

Damit handelt es sich bei dem Metaphernansatz um einen eher deskriptiven Ansatz mit erkenntnistheoretischem Interesse. Ausdruck dieses Ansatzes wäre kulturell bewusstes Management, bei dem jedoch jedem Organisationsmitglied das gleiche Ausmaß an Verantwortung zugeschrieben würde (Sackmann 1992). Durch die schwierigere Operationalisierung ist dieser Ansatz im Vergleich zum Variablenansatz weniger verbreitet. Auch bezüglich dieser Perspektive lässt der derzeitige Forschungsstand noch keine Schlussfolgerungen über den Einzelfall hinaus zu.

2.2.2.3 Der dynamische Ansatz

Der dynamische Ansatz kann als Synthese aus subjektivistischer und objektivistischer Betrachtungsweise verstanden werden. Es wird angenommen, dass Unternehmen Kulturen sind und zugleich kulturelle Aspekte haben. Kultur ist also teilweise in materialisierter Form vorhanden (Variablenansatz) und existiert auch als ideelles System (Metaphernansatz). Das ideelle System erfüllt wiederum bestimmte Funktionen (was dem Variablenansatz entspricht). Kultur entsteht nach dem dynamischen Ansatz durch die Interpretation der Organisationsmitglieder (Metaphernansatz), Interpretationen können jedoch auch gezielt eingebracht werden, um die Organisationskultur zu gestalten (Variablenansatz, vgl. Kaschube 1993). Kultur entwickelt sich demnach durch menschliche Interaktion zu einem multiplen, dynamischen Konstrukt, dessen Facetten teilweise sichtbar sind und teilweise nur erschlossen werden können. Die verschiedenen Facetten sind miteinander in nicht-kausaler, dynamischer Weise verknüpft. Eine weitere Annahme des Ansatzes ist, dass jedes Unternehmen eine Kultur hat, die für sich genommen weder gut noch schlecht ist. Durch ihre Existenz erfüllt sie automatisch gewisse Funktionen.

Entscheidendes Kennzeichen des dynamischen Ansatzes ist, dass die Organisationskultur sowohl durch Querschnittstudien statisch betrachtet als auch die dynamischen Prozesse untersucht werden durch die Analyse der Entstehung und Veränderung von Organisationskultur.

Wichtige Vertreter dieses Ansatzes sind Schein (z.B. 1985) und Sackmann (1989). Diese Positionen sollen aufgrund des häufigen Rückgriffs auf diese Konzepte in der gegenwärtigen Forschung im Folgenden etwas ausführlicher beschrieben werden.

Exkurs: Das dynamische Konzept nach Sackmann

Nach Sackmann (1992) besteht Kultur aus kollektiven organisationalen Kognitionen der Organisationsmitglieder. Kultur ist gekennzeichnet durch „Kognitives" (1) wie z.B. Annahmen, konnotatives Wissen (2) sowie Wissen über erwartete oder falsche Verhaltensweisen in bestimmten kulturellen Kontexten (3) (Sackmann 1992). Dieses Wissen lenkt nach Sackmann (1992) die Wahrnehmung und das Denken und macht somit das Auftreten bestimmter Handlungen wahrscheinlicher. Das Wissen wird von Organisationsmitgliedern in das Unternehmen hineingetragen oder entsteht durch Auseinandersetzung mit Problemen, wobei sich im Laufe der Zeit Erfolgs- und Misserfolgsrezepte in Form kulturellen Wissens ansammeln. Elementar für die Entstehung von Organisationskultur ist demnach die Verfestigung personaler und sozialer Lernprozesse (Sackmann 1989). Sackmann unterscheidet dabei verschiedene Wissensarten (vgl. Sackmann 1985). Neben den Wissensarten sollen Artefakte und kollektive Verhaltensweisen ebenso Bestandteile der Unternehmenskultur sein. Sie sind jedoch nur Manifestationen der Kultur und können nur bedingt zur Erklärung von Organisationskultur herangezogen werden. Beispielsweise können Verhaltensweisen bei unvollständiger Weitergabe ihre ursprüngliche Funktion verlieren. Sackmann (1991) fordert deshalb, Artefakte und Verhaltensweisen nur zur Validierung und Illustrierung der Ergebnisse einer Kognitionsanalyse heranzuziehen.

Sackmann (1991) geht davon aus, dass sich die Entstehung und Entwicklung von Organisationskultur auf zwei Ebenen beschreiben lässt: Die Mikroebene beschreibt den individuellen Erwerb von organisationalen Kognitionen und kann mit der Sozialisierung eines Individuums verglichen werden. Lernen auf der Mikroebene erfolgt durch direkte Erfahrung oder durch indirektes Lernen (das Individuum befindet sich nicht selbst in der „Lernsituation"). Die Makroebene fokussiert den interindividuellen Erwerb von Kognitionen und stützt sich auf Theorien des Organisationalen Lernens (vgl. Pawlowsky 1992).

Durch gemeinsame Erfahrungen der Organisationsmitglieder, erfolgreiche Problemlösungen und Entscheidungen verfestigen sich Denkweisen und Verhaltensweisen. Da der individuelle Erwerb von Kognitionen jedoch auch stark von sozialen Faktoren abhängig ist, ist eine genaue Abgrenzung der Mikro- und der Makro-Ebene nicht möglich.

Im dynamischen Ansatz nach Sackmann (1992) ist Unternehmenskultur als ein Selektions- und Interpretationsfilter zu verstehen, der zu unterschiedlichen Strategien und Aktionen führen kann. Unternehmenskultur kann darüber hinaus eine Motivationsfunktion haben, die durch Vermittlung von Zielen, Perspektiven und Visionen erzeugt wird.

Im Gegensatz zu den vorangestellten Auffassungen der Organisationskultur ist die dynamische Sichtweise sowohl an einem besseren Verständnis als auch an einer bewussten Gestaltung von Unternehmenskultur interessiert. Sackmann (1992) betont in diesem Sinne, dass Veränderungen als „bewusste Gestaltung von Organisationen als Kultursysteme" (S. 172) erfolgen soll. Kulturbewusstes Management fordert deshalb eine Veränderung der gewohnten Denkmuster und die Reflexion des vorhandenen kulturellen Wissens.

Exkurs: Der dynamische Ansatz von Schein (1985)

Schein (1985) definiert Organisationskultur als Grundannahmen, die von den Mitgliedern einer Organisation entwickelt und geteilt werden und die entstanden sind, um Probleme der externen Adaption und der internen Integration zu bewältigen (s.u.). Eine neue Sichtweise, die durch gemeinsame Erfahrungen bei der Problembewältigung entsteht, kann bei ausreichender Bewährung selbstverständlich werden und ins Unterbewusstsein gelangen. Schein (1985) unterscheidet drei Ebenen der Kultur, die miteinander interagieren:
(1) Artefakte und Schöpfungen
    Diese Ebene wird von der physischen und sozialen Umwelt gebildet. Ihre Elemente sind beobachtbar, jedoch nicht erfragbar. Dies führt dazu, dass häufig nicht erfasst werden kann, in welcher Beziehung die Elemente zueinander stehen und welche Muster ihnen zugrunde liegen. Zu dieser Ebene können Technologie, Kunst und sichtbare und hörbare Verhaltensmuster gerechnet werden.

(2) Werte

Die zweite Ebene ist weniger sichtbar und beinhaltet, dass „all cultural learning ultimately reflects someone's originally values, their sense of what ‚ought' to be, as distinct from what is" (Schein 1985, S. 15). Mit „Werten" ist also das gemeint, was Individuen zu Hypothesen über Handlungen in noch unbekannten Situationen veranlasst. Diese Werte können durch kognitive Transformationen über die Stufe des Glaubens zu Grundannahmen werden, wenn sie in der Realität zu Problemlösungen beitragen.

(3) Grundannahmen

Grundannahmen lassen sich als selbstverständlich, unsichtbar und vorbewusst charakterisieren. Sie entstehen, wenn sich Werte, also z.B. Problemlösungen und Weltsichten bewährt haben. Grundannahmen beeinflussen die Wahrnehmung, das Denken, die Gefühle und das Verhalten. Da sie im Gegensatz zu Werten auf einer selbstverständlichen und vorbewussten Ebene liegen, sind sie nicht diskutierbar und schwer veränderbar.

Grundannahmen können folgende Bereiche betreffen:
- das Verhältnis der Organisation zu ihrer Umwelt;
- die Definition der Wirklichkeit, Wahrheit, Zeit und Raum;
- das Menschenbild;
- das Wesen menschlichen Handelns;
- das Wesen menschlicher Beziehungen.

Nach Schein (1985) hat Organisationskultur zwei Hauptfunktionen: Sie dient der Lösung von Überlebens- und Anpassungsproblemen in der Umwelt und an die Umwelt (1) sowie der Integration interner Prozesse (2), was wiederum dem Überleben dient. Eine weitere wichtige Funktion der Organisationskultur besteht darin, Angst zu reduzieren, die durch kognitive Unsicherheit oder Überladung entsteht. Kultur hilft, durch Selektions- und Verhaltenskriterien relevante Elemente der Umwelt wahrzunehmen und die Komplexität zu reduzieren.

Die Entstehung und Entwicklung von Organisationskultur ist abhängig von den Managern der Organisation. Ihnen stehen zwei Mechanismen zur Verfügung: Primäre und sekundäre Mechanismen. Primäre Mechanismen sind z.B. die Gestaltung des Anreiz- und Statussystem, Prinzipien für die Auswahl, Beförderung, Pensionierung etc. sowie die Art der Reaktion auf Krisen und kritische Ereignisse. Sekundäre Mechanismen sind hingegen formalisierte Regeln, die nur dann wirken, wenn sie mit den primären Mechanismen in Einklang stehen: beispielsweise Organisationsdesign und -struktur, Organisationsabläufe, Führungsgrundsätze etc.

Schein hat neben den theoretischen Erörterungen auch ein zehnstufiges praktisches Vorgehen entwickelt, das angibt, wie die Untersuchung der Organisationskultur ablaufen sollte. Dieses reicht von „Eintritt in die Organisation und Fokus auf überraschende Dinge" bis hin zur „Niederschrift der Grundannahmen und ihrer Zusammenhänge" (vgl. Schein 1985).

Insgesamt ist festzuhalten, dass sich der dynamische Ansatz auf Entwicklung und Förderung kultureller Stärken konzentriert. Allerdings steht auch bezüglich dieses Ansatzes eine Ausdifferenzierung und empirische Fundierung noch aus.

2.2.2.4 Zusammenfassung und Gegenüberstellung der unterschiedlichen Perspektiven

Trotz dieser unterschiedlichen Perspektiven ist allen drei dargestellten Ansätzen gemein, dass sie Werte und Normen als zentrale Elemente der Organisationskultur begreifen. Werte werden dabei als individuell verankerte Kontrollinstanzen verstanden, die allgemeiner und abstrakter Natur sind. Normen stellen hingegen soziale Handlungsanweisungen dar, die mit äußerer Kontrolle verbunden sind und nicht unbedingt im Individuum begründet sind.

Neben Werten und Normen werden als konstitutive Elemente der Organisationskultur häufig kognitive Orientierungen genannt, wie Überzeugungen oder Grundannahmen (vgl. Schein 1985 sowie Kaschube 1993). Dieser „Kulturkern" drückt sich in Kultur tragenden Symbolsystemen aus. Diese können kognitiv-sprachliche Symbolisierungen beinhalten, wie z.B. Ideologien, Geschichten, typische Einstellungen, Sprachen) oder durch standardisierte Verhaltensweisen repräsentiert sein (z.B. Rituale, Zeremonien, Feiern). Kultur wird sichtbar durch unmittelbar wahrnehmbare Produkte, wie Gegenstände des täglichen Gebrauchs, Technologien, Kleidung, Schriftstücke (d.h. Artefakte).

2.2.3 Implikationen für die Lernkultur

Nachdem wesentliche Aspekte der Unternehmenskultur erörtert wurden, sollen nun Ableitungen für das Lernkulturkonstrukt vorgenommen werden, die den kulturbezogenen Anteil des Lernkulturbegriffs fundieren.

2.2.3.1 Der Kulturbegriff und Lernkultur

Wie im Begriff der Unternehmenskultur ist die Kultur ein zentrales Element der Lernkultur. Abgeleitet aus der Bedeutung „Colare = Pflegen" ergibt sich die „Pflege von Lernen im Unternehmen" als Annäherung an den Begriff der Lernkultur (vgl. Sonntag 1996). In Rückgriff auf die Definition von Kultur als normatives Ordnungs- und Steuerungssystem kann auch die Lernkultur als ein solches System verstanden werden, das bestimmt, wie gelernt wird, was in Bezug auf Lernen von den Mitarbeitern erwartet wird und worauf beim Lernen im Unternehmen Wert gelegt wird. Damit hat die Lernkultur eine Orientierungsfunktion für die Mitarbeiter.

2.2.3.2 Ableitungen aus den paradigmatischen Ansätzen der Unternehmenskultur für die Lernkultur

Im *Variablenansatz* wird Unternehmenskultur als ein Merkmal des Unternehmens verstanden. Dies kann ebenfalls für die Lernkultur gelten: Lernen wird als eine von mehreren Gestaltungsmerkmalen des Unternehmens aufgefasst – ein Unternehmen *hat* eine Lernkultur. Lernkultur stellt damit ein vom Unternehmen entwickeltes Produkt dar, das gestalt- und veränderbar ist. Insbesondere die Unternehmensleitung, Führungskräfte und Verantwortliche der Personalentwicklung nehmen Einfluss auf die Ausprägung der Lernkultur. Auch Mitarbeiter haben durch ihr Lernverhalten, ihr Wissen und ihre Fähigkeiten Einfluss auf die Ausprägung der Lernkultur. Jedoch bestimmen nicht nur interne Einflussgrößen die Lernkultur, auch externe Variablen wie z.B. Außenkontakte sind wichtige Faktoren. Konstituierende Elemente der Lernkultur sind in Anlehnung an den Variablenansatz Wertvorstellungen, Normen und Erwartungen. Lernkultur stellt einen erfolgsrelevanten Faktor für den Unternehmenserfolg sowie die Zielerreichung dar, indem sie sich positiv auf die Motivation zu lernen und damit im weitesten Sinne auf die Kompetenzentwicklung auswirkt. Darüber hinaus kann sie auch die Flexibilität und Innovationsbereitschaft auf Unternehmensebene erhöhen. Damit dient die Lernkultur der Effizienz des Unternehmens.

In Anlehnung an den Variablenansatz wird von einer „Machbarkeit" der Lernkultur ausgegangen: Das heißt Lernkultur ist bestimmbar, operationalisierbar und damit auch gestaltbar.

Der Metaphernansatz erweist sich für die Bestimmung des Lernkulturbegriffs als eher nicht relevant, da die Grundannahme dieses Ansatzes, dass Unternehmen eine Kultur darstellen, sich nur schwierig auf das Lernkulturkonstrukt übertragen lässt.

Hinsichtlich des *dynamischen Ansatzes* sind hingegen viele Parallelen zu den eigenen Lernkonstruktvorstellungen zu finden. Lernkultur kann innerhalb dieses Ansatzes verstanden werden als ein komplexes, dynamisches, multifaktorielles Konstrukt, dessen Merkmale miteinander verknüpft sind. Wie im dynamischen Ansatz der Unternehmenskultur kann auch bezüglich der Lernkultur davon ausgegangen werden, dass es mehrere Abstraktionsebenen gibt (vgl. Schein 1985). Diese Ebenen sollten jedoch alle erfassbar sein, da mit der Konstruktdefinition das Ziel verfolgt wird, Lernkultur operationalisierbar und erfassbar zu machen. In Anlehnung an Bleicher (1996) scheint die Unterscheidung von normativer, strategischer und operativer Ebene sinnvoll (vgl. Kapitel 4.4). Lernkultur ist in Anlehnung an diesen Ansatz von Umwelteinflüssen abhängig, d.h. auch Faktoren, die nicht im Unternehmen begründet sind, beeinflussen die Art und Weise wie gelernt wird. Analog zu Sackmann (1985) kann auch bei Lernkultur davon ausgegangen werden, dass Lernkultur sozial geteiltes Wissen umfasst und Lernen auf der Ebene des Individuums, der Gruppe sowie der Organisation stattfindet. Ebenso wie sich in der Organisationskultur verschiedene Wissensformen unterscheiden lassen (Sackmann 1985), zeigt sich Lernkultur in verschiedenen Lernformen.

Parallel zu den Funktionen, die Unternehmenskultur im dynamischen Ansatz hat, wird in dem hier zugrunde gelegten Lernkulturansatz nicht nur davon ausgegangen, dass Lernkultur positive Auswirkungen auf das Unternehmen hat, sondern dass sich Lernkultur auch positiv auf das Individuum auswirkt. Das Individuum erwirbt und entwickelt Kompetenzen, erweitert sein Wissen und erlangt bessere Qualifikationen. Auf Ebene des Unternehmens kann eine ausgeprägte Lernkultur zu besserer Anpassungsfähigkeit an Umweltanforderungen führen, die Innovationsbereitschaft erhöhen und durch dynamisches Agieren einem Stillstand im Unternehmen entgegenwirken.

Vergleicht man Lernkultur und Unternehmenskultur paradigmenübergreifend, so lässt sich feststellen, dass analog zur Unternehmenskultur Werte, Normen, Einstellungen und Erwartungen konstituierende Elemente darstellen (vgl. Dill & Hügler 1987). Diese prägen den Stellenwert, die Pflege und den Umgang mit Lernen. Lernkultur und Unternehmenskultur scheinen also ähnliche Konstrukte auf unterschiedlichen Abstraktionsebenen zu sein, wobei sich Lernkultur auf einer konkreteren, greifbareren Ebene zu befinden scheint. Dies wirkt sich positiv auf die Zugänglichkeit und Erfassbarkeit aus. Hinsichtlich des Zusammenhangs von Unternehmenskultur und Lernkultur wird davon ausgegangen, dass Lernkultur ein Teil der Unternehmenskultur ist.

2.3 Kulturdiagnose

Neben der Betrachtung der theoretischen Ansätze aus der Organisationskulturforschung erweist sich auch die Betrachtung von methodischen Ansätzen der Organisationskulturdiagnose als relevant für das zu definierende Lernkulturkonzept. Auch hierbei gilt es relevante Merkmale und Operationalisierungen zu bestimmen, um die Diagnose von Lernkultur zu ermöglichen. Es werden daher verschiedene Vorgehensweisen zur Diagnose von Organisationskultur vorgestellt und Überlegungen zur Lernkulturdiagnose formuliert.

Die empirische Erforschung der Organisationskultur stellt nach Sackmann (1992) ein generelles Problem dar. Obwohl Publikationen seit Beginn der achtziger Jahre zu diesem Thema enorm zugenommen haben, „hinkt" die empirische Fundierung den theoretischen Konzeptionen bisher weit hinterher. Ein Grund für die Schwierigkeit der Erfassung des Konzeptes ist, dass Werte, Normen und Grundannahmen das Verhalten auf einem unbewussten Niveau beeinflussen und deshalb nicht beobachtbar sind. Ausgehend von den Oberflächenphänomenen muss die kulturelle Kernsubstanz sukzessive in einem Interpretationsprozess erschlossen werden.

Prinzipiell kann die Organisationskultur durch qualitative oder durch quantitative Methoden erfasst werden. Durch das Drei-Ebenen-Modell von Schein (1985) lassen sich qualitative und quantitative Methoden in ihrer Anwendung differenzieren: So sind die sichtbaren Ebenen der Unternehmenskultur (die Artefakte und Produkte) expliziter und können angemessen mit strukturierten und quantitativen Verfahren erfasst werden. Die tieferen Ebenen wie z.B. Grundannahmen und Normen sollten hingegen besser durch intensivere Beobachtungen, fokussierte Interviews und die Einbindung von Organisationsmitgliedern in Selbstanalyse erfasst werden (vgl. Ashkanasy, Broadfoot & Falkus 2000). Gegenwärtig existieren eine Vielzahl quantitativer Verfahren. Grund hierfür kann zum einen sein, dass die Ebenen sich vermischen, besonders wenn die Unternehmenskultur stark ausgeprägt ist (Deal & Kennedy 1982), und zum anderen die Ansicht, dass die Kultur vielleicht noch stärker durch die beobachteten Praktiken beeinflusst wird als durch Werte und Normen (Hofstede, Neuijen & Ohayv 1990).

Nachdem in den letzten 20 Jahren eine Vielzahl unterschiedlicher Verfahren zur Erfassung der Organisationskultur entwickelt wurde, wurden Versuche unternommen, die Verfahren nach bestimmten Gesichtspunkten zu strukturieren. So differenziert Kluge (2003) die Instrumente danach, ob sie Kultur als externale oder internale Variable auffassen bzw. ob ihnen der Metaphernansatz zugrunde liegt. Eine weitere Strukturierungsmöglichkeit besteht darin, die Verfahren bezüglich des zu erfassenden Konstruktes einzuteilen (Kluge 2003; Ashkanasy et al. 2000). Während einige Verfahren ihren Fokus auf Verhaltensnormen legen, erfassen andere Werte oder normative Annahmen.

In der folgenden Tabelle werden beispielhaft Verfahren aufgeführt, die den verschiedenen paradigmatischen Kulturansätzen zugeordnet werden können. Da der Anteil der Instrumente, die Kultur als internale Variable betrachten, am größten ist, sollen diese Verfahren nochmals nach den inhaltlichen Gesichtspunkten eingeteilt werden, die sie erfassen. Für einen Überblick zu Verfahren zur Erfassung der Organisationskultur sei auf den Artikel von Kluge (2003) sowie Ashkanasy et al. (2000) verwiesen.

Tab. 2.2: Verfahren zur Erfassung der Unternehmenskultur

Paradigma	Inhaltlicher Fokus	Beispielhafte Verfahren
Kultur als externale Variable		Hofstede (1994): Values Survey Module (VSM)
Kultur als internale Variable	Verhaltensnormen	Kilmann & Saxton (1983): Culture Gap Survey (CGS)
	Werte	O'Reilly, Chatman & Caldwell (1991): Organizational Culture Profile
	Werte	Kern (1991): Unternehmenskulturelles Werteinventar (UWI)
	Normative Annahmen	Cooke & Szumal (1993): Organizational Culture Inventory (OCI)
Kultur als Metapher		Fallstudie von Agyris & Schön (1978): Pbn beschreiben Szenarien, Forscher interpretieren die Szenarien

Quantitative Verfahren bestimmen die Organisationskultur zumeist über Fragebogen, die von den Unternehmensmitgliedern bearbeitet werden. Erfasst werden dabei normative Annahmen und geteilte Verhaltenserwartungen, Werte, Verhaltensnormen, Grundsätze und Überzeugungen. So bestimmt der Culture-Gap-Survey von Kilman und Saxton (1983) die Kultur anhand von vorherrschenden Verhaltensnormen. Ein weiteres Verfahren, das unternehmenskulturelle Werteinventar (UWI) von Kern (1991), bestimmt die Unternehmenskultur über die Erfassung von Werten, Grundsätzen und Überzeugungen. Anhand von Items beurteilen die Unternehmensmitglieder vorherrschende Werte etc. bezüglich der Chancengleichheit im Unternehmen oder bezüglich des wirtschaftlichen Wachstums.

Die quantitativen Methoden erfassen die Unternehmenskultur zumeist auf einem sehr abstrakten Niveau, wie anhand der obigen Beispiele ersichtlich wurde. Als nachteilig ergibt sich hieraus, dass nur sehr begrenzt Gestaltungsmöglichkeiten aus den Ergebnissen der Diagnoseinstrumente ableitbar sind. Zu den *qualitativen Methoden* im Rahmen der Unternehmenskulturanalyse gehören die Beobachtung, narrative Interviews sowie die Dokumentenanalyse. Häufig werden verschiedene qualitative Ansätze zur Untersuchung der Unternehmenskultur kombiniert. Zudem münden viele der qualitativen Methoden in quantitative Verfahren.

Qualitative Vorgehensweisen werden u.a. von Schein (1984) und Kobi und Wütherich (1986) praktiziert. Sie versuchen die Unternehmenskultur u. a. durch Dokumentenanalysen, Firmenrundgänge, Sitzungsbeobachtungen, Fragebogen und in Einzelgesprächen zu erfassen. Schein (1984) wählt ein zehnstufiges Vorgehen, in dem neben systematischen Beobachtungen, Einzelgespräche mit so genannten „Insidern" durchgeführt werden, was am Ende zu einer Bündelung von Grundannahmen führt, die im letzten Schritt schriftlich festgehalten werden. Allen qualitativen Verfahren ist gemeinsam, dass ihre Anwendung als sehr zeitaufwändig zu beurteilen ist. Dies spricht gegen eine von den Unternehmen oftmals gewünschte Aufwandsökonomie.

Vor dem Hintergrund der Beschreibung von Diagnosemöglichkeiten der Kultur in Unternehmen werden erste Überlegungen für die Lernkulturdiagnose skizziert: Das Konstrukt Lernkultur ist, verglichen mit der Organisationskultur, einem nicht so hohen Abstraktionsniveau zuzuordnen. Ein Instrument zur Erfassung von Lernkultur zielt deshalb nicht nur auf Werte und Normen ab, sondern erfasst auch strategische und operative Merkmale (in Anlehnung an die drei Ebenen der Lernkultur). Um welche Merkmale es sich bei Lernkultur genau handelt, wird in Kapitel 3 beschrieben.

Die Vielzahl der in den letzten Jahren entwickelten Verfahren spricht für eine gute Eignung der quantitativen Methodik für die Erfassung der Kultur im Unternehmen. Deshalb wird davon ausgegangen, dass quantitative Instrumente zur Diagnose von Lernkultur sehr gut geeignet sind. Aufgrund der hohen Ökonomie und Praktikabilität für die Unternehmen wurde auch für die Lernkulturdiagnose ein quantitativer Ansatz gewählt.

3 Lernen im Unternehmen

3.1 Einleitung

Zur Bestimmung des Begriffs der unternehmensbezogenen Lernkultur ist es erforderlich, neben dem Begriff der Kultur auch den Terminus Lernen im Unternehmen einer genauen Betrachtung zu unterziehen. Die Lernkultur eines Unternehmens drückt einen bestimmten Umgang mit Lernen im Unternehmen aus. Wie dieser Umgang in einer neuen Lernkultur aussieht, welche Merkmale sich förderlich und hinderlich auf Lernen im Unternehmen auswirken und welche Lernformen Ausdruck einer neuen Lernkultur sind, ist Gegenstand dieses Kapitels.

Lernen im organisationalen Kontext ist ein zentraler Faktor zur Weiterentwicklung des Unternehmens und seiner Mitarbeiter. Der Grundgedanke des Lernens im Unternehmen ist die Anpassung an sich verändernde Bedingungen im wirtschaftlichen und gesellschaftlichen Bereich sowie die Fähigkeit konkurrenzfähig zu bleiben sowie flexibel und innovativ zu sein. Lernen beschränkt sich längst nicht mehr auf Schule und Ausbildung. Vielmehr zeigt sich Lernen in nahezu allen Entwicklungsstadien und ist somit ein permanenter, lebenslanger Prozess (vgl. Reinmann-Rothmeier & Mandl 1993).

In den letzten Jahren hat sich der Umgang mit Lernen in der Unternehmenspraxis und in der Lehr- und Lernforschung grundlegend gewandelt. Es ergeben sich neue Bedingungen und neue Anforderungen sowohl für die Lernenden als auch für die Lerninhalte und Lernprozesse. Als Lernende werden nun neben Individuen auch Gruppen und das Unternehmen als Ganzes betrachtet (Erpenbeck & Heyse 1996). Die Lerninhalte umfassen nicht mehr nur den Erwerb fachlicher Kompetenzen, sondern auch den methodischer, sozialer und personaler Kompetenzen. Der Lernprozess hat sich von einem eher fremdgesteuerten, fremdorganisierten hin zu einem eher selbstgesteuerten und selbstorganisierten Prozess gewandelt. Dies bedeutet eine erhebliche Veränderung bei den Methoden der Weiterbildung im Unternehmen. Klassische Weiterbildungsveranstaltungen im Sinne eines organisierten Lernens, bei dem der Lehrende eine wichtige Position einnimmt, stoßen dabei deutlich an ihre Grenzen. Dagegen rücken verstärkt Methoden und Formen, die eine größere Nähe zum Arbeitsplatz und -prozess aufweisen, sowie interaktive, multimediale Lernmethoden in den Vordergrund. Im Zentrum der Betrachtung stehen zum einen der Lernende selbst und zum anderen die Lernumgebung, in der arbeitsbezogene, selbstorganisierte Lernprozesse stattfinden. Diese Abkehr von einer „Lehrkultur" erfordert eine neue „Lernkultur", die diese neuen Anforderungen und Bedingungen in das Zentrum der Betrachtung rückt (Erpenbeck & Sauer 2000, S. 319f.).

Das Lernen in einer Lernkultur ist ein kontinuierlicher, aktiver, selbstgesteuerter, situativer, kollektiver und sozialer Prozess (in Anlehnung an Reinmann-Rothmeier & Mandl 1998):
- *Lernen als kontinuierlicher Prozess*: Lernen erfolgt nicht nur, wenn es erforderlich ist, sondern kontinuierlich und lebenslang. Damit werden neben explizitem Lernen

auch implizite und informelle Lernprozesse berücksichtigt, die kontinuierliches Lernen anregen und unterstützen.
- *Lernen als aktiver und selbstgesteuerter Prozess*: Lernen erfordert einen aktiv beteiligten Lernenden, der Lernprozesse selbstorganisiert und eigenverantwortlich organisiert, kontrolliert und bewältigt. Das Ausmaß der Selbststeuerung und Kontrolle hängt dabei in entscheidendem Maße von der Unterstützung von Unternehmensseite ab, beispielsweise von der Lernsituation und der Lernumgebung.
- *Lernen als situativer Prozess*: Lernen erfolgt immer in bestimmten Kontexten und nicht nur bezogen auf den Lernenden selbst. Lernen muss somit gezielt durch die Gestaltung von Lernumgebungen sowie durch Rahmenbedingungen unterstützt werden.
- *Lernen als kollektiver und sozialer Prozess*: Der Lernende lernt nicht nur für sich allein, sondern Lernen findet immer in einem sozialen Kontext statt. Sei es im Austausch mit anderen, um Wissen zu erwerben und damit Neues zu lernen, oder in eigens dafür eingerichteten Gruppen, in denen kollektive und kollaborative Lernprozesse stattfinden.

Das Ziel von Lernen in einer Lernkultur ist dabei der Erwerb und die Entwicklung von Kompetenzen. Der Kompetenzbegriff umfasst verschiedene Kompetenzfacetten. Eine gängige und verbreitete Einteilung ist die nach Fach-, Methoden-, Sozial- und personaler bzw. Selbstkompetenz (vgl. Bergmann 2000; Erpenbeck & Heyse 1996; Kauffeld 2000; Sonntag & Schaper 1999). *Fachkompetenz* zeigt sich in allen Kenntnissen und Fertigkeiten, die zur Ausübung der beruflichen Tätigkeit befähigen (z.B. Wissen über Abläufe, Maschinen, Prozesse und Handlungsmöglichkeiten). Dazu gehört auch die Fähigkeit, Wissen einzuordnen, neu zu verknüpfen und zu bewerten, sowie die Art und Weise, Probleme zu erkennen, zu analysieren und Lösungen zu entwickeln (vgl. Kauffeld 2000). *Methodenkompetenz* umfasst situationsübergreifend einsetzbare kognitive Fähigkeiten, sich selbstständig neues Fachwissen oder neue Arbeitsmethoden anzueignen (z.B. zur Problemstrukturierung oder Entscheidungsfindung). Hierzu gehören ebenfalls Fähigkeiten, die bei komplexen, selbstorganisiert zu bewältigenden Aufgaben gefordert sind (z.B. Lernstrategien, Selbstmanagementfähigkeiten). *Sozialkompetenz* beinhaltet das Wissen und die Fähigkeit zur Bewältigung von Situationen, in denen soziale Interaktion stattfindet (z.B. kommunikative und kooperative Verhaltensweisen*). Personale bzw. Selbstkompetenz* manifestiert sich einerseits in persönlichkeitsbezogenen Dispositionen wie Einstellungen, Werthaltungen und Motiven, die das Arbeitshandeln beeinflussen. Andererseits zeigt sie sich auch in der Fähigkeit zur Reflexion eigener Fähigkeiten (Selbstwahrnehmung) sowie zur Selbstorganisation (vgl. Bergmann 1999).

Berufliche Kompetenzen sind immer an bestimmte Aufgaben und Tätigkeiten gebunden. Damit deutlich wird, für welchen Zweck die Kompetenzen erworben werden und woran Lernerfolg gemessen wird, muss also stets ein Bezugsrahmen oder eine Zielorientierung festgelegt werden. Der Kompetenzbegriff beinhaltet auch die Fähigkeit mit Wissen umzugehen, d.h. Wissen umzustrukturieren und anzupassen sowie selbstständig neues Wissen zu generieren (Bergmann 2000). Damit enthält der Kompetenzbegriff auch eine Selbstorganisationskomponente.

Mandl und Krause (2001) sprechen in diesem Zusammenhang ergänzend von der *Lernkompetenz*, die eine übergeordnete, von bestimmten Inhalten und Aufgaben unabhängige Fähigkeit darstellt (Metakompetenz). Sie wird definiert als die „Fähigkeit zum erfolgreichen Lern-Handeln" (Mandl & Krause 2001, S. 10) und umfasst drei Teilkomponenten: die Selbststeuerungskompetenz, die Kooperationskompetenz und die Medienkompetenz. Die Selbststeuerungskompetenz beinhaltet die oben bereits beschriebene Komponente der Selbstorganisation im Umgang mit Wissen. Kooperationskompetenz bezeichnet die Fähigkeit, Wissen im kooperativen Austausch zu erwerben und zu erhalten. Medienkompetenz beinhaltet einerseits die Fähigkeit zur Mediennutzung (z.B. geschickter Umgang mit dem Computer), andererseits auch die Fähigkeit, von Medien vermittelte Informationen zu selegieren, zu reflektieren und zu bewerten, sowie der kritische Umgang mit ihnen. Bei Lernkompetenz handelt es sich um eine Kompetenzfacette, die bis dato noch wenig beachtet wird, aber im Zusammenhang mit Kompetenzen in einer Lernkultur durchaus von Interesse ist.

Kompetenzentwicklung als das Ziel von Lernen in einer Lernkultur wird als ein Prozess verstanden, in dem diese Kompetenzfacetten erweitert, umstrukturiert und aktualisiert werden. Ziel einer jeden Kompetenzentwicklung ist dabei die Entwicklung beruflicher Handlungskompetenz. Diese befähigt den Mitarbeiter, die zunehmende Komplexität seiner beruflichen Umwelt zu begreifen und durch ziel- und selbstbewusstes sowie reflektiertes und verantwortliches Handeln zu gestalten (vgl. Erpenbeck & Heyse 1999; Sonntag & Schaper 1999).

Kompetenzentwicklung findet in einer Lernkultur statt, die dem individuellen und kollektiven Lernen besondere Aufmerksamkeit schenkt und in der Lernen einen hohen Stellenwert hat. Die vorherrschende Lernkultur im Unternehmen nimmt dabei Einfluss auf die Kompetenzentwicklung, indem sie Rahmenbedingungen für jene schafft und bereitstellt. Rahmenbedingungen beinhalten dabei alle Aktivitäten und Aspekte im Unternehmen und in der Unternehmensorganisation, die individuelles und kollektives Lernen fördern und unterstützen. Lernkultur beeinflusst somit durch die Förderung und Unterstützung von Lernen und Lernprozessen die Kompetenzentwicklung im Unternehmen.

Die Lernkultur drückt auch aus, wie Lernen im Unternehmen gepflegt wird und welchen Stellenwert es einnimmt (Sonntag 1996). Um zu bestimmen, wie Lernen im Unternehmen gepflegt werden kann, ist das Konstrukt Lernkultur näher zu definieren. Dabei ist es das Ziel, Merkmale einer unternehmensbezogenen Lernkultur zu bestimmen, die sich förderlich und hinderlich auf Lernen auswirken. Dies ist Gegenstand der folgenden Ausführungen. Für eine übersichtliche und verständliche Darstellung von als relevant erachteten Merkmalen wurde dabei eine Einteilung in vier große Themenbereiche gewählt. Der erste Bereich beschäftigt sich mit Rahmenbedingungen im Unternehmen, die das Lernen und den Lernprozess beeinflussen (Kapitel 3.2). Der zweite Bereich beschäftigt sich mit dem Thema Personalentwicklung im Unternehmen, das insofern einen engen Zusammenhang mit Lernen aufweist, als dass Personalentwicklung Lernen ermöglicht und mitgestaltet (Kapitel 3.3). Ein weiterer Themenbereich untersucht das Feld der Führungsforschung hinsichtlich lernförderlicher und lernhinderlicher Merkmale (Kapitel 3.4). Abschließend werden ausgewählte Lernformen, die die eingangs aufgezählten Charakteristika des Lernbegriffs in einer Lernkultur aufgreifen und umsetzen, vorgestellt. Diese verdeutlichen besonders den Bedarf für eine neue Lernkultur, sind aber gleichzeitig unter Merkmalsbestimmungsgesichtspunkten auch Ausdruck einer neuen Lernkultur (Kapitel 3.5).

Dieses Kapitel hat das Ziel, folgende Fragen aufgrund theoretischer Überlegungen, die sich an aktuellen theoretischen und empirischen Forschungsarbeiten orientieren, zu beantworten:
- Anhand welcher Merkmale lassen sich unternehmensbezogene Lernkulturen bestimmen?
- Wie wirken sich diese förderlich und hinderlich auf Lernen im Unternehmen aus?
- In welchen Lernformen drückt sich eine neue Lernkultur aus und welche bedürfen deshalb besonderer Förderung?

Die Beantwortung dieser Fragen liefert die Grundlage für eine theoretische Bestimmung des Konstrukts Lernkultur, die in Kapitel 4 erfolgen wird.

3.2 Rahmenbedingungen in einer Lernkultur

Damit Lernen und Kompetenzentwicklung im Unternehmen stattfinden können, müssen in einer förderlichen Lernkultur Rahmenbedingungen für diese geschaffen werden. Diese Rahmenbedingungen können als Merkmale bzw. Bestimmungselemente einer Lernkultur verstanden werden, da sie über ihre lernförderliche oder -hinderliche Gestaltung den Umgang mit Lernen im Unternehmen ausdrücken. Sie liefern darüber hinaus den Handlungsrahmen für eine Lernkultur. Zu den hier vorzustellenden Rahmenbedingungen zählen normative Bedingungen (Kapitel 3.2.1), strukturelle und formale Bedingungen (Kapitel 3.2.2), die Bedingungen der internen Informationsweitergabe und des Wissensaustauschs (Kapitel 3.2.3) sowie die des interorganisationalen Wissensaustauschs und interorganisationaler Lernnetzwerke (Kapitel 3.2.4). Diese Rahmenbedingungen werden näher beschrieben und erläutert sowie ihre Bedeutung für eine zeitgemäße Lernkultur herausgearbeitet. Ebenso wird versucht, lernförderliche und -hinderliche Elemente dieser Merkmale zu identifizieren.

3.2.1 Normative Rahmenbedingungen

Eine fördernde Lernkultur im Unternehmen lässt sich nur dann verwirklichen, wenn sie auch normativ abgestützt und etabliert wird. Dies impliziert bereits der Kulturbegriff, der die im Unternehmen geteilten Werte und Normvorstellungen umfasst (vgl. Schein 1995; Tracey, Tannenbaum & Kavanagh 1995). Eine Lernkultur beinhaltet somit spezifische im Unternehmen vorherrschende Wert- und Normvorstellungen ebenso wie Einstellungen in Bezug auf den Umgang mit und die Gestaltung von Lernen. Der normative Rahmen einer Lernkultur bestimmt die Ziele und die Ausrichtung des Lernens im Unternehmen. Dies kann über die Formulierung von Visionen, *Unternehmensgrundsätzen* und *Leitbil-*

dern erfolgen, die eine Orientierungshilfe geben und Sinn vermitteln. Zusätzlich liefern sie einen Handlungsrahmen, in dem Lernen anzusiedeln ist und stattfindet.

Unternehmensgrundsätze leiten sich aus der Unternehmensphilosophie ab. In ihr sind die Grundvorstellungen des Unternehmens enthalten. Eine Unternehmensphilosophie beinhaltet nach Jöns (1995) „die Werte, Einstellungen und Normen, die den Strategien und Grundsätzen, der Führung und Gestaltung von Organisationen, sowie allgemein dem Denken und Handeln in Organisationen zugrunde liegen" (S. 9). Diese normativen Grundvorstellungen drücken das Selbstverständnis des Unternehmens aus, das sich nicht nur auf die zentralen inneren Werte der Führung und Zusammenarbeit, sondern auch auf Werte des Auftretens nach außen bezieht (Schöni 2001). Unternehmensgrundsätze dienen somit als eine Art Kommunikationsmedium der spezifischen Unternehmensphilosophie, da sie jene explizit formuliert an die Mitarbeiter weitertragen. Um ihre Bedeutung und Wichtigkeit hervorzuheben, sollte die Lernkultur des Unternehmens bereits in diesen Grundsätzen verankert sein. Dies kann in Form von verbindlich formulierten Leitlinien erfolgen, die lern- und entwicklungsbezogene Aspekte beinhalten (Sonntag 1996). Sie verdeutlichen
- den Umgang mit Lernen im Unternehmen,
- den zentralen Stellenwert, den Lernen im Unternehmen hat,
- die (zukünftigen) Ziele und Wege des Lernens.

Zentrale Inhalte lernbezogener Unternehmensgrundsätze sind nach Schöni (2001) die Formulierung der Ziele des Lernens on- und off-the-job, die individuelle Lernverantwortung, Zugänglichkeit zu Wissen und Transfer des Wissens im Unternehmen und die Bereitschaft des Unternehmens aus individuellen Lernerfahrungen und auch aus Fehlern zu lernen. Lernorientierte Grundsätze spiegeln damit den aktuellen Stand der Lernforschung wider, in der die stärkere Fokussierung auf arbeitsbezogene Lernformen, die Förderung des individuellen Lernens, die stärkere Eigenverantwortung des Lerners sowie die Gestaltung des Wissensaustauschs im Rahmen des organisationalen Lernens eine wichtige Rolle spielen.

Die Funktion lernorientierter Unternehmensgrundsätze liegt zum einen in dem gelieferten Orientierungsmuster bzw. -rahmen und zum anderen im Sichtbarmachen, dass das Unternehmen sich und seine Mitarbeiter zum Lernen verpflichtet und dieses Lernen in unterschiedlichen Formen und Kontexten stattfindet.

Entscheidend ist jedoch, dass diese Grundsätze tatsächlich gelebt werden und nicht „zu pädagogischen Leerformeln" verkommen (Sonntag 1996, S. 44). Dies setzt eine durchdachte und systematische Umsetzung voraus, die bei der Kommunikation und dem Weitertragen der lernbezogenen Grundsätze beginnt (z.B. in Informationsveranstaltungen für neue Mitarbeiter). Des Weiteren sollten die Unternehmensleitung und das Management diese Werte vorleben und damit eine Multiplikatorfunktion einnehmen. Zentral ist auch die Umsetzung der normativen Leitsätze in strategische Prozesse, besonders im Rahmen der Formulierung von Personalentwicklungskonzepten (Schöni 2001, vgl. auch Kap. 3.3).

Leitbilder im Unternehmen beinhalten allgemein Annahmen bezüglich wünschens- bzw. erstrebenswerter Fähigkeiten und Verhaltensweisen der Mitarbeiter (Hesch 2000). Damit drücken sie bestimmte Erwartungen an die Mitarbeiter und ihr Verhalten aus. Leitbilder in einer förderlichen Lernkultur benennen Erwartungen, die das Lern- und Weiterbildungsverhalten sowie die Kompetenzentwicklung von Mitarbeitern betreffen. Sie verdeutlichen

- welche Leistungen von den Mitarbeitern im Rahmen ihrer eigenen Kompetenzentwicklungen erwartet werden (z.B. Integration von neu Gelerntem in die Arbeitstätigkeit),
- welches Lernverhalten von den Mitarbeitern gefordert wird (z.B. kontinuierliches und eigenverantwortliches Lernen),
- welche Rolle die Mitarbeiter in ihrem Lern- und Weiterbildungsprozess annehmen (z.B. selbständiger Lerner),
- wie die Mitarbeiter von Unternehmensseite dabei unterstützt werden (z.B. durch Maßnahmen der Personalentwicklung).

Eine förderliche Lernkultur greift in den Leitbildern, ebenso wie schon in den Grundsätzen, aktuelle Entwicklungen der Kompetenzentwicklungs- und Lehr- und Lernforschung auf (Erpenbeck & Heyse 1999). Besonders hervorzuheben sind hier Ansätze zur Kompetenzentwicklung und zur Selbstorganisation des Mitarbeiters. Gewünscht und gefordert werden Mitarbeiter, die ihre Kompetenzen in kontinuierlichem, selbstorganisiertem Lernen in der Arbeit entwickeln und einsetzen (Erpenbeck & Sauer 2000). Der Fokus liegt damit auf selbstorganisiertem und eigenverantwortlichem Lernen, das kontinuierlich erfolgt und zu einer Kompetenzerweiterung und -entwicklung beiträgt.

Im weitesten Sinne sind Leitbilder der Ausdruck des im Unternehmen herrschenden Menschenbilds. Nach Weinert (1998) handelt es sich bei Menschenbildern um „Grundannahmen, Einstellungen und Erwartungen von ... [Unternehmensseite] gegenüber den Zielen, Fähigkeiten, Motiven und Werten von Mitarbeitern" (S. 672). Sie geben Aufschluss über die Interaktion und über die in einer Organisation vorherrschenden Ziele und Werte. Zur Kulturunterstützung spielen die in einem Menschenbild enthalten Wertesysteme nach Ansicht von Weinert eine erhebliche Rolle. Das Menschenbild in einer förderlichen Lernkultur spiegelt somit lernbezogene Werte wider. Der Mensch wird in ihr als ein aktiv lernendes Wesen betrachtet, das nach persönlicher Entwicklung und nach Kompetenzentwicklung strebt. Dies drücken Werte wie Eigenverantwortung, Selbststeuerung, persönliche Entwicklung und Selbstverwirklichung aus. Diese Werte sind in einer Lernkultur von grundlegender Bedeutung und sollten von Seiten der Unternehmensleitung an die Mitarbeiter kommuniziert werden. Leitbilder sind hier eine Möglichkeit der Kommunikation. Eine weitere Möglichkeit ist in der Integration von Werten und auch von Erwartungen in die Personalentwicklungsstrategie zu sehen.

Damit Leitbilder keine Idealbilder bleiben, sondern tatsächlich gelebt und praktiziert werden, ist hier, ebenso wie bei den Unternehmensgrundsätzen, besondere Aufmerksamkeit auf die Umsetzung zu legen. Das Unternehmen muss die Mitarbeiter auch hinsichtlich der von ihm selbst vorgegebenen Erwartungen durch geeignete Maßnahmen und die Gestaltung von Rahmenbedingungen unterstützen. Als Beispiele seien hier die Vermittlung von Techniken und Strategien zum selbstgesteuerten Lernen (Friedrich & Mandl 1997; Stöckl & Straka 2001) genannt. Auf die Gestaltung spezieller organisationsstruktureller Rahmenbedingungen wird im folgenden Kapitel eingegangen.

3.2.2 Strukturelle und formale Rahmenbedingungen

Eine Lernkultur im Unternehmen wird neben normativen Bedingungen auch von der strukturellen und formalen Gestaltung der Organisation beeinflusst. Eine Reihe von Autoren benennen den Einfluss organisationsstruktureller Faktoren auf individuelle und organisationale Lernprozesse und auf Lernpotenziale am Arbeitsplatz (Baitsch 1998; Bergmann 1996). Hierzu gehören unter anderem der strukturelle Aufbau des Unternehmens, Entgelt- und Anreizsysteme sowie die Gestaltung von Arbeitszeitregelungen. Diese drei Merkmale werden nachfolgend näher betrachtet. Welche Gestaltungsaspekte dabei lernförderlich und welche lernhinderlich im Rahmen einer Lernkultur sein können, steht im Mittelpunkt der Betrachtung. Zusätzlich werden organisationale Veränderungsprozesse und ihr Einfluss auf Lernen und auf die Lernkultur eruiert.

3.2.2.1 Lernförderliche und -hinderliche Aspekte von Organisationsstrukturen

Organisationsstrukturen kennzeichnen den formalen Aufbau der Organisation und beschreiben die Verteilung von Aufgaben und Kompetenzen. Damit stehen sie eigentlich als ‚harte' Faktoren im Gegensatz zu den ‚weicheren' kulturellen Faktoren, wie Unternehmens- und auch Lernkultur. Doch nach Kieser und Kubicek (1992) sind „strukturelle Werte und Regelungen ... auch Ausdruck von Werten und Einstellungen" (S. 125). Eine Struktur steht somit auch immer für eine spezifische Kultur im Unternehmen. Auch eine Lernkultur zeigt sich in bestimmten Strukturen, ebenso wie Strukturen eine bestimmte Lernkultur bedingen. Man kann hier auch von einer gegenseitigen Beeinflussung sprechen, was eine dynamische Lernkulturperspektive ausdrückt.

Unternehmen müssen heutzutage variabel, dynamisch, flexibel und innovativ sein. Innovations- und Veränderungszyklen sind dabei oftmals kurz und müssen rasch erfolgen. Um diese vom Unternehmen und von den Mitarbeitern geforderte Flexibilität und Innovationsbereitschaft erbringen zu können, werden in den Unternehmen Ansätze zur Verschlankung der Strukturen realisiert. Flache Hierarchieebenen und eine verstärkt dezentrale Organisation sind Ausdruck dieses schlanker Machens.

Ebenso zeichnen sich flache Hierarchien durch vernetzte autonome und selbstorganisiert agierende Organisationseinheiten (z.B. Projektgruppen) und durch eine Vergrößerung des Verantwortungsbereichs und der Entscheidungsspielräume für den einzelnen Mitarbeiter aus. Dies birgt durchaus Potenziale für Lernprozesse im Unternehmen und damit auch für eine förderliche Lernkultur. Gerade ein größerer Verantwortungsbereich erfordert eine Erweiterung der eigenen Kompetenzen und regt dazu an, Neues zu lernen.

Nach Baitsch (1998) zeichnen sich lernförderliche Organisationsstrukturen durch eine wenig „restringierte Ausprägung" (S. 292) der Parameter Hierarchie, Mitwirkungsmöglichkeiten, Informationsstrukturen sowie Qualität und Ausmaß der Vernetzung mit internen und externen Kooperationspartnern aus. Sonntag und Stegmaier (1999) sehen die Organisationsgestaltung als Voraussetzung organisationaler Lernprozesse. Die Autoren postulieren, dass flache Hierarchien und modularisierte, autonome und selbstverantwortlich agierende Organisationseinheiten zu einer Erleichterung von Information und Kommunikation führen, und damit eine schnellere Umsetzung von Veränderungen und Innovationen sowie eine erhöhte Flexibilität ermöglichen. Bergmann (1996) sieht durch die Vergrößerung der Verantwortungsbereiche neue Lernanforderungen auf die Mitarbeiter zukommen und einen neuen Wissensbedarf, der zu Lernen führt. Ebenso bedingen nach Meinung der Autorin flache Hierarchien eine Aufgabenerweiterung, die eine quantitative und qualitative Zunahme an Qualifikationen auslöst. Shipton, Dawson, West und Patterson (2002) konnten in ihrer Studie, die sich mit der Identifikation von Faktoren, die zu effektiven Lernstrategien und -prozessen im Unternehmen führen, beschäftigte, einen negativen Einfluss von Zentralisierung und einen leicht positiven von Dezentralisierung auf Lernen ausmachen. Die beschriebenen Konzepte und empirischen Ergebnisse verdeutlichen die Einflussmöglichkeiten der Struktur auf das Lernen im Unternehmen.

Im Gegenzug wird Organisationen mit mehr Hierarchieebenen und einer stärkeren Bürokratisierung ein lernhinderlicher Einfluss zugesprochen. Starre Systeme ermöglichen weniger Freiraum für Lernen, weniger Austausch von Wissen und eine geringere Erweiterung der Aufgaben.

Oftmals werden nur die Ideal- bzw. Extremformen beider Organisationstypen betrachtet, die Regel sind allerdings eher Mischformen in den Unternehmen. So haben insbesondere extrem schlanke Organisationsformen bestimmte Nachteile. Flache Hierarchien bergen oftmals das Risiko, dass sie dem Mitarbeiter nicht genug Orientierung liefern. Dies beinhaltet z.B., dass die Mitarbeiter ihre Ziele und Aufgaben nicht eindeutig definiert bekommen und dadurch orientierungslos agieren. Mehr Verantwortung und vollständigere Aufgaben bedeuten auch mehr Arbeit. Längere Arbeitszeiten bedeuten wiederum weniger Freiraum für Lernen, z.B. für das Lernen mit dem Computer oder für den Besuch von Seminaren oder Tagungen. Hierarchisch organisierte Unternehmen liefern hier mehr Struktur und Orientierung.

Als Fazit bleibt festzuhalten, dass flache Hierarchien mehr Potenzial für Lernen liefern als hierarchische Organisationen, da sie variabel und flexibel sind. Jedoch müssen, um die genannten Nachteile zu reduzieren, Orientierungshilfen geschaffen werden. Dies kann mit einer Lernkultur geschehen, die weitere unterstützende Merkmale und Bedingungen schafft. Dazu gehört beispielsweise eine Personalentwicklung, die die Mitarbeiter auf neue, durch die Verschlankung entstehende Aufgaben vorbereitet. Ebenso können auch Arbeitszeitregelungen, die Freiräume für Lernen zulassen, dazu gezählt werden. Grundlegend können Organisationsstrukturen als ein formelles Rahmengerüst einer Lernkultur gelten. Durch ihre spezifische Ausprägung können sie sich hinderlich und förderlich auf Lernen auswirken und damit auch auf die Lernkultur im Unternehmen.

3.2.2.2 Entgelt- und Anreizsysteme in einer Lernkultur

Entgelt- und Anreizsysteme können als eine Unterstützungsmöglichkeit für kontinuierliches Lernen verstanden werden (Baitsch 1998; London & Smither 1999). Damit werden sie zu einer lern- und kompetenzförderlichen Rahmenbedingung in einer Lernkultur.

Die Entgelt- und Anreizgestaltung umfasst alle monetären und nicht-monetären Leistungen des Unternehmens im Gegenzug für die Arbeitsleistung des Mitarbeiters (Klimecki & Gmür 2001). Die heutige *Entgeltgestaltung* legt Wert auf individuelle und motivationsfördernde Entgeltkomponenten, die sich auf das Kontrollprinzip des Vertrauens beziehen und einen Motivationseffekt intendieren, der aus der Selbstverpflichtung der Mitarbeiter zur Vertragserfüllung herrührt (für eine Übersicht zu Lohnsystemen siehe Ulich 1992; Schettgen 1996). Nach Schettgen (1996) zeichnen sich in der Entgeltgestaltung eine zunehmende Leistungsorientierung sowie eine verstärkte Flexibilisierung und Individualisierung ab.

Im Rahmen einer Lernkultur muss der Blick jedoch verstärkt von einer leistungs- und qualifikationsorientierten hin auf eine lern- und kompetenzorientierte Entgelt- und Anreizgestaltung gerichtet werden. Nicht nur Leistungs- und Qualifikationsaspekte sollten honoriert werden, sondern auch die Kooperations-, Lern- und Entwicklungsfähigkeit des Mitarbeiters (Frei, Hugentobler, Alioth, Duell & Ruch 1993). Statt einer arbeitsplatzbezogenen Entgelteinstufung sollte der Mitarbeiter mit seinen Kompetenzen das zentrale Bezugskriterium für die Einstufung sein. Entgelt- und Anreizsysteme gewinnen an Lernförderlichkeit durch eine stärkere Beachtung des Könnens und der Kompetenzen der Mitarbeiter und nicht nur durch die Betrachtung der erbrachten Leistung.

Als eine Möglichkeit zur Umsetzung der Lernorientierung können Zielvereinbarungen verwendet werden. In den Zielvereinbarungsgesprächen zwischen der Führungskraft und ihrem Mitarbeiter ist es demnach wichtig, nicht nur Aufgaben- und Leistungsziele festzulegen, die primär Nutzen für das Unternehmen haben, sondern auch Lernziele zu formulieren, die der Kompetenzentwicklung des Mitarbeiters dienen. Diese können zum einen aus der Einschätzung des Mitarbeiters selbst und der Führungskraft und zum anderen aus Verfahren der Kompetenzmessung resultieren. Ohnehin erscheint es sinnvoll, Anforderungsanalysen bzw. den Einsatz von Arbeitsanalyseverfahren, die häufig auch zur Lohngestaltung hinzugezogen werden, zukünftig durch Verfahren zur Kompetenzmessung zu ergänzen, um diese Lernorientierung auch durch geeignete Methoden zu unterstützen (für einen Überblick siehe Erpenbeck & Rosenstiel 2003). Wenn Kompetenzen oder der Erwerb von Kompetenzen bei der Entgeltgestaltung berücksichtigt werden, rückt auch die Zertifizierung von Kompetenzen vermehrt in den Vordergrund. Auch hier gilt es, für eine gerechte, individuelle Lern- und Kompetenzbeurteilung geeignete Modelle zu entwickeln. In einer Lernkultur soll der Mitarbeiter für seine Bereitschaft, sich kontinuierlich weiterzuentwickeln und zu lernen, sowie neue Kompetenzen zu erwerben, nicht nur immateriell belohnt werden, sondern auch durch ein lernorientiert gestaltetes Entlohnungssystem. In Zielvereinbarungen können variable Entgeltanteile festgelegt werden, die Lernen finanziell honorieren und anerkennen.

Lernorientierte Entgelt- und Anreizsysteme sollten somit das individuelle Lern- und Kompetenzentwicklungsverhalten der Mitarbeiter belohnen und sich durch eine stärkere Flexibilität auszeichnen. Diese Erkenntnis hat jedoch noch nicht Einzug in die Lohnpolitik der Unternehmen gehalten. Dort ist bisweilen noch eher eine Entlohnung nach Quantität zu beobachten, die nach Ulich (1992) qualifikationshinderlich und damit auch lernhinderlich ist. In vielen Fällen ist auch eine Entlohnung der Leistungsqualität zu vorzufinden. Diese Form ist schon eher als qualifikationsförderlich zu bezeichnen, doch reicht es für eine effektive Förderung von Lernprozessen nicht aus. Erst das Festsetzen von Lernzielen im Rahmen einer entgeltbezogenen Zielvereinbarung kann als ein wirkungsvolles Mittel für eine stärkere Lernorientierung gelten, die im Rahmen einer förderlichen Lernkultur notwendig ist.

3.2.2.3 Lernorientierte Arbeitszeitregelungen

Als eine weitere strukturelle Rahmenbedingung in einer Lernkultur können Arbeitszeitmodelle bzw. Arbeitszeitregelungen angesehen werden. Um Lernen im Unternehmen möglich zu machen, bedarf es auch zeitlicher Ressourcen und Vereinbarungen bezüglich der Frage, wann gelernt werden kann und sollte.

In letzter Zeit findet eine zunehmende Flexibilisierung der Arbeitszeit statt. Arbeitszeitflexibilisierung beinhaltet nach Weidinger (1999) Regelungen, um die „Lage und Verteilung der Arbeitszeit kurzfristigen Schwankungen von Arbeitsanfall und Personalverfügbarkeit sowie kurzfristigen individuellen (Frei-)Zeitbedürfnissen bestmöglich anzupassen" (S. 880). Verschiedene flexible Arbeitszeitmodelle werden inzwischen in Unternehmen praktiziert (für einen Überblick siehe Frieling & Sonntag 1999; Wagner 1995). Darunter fallen Flexibilisierungen der täglichen Arbeitszeit (z.B. Gleitzeit mit und ohne feste Kernzeit, Teilzeit), der individuellen, regelmäßigen, wöchentlichen Arbeitszeit (z.B. Zeitkonten über einen bestimmten Zeitraum) und der Jahresarbeitszeit (z.B. Sabbatical). Für die Unternehmen bedeutet eine Arbeitszeitflexibilisierung Chancen, das Arbeitsvolumen besser auf den Arbeitsbedarf abzustimmen und kurzfristig auf Nachfrage- und Produktionsschwankungen reagieren zu können. Ebenso profitieren sie von längeren Betriebszeiten. Für die Mitarbeiter schafft die Flexibilisierung neue Möglichkeiten, Arbeit, Freizeit und auch Lernen individuell neu zu verteilen und damit eine stärkere Zeitsouveränität zu besitzen (Weiß 2001).

Durch eine zunehmende Arbeitsintensität und durch ein stärker arbeitsbezogenes Lernen, bei dem die Grenze von Arbeit und Lernen zunehmend undeutlicher wird, rückt die Betrachtung der Lernzeit und Integration dieser in die Arbeitszeit in den Vordergrund. In einer Lernkultur, die neue Lernformen und Lernorte miteinander verknüpft und vernetzt, erscheint es von besonderer Wichtigkeit, zeitlichen Raum für Lernen zu ermöglichen. Denn durch die zunehmende Arbeitsintensität werden Lernzeiten geringer und damit Lernprozesse erschwert. Ein lernförderlich organisiertes Arbeitsumfeld, das Lernchancen bietet, ist hier die Grundvoraussetzung. Dazu gehört auch, Lernzeiten explizit vorzusehen (Sauter 2001).

Ein durchaus zukunftsträchtiges Lern- und Arbeitszeitmodell sind die so genannten Lernzeitkonten (Seifert 2003). Bei ihnen wird ein Lernzeitrahmen festgelegt und die Lernzeiten dokumentiert, um das Lernen und die Qualifizierung der Mitarbeiter sicher zu stellen und eine Benachteiligung durch diese Lernguthaben auszuschließen. Flexible Arbeitszeiten liefern also durchaus Möglichkeiten, Freiräume für Lernen zu schaffen und bieten, im Gegensatz zu starren Arbeitszeiten, die durch eine gleichbleibende tageszeitliche Lage der Arbeitszeit gekennzeichnet sind (z.B. Schichtsysteme), Chancen für die Kompetenzentwicklung der Mitarbeiter.

Einige Autoren sehen jedoch auch negative, lernhinderliche Auswirkungen flexibler Arbeitszeiten (Frieling, Bernard & Grote 1999; Seifert 2003). Flexibilisierungsmaßnahmen erhöhen nach Frieling und Kollegen oft den Arbeitsdruck und führen bei den betroffenen Mitarbeitern nicht automatisch zu einem „Kompetenzerwerb im Sinne der partizipativen Selbststeuerung und des selbstorganisierten Lernens" (S. 148). Vielmehr erzwingen sie ein reaktives Anpassen an Arbeitsbedingungen, die nicht aktiv mitgestaltet werden. Als Beispiel nennt er die erzwungene Flexibilität in Form von unbezahlten Überstunden. Nach Seifert führt das Vorantreiben der Flexibilisierung zu einem Rückgang der Lernzeit, wenn nicht Lernzeiten im Rahmen der Arbeitszeitpolitik der Unternehmen geregelt werden und die berufliche Weiterbildung und Kompetenzentwicklung integrativer Bestandteil der Arbeitstätigkeit wird.

In einer förderlichen Lernkultur ist die Rahmenbedingung Arbeitszeit demnach so zu gestalten, dass Freiräume für Lernen bleiben. Dies erfolgt über eine Flexibilisierung von Arbeitszeiten, in denen Lernzeiten fest eingeplant sind. Besonders zu beachten ist, dass die Flexibilisierung sich nicht lernhinderlich auswirkt. Auch die Mitarbeiter können sich weitgehend flexibel Zeit für Lernen nehmen. Lernzeiten in einer förderlichen Lernkultur orientieren sich dabei an den Prinzipien der Selbststeuerung und Eigenverantwortung für die Lernprozesse. Auch werden sie vermehrt individualisiert, d.h. nicht einheitlich geregelt, sondern, wie schon in der Entgelt- und Anreizgestaltung angesprochen, auf individuelle Bedürfnisse abgestimmt.

3.2.2.4 Lernen in und durch Veränderungsprozesse

Unternehmen müssen sich, um den Erfordernissen an Flexibilität, Innovationen und Wachstum genügen zu können, an ihre Umwelt anpassen. Oftmals ist damit ein Wandel verbunden, der über die Durchführung von Veränderungsprozessen bewältigt wird. Veränderungsprozesse fordern zum Lernen und zur Kompetenzentwicklung heraus, da neue Arbeitsprozesse, neue Technologien und neue qualifikatorische Anforderungen für die Mitarbeiter bewältigt werden müssen. Ebenso unterstützt kontinuierliches Lernen der Unternehmensmitarbeiter von vorneherein die Bewältigung von Veränderungen. Eine förderliche Lernkultur trägt also sowohl zur Bewältigung von Veränderungen bei, als auch zu einem von vornherein besseren Umgang mit anstehenden Veränderungen.

Organisationale Veränderungsprozesse können unterschiedlicher Art sein. Nadler und Tushman (1990) unterscheiden *fundamentale*, also grundsätzliche Veränderungen mit hoher Intensität (z.B. Einführung einer Projektorganisation) von *inkrementellen* Veränderungen mit niedriger Intensität, die nur spezifische Problembereiche oder Ebenen betreffen (z.B. Einführung von E-Learning). Nach Argyris und Schön (1999) findet bei inkrementellen Veränderungen Anpassungslernen statt, während bei fundamentalen Prozessen ein Veränderungslernen zusammen mit dem Aufbau von konkreten Problemlösekompetenzen erfolgt. Oftmals werden Veränderungen auch nach dem vorherrschenden Veränderungs- oder Leidensdruck klassifiziert (Reinhardt 1993; Sackmann 2002). Besteht hoher Veränderungsdruck und große wahrgenommene Dringlichkeit, dann erfolgt die Veränderung *reaktiv*. Das Unternehmen und auch die Mitarbeiter reagieren auf veränderte (Umwelt-)Bedingungen. Laufen Veränderungsprozesse dagegen in Erwartung zukünftiger Änderungen und zu erwartender Entwicklungen ab und fehlt der Veränderungsdruck, erfolgt ein *Antizipieren* dieser Veränderungen.

Beide Veränderungsarten, sowohl der krisengeleitete als auch der antizipierte Veränderungsbedarf, benötigen eine unterstützende Lernkultur. Diese Lernkultur
- betont die Bedeutung des kontinuierlichen Lernens und der regelmäßigen Erweiterung von Kompetenzen. Kontinuierliches Lernen bei den Mitarbeitern fördert den Umgang mit Veränderungen, da neue Anforderungen leichter bewältigt werden können, sobald eine grundsätzliche Veränderungsbereitschaft vorhanden ist.
- fordert flexible, selbstgesteuert und eigenverantwortlich agierende Mitarbeiter, die nicht nur durch Lernen auf Veränderungen reagieren, sondern auch proaktiv und antizipativ lernen.
- liefert unterstützende Gestaltungsmaßnahmen von Unternehmensseite aus für die Mitarbeiter. Das Unternehmen und die Personalentwicklung müssen die Mitarbeiter früh genug auf die neuen Anforderungen vorbereiten, um einer Überforderung und einem Veränderungswiderstand vorzubeugen. Diese Anforderungen sollten im Vorfeld der Veränderung gemeinsam mit den Mitarbeitern herausgearbeitet werden, ebenso der daraus resultierende Lernbedarf der Mitarbeiter, um im Anschluss die passenden Kompetenzentwicklungsmaßnahmen durchzuführen (z.B. Training zum Umgang mit dem Computer vor der Einführung von E-Learning).

Dies kann sich durchaus förderlich auf den Umgang mit und die Bewältigung von Veränderungsprozessen auswirken. Eine Lernkultur, in der nur auf Änderungen reagiert wird und in der den neuen Anforderungen an das Lern- und Kompetenzentwicklungsverhalten der Mitarbeiter zu wenig Aufmerksamkeit geschenkt wird, kann dabei eher als hinderlich betrachtet werden.

Veränderungsprozesse im Unternehmen fordern somit, da sie hohe Anforderungen an das Lernen der Mitarbeiter stellen, einen durchdachten, systematischen Umgang mit Lernen und eine Lernkultur, die hierfür die Voraussetzungen und unterstützende Gestaltungsmaßnahmen liefert.

3.2.3 Die Rahmenbedingungen Informationsweitergabe und interner Wissensaustausch

Damit Lernen im Unternehmen stattfinden kann, gilt es geeignete Informationsstrukturen zu schaffen und Wissensaustausch zu ermöglichen. Als weitere Rahmenbedingungen einer Lernkultur können also der Umgang mit Informationen und der Austausch von Wissen betrachtet werden. Dabei geht es um Methoden, Gestaltungs- und Nutzungsmöglichkeiten, die sich als lernförderlich und -hinderlich erweisen.

3.2.3.1 Informationsweitergabe und Kommunikation in einer Lernkultur

Unter einer Lernkulturperspektive erscheint es wichtig, sich die Wege und Strukturen anzuschauen, über die Informationen vermittelt werden und Kommunikation stattfindet. Denn für eine optimale Ausübung ihrer Arbeitstätigkeit benötigen Mitarbeiter Informationen. Diese Informationen unterstützen zusätzlich das Lern- und Entwicklungspotenzial der Arbeitsaufgabe, da sie Anregungen für die Neugestaltung von Inhalten und Handlungsabläufen liefern und auch das deklarative ebenso wie das prozedurale Wissen des Mitarbeiters erweitern. Mit der Gestaltung von Informations- und Kommunikationsprozessen kann Lernen unterstützt werden. Dies macht die beiden Merkmale zu Rahmenbedingungen für Lernen in einer Lernkultur.

Die interne Kommunikation in einem Unternehmen befasst sich mit den zwischen den Unternehmensmitgliedern stattfindenden Prozessen der Übermittlung von Informationen sowie den damit verbundenen vor- bzw. nachgelagerten Aktivitäten (Winterstein 1998). Unter einer Lernkulturperspektive spielt besonders der Top-Down-Prozess eine wichtige Rolle, in dem die Unternehmensleitung und die Führungskräfte die Mitarbeiter mit Informationen versorgen. Winterstein (1998) spricht hier von *Mitarbeiterinformation* (zum Austausch von Informationen und Wissen der Mitarbeiter untereinander wird auf das nachfolgende Kapitel zum Wissensaustausch verwiesen).

Neben den Kommunikatoren sind Inhalte, Informationspolitik und Informationswesen weitere Komponenten der Mitarbeiterinformation. Im Rahmen einer Lernkultur erscheinen besonders die *Inhalte* relevant, mit deren Hilfe der Mitarbeiter beim Lernen unterstützt wird. Folgende Inhalte können hierzu gezählt werden:
- Informationen über Leitlinien, Leitbilder, Erwartungen und Werte, die allgemein in Bezug auf das Lernen im Unternehmen bestehen (siehe Kap. 3.2.1).
- Informationen zur betrieblichen Personalpolitik, besonders zu Fragen der Entgelt- und Anreizgestaltung, zu Arbeitszeitregelungen, aber auch zu Mitarbeiterbewertung.
- Informationen zum Weiterbildungsprogramm und zu Maßnahmen der Kompetenzentwicklung, zu denen auch Möglichkeiten zum arbeitsbezogenen Lernen gehören.
- Informationen zu Unternehmensaktivitäten bzw. zum Unternehmensgeschehen, die einen etwas weiteren Bezug hinsichtlich Mitarbeiterlernen haben. Hierzu zählen beispielsweise Informationen über interne und externe Netzwerke und zu anstehenden Veränderungsprozessen im Unternehmen.

- Informationen, die die eigene Arbeitstätigkeit, Arbeitsprozesse und die Arbeitsumgebung betreffen.

Über die Informationspolitik und das Informationswesen steuert das Unternehmen die Informationsinhalte, den Informationsumfang, die Anlässe und den Zeitpunkt der Informationsweitergabe. Zudem werden die Informationsmittel festgelegt. Zusätzlich beeinflussen die Kommunikations- und Organisationsstrukturen das betriebliche Informationswesen. Die von den Mitarbeitern benötigten Informationen sollten, damit sie wertvoll und lernunterstützend sind, bedarfsgerecht und rasch kommuniziert werden. Hierfür sind transparente, durchlässige *Informations- und Kommunikationsstrukturen* unabdingbar (Baitsch 1998). Diese ermöglichen eine vertikale sowie horizontale Informationsweitergabe. Mit durchlässigen Informationsstrukturen gehen wiederum entsprechende Organisationsstrukturen einher, die Information erleichtern (Sonntag & Stegmaier 1999). Hierzu gehören flache Hierarchien, modularisierte Organisationseinheiten und die Projektgruppenorganisation (vgl. Kap. 3.2.2.1). Im Rahmen einer Lernkultur gilt es, solche lernförderlichen Strukturen zu implementieren und zu gestalten.

Informationen im Unternehmen können auf *formellem* und *informellem* Weg vermittelt werden. Bei der *formellen* Informationsweitergabe von Unternehmens- oder Führungskraftseite an die Mitarbeiter sind zumeist bestimmte Regeln zu beachten und einzuhalten. Es handelt sich um den vorgeschriebenen und für die Erfüllung von Unternehmenszielen notwendigen Informationsaustausch (Winterstein 1998). Auf diesem formellen Weg sollten alle in einer Lernkultur als wichtig erachteten Informationen in ihren Grundzügen vermittelt werden.

Durch die sozialen Kontakte mit Arbeitskollegen entstehen für die Mitarbeiter eigene Möglichkeiten der Information und Kommunikation, die einen nicht vorgeschriebenen, *informellen* Informationsaustausch möglich machen. Eine Studie des amerikanischen „Center for Workforce" hat ergeben, das bis zu 70% des arbeitsbezogenen Wissens informell durch Kollegen kommuniziert werden (Wuppertaler Kreis 2000). Diese informellen Kontakte oder auch informellen Netzwerke sind unter der Lernkulturperspektive von großer Bedeutung, da hier oftmals entscheidende und bedarfsgerechtere Informationen rascher und auf kürzerem Weg geliefert werden (z.B. Problemlösungen, benötigtes Wissen, Information zu Weiterbildungsmaßnahme).

Eine gezielte Informationsweitergabe sowohl auf formellem als auch informellem Weg verläuft über die *Führungskräfte* im Unternehmen, die somit in einer Lernkultur eine bedeutende Multiplikatorfunktion übernehmen. Diese erfolgt zumeist in Mitarbeitergesprächen, aber auch über Gesprächskontakte, die während der Arbeit stattfinden. Die Inhalte sind nicht nur formeller Art, sondern umfassen auch Informationen, die im Sinne eines partizipativen Führungsstils den Mitarbeiter dazu befähigen, die ihm anvertrauten und an ihn delegierten Aufgaben zu bewältigen. In einer förderlichen Lernkultur wird die Führungskraft dabei durch Kompetenzentwicklungsmaßnahmen zur Steigerung ihrer Kommunikationsfähigkeit unterstützt.

Das Unternehmen hat allgemein betrachtet dem Mitarbeiter gegenüber eine Informationsverpflichtung. Oftmals kommt es dieser aber nicht ausreichend nach, bzw. der Mitarbeiter fühlt sich nicht ausreichend informiert. Franke und Winterstein (1996) entwickelten in diesem Zusammenhang das Konzept des arbeitsbezogenen Transparenzerlebens, das die vom Mitarbeiter erlebte Verfügbarkeit von arbeits- und organisationsbezogenen Informationen definiert. Die empirische Untersuchung der Autoren hat ergeben, dass der tatsächliche Informationsstand vom individuell gewünschten Informationsbedarf oftmals abweicht. Eine das Lernen unterstützende Lernkultur muss somit dafür Sorge tragen, dass im Unternehmen ein offener, transparenter Informationsfluss herrscht und dem Mitarbeiter die von ihm als erforderlich erachteten Informationen, die er zum Lernen und zum Ausüben seiner Arbeitstätigkeit benötigt, zur Verfügung gestellt werden. Allerdings ist es auch durchaus sinnvoll, dem Mitarbeiter eine gewisse Eigenverantwortung hinsichtlich der Informationsbeschaffung zu übertragen. Er hat auch die Verantwortung für einen seine Entwicklung unterstützenden Informationsstand. Bei Bedarf ruft er die benötigten Informationen ab. Dazu muss er natürlich grundsätzlich von Unternehmensseite informiert werden, wo und wie er an die von ihm gewünschten Informationen gelangt. In diesem Zusammenhang spielen elektronische Informationswege (E-Mail, Intranet) eine wichtige Rolle.

Informationen können sowohl über schriftliche als auch mündliche Informationskanäle vermittelt werden. Nachfolgend findet sich eine Auflistung der im Unternehmen herrschenden Möglichkeiten der Informationsverteilung und -bereitstellung bzw. mögliche Medien zur innerbetrieblichen Information:
- Aushänge/schwarzes Brett
- Elektronische Informationstafeln
- Weiterbildungsbroschüre
- Mitarbeiterzeitschrift
- Intranet
- Ansprechpartner aus der Personalentwicklung
- Verweise bzw. Hinweise in Seminaren und Trainings
- Großveranstaltungen/Informationsveranstaltungen
- die Führungskraft als Informant und Ansprechpartner

Wichtig bei ihrer Verwendung ist nach Winterstein (1998), dass ein für die Information geeignetes Informationsmedium ausgewählt wird. Empirische Studien haben ergeben, dass ein Zusammenhang zwischen der Übermittlungsform und der Behaltensleistung beim Empfänger existiert (Winterstein 1998). Dabei erzielt besonders eine Kombination aus mehreren Informationskanälen einen hohen Lerneffekt.

In den vorangegangenen Ausführungen ist deutlich geworden, dass zum Lernen Informationen benötigt werden, die einerseits von Unternehmensseite geliefert, andererseits vom Mitarbeiter selbst beschafft werden können. Im Rahmen der Lernkultur wird dies durch das Bereitstellen spezifischer Informationsstrukturen und -wege unterstützt oder behindert. Als lernförderlich werden dabei transparente Strukturen erachtet, die durch eine offene Informationspolitik sowie durch eine Atmosphäre, in der Mitarbeiter und die Unternehmensleitung Informationen weitergeben und teilen, unterstützt werden. Als lernhinderlich gelten in diesem Zusammenhang starre, nicht durchlässige Strukturen, bei denen im extremen Fall gemäß der Bürokratisierung genau festgelegte Informationswege eingehalten werden müssen.

3.2.3.2 Wissensaustausch und interne Netzwerke in einer Lernkultur

Der Austausch von Wissen im Unternehmen und das Bilden von internen Netzwerken, die diesen Wissensaustausch unterstützen, können als eine weitere Gestaltungsmöglichkeit und Rahmenbedingung für die Lernkultur im Unternehmen gelten. Wissen ist eine Grundvoraussetzung von Lernen. Durch den Erwerb von Wissen werden Lernprozesse angeregt und die Entwicklung individueller Kompetenzen gefördert. Wissen im Unternehmen darf aber nicht nur auf eine Person beschränkt sein, sondern muss ausgetauscht und geteilt werden, um die Lernfähigkeit der Mitarbeiter und des Unternehmens insgesamt und damit auch die Innovationsfähigkeit zu forcieren.

Mögliche Gestaltungsansätze hinsichtlich eines lernförderlichen Wissensaustauschs und einer lernorientierten Netzwerkbildung liefern Ansätze zum Wissensmanagement (Kluge & Schilling 2000; Probst & Romhardt 1997; Wilke 1996), zum Erfahrungsmanagement (Kluge 1999) und zum situierten Lernen bzw. zum lokalen Wissen in Praxisgemeinschaften (Lave & Wenger 1991; Waibel 1997; Wenger 1998).

Ein lernorientierter Wissensaustausch im Unternehmen kann durch systematische Gestaltungsmaßnahmen gefördert werden; d.h. wenn von Unternehmensseite aus Maßnahmen zur Initiierung und Unterstützung von Wissensaustausch getroffen werden, gilt dies auch als förderlich im Sinne einer Lernkultur. Der Ansatz zum Wissensmanagement von Probst und Romhardt (1997) liefert Vorschläge für eine lernförderliche Gestaltung des Wissensaustauschs in einer Lernkultur. Diese umfassen beispielsweise ein zielgerichtetes Nutzen des Intranets. Hier können elektronische Netzwerke, Wissens- und Expertendatenbanken entstehen. Des Weiteren ist das Initiieren oder das Ermöglichen der Netzwerkbildung, entweder in Form von formellen oder informellen Gruppen, als eine weitere Form des lernorientierten Wissensaustauschs zu sehen. Diese Netzwerke tauschen nicht nur Wissen aus, sondern entwickeln dadurch auch neues Wissen und stoßen Lernprozesse an.

Der Ansatz des *Erfahrungsmanagements* in lernenden Organisationen zeigt ebenfalls Möglichkeiten auf, wie der Austausch von Wissen in Form von Erfahrungen zwischen den Mitarbeitern über soziale Interaktion vonstatten gehen kann (Kluge 1999). Der Ansatz unterscheidet dabei zwischen formellem und informellem Austausch. Formeller Austausch findet beispielsweise in Qualitätszirkeln (vgl. Antoni 1994), in Lernlaboratorien (vgl. Senge 1996) sowie durch aufgabenorientierten Informationsaustausch (vgl. Neubert & Tomczyk 1986) statt. Informeller Erfahrungsaustausch zeigt sich in den gruppenbezogenen Lernformen des kooperativen und kollaborativen Lernens und in Experten-Novizen-Gemeinschaften (siehe auch Kap. 3.5.5). Gerade Letztere stellen ein vielversprechendes Konzept dar. Als Experten gelten Personen bzw. Mitarbeiter, die zum Beispiel großes Spezialwissen oder, wenn es die Arbeitssituation erfordert, ein umfangreiches generalisiertes Wissen haben. Dieses haben sie durch langjährige Berufserfahrung, aber auch durch intensives Lernen erworben. Als eine Art Mentor stellen sie jungen Mitarbeitern, so genannten Novizen oder Newcomern, diese Erfahrungen und dieses Wissen zur Verfügung. Durch beispielsweise Modelling und Coaching wird der Novize in die Gruppe und das Unternehmen integriert.

Diese in Anlehnung an Kluge (1999) vorgestellten Erfahrungsaustauschformen und -gruppen sind insofern als lernförderlich zu bezeichnen, als sie vielfältige Möglichkeiten des Austauschs und somit auch des Lernens bieten. Dies unterstützt wiederum die Betrachtung des Wissensaustauschs als eine Rahmenbedingung für Lernkultur.

Die Ansätze zum *situierten Lernen* betonen die Perspektivität und die Kontextgebundenheit allen Lernens und erforschen das Lernen und den Wissenserwerb unter Alltagsbedingungen (Waibel 1997). Nicht der Einzelne wird dabei betrachtet, sondern stets der individuelle Wissenserwerb in einem sozialen Kontext, d.h. in einer Gruppe oder Gemeinschaft. Das Konzept der *Praxisgemeinschaften* (engl. ‚Communities of Practice') ist in diesem Zusammenhang zentral. Als Praxisgemeinschaften können „Gruppen überschaubarer Größe definiert werden, deren Mitglieder über eine gemeinsame Tätigkeit verbunden sind" (Waibel 1997, S. 93). Zentrales Element in einer Praxisgemeinschaft zur Generierung von Wissen ist die Kommunikation bzw. sind Kommunikationsprozesse, durch die es zu geteiltem Wissen und damit zu einer gemeinsamen Wissensbasis kommen kann. Als eine Praxisgemeinschaft im Unternehmen können die oben beschriebenen Experten-Novizen-Gruppen betrachtet werden. Praxisgemeinschaften und ihre gezielte Förderung im Unternehmen liefern einen wichtigen Beitrag zur Lernkultur des Unternehmens, da auch in ihnen durch den Wissensaustausch Lernprozesse freigesetzt werden und nicht nur ein individuelles Lernen, sondern auch kollektives Lernen stattfindet.

Die skizzierten Ansätze zum Wissensaustausch unterstreichen die Bedeutung dieser Rahmenbedingung für die Lernkultur im Unternehmen. Nur wenn Wissen im Unternehmen ausgetauscht und für die Mitarbeiter zugänglich gemacht wird, können Lern- und Entwicklungsprozesse auf organisationaler und individueller Ebene stattfinden. Es konnte herausgearbeitet werden, dass besonders das Initiieren von internen Netzwerken und Austauschgruppen (z.B. Experten-Novizen-Gruppen, Praxisgemeinschaften, Qualitätszirkeln) von Bedeutung ist, wenn es um den formellen und informellen Austausch von Wissen geht. Dabei ist ein offener Umgang mit Wissen in Form von Wissensteilung unabdingbar.

3.2.4 Interorganisationaler Wissensaustausch und Lernnetzwerke

Unternehmen agieren nicht als vollständig autonome Einheiten, sondern sind offene Systeme, die im Austausch mit ihrer Umwelt stehen. Dazu gehört auch der Austausch von Wissen und Erfahrungen in unternehmensübergreifenden Netzwerken. Nach Bergmann (1996) gelten diese als ein Element lernförderlicher Rahmenbedingungen eines Unternehmens. Sonntag (1996) sieht interne und externe Interaktionsbeziehungen als eine Grundvoraussetzung für das Entstehen einer Lernkultur. Externe Unternehmenskontakte und interorganisationale Netzwerke zum Zwecke des Wissensaustauschs können somit neben den bereits beschriebenen internen Netzwerken ebenfalls als eine Rahmenbedingung für die Lernkultur im Unternehmen gelten.

Bei den Kontakten des Unternehmens zu seiner Umwelt muss unterschieden werden zwischen solchen, bei denen der Austausch von Wissen zwar schon von Unternehmensseite initiiert, aber der Lernprozess selbst wenig bis gar nicht systematisiert und organisiert ist, und solchen, bei denen bewusst Lernen das Ziel ist und der Lernprozess systematisch und organisiert abläuft. Zu erstgenannten zählen beispielsweise Kontakte mit Beratungsinstituten, Universitäten und wissenschaftlichen Einrichtungen und Beziehungen zu Kunden und Lieferanten. Diese tragen zur Wissenserweiterung bei bzw. bringen neues Wissen in das Unternehmen hinein (z.B. wissenschaftliches Know-how von Hochschulen).

Die zweite Gruppe von externen Unternehmenskontakten umfasst Kontakte mit anderen Unternehmen, so genannte interorganisationale Lernnetzwerke, bei denen Lernen stattfindet. Die Grundidee interorganisationalen Lernens ist nach Baitsch (1999) folgende: „Angehörige mehrerer Unternehmen werden in einen Arbeitskontext gebracht, in dem sie vorhandenes Wissen und Können offenbaren und neues aufgabennahes Wissen und Können generieren können; daraus entsteht ein gemeinsamer und wechselseitiger Lernprozeß" (S. 256). Das neu entwickelte Wissen wird dann wieder in die jeweiligen Unternehmen zurückgetragen. Unternehmen verfolgen durch den Wissenserwerb das Ziel, die eigene Kompetenz bezüglich Innovationen, Produkt- und Prozessoptimierungen zu erhöhen. Die am interorganisationalen Lernprozess beteiligten Mitarbeiter streben eine Verbesserung ihres fachlichen Wissens und Könnens an, jedoch werden durch die Gruppenprozesse auch methodische und soziale Kompetenzen erweitert (Baitsch 1999). Dieser Kompetenzerwerb und auch die gemachten Lernerfahrungen können wiederum vom Unternehmen aufgenommen werden, beispielsweise indem der Mitarbeiter sein neues Wissen in internen Netzwerken weitergibt und auch die Kollegen davon profitieren. Entscheidend beim Lernen in interorganisationalen Netzwerken ist, dass das Lernen kontextgebunden und anhand konkreter Problemstellungen erfolgt. Solche Netzwerke setzen Offenheit und Vertrauen bezüglich der Weitergabe von Informationen voraus. Zwischen den Unternehmen müssen, was dies betrifft, ein Gleichgewicht und eine gemeinsame Zielverfolgung bestehen (Newell & Swan 2000). Baitsch (1999) nennt verschiedene Beispiele für interorganisationale Lernnetzwerke bzw. Lernformen, zwei seien hier kurz genannt:

- *Erfa-Gruppen oder Experience Exchange Groups (EEG)*: Hier finden regelmäßige Treffen zwischen Mitarbeitern mehrerer Unternehmen statt, die mit gleichen oder ähnlichen Aufgaben beschäftigt sind. Inhalte der Treffen sind Erfahrungsaustausch, Vorstellen von Problemen und Problemlösungen sowie gegenseitige Beratung.
- *Projektauftrag*: Diese Möglichkeit kann mit als die anspruchsvollste und herausforderndste bezeichnet werden. Aus einer Gruppe von Mitarbeitern mehrerer Unternehmen wird eine Projektgruppe zusammengesetzt, die eine Aufgabe bzw. ein Problem zu lösen haben (z.B. technische Innovationen, gemeinsame Optimierungen von logistischen Aufgaben etc.). Diese Gruppe arbeitet nach den Prinzipien des Projektmanagements auch mit einem Projektleiter zusammen und besitzt eigene finanzielle und zeitliche Ressourcen.

Interorganisationale Netzwerke besitzen sowohl fremd- als auch selbstgesteuerte Anteile. So erfolgt das Initiieren oder Einrichten dieser Netzwerke zumeist fremdgesteuert, ebenso die Festlegung der Ziele und die Kontrolle der Ergebnisse. Selbstgesteuerte Anteile sind in den individuellen Möglichkeiten zum Kompetenzerwerb und im Erreichen eigener Ziele zu sehen. Die Organisation und Gestaltung solcher Netzwerke trägt zu einer Lernkultur bei, in der auch durch externe Unternehmenskontakte gelernt wird. Diese Kontakte stoßen wiederum organisationale Entwicklungsprozesse an.

Externe Unternehmenskontakte und interorganisationale Lernnetzwerke tragen neues Wissen und neue Informationen in das Unternehmen hinein und regen damit sowohl auf individueller Ebene als auch auf organisationaler Ebene Lern- und Entwicklungsprozesse an. Damit gelten sie als eine Rahmenbedingung in einer Lernkultur. Die Gestaltung dieser Rahmenbedingung obliegt dem Unternehmen, das Netzwerke und Kontakte initiiert, ausbaut und pflegt. Durch das Bekanntmachen dieser Netzwerke im Unternehmen und damit auch das Vermitteln einer Notwendigkeit für Offenheit nach außen können aber auch die Mitarbeiter dazu angeregt werden, selbstständig Kontakte aufzubauen und zu suchen. Damit diese Rahmenbedingung der externen Unternehmenskontakte eine förderliche Rahmenbedingung in einer Lernkultur ist, ist es wichtig, auch außerhalb des Unternehmens Wissen bereitzustellen und zu teilen, denn nur auf diese Weise können organisationale Lernprozesse stattfinden.

3.2.5 Zusammenfassende Betrachtung der Rahmenbedingungen einer Lernkultur

Im Rahmen dieses Kapitels wurden die von den Autoren im Zusammenhang mit der Bestimmung förderlicher und hinderlicher Merkmale unternehmensbezogener Lernkulturen als relevant und zentral erachteten Rahmenbedingungen inhaltlich vorgestellt. Es wurde jeweils die Bedeutung der Rahmenbedingung für das Lernen im Unternehmen herausgearbeitet sowie eine für die Lernkultur förderliche und hinderliche Gestaltung betrachtet. Diese Rahmenbedingungen, die den Umgang mit Lernen im Unternehmen bei entsprechender Gestaltung positiv beeinflussen, sind als Merkmale einer förderli-

chen Lernkultur im Unternehmen zu verstehen. Nachfolgend sind diese Merkmale noch einmal aufgelistet:
- *Normative Rahmenbedingungen*: lernorientierte Unternehmensleitlinien, Erwartungen an den lernenden Mitarbeiter;
- *Strukturelle und formale Rahmenbedingungen*: Organisationsstruktur, Entgelt- und Anreizsysteme, Arbeitszeitgestaltung, Veränderungsprozesse;
- Rahmenbedingung *Informationsweitergabe und Wissensaustausch*;
- Rahmenbedingung *interorganisationale Lernnetzwerke und Wissensaustausch*.

Bei einer übergeordneten Betrachtung ist festzuhalten, dass diese Rahmenbedingungen nicht nur für sich und isoliert stehen, sondern dass auch zwischen ihnen Wechselbeziehungen und Einflussmöglichkeiten vorkommen. Als Beispiel seien hier der Informations- und Wissensaustausch genannt, die ohne eine förderliche Gestaltung von Organisationsstrukturen nicht lernförderlich wirken.

Die Rahmenbedingungen lenken den Blick auf eine normative, strukturelle und strategische Gestaltung einer Lernkultur im Unternehmen. An diesen drei Ebenen ist anzusetzen, wenn es darum geht, Lernkulturen zu bestimmen und zu analysieren. Dem Unternehmen und der Unternehmensleitung kommen bei der Gestaltung der Rahmenbedingungen eine besondere Bedeutung zu, da sie diese maßgeblich steuern und beeinflussen.

3.3 Personalentwicklung in einer Lernkultur

3.3.1 Ziele und Inhalte von Personalentwicklung in einer Lernkultur

Personalentwicklung im Unternehmen hat die grundlegende Aufgabe, die Kompetenzen der Mitarbeiter zu ermitteln, zu erhalten und zu fördern, damit diese ihre Arbeitsaufgaben und die damit verbundenen Anforderungen möglichst optimal bewältigen und zur Weiterentwicklung der Organisation beitragen können (Schaper, Sonntag & Baumgart 2003). Damit kommt ihr im Rahmen einer kompetenzbasierten Lernkultur im Unternehmen eine wichtige Rolle zu. Neben der Unternehmensleitung trägt sie entscheidend zur Gestaltung und Umsetzung einer Lernkultur bei. Sie übernimmt dabei die zentrale Aufgabe der strategischen und operativen Gestaltung von Lernen und Kompetenzentwicklung im Unternehmen. Personalentwicklung in einer zeitgemäßen Lernkultur verfolgt das Ziel, zu einer umfassenden Förderung der beruflichen Fähigkeiten der Mitarbeiter im Einklang mit den Unternehmenszielen beizutragen und nicht nur aufgaben- und funktionsbezogen zu agieren (vgl. Schöni 2001). Hieraus lassen sich weitere (Teil-)Ziele ableiten, die unter Lernkulturperspektive als relevant und förderungswürdig betrachtet werden können.
- *Kompetenzentwicklung der Mitarbeiter*: In einer Lernkultur gilt es, Kompetenzen aufzubauen und weiterzuentwickeln, damit berufliche Situationen gemeistert werden können. Dabei werden gleichermaßen bzw. bedarfsgeleitet fachliche, methodische, soziale und personale Kompetenzen berücksichtigt. Dies geschieht zukünftig

über das Entwickeln von spezifischen Kompetenzmodellen, die eine Messung, Entwicklung und Zertifizierung von Kompetenzen erlauben (für einen Überblick siehe Erpenbeck & Rosenstiel 2003).
- *Arbeitsbezogenes Lernen*: Eine Lernkultur bezieht verstärkt die Lernformen ein, die durch ihre Nähe zum Arbeitsplatz Potenziale für selbstgesteuertes und kollektives Lernen freisetzen. Dazu zählen beispielsweise informelles Lernen, kollaboratives Lernen und mediengestütztes Lernen (vgl. auch Kap. 3.5). Die Aufgabe der Personalentwicklung ist es, diese zu implementieren und zu fördern. Dabei ist es unerlässlich, diese Lernformen in ein auch die traditionellen Weiterbildungsmaßnahmen umfassendes Gesamtkonzept einzubinden.
- *Eigenverantwortung und Selbstorganisation*: In einer Lernkultur wird verstärkt auch der Mitarbeiter in die Verantwortung für seine persönliche Entwicklung genommen. Die Personalentwicklung verfolgt das Ziel, den Mitarbeiter in dieser Eigenverantwortung und in seiner Selbstorganisation zu unterstützen und ihm Wege hierzu aufzuweisen. Dies kann unter anderem durch eine Förderung spezieller Kompetenzen (z.B. Selbststeuerungstechniken) und durch Einführung entsprechender Lernformen (kollaborativ, mediengestützt) erfolgen.
- *Partizipation aller Unternehmensmitglieder an Lernprozessen*: In einer Lernkultur wird allen Mitarbeitern der Zugang zu Fördermaßnahmen ermöglicht (Sonntag 1999). Ebenso sind Lern- und Entwicklungsprozesse für alle vorgesehen und nicht verstärkt für eine bestimmte Ebene wie beispielsweise die Führungskräfte des Unternehmens. Die Personalentwicklung unterstützt dies durch den Einbezug der Mitarbeiter bei der Formulierung des Lernbedarfs, bei der Gestaltung von Fördermaßnahmen sowie bei der Überprüfung der durchgeführten Maßnahmen.
- *Dezentralisierung der Personalentwicklung*: Damit Personalentwicklungsarbeit nicht isoliert und lediglich unter Dienstleistungsgesichtspunkten im Unternehmenskontext stattfindet, ist es unter einer Lernkulturperspektive erforderlich, auch weitere Akteure mit einzubeziehen. Es erscheint sinnvoll, bestimmte Aufgaben an die Unternehmensbereiche und an die Führungskräfte des Unternehmens zu übertragen (z.B. Unterstützung bei der Ermittlung des Lernbedarfs). Besonders den Führungskräften kommt im Rahmen der Personalentwicklung ein wachsender Aufgaben- und Verantwortungsbereich zu (vgl. Kap. 3.4.3).

Diese Ziele verlangen nach einer qualitativen, systematisch agierenden Personalentwicklung, die eine fundierte Bedarfserfassung, eine durchdachte Gestaltung und Realisierung von Maßnahmen, eine ausreichende Qualitätskontrolle und Transfersicherung sowie eine strategische Einbettung integriert. Schöni (2001) hat in diesem Zusammenhang ein Managementmodell der Personalentwicklung konzipiert, das die genannten Aspekte berücksichtigt (vgl. Abb. 3.1).

Die in der Abbildung aufgezeigten vier Aufgabenbereiche der Personalentwicklung im Unternehmen sind alle Bestandteil einer förderlichen Lernkultur.

Zu oft wird aus Zeit- und Kostengründen an der Erfassung des Lernbedarfs oder an der Evaluation der Maßnahmen eingespart. Ein großer Veränderungs- und Entwicklungsdruck erweist sich dabei als eines der größten Hindernisse. Die Personalentwicklung in einer Lernkultur integriert jedoch diese Bereiche in ein unternehmensspezifisches Gesamtkonzept.

In den folgenden Kapiteln werden Ziele und Strategien der Personalentwicklung in den einzelnen Aufgabenbereichen dieses Managementmodells definiert und erläutert und ihre Bedeutung im Rahmen einer Lernkultur genauer herausgearbeitet.

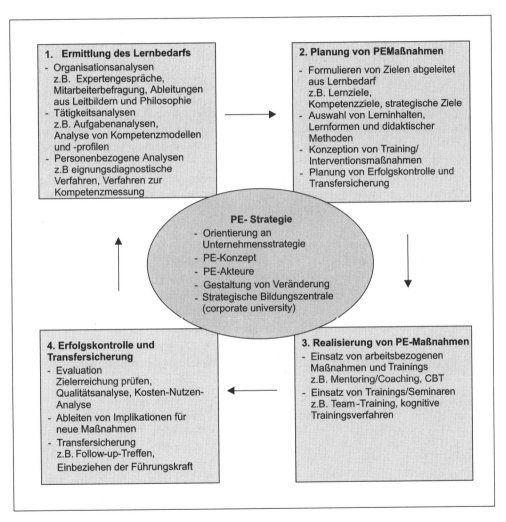

Abb. 3.1: Managementmodell der Personalentwicklung nach Schöni (2001)

3.3.2 Ermittlung des Lernbedarfs

Veränderungen am Markt, Produkt- und Prozessinnovationen, organisationale Veränderungsprozesse und nicht zuletzt die Forderung nach Flexibilität und nach kontinuierlichem Lernen rücken zunehmend die Frage in den Mittelpunkt, welche Anforderungen aktuell und zukünftig an die Unternehmensmitarbeiter gestellt werden. Zur Beantwortung dieser Frage liefert die Ermittlung des Lernbedarfs vielfältige Informationen über Art und Umfang der Anforderungen. Zusätzlich können mit einer Lernbedarfsbestimmung auch Informationen über Ziele und Inhalte der durchzuführenden Fördermaßnahmen, über Gestaltungsprinzipien von Trainingsmethoden sowie Lernaufgaben und -umfeld gewonnen werden (Sonntag 2002). Die Nutzung dieser Möglichkeiten ist in einer zeitgemäßen Lernkultur und für eine gute Mitarbeiterförderung unerlässlich und die Personalentwicklung hat die Aufgabe, dies umzusetzen.

Zugangsmöglichkeiten zu den angesprochenen Informationen ergeben sich über drei Ebenen (Schaper, Sonntag & Baumgart 2003), nämlich über die Analyse organisationaler, tätigkeits- bzw. aufgabenbezogener und schließlich personenbezogener Merkmale. In einer förderlichen Lernkultur ist eine Nutzung dieser drei Zugangsebenen deshalb sinnvoll, da sie Informationen von der Unternehmensseite, zu der Arbeitsaufgabe und zum Individuum liefern. Diese Perspektivenvielfalt trägt zu einer bedarfs- und zielgruppenspezifischen Kompetenzentwicklung bei.

Eine *organisationsbezogene Bedarfsermittlung* hat zum Ziel, den Lern- und Entwicklungsbedarf zu bestimmen, der aus den jeweiligen Unternehmens- und Führungsgrundsätzen, aus strategischen Unternehmenszielen oder auch aus einer Einschätzung organisationsdiagnostischer Variablen (Arbeitszufriedenheit, Organisationsklima) resultiert (Sonntag 2002). Dies kann zum einen über Expertengespräche mit dem Management, mit Führungskräften oder auch Personalentwicklungsverantwortlichen sowie über Strategieworkshops erfolgen (Schaper, Sonntag & Baumgart 2003). Des Weiteren kann der Einbezug der Meinung und Einstellung der Mitarbeiter, zum Beispiel zu neuen Unternehmenszielen, anstehenden Veränderungen oder zum vorherrschenden Klima, über Mitarbeiterbefragungen zu einer Bedarfsbestimmung führen. Diese Analyse auf Organisationsebene erscheint unter der Lernkulturperspektive insofern relevant, als die Bedeutung von Lernen und Kompetenzentwicklung in einer Lernkultur bereits auf normativer Ebene (z.B. in Unternehmens- und Führungsgrundsätzen) verankert ist und auf diese Art und Weise spezifische Ableitungen für eine passende Bedarfsanalyse entstehen. Somit resultieren aus normativen Vorgaben strategische Ziele, was wiederum als eine gute Ausgangslage für eine operative Umsetzung gelten kann.

Die *tätigkeitsbezogene Bedarfsermittlung* erfasst Aufgaben und Anforderungen von Arbeitstätigkeiten. Das Ziel ist das Erheben von aktuell und zukünftig erforderlichen Kompetenzen (z.B. fachliche Fähigkeiten oder sozial-kommunikative Kompetenzen), die für eine spezifische Stelle oder Tätigkeit als notwendig erachtet werden. Zur Ermittlung lern- und entwicklungsförderlicher Daten aus konkreten Arbeitstätigkeiten werden zumeist aufgaben- und arbeitsanalytische Verfahren eingesetzt, die sich hauptsächlich Beobachtungs-, Befragungs- und Interviewtechniken bedienen (für einen Überblick siehe Schaper & Sonntag 1998). Dabei werden sowohl einzelne Teilaufgaben und Funktionen (z.B. Aufgabeninventare), kognitive Anforderungen (z.B. cognitive task analyses) als auch die Ganzheitlichkeit von Arbeitstätigkeiten (anforderungsanalytische Verfahren) erfasst. Um neben den Ist-Zuständen auch zukünftige Soll-Zustände zu erfassen, bietet sich der Einsatz von Verfahren zur strategischen Anforderungsanalyse an (vgl. Sonntag, im Druck). Unter einer Lernkulturperspektive erscheinen gerade diese Verfahren sinnvoll, da in einer Lernkultur auch die Bewältigung zukünftiger Anforderungen beachtet werden sollte. Eine weitere, zukünftig an Bedeutung zunehmende Möglichkeit zur Erfassung von Anforderungen ist in der Entwicklung stellenspezifischer Kompetenzmodelle bzw. -profile zu sehen. Durch das Aufstellen eines spezifischen Kompetenzmusters mit fachlichen, methodischen, sozialen und personalen Kompetenzen für eine bestimmte Stelle können direkt geeignete Kompetenzentwicklungsmaßnahmen abgeleitet und damit verbunden werden. Dies unterstützt eine Lernkultur, die auf Kompetenzentwicklung ausgerichtet ist.

Personenbezogene Bedarfsanalysen richten ihren Fokus auf individuelle Leistungs- und Verhaltensdefizite und Entwicklungspotenziale (Sonntag, im Druck). Als Methoden finden hier eignungsdiagnostische Verfahren ihre Anwendung. Vergangenes Leistungsverhalten wird dabei zumeist über formalisierte, unternehmensspezifische Beurteilungsverfahren bestimmt, zu denen auch das Mitarbeitergespräch zu zählen ist. Das Förder- und Entwicklungspotenzial wird hauptsächlich über psychologische Testverfahren, Arbeitsproben und Potenzialdiagnosen (z.B. Assessment Center) erfasst (Schaper, Sonntag & Baumgart 2003). Auch im Rahmen von personenbezogenen Bedarfsanalysen erscheint das Einbeziehen von Methoden und Verfahren zur individuellen Kompetenzmessung relevant (für einen Überblick siehe Erpenbeck & Rosenstiel 2003), die eine gezielte Kompetenzentwicklung ermöglichen. In einer förderlichen Lernkultur gilt es, die aktuellen und zukünftig geforderten Kompetenzen unter Einbezug des Mitarbeiters zu bestimmen sowie seine Wünsche und Bedürfnisse zu berücksichtigen. Dies kann mit personenbezogenen Bedarfsanalysen erfolgen.

In einer Lernkultur erweist sich eine konsequente Anwendung aller drei Analysezugänge als förderlich, da so ein umfassendes Bild des Lernbedarfs entsteht, das sowohl organisationalen und aus der Arbeitsaufgabe resultierenden Bedarfen als auch den personenbezogenen, individuellen Bedarfen entspricht. Aufbauend auf den gewonnenen organisationalen, tätigkeitsbezogenen und personenbezogenen Analysedaten kann nun in einem weiteren Schritt abgeleitet werden, welche Kompetenzen bei einzelnen Mitarbeitern oder auch Gruppen einer Förderung oder Entwicklung bedürfen. Die Daten und Informationen liefern auch Hinweise für die Ableitung von Lehr- und Lernzielen und Lerninhalten, für die Gestaltung von Lernaufgaben durch Verwendung didaktischmethodischer Konzepte sowie zur Gestaltung von Lernumgebungen. Dies alles drückt eine strategieorientierte Personalentwicklung aus.

Doch auch eine Strategieorientierung und an Unternehmensbedarfen orientierte Lernbedarfsermittlung sollte die Mitarbeiter mit einbeziehen und deren Bedürfnisse nach

Partizipation, Eigenverantwortung und Selbstorganisation gerecht werden. Diese Beteiligung beeinflusst die Lernmotivationen und -bereitschaft. Nach Weinert (1995) wirkt sie sich positiv auf Einstellungen und Werthaltungen gegenüber den geplanten Lernzielen sowie Präferenzen der Lerngruppe in Bezug auf Lernformen, -medien und -strategien aus.

3.3.3 Planung und Realisierung von Personalentwicklungsmaßnahmen und Lehr- und Lernmethoden

Die Identifikation des Lern- und Entwicklungsbedarfs führt im nächsten Schritt zu einer gezielten Planung und Realisierung von Personalentwicklungsmaßnahmen. Eine förderliche Lernkultur drückt sich somit auch über die Gestaltung von Personalentwicklungsmaßnahmen aus. Zur Unterstützung einer Lernkultur ist es wichtig, dies systematisch und strategieorientiert zu betreiben, damit ein tatsächlicher, erkennbarer Nutzen für die Qualifikation der Mitarbeiter und für das Unternehmen resultiert. Oftmals wird in Unternehmen die Vorbereitung von entwicklungsfördernden Maßnahmen vernachlässigt und die meisten Ressourcen für die Maßnahmendurchführung verwendet. Dies erscheint unter einer Lernkulturperspektive zu wenig, da eine wirkliche Kompetenzförderung nur unter Einbezug aller Phasen aus dem Personalentwicklungsmodell stattfindet. Die *Planung von Personalentwicklungsmaßnahmen* sollte nach Schöni (2001) stets die Formulierung von Zielen beinhalten. Diese beinhalten, was genau mit der jeweiligen Maßnahme erreicht werden soll. Er schlägt vor, dies für unterschiedliche Ebenen zu praktizieren. Auf Ebene des Lernfeldes gilt es, Lernziele zu formulieren, die auch eine Lernerfolgskontrolle mit einbeziehen. Im Arbeitsfeld, das den Ort, an dem das Gelernte angewendet werden soll, umfasst, müssen Kompetenz- und Leistungsziele erfasst werden, auf Abteilungsebene solche, die eine Produktivitätsverbesserung oder eine Wissenserweiterung auf Mitarbeiterseite beinhalten. Auf Geschäftsfeldebene werden schließlich strategische Ziele formuliert. Diese Zielformulierung unterstützt den Umgang mit Lernen in einer förderlichen Lernkultur, da Lernprozesse dann nicht ad hoc, beiläufig und ungeplant ablaufen, sondern eine zielorientierte Systematik aufweisen.

Auf Basis dieser Ziele kann nun die Konzeption von konkreten Maßnahmen erfolgen. Hierbei sind Lerninhalte, Trainings- bzw. Lernformen und Fragen der didaktischen Gestaltung zu klären (Schöni 2001). Abhängig von den konkreten Lerninhalten ist zu entscheiden, ob das Lernen in Form traditioneller Weiterbildung erfolgt oder ob Lernformen wie das arbeitsbezogene Lernen oder multimediales Lernen ausgewählt werden, die Arbeit und Lernen stärker verbinden und selbstorganisierte und eigenverantwortliche Komponenten besitzen. Obwohl letztere mehr Lernpotenzial besitzen, sind für bestimmte Lerninhalte auch weiterhin klassische Weiterbildungsformen geeignet (z.B. externe Seminare zur Vermittlung von fachlichem Wissen). Von daher ist ein bewusstes und durchdachtes Abwägen wichtig. Die Frage, welche Lernformen bzw. welche Personalentwicklungsmaßnahmen für die jeweiligen Zielerreichung am sinnvollsten und effektivsten erscheinen, ist unter einer Lernkulturperspektive zentral, da hiermit der Grundstein für eine förderliche Kompetenzentwicklung gelegt wird.

Nach der Planung folgt schließlich die *Realisierung der Maßnahmen*. Hierbei gilt es, das Geplante dementsprechend umzusetzen und die formulierten Ziele tatsächlich zu erreichen. Einen Überblick über die Vielfalt möglicher Maßnahmen geben unter anderem Sonntag (im Druck), und Neuberger (1991). Bei der Realisierung von arbeitsbezogenen Personalentwicklungsmaßnahmen ist es unter Lernkulturperspektive wichtig, dass die Lernenden von Beratern oder Coaches begleitet werden, die sie unterstützen, anleiten und für Fragen zur Verfügung stehen. Hier ergeben sich neue Aufgaben für die Lehrenden in einer neuen Lernkultur. Die Phase der Realisierung von Maßnahmen zeigt die operative Ebene einer Lernkultur auf. Hier werden die in der Planungsphase strategisch erarbeiteten Inhalte lernförderlich umgesetzt.

Bei der Planung und Realisierung von Personalentwicklungsmaßnahmen wird das Ziel verfolgt, die Kompetenzen der Mitarbeiter zu fördern und zu erweitern. Jedoch sollten in diesem Zusammenhang auch noch weitere grundsätzliche Ziele der Personalentwicklung im Rahmen einer Lernkultur umgesetzt werden wie der stärkere Einbezug arbeitsbezogenen Lernens und die Stärkung der Eigenverantwortung und Selbstorganisation der Mitarbeiter. Dies kann durch eine geeignete Auswahl an Trainings- und Lernformen unterstützt werden (vgl. Kap. 3.5). Auch der Einbezug aller Mitarbeiterebenen in Fördermaßnahmen muss in der Planungs- und Realisierungsphase wiederum beachtet werden. Bei bestehendem Bedarf sollte jeder Mitarbeiter Zugangsmöglichkeiten zu geeigneten Maßnahmen besitzen. Die Gestaltung von Personalentwicklungsmaßnahmen kann somit diese wichtigen Elemente einer Lernkultur aufgreifen und entsprechend realisieren.

3.3.4 Evaluation der Personalentwicklungsmaßnahmen

Bei der Evaluation von Personalentwicklungsmaßnahmen werden die eingeleiteten und durchgeführten Maßnahmen überprüft, bewertet und gegebenenfalls modifiziert. Man kann hier auch von einer Qualitätssicherung und -überprüfung sprechen. Für einen effizienten Umgang mit Lernen in einer förderlichen Lernkultur sind solche Kontroll- und Rückkopplungsprozesse wichtig. Diese Phase im Rahmen des qualitativen Personalentwicklungsprozesses wird von Forschern zumeist ins Zentrum der Betrachtung gerückt, was nicht zuletzt auch daran liegt, dass sie in der Unternehmenspraxis oftmals vernachlässigt wird (Sonntag 2002; Schöni 2001; Thierau-Brunner, Stangel-Meseke & Wottawa 1999). Um Lernen in einer Lernkultur erfolgreich zu machen, ist es wichtig, nicht nur auf die subjektive Einschätzung der Teilnehmer nach einem Training zurückzugreifen, sondern systematische Evaluationsstudien durchzuführen (Beispiele hierzu in Sonntag 1996; Schöni 2001). Sonntag (2002) nennt eine Reihe von Gründen, die für eine systematische Evaluation sprechen. Diese können gleichzeitig auch als Ziele einer Evaluation in einer förderlichen Lernkultur betrachtet werden:

- Evaluation dient der Legitimation und dem Nachweis, dass die beabsichtigten Ziele tatsächlich erreicht wurden;
- Evaluation führt zu einer didaktisch-methodischen Gestaltung von Fördermaßnahmen;

- Evaluation bewertet die Lehrqualität von Trainern und Dozenten bei seminargestützten Weiterbildungsmaßnahmen, die Qualität von Coaches und Beratern beim arbeitsbezogenen Lernen und die Qualität von eingesetzten computer- und netzbasierten Medien beim multimedialen Lernen;
- Evaluation überprüft den Lern- und Transfererfolg von Maßnahmen anhand ausgewählter Kriterien (z.B. Lernergebnis, Transferverhalten);
- Evaluation liefert die Grundlage für eine an Effizienzkriterien orientierte Verteilung der Ressourcen für Fördermaßnahmen.

Um eine professionelle Qualitätssicherung der Evaluation in einer neuen Lernkultur zu erreichen, ist es sinnvoll, bestimmte Phasen der Evaluation einzuhalten. In der *Vorbereitungsphase* werden dabei Ziele präzisiert (vgl. Zieldefinition in der Phase der Lernbedarfsentwicklung), Kriterien zur Bewertung der Zielerreichung festgelegt, geeignete Verfahren ausgewählt sowie im Rahmen einer Situationsanalyse rechtliche, zeitliche, finanzielle und personelle Rahmenbedingungen ermittelt (Reinmann-Rothmeier, Mandl & Prenzel 1994). In der anschließenden *formativen Phase* wird die Maßnahme noch während ihres Verlaufs hinsichtlich inhaltlicher und didaktischer Fragen optimiert. Neben dieser Qualitätsanalyse wird auch noch die Wirkung über Akzeptanz der Teilnehmer, Lehr- und Lernerfolg sowie Transfererfolg analysiert (vgl. Sonntag 1996). In die *summative Phase*, die erst nach Abschluss der Maßnahmen beginnt, fließen die Ergebnisse der Wirkungsanalyse mit ein und dienen einer Optimierung nachfolgender Interventionen. In dieser Phase werden zusätzlich so genannte Kosten-Nutzen-Analysen sowie Effizienzanalysen durchgeführt (für einen Überblick siehe Sonntag 1996). Gerade Kosten-Nutzen-Analysen werden durch den zunehmenden Einsatz computer- und netzbasierter Maßnahmen und hoher Investitionen in innovative, anspruchsvolle Förderkonzepte einen höheren Stellenwert erlangen, da diese Interventionen ihre Wirtschaftlichkeit und ihren Nutzen unter Beweis stellen müssen.

In der Praxis muss diese Reihenfolge der Evaluationsphasen meist nicht eingehalten werden. Nach Thierau-Brunner und Kollegen (1999) wäre dies auch verfehlt, da letztendlich die situativen und unternehmensspezifischen Bedingungen darüber entscheiden, wie evaluiert wird. Unter Lernkulturperspektive kommt somit der Kompetenz des „Evaluators" eine wichtige, lernförderliche Funktion zu (vgl. Sonntag, im Druck).

Durch eine systematische Evaluation kann die Personalentwicklung in einer kompetenzförderlichen Lernkultur die Relevanz ihrer Arbeit bestätigen und unterstreichen. Qualitätskontrolle und -sicherung sind unabdingbar, wenn es darum geht, im Unternehmen erfolgreich zu lernen, denn sowohl die Mitarbeiter als auch die Unternehmensleitung müssen von dem Erfolg durchgeführter Maßnahmen überzeugt sein. Somit wird der Stellenwert der Personalentwicklung im besonderen und von Lernen allgemein bei beiden gestärkt. Dies wiederum wirkt sich positiv auf den Umgang mit Lernen im Unternehmen aus. Eine Lernkultur muss somit eine förderliche Evaluation beinhalten und dabei nicht nur Wert auf eine Qualitätsüberprüfung, sondern auch auf eine Qualitätssicherung legen, die der Optimierung weiterer, nachfolgender Maßnahmen dient.

3.3.5 Transfersicherung

Eine weitere Aufgabe der Personalentwicklung in einer kompetenzförderlichen Lernkultur ist die Sicherung der Anwendung und Generalisierung des gelernten Wissens und der neu erworbenen Fähigkeiten und Fertigkeiten in der Arbeitstätigkeit, kurz: die Transfersicherung. Unter einer Lernkulturperspektive ist es wichtig, dass das neu gelernte Wissen und die erworbenen Kompetenzen tatsächlich im regulären Arbeitsalltag angewendet werden können. Die Gestaltung von Maßnahmen zur Transfersicherung liefert dazu die Grundlage. Transfersicherung unterstützt Lernen und zeigt einen positiven Umgang mit Lernen auf. Dies macht die Transfersicherung zu einem Element bzw. Bestandteil von Lernkultur. Bei der Transferförderung gilt es einerseits, den entsprechenden Einflussfaktoren Beachtung zu schenken, andererseits transferförderliche Maßnahmen einzubeziehen. Diese beiden Punkte werden nachfolgend nach einer kurzen Begriffsbestimmung näher betrachtet.

Unter Transfer ist zu verstehen, dass gelerntes Wissen, erworbene Fähigkeiten und Verhaltensweisen in einem spezifischen Kontext (am Arbeitsplatz) angewendet werden und langfristig auf andere Bereiche generalisiert werden können (Baldwin & Ford 1988).

Zur Beschreibung, Erklärung und insbesondere zur Förderung des Transfers wurde von Forschern eine Vielzahl an Konzepten und Maßnahmen entwickelt (vgl. z.B. Bergmann & Sonntag 1999). Baldwin und Ford (1988) und in Folge Ford und Weissbein (1997) haben ein Rahmenmodell vorgelegt, das den Transferprozess sowie angenommene Wirkfaktoren und mögliche Ansatzpunkte zur Transferförderung darstellt und integriert (s. Abb. 3.2). Dieses Modell beinhaltet Faktoren, die sich förderlich auf den Transfer und damit auch auf das Lernen auswirken. Damit werden hier durchaus Aspekte angesprochen, die unter Lernkulturperspektive einen Beitrag zur Gestaltung von Lernen liefern.

Der Transferprozess im Modell von Baldwin und Ford (1988) setzt sich aus drei übergeordneten Teilprozessen oder -bereichen zusammen: Trainingsinput, Trainingsoutput und der Transfer an sich. Innerhalb des *Trainingsinputs* werden der Einfluss und die Ausprägung von Charakteristika des Lernenden, des Trainingsdesigns und des Arbeitsumfelds unterschieden. *Trainingsoutput* umfasst das Ausmaß und die Qualität des Gelernten sowie dessen Verfügbarkeitsdauer. *Transfer* wird an den Bedingungen festgemacht, inwieweit eine Verallgemeinerung des gelernten Materials im Arbeitskontext stattfindet und wie und in welchem Zeitraum das erworbene Wissen oder Verhalten aufrechterhalten wird. Aus Abbildung 3.2 ist ersichtlich, dass der Trainingsinput sowohl direkte als auch indirekte Auswirkungen auf den Transfer hat. Während das Trainingsdesign den Transfer nur über den Trainingsoutput beeinflusst, haben die Charakteristika des Lerners sowie das Arbeitsumfeld direkten Einfluss auf Transfereffekte.

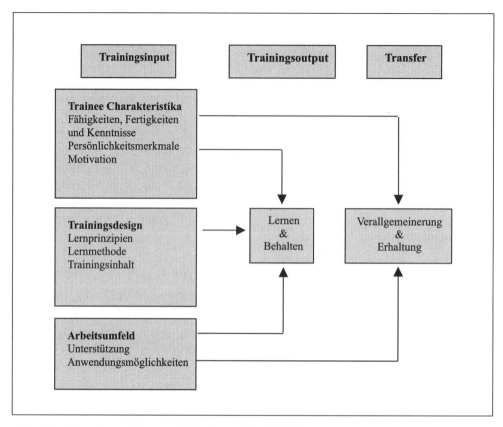

Abb. 3.2: Transfermodell nach Baldwin und Ford (1988)

Nachfolgend werden die drei Inputkomponenten kurz skizziert, da sie transferbeeinflussende Faktoren und damit auch lernförderliche Faktoren beinhalten:
- *Charakteristika des Lernenden*: Hierunter fallen beispielsweise individuelle Vorkenntnisse und -erfahrungen, verschiedene Persönlichkeitsmerkmale (z.B. Selbstwirksamkeit) sowie die Lern- und Transfermotivation des Lernenden.
- *Trainingsdesign* umfasst transferförderliche Lehr- und Lernmethoden, anwendungsbezogene Trainings- und Lerninhalte sowie Lernprinzipien, die die didaktisch-methodischen Grundlagen benennen (z.B. Instruktionsstrategien, siehe auch Tannenbaum & Yukl 1992, vgl. auch Kap. 3.3.3).
- Das *Arbeitsumfeld* sollte, um positive Transfereffekte zu erlangen, so gestaltet sein, dass die Anwendung des Gelernten möglich ist und der Lernende Unterstützung, beispielsweise von Seiten der Kollegen oder des Vorgesetzten, erhält.

Im Rahmen einer Lernkultur sind besonders die letzten beiden Komponenten von Interesse. Da dem Trainingsdesign bereits in der Phase der Planung und Realisierung von Personalentwicklungsmaßnahmen nähere Aufmerksamkeit geschenkt wurde, werden im Folgenden transferförderliche Faktoren im Arbeitsumfeld vertieft.

3.3.5.1 Transferförderliche Faktoren des Arbeitsumfeldes

Die Transferforschung beschäftigt sich ausführlich mit Faktoren im organisationalen Lernumfeld und Arbeitsumfeld, die sich positiv auf den Transfer auswirken. Die Betrachtung dieser Faktoren liefert ebenfalls einen Zugang dazu, wie Lernen durch Rahmenbedingungen des Umfeldes beeinflusst werden kann. Dies ermöglicht eine Bestimmung von lernförderlichen Elementen in einer neuen Lernkultur.

Als eine Art übergeordneter Faktor kann die *organisationale Lernumwelt* begriffen werden (Salas & Cannon-Bowers 2001), die den grundlegenden Umgang mit Lernen und Training im allgemeinen und den Transfererwartungen im besonderen innerhalb des Unternehmens bestimmt. Tracey, Tannenbaum und Kavanagh (1995) sprechen in diesem Zusammenhang von einer *„continuous-learning culture"* (S. 241). Kennzeichen solch einer Kultur ist ein Arbeitsumfeld, in dem Lernen und der Erwerb von Wissen und Kompetenzen von allen Organisationsmitgliedern als wesentliche Verpflichtung betrachtet wird und eine weitgehend übereinstimmende Einstellung dazu vorliegt, dass Lernen ein integraler Bestandteil des Arbeitsalltags jedes einzelnen ist. Rouillier und Goldstein (1993) beziehen sich in ihrer Studie zu transferförderlichen Faktoren auf den Begriff des *Transferklimas*, der, ebenfalls wie der Begriff der continuous learning culture, den Umgang mit Lernen und hier speziell dem Transfer beschreibt und damit als ein eher normativer Einflussfaktor zu bewerten ist. Im Rahmen von Transferklima beschäftigen sie sich somit mit Situationen und Maßnahmen, die transferförderlich bzw. -hinderlich sind und vornehmlich im sozialen Arbeitsumfeld anzutreffen sind. Eine wichtige Rolle kommt dabei dem *Vorgesetzten* zu, der durch das Setzen und verbindliche Vereinbaren von Lernzielen und anschließendem Feedback, positiv bei gezeigtem und negativ bei nicht gezeigtem Transferverhalten unterstützend tätig ist. Dies impliziert, dass er über den Lernprozess umfassend informiert und voll integriert sein sollte. Weitere Aufgaben des Vorgesetzten im Trainings- und Transferprozess sind nach Smith-Jentsch, Salas und Brannick (2001) das Coachen des Lernenden, das Geben von konstruktivem Feedback, Belohnung in Form von Lob und Anerkennung und insgesamt die Übernahme einer Vorbildfunktion (vgl. Kap. 3.4). Auch die *Kollegen* und das *Team* bzw. die *Gruppe* übernehmen nach Rouillier und Goldstein (1993) eine wichtige Funktion, denn auch sie können zum Lernen und zu dessen Anwendung motivieren (z.B. indem sie dem Lernenden Anerkennung aussprechen) und Feedback geben. Smith-Jentsch und Kollegen (2001) konnten in ihrer Studie positiven Einfluss von Unterstützung sowohl seitens des Vorgesetzten als auch des Teams auf das Trainingsergebnis und die Anwendung des Erlernten im Arbeitsalltag ermitteln. Als transferförderlich kann somit ein entsprechendes Verhalten des Vorgesetzten und von Seiten der Kollegen gelten. Beide Seiten schaffen ein Klima, das Transfer und Lernen ermöglicht und unterstützt.

3.3.5.2 Maßnahmen zur Förderung des Transfers

Maßnahmen zur Förderung des Transfers sind in einer neuen Lernkultur von Relevanz, da sie die Anwendung des Gelernten am Arbeitsplatz erst möglich machen. Nach Schaper (in Druck) können transferunterstützende Maßnahmen in vier Kategorien eingeteilt werden: die Gestaltung der Lernumgebung, die direkte Anleitung und Unterstützung des Lerntransfers, die Einbindung des Arbeits- und organisationalen Umfeldes und die soziale Einbettung des Lern- und Anwendungsprozesses (vgl. Abb. 3.3). Diese umfassen unter zeitlichen Gesichtspunkten Maßnahmen vor, während und nach dem eigentlichen Lernen. Nachfolgend werden ausgewählte Maßnahmen aus diesen vier Bereichen vorgestellt, die unter der Perspektive der Lernförderung wichtig erscheinen. Sie zeigen ebenfalls auf, wie in einer Lernkultur Transferaktivitäten stattfinden sollten und können. Für eine ausführliche Darstellung der vier Kategorien sei auf Schaper (im Druck) verwiesen.

Bei der *Gestaltung der Lernumgebung* ist zunächst zu beachten, dass eine enge Verbindung zwischen der Lern- und der Arbeitsumgebung hergestellt wird, damit anwendungs- und bedarfsorientiertes Lernen ermöglicht werden kann. Hierzu bietet sich das Durchführen von Bedarfsanalysen an, auf die bereits in der Phase Lernbedarfsermittlung genauer eingegangen wurde. Weiterhin hat es sich als lern- und transferförderlich erwiesen, die Lernenden bei der Bestimmung der Lerninhalte und Ziele mit einzubeziehen (Lemke 1995), da so die Lernmotivation, der persönliche Bezug zum Lernprozess und die aktive Auseinandersetzung mit den Lerninhalten gefördert werden. Das Herstellen von Realitätsnähe und Anwendungsbezug in der Lernumgebung ist eine weitere transferförderliche Maßnahme, die durch das Bearbeiten realer authentischer Frage- und Problemstellungen erfüllt wird. Schließlich hat es sich auch als transferförderlich erwiesen, Lernen direkt in den Arbeitsprozess zu integrieren (vgl. Schaper 2000). Das Gelernte kann so direkt in die Arbeitspraxis übertragen werden und erfolgt stark bedarfsorientiert.

Bei der *direkten Anleitung und Unterstützung des Transfers* werden in oder direkt nach Abschluss der Lernphase Maßnahmen ergriffen, die den Lernenden aktiv mit einbeziehen und verpflichten. Dazu gehört das Vereinbaren von Transferzielen, in denen Verhaltensziele (vorgegeben oder partizipativ ermittelt) in Bezug auf die Anwendung des Gelernten formuliert werden. Dies erfolgt mit dem Trainer bzw. Lehrenden sowie beim arbeitsbezogenen Lernen verstärkt mit Beratern und Coaches, die den Lernprozess beratend und Hilfestellung gebend begleiten. Des Weiteren können dem Lernenden Techniken zur Selbstverstärkung und Überwachung vermittelt werden, die die Anwendung des Gelernten unterstützen (z.B. Trainingsverträge und Lerntagebücher). Auch die Antizipation von Transferproblemen erweist sich als transferförderlich. Hier werden Techniken zur Vermeidung von Rückfällen in das alte Verhalten eingeübt (bspw. Selbstmanagementtechniken). Schließlich helfen auch Follow-Up-Treffen, bei denen der Lernende bzw. die Lerngruppe gemeinsam mit dem Trainer oder Berater Probleme bespricht, die bei der Anwendung aufgetreten sind.

Gestaltung der Lernumgebung	Anleitung des Transfers	Einbindung des Arbeitsumfeldes	Soziale Einbettung
Bedarfsanalyse durchführen Partizipation bei der Bestimmung von Lernzielen und Lerninhalten Anwendungsbezug/Realitätsnähe herstellen Integration des Lernens in den Arbeitsprozess	Vereinbarung von Transferzielen Techniken zur Selbstverstärkung Antizipation von Transferproblemen Follow-up-Trainings durchführen	Einbindung des Vorgesetzten Anreize für erfolgreiche Anwendung bereitstellen Rahmenbedingungen schaffen	Bildung von Lerngruppen für das Training und nach dem Training Mentoring durch Experten Einbindung in Communities of Practice

Abb. 3.3: Transferförderliche Maßnahmen

Maßnahmen, die bei der *Einbindung des Arbeits- und organisationalen Umfeldes* angewendet werden, beinhalten das Einbeziehen des Vorgesetzten durch Vor- und Nachbereitungsgespräche oder durch Einbindung in das Training (s.o.). Auch erscheint es wichtig, Anreize für eine erfolgreiche Anwendung des Gelernten zu schaffen (z.B. Kompetenzzertifizierung, Erhöhung von Leistungsprämien). Schließlich müssen auch Rahmenbedingungen angepasst oder geändert werden, um den Transfer zu ermöglichen (z.B. Reduzierung der Arbeitsbelastung, positive Lernatmosphäre). Dies gilt es bereits im Vorfeld zu prüfen.

Die *soziale Einbettung des Lern- und Anwendungsprozesses* kann über das Bilden von Lerngruppen für das Training, in der die Mitglieder über ähnliche Vorerfahrungen und Vorwissen verfügen, erfolgen sowie auch über das Bilden von Lerngruppen nach einem Training. Letztere treffen sich regelmäßig und besprechen Erfahrungen und Probleme bei der Umsetzung. Ebenfalls hat es sich als transferförderlich erwiesen, den Lernprozess durch Experten begleiten zu lassen, die den Lernenden coachen. Auch die Einbindung des Lernenden in Expertengemeinschaften, z.B. Communities of Practice, gilt als transferförderlich.

Das Thema Transfersicherung ist hier im Zusammenhang mit Personalentwicklung inhaltlich ausführlicher behandelt worden, da in der Praxis oftmals eine „Transferproblematik" zu beobachten ist und der Transfersicherung nicht ausreichend Beachtung geschenkt wird. Doch gerade diese trägt entscheidend zur Sicherung des Weiterbildungserfolgs bei. Unterstützende Faktoren, wie ein lernförderliches Verhalten der Führungskraft und der Kollegen, und transferförderliche Maßnahmen, wie z.B. die Gestaltung der Lernumgebung und der Einbezug des sozialen Umfeldes, sind dabei zu berücksichtigen. Eine durchdachte Transfersicherung wird damit zu einem wesentlichen Bestandteil einer Lernkultur im Unternehmen.

3.3.6 Strategische Aspekte der Personalentwicklung

Personalentwicklung in einer kompetenzförderlichen Lernkultur sollte unter Effizienz- und Effektivitätsgesichtspunkten nicht nur auf Handlungs- und Maßnahmenaktivitäten auf operativer Ebene beschränkt sein, sondern sollte auch auf strategischer Ebene positioniert werden, um eine nachhaltige Wirkung zu erzielen. Strategische Personalentwicklung orientiert sich dabei an der Unternehmensstrategie und ist in diese eingebunden. Nach Schöni (2001) ist es in der Praxis oftmals schwierig, beide Strategien abzustimmen, denn die Unternehmensstrategie erweist sich als äußerst dynamisch, da sie auf wirtschaftliche Veränderungen innerhalb der Geschäftsfelder reagiert. Schöni schlägt für eine richtige Positionierung zwei unterschiedliche zu berücksichtigende Perspektiven vor:
- Die *strategieerfüllende Perspektive*: Diese orientiert sich an der Geschäftstrategie und formuliert Antworten hinsichtlich der Frage, welche Anforderungen die Unternehmensziele an die Mitarbeiter und ihre Qualifikation bzw. Kompetenzen stellen.
- Die *strategiegestaltende Perspektive*: Hier entwickelt die Personalentwicklung eigene Ziele und Strategien, begründet in zeitgemäßen und zukünftig wichtigen Lern- und Kompetenzentwicklungskonzepten. Beispielsweise werden Qualifizierungsziele definiert, die für das Unternehmen neue Wege in der Arbeitsorganisation und Wertschöpfung erschließen.

Neben der Einbindung der Personalentwicklungsstrategie in die Unternehmensstrategie benennt Schöni (2001) einen weiteren strategischen Aspekt der Personalentwicklung, der auch unter einer Lernkulturperspektive von Relevanz ist: das Formulieren eines systematischen *Personalentwicklungskonzepts*. In diesem werden normative Grundsätze, Qualifizierungs- und zukünftige Entwicklungsziele, Methoden, Instrumente und Aktivitäten sowie Verantwortlichkeiten aller Beteiligten geregelt. Dieses Konzept und das Handeln nach solch einem Konzept verdeutlichen eine ganzheitliche, integrierte Personalentwicklung, wie sie in einer Lernkultur stattfinden sollte. Neben dem Einbeziehen der im Unternehmen vorherrschenden lernbezogenen Werte und Normen, die in der Unternehmensphilosophie bzw. in den -leitbildern manifestiert sind (vgl. Kap. 3.2.1), verpflichtet sich die Personalentwicklung zum Erreichen bestimmter Ziele mittels festgelegter Aktivitäten. So werden sowohl normative als auch operative Aspekte in die Strategie integriert, was sich für eine Lernkultur, die auf normativer, strategischer und operativer Ebene angesiedelt werden kann, förderlich auswirkt.

Durch die Regelung von Verantwortlichkeiten aller Beteiligten ergibt sich die Chance, die Aufgabe der Personalentwicklung, die in der Förderung von Lernen und Kompetenzentwicklung besteht, auf weitere Akteure wie die Führungskräfte und die Mitarbeiter selbst auszuweiten, d.h. eine Dezentralisierung der Personalentwicklung vorzunehmen (s. Ziele der Personalentwicklung; Kap. 3.3.1). Führungskräfte tragen durch ihren unmittelbaren Kontakt und ihre Verpflichtung gegenüber ihren Mitarbeitern auch für die Personalentwicklung Verantwortung (vgl. Kap. 3.4.3). Auch die Mitarbeiter sind mitverantwortlich für ihre persönliche Entwicklung (s. Ziel der Eigenverantwortung; Kap. 3.3.1).

Neben der Mitarbeiterförderung im Hinblick auf aktuelle und zukünftige Anforderungen ist eine weitere strategische Aufgabe der Personalentwicklung in einer zeitgemäßen Lernkultur in der *Mitgestaltung von Veränderungen und Veränderungsprozessen* zu sehen (vgl. Jung und Weißenrieder 1999; Wunderer 1999) (vgl. Kap. 3.2.2.4). Hierbei gilt es, Strukturen und personelle Ressourcen so zu gestalten, dass zum einen das Erreichen neuer Geschäftsziele unterstützt wird und zum anderen die Mitarbeiter ausreichend auf die durch Veränderungen entstehenden neuen Anforderungen vorbereitet werden.

Es konnte in diesem Abschnitt gezeigt werden, dass sich eine strategische Personalentwicklung an der Unternehmensstrategie orientiert bzw. lernorientierte Unternehmensleitlinien aufgreift und diese in Strategien umsetzt. Ebenso umfasst sie auch ein ausgefeiltes Konzept, das normative (lernbezogene Werte und Leitlinien) und operative Elemente (Umsetzung strategischer Ziele in konkrete Personalentwicklungsmaßnahmen) mit strategischen Aspekten verbindet. Unter Einbezug der Mitarbeiter und Führungskräfte wird Personalentwicklung zu einer unternehmensweiten Aufgabe, die es in einer förderlichen Lernkultur zu erfüllen gilt. Damit Lernen geplant, durchdacht und organisiert erfolgt, muss eine förderliche Lernkultur im Unternehmen eine strategische Personalentwicklung beinhalten.

3.3.7 Zusammenfassende Betrachtung von Personalentwicklung in einer Lernkultur

Eine systematische und strategisch ausgerichtete Personalentwicklung ist in einer Lernkultur von zentraler Bedeutung. Im Rahmen dieses Kapitels wurde verdeutlicht, welche Ziele die Personalentwicklung in diesem Zusammenhang verfolgt, wie eine systematische Personalentwicklung durch Einhalten und Durchführen einzelner Phasen praktiziert wird und zu einer Zielerreichung führt und welche strategischen Aspekte zu integrieren sind. Personalentwicklung unter einer Lernkulturperspektive verfolgt einen ganzheitlichen Ansatz, der systematische und prozesshafte (PE-Modell) sowie strategisch und normativ orientierte Aspekte beinhaltet.

Damit werden die Lernbedarfsermittlung, die Planung und Realisierung von Personalentwicklungsmaßnahmen, die Erfolgskontrolle und die Transfersicherung sowie die strategische Ausrichtung der Personalentwicklung zu einem wichtigen Bestandteil einer Lernkultur. Anhand der Ausprägung bzw. des Umgangs im Unternehmen mit diesen Aspekten lässt sich ablesen, welchen Stellenwert Lernen im Unternehmen hat und mit welcher Intensität es gefördert wird. Es gilt aktuell und für die Zukunft, dass Personalentwicklung eine zentrale Stellung für die Gestaltung von Lernen und Lernprozessen einnimmt, dadurch dass sie auf operativer Ebene durch das Planen und Durchführen sowie Überprüfen von Maßnahmen und auf strategischer Ebene agiert. Sie wird zu einer Art Motor für Lernen im Unternehmen und damit zu einem gestaltendem Bestandteil von Lernkultur.

Abschließend werden noch einmal die in diesem Kapitel herausgearbeiteten lernförderlichen Elemente einer Personalentwicklung in einer neuen Lernkultur überblicksartig dargestellt. Diese können als Merkmale einer kompetenzförderlichen Lernkultur betrachtet werden.

Ausgehend von den Phasen im Managementmodell der Personalentwicklung nach Schöni (2001) konnten folgende Merkmale identifiziert werden:
- systematische Lernbedarfsermittlung,
- Maßnahmen zur Kompetenzmessung und -entwicklung,
- Qualitätssicherung mit Bildungscontrolling und Transfersicherung.

Diese werden ergänzt durch vier weitere Merkmale, die ebenfalls als zentral in der Personalentwicklung einer neuen Lernkultur erachtet werden:
- strategische Ausrichtung der Personalentwicklung,
- hoher Stellenwert der Personalentwicklung im Unternehmen,
- Partizipation der Mitarbeiter bei der Gestaltung von Personalentwicklung,
- Dezentralisierung der Personalentwicklung.

3.4 Führung in einer Lernkultur

In diesem Kapitel wird die Führungsforschung inhaltlich hinsichtlich ihres Einflusses auf Lernen im Unternehmen allgemein sowie Lernen und Weiterentwicklung der Mitarbeiter im Besonderen betrachtet. Die Führungskraft spielt bei der Gestaltung einer Lernkultur eine wichtige Rolle. Sie fungiert einerseits als eine Art Multiplikator, in dessen Funktion sie lernbezogene Werte, Erwartungen und Einstellungen in Bezug auf Art und Bedeutung von Lernen im Unternehmen an die Mitarbeiter weitergibt. Andererseits unterstützt sie die Mitarbeiter in ihrer Entwicklung und auch beim Lernen und fördert somit die Lernkultur im Unternehmen. Diese die Lernkultur unterstützende Mitarbeiterförderung durch die Führungskraft wird nachfolgend näher bestimmt. Es wird versucht, eine für die Lernkultur wirkungsvolle Rolle der Führungskraft sowie in diesem Zusammenhang notwendige Aufgaben und Funktionen der Führungskraft genauer herauszuarbeiten. Dazu wird zunächst die Führungsstilforschung näher beleuchtet. In einem weiteren Schritt werden Führungsaufgaben im Lernprozess der Mitarbeiter eruiert sowie abschließend die Bedeutung von Führungsleitlinien in diesem Zusammenhang erläutert. Einleitend erfolgt nun zunächst der Versuch einer Begriffsbestimmung.

3.4.1 Führung – eine Begriffsbestimmung

Der Begriff der Führung wurde von vielen Forschern definiert, wodurch sich, wie es bei einem breiten Forschungsfeld häufig der Fall ist, keine einheitliche Definition finden lässt. Deshalb sei hier eine allgemeine Definition von Gebert und Rosenstiel (2002) aufgeführt. Die Autoren verstehen unter Führung „die absichtliche und zielbezogene Einflussnahme einer Person auf das Verhalten der Mitarbeiter einer Arbeitsgruppe" (S. 185). Wunderer (2003) beschreibt Führung als „ziel- und ergebnisorientierte, aktivierende und wechselseitige, soziale Beeinflussung zur Erfüllung gemeinsamer Aufgaben in und mit einer strukturierten Arbeitssituation" (S. 4). Vor dem Hintergrund der eigenen Fragestellung bleibt somit festzuhalten, dass es sich bei Führung um einen Interaktionsprozess zwischen der Führungskraft und ihren Mitarbeitern handelt, in dem sowohl die Führungskraft Einfluss auf ihre Mitarbeiter nehmen kann als auch umgekehrt. Der Top-down-Einfluss zeigt sich im Rahmen der Mitarbeiterförderung dadurch, dass die Führungskraft steuernd auf das Lernverhalten ihrer Mitarbeiter einwirken kann.

3.4.2 Zum Stand der Mitarbeiterförderung in der Führungsforschung

In diesem Abschnitt soll der Frage nachgegangen werden, inwieweit das Thema Mitarbeiterförderung und Mitarbeiterentwicklung in der Führungsforschung allgemein und in der Führungsstilforschung im Besonderen Beachtung findet.

In Rahmen der Führungsforschung spielen das Führungsverhalten bzw. die Führungsstile eine entscheidende Rolle. Führungsstil ist im Unterschied zum Führungsverhalten ein situationsunabhängiges, regelmäßig wiederkehrendes Verhaltensmuster. Über ein wiederholt auftretendes Verhaltensmuster, das wiederum aus den einzelnen Verhaltensweisen besteht, wird auf einen bestimmten Führungsstil geschlossen. Beim Führungsverhalten und bei Führungsstilen geht es um eine Führungsbeziehung zwischen Vorgesetztem und Mitarbeiter, die sich durch Wechselseitigkeit bei der Einflussgestaltung auszeichnet (Wunderer 2003). Im Rahmen einer Lernkultur ist das Führungsverhalten insofern von Interesse, als es Verhaltensweisen der Führungskraft im Umgang mit ihren Mitarbeitern gibt, die das Lernen und die Weiterbildung der Mitarbeiter fördern und behindern können. Somit finden sich also Verhaltensweisen, die die Mitarbeiterförderung verstärken oder hemmen. Nachfolgend werden ausgewählte Führungsstile vorgestellt und hinsichtlich dieses Aspekts untersucht.

Die *empirische Führungsstilforschung* wurde geprägt von zwei Forschergruppen, die ab Ende der vierziger Jahre in umfangreichen Feldstudien versuchten, erfolgsbestimmende Dimensionen der Führung zu ermitteln. Das Vorgehen basierte nicht auf einer zugrunde liegenden Führungstheorie, sondern die Forscher leiteten ihre Ergebnisse aus einem statistisch abgesicherten Vergleich des Verhaltens erfolgreicher und erfolgloser Führungskräfte ab. Die *Michigan-Studien* (Likert 1961) ermittelten als entgegensetzte Pole eines Kontinuums die Aufgabenorientierung (production orientation) und die Mitarbeiterorientierung (employee orientation) als Verhaltensmuster bzw. Führungsstile. Eine effiziente Führung zeigt sich anhand der Untersuchungsergebnisse eher bei einem mitarbeiterorientierten als bei einem aufgabenorientierten Verhalten der Führungskraft. In den *Ohio-Studien* (Fleishman 1962) konnten ebenfalls zwei Faktoren, die aber voneinander unabhängig betrachtet wurden, identifiziert werden. Sie entsprechen inhaltlich größtenteils denen der Michigan-Gruppe und lauten: Consideration (Mitarbeiterorientierung) und Initiating Structure (Aufgabenorientierung). Erfolgreiche Führung zeigt sich in dieser Studie jedoch in einer hohen Ausprägung auf beiden Dimensionen. Zahlreiche weitere Führungsstiltypologien basieren auf diesen beiden Ansätzen, so zum Beispiel Tannenbaum und Schmidt (1958) mit einem eindimensionalen Führungskontinuum (in Tradition der Michigan-Studien) und Blake und Mouton (1978) mit ihrem Verhaltensgitter („Managerial Grid") als einem zweidimensionalen Konzept (in Tradition der Ohio-Studien), in dem vier Führungsstile unterschieden werden (für einen Überblick siehe Wunderer 2003). Alle diese Ansätze beziehen als einen Aspekt die Mitarbeiterorientierung mit ein. Diese beinhaltet Verhaltensweisen, die zu einer freundlichen und entspannten Arbeitsatmosphäre beitragen; so beispielsweise: Die Führungskraft achtet auf das Wohlergehen ihrer Mitarbeiter, sie setzt sich für ihre Leute ein, behandelt ihre Mitarbeiter als Gleichberechtigte etc. (Wunderer 2003). Diese klassischen Führungsstilansätze haben den Blick somit auf ein mitarbeiterförderliches Verhalten gelenkt, das allerdings im Hinblick auf die heutige Entwicklung in Richtung eines neuen Rollenverständnisses von Führung und einer stärkeren Eigenverantwortung des Mitarbeiters der Erweiterung bedarf.

In der heutigen Zeit findet man häufig die Unterscheidung zwischen einem *konsultativen*, einem *kooperativen* und einem *delegativen Führungsstil* (in Anlehnung an das Führungskontinuum von Tannenbaum & Schmidt 1958), welche im Grad ihrer Entscheidungspartizipation, des zwischenmenschlichen Vertrauens sowie der Interaktion differieren (Wunderer 2003). Diese Stile werden im folgenden kurz skizziert und ihre Bedeutung für die Mitarbeiterförderung erläutert.

Der konsultative Führungsstil
Konsultative Führung bedeutet, dass die Mitarbeiter auf Initiative des Vorgesetzten hin beratend tätig werden, das heißt sie werden auftragsbezogen und bei Bedarf konsultiert, es wird aber nicht erwartet, dass sie selbst aktive, selbstinitiierte Einflussnahme betreiben (Wunderer 2003). Dieser Führungsstil findet sich in der Praxis zum Beispiel im betrieblichen Vorschlagswesen oder in Qualitäts- oder Werkstattzirkeln wieder. Konsultative Führung bezieht den Mitarbeiter zwar mit ein, allerdings ist er dabei eher fremd- als selbstbestimmt. Bedeutsame Mitarbeiterpotenziale werden hierbei oftmals nicht genutzt und qualifizierte und initiative Mitarbeiter können eher demotiviert werden. Auch können Möglichkeiten zur Personalentwicklung wie z.B. das Lernen aus den Erfahrungen der Führungskraft nicht genutzt werden. Damit kann dieser Führungsstil eher als eine Vorstufe zur Mitarbeiterförderung in einer Lernkultur betrachtet werden (Wunderer 2003).

Der kooperative Führungsstil
Kooperative Führung ist gekennzeichnet durch eine enge und häufig stattfindende Interaktion zwischen der Führungskraft und ihren Mitarbeitern und einem daraus resultierenden starken Vertrauen. Damit weisen diese beiden Unterscheidungskriterien im kooperativen Führungsstil die höchste Ausprägung gegenüber dem konsultativen und delegativen Stil auf. Die Entscheidungspartizipation ist dagegen eher zwischen diesen anzusiedeln, hier weist die delegative Führung einen höheren Wert auf. In der Praxis zeigt sich kooperative Führung in Elementen wie Coaching, Beurteilungen und Mitarbeitergesprächen. Kooperative Führung nutzt die Mitarbeiterpotenziale, die Qualifikation und Initiative der Mitarbeiter deutlich stärker als die konsultative Führung. Damit liefert sie den Mitarbeitern größere Lernmöglichkeiten. Durch die enge Interaktion mit dem Vorgesetzten lernen die Mitarbeiter auch von ihm selbst sehr viel und er lässt sie an Entscheidungen teilhaben. Des Weiteren führt diese Interaktion auch zu einer gezielten individuellen Förderung der Mitarbeiter, da die Führungskraft die Mitarbeiter gut kennt und einschätzen kann. Weiterhin können durch die enge Zusammenarbeit auch Feedbackprozesse unterstützt werden.

Der delegative Führungsstil
Bei der delegativen Führung überträgt die Führungskraft ihren Mitarbeitern Aufgaben, Kompetenzen und Verantwortung. Damit wird von den Mitarbeitern auf Entscheidungsebene die größte Selbstständigkeit und Selbstinitiative erwartet. Dies stellt wiederum die höchsten Ansprüche an den Mitarbeiter. Auf Ebene der Interaktion gilt, dass sie deutlich geringer ist als bei kooperativer Führung, dafür muss sie aber, um Erfolg versprechend zu sein, auf hohem Vertrauen von Seiten der Führungskraft in Bezug auf Verantwortungsbereitschaft, Loyalität und Motivation des Mitarbeiters basieren. Delegative Führung zeigt sich in der Praxis beispielsweise in dem Ansatz Management-by-Objektives (MbO). Bei diesem Führungsstil handelt es sich wohl um den anspruchvollsten. Die Qualifikation und die Motivation der Mitarbeiter werden auf das höchste gefordert und der kritische Faktor ist die Beziehungsebene, die nur bedingt von außen steuerbar ist. Delegative Führung geht einher mit der Entwicklung hin zu Eigenverantwortung und Eigeninitiative des Mitarbeiters und ist von daher als sehr lernförderlich zu beurteilen, da der Mitarbeiter eigenständig entscheiden muss und durch diese Prozesse lernen und sich weiterentwickeln kann. Aber diese hohe Eigenverantwortung birgt auch das Risiko der Überforderung des Mitarbeiters, was sich wiederum lernhinderlich auswirken kann. Die Verantwortung wird dann nicht mehr als eine Herausforderung betrachtet, durch die man Erfahrungen sammelt und daraus lernt, sondern als Belastung erlebt, bei der man zum Lernen gezwungen wird, was sich wiederum hemmend auf die Lernmotivation auswirkt.

Ein in der Führungslehre und auch in der Führungspraxis zunehmend als wünschenswert charakterisierter Führungsstil ist die *transformationale Führung*. Sie entstammt dem Ansatz zur transaktionalen und transformationalen Führung von Bass (Bass & Steyrer 1995), auf den abschließend kurz eingegangen wird. *Transaktionale Führung* konzentriert sich auf die Ziel- und Aufgabendimension delegativer Führung. Sie wird durch die beiden zwei Variablen ‚Management-by-Exception' und ‚Bedingte Belohnung' abgedeckt (Neuberger 2002). Die Führungskraft hat damit die Aufgaben, den Weg und das Ziel zu erklären und zu kontrollieren, die leistungsbezogene Belohnungsvergabe (als Gegenleistung von erbrachter Leistung in Form von Entgelt, Lob, Aufstieg, Arbeitsbedingungen) zu regeln und sich nur in Ausnahmefällen (exception) in das Handeln der Mitarbeiter einzumischen. Als Grundprinzipien transaktionaler Führung nennt Wunderer (2003) unter anderem die Berücksichtigung von Zielen und Bedürfnissen der Mitarbeiter, die Förderung der Fähigkeiten der Mitarbeiter zur Zielerreichung sowie die Schaffung günstiger situationaler Bedingungen für diese Zielerreichung. *Transformationale* Führung zeichnet sich dadurch aus, dass der Vorgesetzte Werte und Motive seiner Mitarbeiter auf eine höhere Ebene transformiert und damit ihre Bedürfnisse im gewünschten oder erwarteten Sinne verändert (Wunderer 2003). Im Zentrum stehen also visionäre Inhalte, die die Führungskraft vermittelt und die das Ziel haben, die „emotionale Energie" (Wunderer 2003, S. 244) aller Organisationsmitglieder auf eine gemeinsame Zielerreichung zu lenken. Die Aufgaben der Führungskraft sind hierbei, die Mitarbeiter durch das Aufbrechen etablierter Denkmuster geistig anzuregen und sie zu inspirieren, mit dem eigenen Verhalten und der persönlichen Ausstrahlung eine Identifikationsperson zu werden. Des Weiteren soll sie die Mitarbeiter individuell behandeln und fördern. Damit kommt ihr die Rolle eines Visionärs und einer Identifikationsperson zu. Der Ansatz zur transformationalen Führung birgt Chancen für eine individuelle Mitarbeiterförderung. Dadurch können auch lernbezogene Normen und Werte über die Führungskraft vermittelt werden (Multiplikatorfunktion). Ihr Verhalten regt zudem Lern- und Entwicklungsprozesse bei den Mitarbeitern an. Besonders vor dem Hintergrund zunehmenden Wandels und stetiger Veränderung erscheinen das Aufzeigen von Visionen und das Inspirieren von Bedeutung. Nicht zuletzt deshalb spricht Weinert (1998) auch beim Transformationsführer von der Führungskraft des 21. Jahrhunderts. Dennoch ist dieser Führungsstil auch kritisch zu betrachten. Visionen im Rahmen der Mitarbeiterförderung reichen für sich genommen nicht aus, sondern gefordert ist eher ein aktives Agieren der Führungskraft, wenn es um die Unterstützung von Lernen und Weiterbildung geht.

Zum Abschluss ist festzustellen, dass die betrachteten Führungsstile eher allgemein das Verhalten zum Führen der Mitarbeiter im Hinblick auf die Aufgabenerfüllung und weniger das Verhalten zur Förderung des Lern- und Weiterbildungsverhaltens der Mitarbeiter beschreiben. Dennoch wurde versucht herauszuarbeiten und zu bewerten, welchen Beitrag sie zur Mitarbeiterförderung leisten. Es lässt sich dabei eine Art Abstufung ausmachen. Der konsultative ebenso wie der transaktionale Führungsstil gehen für eine unterstützende Mitarbeiterförderung nicht weit genug, da die Interaktion zwischen Führungskraft und Mitarbeiter nicht stark genug ausgeprägt ist. Und gerade dies spielt für Unterstützung von Lernen eine wichtige Rolle (z.B. im Sinne von Modelllernen). Der kooperative Führungsstil legt sehr viel Wert auf Interaktion, jedoch steht die Eigenverantwortung des Mitarbeiters hier weniger im Vordergrund als dies bei der delegativen Führung der Fall ist. Und gerade das schafft Lernpotenziale, birgt aber, wie bereits oben beschrieben, auch die Gefahr einer lernhinderlichen Überforderung. Der transformationale Führungsstil beinhaltet eine starke motivationale Komponente und regt dadurch Lern- und Entwicklungsprozesse an, um die propagierten Visionen zu erreichen. Jedoch ist diese

Anregung nicht unbedingt ausreichend. Zur Förderung des Lernens ist vielmehr aktives Handeln erforderlich (z.B. der Einsatz von Führungsinstrumenten), das spezielle Weiterbildungs- und Entwicklungsmaßnahmen für den Mitarbeiter nach sich zieht und das zu einer steuerbaren Kompetenzentwicklung führt. Lernförderliches Führungsverhalten ist somit nicht an einem bestimmten Führungsstil festzumachen, sondern es gilt, einzelne Aspekte wie eine häufige Interaktion, eine den Mitarbeiter nicht überfordernde aber herausfordernde Betonung von Eigenverantwortung und das Vorleben eines positiven eigenen Lernverhaltens zu verbinden.

3.4.3 Rolle und Aufgaben der Führungskraft

In der einschlägigen Literatur lassen sich kaum spezifische Beschreibungen konkreter Aufgaben und Funktionen von Führungskräften im Rahmen der Mitarbeiterförderung finden. Dies hängt unter Umständen mit der Komplexität und der damit verbundenen, nicht routinisiert zu lösenden Aufgabenstruktur zusammen (Neuberger 2002). Dennoch soll im Folgenden versucht werden, die Aufgaben und auch die Rolle der Führungskraft in Bezug auf die Weiterentwicklung und das Lernen der Mitarbeiter zu bestimmen.

Wunderer (2003) benennt zentrale Führungsaufgaben im Rahmen von interaktiver Führung, in der Führung durch direkte, situative und individualisierte Kommunikation umgesetzt wird. Charakteristische Führungsaufgaben sind demnach:
- wahrnehmen, analysieren, reflektieren
- informieren, kommunizieren, konsultieren
- motivieren, identifizieren
- entscheiden, koordinieren, kooperieren, delegieren
- entwickeln, evaluieren, gratifizieren.

Wunderer hält dabei das Konzept einer unterstützten Selbstentwicklung der Mitarbeiter für besonders wichtig (Wunderer & Dick 2002). Der Mitarbeiter ist für seine Weiterentwicklung selbst verantwortlich, der Vorgesetzte unterstützt ihn dabei durch das Aufzeigen von Lernmöglichkeiten am Arbeitsplatz, durch Feedback, Anerkennung und konstruktive Kritik (Wunderer 2003). Eine Studie von Wunderer (2003) zeigt zudem, dass Personalexperten folgende Führungsaufgaben zukünftig für besonders wichtig halten:
- Vertrauen schaffen,
- Mitarbeiterpotenziale erkennen und fördern,
- Visionen kommunizieren,
- vernetztes Denken entwickeln,
- Spaß an der Arbeit sichern,
- coachen.

Diese Führungsaufgaben der Zukunft zeigen, dass Lernen und Weiterentwicklung eine zunehmend aktivere, begleitende Rolle der Führungskraft verlangen, nicht zuletzt auch in einer Lernkultur.

In der einschlägigen Forschungsliteratur lassen sich zudem folgende Führungsaufgaben finden:
- Regnet (1999a) spricht von einer zukünftigen Verlagerung im Tätigkeitsfeld der Führungskraft, in der diese die Funktion eines Koordinators, Moderators und Beraters übernimmt. Zusätzlich hat sie auch die Rolle eines Motivators inne. Comelli und von Rosenstiel (2001) weisen auf die Vorbildfunktion der Führungskraft hin, die mit ihrem Verhalten Akzente setzen muss. Auch verweisen die Autoren auf ein „zukünftiges Rollenbild eines Vorgesetzten (als) ... das eines Teamplayers, der Menschen für sich und für die vorgegebenen Ziele gewinnt" (S. 130). Dabei überzeugt er als Führungskraft und auch als Person und erfährt dadurch Akzeptanz von allen Seiten.
- Regnet (1999a) bezeichnet die Personalentwicklung als „ureigenste Führungsaufgabe" (S. 58). Die Führungskraft ist gefordert, die Weiterbildungsbemühungen der Mitarbeiter zu initiieren und zu unterstützen. Dabei wird sie zum Coach des Mitarbeiters.
- Die Führungskraft gilt nach Regnet (1999b) als Kommunikationsmanager. Die Führungskraft ist dazu angehalten, aktiv zu kommunizieren, wichtige und relevante Informationen weiterzugeben, also zu informieren und den Mitarbeitern Rückmeldung (Feedback) bezüglich ihrer Arbeitsleistung zu geben. Damit werden Kommunikation und auch Information zu einer Führungsaufgabe (vgl. auch Reiß 1999).
- Nach von Rosenstiel (1999) sind Anerkennung und Kritik wichtige Führungsaufgaben (vgl. auch Comelli & von Rosenstiel 2001). Damit kann erreicht werden, dass der Mitarbeiter über seine Arbeitsleistung und die damit verbundene Kompetenzausprägung informiert wird, dass er sein Verhalten aufgrund bestimmter Lernprozesse modifiziert und dass er motiviert wird.
- Als effektive Führungsinstrumente im Zusammenhang mit Mitarbeiterförderung zählen Comelli und von Rosenstiel (2001) das Mitarbeitergespräch, Beurteilungs- und Fördergespräche sowie den Zielvereinbarungsprozess auf.

Zusammenfassend ist festzuhalten, dass die Führungskraft eine wichtige Rolle im Lernprozess ihrer Mitarbeiter spielt. Damit kommt ihr auch in einer Lernkultur große Bedeutung zu. Hier ist sie ein Multiplikator, der Erwartungen und Vorstellungen über das Lernen und das Weiterbildungsverhalten der Mitarbeiter von Unternehmensseite an die Mitarbeiter heranträgt und vermittelt. Des Eeiteren übernimmt sie Personalentwicklungsfunktionen und unterstützt damit den Bereich der Personalentwicklung im Unternehmen. Schließlich hat sie auch die Verpflichtung, mit ihrem eigenen Lernverhalten ein Vorbild für die Mitarbeiter zu sein.

3.4.4 Die Bedeutung von Führungsleitlinien im Unternehmen

Eine Möglichkeit, die Bedeutung und die Wichtigkeit von Führung und der Führungskraft im Lern- und Entwicklungsprozess der Mitarbeiter zu verdeutlichen und dies auch im Unternehmen publik und transparent zu machen, ist die Verankerung zentraler Elemente von Lernen und Lernorientierung in den Führungsleitlinien des Unternehmens. Wie dies geschehen kann, wie lernorientierte Führungsleitlinien im konkreten Fall aussehen können und welche Inhalte sie enthalten sollten, wird nachfolgend beschrieben. Einleitend wird zunächst allgemein auf Führungsleitlinien eingegangen.

3.4.4.1 Zum Begriff und zu Inhalten von Führungsleitlinien

Der Begriff Führungsleitlinien wird in der Literatur oftmals synonym mit „Führungsgrundsätzen", „Führungsrichtlinien", „Führungsleitsätzen" und „Führungsprinzipien" verwendet. Die meisten Autoren sprechen jedoch von Führungsgrundsätzen. Dieser Begriff wird in den folgenden Ausführungen synonym mit Führungsleitlinien verwendet.

Nach Wunderer (2003) beschreiben und /oder normieren Führungsgrundsätze „die Führungsbeziehungen zwischen Vorgesetzten und Mitarbeitern im Rahmen einer ziel- und werteorientierten Führungskonzeption zur Förderung eines erwünschten organisations- und mitgliedergerechten Sozial- und Leistungsverhaltens" (S. 385). Führungsgrundsätze beinhalten also Leitlinien zur Interaktion zwischen Vorgesetztem und Mitarbeiter, die eine bestimmte unternehmensspezifische Führungsphilosophie ausdrücken. Somit liefern sie einen normativen Rahmen, der an Effizienz gewinnt, wenn er in die jeweilige Unternehmensphilosophie eingebettet ist und aus Unternehmensgrundsätzen abgeleitet wird.

Führungsgrundsätze können im Unternehmen explizit bzw. formalisiert und implizit vorkommen (Wunderer 1995). Explizite Leitlinien werden schriftlich fixiert und haben eine verbindliche Form. Auf der anderen Seite findet man in wesentlich breiterer und differenzierterer Weise Führungsgrundsätze, die ungeschrieben, nicht formalisiert und damit implizit sind. Diese werden einerseits von den individuellen Erwartungen an den Vorgesetzten von Seiten der Mitarbeiter bestimmt, andererseits auch durch Werthaltungen, Erfahrungen und Motive der einzelnen Führungskraft. Implizite Grundsätze sind dadurch, dass sie im Unternehmen auf vielfältige Art und Weise gelebt werden, schwierig zu erfassen. Es ist von daher sinnvoll, explizite Führungsleitlinien zu formulieren, da in ihnen der Anspruch des Unternehmens zum Ausdruck kommt und diese so an die Führungskräfte und Mitarbeiter als Richtlinien vermittelt werden können.

Nahezu allen Führungsgrundsätzen ist nach Wunderer und Klimecki (1990) gemeinsam, dass sie das individuelle Führungsverhalten sowie die Art und Weise, wie dies geschieht (z.B. als Verhaltensempfehlungen oder Regelwerk), beschreiben und normieren. Als Unterscheidungsmerkmale nennen die Autoren unter anderem das dahinter stehende Menschenbild, den Führungsstil, die Führungsziele, die Führungsaufgaben sowie die Führungsinstrumente.

Analysen von Führungsgrundsätzen deutscher und schweizerischer Firmen (Wunderer & Klimecki 1990) erbrachten verschiedene Inhalte, die in den Unternehmen im Rahmen von Führungsleitlinien im Vordergrund stehen. Dazu zählen Kommunikation und zweiseitige Information, Offenheit und gegenseitiges Vertrauen, Fairness und partnerschaftliches Miteinander sowie eine kooperative und delegative Führung. Alle Aspekte beinhalten demnach Interaktionsprozesse, die einer guten und konstruktiven Arbeitsatmosphäre dienen.

Führungsgrundsätze erfüllen im Unternehmen verschiedene Funktionen (Wunderer 2003), die nachfolgend aufgelistet werden. Führungsgrundsätze
- sind Ausdruck einer Führungskultur,
- definieren eine Soll-Kultur und Soll-Strategie der Führung,
- helfen bei der Umsetzung von Unternehmensphilosophie und -leitlinien sowie bei der Unternehmens- und Personalpolitik,
- stellen strategische Absichten heraus,
- dienen als Instrument für gewünschte Führung,
- informieren die Mitarbeiter und Führungskräfte über offiziell erwünschtes Verhalten,
- beeinflussen die Identifikation und Motivation der Mitarbeiter.

Das Formulieren von Führungsgrundsätzen wird von einigen Autoren auch durchaus kritisch betrachtet. So spricht Neuberger (2002) von „Sprachregelungen, die zu Artefakten verdinglicht wurden" (S. 678). Derschka (1986; zitiert nach Wunderer 2003) nennt Führungsgrundsätze „in den Wind geschriebene Leerformeln" (S. 15). Und letzteres ist tatsächlich ein zentrales Problem. Oftmals sind in Unternehmen zwar Führungsleitlinien anzutreffen, doch mangelt es an einer systematischen Umsetzung und regelmäßigen Überprüfung und Neuformulierung. Des Weiteren enthalten sie relativ offene und damit auch teilweise interpretationsbedürftige Anweisungen, die nicht einheitlich in die Realität übertragbar sind. Die Verbindlichkeit der Führungsgrundsätze scheitert deshalb oftmals an einer systematischen Implementierung des gewünschten Verhaltens sowie an einer geplanten Umsetzung.

Neuberger (2002) schlägt vor, dass man, um obigem Problem zu begegnen und die Wirksamkeit von Führungsgrundsätzen zu sichern, „fortwährend an (ihrer) Verlebendigung und Veränderung arbeiten muss" (S. 676), und dies sowohl bei der Erarbeitung und Einführung sowie bei der täglichen Handhabung und Weiterentwicklung.

3.4.4.2 Lernorientierte Inhalte von Führungsleitlinien

Bereits zu Beginn dieses Kapitels wurde herausgearbeitet, dass dem Thema Führung und der Führungskraft selbst im Lern- und Entwicklungsprozess der Mitarbeiter eine wichtige Bedeutung zukommt. Um diese Wichtigkeit zu verdeutlichen und sichtbar für alle Unternehmensmitglieder sowie für das externe Unternehmensumfeld zu machen, kann es hilfreich sein, dies in der Führungsphilosophie und besonders in den Führungsgrundsätzen zu verankern. Genauso wie Führungsgrundsätze als Ausdruck einer bestimmten Führungskultur gelten (Wunderer 1995), kann eine in ihnen enthaltene Lernorientierung Ausdruck einer bestimmten Lernkultur sein. Das Ziel dieser Verankerung ist es, das Thema und den Umgang mit Lernen, und damit auch die Mitgestaltung einer Lernkultur, ganz klar auch als eine Führungsaufgabe zu definieren und den Führungskräften eine Multiplikatorfunktion im Rahmen der Förderung und Unterstützung von Lernen im Unternehmen zuzuschreiben.

Wie kann nun Lernen in die Führungsgrundsätze integriert werden? Am effektivsten erscheint eine Integration in Führungsziele und Führungsaufgaben, zwei Aspekte der oben vorgestellten Merkmale von Führungsgrundsätzen. Als ein Führungsziel (neben anderen) kann beispielsweise die Rolle der Führungskraft im Lern- und Entwicklungsprozess ihrer Mitarbeiter definiert werden (z.B. Vorbildfunktion). Als mögliche Führungsaufgaben können die im obigen Unterkapitel herausgearbeiteten Führungsaufgaben gelten. Wichtig ist es, nicht nur der Führungskraft, sondern auch den Mitarbeitern zu vermitteln, was sie von ihrer Führungskraft zur Unterstützung ihrer Kompetenzentwicklung und ihres Lernens erwarten und einfordern können.

Ist einmal eine Lernorientierung in den Führungsgrundsätzen zu finden, wird eine gezielte und systematische Umsetzung dieser Grundsätze unverzichtbar. Diese kann einerseits top-down durch eine im Führungsverhalten vorbildliche Unternehmensleitung erfolgen, ebenso wie durch Implementierung geeigneter Trainingsmaßnahmen (z.B. Seminare oder auch Coaching). Auch können diese Aufgaben in die Zielvereinbarungen mit den Führungskräften einbezogen werden, um eine Realisierung verbindlicher zu gestalten. Jedoch ist auch zu beachten, das eine Umsetzung Spielraum für individuelles Führungsverhalten lassen sollte. Bestimmte Aufgaben und Funktionen sollten verbindlich, jedoch in ihrer Ausübung eher variabel sein. Sonst ergeben sich zu starre Grundsätze, die sich nicht in den dynamischen Führungsalltag einbinden lassen.

Führungsgrundsätze können zusammenfassend als eine Möglichkeit zur Gestaltung und Verbreitung einer Lernkultur betrachtet werden. In ihnen kann ein lernförderliches Führungsverständnis kommuniziert werden, das die Lernkultur unterstützt. Jedoch sind sich die Unternehmen dieser Möglichkeit oftmals nicht bewusst, bzw. nutzen sie nicht aktiv. Nur wenige haben die Notwendigkeit zur Implementierung von Lernen in den Führungsgrundsätzen erkannt. Dies ergab eine eigene Recherche zu Inhalten von Führungsgrundsätzen deutscher Unternehmen. Als ein gutes Beispiel können die Führungsgrundsätze der Sick AG gelten, bei denen sich ein deutlicher Lernbezug erkennen lässt. Abbildung 3.4 gibt diese wieder.

Eine Führungskraft bei der Sick AG muss nach diesen Grundsätzen mit ihrem Verhalten Vorbild sein. Ebenso hat sie die Pflicht, zu informieren, Leistungen anzuerkennen sowie die individuelle Entwicklung zu unterstützen. Diese Führungsgrundsätze sind ein gutes Beispiel dafür, wie die Mitarbeiterförderung und das Lernen der Mitarbeiter als eine Führungsaufgabe im Rahmen der Lernkultur vermittelt werden können. Das Beispielunternehmen führt jeden der neun Grundsätze in der Broschüre noch weiter aus. Beispielhaft seien hier die beiden letzten Sätze herausgegriffen, die wohl den stärksten Lernbezug besitzen:

... *Leistungen erkennen und anerkennen*: Führungskräfte besprechen gute und schlechte Ergebnisse mit ihren Mitarbeitern und sprechen dafür Anerkennung und Kritik aus.
... *persönliche Entwicklung fördern*: Jeder Mitarbeiter soll entsprechend seiner Leistungen und Fähigkeiten eingesetzt und gefördert werden. Ein Instrument, dies zu beurteilen, ist das Mitarbeitergespräch. Darin werden gemeinsam Aufgaben und Ziele vereinbart. Führungskräfte geben den Mitarbeitern Hinweise, wie Stärken ausgebaut und mögliche Schwächen abgebaut werden können. Die Aufgabe der Führungskraft ist es, die Mitarbeiter auch zu Verbesserungsvorschlägen bei der Zusammenarbeit zu ermutigen. Der Vorgesetzte fördert die fachliche und persönliche Entwicklung durch Beratung und Weiterbildung. Diese Förderung kommt dem Unternehmen zugute und hilft dem Mitarbeiter, seine beruflichen Ziele entsprechend seiner Fähigkeiten und Anlagen durch Erhöhung der Qualifikation und Motivation zu verwirklichen.

Führen und Zusammenarbeiten

heißt

... dem anderen Vorbild sein.

... sich und anderen vertrauen.

... Ziele gemeinsam verarbeiten.

... rechtzeitig und umfassend informieren.

... Konflikte gemeinsam bewältigen.

... klare, verbindliche Entscheidungen treffen.

... aus Fehlern lernen.

... Leistungen erkennen und anerkennen.

... persönliche Entwicklung fördern.

Abb. 3.4: Beispiel für die Formulierung von lernorientierten Führungsgrundsätzen

Diese Ausführungen verdeutlichen, wie die Führungskraft verpflichtet wird, Personalentwicklungs- und Personalförderungsaufgaben für die Mitarbeiter wahrzunehmen. Nicht nur die Personalentwicklungsabteilung dient damit den Mitarbeitern als Ansprechpartner in Sachen Weiterentwicklung, sondern auch die Führungskraft.

3.4.5 Zusammenfassende Betrachtung von Führung in einer Lernkultur

In diesem Kapitel konnte herausgearbeitet werden, dass das Thema Führung als eine Rahmenbedingung und ein Einflussfaktor für die Lernkultur im Unternehmen gelten kann. Die *Führungskraft* hat dabei bestimmte Funktionen und Aufgaben zu erfüllen, wie zu informieren, zu kommunizieren, Lob und Anerkennung auszusprechen und zu motivieren. Ergänzend zählen dazu auch das individuelle Fördern von Mitarbeitern und das Unterstützen von Lernen und Weiterentwicklung. Somit kommt ihr die Rolle eines Coaches und Beraters zu und sie hat auch mit ihrem eigenen Lernverhalten eine Vorbildfunktion inne.

Erwartungen an die Führungskraft von Unternehmens- und Mitarbeiterseite können in den *Führungsleitlinien* des Unternehmens festgehalten werden. Dies verdeutlicht ebenfalls die Bedeutung von Führung im Zusammenhang mit Lernen der Mitarbeiter. Als entscheidend ist dabei die systematische und geplante Umsetzung dieser Leitlinien in konkretes Verhalten und unterstützende Maßnahmen zu betrachten.

Aus den Ausführungen zum Thema ‚Führung in einer Lernkultur' lassen sich somit zwei Merkmale von unternehmensbezogener Lernkultur ableiten:
- lernorientierte Führungsleitlinien und -grundsätze;
- lernunterstützende Aufgaben der Führungskraft.

Diese beiden Merkmale betonen den Einfluss von Führung im Unternehmen auf eine förderliche Lernkultur.

3.5 Lernformen in einer Lernkultur

Eine neue, förderliche Lernkultur findet Ausdruck in neuen Formen des Lernens. Dieses Lernen in einer Lernkultur wird verstanden als ein kontinuierlicher, aktiver, selbstgesteuerter, situativer, kollektiver und sozialer Prozess (vgl. Kap. 3.1). Lernen beinhaltet somit aktives und selbstgesteuertes Verhalten von Seiten des Lernenden, geschieht immer in einem bestimmten Kontext (z.B. am Arbeitsplatz) und findet zumeist im Austausch mit anderen statt. Dabei verfolgt es das Ziel, Kompetenzen zu entwickeln und zu erwerben. Den Lernformen in einer förderlichen Lernkultur liegt dieses Verständnis von Lernen zugrunde. Sie greifen diese Elemente auf bzw. kombinieren einzelne miteinander und unterstützen den Kompetenzerwerb damit nachhaltig.

Welche Lernformen Ausdruck einer neuen Lernkultur sind und deshalb besonderer Förderung bedürfen, wird in diesem Kapitel vorgestellt. Zu diesen Lernformen zählen das arbeitsbezogene, das informelle, das selbstgesteuerte und das mediengestützte Lernen. Zusätzlich wird die Form des gruppenbezogenen Lernens näher betrachtet. Als eine Variante des selbstgesteuerten Lernens erfährt auch das kontinuierliche Lernen im Rahmen der beruflichen Entwicklung Beachtung. Diese Lernformen wurden vor dem Hintergrund der eingangs formulierten Definition von Lernen in einer zeitgemäßen Lernkultur ausgewählt. Damit ist kein Anspruch auf Vollständigkeit erhoben, jedoch zeigen diese Lernformen nach Ansicht der Autoren ein relativ umfassendes Bild auf, wie in einer Lernkultur gelernt wird.

Diese ausgewählten Lernformen können unter zwei Perspektiven betrachtet werden. Zum einen sind sie Ausdruck einer zeitgemäßen Lernkultur und unterstützen diese. Zum anderen erfordern diese Lernformen allerdings auch eine unterstützende Lernkultur, denn sie bedürfen der Gestaltung und benötigen förderliche Rahmenbedingungen. Deshalb werden nachfolgend sowohl die zentralen Inhalte der einzelnen Lernformen beschrieben, um die in ihnen enthaltenen lernförderlichen Elemente (s.o.) vorzustellen, als auch Gestaltungsmöglichkeiten und Rahmenbedingungen betrachtet.

3.5.1 Arbeitsbezogenes Lernen im Unternehmen

In einer zeitgemäßen Lernkultur ist eine Abkehr von traditionellen Weiterbildungsformen im Sinne eines organisierten Lernens hin zu einem neuen Lernen zu beobachten, das Arbeiten und Lernen miteinander verknüpft. Lernen findet nicht mehr räumlich getrennt vom eigentlichen Arbeitsplatz statt, sondern der Lernort und der Arbeitsort sind identisch oder in räumlicher Nähe zueinander. Bevor arbeitsbezogenes Lernen begrifflich bestimmt wird, werden kurz die möglichen Lernorte bzw. Lernkontexte, in denen Lernen stattfinden kann und ermöglicht werden sollte, betrachtet. Dies erscheint unter Lernkulturperspektiven sinnvoll, da damit auch eine Einordnung der in einer Lernkultur vorherrschenden Vielfalt an Lernformen möglich wird.

Lernen im Unternehmen kann an unterschiedlichen Lernorten oder in unterschiedlichen Lernkontexten stattfinden. Lernkontexte kennzeichnen, in welchem räumlich-zeitlichen Bezug der Lernort zum Arbeitsort steht (Schaper 2000). Dabei kann zwischen Lernen außerhalb der eigentlichen Arbeit ('learning-off-the-job'), Lernen in Arbeitsplatznähe ('learning-near-the-job') und Lernen am Arbeitsplatz ('learning-on-the-job') differenziert werden.

Lernen außerhalb der eigentlichen Arbeit bezeichnet in Anlehnung an Conradi (1983) traditionelle Formen der Weiterbildung, die üblicherweise in räumlicher, zeitlicher und auch inhaltlicher Distanz zum Arbeitsplatz stattfinden. Als Beispiele seien hier extern oder betrieblich organisierte Seminare und Trainings sowie Lehrgänge genannt, die der Vermittlung fachlicher Qualifikation und theoretischer Kenntnisse dienen, aber auch Verhaltenstrainings umfassen. Auch das computergestützte Lernen mit Übungsprogrammen, Simulationen etc. ist in diesem Lernkontext anzusiedeln. Lernen außerhalb der Arbeit findet in einer neuen Lernkultur zwar Beachtung, da es auch weiterhin Lerninhalte gibt, die dieses Lernkontextes bedürfen, jedoch liegt der Fokus stärker auf den beiden folgenden Lernkontexten. Off-the-job-Maßnahmen werden als eine sinnvolle Ergänzung und Erweiterung zu on- und near-the-job-Maßnahmen gesehen.

Lernen in Arbeitsplatznähe umfasst Maßnahmen, die in räumlicher, zeitlicher und inhaltlicher Nähe zum Arbeitsplatz stattfinden, wie Lernstatt, Qualitätszirkel und Erfahrungsaustauschgruppen. Aber auch neuere Konzepte wie Mentoring und Coaching sind in diesem Lernkontext von Relevanz.

Beim *Lernen am Arbeitsplatz* ist der Arbeitsplatz gleich dem Lernort. Hierzu gehören Maßnahmen, die unmittelbar am Arbeitsplatz während der Arbeit stattfinden. Der

Lernprozess erfolgt bei Bewältigung der Arbeitsaufgabe. Als Beispiele seien hier Gruppenarbeitskonzepte, Arbeitsrotationsformen, Projektgruppeneinsätze sowie die Einarbeitung neuer Mitarbeiter genannt. Auch Veränderungen der Arbeitsaufgabe führen zu einer Veränderung bzw. zu einem Erwerb neuer Kompetenzen während der Arbeit.

Gerade die Lernkontexte des Lernens near- und on-the-job sind von zentraler Bedeutung im Rahmen einer förderlichen Lernkultur, da sie durch ihre Nähe zur eigentlichen Arbeitstätigkeit authentische Lernumgebungen schaffen bzw. sich diese zu Nutze machen und damit ein effektives Lernen ermöglichen. Die Verbindung von Lernort und Arbeitsort hat einen zentralen Stellenwert in der Forschung zum arbeitsbezogenen Lernen inne (vgl. Baitsch 1998; Bergmann 1996). Diese Lernform wird zunächst skizziert, um anschließend ihre Bedeutung als eine die Lernkultur unterstützende Lernform herauszuarbeiten und unterstützende Gestaltungsmöglichkeiten und Rahmenbedingungen vorzustellen.

Es existiert eine Vielzahl von Definitionen und Ansätzen zum arbeitsbezogenen Lernen, die zumeist der arbeitspsychologischen oder betriebspädagogischen Tradition entstammen (Baitsch & Frei 1980; Baitsch 1998; Bergmann 1996; Sonntag 1998; Schaper 2000; Dehnbostel 1992).

Sonntag (1998) unterteilt arbeitsbezogenes Lernen oder Lernen-on-the-job in „Lernen in der Arbeit" und „arbeitsbezogenes Lernen". Dabei unterscheidet er diese Lernformen hinsichtlich Lernort bzw. Lernaufgaben und Zielgruppe (vgl. auch Schaper 2000). Innerhalb des „Lernens in der Arbeit" erfolgt das Lernen implizit während der Arbeitsausführung. Die Lernaufgabe ist identisch mit der Arbeitsaufgabe und der Lernort entspricht dem Arbeitsplatz. Die Lern- und Entwicklungspotenziale der Arbeitstätigkeit bestimmen dabei die Lernprozesse. Lernende sind beim Lernen in der Arbeit vorwiegend erwachsene Organisationsmitglieder. „Arbeitsplatzbezogenes Lernen" dagegen findet in arbeitsbezogenen Lernumgebungen (simuliert oder authentisch) unter pädagogischer Anleitung statt. Damit entspricht es einem expliziten Lernverständnis. Die Lernaufgabe wird auf Basis vorangegangener Analysen der Aufgaben-, Wissens- und Handlungsstruktur konstruiert oder simuliert und der Lernort ist nicht mehr identisch mit dem Arbeitsplatz. Durch das arbeitsbezogene Lernen soll der Lerntransfer erhöht und aus instruktionstheoretischer Sicht „träges Wissen" vermieden werden (Gerstenmeier & Mandl 1995). Die Zielgruppe ist hier besonders bei Auszubildenden und Erwachsenen in der Weiterbildung zu sehen.

In einer förderlichen Lernkultur erscheint es sinnvoll, die im Ansatz von Sonntag (1998) enthaltenen Einteilungskriterien von Lernort, Lernform und Zielgruppe zu berücksichtigen und zu verwenden, da so eine gezielte, geplante und bedarfsorientierte Gestaltung von Lernen stattfinden kann.

Arbeitsbezogenes Lernen unterstützt eine zeitgemäße Lernkultur, da es Lernen in die eigentliche Arbeit und in die Arbeitstätigkeit integriert. Damit birgt es Chancen und Vorteile für den Lernenden und für das lernende Unternehmen. Durch die örtliche und zeitliche Nähe von Lern- und Funktionsfeld begegnet es der Transferproblematik, die bei generellen tätigkeits- und berufsübergreifenden Weiterbildungsmaßnahmen schwer zu kontrollieren ist (Bergmann 2000, vgl. auch Kap. 3.3.5). Ebenfalls erlaubt arbeitsbezogenes Lernen die fortwährende und kontinuierliche Auseinandersetzung mit den Lernanforderungen und ist nicht, wie für Trainingsmaßnahmen off-the-job typisch, von Unterbrechungen gekennzeichnet (Schaper 2000).

Gleichzeitig wird durch die Nähe des Arbeitsplatzes zum technologischen Fortschritt die Aktualität des Wissens fortlaufend überprüft (Franke 1982). Experten, die mit Änderungen und Innovationen am Arbeitsplatz vertraut sind und diese oftmals initiieren, können im Sinne einer Experten-Novizen-Gemeinschaft ihr Wissen an noch weniger erfahrene Mitarbeiter weitergeben. Bei traditionellen Lernformen lässt sich dieser Kontakt zu den Novizen nur schwer vermitteln, da Experten oft vom Arbeitsplatz unabkömmlich sind (Schaper & Sonntag 1998).

Arbeitsplatzbezogenes Lernen fördert nach Bergmann (1999) Des Weiteren die Motivation des Lernenden. Durch die Auseinandersetzung mit den praktischen Anforderungen und der Anerkennung des Nutzens von arbeitsintegriertem Lernen für die eigene Qualifizierung wird die Lernmotivation gesteigert. Nicht zuletzt bedeutet arbeitsbezogenes Lernen aus ökonomischer Sicht Einsparungen von Kosten und Zeit, ein Aspekt, der bei heutigen Einsparungspflichten im Bereich Weiterbildung und deutlich zurückgegangenen personalen und zeitlichen Ressourcen von großem Vorteil für das Unternehmen ist. Die Weiterbildungskosten lassen sich durch den Wegfall von Freistellungen, Seminarräumen, Anfahrt, Unterbringung und Verpflegung der Teilnehmer erheblich reduzieren. Diese aufgezählten Vorteile arbeitsbezogenen Lernens verdeutlichen den Stellenwert dieser Lernform in einer förderlichen Lernkultur.

Unter Beachtung der zu Beginn dieses Kapitels genannten Charakteristika des Lernens in einer neuen Lernkultur greift diese Lernform Aspekte der Selbststeuerung des Lerners sowie der Kontextgebundenheit auf. Arbeitsbezogenes Lernen rückt verstärkt den Lerner in den Mittelpunkt, der sich aktiv an Lernprozessen beteiligt und selbstgesteuert agiert (vgl. Kap. 3.5.3 zum selbstgesteuerten Lernen). Auch findet arbeitsbezogenes Lernen immer im Kontext der Arbeit statt. Diese Situiertheit erfordert allerdings eine gezielte Gestaltung der Lernumgebung und das Bereitstellen von Rahmenbedingungen. Auf diese unterstützenden Bedingungen, die durch eine förderliche Lernkultur erst ermöglicht werden, wird im Folgenden eingegangen.

Arbeitsbezogenes Lernen bedarf somit unterstützender Maßnahmen von Seiten des Unternehmens. Eine förderliche Lernkultur stellt diese bereit. Dazu sind zum einen die Gestaltung der Lernumgebungen zu zählen, in denen arbeitsbezogenes Lernen stattfindet. Diese sollen vielfältig, problemorientiert und realistisch im Sinne konstruktivistischer Lerntheorien sein (einen Überblick hierzu gibt Sonntag 1998).

Des Weiteren ist arbeitsbezogenes Lernen durch pädagogisch-didaktische Maßnahmen zu gestalten. Hierzu gehören die Begleitung der Lernprozesse durch Lehrende, die die

Funktion eines Beraters und Coaches übernehmen, das Vereinbaren von Lernzielen mit den Lernenden sowie Feedback- und Kontrollprozesse mit den Beratern und möglicherweise auch unter Einbezug der Führungskraft.

Nicht zuletzt hängt der Umgang mit arbeitsbezogenem Lernen von einer sinnvollen Einbindung in die Organisationsgestaltung des Unternehmens ab. Dabei gelten organisationale Rahmenbedingungen wie die Organisationsstruktur, die Aufgabengestaltung und kulturelle Facetten als grundlegende Determinanten arbeitsbezogenen Lernens (Sonntag & Stegmaier 1999). Nach Sonntag und Stegmaier sind flache Hierarchien, modularisierte Organisationseinheiten mit Arbeitsgruppen, die autonom und selbstverantwortlich agieren, ebenso wie Strukturen mit Prozess- und Themenorientierung, die eine Bildung von funktions-, spezialisierungs- bzw. hierarchiebedingten Wissensinseln verhindern, förderliche *Organisationsstrukturen* für arbeitsbezogenes Lernen. Auch eine Nutzung von internen und externen Netzwerken sowie Strukturredundanz, die durch Kompetenzüberschneidungen zwischen Abteilungen oder Personen zu einem Ressourcenreichtum führt und damit Lernfreiräume schafft, zählen als förderliche Elemente von Organisationsstrukturen (vgl. Kap. 3.2.2.1). Hinsichtlich der *Gestaltung von Arbeitsaufgaben* liefern Arbeitsformen wie Projektarbeit oder Job Rotation, die einen Perspektivenwechsel, eine Verteilung von Wissen sowie den Aufbau informeller Netzwerke ermöglichen, vollständige Aufgaben. Diese zeichnen sich durch Planungs-, Durchführungs- und Kontrollaktivitäten aus, die der eigenständig Arbeitende übernimmt (vgl. Ulich 1992). Auch Handlungs- und Zeitspielräume für die Aufgabenbewältigung dienen als förderliche Impulse für arbeitsbezogenes Lernen. Unter kulturellen Aspekten subsumieren Sonntag und Stegmaier (1999) einen offenen Umgang mit Wissen, einen partizipativen Führungsstil, in dem die Führungskraft den Mitarbeiter fördert und ihm herausfordernde Aufgaben überträgt, sowie geeignete Anreizsysteme. Baitsch (1998) ergänzt als förderliche Voraussetzungen für arbeitsbezogene Lernprozesse Themen der Personalpolitik, wie Entgelt oder Arbeitszeit (vgl. Kap.3.2.2.2 und 3.2.2.3). Beide Merkmale bestimmen das Lernpotenzial am einzelnen Arbeitsplatz. Eine qualifizierungsförderliche Entgeltgestaltung, die individuelle Leistungen und Qualifizierungen berücksichtigt (z.B. Polyvalenzlohnsystem, Ulich 1999) und Arbeitszeitregelungen, die Freiräume für arbeitsbezogenes Lernen ermöglichen, liefern hierfür die Grundlage.

3.5.2 Informelles Lernen im Unternehmen

Die Thematik des informellen Lernens hat im deutschsprachigen Raum erst in den letzten Jahren zunehmend an Bedeutung gewonnen, was nicht zuletzt auch auf die Forderung nach einer neuen Lernkultur in Unternehmen zurückzuführen ist. So bezeichnet das Bundesministerium für Bildung und Forschung (BMBF) das informelle Lernen im Untertitel eines Berichts zu diesem Thema als „bisher vernachlässigte Grundform menschlichen Lernens für das lebenslange Lernen aller" (Bundesministerium für Bildung und Forschung (BMBF) 2001b). Stand in den letzten Jahrzehnten vornehmlich das formelle Lernen in Weiterbildungseinrichtungen im Vordergrund, so ist inzwischen eine Abkehr hin zu einem Lernen außerhalb dieser zu beobachten. In der amerikanischen

Forschung findet das informelle Lernen seit den 1970er Jahren steigende Beachtung. Als wichtige Vertreter gelten hier seit den 1990er Jahren die Forscherinnen Watkins und Marsick (1992), die sich auf das informelle Lernen in der Arbeitswelt und seine Förderung konzentrieren. Ihr Ansatz zum informellen Lernen wird im Anschluss an eine Begriffbestimmung vorgestellt.

Eine einheitliche und zufriedenstellende Begriffsbestimmung beim *informellen Lernen* gestaltet sich aufgrund der in der Literatur vorherrschenden Vielfalt schwierig. Grundsätzlich lässt sich festhalten, dass informelles Lernen zumeist als ungeplantes, beiläufiges, implizites und oft auch unbewusstes Lernen, also als alles Lernen außerhalb des formalen Bildungssystems betrachtet wird.

Für ein tiefergehendes Verständnis des informellen Lernens wird im Folgenden der Ansatz von Watkins und Marsick (1992) skizziert. Die Autorinnen definieren den Begriff wie folgt: „Informal ... learning is learning from experience that takes place outside formally structured, institutionally sponsored, classroom-based activities. Informal learning is a broad term that includes any such learning ... Informal learning can be planned or unplanned, but it usually involves some degree of conscious awareness that learning is taking place." (S. 288) Der Ansatz bezieht sich explizit auf das Lernen aus Erfahrung. Es findet statt, wenn Personen ihren alltäglichen Aktivitäten z.B. in der Arbeit nachgehen. Der Lernprozess wird geleitet durch die Person selbst, die ihn durch ihre Entscheidungen, Vorlieben und Absichten steuert, und nicht durch die Organisation. Informelles Lernen kann stattfinden mit Hilfe von so genannten Strategien, so beispielsweise durch Coaching, Networking und Mentoring, aber auch durch selbstorganisiertes Lernen.

Ein durch diese Merkmale gekennzeichnetes Lernen kann nach Marsick und Volpe (1999) durch bestimmte Maßnahmen, initiiert durch den Lerner, gefördert und unterstützt werden. Dazu gehören das kritische Prüfen der äußeren und inneren Umgebungsbedingungen, das Erhöhen von Bewusstsein und Aufmerksamkeit sowie auch die Fähigkeit zur Reflexion und Zusammenarbeit. Aber erfolgreiches informelles Lernen hängt nicht nur von diesen personengebundenen Maßnahmen bzw. Fähigkeiten ab, sondern auch vom Anregungs- und Unterstützungspotenzial der Umwelt, im konkreten Fall die des Unternehmens.

Um der Frage nachzugehen, wie informelles Lernen in einer zeitgemäßen Lernkultur stattfinden kann, bietet sich eine Betrachtung von offiziellen Weiterbildungsstatistiken an. Im Rahmen der Erstellung von Weiterbildungsstatistiken wird in Deutschland neben der Weiterbildungsteilnahme, die sich auf den Besuch von Lehrgängen oder Seminaren bezieht, inzwischen auch die Beteiligung an so genannten weniger formalisierten „weicheren Formen" der Weiterbildung berücksichtigt. Hierzu zählt auch das informelle Lernen bzw. die informelle Weiterbildung. Das Bundesministerium für Bildung und Forschung (BMBF) untersucht im aktuellen Berichtssystem Weiterbildung VIII (2001a) den aktuellen Stand der Beteiligung an dieser Weiterbildungsform. Darin werden informelle Weiterbildung oder verschiedene Arten des informellen Kenntniserwerbs über

einzelne Kategorien abgebildet und erfasst. Diese werden nachfolgend aufgezählt:
- berufsbezogener Besuch von Fachmessen oder Kongressen;
- Teilnahme an kurzzeitigen Veranstaltungen wie z.B. Vorträge oder Halbtagesseminare;
- Unterweisung oder Anlernen am Arbeitsplatz durch Kollegen, Vorgesetzte oder außerbetriebliche Personen (z.B. Schulung durch Herstellerfirma);
- Selbstlernen durch Beobachten und Ausprobieren am Arbeitsplatz oder in der Freizeit;
- selbstgesteuertes Lernen am Arbeitsplatz oder in der Freizeit mit Hilfe von computerunterstützten Selbstlernprogrammen, berufsbezogenen Ton- und Videokassetten usw.;
- selbstgesteuertes Lernen am Arbeitsplatz oder in der Freizeit durch Nutzung von Lernangeboten u.ä. im Internet;
- vom Betrieb organisierte Fachbesuche in anderen Abteilungen/ Bereichen oder planmäßiger Arbeitseinsatz in unterschiedlichen Abteilungen zur gezielten Lernförderung (z.B. Job-Rotation);
- vom Betrieb organisierte Austauschprogramme mit anderen Firmen;
- Qualitätszirkel, Werkstattzirkel, Lernstatt, Beteiligungsgruppe;
- Lesen von berufsbezogenen Fach- und Sachbüchern oder berufsbezogenen Fach- und Spezialzeitschriften am Arbeitsplatz oder in der Freizeit.

Diese Unterteilung verdeutlicht die Vielfalt an Möglichkeiten zum informellen Lernen, die in einer zeitgemäßen Lernkultur stattfinden können. Darunter fallen, wie auch bereits in der obigen Begriffsbestimmung enthalten, durch die Organisation geplante und organisierte Lernprozesse wie Austauschprogramme mit anderen Abteilungen und Firmen. Aber auch von der Person selbst initiiertes Lernen wird aufgegriffen, z.B. das Beobachten am Arbeitsplatz und Lesen von Fachliteratur. Damit sprechen die Verfasser der informellen Weiterbildung auch eine selbstgesteuerte Komponente zu. Ebenfalls erkennbar ist, dass auch informelles Lernen zusammen mit anderen stattfinden kann, beispielsweise in Qualitätszirkeln. Damit kann der Begriff des informellen Lernens durchaus als ein Begriff verstanden werden, der sowohl Lernmöglichkeiten und -prozesse aus der arbeitsintegrierten bzw. arbeitsbezogenen Weiterbildung umfasst als auch Aspekte des selbstgesteuerten Lernens.

Abschließend werden ausgewählte Ergebnisse des Berichtsystems Weiterbildung VIII (BMBF 2001a) dargestellt, die grundlegend verdeutlichen, dass in Deutschland die informelle Weiterbildung an Wichtigkeit gewinnt und die Erwerbstätigen dies auch erkennen und nutzen. Damit wird informelles Lernen zu einer Lernform in einer neuen, kompetenzförderlichen Lernkultur. Grundsätzlich wurde festgestellt, dass die Reichweite der informellen beruflichen Weiterbildung bei den Erwerbstätigen sehr viel höher liegt als die Teilnahmequote an berufsbezogenen Lehrgängen. Als häufigste Aktivitäten nennen die Befragten (N=7043) das Selbstlernen durch Beobachten und Ausprobieren am Arbeitsplatz oder in der Freizeit und das Lesen von Fachliteratur. Vom Betrieb organisierte Austauschprogramme mit anderen Firmen finden am wenigsten statt. Festgestellt wurde ein Einfluss des Bildungsstandes auf die Beteiligung an informeller Weiterbildung. Erwerbstätige mit Hochschulabschluss sind deutlich aktiver als diejenigen ohne beruflichen Abschluss. Des Weiteren konnten Unterschiede in der Branchenzugehörigkeit und Unternehmensgröße ermittelt werden. Hierzu sei auf die ausführlich im Berichtsystem dargestellten Ergebnisse verwiesen (BSW VIII, S. 185 ff.).

Diese Ergebnisse verdeutlichen, dass noch erheblicher Bedarf darin besteht, diese Lernform stärker in die Lernkultur der Unternehmen zu integrieren. Es gilt die von Unternehmensseite unterstützenden Maßnahmen zu forcieren, um damit diese Lernform allen Mitarbeitern – und nicht nur den höher qualifizierten – zugänglich zu machen.

Informelles Lernen kann als eine unterstützende Lernform für eine zeitgemäße Lernkultur betrachtet werden, da es bestimmte Aspekte aufgreift, die Lernen in einer so verstandenen Lernkultur ausmachen. Grundsätzlich verbindet informelles Lernen, ebenso wie das arbeitsbezogene Lernen, Arbeiten und Lernen miteinander. Während der Ausführung der eigenen Arbeit wird durch Erfahrungen oder durch das Ausprobieren neuer Lösungen und Arbeitswege gelernt. Es hat aber auch den großen Vorteil, dass es sowohl in der Arbeitstätigkeit und am Arbeitsplatz als auch bei motivierten Lernenden in der Freizeit stattfinden kann.

Des Weiteren erfordert und fördert diese Lernform ein kontinuierliches und stark selbstorganisiertes Lernverhalten. Dem Lernenden wird eine wichtige Rolle zugesprochen. Er steht im Zentrum der Betrachtung, da er durch selbst initiierte Handlungsweisen und Maßnahmen, wie z.B. Reflexion oder Zusammenarbeit mit anderen (vgl. Ansatz von Marsick & Volpe 1999) informelle Lernprozesse steuert. Informelles Lernen besitzt zudem eine soziale Komponente, da es auch in Gruppen, z.B. im Rahmen der täglichen Zusammenarbeit in Projektgruppen oder Arbeitsgruppen in der Produktion, stattfinden kann. Ebenso findet es immer in bestimmten (Arbeits-)Kontexten statt. Damit greift die Lernform des informellen Lernens alle Charakteristika des Lernens in einer neuen Lernkultur auf und kann als eine diese unterstützende Lernform betrachtet werden.

Nach Marsick und Volpe (1999) hängt informelles Lernen auch vom Anregungs- und Unterstützungspotenzial des Umfeldes ab. Dieses kann in einer neuen, förderlichen Lernkultur bereitgestellt werden. Informelles Lernen wird weniger durch didaktische Gestaltungsmaßnahmen innerhalb von Lernprozessen beeinflusst als vielmehr durch die Gestaltung des Lern- und Arbeitsumfeldes. Wie den Ausführungen zur informellen Weiterbildung in Weiterbildungsstatistiken (s.o.) zu entnehmen ist, kann das Unternehmen, um informelles Lernen zu fördern, Netzwerke sowohl innerhalb als auch außerhalb des Unternehmens (z.B. mit anderen Firmen) initiieren. Schon ein Besuch von Fachmessen oder Kongressen liefert Potenziale für informelles Lernen. Auch unterstützten bestimmte Gruppenkonzepte wie z.B. Qualitätszirkel und Lernstatt diese Lernform und Arbeitsformen wie z.B. Job Rotation diese Lernform. Eine weitere Rahmenbedingung, die eine unterstützende Lernkultur zur Verfügung stellen kann, ist das Ermöglichen von Zeit zum Lernen (z.B. Lesen von Fachliteratur) bzw. Zeit zur Auseinandersetzung mit bestimmten Fachinhalten, Lösungsmöglichkeiten etc.

Grundsätzlich lässt sich somit festhalten, dass ein lernförderlich gestaltetes Arbeitsumfeld in einer zeitgemäßen Lernkultur zusätzlich zu den oben genannten Punkten einen unterstützenden Beitrag zum informellen Lernen leisten kann.

3.5.3 Selbstgesteuertes Lernen

Selbstgesteuertes Lernen ist die Lernform, die in der Forschungsliteratur am häufigsten mit einer neuen Lernkultur in Verbindung gebracht wird (Erpenbeck & Sauer 2000; Hundt 2001; von Rosenstiel 2001). Das Interesse am selbstgesteuerten Lernen kann als Folge dynamischer und komplexer Veränderungen in der Wirtschaft gesehen werden. Der Mitarbeiter muss dem Veränderungs- und Flexibilisierungsdruck durch besondere Lernbereitschaft und -fähigkeit standhalten. Auch in der lerntheoretischen Forschung fand ein Paradigmenwechsel statt, der die Aufmerksamkeit nun auf die Person des Lernenden und die in ihr ablaufenden Prozesse beim Lernen lenkt (Schaper 2000). Im Zentrum der Betrachtung stehen dabei das selbstgesteuerte Lernen und die Methoden, mit denen dieses unterstützt werden kann. Bevor auf die Bedeutung dieser Lernform in einer neuen Lernkultur eingegangen wird, erfolgt zunächst eine Begriffsbestimmung.

Es existieren zahlreiche Begriffsbestimmungen und Ansätze zum selbstgesteuerten Lernen (z.B. Deitering 1995; Friedrich und Mandl 1997; Greif und Kurtz 1999). Dies liegt größtenteils an der Vielzahl von Begriffen, die synonym verwendet werden, wie z.B. selbstorganisiertes Lernen, selbstreguliertes Lernen, selbstbestimmtes Lernen.

Eine der am häufigsten verwendeten Definitionen für selbstgesteuertes Lernen stammt von Knowles (1975; zitiert nach Stöckl & Straka 2001, S. 24):
„Selbstgesteuertes Lernen ist ein Prozess, in dem Individuen die Initiative ergreifen, um, mit oder ohne Hilfe anderer, ihren Lernbedarf festzustellen, Lernziele zu formulieren, Lernressourcen zu identifizieren, Lernstrategien auszuwählen und einzusetzen und ihre Lernergebnisse zu bewerten."

Anhand dieser Definition lassen sich nach Stöckl und Straka (2001) fünf Merkmale ableiten. Als erstes kommt der Initiative des Lernenden eine entscheidende Bedeutung zu. Selbstgesteuerte Lernprozesse kommen häufig durch die Initiative des Lernenden zustande. Zweitens müssen die Lernenden ihren Lernprozess nicht alleine durchführen, sondern können von anderen Personen, z.B. Lehrenden, unterstützt und beraten werden. Als drittes Merkmal werden Lehrfunktionen durch den Lernenden im Sinne einer Verantwortungsübernahme übernommen, so beispielsweise das Bestimmen des Lernbedarfs, die Lernzielformulierung und die Kontrolle der Lernergebnisse. Das bedeutet viertens als Konsequenz, dass der Lernende über Lernstrategien verfügen muss, die die Vorbereitung, Organisation und Planung sowie die Kontrolle des Lernprozesses beinhalten. Das fünfte Merkmal leiten die Autoren eher implizit ab, nämlich die Gestaltung von Lernarrangements, die dem Lernenden zum Beispiel ermöglichen sollten, unter verschiedenen Lernressourcen auszuwählen. Diese Darstellung der Autoren liefert eine grundlegende und umfassende Definition des Prinzips des selbstgesteuerten Lernens.

In den folgenden Ausführungen wird ebenfalls der Begriff des selbstgesteuerten Lernens gewählt.

Stöckl und Straka (2001, S. 24) nennen folgende Aspekte, die für ein selbstgesteuertes Lernen als Bestandteil einer zeitgemäßen Lernkultur sprechen:
- Die Fähigkeit, Informationen auszuwählen und zu bündeln sowie sich Daten, Fakten und Probleme selbst zu erarbeiten, wird zentral im Zeitalter der Wissensexpansion.
- Die Fähigkeit zur selbstinitiierten Informationsbeschaffung ist gerade im Kontext der neuen Medien (Internet, Multimedia) wichtig.
- Selbstgesteuertes Lernen ist orts- und zeitflexibel und ermöglicht situationsbezogenes Lernen.
- Selbstgesteuertes Lernen bezieht neben dem Erwerb fachlicher Inhalte den Erwerb von Schlüsselkompetenzen ein.

Diese Aspekte verdeutlichen die Bedeutung und Relevanz dieser Lernform in einer förderlichen Lernkultur. Selbstgesteuertes Lernen erfordert ein hohes Maß an Eigenverantwortung des Lernenden. Ein bedeutender Vorteil liegt in der Zeit- und Ortsunabhängigkeit und der Möglichkeit, in verschiedenen Kontexten zu lernen. Damit impliziert diese Lernform auch situatives und kontinuierliches Lernen, zwei Charakteristika des Lernens in einer neuen Lernkultur.

Selbstgesteuertes Lernen stellt hohe Ansprüche an den Lernenden. Dies birgt die Gefahr der Überforderung des Lernenden, z.B. durch einen zu großen Freiraum beim Lernen. Dies führt nach Gräsel und Mandl (1993) zu einem geringeren Lernerfolg. Deshalb muss der Lernende von Unternehmensseite unterstützt werden. Dies leistet eine im Unternehmen etablierte förderliche Lernkultur. Wie diese Unterstützung aussehen kann, wird nachfolgend beschrieben.

Selbstgesteuertes Lernen in einer neuen Lernkultur kann besonders durch didaktische Maßnahmen unterstützt und gefördert werden. Hinter dem Konstrukt des selbstgesteuerten Lernens stehen didaktisch-methodische Gestaltungskonzepte, die dieser Lernform Rahmen und Richtung geben. Durch diese lässt sich das selbstgesteuerte Lernen von anderen Lernformen abgrenzen, die ebenfalls Aspekte der Selbststeuerung beinhalten (z.B. informelles Lernen). Obwohl jedes Lernen immer auch Selbstlernen beinhaltet, muss nach Reinmann-Rothmeier und Mandl (1993) das selbstgesteuerte Lernen erst gelernt werden. Beim selbstgesteuerten Lernen wird nicht auf den Lehrenden verzichtet, nur dessen Rolle hat sich verändert. Er schafft die Voraussetzungen und Bedingungen für die Selbstorganisation des Lernenden, indem er Selbstständigkeit und den selbstständigen Wissenserwerb ermöglicht.

Friedrich und Mandl (1997) sowie Stöckl und Straka (2001) haben Konzepte entwickelt, die der Förderung selbstgesteuerten Lernens dienen. Friedrich und Mandl (1997) unterscheiden die direkte von der indirekten Förderung, während Stöckl und Straka von expliziter und impliziter Förderung sprechen, die jedoch inhaltlich dem Konzept der erstgenannten Autoren entsprechen. *Direkte oder explizite Förderung* umfasst spezifische Trainingsmaßnahmen, die darauf abzielen, dem Lernenden Techniken zu vermitteln, um selbstgesteuert und unabhängig vom Lernkontext lernen zu können. So genannte Strategietrainings beinhalten zum Beispiel kognitives Modellieren oder das Vermitteln von Selbstreflexionsstrategien. *Indirekte oder implizite Förderung* beinhaltet die Lernunterstützung der Lernumgebung. Der Lernende wird durch die Bereitstellung von Spielräumen und Wahlmöglichkeiten am Arbeitsplatz dazu veranlasst, selbst initiativ tätig zu werden und die eigenen Lernprozesse selbst zu organisieren. Vordergründig geht es dabei um das Aneignen von Inhalten oder das Erledigen der Arbeitsaufgaben. Die Aneignung von Strategien erfolgt hier eher beiläufig (vgl. Stöckl & Straka 2001). Beide Autorengruppen postulieren, dass eine Kombination beider Fördermaßnahmen den größten Erfolg verspricht und den stärksten Effekt erzielt. Dieses didaktische Konzept zum selbstgesteuerten Lernen verdeutlicht, dass neben der didaktischen Gestaltung auch die Gestaltung des Arbeitsumfeldes durch geeignete Rahmenbedingungen für diese Lernform förderlich ist. Hierzu sind wiederum die bereits beschriebenen Rahmenbedingungen von Sonntag und Stegmaier (1999) sowie von Baitsch (1998) zu zählen (vgl. Kap. 3.5.1). Dazu gehören die Organisationsstruktur, die den Austausch von Wissen und Erfahrungslernen ermöglicht, eine lernförderliche Aufgabengestaltung nach dem Prinzip vollständiger Tätigkeiten (Hacker 1986) und kulturelle Aspekte sowie eine lernförderliche Entgelt- und Arbeitszeitgestaltung.

Selbstgesteuertes Lernen in einer neuen Lernkultur kann als eine Lernform betrachtet werden, die zu mehr Eigenverantwortung im Lernprozess des Mitarbeiters führt. Die Stärke dieses Ansatzes liegt darin, dass ihm durchdachte und bereits in der Praxis erprobte didaktisch-methodische Konzepte zugrunde liegen (s.o.). Dies ermöglicht die Gestaltung von Lernumgebungen im Rahmen einer Lernkultur, die dem Lernenden Selbststeuerungsmöglichkeiten vermitteln und gestatten, ohne ihn dabei zu überfordern. Ansätze zum selbstgesteuerten Lernen geben somit wichtige Hinweise für die Gestaltung von Lernprozessen und was das Unternehmen dazu beitragen kann, die Mitarbeiter in ihrer Selbstorganisation zu unterstützen und zu fördern.

3.5.4 Kontinuierliches Lernen im Rahmen der beruflichen Entwicklung

Lernen in einer Lernkultur ist ein kontinuierlicher Prozess (vgl. Kap. 3.1). Kontinuierliches Lernen bedeutet dabei nicht nur, dass wir täglich mehr oder weniger unbewusst neue Informationen und Ideen aufnehmen und entwickeln, sondern beschreibt nach London und Smither (1999) das absichtliche und anhaltende Bemühen zu lernen sowie den Wunsch und die Bereitschaft neues Wissen und neue Fähigkeiten zu erwerben. Des Weiteren sucht sich der kontinuierlich Lernende Aktivitäten, die lernen ermöglichen; und wendet dieses erworbene und erweiterte Wissen sowie neue bzw. verbesserte Fähigkeiten bewusst an. Kontinuierliches Lernen ist also ein weitgehend bewusster Prozess, der von der Person selbst initiiert und gesteuert wird.

Ein aus der amerikanischen Forschung kommender Ansatz von London und Smither (1999) beschäftigt sich mit kontinuierlichem Lernen im Rahmen der beruflichen Entwicklung (Career-Related Continuous Learning, CRCL). Karrierebezogenes kontinuierliches Lernen wird verstanden als individueller Prozess, der durch selbstinitiiertes, geplantes und proaktives Verhalten gekennzeichnet ist, mit dem Ziel, Wissen und Fähigkeiten für die eigene berufliche Entwicklung zu erwerben und anzuwenden.

CRCL beinhaltet ein hohes Maß an Selbststeuerung innerhalb der stattfindenden Lernprozesse. Kontinuierliche Lerner tragen Verantwortung für ihre eigene Entwicklung und überprüfen diese regelmäßig selbst. Erkennbar ist hier auch eine enge Verbindung zum Ansatz des karrierebezogenen Selbstmanagements (Career Self-Management, z.B. Kossek, Roberts, Fisher & DeMarr 1998). Wesentliche Elemente des Selbstmanagements sind die Informationssuche, das Problemlösen und die Entscheidungsfindung, all das in Bezug auf die berufliche Entwicklung. Als die zwei elementaren Hauptverhaltensweisen können das entwicklungsorientierte Suchen nach Feedback („development feedback seeking"), z.B. Leistungsfeedback, und die Vorbereitung auf unternehmensinterne und -externe Entwicklungs- und Karrieremöglichkeiten („job mobility preparedness") gelten (Kossek et al. 1998). Auch hier steht die Eigenverantwortung bei der Planung und Verwirklichung der beruflichen Laufbahn im Vordergrund.

Karrierebezogenes kontinuierliches Lernen kann als eine Lernform angesehen werden, die eine zeitgemäße Lernkultur unterstützt, da ihr ein stark selbstgesteuertes und eigenverantwortliches Verhalten zugrunde liegt. Der kontinuierlich Lernende erweitert selbstständig seine Kompetenzen mit einem bestimmten Ziel, das der eigenen beruflichen Entwicklung dient. Er gestaltet somit seine Lernprozesse selbstständig und unabhängig. Wie keine andere bis dato in diesem Kapitel diskutierte Lernform fordert und fördert CRCL lernorientierte Einstellungen und Werthaltungen. Der kontinuierlich lernende Mitarbeiter spricht durch sein Verhalten Lernen eine hohe Bedeutung zu, was wiederum eine positive Wirkung auf die Lernkultur im Unternehmen besitzt.

Im Rahmen ihres Ansatzes benennen die Autoren personale und situationale Einflussfaktoren, die sich auf CRCL bzw. die einzelnen Stufen des CRCL-Prozesses auswirken. Im Zusammenhang mit der Frage, welchen Beitrag eine förderliche Lernkultur für diese Lernform liefert, werden lediglich situationale Einflussfaktoren betrachtet, auf die eine förderliche Lernkultur zur Unterstützung von CRCL einwirken kann. London und Smither (1999) sprechen *kulturellen Aspekten*, unter die sowohl die Organisationskultur als auch organisationale Besonderheiten fallen, einen Einfluss auf CRCL zu. Diese beeinflussen den eigentlichen Lernprozess und die Anwendung des Gelernten, also die Lern- und die Anwendungsphase. Sie umfassen den Umgang mit Lernen und die Unterstützung von Lernen seitens des Unternehmens. So werden eine konstruktive Rückmeldung über erbrachte Leistungen, Verständnis für die eigene Perspektive (Empathie), ein gutes Lernklima und unterstützende Trainingsmaßnahmen als lernförderlich betrachtet. Auch die Ansicht von Unternehmensseite, dass Lernen und Innovationen erwünscht und gefordert sind, sind dazu zu zählen (Deci, Connell & Ryan 1989; London & Smither 1999; vgl. auch Tracey et al. 1995). Damit werden Aspekte angesprochen, die auch im Rahmen des eigenen, bisher dargestellten Verständnisses von einer förderlichen Lernkultur enthalten sind. Die lernorientierten Erwartungen von Unternehmensseite wurden bereits im Kapitel zu normativen Rahmenbedingungen in einer Lernkultur diskutiert (vgl. Kap. 3.2.1). Die unterstützenden Trainingsmaßnahmen fanden im Kapitel zur Personalentwicklung Beachtung (vgl. Kap. 3.3).

Hieraus lassen sich Implikationen für eine das kontinuierliche Lernen unterstützende Lernkultur ableiten (vgl. London & Smither 1999). Zum einen sind bestimmte Trainingsformen in diesem Zusammenhang als förderlich zu bewerten. Darunter fällt das Selbstmanagementtraining, das Elemente wie Lernen von Selbstbeurteilung, Ändern kognitiver Fähigkeiten und Einstellungen, Networking, Feedbacksuche etc. enthält und damit die selbstgesteuerten Aktivitäten des CRCL unterstützt (Kossek et al. 1998).

Eine lernförderliche Kultur stellt neben unterstützenden Trainingsformen ebenfalls Informationen über Erwartungen und Anforderungen an das Lernen der Mitarbeiter zur Verfügung (vgl. Kap. 3.2.1), ermöglicht Feedback, damit der Mitarbeiter fehlende Kompetenzen identifizieren kann und schafft ein Arbeitsumfeld, das den Erwerb von neuen Fähigkeiten und Wissen ermutigt und belohnt. Auch die Laufbahnplanung von Unternehmensseite kann kontinuierliches Lernen unterstützen, wenn sie nicht nur auf eine vertikale Beförderung abzielt, sondern auch die Übernahme neuer herausfordernder Arbeiten ermöglicht, z.B. mittels Job Rotation.

3.5.5 Lernen in Gruppen

Lernen in einer neuen Lernkultur findet nicht nur auf individueller Ebene, sondern auch auf Gruppenebene statt. Zur Bestimmung von Gruppenlernen in einer förderlichen Lernkultur existieren zahlreiche Konzepte, Ansätze und Maßnahmen zur Gestaltung der Gruppenprozesse (Baitsch 1998; Reinmann-Rothmeier & Mandl 1999).

Der Wert von Gruppenlernen für eine Lernkultur liegt darin, dass es als eine spezifische Form der Lernorganisation betrachtet werden kann, die in verschiedenen Lernkontexten stattfindet und verschiedene Lernformen integriert. Grundlegend betonen Gruppenlernformen den sozialen Lernkontext und stellen interaktionale Lernprozesse in den Mittelpunkt. Diese Lernprozesse laufen parallel zwischen den Gruppenmitgliedern ab und führen zu einem gemeinsamen Lernergebnis. Lernen in Gruppen findet zumeist in der Nähe oder in unmittelbarer Verbindung zum Arbeitsplatz statt. Als Beispiele können hier zum einen traditionelle Gruppenarbeitsformen wie teilautonome Arbeitsgruppen, Qualitätszirkel und Lernstatt genannt werden, aber auch die Projektarbeit, Lernpartnerschaften, Experten-Novizen-Runden und Communities of Practice gelten als zugehörig zu Gruppenlernformen. Arbeitsplatznahe Gruppenkonzepte, denen die traditionellen Formen zuzuordnen sind, sind entstanden, um gemeinsam zur technischen und arbeitsorganisatorischen Problemlösung beizutragen und somit qualifikatorische Funktionen zu erweitern (Severing 1994). Neuere Gruppenlernformen dienen nach Reinmann-Rothmeier und Mandl (1993) der Weiterentwicklung von Unternehmen und bewirken eine Kompetenzentwicklung der Mitarbeiter, die voneinander lernen, teamorientiert zusammenarbeiten und sich in gemeinsamen Lernprozessen neuen Entwicklungen und

Veränderungen im Unternehmen stellen bzw. diese vorantreiben. Neben Aspekten des arbeitsbezogenen Lernens integrieren Gruppenlernkonzepte auch solche des selbstgesteuerten Lernens. Auch die Gruppe kann beispielsweise ihren Lernbedarf und ihre Lernziele selbst bestimmen, ebenso liefert selbstgesteuertes Lernen der Gruppe zusätzlich Freiheiten in der Lerngestaltung, der Entscheidungsfindung und der Aufgabenbewältigung. Eine in Gruppen zentrale Lernform ist das Lernen von anderen bzw. das so genannte Erfahrungslernen (Reinmann-Rothmeier & Mandl 1993). Besonders Formen wie Experten-Novizen-Runden oder Communities of Practice greifen dies auf und legen hier einen Schwerpunkt auf den Erwerb von Expertise, die sowohl ein breites differenziertes Fachwissen beinhaltet als auch implizites Wissen und die Fähigkeit, auch bei unvollständigen Aufgabeninformationen zu adäquaten Problemlösungen zu gelangen (Sonnentag 2000).

Reinmann-Rothmeier und Mandl (1999) unterscheiden mit dem kooperativen und kollaborativen Lernen zwei Gruppenlernformen. Beim *kooperativen Lernen* bearbeitet eine Gruppe ein vorgegebenes Aufgabenziel mit instruktionaler Hilfestellung, z.B. in Form von Gruppenkonzepten, zur Erreichung und Lösung dieses Ziels. Als kooperative Lernformen gelten beispielsweise teilautonome Arbeitsgruppen, Qualitätszirkel und Lerninseln (Severing 1994). Die Gruppenmitglieder teilen sich die zu erledigende Arbeit auf und verbinden die individuellen Lernergebnisse anschließend zu einem gemeinsamen Resultat (Reinmann-Rothmeier & Mandl 1999). Unterstützt wird die Zusammenarbeit dabei durch bestimmte Verfahren, wie z.B. die Zielvorgabe und die Belohnung der Gruppenmitglieder bei Zielerreichung (Reinmann-Rothmeier & Mandl 1999). Diese Gruppenlernform ist in einer neuen Lernkultur weniger von Bedeutung, da hier Lernprozesse eher im Hintergrund stattfinden und die Erfüllung einer Arbeitsaufgabe im Vordergrund steht.

Kollaboratives Lernen dagegen beinhaltet unter einer Lernkulturperspektive förderliche Elemente. Beim kollaborativen Lernen bearbeitet eine Gruppe gemeinsam und weitgehend selbstständig eine komplexe Arbeits- oder Lernaufgabe bzw. Problemstellung (Reinmann-Rothmeier & Mandl 1999). Die Gruppenmitglieder sind dabei gleichberechtigt an den gemeinsamen Aktivitäten beteiligt; sie arbeiten im Gegensatz zum kooperativen Lernen nicht arbeitsteilig, sondern von Anfang an zusammen. Diese Interaktionen setzen kognitive und soziale Lernprozesse in Gang. Als Lernresultate erfolgen Verbesserungen des individuellen Wissens sowie der Handlungskompetenz, aber auch der individuellen sozialen Kompetenzen. Auf Gruppenebene ist eine Erweiterung und Verbesserung des sozial geteilten Wissens zu erwarten. Nach Dillenbourg (1999) steigert kollaborative Interaktion auch die Kompetenz der Gruppe, sich selbst in Lernprozessen zu organisieren und funktionale Routinen für kollaboratives Lernen aufzubauen und zu verfeinern. Kollaboratives Lernen beinhaltet situative, selbstgesteuerte und soziale Komponenten, die für Lernen in einer Lernkultur bedeutsam sind. Dies macht diese Lernform zu einem Bestandteil einer zeitgemäßen Lernkultur.

Das Lernen in Gruppen verfolgt somit mehrere Ziele. Zum einen dient es dem Erwerb und der Erweiterung von Kompetenzen, besonders im sozialen Bereich (z.B. Kooperations- und Kommunikationsfähigkeit). Außerdem hat es die Funktion und das Ziel, Wissen zu erwerben und auszutauschen und damit die individuelle und auch organisationale Wissensbasis zu erweitern. Auch ergänzt gruppenbezogenes Lernen das individuelle Lernen nicht nur um soziale, sondern auch um kognitive Aspekte. Damit wird Gruppenlernen zu einer Lernform, die durch ihren Bezug zur Arbeit und zur Selbstorganisation die Lernkultur eines Unternehmens unterstützt.

Empirische Untersuchungen haben jedoch gezeigt, dass gruppenbezogene Lernprozesse der Unterstützung bedürfen und mit spezifischer Hilfestellung deutlich verbessert werden können (Renkl 1997). Damit erfordern sie eine unterstützende Lernkultur, die diese Hilfestellung liefert. Einerseits benötigen Gruppenlernformen didaktisch-methodische Hilfestellung. Neben gängigen Techniken wie z.B. Moderationstechniken wurden im Rahmen von kollaborativem Lernen vor allem inhaltsunspezifische Strukturangebote wie Szenarien, Skripts oder Rollen, die Regeln für das Interaktionsverhalten vorgeben, eingesetzt. Bei inhaltsspezifischen Strukturangeboten, die die inhaltliche Bearbeitung einer Aufgabe fördern, besteht dagegen noch Forschungsbedarf, sie wurden bislang kaum untersucht.

Zusätzlich zu didaktischen Hilfestellungen müssen von Unternehmensseite weitere Unterstützungsmaßnahmen erfolgen (vgl. Reinmann-Rothmeier & Mandl 1997). Hierzu sind Kontextmerkmale wie bspw. lernförderliche Anreizstrukturen die Gruppenprämien bereitstellen, oder organisationale Rahmenbedingungen zu zählen. Dazu gehören weiterhin flexible Arbeitszeitregelungen, die ein Zusammenarbeiten erst möglich machen. Grundlegend erscheint es wichtig, dass im Unternehmen die Notwendigkeit und auch der Nutzen von gruppenbezogenen Lernformen erkannt werden. Als Folge davon sollten aktiv Gruppen gebildet und Gruppenlernen initiiert werden. Als förderliche Ressourcen erweisen sich dabei das Einräumen von Zeit, das zur Verfügung Stellen von Räumlichkeiten sowie das Bereitstellen von Arbeitsmaterialien (z.B. Moderationsmaterialien). Eine neue Lernkultur gestaltet diese Rahmenbedingungen und Unterstützungsmaßnahmen sowie einen lernförderlichen Kontext. Damit betont sie die grundlegende Wichtigkeit auch von gruppenbezogenem Lernen.

3.5.6 Mediengestütztes und multimediales Lernen

Der Einsatz neuer und unterschiedlicher Medien erlaubt neue Lernarrangements, die neue Möglichkeiten für Lernen und den Erwerb von Kompetenzen in einer förderlichen Lernkultur ermöglichen. Die Forschung spricht dabei zumeist von mediengestütztem Lernen und multimedialem Lernen. Bei den eingesetzten Medien handelt es sich zumeist um solche, die auf der Computertechnologie basieren (E-Learning und CBT) und um Online-Medien wie Intranet und Internet (WBT). Aber auch Medien wie Video, Tonband und Printmedien können dazugezählt werden.

Das Lernen mit computer- und internetgestützten Medien weist eine Reihe von Vorteilen und Neuerungen auf, die eine zeitgemäße Lernkultur unterstützen (Lang 2002). Neue

Medien erlauben einen effizienten Umgang mit großen Datenmengen und komplexen Informationen, was ein vernetztes Lernen ermöglicht. Sie sind multimedial, d.h. es kann über verschiedene Kommunikationskanäle gelernt werden. Dies hat wiederum für den Lernenden eine hohe Attraktivität. Ebenso ermöglichen sie individuelle Zugänge abhängig von der Wissensbasis und den Informationsverarbeitungspräferenzen des Nutzers bzw. Lerners. Des Weiteren besteht zwischen Lerner und Medium oftmals eine Interaktion, die selbstgesteuertes Lernen erleichtert.

In einer neuen Lernkultur können *kollaborative Technologien* als besonders sinnvoll betrachtet werden. Dies sind Medien, „die kooperatives Lernen sowie Wissens- und Erfahrungsaustauschprozesse zwischen Personen unterstützen, die räumlich oder zeitlich getrennt voneinander an einem gemeinsamen Lernprozess beteiligt sind" (Schaper et al. 2003) (vgl. auch Kap.3.5.4). Als Beispiele solcher netzbasierten Lernszenarien können die so genannten Learning Communities gelten, die netzbasierte Form der Communities of Practice (Kap. 3.5.4). Kollaborative Technologien versuchen, soziale und kommunikative Aspekte des Lernens zu integrieren und dadurch kollaboratives Lernen zu ermöglichen. Damit unterstützen sie eine neue Lernkultur.

Schaper et al. (2003) sehen das Potenzial für eine sinnvolle und effektive Anwendung neuer Medien in einer gezielten Verknüpfung mit Präsenzveranstaltungen, dem so genannten *blended learning*. Dies bietet eine Kombination von face-to-face- und e-Komponenten. Dieser Methodenmix verbindet die bewährten Formen des Lernens mit den Potenzialen des mediengestützten Lernens und kann zu guten Lernergebnissen führen (methodisch-fundierte Untersuchungen hierzu stehen noch aus).

Die Vorteile mediengestützten Lernens werden von den Unternehmen in einer Kostenreduktion von betrieblicher Weiterbildung, einem verstärkten arbeitsintegrierten und kontinuierlichen Lernen, einer Reduzierung der Lernzeiten und damit insgesamt in einer effektiveren und effizienteren Gestaltung des Lernens gesehen (Jäger 2001). Jedoch ist diese Lernform auch kritisch zu betrachten bzw. bereitet ihre Umsetzung in die Praxis Schwierigkeiten. Befragungsstudien (z.B. ‚Wissen und Lernen 2010' von Eckart Partner GmbH, von Rosenstiel & Siemens Business Services 2001; ‚Die Nutzung von e-Learning-Content in den Top 350-Unternehmen der deutschen Wirtschaft' der unicmind.com AG 2002) ergeben, dass hohe Investitionskosten erforderlich sind, um die Hard- und Softwarestruktur bereitstellen zu können. Oftmals sind die Programme nicht spezifisch auf die jeweilige Unternehmens- bzw. Lernsituation zugeschnitten, sondern werden „von der Stange" gekauft oder liefern nicht die nötigen didaktischen Inhalte und Qualität. Auch werden von den Unternehmen die breiten Möglichkeiten des mediengestützten Lernens noch nicht voll ausgeschöpft.

Die Lernform des multimedialen und mediengestützten Lernens ist besonders unter der Perspektive einer förderlichen Lernkultur bedeutsam, da sie die Eigenaktivität, die Selbststeuerung und die Motivation beim Lernen fördert. Ebenso vereint sie auch soziale und kollektive Prozesse. Damit unterstützt sie eine zeitgemäße Lernkultur. Allerdings ist zu berücksichtigen, dass gerade mediengestütztes Lernen auch problematische Aspekte im Zusammenhang mit dem Lerner aufweist. An ihn werden hohe Anforderungen gestellt, die den Umgang mit den Programmen und Lernarrangements betreffen. Der Computer mit seinen Systemen gestaltet sich sicherlich für einige als lernhinderlich, da gute technische und Systemkenntnisse gefordert sind (Dichanz & Ernst 2002). Zusätzlich wird vom Lerner gerade bei dieser Lernform hohe Aktivität gefordert, die selbstgesteuertes Lernen, Setzen von Lernzielen, Überprüfung von Lernprozessen und kritisches Auseinandersetzen mit dem Lernstoff umfasst. Der Lerner muss vorbereitet und unterstützt werden, damit es nicht zu negativen Lernerfahrungen kommt. Dies leistet eine zeitgemäße Lernkultur.

Unterstützung kann in einer förderlichen Lernkultur besonders durch die Gestaltung multimedialer Lernumgebungen geliefert werden. In multimedialen Lernumgebungen werden verschiedene Medien miteinander kombiniert und aufeinander abgestimmt sowie mit Präsenz- und Sozialphasen verbunden. Wichtig ist dabei, dass die Medien einander optimal ergänzen und helfen, bestimmte Inhalte und Ziele optimal zu realisieren. Die Gestaltung solcher Lernumgebungen sollte ein aktives, konstruktives, selbstgesteuertes Lernen ebenso wie ein Lernen gemeinsam mit und von anderen ermöglichen (Reinmann-Rothmeier & Mandl 1993). Dies kann sowohl durch unterstützende Gestaltungsansätze wie Cognitive Apprenticeship und Anchored Instruction als auch über Gestaltungsprinzipien des Anwendungs- und Arbeitsplatzbezugs erfolgen (Mandl, Prenzel & Gräsel 1992). Bei der Realisierung multimedialer Lernumgebungen ist es wichtig, im Vorfeld Inhalte und Ziele zu klären. Grundsätzlich folgt die Anwendung von mediengestützten Maßnahmen den Phasen des in Kapitel 3.3 vorgestellten Personalentwicklungsmodells einer förderlichen Lernkultur. Dazu gehört auch eine begleitende und abschließende Evaluation bzw. Qualitätssicherung der gestalteten Lernumgebung, die den sinnvollen Einsatz der Medien überprüft und den individuellen und organisationalen Nutzen festmacht.

Gerade für multimediale Lernumgebungen bedarf es einer Lernkultur, die neuen Lernformen aufgeschlossen gegenüber steht und die die Mitarbeiter zum Lernen mit Medien anleitet. Obwohl der Lerner im Zusammenhang mit Lernumgebungen im Mittelpunkt steht, kommt dem Unternehmen und der Personalentwicklung die entscheidende Aufgabe der optimalen, effektiven Gestaltung zu, die ein selbstorganisiertes, aktives und kooperatives Lernen ermöglicht.

Des Weiteren muss eine neue Lernkultur mediengestütztes Lernen auch durch Maßnahmen unterstützen, die helfen, netzbasiertes Lernen in das betriebliche Umfeld einzubetten (Schaper et al. 2003). Hier sind das Vereinbaren von Lernzeiten, das Einbinden in eine übergreifende Personalentwicklungsstrategie und das Eliminieren von Störquellen (z.B. Lärm, Kundenverkehr) zu nennen. Auch gilt es, mediengestütztes Lernen durchdacht und systematisch einzusetzen. Wichtig ist, zu überlegen, ob ein Medieneinsatz für die Zielerreichung sinnvoll ist und wenn ja, in welcher Form.

3.5.7 Zusammenfassende Betrachtung von Lernformen in einer Lernkultur

In diesem Kapitel wurde den Lernkontexten und ausgewählten Lernformen besondere Beachtung geschenkt, die einerseits eine neue, fördernde Lernkultur unterstützen und die andererseits aber auch einer neuen Lernkultur bedürfen. Die vorgestellten Lernmöglichkeiten liefern eine Ergänzung zu traditionellen Weiterbildungsformen, und ihre Vorteile liegen in einem stärkeren Arbeitsplatzbezug und einer stärkeren Einbindung in Unternehmensprozesse. Im Mittelpunkt steht der lernende Mitarbeiter und weniger, wie dies bei Seminarveranstaltungen der Fall ist, der Lehrende. Die neuen Lernformen fordern den Lernenden und stellen höhere Ansprüche an ihn. Er ist selbst für sein Lernen verantwortlich und organisiert seine Lernprozesse weitgehend eigenständig. Lernen findet bei den ausgewählten Lernformen zumeist vor einem sozialen, kollektiven Hintergrund statt und ist situativ, d.h. es erfolgt immer in bestimmten Kontexten. Alle betrachteten Lernformen haben das Ziel einer kontinuierlichen Kompetenzentwicklung und unterstützen damit die neue Lernkultur.

Auf der anderen Seite unterstützt eine zeitgemäße Lernkultur ihrerseits auch diese Lernformen. Dies erfolgt sowohl über die Gestaltung von Lernprozessen und Lernumgebungen als auch über die Gestaltung des organisationalen Umfelds und das Bereitstellen von Rahmenbedingungen. Allerdings liefern auch die grundsätzlich in einer Lernkultur verankerten lernorientierten Werte und Ziele (vgl. hierzu Kap. 3.2.1) eine Orientierung für die lernenden Mitarbeiter, indem sie einen bestimmten, positiven Umgang mit Lernen und einen hohen Stellenwert von Lernen vermitteln. Damit werden die lernorientierten Einstellungen und Werthaltungen der Lernenden gefördert und gefordert.

Abschließend werden noch einmal die Lernformen aufgelistet, die Eingang in das Konzept zur unternehmensbezogenen Lernkultur finden, da sie Ausdruck einer neuen Lernkultur sind und besonders den Bedarf an einer neuen Lernkultur verdeutlichen. Sie können auch als Merkmale einer zeitgemäßen Lernform verstanden werden. Zu diesen Lernkulturmerkmalen sind zu zählen:

- arbeitsbezogenes Lernen an den Lernorten, an denen Lernen in einer zeitgemäßen Lernkultur stattfindet;
- informelles Lernen;
- selbstgesteuertes Lernen;
- eigenverantwortliches Lernen im Rahmen der eigenen beruflichen Entwicklung;
- Lernen in Gruppen;
- mediengestütztes, multimediales Lernen.

3.6 Fazit

In diesem Kapitel wurden die lernbezogenen Grundlagen für das Konzept Lernkultur im Unternehmen herausgearbeitet, Merkmale und Bestimmungselemente einer neuen, förderlichen Lernkultur im Unternehmen identifiziert und ihre lernförderliche Wirkung auf Lernen bestimmt. Hierzu zählen neben lernförderlichen Rahmenbedingungen im Unternehmen (vgl. Kap. 3.2) eine qualitativ und strategisch ausgerichtete Personalentwicklung, die Lernen professionell initiiert und gestaltet (vgl. Kap. 3.3), sowie eine lernorientierte Führung von Mitarbeitern durch ihre Vorgesetzten (vgl. Kap. 3.4). Schließlich zeigt sich Lernkultur auch in bestimmten neuen Lernformen, die gleichzeitig aber auch der Unterstützung durch eine entsprechende Lernkultur bedürfen (vgl. Kap. 3.5).

Die identifizierten Merkmale verdeutlichen alle, wie ein förderlicher und unterstützender Umgang mit Lernen im Unternehmen gestaltet und dem Lernen ein hoher Stellenwert zugemessen werden kann. Sie beinhalten zum einen normative Aspekte, z.B. normative Rahmenbedingungen, die sich durch eine lernorientierte Unternehmensphilosophie auszeichnen. Zum anderen sind auch strategische Aspekte zu finden, wie bspw. ein strategisches Personalentwicklungskonzept, und letztendlich auch operative Aspekte, die sich z.B. in der Gestaltung und Durchführung von Personalentwicklungsmaßnahmen zeigen.

Nachdem eine theoretische Fundierung von Merkmalen einer zeitgemäßen Lernkultur in Unternehmen vollzogen wurde, werden im nächsten Kapitel die kulturellen Bestimmungselemente aus dem Kapitel ‚Kultur in Unternehmen' (vgl. Kap. 2) und die im Rahmen dieses Kapitels identifizierten lernförderlichen Organisationsmerkmale zu einem Konzept der Lernkultur in Unternehmen integriert.

4 Das Konzept zu Lernkultur im Unternehmen

4.1 Das Konzept Lernkultur – eigene Definition und Inhalte

Einem zeitgemäßen Begriffsverständnis liegt eine neue, kompetenzförderliche Lernkultur zugrunde. Lernkulturen existieren nicht erst seit den neunziger Jahren, in denen der Begriff vermehrt Verwendung fand, sondern es gab schon immer eine Kultur des Lernens in Unternehmen. Doch erst vor dem Hintergrund des technischen, organisatorischen, personal- und wettbewerbsbedingten Wandels, dem sich Unternehmen ausgesetzt sehen, gewinnt das Konzept Lernkultur an Relevanz hinzu. Diese Einflüsse und Veränderungen stellen neue Ansprüche an individuelles, kollektives und organisationales Lernen und Kompetenzentwicklung im Unternehmen. Als notwendige Konsequenz entsteht der Bedarf bzw. die Forderung nach einem neuen Verständnis von Lernen und damit auch nach einer neuen, kompetenzförderlichen Lernkultur.

Um zu einer Klärung des Konzepts Lernkultur zu kommen, wurde in den Kapiteln „Kultur im Unternehmen" (vgl. Kapitel 2) und „Lernen im Unternehmen" (vgl. Kapitel 3) eine theoretische Basis geschaffen. Dies erfolgte unter Berücksichtigung verschiedener thematisch verwandter Forschungsrichtungen und -bereiche. Nicht nur Themen der Arbeits- und Organisationspsychologie, sondern auch der Lern- bzw. Pädagogischen Psychologie und der Sozialpsychologie sowie nichtpsychologischer Disziplinen (z.B.

Betriebswirtschaft, Erziehungswissenschaft, Kulturanthropologie und -soziologie) fanden Eingang in die theoretischen Überlegungen. Damit wurde eine multi- und interdisziplinäre Herangehensweise gewählt.

Zur Verdeutlichung der theoretischen Überlegungen und Grundannahmen im Zusammenhang mit Lernkultur, die in den Kapiteln 2 und 3 herausgearbeitet wurden, werden nachfolgend noch einmal die wichtigsten Bestimmungselemente unternehmensbezogener Lernkulturen aufgegriffen.

4.1.1 Lernkultur und Kultur

Im Kapitel „Kultur im Unternehmen" wurde eruiert, inwieweit die in der Organisationskulturforschung entwickelten Analyseebenen und Beschreibungsmerkmale einer Organisationskultur auch zur Bestimmung der Lernkultur herangezogen werden können (vgl. Kap. 2.2.3). Es konnte herausgearbeitet werden, dass das Lernkulturkonzept einen engen Bezug zum Kulturkonzept allgemein und zum Unternehmenskulturkonzept im besonderen aufweist. Die in diesem Zusammenhang übertragenen Beschreibungsmerkmale und Charakteristika für Lernkultur werden nachfolgend noch einmal überblicksartig vorgestellt. Sie definieren und bestimmen das Konzept Lernkultur unter einer Kulturperspektive.

Lernkultur als organisationale Variable: Organisationen haben eine Lernkultur. Damit ist der Lernkulturbegriff instrumenteller Art. Unter funktionalistischer Perspektive kann sie als eine von mehreren Gestaltungsvariablen der Organisation betrachtet werden. Lernkultur ist zugleich ein Teil der im Unternehmen vorherrschenden Unternehmenskultur, bezieht sich aber nur auf den kulturellen Aspekt und die Merkmale, die Einfluss auf das Lernen und Lernhandeln im Unternehmen haben.

Lernkultur als dynamisches und prozesshaftes Konstrukt: Im Rahmen einer Lernkultur laufen zahlreiche und vielfältige Lern- und Kompetenzentwicklungsprozesse auf individueller, gruppenbezogener und organisationaler Ebene ab. Diese unterliegen internen und externen Einflüssen. Dadurch gewinnt Lernkultur an Dynamik und zeichnet sich somit nicht durch Stillstand aus bzw. ist nicht statisch, sondern kann als prozesshaft betrachtet werden.

Lernkultur ist gestaltbar: Lernkultur kann als ein vom Unternehmen entwickeltes Produkt verstanden werden, dass durch bestimmte Akteure entwickelt, gestaltet, beeinflusst und verändert werden kann. Als Gestalter einer Lernkultur gelten die Unternehmensleitung bzw. das obere Management, die Führungskräfte, die ebenfalls eine Multiplikatorfunktion für den in einer Lernkultur verankerten Umgang mit Lernen im Unternehmen besitzen, und für Personalentwicklung verantwortliche Abteilungen im Unternehmen. Damit finden in einer Lernkultur Top-down-Prozesse statt. Da Lernkultur jedoch auch gelebt wird, kommt auch den Mitarbeitern eine Gestaltungsfunktion zu. Sie setzen gewünschtes Lernverhalten um, erwerben neues Wissen und Kompetenzen und reagieren somit auf Vorgaben. Jedoch bringen sie in diese Lern- und Entwicklungsprozesse auch eine individuelle Komponente ein. Diese zeigt sich besonders über eine stärkere Eigenverantwortung und Selbstorganisation im Hinblick auf Lernprozesse, aber auch über ihr individuelles Lernverhalten, geprägt durch ihre schulische und berufliche Ausbildung, eigenes Vorwissen und bereits erworbene Fähigkeiten.

Normen und Werte in einer Lernkultur: Lernkultur beinhaltet Werte, Normen, Einstellungen und Erwartungen in Bezug auf Lernen im Unternehmen. In ihnen zeigt sich der Stellenwert, der Lernen im Unternehmen zukommt. Sie werden von den Unternehmensmitgliedern geteilt und gelebt und können durch bestimmte normative Elemente bzw. Rahmenbedingungen wie Unternehmensleitbilder, -leitlinien und -grundsätze beeinflusst und gestaltet werden. Normen, Werte, Einstellungen und Erwartungen zeigen sich auf einer normativen Lernkulturebene. Ihre Umsetzung und Integration in den Lernalltag finden sie auf einer strategischen und operativen Ebene (s. Kap. 4.2.2).

Funktionen einer Lernkultur: Lernkultur besitzt verschiedene Funktionen sowohl für die Unternehmensmitglieder als auch für das Unternehmen. Für die Unternehmensmitglieder liefert Lernkultur eine Orientierungshilfe im Hinblick auf die Fragen, wie im Unternehmen gelernt, was von ihnen im Lernprozess erwartet und worauf dabei besonderer Wert gelegt wird. Somit hat Lernkultur eine Orientierungsfunktion inne und kann als ein normatives Ordnungs- und Steuerungssystem angesehen werden. Des Weiteren trägt eine förderliche Lernkultur zur Kompetenzentwicklung und zum Wissenserwerb der Unternehmensmitglieder bei. Auf Unternehmensebene kann eine kompetenzförderliche Lernkultur als ein erfolgsrelevanter Faktor für den Unternehmenserfolg und die Zielerreichung betrachtet werden. Die Innovationsfähigkeit und -bereitschaft sowie die Flexibilität des Unternehmens, die sich in Anpassungsleistungen an die Anforderungen des Unternehmensumfelds zeigt, werden durch eine förderliche, neue Lernkultur erhöht. Auch können Mitarbeiter konstruktiver Veränderungsprozesse im Unternehmen bewältigen.

4.1.2 Lernkultur und Lernen

Ausgehend von der Definition von Sonntag (1996) ist Lernkultur ein Indikator für den Wert, der Lernen im Unternehmen zugestanden wird. In einer Lernkultur zeigen sich der Umgang mit Lernen und die Pflege des Lernens. Damit ist sie von zentraler Bedeutung für die Effektivität und den Erfolg von Lernen im Unternehmen. Unter einer Lernperspektive verfolgt eine neue, förderliche Lernkultur das Ziel der Kompetenzentwicklung. Dieses Ziel wird erreicht durch Lernprozesse auf individueller, gruppenbezogener und organisationaler Ebene. Eine Lernkultur stellt für diese Lernprozesse förderliche Rahmenbedingungen sowie neue kompetenzförderliche Lernformen bereit. Diese Rahmenbedingungen und Lernformen können als Merkmale einer unternehmensbezogenen Lernkultur betrachtet werden. Im Kapitel „Lernen im Unternehmen" (vgl. Kap. 3) wurden diese Merkmale identifiziert, theoretisch und empirisch fundiert sowie hinsichtlich der Frage untersucht, inwieweit sie sich als lernförderlich und lernhinderlich

erweisen. Betrachtet wurden einzelne *Rahmenbedingungen*, die Lernen förderlich beeinflussen können, wie
- normative Rahmenbedingungen: lernorientierte Unternehmensleitlinien, Erwartungen an den lernenden Mitarbeiter;
- strukturelle und formale Rahmenbedingungen: Organisationsstruktur, Entgelt- und Anreizsysteme, Arbeitszeitgestaltung, Umgang mit Veränderungen;
- Rahmenbedingung Informationsweitergabe und Wissensaustausch im Unternehmen;
- Rahmenbedingung interorganisationale Lernnetzwerke und Wissensaustausch mit dem Unternehmensumfeld.

Des Weiteren wurden Elemente bzw. Phasen einer für eine Lernkultur relevanten *Personalentwicklung* vorgestellt. Die einzelnen Phasen, die sowohl als Rahmenbedingungen als auch als Ausdruck einer Lernkultur verstanden werden können, sind dabei:
- Lernbedarfsermittlung,
- Maßnahmen zur Kompetenzmessung und -entwicklung,
- Qualitätssicherung mit Bildungscontrolling und Transfersicherung.

Diese wurden zusätzlich ergänzt durch
- strategische Ausrichtung der Personalentwicklung,
- hohen Stellenwert der Personalentwicklung im Unternehmen,
- Partizipation der Mitarbeiter bei der Gestaltung von Personalentwicklung,
- Dezentralisierung der Personalentwicklung.

In einem weiteren Schritt wurde die *Führungsforschung* hinsichtlich lernförderlicher und lernhinderlicher Bestimmungsmerkmale unternehmensbezogener Lernkulturen untersucht. Dabei wurden folgende Merkmale identifiziert:
- lernorientierte Führungsleitlinien und -grundsätze,
- lernunterstützende Aufgaben der Führungskraft.

Abschließend wurden ausgewählte *Lernformen und Lernmöglichkeiten* vorgestellt, die Ausdruck einer neuen Lernkultur sind und die besonders auch den Bedarf an einer neuen Lernkultur verdeutlichen. Zu diesen Lernkulturmerkmalen sind zu zählen:
- arbeitsbezogenes Lernen mit den Lernorten, an denen Lernen in einer zeitgemäßen Lernkultur stattfindet,
- informelles Lernen,
- selbstgesteuertes Lernen,
- kontinuierliches Lernen in der eigenen beruflichen Entwicklung,
- Lernen in Gruppen,
- mediengestütztes, multimediales Lernen.

Um diese herausgearbeiteten Merkmale einer Lernkultur im Unternehmen einer Operationalisierung und praktischen Fragestellungen zugänglich zu machen, was Ziel der folgenden Kapitel sein wird, erscheint es sinnvoll, eine Gruppierung der Merkmale zu einer überschaubaren Anzahl von Merkmalsbereichen vorzunehmen. Diese Gruppierung wird im Folgenden auch stets Ausgangpunkt für weitere Forschungsaktivitäten und Untersuchungen sein. Tabelle 4.1 verdeutlicht diese Gruppierung und stellt die insgesamt sieben Merkmalsbereiche dar.

Tab. 4.1: Merkmalsbereiche mit Merkmalen

Merkmalsbereich	Merkmale
Lernorientierte Unternehmensphilosophie	Lernortientierte Leitlinien Erwartungen an lernende Mitarbeiter
Strukturelle und formale Rahmenbedingungen einer förderlichen Lernkultur	Lernförderliche Organisationsstruktur Lernförderliche Entgelt- und Anreizsysteme Lernorientierte Arbeitszeitregelungen Lernorientierter Umgang mit Veränderungen
Information und Partizipation im Unternehmen	Lernförderliche Informationsweitergabe Partizipationsmöglichkeiten der Mitarbeiter bei der Gestaltung von Weiterbildung
Lernorientierte Umwelt- und Außenkontakte	
Aspekte der Personalentwicklung	Lernbedarfsermittlung Maßnahmenplanung und -realisierung Qualitätssicherung Strategische Ausrichtung der Personalentwicklung Dezentralisierung der Personalentwicklung Hoher Stellenwert der Personalentwicklung
Lernorientierte Führungsleitlinien und -aufgaben	Lernorientierte Führungsaufgaben Lernorientierte Führungsleitlinien
Lern- und Entwicklungsmöglichkeiten im Unternehmen	Arbeitsbezogenes Lernen Informelles Lernen Selbstgesteuertes Lernen Kontinuierliches Lernen in der beruflichen Entwicklung Lernen in Gruppen Mediengestütztes, multimediales Lernen

Die einzelnen Merkmalsbereiche mit ihren jeweiligen Merkmalen werden im nächsten Kapitel inhaltlich differenzierter vorgestellt und definiert. Die vorgenommene Gruppierung erlaubt zudem auch die Ableitung von verschiedenen Ebenen einer Lernkultur, nämlich die normative, strategische und operative Ebene. Diese drei Handlungsebenen werden in Kapitel 4.3 beschrieben.

4.1.3 Lernkultur – eine Definition

Nachdem die vorherigen Ausführungen eine weite Begriffsbestimmung vorgenommen haben, wird im folgenden versucht die wichtigsten Bestimmungselemente unternehmensbezogener Lernkultur zu aggregieren.

Folgende Aspekte definieren eine kompetenzförderliche Lernkultur im Unternehmen:
- Lernkultur bezeichnet den Stellenwert, den Lernen im Unternehmen besitzt (vgl. Sonntag 1996).
- Lernkultur drückt sich aus in lernbezogenen Werten, Normen, Einstellungen und Erwartungen des Unternehmens und der Unternehmensmitglieder.
- Eine förderliche Lernkultur findet Ausdruck in neuen Lernformen und zeigt sich in förderlichen und unterstützenden (Rahmen-)Bedingungen für Lernen auf individueller, kollektiver und organisationaler Ebene.
- Lernkultur verfolgt mitarbeiter- und unternehmensbezogene Ziele. Dazu zählen die Kompetenzentwicklung, der Wissenserwerb und eine gesteigerte Innovations- und Veränderungsbereitschaft.
- Lernkultur kann über lernförderliche Merkmale bestimmt werden.

4.2 Merkmalsbereiche und Merkmale von Lernkultur in Unternehmen

Die Merkmalsbereiche integrieren verschiedene Bestimmungselemente einer förderlichen Lernkultur im Unternehmen. Neben den drei Handlungsebenen (normativ, strategisch, operativ; vgl. Kap. 4.4), finden sich die drei Lernebenen (Individuum, Gruppe, Organisation) sowie die gestaltenden Akteure (Unternehmensleitung, Führungskräfte, Personalentwicklungsverantwortliche) in den einzelnen Bereichen wieder. Die Merkmalsbereiche und die unter ihnen zusammengefassten Merkmale werden nachfolgend hinsichtlich ihrer Rolle und ihrer Bedeutung im Rahmen einer förderlichen Lernkultur beschrieben.

4.2.1 Lernorientierte Unternehmensphilosophie

Der Merkmalsbereich „lernorientierte Unternehmensphilosophie" beinhaltet den normativen Rahmen einer förderlichen Lernkultur im Unternehmen. Dieser umfasst spezifische Wert- und Normvorstellungen ebenso wie Erwartungen in Bezug auf den Umgang mit Lernen und die Gestaltung von Lernen. Damit werden durch eine lernorientierte

Unternehmensphilosophie die Ziele und die Ausrichtung von Lernen im Unternehmen bestimmt. Eine lernorientierte Unternehmensphilosophie in einer Lernkultur findet Ausdruck in zwei normativen Rahmenbedingungen einer Lernkultur, die als Merkmale in diesem Merkmalsbereich betrachtet werden: in den lernorientierten Unternehmensleitlinien sowie in den Erwartungen an den lernenden Mitarbeiter.

Lernorientierte Leitlinien: Dieses Lernkulturmerkmal umfasst das Vorhandensein, die Ausprägung und die Umsetzung von lernorientierten Leitlinien im Unternehmen. Diese Leitlinien verdeutlichen die Wichtigkeit und die Bedeutung einer förderlichen Lernkultur im Unternehmen, indem sie den Umgang mit Lernen im Unternehmen, den zentralen Stellenwert und (zukünftige) Ziele und Wege von Lernen für die Unternehmensmitglieder in schriftlich fixierter Form aufweisen. Sie liefern den normativen Orientierungsrahmen für die Lernkultur im Unternehmen und sind für eine förderliche Lernkultur unabdingbar. Wichtig ist aber auch, dass diese lernorientierten Leitlinien ihre Umsetzung finden. Dieser Aspekt ist ebenfalls im Lernkulturmerkmal lernorientierte Leitlinien enthalten. Eine durchdachte, systematische Umsetzung (z.B. in strategischen Prozessen, mit Unterstützung von der Unternehmensleitung) ist damit auch Ausdruck einer förderlichen Lernkultur.

Erwartungen an den lernenden Mitarbeiter: Eine förderliche Lernkultur drückt sich auch in an die Unternehmensmitglieder formulierten Erwartungen aus, die das Lern- und Weiterbildungsverhalten der Mitarbeiter betreffen. Damit spiegeln diese Erwartungen das Menschenbild, das im Unternehmen vorherrscht, wider. Sie bereiten den Mitarbeiter auf normativer Ebene auf Lern- und Kompetenzentwicklungsaufgaben vor und zeigen ihm auf, welches Verhalten im Unternehmen erwünscht ist. Hier spielt die Weitergabe und Kommunikation dieser Erwartungen eine wichtige Rolle, damit Mitarbeiter ausreichend über grundlegende Lernanforderungen informiert sind.

4.2.2 Strukturelle und formale Rahmenbedingungen einer förderlichen Lernkultur

Der Merkmalsbereich der strukturellen und formalen Rahmenbedingungen umfasst organisationale Merkmale, die eine förderliche Lernkultur unterstützen und in deren lernförderlichem Vorhandensein sich diese Lernkultur zeigt. Hierzu sind die Organisationsstruktur, das Entgelt- und Anreizsystem und die Arbeitszeitregelungen im Unternehmen sowie der Umgang mit Veränderungsprozessen zu zählen.

Lernförderliche Organisationsstruktur: Eine förderliche Lernkultur zeigt sich in flachen Hierarchien, dezentralisierten Einheiten sowie in einer verstärkten Projektorganisation. Diese ermöglichen Variabilität und Flexibilität, die sich förderlich auf Lernprozesse auswirken. Durch erweiterte Verantwortungs- und Handlungsspielräume werden die Entwicklung von Kompetenzen forciert und Lernpotenziale freigesetzt. Somit unterstützen lernförderlich gestaltete Organisationsstrukturen die Lernkultur im Unternehmen.

Lernförderliche Entgelt- und Anreizsysteme: Ein weiteres formales Merkmal einer förderlichen Lernkultur sind Entgelt- und Anreizsysteme, die den Erwerb von Kompetenzen sowie die Lern- und Entwicklungsfähigkeit des Mitarbeiters honorieren. Durch derart gestaltete Entgelt- und Anreizsysteme wird das Lernen der Mitarbeiter unterstützt und es kommt die Bedeutung von Lernkultur im Unternehmen zum Ausdruck. Als Beispiel für eine lernförderliche Gestaltung können Zielvereinbarungen genannt werden, in denen gemeinsam mit den Mitarbeitern Lernziele und zu erwerbende Kompetenzen festgelegt werden. Die Erfüllung dieser Vereinbarung kann mit einer monetären Belohnung im Sinne von Leistungsprämien verbunden werden. Aber auch nicht-monetäre Anreize, z.B. Lob und Anerkennung, spielen eine Rolle, wenn es darum geht die Anreizsysteme lernförderlich zu gestalten.

Lernorientierte Arbeitszeitregelungen: Eine Arbeitszeitgestaltung in einer förderlichen Lernkultur schafft Freiräume für die Integration von Lernen in die Arbeitszeit. Gerade arbeitsbezogenes Lernen benötigt zeitliche Ressourcen und Vereinbarungen, wann gelernt werden kann und sollte. Es bedarf also eingeplanter Lernzeiten, die individuell abgestimmt, selbstorganisiert und eigenverantwortlich eingeteilt werden können.

Lernorientierter Umgang mit Veränderungen: Der Umgang mit Veränderungen entscheidet darüber, wie ein Veränderungsprozess im Unternehmen (z.B. Umstrukturierung, Einführung neuer Technik) bewältigt wird. Dazu zählt auch, wie die Mitarbeiter frühzeitig und im Vorfeld auf anstehende Veränderungen, die neue Anforderungen an ihre Kompetenzen stellen, vorbereitet werden. Eine zeitgemäße Lernkultur fördert einen antizipierenden Umgang mit Veränderungen, indem sie die Bedeutung von kontinuierlichem Lernen durch eine ständige Kompetenzerweiterung der Mitarbeiter betont, flexible, selbstgesteuerte und eigenverantwortliche Mitarbeiter hervorbringt und ihnen unterstützende (Förder-)Maßnahmen zur Verfügung stellt. Dazu sind Kompetenzentwicklungsmaßnahmen zu zählen, die den Mitarbeiter auf die Anforderungen vorbereiten.

4.2.3 Information und Partizipation im Unternehmen

Der Merkmalsbereich „Information und Partizipation im Unternehmen" beinhaltet Aspekte einer lernförderlichen Informationsweitergabe und eines lernförderlichen Wissensaustauschs im Unternehmen sowie Partizipationsmöglichkeiten der Mitarbeiter bei der Gestaltung von Personalentwicklung. Letztere wurden zu diesem Merkmalsbereich hinzugenommen, da die Beteiligung von den Mitarbeitern auch einen gewissen Grad an Informiertheit voraussetzt.

Lernförderliche Informationsweitergabe: Eine förderliche Lernkultur stellt den Mitarbeitern ausreichend Informationen über Lern- und Entwicklungsmöglichkeiten im Unternehmen zur Verfügung. Diese Informationsweitergabe erfolgt zumeist top-down und sollte bedarfsorientiert und ohne zeitliche Verzögerung ablaufen. Einen Beitrag hierzu liefert eine systematische, zielorientierte Auswahl an Informationsmedien (z.B.

Aushänge, Weiterbildungsbroschüre, Intranet). Zusätzlich ist auch eine durchlässige Informationsstruktur unabdingbar. Eine förderliche Lernkultur ermöglicht eine effiziente Informationsweitergabe durch das Bereitstellen geeigneter Organisationsstrukturen (z.B. flache Hierarchien, Projektorganisation; s.o.). Jedoch sind auch die Mitarbeiter verpflichtet sich bei Bedarf Informationen selbstständig zu besorgen. Auch hierfür müssen geeignete Informationsmedien zur Verfügung gestellt werden.

Interner Wissensaustausch und interne Netzwerke: Ein interner Wissensaustausch der Mitarbeiter untereinander und die Bildung von intraorganisationalen Netzwerken (z.B. Communities of Practice, Experten-Novizen-Runden) unterstützen Lern- und Entwicklungsprozesse der Mitarbeiter. Damit gelten sie als Rahmenbedingungen für Lernen. Von Unternehmensseite gilt es den formellen und auch den informellen Austausch zu fördern, indem beispielsweise Netzwerke initiiert oder Räumlichkeiten, Plattformen und Zeit für einen informellen Austausch bereitgestellt werden.

Partizipationsmöglichkeiten der Mitarbeiter bei der Gestaltung von Personalentwicklung: In einer förderlichen Lernkultur wird allen Mitarbeitern der Zugang zu Personalentwicklungsmöglichkeiten gegeben. Dies wird unterstützt, indem die Mitarbeiter bei der Formulierung des Lernbedarfs, bei der Gestaltung von Fördermaßnahmen und bei der Maßnahmenevaluation einbezogen werden.

4.2.4 Lernorientierte Umwelt- und Außenkontakte

Der Merkmalsbereich „lernorientierte Umwelt- und Außenkontakte" beinhaltet die beiden Rahmenbedingungen interorganisationale Lernnetzwerke und Wissensaustausch des Unternehmens mit seinem Umfeld. Der *Wissensaustausch* des Unternehmens mit seiner Umwelt kann in vielfältiger Form erfolgen, so z.B. über Beratungsinstitute, Kontakte mit Hochschulen, mit Kunden und mit anderen Unternehmen. Diese Kontakte finden zumeist ohne die explizite Zielsetzung des Lernens statt. *Interorganisationale Lernnetzwerke* haben genau dieses interorganisationale Lernen zum Ziel. Dabei wird Wissen ausgetauscht, neues Wissen erworben und in das Unternehmen eingebracht. Dies führt zu individuellen, gruppenbezogenen und organisationalen Lernprozessen. In einer förderlichen Lernkultur gestaltet das Unternehmen Lernprozesse, indem es Kontakte initiiert, ausbaut und pflegt. Dadurch regt es auch die Unternehmensmitglieder an Kontakte selbst zu suchen und zu organisieren.

4.2.5 Aspekte der Personalentwicklung

Dieser Merkmalsbereich umfasst die Merkmale, die als Kennzeichen einer qualitativen Personalentwicklung in einer förderlichen Lernkultur herausgearbeitet wurden. Dazu zählen zum einen die Phasen der Personalentwicklung wie die Lernbedarfsermittlung, die Planung und Realisierung von Personalentwicklungs- und Kompetenzentwicklungsmaßnahmen und die Qualitätssicherung. Zum anderen spielen auch die strategische

Ausrichtung, ein hoher Stellenwert sowie eine Dezentralisierung der Personalentwicklung eine Rolle in einer neuen Lernkultur.

Lernbedarfsermittlung: In einer förderlichen Lernkultur findet eine systematische Lernbedarfsermittlung statt, die Informationen über aktuelle und zukünftige Anforderungen, über Inhalte und Ziele der durchzuführenden Fördermaßnahmen, über Gestaltungsprinzipien sowie über Lernaufgaben und -umfeld liefert. Die Informationen sollten über drei Ebenen ermittelt werden: über eine organisationsbezogene, tätigkeitsbezogene und personenbezogene Bedarfsermittlung. So kann in einer Lernkultur ein umfassendes Bild des Lernbedarfs entstehen, das zu einer bedarfs- und zielgruppenspezifischen Kompetenzentwicklung der Mitarbeiter führt.

Maßnahmenplanung und -realisierung: Dieses Lernkulturmerkmal umfasst zum einen die *Planung* von Personalentwicklungsmaßnahmen, zu der das Formulieren von Zielen (z.B. Lernziele, strategische Ziele) und die Konzeption der jeweiligen Maßnahmen (z.B. Lerninhalte, didaktische Gestaltung) zu zählen sind. Die *Realisierung* umfasst die eigentliche Maßnahmendurchführung und ist der operativen Lernkulturebene zuzuordnen. Hier gilt es unter Lernkulturperspektive darauf zu achten, dass die Mitarbeiter bei ihren Lernprozessen durch Coaches oder Experten begleitet werden, die anleiten, unterstützen und Fragen beantworten.

Qualitätssicherung: In einer förderlichen Lernkultur ist es wichtig, den Erfolg und den Nutzen des Gelernten zu prüfen und die Anwendung zu sichern. Das *Bildungscontrolling* unterstützt dabei einen effizienten Umgang mit Lernen in einer Lernkultur. Maßnahmen vor, während und nach dem eigentlichen Training (z.B. Evaluationsziele festlegen, Evaluationsmethodik bestimmen) helfen bei einer Qualitätssicherung, die auch einer Optimierung nachfolgender Interventionen dient. Auch die *Transfersicherung* dient der Qualitätssicherung von Personalentwicklungsmaßnahmen. Dabei gilt es nicht nur, das Trainingsdesign transferförderlich zu gestalten, sondern unter einer Lernkulturperspektive spielt auch die Gestaltung des Arbeitsumfeldes (z.B. Einbeziehen des Vorgesetzten; Unterstützung durch Kollegen) eine wichtige Rolle.

Strategische Ausrichtung der Personalentwicklung: Personalentwicklung in einer kompetenzförderlichen Lernkultur sollte auch auf strategischer Ebene positioniert werden um eine nachhaltige Wirkung zu erzielen. Dazu gehören eine Orientierung der Personalentwicklungsstrategie an der Unternehmensstrategie und ein systematisches Personalentwicklungskonzept. Letzteres beinhaltet dabei u.a. normative Grundsätze, aktuelle und zukünftige Qualifizierungsziele und kompetenzunterstützende Methoden, Instrumente und Aktivitäten. Dies führt zu einer Integration von normativen und auch operativen Aspekten in die Personalentwicklungsstrategie, was sich auf den Umgang mit Lernen förderlich auswirkt.

Dezentralisierung der Personalentwicklung: In einer förderlichen Lernkultur ist nicht nur die Personalentwicklungs- bzw. Weiterbildungsabteilung für Lernen und Kompetenzentwicklung verantwortlich, sondern es werden auch weitere Akteure einbezogen. Dazu zählen insbesondere die Führungskräfte, denen in diesem Zusammenhang ein wachsender Aufgaben- und Verantwortungsbereich zukommt.

Hoher Stellenwert der Personalentwicklung: In einer förderlichen Lernkultur besitzt die Personalentwicklung bei der Unternehmensleitung, bei den Führungskräften und bei den Mitarbeitern einen hohen Stellenwert. Dieser lässt sich aus dem Umgang mit den bisher definierten Merkmalen der Personalentwicklung ablesen.

4.2.6 Lernorientierte Führungsleitlinien und -aufgaben

Der Merkmalsbereich „Lernorientierte Führungsleitlinien und -aufgaben" beinhaltet das Thema Führung im Unternehmen mit einem Fokus auf Rolle und Aufgaben der Führungskraft im Rahmen der Mitarbeiterförderung. Auch der normative Aspekt der Führungsleitlinien im Unternehmen wird im Hinblick auf ihre lernorientierte Formulierung und Gestaltung einbezogen.

Lernorientierte Führungsaufgaben: In einer zeitgemäßen Lernkultur spielt die Führungskraft eine wichtige Rolle bezüglich des Lernens ihrer Mitarbeiter. Ihre Aufgaben sind dabei die Mitarbeiter zu informieren, zu motivieren, Lob und Anerkennung auszusprechen, sie individuell zu fördern sowie sie beim Lernen und bei der Weiterentwicklung zu unterstützen. Führungskräfte werden damit zum Coach ihrer Mitarbeiter und haben außerdem eine wichtige Vorbildfunktion durch ihr eigenes Lernverhalten inne. In einer neuen Lernkultur werden sie zum Multiplikator für im Unternehmen vorherrschende Erwartungen, Vorstellungen und Werte in Bezug auf Lernen und Kompetenzentwicklung.

Lernorientierte Führungsleitlinien: In einer zeitgemäßen Lernkultur wird der bedeutende Zusammenhang zwischen Lernen und Führung bereits in den Führungsleitlinien des Unternehmens festgehalten. In ihnen werden Erwartungen an die Führungskraft bezüglich der Unterstützung und Förderung des Lernens auf Mitarbeiterseite formuliert. Wichtig ist auch hier wieder (vgl. lernorientierte Unternehmensleitlinien) eine systematische und geplante Umsetzung dieser Leitlinien in konkretes Führungsverhalten sowie in unterstützende Maßnahmen für das gewünschte Führungsverhalten.

4.2.7 Lern- und Entwicklungsmöglichkeiten im Unternehmen

Der Merkmalsbereich „Lern- und Entwicklungsmöglichkeiten im Unternehmen" beschäftigt sich mit den neuen Lernformen im Unternehmen, die Ausdruck einer zeitgemäßen Lernkultur sind. Hierzu zählen arbeitsbezogenes Lernen, informelles Lernen, selbstgesteuertes Lernen und das kontinuierliche Lernen im Rahmen der beruflichen Entwicklung. Zusätzlich sind auch das Lernen in Gruppen und das mediengestützte Lernen als neue, zeitgemäße Lernformen in einer förderlichen Lernkultur zu betrachten. Diese Lernformen bedürfen besonderer Förderung und Unterstützung von Unternehmensseite, damit eine effektive Kompetenzentwicklung stattfinden kann.

Arbeitsbezogenes Lernen: In einer förderlichen Lernkultur wird Lernen verstärkt in die Arbeit integriert. Es wird nicht mehr nur off-the-job gelernt, sondern hauptsächlich in Arbeitsplatznähe (near-the-job) und am Arbeitsplatz selbst (on-the-job). Arbeitsbezogenes Lernen liefert wertvolle Lern- und Entwicklungsanregungen für die Mitarbeiter, fördert eine Anwendung des Gelernten und unterstützt kontinuierliches und selbstorganisiertes Lernen. Diese Lernform bedarf allerdings auch geeigneter Rahmenbedingungen, die durch eine zeitgemäße Lernkultur bereitgestellt werden. Hierzu sind flache und durchlässige Organisationsstrukturen sowie eine lernförderliche Gestaltung von Arbeitsaufgaben (z.B. Job Rotation, Projektarbeit) zu zählen.

Informelles Lernen: Informelles Lernen, das in der täglichen Auseinandersetzung mit der Arbeit zumeist unbewusst und implizit erfolgt, gewinnt in einer neuen Lernkultur zunehmend an Bedeutung. Informelles Lernen liegt in der Verantwortung des Lernenden, er steuert selbst diese informellen Lernprozesse. Das Unternehmen kann informelles Lernen durch geeignete Rahmenbedingungen unterstützen. Dazu gehören sowohl durch die Organisation geplante und organisierte Lernprozesse (z.B. Austauschprogramme mit anderen Firmen, Besuch von Fachmessen oder Kongressen) als auch das Einräumen von Lernzeit.

Selbstgesteuertes Lernen: Eine neue Lernkultur fordert von den Mitarbeitern, dass sie zunehmend selbstorganisiert lernen. Dabei werden Lernprozesse durch die Mitarbeiter selbst initiiert und gestaltet. Das Unternehmen unterstützt selbstorganisiertes Lernen durch didaktische Maßnahmen (z.B. Trainings zu Selbstreflexionsstrategien) sowie durch Gestaltung der Lern- und Arbeitsumgebung (z.B. lernförderliche Aufgabengestaltung, Ermöglichen von Wissensaustausch).

Kontinuierliches Lernen in der beruflichen Entwicklung: Kontinuierliches Lernen in der beruflichen Entwicklung (Career-Related-Continuous-Learning, CRCL) dient dem Ziel, Wissen und Fähigkeiten für die eigene berufliche Laufbahn bzw. Karriereentwicklung zu erwerben. CRCL beinhaltet ein hohes Maß an Selbststeuerung und wird dadurch zu einer Lernform in einer förderlichen Lernkultur. Folgende Faktoren wirken sich u.a. auf CRCL förderlich aus und können von Unternehmensseite initiiert und gestaltet werden: konstruktive Feedbackprozesse zur erbrachten Leistung, ein gutes Lernklima und kompetenzförderliche Trainingsmaßnahmen (z.B. Selbstmanagementtraining).

Lernen in Gruppen: Lernen in einer zeitgemäßen Lernkultur findet nicht nur auf individueller Ebene, sondern auch auf Gruppenebene statt. Zu neueren Gruppenlernformen zählen Experten-Novizen-Gruppen, Communities of Practice oder Lernpartnerschaften. Ebenfalls sind die didaktischen Konzepte des kooperativen und kollaborativen Lernens hier zugehörig. Gruppenbezogene Lernprozesse können durch eine förderliche Lernkultur unterstützt werden. Neben einer didaktisch-methodischen Hilfestellung (z.B. Vermitteln von Moderationstechniken) sind hier lernförderliche Anreizstrukturen für die Gruppe, flexible Arbeitszeitregelungen und das Initiieren von Gruppenbildungen zu nennen.

Mediengestütztes, multimediales Lernen: Der Einsatz von (computergestützten) Medien unterstützt Lernen in einer neuen Lernkultur. Diese Lernform fördert die Eigenaktivität, die Selbststeuerung und die Lernmotivation der Mitarbeiter, muss jedoch auch wieder durch geeignete Maßnahmen von Unternehmensseite unterstützt werden. Hier sind das Vereinbaren von Lernzeiten, das Einbinden der Maßnahme in eine übergreifende Personalentwicklungsstrategie und ein sinnvolles, an Zielen orientiertes Implementieren von Medien zu nennen.

4.3 Handlungsebenen einer Lernkultur

Das Konzept Lernkultur lässt sich auf verschiedenen Handlungsebenen des Unternehmens ansiedeln (vgl. Bleicher 1996). Dazu gehören die normative, die strategische und die operative Ebene. Eine förderliche Lernkultur manifestiert sich auf diesen drei Ebenen, die nachfolgend näher beschrieben werden.

Auf der *normativen Ebene* zeigen sich vor allem die normativen Elemente und Merkmale unternehmensbezogener Lernkultur. Hier kommen Werte, Normen, Einstellungen und Erwartungen zum Ausdruck, die sich auf Lernen und das Lernhandeln im Unternehmen beziehen. Manifestiert werden diese in der Unternehmensphilosophie, die in Unternehmensleitlinien oder -leitbildern konstituiert ist. Die normative Ebene weist den höchsten Abstraktionsgrad auf und gibt einen normatives Handlungs- und Orientierungsrahmen vor. Ebenfalls wird bereits auf dieser Ebene die normative Grundlage für den Stellenwert von Lernen im Unternehmen geschaffen.

Auf *strategischer Ebene* wird dieser Stellenwert nun konkretisiert sowie strategisch realisiert und umgesetzt. Während auf normativer Ebene der gestalterische Einfluss der Lernkulturakteure weniger eine Rolle spielt, werden auf strategischer Ebene besonders die Unternehmensleitung und die Personalentwicklungsverantwortlichen gestalterisch tätig. Die Personalentwicklung ist dabei für alle Aktivitäten und Prozesse zuständig, die sich auf individuelles und kollektives Lernen im Unternehmen auswirken. Eine strategische Ausrichtung wird dabei zum einen durch ein Personalentwicklungskonzept erreicht, zum anderen wird sie durch die normativen Setzungen in Leitbildern und -linien sowie durch eine Orientierung an strategischen Unternehmenszielen abgesichert. Von Unternehmensseite wird die Förderung von Lernen und Kompetenzentwicklung auf strategischer Ebene über die Gestaltung und Etablierung struktureller und formaler Rahmenbedingungen gesteuert. Hierzu zählen der strukturelle Aufbau des Unternehmens (Organisationsstruktur), eine lernförderliche Entgelt- und Anreizgestaltung und Arbeitszeitregelungen. Ebenfalls fallen hierunter weitere lernförderliche Bedingungen wie der interne und externe Informations- und Wissensaustausch in (Lern-)Netzwerken und (Lern-)Gruppen. Ihre Gestaltung unter strategischer Perspektive findet auf dieser Ebene statt.

Des Weiteren geht es auf strategischer Ebene auch um die Integration einer neuen, förderlichen Lernkultur in den Unternehmens- und Lernalltag. Dazu ist das Engagement der Unternehmensleitung, der Personalentwicklungsverantwortlichen sowie der Führungskräfte unabdingbar. Sie leisten einen Beitrag dazu, dass Lernkultur gelebt wird, indem sie sie an die Mitarbeiter herantragen und sie ihnen in ihrer Vorbildfunktion vorleben. Ohne diese Multiplikatoren und Machtpromotoren und ohne strategische Handlungs- und Gestaltungsaktivitäten kann sich keine kompetenzförderliche Lernkultur entwickeln.

Die eigentliche Gestaltungs- und Umsetzungsfunktion der Lernkultur nimmt nach Bleicher (1996) die *operative Ebene* ein, während die normative und strategische Ebene eher lenkend und unterstützend wirken. Auf operativer Ebene zeigen sich alle Aktivitäten und Maßnahmen, die individuelles, kollektives und organisationales Lernen direkt betreffen. Hier kommt das Angebot an neuen Lernformen und geeigneten Unterstützungs- und Gestaltungsmaßnahmen zum Ausdruck. Damit findet sich auf operativer Ebene die Antwort auf die Frage, wie in einer förderlichen Lernkultur gelernt wird. Die Merkmale auf operativer Ebene (z.B. Lernformen, Personalentwicklungsmaßnahmen) können somit direkt erfasst werden und sind – im Gegensatz zu denen der normativen Ebene – leichter zugänglich und beobachtbar.

In dem Maße, wie die Lernkultur Lernen fördert, fordert sie auch die Einbringung der Organisationsmitglieder. Diese werden auf operativer Ebene aktiv, in dem sie an Lern- und Entwicklungsprozessen teilnehmen, sich mit den neuen Lernformen aktiv auseinandersetzen und selbstorganisiert und eigenverantwortlich lernen und handeln.

Die Handlungsebenen (normative, strategische und operative) zeigen sich, wie bereits in ihrer Beschreibung angeklungen ist, in den identifizierten Merkmalen der unternehmensbezogener Lernkultur. Für eine förderliche Lernkultur ist es wichtig, dass sie im Unternehmen auf allen drei Ebenen manifestiert und etabliert ist. Nur dann kann von einer kompetenzförderlichen Lernkultur gesprochen werden.

4.4 Ein hypothetisches Wirkmodell unternehmensbezogener Lernkultur

Auf Basis der identifizierten Bestimmungsmerkmale von Lernkultur im Unternehmen sowie anhand der getroffenen theoretische Überlegungen, abgeleitet aus der Lern- und Kulturperspektive, wurde ein hypothetisches Wirkmodell unternehmensbezogener Lernkultur entwickelt. Dieses Modell bildet hypothetisch angenommene Wirkzusammenhänge ab, in denen sich Lernkultur im Unternehmen zeigt. Es ist konzipiert als eine Art Input-Output-Modell, wie aus Abbildung 4.1 ersichtlich wird.

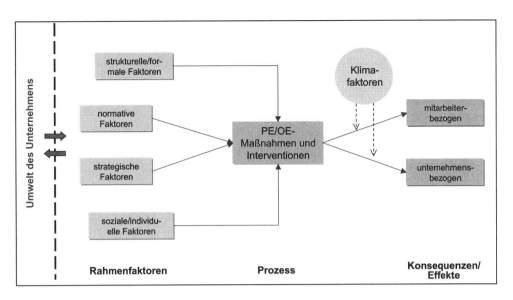

Abb. 4.1: Hypothetisches Wirkmodell einer Lernkultur in Unternehmen

Innerhalb des hypothetischen Wirkmodells wird unterschieden zwischen Rahmenfaktoren (Inputmerkmale), Prozessmerkmalen und Effektvariablen (Outputmerkmale). Bei den *Rahmenfaktoren* ist zu differenzieren zwischen normativen, strukturell-formalen, strategischen und sozialen, individuellen Faktoren. Die identifizierten Lernkulturmerkmale lassen sich in die normativen (z.B. lernorientierte Leitbilder und Leitlinien), strukturell-formalen (z.B. Organisationsstruktur, Entgelt-/Anreizsysteme) und strategischen Faktoren (z.B. strategische Ausrichtung der Personalentwicklung) einordnen. Zu den sozialen und individuellen Faktoren sind individuelle und soziale Lernvoraussetzungen wie vorhandenes Wissen, Lernmotivation und -bereitschaft auf individueller Seite sowie beispielsweise der Bildungseinfluss auf sozialer Seite zu zählen. Diese spielen in einer Lernkultur, die eine starke Gestaltungsperspektive aufweist, eher eine untergeordnete Rolle, dürfen aber in einer Gesamtbetrachtung nicht fehlen. Die Rahmenfaktoren bilden das Unternehmen in den genannten vier Faktorbereichen ab. Dabei werden diese beeinflusst von der *Umwelt des Unternehmens*. Unternehmen können als offene Systeme verstanden werden, die auf ihr Umfeld reagieren und mit ihm interagieren. Als externe Einflüsse gelten unter anderem bildungspolitische Vorgaben (z.B. Kompetenzzertifizierungen) oder auch neue Entwicklungen im Bereich der Medien und der Informationstechnologie (z.B. neue E-Learning-Tools). Ebenso sind auch wirtschaftliche Bedingungen wie Marktveränderungen, Wettbewerbsdruck, Globalisierungsvorhaben, Innovations- und Flexibilitätserfordernisse dazuzuzählen.

Die Rahmenfaktoren beeinflussen nun ihrerseits den Prozess des Lernens und des Wissenserwerbs im Unternehmen auf individueller, gruppenorientierter und organisationaler Ebene. Damit zeigt sich hier die operative Handlungsebene von Lernkultur. Insbesondere *Maßnahmen und Interventionen im Bereich der Personal- und Organi-*

sationsentwicklung sowie deren methodische und didaktische Gestaltung sind hier anzusiedeln. Merkmalen des Organisations- bzw. Lernklimas wird die Funktion einer intervenierenden Variable zugesprochen, die den Output beeinflusst.

Als Resultat (Output) des gesamten Prozesses ergeben sich unternehmens- und mitarbeiterbezogene *Konsequenzen* bzw. *Effekte* (vgl. Funktionen von Lernkultur). Bei den Mitarbeitern sind als Ergebnisse die Entwicklung von Kompetenzen, hier besonders die der Lernkompetenz, der Erwerb neuen Wissens sowie die individuelle, persönliche Weiterentwicklung zu nennen. Effekte auf Unternehmensebene sind ebenfalls der organisationale Wissenserwerb, aber auch eine Steigerung der Innovations- und Veränderungsbereitschaft und verstärkte Flexibilität. Da das vorgestellte Modell in seiner derzeitigen Form einen noch hypothetischen Charakter besitzt, gilt es in einem nächsten Schritt ausgewählte Wirkzusammenhänge empirisch zu überprüfen. Dazu ist es zunächst erforderlich, ein Verfahren zu entwickeln, das die angenommenen Merkmale einer förderlichen Lernkultur reliabel und valide erfasst. Mit einem solchen Verfahren können dann bestimmte Wirkzusammenhänge getestet werden. Die Entwicklung dieses Verfahrens wird Gegenstand der nächsten Kapitel sein. Im Anschluss an diese werden empirische Untersuchungen vorgestellt (vgl. Kapitel 8 und 9).

5 Fragestellungen der empirischen Studien

Das Ziel dieses Projekts ist die Erfassung und Bewertung unternehmensbezogener Lernkulturen verbunden mit der Entwicklung eines organisationsdiagnostischen Verfahrens, das die Lernkultur eines Unternehmens bestimmen kann. In den vorangegangen Kapiteln wurde das Konzept Lernkultur theoretisch fundiert und Merkmale einer kompetenzförderlichen Lernkultur in Unternehmen identifiziert. Damit wurde die Grundlage für die in den folgenden Kapiteln vorzustellenden empirischen Untersuchungen geschaffen. Gegenstand der im Rahmen dieses Projekts durchgeführten Studien ist es, das komplexe und umfassende Konzept unternehmensbezogener Lernkulturen für die Praxis zugänglich zu machen sowie praxisbezogene Fragestellungen hinsichtlich Lernkulturunterschieden und Wirkungszusammenhängen mit anderen in der Unternehmenspraxis relevanten Faktoren zu untersuchen. Letzteres wird auch dazu beitragen, den bisher als recht defizitär zu bewertenden Forschungsstand zur Lernkultur in Unternehmen, der sich besonders im empirischen Bereich als unergiebig erweist, zu verbessern. Um diese Ziele zu erreichen wurden in einer ersten Studie die theoretisch bestimmten Lernkulturmerkmale einer praktischen Prüfung unterzogen. Dazu wurde eine qualitative Interviewstudie mit Experten aus der Unternehmenspraxis und der angewandten Forschung durchgeführt, die auch gleichzeitig zur Operationalisierung der Lernkulturmerkmale einen wertvollen Beitrag leistete (Studie 1; Kapitel 6). Darauf aufbauend wurde das organisationsdiagnostische Instrument zur Erfassung von Lernkultur im Unternehmenskontext entwickelt und damit die Lernkulturmerkmale operationalisiert und einer praxisbezogenen Fragestellung zugänglich gemacht (Kapitel 7). Das Instrument besteht aus einer Version für Personalentwicklungsexperten und einer zweiten Version für die Unternehmensmitarbeiter. Es wurde in zwei weiteren Studien erstmalig in der Praxis eingesetzt und einer kritischen Prüfung unterzogen (Kapitel 8 und 9). Diese zwei Studien dienten ebenfalls der Untersuchung praxisbezogener Fragestellungen. Eine Studie betrachtete die Lernkultur als abhängige Variable und unternehmensbezogene Merkmale wie Branchenzugehörigkeit, Größe und Struktur als die Lernkultur beeinflussende, unabhängige Variablen (Studie 2; Kapitel 8). Eine weitere Studie untersuchte die Zusammenhänge von Lernkulturmerkmalen (unabhängige Variable) mit personenbezogenen, gerade im Unternehmenskontext relevanten Variablen wie der Kompetenzentwicklung und dem Lernverhalten der Mitarbeiter (Studie 3; Kapitel 9).

Im Folgenden werden die Fragestellungen aufgeführt, denen in den nächsten Kapiteln nachgegangen werden soll. Sie ergeben sich aus den bisherigen theoretischen Überlegungen sowie aus den oben genannten Untersuchungsvorhaben:
(1) Welche Bedeutung haben die theoriegeleitet identifizierten Lernkulturmerkmale in der Unternehmenspraxis und welche Elemente dieser Merkmale erweisen sich in diesem Zusammenhang als lernförderlich und welche als lernhinderlich (Studie 1; Kapitel 6)?
(2) Wie können die Lernkulturmerkmale operationalisiert werden, um sie praktischen Fragestellungen zugänglich zu machen (Kapitel 7)?
Unterscheiden sich Lernkulturen in Abhängigkeit von der Branchenzugehörigkeit der Unternehmen (Studie 2; Kapitel 8)?
(3) Welche Zusammenhänge gibt es zwischen bestimmten Lernkulturmerkmalen und Variablen der Kompetenzentwicklung? Werden diese Zusammenhänge durch intervenierende Drittvariablen (z.B. relevante Personenvariablen) beeinflusst (Studie 3; Kapitel 9)?

6 Explorative Studie mit Experten aus der Unternehmenspraxis und der angewandten Forschung

Nach der Darstellung des aktuellen Forschungsstandes und theoretischer Überlegungen zur Lernkultur in Unternehmen wird im Folgenden eine explorative Studie mit Experten aus der Unternehmenspraxis und der angewandten Forschung vorgestellt. Diese Studie baut auf den theoretischen Arbeiten auf und dient als Vorstufe zur Entwicklung eines Instruments zur Erfassung unternehmensbezogener Lernkulturen.

6.1 Zielsetzung der Studie

Die Studie mit Experten der Unternehmenspraxis und der angewandten Forschung besitzt explorativen Charakter. Sie diente dem Sondieren des Themas Lernkultur in Unternehmen durch Gespräche mit Experten aus der Theorie und der Praxis.

In erster Linie wurde mit dieser Studie das Ziel verfolgt, die theoretisch identifizierten Merkmale unternehmensbezogener Lernkulturen empirisch zu explorieren. Es galt, lernförderliche und lernhinderliche Aspekte dieser Merkmale zu identifizieren. Zusätzlich wurden die Merkmale hinsichtlich ihrer Relevanz für die positive Ausprägung einer Lernkultur analysiert. Das Expertenwissen sollte auch dahingehend genutzt werden, um den Terminus Lernkultur zu konkretisieren und das Begriffsverständnis zu klären. Dies wird zu einer erweiterten Begriffsdefinition beitragen. Um diese Aspekte sowohl hinsichtlich ihrer praktischen als auch wissenschaftlichen Relevanz zu eruieren, wurden zwei Stichproben ausgewählt. Die eine setzte sich aus Personalentwicklungsfachleuten deutscher Unternehmen zusammen, die andere Stichprobe bildeten Wissenschaftler aus der angewandten Forschung, die hinsichtlich ihrer Forschungsgebiete eine Affinität zu den von uns befragten Inhalten aufwiesen. Somit konnte praktisches ebenso wie wissenschaftliches Know-how erfasst werden.

Grundlegend diente diese Studie auch dem Überprüfen der theoretischen Grundannahmen zum Konzept Lernkultur (vgl. Kap. 3 und 4). Die Expertenstudie ist als Vorstufe zur Entwicklung des Instruments zur Erfassung von unternehmensbezogenen Lernkulturen zu betrachten. Sie ist durch halbstrukturierte Interviews und eine inhaltsanalytische Auswertung als qualitativ orientierte Untersuchung angelegt. Dies trägt entscheidend zur inhaltlichen Bestimmung des Konstrukts Lernkultur bei. Anhand der gewonnenen Daten können im nächsten Schritt konstruktrelevante Dimensionen abgeleitet und Items für den Fragebogen zur Erfassung von Lernkultur generiert werden. Das gesamte Vorgehen wird somit den Anforderungen einer theoriegeleiteten und gleichzeitig praxisrelevanten Itemgenerierung gerecht.

6.2 Der Leitfaden zu Lernkultur in Unternehmen

Die Konzeption des Leitfadens stützte sich, wie bereits eingangs des Kapitels erwähnt, auf die im Rahmen der Literaturrecherche und -analyse herausgearbeiteten lernförderlichen und -hinderlichen Merkmale unternehmensbezogener Lernkulturen. In diesen Themenbereichen wurden inhaltlich ähnliche Aspekte von Lernkultur zusammengefasst. Der Leitfaden gliederte sich in insgesamt sieben Fragenblöcke zum Thema Lernkultur in Unternehmen mit jeweils vier bis zwölf Fragen. Zusätzlich wurde einleitend die Frage gestellt: „Was verbinden Sie mit dem Begriff Lernkultur?" Diese Frage sollte den Gesprächspartnern einen Einstieg in das komplexe Themengebiet ermöglichen und erste Assoziationen und Ideen erfragen.

In der nachfolgenden Abbildung sind die sieben Themenblöcke abgebildet.

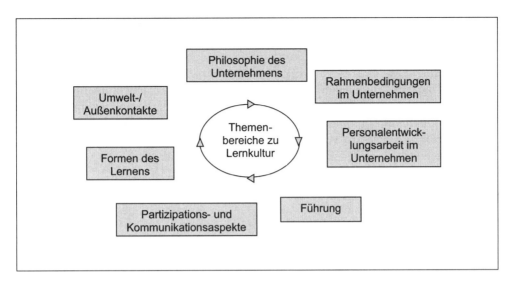

Abb. 6.1: Themenbereiche des Leitfadens zu Lernkultur in Unternehmen

Wie bereits eingangs beschrieben, erfolgte die Erhebung anhand von zwei (Teil-)Stichproben. Diese wurden sowohl bei der Leitfadenkonzeption als auch bei der Interviewauswertung getrennt voneinander betrachtet. Der Leitfaden für die Experten aus der angewandten Forschung unterschied sich allerdings nur geringfügig von dem für Experten aus der Unternehmenspraxis. Die Fragen wurden lediglich bei entsprechenden Stellen an den Wissens- und Erfahrungshintergrund der Wissenschaftler angepasst. Inhaltlich wurde für jeden einzelnen Themenbereich versucht, lernförderliche, aber auch lernhinderliche Bedingungen zusammen mit den Befragten herauszuarbeiten. Nachfolgend werden die Themenbereiche des Leitfadens inhaltlich beschrieben und charakterisiert. Die einzelnen Fragen zu den Themenbereichen sind im Anhang zu finden.

6.2.1 Themenbereiche des Leitfadens

Philosophie des Unternehmens: In diesem Themenbereich wurden normative Aspekte der Lernkulturgestaltung in Unternehmen erfragt. Darunter fielen zum einen Leitbilder, Visionen und Ziele des Unternehmens, die die Bedeutung und den Umgang mit Lernen im Unternehmen hervorheben (vgl. Frage 1 und 2). Wichtig erschien in diesem Zusammenhang die Frage, ob diese Leitlinien schriftlich fixiert sind und ob eine systematische Umsetzung dieser lernbezogenen Leitlinien anhand konkreter Umsetzungsmaßnahmen verfolgt werden.

Ein weiterer Indikator zum Stellenwert von Lernen im Unternehmen sind zum anderen Erwartungen an das Lern- und Weiterbildungsverhalten der Mitarbeiter. Diese sind Gegenstand weiterer Fragen in diesem Themenbereich. Hierbei wird exploriert, welche Erwartungen in Bezug auf Lernen und Weiterbildung im Einzelnen an Mitarbeiter gestellt werden, ob diese Erwartungen kommuniziert und ob sie von Seiten der Mitarbeiter erfüllt werden.

Rahmenbedingungen im Unternehmen: Im Mittelpunkt dieses Themenbereichs steht die Frage, welche organisationalen und strukturellen Faktoren als lernförderlich und als bedeutsam für eine Lernkultur betrachtet werden können. Zu diesen Faktoren zählt die Organisationsstruktur mit ihren Hierarchieebenen, den Bereichs- und Abteilungsgrößen und der Arbeitsorganisation. Hier werden somit die Aufbau- und die Ablauforganisation des Unternehmen im Hinblick auf lernförderliche und -hinderliche Gestaltung exploriert. Des Weiteren werden lernunterstützende und -hemmende Komponenten des Entgelt- und Anreizsystems sowie andere Gestaltungsmöglichkeiten erfragt. Als ein weiteres organisationales Merkmal werden Fragen zu Arbeitszeitregelungen gestellt. Hier spielen die Fragen nach der Flexibilität von Arbeitszeit sowie nach ausreichenden Freiräumen zum Lernen eine Rolle. Da im Unternehmen vermehrt Veränderungsprozesse stattfinden und diese neue Anforderungen an das Lernen und die Lernprozesse der betroffenen Unternehmensmitglieder stellen, wird in diesem Themenbereich auch der Einflussfaktor Veränderungen bzw. Veränderungsprozesse erfragt. Fragen, welche Veränderungen dabei den größten Einfluss auf Lernen haben und wie in Bezug auf Veränderungen gelernt wird, nämlich proaktiv oder reaktiv, stehen dabei im Mittelpunkt der Betrachtung.

Personalentwicklungsarbeit im Unternehmen: In diesem Zusammenhang werden qualitative und strategische Aspekte der Personalentwicklung im Unternehmen erfragt. Beginnend mit dem Stellenwert der Personalentwicklung im Unternehmen, der Aufschluss über die Akzeptanz von Kompetenz- und Weiterbildungsarbeit sowohl von Unternehmens-, als auch von Mitarbeiterseite liefern soll, enthält dieser Themenbereich Fragen zur strategischen Ausrichtung der Personalentwicklung, zur Zielgruppenbreite der Bildungsangebote sowie zu deren Nutzung durch die Mitarbeiter. Fragen zur Qualität von Fördermaßnahmen im Sinne von Lernbedarfsplanung und Bildungscontrolling bilden den Abschluss dieses Themenbereichs.

Führung: Wie bereits in den theoretischen Ausführungen beschrieben (vgl. Kap. 3.4), hat die Führungskraft bestimmte Aufgaben im Lern- und Entwicklungsprozess ihrer Mitarbeiter. Die Exploration dieser Aufgaben und des Beitrags der Führungskraft zu einer Lernkultur erfolgt in diesem Themenbereich. Zusätzlich werden auch die Führungsgrundsätze bzw. -leitlinien hinsichtlich lernbezogener Führungsaufgaben zur Mitarbeiterförderung im Unternehmen erfragt. Ebenso wird ermittelt, ob die Mitarbeiter die Aufgaben ihrer Führungskraft im Rahmen ihrer eigenen Personalentwicklung kennen bzw. ob sie darüber informiert werden.

Partizipations- und Kommunikationsaspekte: Hier werden die Themen Information, Kommunikation und Partizipation im Rahmen einer Lernkultur exploriert. Neben Informationen über Lern- und Weiterbildungsmöglichkeiten von Seiten des Unternehmens und den Möglichkeiten für Mitarbeiter, sich darüber zu informieren, werden Partizipationsmöglichkeiten bei der Gestaltung von Weiterbildung erfragt.

Als zentrale Aspekte dieses Themenbereichs gelten die Fragen zum Wissensaustausch im Unternehmen, da dieser Austausch als besonders wichtig für eine Lernkultur gilt (vgl. Kap. 3.2.3). Den wissenschaftlichen Gesprächspartnern wurde die Frage nach der Bedeutung von Wissensaustausch im Rahmen einer Lernkultur gestellt, während die praktisch tätigen Personalentwicklungsfachleute nach Formen formeller und informeller Netzwerke als Möglichkeiten zum Wissensaustausch befragt wurden.

Formen des Lernens: Bei diesem Themenbereich handelt es sich mit 12 Fragen bei den Unternehmensvertretern um den umfangreichsten Fragenblock im gesamten Leitfaden. In ihm werden die für eine Lernkultur als unerlässlich betrachteten neuen Lernformen und mögliche Gestaltungsmaßnahmen von Unternehmensseite eruiert. Es lassen sich fünf einzelne Unterthemen unterscheiden: Instrumente zur Kompetenzentwicklung, Lernorte, Lernformen, Transfer in die Arbeitstätigkeit und Lernunterstützungsmöglichkeiten. Im Rahmen der Kompetenzentwicklung wird unterschieden zwischen den vier Kompetenzbereichen Fach-, Methoden-, Sozial- und personale Kompetenz. Mit den Wissenschaftlern wird in diesem Zusammenhang diskutiert, welche dieser Kompetenzen ihnen im Rahmen einer Lernkultur am bedeutsamsten erscheinen. Die Experten aus der Unternehmenspraxis sollen angeben, welcher der vier Bereiche aktuell und zukünftig im Mittelpunkt von Personalentwicklungsmaßnahmen in ihrem Unternehmen steht.

Bei den Lernorten wurde unterschieden zwischen Lernen am Arbeitsplatz (on-the-job), in Arbeitsplatznähe (near-the-job) und außerhalb der Arbeit, also die traditionelle Form der Weiterbildung (off-the-job). Hier stand für uns die Frage im Mittelpunkt, welcher dieser drei Lernorte als der wichtigste und entscheidendste im Rahmen einer Lernkultur betrachtet und welche Entwicklung zukünftig zu erwarten sein wird.

Eine Lernkultur drückt sich in zeit- und situationsgemäßen Lernformen aus (vgl. Kap. 3.5). Deshalb wurden im nächsten Fragenblock Lernformen erfragt, die als unterstützend und vielversprechend für eine Lernkultur zu bezeichnen sind. Folgende Lernformen wurden dabei behandelt: gruppenbezogenes Lernen, selbstorganisiertes Lernen und mediengestütztes Lernen. In beiden Expertengruppen sollte auch die zukünftige Entwicklung dieser Lernarten beurteilt werden.

Eine weitere Frage diente zur Exploration der Transferförderung und -unterstützung in Unternehmen. Die Unternehmensvertreter sollten hier Ansätze und Strategien zur Förderung des Lerntransfers in ihrem Unternehmen benennen. Die Wissenschaftler beurteilten die Effizienz von vorhandenen Instrumenten und sollten transferförderliche und -hinderliche Faktoren benennen. Anhand dieser Fragen erhofften wir uns Aussagen darüber, wie Lernen durch eine stärkere Transfersicherung unterstützt werden kann.

Umwelt-/Außenkontakte des Unternehmens: Hier handelt es sich mit vier Fragen um einen relativ kurzen Themenbereich. Das Ziel der gestellten Fragen war es, den lernförderlichen Austausch des Unternehmens mit seiner Umwelt zu erfassen bzw. zu beurteilen. Von den Vertretern der Unternehmen wurden in diesem Zusammenhang bestehende Netzwerke und ihre Relevanz für Lernen im Unternehmen erfragt, ebenso die Nutzung dieser Kontakte durch die Mitarbeiter. Mit den Wissenschaftlern wurde die Rolle von externen Netzwerken im Rahmen einer Lernkultur exploriert und welche Arten von Kontakten sie für besonders wichtig halten. Die zukünftige Entwicklung hinsichtlich dieser externen Austauschformen wurde ebenfalls erfragt.

6.3 Kontext und Durchführung der Untersuchung

Die Interviewstudie wurde mit Experten aus der Unternehmenspraxis und der angewandten Forschung durchgeführt.
Bei den insgesamt 28 Experten aus der Unternehmenspraxis handelte es sich um Personalentwickler, Weiterbildungsexperten und Organisationsentwickler, d.h. Personen, deren Arbeitsschwerpunkte in den Bereichen Personal- und Organisationsentwicklung lag. Die Befragten stammten aus unterschiedlichen Hierarchieebenen, neben Referenten waren auch Personen mit leitenden Funktionen unsere Gesprächspartner. Die Studie wurde bewusst in Unternehmen durchgeführt, die sich in ihrer Größe und ihrer Branchenzugehörigkeit unterschieden. Dadurch erhofften wir uns einen Einblick in verschiedene Lernkulturen und Hinweise auf Unterschiede in der Lernkultur in Abhängigkeit von folgenden Unternehmensmerkmalen. In Bezug auf die Größe der Unternehmen wurde zwischen Konzernen (> 10.000 Mitarbeiter), Großunternehmen (500 – 10.000 Mitarbeiter) sowie Klein- und mittelständischen Unternehmen (< 500) unterschieden. Die Unternehmen wurden den Branchen Produktion, Dienstleistung, Informationstechnologie, New Economy und Sonstige, hierunter fielen Non-Profit-Organisationen, Krankenhäuser etc., zugeteilt. Die befragten Unternehmensvertreter wurden gemäß dieser Merkmalseinteilung aus unterschiedlichen Unternehmen rekrutiert. Die Zusammensetzung der Stichprobe in Bezug auf die Unternehmen, die dadurch in der Befragung repräsentiert sind, gibt Tabelle 6.1 wieder.

Tab. 6.1: Befragte Unternehmen nach Unternehmensgröße und Branchenzugehörigkeit.

	Konzern (> 10.000 MA)	Großunternehmen (> 500 – 10.000)	KMU (< 500)
Produzierendes Unternehmen	5	6	1
Dienstleistungsunternehmen	2	3	3
IT-Unternehmen	2	1	—
New Economy Unternehmen	1	2	1
Sonstige	1	2	1

Die weitere Teilstichprobe wurde aus zehn Experten der angewandten Forschung gebildet. Bei ihnen lag der Schwerpunkt des Interviews eher auf der Diskussion von Annahmen zu unternehmensbezogenen Lernkulturen auf einer mehr theoretischen Ebene. Da jedoch alle befragten Wissenschaftler auch enge Bezüge zu Unternehmen haben, spielte auch die praktische Umsetzung von Lernkulturaspekten eine wichtige Rolle in den Interviews. Die wissenschaftlichen Experten kamen aus unterschiedlichen Forschungsdisziplinen. Neben Arbeits- und Organisationspsychologen gehörten dieser Gruppe auch Pädagogen, Sozialwissenschaftler, Betriebswissenschaftler und Wissenschaftler aus der Pädagogischen Psychologie an.

6.4 Die Auswertungsmethode: qualitative Inhaltsanalyse

Da die Interviews protokolliert und auf Tonband aufgenommen wurden, lag für die Auswertung verbales Datenmaterial vor. Dieses wurde transkribiert und anschließend mit Hilfe *qualitativer Inhaltsanalysen* (Mayring 2000) ausgewertet.
Die inhaltsanalytische Auswertung unserer Interviewdaten verfolgte folgende Ziele:
- Reduzierung des Datenmaterials auf kurze, verständliche und treffende Aussagen. Dies geschah anhand einer *zusammenfassenden Inhaltsanalyse*.
- Einordnung dieser Aussagen in ein übergeordnetes Kategoriensystem, das hierfür entwickelt wurde. Dieses Kategoriensystem diente der Herausarbeitung lernförderlicher und lernhinderlicher Merkmale einer Lernkultur sowie weiterer relevanter Aspekte. Dies geschah anhand einer *strukturierenden Inhaltsanalyse* und ermöglichte zusätzlich eine quantitative Analyse der Daten.

Die strukturierende Inhaltsanalyse und das entwickelte Kategoriensystem bieten die Möglichkeit, das Datenmaterial auch hinsichtlich quantitativer Gesichtspunkte zu betrachten. Folgende Aspekte wurden dabei in dieser Studie untersucht:
- Da die befragten Experten aus der Unternehmenspraxis aus Unternehmen stammen, die sich hinsichtlich ihrer Größe und ihrer Branchenzugehörigkeit unterscheiden, wurde das Datenmaterial bezüglich auffallender Unterschiede untersucht. Dazu wurden die Paraphrasen bzw. Komprimierungen im Vorfeld mit einem Größen- und Branchencode versehen, der die Auszählung erleichtern und die Anonymität gewährleisten sollte. Bei jeder Unterkategorie wurde überprüft, ob sich Unterschiede zeigen. Aufgrund der relativ kleinen Stichprobengröße von N=28 konnten allerdings erste Hinweise und Tendenzen auf Größen- und Branchenunterschiede ermittelt werden.
- Des Weiteren betrachteten wir die Anzahl der Aussagen pro Unterkategorie. Diese gibt Auskunft darüber, ob der jeweilige Aspekt für eine Lernkultur bzw. für eine lernförderliche Gestaltung eine besonders bedeutsame Rolle spielt. Diese Betrachtung fließt direkt in die Ergebnisdarstellung mit ein.

6.5 Forschungsfragen der explorativen Interviewstudie

Die explorativen Fragen dieser Interviewstudie basieren auf den theoretischen Grundlagen unternehmensbezogener Lernkulturen (vgl. Kapitel 2, 3 und 4). Lernkultur ist demnach ein komplexes, dynamisches Konstrukt, das über mehrere Merkmale bestimmbar ist, die sich wiederum in verschiedene Merkmalsbereiche gruppieren lassen. Diese Merkmale bzw. Merkmalsbereiche können lernförderlich und lernhinderlich sein hinsichtlich ihrer Ausprägung im Unternehmen. In dieser Studie wurden diese Merkmale nun empiriebasiert überprüft und konkretisiert. Ebenso wurde eruiert, inwieweit diese Merkmale Lernen im Unternehmen unterstützen und somit als ein Element einer förderlichen Lernkultur betrachtet werden können. Grundlegend verfolgt die Interviewstudie damit folgende Forschungsfragen:

Forschungsfrage 1: Welche Bedeutung haben die theoriegeleitet identifizierten Merkmale in der Unternehmenspraxis und in der angewandten Forschung?
Forschungsfrage 2: Welche Elemente innerhalb dieser Merkmale erweisen sich als lernförderlich und welche als lernhinderlich?

6.6 Ergebnisse der Interviewstudie

In diesem Kapitel werden die Ergebnisse der Interviewstudie vorgestellt und diskutiert. Da die Interviews aufgrund der Vielfalt an Fragen zu einer Fülle an Datenmaterial geführt haben, werden die Ergebnisse im Folgenden in zusammengefasster Form vorgestellt.

6.6.1 Einstiegsfrage zur Definition von Lernkultur

Zu Beginn des Interviews wurde den Experten folgende Frage gestellt: „Was verbinden Sie mit dem Begriff Lernkultur?"

Bei den Antworten auf diese Frage lässt sich sowohl bei den Experten aus der angewandten Forschung als auch bei jenen aus der Unternehmenspraxis gut erkennen, dass es sich bei Lernkultur um ein breites, facettenreiches Konstrukt handelt. Im Gegensatz zu den Experten aus der Unternehmenspraxis benennen die Befragten aus der angewandten Forschung Werte in Bezug auf Lernen als ein Merkmal von Lernkultur im Unternehmen. Damit greifen sie ein zentrales Element aus der im Projekt vorhandenen Lernkulturdefinition auf (vgl. Kapitel 4.2). Beiden Expertengruppen ist gemeinsam, dass sie das Geben von Lernunterstützung als einen Aspekt von Lernkultur betrachten. Nach Ansicht der Experten aus der angewandten Forschung erfolgt dies über entsprechende Maßnahmen sowie über die Gestaltung von Lernen und Lernumgebungen. Damit wird die Unterstützung von Lernen zu einem wichtigen Element im Rahmen der Definition unternehmensbezogener Lernkulturen.

Die weiteren von den beiden Expertengruppen angesprochenen definitorischen Aspekte einer Lernkultur zeigen wenig Übereinstimmung auf. Allerdings lassen sie sich gut in die im Projekt vorhandene Definition von Lernkultur integrieren. So benennen die Befragten aus der Unternehmenspraxis Lernformen als einen Aspekt von Lernkultur. Dies entspricht auch den eigenen Vorstellungen: Lernkultur findet Ausdruck in (neuen) Lernformen. Ebenso werden von beiden Gruppen normative Aspekte benannt (Werte in Bezug auf Lernen; Integration von Lernen in die Unternehmensphilosophie) und von den Experten der Unternehmenspraxis zusätzlich strategische Aspekte (Integration von Lernen in PE-Strategie und Struktur). Damit finden sich in den Antwortkategorien zwei Handlungsebenen unternehmensbezogener Lernkulturen wieder: die normative und strategische. Das Geben von Lernunterstützung, das Bereitstellen von Kapazitäten und Ressourcen, das Ermöglichen der Anwendung von erworbenem Wissen (Transfersicherung), bestimmte Führungsaufgaben ebenso wie die Beziehung zwischen Lernkultur und Veränderungen sind weitere Lernkulturaspekte, die auch in der eigenen Konstruktbestimmung zu finden sind (vgl. Kapitel 4.2).

Zusammenfassend ist festzuhalten, dass die inhaltliche Breite der Antwortkategorien auf die Frage, was unter Lernkultur zu verstehen ist, bei beiden Expertengruppen für ein multifaktorielles, facettenreiches Lernkulturkonstrukt spricht. Die im Projekt zugrundegelegte Vorgehensweise einer möglichst umfassenden Identifikation von Lernkulturmerkmalen wird durch die Befragungsergebnisse bestätigt.

6.6.2 Philosophie des Unternehmens

Die Unternehmensphilosophie kann als ein normatives Merkmal unternehmensbezogener Lernkultur betrachtet werden (vgl. Kap. 3.2.1). Als Bestandteile dieser Philosophie gelten Visionen und Leitlinien sowie formulierte Erwartungen, die einen Bezug zu Lernen im Unternehmen aufweisen. Diese Bestandteile wurden im Gespräch mit den Experten hinsichtlich ihrer Bedeutung als Einflussfaktor von Lernkultur exploriert sowie Möglichkeiten einer lernförderlichen Umsetzung erfragt.

Unternehmensvisionen und -leitlinien mit Bezug zu Lernen
Die Lernorientierung von Unternehmensleitlinien und -visionen beinhaltet den Umgang mit Lernen und den Stellenwert von Lernen im Unternehmen. Sie weisen außerdem auf Ziele und Wege des Lernens im Unternehmen hin (vgl. Kap. 3.2.1). Dazu gehören eine Fokussierung auf arbeitsbezogene Lernformen, die Förderung des individuellen Lernens sowie eine stärkere Eigenverantwortung der Lernenden. Die Experten bewerteten eine systematische Umsetzung der Unternehmensphilosophie bzw. -leitlinien als entscheidend für eine wirkungsvolle Lernkultur, d.h. die in den Visionen enthaltenen Grundsätze müssen auch tatsächlich gelebt werden.

Von beiden Expertengruppen wird bestätigt, dass lernorientierte Leitlinien im Rahmen einer Lernkultur eine lernförderliche Bedeutung haben. Allerdings wird auch betont, dass Unternehmensleitlinien sich nur dann lernförderlich auswirken, wenn eine konsequente Umsetzung dieser Leitlinien erfolgt. Dies entspricht den eigenen theoretischen Vorstellungen. Die von beiden Expertengruppen genannten Inhalte lernorientierter Unternehmensleitlinien weisen insbesondere auf die Formulierung von Zielen des Lernens sowie von Eigenverantwortung der Mitarbeiter beim Lernen hin. Auch das Explorieren von Möglichkeiten zur Umsetzung der lernorientierten Philosophie hat einige interessante Aspekte ergeben. Beide Expertengruppen heben bspw. das Schaffen und Bereitstellen von Ressourcen und Rahmenbedingungen für Lernen hervor.

Zusammenfassend lässt sich festhalten, dass die Antworten der Experten die angenommene lernförderliche Bedeutung einer lernorientierten Unternehmensphilosophie weitgehend bestätigt haben.

Erwartungen an lernende Mitarbeiter
Die Antworten der befragten Experten wurden zum einen danach gruppiert, welche Erwartungen inhaltlicher Art genannt wurden, und zum anderen danach, welche Hinweise in Bezug auf die Kommunikation und Umsetzung entsprechender Erwartungen benannt wurden.

Erwartungen an den lernenden Mitarbeiter spielen nach Ansicht der Experten aus der angewandten Forschung eine wichtige Rolle im Rahmen einer Lernkultur. Jedoch scheint dies in den Unternehmen explizit nur wenig Berücksichtigung zu finden, da der Großteil der Interviewten keine entsprechend formulierten Erwartungen angeben konnte. Die lernbezogenen Erwartungen scheinen somit eher implizit vorzuliegen, was eine konkrete Umsetzung und Kommunikation sicherlich erschwert. Als lernförderlich wurden von beiden Expertengruppen durchaus ähnliche Aspekte angesprochen. So wurden insbesondere Erwartungen in Bezug auf Engagement und Eigeninitiative sowie kontinuierliches Lernen und Kompetenzentwicklung genannt.

Kritisch in Bezug auf die angenommene Bedeutung von Erwartungen als Einflussfaktor in einer förderlichen Lernkultur ist allerdings der Hinweis auf die Notwendigkeit von Differenzierung zu werten. Dies würde eine zielgruppenspezifische Formulierung der Erwartungen erfordern. Demgemäß hätten allgemein formulierte Erwartungen nicht unbedingt nur eine lernförderliche Wirkung, sondern können auch die Gefahr von Pauschalisierung bergen, die nur schwer umgesetzt und gelebt werden können.

Hinsichtlich der Möglichkeiten zur Kommunikation von Erwartungen ähneln sich die Antworten beider Expertengruppen sehr. Insbesondere wird betont, dass den Führungskräften eine wichtige Rolle dabei zukommt. Sie sind besonders gefordert, ihren Mitarbeitern die Erwartungen mitzuteilen und weiterzugeben.

Zusammenfassung zum Themenbereich Philosophie im Unternehmen
Abschließend werden die herausgearbeiteten Ergebnisse des Themenbereichs Philosophie im Unternehmen noch einmal zusammengefasst dargestellt.
- *Unternehmensphilosophie und -leitlinien*: Die Experten haben lernorientierten Leitlinien im Unternehmen weitestgehend eine lernförderliche Wirkung zugespro-

chen und ihre Bedeutung als einen Einflussfaktor von Lernkultur bestätigt. Als lernförderliche Inhalte wurden das Formulieren von Zielen des Lernens sowie die Eigenverantwortung der Mitarbeiter beim Lernen ermittelt. Damit die Wirkung lernorientierter Leitlinien aber auch tatsächlich Erfolg hat, ist die Umsetzung der lernorientierten Leitlinien wichtig. Als lernförderliche Umsetzungsaspekte gelten das Schaffen und Bereitstellen von Ressourcen und Rahmenbedingungen, die die Umsetzung der in den Leitlinien formulierten Inhalte ermöglichen, ebenso wie die Umsetzung der Inhalte in entsprechende Personalentwicklungsmaßnahmen.

- *Erwartungen an lernende Mitarbeiter*: In den Interviews konnte eine wichtige Rolle von Erwartungen an den lernenden Mitarbeiter ermittelt werden. Als lernförderlich sind in diesem Zusammenhang Erwartungen in Bezug auf Engagement und Eigeninitiative sowie von kontinuierlichem Lernen und Kompetenzentwicklung zu nennen.

6.6.3 Rahmenbedingungen im Unternehmen

Die Rahmenbedingungen beeinflussen als strukturelle und formale Merkmale die Lernkultur im Unternehmen. Als Rahmenbedingungen wurden bei den Experten lernförderliche und -hinderliche Elemente der Organisationsstruktur, der Entgelt- und Anreizgestaltung, von Arbeitszeitregelungen sowie bei der Gestaltung von Veränderungsprozessen erfragt. Die Ergebnisse zu diesen vier Lernkulturmerkmalen werden in diesem Abschnitt vorgestellt und interpretiert.

6.6.3.1 Lernförderliche und lernhinderliche Organisationsstrukturen

Die Antworten der Experten beinhalten Merkmale von Organisationsstrukturen, die sich nach Einschätzung der Experten lernförderlich bzw. -hinderlich auswirken.

Theoretische Überlegungen zur Lernförderlichkeit von Organisationsstrukturen zeigen, dass der Trend hin zu einer Verschlankung der Organisation mit flachen Hierarchien und einer verstärkt dezentralen Organisation führt. Damit werden Lernpotenziale geschaffen und Lernen angeregt (vgl. Kap. 3.2.2.1).

Aus den Antwortkategorien der befragten Experten lässt sich ableiten, dass der Großteil flache Hierarchien und dezentrale, durchlässige Strukturen als besonders lernförderlich und damit auch als einen förderlichen Bestandteil unternehmensbezogener Lernkulturen bewertet. Jedoch wird dies erstaunlicherweise von einem Teil der Unternehmensvertreter auch als lernhinderlich benannt. Eine Antwort auf diesen Widerspruch kann in dem Hinweis von den wissenschaftlichen Experten gefunden werden, die betonen, dass nur ein geeignetes, der Unternehmenssituation entsprechendes Maß an Flachheit und Dezentralisierung als lernförderlich gelten kann. Besonders bei den Experten der angewandten Forschung ist ein kritischer Umgang mit der Verbindung von Organisationsstruktur und Lernförderlichkeit bzw. Lernkultur zu beobachten, da einige keinen nen-

nenswerten Einfluss der Struktur sehen. Dies entspricht der oftmals noch vorherrschenden Unterscheidung von harten und weichen Unternehmensfaktoren. Die integrierte Gestaltung von Struktur und Kultur (vgl. Kieser & Kubicek 1992) ist aber durchaus möglich und kann zu einer Effizienz- und Effektivitätssteigerung führen (vgl. Bleicher 1996; Schöni 2001).

Es kann als Fazit festgehalten werden, dass die Experten die Organisationsstruktur im Zusammenhang mit einer förderlichen Lernkultur als durchaus relevant erachten. Die Antwortkategorien weisen auf eine Vielzahl an lernförderlichen und -hinderlichen Elementen organisationaler Strukturen mit ihrem Einfluss auf Lernen und Lernkultur hin. Einzelne Antworten bei den Experten der angewandten Forschung widersprechen jedoch etwas diesem Einfluss. Diese Aussagen können so interpretiert werden, dass Strukturen allenfalls einen Indikator für eine förderliche oder hinderliche Lernkultur darstellen, dass sie jedoch weniger bei der Gestaltung von Lernprozessen im Unternehmen berücksichtigt werden; mit anderen Worten bilden Organisationsstrukturen das „harte" Rahmengerüst im Sinne der Aufbauorganisation des Unternehmens und werden kaum im Hinblick auf die Förderung von Lernprozessen verändert, sondern allenfalls in Folge einer veränderten Unternehmensstrategie.

6.6.3.2 Lernförderliche und lernhinderliche Entgelt- und Anreizsysteme

Das Untersuchungsinteresse richtete sich hier auf die Frage, welche Bedeutung die Entgelt- und Anreizgestaltung als Einflussfaktor von Lernkultur besitzt. Aus der Theorie sind leistungsmotivationsfördernde Wirkungen von Entgelt- und Anreizsystemen hinreichend bekannt und untersucht (vgl. Kap. 3.2.2.2). Aus theoretischer Perspektive sollten lernförderliche Be- und Entlohnungen in einer Lernkultur sowohl monetär als auch nicht-monetär sein. Die Kombination von materiellen und immateriellen Anreizen fördert Leistung und Lernen. Weiterbildung optimiert langfristig die Leistung, weshalb sowohl das Eine als auch das Andere Eingang in die Gestaltung einer lernförderlichen Vergütungsstruktur finden sollte.

Die Antworten der Wissenschaftsexperten weisen kontroverse Meinungen hinsichtlich der Frage auf, welche Rolle Entgelt- und Anreizsysteme als Einflussfaktor auf Lernkultur haben. Auch bei den Unternehmensvertretern wird dies von einem Befragten angemerkt. Allerdings finden sich auch Antworten, die lernförderliche und z.T. auch lernhinderliche Entgelt- und Anreizkomponenten benennen, und die auf einen Bezug zwischen Entlohnung und Anreizgestaltungen auf der einen Seite und Lernen und Lernkultur auf der anderen Seite hinweisen. Somit können entsprechend gestalteten Entgelt- und Anreizsystemen mit gewissen Einschränkungen eine lernförderliche Bedeutung zugesprochen werden. Allerdings gilt analog zu den Organisationsstrukturen, dass der Rahmenbedingung ‚Entgelt- und Anreizsysteme' mehr eine Indikatorfunktion zukommt und sich die Gestaltung von Entgelt- und Anreizsystemen im Unternehmen in erster Linie an anderen Aspekten und weniger an der Lernförderlichkeit orientiert.

Beide Expertengruppen nennen sowohl monetäre als auch nicht-monetäre Anreize für eine lernförderliche Gestaltung von Entgelt und Anreizen. Jedoch scheint in der Praxis der monetäre Anteil zu überwiegen. Hinsichtlich des tatsächlichen Vorhandenseins lernförderlicher Entgelt- und Anreizkomponenten in Unternehmen ist abschließend festzuhalten, dass Konzepte zur Integration von Lohn und Lernen zumindest in den Köpfen vorhanden sind, allerdings bisher selten umgesetzt werden. Die Unternehmen erkennen somit durchaus die Vorteile, haben sie in der Praxis bis dato aber nur bedingt umgesetzt.

6.6.3.3 Lernförderliche und lernhinderliche Arbeitszeitregelungen

Die aus den Antworten abgeleiteten Antwortkategorien weisen ein recht homogenes Bild bezüglich der Lernförderlichkeit von Arbeitszeitregelungen auf. Auch zwischen den beiden Expertengruppen ist die Übereinstimmung hinsichtlich Einfluss und Wirkungsmöglichkeiten relativ hoch.

Flexible Arbeitszeitregelungen, zu denen Gleitzeitsysteme, Vertrauensarbeitszeit sowie Modelle wie Zeitkonten, Sabbaticals etc. zu zählen sind, werden demnach als lernförderlich bewertet. Sie beeinflussen Lernen im Unternehmen insofern, als dass sie den Mitarbeitern selbstständige, flexible Zeiteinteilungen bezüglich Lernen und Arbeiten ermöglichen. Damit entsprechen diese Ergebnisse weitestgehend den theoretisch herausgearbeiteten Zusammenhängen von Arbeitszeitgestaltung und Lernen (Kap. 3.2.2.3). Dort wurde herausgearbeitet, dass in der Flexibilisierung die Chance für Mitarbeiter gesehen wird, Arbeit, Freizeit und Lernzeit individuell neu zu verteilen, was wiederum neue Möglichkeiten für Lernen und die Weiterentwicklung von Kompetenzen schafft. Jedoch führt eine zunehmende Arbeitsintensität oftmals zu einer Verringerung von Lernzeit. Hier ist es Aufgabe einer förderlichen Lernkultur, Lernzeiten in die Arbeitszeiten zu integrieren, möglichst auch in geregelter, festgelegter Form. Dieses Problem greifen auch die Interviewergebnisse auf. Die Unternehmensvertreter benennen Arbeits- und Zeitdruck als lernhinderlich, was dem Einfluss der Arbeitsintensität entspricht.

Hinsichtlich der Frage nach der Bedeutung von Arbeitszeitregelungen als Rahmenbedingungen für Lernen ist zusammenfassend festzuhalten, dass lernförderliche Merkmale von Arbeitszeitregelungen identifiziert werden konnten, was für einen Zusammenhang mit Lernen spricht. Die Mehrzahl der Antwortkategorien weist auf die Wichtigkeit von flexiblen Arbeitszeitregelungen hin und benennt positive, lernförderliche Aspekte einer flexiblen Gestaltung. Nach Ansicht aller befragten Experten besteht vor allem eine positive Verbindung zwischen Lernen und flexiblen Arbeitszeiten. Somit können flexible Arbeitszeiten auch nach Ansicht von Praktikern und Wissenschaftlern als ein die Lernkultur beeinflussendes Merkmal betrachtet werden.

6.6.3.4 Lernen in Veränderungsprozessen

Die zu diesem Thema gestellten Fragen sollten Arten und die Rolle von organisationalen Veränderungen, die das Lernen im Unternehmen beeinflussen, explorieren sowie untersuchen, ob Lernen in Bezug auf Veränderungen verstärkt antizipierend oder reaktiv erfolgt. Die Experten aus der Unternehmenspraxis bestätigen durch ihre zahlreichen Antworten den Einfluss von Veränderungsprozessen auf Lernen in diesem Zusammenhang – ebenso wie die Befragten aus der angewandten Forschung. Letztere weisen zusätzlich darauf hin, dass Lernen zur Bewältigung von Veränderungen unabdingbar ist. Damit entsprechen diese Ergebnisse den in Kapitel 3.2.2.4 herausgearbeiteten Beziehungen zwischen Veränderungsprozessen und Lernen. Diese bestehen vor allem darin, dass eine förderliche Lernkultur sowohl zur Bewältigung von Veränderungen beiträgt als auch einen besseren Umgang mit anstehenden Veränderungen ermöglicht. Gemäß empirischer und theoretischer Forschungserkenntnisse sind proaktive Lernprozesse lernförderlicher als reaktives Lernen, da sie strategisch angelegt sind und die Mitarbeiter systematisch auf Veränderungen vorbereiten. Die vorliegenden Ergebnisse aus dieser Studie zeigen, dass diese Erkenntnisse in der Praxis nur teilweise berücksichtigt werden. Die Unternehmen gehen mit Veränderungen mehrheitlich reaktiv um statt sich auf sie vorzubereiten. Die Experten der angewandten Forschung sprechen allerdings beiden Lernformen, dem proaktiven und dem reaktiven Lernen, Bedeutung zu. Ihre Antworten stellen heraus, dass proaktives Lernen eine durchdachtere und anspruchsvollere Gestaltung erfordert als reaktive Lernprozesse.

Die Bedeutung von Veränderungsprozessen als Einflussfaktor von Lernkultur wird somit von den Experten bestätigt. Hinsichtlich proaktivem und reaktivem Lernen bleibt festzuhalten, dass in der Praxis, bedingt durch einen starken Veränderungsdruck, zumeist reaktiv auf Veränderungen reagiert wird. Die Vorteile einer proaktiven Ausrichtung, die in einer Vorbereitung auf den Wandel und der Befähigung, konstruktiv mit neuen Anforderungen umzugehen und als Ganzes flexibel zu agieren, zu sehen sind, müssen erst noch erkannt und umgesetzt werden. Proaktives Lernen wird nach eigenen Überlegungen als besonders förderlich im Rahmen einer neuen Lernkultur betrachtet. Dieses gilt es zu fördern und zu unterstützen. Die Antworten der Experten geben erste Hinweise, wie solch eine Unterstützung aussehen kann. Neben einem angemessenen Umgang mit Veränderungsprozessen spielen die frühzeitige Partizipation der Mitarbeiter und ihre Vorbereitung auf Veränderungen durch langfristig angelegte Kompetenzentwicklungsmaßnahmen eine wichtige Rolle.

6.6.3.5 Zusammenfassung zu Rahmenbedingungen im Unternehmen

Die ausgewählten Rahmenbedingungen Organisationsstruktur, Entgelt- und Anreizsysteme, Arbeitszeitregelungen und Veränderungsprozesse wurden mit ihren Ergebnissen dargestellt und diskutiert sowie in Bezug auf die formulierte Fragestellung betrachtet. Hinsichtlich der formulierten Forschungsfragen lässt sich zusammenfassend festhalten, dass die untersuchten Rahmenbedingungen einer Lernkultur empirisch weitgehend Bestätigung gefunden haben. Dabei konnten weitere lernförderliche und -hinderliche Elemente zur Differenzierung dieser Merkmale identifiziert werden. Abschließend werden die jeweilgen inhaltsanalytischen Ergebnisse zu jedem Merkmal bzw. jeder Rahmenbedingung von Lernkultur noch einmal kurz zusammengefasst dargestellt.

- *Organisationsstruktur*: Die Ergebnisse der Expertenbefragung sprechen organisationsstrukturellen Merkmalen eine eingeschränkte Bedeutung als Einflussfaktor für eine förderliche Lernkultur zu. Ein Teil der Experten aus der angewandten Forschung sieht sogar wenige bis keine Einflussmöglichkeiten auf Lernen durch die Gestaltung von Organisationsstrukturen. Flache Hierarchien, dezentrale und durchlässige Strukturen werden am ehesten als lernförderlich bewertet. Als Fazit ist festzuhalten, dass lernförderliche Organisationsstrukturen zwar eine notwendige, aber keine hinreichende Bedingung für Lernen und Lernkultur im Unternehmen sind.
- *Entgelt- und Anreizsysteme*: Auch die Bedeutung von Entgelt- und Anreizsystemen als Einflussfaktor von Lernkultur kann nur mit Einschränkungen als bestätigt betrachtet werden. Wiederum stimmen einige Experten aus der angewandten Forschung einem förderlichen Einfluss von Entgelt- und Anreizgestaltung auf Lernen nicht uneingeschränkt zu. Als lernförderlich können sich trotz dieser Skepsis sowohl monetäre Anreize, hier besonders die Kopplung von Zielvereinbarungen an das Entgelt, als auch nicht-monetäre Anreize (z.B. Anerkennung, gesicherte Karrierewege) erweisen.
- *Arbeitszeitregelungen*: Die Befragungsergebnisse bestätigen die angenommene Bedeutung von Arbeitszeiten als einer förderlichen Rahmenbedingung für Lernen. Flexible Arbeitszeitgestaltung mit Hilfe von Gleitzeitsystemen, Vertrauensarbeitszeit sowie Zeitkonten, Sabbaticals etc. ermöglichen eine flexible, selbstständige Zeiteinteilung der Mitarbeiter bezüglich Lernen und Arbeiten und konnten in den Interviews als lernförderlich identifiziert werden.
- *Veränderungsprozesse*: Die Experten bestätigen durch ihre Antworten einen Einfluss von Veränderungsprozessen auf Lernen. In den Unternehmen findet zumeist reaktives Lernen in Veränderungen statt, was durch einen starken Veränderungsdruck bedingt wird. Die Experten der angewandten Forschung sehen beide Lernarten, reaktives und proaktives Lernen, als wichtig im Rahmen von Veränderungen an.

6.6.4 Personalentwicklung im Unternehmen

Die Fragen zur Personalentwicklungsarbeit im Unternehmen dienten der Exploration von Aspekten und Elementen einer qualitativen und strategischen Personalentwicklung (PE), die als förderlich im Rahmen einer zeitgemäßen Lernkultur gelten kann. Hierzu zählen die Strategie der Personalentwicklung sowie die Lernbedarfsermittlung und das Bildungscontrolling. Zusätzlich wurden weitere Aspekte einer lernkulturförderlichen Personalentwicklung nur mit Experten aus der Unternehmenspraxis exploriert. Dazu gehört, wer neben der Personalentwicklungsabteilung für die Kompetenzentwicklung und das Lernen der Mitarbeiter verantwortlich ist und welchen Stellenwert die Personalentwicklung im Unternehmen hat.

6.6.4.1 Strategische Ausrichtung der Personalentwicklung im Unternehmen

In Kapitel 3.3.6 wurde herausgearbeitet, dass eine strategisch verankerte Personalentwicklung im Unternehmen für eine förderliche Lernkultur eine wichtige Rolle spielt. Sie trägt entscheidend zur Gestaltung und Umsetzung einer Lernkultur bei, indem sie auf strategischer und operativer Ebene Lernen gestaltet und ermöglicht. Das übergeordnete Ziel einer strategisch ausgerichteten Personalentwicklung ist die Förderung der beruflichen Kompetenzen der Mitarbeiter im Einklang mit den Unternehmenszielen. Als Teilziele wurden u.a. die Förderung der Eigenverantwortung und Selbstorganisation, die Partizipation aller Mitarbeiter am Lernprozess sowie die Dezentralisierung der Personalentwicklung angesprochen (vgl. Kap. 3.3).

Hinsichtlich der Frage nach der Bedeutung einer strategisch ausgerichteten Personalentwicklung für eine förderliche Lernkultur weisen die Antworten der befragten Experten eine eindeutig bestätigende Tendenz auf. Die Antworten beinhalten vielfältige lernförderliche Aspekte mit Bezug zu Inhalten der Strategie sowie Umsetzungsmöglichkeiten. Hinsichtlich der lernförderlichen strategischen Inhalte ergeben sich teilweise Übereinstimmungen, aber auch ergänzende Aspekte bei beiden Expertengruppen. Die Unternehmensvertreter weisen dabei vor allem auf Strategien für eine gezielte Kompetenzförderung der Mitarbeiter hin. Damit einher geht der von beiden Seiten als wichtig erachtete Aspekt, Personalentwicklung als Kompetenzcenter zu verstehen und im Unternehmen zu implementieren. Dies drückt deutlich das Dienstleistungsverständnis der PE für das Unternehmen und seine Mitarbeiter aus und lässt sich mit dem Konzept der Corporate Universities vergleichen (vgl. Kap. 3.3.6).

Die Experten aus der Unternehmenspraxis erachten weiterhin die Verbindung von PE-Strategie mit der Unternehmensstrategie unter Effizienz- und Effektivitätsgesichtspunkten als wichtig und förderlich. Auch bei den Forschungsexperten wird eine Integration des Themas Lernen in die Unternehmensstrategie als wichtig erachtet. Damit kann die Annahme bestätigt werden, dass sich die strategische Ausrichtung der Personalentwicklung in einer förderlichen Lernkultur aus der Unternehmensstrategie ableitet.

6.6.4.2 Ein förderlicher Umgang mit der Lernbedarfsermittlung und dem Bildungscontrolling

Lernbedarfsermittlung und Bildungscontrolling sind Phasen bzw. Schritte des Personalentwicklungsphasenmodells, das in Kapitel 3.3 vorgestellt wurde. Ohne eine systematische Durchführung dieser Phasen bleibt Personalentwicklung oftmals suboptimal. In einer förderlichen Lernkultur findet ein geplanter Umgang mit diesen PE-Elementen deutliche Beachtung. Welche Bedeutung diesen beiden Phasen in einer förderlichen Lernkultur zukommt, sollte in den Gesprächen mit den Experten erfragt werden. Ebenso wurden lernförderliche und auch lernhinderliche Elemente dieser PE-Elemente exploriert.

Die Bedeutung beider Phasen als gestaltende Merkmale für eine zeitgemäße Lernkultur kann vor dem Hintergrund der Aussagen beider Expertengruppen nicht eindeutig bestimmt werden. Obwohl die Unternehmensvertreter zahlreiche Formen der in ihrem Unternehmen betriebenen Lernbedarfsermittlung und des Bildungscontrollings benennen und damit lernförderliche und teilweise lernhinderliche Elemente identifiziert werden konnten, scheint demnach bei der Mehrzahl der befragten Unternehmen nicht das systematische Vorgehen praktiziert zu werden, das von Seiten der angewandten Forschung empfohlen wird. Diese fordert den kombinierten Einsatz von wissenschaftlich fundierten Verfahren der Lernbedarfsermittlung und der PE-Evaluation, die effizient und nachhaltig Lernen und Kompetenzentwicklung unterstützen. Das Problem beim Einsatz dieser Methoden scheint jedoch in der mangelnden Praxisnähe und Aufwandsökonomie zu liegen. Besonderer Bedarf scheint in den Unternehmen im Hinblick auf die Durchführung angemessener Evaluations- bzw. Bildungscontrollingmaßnahmen zu bestehen. Noch zu oft wird lediglich das Seminar an sich evaluiert (z.B. über Befragung der Seminarteilnehmer) und nur eine eingeschränkte summative Evaluation durchgeführt, was den Prozesscharakter der Evaluation außen vorlässt. Vor dem Hintergrund der Befragungsergebnisse ist die Schlussfolgerung gerechtfertigt, dass eine förderliche Lernkultur einen wichtigen Beitrag zur Behebung der aufgezählten Defizite leisten kann.

6.6.4.3 Zusammengefasste Ergebnisse der zusätzlich explorierten Punkte

In den Gesprächen mit den Experten aus der Unternehmenspraxis wurden weitere Punkte innerhalb der Fragen zur Personalentwicklung im Unternehmen exploriert. Zum einen wurde in den Gesprächen ermittelt, wer außer der Personalentwicklungsabteilung noch *für Lernen und Kompetenzentwicklung im Unternehmen zuständig* ist. Damit wurden Aspekte der Dezentralisierung von Personalentwicklung angesprochen. Nach einem neuen, förderlichen Verständnis von Personalentwicklung in einer zeitgemäßen Lernkultur spielt auch die Führungskraft in diesem Zusammenhang eine wichtige Rolle. Dies zeigt sich z.B. in der Art der Delegation von Teilaufgaben der PE an Führungskräfte einzelner Abteilungen oder Bereiche. Zusätzlich gehören hierzu auch die Forderungen nach mehr Eigenverantwortung und Selbstorganisation der Mitarbeiter, d.h. die Mitarbeiter sind für ihr eigenes Lernen und ihre eigene Kompetenzentwicklung zunehmend mit verantwortlich. Die Ergebnisse der Interviewstudie bestätigen dieses neue Verständnis von Personalentwicklung. Die Befragten sprechen den Führungskräften, einzelnen Abteilungen im Unternehmen und der Geschäftsleitung Zuständigkeiten und Verantwortung zu. Auch die Mitarbeiter werden in die Pflicht genommen, um einen deutlichen Beitrag für ihre Kompetenzentwicklung zu liefern.

Damit Lernen und Kompetenzentwicklung im Unternehmen förderlich gestaltet wird, muss der Personalentwicklung ein entsprechender *Stellenwert* im Unternehmen zukommen. Von ihm ist die Effektivität der PE-Abteilung mit abhängig. Ein weiterer mit den Experten der Unternehmenspraxis erörterter Punkt war daher der Stellenwert der Personalentwicklung im Unternehmen und die Frage, wie sich dieser zeigt bzw. woran er sich festmachen lässt. Ein hoher Stellenwert spiegelt sich demnach besonders in der Akzeptanz und Unterstützung von Seiten der Unternehmensleitung und der Führungskräfte wider. Sie können die Personalentwicklung bei den Mitarbeitern günstig positionieren und ihre Bedeutung herausstellen. Festmachen lässt sich der Stellenwert außerdem an der Höhe der Nachfrage nach PE-Maßnahmen von Mitarbeiterseite. Die Art der Erfahrung, die die Mitarbeiter mit der Personalentwicklung gemacht haben, ist ebenfalls ausschlaggebend für den Stellenwert. Schließlich wirkt sich in diesem Zusammenhang auch die wirtschaftliche Situation des Unternehmens aus. Bei einem niedrigen Stellenwert der PE wurden hier Einsparungen am ehesten vorgenommen.

6.6.4.4 Zusammenfassung des Themenbereichs Personalentwicklung

Die zentralen Ergebnisse zum Themenbereich Personalentwicklung und Lernkultur lassen sich folgendermaßen zusammenfassen:
- Die Ergebnisse der Experten bestätigen, das eine strategische Ausrichtung als förderlich im Rahmen einer Lernkultur angesehen werden kann. Schwerpunkte dieser Strategie liegen in der Kompetenzförderung der Mitarbeiter, sowie in der Organisation der Personalentwicklung in einem Kompetenzcenter. Ebenso ist eine Ableitung der Personalentwicklungsstrategie aus der Unternehmensstrategie als lernförderlich zu bewerten. Dies entspricht den weiter vorne herausgearbeiteten Annahmen hinsichtlich der Bedeutung der Personalentwicklungsstrategie als Merkmal für eine förderliche Lernkultur.
- Die Ergebnisse der Interviewstudie in Bezug auf eine lernförderliche Bildungsbedarfsanalyse und eines lernförderlichen Bildungscontrollings weisen unterschiedliche Ansichten und Standpunkte auf. Die Bedeutung dieser PE-Elemente als ein Gestaltungsmerkmal für eine förderliche Lernkultur ist damit nicht eindeutig festzulegen. Die Befragungsergebnisse zeigen, dass der Stand der Umsetzung zu beiden Ansätzen in Unternehmen nicht dem der Wissenschaft geforderten systematischen und kombinierenden Vorgehen entspricht. Andererseits gelten die empfohlenen Verfahrensformen oftmals als nicht praktikabel, da sie zu aufwändig sind.
- Die beiden zusätzlich explorierten Punkte Zuständigkeiten und Stellenwert von Personalentwicklung greifen weitere Aspekte einer lern(kultur)förderlichen Personalentwicklung auf. Die Befragungsergebnisse bestätigen weitgehend deren angenommene Relevanz für eine förderliche Lernkultur.

6.6.5 Führung

In diesem Themenbereich sollten die Bedeutung von Führungsleitlinien, die auf Lernen und Kompetenzentwicklung der Mitarbeiter ausgerichtet sind, sowie mögliche Rollen und Aufgaben der Führungskraft im Lern- und Kompetenzentwicklungsprozess ihrer Mitarbeiter exploriert werden.

6.6.5.1 Führungsleitlinien bezogen auf Lernen der Mitarbeiter

In Führungsleitlinien lässt sich die Rolle der Führungskraft bzw. ihre Bedeutung für das Lernverhalten und die Kompetenzentwicklung ihrer Mitarbeiter festlegen. Die Experten wurden somit hinsichtlich der Ausrichtung und den Inhalten von Führungsleitlinien auf Lernen und Kompetenzentwicklung der Mitarbeiter befragt; ebenso sollten Umsetzungsmöglichkeiten dieser Leitlinien exploriert werden. Für letzteres liegen lediglich die Antworten der Experten aus der Unternehmenspraxis vor.

Anhand theoretischer Überlegungen wurde in Kapitel 3.4.4 herausgearbeitet, dass in den Führungsleitlinien Erwartungen an die Führungskraft von Unternehmens- und auch Mitarbeiterseite festgehalten werden. Damit wird die Bedeutung von Führung im Zusammenhang mit dem Lernen der Mitarbeiter auf einer normativen Ebene festgelegt. Wichtig ist dabei eine systematische Umsetzung der Leitlinien in konkretes Verhalten der Führungskraft auch durch unterstützende Personalentwicklungsmaßnahmen (z.B. Führungskräftetraining). Die angenommene Bedeutung von lernorientierten Führungsleitlinien als ein Merkmal von Lernkultur konnte in den Interviews nur bedingt bestätigt werden. Das Herstellen eines Bezugs zwischen Führungsleitlinien und Lernen fiel den Befragten sichtlich schwer. Auch die abgeleiteten Antwortkategorien weisen eine geringe Vielfalt und nur wenige Nennungen auf. Für die Experten aus der angewandten Forschung ist es weniger entscheidend, dass Lern- und Kompetenzentwicklungsaspekte in die Führungsleitlinien integriert werden, sondern eher, dass diese angemessen umgesetzt werden. Obwohl einige den Vorteil von Führungsleitlinien in ihrer Verbindlichkeit sehen, halten andere nichts von den meist pauschalen Formulierungen in Bezug auf Führungsanforderungen. Sinnvoller wären in diesem Zusammenhang differenzierte Aussagen zur Funktion der Führungskraft im Lernprozess ihrer Mitarbeiter. In den Unternehmen wird lernorientierten Leitlinien eine stärkere Bedeutung zugesprochen, da immerhin in elf Unternehmen ein Lernbezug in den Führungsleitlinien festzustellen ist. Als lernförderlich gelten dabei besonders Inhalte zur Weiterentwicklung der Mitarbeiter sowie zur Förderung der Eigeninitiative der Mitarbeiter beim Lernen. Diese und weitere Inhalte drücken bereits konkrete Erwartungen in Form bestimmter Aufgaben der Führungskräfte im Rahmen von Lernen und Kompetenzentwicklung der Mitarbeiter aus. Hinsichtlich der Frage, in welcher Form eine Umsetzung der Führungsleitlinien lernförderlich sein kann, ist festzuhalten, dass die Unternehmensvertreter eine Unterstützung der Führungskräfte durch entsprechende Führungskräfteentwicklungsmaßnahmen für förderlich halten. Ergänzt wird dies durch weitere Hinweise, die eine Anwendung von Führungsinstrumenten, z.B. von Mitarbeitergesprächen, in denen die Weiterbildung und -entwicklung des Mitarbeiters angesprochen wird, vorsehen. Damit wirkt sich eine Umsetzung durchaus als förderlich für das Lernen der Mitarbeiter aus, was die Experten der angewandten Forschung ebenfalls bestätigen.

6.6.5.2 Rolle und Aufgaben der Führungskraft im Lernprozess der Mitarbeiter

Die Antworten der Experten zur Rolle und Aufgaben von Führungskräften beinhalten Aussagen zur Bedeutung der Führungskraft in diesem Zusammenhang, dem von ihr erwarteten Verhalten sowie zu speziellen Aufgaben im Rahmen des Lernens und der Kompetenzentwicklung der Mitarbeiter.

Im Gegensatz zu der eher geringen Bedeutung, die Führungsleitlinien hierfür nach Aussagen der Experten besitzen, zeigt sich bei der Frage nach Rolle und Aufgaben der Führungskraft im Lernprozess der Mitarbeiter eine starke, für die Lernkultur entscheidende Bedeutung. Die Führungskraft nimmt in diesem Zusammenhang eine bedeutsame Rolle ein. Um Lernen und Kompetenzentwicklung zu unterstützen, muss sie Vorbild für ihre Mitarbeiter sein, diese als Coach und Mentor beim Lernen anleiten und unterstützen sowie als erster Ansprechpartner für Fragen zum Lernen und zur Weiterbildung fungieren. Somit ist sie, wie in den Gesprächen auch genannt, erster Personalentwickler vor Ort. Lernförderliche Führungsaufgaben sind besonders im Ermöglichen von Lernen und im Motivieren zu lernen zu sehen. Ebenso gelten der Einsatz von und der richtige Umgang mit Führungsinstrumenten als lernunterstützend.

Diese wichtige Rolle und Funktion der Führungskraft in einer förderlichen Lernkultur wurde bereits im Theorieteil herausgearbeitet (vgl. Kap. 3.4). Damit unterstützen die empirisch gewonnenen Ergebnisse die theoriebasierten Überlegungen sehr gut. Auch die Art der erwarteten Rollen von Führungskräften in einer Lernkultur stimmt mit den empirisch ermittelten in hohem Maße überein. Die Führungskraft hat somit einen bedeutenden Einfluss auf das Lernverhalten der Mitarbeiter. In einer förderlichen Lernkultur gilt es daher, diesen Einfluss systematisch zu gestalten.

6.6.5.3 Zusammenfassung der Ergebnisse des Themenbereichs Führung

Die beiden Teilaspekte des Themas Führung, die lernorientierten Führungsleitlinien und deren Umsetzung sowie relevante Aufgaben der Führungskraft im Lernprozess der Mitarbeiter wurden mit ihren Ergebnissen in diesem Kapitel beschrieben und diskutiert. Abschließend werden diese Ergebnisse noch einmal zusammengefasst:
- *Führungsleitlinien*: Die im Theorieteil herausgearbeitete förderliche Bedeutung von lernorientierten Führungsleitlinien für Lernen im Unternehmen und Lernkultur konnte in den Interviews nur eingeschränkt bestätigt werden. Die Experten der angewandten Forschung sehen die Gefahr einer Pauschalisierung und Verallgemeinerung lernbezogener Aspekte des Führungsverhaltens durch Führungsleitlinien, die sich eher lernhinderlich auswirke. Als lernförderliche Inhalte von Führungsleitlinien konnten jedoch die Verantwortung der Führungskraft für die Weiterentwicklung der Mitarbeiter sowie die Förderung der Eigeninitiative der Mitarbeiter beim Lernen identifiziert werden. Eine lernförderliche Umsetzung dieser Leitlinien sehen die Experten in Unterstützungsmaßnahmen für die Führungskräfte, damit diese die an sie gestellten Erwartungen erfüllen können.

- *Rolle und Aufgaben der Führungskraft*: Die Ergebnisse hierzu betonen stark die positive Bedeutung der Führungskraft im Lernprozess der Mitarbeiter. Nach Ansicht der Experten der angewandten Forschung ist diese Bedeutung sogar entscheidend für eine Lernkultur. Als Rollen, die das Lernen der Mitarbeiter unterstützen, konnten die des Coachs, des Mentors und die eines Vorbilds ermittelt werden. Lernförderliche Führungsaufgaben sind besonders im Ermöglichen von Lernen zu sehen, ebenso wie im Motivieren der Mitarbeiter zum Lernen.

6.6.6 Partizipation und Kommunikation im Unternehmen

Der Themenbereich Partizipation und Kommunikation im Unternehmen diente zur Exploration von Formen der Information über Lern- und Weiterbildungsmöglichkeiten im Unternehmen, von Partizipationsmöglichkeiten der Mitarbeiter bei der Gestaltung von Weiterbildung sowie von Formen des Wissensaustauschs und internen Netzwerken im Unternehmen.

6.6.6.1 Informationsweitergabe über Lern- und Weiterbildungsmöglichkeiten im Unternehmen

Im Rahmen der Informationsweitergabe über Lern- und Weiterbildungsmöglichkeiten im Unternehmen wurde exploriert, welche Formen der Informationsweitergabe existieren und welche von den Unternehmen hauptsächlich genutzt werden. Mit den Experten aus der angewandten Forschung wurden zusätzlich die Rolle und Bedeutung der Informationsweitergabe im allgemeinen und in Bezug auf deren Lernförderlichkeit diskutiert.

Im Kapitel „Informationsweitergabe und Kommunikation in einer Lernkultur" (Kap. 3.2.3.1) wurde herausgearbeitet, dass Information und Kommunikation als Merkmal einer Lernkultur betrachtet werden können und eine Rahmenbedingung für Lernen im Unternehmen darstellen. Bestimmte Informationsstrukturen und -wege können sich förderlich und hinderlich auf Lernen auswirken. Als lernförderlich gelten dabei transparente, offene Strukturen sowie eine offene Informationspolitik. Lernhinderliche Auswirkungen haben im Unterschied dazu starre Strukturen sowie die Verwendung von Informationen und Wissen als Machtressource. Als Informationswege wurden top-down- und bottom-up-Pfade identifiziert. Das Unternehmen informiert seine Mitarbeiter, ebenso haben diese aber auch die Pflicht, sich selbst zu informieren. Im Rahmen einer Lernkultur erscheinen besonders die Informationsinhalte relevant, mit deren Hilfe Lernen und Weiterbildung unterstützt werden kann. Dazu zählen Informationen zum Weiterbildungsprogramm und zu Lernmöglichkeiten, z.B. auch über Möglichkeiten des arbeitsbezogenen Lernens.

In den Gesprächen mit den Experten aus der angewandten Forschung wurde die Rolle von Informations- und Kommunikationsangeboten für Lernbereitschaft und -verhalten der Mitarbeiter exploriert. Die Bedeutung von Information für eine Lernkultur lässt sich aus den Antworten der Forschungsexperten nicht eindeutig bestimmen. Die Mehrheit spricht sich für die Wichtigkeit von Informationen über Lernmöglichkeiten aus. Die Bedeutung von Information und Kommunikation scheint außerdem zuzunehmen, wenn bedarfsorientierte und zielgruppenspezifische Informationen vermittelt werden. Es gilt somit differenziert abzuschätzen, an wen sich bestimmte Lern- und Entwicklungsangebote richten und wie dies an die jeweilige Zielgruppe am besten kommuniziert werden kann. Bestätigt werden konnte die Lernförderlichkeit von transparenten und offenen Strukturen bzw. einer offenen, transparenten Atmosphäre. Auch wurde sowohl von Forschungs- als auch Unternehmensseite die Aufgabe der Mitarbeiter bestätigt, sich benötigte Informationen aktiv selbst zu besorgen. Besonders vor dem Hintergrund wachsender Eigenverantwortung und Selbstorganisation erscheint dies zentral.

Des Weiteren konnten vielfältige Informationsformen in den Gesprächen identifiziert werden, die sowohl schriftlicher als auch mündlicher Art sind. Die Bedeutung elektronischer Medien ist besonders auffällig. Dies ist jedoch kritisch im Hinblick auf die Tatsache zu bewerten, dass nicht alle Mitarbeiter einen eigenen PC besitzen.

6.6.6.2 Partizipationsmöglichkeiten der Mitarbeiter bei der Gestaltung von Weiterbildungsmöglichkeiten

Beim Thema Partizipation der Mitarbeiter wurde in den Expertengesprächen der Fokus auf die Möglichkeiten bei der Gestaltung von Lernen und Weiterbildung gelegt. Mit den Experten der angewandten Forschung wurden dazu die Bedeutung der Partizipationsmöglichkeiten für Lernen und die Lernkultur im Unternehmen sowie konkrete Formen der Partizipation erörtert. Letzteres war auch Gegenstand der Gespräche mit den Unternehmensvertretern.

Im Rahmen der Betrachtung von Ansätzen einer qualitativen Personalentwicklung in einer förderlichen Lernkultur (vgl. Kap. 3.3.1) wurde die Partizipation der Mitarbeiter am Lernprozess als ein wesentliches Teilziel von Personalentwicklung formuliert. Hierzu gehört u.a., die Mitarbeiter in die Gestaltung der Lern- und Weiterbildungsmöglichkeiten mit einzubeziehen. Nach Sonntag (1996) wird unter Partizipation neben dem Einbezug in betriebliche Fördermaßnahmen auch „die Teilnahme an Entscheidungsprozessen bei der Formulierung des Lernbedarfs, der Auswahl und Entwicklung didaktisch-methodischer Konzeptionen und der Überprüfung der durchgeführten Maßnahmen" (S. 50) verstanden. Mitwirkungsmöglichkeiten stellen somit ein Merkmal förderlicher Lernkultur dar.

Die Ergebnisse der Interviewstudie zeigen, dass nach Meinung der Vertreter der angewandten Forschung Partizipation wichtig und förderlich in einer Lernkultur ist. Für einige von ihnen muss Partizipation in einer Lernkultur sogar noch weiter gehen, nämlich in Richtung einer Selbstorganisation von Lernprozessen durch die Mitarbeiter und nicht nur die Partizipation bei der Gestaltung von Entwicklungsmaßnahmen. Partizipation gewinnt auch gerade vor dem Hintergrund eines zunehmenden Lernens am Arbeitsplatz an Bedeutung. Dies sollte den kompletten Gestaltungsprozess von Lernen und Weiterbildung betreffen. In der Praxis zeigt sich in Bezug auf dieses Thema ein wenig optimistisches Bild. Partizipation scheint hier nur eine nachrangige Bedeutung zu haben, was die wenigen Nennungen innerhalb der Antwortkategorien bestätigen.

6.6.6.3 Wissensaustausch und interne Netzwerke zum Lernen

Lernen erfolgt, wie bereits im obigen Kapitel zur Informationsweitergabe angesprochen, auch über den Austausch von Wissen im Unternehmen. Zusammen mit den beiden Expertengruppen wurden die Bedeutung des Wissensaustauschs für Lernen sowie Möglichkeiten zum effektiven Wissensaustausch und Formen interner Netzwerke, in denen Wissensaustausch stattfindet, exploriert.

Die im Theorieteil angestellten Überlegungen zum Thema Wissensaustausch im Unternehmen (vgl. Kap. 3.2.3.2) haben gezeigt, dass durch den Austausch von Wissen Lern- und Entwicklungsprozesse auf organisationaler und individueller Ebene angeregt werden. Wissensaustausch findet dabei auf formelle und informelle Weise in internen Netzwerken und Austauschgruppen statt (z.B. Experten-Novizen-Runden, Praxisgemeinschaften, Qualitätszirkel). Die Aufgabe des Unternehmens wird darin gesehen, dass es Wissensaustausch durch entsprechende Maßnahmen initiiert und unterstützt (z.B. Intranetgestaltung für Expertendatenbanken oder virtuelle Communities) sowie geeignete Rahmenbedingungen (z.B. offener Umgang mit Wissen) schafft.

Die Ergebnisse der Interviewstudie bestätigen diese Überlegungen sehr gut. Wissensaustausch und der Bildung von internen Netzwerken werden eine hohe Bedeutung für Lernen zugesprochen. Neben organisiertem, formellem Austausch spielt auch der informelle Austausch nach Ansicht der Befragten eine wichtige Rolle. Hierfür ist es unabdingbar, Rahmenbedingungen zu schaffen, die diesen informellen, weitestgehend selbstinitiierten Austausch ermöglichen. Dies kann über das Bereitstellen von Zeit, Räumlichkeiten sowie dezentralen und flachen Strukturen erfolgen. Diese Beispiele verdeutlichen, dass der Wissensaustausch ein Merkmal einer förderlichen Lernkultur ist, das seine lernförderliche Wirkung oftmals erst durch ein Zusammenspiel mit anderen Lernkulturelementen erreicht. So funktioniert Wissensaustausch nur dann effektiv, wenn gleichzeitig auch lernförderliche Strukturen und entsprechende Regelungen innerhalb der Arbeitszeit vorliegen. Besonders hervorzuheben für Wissensaustausch und interne Netzwerke sind förderliche Bedingungen wie Vertrauen, Offenheit und Transparenz. Ohne diese Voraussetzungen bleibt Wissensaustausch ineffizient und wenig lernförderlich.

6.6.6.4 Zusammenfassung zum Themenbereich Partizipation und Kommunikation

In diesem Themenbereich wurde die Bedeutung von Information bzw. Kommunikation, Partizipation sowie Wissensaustausch als Merkmale einer förderlichen Lernkultur herausgearbeitet. Besondere Bedeutung kommt dabei dem Wissensaustausch und den damit verbundenen internen Netzwerken zu. Wissensaustausch gilt als unabdingbar für Lernen und sollte im Unternehmen unterstützt und gefördert werden.

Abschließend werden die zusammengefassten Ergebnisse noch einmal aufgelistet:

- *Informationsweitergabe über Lern- und Entwicklungsmöglichkeiten im Unternehmen*: Diese speziell auf Lern- und Weiterbildungsmöglichkeiten bezogene Informationsweitergabe wird von den Experten als weniger relevant im Rahmen von Lernkultur erachtet. Vielmehr spielt der allgemeine Austausch von Informationen, wenn sie bedarfs- und zielgruppenorientiert sind, eine größere Rolle (vgl. auch Wissensaustausch). Jedoch wird von beiden Expertengruppen anerkannt, dass das Unternehmen nicht nur eine Informationspflicht bzw. eine Bringschuld besitzt, sondern dass auch die Mitarbeiter verpflichtet sind, sich die benötigten Informationen zu besorgen.
- *Partizipation bei der Gestaltung von Lernen und Weiterbildung*: Möglichkeiten der Partizipation für die Mitarbeiter unterstützen nach Ansicht der Experten eine förderliche Lernkultur. Jedoch wird diese Forderung in der Praxis noch wenig umgesetzt. Es existieren zwar Partizipationsmöglichkeiten, jedoch sind diese von Unternehmensseite mit wenig Systematik ausgestattet. Das Ziel in einer neuen Lernkultur sollte nach Expertenmeinung sein, dass die Mitarbeiter selbstständig ihre Lern- und Entwicklungsprozesse planen und gestalten.
- *Wissensaustausch und interne Netzwerke*: Wissensaustausch ist ein wichtiges Element unternehmensbezogener Lernkultur. Auch der informelle Austausch spielt dabei eine wichtige Rolle. Von Unternehmensseite sollte dies nach Ansicht der Experten unterstützt werden durch das Schaffen förderlicher Rahmenbedingung und einer offenen, vertrauensvollen und transparenten Atmosphäre.

6.6.7 Formen des Lernens im Unternehmen

Eine förderliche Lernkultur im Unternehmen findet Ausdruck in neuen, zeitgemäßen Lernformen. Diese Lernformen dienen dem Erwerb von Kompetenzen und können in verschiedenen Lernkontexten bzw. Lernorten stattfinden. Damit Lernen effizient ist, muss das Gelernte vom Lernumfeld in das eigentliche Arbeitsumfeld übertragen werden. Diese Transfersicherung muss ebenfalls, wie das Lernen an sich, von Unternehmensseite unterstützt und gestaltet werden. Diese Punkte sollten in den Experteninterviews genauer exploriert werden.

Aufgrund der Fülle von inhaltlichen Ergebnissen in diesem Bereich wird der Schwerpunkt im Folgenden auf die Bedeutung von neuen Lernformen sowie auf die Sicherung des Lerntransfers gelegt. Die Aspekte Förderung unterschiedlicher Kompetenzbereiche und Berücksichtigung unterschiedlicher Lernorte werden lediglich mit ihren wichtigsten Ergebnissen vorgestellt.

6.6.7.1 Neue Lernformen

Im Zusammenhang mit neuen Lernformen sollte die Frage untersucht werden, welche Lernformen Ausdruck einer förderlichen Lernkultur sind.

In Kapitel 3.5 wurde herausgearbeitet, dass bestimmte Lernformen eine neue, zeitgemäße Lernkultur zum Ausdruck bringen und gleichzeitig einer neuen Lernkultur bedürfen, damit Lernerfolge erzielt werden. Hierzu zählen selbstorganisiertes Lernen, informelles Lernen, mediengestütztes Lernen, gruppenbezogenes Lernen sowie eigenverantwortliches Lernen im Rahmen der beruflichen Entwicklung. Diesen Lernformen gilt es einen hohen Stellenwert in einer Lernkultur einzuräumen, indem sie von Unternehmensseite durch geeignete Maßnahmen und unter Berücksichtigung didaktischer Gestaltungsaspekte implementiert, unterstützt und gefördert werden. Diese Lernformen sollen traditionelle Lernformen nicht ersetzen, sondern ergänzen, und überall dort eingesetzt werden, wo es sinnvoll und möglich ist.

Die Ergebnisse der Interviewstudie bestätigen die Auswahl dieser Lernformen und ihre Bedeutung im Rahmen einer förderlichen Lernkultur. Neben der Lernform des eigenverantwortlichen Lernens im Rahmen der beruflichen Entwicklung, das eigentlich eine spezielle Form des selbstorganisierten und kontinuierlichen Lernens darstellt, wurden alle Lernformen als wichtig und relevant genannt. Gerade die Antworten der Experten der angewandten Forschung weisen den engsten Bezug zu den eigenen theoretischen Überlegungen auf. Aber auch die Antworten der Experten aus der Unternehmenspraxis liefern wertvolle Hinweise dazu, wie gruppenbezogenes, selbstorganisiertes und mediengestütztes Lernen in Unternehmen lernförderlich organisiert sein sollte. Jedoch ist bei der Gestaltung dieser Lernformen noch ein systematisches Vorgehen zu vermissen. Dies gilt insbesondere für das selbstorganisierte Lernen. Es wird zwar von den Unternehmen gewünscht, aber wenig gefördert, was Ausdruck dafür ist, dass noch keine Einbettung dieser Lernformen in den Arbeits- und Lernalltag vorgenommen wird. Hierfür ist somit eine neue Lernkultur erforderlich, die den Blick auf die Integration dieser Lernformen in den Unternehmensalltag richtet.

6.6.7.2 Sicherung des Lerntransfers

Im Zusammenhang mit der Bedeutung von Lerntransfer als Merkmal einer Lernkultur wurden mit den Experten lernförderliche Ansätze und Strategien zur Sicherung des Lerntransfers herausgearbeitet.

Die Sicherung des Transfers ist für den Lernerfolg unerlässlich (vgl. Kap. 3.3.5). Ein durchdachter Umgang mit dem Thema Transfer im Unternehmen zeigt einen positiven Umgang mit Lernen im Unternehmen. Dies macht die Transfersicherung und -unterstützung zu einem wichtigen Merkmal einer förderlichen Lernkultur. In Kapitel 3.3.5.2 wurde herausgearbeitet, dass das Unternehmen transferunterstützende Maßnahmen, z.B. über die Gestaltung der Lernumgebung oder die soziale Einbettung des Lern- und Anwendungsprozesses realisieren kann. In der Praxis werden die in der Lernforschung gewonnenen Ergebnisse zu transferförderlichen Faktoren und Maßnahmen meist nicht umgesetzt, was als Transferproblematik in der Literatur bezeichnet wird (vgl. z.B. Baldwin & Ford 1988). Diese Annahme, dass der Transfersicherung nicht ausreichend Beachtung geschenkt wird, hat sich in den Experteninterviews nur teilweise bestätigt. Transfersicherung geht in den befragten Unternehmen mittlerweile über das Schaffen eines bloßen Anwendungsbezugs im Training hinaus. Die Antworten der Unternehmensvertreter weisen hier durchaus Aspekte auf, denen auch im Rahmen empirischer Forschung Bedeutung zugemessen wird, wie z.B. die Rolle der Führungskraft bei der Transferförderung. Die Antworten zeigen jedoch auch, dass transferunterstützende Maßnahmen vor einem Training noch wenig beachtet werden. In den Unternehmen beginnt der Transferprozess erst im Training selbst. Trotzdem haben die Experten aus der Unternehmenspraxis, ebenso wie die aus der angewandten Forschung, durch ihre unterschiedlichen Transferansätze und -vorschläge die Relevanz dieses Themas deutlich zum Ausdruck gebracht. Auf beiden Seiten wurde jedoch ein ganzheitliches Transferkonzept, das wissenschaftlichen Ansprüchen qualitätssichernder Personalentwicklung genügt, nicht beschrieben. Gerade solche Ansätze sind aber besonders förderlich für das Lernen im Unternehmen und daher auch wichtig für eine förderliche Lernkultur.

6.6.7.3 Zusätzliche Themen aus „Formen des Lernens im Unternehmen"

Nachfolgend werden die zentralen Ergebnisse der zusätzlich in diesem Themenbereich explorierten Aspekte beschrieben. In den Gesprächen wurden zusätzlich Einschätzungen zur Wichtigkeit der vier Kompetenzbereiche Fach-, Methoden-, Sozial- und personale Kompetenz im Rahmen einer förderlichen Lernkultur erhoben. Die Experten sprechen der Förderung aller vier Kompetenzbereiche Bedeutung zu. Die Fachkompetenz ist demnach unabdingbar für das Ausüben der jeweiligen Tätigkeit, die Methodenkompetenz dient der Erweiterung des eigenen Lernverhaltensrepertoires ebenso wie der Reflexion von Lernerfahrungen und deren Übertragung auf andere Aufgaben- und Problembereiche. Sozialkompetenz ist wichtig im Rahmen des Austauschs von Wissen und Erfahrung. Personale Kompetenz liefert die Grundlage für das eigene Lernverhalten. Gute Trainings und effektive Lernsituationen, die dem Erwerb einer bestimmten Kompetenz dienen, sollten nach Expertenansicht gleichzeitig auch immer alle weiteren Kompetenzbereiche einbeziehen und fördern. Den Aussagen der Unternehmensvertreter war zu entnehmen, dass der aktuelle Schwerpunkt der betrieblichen Aus- und Weiterbildung auf der Entwicklung von Fachkompetenzen liegt. Zukünftig halten die Experten jedoch eine Erweiterung der Förderungsschwerpunkte im Hinblick auf personale und

Selbstkompetenzen für nötig. Methodenkompetenz wird nach Angaben der Unternehmensverteter weniger im Bereich der betrieblichen Weiterbildung geschult.

Zusätzlich zur Bedeutsamkeit der Kompetenzarten wurde auch die *Bedeutung verschiedener Lernorte im Unternehmen im Rahmen einer Lernkultur* exploriert. Dabei wurde unterschieden zwischen Learning-on-the-job (der Lernort entspricht dem Arbeitsplatz), Learning-near-the-job (Lernen findet in Bezug zum Arbeitsplatz statt) und Learning-off-the-job (Lernen findet außerhalb des Arbeitsplatzes statt) (vgl. Kap. 3.5.1). In einer förderlichen Lernkultur sollten nach Ansicht der Experten alle drei Lernorte ihren Stellenwert besitzen. Abhängig von der jeweiligen Problemstellung bzw. von der Art des Kompetenzerwerbs kann der passende Lernort ausgewählt werden. Einen besonderen Stellenwert nimmt jedoch das Learning-on-the-job ein. Dies wird erklärt durch die Möglichkeit, Lernen in die Arbeitstätigkeit zu integrieren, damit anwendungsbezogener zu lernen und Transfereffekte zu erhöhen. Allerdings wird auch von den Experten der angewandten Forschung auf das Problem verwiesen, dass arbeitsbezogenes Lernen nicht überall zu präferieren ist, sondern auch an den anderen beiden Lernorten gelernt werden sollte. Learning-on-the-job führt oftmals eher zu einem Erwerb von implizitem Wissen, dass nur schwierig für andere im Unternehmen sichtbar gemacht werden kann.

6.6.7.4 Zusammenfassung des Themenbereichs Formen des Lernens im Unternehmen

In diesem Themenbereich stand das Thema Lernformen im Mittelpunkt. Es wurden die Befragungsergebnisse bezüglich der Bedeutung von neuen Lernformen und Transfersicherung als Merkmale einer förderlichen Lernkultur dargestellt sowie die Bedeutsamkeit der Förderung unterschiedlicher Kompetenzarten sowie des Lernens an on-/near-/off-the-job-Lernorten in einer neuen Lernkultur exploriert. Diese Ergebnisse werden abschließend noch einmal zusammengefasst.

- *Formen des Lernens*: Auch im Verständnis der Experten finden neue Lernformen in einer förderlichen Lernkultur ihre Anwendung. Damit zeigt sich ihre grundlegende Bedeutung. Besonders gruppenbezogenes Lernen, mediengestütztes und selbstorganisiertes Lernen fanden deutliche Beachtung bei den Experten. Sie benannten nicht nur Vorteile, sondern auch Probleme. Um letztere zu bewältigen, müssen diese Lernformen von Unternehmensseite unterstützt werden.
- *Transfersicherung*: Aus den Ergebnissen der Interviewstudie geht die Relevanz des Themas im Rahmen einer förderlichen Lernkultur hervor. Jedoch werden von den Experten größtenteils nur vereinzelt Transfersicherungs- und unterstützungen genannt, die ein Gesamtkonzept vermissen lassen. Dies verdeutlicht einen Status quo in den Unternehmen, der noch nicht dem in einer förderlichen Lernkultur propagierten Standard entspricht.
- *Zusätzlich explorierte Aspekte*: Die Förderung der vier unterschiedlichen *Kompetenzbereiche* sollte in einer förderlichen Lernkultur möglichst ausgeglichen sein. Demnach sollten bei der Gestaltung von PE-Maßnahmen die Förderung aller Kompetenz-

aspekte wenn möglich miteinbezogen werden. Der Schwerpunkt der Kompetenzförderung in Unternehmen liegt zur Zeit noch sehr auf der Fachkompetenz. Jedoch wird für die Zukunft mit einer verstärkten Förderung von sozialer und personaler Kompetenz gerechnet. Hinsichtlich der Berücksichtigung unterschiedlicher *Lernorte in Unternehmen* ergaben die Interviews, dass alle drei genannten ihre Bedeutung und Berechtigung besitzen. Ein leichter Vorzug wird den arbeitsbezogenen Lernorten gegeben. Je nach Problemstellung und Zielsetzung des Lernens sind jedoch jeweils angemessene Lernorte bzw. Lernortkombinationen auszuwählen und zu gestalten.

6.6.8 Umwelt-/Außenkontakte des Unternehmens

In diesem Themenbereich wurden Arten und Formen lernförderlicher Umweltkontakte des Unternehmens, Bedeutung und Relevanz dieser Kontakte für Lernen im Unternehmen sowie der Umgang mit diesen Kontakten von Seiten der Mitarbeiter exploriert.

Das Untersuchungsinteresse richtete sich hier auf die Frage, welche Bedeutung Umwelt- und Außenkontakte als Merkmal einer förderlichen Lernkultur haben. Im theoretischen Teil zu der Rahmenbedingung Lernnetzwerke und interorganisationaler Wissensaustausch (vgl. Kapitel 3.2.4) konnte herausgearbeitet werden, dass die externen Unternehmenskontakte, die entweder explizit (z.B. Lernnetzwerke) oder implizit auf Lernen (Kontakt zu Beratern) ausgerichtet sind, für Lernen und den Erwerb von Kompetenzen eine Bedeutung besitzen. Auch die Experten weisen diesen Kontakten Bedeutung und Relevanz im Rahmen einer Lernkultur zu, da sie neues Wissen in das Unternehmen einbringen sowie Veränderungs- und Lernprozesse anregen. Damit kommt den Umwelt- und Außenkontakten eine lernförderliche Bedeutung zu. Die von den Unternehmensvertretern beschriebenen Netzwerke können jedoch nicht als Lernnetzwerke, bei denen der Lernprozess systematisiert und organisiert abläuft und der Kontakt zu diesem Zweck initiiert wurde, bezeichnet werden. In Kapitel 3.2.4 wurden entsprechende interorganisationale Lernnetzwerke beschrieben. Genannt wurden in den Gesprächen lediglich solche, bei denen Lernen eher beiläufig stattfindet, wie beispielsweise bei Kunden- und Lieferantenbeziehungen. Die Experten der angewandten Forschung haben diese Form der Lernnetzwerke jedoch angesprochen (Netzwerke und Communities). Hier scheint noch eine Diskrepanz vorzuliegen zwischen den theoretisch möglichen und lernförderlichen Netzwerkarten und der tatsächlichen Praktizierung in den Unternehmen. Da die Befragten allerdings eine Kontaktintensivierung und -zunahme nach außen zukünftig für notwendig halten, wird in Zukunft eine stärkere Öffnung der Unternehmen nach außen zu beobachten sein. Diese schafft wiederum günstige Voraussetzungen für interorganisationale Lernnetzwerke.

6.7 Abschließende Betrachtung und Fazit

Zum Abschluss der Vorstellung der qualitativen Interviewstudie mit Experten aus der Unternehmenspraxis und der angewandten Forschung werden noch einmal die wichtigsten Ergebnisse referiert sowie Besonderheiten aufgegriffen und erste Tendenzen hinsichtlich möglicher Unterschiede bei Lernkulturen aus Unternehmen mit unterschiedlicher Größe und Branchenzugehörigkeit vorgestellt.

6.7.1 Zusammenfassung der Ergebnisse

Die vorgestellte qualitative Studie verfolgte das Ziel, die Bedeutung der im Theorieteil herausgearbeiteten Merkmale unternehmensbezogener Lernkulturen zu explorieren sowie lernförderliche und lernhinderliche Merkmale zu bestimmen. Im Verlauf dieses Kapitels wurden die umfangreichen und vielfältigen Ergebnisse vorgestellt, diskutiert und hinsichtlich der Forschungsfragen interpretiert. Die zentralen Ergebnisse dieser Studie sollen hier noch einmal zusammengefasst werden. Die Ergebnisse der qualitativen, inhaltsanalytischen Auswertung unterstützen die Betrachtung von Lernkultur als ein Konstrukt, das durch unterschiedliche Merkmale bzw. Merkmalsbereiche bestimmt wird.

Die Befragten sprechen der Lernkultur eine wachsende Bedeutung zu, begründet durch eine zunehmende Flexibilisierung, Globalisierung und Kundenorientierung der Unternehmen. Die aktuelle wirtschaftliche Lage bedeutet allerdings in vielen Fällen ein Einschränken der Ausgaben für die Gestaltung einer Lernkultur und erschwert Vorhaben im Bereich des Human Resource Managements. Die Bedeutung einer Unternehmensphilosophie, die das Lernen und den Umgang mit Lernen thematisiert, um damit einen normativen Rahmen für Lernkultur zu schaffen, konnte nicht eindeutig bestätigt werden. Lernorientierung der Leitlinien wird nicht als eine notwendige Bedingung für eine förderliche Lernkultur erachtet, sondern Unternehmensphilosophie ist ein Einflussfaktor unter der Voraussetzung, dass eine konsequente Umsetzung erfolgt.

Ein wichtiger Einflussfaktor für Lernen sind Veränderungen bzw. Veränderungsprozesse im Unternehmen, da sie Flexibilität, Neuorientierung und Lernmotivation sowie -bereitschaft bei den Mitarbeitern voraussetzen. Strukturelle Veränderungen wie z.B. eine Umstrukturierung oder eine Fusion stellen dabei die größte Herausforderung dar. In diesem Zusammenhang spielt die Eigenverantwortung der Mitarbeiter beim Lernen eine wichtige Rolle, ebenso wie darauf gerichtete Unterstützungsmaßnahmen von Unternehmensseite. Als weniger einflussreich für die Lernkultur bewerteten die Experten strukturelle und formale Merkmale wie die Organisationsstruktur oder Entgelt- und Anreizsysteme. Sie können zwar Rahmenbedingungen darstellen, sie bestimmen aber weniger die Qualität der Lernkultur im Unternehmen. Eine strategische und qualitativ ausgerichtete Personalentwicklung im Unternehmen wird als ein wesentlicher Teil einer förderlichen Lernkultur eingeschätzt. Die strategische Ausrichtung, die besonders lernförderlich ist, wenn sie sich an der Unternehmensstrategie orientiert, spielt eine wichtige Rolle. Jedoch hinsichtlich der Personalentwicklungsphasen Lernbedarfsermittlung und Bildungscontrolling weichen die Vorstellungen der Experten in Bezug auf Systematik und Ganzheitlichkeit des Vorgehens von den theoretischen Vorstellungen dieser Phasen in einer Lernkultur ab.

Das Thema Führung und die damit verbundenen Aufgaben der Führungskraft sind im Rahmen einer förderlichen Lernkultur von besonderer und auch entscheidender Bedeutung (s. auch Kap. 7.9.2). Die Führungskraft hat eine zentrale Rolle inne, wenn es darum geht, die Mitarbeiter in ihrem Lernprozess zu fördern und zu unterstützen. Sie ist zugleich Vorbild, Mentor und Coach. Das Ermöglichen von Partizipation aller Mitarbeiter am Lernen im Unternehmen sowie besonders an der Gestaltung von Lern- und Weiterbildungsmöglichkeiten stellt ein wichtiges Merkmal einer förderlichen Lernkultur dar, ebenso der Wissensaustausch und das Bilden interner Netzwerke, die Lernen ermöglichen. Weniger entscheidend ist das Informieren der Mitarbeiter über Möglichkeiten zum Lernen und zur Weiterbildung im Rahmen einer Lernkultur.

Neue Lernformen gelten auch bei den Experten als Ausdruck einer förderlichen Lernkultur. Sie sind von grundlegender Bedeutung für einen positiven, förderlichen Umgang mit Lernen im Unternehmen. Damit sie aber zu einem effektiven Lernerfolg führen, müssen von Unternehmensseite entsprechend geeignete Unterstützungsmaßnahmen vorgenommen werden.

Nicht nur interne Netzwerke, sondern auch interorganisationale Netzwerke und externe Unternehmenskontakte haben eine lernförderliche Wirkung, da sie neues Wissen und Erfahrungen in das Unternehmen einbringen und zur Reflexion anregen. Auch ihre Bedeutung als Merkmal unternehmensbezogener Lernkultur konnte bestätigt werden. Zusammenfassend ist festzuhalten, dass die Befragten allen im Interviewleitfaden enthaltenen Merkmalen von unternehmensbezogener Lernkultur eine mehr oder weniger starke Bedeutung zugesprochen haben. Kein Merkmal wurde durch einen Großteil der Experten abgelehnt. Zu beobachten ist jedoch ein Bedeutungsschwerpunkt bei den Merkmalen, die stärker auf strategischer (z.B. strategische Personalentwicklung) und operativer Ebene (z.B. Lernorte und Lernformen, Wissensaustausch) angesiedelt sind. Merkmale auf normativer Ebene, wie Unternehmensphilosophie und Führungsleitlinien, fanden bei den Experten weniger Zustimmung hinsichtlich ihrer Bedeutung für eine förderliche Lernkultur.

Trotz dieser unterschiedlichen Bedeutungszuweisungen konnte das Gesamtkonzept unternehmensbezogener Lernkulturen insgesamt bestätigt werden. Auch die in den Themenblöcken des Leitfadens angesprochenen Merkmalsbereiche haben nicht zu Verständnis- oder Strukturproblemen geführt, sodass diese durchaus für eine Operationalisierung und Dimensionsbildung für das Instrument zur Erfassung unternehmensbezogener Lernkulturen beibehalten werden können.

6.7.2 Besonderheiten der Ergebnisse

Bei Betrachtung der gesamten Ergebnisse ist auffällig, dass es Themen und Aspekte gibt, die immer wieder unabhängig von den einzelnen gerade im Zentrum stehenden Themen des Leitfadens wiederkehren. Diese Themen sind die *Rolle der Führungskraft* und das *selbstorganisierte und eigenverantwortliche Lernverhalten der Mitarbeiter*.

Die Führungskraft hat einen entscheidenden und bedeutsamen Anteil am Lernprozess ihrer Mitarbeiter. Sie gilt in vielen Unternehmen schon als „erster Personalentwickler vor Ort". Neben den im Themenbereich Führung (vgl. Kap. 3.4) herausgearbeiteten Aufgaben und Rollen lassen sich auch in anderen Themenbereichen Aussagen zur lernförderlichen Funktion der Führungskraft in einer neuen Lernkultur finden. Im Rahmen der Umsetzung einer lernorientierten Unternehmensphilosophie liefert die Führungskraft durch die Kommunikation der Leitlinien an die Mitarbeiter einen Beitrag zur normativen Etablierung von Lernkultur. Ihr kommt dabei eine Multiplikatorfunktion zu. In Zusammenhang mit den Rahmenbedingungen Entgelt- und Anreizsysteme sowie Arbeitszeitregelungen wurde es außerdem als lernförderlich beschrieben, wenn die Führungskraft in die Regelung der Mitarbeitervergütung und in die Regelung von Lernfreiräumen mit eingebunden wird. Innerhalb der strategischen Ziele von Personalentwicklung wird sie als erster Personalentwickler vor Ort benannt, da sie den engen Kontakt zu den Mitarbeitern besitzt. Auch in die Durchführung der Phasen einer Personalentwicklung (Bedarfsermittlung, Bildungscontrolling und Transfersicherung) wird sie aktiv miteinbezogen, indem über Führungsinstrumente wie beispielsweise das Mitarbeitergespräch Lern- und Transferziele festgelegt, Maßnahmen bewertet sowie Feedbackprozesse angestoßen werden. Auch die Informationsweitergabe hinsichtlich Lern- und Entwicklungsmöglichkeiten sowie die Nutzung von Partizipationsmöglichkeiten findet unter Einbezug der Führungskraft statt. Nicht zuletzt unterstützt sie durch ihr Führungsverhalten auch die Nutzung neuer Lernformen, indem sie die Mitarbeiter unterstützt und fördert. Diese Aufzählung verdeutlicht den großen Stellenwert der Führungskraft in einer förderlichen Lernkultur. Sie trägt mit einem förderlichen Verhalten dazu bei, dass eine Lernkultur im Unternehmen gelebt wird.

Ein zweites, immer wieder in den Antworten der Experten erwähntes Thema ist das selbstorganisierte und eigenverantwortliche Lernverhalten der Mitarbeiter. Die Forderung nach eigenverantwortlichem Lernen und Handeln der Mitarbeiter zeigte sich in verschiedenen Themenbereichen. So benannten die Experten eine hohe Eigenverantwortung der Mitarbeiter für ihre Kompetenzentwicklung und fordern ein eigenständiges Gestalten der Lernwege und -prozesse. Auch im Rahmen von Informations- und Partizipationsmöglichkeiten sowie beim Aufbau von Kontakten zum Wissens- und Erfahrungsaustausch innerhalb und außerhalb des Unternehmens wird von den Mitarbeitern Selbstständigkeit und Eigenverantwortung erwartet. Ein Experte bezeichnete die Mitarbeiter als „Gestalter ihres eigenen Lernens". Damit hat eigenverantwortliches und selbstorganisiertes Verhalten der Mitarbeiter im Lern- und Kompetenzentwicklungsprozess eine hohe Bedeutung, denn in einer neuen Lernkultur werden Mitarbeiter aktiv in den Umgang und die Gestaltung von Lernen miteinbezogen und konsumieren Wissen nicht mehr nur passiv.

Die beiden Aspekte, Rolle der Führungskraft in einer neuen Lernkultur und Eigenverantwortung und Selbstorganisation der Mitarbeiter, sollten bei der Entwicklung des Instruments zur Erfassung unternehmensbezogener Lernkulturen besondere Beachtung finden. Sie sind somit in die inhaltliche Ausgestaltung entsprechender Dimensionen miteinzubeziehen und sollten nicht nur gesondert in einer eigenen Dimension behandelt werden.

6.7.3 Tendenzen bezüglich Größen- und Branchenunterschieden von Lernkultur

Die Stichprobe der Experten aus der Unternehmenspraxis setzte sich aus Unternehmen zusammen, die hinsichtlich ihrer Größe und Branchenzugehörigkeit differieren (vgl. Kap. 7.5). Das Datenmaterial wurde unter quantitativen Gesichtspunkten bezüglich auffallender Unterschiede untersucht. Aufgrund der relativ kleinen Stichprobe konnten jedoch nur Tendenzen abgeleitet werden, die nachfolgend skizziert werden. Diese Tendenzen geben eher den Umgang mit einzelnen Elementen von Lernkultur bzw. ihre Ausprägung in den jeweiligen Unternehmen wieder. Es ist daher in dieser Studie noch nicht möglich, von wirklichen Lernkulturunterschieden zu sprechen, sondern vielmehr von Unterschieden im Umgang mit Lernen.

Unterschiede bei Lernkulturmerkmalen in Abhängigkeit von der Unternehmensgröße
Konzerne (> 10.000 Mitarbeiter):
- Konzerne greifen beim Thema „Arbeits- und Lernzeit" zunehmend auf Formen des on-the-job-Learning zurück, da somit Arbeits- und Lernzeiten verknüpft werden können.
- Konzerne nehmen mehr als andere Unternehmen eine Verlagerung der Personalförderungsverantwortung in Richtung Führungskräfte vor.
- Beim Thema „E-Learning" ist bei den Konzernen eine gewisse Ernüchterung zu spüren.
- Der Themenbereich „Lerntransfer" ist bislang in Konzernen weiter entwickelt als in den Großunternehmen bzw. den KMU. Konzerne setzen hierfür vor allem Führungsinstrumente ein oder bauen ihre Veranstaltungen modular und möglichst transferförderlich auf.

Großunternehmen (500 bis 10.000 Mitarbeiter):
- Großunternehmen beklagen das Fehlen einer eigenständigen Personalentwicklung im Unternehmen. Zum Teil müssen sich die noch relativ jungen PE-Abteilungen ihren Stellenwert im Unternehmen erst erarbeiten.
- Insbesondere die Großunternehmen wünschen sich eine Unstrukturierung hin zu flachen Hierarchien und einer prozessorientierten Unternehmensführung.
- Sie sehen genauso wie die Konzerne die Personalentwicklungsverantwortung zukünftig bei den Führungskräften.
- Großunternehmen billigen dem E-Learning für die Zukunft eine größere Bedeutung zu.

Kleine und mittelständische Unternehmen (< 500 Mitarbeiter):
- KMU haben oftmals keine unternehmensinterne eigenständige Personalentwicklung. Sie greifen verstärkt auf externe Anbieter zurück.
- KMU verfügen über Entgeltsysteme, die nur vereinzelt lernförderliche Komponenten enthalten.
- Starre und fixe Arbeitszeiten sind fast nur noch in KMU zu finden.
- KMU sind vor allem von strukturellen Veränderungsprozessen betroffen.

- Die KMU sagen wie die Großunternehmen eine Zunahme von E-Learning-Lernformen voraus.
- Die aktive Unterstützung des Lerntransfers wird in KMU vernachlässigt.

Unterschiede bei Lernkulturmerkmalen in Abhängigkeit von der Branchenzugehörigkeit: Bei der Betrachtung der Ergebnisse nach einzelnen Unternehmensbranchen (Produktion, Dienstleistung Informationstechnologie, New Economy und Sonstige) ergaben sich weniger deutliche Unterschiede als bei den Unternehmensgrößen. Es lässt sich ausmachen, dass die produzierenden Unternehmen insbesondere Themen wie die Einführung von Gruppenarbeit als Veränderungsprozess oder Gruppenarbeit als Form des sozialen Lernens benannten. Sie stuften zudem spezifische Maßnahmen zur Personalförderung in der Produktion und einen verstärkten Bedarf an Fachkompetenz als lernkulturrelevant ein. Die Dienstleistungsunternehmen hingegen beurteilen die Kunden- und Serviceorientierung als lernrelevanten Veränderungsprozess. Für die befragten IT-Unternehmen scheinen besonders die strukturellen Merkmale in Bezug zur Lernkultur bedeutsam zu sein. Sie weisen häufig eine projektbezogene Organisationsstruktur auf, es gibt hierarchieübergreifende Ansprechpartner zu spezifischen Themenbereichen und es herrscht die Vertrauensarbeitszeit als gängiges Arbeitszeitmodell vor. Ob es durch Größen- und Branchenunterschiede bedingte Unterschiede von Lernkulturen gibt, gilt es weiter zu untersuchen. Die Studie in Kapitel 9 geht dieser Frage nach.

6.7.4 Fazit

Die qualitative Interviewstudie hat zu einer Vielzahl an wertvollen Ergebnissen geführt, die zu einem fundierteren und transparenteren Verständnis des Konzepts Lernkultur beigetragen haben. Insbesondere die identifizierten lernförderlichen und -hinderlichen Aspekte der untersuchten Lernkulturmerkmale liefern ausführliche Hinweise und Grundlagen zur Operationalisierung von Lernkultur sowie zur Itemformulierung des zu entwickelnden Lernkulturfragebogens.

7 Der Fragebogen zur Erfassung unternehmensbezogener Lernkulturen: Das Lernkulturinventar (LKI)

7.1 Methodische Zugänge zur Erfassung lernrelevanter Arbeits- und Organisationsmerkmale

Bevor in diesem Kapitel näher auf die Konzeption des neu entwickelten Instrumentes zur Erfassung unternehmensbezogener Lernkulturen eingegangen wird, sollen aktuell existierende Möglichkeiten zur Diagnose lernrelevanter Arbeits- und Organisationsmerkmale umrissen werden. Diese Instrumente erfassen lernrelevante und lernförderliche Merkmale der Organisation und der Arbeit und wurden zur Unterstützung der eigenen Instrumententwicklung ergänzend herangezogen. Ziel dabei war es, Anregungen für die

Operationalisierung, Dimensions- und Itemkonzeption sowie für konkrete Inhalte, die für unser Instrument ebenfalls von Relevanz sind, zu bekommen.

Bei den angeführten Instrumenten handelt es sich um *Checklisten und Fragebögen*, die sich zum Einen hinsichtlich des *Erhebungsziels*, zum Anderen hinsichtlich der *Operationalisierung* unterscheiden. So fokussieren einige Instrumente lernrelevante Merkmale der Arbeitsaufgabe, während sich andere Verfahren mit Merkmalen auf der Ebene der Organisation beschäftigen. Einige der Instrumente erfassen nicht die Lernkultur selbst, sondern verwandte Konzepte wie z.B. das Lernklima oder transferförderliche Bedingungen der Organisation. Hinsichtlich der Operationalisierung unterscheiden sich die Verfahren z.B. in der Auswahl und Anzahl der Dimensionen sowie der *psychometrischen Qualität der Verfahren* (Checklisten vs. Fragebögen).

Alle Checklisten und Fragebögen sind in Tabelle 7.1 nach erfasstem Konstrukt, beinhalteten Skalen, Vor- und Nachteilen zusammengefasst.

Jedes der vorgestellten Verfahren erfasst Arbeits- und Organisationsmerkmale, die das Lernen im Unternehmen direkt und indirekt fördern und unterstützen. Unterscheidungen können, wie oben bereits angesprochen, hinsichtlich verschiedener Aspekte getroffen werden, aus denen sich wiederum Anforderungen an und Implikationen für das zu entwickelnde Instrument zur Erfassung unternehmensbezogener Lernkulturen ableiten lassen. Diese Aspekte werden nachfolgend betrachtet:

Charakter des Verfahrens:
Zur Erfassung lernförderliche Merkmale eines Unternehmens liegen zum einen Checklisten (wie z.B. die Checkliste von Sonntag 1996) oder zum anderen standardisierte Fragebögen (wie z.B. der FLMA) vor. Diese beiden Formen unterscheiden sich, wie bereits oben angesprochen wurde, in ihrer psychometrischen Qualität. Die Fragebögen wurden, im Gegensatz zu den Checklisten, unter Berücksichtigung testtheoretischer Anforderungen und im Hinblick auf eine standardisierte Anwendung konzipiert. Dieser Anspruch wird auch an das zu entwickelnde Instrument zur Lernkulturerfassung gestellt. Es soll in Form eines Fragebogens entwickelt werden, testtheoretischen Ansprüchen genügen und eine standardisierte Anwendung erlauben. Damit soll ein die Lernkultur systematisch erfassendes organisationsdiagnostisches Verfahren entwickelt werden, das reliabel und valide ist.

Erhebungsziel:
Auch hinsichtlich des konkreten *Erhebungsziels* oder Gegenstandes unterscheiden sich die Instrumente. Der FLMA, der Fragebogen zum Lernen in der Arbeit (LIDA) und der Lernförderlichkeitsindex (LFI), die alle auf Basis von arbeitspsychologischen Theorien und Verfahren entwickelt wurden, erfassen vordergründig lernrelevante Merkmale der Arbeitsaufgabe. Lediglich der LIDA beinhaltet zusätzlich organisationale Aspekte mit der Dimension „lernrelevante Unternehmensbedingungen". Die übrigen Verfahren beschäftigen sich dagegen mit Merkmalen auf Ebene der Organisation. Neben den beiden Checklisten und dem Instrument von Tracey und Kollegen (1995), die explizit das

Tab. 7.1: Instrumente zur Erfassung lernförderlicher Arbeits- und Organisationsmerkmale

Erfasstes Konstrukt	Skalen	Vorteile	Nachteile
Checkliste von Sonntag (1996)			
Lernkultur im Unternehmen	- Entwicklungs- und lernorientierte Leitbilder - Lernen als Bestandteil der Unternehmensplanung - Partizipation der Organisationsmitglieder am Lernprozess - Lern- und Entwicklungspotenziale in der Arbeit - Lernen als Forschungsgegenstand und interdisziplinärer Dialog	Anregung zur Reflexion Generierung von Hypothesen	Abhängigkeit der Ergebnisse von der antwortenden Person
Checkliste von Pedler et al. (1994)			
Merkmale eines lernenden Unternehmens	- Strategiebildung als Lernprozess - partizipative Unternehmenspolitik - Freier Informationsfluss - formatives Rechnungs- und Kontrollwesen - Austausch zw. Geschäftsbereichen - flexible Vergütung - Persönliche Entwicklung - Umfeldkontakte - Firmenübergreifendes Lernen - Lernklima - Selbstentwicklungsmöglichkeiten	Erster Schritt zur Erfassung der Lernfähigkeit eines Unternehmens	Bloße Auflistung von Merkmalen, keine einheitliche Skala mit methodischer Validierung
Skala zur Erfassung der kontinuierlichen Lernkultur (Tracey et al. 1995)			
Lernkultur im Unternehmen	- Soziale Unterstützung - kontinuierliche Innovation - Wettbewerb		
Fragebogen zum Lernen in der Arbeit – LIDA (Wardanjan, Richter & Uhlemann 2000)			
Lernförderung durch die Organisation	- Lernziele und Eigenaktivität beim Lernen - Bedingungen im Unternehmen und konkrete Angebote zur Unterstützung zum Lernen	Screening-Instrument, zeigt Gestaltungspotenzial auf und regt Diskussionen an Durch subjektive Einschätzung auch kognitive Anteile erfassbar	Nachträgliche Validierung nötig Keine objektive Erfassung
Fragebogen zu lernrelevanten Merkmalen der Arbeitsaufgabe – FLMA (Richter & Wardanjan 2000)			
Beschaffenheit der Arbeitsaufgabe und ihre Auswirkung auf Lern- und Entwicklungspotenziale in der Arbeit	- Tätigkeitsspielraum und Vollständigkeit der Arbeit - Transparenz - Anforderungsvielfalt	Subjektive Einschätzung dadurch Erfassung der subjektiven Erfassung der Arbeitssituation Branchenübergreifend einsetzbar	Objektive Erfassung nicht möglich, daher eher Ergänzung zu bestehenden Verfahren

Lernförderlichkeitsinventar – LFI (Frieling, Bernard, Bigalk & Müller 2001)			
Objektive Merkmale der Arbeitsplätze und -aufgaben	- Selbstständigkeit / Autonomie Partizipation - Variabilität / Monotonie - Komplexität - Kooperation - Feedback - Zeitdruck	Erfassung objektiver Merkmale der Aufgaben	Bedarf Überarbeitung bzgl. Gleichverteilung der Anzahl der Items pro Skala und bzgl. Operationalisierung
Learning Climate Questionnaire – LCQ (Bartram, Foster, Lindley, Brown & Nixon 1993)			
Lernklima im Unternehmen	- Management relations and style - Time - Autonomy and Responsibility - Team Style - Opportunities to Develop - Guidelines on how to do the job - Contentedness	Kontrastierung des Lernklimas aus Sicht des Individuums und aus Sicht einer Gruppe möglich Sehr differenzierte Erfassung durch viele Items	Sehr umfangreich
Learning Transfer System Inventory – TSI (Holton, Bates & Rouna 2000)			
Transferbedingungen	*1. Abschnitt: Erfassung der Bedingungen eines bestimmten Trainings* Positive persönliche Ergebnisse Negative persönliche Ergebnisse Persönliche Transferkapazität Unterstützung durch Kollegen Unterstützung durch den Vorgesetzten Sanktionen durch den Vorgesetzten/Manager Wahrgenommene Inhaltsvalidität Transferdesign Möglichkeit zur Anwendung *2. Abschnitt: Trainingsbedingungen im Allgemeinen* Transferanstrengungs-Leistungserwartungen Ergebniserwartungen Widerstand/Offenheit gegenüber Veränderungen Selbstwirksamkeit bezüglich der Performanz Performance-Coaching	Gut als Screening-Instrument, z.B. zur Identifikation von Problembereichen	Validierung und Aufbereitung durch Interviews und Arbeitsgruppen nötig

Thema Lernen und Lernkultur fokussieren, befassen sich die weiteren Instrumente mit dem organisationalen Merkmal Lernklima im Unternehmen sowie mit transferförderlichen Bedingungen, die durch die Organisation und ihre Mitglieder gestaltet werden können. Eine Lernkultur nach hier vertretener Auffassung ist auf organisationaler Ebene angesiedelt und berücksichtigt die Lernförderlichkeit der Organisation und weniger die Lernförderlichkeit der Arbeitsaufgabe. Dabei gilt es im zu entwickelnden Instrument, Merkmale und Rahmenbedingungen einer förderlichen Lernkultur zu erfassen.

Psychometrische Qualität:
Die in der Tabelle umrissenen organisationsdiagnostischen Instrumente unterscheiden sich hinsichtlich ihrer Messqualität. Dabei können die vorgestellten Checklisten im Vergleich zu den Fragebögen einer wissenschaftlichen Überprüfung nicht standhalten. Der Fragebogen zur Erfassung der Lernkultur soll den wissenschaftlichen Ansprüchen hinsichtlich testtheoretischer Analysen und Gütekriterien genügen, um eine reliable und valide Erfassung zu erlauben.

Operationalisierung:
Weitere Unterschiede lassen sich in der *Operationalisierung*, besonders in der jeweiligen Anzahl an Dimensionen und damit der als lernrelevant erachteten Merkmale festmachen. Der „Learning Transfer System Inventory" (LTSI) (Holton et al. 2000), die Checkliste von Pedler, Burgoyne und Boydell (1994) sowie der „Learning Climate Questionnaire" von Bartram, Foster, Lindley, Brown und Nixon (1993) liefern hier die umfassendste Form mit einer detaillierten Merkmalsbildung. Dennoch ist festzustellen, dass trotz inhaltlicher Übereinstimmungen bezüglich lernförderlicher Merkmale oder Faktoren alle Verfahren lediglich Ausschnitte beleuchten. Es liegt nach eigenem Kenntnisstand bis dato kein umfassendes und erschöpfendes Instrument zur Erfassung unternehmensbezogener Lernkulturen vor. Diesem Defizit soll mit einem die wesentlichen Lernkulturmerkmale erfassenden Fragebogen begegnet werden. Damit wird die Analyse eines umfassenden und differenzierten Bildes der Lernkultur im jeweiligen Unternehmen ermöglicht.

Praxisrelevanz:
Die vorgestellten Instrumente zeichnen sich durch Praxisrelevanz aus und wurden bereits in Unternehmen erprobt. Diese Praxisrelevanz drückt sich zum einen aus in der Berücksichtigung von für das Unternehmen relevanten Inhalten und Fragestellungen. Es bezieht sich außerdem auf Aspekte wie Aufwandsökonomie beim Einsatz des Instruments und die Akzeptanz bei den Unternehmen. Das Konzept zur Lernkultur in Unternehmen greift Themen (z.B. neue Lernformen, strategische Personalentwicklung) auf, die aktuell von großem Interesse sind. Lernkultur wird dabei verstanden als ein gestaltbares Merkmal im Unternehmen. Damit ermöglicht eine Lernkulturdiagnose mit Hilfe des zu konzipierenden Fragebogens auch immer eine Ableitung von Gestaltungsempfehlungen, die für Unternehmen von großer Bedeutung sind. Das Konzept Lernkultur besitzt somit für sich bereits eine deutliche Praxisrelevanz, die durch eine entsprechende Operationalisierung (z.B. durch praxisnahe Itemformulierung) umgesetzt werden soll. Angestrebt wird auch ein ökonomischer Einsatz des Fragebogens im Unternehmen.

Theoretische Fundierung:
Den vorgestellten Verfahren zur Erfassung lernförderlicher Merkmale liegen verschiedene ausgewählte theoretische Ansätze zugrunde. So basieren einige Verfahren auf Ansätzen zur Transfersicherung (LTSI), andere Verfahren hingegen auf Ansätzen zur Arbeitsgestaltung (FLMA). Dem Instrument zur Erfassung der Lernkultur liegt ein umfassendes, breites theoretisches Konzept zugrunde, das Ansätze aus der Organisations-

kulturforschung, zum Human Resource Development und zur Personalentwicklung, zu Konzepten neuen Formen des Lernens sowie Ansätze zur lernförderlichen Arbeits- und Organisationsgestaltung berücksichtigt.

Somit erscheint die Konzeption eines Instrumentariums zur Erfassung von relevanten Lernkulturmerkmalen für eine systematische und ökonomische Erfassung unternehmensbezogener Lernkulturen sinnvoll. Die Entwicklung dieses Instrumentariums in Form eines Fragebogens mit dem Namen Lernkulturinventar (LKI) sowie sein Aufbau und seine Inhalte werden nachfolgend beschrieben.

7.2   Die Fragebogenentwicklung

7.2.1   Grundlagen der Fragebogenentwicklung

Die Entwicklung des Lernkulturinventars (kurz: LKI) stützt sich auf drei Quellen. Neben den *theoretischen und empirischen Ergebnissen* zu lernförderlichen und -hinderlichen organisationalen Merkmalen aus der einschlägigen Fachliteratur dienten die Ergebnisse der *explorativen Interviewstudie* (vgl. Kap. 6) als Ausgangsbasis für die Entwicklung. Ebenso wurden die eingangs beschriebenen Verfahren zur Erfassung lernrelevanter Arbeits- und Organisationsmerkmale hinzugezogen. Die im Rahmen der Beschreibung relevanter Forschungsbezüge (vgl. Kap. 3) vorgenommene Bestimmung potenzieller Merkmale einer Lernkultur wurde insbesondere bei der Bildung der Dimensionen und ihrer Subdimensionen berücksichtigt. Dabei diente auch die Strukturierung des Leitfadens der explorativen Interviewstudie (vgl. Kap. 6) als Orientierungsgrundlage für die Operationalisierung. Die Ergebnisse der Interviewstudie unterstützten die Itemgenerierung insofern, da die einzelnen Unterkategorien und die von den Experten genannten Beispiele aus der Unternehmenspraxis Anregungen und wertvolles Material für die inhaltliche Gestaltung der Fragebogenitems lieferten.

7.2.2   Entwicklungsziele und Anspruch an das Verfahren

Das Lernkulturinventar hat das Ziel, Lernkulturen in Unternehmen zu erfassen und zu analysieren sowie Grundlagen für die Ableitung von Gestaltungsempfehlungen bereit zu stellen. Dies erfolgt über das Bestimmen der Art und Ausprägung von einzelnen Lernkulturmerkmalen und von lernförderlichen Rahmenbedingungen im Unternehmen.

Da das Instrument sowohl zu wissenschaftlichen Forschungszwecken als auch zur konkreten Diagnose in Unternehmen eingesetzt werden soll, hat es wissenschaftlichen und praktischen Ansprüchen zu genügen. Im Rahmen der genannten Zielsetzung soll das entwickelte Verfahren den Ansprüchen eines wissenschaftlich fundierten Diagnoseverfahrens entsprechen, das heißt, die Merkmale einer Lernkultur sollen objektiv, reliabel und valide erfasst werden. Um praxisbezogenen Ansprüchen genügen zu können sollte es in Durchführung und Auswertung handhabbar sein und der Aufwand sollte im Verhältnis zum Nutzen stehen. Des Weiteren sollten auf Basis der Diagnose praxisbezogene Empfehlungen zur Veränderung der Lernkultur abgeleitet werden können, sodass das Verfahren in einem Veränderungs- bzw. Entwicklungsprozess Einsatz finden kann.

Ein weiterer Anspruch entsteht aus der Bestimmung der Zielgruppe des Fragebogens. Das Verfahren ist gedacht für den Einsatz bei Großunternehmen sowie Klein- und mittelständischen Unternehmen. Gerade bei der letztgenannten Gruppe kann der Einsatz des LKI durch einen tendenziell höheren Entwicklungsbedarf in Bezug auf Lernkultur von größerem praktischen Nutzen sein. Das heißt, der Fragebogen muss auch auf die Verhältnisse in KMU zugeschnitten sein. Hierzu liefert die Interviewstudie ausreichendes Informationsmaterial.

Um eine Lernkultur im Unternehmen umfassend diagnostizieren zu können, ist es wichtig verschiedenen Wahrnehmungsperspektiven gerecht zu werden. Dabei kann zwischen der Sicht der gestaltenden Akteure, nämlich der Personalentwicklungsfachleute, Weiterbildungsexperten und Human-Ressource-Manager in den jeweiligen Unternehmen, und der Sicht der Mitarbeiter unterschieden werden. Es ist anzunehmen, dass Letztere die spezifische Lernkultur des Unternehmens vielleicht anders wahrnehmen als die sogenannten Experten, deren Aufgabe es ist Lernen und Kompetenzentwicklung möglich zu machen.

7.2.3 Implikationen für die Verfahrensentwicklung

Aus den beschriebenen Zielen und Ansprüchen lassen sich bestimmte Implikationen für die Konzeption des Fragebogens und die Itemgenerierung ableiten, auf die im Folgenden näher eingegangen werden soll. Zur Erfassung der zwei Wahrnehmungsperspektiven bietet es sich an, zwei Versionen des Lernkulturinventars zu entwickeln: die Expertenversion und die Mitarbeiterversion. Um eine Gegenüberstellung beider Wahrnehmungsperspektiven zu ermöglichen ist es wichtig, dass beide Versionen einander inhaltlich ähneln bzw. vergleichbar sind. Die Formulierung der Items sollte allgemein gültig und nicht auf einen bestimmten beruflichen Kontext oder auf ein bestimmtes Tätigkeitsfeld von Mitarbeitern beschränkt sein. Auch sollten die Items berufsübergreifend beantwortbar sein.

Bei der Itemformulierung ist ebenfalls die Relevanz für unterschiedlich große Unternehmen zu beachten. Die Items müssen sowohl von Mitarbeitern in Großunternehmen als auch von mittelständischen Betrieben beantwortbar sein. Auch hier liefert das Ergebnismaterial der qualitativen Interviewstudie wertvolle Hinweise auf die aktuelle Situation sowohl in Großunternehmen als auch in mittelständischen Betrieben.

7.2.4 Vorgehen bei der Verfahrensentwicklung

Die theoretischen und empirischen Grundlagen zur Bestimmung und Definition der Lernkultur führten zu der Formulierung eines breiten Konzepts von Lernkultur mit einer Reihe relevanter Merkmale. Diese Breite sollte sich auch in dem Verfahren zur Erfassung von Lernkultur widerspiegeln und somit eine detailreiche Betrachtung der Ausprägung von unternehmensspezifischen Lernkulturen ermöglichen.

Das Lernkulturinventar wurde in mehreren Konstruktionsschritten entwickelt. Zunächst stand die Konzeption der Expertenversion im Mittelpunkt. Nach Fertigstellung einer ersten Version wurde in einem weiteren Schritt die Mitarbeiterversion entwickelt. Die einzelnen Schritte sollen im Folgenden dargestellt werden. Dabei wird zunächst auf den allgemeinen Konstruktionsablauf für beide Verfahren eingegangen, um anschließend die beiden Versionen des Lernkulturinventars gesondert zu betrachten.

7.2.4.1 Bestimmung der Dimensionen

Auf Basis der Ergebnisse der Interviewstudie und der theoretischen Aufarbeitungen des Forschungsstandes zur Lernkultur wurden relevante Dimensionen für das Verfahren abgeleitet. In einem weiteren Schritt erfolgte die Auswahl von Subdimensionen für die einzelnen Dimensionen. Diese Unterteilung erschien sinnvoll, da die Dimensionen auf einer höheren Abstraktionsebene, mehr im Sinne von Merkmalsbereichen, anzusiedeln sind und dies eine weitere Differenzierung in einzelne Teilmerkmale erlaubt.

7.2.4.2 Generierung eines Itempools

Neben einer verständlichen und prägnanten Formulierung sollten die Items den entsprechenden Sachverhalt möglichst eindeutig ansprechen und keine Inhaltskombinationen enthalten, also nur einen Aspekt und nicht gleich mehrere ansprechen. Extreme Ausdrucksweisen empfehlen sich ebensowenig, da diese zu einer Varianzeinschränkung führen können. Speziell für die Mitarbeiterversion des Lernkulturinventars war zu beachten, dass die Ausdrucksweise für alle Mitarbeiter unabhängig von ihrer Arbeitstätigkeit allgemein verständlich ist. Enthält die Expertenversion noch Begriffe und Formulierungen, die der Human Resource Management-Fachsprache entnommen sind, galt es in der Mitarbeiterversion diese zu vermeiden bzw. umzuformulieren.

Für beide Verfahrensversionen wurde ein Itempool generiert, der dann in einem ersten Analyseschritt von den Autoren, den Mitarbeitern der Projektgruppe und Mitarbeitern des Heidelberger Lehrstuhls, auf Verständlichkeit, Eindeutigkeit und Zugehörigkeit zu den Dimensionen des Lernkulturinventars überprüft wurde. Als Ergebnis dieses ersten Analyseschritts entstand eine erste Version des Lernkulturinventars für Experten und Mitarbeiter.

7.2.4.3 Itemcharakteristika

Die formulierten Items des Lernkulturinventars sind sowohl objektiver als auch perzeptioneller Natur. Sie erfassen sowohl konkrete Tatsachen wie z.B. das Vorhandensein schriftlich fixierter Führungsgrundsätze als auch die Wahrnehmung bzw. Einschätzung eines bestimmten Sachverhalts, z.B. *„Durch unsere Arbeitszeitregelungen können sich die Mitarbeiter ihre Zeit für Lernen selbst einteilen"*. Des Weiteren lassen sich drei Itemtypen unterscheiden:

- *Einzelitems*: Diese Items sind als Feststellung formuliert und sollen Einstellungen und Meinungen in Bezug auf lernförderliche Bedingungen und Maßnahmen im Unternehmen erfassen.
- *Checklistenitems*: Diese fragen innerhalb eines Items nacheinander mehrere für die Itemthematik relevante Inhalte ab. Hier geht es zum Beispiel um die Frage, welche Maßnahmen zur Erfassung des Lernbedarfs Anwendung finden. Jede einzelne Maßnahme wird mit „vorhanden ja/nein" bewertet. Diese Items haben eine Art Checklistencharakter, der es ermöglicht den aktuellen Ist-Zustand zu bestimmen und zu erkennen, ob die Möglichkeiten in diesem Fall der Lernbedarfserfassung ausreichend ausgeschöpft sind.
- *Gesamtitems*: Jede Subdimension enthält zum Abschluss ein Item, das in Form einer Gesamtabfrage erfasst, ob die in der Subdimension angesprochene unternehmensbezogene Bedingung oder Maßnahme lernunterstützend gestaltet ist. Dies dient dazu, die Lernförderlichkeit bestimmter Rahmenbedingungen und Maßnahmen im Unternehmen umfassender und direkter abzufragen. Die Formulierung der Gesamtitems erfolgt stets nach dem gleichen Prinzip. Ein Beispiel hierfür und für die weiteren Itemtypen können Abbildung 7.1 übernommen werden.

Einzelitem

In unseren Leitlinien betonen wir die Bedeutung von Lernen im Unternehmen.	1 2 3 4 5

Checklistenitem

	ja nein
Wir erwarten von unseren Mitarbeitern, dass sie:	
... ihr fachliches Wissen und Können selbstständig auf aktuellem Stand halten.	1 2
... ihr Wissen selbstständig erweitern.	1 2
... Eigenverantwortung und Eigeninitiative bei ihrer Weiterentwicklung zeigen.	1 2

Gesamtitem

Wie beurteilen Sie den Bereich lernorientierte Unternehmensleitlinien insgesamt?	
Unsere Leitlinien sind lernförderlich.	1 2 3 4 5
Die Umsetzung dieser Leitlinien ist bei uns lernförderlich.	1 2 3 4 5
Unsere Erwartungen an den lernenden Mitarbeiter sind lernförderlich.	1 2 3 4 5

Abb. 7.1: Beispielitems aus der Expertenversion mit Antwortformat

Die Einzelitems, die den Großteil der Items ausmachen, sowie die Gesamtitems des Lernkulturinventars werden mittels einer Likert-Skala beantwortet. Sie enthält 5 Antwortkategorien von „trifft gar nicht zu" über „trifft teilweise zu" bis „trifft völlig zu". Das Skalenformat wurde gewählt um den Testpersonen eine ausreichende Differenzierungsmöglichkeit bei Ihrer Beantwortung zu geben sowie um eine reliable und valide Erfassung zu ermöglichen (vgl. Krosnik & Fabrigar 1997). Obwohl das Vorgeben einer mittleren Antwortposition umstritten ist (vgl. z.B. Borg 2000; Mummendey 1995), wurde sie dennoch bewusst aufgenommen um dem Antwortenden die Möglichkeit zu geben, eine ambivalente Meinung auszudrücken. Die Aufzählungsitems haben ein dichotomes Antwortformat mit den Kategorien „ja" und „nein". Beide Formate können ebenfalls obenstehender Abbildung entnommen werden.

Eine Besonderheit des Antwortformats des Lernkulturinventars ist die sogenannte Relevanzantwort bei ausgewählten Items, die zusätzlich zu dem jeweiligen 5- bzw. 2-stufigen Antwortformat erscheint. Hintergrund für diese Antwortalternative ist, dass einige Items Aspekte enthalten, die in manchen Unternehmen nicht relevant oder nicht vorhanden sind, aber in dem Item vorausgesetzt werden. Trifft diese Voraussetzung nun bei dem jeweiligen Unternehmen nicht zu, hat der Befragte die Möglichkeit, sein Kreuz bei „nicht relevant" zu machen. Zur besseren Verständlichkeit nachfolgend ein Beispiel (Abb. 7.2):

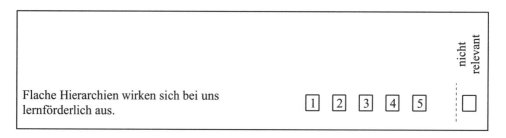

Abb. 7.2: Beispielitem eines Items mit Relevanzantwort

Gibt es in dem spezifischen Unternehmen keine flachen Hierarchien, wird bei „nicht relevant" ein Kreuz gemacht. Die „nicht relevant"-Antwort unterscheidet sich von der „trifft gar nicht zu"-Antwort, da bei letzterer angenommen wird, dass flache Hierarchien existieren, aber diese nicht lernförderlich sind. Ob diese Antwortmöglichkeit sich bewährt und für eine überarbeitete Version des Lernkulturinventars übernommen werden kann, wird ein erster praktischer Einsatz klären.

7.2.5 Der Aufbau des Lernkulturinventars

Das Lernkulturinventar besteht in beiden Versionen aus insgesamt drei Abschnitten. Es beginnt mit einer Instruktion, die den Umgang mit dem Fragebogen erläutert sowie beispielhaft das Item- und Antwortformat vorstellt. Der zweite Abschnitt erfasst soziodemographische und unternehmensspezifische Daten. Diese können je nach Zweck des Fragebogeneinsatzes variieren und beliebig an die jeweilige Untersuchungssituation angepasst werden.

Im dritten Abschnitt befindet sich der eigentliche Fragebogen. Die Items des Fragebogens sind thematisch und nach ähnlichem Inhalt sortiert. Nacheinander werden die Dimensionen mit ihren Subdimensionen bearbeitet und am Ende jeder Dimension die Gesamtitems aller Subdimensionen beantwortet. Diese blockartige Anordnung dient einer Komplexitätsreduzierung bei der Beantwortung der Items. Durch den Umfang der im Fragebogen erfassten Rahmenbedingungen und Merkmalen hätte eine willkürliche oder zufällige Abfolge zu einer Überforderung der Befragten geführt. Der ständige Wechsel zwischen komplexen Themen hätte zusätzlich Motivationseinbußen zur Folge gehabt. Dieser Aspekt ist bei dem Fragebogenumfang von nicht zu unterschätzender Bedeutung. Ein weiterer Vorteil der blockartigen Anordnung liegt in einer systematischen Auseinandersetzung mit der jeweiligen Thematik, die zu einer kritischen Reflexion über die Lernförderlichkeit zu den jeweiligen angesprochenen Themengebieten führt. Nachfolgend sind die Dimensionen beider Versionen abgebildet (Tab. 7.2).

Tab. 7.2: Die Dimensionen der Experten- und der Mitarbeiterversion des Lernkulturinventars (LKI)

Expertenversion des LKI	**Mitarbeiterversion des LKI**
Lernen als Teil der Unternehmensphilosophie	Lernen als Teil der Unternehmensphilosophie
Organisationale Rahmenbedingungen des Lernens	Rahmenbedingungen für Lernen im Unternehmen
Aspekte der Personalentwicklung im Unternehmen	Aspekte der Personalentwicklung im Unternehmen
Kompetenzentwicklung der Mitarbeiter	Kompetenzentwicklung im Unternehmen
Lern- und Entwicklungsmöglichkeiten im Unternehmen	Lern- und Entwicklungsmöglichkeiten im Unternehmen
	Lernatmosphäre und Unterstützung durch Kollegen
Lernorientierte Führungsleitlinien und -aufgaben	Lernorientierte Führungsaufgaben
Information und Partizipation im Unternehmen	Information und Partizipation im Unternehmen
Lernkontakte des Unternehmen mit seiner Umwelt	Wissensaustausch des Unternehmens mit seiner Umwelt

7.2.6 Die Versionen des Lernkulturinventars

Die Experten- und die Mitarbeiterversion erfassen, wie bereits beschrieben, unterschiedliche Wahrnehmungsperspektiven. Trotzdem wurde bei ihrer Konzeption das Ziel verfolgt möglichst gleichartige Verfahren mit hoher Übereinstimmung zu entwickeln um eine Gegenüberstellung beider Perspektiven zu ermöglichen. Nachfolgend werden beide Versionen getrennt betrachtet. Bei beiden Versionen handelt es sich um die erste Version bzw. eine erste Fassung des Lernkulturinventars, die in den anschließenden Abschnitten hinsichtlich ihrer psychometrischen Qualität überprüft wird.

7.2.6.1 Die Expertenversion des Lernkulturinventars

Die erste Fassung der Expertenversion des Lernkulturinventars besteht aus 135 Items, die 8 Dimensionen zugeordnet sind. Der vollständige Fragebogen kann dem Anhang entnommen werden. Jede Dimension mit Ausnahme der Dimensionen „Kompetenzentwicklung der Mitarbeiter" und „Lernkontakte des Unternehmens mit seiner Umwelt" setzt sich aus drei bis vier Subdimensionen zusammen. Während die Dimensionen eher auf Ebene der gebildeten Merkmalsbereiche anzusiedeln sind, lassen sich die Subdimensionen als eigentliche Lernkulturmerkmale interpretieren (vgl. Kap. 4.3).
Die acht Dimensionen der Expertenversion können Tabelle 7.2 entnommen werden. Nachfolgend wird jede Dimension mit den dazugehörigen Subdimensionen kurz beschrieben.

Lernen als Teil der Unternehmensphilosophie:
„Lernen als Teil der Unternehmensphilosophie" drückt das Vorhandensein, die Ausprägung und die Umsetzung von Leitlinien und Erwartungen bezogen auf den Stellenwert, den Lernen im Unternehmen besitzt, aus. Die Subdimension *Lernorientierte Leitlinien* erfasst, ob und wie Lernen in die Leitlinien integriert ist. Eine förderliche Lernkultur besitzt dabei Leitlinien, die die aktuelle und zukünftige Bedeutung von Lernen betonen und Ziele und Wege des Lernens im Unternehmen aufzeigen. In der Subdimension *Umsetzung der lernorientierten Leitlinien* werden Maßnahmen und Instrumente, die eine Umsetzung dieser Leitlinien unterstützen, ermittelt. Als lernförderlich werden dabei das Umsetzen in strategische Konzepte und in ein entsprechendes Kompetenzentwicklungsprogramm betrachtet. Die dritte Subdimension beinhaltet *Erwartungen an lernende Mitarbeiter* bezüglich ihres Lern- und Kompetenzentwicklungsverhaltens. Als lernförderlich werden dabei eine Betonung von Eigenverantwortung und Selbstorganisation angesehen. Ebenso ist eine Unterstützung von Unternehmensseite, von den Führungskräften und von Seiten der Personalenentwicklungsabteilung als wichtig in einer zeitgemäßen Lernkultur zu betrachten, damit die Erwartungen auch von Mitarbeiterseite erfüllt werden können.

Organisationale Rahmenbedingungen des Lernens:
Die Dimension „Organisationale Rahmenbedingungen des Lernens" erfasst strukturelle und formale Merkmale im Unternehmen, die sich entsprechend ihrer Ausprägung und

Gestaltung, förderlich und hinderlich auf das Lernen im Unternehmen auswirken. Dazu zählen als erste Subdimension die *organisationalen Strukturen*. Eine zeitgemäße Lernkultur zeigt sich in flachen Hierarchien und dezentralen Organisationsformen (z.B. Projektorganisation), die einen bereichsübergreifenden Informationsaustausch und interdisziplinäres Arbeiten ermöglichen. Eine zweite Subdimension erfasst lernorientierte *Entgelt- und Anreizsysteme*. In einer neuen Lernkultur wird Lernen über entsprechend gestaltete Entgeltelemente gefördert und durch monetäre und nicht-monetäre Anreize honoriert. Die Subdimension *Arbeitszeitregelungen* beinhaltet die Regelung von Arbeits- und Lernzeit. Lernförderliche Arbeitszeitregelungen ermöglichen flexible Zeiteinteilungen für Lernen und eine Integration des Lernens in die Arbeitszeit. Die vierte Subdimension *Lernen durch arbeits- und organisationsbezogene Veränderungen* erfasst den Umgang mit Lernen vor und in Veränderungsprozessen. In einer förderlichen Lernkultur werden die Mitarbeiter frühzeitig auf mit der Veränderung einhergehende Anforderungen vorbereitet und Veränderungsprozesse als eine Chance zur persönlichen Entwicklung betrachtet.

Aspekte der Personalentwicklung im Unternehmen:
Diese Dimension erfasst eine qualitative, systematische und strategisch orientierte Personalentwicklung im Unternehmen. Im *Stellenwert der Personalentwicklungsarbeit* drückt sich die Relevanz von Lernen und Kompetenzentwicklung im Unternehmen aus. Ein hoher Stellenwert zeigt sich u.a. in einer großen Nachfrage von Mitarbeiterseite nach Personalentwicklungsmaßnahmen und in einer Unterstützung und Anerkennung der Personalentwicklungsarbeit durch die Unternehmensleitung und die Führungskräfte. Die zweite Subdimension *Strategische Ausrichtung der Personalentwicklung* beinhaltet, ob und in welcher Form die Personalentwicklung strategisch orientiert ist. Eine strategische Personalentwicklung ist in einer förderlichen Lernkultur unerlässlich, da mit ihrer Hilfe eine nachhaltige Wirkung von Lernen und Kompetenzentwicklung erzielt werden kann. Lernförderlich sind dabei eine Orientierung an der Unternehmensstrategie und eine enge Verbindung zu strategischen Veränderungsprozessen. Auch müssen Ziele festgelegt werden, die z.B. die Förderung der Eigenverantwortung der Mitarbeiter beinhalten. Die Subdimension *Reichweite und Nutzung von Personalentwicklungsmaßnahmen* erfasst die Partizipation aller Unternehmensmitglieder an Personalentwicklungsmaßnahmen (PE-Maßnahmen). In einer Lernkultur sollten Zugangsmöglichkeiten zu PE-Maßnahmen für alle Mitarbeiter bestehen; ebenso sollten PE-Maßnahmen auch von allen Ebenen genutzt werden. Um dies möglich zu machen, muss das Personalentwicklungsangebot zielgruppenspezifisch und bedarfsorientiert gestaltet sein. Die Subdimension *Qualitätssicherung der Personalentwicklungsmaßnahmen* erfasst Methoden und Vorgehensweisen zur Ermittlung des Lernbedarfs und zur Evaluation von Personalentwicklungsmaßnahmen. Dabei gilt eine systematische und auch am zukünftigen Bedarf orientierte Lernbedarfserfassung als förderlich im Sinne einer Lernkultur. Weiterhin gehören dazu der Einsatz spezifischer Instrumente zur Bedarfsanalyse, z.B. das Ableiten des Bedarfs aus Mitarbeiterbefragungen, Potenzialdiagnosen und Kompetenzmessungen. Eine unter einer Lernkulturperspektive verstandene Evaluation findet regelmäßig statt, sie dient nicht nur der Qualitätsüberprüfung, sondern auch der Qualitätssicherung für zukünftige Interventionen. Außerdem sollte eine Evaluation nicht nur für Off-the-job-Maßnahmen, sondern

auch für Maßnahmen des On-the-job- und Near-the-job-Lernens stattfinden. Die Evaluationsmethoden gehen dabei über eine einfache Befragung der Seminarteilnehmer nach der Veranstaltung hinaus.

Kompetenzentwicklung der Mitarbeiter:
Die Dimension „Kompetenzentwicklung der Mitarbeiter" beschäftigt sich mit Fragen zu einer lernunterstützenden Kompetenzmessung und -entwicklung im Unternehmen. Dazu zählen insbesondere die Bedeutung einzelner Kompetenzbereiche im Unternehmen, das Entwickeln von Kompetenzprofilen sowie die Zertifizierung von Kompetenzen. Dies kann als förderlich für den Umgang mit Lernen im Unternehmen betrachtet werden.

Lern- und Entwicklungsmöglichkeiten im Unternehmen:
Diese Dimension erfasst die Bedeutung von und den Umgang mit ausgewählten neuen Lernformen, die Ausdruck einer förderlichen Lernkultur sind. In der ersten Subdimension *Lernorte im Unternehmen* wird erfragt, ob die verschiedenen Kontexte, in denen Lernen stattfinden kann, im Unternehmen genutzt werden und ob die Auswahl des passenden Lernortes sich an den formulierten Lerninhalten orientiert. Lernen kann dabei in der Arbeit (Learning-on-the-job), in Arbeitsnähe (Learning-near-the-job) und außerhalb der eigentlichen Arbeitstätigkeit (Learning-off-the-Job) stattfinden. Die Subdimension *Lernformen im Unternehmen* erfasst Unterstützungsmaßnahmen von Unternehmensseite für die Realisierung neuer Lernformen. Hierzu gehören das gruppenbezogene, das informelle und das selbstorganisierte Lernen. Ebenso sind kontinuierliches Lernen zur beruflichen Entwicklung und mediengestütztes Lernen dazuzuzählen. Für diese Lernformen wird erfragt, wie die Unterstützung von Seiten des Unternehmens aussieht (z.B. Gruppenlernen wird ermöglicht durch das Initiieren von Erfahrungsaustauschgruppen) und inwieweit der Mitarbeiter über selbstorganisierte Anteile zum Lernen beiträgt. Die Subdimension *Transfersicherung* ermittelt einen lernförderlichen Umgang in Bezug auf Maßnahmen zur Transferüberprüfung und -sicherung im Unternehmen. Insbesondere wird hier die Unterstützung des Transfers durch Vorgesetzte und Kollegen erfragt.

Lernorientierte Führungsleitlinien und -aufgaben:
Die Dimension „Lernorientierte Führungsleitlinien und -aufgaben" erfasst das Vorhandensein und die Bedeutung lernorientierter Führungsarbeit im Unternehmen. Die Subdimension *Lernorientierte Führungsleitlinien* erfragt dabei lernorientierte Inhalte in den unternehmensspezifischen Führungsleitlinien, z.B. das Festschreiben von Verhalten und Aufgaben der Führungskraft in Bezug auf die Kompetenzentwicklung ihrer Mitarbeiter. In der Subdimension *Umsetzung der Führungsleitlinien* wird erfasst, ob die Führungsleitlinien tatsächlich Umsetzung finden. Diese Umsetzung kann in einer förderlichen Lernkultur darüber erfolgen, dass die Führungskräfte über das von ihnen gewünschte Förderverhalten informiert und durch geeignete Maßnahmen (z.B. Trainings) unterstützt werden. In der Subdimension *Lernorientierte Führungsaufgaben* wird die Realisierung spezifischer Aufgaben der Führungskraft bei der Kompetenzentwicklung ihrer Mitarbeiter erfragt. Als lernförderlich gelten dabei das Unterstützen der Eigenverantwortung, das gemeinsame Planen von Entwicklungsschritten sowie die Vorbildrolle

der Führungskraft. Erfasst wird darüber hinaus, inwieweit die Mitarbeiter über diese Aufgaben der Führungskraft informiert sind.

Information und Partizipation im Unternehmen:
Die Dimension „Information und Partizipation im Unternehmen" beinhaltet den Informations- und Wissensaustausch im Unternehmen sowie die Partizipationsmöglichkeiten der Mitarbeiter bei der Gestaltung von Personalentwicklung. Die Subdimension *Informationswege und -möglichkeiten* bezieht sich speziell auf die Weitergabe von Informationen zu Lern- und Entwicklungsangeboten bzw. Personalentwicklungsmaßnahmen im Unternehmen. Lernförderlich unter einer Lernkulturperspektive ist ein ausreichendes, bedarfsorientiertes Informationsangebot mit einer zielorientierten Auswahl von Informationsmedien (z.B. Weiterbildungsbroschüre, Intranet). Nicht nur das Unternehmen ist zur Informationsweitergabe verpflichtet, sondern die Mitarbeiter sollten sich über diese Medien auch selbstständig informieren. Die Subdimension *Partizipationsmöglichkeiten der Mitarbeiter bei der Gestaltung von Personalentwicklung* erfasst den Einbezug der Mitarbeiter in die Planungs- und Gestaltungsaktivitäten zur Personalentwicklung (z.B. über Mitarbeiterbefragungen, über Ideenmanagement oder im Rahmen von Organisationsentwicklungsprozessen). In der Subdimension *Lernen durch Wissensaustausch* wird erfragt, wie das Unternehmen formellen und informellen Wissensaustausch unterstützt und welche Netzwerke im Unternehmen existieren. In einer förderlichen Lernkultur wird der Wissensaustausch durch regelmäßige Besprechungen, Nutzung von internen Medien, zur Verfügung Stellen von Zeit und Räumlichkeiten sowie durch Wissens- und Expertendatenbanken gefördert. Durch das Initiieren oder Bereitstellen von internen Netzwerken (z.B. Foren im Intranet, Erfahrungsaustauschzirkel, Communities of Practice) wird Lernen ebenfalls gefördert.

Lernkontakte des Unternehmens mit seiner Umwelt:
Diese Dimension umfasst Formen des externen Wissensaustauschs des Unternehmens. In einer förderlichen Lernkultur werden Kontakte mit anderen Unternehmen, Hochschulen oder Beratungsinstituten dahingehend genutzt neues Wissen zu erwerben und in das Unternehmen hineinzubringen. In dieser Dimension werden Formen von externen Netzwerken und Außenkontakten erfragt und ihre Rolle bzw. Bedeutung für Lernen im Unternehmen ermittelt. Zusätzlich wird die Nutzung dieser Kontakte von Mitarbeiterseite bestimmt.

7.2.6.2 Die Mitarbeiterversion des Lernkulturinventars

Die Mitarbeiterversion des Lernkulturinventars besteht aus 9 Dimensionen, die insgesamt 105 Items beinhalten. Der Aufbau der Mitarbeiterversion orientiert sich an der Expertenversion. Auch die Inhalte entsprechen weitestgehend denen der Expertenversion. Es wurden lediglich Anpassungen in Form von Itemumformulierung oder -neuformulierungen vorgenommen, die dazu dienten, eine berufs- und positionsunabhängige Beantwortung der Items zu ermöglichen. Auch diese Version ist vollständig dem Anhang zu entnehmen. Nachfolgend werden diese Dimensionen inhaltlich mit ihren Subdimensionen beschrieben.

Lernen als Teil der Unternehmensphilosophie:
Die Dimension „Lernen als Teil der Unternehmensphilosophie" besteht aus insgesamt zwei Subdimensionen. *Lernorientierte Leitlinien* erfassen die Integration des Themas Lernen und Kompetenzentwicklung in die Unternehmensleitlinien, da dies eine normative Verankerung der Lernkultur widerspiegelt. Als lernkulturunterstützend gelten dabei Aspekte der Leitlinien, welche die Bedeutung und die Art des Umgangs mit Lernen betonen. Weiterhin zählen hierzu Aspekte wie die Selbstverpflichtung des Unternehmens, seine Mitarbeiter beim Lernen zu unterstützen. In *Erwartungen an lernende Mitarbeiter* werden Erwartungen des Unternehmens an die Lernaktivitäten und -anstrengungen der Mitarbeiter erfasst. Lernförderlich sind dabei besonders die Erwartungen in Bezug auf Eigenverantwortung und Selbstorganisation beim Lernen und beim Wissenserwerb. Damit die Mitarbeiter die an sie gestellten Erwartungen auch erfüllen können, ist es weiterhin als lernförderlich zu bewerten, wenn eine entsprechendes Angebot an Personalentwicklungsmaßnahmen vorliegt und die Mitarbeiter ausreichend darüber informiert werden.

Rahmenbedingungen für Lernen im Unternehmen:
In Anlehnung an die Expertenversion beinhaltet diese Dimension ausgewählte strukturelle und formale Organisationsmerkmale, die hinsichtlich ihrer Lernförderlichkeit erfasst werden. *Lernförderliche Organisationsstrukturen* im Unternehmen zeichnen sich durch flache Hierarchien und durchlässige Strukturen aus, die interdisziplinären Austausch ermöglichen. *Lernförderliche Entgelt- und Anreizsysteme* beinhalten materielle (z.B. Gehaltsbonus) und immaterielle (z.B. Laufbahnprogramme) Anreize sowie die Übernahme der Weiterbildungskosten der Mitarbeiter durch das Unternehmen. *Arbeitszeitregelungen* in einer kompetenzförderlichen Lernkultur ermöglichen Spielräume für Lernaktivitäten sowie Zeit zum Austausch mit Kollegen. Als weitere Subdimension erfasst *Lernen in Veränderungen* die Unterstützung der Mitarbeiter in Veränderungsprozessen durch Qualifizierungsmaßnahmen und das Betrachten von Veränderung als Lernchance.

Aspekte der Personalentwicklung im Unternehmen:
Diese Dimension erfasst Aspekte der qualitativen Personalentwicklung im Unternehmen, die ebenfalls als Merkmal unternehmensbezogener Lernkultur betrachtet werden. Die Subdimension *Reichweite und Nutzung von Personalentwicklungsmaßnahmen* beinhaltet den Stellenwert der Personalentwicklung im Unternehmen und das Vorhandensein eines umfangreichen, bedarfsorientierten Weiterbildungsangebots. Unter einer Lernkulturperspektive sind dabei das Vorhandensein von beratenden Ansprechpartnern in der Personalentwicklung und die Wahrnehmung der Unterstützungsangebote durch die Mitarbeiter als lernförderlich zu bezeichnen. Die beiden Subdimensionen *Erfassung des Lernbedarfs* und *Überprüfung der Qualität* der Personalentwicklungsmaßnahmen erfassen weitere Aspekte eines lernförderlichen Umgangs mit Personalentwicklungsmaßnahmen im Unternehmen. Eine lernförderliche Lernbedarfsermittlung zeigt sich in einer

regelmäßigen Bedarfserfassung, die auch neue, aus einem aktuellen Bedarf einzelner Gruppen oder Abteilungen entstehende Wünsche beachtet. Ebenfalls sollten zukünftige Anforderungen an die Mitarbeiter erfasst werden um prospektiven Lernbedarf zu antizipieren. Eine Qualitätsüberprüfung bzw. Evaluation der Maßnahmen in einer förderlichen Lernkultur findet regelmäßig statt, kombiniert verschiedene Methoden und setzt Änderungen und Verbesserungen auch tatsächlich um.

Kompetenzentwicklung im Unternehmen:
Diese Dimension erfasst den lernförderlichen Umgang mit Kompetenzmessung und -entwicklung im Unternehmen. Lernförderlich ist dabei, dass alle Kompetenzbereiche, auch die Methoden-, Sozial- und personale Kompetenz, in den Entwicklungsmaßnahmen Beachtung finden und geschult werden. Auch eine Zertifizierung von Kompetenzen gilt als förderlich im Sinne einer Lernkultur, ebenso wie die Eigenverantwortung der Mitarbeiter für ihre eigene Entwicklung.

Lern- und Entwicklungsmöglichkeiten im Unternehmen:
In Anlehnung an die Expertenversion erfasst diese Dimension die Anwendung und Nutzung neuer Lernformen im Unternehmen, die Ausdruck einer kompetenzförderlichen Lernkultur sind. Zu diesen Lernformen zählen das Lernen im Arbeitsalltag (entspricht dem informellen Lernen), das gruppenbezogene Lernen, das selbstorganisierte Lernen, das eigenverantwortliche Lernen zur beruflichen Entwicklung (Carrer-Related-Continuous-Learning nach London & Smither 1999) und das Lernen mit neuen Medien. Diese Lernformen werden in der Subdimension *Lernformen im Unternehmen* erfasst. Der inhaltliche Schwerpunkt der Items liegt dabei auf den Unterstützungs- und Gestaltungsmaßnahmen von Seiten des Unternehmens sowie auf der Selbstorganisation der Mitarbeiter im Rahmen dieser Lernformen. Im Anschluss wird mit der Subdimension *Anwendung des Gelernten und Transfersicherung* ermittelt, ob diese Transfersicherung im Unternehmen effektiv erfolgt (z.B. über den Einbezug der Führungskraft oder mit entsprechenden Maßnahmen vor, während und nach einem Training).

Lernatmosphäre und Unterstützung durch Kollegen:
Diese Dimension wurde nur in die Mitarbeiterversion aufgenommen und erfasst Aspekte des sozialen Klimas bzw. des Lernklimas in der Zusammenarbeit mit Kollegen. Lernförderlich ist dabei eine Atmosphäre, in der die Mitarbeiter sich gegenseitig helfen Probleme zu lösen, in der Wissen ausgetauscht wird, in der Motivation und Interesse für Lernen besteht und in der konstruktive Feedbackprozesse stattfinden. Ebenso sollte eine offene Lernatmosphäre ohne Druck und Kontrolle vorhanden sein.

Lernorientierte Führungsaufgaben:
Die Dimension „Lernorientierte Führungsaufgaben" beinhaltet Aufgaben der Führungskraft, die diese bei der Unterstützung des Lernens der Mitarbeiter zu erfüllen hat. Als lernförderliches Verhalten der Führungskraft gilt dabei, wenn die Mitarbeiter unterstützt und motiviert werden Lern- und Entwicklungsmöglichkeiten wahrzunehmen, sich weiterzuentwickeln und neues Wissen zu erwerben. Dies geschieht über regelmäßige (Feedback-) Gespräche, über das Teilhaben-Lassen an Erfahrungen sowie über das Zei-

gen von Interesse für die Mitarbeiter. Wie die Mitarbeiter dieses für Lernen erwünschte Verhalten wahrnehmen, wird in dieser Dimension erfasst.

Information und Partizipation im Unternehmen:
Ebenfalls in Anlehnung an die Expertenversion erfragt diese Dimension den Informations- und Wissensaustausch im Unternehmen sowie die Partizipationsmöglichkeiten der Mitarbeiter im Rahmen der Gestaltung von Personalentwicklungsmaßnahmen. Die Subdimension *Informationswege und -möglichkeiten* erfasst, wie die Mitarbeiter sich über Lern- und Entwicklungsangebote informieren und anhand welcher Medien das Unternehmen Informationen bereitstellt. Die Subdimension *Einflussmöglichkeiten bei der Gestaltung von Lernen und Personalentwicklung* beinhaltet den aktiven Einbezug der Mitarbeiter in die Gestaltung von Personalentwicklungsaktivitäten, die sie selbst betreffen. Erfragt werden hier Möglichkeiten der Partizipation (z.B. über Mitarbeiterbefragungen). In der Subdimension *Lernen durch Wissensaustausch* werden Formen eines lernförderlichen Wissensaustauschs erfasst. Diese zeigen sich in formellen und informellen Austauschformen, in einer offenen Atmosphäre sowie in der Bereitstellung von Zugangsformen zu vorhandenem Erfahrungswissen (z.B. in Datenbanken). In der Subdimension *Interne Netzwerke zum Lernen und Wissensaustausch* werden Arten von Netzwerken, die im Unternehmen zu finden sind, ermittelt. Als lernförderlich gelten dabei u.a. Diskussionsforen, Newsgroups und Erfahrungsaustauschzirkel.

Wissensaustausch des Unternehmens mit seiner Umwelt:
Die Items dieser Dimension wurden in enger Anlehnung an die entsprechenden Items der Expertenversion formuliert. Sie erfassen die Art und den Umgang mit Kontakten nach außen, die dem Wissensaustausch und dem Lernen dienen. Als lernförderlich gelten dabei vielfältige Kontakte z.B. mit anderen Unternehmen, Kunden, Lieferanten oder auch die Teilnahme an regionalen Lernnetzwerken. Wichtig ist, dass zum einen das Unternehmen den Aufbau und die Pflege dieser Kontakte unterstützt und zum anderen, dass die Mitarbeiter diese auch aktiv nutzen.

7.3 Die Stichprobe zur Erprobung des Lernkulturinventars

7.3.1 Stichprobengewinnung

Die *Stichprobe zur Erprobung der Expertenversion* wurde über Internetrecherchen sowie auf Grundlage der Hoppenstedt Firmendatenbank (Hoppenstedt Firmeninformationen GmbH 2002) ermittelt. Diese Firmendatenbank enthält Informationen zu über 150.000 deutschen Unternehmen. Die Unternehmen für die Erprobungsstichprobe wurden bei der Rekrutierung nach ihrer Branchenzugehörigkeit und ihrem Wirtschaftszweig ausgewählt, da auf dieser Grundlage gleichzeitig ein Vergleich unternehmensbezogener Lernkulturen bei Unternehmen verschiedener Branchen durchgeführt werden sollte (vgl. Kap. 8). Die genaue Merkmalsverteilung in der Grundgesamtheit war nicht bekannt, darum wurde die Stichprobe nicht proportional zur Grundgesamtheit geschichtet, sondern mit dem Ziel zusammengestellt, ähnlich große Substichproben für fünf verschiedene Branchensektoren zu bilden. Die Substichproben stellen somit Zufallsstichproben dar. Die zufällig ausgewählten Unternehmen wurden vor der Versendung des Fragebogens telefonisch kontaktiert. Im Falle einer Zustimmung zur Teilnahme an der Untersuchung wurde ihnen der Fragebogen zugesendet. Die Ansprechpartner und auch Zielpersonen in den Unternehmen waren Mitarbeiter in der Personalentwicklung oder der Personalabteilung. Innerhalb eines Antwortzeitraumes von etwa drei Wochen sollte der Fragebogen von den Unternehmen beantwortet werden. War dies nicht der Fall, wurde nach Ablauf des Termins eine kurze Erinnerungsmail geschickt mit der Bitte, die Rücksendung des Fragebogens nachzuholen.

Bei der *Stichprobe zur Erprobung der Mitarbeiterversion* handelte es sich um eine Gelegenheitsstichprobe. Der Fragenbogen wurde an Mitarbeiter von Unternehmen verteilt, in denen jeweils mehr als 50 Mitarbeiter beschäftigt sind. Dieses Kriterium zur Mitarbeiteranzahl wurde deshalb gewählt, da bei Unternehmen dieser Größenordnung davon ausgegangen werden kann, dass hier Weiterbildungs- und Personalentwicklungsaktivitäten in den Unternehmen stattfinden und die Items des Lernkulturinventars somit ohne Probleme zu beantworten sind. Die Personen wurden im Vorfeld zumeist telefonisch oder persönlich kontaktiert und bekamen anschließend den Fragebogen zur Ausprägung und Wirkung von Lernkultur in Untenehmen per Post inklusive eines Rückumschlags zugesendet. Für die Beantwortung hatten die Teilnehmer drei Wochen Zeit. Nach Ablauf dieser Zeitspanne wurden die Teilnehmer, die den Fragebogen bis dahin noch nicht zurückgeschickt hatten, noch einmal per Telefon oder E-Mail angesprochen und an die Bearbeitung des Fragebogens erinnert.

7.3.2 Stichprobenbeschreibung

7.3.2.1 Stichprobe der Expertenversion

Die Überprüfung der ersten Fassung des Lernkulturinventars erfolgte bislang mit 105 Experten. Die befragten Experten setzen sich aus Personalentwicklern, Personalverantwortlichen und Weiterbildungsverantwortlichen zusammen, die durchschnittlich 10,8 Jahre (SD = 9,87) in ihrem Unternehmen arbeiten. Das Alter der Befragten liegt zwischen 20 und 62 Jahren (M = 39.56, SD = 9,47). Die Stichprobe setzt sich aus 53 (51%) Frauen und 52 (49%) Männern zusammen.

Die Experten stammen aus Unternehmen, die den Branchen Produktion (24%), IT (25%), Verwaltung (22%) und Dienstleistung (29%) zugeordnet werden können. Die Anzahl der Mitarbeiter pro Unternehmen variiert von 80 Mitarbeitern in einem KMU bis zu 200.000 Mitarbeitern in einem Konzern. In Bezug auf die Struktur in den Unternehmen weisen 58% der Unternehmen eine funktionale Organisation auf und 28% der Unternehmen sind in Sparten organisiert. Die Projekt- (4%) und Matrixorganisationsformen (10%) kommen weniger häufig vor. Die Hierarchiestufen der befragten Unternehmen liegen zwischen 2 und 10 Stufen. 49% der Unternehmen zeichnen sich durch vierstufige Hierarchien aus.

7.3.2.2 Stichprobe der Mitarbeiterversion

Die Stichprobe besteht zum aktuellen Zeitpunkt aus 54 Mitarbeitern verschiedener Unternehmen. Eine Stichprobenvergrößerung wird in weiterführenden Arbeiten vorgenommen. Die Organisationen, bei denen diese Mitarbeiter beschäftigt sind, entstammen einer großen Bandbreite an Branchen wie z.B. der Automobilindustrie, der Unternehmensberatung oder dem öffentlichen Dienst. Die Mehrzahl der Unternehmen beschäftigen entweder mehr als 5000 Mitarbeiter (43%) oder zwischen 50 und 500 Mitarbeiter (32 %). Die Anzahl der Hierarchieebenen in den Unternehmen variiert von 2 bis 6 (M = 4, SD = 1,3). Eine Mehrzahl der befragten Mitarbeiter (61%) gab an nicht als Führungskraft tätig zu sein. Mitarbeiter, die diese Frage jedoch bejahen, arbeiten eher auf einer unteren oder mittleren Führungsebene (untere Ebene: 38 %, mittlere Ebene: 43 %) als auf einer hohen Führungsebene (19 %).

Die befragten Mitarbeiter haben sehr verschiedene Positionen inne, die vom Trainee bis zum Produktmanager reichen. Der höchste Schulabschluss der befragten Mitarbeiter ist das Abitur (67 % bzw. 36 Personen), als niedrigster Schulabschluss wurde der Hauptschulabschluss angegeben (4 %, 1). Bezüglich der Frage, wie lange die Mitarbeiter schon im aktuellen Unternehmen beschäftigt sind, ergab sich eine erhebliche Spannbreite von 1 bis 39 Jahren (M = 9,6, SD = 9,5). Mit 72 % stellen männliche Mitarbeiter die Mehrheit der Stichprobe (weibliche Mitarbeiter: 28 %) dar. Das Alter der befragten Mitarbeiter liegt zwischen 21 und 61 Jahren (M = 38,4, SD = 10,7).

7.4 Die psychometrische Überprüfung der ersten Fassung des Lernkulturinventars

Die erste Fassung des Lernkulturinventars wurde hinsichtlich ihrer psychometrischen Qualität, ihrer Handhabbarkeit sowie hinsichtlich ihrer Aufwandsökonomie überprüft. Für die Mitarbeiter- und die Expertenversion wurden die Reliabilitäten der Dimensionen und Subdimensionen bestimmt. Weiterhin wurden die drei Itemtypen des LKI unterschiedlich analysiert. Die Einzelitems wurden hinsichtlich ihrer Trennschärfen und Schwierigkeiten betrachtet. Dabei wurde das Ziel verfolgt, Items, die unter einem festgelegten Trennschärfewert liegen, zu selektieren, um damit die Skalenreliabilität zu erhöhen. Die Checklistenitems wurden nur deskriptiv betrachtet. Die Gesamtitems dienten als Validierungskriterium für die entsprechenden Subdimensionen.

Im Folgenden werden zunächst die Ergebnisse der Expertenversion und im Anschluss die der Mitarbeiterversion vorgestellt. Nacheinander werden alle Dimensionen mit ihren Subdimensionen betrachtet. Dabei orientiert sich die Gliederung an der Auftretensreihenfolge der Dimensionen im Fragebogen (vgl. Tab. 7.2).

7.4.1 Überprüfung der Expertenversion

Im Folgenden werden die Ergebnisse der psychometrischen Überprüfung der Expertenversion vorgestellt. Die Reliabilität bzw. interne Konsistenz wurde anhand Cronbachs Alpha vor und nach der Itemselektion bestimmt, dazu die Trennschärfe und die Schwierigkeit der Items berechnet. Der Trennschärfekoeffizient gibt an, wie hoch ein Item mit dem Gesamtskalenwert korreliert und damit ein guter Indikator für die Skala ist. Möglichst hohe Trennschärfekoeffizienten sind demnach erstrebenswert. Da der vorliegende Fragebogen eine erste Fassung darstellt, werden solche Items entfernt, die eine geringere Trennschärfe als 0.2 erreichen. Es ist davon auszugehen, dass diese Items schlechte Indikatoren für das zu messende Konstrukt darstellen. Nach den Ergebnissen der Item- und Skalenanalysen werden die Korrelationen der Subskalen mit den Gesamtitems beschrieben, die ein zusammenfassendes Urteil zum Merkmalskomplex der Subdimension widerspiegeln sollen. Diese Korrelationen geben somit Hinweise auf die Validität der Subskala im Sinne einer Kriteriumsvalidität. Auf die Darstellung der Ergebnisse der Checklistenitems wird hier verzichtet. Ihr Wert liegt eher in einem zusätzlichen Informationsgehalt für die Unternehmen als dass sie Aussagen über die testtheoretische Qualität des Fragebogens erlauben.

7.4.1.1 Ergebnisse der Dimension „Lernen als Teil der Unternehmensphilosophie"

Die Dimension „Lernen als Teil der Unternehmensphilosophie" besteht aus den Subdimensionen *Lernorientierte Leitlinien*, *Umsetzung der Lernorientierten Leitlinien* und *Erwartungen an lernende Mitarbeiter*. Die beiden ersten Subdimension wurden aus Gründen der geringen Anzahl an Items zu einer Subdimension zusammengefasst. Der Tabelle 7.3 sind neben den Reliabilitäten die Schwierigkeiten und die Trennschärfen zu entnehmen.

Wie aus der Tabelle hervorgeht, liegen die Trennschärfen (.33 bis .87) sowie die Itemschwierigkeiten (.44 bis .89) in einem zufriedenstellenden Bereich. Demzufolge muss kein Item entfernt werden. Die Reliabilität der Subdimension *Lernorientierte Leitlinien* ist als sehr gut zu bewerten ($\alpha = .94$). Auch die Subdimension *Erwartungen an lernende Mitarbeiter* besitzt mit $\alpha = .70$ eine gute Reliabilität. Die interne Konsistenz der Gesamtdimension liegt im sehr guten Bereich ($\alpha = .92$).

Tab. 7.3: Reliabilitäten, Trennschärfen und Schwierigkeiten der Dimension „Lernen als Teil der Unternehmensphilosophie"

Subdimensionen/ Dimensionen	Ursprüngl. Cronbach α	Itembezeichnung	Trennschärfe	Schwierigkeit	α wenn Item gelöscht	Aktuelles Cronbachs α
Lernorientierte Leitlinien	.94	I, 1	.84	.57	.94	.94
		I, 2	.89	.62	.93	
		I, 3	.80	.63	.94	
		I, 4	.79	.52	.94	
		I, 5	.85	.51	.93	
		I, 6	.84	.50	.94	
Erwartungen an lernende Mitarbeiter	.70	I, 13	.44	.49	.68	.70
		I, 17	.67	.70	.52	
		I, 18	.41	.80	.69	
		I, 19	.46	.52	.67	
Lernen als Teil der Unternehmensphilosophie	.92					.92

Korrelation der Subskalen mit dem Gesamtitem
Um einen Hinweis auf die Validität der Subskalen zu erhalten, existiert für jede Subdimension ein Gesamtitem, das am Ende der Dimension abgefragt wird. Dieses Gesamtitem wird mit dem Mittelwert der Subdimensionen korreliert. Die Subdimension *Lernorientierte Leitlinien* (und *Umsetzung der lernorientierten Leitlinien*, die zu einer Subdimension zusammengezogen wurden) korreliert mit dem Gesamtitem hoch (.76). Die Korrelation des Gesamtitems mit der Subdimension *Erwartungen an lernende Mitarbeiter* liegt im mittleren Bereich (.60). Beide Korrelationen sind auf dem 1%-Niveau signifikant. Dies lässt auf eine gute Validität der Subdimensionen schliessen.

7.4.1.2 Ergebnisse der Dimension „Organisationale Rahmenbedingungen des Lernens"

Diese Dimension besteht aus vier Subdimensionen: *Organisationale Strukturen, Entgelt- und Anreizsysteme, Arbeitszeitregelungen* sowie *Lernen durch arbeits- und organisationsbezogene Veränderungen*. Tabelle 7.4 gibt die Trennschärfen, die Schwierigkeiten der Items sowie die interne Konsistenz der Subdimensionen und der Dimension wieder.

Die Subdimension *Entgelt- und Anreizsysteme* ist besonders auffällig. Weder die interne Konsistenz noch die anderen Itemkennwerte liegen in einem gültigen Bereich. Die Subdimension wird für die Berechnungen in Kapitel 8 selektiert. Jedoch schlagen die

Tab. 7.4: Reliabilitäten, Trennschärfen und Schwierigkeiten der Dimension „Organisationale Rahmenbedingungen des Lernens"

Subdimensionen/ Dimensionen	Ursprüngl. Cronbach α	Itembezeichnung	Trennschärfe	Schwierigkeit	α wenn Item gelöscht	Aktuelles Cronbachs α
Organisationale Strukturen	.55	II,1	.34	.64	.47	.57
		II,2	.57	.58	.35	
		II,3	*.17*	*.58*	*.57*	
		II,4	.26	.76	.52	
		II,5	.30	.42	.52	
Entgelt- und Anreizsysteme	.03	II,6	.12	.52	-.42	.03
		II,7	-.02	.36	.13	
		II,8	-.06	.86	.15	
Arbeitszeitregelungen	.64	II,9	.42	.67	.57	.64
		II,10	.38	.77	.60	
		II,11	.42	.72	.57	
		II,12	.49	.60	.52	
Lernen durch arbeits- und organisationsbezogene Veränderungen	.80	II,13	.65	.76	.73	.80
		II,14	.70	.63	.67	
		II, 15	.60	.67	.78	
Organisat. Rahmenbedingungen des Lernens	.73					.75

Autoren dieses Berichts vor, die Items inhaltlich und sprachlich noch einmal zu überarbeiten, da die Operationalisierung nicht gelungen scheint. In der Subdimension *Organisationale Strukturen* wurde das Item II,3 (kursiv) selektiert, da die Trennschärfe besonders niedrig (.17) ist. Die Reliabilitäten der übrigen Subdimensionen liegen im akzeptablen bis guten Bereich. Die interne Konsistenz der Dimension erhöhte sich nach der Itemselektion von .73 auf .75.

Korrelation der Subdimensionen mit den Gesamtitems
Alle Subdimensionen weisen wiederum hochsignifikante Korrelationen mit dem zugehörigen Gesamtitems auf. Die Subdimension *Organisationale Strukturen* korreliert mit dem zugehörigen Gesamtitem zu .62 und die Subdimension *Entgelt- und Anreizsysteme* zu .56. Die Subdimension *Arbeitszeitregelung* weist eine Korrelation von .63 und die Subdimension *Lernen durch arbeits- und organisationsbezogene Veränderungen* von .75 auf. Die Validität der Subskalen scheint aufgrund dieser Ergebnisse gesichert.

7.4.1.3 Ergebnisse für die Dimension „Aspekte der Personalentwicklung im Unternehmen"

Die Dimension setzt sich aus den Subdimensionen *Stellenwert der Personalentwicklungsarbeit, Strategische Ausrichtung der Personalentwicklung, Reichweite und Nutzung von Personalentwicklungsmaßnahmen* und *Qualitätssicherung der Personalentwicklungsmaßnahmen* zusammen. Eine Berechnung der Reliabilitäten, Trennschärfen und Schwierigkeiten ergab gute Ergebnisse (Tab. 7.5).

Die Reliabilitäten der Subdimensionen liegen zwischen .72 und .82. Es fand keine Itemselektion statt, da die Items allesamt eine gute Trennschärfe aufweisen. Insgesamt ergibt sich eine gute Reliabilität für die Dimension „Aspekte der Personalentwicklung im Unternehmen" (α = .87).

Korrelation der Subdimensionen mit den Gesamtitems
Die Validierung der Subskalen am jeweiligen Gesamtitem führte wiederum zu hochsignifikanten Ergebnissen. Es ergab sich ein Korrelationskoeffizient von .63 der Subdimension *Stellenwert der Personalentwicklungsarbeit* mit dem Gesamtitem. Mit der Subdimension *Strategische Ausrichtung der Personalentwicklung* korreliert das Gesamtitem ebenfalls zu .63, mit der Subdimension *Reichweite und Nutzung von Personalentwicklungsmaßnahmen* zu .60 und mit der Subdimension *Qualitätssicherung der Personalentwicklungsmaßnahmen* zu .57.

7.4.1.4 Ergebnisse für die Dimension „Kompetenzentwicklung der Mitarbeiter"

Die Dimension „Kompetenzentwicklung der Mitarbeiter" umfasst insgesamt neun Items. Nach Selektion zweier Items aufgrund ungenügender Trennschärfen konnte die interne Konsistenz von .72 auf .74 erhöht werden (vgl. Tab 7.6).

Die Dimension korreliert mit dem Gesamtitem hoch ($r = .74$; $p < .01$). Dieser Korrelationskoeffizient spricht für eine gute Kriteriumsvalidität dieser Dimension.

7.4.1.5 Ergebnisse für die Dimension „Lern- und Entwicklungsmöglichkeiten im Unternehmen"

Die Dimension besteht aus insgesamt drei Subdimensionen. Die erste Subdimension beschäftigt sich mit der Frage der *Lernorte im Unternehmen*. Die zweite Subdimension erfasst *Lernformen im Unternehmen*, dazu gehören Lernen im Arbeitsalltag, Gruppenbezogenes Lernen, Selbstorganisiertes Lernen, Eigenverantwortliches Lernen sowie Lernen mit neuen Medien (z.B. E-Learning). Anhand der dritten Subdimension soll die *Transfersicherung* erfasst werden. Nach der Selektion von zwei Items (V,31, V,20) erhöhte sich die interne Konsistenz von .85 auf .88 (vgl. Tab. 7.7).

Tab. 7.5: Reliabilitäten, Trennschärfen und Schwierigkeiten der Dimension „Aspekte der Personalentwicklung"

Subdimensionen/ Dimensionen	Ursprüngl. Cronbach α	Itembe- zeichnung	Trenn- schärfe	Schwierig- keit	α wenn Item gelöscht	Aktuelles Cronbachs α
Stellenwert der Personalentwick- lungsarbeit	.74	III, 1	.50	.73	.70	.74
		III, 2	.63	.67	.63	
		III, 3	.53	.65	.70	
		III, 4	.56	.61	.71	
Strategische Ausrichtung der Personal- entwicklung	.82	III,5	.80	.70	.73	.82
		III,6	.68	.66	.76	
		III,7	.69	.69	.76	
		III,8	.65	.64	.77	
		III,9	.31	.45	.87	
Reichweite und Nutzung der Personalent- wicklung	.72	III,10	.49	.83	.67	.72
		III,11	.48	.68	.68	
		III,12	.40	.85	.70	
		III,13	.40	.78	.69	
		III,14	.41	.78	.69	
		III,15	.56	.71	.65	
		III,16	.28	.42	.72	
Qualitäts- sicherung der Personalent- wicklungs- maßnahmen	.79	III,17	.58	.70	.75	.79
		III,18	.55	.73	.76	
		III;28	.72	.68	.71	
		III,29	.60	.70	.74	
		III,30	.43	.49	.80	
Aspekte der Personalent- wicklung im Unternehmen	.87					.87

Tab. 7.6: Reliabilität, Trennschärfen und Schwierigkeiten der Dimension „Kompetenz- entwicklung der Mitarbeiter"

Subdimensionen/ Dimensionen	Ursprüngl. Cronbach α	Itembe- zeichnung	Trenn- schärfe	Schwierig- keit	α wenn Item gelöscht	Aktuelles Cronbachs α
Kompetenzent- wicklung der Mitarbeiter	.72	IV,1	.64	.62	.64	.74
		IV,2	.60	.57	.65	
		IV,3	.32	.77	.70	
		IV,4	.41	.72	.69	
		IV,5	.42	.64	.69	
		IV,6	.38	.41	.70	
		IV,7	.38	.33	.69	
		IV,8	*.19*	*.68*	*.72*	
		IV,9	*.20*	*.73*	*.72*	

Tab. 7.7: Reliabilitäten, Trennschärfen und Schwierigkeiten der Dimension „Lern- und Entwicklungsmöglichkeiten im Unternehmen"

Subdimensionen/ Dimensionen	Ursprüngl. Cronbach α	Itembe- zeichnung	Trenn- schärfe	Schwierig- keit	α wenn Item gelöscht	Aktuelles Cronbachs α
Lernorte im Unternehmen	.70	V,1	.41	.44	.69	.70
		V,2	.50	.62	.64	
		V,3	.48	.61	.66	
		V,4	.61	.65	.56	
Lernformen im Unternehmen	.80	V,12	.39	.68	.80	.82
		V,20	*.12*	*.71*	*.82*	
		V,21	.47	.73	.79	
		V,22	.56	.59	.78	
		V,23	.46	.68	.79	
		V,24	.66	.66	.77	
		V,25	.63	.57	.77	
		V,26	.59	.58	.77	
		V,27	.43	.41	.79	
		V,28	.28	.40	.80	
		V,29	.49	.54	.78	
Transfersicherung	.73	V,30	.48	.56	.68	.76
		V,31	*.18*	*.77*	*.76*	
		V,32	.65	.58	.63	
		V,33	.55	.46	.66	
		V,34	.42	.60	.70	
		V,35	.49	.64	.68	
Lern- und Entwick- lungsmöglichkeiten im Unternehmen	.85					.88

Korrelation der Subdimensionen mit den Gesamtitems
Um die Validität der Subdimensionen zu überprüfen, wurden auch bezüglich der Dimension „Lern- und Entwicklungsmöglichkeiten im Unternehmen" Korrelationen zwischen den Subdimensionen und den Gesamtitems berechnet. Es ergibt sich eine Korrelation von .78 ($p < .01$) zwischen *Lernformen im Unternehmen* und dem Gesamtitem. *Lernorte im Unternehmen* und *Transfersicherung* korrelieren mit .50 beziehungsweise .69 mit dem Gesamtitem. Diese Ergebnisse bestätigen die Validität der Subskalen anhand des Gesamtitems als Kriterium.

7.4.1.6 Ergebnisse für die Dimension „Lernorientierte Führungsleitlinien und -aufgaben"

Bei dieser Dimension wurden die Subdimensionen *Lernorientierte Führungsleitlinien* und *Umsetzung der Führungsleitlinien* gemeinsam betrachtet. Als eine weitere Subdimension kommt *Lernorientierte Führungsaufgaben* hinzu. In Tabelle 7.8 sind die Reliabilitäten, Trennschärfen und Schwierigkeiten der Dimension „Lernorientierte Führungsleitlinien und -aufgaben" dargestellt. Da die Berechnung der Itemkennwerte gute Werte ergab, konnten alle Items der einzelnen Subdimensionen beibehalten werden. Die Reliabilität der Dimension liegt bei α = .86. Auch die Reliabilitäten der Subdimensionen liegen im guten Bereich.

Korrelation der Subdimensionen mit den Gesamtitems
Die zusammengefassten Subdimensionen *Lernorientierten Führungsleitlinien* und *Umsetzung von Führungsleitlinien* korrelieren mit den entsprechend zusammengenommenen Gesamtitems mit .82 (p < .01). Das Gesamtitem korreliert mit der Subdimension *Lernorientierte Führungsaufgaben* zu .64. Dieses Ergebnis lässt auf eine gesicherte Kriteriumsvalidität der Subdimensionen schließen.

Tab. 7.8: Reliabilitäten, Trennschärfen und Schwierigkeiten der Dimension „Lernorientierte Führungsleitlinien und -aufgaben"

Subdimensionen/ Dimensionen	Ursprüngl. Cronbach α	Itembezeichnung	Trennschärfe	Schwierigkeit	α wenn Item gelöscht	Aktuelles Cronbachs α
Lernorientierte Führungsleitlinien und Umsetzung der Führungsleitlinien	.80	VI,1	.59	.60	.77	.80
		VI,8	.62	.68	.77	
		VI,9	.63	.52	.77	
		VI,10	.51	.39	.80	
		VI,11	.60	.68	.77	
		VI,12	.51	.65	.79	
Lernorientierte Führungsaufgaben	.78	VI,13	.60	.79	.73	.78
		VI,14	.62	.69	.73	
		V,15	.51	.66	.75	
		V,16	.45	.74	.77	
		V,17	.46	.68	.76	
		V,18	.56	.54	.74	
Lernorientierte Führungsleitlinien und -aufgaben	.86					.86

7.4.1.7 Ergebnisse für die Dimension „Information und Partizipation im Unternehmen"

Die Dimension „Information und Partizipation im Unternehmen" besteht aus drei Subdimensionen: *Informationswege und -möglichkeiten, Partizipationsmöglichkeiten bei der Gestaltung von Lernen* und *Personalentwicklung und Lernen durch Wissensaustausch*. Die Berechnungen zu den Reliabilitäten, Trennschärfen und Schwierigkeiten ergaben zufriedenstellende Ergebnisse (vgl. Tab. 7.9). So lagen die Reliabilitäten der Subdimensionen, die mehr als drei Items umfassten, bei .75 und .77. Aufgrund geringer Trennschärfe wurde ein Item (VII, 4) aus der Subdimension Informationswege und -möglichkeiten entfernt. Dies führte zu einer Erhöhung der Reliabilität der Dimension (α = .83).

Tab. 7.9: Reliabilitäten, Trennschärfen und Schwierigkeiten der Dimension „Information und Partizipation im Unternehmen"

Subdimensionen/ Dimensionen	Ursprüngl. Cronbach α	Itembe- zeichnung	Trenn- schärfe	Schwierig- keit	α wenn Item gelöscht	Aktuelles Cronbachs α
Informationswege und -möglichkeiten	.71	VII,1	.53	.78	.63	.75
		VII,2	.51	.89	.64	
		VII,3	.51	.79	.64	
		VII,4	*.19*	*.84*	*.75*	
		VII,5	.61	.78	.60	
Partizipations- möglichkeiten bei der Gestaltung von Lernen und Per- sonalentwicklung		VII;14	.55			
		VII;15	.49			
Lernen durch Wissensaustausch	.77	VII,22	.51	.54	.74	.77
		VII,23	.62	.55	.72	
		VII,24	.43	.74	.75	
		VII,25	.54	.66	.74	
		VII,26	.55	.56	.74	
		VII,27	.33	.64	.77	
		VII,28	.47	.43	.75	
		VII,29	.40	.56	.76	
		VII,30	.26	.39	.77	
Information und Partizipation im Unternehmen	.80					.83

Korrelation der Subdimensionen mit den Gesamtitems
Das Gesamtitem „Die Partizipationsmöglichkeiten für Mitarbeiter fördern Lernen" korreliert mit der Subdimension *Partizipationsmöglichkeiten bei der Gestaltung von Lernen* eher niedrig (.32). Die übrigen Gesamtitems korrelieren mit den Subdimensionen gut (.53 bis .67; p < .01). Damit konnte insgesamt noch eine zufriedenstellende Kriteriumsvalidität ermittelt werden.

7.4.1.8 Ergebnisse für die Dimension „Lernkontakte des Unternehmens mit seiner Umwelt"

Die Dimension *Lernkontakte des Unternehmens mit seiner Umwelt* enthält keine Subdimensionen. Sie besteht aus 10 gestuften Items und sieben Checklistenitems. Aufgrund zu geringer Trennschärfen wurden zwei Items (XXVI, 13 und XXVI, 14) selektiert. Dies führte zu einer Erhöhung der Reliabilität auf $\alpha = .83$ (vgl. Tabelle 7.10).

Die Korrelation des Gesamtitems mit dem Dimensionswert ergab eine gute Kriteriumsvalidität (.74; $p < .01$).

Tab. 7.10: Reliabilitäten, Trennschärfen und Schwierigkeiten der Dimension „Lernkontakte des Unternehmens mit seiner Umwelt"

Subdimensionen/ Dimensionen	Ursprüngl. Cronbach α	Itembezeichnung	Trennschärfe	Schwierigkeit	α wenn Item gelöscht	Aktuelles Cronbachs α
		VIII, 1	.63	.57	.74	
		VIII, 2	.54	.64	.75	
		VIII, 10	.49	.71	.76	
		VIII, 11	.72	.66	.73	
		VIII, 12	.49	.57	.76	
		VIII, 13	*.14*	*.45*	*.80*	
		VIII, 14	*.13*	*.63*	*.80*	
		VIII, 15	.42	.50	.77	
		VIII, 16	.54	.60	.75	
		VIII, 17	.50	.63	.75	
Lernkontakte des Unternehmens mit seiner Umwelt	.78					.83

7.4.1.9 Zusammenfassende Darstellung der Reliabilitäten aller Dimensionen und Subdimensionen

Um einen Überblick über die Reliabilitäten der Dimensionen und Subdimensionen zu geben, werden die dargestellten Ergebnisse nochmals tabellarisch zusammengefasst (vgl. Tab. 7.11). Für Subdimensionen, die zwei Items umfassen, wurden keine Reliabilitäten gerechnet. Die Dimensionen weisen interne Konsistenzen zwischen $\alpha = .74$ und $\alpha = .92$ auf. Damit sind die Reliabilitäten als gut zu bewerten. Die Reliabilitäten der Subdimension variieren zwischen $\alpha = .57$ („Organisationsstrukturen im Unternehmen") und $\alpha = .94$ („Lernorientierte Leitlinien"). Die Subdimension „Entgelt- und Anreizsysteme", die ein mangelhaftes Alpha von .03 aufweist, wird inhaltlich überarbeitet.

Tab. 7.11: Darstellung der Reliabilitäten der Dimensionen und Subdimensionen nach der Itemselektion

Dimension	Reliabilität Gesamt	Reliabilität Subdim. 1	Reliabilität Subdim. 2	Reliabilität Subdim. 3	Reliabilität Subdim. 4
Lernen als Teil der Unternehmensphilosophie	.92	Lernorientierte Leitlinien $\alpha = .94$	Erwartungen an lernende Mitarbeiter $\alpha = .70$		
Organisat. Rahmenbedingungen des Lernens	.75	Organisationsstrukturen im Unternehmen $\alpha = .57$	Entgelt- und Anreizsysteme $(\alpha = .03)$ *	Arbeitszeitregelungen $\alpha = .64$	Lernen durch Veränderungen $\alpha = .80$
Aspekte der Personalentwicklung im Unternehmen	.87	Stellenwert der Personalentwicklungsarbeit $\alpha = .74$	Strategische Ausrichtung der PE $\alpha = .82$	Reichweite und Nutzung der PE $\alpha = .72$	Qualitätssicherung der Personalentwicklungsmaßnahmen $\alpha = .79$
Kompetenzentwicklung der Mitarbeiter	.74				
Lern- und Entwicklungsmöglichkeiten im Unternehmen	.88	Lernorte im Unternehmen $\alpha = .70$	Lernformen im Unternehmen $\alpha = .82$	Transfersicherung $\alpha = .76$	
Lernorientierte Führungsleitlinien und -aufgaben	.86	Lernorientierte Führungsleitlinien und Umsetzung der Führungsleitlinien $\alpha = .80$	Lernorientierte Führungsaufgaben $\alpha = .78$		
Information und Partizipation im Unternehmen	.83	Lernen durch Wissensaustausch $\alpha = .75$	Informationswege und -möglichkeiten *Nicht berechnet*	Partizipationsmöglichkeiten bei der Gestaltung von Lernen und Personalentwicklung $\alpha = .77$	
Lernkontakte des Unternehmens mit seiner Umwelt	.83				

* die Subdimension wird für weitere Anwendungen des LKI überarbeitet

7.4.1.10 Interkorrelation der Dimensionen

Abschließend wurde überprüft, inwiefern die einzelnen Dimensionen der Mitarbeiterversion des LKI miteinander korrelieren. Die Ergebnisse der Interkorrelationen werden in Tabelle 7.12 dargestellt. Der durchschnittliche Korrelationswert beträgt r = .49. Die höchste Korrelation ergibt sich mit einem Wert von r = .73 zwischen den Dimensionen „Aspekte der Personalentwicklung" sowie „Lern- und Entwicklungsmöglichkeiten im Unternehmen". Insgesamt ergeben sich Interkorrelationswerte von mittlerem Ausmaß zwischen den einzelnen Dimensionen. Dies weist auf Gemeinsamkeiten der Dimensionen des Konstrukts Lernkultur hin. Der geringste Korrelationswert ist mit r = .17 zwischen der Dimension „Lernen als Teil der Unternehmensphilosophie" und „Information und Partizipation im Unternehmen" zu finden.

Tab. 7.12: Interkorrelationen der Dimensionen bei der Expertenversion des LKI

	1	2	3	4	5	6	7	8
1 Lernen als Teil der Unternehmensphilosophie		.46**	.54**	.44**	.40**	.58**	.17	.29**
2 Rahmenbedingungen für Lernen im Unternehmen			.56**	.52**	.58**	.56**	.48**	.37**
3 Aspekte der Personalentwicklung				.53**	.73**	.60**	.50**	.33**
4 Kompetenzentwicklung der Mitarbeiter					.60**	.56**	.56**	.32**
5 Lern- und Entwicklungsmöglichkeiten im Unternehmen						.63**	.62**	.43**
6 Lernorientierte Führungsaufgaben							.54**	.48**
7 Information und Partizipation								.17**
8 Lernkontakte des Unternehmens mit der Umwelt								

7.4.2 Überprüfung der Mitarbeiterversion

In den folgenden Abschnitten werden die Ergebnisse zur Überprüfung der Mitarbeiterversion dargestellt. Diese beruhen auf Berechnungen bei einer vorläufigen Stichprobe, die noch erweitert wird. Die Gliederung orientiert sich ebenfalls an der Reihenfolge des Vorkommens der Dimensionen in der Mitarbeiterversion des Lernkulturinventars. Abschließend werden Reliabilitäten der neun Dimensionen vor und nach der Itemselektion sowie die Interkorrelationen der Dimensionen dargestellt.

7.4.2.1 Ergebnisse der Dimension „Lernen als Teil der Unternehmensphilosophie"

Die Dimension „Lernen als Teil der Unternehmensphilosophie" umfasst die zwei Subdimensionen *Lernorientierte Leitlinien* und *Erwartungen an die Mitarbeiter*, die jeweils aus drei Items bestehen. Im Folgenden werden die Reliabilitäten für die Dimension und Subdimensionen dargestellt. Der Tabelle 7.13 sind neben den Reliabilitäten die Schwierigkeiten und die Trennschärfen zu entnehmen.

Tab. 7.13: Reliabiliäten, Trennschärfen und Schwierigkeiten der Dimension „Lernen als Teil der Unternehmensphilosophie"

Subdimensionen/ Dimensionen	Ursprüngl. Cronbach α	Itembezeichnung	Trennschärfe	Schwierigkeit	α wenn Item gelöscht	Aktuelles Cronbachs α
Lernorientierte Leitlinien	.88	I, 01	.70	.70	.90	.88
		I, 06	.81	.62	.80	
		I, 07	.81	.54	.80	
Erwartungen an lernende Mitarbeiter	.68	I, 08	.49	.75	.60	.68
		I, 13	.57	.72	.47	
		I, 14	.43	.56	.67	
Lernen als Teil der Unternehmensphilosophie	.82					.82

Wie aus Tabelle 7.13 hervorgeht, liegen die Trennschärfen (.43 bis .81) sowie die Schwierigkeiten (.54 bis .75) im zufriedenstellenden Bereich, so dass keines der Items entfernt werden musste. Während die Reliabilität der Subdimension *Lernorientierte Leitlinien* gut ist ($\alpha = .88$), ist die Reliabilität der Subdimension *Erwartungen an lernende Mitarbeiter* lediglich als befriedigend einzuordnen ($\alpha = .68$). Die interne Konsistenz der Gesamtdimension ist als gut zu bewerten ($\alpha = .82$).

Korrelation der Subdimensionen mit den Gesamtitems
Analog zur Expertenversion des LKI enthält auch in der Mitarbeiterversion jede Dimension am Ende ein Gesamtitem pro Subdimension. Auch hier werden diese Gesamtitems mit der jeweiligen Subskala korreliert um Hinweise auf die Validität der Items im Sinne einer Kriteriumsvalidität zu erlangen. Es ergab sich für die Subdimension *Lernorientierte Leitlinien* eine Korrelation von .65 mit dem korrespondierenden Gesamtitem. Bezüglich der Subdimension *Erwartungen an lernende Mitarbeiter* konnte eine Korrelation von .69 mit dem Gesamtitem festgestellt werden. Beide Korrelationen sind auf dem 1%-Niveau signifikant. Somit erfassen die Gesamtitems ähnliche Inhalte wie die Items der Subdimensionen.

7.4.2.2 Ergebnisse der Dimension „Rahmenbedingungen für Lernen im Unternehmen"

Diese Dimension besteht aus vier Subdimensionen: *Organisationsstrukturen im Unternehmen, Entgelt- und Anreizsysteme, Arbeitszeitregelungen* sowie *Lernen in Veränderungsprozessen*. Während die Subdimension *Organisationsstrukturen im Unternehmen* nur zwei Items umfasst und von daher keine Trennschärfen berechnet werden konnten, bestehen die Subdimensionen *Entgelt- und Anreizsysteme* sowie *Arbeitszeitregelungen* aus drei Items. Die Items aller Subdimensionen zeigen befriedigende Trennschärfen und Schwierigkeiten. Auch die Reliabilitäten sind zufriedenstellend. Aus diesem Grunde mussten keine Items entfernt werden. Die Reliabilität für die Dimension „Rahmenbedingungen für Lernen im Unternehmen" weist mit α = .58 einen weniger zufriedenstellenden Wert auf (vgl. Tab. 7.14).

Korrelation der Subdimensionen mit den Gesamtitems
Die Korrelation der Subdimension *Organisationsstrukturen im Unternehmen* mit dem zugehörigen Gesamtitem ergab eine Korrelation von .46. Die Subdimension *Entgelt- und Arbeitssysteme* korrelierte zu .60 mit dem Gesamtitem, die Subdimension *Arbeitszeitregelungen* zu .50 und die Subdimension *Lernen in Veränderungsprozessen* zu .61. Alle Zusammenhänge erweisen sich als signifikant. Somit liegen auch hier deutliche inhaltliche Übereinstimmungen zwischen den Items der Subskalen und den jeweiligen Gesamtitems vor.

Tab. 7.14: Reliabiliäten, Trennschärfen und Schwierigkeiten der Dimension „Rahmenbedingungen für Lernen im Unternehmen"

Dimensionen/ Subdimensionen	Ursprüngl. Cronbachs α	Itembezeichnung	Trennschärfe	Schwierigkeit	α wenn Item gelöscht	Aktuelles Cronbachs α
Organisationsstrukturen im Unternehmen		II, 01		0,72		
		II, 02		0,52		
Entgelt- und Anreizsysteme	.65	II, 03	.42	0,38	.62	.65
		II, 04	.61	0,54	.34	
		II, 05	.39	0,74	.66	
Arbeitszeitregelungen	.62	II, 06	.55	0,72	.36	.62
		II, 07	.38	0,84	.66	
		II, 08	.43	0.52	.53	
Lernen in Veränderungsprozessen	.71	II, 09	.66	0,74	.44	.71
		II, 10	.74	0,66	.35	
		II, 11	.26	0,74	.90	
Rahmenbedingungen für Lernen im Unternehmen	.58					.58

7.4.2.3 Ergebnisse der Dimension „Aspekte der Personalentwicklung im Unternehmen"

Die Dimension „Aspekte der Personalentwicklung im Unternehmen" setzt sich aus vier Subdimensionen zusammen: *Reichweite und Nutzung von Personalentwicklungsmaßnahmen, Unterstützung durch die Personalentwicklung, Erfassung des Lernbedarfs* sowie *Überprüfung der Qualität der Personalentwicklungsmaßnahmen.*

Die Subdimension *Reichweite und Nutzung von Personalentwicklungsmaßnahmen* umfasst vier, die Subdimension *Erfassung des Lernbedarfs* drei Items. Da die anderen beiden Subdimensionen nur aus zwei Items bestehen, wurden für diese Dimensionen keine Reliabilitäten berechnet. Während die Reliabilität der Subdimension *Reichweite und Nutzung von Personalentwicklungsmaßnahmen* eine gute Reliabilität von .74 ergab, muss die Reliabilität der Subdimension *Erfassung des Lernbedarfs* mit .50 als kritisch bewertet werden. Aufgrund der Trennschärfen mussten jedoch keine Items selektiert werden. Insgesamt ergab sich eine gute Reliabilität für die gesamte Dimension „Aspekte der Personalentwicklung im Unternehmen" ($\alpha = .85$) (vgl. Tab. 7.15).

Korrelationen der Subdimensionen mit dem Gesamtitem
Um die inhaltliche Validität zu überprüfen, wurden die Korrelationen der Subdimensionen mit dem Gesamtitems berechnet. Es ergab sich eine Korrelation von .78 der Subdimension *Reichweite und Nutzung von Personalentwicklungsaufgaben* mit dem Gesamtitem, eine Korrelation von .63 der Subdimension *Unterstützung durch die Personalentwicklung* mit dem dazugehörigen Gesamtitem und eine Korrelation von .59 der Subdimension *Erfassung des Lernbedarfs* mit dem Gesamtitem. Die Subdimension *Überprüfung der Qualität von Personalentwicklungsmaßnahmen* korrelierte mit dem jeweiligen Gesamtitem zu .74. Diese Werte weisen auf eine hohe Kriteriumsvalidität hin.

7.4.2.4 Ergebnisse für die Dimension „Kompetenzentwicklung im Unternehmen"

Die Dimension „Kompetenzentwicklung im Unternehmen" besitzt mit vier Items eine Reliabilität von $\alpha = .46$, die als nicht zufriedenstellend zu bewerten ist. Insbesondere Item IV,04 zeigte eine negative Trennschärfe und wurde deshalb als ungeeigneter Indikator für die Dimension entfernt. Allerdings scheinen auch die anderen Items nur einen geringen Beitrag zur Erklärung dieses Konstruktes zu leisten, ihre Trennschärfen liegen zwischen .18 und .32 (vgl. Tab. 7.16).

Die Korrelation des Gesamtitems für die Dimension „Kompetenzentwicklung im Unternehmen" mit dem Mittelwert dieser Skala ergab einen Wert von .58 ($p < .01$). Dies spricht wiederum für Gemeinsamkeiten der Items mit dem Gesamtitem.

Tab. 7.15: Reliabiliäten, Trennschärfen und Schwierigkeiten der Dimension „Aspekte der Personalentwicklung im Unternehmen"

Dimensionen/ Subdimensionen	Ursprüngl. Cronbachs α	Itembe- zeichnung	Trenn- schärfe	Schwierig- keit	α wenn Item gelöscht	Aktuelles Cronbachs α
Reichweite und Nutzung von Personalent- wicklungsmaß- nahmen	.74	III, 01	.58	0,58	.66	.74
		III, 02	.68	0,60	.59	
		III, 03	.44	0,62	.73	
		III, 04	.48	0,66	.73	
Unterstützung durch die Per- sonalentwicklung		III, 05		0,70		
		III, 06		0,58		
Erfassung des Lernbedarfs	.50	III, 07	.20	0,52	III, 07	.50
		III, 12	.28	0,70	III, 12	
		III, 13	.49	0,62	III, 13	
Überprüfung der Qualität von Personalentwick- lungsaufgaben		III, 14		0.68		
		III, 20		0,68		
Aspekte der Personalentwick- lung im Unter- nehmen	.85					.85

Tab. 7.16: Reliabiliäten, Trennschärfen und Schwierigkeiten der Dimension „Kompetenz- entwicklung im Unternehmen"

Dimension	Ursprüngl. Cronbachs α	Itembe- zeichnung	Trenn- schärfe	Schwierig- keit	α wenn Item gelöscht	Aktuelles Cronbachs α
Komptenzent- wicklung im Unternehmen	.29	IV, 01	.32	0,70	-.00	.46
		IV, 02	.18	0,68	.18	
		IV, 03	.22	0,58	.12	
		IV, 04	*-.18*	*0.82*	*.46*	

7.4.2.5 Ergebnisse der Dimension „Lern- und Entwicklungsmöglichkeiten im Unternehmen"

Die Dimension „Lern- und Entwicklungsmöglichkeiten im Unternehmen" besteht aus zwei Subdimensionen: Die erste Subdimension erfasst *Lernformen im Unternehmen*, dazu gehören Lernen im Arbeitsalltag, Gruppenbezogenes Lernen, Selbstorganisiertes Lernen, Eigenverantwortliches Lernen sowie Lernen mit neuen Medien (z.B. E-Learning).

Insgesamt umfasst diese Dimension elf Items. Anhand der zweiten Subdimension *Anwendung des Gelernten und Transfersicherung* wurde die Transfersicherung ermittelt.

Die Reliabilitäten der Subdimensionen sowie der Gesamtdimension liegen nach der Itemselektion in einem guten Bereich. Die Subskala „Lernformen im Unternehmen" wurde um ein Item (V, 01), welches eine negative Trennschärfe aufwies, verkürzt (in der Tabelle 7.17 kursiv dargestellt). Auch die Schwierigkeiten liegen in einem mittleren und damit akzeptablen Bereich.

Tab. 7.17: Reliabiliäten, Trennschärfen und Schwierigkeiten der Dimension „Lern- und Entwicklungsmöglichkeiten im Unternehmen"

Dimensionen/ Subdimensionen	Ursprüngl. Cronbachs α	Itembe- zeichnung	Trenn- schärfe	Schwierig- keit	α wenn Item gelöscht	Aktuelles Cronbachs α
Lernformen im Unternehmen	.74	*V, 01*	*-.23*	*0,56*	*.80*	.80
		V, 02	.52	0,58	.70	
		V, 03	.29	0,80	.73	
		V, 19	.34	0,60	.73	
		V, 20	.28	0,82	.73	
		V, 21	.62	0,64	.69	
		V, 22	.18	0,80	.75	
		V, 23	.67	0,56	.68	
		V, 24	.59	0,58	.69	
		V, 25	.61	0,52	.69	
		V, 26	.49	0,44	.71	
Anwendung des Gelernten und Transfersicherung	.80	V, 27	.50	0,54	.79	.80
		V, 28	.50	0,54	.78	
		V, 29	.72	0,38	.71	
		V, 30	.54	0,70	.77	
		V, 31	.66	0,46	.73	
Lern- und Entwicklungs- möglichkeiten im Unternehmen	.82					.88

Korrelation der Subdimensionen mit den Gesamtitems

Um die Kriteriumsvalidität zu analysieren, wurden auch bezüglich der Dimension „Lern- und Entwicklungsmöglichkeiten im Unternehmen" Korrelationen zwischen den Subdimensionen und den Gesamtitems berechnet. Da bei den *Lernformen im Unternehmen* zwischen Lernen im Arbeitsalltag, Gruppenbezogenem Lernen und weiteren Lernformen unterschieden werden kann, wurden auch getrennte Gesamtitems zur Validierung herangezogen. *Lernen im Arbeitsalltag* korrelierte zu .40 ($p < .01$) mit dem Gesamtitem. „Gruppenbezogenes Lernen" korrelierte zu .50 ($p < .01$) mit dem entsprechenden Gesamtitem, ebenso „Selbstorganisiertes Lernen" mit dem entsprechenden Item. Bezüglich des „Eigenverantwortlichen Lernens" und des „Lernens mit neuen Medien" ergaben sich Korrelationen von .39 bzw. .77 ($p < .01$). Die Korrelation der Subdimension *Anwendung des Gelernten und Transfersicherung* mit dem jeweiligen Gesamtitem ergab eine Korrelation von .74. Diese Ergebnisse bestätigen die Kriteriumsvalidität der Subskalen.

7.2.4.6 Ergebnisse der Dimension „Lernatmosphäre und Unterstützung durch Kollegen"

Die Dimension „Lernatmosphäre und Unterstützung durch Kollegen" umfasste in der ursprünglichen Form neun Items. Ein Item (VI, 05) musste wegen geringer Trennschärfe entfernt werden (in der Tabelle 7.18 kursiv dargestellt). Hierdurch konnte die Reliabilität auf $\alpha = .87$ gesteigert werden. Die Schwierigkeiten und Trennschärfen der verbleibenden Items weisen gute Werte auf (vgl. Tab. 7.18).

Die Korrelation der Dimension „Lernatmosphäre und Unterstützung durch Kollegen" mit dem Gesamtitem der Skala ergab einen Wert von .74 ($p < .01$).

Tab. 7.18: Reliabiliäten, Trennschärfen und Schwierigkeiten der Dimension „Lernatmosphäre und Unterstützung durch Kollegen"

Dimensionen/ Subdimensionen	Ursprüngl. Cronbachs α	Itembe- zeichnung	Trenn- schärfe	Schwierig- keit	α wenn Item gelöscht	Aktuelles Cronbachs α
Lernatmosphäre und Unter- stützung durch Kollegen		VI, 01	.41	0,84	.84	
		VI, 02	.60	0,74	.83	
		VI, 03	.49	0,68	.82	
		VI, 04	.76	0,76	.81	
	.84	*VI, 05*	*.18*	*0,74*	*.87*	.87
		VI, 06	.67	0,62	.81	
		VI, 07	.60	0,74	.82	
		VI, 08	.74	0,72	.80	
		VI, 09	.65	0,70	.81	

7.4.2.7 Ergebnisse der Dimension „Lernorientierte Führungsaufgaben"

Die Dimension „Lernorientierte Führungsaufgaben" besteht aus 13 Items und umfasst keine weiteren Subdimensionen. Da die Berechnung der Trennschärfen und Schwierigkeiten der Items gute Werte ergab, konnten alle Items der Dimension beibehalten werden. Die Reliabilität der Skala liegt bei .92 (vgl. Tabelle 7.19).

Die Korrelation der Skala „Lernorientierte Führungsaufgaben" mit dem Gesamtitem der Skala ergab einen Wert von .88 (p < .01). Dieses Ergebnis lässt auf eine gesicherte Kriteriumsvalidität schließen.

Tab. 7.19: Reliabiliäten, Trennschärfen und Schwierigkeiten der Dimension „Lernorientierte Führungsaufgaben"

Dimension	Ursprüngl. Cronbachs α	Itembezeichnung	Trennschärfe	Schwierigkeit	α wenn Item gelöscht	Aktuelles Cronbachs α
Lernorientierte Führungsleitlinien und -aufgaben	.92	VII, 01	.77	0,64	.91	.92
		VII, 02	.63	0,44	.92	
		VII, 03	.74	0,60	.91	
		VII, 04	.71	0,68	.91	
		VII, 05	.79	0,56	.91	
		VII, 06	.73	0,66	.91	
		VII, 07	.52	0,76	.92	
		VII, 08	.73	0,54	.91	
		VII, 09	.47	0,68	.92	
		VII, 10	.48	0,50	.92	
		VII, 11	.77	0,62	.91	
		VII, 12	.61	0,68	.92	
		VII, 13	.72	0,62	.91	

7.4.2.8 Ergebnisse der Dimension „Information und Partizipation im Unternehmen"

Die Dimension „Information und Partizipation im Unternehmen" besteht aus vier Subdimensionen: *Informationswege und -möglichkeiten, Entwicklungsmöglichkeiten bei der Gestaltung von Lernen und Personalentwicklung, Lernen durch Wissensaustausch* sowie *Interne Netzwerke zum Lernen und Wissensaustausch*. Während die zwei Subdimensionen *Entwicklungsmöglichkeiten bei der Gestaltung von Lernen und Personalentwicklung* und *Interne Netzwerke zum Lernen und Wissensaustausch* lediglich ein Einzelitem umfassen, besteht die Subdimension *Informationswege und -möglichkeiten* aus drei, die Subdimension *Lernen durch Wissensaustausch* aus vier Einzelitems. Die berechneten Reliabilitäten der Subskalen lagen bei .60 und .83, wobei ein Item der Skala Informationswege und -möglichkeiten aufgrund negativer Trennschärfe entfernt wurde (Item VIII,12, in der Tabelle 7.20 kursiv dargestellt). Die Schwierigkeiten und Trennschärfen der verbleibenden Items sind zufriedenstellend bis gut (vgl. Tab. 7.20).

Tab. 7.20: Reliabilitäten, Trennschärfen und Schwierigkeiten der Dimension „Information und Partizipation im Unternehmen"

Subdimensionen/ Dimension	Ursprüngl. Cronbachs α	Itembezeichnung	Trennschärfe	Schwierigkeit	α wenn Item gelöscht	Aktuelles Cronbachs α
Informationswege und -möglichkeiten	.28	VIII, 01	.53	0,68	-.78	.83
		VIII, 11	.39	0.70	-.48	
		VIII, 12	*-.26*	*0,80*	*.83*	
Entwicklungsmöglichkeiten bei der Gestaltung von Lernen und Personalentwicklung		VIII, 13		0,52		
Lernen durch Wissensaustausch	.60	VIII, 22	.34	0,58	.55	.60
		VIII, 23	.28	0,64	.62	
		VIII, 24	.38	0,72	.53	
		VIII, 25	.58	0,62	.41	
Interne Netzwerke und Wissensaustausch		VIII, 26		0,58		
Information und Partizipation im Unternehmen	.72					.77

Korrelation der Subdimensionen mit den Gesamtitems

Da für jede Subdimension ein Gesamtitem abgefragt wurde, konnten die Subskalen mit den jeweiligen Items zur Sicherung der Kriteriumsvalidität korreliert werden. Die Korrelation der Subdimension *Informationswege und -möglichkeiten* ergab einen Wert von .66, die Korrelation der Subdimension *Lernen durch Wissensaustausch* mit dem Gesamtitem ergab einen Wert von .50. Auch die Subdimension *Interne Netzwerke und Wissensaustausch* korrelierte signifikant mit dem Gesamtitem (.58; alle mit $p < .01$).

7.4.2.9 Ergebnisse der Dimension „Wissensaustausch des Unternehmens mit seiner Umwelt"

Die Dimension „Wissensaustausch des Unternehmens mit seiner Umwelt" umfasst keine Subdimensionen. Sie besteht aus fünf Einzelitems. Alle Schwierigkeiten und Trennschärfen liegen im akzeptablen bis guten Bereich, so dass keine Items selektiert wurden. Es ergab sich eine Reliabilität von .88 für die Skala (vgl. Tabelle 7.21).

Die Korrelation der Dimension mit dem zugehörigen Gesamtitem ergab einen Wert von .79 (p<.01) und damit wiederum eine gute Kriteriumsvalidität.

Tab. 7.21: Reliabiliäten, Trennschärfen und Schwierigkeiten der Dimension „Wissensaustausch des Unternehmens mit seiner Umwelt"

Dimension	Ursprüngl. Cronbachs α	Itembezeichnung	Trennschärfe	Schwierigkeit	α wenn Item gelöscht	Aktuelles Cronbachs α
Wissensaustausch des Unternehmens mit seiner Umwelt	.88	IX, 09	.77	0,52	.84	.88
		IX, 10	.71	0,62	.85	
		IX, 11	.53	0,70	.89	
		IX, 12	.79	0,56	.84	
		IX, 13	.77	0,64	.84	

7.4.2.10 Zusammenfassende Darstellung der Reliabilitäten aller Dimensionen und Subdimensionen

Um einen Überblick über die Reliabilitäten der Dimensionen und Subdimensionen zu geben, werden die beschriebenen Ergebnisse nochmals tabellarisch zusammengefasst (siehe Tabelle 7.22). Für Subdimensionen, die nur ein oder zwei Items umfassen, wurden keine Reliabilitäten berechnet.

Insgesamt kann festgehalten werden, dass die Reliabilitäten für die Dimensionen fast ausschließlich zwischen .77 und .92 liegen und damit als gut bis sehr gut bewertet werden können. Lediglich bei zwei Dimensionen ergaben sich niedrigere Reliabilitäten: Die Dimension „Rahmenbedingungen für Lernen im Unternehmen" zeigte eine noch akzeptable interne Konsistenz von $\alpha = .58$, für die Dimension „Kompetenzentwicklung im Unternehmen" ergab sich mit $\alpha = 46$ hingegen keine befriedigende Reliabilität.

Die Reliabilitäten der Subdimensionen zeigten stärkere Schwankungen. Sie streuten stark von .50 bis .88. Gute Reliabilitäten (α zwischen .80 und .90) ergaben sich für die drei Subdimensionen *Lernorientierte Leitlinien, Anwendung des Gelernten und Transfersicherung* und *Informationswege und -möglichkeiten*. Zufriedenstellend waren die Reliabilitäten der Subdimensionen *Erwartungen an lernende Mitarbeiter* (.68), *Entgelt- und Anreizsysteme* (.65), *Lernen in Veränderungsprozessen* (.74), *Reichweite und Nutzung von Personalentwicklungsmaßnahmen* (.74) sowie *Lernformen im Unternehmen* (.74). Für die Subdimensionen *Arbeitszeitregelungen* (.62) und *Lernen durch Wissensaustausch* (.60) ergaben sich akzeptable Werte. Die Reliabilität der Subdimension *Erfassung des Lernbedarfs* ist mit α =.50 als nicht ausreichend zu bewerten.

Tab.7.22: Darstellung der Reliabilitäten der Dimensionen und Subdimensionen nach der Itemselektion

Dimension	Reliabilität Gesamt	Reliabilität Subdim. 1	Reliabilität Subdim. 2	Reliabilität Subdim. 3	Reliabilität Subdim. 4
Lernen als Teil der Unternehmensphilosophie	.82	Lernorientierte Leitlinien $\alpha = .88$	Erwartungen an lernende Mitarbeiter $\alpha = .68$		
Rahmenbedingungen für Lernen im Unternehmen	.58	Organisationsstrukturen im Unternehmen *Nicht berechnet*	Entgelt- und Anreizsysteme $\alpha = .65$	Arbeitszeitregelungen $\alpha = .62$	Lernen in Veränderungsprozessen $\alpha = .71$
Aspekte der Personalentwicklung	.85	Reichweite und Nutzung von PE-Maßnahmen $\alpha = .74$	Unterstützung durch die PE *Nicht berechnet*	Erfassung des Lernbedarfs $\alpha = .50$	Überprüfung der Qualität von PE-Maßnahmen *Nicht berechnet*
Kompetenzentwicklung im Unternehmen	.46				
Lern- und Entwicklungsmöglichkeiten im Unternehmen	.88	Lernformen im Unternehmen $\alpha = .74$	Anwendung des Gelernten und Transfersicherung $\alpha = .80$		
Lernatmosphäre und Unterstützung durch Kollegen	.87				
Lernorientierte Führungsaufgaben	.92				
Information und Partizipation	.77	Informationswege und -möglichkeiten $\alpha = .83$	Einflussmöglichkeiten bei der Gestaltung von Lernen und PE *Nicht berechnet*	Lernen durch Wissensaustausch $\alpha = .60$	Interne Netzwerke zum Lernen und Wissensaustausch *Nicht berechnet*
Wissensaustausch des Unternehmens mit der Umwelt	.88				

7.4.2.11 Interkorrelation der Dimensionen

Abschließend wurde überprüft, inwiefern die einzelnen Dimensionen der Mitarbeiterversion des LKI miteinander korrelieren. Die Ergebnisse der Interkorrelationen werden in Tabelle 7.23 dargestellt. Auffällig ist, dass alle Korrelationen bis auf drei Interkorrelationen signifikant oder hochsignifikant wurden. 20 der 35 Korrelationen liegen zwischen .30 und .60 und sind damit als mittel bis hoch zu bewerten. 12 Korrelationen liegen mit Werten über .60 in einem sehr hohen Bereich. Lediglich drei Korrelationen unterschreiten den Wert von .30: Die Korrelation der Dimension „Aspekte der Personalentwicklung" mit der Dimension „Lernatmosphäre und Unterstützung durch Kollegen" (r = .27), die Korrelation der Dimension „Kompetenzentwicklung im Unternehmen" mit der Dimension „Wissensaustausch im Unternehmen" (r = .23) und die Korrelation der Dimension „Lernatmosphäre und Unterstützung durch Kollegen" und „Wissensaustausch im Unternehmen" (r = .20).

Tab. 7.23: Interkorrelationen der Dimensionen bei der Mitarbeiterversion des LKI

	1	2	3	4	5	6	7	8	9
1 Lernen als Teil der Unternehmensphilosophie		.54**	.61**	.37**	.66**	.34**	.54**	.60**	.35**
2 Rahmenbedingungen für Lernen im Unternehmen			.60**	.39**	.60**	.34**	.61**	.49**	.42**
3 Aspekte der Personalentwicklung				.61**	.70**	.27	.72**	.58**	.32*
4 Kompetenzentwicklung im Unternehmen					.58*	.30*	48**	.43**	.23
5 Lern- und Entwicklungsmöglichkeiten im Unternehmen						.35*	.68**	.68**	.60**
6 Lernatmosphäre und Unterstützung durch Kollegen							.53**	.35**	.20
7 Lernorientierte Führungsaufgaben								.57**	.38**
8 Information und Partizipation									.49**
9 Wissensaustausch des Unternehmens mit der Umwelt									

7.5 Explorative Analyse des Zusammenhangs von Ausprägungen der Lernkultur mit Charakteristika der Organisation

In einem weiteren Schritt wurden Zusammenhänge der LKI-Dimensionen mit allgemeinen Organisationscharakteristika wie Unternehmensgröße, Organisationsform etc. untersucht. Die Ergebnisse dieser Zusammenhangsanalysen werden nachfolgend getrennt für die beiden LKI-Versionen vorgestellt.

7.5.1 Zusammenhangsanalysen bei der Expertenversion

Die Lernkulturinventardimensionen der Expertenversion wurden bezüglich ihres Zusammenhangs mit den Organisationscharakteristika Unternehmensgröße, Organisationsform, Anzahl der Hierarchieebenen sowie Partizipationsmöglichkeiten im Unternehmen korreliert. In Tabelle 7.24 sind die Ergebnisse dargestellt. In Bezug auf die Unternehmensgröße, die an der Mitarbeiteranzahl gemessen wurde, ergaben sich keine signifikanten Zusammenhänge. Die Korrelationen erweisen sich allesamt als sehr schwach.

Bei der Frage bezüglich der Organisationsform des Unternehmens wurde den Experten folgende Wahlmöglichkeiten vorgegeben: Organisation nach Sachfunktion, Spartenorganisation, Projektorganisation und Matrixorganisation. Auch hier liegen keine signifikanten Zusammenhänge vor (aufgrund der nicht signifikanten Ergebnisse wurde auf eine gesonderte tabellarische Darstellung verzichtet).

Das gleiche Bild ergibt sich für Anzahl der im Unternehmen existierenden Hierarchieebenen. Auch diese Zusammenhänge sind nicht signifikant und die Korrelationen nur gering. Jedoch ist zu erkennen, dass zum Großteil schwache negative Korrelationen vorliegen. Dies drückt tendenziell aus, dass mit zunehmender Anzahl der Hierarchieebenen die Lernförderlichkeit der Lernkulturmerkmale abnimmt und damit auch eine schwächere Lernkultur vorliegt. Jedoch können aufgrund dieser niedrigen und nicht signifikanten Korrelationen keine gültigen Aussagen getroffen werden.

Abschließend erfolgte eine Korrelation der LKI-Dimensionen mit dem Merkmal Partizipationsmöglichkeiten der Mitarbeiter im Unternehmen. Hier wurde anhand eines fünfstufigen Kontinuums die allgemeine Partizipation im Unternehmen erfragt. Dies diente der Überprüfung der Frage, ob ein Zusammenhang zwischen der vorherrschenden Partizipationsform und der Lernkultur im Unternehmen besteht. Insgesamt ergaben sich drei signifikante Zusammenhänge ($p < .05$). Die Dimensionen „Rahmenbedingungen für Lernen im Unternehmen", „Kompetenzentwicklung der Mitarbeiter" und „Lern- und Entwicklungsmöglichkeiten im Unternehmen" weisen signifikante, positive Zusammenhänge mit den Partizipationsmöglichkeiten auf. Die Korrelationen liegen jedoch im unteren Bereich ($r = .20$). Mit steigender Partizipation im Unternehmen nimmt die Lernförderlichkeit der genannten Dimensionen bzw. der darin enthaltenen Lernkulturmerkmale zu.

Tabelle 7.24: Validierung der Expertenversion an unternehmensbezogenen Außenkriterien

	Mitarbeiterzahl im Unternehmen	Anzahl der Hierarchieebenen	Partizipations- möglichkeiten
1 Lernen als Teil der Unternehmensphilosophie	.01	-.06	.01
2 Rahmenbedingungen für Lernen im Unternehmen	.05	-.12	.20*
3 Aspekte der Personalentwicklung	.08	-.00	.15
4 Kompetenzentwicklung der Mitarbeiter	.00	.05	.17*
5 Lern- und Entwicklungs- möglichkeiten im Unter- nehmen	.02	-.07	.16*
6 Lernorientierte Führungsaufgaben	.12	-.03	.11
7 Information und Partizipation	.04	-.02	.11
8 Lernkontakte des Unternehmens mit der Umwelt	-.03	-.06	.14

* die Korrelation ist auf dem Niveau von 0,05 (zweiseitig) signifikant

7.5.2 Zusammenhangsanalysen bei der Mitarbeiterversion

Im Rahmen der Zusammenhangsanalysen zwischen LKI-Dimensionen und den Organisationscharakteristika Unternehmensgröße, Anzahl der Hierarchieebenen, Führungsverantwortung sowie Partizipationsmöglichkeiten wurden folgende Ergebnisse ermittelt:

Die Korrelation der LKI-Dimensionen mit der Unternehmensgröße (Mitarbeiterzahl) erbrachte signifikante Korrelationen mit der Dimension „Lernen als Teil der Unternehmensphilosophie" (.26) sowie mit der Dimension „Aspekte der Personalentwicklung" (.21). Diese Korrelationen sind auf dem 0,05-Niveau signifikant. Je höher die Mitarbeiterzahl, desto lernförderlicher sind die Lernkulturmerkmale in den Dimensionen ausgeprägt.

Die Anzahl der Führungsebenen im Unternehmen korrelierte nur sehr gering mit den Dimensionsmittelwerten. Die Korrelationen liegen zwischen -.12 und .23. Die negative Korrelation der Dimension „Lernatmosphäre und Unterstützung durch Kollegen" drückt aus, dass sich mit größerer Zahl an Hierarchieebenen die Lernatmosphäre und Unterstützung verschlechtert.

Die Korrelation der Angaben zu den Führungsebenen, auf denen die befragten Mitarbeiter arbeiten, mit den Dimensionsmittelwerten ergab zwei signifikante Zusammenhänge: Die Dimension „Lernen als Teil der Unternehmensphilosophie" korrelierte zu .38 und die Dimension „Information und Partizipation" korrelierte zu .36 mit der Führungsebene. Mitarbeiter, die auf höheren Ebenen arbeiten, scheinen demnach Lernen eher als eingebettet in die Unternehmensphilosophie zu erleben als Mitarbeiter auf niedrigeren Ebenen. Zudem scheinen sie einen positiveren Eindruck von Informations- und Partizipationsmöglichkeiten zu haben.

Die Korrelation von LKI-Dimensionen mit dem Ausmaß der Partizipation im Unternehmen ergab signifikante Zusammenhänge mit der Dimension „Information und Partizipation" sowie mit der Dimension „Wissensaustausch des Unternehmens mit seiner Umwelt". Dies spricht dafür, dass mit steigender Partizipation auch das Ausmaß zunimmt, zu dem diese Aspekte als positiv wahrgenommen werden.

Alle Korrelationen der demographischen Variablen mit den Dimensionsmittelwerten sind in Tabelle 7.25 nochmals zusammengefasst.

Tab. 7.25: Validierung der Mitarbeiterversion an unternehmensbezogenen Außenkriterien

		Mitarbeiterzahl im Unternehmen	Anzahl der Hierarchieebenen	Auf welcher Führungsebene arbeiten Sie?	Partizipationsmöglichkeiten
1	Lernen als Teil der Unternehmensphilosophie	.26*	.15	.38*	.19
2	Rahmenbedingungen für Lernen im Unternehmen	.16	.01	.33	.10
3	Aspekte der Personalentwicklung	.21*	.23	.27	.36
4	Kompetenzentwicklung im Unternehmen	.17	.20	.14	.12
5	Lern- und Entwicklungsmöglichkeiten im Unternehmen	-27	.27	-.02	10
6	Lernatmosphäre und Unterstützung durch Kollegen	-.01	-.12	.26	.07
7	Lernorientierte Führungsaufgaben	.09	.06	.30	.08
8	Information und Partizipation	.18	.02	.36*	.25*
9	Wissensaustausch des Unternehmens mit der Umwelt	.06	.07	.25	.29*

* die Korrelation ist auf dem Niveau von 0,05 (zweiseitig) signifikant

7.6 Zusammenfassung und Diskussion

Der vorliegende Fragebogen wurde mit dem Ziel entwickelt, eine differenzierte Erfassung und Bewertung unternehmensbezogener Lernkulturen vornehmen zu können. Diese Erfassung erfolgt anhand der Einschätzung der Lernförderlichkeit von Merkmalen, die im Rahmen der theoretischen Ausarbeitungen zum Forschungsstand als lernkulturzugehörig identifiziert wurden. Es wurden zwei Versionen des Lernkulturinventars konzipiert: Die Expertenversion, welche die Sicht der gestaltenden Akteure, d.h. der Personalentwicklungs- und Weiterbildungsfachleute erfasst, und die Mitarbeiterversion, welche die Lernkulturwahrnehmung der Unternehmensmitarbeiter ermittelt.

Die Operationalisierung der Lernkulturmerkmale erfolgte in Anlehnung an theoretische Überlegungen sowie auf Basis der im Vorfeld durchgeführten Experteninterviews. Letztere wurden insbesondere zur Formulierung von Befragungsitems herangezogen. Die Rohformen des Lernkulturinventars wurden bezüglich ihrer Handhabbarkeit, Akzeptanz und Aufwandsökonomie sowie in Bezug auf ihre testtheoretischen Gütekriterien anhand erster Stichproben überprüft. Nachfolgend werden die Ergebnisse der psychometrischen Überprüfung zusammengefasst und bewertet sowie die praktische Einsetzbarkeit des Lernkulturinventars diskutiert.

7.6.1 Zur psychometrischen Qualität des Lernkulturinventars

Die Überprüfung der psychometrischen Qualität der Experten- und der Mitarbeiterversion des Lernkulturinventars ergab, dass es sich grundsätzlich um ein zuverlässiges und valides Instrument handelt. Damit scheint eine Operationalisierung der Lernkulturmerkmale gelungen.

Die Überprüfung der *Expertenversion* ergab interne Konsistenzen der Dimensionen im Bereich von $\alpha = .74$ bis $\alpha = .92$. Damit sind die Reliabilitäten auf Dimensionsebene als gut bis sehr gut zu bewerten. Auch die Reliabilitäten der Subdimensionen liegen in einem guten Bereich. Lediglich die Subdimension „Entgelt- und Anreizsysteme" aus der Dimension „Organisationale Rahmenbedingungen des Lernens" weist mit $\alpha = .03$ eine mangelhafte Reliabilität auf. Diese Dimension wurde für die parallel laufende Studie zur Untersuchung von Branchenvergleichen eliminiert (vgl. Kap. 8). Jedoch soll diese Dimension für einen weiteren Einsatz des LKI inhaltlich überarbeitet werden.

Bei der Korrelation der Subskalen bzw. der Dimensionen (falls keine Subdimensionen vorlagen) mit dem jeweiligen Gesamtitem wurde die Kriteriumsvalidität der Skalen überprüft. Diese Validität scheint gegeben, da bis auf eine Ausnahme durchgängig hochsignifikante Korrrelationen ermittelt werden konnten. Nur die Subdimension „Partizipationsmöglichkeiten bei der Gestaltung von Lernen" korrelierte lediglich zu $r = .32$ mit dem Gesamtitem.

Die Dimensionen weisen untereinander größtenteils mittlere bis hohe Zusammenhänge auf. Dies spricht für Gemeinsamkeiten und für die Zugehörigkeit aller Dimensionen zum Konstrukt der Lernkultur in Unternehmen.

Eine explorative Analyse von Zusammenhängen der einzelnen LKI-Dimensionen mit allgemeinen Organisationscharakteristika erbrachte positive Zusammenhänge mit der vorherrschenden Partizipationsform im Unternehmen. Jedoch lagen nur für drei Dimensionen signifikante Zusammenhänge und dies auch lediglich im unteren Bereich ($r < .20$) vor.

Die Reliabilitäten der Dimensionen in der *Mitarbeiterversion* sind bis auf zwei Dimensionen alle als gut zu bewerten und variieren zwischen $\alpha = .77$ und $\alpha = .92$. Lediglich die Dimension „Rahmenbedingungen für Lernen im Unternehmen" ($\alpha = .58$) und die Dimension „Kompetenzentwicklung" ($\alpha = .46$) zeigen weniger gute bis kritische Reliabilitäten. Diese Skalen sollten bei den weiteren Analysen besondere Beachtung finden. Denkbar wäre, diese Dimensionen inhaltlich zu überarbeiten oder sie aufgrund ihrer schwachen Reliabilitäten zu entfernen. Letzteres gilt besonders für die Dimension „Kompetenzentwicklung im Unternehmen". Bei den übrigen Dimensionen kann jedoch von einer gesicherten internen Konsistenz der Skalen ausgegangen werden.

Die Validität der Subskalen bzw. der Dimensionen (in vier Fällen liegen keine Subdimensionen vor) wurde hier ebenfalls anhand der Korrelation des (Sub-)Dimensionsmittelwertes mit einem Gesamtitem überprüft. Es zeigten sich durchgehend hochsignifikante Korrelationen, die zwischen .39 (Dimension „Lern- und Entwicklungsmöglichkeiten- Eigenverantwortliches Lernen") und .88 (Lernorientierte Führungsaufgaben) lagen. Dies lässt auf eine gesicherte Validität anhand des Kriteriums Gesamtitem schließen.

Die Dimensionen der Mitarbeiterversion zeigen untereinander starke Zusammenhänge. Nur drei der insgesamt 35 Interkorrelationen wurden nicht signifikant. Da sich zwei dieser niedrigen Korrelationen im Zusammenhang mit der Dimension „Wissensaustausch des Unternehmens mit der Umwelt" ergaben und die anderen Korrelationen dieser Dimension nur im mittleren Bereich liegen, kann davon ausgegangen werden, dass diese Dimension sich von den anderen Dimensionen des LKI stärker unterscheidet. Grundsätzlich zeigen die Interkorrelationen, dass den Dimensionen Gemeinsamkeiten des Konstrukts Lernkultur zugrunde liegen.

Die Analyse der Zusammenhänge der einzelnen LKI-Dimensionen mit allgemeinen Organisationscharakteristika erbrachte positive Zusammenhänge mit der Unternehmensgröße (Mitarbeiterzahl), der Führungsebenenzugehörigkeit sowie mit der Partizipation im Unternehmen. Jedoch korrelierten nur wenige Dimensionen – und wenn, dann nur im mittleren Bereich ($r < .40$) – mit den Organisationscharakteristika.

Eine weitere Besonderheit in beiden LKI-Versionen ist die *Relevanzantwort* bei ausgewählten Items. Diese Antwortmöglichkeit wird dem Fall gerecht, dass der abgefragte

Aspekt (z.B. flache Hierarchien) im Unternehmen gar nicht vorhanden ist und somit auch nicht bewertet werden kann. Diese Antwortmöglichkeit hat sich in dieser ersten Erprobung nicht bewährt. Es hat sich gezeigt, dass Items von den Befragten zum Teil eigenständig zu „nicht-relevant-Items" umdefiniert wurden. Das lässt auf einen nicht zu kontrollierenden Umgang mit der Relevanzantwort schließen. Von daher wird in der überarbeiteten Version von dieser Antwortmöglichkeit Abstand genommen. Als Antwortformate werden also lediglich die 5-stufige Skala bzw. das dichotome Antwortformat der Checklistenitems verwendet.

Trotz seiner inhaltlichen Vielfalt ermöglicht die Unterteilung in Dimensionen und Subdimensionen, die mittels Überschriften kenntlich gemacht sind, eine gute *Handhabbarkeit* bei der Bearbeitung der Items. Auch aufgrund der Eliminierung der Relevanzantwort ist die Beantwortung nun einfacher und verständlicher. Hinsichtlich des Verständnisses der Iteminhalte liegen positive Beurteilungen vor. Die Items, die sprachlich aufgrund schlechter Kennwerte problematisch erschienen, wurden größtenteils entfernt oder werden in einem nächsten Schritt umformuliert und überarbeitet.

Aufgrund der insgesamt acht bzw. neun Dimensionen benötigt die Bearbeitung des LKI einen gewissen Zeitaufwand. Jedoch steht dieser Aufwand in Relation zu dem detaillierten, praxisrelevanten Informationsgehalt, den die Beantwortung mit sich bringt (siehe dazu Kap. 7.5.2). Die Aufwandsökomomie soll jedoch in weiteren Schritten im Anschluss an das Projekt noch verbessert werden.

Die Erfolgsaussichten zur Verbreitung des Instruments und dessen Nutzung in der Personalentwicklungspraxis sind aufgrund der guten Resonanz bei den Unternehmen als vielversprechend zu bezeichnen.

7.6.2 Zu den Einsatzmöglichkeiten des Lernkulturinventars in der Praxis

Der vorliegende Fragebogen ist so konzipiert, dass er berufs- und branchenübergreifend einsetzbar ist und sich sowohl an Großunternehmen als auch an mittelständische Unternehmen richtet. Ein erster praktischer Einsatz hat ergeben, dass in den Unternehmen deutliches Interesse am Thema und auch am Einsatz des Fragebogens besteht, da von den Ergebnissen ein Erkenntnisgewinn in Bezug auf die Personalentwicklungsarbeit im Unternehmen erwartet wird.

Das Lernkulturinventar ermöglicht einen subjektiven Analysezugang, d.h. es wird mit diesem Instrument die subjektive Einschätzung der Lernkultur durch Unternehmensmitglieder erfasst. Dies erlaubt natürlich keine objektive Messung der Lernkultur, doch durch die zwei Fragebogenversionen für Experten und für Mitarbeiter werden zwei Perspektiven erfasst, deren Gegenüberstellung zu aussagekräftigen Informationen führt. Ebenfalls liefert die subjektive Einschätzung Hinweise auf einen möglichen Gestaltungsbedarf.

Die Bestimmung der vorherrschenden Lernkultur kann auf drei Analyseebenen erfolgen. Auf der Dimensionsebene lässt sich die Ausprägung der Merkmalsbereiche in verdichteter und gebündelter Form darstellen. Dies lässt erste, noch wenig differenzierte Aussagen über die Lernförderlichkeit einzelner Merkmalsbereiche zu. Auf Ebene der Subdimensionen können die Ergebnisse dann differenzierter und spezifizierter dargestellt werden. Hier wird für die einzelnen Merkmale innerhalb der Bereiche die Lernförderlichkeit ermittelt. Als Präsentationsform bietet sich für beide bisher beschriebenen Analyseebenen eine Profildarstellung an. Für eine unternehmensinterne Untersuchung erweist sich eine Feinanalyse auf Basis von Einzelitems als besonders sinnvoll. Hier können Stärken und Schwächen auf Basis der in Einzelitems enthaltenen Aspekte thematisiert werden. Insbesondere die Betrachtung der Checklistenitems liefert wertvolle Hinweise auf tatsächlich vorhandene Aktivitäten im Rahmen einer förderlichen Lernkultur.

Hinsichtlich des Umgangs mit den erhaltenen Ergebnissen empfiehlt es sich grundsätzlich, sowohl die Expertenversion als auch die Mitarbeiterversion des Lernkulturinventars einzusetzen. Somit kann in einem ersten Schritt eine separate Betrachtung der Experten- und der Mitarbeitereinschätzung auf Dimensions- und Subdimensionsebene erfolgen, bei Bedarf auch auf der Itemebene. In einem zweiten Schritt liefert eine Gegenüberstellung beider Lernkultureinschätzungen wichtige Erkenntnisse dazu, wie die Experten als gestaltende Akteure die Lernkultur einschätzen und ob diese Einschätzung sich von der Wahrnehmung der Mitarbeiter unterscheidet. Hier kann dann wiederum Gestaltungsbedarf abgeleitet werden. Des Weiteren ermöglichen Referenzstichproben, die in Studien gewonnen wurden und werden, einen Vergleich der eigenen Lernkultur mit Unternehmen der gleichen Größe und Branche.

Die beschriebenen Einsatz- und Auswertungsmöglichkeiten verdeutlichen die vielfältigen Nutzungsmöglichkeiten des entwickelten Instrumentariums sowie ihre Bedeutung für den praktischen Einsatz.

8 Untersuchung von Branchenunterschieden in Bezug auf Lernkulturmerkmale

Das im vorangegangenen Kapitel vorgestellte Lernkulturinventar wurde in dieser Studie erstmals eingesetzt um die Lernkultur bei kleinen und mittelgroßen Unternehmen zu erfassen. Ziel der Studie war die Ermittlung von branchenspezifischen Unterschieden in der Lernkultur bei Unternehmen aus Produzierendem Gewerbe, Dienstleistungsbranche, IT-Branche und Verwaltungen. Da davon ausgegangen werden kann, dass sich Unternehmen verschiedener Branchen in vielen, auch die Lernkultur beeinflussenden Aspekten unterscheiden, ist die Annahme nahe liegend, dass sich auch die Ausprägung der Lernkultur selbst unterscheidet. Für die Unternehmen ist zudem ein Vergleich innerhalb der eigenen Branche oft fruchtbarer, da zwischen den Unternehmen unmittelbarere Bezüge vorhanden sind. Die Studie kann als erster Schritt dahingehend gewertet werden, durch die Betrachtung branchentypischer Eigenschaften Hinweise und Bestätigungen für die Auswirkungen bestimmter Rahmenbedingungen auf die Lernkultur zu erhalten. Zunächst werden nachfolgend lernkulturbezogene Charakteristika von kleinen und mittelgroßen Unternehmen aus unterschiedlichen Branchen allgemein diskutiert und Annahmen für deren empirische Untersuchung abgeleitet.

8.1 Lernkulturbezogene Charakteristika von kleinen und mittelgroßen Unternehmen

8.1.1 Allgemeine Betrachtung

Unter den Begriff „kleine und mittelgroße Unternehmen (KMU)" fallen in der Literatur in der Regel Unternehmen bis zu einer Größe von 500 Mitarbeitern (vgl. etwa Sattes & Conrad 1995), oft liegen die Mitarbeiterzahlen in Studien aber auch deutlich darunter (z.B. Liepmann & Felfe 2000; Neeser & Schöni 1999). Die vorliegende Studie basiert auf einer Stichprobe von Unternehmen mit 300-2.000 Mitarbeitern; die Auswahl etwas größerer Unternehmen erfolgte in erster Linie deshalb, da für das eingesetzte Expertenmodul die Existenz einer Personalabteilung im Unternehmen nötig war, die in kleineren Unternehmen häufig nicht existiert. Großunternehmen hingegen lassen stärker standardisierte Personalentwicklungs-Aktivitäten erwarten und eignen sich deshalb schlechter für die Erfassung von Branchenunterschieden.

In den folgenden Abschnitten soll auf die Eigenschaften kleiner und mittelgroßer Unternehmen eingegangen werden, insbesondere auf Struktur, Führung, wirtschaftliche und personelle Situation und die Rolle der Personalentwicklung in KMU, da diese Aspekte für die generellen Erwartungen an die existierende Lernkultur eine wesentliche Rolle spielen.

Die *Struktur kleiner und mittelgroßer Betriebe* zeichnet sich in der Regel aufgrund niedriger Mitarbeiterzahlen durch flache Hierarchien aus. In einer Studie von Sattes und Conrad (1995) wiesen 53% der Unternehmen zwischen 100 und 499 Mitarbeitern eine Struktur mit 3 Hierarchieebenen auf, in 33 % existierten lediglich 2 Ebenen.

Flache Hierarchien bergen große Potenziale für eine förderliche Lernkultur, da Entscheidungsspielräume der Mitarbeiter vergrößert und selbstorganisiertes Arbeiten gefördert werden (siehe hierzu ausführlich Kap. 3.2.2.1). Ebenfalls charakteristisch für mittelständische Unternehmen ist die Personalunion von Unternehmensleitung und Eigentümer (Nöcker 1999; Sattes & Conrad 1995). Dies führt nach Liepmann und Felfe (2000) häufig zu stark zentralisierten Entscheidungsprozessen, die die Spielräume der Mitarbeiter für selbstverantwortliches und autonomes Handeln begrenzen. Im gleichen Sinne wie flache Hierarchien Lernkultur tendenziell fördern (vgl. Kap. 3.2.2.1), hemmen dominante und zentralisierte Führungsstrukturen Eigenverantwortung und Lernpotenziale.

Für die *Führung in KMU* gilt, dass die Größe des Betriebes durch ihren Einfluss auf Struktur und Nähe der Mitarbeiter zueinander und zur Führungsebene erwartungsgemäß den Führungsstil beeinflusst.

Auf der einen Seite ermöglicht eine geringe Größe eine direktere und persönlichere Führung. Zwischen Unternehmensleitung und ausführender Ebene sind wenige, häufig nur eine Führungsebene geschaltet, was einen unformalisierteren Informationsfluss erleichtert (Conrad & Lang 1995). Diese Tatsache erhöht darüber hinaus Partizipation und Entscheidungsbefugnis der Mitarbeiter. Alle drei Aspekte können eine förderliche Lernkultur im Unternehmen begünstigen. Auf der anderen Seite führt die bereits erwähnte Personalunion von Leiter und Eigentümer dazu, dass in KMU überdurchschnittlich viele Entscheide als Führungsentscheide betrachtet werden und eine konsequente Delegation selten stattfindet (Conrad & Lang 1995). Herrschen stark patriarchalische Strukturen und traditionsorientierte Normen vor, wirkt sich dies grundlegend auf die Unternehmenskultur aus. Eine „Diskussionsplattform" (Schneider, Huber & Müller 1991b, S. 230) für Wertvorstellungen oder Verhaltensmuster stellt diese im Unternehmen dann nicht dar; Lernen als konstituierendes Element einer veränderlichen Unternehmenskultur spielt eine eher untergeordnete Rolle.

Die *wirtschaftliche und personelle Situation* von KMU unterscheidet sich deutlich von der großer Unternehmen und Konzerne. Kleine Betriebe haben weniger finanzielle Mittel zur Verfügung. Diese finanziell begrenzten Kapazitäten bedingen nach Neeser und Schöni (1999), dass Weiterbildung nicht immer in erforderlicher Breite und Regelmäßigkeit intern sichergestellt werden kann. Vielmehr kaufen kleinere Betriebe Weiterbildungsmaßnahmen häufig von externen Anbietern ein, was zum einen den Schluss zulässt, dass besonders in wirtschaftlich schwächeren Zeiten Weiterbildungsmaßnahmen im Betrieb nur bedingt eingesetzt werden, und zum anderen das Problem mit sich bringt, dass weniger maßgeschneiderte Maßnahmen zum Einsatz kommen, da diese erheblich teurer sind als die Standardangebote vieler Bildungsträger (Neeser & Schöni 1999). Die Rolle der Personalentwicklung kann als wichtiger Indikator für Lernkultur betrachtet werden; ist diese durch finanzielle Engpässe des Unternehmens in ihrem Handeln eingeschränkt, kann hieraus auf negative Auswirkungen für die Lernkultur geschlossen werden.

Neben finanziellen Einschränkungen ist es für kleine Unternehmen zudem schwieriger qualifizierte Mitarbeiter einzustellen und zu halten (vgl. z.B. Uhle 2003; Lang 1995). Aus der Größe resultiert ein zentraler Grund, warum KMU auf gut ausgebildete Arbeitnehmer nicht verzichten können: Je kleiner der Betrieb, desto komplexer sind die Aufgaben, die jeder einzelne ausführt, und desto ausgeprägter sind bestehende Freiräume und somit das Maß an Selbstständigkeit, das hierfür benötigt wird (Sattes & Conrad 1995; Schärer 1995). Hieraus ergibt sich nach Hacker (1998) zum einen ein Lernpotenzial im Sinne von Anforderungen bezüglich der Erweiterung von Wissen, die durch komplexe Aufgaben entstehen, zum anderen aber auch die Notwendigkeit, auf bestehendes Wissen zurückzugreifen und es zu erhalten. Diese Anforderung kann nur durch qualifizierte Mitarbeiter geleistet werden.

Aufgrund dieser Tatsache kann vermutet werden, dass Kompetenz- und *Personalentwicklung in KMU* eine elementare Rolle spielen. Doch die eingeschätzte Wichtigkeit spiegelt in der Regel nicht die tatsächliche Position wider, die der Personalentwicklung in KMU zukommt. Neeser und Schöni (1999) haben verschiedene Studien ausgewertet und vielfältige Defizite von KMU im Bereich von Weiterbildung und Personalentwicklung festgestellt. So wird Weiterbildung häufig nicht als Teil der Unternehmensstrategie behandelt, sondern nur reaktiv betrieben, wenn äußere Umstände dies erzwingen. Die Integration der Personalentwicklung in die Unternehmensstrategie, also die Formulierung „personalorientierter Gestaltungsziele" ist aber für Sonntag (1996, S. 47) ein wesentlicher Indikator für das Vorhandensein einer Lernkultur.

Ein weiteres Defizit besteht nach Neeser und Schöni (1999) in der mangelnden Beteiligung der Mitarbeiter an Bedarfsklärung, Planung und Umsetzung von Personalentwicklungsmaßnahmen. Die Partizipation aller Organisationsmitglieder am Entscheidungsprozess stellt aber nach Sonntag (1996) einen wesentlichen Bestandteil der Unternehmens- und Lernkultur dar.

Sattes und Conrad (1995) weisen darauf hin, dass insbesondere der Weiterbildung von Mitarbeitern ohne Führungsfunktion zu wenig Beachtung geschenkt wird. Eine lernförderliche Lernkultur sollte aber die Förderung aller Mitarbeiter gleichermaßen zum Ziel haben (siehe hierzu Kap.3.3.1).

8.1.2 Lernkulturbezogene Charakteristika des Verwaltungssektors

Unter öffentlicher Verwaltung werden üblicherweise alle Träger öffentlicher Aufgaben bzw. Funktionen subsumiert (Meyers großes Taschenlexikon 1995). Auf diese Definition stützen sich die nachfolgenden Betrachtungen der Besonderheiten des Verwaltungssektors. Betrachtet werden sollen insbesondere der Wandel im Verwaltungssektor, Aufbau, Führungsstil und rechtlicher Rahmen sowie die Rolle der Personalentwicklung. Der Verwaltungssektor unterscheidet sich von allen anderen Branchen insbesondere durch den fehlenden Druck von Markt, Konkurrenz und Kosten (Breindl 1993; Benedix & Nockert 1999; Harms 1999). Diese Monopolstellung hat lange Zeit dazu geführt, dass sich Veränderungen, Verbesserungen und Innovationen nur sehr zögerlich durchsetzten (Paul 1991) und die Notwendigkeit einer dies unterstützenden Lernkultur nur bedingt gegeben war.

In den letzten zehn Jahren konnte aber ein starker *Wandlungsprozess* von starren Verwaltungsstrukturen hin zu Verwaltungen als Dienstleistungsunternehmen beobachtet werden. Hierzu gehören insbesondere ein verstärkter Servicegedanke sowie eine bürgerorientierte Ausrichtung (vgl. z.B. Benedix & Nockert 1999; Harms 1999). Dieser Wandel ist insbesondere auf gestiegene Ansprüche, schwierigere Aufgaben und eine schlechtere Haushaltssituation zurückzuführen (Benedix & Nockert 1999; Harms 1999; Kühnlein & Wohlfahrt 1994). Diese notwendige Effizienzsteigerung ist vor allem durch weniger, aber besser qualifiziertes Personal erreichbar. Für die Betrachtung der Lernkultur in diesem Sektor spielt dieser Aspekt insofern eine wichtige Rolle, als zu vermuten ist, dass insbesondere im Verwaltungsbereich erst in den letzten Jahren vermehrte Anstrengungen unternommen wurden um Lernen und Kompetenzentwicklung auszubilden und so eine förderliche Lernkultur zu entwickeln. Dieser Prozess ist nicht abgeschlossen, sodass angenommen werden kann, dass weniger lernförderliche Bedingungen in Verwaltungen als in anderen Unternehmen bestehen.

Betrachtet man die *Aufbauorganisation* der meisten Verwaltungen mit ihren vielen hierarchischen Ebenen (z.B. Halfpap 1993; Kühnlein & Wohlfahrt 1994), so wird deutlich, dass in diesem System stark „kopflastige und zentralisierte Entscheidungsstrukturen" vorherrschen (Paul 1991, S. 52). Gemeinsam mit streng vorgegebenen Dienstwegen (Althoff & Thielepape 1995) und der Tatsache, dass politische Gremien stets in Entscheidungsprozesse mit eingebunden werden müssen (Harms 1999), verhindert diese Struktur selbständiges und eigenverantwortliches Arbeiten mit eigenem Entscheidungsspielraum. Es mangelt somit an wesentlichen Elementen einer förderlichen Lernkultur. Zudem werden all diese Aspekte ebenso wie die Wichtigkeit interessanter und sinnvoller Tätigkeiten von den Führungskräften im Verwaltungssektor als eher nachrangig eingestuft (Althoff & Thielepape 1995).

Generell ist nach Althoff und Thielepape (1995) in vielen Verwaltungen ein kooperativer *Führungsstil* noch die Ausnahme, die Wichtigkeit der Personalführung wird unterschätzt und wenig für die Führungskompetenz der Vorgesetzten getan. Insbesondere die Führungskräfte spielen im Idealfall eine wichtige Rolle bei der Unterstützung ihrer Mitarbeiter im Rahmen der Kompetenzentwicklung. Diesem Aspekt einer förderlichen Lernkultur kommt im Verwaltungssektor ebenfalls eine geringe Relevanz zu.

Strukturelle und *rechtliche Aspekte* im Verwaltungssektor lassen ebenfalls Rückschlüsse auf die zu erwartende Lernkultur zu. So wird die Karriereplanung in der Regel positions- und nicht potenzialorientiert vorgenommen. Ein Aufstieg erfolgt langsam und in der Linie, was unter anderem auch Aufgabenbereicherungen oder erweiterte Einsatzbereiche für Mitarbeiter mit Potenzial für anspruchsvollere Aufgaben begrenzt (Benedix & Nockert 1999). Der Anreiz für Mitarbeiter, aus Karrieregründen selbständig Lernangebote nachzufragen, ist also stark beschränkt. Harms (1999) fordert in diesem Zusammenhang eine Trennung von Fach- und Führungskarrieren.

Auch das *Entlohnungssystem* bietet wenig Spielraum für leistungsorientierte Bezahlung, da diese in Bezug auf die besetzte Stelle erfolgt und nicht hinsichtlich der auf dieser Position erbrachten Qualität der Leistung (Althoff & Thielepape 1995). Weder besteht im Allgemeinen ein „Honorierungssystem für besondere (Innovations-)Leistungen" (Harms 1999, S. 104) zum Beispiel in Form von Beförderungen, noch erfolgt eine Reaktion auf Nicht-Leistung durch die Möglichkeit, wieder eine Hierarchiestufe zurückzufallen (Althoff & Thielepape 1995). Das neu eingeführte Besoldungsrecht besitzt die geforderte Flexibilität nach Harms (1999) jedoch zumindest in Ansätzen und auch Kühnlein und Wohlfahrt berichten bereits 1994 von ersten Pilotprojekten, über Ausnahmeregelungen Leistungszulagen in Stadtverwaltungen einsetzen.

Gestiegene Ansprüche und vermehrter Druck lassen eine zunehmende Bedeutung der *Personalentwicklung* in der öffentlichen Verwaltung erwarten. Tatsächlich finden sich aber diverse Hinweise darauf, dass die Personal- und Organisationsentwicklung im Verwaltungsbereich keine ausgeprägte Rolle spielt (z.B. Althoff & Thielepape 1995; Paul 1991), beziehungsweise „bis vor einigen Jahren nicht als prioritäre Aufgabe wahrgenommen wurde" (Benedix & Nockert 1999, S. 295). Noch 1994 gaben in einer Studie von Kühnlein und Wohlfahrt nur 20,2% der befragten Verwaltungen an, Konzepte der Personal- oder Organisationsentwicklung einzusetzen; bei weiteren 19,2% befanden sie sich zu diesem Zeitpunkt in Planung. In aktuelleren Texten lässt sich aber deutlich ein Trend zu mehr Weiterbildungsaktivität auch in diesem Sektor erkennen (Benedix & Nockert 1999; Harms 1999), was auf eine zunehmend förderliche Lernkultur schließen lässt.

8.1.3 Lernkulturbezogene Charakteristika des Produzierenden Gewerbes

„Unter Produktion wird die Kombination und Transformation von Produktionsfaktoren (Einsatzgütern) nach bestimmten Verfahren zu Produkten verstanden" (Wittmann 1993, S. 3328). Sowohl die Kombination als auch die Transformation von Produktionsfaktoren kann materiell oder immateriell sein, also aus Arbeitsleistungen, Dienstleistungen oder Informationen bestehen (ebd.). Im Folgenden sollen hier allerdings nur Unternehmen, die materielle Güter produzieren, betrachtet werden. Diese Differenzierung findet sich in der Literatur in dieser Form wieder; das heißt, wenn von Produzierendem Gewerbe gesprochen wird, ist darunter die industrielle Fertigung materieller Güter zu verstehen (vgl. etwa Lacher 2000; Leicht & Stockmann 1993; Lutz 1993; Pack & Buck 1998). Der Fokus liegt im folgenden Abschnitt auf den Veränderungen im Produzierenden Gewerbe, der Unternehmensstruktur und der Rolle der Personalentwicklung.

Den *Wandel im Produzierenden Gewerbe* betreffend gilt, dass der Produktionsgütersektor in den letzten Jahrzehnten an Bedeutung verloren hat, während der tertiäre Sektor, also der Dienstleistungssektor, an Wichtigkeit und Personal gewonnen hat. Leicht und Stockmann (1993) beziffern die personale Schrumpfung des Produktionsgütersektors im Zeitraum zwischen 1970 und 1987 auf 54.000 Arbeitsplätze, die gleiche Menge an Gütern wird also mit immer weniger Personal erstellt. Auch Lacher (2000) weist darauf hin, dass seit den 80er Jahren in der Automobilindustrie die Produktivität nur noch durch Arbeitsorganisation und personalen Einsatz zu steigern sei, da die technische Optimierung bereits ausgereizt ist.

Betrachtet man die *Struktur* sowie Art der Aufgaben und Tätigkeiten im Bereich der Produktion, fällt insbesondere in diesem Sektor auf, dass der Standardisierungs- und Technisierungsgrad sowie die Determinierung durch die Fertigungstechnik höher sind als beispielsweise im Verwaltungsbereich (Schneider et al. 1991a). Dies führt zu Arbeitstätigkeiten, die stark fremdbestimmt und mit hoher Wahrscheinlichkeit durch Monotonie und schnelle psychische Sättigung gekennzeichnet sind (Pack & Buck 1998). In vielen Arbeitssystem bestehen zudem keine arbeitsimmanenten Lernanreize (ebd.).

Seit Mitte der 90er Jahre werden jedoch die Unternehmensstrukturen bezüglich Aufgaben und Verantwortlichkeiten dezentralisiert und so Flexibilität, Eigeninitiative und Eigenverantwortung erhöht (Lacher 2000), was das Lernpotenzial der Aufgaben steigert und so förderlich auf die unternehmensimmanente Lernkultur wirkt.

Die Gestaltung der Arbeitszeit ist ebenfalls ein relevanter Aspekt der inneren Struktur. Kraetsch und Trinczek (1998) nennen nach Betrachtung der Ergebnisse mehrerer Studien Quoten, nach denen zwischen 64,3 und 90,1% der Betriebe in Schichtarbeit produzieren, wobei die Schichtarbeitsquote mit der Betriebsgröße steigt. Insbesondere Betriebe mit 500 und mehr Beschäftigten arbeiten im Schichtsystem. Ein Gleitzeitsystem besteht in 45,2% der Betriebe mit 200-499 Mitarbeitern und in 61,4% der Betriebe mit 500 und mehr Mitarbeitern. Die notwendige zeitliche Flexibilität, um Lernfreiräume zu schaffen, ist also nur bedingt gegeben; insbesondere durch die hohe Quote an Schichtarbeit kann erwartet werden, dass diese sich eher lernhemmend auswirkt.

Betrachtet man die Aus- und Weiterbildung und so auch die Rolle der Personalentwicklung im Produzierenden Gewerbe, so fällt auf, dass dieses immer schon „in ganz besonderer Weise vom Zwang zur Qualifikation der dort arbeitenden Mitarbeiter betroffen" war (Lutz 1993, S. 350). Dies liegt nach Einschätzung des Autors daran, dass im Produktionsbereich neue und auch bereits eingeführte Produkte immer nach neuesten Verfahren zu fertigen sind.

Grundsätzlich gilt für das Produzierende Gewerbe, dass die Förderung motivations- und lernförderlicher Aspekte in Unternehmen dieser Branche eher zunimmt (vgl. auch Schneider et al. 1991a), ein Trend, der sich auch in der Lernkultur widerspiegeln sollte. Ebenfalls als lernförderlich kann die besondere Wichtigkeit der arbeitsplatznahen Weiterbildung im Fertigungsbereich (Lutz 1993) betrachtet werden.

8.1.4 Lernkulturbezogene Charakteristika der Informationstechnologiebranche

Die Informationstechnik- oder -technologiebranche (im Folgenden IT-Branche) ist kein definitorisch abgeschlossener Bereich. Sie ist als Teil der Informations- und Telekommunikationsbranche (ITK) (Bundesministerium für Wirtschaft und Arbeit 2003) zu betrachten und umfasst z.B. Datenverarbeitung, Hard- und Softwareentwicklung, -produktion und -beratung sowie deren Instandhaltung und Reparatur (Fehrenbach & Leicht 2001). Betrachtet werden soll im Folgenden der Wandel des Sektors in den letzten Jahren, die innere Struktur und die Rolle der Personalentwicklung.

Die relativ junge Branche ist von den *Entwicklungen der letzten zwanzig Jahre* geprägt. Das schnelle Wachstum der Branche in den 90er Jahren und die Krise der letzten Jahre sind zwei Aspekte des allgemeinen Wandlungsprozesses. Hinzu kommt der häufig angeführte Umschwung vom Technikanbieter hin zu einem Dienstleistungsunternehmen, was für die Mitarbeiter zusätzlich benötigte Qualifikationen bedeutet, insbesondere im

Bereich der sozialen Kompetenzen (Baukrowitz & Boes 1997). Der Kontakt zu Kunden wächst ebenso wie die Ansprüche der Kunden: „IT-Fachleute (sind) heute mit High-Level-Anwendern und deren komplexen Informationsbedürfnissen konfrontiert" (Baukrowitz & Boes 1997, S. 5).

Mit dem Aufbau kleinerer, kundennaher und projektartig organisierter Geschäftseinheiten mit flachen Strukturen und viel Teamarbeit (Baukrowitz & Boes 1997; Schäfer 1999; Schüßler & Weiss 2001) gehen Flexibilisierung, Deregulierung und Selbstkontrolle der Beschäftigten einher (ebd.), was gemeinsam mit der gestiegenen Qualifikationsnotwendigkeit eine förderliche Lernkultur erwarten lässt.

Von 1980 bis 1997 hat sich die Zahl der Angestellten mehr als verdreifacht (Baukrowitz & Boes 1997), in der gesamten IT-Branche entstanden allein im Zeitraum zwischen 1996 und 2000 ca. 200.000 neue Arbeitsplätze. Erst im Zuge der konjunkturellen Krise war 2002 ein Umsatz- und Beschäftigtenrückgang zu verzeichnen (BMWA 2003). Für die Unternehmen bedeutete dies innerhalb kurzer Zeit viel neues Personal zu integrieren und das vorhandene Wissen zu nutzen und weiterzugeben. Einarbeitung, Integration und langfristige Bindung haben nach Schüßler und Weiss (2001) in der IT-Branche eine besondere Bedeutung, da nicht nur die Zuwachs-, sondern auch die Fluktuationsraten höher sind als in anderen Branchen.

Die *innere Struktur* der Unternehmen ist vor allem dadurch geprägt, dass die Informationstechnologie die Branche ist, in der personengebundene, immaterielle Werte wie Wissen, Know-how oder Ideen am meisten zu unternehmerischem Erfolg beitragen. Diese Wissenszentrierung auf einzelne Personen führt sehr oft zu einer „Informationsasymmetrie" (Schüßler & Weiss 2001, S. 258) zwischen Mitarbeiter und Vorgesetztem, da der Mitarbeiter im aktuellen Problemlöseprozess über mehr Wissen verfügt als seine Führungskraft. Hinzu kommt, dass sich nicht nur der Arbeitsprozess, sondern oft auch Steuerung und Kontrolle dem Einflussbereich der Führungskraft entziehen, was nach den Autoren zu einem stark eigenverantwortlichen Arbeitsstil führt.

Da sich die Lebenszyklen des Mitarbeiterwissens rasant verkürzen (Schüßler & Weiss 2001) und sich neue „In-Qualifikationen" (Baukrowitz & Boes 1997, S. 3) schnell etablieren und in ihrer Vielschichtigkeit kaum mehr zu überblicken sind, kommt der *Personalentwicklung* eine entscheidende Rolle in der Branche zu. Nach Einschätzung von Baukrowitz und Boes (1997) wird diese aber den gestiegenen Anforderungen nach umfassender Förderung noch nicht gerecht, nach wie vor dominiert in der Branche ein stark modulares und auf die Vermittlung von Teilkompetenzen begrenztes Weiterbildungskonzept.

8.1.5 Lernkulturbezogene Charakteristika des Dienstleistungssektors

Zu Dienstleistungen zählen Produkte, die sich durch Immaterialität und Individualität des Produktes, die Synchronizität von Produktion und Verbrauch, also die direkte

Leistungserstellung, den direkten Kontakt zwischen Anbieter und Nachfrager sowie durch die Zeit- und Ortsgebundenheit der Dienstleistung charakterisieren lassen (vgl. u.a. Kopf & Vogt 2002; Rheinbay & Günther 2000; Jäger, Scharfenberger & Scharfenberger 1996; Bruhn 2000). Aus juristischer Sicht wie auch im allgemeinen Sprachgebrauch werden Dienstleistungen der Produktion von Sachgütern gegenübergestellt (Rheinbay & Günther 2000; Maleri 1991). Betrachtet wird im Folgenden der Tertiärisierungsprozess, der auf die Dienstleistungsbranche einwirkt, die Struktur der Dienstleistungsunternehmen und die Rolle der Personalentwicklung.

In den letzten Jahrzehnten hat sich die Bundesrepublik Deutschland immer mehr zu einer Dienstleistungsgesellschaft entwickelt, und dieser *Tertiärisierungsprozess* wird auch in den nächsten Jahren fortschreiten (vgl. z.B. Bruhn 2000; Eggert 1996; Jäger et al. 1996; Leicht & Stockmann 1993). Dies lässt sich sowohl bezogen auf die Bruttowertschöpfung sagen, die 1994 erstmals über der des produzierenden Gewerbes lag (Universität Saarbrücken 1997), als auch bezogen auf den Anstieg an Arbeitsplätzen im tertiären Sektor (Leicht & Stockmann 1993).

In den letzten Jahren ist der Wettbewerb zudem intensiver geworden (Brommer 1999) und hat an Komplexität und Dynamik gewonnen (Universität Saarbrücken 1997). Dies liegt unter anderem daran, dass sich immer mehr produzierende Unternehmen im Dienstleistungssektor engagieren (Eggert 1996) bzw. ihren Service um Dienstleistungen erweitern (Universität Saarbrücken 1997). Auch der größte Teil der Unternehmensgründungen liegt im Dienstleistungssektor (Leicht & Stockmann 1993).

Die Dienstleistungsbranche zeichnet sich *strukturell* dadurch aus, dass sie im Vergleich zum sekundären Sektor (Produktion) überwiegend aus kleinen und mittelgroßen Unternehmen besteht. Dies mag unter anderem daran liegen, dass für die Erstellung von Dienstleistungen ein vergleichsweise geringer Kapitalbedarf benötigt wird; hinzu kommt, dass die notwendige Kundennähe und auch Standortgebundenheit des Dienstleisters am ehesten in kleineren Unternehmen gewährleistet werden kann (ebd.).

Ein besonders wichtiger Faktor im Dienstleistungsbereich ist die starke Kundenabhängigkeit, die durch das gestiegene Service- und Qualitätsbewusstsein der Kunden und generell gewachsene Ansprüche noch an Wichtigkeit gewonnen hat (Brommer 1999; Kopf & Vogt 2002; Uni Saarbrücken 1997; Erhard 2000; Michel 2000).

Dieser Erfolgsfaktor wird direkt über gut qualifizierte Mitarbeiter im Kundenkontakt erreicht. Es ist zu erwarten, dass sich dies positiv auf das Engagement der Unternehmen im Bereich der Personalentwicklung auswirkt.

Interessant ist neben der Abhängigkeit der Branche von der Kundengunst auch die starke Gebundenheit an konjunkturelle Schwankungen. Die Nachfrage ist in dieser Branche einkommenselastisch (Kopf & Vogt 2002; Maleri 1991). Dies führt vor allem in konjunkturell schwachen Zeiten zu Einbußen im Dienstleistungssektor.

Die sich stetig verändernden Strukturen der Branche sowie der rasche Wandel von Produkten, Strukturen und Abläufen (Universität Saarbrücken 1997) stellen neben den vermehrten Ansprüchen bezüglich Qualität der Dienstleistungen die großen Herausforderungen an die Beschäftigten und damit an die *Personalauswahl und -entwicklung* dar.

Von den Beschäftigten der Branche wird zunehmend Belastbarkeit, Kompetenz, Kreativität und Selbstständigkeit erwartet (Universität Saarbrücken 1997) um dem gesteigerten Servicebewusstsein der Kunden adäquat zu begegnen; eine Anforderung, zu deren Erfüllung nach Ansicht der Universität Saarbrücken Investitionen der Unternehmen in die Aus- und Weiterbildung unerlässlich sind. Zudem ist es wichtig die Mitarbeiter verstärkt in Veränderungsprozesse und -entscheidungen mit einzubeziehen, da nur so eine hohe Motivation und Kundenorientierung erreichbar ist. Auch dies zählt zum Aufgabenbereich der Weiterbildung (ebd.).

8.1.6 Fazit

Nach Betrachtung der lernkulturbezogenen Charakteristika der einzelnen Branchen anhand verschiedener analytischer Quellen kann davon ausgegangen werden, dass die Unternehmen dieser Branchen sich bezüglich struktureller Rahmenbedingungen wie der Aufbauorganisation, der Arbeitszeitgestaltung oder in Bezug auf Entgelt- und Anreizsysteme unterscheiden. Weitere Unterschiede bestehen in Bezug auf die Rolle der Führungskräfte oder der Personalentwicklung im Unternehmen. Darüber hinaus ist anzunehmen, dass die jeweiligen Umweltbedingungen wie Wachstumsraten oder Anspruchsverhalten von Kunden ebenfalls Einfluss auf verschieden ausgeprägte Lernkulturmerkmale haben können.

Ausgehend von der Betrachtung dieser aus der Literatur abgeleiteten Branchenunterschiede sollen nun diese Unterschiede empirisch untersucht werden. Als zentrale Fragestellung lag der im Folgenden vorgestellten Untersuchung zugrunde, ob es, bezogen auf die verschiedenen Facetten von Lernkultur, die mittels Lernkulturinventar erhoben werden, Unterschiede in der Ausprägung der Lernkultur verschiedener Branchen gibt.

8.2 Methodisches Vorgehen

Im Rahmen der Betrachtung des methodischen Vorgehens soll kurz auf die Auswahl der Stichprobe, die Zusammensetzung der einzelnen Branchen, den Ablauf der Befragung sowie auf die Instruierung der Teilnehmer eingegangen werden (für eine detaillierte Beschreibung siehe Kap. 7.2).

Die Unternehmen der Stichprobe wurden auf Grundlage der Hoppenstedt-Datenbasis (2002) nach den Kriterien Größe und Branche ausgewählt. Die befragten Institutionen im Verwaltungssektor wurden über Internetrecherchen ermittelt. In Frage kamen Unternehmen mit einer Mitarbeiterzahl zwischen 300 und 2000, die an einem Standort arbeiten und nicht direkt einem Konzern angehören. Neben der Größe wurden die Unternehmen auch nach ihrer *Zugehörigkeit zu einzelnen Wirtschaftszweigen* ausgewählt. Die ausgewählten Zweige finden sich in Tabelle 8.1. Dieses Vorgehen erfolgte, um relativ homogene Substichproben zu erhalten. Die Stichprobe stellt eine Zufallsstichprobe aus allen in der Bundesrepublik Deutschland ansässigen Unternehmen dieser Wirtschaftszweige und Größe dar. Für die Beantwortung des Fragebogens hatten die Teilnehmer im Schnitt etwa 3 Wochen Zeit.

Tab. 8.1: Zusammensetzung der Branchen nach Wirtschaftszweigen

Branche	Zugehörige Wirtschaftszweige
Produzierendes Gewerbe	- Metallverarbeitung - Nahrungsmittel - Maschinen und Elektroteile - Chemie
Dienstleistungsunternehmen	- Handel - Banken - Versicherungen
Informationstechnologie	- Hardwareerstellung - Softwareerstellung - Softwareberatung - Internetdienste
Verwaltungen	- Stadt- und Kreisverwaltungen - Bundesämter - Arbeitsämter - Berufsgenossenschaften

Gemeinsam mit dem Fragebogen zur Erfassung der Lernkultur (Lernkulturinventar bzw. LKI) wurden Angaben zur Person und zum Unternehmen erhoben.

Zu Letzteren zählen die Anzahl der Mitarbeiter am Standort und deutschlandweit, die Organisationsform, die Anzahl der Hierarchieebenen des Unternehmens und eine Einschätzung der Mitarbeiterpartizipation. Alle Elemente des Fragebogens liegen im Anhang vor.

8.2.1 Gütekriterien des LKI

Zu den Gütekriterien des LKI sei an dieser Stelle auf das Kapitel 7 verwiesen.

8.3 Ergebnisse

8.3.1 Merkmale der befragten Personen- und Unternehmensstichprobe

Im Rahmen der Ergebnisdarstellung soll in diesem Abschnitt auf die Rücklaufquote und die personen- und unternehmensbezogenen Charakteristika eingegangen werden. Im nächsten Abschnitt werden dann ausführlich die Ergebnisse der Studie zu Branchenunterschieden dargestellt.

Die *Rücklaufquote* betrug insgesamt 54,2%, wobei sich dieses Ergebnis aus dem Verhältnis der angeschriebenen und der tatsächlich an der Befragung teilnehmenden Unternehmen ergibt. Insgesamt nahmen 78 Unternehmen an der Untersuchung teil. Rund die Hälfte der telefonisch kontaktierten Unternehmen lehnten eine Teilnahme von vornherein ab. Diese Unternehmen sind in der Quote nicht erfasst.

Die *demographische Zusammensetzung* der befragten Personalverantwortlichen ist in Tabelle 8.2 nach Altersgruppen, Geschlecht und der Dauer der Anstellung im Unternehmen dargestellt. Im Durchschnitt beträgt das Alter der Befragten 39 Jahre, wobei die Bandbreite mit 20 bis 62 Jahren das ganze Spektrum des Erwerbstätigenalters abdeckt. Ebenfalls ein breiter Range liegt mit 1-46 Jahren bei der Unternehmenszugehörigkeit vor. Der Mittelwert liegt hier bei 13,1 Jahren. Die Gruppe der Befragten besteht zu 53,6% aus Frauen und zu 45,2% aus Männern.

Tab. 8.2: Demographische Struktur der Stichprobe

Alter der befragten Personen (N = 84)		
Kategorien	**Anzahl der Befragten**	**Prozent**
20-30 Jahre	16	19,05 %
31-40 Jahre	32	38,10 %
41-50 Jahre	25	29,76 %
> 51 Jahre	10	11,90 %
keine Angaben	1	1,19 %
Dauer der Anstellung im Unternehmen (N = 84)		
1-2 Jahre	15	17,86 %
3-5 Jahre	23	27,38 %
6-10 Jahre	11	13,09 %
>10 Jahre	33	39,29 %
keine Angaben	2	2,38 %

N = Größe der Gesamtstichprobe

Die folgende Tabelle gibt einen Überblick über die Größe der befragten Unternehmen. Die Dienstleistungsunternehmen der dargestellten Stichprobe haben im Durchschnitt am meisten Mitarbeiter, die Unternehmen der IT-Branche am wenigsten.

Tab. 8.3: Anzahl der Unternehmen in drei Größenkategorien, gegliedert nach Branchen

Unternehmensgröße am Standort	Produktion	Dienstleister	IT-Branche	Verwaltung	gesamt
< 500 Mitarbeiter	7	3	11	7	**28**
500-1000 MA	6	7	4	7	**24**
> 1000 Mitarbeiter	4	8	2	5	**19**
Keine Angaben	1	2	3	1	**7**
Größe d. Stichprobe	18	20	20	20	**78**
$\bar{x}$ (U.-Größe)	793,83	1013,74	517,13	956,25	**821,65**
s (U.-Größe)	490,1	557,9	350,35	911,9	**647,47**

$\bar{x}$ =   Stichprobenmittelwert
s =   Streuung
U.-Größe   Unternehmensgröße
MA   Mitarbeiter

8.3.2 Darstellung der Ergebnisse des Branchenvergleichs

Die Branchenunterschiede wurden in dieser Studie auf der Ebene der Subdimensionen sowie der Einzelitems analysiert. Im Folgenden werden lediglich die Ergebnisse auf Subdimensionsebene detailliert dargestellt; auf signifikante Branchenunterschiede bei einzelnen Items soll nur in zusammenfassender Form zum Abschluss jeder Dimension eingegangen werden.

Die inferenzstatistische Überprüfung der Branchenunterschiede wurde mit Hilfe von Varianzanalysen vorgenommen, die zeigen, ob generell signifikante Unterschiede zwischen den Branchen bestehen. Darüber hinaus wurden Posthoc-Einzelvergleiche anhand des Bonferroni-Tests gerechnet, um zu ermitteln zwischen welchen Branchen signifikante Unterschiede bestehen.

Die Auswertung erfolgte anhand eines Datensatzes, der um nicht-trennscharfe Items bereinigt wurde und bei dem alle negativ formulierten Items umgepolt wurden. Deshalb gilt generell, dass höhere Werte auf ein höheres Lernkultur-Niveau hinweisen.

Im Folgenden werden die Ergebnisse des Branchenvergleichs für jede Dimension getrennt dargestellt.

8.3.2.1 Dimension 1: Lernen als Teil der Unternehmensphilosophie

Die Dimension „Lernen als Teil der Unternehmensphilosophie" setzt sich aus zwei Subdimensionen zusammen; bei beiden bestehen keine signifikanten Branchenunterschiede. Bei der Subdimension „Lernorientierte Leitlinien und deren Umsetzung", dargestellt in Tabelle 8.4, sind die unterdurchschnittlichen Mittelwerte auffällig, ebenso wie die Minimalnennungen, die außer in der IT-Branche in allen Branchen den Wert 0 betragen, was der Antwort „nicht relevant für unser Unternehmen" entspricht.

Tab. 8.4: Ergebnisse der Subdimension „Lernorientierte Leitlinien und deren Umsetzung"

Subdimension „Lernorientierte Leitlinien und deren Umsetzung"					
Branche	n	$\overline{x}$	s	Min.	Max.
Prod. Gewerbe	18	2,81	1,58	0,00	4,83
Dienstleister	20	2,81	1,29	0,00	4,33
IT-Branche	20	2,72	1,59	0,17	5,00
Verwaltung	20	2,52	1,52	0,00	4,33
Gesamt N	78	2,71	1,47	0,00	5,00
Ergebnisse zeigen keine signifikanten Branchenunterschiede					

Min. = Minimal genannter Wert über alle Befragten
Max. = Maximal genannter Wert über alle Befragten
s = Streuung
$\overline{x}$ = Stichprobenmittelwert
N = Größe der Gesamtstichprobe
n = Größe der Substichprobe

Die Mittelwerte der Subdimension „Erwartungen an lernende Mitarbeiter" liegen etwa im mittleren Bereich. Die Verwaltungsbranche weist hier sowohl bei der Mittelwertsbetrachtung als auch bei der Betrachtung der Maximalwerte den niedrigsten Wert auf. Ansonsten zeigen sich bei den in Tabelle 8.5 dargestellten Ergebnissen keine Auffälligkeiten.

Tab. 8.5: Ergebnisse der Subdimension „Erwartungen an lernende Mitarbeiter"

Subdimension „Erwartungen an lernende Mitarbeiter"					
Branche	n	$\overline{x}$	s	Min.	Max.
Prod. Gewerbe	18	3,28	0,97	1,00	4,50
Dienstleister	20	3,39	0,71	1,75	5,00
IT-Branche	20	3,48	1,00	0,25	5,00
Verwaltung	20	2,96	0,94	1,00	4,25
Gesamt N	78	3,28	0,91	0,25	5,00
Ergebnisse zeigen keine signifikanten Branchenunterschiede					

Interpretation der Ergebnisse

In dieser Dimension sind große Schwierigkeiten bei der Beantwortung der Items festzustellen, was am hohen Prozentsatz fehlender Antworten zu erkennen ist. Dies liegt vermutlich vor allem daran, dass die Mehrzahl der befragten Unternehmen keine Unternehmensleitlinien besitzt. Dies zeigt sich auch in den geringen Ausprägungen der Subdimensionswerte bzw. den hohen Antworthäufigkeiten in Bezug auf die Kategorie „nicht relevant".

Bezüglich der Branchenunterschiede lassen die Ergebnisse dieser Dimension keine Interpretation in Richtung bestehender Unterschiede zu: bezüglich lernorientierter Leitlinien, ihrer Umsetzung und der Erwartungen an lernende Mitarbeiter bestehen keine Unterschiede zwischen den Branchen.

8.3.2.2 Dimension 2: Organisationale Rahmenbedingungen des Lernens

In der 2. Dimension weisen nur die Subdimension „Arbeitszeitregelungen" und ein aus dieser Subdimension stammendes Item signifikante Branchenunterschiede auf. Insgesamt besteht die Dimension aus 19 mehrfach gestuften Items, die sich in ursprünglich 4 Subdimensionen unterteilten. Bei der psychometrischen Analyse der Subdimensionen musste der Bereich „Entgelt- und Anreizsysteme" herausgenommen werden, da alle Items dieser Subdimension zu geringe Trennschärfen aufwiesen. Die verbleibenden drei Subdimensionen werden im Folgenden in den Tabellen 8.6, 8.7 und 8.8 dargestellt. Alle Mittelwerte der Subdimension „Organisationale Strukturen" liegen im mittleren Bereich, wobei die Werte der Dienstleistungsbranche und des Verwaltungssektors etwas unterhalb der Werte von Produzierendem Gewerbe und IT-Branche liegen. Die Unterschiede sind jedoch nicht signifikant.

Tab. 8.6: Ergebnisse der Subdimension „Organisationale Strukturen"

Subdimension „Organisationale Strukturen"					
Branche	n	$\bar{x}$	s	Min.	Max.
Prod. Gewerbe	18	3,17	0,89	1,75	4,75
Dienstleister	20	2,91	0,66	2,00	4,50
IT-Branche	20	3,28	0,89	1,50	5,00
Verwaltung	20	2,98	0,80	1,50	5,00
Gesamt N	78	3,08	0,81	1,50	5,00
Ergebnisse zeigen keine signifikanten Branchenunterschiede					

Die in Tabelle 8.7 dargestellte Subdimension „Arbeitszeitregelungen" zeigt im Gegensatz zu den anderen beiden dargestellten Subdimensionen signifikante Branchenunterschiede.

Tab. 8.7: Ergebnisse der Subdimension „Arbeitszeitregelungen"

Subdimension „Arbeitszeitregelungen"					
Branche	**n**	**x̄**	**s**	**Min.**	**Max.**
Prod. Gewerbe	18	3,16	0,54	2,00	4,00
Dienstleister	20	3,52	0,86	2,00	5,00
IT-Branche	20	3,83	1,01	2,00	5,00
Verwaltung	20	3,88	0,85	1,67	5,00
Gesamt N	78	3,61	0,87	1,67	5,00
Ergebnisse der Varianzanalyse	F= 2,96 p = .038*				
Unterschiede zwischen: (nach Bonferroni-Test)	*Verwaltung – Produzierendes Gewerbe (p = .062)* IT-Branche – Produzierendes Gewerbe (p = .093)				

p = Wahrscheinlichkeit
F = Wert der F-Verteilung

Der Bonferroni-Test weist, im Gegensatz zur ANOVA, keine signifikanten Ergebnisse auf. Es zeigen sich aber tendenzielle Unterschiede in dieser Subdimension zwischen Produzierendem Gewerbe und IT-Branche sowie Produzierendem Gewerbe und Verwaltung. Im Bereich der Arbeitszeitregelungen liegt das Produzierende Gewerbe bei einem niedrigeren Mittelwert, also einer geringeren Lernförderlichkeit für die Rahmenbedingung Arbeitszeit. Sowohl IT-Branche als auch der Verwaltungssektor haben hingegen Arbeitszeitregelungen, die Lernen begünstigen.

Als dritte Subdimension wird in Tabelle 8.8 der Bereich „Lernen durch arbeits- und organisationsbezogene Veränderungen" dargestellt. Auch hier bestehen keine signifikanten Unterschiede zwischen den Branchen. Die Mittelwerte liegen im Vergleich mit den anderen Subdimensionsmittelwerten relativ hoch, vor allem das Produzierende Gewerbe und der Verwaltungssektor weisen hohe Werte auf, wohingegen die IT-Branche deutlich unter dem Gesamtmittelwert liegt. Die Streuung der Werte ist eher gering.

Tab. 8.8: Ergebnisse der Subdimension „Lernen durch arbeits- und organisationsbezogene Veränderungen"

Subdimension „Lernen durch arbeits- und organisationsbezogene Veränderungen"					
Branche	**n**	**x̄**	**s**	**Min.**	**Max.**
Prod. Gewerbe	18	3,46	0,76	1,75	4,50
Dienstleister	20	3,27	0,81	1,75	4,75
IT-Branche	20	3,11	0,84	1,25	4,75
Verwaltung	20	3,35	0,76	1,75	5,00
Gesamt N	78	3,29	0,79	1,25	5,00
Ergebnisse zeigen keine signifikanten Branchenunterschiede					

Abschließend für die Dimension „Organisationale Rahmenbedingungen des Lernens" werden die signifikanten Ergebnisse noch einmal übersichtsartig dargestellt. In der rechten Spalte finden sich, von links nach rechts sortiert, die Branche mit dem höchsten, dem zweit- und dritthöchsten und schließlich dem niedrigsten Mittelwert.

Tab. 8.9: Darstellung der signifikanten Branchenunterschiede im Überblick

Item	hoher Mittelwert		niedriger Mittelwert	
Die Mitarbeiter bilden sich während der Arbeitszeit weiter	Verw.	IT	DL	Prod.
Subdimension Arbeitszeitregelungen	Verw.	IT	DL	Prod.

DL = Dienstleistungsbranche
IT = IT-Branche
Prod. = Produzierendes Gewerbe
Verw. = Verwaltungssektor

Interpretation der Ergebnisse
Beide signifikanten Ergebnisse zeigen, dass vor allem im Verwaltungssektor eine flexible Arbeitszeitgestaltung derart möglich ist, dass während der Arbeit Freiräume für Lernen bestehen. Am niedrigsten ist diese Flexibilität erwartungsgemäß im Produzierenden Gewerbe, was höchstwahrscheinlich auf festgelegte Produktionsabläufe zurückzuführen ist. Diese Vermutung wird durch den ebenfalls niedrigsten Mittelwert des Produzierenden Gewerbes bezüglich der Frage gestützt, ob es Möglichkeiten gibt, sich bei Tätigkeiten mit festen Arbeitszeiten dennoch innerhalb der Arbeitszeit weiterzubilden. Hinzu kommen insbesondere im Produzierenden Gewerbe Schichtarbeitszeiten in bis zu 90% der Unternehmen (Kraetsch & Trinczek 1998), die eine flexible Zeitgestaltung zum Lernen erschweren.

Während die Arbeitszeitregelungen im Verwaltungsbereich am flexibelsten sind, zeigen sich im Gegensatz hierzu bei der Betrachtung der organisationalen Strukturen umgekehrte, wenn auch nicht signifikante, Ergebnisse: hier schneiden Verwaltung und Dienstleistungsbranche schlechter ab als das Produzierende Gewerbe. Dieser Gegensatz, wenn auch nicht signifikant, lässt den vorsichtigen Schluss zu, dass im Verwaltungsbereich der Einzelne zwar einen relativ hohen zeitlichen Spielraum besitzt, der organisationale Aufbau sowie hierarchische Organisationsstrukturen das Lernen aber zugleich erschweren. Wichtig ist für die Interpretation der Ergebnisse jedoch, dass über alle Branchen hinweg und auch für das Produzierende Gewerbe die Mittelwerte immer größer als 3 sind, das heißt, dass auch hier die Arbeitszeitregelungen eher als lernförderlich betrachtet werden, wenn auch weniger als z.B. im Verwaltungsbereich.

8.3.2.3 Dimension 3: Aspekte der Personalentwicklung im Unternehmen

Die Dimension Personalentwicklung im Unternehmen besteht aus 25 mehrfach gestuften und zwei dichotomen Items. Mit 10 signifikanten Items bei dieser Dimension weist sie die häufigsten Branchenunterschiede auf. Zudem sind auch die Ergebnisse aller Subdimensionen signifikant. Diese werden im Folgenden dargestellt.Die Mittelwerte der Subdimension „Stellenwert der Personalarbeit", dargestellt in der nachfolgenden Tabelle, liegen für alle Branchen außer dem Verwaltungssektor über der Zustimmungsgrenze von 3 auf der Ratingskala. Auch die Minimalwerte sind vergleichsweise hoch ausgeprägt. Für den Verwaltungssektor ergibt sich der niedrigste Stellenwert der Personalentwicklung. Die ANOVA ist knapp signifikant, der Bonferroni-Test zeigt, dass die Unterschiede am ehesten zwischen dem Verwaltungssektor und der Dienstleistungsbranche bestehen; bei letzterer zeigt sich im Branchenvergleich der höchste Stellenwert der Personalentwicklungsarbeit.

Tab. 8.10: Darstellung der Subdimension „Stellenwert der Personalentwicklung"

Subdimension „Stellenwert der Personalentwicklungsarbeit"					
Branche	n	$\bar{x}$	s	Min.	Max.
Prod. Gewerbe	18	3,49	0,82	2,25	4,75
Dienstleister	20	3,53	0,70	2,00	4,75
IT-Branche	20	3,39	0,84	2,00	4,75
Verwaltung	20	2,91	0,71	1,67	4,75
Gesamt N	78	3,32	0,79	1,67	4,75
Ergebnisse der Varianzanalyse	F = 2,733 p = .05*				
Unterschiede zwischen: (Bonferroni-Test)	Dienstleistungsbranche – Verwaltung (p = .078)				

Die zweite Subdimension erfasst die „strategische Ausrichtung der Personalentwicklung". Die Ergebnisse sind in Tabelle 8.11 dargestellt und liefern signifikante Unterschiede zwischen den Branchen.

Die Betrachtung der Ergebnisse der ANOVA zeigt hochsignifikante Unterschiede zwischen den Branchen bei der zusammenfassenden Betrachtung der strategischen Ausrichtung der Personalentwicklungsarbeit. Diese sind auf Unterschiede zwischen IT-Branche und Verwaltung mit niedrigen Mittelwerten auf der einen Seite und dem Produzierenden Gewerbe mit sehr hohen Mittelwerten und folglich einer sehr ausgeprägten strategischen Ausrichtung der Personalentwicklung auf der anderen Seite zurückzuführen. Auch im Dienstleistungssektor ist die strategische Ausrichtung ungefähr so stark wie im Produzierenden Gewerbe.

Tab. 8.11: Ergebnisse der Subdimension „strategische Ausrichtung der PE"

Subdimension: „Strategische Ausrichtung der Personalentwicklung"					
Branche	**n**	**x̄**	**s**	**Min.**	**Max.**
Prod. Gewerbe	18	3,81	0,95	2,25	5,00
Dienstleister	20	3,73	0,65	2,50	4,50
IT-Branche	20	2,98	1,11	0,00	4,50
Verwaltung	20	3,00	0,78	1,00	4,25
Gesamt N	78	3,37	0,95	0,00	5,00
Ergebnisse der Varianzanalyse	F = 4,951 p = .003**				
Unterschiede zwischen: (Bonferroni-Test)	Produzierendes Gewerbe – IT-Branche (p = .035*) Produzierendes Gewerbe – Verwaltung (p = .039*)				

Tabelle 8.12 erfasst die signifikanten Branchenunterschiede, die sich bei der Betrachtung der Subdimension „Reichweite und Nutzung von PE-Maßnahmen" zeigten.

Bei der zusammenfassenden Betrachtung von Reichweite und Nutzung der Personalentwicklungsmaßnahmen zeigen sich signifikante Mittelwertsunterschiede zwischen Dienstleistungsbranche und Verwaltung, wobei der Dienstleistungssektor hier den höheren Mittelwert und demnach die am weitesten gehende Reichweite und Nutzung von Personalentwicklungs-Maßnahmen aufweist. Auffallend ist bei dieser Dimension die geringe Streuung der Werte bei allen Branchen, besonders aber bei der Dienstleistungsbranche mit einer Streuung von 0,42. Die Bandbreite der Antworten ist mit Werten zwischen 3,5 und 5 ebenfalls gering ausgeprägt. Mit einem Gesamtmittelwert von 3,86 liegt für diese Subdimension generell ein eher zustimmendes Antwortverhalten vor. Dabei muss jedoch berücksichtigt werden, dass zwei der sechs Items der Subdimension nachträglich umgepolt wurden. Auf diesen Einfluss soll in der anschließenden Interpretation der Ergebnisse näher eingegangen werden.

Tab. 8.12: Ergebnisse der Subdimension „Reichweite und Nutzung von PE-Maßnahmen"

Subdimension „ Reichweite und Nutzung von PE-Maßnahmen"					
Branche	**n**	**x̄**	**s**	**Min.**	**Max.**
Prod. Gewerbe	18	3,86	0,69	2,50	4,83
Dienstleister	20	4,25	0,42	3,50	5,00
IT-Branche	20	3,77	0,67	2,33	5,00
Verwaltung	20	3,57	0,75	2,00	4,67
gesamt N	78	3,86	0,68	2,00	5,00
Ergebnisse der Varianzanalyse	F = 3,99 p = .011*				
Unterschiede zwischen: (Bonferroni-Test)	Dienstleistungsbranche – Verwaltung (p = .007**)				

Als letzte der vier Subdimensionen soll in der nachfolgenden Tabelle 8.13 der Bereich der „Qualitätssicherung der PE-Maßnahmen" betrachtet werden.

Die Branchenunterschiede im Bereich der Qualitätssicherung sind hochsignifikant und zeigen sich, in erster Linie zwischen Produzierendem Gewerbe und Verwaltungsbereich. Der höchste Mittelwert liegt hier beim Produzierenden Gewerbe, der niedrigste im Verwaltungssektor, der demnach am wenigsten Qualitätssicherung betreibt. Dienstleistungs- und IT-Branche liegen mit ihren Werten eher im mittleren Bereich.

Tab. 8.13: Ergebnisse der Subdimension „Qualitätssicherung der PE-Maßnahmen"

Subdimension „Qualitätssicherung der PE-Maßnahmen"					
	n	$\bar{x}$	s	Min.	Max.
Prod. Gewerbe	18	3,84	0,87	1,80	5,00
Dienstleister	20	3,35	0,77	1,80	4,40
IT-Branche	20	3,19	0,74	1,80	4,40
Verwaltung	20	2,85	0,92	1,20	4,80
Gesamt N	78	3,29	0,89	1,20	5,00
Ergebnisse der Varianzanalyse	$F = 4,745$ $p = .004**$				
Unterschiede zwischen: (Bonferroni-Test)	Produzierendes Gewerbe – Verwaltung ($p = .002**$)				

Abschließend werden für die Dimension „Aspekte der Personalentwicklung im Unternehmen" in der Tabelle 8.14 die signifikanten Ergebnisse von Subdimensions- und Einzelitemvergleich noch einmal überblicksartig dargestellt.

Interpretation der Ergebnisse
Betrachtet man die gesamte Dimension, die sich mit Aspekten der Personalentwicklung beschäftigt, so fällt über alle signifikanten Einzelitems und auch die Subdimensionen eine Zweiteilung der Branchen auf: IT-Branche und insbesondere die Verwaltungen haben fast durchgängig niedrigere Mittelwerte als die Dienstleistungsbranche und das Produzierende Gewerbe.

Der geringe Stellenwert der Personalentwicklung in der Verwaltungsbranche wird in der Literatur häufig kritisiert, die Ergebnisse bestätigen diese Tendenz. Zurückgeführt wird diese Situation unter anderem auf die Monopolstellung, die staatliche Verwaltungen per definitionem inne haben. Dieser Aspekt kann mangelnde organisationale Unterstützung der Personalentwicklung wie z.B. die Kopplung an organisationale Veränderungsprozesse oder die strategische Ausrichtung der Personalentwicklung erklären. Auffällig ist aber auch das schlechte Abschneiden der Verwaltungsbranche in Bezug auf Nachfrage und Nutzung von Angeboten durch die Mitarbeiter. Dies kann durch eine weitere Eigenart dieses Sektors erklärt werden: In der Verwaltungsbranche ist eine

Tab. 8.14: Darstellung der signifikanten Branchenunterschiede im Überblick

Item	hoher Mittelwert	niedriger Mittelwert
Subdimension „Stellenwert der Personalentwicklungsarbeit"	DL – Prod. – IT – Verw.	
Subdimension „Strategische Ausrichtung der Personalentwicklung"	Prod. – DL – Verw. – IT	
Subdimension „Reichweite und Nutzung von PE-Maßnahmen"	DL – Prod. – IT – Verw.	
Subdimension „Qualitätssicherung der PE-Maßnahmen"	Prod. – DL – IT – Verw.	
Die Nachfrage nach PE-Maßnahmen im Unternehmen ist groß	DL – IT – Prod. – Verw.	
Die Arbeit unserer PE ist strategisch ausgerichtet	Prod. – DL – Verw. – IT	
Die PE-Arbeit ist eng gekoppelt mit strategisch ausgerichteten organisat. Veränderungsprozessen	Prod. – DL – Verw. – IT	
Die Ausrichtung unserer PE-Strategie wird regelmäßig überprüft und angepasst	Prod. – DL – IT – Verw.	
Die PE-Maßnahmen werden in ihrer inhaltl. Ausrichtung bedarfsgerecht zugeschnitten	DL – Prod. – IT – Verw.	
Die Mitarbeiter nutzen die Personalentwicklungsangebote	DL – Prod. – IT – Verw.	
Der Weiterbildungsbedarf wird bei uns systematisch erfasst	Prod. – DL – IT – Verw.	
Bei uns werden die PE-Maßnahmen regelmäßig evaluiert	Prod. – IT – DL – Verw.	
Die Ergebnisse der Evaluation führen zu einer Überarbeitung und Neukonzeption von Maßnahmen	IT – Prod. – DL – Verw.	

große Zahl der Angestellten verbeamtet; dies bedeutet für die Angestellten eine hohe Arbeitsplatzsicherheit, gleichzeitig wenig Honorierung von überdurchschnittlichen Leistungen und damit wenig Anreiz, sich weiterzubilden (vgl. Kap 8.1.2).

Die mangelnde gezielte und bedarfsspezifische Ausrichtung und systematische Evaluation von Personalentwicklungsmaßnahmen lässt sich ähnlich erklären. Zwar haben, folgt man etwa Benedix und Nockert (1999), in den Verwaltungen in den letzten Jahren verstärkt Bemühungen zu mehr Bürgerorientierung und Effizienz Einzug gehalten, doch eine zwingende Notwendigkeit Personalentwicklungsmaßnahmen in dieser Branche effektiv und spezifisch zu gestalten und ständig anzupassen, besteht nach diesen Ergebnissen nach wie vor nicht.

Die niedrigen Werte der IT-Branche entsprechen ebenfalls der in der Literatur aufgeführten Diskrepanz zwischen der Notwendigkeit strategisch ausgerichteter und umfassender Weiterbildungsmaßnahmen und den tatsächlich durchgeführten allenfalls punktuellen Maßnahmen (Baukrowitz & Boes 1997). Möglicherweise liegen die niedrigen Mittelwerte der IT-Branche daran, dass viele Unternehmen noch nicht sehr alt sind und darum z.B. die Kopplung der Personalentwicklung an organisationale Veränderungen noch nicht relevant oder etabliert ist. Hinzu kommt, dass die IT-Unternehmen bis zur Krise vor einigen Jahren gefestigte Marktpositionen inne hatten und die Notwendigkeit der Personalentwicklung vordergründig nicht bestand.

Das Gegenteil ist bei Dienstleistungsbranche und Produzierendem Gewerbe der Fall: hier ist die Personalentwicklung strategisch ausgerichtet, bedarfsgerecht zugeschnitten und wird von den Mitarbeitern häufig genutzt. Dies hängt möglicherweise damit zusammen, dass die Personalentwicklungsarbeit in diesen Branchen mehr Zeit hatte um sich zu etablieren. So hängt nach Lutz (1993) der Erfolg im Produzierenden Gewerbe schon immer eng mit der Qualifikation der Mitarbeiter zusammen, die sowohl Produkte ständig weiter entwickeln als auch immer weiterer Technisierung und ständig veränderten und optimierten Produkten gewachsen sein müssen. Dass die Kopplung der Personalentwicklung an organisationale Veränderungen, ihre strategische Ausrichtung und die Qualitätssicherung gerade in dieser Branche besonders stark ausfällt, verwundert vor diesem Hintergrund nicht.

8.3.2.4 Dimension 4: Kompetenzentwicklung der Mitarbeiter

Die Dimension „Kompetenzentwicklung" beinhaltet insgesamt nur 9 Items und ein Gesamtitem, es existieren deshalb keine Subdimensionen. Die Darstellung der Ergebnisse auf Dimensions-Niveau folgt in der nachstehenden Tabelle 8.15; signifikante Unterschiede bestehen hier jedoch nicht. Auch bei der näheren Betrachtung der Werte fallen keine Besonderheiten ins Auge.

Tab. 8.15: Ergebnisse der Dimension „Kompetenzentwicklung der Mitarbeiter"

Dimension „Kompetenzentwicklung der Mitarbeiter"					
Branche	**n**	**$\bar{x}$**	**s**	**Min.**	**Max.**
Prod. Gewerbe	18	2,71	0,70	1,50	3,83
Dienstleister	20	2,69	0,64	1,00	3,50
IT-Branche	20	3,03	0,73	1,17	4,33
Verwaltung	20	2,50	0,73	1,00	3,75
Gesamt N	78	2,73	0,71	1,00	4,33
Ergebnisse zeigen keine signifikanten Branchenunterschiede					

Die beiden signifikanten Einzelitemergebnisse der Dimension „Kompetenzentwicklung der Mitarbeiter" werden in Tabelle 8.16 zusammenfassend dargestellt. Bei beiden Items im Bereich Kompetenzentwicklung liegen die Werte der IT-Branche am höchsten, die Werte des Dienstleistungssektors am niedrigsten.

Tab. 8.16: Darstellung der signifikanten Branchenunterschiede im Überblick

Item	hoher Mittelwert	niedriger Mittelwert
Für bestimmte Mitarbeitergruppen haben wir eine Zertifizierung von relevanten Kompetenzen erarbeitet.	IT – Verw.	– Prod. – DL
Die Verantwortung für ihre Kompetenzentwicklung liegt in hohem Maße bei den Mitarbeitern selbst.	IT – Verw.	– Prod. – DL

Interpretation der Ergebnisse
Bei fast allen Fragen bezüglich der Kompetenzentwicklung schneidet die IT-Branche besser ab als die anderen Branchen, wenn auch nur bei zwei Items auf signifikantem Niveau. Dies liegt möglicherweise daran, dass die Branche in den letzten 15 Jahren das vergleichsweise massivste personelle Wachstum erlebt hat (Schäfer 1999) und so die schnelle und eigenverantwortliche Entwicklung benötigter Kompetenzen dringend notwendig war. Die hohe Eigenverantwortung in der IT-Branche bezüglich der eigenen Kompetenzentwicklung korrespondiert mit den vorherrschenden Informationsasymmetrien in dieser Branche (Schüßler & Weiss 2001). Dies bedeutet, dass die Mitarbeiter oft weiterreichendere fachliche Kompetenzen haben als ihre Vorgesetzten und demnach auch ihre weitere Förderung am ehesten selbst beurteilen und initiieren können.

Überraschend sind hingegen die Ergebnisse, die auf eine starke Zertifizierung relevanter Kompetenzen in der IT-Branche hinweisen. Insbesondere in der IT-Branche verkürzen sich die Wissenslebenszyklen der Mitarbeiter immer schneller (Schüßler & Weiss 2001) und neue „In-Qualifikationen" treten immer kurzfristiger auf. Um so schwieriger dürfte es sein Kompetenzprofile zu entwickeln oder Kompetenzanforderungen, die sich ständig ändern, zu zertifizieren. Genau hier unterscheidet sich aber die IT-Branche mit einem signifikant höheren Zertifizierungsniveau von allen anderen Branchen. Dies weist daraufhin, dass in der IT-Branche trotz dieser Schwierigkeiten die Anerkennung von meist informell bzw. am Arbeitsplatz erworbenen Kompetenzen weiter verbreitet und damit innovativer ist als in anderen Branchen.

8.3.2.5 Dimension 5: Lern- und Entwicklungsmöglichkeiten im Unternehmen

Die Dimension 5 ist mit 28 mehrfach gestuften und zwei dichotomen Items die größte Dimension des LKI. Von diesen 30 Items weisen 7 mehrfach gestufte Items signifikante Branchenunterschiede auf. Bei den 3 Subdimensionen weist nur die Subdimension „Transfersicherung" signifikante Unterschiede auf Die Ergebnisse für die drei Subdimensionen sind in den Tabellen 8.17, 8.18 und 8.19 dargestellt.

Die deskriptive Statistik der Subdimension „Lernorte im Unternehmen" zeigt, dass der Verwaltungssektor den niedrigsten, Produzierendes Gewerbe und Dienstleister hingegen die höchsten Mittelwerte aufweisen. Dennoch liegen auch die Werte dieser beiden

Branchen allenfalls im Bereich „trifft teilweise zu". Die Streuungen sind vergleichsweise gering und die Bandbreite der Antwortmöglichkeiten wird von keiner Branche voll genutzt. Die Items dieser Dimension erfragen, ob die Auswahl eines passenden Lernortes sich an den formulierten Lerninhalten orientiert. Lernen kann dabei in der Arbeit (Learning-on-the-job), in Arbeitsnähe (Learning-near-the-job) und außerhalb der eigentlichen Arbeitstätigkeit (Learning-off-the-Job) stattfinden.

Tab. 8.17: Ergebnisse der Subdimension „Lernorte im Unternehmen"

Subdimension „Lernorte im Unternehmen"					
Branche	n	$\bar{x}$	s	Min.	Max.
Prod. Gewerbe	18	3,06	0,83	1,50	4,75
Dienstleister	20	3,05	0,71	1,50	4,50
IT-Branche	20	2,95	0,78	1,50	4,25
Verwaltung	20	2,51	0,64	1,50	3,75
Gesamt N	78	2,89	0,76	1,50	4,75
Ergebnisse zeigen keine signifikanten Branchenunterschiede					

Die Mittelwerte in der Subdimension „Lernformen im Unternehmen" gruppieren sich alle eng um den mittleren Zustimmungsbereich der Ratingskala. Signifikante Unterschiede bestehen hier nicht, auch wenn die Mittelwerte zeigen, dass neuere, lernförderliche Formen des Lernens vor allem in der IT-Branche und am wenigsten im Verwaltungssektor eingesetzt werden. Zu den neueren *Lernformen im Unternehmen* gehören das gruppenbezogene, das informelle, das mediengestützte und das selbstorganisierte Lernen. Für diese Lernformen wird erfragt, wie die Unterstützung von Seiten des Unternehmens aussieht (z.B. Gruppenlernen wird ermöglicht durch das Initiieren von Erfahrungsaustauschgruppen) und inwieweit der Mitarbeiter über selbstorganisierte Anteile zum Lernen beiträgt.

Tab. 8.18: Ergebnisse der Subdimension „Lernformen im Unternehmen"

Subdimension „Lernformen im Unternehmen"					
Branche	n	$\bar{x}$	s	Min.	Max.
Prod. Gewerbe	18	3,01	0,71	1,50	4,30
Dienstleister	20	3,13	0,83	2,00	4,60
IT-Branche	20	3,23	0,62	2,22	4,40
Verwaltung	20	2,96	0,59	1,90	4,00
Gesamt N	78	3,09	0,69	1,50	4,60
Ergebnisse zeigen keine signifikanten Branchenunterschiede					

Die einzige Subdimension, bei der signifikante Branchenunterschiede bestehen, wird in der nachstehenden Tabelle 8.19 beschrieben.

Im Bereich der Transfersicherung liegen die Werte von Verwaltung und IT-Branche signifikant unter denen des Produzierenden Gewerbes und der Dienstleister. Dies bedeutet, dass auf die Sicherung des Transfers nach Weiterbildungsmaßnahmen vor allem bei den Produzierenden Unternehmen und den Dienstleistern Wert gelegt wird. Auffällig ist die geringe Bandbreite bei den Antworten des Produzierenden Gewerbes, die zwischen 2,4 und 4,8 liegen. Nach unten wird die Skala nur von der Dienstleistungsbranche ausgeschöpft.

Tab. 8.19: Ergebnisse der Subdimension „Transfersicherung"

Subdimension „Transfersicherung"					
	n	$\bar{x}$	s	Min.	Max.
Prod. Gewerbe	18	3,30	0,61	2,40	4,80
Dienstleister	20	2,98	0,94	1,00	4,40
IT-Branche	20	2,66	0,55	1,80	3,80
Verwaltung	20	2,35	0,59	1,40	3,40
Gesamt N	78	2,81	0,76	1,00	4,80
Ergebnisse der Varianzanalyse	F = 6,589 p = .001**				
Unterschiede zwischen: **(Bonferroni-Test)**	Produzierendes Gewerbe – Verwaltung (p = .000**) Dienstleistungsbranche – Verwaltung (p = .034*) Produzierendes Gewerbe – IT-Branche (p = .035*)				

Die Dimension „Lern- und Entwicklungsmöglichkeiten im Unternehmen" weist bei einer Reihe von Einzelitems signifikante Branchenunterschiede auf. Diese werden ebenso wie die Subdimension, in der sich signifikante Ergebnisse ergaben, in Tabelle 8.20 übersichtsartig dargestellt.

Interpretation der Ergebnisse
Am auffälligsten bei der Betrachtung von Lern- und Entwicklungsmöglichkeiten im Unternehmen ist das schlechte Abschneiden des Verwaltungssektors im Bereich der Transfersicherung. Hier werden signifikant niedrigere Ausprägungen erreicht als in allen anderen Branchen. Dies kann zum Teil mit der zurückhaltenden Rolle der Führungskräfte bei der Lernunterstützung ihrer Mitarbeiter erklärt werden. Diese sollten eine wichtige Rolle bei der Vor- und Nachbereitung des Trainings spielen, tun dies aber, was Mittelwerte in Tab. 8.20 verdeutlichen, im Verwaltungssektor nach den vorliegenden Ergebnissen kaum.

Tab. 8.20: Darstellung der signifikanten Branchenunterschiede im Überblick

Item	hoher Mittelwert niedriger Mittelwert
Subdimension „Transfersicherung"	Prod. – DL – IT – Verw.
Lernen und Kompetenzentwicklung finden bei uns hauptsächlich in Seminaren und Trainings statt.	Verw. – DL – IT – Prod.
Von Unternehmensseite wird gewünscht, dass die Mitarbeiter einen Teil ihrer Lernprozesse selbst organisieren.	IT – Prod. – DL – Verw.
Bei uns werden Ansätze und Strategien zur Förderung des Lerntransfers verfolgt.	Prod. – DL – IT – Verw.
Der Vorgesetzte unterstützt den Transfer, indem er dem Mitarbeiter nach dem Training Feedback gibt.	Prod. – DL – IT – Verw.
Der Vorgesetzte erarbeitet gemeinsam mit dem Mitarbeiter vor einem Training Lernziele und überprüft, ob das Gelernte am Arbeitsplatz angewandt wird.	DL – Prod. – IT – Verw.
Wir achten darauf, dass die MA nach einem Training das Gelernte in ihrer alltäglichen Arbeit anwenden können.	Prod.– IT – DL – Verw.
Maßnahmen zur Transfersicherung im Unternehmen fördern Lernen	Prod. – DL – IT – Verw.

Positiv im Bereich Transfersicherung schneidet insbesondere das Produzierende Gewerbe ab. Dies erklärt sich u.a. dadurch, dass Ansätze des arbeitsbezogenen Lernens im Produktionskontext eine stärkere Rolle spielt als in anderen Branchenkontexten. Dies impliziert meist auch eine besondere Berücksichtigung von Transferaspekten im Rahmen der Weiterbildung. Auch im Bereich des informellen Lernens schneidet diese Branche, wenn auch nur tendenziell, besser ab als die drei anderen. Hierbei sollte beachtet werden, dass Konzepte wie job enrichment oder job rotation traditionellerweise vermehrt im Produzierenden Gewerbe eingesetzt werden (vgl. etwa Lacher 2000), auch, weil nach Pack und Buck (1998) in diesem Bereich verstärkt Monotonie und psychische Sättigung auftreten.

Erwähnenswert sind in dieser LKI-Dimension auch die Ergebnisse zu den Lernorten im Unternehmen. Die hier interessierende Fragestellung ist, ob Kompetenzentwicklung überwiegend in Trainings und Seminaren stattfindet oder auch on- und near-the-job. Der Mittelwert liegt hier sehr hoch, vor allem im Verwaltungsbereich wird Lernen also nach wie vor klar vom Arbeitsbereich getrennt gesehen, dies gilt teilweise auch für die anderen Branchen. Lernen wird demnach noch zu wenig in den Arbeitsprozess integriert.

8.3.2.6 Dimension 6: Lernorientierte Führungsleitlinien und -aufgaben

Die Dimension „Lernorientierte Führungsleitlinien und -aufgaben" besteht aus zwei Subdimensionen, die in den folgenden Tabellen 8.21 und 8.22 dargestellt werden. Beide zeigen keine signifikanten Branchenunterschiede. Von den 15 mehrfach gestuften Items weist nur eines signifikante Branchenunterschiede auf.

Bei der Betrachtung der Ergebnisse dieser Dimension fällt weiterhin auf, dass alle Items der Subdimension „Umsetzung der Führungsleitlinien" von den Probanden als „nicht relevant" eingestuft wurden. Dies trifft ebenfalls für die ersten beiden Gesamtitems „Unsere Führungsleitlinien sind lernförderlich" und „Die Umsetzung dieser Führungsleitlinien im Unternehmen fördert Lernen" zu.

Bei den Ergebnissen zur Subdimension „Lernorientierte Führungsleitlinien und deren Umsetzung" ergeben sich für alle Branchen außer dem Dienstleistungssektor Werte unterhalb der Zustimmungsgrenze, die beim Wert 3 liegt. Dies gilt auch für den Gesamtmittelwert. Die geringste Ausprägung bei dieser Subdimension weist der Verwaltungssektor auf; die Unterschiede sind jedoch nicht signifikant.

Tab. 8.21: Ergebnisse der Subdimension „Lernorientierte Führungsleitlinien und deren Umsetzung"

Subdimension „Lernorientierte Führungsleitlinien und deren Umsetzung"					
Branche	n	$\bar{x}$	s	Min.	Max.
Prod. Gewerbe	18	2,87	1,04	0,00	4,67
Dienstleister	20	3,12	0,77	1,67	4,17
IT-Branche	20	2,80	1,06	0,00	4,33
Verwaltung	20	2,68	0,98	0,50	4,00
Gesamt N	78	2,87	0,96	0,00	4,67
Ergebnisse zeigen keine signifikanten Branchenunterschiede					

Die Subdimension „Lernorientierte Führungsaufgaben" zeigt deutlich höhere Mittelwerte als die zuvor beschriebene Subdimension „Führungsleitlinien". Alle Werte der einzelnen Branchen liegen oberhalb der Zustimmungsgrenze, wobei auch hier der Wert der Dienstleister am höchsten, der Wert der Verwaltungen am niedrigsten ist.

Tab. 8.22: Ergebnisse der Subdimension „Lernorientierte Führungsaufgaben"

Subdimension „Lernorientierte Führungsaufgaben"					
Branche	n	$\bar{x}$	s	Min.	Max.
Prod. Gewerbe	18	3,35	0,58	2,50	4,50
Dienstleister	20	3,53	0,57	2,33	4,50
IT-Branche	20	3,46	0,63	2,33	4,67
Verwaltung	20	3,20	0,74	1,50	4,50
Gesamt N	78	3,39	0,64	1,50	4,67
Ergebnisse zeigen keine signifikanten Branchenunterschiede					

Tabelle 8.23 zeigt das signifikante Item dieser Dimension und die Rangreihe der Mittelwerte der Branchen.

Tab. 8.23: Darstellung der signifikanten Branchenunterschiede im Überblick

Item	hoher Mittelwert niedriger Mittelwert
Die Personalabteilung unterstützt die Führungskräfte durch Maßnahmen in Form von Seminaren und Coachings dabei, wie sie ihre Mitarbeiter fördern können	DL – IT – Prod. – Verw.

Interpretation der Ergebnisse
Im Bereich Führungsleitlinien liegen die Mittelwerte über alle Branchen im Bereich um den Wert 3 oder leicht darunter. Für alle Items wurde auch die Kategorie „nicht relevant" genutzt, obwohl dies von Seiten des Instruments nicht immer vorgesehen war. Eine mögliche Interpretation dieser Tatsache ist, dass in vielen Unternehmen noch keine lernorientierten Führungsleitlinien bestehen beziehungsweise die Führungskräfte bei Aufgaben zur Förderung ihrer Mitarbeiter noch nicht optimal gefordert und unterstützt werden. Diese Annahme gilt für alle betrachteten Branchen. Die signifikant niedrigeren Werte der Verwaltungsbranche im Bereich Unterstützung der Führungskräfte bei der Förderung ihrer Mitarbeiter lassen sich dadurch erklären, dass nach Harms (1999) besonders im Verwaltungssektor nach wie vor ein Unterschied zwischen Führungs*position* als reine Hierarchiestufe und tatsächlicher Führungs*verantwortung* besteht, d.h. die Verantwortung der Führungskraft für die Weiterentwicklung und Unterstützung der Mitarbeiter ist in diesem Kontext noch eher die Ausnahme und wird nicht als Führungsaufgabe wahrgenommen. In diesem Bereich besteht somit für den Verwaltungssektor Nachholbedarf, insbesondere was das Verständnis von Aufgabenbereichen der Führung betrifft.

8.3.2.7 Dimension 7: Information und Partizipation im Unternehmen

Die siebte Dimension des LKI besteht aus 19 mehrfach gestuften Items, von denen die Ergebnisse der 4 Items mit signifikanten Branchenunterschieden in Tabelle 8.27 zusammengefasst werden sollen. Zuvor werden wie für jede Dimension jeweils die Werte der Subdimensionen aufgeführt und erläutert (Tab. 8.24, 8.25 und 8.26). In zwei der drei Subdimensionen finden sich signifikante Unterschiede. In der Gesamtbetrachtung der Informationswege und -möglichkeiten in Unternehmen bestehen signifikante Unterschiede zwischen den Branchen, die auf bedeutsame Unterschiede zwischen der Dienstleistungsbranche mit dem höchsten Mittelwert und der IT-Branche mit dem niedrigsten Mittelwert zurückzuführen sind. Die Items dieser Subdimension haben sehr hohe Zustimmungsraten, was sich in einem vergleichsweise hohen Niveau der Mittelwerte widerspiegelt. Zudem liegen die Antworten in Dienstleistungs- und Verwaltungsbranche, den beiden Branchen mit den höchsten Mittelwerten, nur zwischen den Werten 3 und 5.

Tab. 8.24: Ergebnisse der Subdimension „Informationswege und -möglichkeiten"

Subdimension „Informationswege und -möglichkeiten"					
	n	$\bar{x}$	s	Min.	Max.
Prod. Gewerbe	18	3,86	0,76	2,00	5,00
Dienstleister	20	4,43	0,65	3,00	5,00
IT-Branche	20	3,83	0,78	1,75	5,00
Verwaltung	20	4,10	0,57	3,00	5,00
Gesamt N	78	4,06	0,72	1,75	5,00
Ergebnisse der Varianzanalyse	$F = 3,177$ $p = .029*$				
Unterschiede zwischen: (Bonferroni-Test)	Dienstleistungsbranche – IT-Branche (p = .044*)				

Die zweite Subdimension, die die Partizipationsmöglichkeiten der Mitarbeiter bei der Gestaltung von Lernen und Personalentwicklung erfasst, zeigt keine Unterschiede zwischen den Branchen (vgl. Tab. 8.25). Alle Mittelwerte liegen relativ nah beieinander, auffällig ist jedoch die durchgehend eher geringe Zustimmung in diesem Bereich, was sich in Mittelwerten, die vollständig unter dem Wert von 3 liegen, zeigt. Auch Streuungen, Minima und Maxima sind über alle Branchen hinweg homogen.

Tab. 8.25: Ergebnisse der Subdimension „Partizipationsmöglichkeiten bei der Gestaltung von Lernen und Personalentwicklung"

Subdimension „Partizipationsmöglichkeiten bei der Gestaltung von Lernen und Personalentwicklung"					
Branche	**n**	**x̄**	**s**	**Min.**	**Max.**
Prod. Gewerbe	18	2,52	0,99	1,00	4,50
Dienstleister	20	2,83	0,93	1,00	4,00
IT-Branche	20	2,37	1,07	1,00	4,50
Verwaltung	20	2,65	1,09	1,00	4,00
Gesamt N	78	2,59	1,02	1,00	4,50
Ergebnisse zeigen keine signifikanten Branchenunterschiede					

Die signifikanten Unterschiede in der Subdimension „Lernen durch Wissensaustausch" sind auf die knapp signifikanten Unterschiede zwischen der IT-Branche, die hier den höchsten Mittelwert aufweist, und dem Verwaltungssektor mit dem niedrigsten Mittelwert zurückzuführen (vgl. Tab. 8.26). Es gilt also zusammenfassend, dass vor allem in der IT-Branche verstärkt durch Wissensaustausch gelernt wird, im Produzierenden Gewerbe und Verwaltungssektor findet sich hingegen ein niedrigeres Niveau des Wissensaustausches.

Tab. 8.26: Ergebnisse der Subdimension „Lernen durch Wissensaustausch"

Subdimension „Lernen durch Wissensaustausch"					
	n	**x̄**	**s**	**Min.**	**Max.**
Prod. Gewerbe	18	2,79	0,90	1,50	5,00
Dienstleister	20	3,00	0,72	1,88	4,50
IT-Branche	20	3,34	0,70	1,75	4,63
Verwaltung	20	2,67	0,60	1,75	4,00
Gesamt N	78	2,96	0,76	1,50	5,00
Ergebnisse der Varianzanalyse	$F = 3,125$ $p = .031*$				
Unterschiede zwischen: (Bonferroni-Test)	IT-Branche – Verwaltung ($p = .049*$)				

Abschließend werden alle signifikanten Unterschiede der Dimension „Information und Partizipation im Unternehmen" in Tabelle 8.27 zusammengefasst.

Tab. 8.27: Darstellung der signifikanten Branchenunterschiede im Überblick

Item	hoher Mittelwert	niedriger Mittelwert
Subdimension „Informationswege und -möglichkeiten"	DL – Verw. – Prod. – IT	
Subdimension „Lernen durch Wissensaustausch"	IT– DL – Prod. – Verw.	
Wir informieren unsere Mitarbeiter regelmäßig über Lern- und Entwicklungsangebote	DL – Verw. – IT – Prod.	
Unsere Mitarbeiter nutzen die angebotenen Informationswege	DL – IT – Verw. – Prod.	
Wir unterstützen den informellen Wissensaustausch, indem wir unseren Mitarbeitern Möglichkeiten zum Zusammenkommen bieten	IT– DL – Verw. – Prod.	
Unsere Mitarbeiter teilen ihr Wissen bereitwillig mit ihren Kollegen	IT– DL – Verw. – Prod.	

Interpretation der Ergebnisse
Aspekte der Information der Mitarbeiter durch die Personalentwicklung und die Nutzung der Informationsangebote durch die Mitarbeiter werden vor allem in der Dienstleistungsbranche als hoch ausgeprägt bewertet. Die Diskrepanz zwischen dieser Branche und dem Produzierenden Gewerbe kann möglicherweise damit erklärt werden, dass bestimmte Kommunikationsmedien wie Computernetzwerke von Mitarbeitern in der Dienstleistungsbranche regelmäßiger genutzt werden als von in der Produktion Tätigen.

Die vergleichsweise geringe Zustimmung des Verwaltungssektors ist zusätzlich mit den stark standardisierten Organisationsstrukturen der Branche (Breindl 1993) und einem möglicherweise dadurch eher gehemmten Informationsfluss zu erklären. Für die Bewertung der Informationswege in der IT-Branche gibt es auf Basis der vorliegenden Literatur keine nahe liegenden Erklärungen. Wichtig für weitere Überlegungen ist der relativierende Aspekt, dass es sich bei der Subdimension „Informationswege und -möglichkeiten" um die Subdimension mit der höchsten Zustimmungsrate handelt, es sich also auch bei den „niedrigen" Mittelwerten um Werte zwischen 3 und 4 handelt und der Informationsfluss somit nicht tatsächlich negativ beurteilt wird.

Interessant ist im Gegensatz zum formellen Informationsaustausch das hohe Ausmaß an informeller Kommunikation insbesondere in der IT-Branche. Hier wird Wissen zwischen Kollegen weitergegeben und auch die Rolle des Wissensaustauschs für Lernen als hoch eingeschätzt. Da sich die IT-Branche vor allem durch personengebundenes Wissen auszeichnet und auf einer teamorientierten Vertrauenskultur basiert (Schüßler & Weiss 2001), ist der informelle Wissensaustausch gerade für diese Branche sehr wichtig. Da aber ebenfalls besonders die IT-Branche mit dem enormen Konkurrenzdruck zwischen den Mitarbeitern zu kämpfen hat und Wissen für jeden Einzelnen die Existenzberechtigung im Unternehmen darstellt (ebd.), ist das Ergebnis um so erstaunlicher, da es ausdrückt, dass trotz der Konkurrenzsituation die Wir-Zentrierung gegenüber der Ich-Zentrierung in Unternehmen dieser Branche überwiegt.

8.3.2.8 Dimension 8: Lernkontakte des Unternehmens mit seiner Umwelt

Die Dimension „Lernkontakte des Unternehmens mit seiner Umwelt" verfügt über keine Aufteilung in Subdimensionen und beinhaltet insgesamt 10 mehrfach gestufte Items. Zunächst sollen in Tabelle 8.28 die Dimensionsergebnisse dargestellt werden, auch wenn hier keine signifikanten Branchenunterschiede bestehen. Die Ergebnisse zu dieser Dimension zeigen, dass Produzierendes Gewerbe und IT-Branche die höchsten Werte bezogen auf die Lernkontakte des Unternehmens aufweisen. Geringer ausgeprägte Lernkontakte finden sich in Verwaltungen und in der Dienstleistungsbranche; diese Branchenunterschiede sind aber nicht signifikant. Auffallend an den Ergebnissen ist vor allem die relativ niedrige Streuung der Werte über alle Branchen hinweg.

Tab. 8.28: Ergebnisse der Subdimension „Lernkontakte des Unternehmens mit seiner Umwelt"

Dimension „Lernkontakte des Unternehmens mit seiner Umwelt"					
Branche	**n**	**$\bar{x}$**	**S**	**Min.**	**Max.**
Prod. Gewerbe	18	3,37	0,63	2,14	4,14
Dienstleister	20	3,00	0,68	2,00	4,43
IT-Branche	20	3,30	0,61	2,14	4,14
Verwaltung	20	2,93	0,73	1,43	4,29
Gesamt N	78	3,14	0,68	1,43	4,43
Ergebnisse zeigen keine signifikanten Branchenunterschiede					

In Tabelle 8.29 werden für die Dimension „Lernkontakte des Unternehmens mit seiner Umwelt" signifikanten Einzelitemergebnisse im Überblick wiedergegeben.

Tab. 8.29: Darstellung der signifikanten Branchenunterschiede im Überblick

Item	hoher Mittelwert niedriger Mittelwert
Unsere Mitarbeiter zeigen große Eigeninitiative beim Aufbau und bei der Pflege von Kontakten mit externen Personen und Institutionen	IT – Prod. – Verw. – DL
Anzahl externer Netzwerke zum Zwecke des Lernens und Informationsaustausches	Prod. – IT – DL – Verw.

Interpretation der Ergebnisse

Besonders im Produzierenden Gewerbe und der IT-Branche bestehen nach den vorliegenden Ergebnissen Lernkontakte zu externen Einrichtungen. Für die Gruppe der Produzierenden Unternehmen kann dies daran liegen, dass insbesondere viele der kleineren Betriebe Zulieferbetriebe sind (Leicht & Stockmann 1993) und so automatisch mit mehreren externen Gruppen wie Kunden oder anderen Unternehmen in Kontakt stehen.

Nach Althoff und Thielepape (1995) sind Verwaltungen oft auf Grund der gegebenen Rahmenbedingungen eher nach innen in die Organisation orientiert. Die niedrigen Ausprägungen bei diesem Lernkulturaspekt dieser Gruppe haben möglicherweise hier eine ihrer Ursachen. Für die Dienstleistungsbranche kann angenommen werden, dass der gestiegene Wettbewerb (Brommer 1999) ein Faktor ist, der die Unternehmen veranlasst, Wissen nicht mit Externen zu teilen, sondern sich äußeren Einflüssen zu verschließen und Kooperationen zurückhaltend zu begegnen (für die Charakterisierung unterschiedlicher Stile der Unternehmenskommunikation mit ihrer Umwelt vgl. Simon 1995 oder Sonntag 1996).

8.4 Zusammenfassung der wichtigsten Ergebnisse

Abschließend sollen an dieser Stelle noch einmal die wichtigsten Ergebnisse und Erkenntnisse der Studie zusammengefasst werden:
- Im Bereich der Unternehmensphilosophie und der lernorientierten Unternehmensleitlinien gibt es zwischen den Branchen keine Unterschiede, viele Unternehmen scheinen außerdem keine lernorientierten Leitlinien zu haben.
- Die relativ unflexiblen Arbeitszeitregelungen im Produzierenden Gewerbe wirken in dieser Branche lernhinderlich; lernförderlich ist die freiere Arbeitszeiteinteilung im Verwaltungsbereich und auch in der IT-Branche.
- Die Personalentwicklung spielt im Verwaltungssektor eine vergleichsweise untergeordnete Rolle, in der Dienstleistungsbranche ist ihr Stellenwert sehr viel höher und ihre Dienste werden häufiger nachgefragt. Ähnliches gilt für IT-Branche und Produzierendes Gewerbe.
- Von einer strategischen Ausrichtung der Personalentwicklung kann vor allem im Produzierenden Gewerbe und der Dienstleistungsbranche gesprochen werden, wenig strategisch ausgerichtet ist die Personalentwicklung in der IT-Branche und bei Verwaltungen.
- Der Verwaltungssektor legt nur geringen Wert darauf seine PE-Maßnahmen zielgruppenspezifisch zu gestalten. Der Weiterbildungsbedarf wird nicht systematisch erfasst und Maßnahmen werden selten evaluiert. Insbesondere im Bereich der Evaluation schneiden alle anderen Branchen deutlich besser ab als die Verwaltungsbranche.
- Die Eigenverantwortung der Mitarbeiter für ihre Kompetenzentwicklung und die Selbstorganisation der Lernprozesse ist vor allem in der IT-Branche hoch.

- Im Bereich Transfersicherung zeigt das Produzierende Gewerbe das größte Engagement, sowohl was die alltägliche Anwendbarkeit des Gelernten betrifft als auch bezogen auf die Unterstützung durch Vorgesetzte. In der Verwaltung finden hingegen kaum Anstrengungen in diese Richtung statt.
- Die Führungskräfte in der Verwaltung spielen bei der Unterstützung ihrer Mitarbeiter beim Lernen nur eine sehr geringe Rolle; sie erhalten jedoch auch selber kaum Anleitung, inwieweit Mitarbeiter beim Lernen unterstützt werden können und sollen.
- Die Information über PE-Maßnahmen erfolgt in allen Branchen, vor allem aber im Dienstleistungssektor, überdurchschnittlich gut.
- Informeller Wissensaustausch wird vor allem in der IT-Branche unterstützt und findet dort vermehrt statt. Im Verwaltungssektor und dem Produzierenden Gewerbe findet hingegen Lernen durch Wissensaustausch nur in sehr geringem Ausmaß statt.
- Auch beim Wissensaustausch mit externen Einrichtungen ist die IT-Branche engagierter als Verwaltungen und Dienstleister; die meisten externen Netzwerke bestehen jedoch bei Produzierenden Unternehmen.

8.5 Kritische Diskussion der Untersuchungsmethodik

Abschließend sollen nun die Zusammensetzung der Befragungsstichprobe sowie der Einsatz des Lernkulturinventars einer kritischen Betrachtung unterzogen werden. Mit Hilfe der ersten Version des LKI ist es gelungen, substanzielle Unterschiede in der Lernkultur zwischen verschiedenen Unternehmen zu ermitteln. Die hohe Rücklaufquote weist zudem darauf hin, dass die Fragebogenbeantwortung nicht zu viele Ressourcen in Anspruch nimmt und dass in den Unternehmen durchaus Interesse am Thema und den Ergebnissen besteht.

Mit Vorsicht ist bei der Ergebnisinterpretation die Zusammensetzung der Stichprobe zu werten. In Bezug auf die Zusammensetzung der tatsächlich an der Befragung teilnehmenden Unternehmen ist anzunehmen, dass diese aus Unternehmen besteht, die mehr Interesse am Thema Lernen und an einer Optimierung der eigenen Lernkultur haben als andere und die zumindest über einen Ansprechpartner in der Personalentwicklung verfügen. Die Ausprägung von Lernkulturmerkmalen bei Unternehmen, die bei der telefonischen Anfrage „kein Interesse" oder „keine Zeit" signalisierten bzw. „grundsätzlich nicht an Befragungen teilnehmen", wird bei dieser Befragung daher nicht berücksichtigt. Es ist somit zu erwarten, dass die Ergebnisse zur Lernkultur in Unternehmen tendenziell etwas besser ausfallen als es für eine repräsentative Stichprobe deutscher Mittelständler der Fall gewesen wäre. Die Motivation für die Teilnahme an der Studie weist möglicherweise bereits auf ein gewisses Lernkultur-Niveau hin.

Diese Problematik lässt sich auch zur Erklärung der ermittelten Schwierigkeitswerte der Items heranziehen. Viele der Items des LKI weisen eher hohe Zustimmungsraten auf, was an der beschriebenen Selbstselektion der Unternehmen für diese Befragung liegen könnte.

Selbstkritisch ist darüber hinaus auf die eher geringe Stichprobengröße der Vergleichsstudie hinzuweisen, die mit 78 Unternehmen für eine Studie dieser Art mit 4 Subpopulationen eher niedrig liegt. Es sind daher Folgeuntersuchungen vonnöten, um die Aussagekraft der bisher ermittelten Ergebnisse in Bezug auf Branchenunterschiede zu untermauern.

9 Studie zur Wirkung von Lernkultur auf Kompetenzentwicklung

9.1 Zielsetzung der Studie

Die vorliegende Studie beschäftigt sich theoretisch und empirisch mit dem Einfluss von Lernkultur in Unternehmen auf die Kompetenzentwicklung der Unternehmensmitarbeiter. Es wird der Zusammenhang von Lernkulturmerkmalen mit Variablen der Kompetenzentwicklung untersucht.

Zunächst werden auf Basis bisheriger theoretischer Überlegungen im Rahmen der Bestimmung des Lernkulturkonzepts sowie auf theoretischen und empirischen Ergebnissen in der einschlägigen Forschungsliteratur Modellvorstellungen entwickelt. Die dort angenommenen Einflussmöglichkeiten werden anschließend empirisch überprüft. Dies erfolgt im ersten Schritt über Zusammenhangsanalysen, während in einem zweiten Schritt versucht wird, bestimmte Wirkungszusammenhänge der erhobenen Variablen zu Lernkultur und Kompetenzentwicklung zu beleuchten und zu überprüfen. Damit verfolgt diese Studie die grundlegende Forschungsfrage: Wirken sich Lernkulturmerkmale auf Variablen der Kompetenzentwicklung aus?

Die angestrebten Forschungsergebnisse verfolgen sowohl für die Wissenschaft als auch im Hinblick auf die Unternehmenspraxis eine bestimmte Funktion bzw. Zielsetzung. Unter wissenschaftlichen Gesichtspunkten erbringt diese Studie einen Beitrag zur Klärung von Wirkungszusammenhängen der Lernkultur mit personenbezogenen Merkmalen im Allgemeinen und auf die Kompetenzentwicklung der Unternehmensmitglieder im Besonderen. Für die Unternehmenspraxis liefern die angestrebten Ergebnisse, die Aussagen über die mögliche Wirkung einzelner Lernkulturmerkmale auf bestimmte Kompetenzfacetten machen, eine Gestaltungsanregung für die Lernkultur des Unternehmens im Hinblick auf eine effektive und effiziente Kompetenzentwicklung der Mitarbeiter.

9.2 Theoretische Grundlagen zum Zusammenhang zwischen Lernkultur und Kompetenzentwicklung

In diesem Abschnitt werden theoretische Zusammenhänge und Einflüsse von Merkmalen der Lernkultur auf Variablen der Kompetenzentwicklung eruiert. Dazu werden zunächst Ansätze aus der theoretischen und empirischen Forschung vorgestellt, um anschließend im Rahmen dieses Projekts entwickelte Grundannahmen damit zu verbinden.

Es existieren nur wenige Studien, die sich mit der Frage beschäftigen, ob eine positive Lernkultur förderlich für die Kompetenzentwicklung der Mitarbeiter ist. Dies ist darauf zurückzuführen, dass bis dato kein umfassendes Instrument zur Erfassung unternehmensbezogener Lernkultur vorliegt. Die meisten Studien und auch die in ihnen eingesetzten Instrumenten erfassen immer nur Teilbereiche der Lernkultur. So wird oftmals lediglich der Einfluss von Arbeit auf Lernen bzw. auf Kompetenzentwicklung untersucht.

Grundsätzlich ist festzustellen, dass Lernen und Kompetenzentwicklung ein komplexes Wirkungsgefüge darstellen (Bergmann & Wardanjan 1999). Von einigen Forschern konnte ein substanzieller Einfluss der Arbeit auf die Kompetenz- und Persönlichkeitsentwicklung der Mitarbeiter als existent ermittelt werden (Baitsch 1998; Hacker 1998; Ulich 1998). Kompetenzentwicklung ist damit an Prozesse arbeitsimmanenter Qualifizierung gebunden (Ulich 1998). Besonders die arbeitspsychologische Forschung beschäftigt sich mit dem Einfluss von Merkmalen der Arbeit auf die Kompetenzentwicklung der Mitarbeiter. Da diese Merkmale als lernförderlich zu bezeichnen sind und auch Teilaspekte der Lernkultur aufgreifen, werden ausgewählte Ergebnisse im Folgenden vorgestellt. Ulich und Alioth (1977) konnten empirisch nachweisen, dass ein Zusammenhang zwischen Merkmalen der Arbeitstätigkeit und sozialen Kompetenzen besteht. Erweiterte Handlungsspielräume und hohe Kooperationserfordernisse führen zu erhöhten Chancen für den Erwerb sozialer Kompetenzen. Des Weiteren konnte in Studien gezeigt werden, dass eine geringe Restriktivität in arbeitsbezogenen Dimensionen positiv mit einer Ausprägung psychologischer Dimensionen korreliert (zusammenfassend Baitsch 1998). So unterstützen inhaltlich komplexe Aufgaben mit hohem Interaktionsspielraum die Entwicklung kognitiver Persönlichkeitsmerkmale wie beispielsweise intellektuelle Flexibilität. Franke und Kleinschmitt (1987) identifizierten als relevante Merkmale der Arbeit, die für Lernen und damit auch für die Kompetenzentwicklung wichtig erscheinen, unter anderem die soziale Unterstützung bei der Arbeit. Auch unter einer Lernkulturperspektive spielt die Unterstützung durch die Führungskraft und durch die Kollegen eine Rolle. Weiterhin konnten Baunack et al. (1999, aus Wardanjan et al. 2000) in einer Fragebogenstudie mit gewerblichen Mitarbeitern nachweisen, das positive Zusammenhänge zwischen der Selbsteinschätzung der Fach- und Methodenkompetenz und bestimmten Eigenschaften der Arbeitsaufgabe bestehen. Zu diesen zählen unter anderem ein förderliches Arbeitsumfeld mit ausreichend Information und Transparenz im Unternehmen sowie der Austausch über die Arbeit unter Kollegen. Dies ist auch unter der Perspektive einer Lernkultur bedeutsam, denn auch dort werden die Themen Information und Wissensaustausch diskutiert.

Lernen und damit Kompetenzentwicklung werden jedoch nicht nur über Merkmale der Arbeitsaufgabe beeinflusst, sondern ebenfalls auch über Merkmale auf organisationaler Ebene, auf der auch die Lernkulturmerkmale anzusiedeln sind (Bergmann & Wardanjan 1999; Franke & Kleinschmitt 1987; Frei, Duell & Baitsch 1984). Bergmann und Wardanjan (1999) stellten in ihrer Untersuchung einen Zusammenhang zwischen lernförderlichen Organisationsmerkmalen und dem Ausmaß der Eigeneffektivität beim Lernen fest. Mitarbeiter, die ihr Unternehmen als lernförderlich beurteilen, sehen im Lernen in der Arbeit einen Weg zu ihrer beruflichen Weiterentwicklung und entwickeln ein höheres

Maß an Eigenaktivität beim Lernen. Zu den über eine standardisierte Befragung erhobenen lernförderlichen Eigenschaften der Arbeitsorganisation gehörten das Gewähren von Partizipationsmöglichkeiten, das Geben von Rückmeldungen, das Einräumen von Unterstützungen beim Lernen am Arbeitsplatz (z.B. Lernmaterialien und -hilfen) sowie zeitlicher Freiräume zum Lernen. Diese Aspekte finden sich bei den Operationalisierungen des in diesem Bericht vorgestellten Lernkulturkonstrukts wieder.

Schaper (2000) untersuchte in verschiedenen Studien den Einfluss lernrelevanter Arbeits- und Organisationsmerkmale auf die Kompetenzentwicklung beim arbeitsbezogenen Lernen. Dabei konnte er einen lern- und kompetenzförderlichen Einfluss für ausreichende zeitliche Freiräume zum Lernen, für die Zufriedenheit mit der Bezahlung und gute Möglichkeiten zur Weiterbildung und -entwicklung im Unternehmen ermitteln. Ebenfalls wirken Entscheidungs- und Handlungsspielräume sowie Lern- und Rückmeldemöglichkeiten bei der Arbeit sich positiv auf die Entwicklung der Fach- und Methodenkompetenz aus. Das Ausmaß der Lern- und Rückmeldemöglichkeiten erwies sich außerdem als einflussreich auf die Entwicklung der Sozial- und Personalkompetenz. Diese lernrelevanten Arbeits- und Organisationsmerkmale finden sich bei den in diesem Projekt identifizierten Lernkulturmerkmalen wieder: Lernförderliche Arbeitszeitregelungen und Entgeltgestaltungen, eine qualitative Personalentwicklung im Unternehmen, ausreichende Entscheidungs- und Handlungsspielräume durch eine flache und dezentrale Organisation, förderliche Lernformen sowie Unterstützung und Feedback durch die Führungskräfte und Mitarbeiter sind äquivalente Merkmale und Dimensionen des entwickelten Lernkulturkonstrukts.

Auch in Untersuchungen zu Bedingungen der Transferförderung im Anschluss an Weiterbildungsmaßnahmen wurde die Bedeutung lernförderlicher organisationaler Bedingungen für den Lernerfolg und damit für die Kompetenzentwicklung festgestellt. Rouiller und Goldstein (1993) betrachteten in ihrer Studie den Einfluss von Charakteristika der Arbeitssituation auf die Transferleistung von Mitarbeitern. Zu diesen Charakteristika zählt das im Unternehmen vorherrschende Transferklima (vgl. hierzu auch Kap. 3.3.5), das bestimmt wird über die Merkmale Rückmeldung, soziale Unterstützung, transferförderliche Gestaltung der Arbeitsaufgabe und Setzen von Transfer- und Lernzielen. Ein förderliches Transferklima, so konnte in der Studie ermittelt werden, weist einen signifikanten Zusammenhang mit einem positiven Transfer von Weiterbildungsinhalten auf. Tracey, Tannenbaum und Kavanagh (1995) konnten in einer weiteren Studie zeigen, dass ein positives Transferklima, welches in Anlehnung an Rouiller und Goldstein bestimmt wurde, und eine kontinuierliche Lernkultur („Continuous Learning Culture") die Umsetzung des Gelernten maßgeblich fördern. Zu den Merkmalen dieser „Continuous Learning Culture" zählen unter anderem Entwicklungsmöglichkeiten am Arbeitsplatz, Lernanforderungen sowie die Betonung von Innovation und Leistung in der Unternehmensphilosophie (vgl. Kap. 6.2.4). Die Merkmale des Transferklimas und der kontinuierlichen Lernkultur weisen wiederum Parallelen zu Aspekten des in diesem Bericht definierten Lernkulturkonstrukts auf.

Die vorgestellten Ergebnisse der Studien, die den Einfluss von lernrelevanten Arbeits- und Organisationsmerkmalen auf Lernen und Kompetenzentwicklung untersucht haben, verdeutlichen, dass grundsätzlich von einem Zusammenhang zwischen Lernkultur und Kompetenzentwicklung ausgegangen werden kann. Wie dieser Zusammenhang unter theoretischen Gesichtspunkten aussehen kann, beschreibt der nachfolgende Abschnitt.

Das Ziel von Lernen in einer Lernkultur ist der Erwerb und die Entwicklung von Kompetenzen. Kompetenzentwicklung wird dabei als Prozess verstanden, in dem Kompetenzen erweitert, umstrukturiert und aktualisiert werden. Kompetenzen werden hinsichtlich verschiedener Kompetenzfacetten unterschieden. Dabei wird der gängigen Einteilung in Fachkompetenz, Methodenkompetenz, Sozialkompetenz und personale bzw. Selbstkompetenz entsprochen (vgl. Sonntag & Schaper 1999; Kauffeld 2000). Das Ziel der Erweiterung und Entwicklung dieser Kompetenzen ist dabei der Erwerb beruflicher Handlungskompetenz, die den Mitarbeiter befähigt, die zunehmende Komplexität seiner beruflichen Umwelt zu begreifen und durch ziel- und selbstbewusstes sowie reflektiertes und verantwortliches Handeln zu gestalten (vgl. Sonntag & Schaper 1999; Erpenbeck & Heyse 1999).

In einer neuen, förderlichen Lernkultur ist die Entwicklung von Kompetenzen zentral. Wie diese Lernkultur Einfluss auf die Kompetenzentwicklung nimmt, verdeutlicht das bereits angesprochene hypothetische Wirkmodell einer Lernkultur im Unternehmen, das in Abbildung 9.1 noch einmal abgebildet wird. Dieses Modell beschreibt hypothetisch angenommene Wirkzusammenhänge, in denen sich die Lernkultur im Unternehmen zeigt.

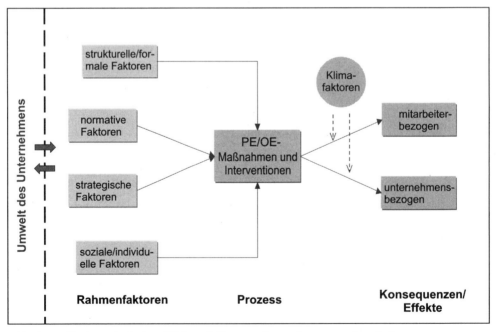

Abb. 9.1: Ein hypothetisches Wirkmodell unternehmensbezogener Lernkultur

Durch das Bereitstellen von Rahmenbedingungen bzw. Rahmenfaktoren und die Gestaltung von Maßnahmen und Interventionen im Bereich der Personal- und Organisationsentwicklung werden in einer Lernkultur Lernprozesse angeregt, die auf Mitarbeiterseite zu einer Kompetenzentwicklung führen. Die Rahmenbedingungen beinhalten dabei alle Aktivitäten und Aspekte im Unternehmen und in der Unternehmensorganisation, die Lernen fördern und unterstützen. Hier sind die identifizierten Lernkulturmerkmale einzuordnen (vgl. Kap. 4.3). Dazu zählen die Merkmale aus den Bereichen Lernorientierte Unternehmensphilosophie, Strukturelle und formale Rahmenbedingungen, Aspekte der Personalentwicklung, Lernorientierte Führungsleitlinien und -aufgaben, Information und Partizipation, Lern- und Entwicklungsmöglichkeiten und Lernorientierte Umwelt- und Außenkontakte.

In den bisherigen Ausführungen wurden die Einflussmöglichkeiten lernrelevanter Arbeits- und Organisationsmerkmale bzw. Lernkulturmerkmale auf die Kompetenzentwicklung betrachtet. Bei Lern- und Kompetenzentwicklungsprozessen sind jedoch auch personenbezogene Faktoren von Bedeutung. Neben kognitiven Fähigkeiten sind hier besonders motivationale Faktoren zu nennen. Nach Bergmann und Wardanjan (1999) müssen Lernanforderungen in der Arbeit zunehmend selbstständig bewältigt werden. Dies erfordert von Seiten des Mitarbeiters motivationale Voraussetzungen. Unter einer Lernkulturperspektive erscheint dies ebenfalls relevant, da Lernen in einer förderlichen Lernkultur auch einen hohen Anteil an Selbststeuerung und Eigenverantwortung erfordert. Somit liefert eine kompetenzbasierte Lernkultur Möglichkeiten zur Kompetenzentwicklung, stellt aber auch Anforderungen an die Mitarbeiter in Bezug auf die Bereitschaft zur Kompetenzentwicklung bzw. an entsprechende motivationale Dispositionen.

Der Einfluss motivationaler Faktoren auf den Lernerfolg und damit im weitesten Sinne auf die Kompetenzentwicklung wurde besonders im Rahmen der Trainings- und Transferforschung untersucht (Colquitt, LePine & Noe 2000; Ford & Weissbein 1997). So konnten Mathieu, Martineau und Tannenbaum (1993) zeigen, dass Personen mit hoher Leistungsmotivation eine größere Lernmotivation aufwiesen. Ebenso konnte der Einfluss von Lernmotivation auf Transferleistungen nachgewiesen werden (Facteau, Dobbins, Russel, Ladd & Kudisch 1995). Lernmotivation wirkt sich dann positiv auf den Transfererfolg aus, wenn sie durch hohe Valenzen und Instrumentalitäten gekennzeichnet ist.

Eine wichtige Rolle für den Trainingserfolg und für die Umsetzung des Gelernten spielt die Selbstwirksamkeit (Colquitt et al. 2000; Salas & Cannon-Bowers 2001). Selbstwirksamkeit drückt sich aus in einem Vertrauen in eigene Fähigkeiten, bestimmte Verhaltensweisen, die zur Erreichung eines Ziels notwendig sind, auszuführen. Selbstwirksamkeitserwartungen im beruflichen Kontext können auch als erlernte Kompetenzerwartungen verstanden werden, die aus Lernerfahrungen, Überzeugungssystemen und Selbstwahrnehmungen resultieren (Schaper 2000). In mehreren Studien konnte gezeigt werden, dass ein positiver Zusammenhang zwischen Selbstwirksamkeit, Lernmotivation und Lernen existiert (vgl. Colquitt et al. 2000). Colquitt et al. (2000) konnten in ihrer Metaanalyse herausarbeiten, dass Selbstwirksamkeitserleben nach einem Training ein bedeutsamer Prädiktor für Transfer ist. Die Anwendung von neu erworbenen Kompetenzen wird durch eine positive Einschätzung der eigenen Fähigkeiten gefördert.

Ein weiterer bedeutsamer motivationaler Faktor für die Bewältigung von Lernanforderungen und für die Kompetenzentwicklung wird in der Zielorientierung beim Lernen gesehen. Dweck (1986) unterscheidet in ihrer Theorie zur Lernmotivation die Verfolgung zweier unterschiedlicher Ziele, nämlich der Leistungsziele und der Lernziele. Leistungszielorientierte Personen sehen in Lernsituationen einen Anlass zur Bewertung der eigenen Fähigkeiten. Dabei wird besonders auf Hinweise geachtet, die Rückschlüsse auf die eigene Leistungsbewertung zulassen. Personen mit einer Lernzielorientierung dagegen sehen die Lernsituation als Möglichkeit zum Erwerb neuer Fähigkeiten, mit dem Ziel, die eigene Kompetenz zu verbessern. Sie achten unter anderem vermehrt auf Hinweise, die Rückschlüsse auf das eigene Lernverhalten erlauben. Button, Mathieu und Zajac (1996) haben diesen Ansatz auf den organisationalen Kontext übertragen und ein Instrument zur Erfassung beider Zielorientierungen entwickelt. Untersuchungen der Autoren in diesem Rahmen liegen bislang nicht vor. Sie nehmen jedoch an, dass leistungszielorientierte Mitarbeiter weniger Motivation zur Trainingsteilnahme besitzen und defensives Verhalten im Training zur Vermeidung von negativem Feedback zeigen. Mitarbeiter mit Lernzielorientierung dagegen haben eine hohe Trainingsmotivation. Schaper (2000) konnte in einer Studie zeigen, dass Lernzielorientierung einen positiven Einfluss auf die Verwendung von Lernstrategien besitzt. Je mehr die Person bzw. der Mitarbeiter Lernen als Chance zur eigenen Weiterentwicklung ansieht, um so ausgeprägter ist auch sein strategisches Verhalten beim selbstgesteuerten arbeitsbezogenen Lernen.

Die beschriebenen motivationalen Faktoren weisen alle Zusammenhänge mit der Bewältigung von Lernanforderungen und mit dem Lern- und Transfererfolg auf. Damit können sie auch als Einflussfaktoren für die Kompetenzentwicklung betrachtet werden. Verschiedene Untersuchungen haben jedoch auch einen Einfluss von situativen Faktoren bzw. lernrelevanten Arbeits- und Organisationsmerkmalen auf personenbezogene Faktoren ergeben (Colquitt et al. 2000; Schaper 2000). Dies deutet darauf hin, dass es sich hier um ein komplexes Wirkungsgefüge handelt.

Vor dem Hintergrund dieser Annahmen und Studien soll untersucht werden, ob motivationale Faktoren als intervenierende Variablen Einfluss auf den Zusammenhang von Lernkultur und Kompetenzentwicklung haben. Die nachfolgende Abbildung verdeutlicht die theoretisch angenommenen Zusammenhänge.

Es wird somit davon ausgegangen, dass die in diesem Projekt identifizierten Merkmale einer förderlichen Lernkultur in Unternehmen auf die verschiedenen Facetten (Fach-, Methoden-, Sozial- und Selbstkompetenz) der beruflichen Handlungskompetenz Einfluss nehmen. Dabei wirken zusätzlich personenbezogene bzw. motivationale Faktoren als intervenierende Variablen auf diesen Zusammenhang ein.

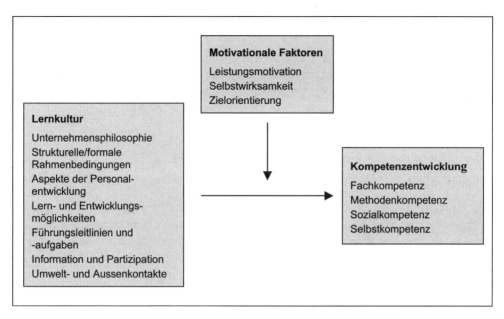

Abb. 9.2: Theoretische Modellvorstellungen zum Einfluss der Lernkultur auf die Kompetenzentwicklung

9.3 Fragestellungen der Studie

Die Studie dient der Untersuchung des Zusammenhangs zwischen Lernkultur und Kompetenzentwicklung. Die Fragestellungen der Studie beziehen sich auf die oben dargestellten Zusammenhänge (vgl. Abb. 9.2) zwischen Lernkulturmerkmalen, Facetten der Kompetenzentwicklung und motivationalen Faktoren. Folgende Fragen werden dabei untersucht:

(1) Gibt es Wirkungszusammenhänge zwischen der Lernkultur im Unternehmen und der Kompetenzentwicklung der Mitarbeiter?

Dazu soll untersucht werden, inwieweit die Lernkulturmerkmale auf die einzelnen Kompetenzfacetten wirken. Grundsätzlich wird angenommen, dass eine positive Lernkultur mit einer höheren Ausprägung der Kompetenzen zusammenhängt.

(2) Wirken motivationale Faktoren auf den Zusammenhang zwischen Lernkultur und Kompetenzentwicklung im Sinne einer intervenierenden Variable ein?

In einem zweiten Schritt wird überprüft, ob der theoretisch angenommene intervenierende Einfluss bzw. Effekt der motivationalen Faktoren empirisch nachzuweisen ist.

9.4 Methodisches Vorgehen

In den folgenden Abschnitten werden die Operationalisierungen der lern- und kompetenzbezogenen Variablen sowie der motivationalen Faktoren vorgestellt. Zusätzlich wird das dieser Studie zugrunde liegende Untersuchungsfeld beschrieben und das methodische Vorgehen bei der Auswertung der gewonnenen Daten erläutert.

9.4.1 Operationalisierung der lern-, kompetenz- und personenbezogenen Merkmale

Die Überprüfung der postulierten Wirkungszusammenhänge fand mittels einer querschnittlich angelegten Fragebogenstudie statt. Dazu wurde ein Fragebogen konzipiert, der sich aus mehreren standardisierten Untersuchungsinstrumenten zusammensetzt. Dieser enthielt neben dem von den Autoren im Rahmen dieses Projekts entwickelten Fragebogen zur Erfassung unternehmensbezogener Lernkulturen Skalen aus weiteren Fragebögen, die bereits in anderen Studien erfolgreich eingesetzt und validiert worden sind. Der vollständige Fragebogen kann dem Anhang entnommen werden.

9.4.1.1 Erfassung der Lernkulturmerkmale

Zur Erfassung von Merkmalen unternehmensbezogener Lernkulturen wurde die in Kapitel 7 vorgestellte Mitarbeiterversion des Lernkulturinventars (LKI) eingesetzt. Damit fand auch eine erste Überprüfung dieser Verfahrensversion statt (hierzu ausführlicher in Kapitel 7.2). Folgende Lernkulturmerkmale werden von der Mitarbeiterversion des LKI erfasst:
- Lernen als Teil der Unternehmensphilosophie
- Rahmenbedingungen für Lernen im Unternehmen
- Aspekte der Personalentwicklung im Unternehmen
- Kompetenzentwicklung im Unternehmen
- Lern- und Entwicklungsmöglichkeiten im Unternehmen
- Lernatmosphäre und Unterstützung durch Kollegen
- Lernorientierte Führungsaufgaben
- Information und Partizipation
- Wissensaustausch des Unternehmens mit seiner Umwelt.

Anhand dieser Dimensionen schätzen die Mitarbeiter die in ihrem Unternehmen vorhandene Lernkultur ein.

9.4.1.2 Erfassung der Kompetenzen der Mitarbeiter

Die Kompetenzen der befragten Personen wurden über ein neu entwickeltes Verfahren zur Selbsteinschätzung beruflicher Kompetenzen von Arbeitnehmern erfasst. Das Kompetenz-Reflexions-Inventar (KRI) von Kauffeld (noch unveröffentlicht) wurde als eine Ergänzung zu objektiven Kompetenzmessverfahren konzipiert (z.B. Kasseler-Kompetenz-Raster (KKR); Kauffeld 2002). Das Ziel des KRI ist es, die Stärken und Schwächen in den Kompetenzfacetten eines Mitarbeiters umfassend darzustellen und notwendige Entwicklungsmaßnahmen abzuleiten. Um alle berufsrelevanten Fähigkeiten und Fertigkeiten in die Befragung einzuschließen, wurden Items entsprechend der vier Bereiche Fach-, Methoden-, Sozial- und Selbstkompetenz formuliert bzw. aus anderen Modellen abgeleitet. In einer Pilotstudie wurden alle Items mit Faktorladungen $\alpha < 0.5$ und einer Trennschärfe unter $r_{it} = .30$ ausgeschlossen, sodass die Endversion des KRI 80 Items aufweist. Durch die Reduktion der Items anhand der oben genannten Kriterien weist der KRI nur Items mit einer Trennschärfe über $r_{it} = .30$ auf. Die Dimension *Fachkompetenz* ist in vier Subskalen unterteilt, deren Koeffizienten der internen Konsistenz (Cronbachs Alpha) zwischen $\alpha = .62$ und $\alpha = .85$ liegen. Für den Bereich *Methodenkompetenz* mit sechs Subskalen ergeben sich Reliabilitäten zwischen $\alpha = .71$ bis $\alpha = .89$. Die Dimension *Selbstkompetenz* weist für vier Subdimensionen Reliabilitätskoeffizienten von $\alpha = .65$ bis $\alpha = .87$ auf. Die höchsten Werte der internen Konsistenz zeigt die Dimension *Sozialkompetenz* mit $\alpha = .79$ bis $\alpha = .92$ für fünf Subskalen. Damit liegen die Reliabilitäten alle im zufriedenstellenden Bereich.

Das KRI wurde als Kompetenzmessinstrument herangezogen, da es in sehr ausführlicher Weise berufsrelevante Fertigkeiten und Fähigkeiten erfasst und eine detaillierte Zuordnung zu Dimensionen und Subdimensionen ermöglicht. Für die vorliegende Studie zum Zusammenhang zwischen Lernkultur und Kompetenzentwicklung wurden insgesamt 36 Items ausgewählt. Es wurde darauf geachtet, dass jede ausgewählte Subdimension jeweils durch drei Items repräsentiert ist. Sowohl Subskalen als auch einzelne Items wurden anhand inhaltlicher Kriterien, z.B. die Möglichkeit der generellen Anwendung auf verschiedene Berufsgruppen, ausgewählt. Die Items der Bereiche *Fach- und Methodenkompetenz* wurden zu einer Dimension mit den vier Subskalen Problemerkennung, Entwicklung von Ideen, Moderation und Präsentation sowie Reflexion zusammengefasst. Auch die Dimension *Sozialkompetenz* wurde auf vier Subdimensionen mit den Bezeichnungen Positionierung des eigenen Standpunkts, Motivation von Anderen, Akzeptanz und Anerkennung sowie Kontaktaufbau und Pflege gekürzt. Bei der dritten Dimension *Selbstkompetenz* wurden alle vier Dimensionen übernommen. Sie lauten Mitwirkung, Verantwortungsübernahme und Initiative, Veränderungsinteresse und Selbstmanagement. Die Beantwortung der Items erfolgt auf einer Skala von 0% = „trifft überhaupt nicht zu" bis 100% = „trifft völlig zu".

Die nachfolgende Tabelle gibt noch einmal die in dieser Studie eingesetzten drei Skalen wieder.

Tab. 9.1: Skalen zur Erfassung beruflicher Kompetenzen

Skalen	Beispielitems	Itemanzahl
Fach- und Methoden-kompetenz	Neue Ideen zur Verbesserung meiner Arbeit zu entwickeln, ist eine meiner Stärken.	12
Sozialkompetenz	Die eigene Meinung (gegenüber Kollegen, Mitarbeitern etc.) zu vertreten, fällt mir leicht.	12
Selbstkompetenz	Gestaltungsmöglichkeiten innerhalb der Organisation zu nutzen, fällt mir leicht.	12

9.4.1.3 Erfassung der motivationalen Faktoren

Bei den motivationalen Faktoren wurden die Konstrukte Leistungsmotivation, berufliches Selbstwirksamkeitserleben und Zielorientierung erfasst.

Leistungsmotivation

Zur Erhebung der *Leistungsmotivation* wurden ausgewählte Skalen des Leistungsmotivationsinventars (LMI) von Schuler und Prochaska (2001) eingesetzt. Das Leistungsmotivationsinventar wurde mit dem Ziel entwickelt, das breit angelegte Konstrukt Leistungsmotivation sachgerecht zu erfassen. In Erweiterung zu traditionellen Theorien der Leistungsmotivation, z.B. von McClelland, Atkinson oder Heckhausen (Heckhausen 1989), wurden neben häufig genannten Dimensionen der Leistungsmotivation wie Zielsetzung, Erfolgshoffnung und Misserfolgsfurcht auch andere Persönlichkeitsvariablen berücksichtigt, z.B. Leistungsstolz und Selbstständigkeit. Leistungsmotivation wird neben den kognitiven Fähigkeiten als besonders relevant für den beruflichen Erfolg angesehen (Eckardt & Schuler 1992). Durch insgesamt 17 Dimensionen mit je 10 Items ermöglicht das LMI eine umfassende Beschreibung der Stärken und Schwächen der Mitarbeiter im Bereich der Leistungsmotivation.

Bei der Konzeption der Skalen achteten die Autoren darauf, dass das Verfahren in vielen Bereichen eingesetzt werden kann, d.h. die Items wurden in Bezug auf berufliche Relevanz formuliert, sind aber dadurch dennoch nicht ausschließlich im beruflichen Bereich anwendbar. Aus einem Pool mit 728 Items, zugehörig zu 38 Dimensionen, wurden nach mehreren Analyseschritten und Testphasen des Verfahrens 17 Dimensionen mit jeweils 10 Items ausgewählt. Die Dimensionen sind Beharrlichkeit, Dominanz, Engagement, Erfolgszuversicht, Flexibilität, Flow, Furchtlosigkeit, Internalität, kompensatorische Anstrengung, Leistungsstolz, Lernbereitschaft, Schwierigkeitspräferenz, Selbstständigkeit, Selbstkontrolle, Statusorientierung, Wettbewerbsorientierung und Zielsetzung. Die Items werden auf siebenstufigen Antwortskalen („trifft gar nicht zu" bis „trifft vollständig zu") bewertet.

Das Leistungsmotivationsinventar wurde anhand von fünf Stichproben mit insgesamt 1985 Versuchspersonen empirisch überprüft. Über die verschiedenen Stichproben von Berufsschülern, Gymnasiasten, Studenten, Berufstätigen und Hochleistungssportler hinweg fallen die Koeffizienten der internen Konsistenz (Cronbachs Alpha) in das Intervall $\alpha = .64$ bis $\alpha = .90$. Diese Ergebnisse zeigen, dass die Skalen des LMI in den meisten Fällen homogene Merkmalsbereiche erfassen.

Für diese Studie wurden nach inhaltlichen Kriterien fünf Dimensionen ausgewählt, die nach Ansicht der Autoren die Leistungsmotivation in berufsrelevanten Kontexten vor dem Hintergrund der Fragestellung am besten erfassen. Für jede Dimension wurde die ursprüngliche Itemanzahl ebenfalls nach inhaltlichen Gesichtspunkten auf fünf Items gekürzt. Die ausgewählten Dimensionen sind Lernbereitschaft, Zielsetzung, Flexibilität, Engagement und Erfolgszuversicht. *Lernbereitschaft* zeichnet sich nach Schuler und Prochaska (2001) durch das Bemühen neues Wissen aufzunehmen und seine Kenntnisse zu erweitern aus. Dabei muss mit dem Wissensgewinn kein unmittelbarer Nutzen verbunden sein. *Zielsetzung* ist eine Dimension des Zukunftsbezugs von Personen, d.h. wie zukunftsorientiert sind sie, wie stark planen sie im Voraus und wie möchten sie sich persönlich weiterentwickeln. *Flexibilität* ist durch die Art der Auseinandersetzung mit neuen Situationen gekennzeichnet. Flexible Personen sind aufgeschlossen gegenüber Neuem und veränderungsbereit gegenüber verschiedenen beruflichen Bedingungen. Schuler und Prochaska (2001) definieren *Engagement* durch die Bereitschaft zur Anstrengung, d.h. Personen mit hohen Werten investieren sehr viel Zeit in ihre Arbeit, erholen sich selten und geben der Arbeit den Vorrang. *Erfolgszuversicht* bedeutet, dass die Wahrscheinlichkeit für den Erfolg eines Handelns als sehr hoch angenommen wird, auch bei neuen oder schwierigen Aufgaben.

Berufliches Selbstwirksamkeitserleben

Das berufliche Selbstwirksamkeitserleben wurde durch die *Skala zur beruflichen Selbstwirksamkeit (BSW-Skala)* von Abele, Stief und Andrä (2000) erhoben. Sie hat das Ziel, berufliche Selbstwirksamkeitserwartungen zu erfassen. Das berufliche Selbstwirksamkeitserleben bezieht sich auf die Einschätzung der eigenen Fähigkeiten, mit beruflichen Anforderungen umzugehen. Die Autoren untersuchten die Rolle der Selbstwirksamkeit als Prädiktor der beruflichen Laufbahnentwicklung und des beruflichen Erfolges. Sie erstellten eine Skala zur Erfassung genereller beruflicher Selbstwirksamkeitserwartungen, wobei die Items berufsbezogen, aber nicht begrenzt auf bestimmte Berufe oder Aufgaben formuliert wurden. Dazu wurden sechs Items der Skala zur Erfassung generalisierter Kompetenzerwartung von Jerusalem und Schwarzer (Schwarzer 1993) herangezogen. Bewertet werden die insgesamt sechs Items auf fünfstufigen Antwortskalen (1 = „stimmt nicht", 5 = „stimmt genau").

Teststatistische Kennwerte wurden an zwei großen Stichproben von Hochschulabsolventen überprüft. Es ergaben sich Trennschärfen der Items zwischen .38 und .62 in beiden Stichproben, die Itemmittelwerte und der Skalenwert stimmen bis auf eine

Ausnahme überein. Eine hohe interne Konsistenz mit $\alpha = .78$ für die erste Stichprobe und $\alpha = .77$ für die zweite Stichprobe verdeutlicht die zufriedenstellende Reliabilität dieser Skala.

Bisherige Verfahren zur Erfassung der beruflichen Selbstwirksamkeit wurden entweder für die Anwendung auf bestimmte Berufe bzw. bestimmte Aufgaben entwickelt, oder es sind Verfahren mit einer sehr allgemeinen Ausrichtung. Abele, Stief und Andrä (2000) präsentieren mit ihrer Skala der beruflichen Selbstwirksamkeitserwartung eine Art Zwischenlösung, da das Verfahren auf die Erfassung der berufsbezogenen Selbstwirksamkeit ausgerichtet, aber trotzdem nicht auf bestimmte Berufe oder Aufgaben spezialisiert ist. Für die vorzustellende Studie wurde die Skala mit sechs Items übernommen.

Zielorientierung des Lernens

Die Erfassung der Zielorientierung des Lernens erfolgte über das Verfahren zur Lern- und Leistungszielorientierung von Button, Mathieu und Zajac (1996). Dieses Verfahren operationalisiert das Konstrukt der Zielorientierung (Dweck 1986) über die zwei Dimensionen Leistungszielorientierung und Lernzielorientierung (vgl. Kap. 9.2).

Button, Mathieu und Zajac (1996) generierten entsprechend der theoretischen und empirischen Arbeiten von Dweck einen Itempool. Die Items zur Erfassung der Leistungszielorientierung wurden so gestaltet, dass sie die Präferenz für wenig herausfordernde Aktivitäten und den Wunsch Fehler zu vermeiden reflektieren. Außerdem wurde die Tendenz, die Leistung nach normativen Standards zu bewerten, berücksichtigt. Die Items der Lernzielorientierung enthielten in ihrer Konstruktion den Wunsch nach herausfordernden Aktivitäten und der Erweiterung der Kompetenz. Jedes Item wurde so gestaltet, dass es keine spezifischen situationalen Aspekte enthielt. Die zwei Dimensionen enthalten jeweils acht Items, die auf einer siebenstufigen Antwortskala von „trifft gar nicht zu" bis „trifft sehr zu" beantwortet werden. Eine erste Untersuchung ergab $\alpha = .73$ für die Leistungszielorientierung und $\alpha = .79$ für die Lernzielorientierung. Eine konfirmatorische Faktorenanalyse zeigte gute Ergebnisse für eine Lösung mit zwei Faktoren. Der Korrelationskoeffizient der Leistungs- und der Lernzielorientierung von -.007 bestätigte die Annahme, dass die Zielorientierung zwei unabhängige Dimensionen beinhaltet. In Folgestudien mit insgesamt 1067 Versuchspersonen konnten die Ergebnisse bestätigt werden. Die Koeffizienten der internen Konsistenz ergaben für die Leistungszielorientierung ein Intervall von $\alpha = .68$ bis .81 und für die Lernzielorientierung ein Intervall von $\alpha = .81$ bis .85.

Für die hier vorgestellte Studie wurden nach inhaltlichen Kriterien fünf Items pro Dimension ausgewählt. Die Übersetzung der Items vom Englischen ins Deutsche orientierte sich an der bereits vorliegenden Übersetzung von Schaper (2000).
Die nachfolgende Tabelle gibt abschließend einen Überblick über die ausgewählten Verfahren zur Erfassung der motivationalen Faktoren in dieser Studie.

Tab. 9.2: Überblick über die in der Studie zur Wirkung von Lernkultur auf Kompetenzentwicklung verwendeten Fragebogen zur Erfassung motivationaler Faktoren

Fragebogen	Beispielitem	Itemanzahl
Leistungsmotivationsinventar (LMI)		25
Lernbereitschaft	Ich kann eine Vielzahl von Weiterbildungen nachweisen, zu denen ich nicht verpflichtet gewesen wäre.	5
Zielsetzung	Meistens bin ich mit dem, was mir gelungen ist, nicht lange zufrieden, sondern versuche beim nächsten Mal mehr zu erreichen.	5
Flexibilität	Ich suche mir gern Aufgaben, an denen ich meine Fähigkeiten prüfen kann.	5
Engagement	Ich glaube, dass ich mich beruflich mehr anstrenge als die meisten meiner Kollegen.	5
Erfolgszuversicht	Auch vor schwierigen Aufgaben rechne ich immer damit, mein Ziel zu erreichen.	5
Skala zur beruflichen Selbstwirksamkeit	Es bereitet mir keine Schwierigkeiten, meine beruflichen Absichten und Ziele zu verwirklichen.	6
Fragebogen zur Zielorientierung des Lernens		10
Leistungszielorientierung	Mir ist wichtig, was andere darüber denken, wie gut ich bestimmte Dinge kann.	5
Lernzielorientierung	Mir ist die Chance wichtig, herausfordernde Aufgaben bearbeiten zu können.	5

Insgesamt gingen somit fünf Fragebogen mit ausgewählten Skalen und Items in das Erhebungsinstrument ein, bis auf das Lernkulturinventar, das vollständig verwendet wurde.

9.4.2 Stichprobe und Durchführung der Studie

Bei der Stichprobe dieser Studie handelt es sich um eine anfallende Stichprobe bzw. um eine Gelegenheitsstichprobe. Der Fragebogen wurde an Personen verteilt, die Mitarbeiter in Unternehmen sind, die mehr als 50 Mitarbeiter beschäftigen. Dieses Größenkriterium wurde festgelegt, da davon ausgegangen werden kann, dass bei Unternehmen dieser Größenordnung Weiterbildungs- und Personalentwicklungsaktivitäten stattfinden und die Items des Lernkulturinventar ohne Probleme beantwortet werden können. Die Personen wurden im Vorfeld zumeist telefonisch oder persönlich kontaktiert und bekamen anschließend den Fragebogen zur Ausprägung und Wirkung von Lernkultur in Untenehmen per Post inklusive eines Rückumschlags zugesandt. Für die Beantwortung hatten die Teilnehmer drei Wochen Zeit. Nach Ablauf dieses Termins wurden die Teilnehmer, die den Fragebogen bis dahin noch nicht zurückgeschickt hatten, noch einmal via Telefon oder E-Mail an die Bearbeitung des Fragebogens erinnert.

Der Fragebogen enthielt neben den jeweiligen Befragungsinstrumenten zusätzlich eine Abfrage demographischer Daten in Bezug auf die Person und das Unternehmen, in dem sie tätig ist. Die persönlichen Angaben erfragten neben Alter und Geschlecht den Schulabschluss, die erfolgte Berufsausbildung sowie Dauer der Berufs- und Unternehmenszugehörigkeit. Des Weiteren sollten die Befragten ihre Position im Unternehmen angeben. Dabei wurde auch erhoben, ob der Befragte eine Führungsposition inne hat und wenn ja, ob auf unterer, mittlerer oder höherer Führungsebene. Als Unternehmensdaten wurden die Branchenzugehörigkeit, die Größe (Mitarbeiteranzahl), die Anzahl der Führungsebenen sowie die Partizipationsmöglichkeiten erfragt. Letzteres erfolgte über eine fünfstufige Skala, die von Information über Entscheidungen bis hin zu vollständiger Autonomie bei Entscheidungen reicht (Partizipationskontinuum von Dachler & Wilpert 1978).

9.4.3 Vorgehen bei der Auswertung

Die demographische Struktur der Stichprobe wurde in einem ersten Schritt über deskriptive Analysen bestimmt. Im Anschluss erfolgte die psychometrische Überprüfung der in dieser Studie eingesetzten einzelnen Fragebögen. Dazu wurden die Trennschärfen der einzelnen Items sowie die internen Konsistenzen der Skalen berechnet. Auf dieser Basis erfolgte eine Itemselektion, die die schwachen Items aus den Skalen eliminierte. Mit diesen nun vorliegenden bereinigten Daten wurden die weiteren Analysen durchgeführt.

Zur Beantwortung der Frage, ob es Einflüsse zwischen der Lernkultur im Unternehmen und der Kompetenzentwicklung der Mitarbeiter gibt, wurden zunächst die Zusammenhänge zwischen den Lernkulturmerkmalen und den Kompetenzbereichen korrelativ berechnet. Anschließend wurde mittels Regressionsanalysen überprüft, ob die Lernkulturmerkmale als Prädiktoren die Kompetenzen der Mitarbeiter vorhersagen.

Das theoretische Modell postuliert neben dem Einfluss von Lernkulturmerkmalen auf Kompetenzentwicklungsvariablen einen zusätzlichen Einfluss der motivationalen Faktoren im Sinne intervenierender Variablen. Um den Effekt von Leistungsmotivation, beruflichem Selbstwirksamkeitserleben und Zielorientierung näher zu bestimmen, wurden zwei Analysen durchgeführt. Diese überprüften, ob es sich bei diesen Variablen um *Mediatorvariablen* oder um *Moderatorvariablen* handelt.

Die Wirkung der motivationalen Faktoren als Mediatorvariablen
In der empirischen Forschung geht man zunächst von der Modellannahme aus, dass eine unabhängige Variable (Prädiktor), in dieser Studie sind dies die Lernkulturmerkmale, auf eine abhängige Variable (Kriterium), hier die Kompetenzfacetten, wirkt. Jedoch kann diese Wirkung durch weitere Variablen, so genannte intervenierende Drittvariablen,

zusätzlich beeinflusst werden. Solch eine Variable ist die Mediatorvariable. Sie vermittelt den Einfluss des Prädiktors auf das Kriterium. Dabei sollte die Prädiktorvariable die Mediatorvariable direkt und das Kriterium indirekt beeinflussen. Im Idealfall ist statistisch kein direkter Effekt des Prädiktors auf das Kriterium nachweisbar.
Der Mediatoreffekt von Leistungsmotivation, berufliche Selbstwirksamkeit und Zielorientierung wurde in der vorliegenden Studie über die Goodman(I)-Version des Sobel-Tests auf statistische Signifikanz überprüft (Baron & Kenny 1986).

Die Wirkung der motivationalen Faktoren als Moderatorvariablen
Eine weitere Form intervenierender Drittvariablen ist die Moderatorvariable. Im Falle eines Moderatoreffekts wird der Einfluss der Lernkulturmerkmale (Prädiktor) auf die Kompetenzfacetten (Kriterium) durch die motivationalen Faktoren Leistungsmotivation, berufliche Selbstwirksamkeit und Zielorientierung verändert. Dieser Effekt wurde mittels moderierter (hierarchischer) Regressionsanalysen getestet. Im Idealfall korreliert die Moderatorvariable dabei weder mit dem Prädiktor noch mit dem Kriterium.
Damit werden im Rahmen der Fragestellung, ob motivationale Faktoren auf den Zusammenhang zwischen Lernkultur und Kompetenzentwicklung einwirken, folgende Teilannahmen untersucht:
- Die Lernkulturmerkmale wirken auf die Kompetenzvariablen und werden dabei von motivationalen Faktoren der Leistungsmotivation, beruflichen Selbstwirksamkeit und Zielorientierung moderiert.
- Die motivationalen Faktoren der Leistungsmotivation, beruflichen Selbstwirksamkeit und Zielorientierung wirken als Mediatorvariablen auf den Einfluss zwischen Lernkulturmerkmalen und Kompetenzvariablen ein.

9.5 Ergebnisse

Die Datenerhebung zu dieser Studie ist zum jetzigen Zeitpunkt noch nicht abgeschlossen. Dadurch bedingt beträgt der Stichprobenumfang momentan erst 54 Fragebögen. Die Auswertungen weisen somit einen eher explorativen Charakter auf und die Ergebnisse können zunächst lediglich als Tendenzen aufgefasst werden. Eine Erhöhung des Stichprobenumfangs wird zusätzliche Berechnungen ermöglichen und auch fundiertere Aussagen über die postulierten Zusammenhänge zulassen. In den nachfolgenden Abschnitten werden zunächst die demographischen Daten der Stichprobe vorgestellt und anschließend die Messqualität der in dieser Studie verwendeten Skalen betrachtet. Abschließend werden die (Wirkungs-)Zusammenhänge zwischen den Variablen dargestellt.

9.5.1 Merkmale der befragten Stichprobe

Die Stichprobe besteht zum aktuellen Zeitpunkt aus 54 Mitarbeitern verschiedener Unternehmen. Die Unternehmen weisen größtenteils eine Mitarbeiterzahl von mehr als 5000 Mitarbeitern auf (43%), 32% der Unternehmen beschäftigen zwischen 50 und 500

Mitarbeiter. Die Unternehmen stammen aus verschiedenen Branchen z.B. aus der Automobilindustrie, der Unternehmensberatung und aus dem öffentlichen Dienst. Die Anzahl der Hierarchieebenen in den Unternehmen variiert von 2 bis 6 Ebenen, durchschnittlich liegen 4 Hierarchieebenen vor.

Die befragten Personen weisen zu 66% als Schulabschluss das Abitur auf, 4% haben einen Hauptschulabschluss. Eine Mehrzahl der Befragten hat keine Führungsfunktion inne (61%). Die Personen, die Führungsfunktion besitzen, arbeiten eher auf einer unteren oder mittleren als auf einer hohen Führungsebene.
Bezüglich der Frage, wie lange die Mitarbeiter schon im aktuellen Unternehmen beschäftigt sind, ergab sich eine erhebliche Spannbreite von 1 bis 39 Jahren ($M = 9{,}6$, $SD = 9{,}5$).
Mit 72 % stellen männliche Mitarbeiter die Mehrheit der Stichprobe dar (weibliche MA mit 28 %). Das Alter der befragten Mitarbeiter liegt zwischen 21 und 61 Jahren ($M = 38{,}4$, $SD = 10{,}7$).

9.5.2 Überprüfung der verwendeten Skalen

Bevor mit den eigentlichen Analysen der Daten begonnen wurde, erfolgte eine Überprüfung der Qualität der eingesetzten Skalen anhand der Trennschärfen und internen Konsistenzen (Cronbachs Alpha). Üblicherweise werden Items mit Trennschärfen unter .30 aus den Skalen entfernt. Aufgrund eines ersten Einsatzes des Lernkulturinventars und der bereits auf ein Minimum reduzierten Itemanzahlen der zusätzlich verwendeten Verfahren wurde das Selektionskriterium für die Items etwas weniger streng gesetzt. Items, die Trennschärfen unter .20 aufweisen, wurden selektiert. Items mit Trennschärfen unter .30 wurden nur dann entfernt, wenn dies deutlich zu einer Erhöhung der internen Konsistenz beitrug.

9.5.2.1 Dimensionen des Lernkulturinventars (LKI)

Die Berechnungen in dieser Studie fanden alle auf Dimensionsebene des Lernkulturinventars statt. Die nachfolgende Tabelle gibt die Reliabilitäten der neun Dimensionen der Mitarbeiterversion des LKI nach der Itemselektion wieder. Die Itemselektion, die Trennschärfen der Items sowie die internen Konsistenzen der Subdimensionen können Kapitel 8.3.2 entnommen werden.

Der Tabelle ist zu entnehmen, dass die Reliabilitäten der Dimensionen des Lernkulturinventars zwischen $\alpha = .46$ und $\alpha = .92$ liegen. Die Dimensionen Lernen als Teil der Unternehmensphilosophie, Aspekte der Personalentwicklung, Lern- und Entwicklungsmöglichkeiten, Lernatmosphäre und Unterstützung durch Kollegen und Wissensaustausch des Unternehmens mit der Umwelt weisen Reliabilitäten im guten Bereich auf. Die Reliabilität der Dimension Lernorientierte Führungsaufgaben liegt im sehr guten Bereich mit $\alpha = .92$. Die Dimensionen Information und Partizipation ($\alpha = .77$) und

Tab. 9.3: Interne Konsistenzen der Dimensionen des Lernkulturinventars nach der Itemselektion

Dimensionen		Itemanzahl	Cronbachs Alpha
I.	Lernen als Teil der Unternehmensphilosophie	6	.82
II.	Rahmenbedingungen für Lernen	11	.58
III.	Aspekte der Personalentwicklung	11	.85
IV.	Kompetenzentwicklung	3	.46
V.	Lern- und Entwicklungsmöglichkeiten	13	.88
VI.	Lernatmosphäre und Unterstützung durch Kollegen	8	.87
VII.	Lernorientierte Führungsaufgaben	15	.92
VIII.	Information und Partizipation	8	.77
IX.	Wissensaustausch des Unternehmens mit der Umwelt	5	.88

Rahmenbedingungen für Lernen ($\alpha = .58$) haben lediglich Reliabilitäten im befriedigenden Bereich. Die Dimension Kompetenzentwicklung besitzt mit $\alpha = .46$ die niedrigste Reliabilität.

9.5.5.2 Skalen des Kompetenz-Reflexions-Inventars (KRI)

Für die nachfolgenden Analysen werden die Skalen des KRI sowohl einzeln, als auch als Gesamtskala (KRI-Gesamt) verwendet. Die nachfolgende Tabelle gibt die Reliabilitäten der Skalen vor und nach der Itemselektion wieder.

Tab. 9.4: Reliabilitäten der Skalen und der Gesamtskala des KRI vor und nach der Itemselektion

Skalen	Itemanzahl		Reliabilität	
	vor Selektion	nach Selektion	vor Selektion	nach Selektion
Fach-/Methodenkompetenz	12	12	.87	.87
Sozialkompetenz	12	12	.89	.89
Selbstkompetenz	12	10	.75	.78
KRI-Gesamt	36	34	.85	.86

Die Reliabilitäten der einzelnen Skalen des KRI liegen alle im zufriedenstellenden Bereich. Lediglich die Skala Selbstkompetenz weist eine etwas niedrigere interne Konsistenz mit $\alpha = .78$ als die beiden anderen Skalen Fach- und Methodenkompetenz und Sozialkompetenz auf. Die Reliabilität der Gesamtskala konnte durch die Selektion zweier Items der Skala Selbstkompetenz leicht erhöht werden und weist nun eine interne Konsistenz von $\alpha = .86$ auf.

9.5.2.3 Skalen der Verfahren zur Erfassung motivationaler Faktoren

Die internen Konsistenzen der ausgewählten Skalen zur Erfassung der motivationalen Faktoren sind in Tabelle 9.5 abgebildet. Für das Leistungsmotivationsinventar wurde ebenfalls eine Item- und Skalenanalyse über alle fünf LMI-Skalen hinweg im Sinne einer LMI-Gesamtskala durchgeführt. Bei der Skala zur Zielorientierung wurde davon Abstand genommen, da die Skalen zwei voneinander unabhängige Dimensionen darstellen (Button, Mathieu & Zajac 1996).

Tab. 9.5: Reliabilitäten der Skalen aus dem Leistungsmotivationsinventar, der Skala zur beruflichen Selbstwirksamkeit und der Skala zur Zielorientierung.

Dimensionen	Itemanzahl		Reliabilität	
	vor Selektion	nach Selektion	vor Selektion	nach Selektion
Leistungsmotivationsinventar (LMI)	25	21	.84	.82
Lernbereitschaft	5	5	.59	.59
Zielsetzung	5	4	.53	.58
Flexibilität	5	4	.68	.75
Engagement	5	4	.55	.70
Erfolgszuversicht	5	4	.56	.61
Skala zur beruflichen Selbstwirksamkeit (BSW)	6	6	.71	.71
Fragebogen zur Zielorientierung (ZO)	10	9	/	/
Leistungszielorientierung	5	4	.65	.70
Lernzielorientierung	5	5	.65	.65

Die Reliabilitäten weisen nach der Itemselektion zufriedenstellende bis gute Reliabilitäten auf. Die Reliabilitäten des Leistungsmotivationsinventars variieren von $\alpha = .58$ bis $\alpha = .75$. Die Reliabilität der LMI-Gesamtskala besitzt mit $\alpha = .82$ eine gute Reliabilität, die eine Verwendung der Gesamtskala in den nachfolgenden Analysen berechtigt.

Die Reliabilität der Skala zur beruflichen Selbstwirksamkeit liegt mit $\alpha = .71$ etwas unter dem in den Untersuchungen von Abele, Stief und Andrä (2000) erhaltenen Koeffizienten. Jedoch ist die interne Konsistenz in dieser Studie durchaus zufriedenstellend.

Die beiden Skalen zur Zielorientierung weisen mit $\alpha = .70$ für Leistungszielorientierung und $\alpha = .65$ für Lernzielorientierung ebenfalls zufriedenstellende Reliabilitäten auf.

9.5.3 Deskriptive Statistiken der Skalen

Neben den Item- und Skalenanalysen wurden auch die deskriptiven Kennwerte in Form von Skalenmittelwerten (M) und dazugehörigen Standardabweichungen (SD) berechnet. Die nachfolgende Tabelle gibt einen Überblick über die Ergebnisse. Bei allen Antwortskalenformaten steht die niedrigste Skalenstufe jeweils für eine geringe Merkmalsausprägung und die höchste Skalenstufe für eine sehr hohe Merkmalsausprägung.

Tab. 9.6: Deskriptive Statistiken der verwendeten Fragebogenskalen nach der Itemselektion (M=Mittelwert, SD=Standardabweichung)

SKALEN	Skalenstufen	M	SD
Lernkulturinventar			
Lernen als Teil der Unternehmensphilosophie	1-5	3.25	0.97
Rahmenbedingungen für Lernen	1-5	3.31	0.52
Aspekte der Personalentwicklung	1-5	3.16	0.83
Kompetenzentwicklung	1-5	3.26	0.99
Lern- und Entwicklungsmöglichkeiten	1-5	2.83	0.77
Lernatmosphäre und Unterstützung durch Kollegen	1-5	3.66	0.66
Lernorientierte Führungsaufgaben	1-5	3.15	0.87
Information und Partizipation	1-5	3.15	0.75
Wissensaustausch des Unternehmens mit der Umwelt	1-5	3.04	1.00
Kompetenz-Reflexions-Inventar	0-10	7.46	1.32
KRI-Gesamt	0-10	7.51	0.70
Fach-/Methodenkompetenz	0-10	7.48	1.12
Sozialkompetenz	0-10	7.29	1.24
Selbstkompetenz	0-10	7.65	2.63
Leistungsmotivationsinventar	1-7	4.89	0.67
LMI-Gesamt	1-7	4.89	0.42
Lernbereitschaft	1-7	5.07	1.47
Zielsetzung	1-7	4.88	1.60
Flexibilität	1-7	5.05	1.35
Engagement	1-7	4.47	1.47
Erfolgszuversicht	1-7	4.91	1.23
Skala zur beruflichen Selbstwirksamkeit	1-5	4.05	0.57
Fragebogen zur Zielorientierung			
Leistungszielorientierung	1-6	3.73	1.02
Lernzielorientierung	1-6	4.56	0.63

Die befragten Arbeitnehmer schätzen die *Lernkultur* ihres Unternehmens leicht über dem Skalenmittelwert von $M_{Skala} = 3$ ein. Lediglich die Dimension Lern- und Entwicklungsmöglichkeiten liegt etwas unter diesem Wert. Die Unternehmen weisen nach subjektiver Bewertung der Befragten demnach eine leicht überdurchschnittliche Lernkultur auf.

Setzt man die Mittelwerte der *Kompetenzvariablen* in Relation zur zugrunde liegenden Skala, zeigt sich, dass die Werte überdurchschnittlich hoch ausfallen. Bei einem möglichen Maximum von 10 (für eine bessere Berechnung wurden die Prozentwerte der Antwortskala bei der Dateneingabe in Werte von 1 bis 10 umbenannt) liegt der Mittelwert der einzelnen Kompetenzfacetten zwischen 7.29 und 7.65. Die befragten Arbeitnehmer schätzen ihre Kompetenzen somit überdurchschnittlich ein. Das gleiche gilt für den Mittelwert der KRI-Gesamtskala. Auch er liegt über dem Skalenmittelwert.

Die Mittelwerte der einzelnen *Skalen zur Leistungsmotivation* liegen ebenfalls über dem Skalenmittelwert von $M_{Skala} = 4$. Somit schätzen sich die Befragten leicht überdurchschnittlich leistungsmotiviert ein.

Der Mittelwert der *Skala zur beruflichen Selbstwirksamkeit* liegt mit $M = 4.05$ über dem Skalenmittelwert von $M_{Skala} = 3$. Da hier die komplette Originalskala verwendet wurde, kann der in dieser Stichprobe erhaltene Mittelwert mit dem Wert aus der Untersuchung von Abele, Stief und Andrä (2000) verglichen werden, welcher $M = 3.75$ beträgt. Damit liegt der in dieser Studie erhaltene Wert etwas über dem von den Autoren angegeben Mittelwert.

Die Mittelwerte der Skalen Leistungszielorientierung und Lernzielorientierung weisen ebenfalls überdurchschnittliche Werte auf. Der Wert der Lernzielorientierung liegt dabei mit $M = 4.56$ höher als der der Leistungszielorientierung mit $M = 3.73$.

9.5.4 Überprüfung der theoretischen Modellvorstellungen

9.5.4.1 Überprüfung des Einflusses von Lernkulturmerkmalen auf die Kompetenzen der Mitarbeiter

Nachfolgend werden die Ergebnisse bezüglich der Frage, ob es Einflüsse zwischen der Lernkultur im Unternehmen und der Kompetenzentwicklung der Mitarbeiter gibt, dargestellt. In einem ersten Schritt wurden korrelativ die *Zusammenhänge zwischen den Lernkulturmerkmalen und den Kompetenzvariablen* berechnet. In der nachfolgenden Tabelle sind die Produkt-Moment-Korrelationen dargestellt.

Die berechneten Korrelationen zwischen den LKI-Dimensionen und der KRI-Gesamtskala bzw. den KRI-Skalen weisen eine durchschnittliche Korrelation von .23 auf und variieren zwischen -.03 und .40. Die Korrelationen liegen damit größtenteils im unteren und mittleren Bereich. Die Ausnahmen bilden die Korrelationen zwischen der LKI-Dimension Kompetenzentwicklung und der KRI-Skala Fach- und Methodenkompetenz

Tab. 9.7: Bivariate Zusammenhänge zwischen den Lernkulturmerkmalen und den Kompetenzvariablen.

	KRI-Gesamt	Fach-/Methoden-kompetenz	Sozial-kompetenz	Selbst-kompetenz
Lernen als Teil der Unternehmensphilosophie	.26	.26	.16	.23
Rahmenbedingungen für Lernen	.32*	.28*	.24	.26
Aspekte der Personalentwicklung	.32*	.22	.17	.34**
Kompetenzentwicklung	.14	.05	.14	.13
Lern- und Entwicklungsmöglichkeiten	.38**	.28*	.28*	.35**
Lernatmosphäre und Unterstützung durch Kollegen	.10	.18	-.03	.10
Lernorientierte Führungsaufgaben	.23	.22	.11	.22
Information und Partizipation	.36**	.32*	.15	.40**
Wissensaustausch des Unternehmens mit der Umwelt	.31*	.36**	.27	.19

** die Korrelation ist auf dem Niveau von 0,01 (zweiseitig) signifikant
* die Korrelation ist auf dem Niveau von 0,05 (zweiseitig) signifikant

(r = .05) sowie der LKI-Dimension Lernatmosphäre und Unterstützung durch Kollegen und der KRI-Skala Sozialkompetenz (r = -.03). Beide weisen nur sehr schwache Zusammenhänge auf. Grundsätzlich lässt sich festhalten, dass größtenteils ein positiver schwacher bis mittelhoher Zusammenhang zwischen den Lernkulturmerkmalen und den verschiedenen Kompetenzen bzw. zwischen den Lernkulturmerkmalen und einem Kompetenzgesamtwert festzustellen ist.

Von den insgesamt 36 berechneten bivariaten Zusammenhängen sind 13 signifikant bzw. hochsignifikant. Durchgängig signifikante Zusammenhänge liegen zwischen der LKI-Dimension *Lern- und Entwicklungsmöglichkeiten* und den einzelnen Kompetenzfacetten bzw. den Kompetenzen allgemein (KRI-Gesamt) vor. Personen, die die Lern- und Entwicklungsmöglichkeiten in ihrem Unternehmen als förderlich im Sinne einer kompetenzbasierten Lernkultur beschrieben haben, schätzen ihre Fach- und Methoden- sowie ihre Sozial- und ihre Selbstkompetenz höher ein. Ebenfalls signifikante positive Zusammenhänge mit einzelnen Kompetenzen sind bei den LKI-Dimensionen Rahmenbedingungen für Lernen, Aspekte der Personalentwicklung, Information und Partizipation sowie Wissensaustausch mit der Umwelt zu finden. Alle diese Dimensionen korrelieren signifikant mit dem KRI-Gesamtwert, also mit der Skala, die alle Kompetenzen zusammenfasst. Eine lernförderliche Ausprägung in diesen Bereichen geht somit mit einer höheren Kompetenzeinschätzung einher.

Keine signifikanten und nur schwache Zusammenhänge bestehen zwischen den LKI-Dimensionen Lernen als Teil der Unternehmensphilosophie, Kompetenzentwicklung, Lernatmosphäre und Unterstützung durch Kollegen sowie Lernorientierte Führungsaufgaben.

In einem weiteren Schritt wurde regressionsanalytisch überprüft, ob die Lernkulturmerkmale die Kompetenzen der Mitarbeiter beeinflussen. Dazu wurden einfache lineare Regressionsanalysen mit den Lernkulturmerkmalen als Prädiktoren und den Kompetenzfacetten bzw. der KRI-Gesamtskala als Kriteriumsvariablen gerechnet. Getrennt für jedes Lernkulturmerkmal wurde der Einfluss auf die Kompetenzen bestimmt. Tabelle 9.8 gibt zunächst die Regression der Kompetenzen (Gesamtwert) auf die Lernkulturmerkmale wieder.

Tab. 9.8: Regression von Kompetenzen (KRI-Gesamtskala) auf die Lernkulturmerkmale als Prädiktoren

Dimensionen	R^2	Beta
Lernen als Teil der Unternehmensphilosophie	.05	.27*
Rahmenbedingungen für Lernen	.08	.32*
Aspekte der Personalentwicklung	.08	.32*
Kompetenzentwicklung	.00	.14
Lern- und Entwicklungsmöglichkeiten	.13	.38**
Lernatmosphäre und Unterstützung durch Kollegen	-.01	.10
Lernorientierte Führungsaufgaben	.03	.23
Information und Partizipation	.12	.38**
Wissensaustausch des Unternehmens mit der Umwelt	.08	.31*

Insgesamt erweist sich der Einfluss von sechs Lernkulturmerkmalen auf die Kompetenzen der Befragten als signifikant. Die LKI-Dimension Lern- und Entwicklungsmöglichkeiten besitzt mit 13% Varianzaufklärung der Kriteriumvarianz (KRI-Gesamt) den höchsten Einfluss auf die Ausprägung der Kompetenzen. Je lernförderlicher die Lern- und Entwicklungsmöglichkeiten im Unternehmen ausgeprägt sind, umso höher schätzen die Befragten ihre Kompetenzen ein. Weiteren Einfluss besitzen die Dimensionen Information und Partizipation (12%), Rahmenbedingungen für Lernen (8%), Wissensaustausch mit der Umwelt (8%), Aspekte der Personalentwicklung (8%) und auch die Dimension Lernen als Teil der Unternehmensphilosophie (5%). Anhand dieser sechs Dimensionen bzw. Lernkulturmerkmale lassen sich die Kompetenzen der Mitarbeiter vorhersagen. Bei allen besteht ein positiver Einfluss, d.h. je lernförderlicher die Ausprägung des Merkmals, desto höher ist die Ausprägung der Kompetenzen. Keinen signifikanten Einfluss weisen die LKI-Dimensionen Kompetenzentwicklung (1%), Lernatmosphäre und Unterstützung durch Kollegen (1%), sowie Lernorientierte Führungsaufgaben (3%) auf.

Die nachfolgende Tabelle (Tab. 9.9) stellt die Regressionen der einzelnen Kompetenzen Fach- und Methoden-, Sozial- und Selbstkompetenz auf die Lernkulturmerkmale dar. Allein die Lern- und Entwicklungsmöglichkeiten haben einen signifikanten Einfluss auf die drei Kompetenzarten. Dabei geht eine förderliche Ausprägung der Lern- und Entwicklungsmöglichkeiten im Sinne einer unterstützenden Lernkultur mit einer höheren Kompetenzeinschätzung einher. Den stärksten Einfluss besitzen die Lern- und Entwicklungsmöglichkeiten mit 11% Varianzaufklärung auf die Kriteriumsvariable Selbstkompetenz.

Die höchste Varianzaufklärung (14%) wird mit der Vorhersage der Selbstkompetenz durch die LKI-Dimension Information und Partizipation erzielt. Ein positiver Informationsaustausch sowie Partizipationsmöglichkeiten der Mitarbeiter bei der Gestaltung von Personalentwicklungsmaßnahmen wirken positiv auf die Selbstkompetenz der Mitarbeiter.

Weitere positive Einflüsse auf die Fach- und Methodenkompetenz konnten für die LKI-Dimensionen Rahmenbedingungen für Lernen (6%), Information und Partizipation (9%) und Wissensaustausch des Unternehmens mit der Umwelt (11%) berechnet werden. Für die Sozialkompetenz liegen außer dem oben beschriebenen Einfluss der Lern- und Entwicklungsmöglichkeiten (6%) keine signifikanten Ergebnisse vor. Die Selbstkompetenz wird zusätzlich zu den Lern- und Entwicklungsmöglichkeiten und der Dimension Information und Partizipation durch die Dimensionen Aspekte der Personalentwicklung (10%) beeinflusst. Somit weist die Kompetenzfacette Fach- und Methodenkompetenz die meisten Wirkungszusammenhänge mit den Lernkulturmerkmalen auf, gefolgt von der Selbstkompetenz und der Sozialkompetenz.

Keine signifikanten Einflüsse konnten für die Dimensionen Lernen als Teil der Unternehmensphilosophie, Kompetenzentwicklung, Lernatmosphäre und Unterstützung durch Kollegen sowie lernorientierte Führungsaufgaben ermittelt werden.

Tab. 9.9: Regression der Fach-/Methodenkompetenz, der Sozialkompetenz und der Selbstkompetenz auf die Lernkulturmerkmale als Prädiktoren.

Dimensionen	R^2	Beta
Lernen als Teil der Unternehmensphilosophie	.05	.27*
Rahmenbedingungen für Lernen	.08	.32*
Aspekte der Personalentwicklung	.08	.32*
Kompetenzentwicklung	.00	.14
Lern- und Entwicklungsmöglichkeiten	.13	.38**
Lernatmosphäre und Unterstützung durch Kollegen	-.01	.10
Lernorientierte Führungsaufgaben	.03	.23
Information und Partizipation	.12	.38**
Wissensaustausch des Unternehmens mit der Umwelt	.08	.31*

9.5.4.2 Überprüfung des Einflusses der motivationalen Faktoren auf den Zusammenhang zwischen Lernkulturmerkmalen und Kompetenzfacetten

In einem weiteren Analyseschritt wurde der Einfluss der motivationalen Faktoren Leistungsmotivation, berufliches Selbstwirksamkeitserleben sowie Zielorientierung auf den Zusammenhang zwischen Lernkulturmerkmalen und Kompetenzfacetten überprüft. Die Berechnungen erfolgten dabei unter Heranziehung der Lernkulturinventarwerte auf Dimensionsebene und der Kompetenz-Reflexions-Inventarswerte auf Ebene der Gesamtskala, die alle drei Kompetenzarten umfasst (KRI-Gesamt). Bei den Drittvariablen bzw. motivationalen Faktoren wurde für die fünf Skalen des Leistungsmotivationsinventars ebenfalls die Gesamtskala verwendet. Die beiden Skalen der Zielorientierung wurden separat betrachtet.

Überprüfung der Mediatoreffekte
Die Überprüfung der Wirkung der motivationalen Faktoren als vermittelnde bzw. als Mediatorvariablen anhand des Sobel-Tests führte für keine der Variablen zu einem signifikanten Ergebnis. Aus Gründen der Übersichtlichkeit wird auf eine Darstellung der nicht-signifikanten Effekte verzichtet. Somit konnten für die Leistungsmotivation, das berufliche Selbstwirksamkeitserleben und für die Lernziel- und Leistungszielorientierung keine Mediatoreffekte auf den Zusammenhang zwischen Lernkultur und Kompetenzentwicklung nachgewiesen werden.

Überprüfung der Moderatoreffekte
Zusätzlich zum Mediatoreffekt wurde überprüft, ob die motivationalen Faktoren eine moderierende Wirkung auf den Zusammenhang zwischen Lernkulturmerkmalen und Kompetenzarten besitzen. Insgesamt wurden 36 moderierte (hierarchische) Regressionen berechnet.

Es konnte lediglich ein Moderatoreffekt nach Berechnung der Regressionsanalysen ermittelt werden: Die *Leistungszielorientierung* moderiert die Beziehung zwischen der Lernkulturdimension *Lernatmosphäre und Unterstützung durch Kollegen* und den Kompetenzen. Die nachfolgende Tabelle stellt die regressionsanalytisch gewonnenen Ergebnisse für die hierarchische Regression von den Kompetenzen auf den Prädiktor Lernatmosphäre und Unterstützung durch Kollegen und die Moderatorvariable Leistungszielorientierung bzw. deren Interaktion dar.

Anhand dieser Tabelle ist zu erkennen, dass der Interaktionseffekt (Lernatmosphäre und Unterstützung durch Kollegen x Leistungszielorientierung) zusätzlich 7,3% der Kriteriumsvarianz aufklärt. Diese inkrementelle Varianzaufklärung ist signifikant (p = .05). Aus der Tabelle ist jedoch nicht ersichtlich, welche Richtung die Interaktion aufweist. Hierzu ist eine graphische Darstellung erforderlich. Dazu wurden bestimmte Werte der Leistungszielorientierung (AM+/-SD) (vgl. Jaccard, Wan & Turrisi 1990) in die Regressionsgleichung eingetragen. Die erhaltenen Regressionsgeraden sind in der nachfolgenden Abbildung zu sehen.

Tab. 9.10: Regression der Kompetenzen auf den Prädiktor Lernatmosphäre und Unterstützung durch Kollegen und die Moderatorvariable Leistungszielorientierung.

Prädiktor	Modell 1 Beta	Modell 2 Beta	Modell 3 Beta
Lernatmosphäre und Unterstützung durch Kollegen	.10	.17	1.02*
Leistungszielorientierung		-.42**	.81
Lernatmosphäre und Unterstützung durch Kollegen x Leistungszielorientierung			-1.63*
R^2	-.009	.152	.212
R^2		.174**	.073*

Wie bereits anhand des negativen standardisierten Regressionskoeffizienten (Beta = -.42, s. Tabelle) zu vermuten war, hat die Leistungszielorientierung einen negativen Einfluss auf die Kompetenzentwicklung. Bei einer niedrigen Leistungszielorientierung liegen also stärker ausgeprägte Kompetenzen vor. Dies ist an den abfallenden Geraden in der Abbildung ersichtlich.

Bezüglich der Richtung der Interaktion ist festzustellen, dass bei niedriger Leistungszielorientierung die Gerade steiler abfällt als bei hoher Leistungszielorientierung. Dies bedeutet, dass bei niedriger Leistungszielorientierung eine stärkere Beziehung zwischen Lernatmosphäre und Unterstützung durch Kollegen und Kompetenzen vorliegt als bei hoher Leistungszielorientierung. Somit liegt hier ein Moderatoreffekt vor. Die Leistungszielorientierung moderiert die Beziehung zwischen der Lernatmosphäre und der Unterstützung durch Kollegen und der Kompetenzentwicklung.

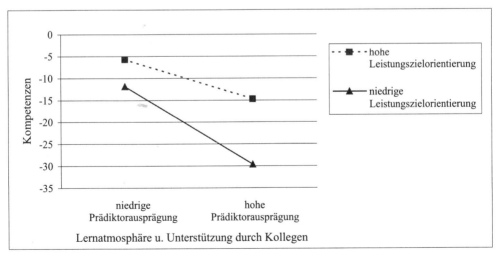

Abb 9.3: Interaktion zwischen Lernatmosphäre und Unterstützung durch Kollegen und Leistungszielorientierung

9.6 Diskussion

Mit der vorliegenden Studie wurde die Zielsetzung verfolgt, den Zusammenhang von Lernkulturmerkmalen mit verschiedenen Kompetenzfacetten zu ermitteln. Auf der Basis eines hypothetischen Wirkmodells, in dem zum einen ein Einfluss von Lernkulturmerkmalen auf die Kompetenzentwicklung und zum anderen ein Einfluss von Drittvariablen in Form von motivationalen Faktoren auf diesen Zusammenhang postuliert wird, wurden zwei Forschungsfragen formuliert, die diese angenommenen Einflüsse thematisieren. Anhand einer Stichprobe mit 54 Mitarbeitern aus unterschiedlichen Unternehmen wurden diese Annahmen empirisch untersucht. Die 54 Mitarbeiter wurden im Rahmen der Studie gebeten, eine subjektive Einschätzung der Lernkultur ihres Unternehmens, ihrer verschiedenen Kompetenzen sowie hinsichtlich ausgewählter motivationaler Faktoren abzugeben. Zu letzteren gehörten die Leistungsmotivation, die berufliche Selbstwirksamkeit und die Zielorientierung.

Die vorliegende Stichprobengröße mit N = 54 ist im Hinblick auf das Untersuchungsvorhaben als eher gering zu bewerten. Deshalb wird aktuell an einer Stichprobenerweiterung gearbeitet. Hinsichtlich der Interpretation der Ergebnisse ist daher zu vermerken, dass sie mit Vorsicht und unter Vorbehalt zu interpretieren sind. Sie werden als mögliche Tendenzen betrachtet, die es mit einem größeren Stichprobenumfang zu spezifizieren gilt. Durch den geringen Stichprobenumfang wurde das theoretisch gebildete Modell auch nur in Ausschnitten überprüft. Weitere Analysen, z.B. eine hierarchische Regression von Kompetenzen unter Einbezug aller Lernkulturmerkmale als Prädiktoren, die Auskunft über die Stärke des Einflusses der einzelnen Lernkulturmerkmale geben, sind notwendig und können mit einer vergrößerten Stichprobe durchgeführt werden.

Die Frage, ob Lernkulturmerkmale mit den Mitarbeiterkompetenzen zusammenhängen, ist in dieser allgemeinen Form nicht zu beantworten. Anhand von Zusammenhangs- und Wirkungsanalysen konnte ein Einfluss ausgewählter Lernkulturmerkmale festgestellt werden. Auf korrelativer Ebene lassen sich schwache bis mittelhohe Zusammenhänge feststellen. Diese Zusammenhänge liegen weitestgehend im positiven Bereich, d.h. je stärker und förderlicher die Lernkultur des Unternehmens ausgeprägt ist, desto besser schätzen die Befragten ihre Kompetenzen ein. Die Ergebnisse lassen sich dahingehend interpretieren, dass eine förderliche Lernkultur zu stärker ausgeprägten Kompetenzen führt. Auch die regressionsanalytisch erhaltenen Ergebnisse bestätigen dies weitestgehend. Jedoch muss diese Aussage dadurch eingeschränkt werden, dass nicht alle Lernkulturmerkmale einen Zusammenhang mit den bzw. Einfluss auf die Kompetenzen aufweisen. Es lassen sich folgende positive Auswirkungen von Lernkulturmerkmalen auf die Kompetenzen feststellen:

- Eine *lernorientierte Unternehmensphilosophie*, die die Bedeutung von Lernen im Unternehmen betont und Erwartungen an die Mitarbeiter in Bezug auf ihr Lern- und Kompetenzentwicklungsverhalten formuliert, wirkt sich förderlich auf die Mitarbeiterkompetenzen aus. Bezüglich der einzelnen Kompetenzfacetten Fach- und

Methodenkompetenz, Sozialkompetenz und Selbstkompetenz lassen sich keine Aussagen treffen, da keine signifikanten Ergebnisse vorliegen.
- *Lernförderliche Rahmenbedingungen* im Unternehmen wirken ebenfalls positiv auf Kompetenzen und besonders auf die Fach- und Methodenkompetenz. Somit führen lernförderliche Organisationsstrukturen, die sich durch flache Hierarchien auszeichnen und einen guten Informationsaustausch ermöglichen, ebenso wie die Unternehmensfaktoren lernförderliche Entgelt- und Anreizsysteme, das Lernen unterstützende Arbeitszeitregelungen und ein förderlicher Umgang mit Veränderungsprozessen zu positiv ausgeprägten Kompetenzen.
- Auch die Gestaltung und die Arbeit der Personalentwicklung im Unternehmen, erfasst durch das Merkmal *Aspekte der Personalentwicklung,* beeinflussen die Kompetenzen der Mitarbeiter, besonders die Selbstkompetenz, positiv. Ein lernförderlicher Stellenwert, eine vorhandene Unterstützung der Mitarbeiter und ein sorgfältiger Umgang mit den Phasen der Lernbedarfserhebung und der Qualitätssicherung unterstützen eine positive Kompetenzentwicklung der Mitarbeiter.
- Das Lernkulturmerkmal *Lern- und Entwicklungsmöglichkeiten,* das die Unterstützung neuer Lernformen wie z.B. des informellen, des selbstorganisierten oder des mediengestützten Lernens umfasst, wirkt sich als einziges Merkmal auf alle Kompetenzfacetten förderlich aus. Die Ursache hierfür könnte darin liegen, dass dieses Merkmal deutlich auf der operativen Lernkulturebene anzusiedeln ist und damit konkrete Maßnahmen bzw. Möglichkeiten zur Entwicklung von Kompetenzen beinhaltet, die sich direkt auf eine Kompetenzentwicklung auswirken.
- Auch das Lernkulturmerkmal *Information und Partizipation*, das den Informations- und Wissensaustausch im Unternehmen thematisiert und Partizipationsmöglichkeiten der Mitarbeiter erfasst, besitzt einen positiven Einfluss auf die Mitarbeiterkompetenzen. Je lernförderlicher die Ausprägung dieser Merkmale, desto höher schätzen die Befragten ihre Kompetenzen ein. Ein positiver Effekt auf Kompetenzfacettenebene konnte für die Fach- und Methodenkompetenz sowie für die Selbstkompetenz festgestellt werden.
- Ein förderlicher, vielseitiger *Wissensaustausch des Unternehmens mit seiner Umwelt* beeinflusst ebenfalls die Mitarbeiterkompetenzen, besonders die Fach- und Methodenkompetenz.

Für das Lernkulturmerkmal Kompetenzentwicklung, das den Umgang mit und die Gestaltung von Maßnahmen zur Kompetenzdiagnose und -entwicklung umfasst, liegen keine signifikanten Ergebnisse vor. Dies überrascht, da mit dieser Lernkulturinventar-Dimension die Voraussetzungen für eine positive Entwicklung von Kompetenzen überprüft werden. Jedoch lässt sich das Ergebnis vor dem Hintergrund der sehr niedrigen Skalenreliabilität ($\alpha = .46$) erklären, die für eine nicht ausreichend gelungene Operationalisierung dieses Merkmals spricht. Ebenfalls kein Einfluss konnte für die Merkmale Lernorientierte Führungsaufgaben sowie Lernatmosphäre und Unterstützung durch Kollegen ermittelt werden. Diese beiden Merkmale richten ihren Fokus auf die soziale Unterstützung des Lernens der Mitarbeiter. In den Transferstudien von Rouiller und Goldstein (1993) und Tracey et al. (1995) konnte ein positiver Einfluss der sozialen Unterstützung durch Vorgesetzte und Kollegen auf die Transferleistung nachgewiesen werden. Auch eine theoretische Betrachtung (vgl. Kap. 3/4) und die Ergebnisse der Interviewstudie (vgl. Kap. 6) haben auf die besondere Bedeutung der Führungskraft im Lernprozess der Mitarbeiter, die wiederum positive Auswirkungen auf die Kompetenzentwicklung hat, hingewiesen. Eine solche Wirkung konnte in dieser Studie nicht nachgewiesen werden.

Im Hinblick auf die Frage zur Auswirkung motivationaler Faktoren auf den Zusammenhang zwischen Lernkultur und Kompetenzentwicklung wurde überprüft, ob diese als Moderator- oder Mediatorvariablen betrachtet werden können. Als motivationale Faktoren wurden mit Bezug zu anderen Forschungsergebnissen die Leistungsmotivation, das berufliche Selbstwirksamkeitserleben sowie die Zielorientierung in dieser Untersuchung erhoben. Auch diese Ergebnisse spiegeln ebenfalls nur Tendenzen wider. So konnte für keinen der motivationalen Faktoren ein Mediatoreffekt ermittelt werden. Ein Moderatoreffekt konnte lediglich für eine Dimension der Zielorientierung bestimmt werden. Die Leistungszielorientierung moderiert die Beziehung zwischen der Lernatmosphäre und Unterstützung durch Kollegen und den Kompetenzen der Mitarbeiter. Inhaltlich bedeutet dies, dass für Mitarbeiter mit durchschnittlich niedrigerer ausgeprägter Leistungszielorientierung der Zusammenhang zwischen Lernatmosphäre und Unterstützung und Kompetenzen stärker ist als bei eher hoher Leistungszielorientierung. Damit ist die Leistungszielorientierung als einziger motivationaler Faktor eine Moderatorvariable. Die Leistungszielorientierung weist auch für sich genommen einen signifikanten Einfluss auf die Kompetenzen auf. Allerdings ist dieser Einfluss negativer Natur, d.h. je niedriger die Leistungszielorientierung ist, also je weniger der Mitarbeiter die Lernsituation als einen Anlass zur Bewertung der eigenen Fähigkeiten betrachtet, desto ausgeprägter sind seine Kompetenzen.

Insgesamt weisen die Ergebnisse eher weniger auf eine Funktion der Leistungsmotivation, der Zielorientierung und der beruflichen Selbstwirksamkeit als Moderatorvariablen hin. Auch eine Funktion als Mediatorvariablen hat sich nicht bestätigt. Es bestehen jedoch Zusammenhänge zwischen den Lernkulturmerkmalen und den Kompetenzfacetten, ebenso zwischen den motivationalen Faktoren und den Kompetenzfacetten (auf eine Darstellung dieser Ergebnisse wurde aus Gründen der Übersichtlichkeit verzichtet). Dies lässt auf ein komplexes Wirkungsgefüge zwischen Merkmalen der Lernkultur eines Unternehmens, personenbezogenen Merkmalen und der Kompetenzentwicklung schließen. Deshalb ist es wichtig und notwendig, diese Wirkzusammenhänge nochmals in weiteren Studien an größeren Stichproben zu überprüfen, um zu differenzierten Aussagen zu gelangen.

10 Zusammenfassendes Fazit

10.1 Erkenntnisgewinn der theoretischen Arbeiten und der empirischen Studien

Die in diesem Forschungsbericht vorgestellten theoretisch und empirisch ermittelten Ergebnisse, die das Ziel verfolgten, die Lernkultur in Unternehmen zu erfassen und zu bestimmen, liefern einen wichtigen Beitrag für eine vertiefende Lernkulturforschung. Es konnte ein Erkenntnisgewinn sowohl in wissenschaftlicher als auch in praxisbezogener Hinsicht erlangt werden, der im Folgenden noch einmal zusammengefasst präsentiert wird.

Aufarbeitung des Forschungsstandes zum Lernkulturkonstrukt sowie Präzisierung und Weiterentwicklung des theoretischen und begrifflichen Verständnisses:
Mit diesem Bericht liegt eine umfassende theoretisch-fundierte Konstruktdefinition zu unternehmensbezogener Lernkultur vor. Lernkultur bezeichnet den Stellenwert, den Lernen im Unternehmen besitzt und drückt sich in lernbezogenen Werten, Normen und Erwartungen im Unternehmen aus. Eine neue, kompetenzförderliche Lernkultur wird repräsentiert durch:
- Integration von Lernen in die Unternehmensphilosophie
- Bereitstellen von unterstützenden organisationalen Rahmenbedingungen
- geeignete Führungs- und Entwicklungskonzepte
- unternehmensinterne und -externe Informations- und Kommunikationsmöglichkeiten
- die strategische und qualitative Ausrichtung des Human Resource Managements
- Bereitstellen von modernen Lernorten und -formen.

Diese Merkmalsbereiche einer unternehmensbezogenen Lernkultur setzen sich aus einzelnen lernförderlichen organisationalen Merkmalen zusammen, die theoretisch herausgearbeitet wurden und im Rahmen von Experteninterviews Bestätigung gefunden haben.

Entwicklung und Bereitstellung eines wissenschaftlich fundierten und praxisgerechten organisationsdiagnostischen Instrumentariums zur Lernkulturerfassung:
Mit dem Lernkulturinventar (LKI) wurde ein Verfahren entwickelt, das die Lernkultur im Unternehmen anhand verschiedener Merkmalsbereiche bestimmt. Um den unterschiedlichen in Unternehmen vorherrschenden Wahrnehmungsperspektiven gerecht zu werden, wurden zwei Versionen des Lernkulturinventars konzipiert: die Expertenversion, die sich an Personalentwicklungsverantwortliche und Weiterbildungsfachleute im Unternehmen richtet, und die Mitarbeiterversion, die die Lernkultursichtweise der Mitarbeiter erfasst. Beide Verfahren wurden anhand einer ersten Stichprobe überprüft. Besonders die Stichprobe der Mitarbeiterversion weist mit insgesamt 54 befragten Arbeitnehmern noch einen recht geringen Umfang auf und wird deshalb aktuell durch Rekrutierung weiterer Personen vergrößert. In diesem Forschungsbericht wurde die testtheoretische Überprüfung der LKI-Vorversionen sowie die Selektion der Items, die den wissenschaftlichen Messansprüchen nicht genügten, beschrieben. Damit liegt eine revidierte Version des Lernkulturinventars vor, die jedoch weiterer Überprüfung bedarf.

Der Wert dieses Fragebogens liegt in seiner umfassenden Bestimmung von Lernkulturaspekten in Unternehmen. Gerade für Fachleute im Bereich der Personalentwicklung und Weiterbildung liefert das Lernkulturinventar wertvolle Hinweise und regt zur Auseinandersetzung mit dem Thema Lernkultur an. Dies wurde von Seiten der Untersuchungspartner oftmals bestätigt.

Erarbeitung empirisch gesicherter Erkenntnisse zum Entwicklungsstand der Lernkultur in deutschen Unternehmen sowie Durchführung eines Vergleichs der Lernkultur in Unternehmen mit unterschiedlicher Branchenzugehörigkeit:
Im Rahmen der Interviewstudie mit Experten aus der Unternehmenspraxis und der angewandten Forschung konnte ein erster Einblick in die in verschiedenen Unternehmen vorherrschende Lernkultur gewonnen werden. Die in Kapitel 6 vorgestellten Ergebnisse verdeutlichen, dass in der Praxis Interesse und Bedarf an einer Auseinandersetzung mit dem Thema Lernkultur besteht. Die einzelnen explorierten Merkmale bzw. Merkmalsbereiche unternehmensbezogener Lernkultur finden sich in unterschiedlicher Ausprägung in den Unternehmen wieder. Jedoch entstand in den Gesprächen der Eindruck, dass diese Merkmale isoliert nebeneinander stehen und nicht zu einem Gesamtkonzept im Sinne einer förderlichen Lernkultur verbunden sind. Dadurch werden auch mögliche Synergieeffekte von den Unternehmen noch nicht ausreichend genutzt. Die durchgeführte Vergleichsstudie bezüglich Branchenunterschieden bei Lernkulturen liefert weitere Befunde im Hinblick auf die Ausprägung einer förderlichen Lernkultur in Unternehmen (Kapitel 8). Es konnten bei einigen Lernkulturmerkmalen Branchenunterschiede festgestellt werden. So zeichnet sich besonders die Verwaltungsbranche in den Bereichen strategische und qualitative Personalentwicklung und Rolle der Führungskraft im Lernprozess der Mitarbeiter durch eine eher restriktive, lernhinderliche Ausprägung aus. Eine förderlicher ausgeprägte Lernkultur ist vor allem in den Dienstleistungsunternehmen festzustellen, was nicht zuletzt auch daran liegen kann, dass hier durch die grundsätzlich stärker vorhandene Kundennähe und -orientierung auch eine stärker ausgeprägte Mitarbeiterförderung zu finden ist.

Empirisch fundierte Aufklärung von Wirkmechanismen der Lernkultur und damit der praktischen Bedeutsamkeit von Lernkulturmerkmalen für das Unternehmen und das Human Resource Management:
In einer weiteren Fragebogenstudie wurde der Einfluss der Lernkulturmerkmale auf Variablen der Kompetenzentwicklung untersucht sowie überprüft, ob personenbezogene Faktoren (z.B. Leistungsmotivation) diesen Zusammenhang als Drittvariablen beeinflussen. Trotz des geringen und von daher noch zu erweiternden Stichprobenumfangs (54 Mitarbeiter), der die Ergebnisse lediglich als Tendenzen betrachten lässt, weist die Studie einige interessante Befunde auf. Die Ergebnisse lassen sich dahingehend interpretieren, dass eine förderliche Lernkultur zu einer positiven Kompetenzentwicklung führt. Es konnten Wirkungszusammenhänge zwischen der Mehrzahl an Lernkulturmerkmalen und den Kompetenzen festgestellt werden. Insgesamt erweisen sich Lernkulturmerkmale, Kompetenzen und personenbezogene Merkmale als ein komplexes Wirkungsgefüge, das es in weiteren Studien anhand vertiefender Fragestellungen zu betrachten gilt. Dieser ermittelte Zusammenhang verdeutlicht die Relevanz und die Nützlichkeit der Untersu-

chung von Lernkultur in Unternehmen. Ebenso unterstützt er die Wichtigkeit einer
Gestaltung der Lernkultur im Sinne einer kompetenzförderlichen Ausprägung, da somit
die Kompetenzen der Mitarbeiter verbessert und damit auch die des Unternehmens
gefördert werden können.

Insgesamt hat das durchgeführte Projekt mit den theoretischen Arbeiten und empirischen Studien zu einer Klärung des Forschungsgebiets unternehmensbezogener Lernkulturen beigetragen. Mit seiner inhaltlichen Breite liefert ein wie in diesem Bericht
verstandenes Lernkulturkonzept Anregungen zur Auseinandersetzung mit dem Themenbereich und mit seiner Bedeutung und Wichtigkeit für die Unternehmenspraxis ebenso
wie für die Forschung.

10.2 Der praktische Nutzen eines Einsatzes des Lernkulturinventars

Das Lernkulturinventar (LKI) erlaubt es, die Ausprägung von Merkmalen der Lernkultur
in Unternehmen zu bestimmen. Es wurde entwickelt auf der Grundlage umfangreicher
theoretischer Forschungsarbeiten sowie mittels einer Expertenbefragung mit dreißig
Vertretern aus der angewandten Forschung und der Unternehmenspraxis. Das Lernkulturinventar liegt in zwei Versionen vor, die unterschiedliche Wahrnehmungsperspektiven erfassen: die der Mitarbeiter und die der Personalentwicklungs- und Weiterbildungsexperten.

Der Einsatz des LKI bringt einen vielseitigen praktischen Nutzen mit sich, der im
folgenden beschrieben werden soll.
- Das Lernkulturinventar ist ein theoretisch fundiertes Diagnoseinstrument. Mit Hilfe
  des LKI kann die unternehmensspezifische Lernkultur detailliert erfasst und ein
  aktueller Ist-Zustand ermittelt werden.
- Das Lernkulturinventar regt zu einer kritischen Auseinandersetzung mit der Personalentwicklungsarbeit im Unternehmen, mit der Gestaltung von Lernen und Lernprozessen und mit der Integration von Lernen in die Unternehmensorganisation an.
  Darüber hinaus öffnet es den Blick für mögliche Synergieeffekte, die mit der
  Gestaltung einer kompetenzförderlichen Lernkultur verbunden sind.
- Mit Einsatz des LKIs kann ein Stärken-Schwächen-Profil der Lernkultur im Unternehmen erstellt werden. Das Unternehmen erhält Informationen darüber, wo im
  Unternehmen unter Lernkulturperspektive eine hohe Lernförderlichkeit vorhanden
  ist und in welchen Bereichen Verbesserungspotenzial zu erkennen ist.
- Über einen Vergleich der Einschätzung von Experten- und Mitarbeiterseite können
  ebenfalls Stärken und Schwächen aufgedeckt und Differenzen ermittelt werden.
  Dies ermöglicht die Ableitung von auf das Unternehmen zugeschnittenen Gestaltungsempfehlungen.
- Das Lernkulturinventar kann als ein Instrument zur Qualitätssicherung der Personalentwicklung verstanden werden. Der Umgang mit Lernen und Kompetenzentwicklung
  im Unternehmen kann somit evaluiert werden.

- Nicht zuletzt ist das Lernkulturinventar auch ein Benchmark-Instrument. Die unternehmensspezifischen Ausprägungen der Lernkulturmerkmale können mit den Lernkulturen anderer Unternehmen gleicher Branche oder gleicher Größe verglichen werden. Das Unternehmen erfährt, wie es sich im Vergleich zu anderen Organisationen positioniert und kann daraus mögliche Handlungsstrategien ableiten.

Obwohl das Lernkulturinventar grundsätzlich ein Diagnoseinstrument ist und damit einen Ist-Zustand ermittelt, kann es als Ausgangsbasis für Veränderungs- oder Entwicklungsprozesse gesehen werden. Eine Anwendung des Fragebogens erscheint nur dann sinnvoll, wenn in der Diskussion mit und in betroffenen Unternehmen Handlungsbedarf ermittelt und Gestaltungsempfehlungen abgeleitet werden.

10.3 Perspektiven und Ausblick

Aufbauend auf den bisher durchgeführten Forschungsarbeiten sollten weitere, vertiefende Studien und Untersuchungen durchgeführt werden um das Forschungsgebiet der unternehmensbezogenen Lernkultur zu erweitern und umfassender zu erforschen. Ein erster Schritt wird dabei in einer Anwendung des revidierten, inhaltlich überarbeiteten Lernkulturinventars an ausreichend großen Stichproben gesehen. Ebenfalls sind weitere Validierungsstudien notwendig, damit das Lernkulturinventar als ein reliables und valides Instrument etabliert werden kann.

Auch erscheint eine Durchführung weiterführender Studien durchaus sinnvoll. Diese können beispielsweise einer Differenzierung von Lernkulturen anhand weiterer Unternehmensmerkmale, z.B. der Geschäftsstrategie dienen. Auch die Analyse eines landesspezifischen Einflusses im Sinne eines interkulturellen Vergleichs mit Unternehmen aus drei relativ unterschiedlichen Kulturkreisen (z.B. Deutschland, USA, Japan) kann ein möglicher Untersuchungsgegenstand sein.

Des Weiteren sind vertiefende Studien zur Wirkung von Lernkulturmerkmalen auf mitarbeiter- und unternehmensbezogene Variablen notwendig um das komplexe Wirkungsgefüge näher zu beleuchten. Besonders auf Unternehmensseite sind folgende Fragestellungen von Interesse: In welcher Weise beeinflussen die Lernkulturmerkmale die organisationale Lernfähigkeit? Lässt sich ein Zusammenhang zwischen Lernkulturmerkmalen und organisationaler Innovationsfähigkeit und Unternehmensflexibilität feststellen?

Um den Nutzen einer Diagnose der Lernkultur unter Einsatz des LKI zu fördern, bietet es sich an, ein durchdachtes, systematisches Konzept zur Gestaltung unternehmensbezogener Lernkulturen zu entwickeln, das Maßnahmen zur Verbesserung der Lernkultur beinhaltet. In diesem Zusammenhang ist auch das Entwickeln einer Checkliste, abgeleitet aus dem Lernkulturinventar, denkbar. Diese Checkliste kann direkt mit Handlungsempfehlungen verbunden sein, die diese Verbesserungen einleiten. Auch ein Best-Practice-Leitfaden zur Lernkulturgestaltung könnte als ein sinnvolles, für Unternehmen attraktives Instrument gelten.

Diese Ausführungen verdeutlichen, dass durchaus weiterer Forschungsbedarf im Bereich der Lernkultur besteht.

Literatur

Abele, A.E., Stief, M. & Andrä, M. (2000). Zur ökonomischen Erfassung beruflicher Selbstwirksamkeitserwartungen – Neukonstruktion einer BSW-Skala. In: Zeitschrift für Arbeits- und Organisationspsychologie 44 (3), 145-151.

Althoff, K. & Thielepape, M. (1995). Psychologie in der Verwaltung, Hamburg.

Antoni, C.H. (1994). Gruppenarbeit in Unternehmen: Konzepte, Erfahrungen, Perspektiven, Weinheim.

Argyris, C. & Schön, D. (1978). Organizational Learning: A theory of action perspective, Reading.

Argyris, C. & Schön, D.A. (1999). Die lernende Organisation. Grundlagen, Methode, Praxis, Stuttgart.

Ashkanasy, N.M., Broadfoot, L.E. & Falkus, S. (2000). Questionnaire measures of organizational culture. In: N.M. Ashkanasy, C.P. Wilderom & M.F. Peterson (Hrsg). Handbook of organizational culture and climate, Thousand Oaks, 131-145.

Baitsch, C. (1998). Lernen im Prozess der Arbeit – zum Stand der internationalen Forschung. In: Arbeitsgemeinschaft Qualifikations-Entwicklungs-Management (Hrsg.). Kompetenzentwicklung '98, Münster, 269-337.

Baitsch, C. (1999). Interorganisationale Lehr- und Lernnetzwerke. In: Arbeitsgemeinschaft Qualifikations-Entwicklungs-Management (Hrsg.). Kompetenzentwicklung '99; Aspekte einer neuen Lernkultur: Argumente, Erfahrungen, Konsequenzen, Berlin, 253-274.

Baitsch, C. & Frei, F. (1980). Qualifizierung in der Arbeitstätigkeit, Bern.

Baldwin, T.T. & Ford, J.K. (1988). Transfer of training: A review and directions for future research. In: Personnel Psychology 41 (1), 63-105.

Baron, R.M. & Kenny, D.A. (1986). The moderator-mediator variable distinction in social psychological research: Conceptual, strategic, and statistical considerations. In: Journal of Personality & Social Psychology 51 (6), 1173-1182.

Bass, B.M. & Steyrer, J. (1995). Transaktionale und Transformationale Führung. In: A. Kieser, G. Reber & R. Wunderer (Hrsg.). Handwörterbuch der Führung, Stuttgart, 2053-2062.

Batram, D., Foster, J., Lindley, P.A., Brown, A-K. & Nixon, S. (1993). Learning Climate Questionaire (LCQ): Background and Technical Information, Oxford.

Baukrowitz, A. & Boes, A. (1997). Strukturwandel und Qualifikationsentwicklung in der IT-Branche. Verfügbar unter: http://staff-www.uni-marburg.de/~boes/texte/igm-bffm.html].

Benedix, J. & Nockert, T. (1999). Personalentwicklung für die Stadtverwaltung. Ein innovatives Konzept und seine partizipative Umsetzung in der Stadt Kassel. In: W. Schöni & Kh. Sonntag (Hrsg.). Personalförderung in Unternehmen, Chur, 295-305.

Bergmann, B. (1996). Lernen im Prozess der Arbeit. In: Arbeitsgemeinschaft betriebliche Weiterbildungsforschung (Hrsg.). Kompetenzentwicklung '96: Strukturwandel und Trends in der betrieblichen Weiterbildung, Münster, 153-262.

Bergmann, B. (1999). Kompetenzentwicklung durch Berufsarbeit, 11. Züricher Symposium Arbeitspsychologie, Abstractband.

Bergmann, B. (2000). Arbeitsimmanente Kompetenzentwicklung. In: B. Bergmann, A. Fritsch, P. Göpfert, F. Richter, B. Wardanjan & S. Wilczek (Hrsg.). Kompetenzentwicklung und Berufsarbeit, Münster, 11-40.

Bergmann, B. & Sonntag, Kh. (1999). Transfer: Die Umsetzung und Generalisierung erworbener Kompetenzen in den Arbeitsalltag. In: Kh. Sonntag (Hrsg.). Personalentwicklung in Organisationen, Göttingen, 287-312.

Bergmann, B. & Wardanjan, B. (1999). Organisationsgestaltung und Mitarbeitermotivation. In: Zeitschrift für Arbeitswissenschaft 53, 25-29.

Blake, R. & Mouton, S.J. (1978). Besser führen mit GRD, Düsseldorf.

Bleicher, K. (1996). Das Konzept integriertes Management, Frankfurt a. M.

Borg, I. (2000). Führungsinstrument Mitarbeiterbefragung: Theorien, Tools und Praxiserfahrungen, Göttingen.

Bosch, G. (2000). Neue Lernkulturen und Arbeitnehmerinteresse. In: Arbeitsgemeinschaft Qualifikations-Entwicklungs-Management (Hrsg.). Kompetenzentwicklung 2000: Lernen im Wandel – Wandel durch Lernen, Münster 227-270.

Breindl, W. (1993). Kooperative Selbstqualifikation in der öffentlichen Verwaltung. In: C. Heidack (Hrsg.). Lernen in der Zukunft, München, 48-411.

Brommer, E. (1999). Qualitätsmanagement nach DIN EN ISO 9000ff. im Dienstleistungsbereich. In: Zeitschrift Führung & Organisation 1, 37-41.

Bruhn, M. (2000). Qualitätssicherung im Dienstleistungmarketing – eine Einführung in die theoretischen und praktischen Probleme. In: M. Bruhn & B. Strauss (Hrsg.). Dienstleistungsqualität. Konzepte – Methoden – Erfahrungen, Wiesbaden, 21-48.

Bundesministerium für Wirtschaft und Arbeit (2003). Branchenfocus Informationswirtschaft. Verfügbar unter: http://www.bmwa.bund.de].

Bundesministerium für Bildung und Forschung (2001a). Berichtsystem Weiterbildung VIII. Verfügbar unter http.//www.bmbf.de].

Bundesministerium für Bildung und Forschung (2001b). Das informelle Lernen. Verfügbar unter: http.//www.bmbf.de].

Button, S.B., Mathieu, J.E., and Zajac, D.M. (1996). Goal orientation in organizational research: A conceptual and empirical foundation. In: Organizational Behavior and Human Decision Process 67, 26-48.

Colquitt, J., LePine, J. A. & Noe, R. A. (2000). Toward an integrative theory of training motivation: A meta-analytic path analysis of 20 years of research. In: Journal of Applied Psychology 85, 678-707.

Comelli, G. & Rosenstiel, L.v. (2001). Führung durch Motivation: Mitarbeit für Organisationsziele gewinnen, München.

Conrad, H. & Lang, H-C. (1995). Unternehmensstruktur und Organisation. In: I. Sattes, H. Brodbeck, H-C. Lang & H. Domeisen (Hrsg.). Erfolg in kleinen und mittleren Unternehmen. Ein Leitfaden für die Führung und Organsiation in KMU, Zürich, 19-28.

Conradi, W. (1983). Personalentwicklung, Stuttgart.

Cooke, R., Szumal, J. (1993). Measuring normative beliefs and shared behavioral expectations in organizations: The reliability and validity of the Organizational Culture Inventory. In: Psychological Reports 72, 1299-1330.

Dachler, H.P. & Wilpert, B. (1978). Conceptual Dimensions and Boundaries of Participation in Organizations: A Critical Evaluation. In: Administrative Science Quarterly 23, 1-39.

Deal, T. & Kennedy, A. (1982). Corporate cultures: The rites and rituals of corporate life, Reading, MA.

Deci, E.L., Connell, J.P. & Ryan, R.M. (1989). Self-determination in a work organization. In: Journal of Applied Psychology 74 (4), 580-590.

Dehnbostel, P. (1992). Aufgaben und Inhalte dezentraler Berufsbildungskonzepte. In: P. Dehnbostel, H. Holz & H. Novak (Hrsg.). Lernen für die Zukunft durch verstärktes Lernen am Arbeitsplatz, Berlin, 9-24.

Deitering, F. (1995). Selbstgesteuertes Lernen, Göttingen.

Dichanz, H. & Ernst, A. (2002). E-Learning – begriffliche, psychologische und didaktische Überlegungen. In: K. Scheffer & F.W. Hesse (Hrsg.). Die Revolution des Lernens gewinnbringend einsetzen, Stuttgart.

Dill, P. & Hügler, G. (1987). Unternehmenskultur und Führung betriebswirtschaftlicher Organisationen – Ansatzpunkte für ein kulturbewusstes Management. In: E. Heinen (Hrsg.). Unternehmenskultur. Perspektiven für Wissenschaft und Praxis, München, 141-210.

Dillenbourg, P. (1999). Collaborative Learning. Cognitive and computational approaches, Amsterdam.

Dubs, R. (1995). Lernen in Unternehmungen. Eine Führungsaufgabe für Unternehmungsleistungen. In: J. Thommen (Hrsg.). Management- Kompetenz, Wiesbaden, 159-170.

Dweck, C. S. (1986). Motivational processes affecting learning. In: American Psychologist 41, 1040-1048.

Eckardt, H.H. & Schuler, H. (1992). Berufseignungsdiagnostik. In: R. S. Jäger & F. Petermann. (Hrsg.). Psychologische Diagnostik, Weinheim, 533-551.

Eckart & Partner GmbH, Rosenstiel, L.v. & Siemens Business Services. (2001). Wissen und Lernen 2010, München.

Eggert, U. (1996). Was verändert die Welt? Megatrends in Vertrieb, Handel und Gesellschaft. In: Planung & Analyse, 5.

Erhard, R.U. (2000). Kundenorientierte Optimierung von Dienstleistungsprozessen. In: M. Bruhn & B. Strauss (Hrsg.). Dienstleistungsqualität. Konzepte – Methoden – Erfahrungen, Wiesbaden, 487-504.

Erpenbeck, J. & Heyse, V. (1996). Berufliche Weiterbildung und berufliche Kompetenzentwicklung. In: Arbeitsgemeinschaft Qualifikations-Entwicklungs-Management (Hrsg.). Kompetenzentwicklung '96: Strukturwandel und Trends in der betrieblichen Weiterbildung, Münster, 15-152.

Erpenbeck, J. & Heyse, V. (1999). Die Kompetenzbiographie. Strategien der Kompetenzentwicklung durch selbstorganisiertes Lernen und multimediale Kommunikation, Münster.

Erpenbeck, J. & Sauer, J. (2000). Das Forschungs- und Entwicklungsprogramm „Lernkultur Kompetenzentwicklung". In: Arbeitsgemeinschaft Qualifikations-Entwicklungs-Management (Hrsg.). Kompetenzentwicklung 2000: Lernen im Wandel – Wandel durch Lernen, Münster, 289-336.

Erpenbeck, J. & Rosenstiel, L.v. (2003). Handbuch Kompetenzmessung, Stuttgart.

Facteau, J., Dobbins, G., Russell, J.E.A., Ladd, R.T. & Kudisch, J. (1995). The influence of general perceptions of the training environment on pretraining motivation and perceived training transfer. In: Journal of Management 21, 1-25.

Fehrenbach, S. & Leicht, R. (2001). Boom der DV- Dienstleister ungebrochen. In: Strukturbericht Kurzinfo, Institut für Mittelstandsforschung 6.

Fleishman, E.A. (1962). Leadership Opinion Questionnaire (Manual), Chicago.

Ford, J.K. & Weissbein, D.A. (1997). Transfer of trainings: an updated review and analysis. In: Performance Improvement Quarterly 10, 22-41.

Franke, G. (1982). Qualitätsmerkmale der Ausbildung am Arbeitsplatz. In: BWP 4, 5-6.

Franke, G. & Kleinschmitt, M. (1987). Der Lernort Arbeitsplatz. Eine Untersuchung der arbeitsplatzgebundenen Ausbildung in ausgewählten elektrotechnischen Berufen der Industrie und des Handwerks (Schriften zur Berufsbildungsforschung 65), Berlin.

Franke, G. & Winsterstein, H. (1996). Arbeitsbezogenes Transparenzerleben. Ein zentrales Element der Organisationsdiagnose, München.

Frei, F., Duell, W. & Baitsch, C. (1984). Arbeit und Kompetenzentwicklung. Theoretische Konzepte zur Psychologie arbeitsimmanenter Qualifizierung, Bern.

Frei, F., Hugentobler, M., Alioth, A., Duell, W. & Ruch, L. (1993). Die kompetente Organisation: Qualifizierende Arbeitsgestaltung – die europäische Alternative, Stuttgart.

Friedrich, H.F. & Mandl, H. (1997). Analyse und Förderung selbstgesteuerten Lernens. In: H. Mandl & F.E. Weinert (Hrsg.). Enzyklopädie der Psychologie, D Serie I. Pädagogische Psychologie, Band 4, Göttingen, 237-295.

Frieling, E., Bernard, H. & Grote, S. (1999). Unternehmensflexibilität und Kompetenzerwerb. In: Arbeitsgemeinschaft Qualifikations-Entwicklungs-Management (Hrsg.). Kompetenzentwicklung '99. Aspekte einer neuen Lernkultur: Argumente, Erfahrungen, Konsequenzen, Berlin, 147-202.

Frieling, E. & Sonntag, Kh. (1999). Lehrbuch Arbeitspsychologie, Göttingen.

Frieling, E., Bernard, H., Bigalk, D. & Müller, R.F. (2001). Lernförderliche Arbeitsplätze – Eine Frage der Unternehmensflexibilität? In: QUEM-report 68, 107-121.

Gebert, D. & Rosenstiel, L.v. (2002). Organisationspsychologie. Person und Organisation, Stuttgart.

Gerstenmeier, J. & Mandl, H. (1995). Wissenserwerb unter konstruktivistischer Perspektive. In: Zeitschrift für Pädagogik 41, 867-888.

Gräsel, C. & Mandl, H. (1993). Förderung des Erwerbs diagnostischer Strategien in fallbasierten Lernumgebungen (Forschungsbericht Nr. 26), München.

Greif, S.A. & Kurz, H.-J. (1999). Handbuch selbstorganisiertes Lernen, Göttingen.

Hacker, W. (1986). Arbeitspsychologie, Bern.

Hacker, W. (1998). Allgemeine Arbeitspsychologie, Bern.

Halfpap, K. (1993). Lernen und Arbeiten in kooperativer Selbstqualifikation im öffentlichen Dienst. In: C. Heidack (Hrsg.). Lernen der Zukunft, München, 418-428.

Harms, B. (1999). Einführung neuer Steuerinstrumente beim Kreis Pinneberg. Ist eine kommunale Verwaltung im Sinne eines modernen Dienstleistungsunternehmens reformierbar? In: Zeitschrift Führung & Organisation 2, 101-105.

Heckhausen, H. (1989). Motivation und Handeln, Berlin.

Hesch, G. (2000). Das Menschenbild neuer Organisationsformen. Mitarbeiter und Manager im Unternehmen der Zukunft, Aachen.

Hofstede, G. (1994). Cultures and Organizations. Intercultural Cooperation and Its Importance for Survival, London.

Hofstede, G., Neuijen, B. & Ohayv, D.D.(1990). Measuring organizational cultures: A qualitative and quantitative study across twenty cases. In: Administrative Science Quarterly 35 (2), 286-316.

Holton, E.F., Bates, R.A. & Ruona, W.E.A. (2000). Development of a Generalized Learning Transfer System Inventory. In: Human Resource Development Quarterly 11 (4), 333-360.

Hoppenstedt Firmeninformationen GmbH (2002). Großunternehmen Auskunfts-CD, Ausgabe 1/ 2002 [CD-ROM], Darmstadt.

Hundt, D. (2001). Eine neue Lernkultur und innovative Arbeitsgestaltung als Anforderung an die Wirtschaft von morgen. In: QUEM-report 68, 11-18.

Jaccard, J., Wan, C.K. & Turrisi, R. (1990). The detection and interpretation of interaction effects between continuous variables in multiple regression. In: Multivariate Behavioral Research 25, 467-478.

Jäger, W. (2001). E-Learning. In: Personal 7, 374-379.

Jäger, W., Scharfenberger, U. & Scharfenberger, B. (1996). Verwaltungsreform durch neue Kommunikationstechnik? Soziologische Untersuchungen am Beispiel Schriftgutverwaltung, Opladen.

Jöns, I. (1995). Managementstrategien und Organisationswandel. Die Integration neuer Philosophien in Unternehmen, Weinheim.

Jung, S.K. & Weißenrieder, J. (1999). Beim Barte des Propheten... Oder: Wie finden wir die richtigen Begleiter für unsere Personalmanagement- Projekte? In: W. Fröhlich (Hrsg.). Effiziente Personalarbeit, Neuwied, 80-95.

Kaschube, J. (1993). Betrachtung der Unternehmens- und Organisationskulturforschung aus (organisations-)psychologischer Sicht. In: M. Dierkes, L.v.Rosenstiel & U. Steger (Hrsg.). Unternehmenskultur in Theorie und Praxis: Konzepte aus Ökonomie, Psychologie und Ethnologie, Frankfurt, 90-146.

Kauffeld, S. (2000). Das Kasseler-Kompetenz-Raster (KKR) zur Messung der beruflichen Handlungskompetenz. In: Arbeitsgemeinschaft Qualifikations-Entwicklungs-Management (Hrsg.). Flexibilität und Kompetenz: Schaffen flexible Unternehmen kompetente Mitarbeiter?, Münster, 33-48.

Kauffeld, S. (2002). Das Kasseler-Kompetenz-Raster (KKR) – ein Beitrag zur Kompetenzmessung. In: U. Clement & R. Arnold (Hrsg.). Kompetenzentwicklung in der beruflichen Bildung, Opladen, 131-151. Kern, H. (1991). Entwicklung eines Verfahrens zur Messung unternehmenskultureller Wertesysteme und die empirische Prüfung von konstruktbezogenen Hypothesen zum Begriff der Unternehmenskultur, Frankfurt.

Kieser, A. & Kubicek, H. (1992). Organisation, Berlin.

Kilmann, R.H. & Saxton, M.J. (1983). The Culture Gap Survey, Pittsburgh.

Klimecki, R.G. & Gmür, M. (2001). Personalmanagement: Strategien – Erfolgsbeiträge – Entwicklungsperspektiven, Stuttgart.

Kluge, A. (1999). Erfahrungsmanagement in lernenden Organisationen, Göttingen.

Kluge, A. (2003). Assessment of organizational culture. In: R. Fernández-Ballesteros (Hrsg.). Encyclopedia of psychological assessment, London, 649-657.

Kluge, A. & Schilling, J. (2000). Organisationales Lernen und Lernende Organisation – ein Überblick zum Stand von Theorie und Empirie. In: Zeitschrift für Arbeits- und Organisationspsychologie 44 (4), 179-191.

Kobi, J.M. & Wütherich, H.A. (1986). Unternehmenskultur verstehen, erfassen und gestalten, Landsberg.

Kopf, J. & Vogt, K. (2002). Dienstleistungsstandort Mainfranken. Verfügbar unter: http://www.wifak.uni-wuerzburg.de/ewf/ [05.06.2003].

Kossek, E.E., Roberts, K., Fisher, S. & DeMarr, B. (1998). Career self-management: A quasi-experimental assessment of the effects of a training intervention. In: Personnel Psychology 51, 935-961.

Kraetsch, C. & Trinczek, R. (1998). Arbeitszeitflexibilisierung in Klein- und Mittelbetrieben des Produzierenden Gewerbes. Stand, Entwicklung und Probleme. In: Arbeit 4, 338-361.

Krosnik, J.A. & Fabrigar, L.R. (1997). Designing rating scales for effective measurement in surveys. In: L. Lyberg, P.Biemer, M. Collins, E. de Leeuw, C. Dippo, N. Schwarz & D. Trewin (Hrsg.). Survey measurement and process qualitiy, New York, 141-164.

Kühnlein, G. & Wohlfahrt, N. (1994). Lean administration/lean government – ein neues Leitbild für die öffentlichen Verwaltungen? In: Arbeit 1 (3), 3-18.

Lacher, M. (2000). Gruppenarbeit in der Automobilindustrie – Zwischen Teilautonomie und Neuorientierung. Eine Zwischenbilanz. In: Arbeit 2 (9), 133-141.

Lang, H-C. (1995). Kooperation. In: I. Sattes, H. Brodbeck, H-C. Lang & H. Domeisen (Hrsg.). Erfolg in kleinen und mittleren Unternehmen. Ein Leitfaden für die Führung und Organisation in KMU, Zürich, 191-200.

Lang, N. (2002). Lernen in der Informationsgesellschaft – Mediengestütztes Lernen im Zentrum einer neuen Lernkultur. In: K. Scheffer & F.W. Hesse (Hrsg.). E-Learning: Die Revolution des Lernens gewinnbringend einsetzen, Stuttgart, 23-42.

Lave, J. & Wenger, E. (1991). Situated learning. Legitimate peripheral participation, Cambridge.

Leicht, R. & Stockmann, R. (1993). Die Kleinen ganz groß? Der Wandel der Betriebsgrößenstruktur im Branchenvergleich. In: Soziale Welt 2, 243-274.

Lemke, S.G. (1995). Transfermanagement, Göttingen.

Liepmann, D. & Felfe, J. (2000). Zukunftsorientierte Indikatoren des Unternehmenserfolges in KMU. In: D. Liepmann (Hrsg.). Motivation, Führung und Erfolg in Organisationen, Frankfurt, 9-26.

Likert, R. (1961). New patterns of management, McGraw Hill.

London, M. & Smither, J. W. (1999). Career-related continuous learning: Defining the construct and mapping the process. In: Research in human resources management 17, 81-121.

Lutz, T. (1993). CIM – Eine Herausforderung an die kooperative Selbstqualifikation. In: C. Heidack (Hrsg.). Lernen in der Zukunft, München, 35-361.

Maleri, R. (1991). Grundlagen der Dienstleistungsproduktion, Heidelberg.

Mandl, H., Prenzel, M.K. & Gräsel, C. (1992). Das Problem des Lerntransfers in der betrieblichen Weiterbildung. In: Unterrichtswissenschaft 20, 126-143.

Mandl, H. & Krause, U.M. (2001). Lernkompetenz für die Wissensgesellschaft (Forschungsbericht Nr. 145), München.

Marsick, V.J. & Volpe, M. (1999). Informal Learning on the Job, San Francisco.

Mathieu, J. E., Martineau, J. W., Tannenbaum, S. I.(1993). Individual and situational influences on the development of self-efficacy: Implications for training effectiveness. In: Personnel Psychology 46, 125-147.

Mayring, P. (2000). Qualitative Inhaltsanalyse. Grundlagen und Technik, Weinheim.

Meyers Grosses Taschenlexikon in 26 Bänden (1995), Mannheim.

Michel, S. (2000). Qualitätsunterschiede zwischen Dienstleistungen und Eigenleistungen (Prosuming) als Herausforderung für Dienstleister. In: M. Bruhn & Strauss, B. (Hrsg.). Dienstleistungsqualität. Konzepte – Methoden – Erfahrungen, Wiesbaden, 71-86.

Mummendey, H.D. (1995). Die Fragebogen-Methode, Göttingen.

Nadler, D.A. & Tushman, M.L. (1990). Beyond the charismatic leader. Leadership and organizational change. In: California Management Review 52 (2), 77-97.

Neeser, R. & Schöni, W. (1999). Personalentwicklung in kleinen und mittelgroßen Unternehmen. Eine Herausforderung für die Know-how-Träger in der Region Basel. In: W. Schöni & Kh. Sonntag (Hrsg.). Personalförderung in Unternehmen, Chur, 337-350.

Neuberger, O. (1991). Personalentwicklung, Stuttgart.

Neuberger, O. (2002). Führen und führen lassen, Stuttgart.

Neubert, J. & Tomczyk, R. (1986). Gruppenverfahren der Arbeitsanalyse und Arbeitsgestaltung, Berlin.

Newell, S. & Swan, J. (2000). Trust and inter-organizational networking. In: Human Relations 53 (10), 1287-1328.

Nöcker, R. (1999). Erfolg von Unternehmungen aus betriebswirtschaftlicher Sicht. In: K. Moser, Batinic, B. & Zempel, J. (Hrsg.). Unternehmerisch erfolgreiches Handeln, Göttingen, 53-66.

O'Reilly, C.A., Chatman, J. & Caldwell, D.F. (1991). People And Organizational Culture: A Profile Comparison Approach To Assessing Person-Organization Fit. In: Academy of Management Journal 34, 487-516.

Pack, J. & Buck, H. (1998). Analyse, Bewertung und qualifikationsförderliche Gestaltung von Arbeitssystemen in der Produktion. In: Zeitschrift für Arbeitswissenschaft 52 (3), 194-200.

Paul, G. (1991). Erfolgreiche OE-Prozesse in der öffentlichen Verwaltung. Bilanz sieben kommunaler Projekte. In: Organisationsentwicklung 10 (4), 48-56.

Pawlowsky, P. (1992). Betriebliche Qualifikationsstrategien und organisationales Lernen. In: W.H. Staehle & P. Conrad (Hrsg.). Managementforschung 2, Berlin, 177-237.

Pedler, M., Burgoyne, J. & Boydell, T. (1994). Das lernende Unternehmen. Potenziale freilegen – Wettbewerbsvorteile sichern, Frankfurt.

Probst, G. (1987): Selbstorganisation – Ordnungsprozesse in sozialen Systemen aus ganzheitlicher Sicht, Berlin.

Probst, G. & Romhardt, K. (1997). Bausteine des Wissensmanagements- ein praxisorientierter Ansatz. In: Dr. Wieselhuber & Partner (Hrsg.). Handbuch lernende Organisation, Wiesbaden, 129-144.

Regnet, E. (1999a). Der Weg in die Zukunft – Neue Anforderungen an die Führungskraft. In: L. v. Rosenstiel, E. Regnet & M.E. Domsch (Hrsg.). Führung von Mitarbeitern, Stuttgart, 47-59.

Regnet, E. (1999b). Kommunikation als Führungsaufgabe. In: L. v. Rosenstiel, E. Regnet & M.E. Domsch (Hrsg.). Führung von Mitarbeitern, Stuttgart, 217-226.

Reinhardt, R. (1993). Das Modell Organisationaler Lernfähigkeit und die Gestaltung lernfähiger Organisationen, Frankfurt a.M.

Reinmann-Rothmeier, G. & Mandl, H. (1993). Lernen im Unternehmen: Von einer gemeinsamen Vision zu einer effektiven Förderung des Lernens. In: Unterrichtswissenschaft 21 (3), 233-260.

Reinmann-Rothmeier, G. & Mandl, H. (1997). Lernen in Unternehmen: Von einer gemeinsamen Vision zu einer effektiven Förderung des Lernens (Forschungsbericht Nr.80), München.

Reinmann-Rothmeier, G. & Mandl, H. (1998). Wissensvermittlung: Ansätze zur Förderung des Wissenserwerbs. In: F. Klix & H. Spada (Hrsg.). Enzyklopädie der Psychologie: C Theorie und Forschung, Serie II Kognition, Band 6 Wissen, Göttingen, 457-500.

Reinmann-Rothmeier, G. & Mandl, H. (1999). Teamlüge oder Individualisierungsfalle? Eine Analyse kollaborativen Lernens und deren Bedeutung für die Förderung von Lernprozessen in virtuellen Gruppen (Forschungsbericht Nr.115), München.

Reinmann-Rothmeier, G., Mandl, H. & Prenzel, M. (1994). Computergestützte Lernumgebungen, Erlangen.

Reiß, M. (1999). Change Management. In: L. v. Rosenstiel, E. Regnet & M.E. Domsch (Hrsg.). Führung von Mitarbeitern, Stuttgart, 653-667.

Renkl, A. (1997). Lernen duch Lehren: Zentrale Wirkmechanismen beim kooperativen Lernen, Wiesbaden.

Rheinbay, P. & Günther, A. (2000). Qualitätsrelevante Rechtsfragen des Dienstleistungsangebots. In: M. Bruhn & B. Strauss (Hrsg.). Dienstleistungsqualität. Konzepte – Methoden – Erfahrungen, Wiesbaden, 87-112.

Richter, F. & Wardanjan, B. (2000). Die Lernhaltigkeit der Arbeitsaufgabe. Entwicklung und Erprobung eines Fragebogens zu lernrelevanten Merkmalen der Arbeitsaufgabe (FLMA). In: Zeitschrift für Arbeitswissenschaft 54 (3-4), 175-183.

Rosenstiel, L. v. (1999). Anerkennung und Kritik als Führungsmittel. In: L. v. Rosenstiel, E. Regnet & M.E. Domsch (Hrsg.). Führung von Mitarbeitern, Stuttgart, 243-253.

Rosenstiel, L. v. (2001). Lernkultur Kompetenzentwicklung als Herausforderung für die Wissenschaft. In: QUEM-report 68, 27-38.

Rouiller, J.Z. & Goldstein, I.L. (1993). The relationship between organizational transfer climate and positive transfer of training. In: Human Resource Development Quarterly 4, 377-390.

Sackmann, S.A. (1985). Cultural knowledge in organizations: The link between strategy and organizational processes, Los Angeles

Sackmann, S.A. (1989). ‚Kulturmanagement': Lässt sich Unternehmenskultur ‚machen'? In: K. Sander (Hrsg.). Politische Prozesse in Unternehmen, Heidelberg.

Sackmann, S.A. (1992). Culture and subcultures: An analysis of organizational knowledge. In: Administrative Science Quarterly 37 (1), 140-161.

Sackmann, S.A (1991). Cultural Knowledge in Organizations, Newbury Park.

Sackmann, S.A. (2002). Unternehmenskultur: Analysieren – Entwickeln – Verändern; mit Checklisten, Fragebogen und Fallstudien, Neuwied.

Salas, E. & Cannon-Bowers, J.A. (2001). The science of training: A decade of progress. In: Annual Review of Psychology 52, 471-199.

Sattes, I. & Conrad, H. (1995). Arbeitsorganisation. In: I. Sattes, H. Brodbeck, H-C. Lang & H. Domeisen (Hrsg.). Erfolg in kleinen und mittleren Unternehmen. Ein Leitfaden für die Führung und Organsiation in KMU, Zürich.

Sauter, E. (2001). Lernzeiten in der Weiterbildung. In: R. Dobischat & H. Seifert (Hrsg.). Lernzeiten neu organisieren, Berlin, 19-32.

Schäfer, U. (1999). Mitarbeiterförderung in einem Unternehmen der Informationstechnologie. In: W. Schöni & Kh. Sonntag (Hrsg.). Personalförderung in Unternehmen, Chur, 265-279.

Schaper, N. (2000). Gestaltung und Evaluation arbeitsbezogener Lernumgebungen (unveröffentlichte Habilitationsschrift), Heidelberg.

Schaper, N. (im Druck). Förderung und Evaluation von Transfer bei computer- und netzbasierten Lernszenarien. In: D. Meister (Hrsg.). Online- Lernen und Weiterbildung, Leverkusen.

Schaper, N. & Sonntag, Kh. (1998). Aufgabenanalyse und arbeitsplatzbezogenes Lernen. In: Zeitschrift für Arbeitswissenschaft 52, 132-143.

Schaper, N., Sonntag, Kh. & Baumgart, C. (2003). Ziele und Strategien von Personalentwicklung mit computer- und netzbasierten Medien. In: K. Konradt & W. Sarges (Hrsg.). E-Recruitment und E-Assessment. Rekrutierung, Auswahl und Beurteilung von Personal im Internet, Göttingen, 55-81.

Schärer, U. (1995). Mitarbeiterführung. In: I. Sattes, H. Brodbeck, H.-C. Lang & H. Domeisen. (Hrsg.). Erfolg in kleinen und mittleren Unternehmen. Ein Leitfaden für die Führung und Organisation in KMU, Zürich, 115-132.

Schein, E.H. (1985). Organizational culture and leadership: A dynamic view, San Francisco.

Schein, E.H. (1995). Unternehmenskultur: Ein Handbuch für Führungskräfte, Frankfurt a. M.

Schettgen, P. (1996). Arbeit, Leistung, Lohn: Analyse- und Bewertungsmethoden aus sozioökonomischer Perspektive, Stuttgart.

Schmidt, S.J. (1994). Kognitive Autonomie und soziale Orientierung. Konstruktivistische Bemerkungen zum Zusammenhang von Kognition, Kommunikation, Medien und Kultur, Frankfurt a. M.

Schneider, D., Huber, J. & Müller, J. (1991a). Personalentwicklung im Mittelstand zwischen „Kennen", „Können" und „Wollen". In: Personal 43 (5), 172-175.

Schneider, D., Huber, J. & Müller, J. (1991b). Der Mittelstand entdeckt die Unternehmenskultur (?!). Bedeutungsaspekte einer Informationskultur und Konsequenzen für das Personalwesen. In: Personal 43 (7-8), 230-234.

Schöni, W. (2001). Praxishandbuch Personalentwicklung: Strategien, Konzepte und Instrumente, Zürich.

Schuler, H. & Prochaska, M. (2001). Leistungsmotivatiosinventar (LMI). Dimensionen berufsbezogener Leistungsorientierung, Göttingen.

Schüßler, I. & Weiss, W. (2001). Lernkulturen in der New Economy – Herausforderungen an die Personalentwicklung im Zeitalter der Wissensgesellschaft. In: R. Arnold & E. Bloh (Hrsg.). Personalentwicklung in lernenden Unternehmen, Hohengehren, 254-285).

Schwarzer, R. (1993). Measurement of perceived self-efficacy. Psychometric scales for crosscultural research, Berlin

Seifert, H. (2003). Strukturen von Arbeits- und Lernzeiten sowie Ansätze für Lernzeitkonten. In: R. Dobischat & E. Ahlene (Hrsg.). Integration von Arbeitszeit und Lernen. Erfahrungen aus der Praxis des lebenslangen Lernens, Berlin, 47-82.

Senge, P.M. (1996). Die fünfte Disziplin. Kunst und Praxis der lernenden Organisation, Stuttgart.

Severing, E. (1994). Arbeitsplatznahe Weiterbildung. Betriebspädagogische Konzepte und betriebliche Umsetzungsstrategien, Neuwied.

Shipton, H., Dawson, J., West, M. & Patterson, M. (2002). Learning in manufactoring organizations: What factors predict effectiveness? In: Human Resource Development International 5 (1), 55-72.

Simon, H. (1995). Lernoberfläche des Unternehmens. In: H. Simon & Kh. Schwuchow (Hrsg.). Management – Lernen und Strategie, Stuttgart, 149-158.

Smircich, L. (1983). Concepts of culture and organizational analysis. In: Administrative Science Quarterly 28 (3), 339-358.

Smith-Jentsch, K.A., Salas, E. & Brannick, M.T. (2001). To transfer or not to transfer? Investigating the combined effects of trainee characteristics, team leader support, and team climate. In: Journal of Applied Psychology 86 (2), 279-292.

Sonnentag, S. (2000). Expertise at work: Experience and excellent performance. In: International Review of Industrial and Organizational Psychology 15, 225-263.

Sonntag, Kh. (1996). Lernen im Unternehmen, München.

Sonntag, Kh. (1998). Personalentwicklung in Organisationen, Göttingen.

Sonntag, Kh. (1999). Lernkultur in Unternehmen. In: W. Schöni & Sonntag, Kh. (Hrsg.). Personalförderung im Unternehmen, Zürich, 253-264.

Sonntag, Kh. (2002). Personalentwicklung und Training. Stand der psychologischen Forschung und Gestaltung. In: Zeitschrift für Personalpsychologie 2, 59-79.

Sonntag, Kh. (im Druck). Personalentwicklung. In: H. Schuler (Hrsg.). Enzyklopädie der Psychologie: Organisationspsychologie I, Göttingen.

Sonntag, Kh. & Stegmaier, R. (1999). Organisationales Lernen und Wissensmanagement. In: W. Schöni & Kh. Sonntag (Hrsg.). Personalförderung im Unternehmen, Chur, 47-64.

Sonntag, Kh. & Schaper, N. (1999). Förderung beruflicher Handlungskompetenz. In: Kh. Sonntag (Hrsg.). Personalentwicklung in Organisationen, Göttingen, 211-244.

Stöckl, M. & Straka, G.A. (2001). Lernen im Unternehmen. In: G.A. Straka & M. Stöckl (Hrsg.). Selbstgesteuertes Lernen und individuelles Wissensmanagement, Bremen, 20-34.

Tannenbaum, R. & Schmidt, W.H. (1958). How to choose a leadership pattern. In: Harvard Business Review 2, 95-101.

Tannenbaum, S.I. & Yukl, G. (1992). Training and development in work organizations. In: Annual Review of Psychology 43, 399-441.

Thierau-Brunner, H., Stangel-Meseke, M. & Wottawa, H. (1999). Evaluation von Personalentwicklungsmaßnahmen. In: K. Sonntag (Hrsg.). Personalentwicklung in Organisationen, Göttingen, 261-286.

Tiebler, P. & Prätorius, G. (1993). Ökonomische Literatur zum Thema „Unternehmenskultur". In: M. Dierkes, L. v. Rosenstiel & U. Steger (Hrsg.). Unternehmenskultur in Theorie und Praxis: Konzepte aus Ökonomie, Psychologie und Ethnologie, Frankfurt.

Tracey, J.B., Tannenbaum, S.I. & Kavanagh, M.J. (1995). Applying trained skills on the job: The importance of the work environment. In: Journal of Applied Psychology 80 (2), 239-252.

Trice, H.M. & Beyer, J.M. (1993). The cultures of work organizations, Englewood Cliffs.

Uhle, T. (2003). Betriebliche Gesundheitsförderung in der neuen, alten Arbeitswelt: Personale und betriebliche Präventionsressourcen in KMU. In: Wirtschaftspsychologie 1, 95-97.

Ulich, E. (1992). Arbeitspsychologie, Stuttgart.

Ulich, E. (1998). Arbeitspsychologie, Stuttgart.

Ulich, E. (1999). Lern- und Entwicklungspotenziale in der Arbeit –Beiträge der Arbeits- und Organisationspsychologie. In: Kh. Sonntag (Hrsg.). Personalentwicklung in Organisationen, Göttingen, 123-153.

Ulich, E. & Alioth, A. (1977). Einige Bemerkungen zur Arbeit in teilautonomen Gruppen. In: Fortschrittliche Betriebsführung 26, 159-162.

unicmind.com & AG. (2002). Die Nutzung von e-learning-content in den Top 350-Unternehmen der deutschen Wirtschaft. Verfügbar unter: www.unicmind.com].

Universität Saarbrücken. (1997). Qualifikation 2007 (Handel, Banken und Versicherungen). Verfügbar unter: http://www.orga.uni-sb.de/forschung/hbv.htm].

Wagner, D. (1995). Arbeitszeitmodelle, Göttingen.

Wagner, D., Seisreiner, A. & Surrey, H. (2001). Typologie von Lernkulturen im Unternehmen, In: QUEM-report 73.

Waibel, M.C. (1997). „Knick leicht durch Holm drücken": Lokales Wissen in der betrieblichen Lebenswelt (Dissertation), Bremen.

Wardanjan, B., Richter, F. & Uhlemann, K. (2000). Lernförderung durch die Organisation – Erfassung mit dem Fragebogen zum Lernen in der Arbeit. In: Zeitschrift für Arbeitswissenschaft 54 (3-4), 184-190.

Watkins, K.E. & Marsick, V.J. (1992). Towards a theory of informational and incidental learning in organizations. In: International Journal of lifelong education 11 (5), 287-300.

Weidinger, M. (1999). Strategien zur Arbeitszeitflexibilisierung. In: L. v. Rosenstiel, E. Regnet & M.E. Domsch (Hrsg.). Führung von Mitarbeitern, Stuttgart, 879-888.

Weinberg, J. (1999). Lernkultur – Begriff, Geschichte, Perspektiven. In: Arbeitsgemeinschaft Qualifikations-Entwicklungs-Management (Hrsg.). Kompetenzentwicklung '99: Aspekte einer neuen Lernkultur: Argumente, Erfahrungen, Konsequenzen, Münster, 81-146.

Weinert, A.B. (1998). Organisationspsychologie – Ein Lehrbuch, Weinheim.

Weinert, F.E. (1995). Lerntheorien und Instruktionsmodelle. In: F.E. Weinert (Hrsg.). Psychologie des Lernens. Enzyklopädie der Psychologie D, Serie I, Band 2, Göttingen, 1-48.

Weiß, R. (2001). Zeitmanagement betrieblicher Weiterbildung. In: R. Dobischat & H. Seifert (Hrsg.). Lernzeiten neu organisieren, Berlin, 61-79.

Wenger, E. (1998). Communities of Practice. Learning, meaning, and identity, Cambridge.

Wiendieck, G. (1994): Arbeits- und Organisationspsychologie, Berlin.

Wilke, H. (1996). Dimensionen des Wissensmanagements – zum Zusammenhang von gesellschaftlicher und organisationaler Wissensbasierung. In: G. Schreyögg, & P. Conrad (Hrsg.). Managementforschung 6: Wissensmanagement, Berlin, 263-287.

Winterstein, H. (1998). Mitarbeiterinformation. Informationsmaßnahmen und erlebte Transparenz in Organisationen, München.

Wittmann, W. (1993). Handwörterbuch der Betriebswirtschaft (Band 2), Stuttgart.

Wunderer, R. (1995). Führungsgrundsätze. In: A. Kieser, G. Reber & R. Wunderer (Hrsg.). Handwörterbuch der Führung, Stuttgart, 720-736.

Wunderer, R. (1999). Unternehmerische Mitarbeiterführung. In: R. Wunderer & T. Kuhn (Hrsg.). Innovatives Personalmanagement. Theorie und Praxis unternehmerischer Personalarbeit, Neuwied, 25-42.

Wunderer, R. (2003). Führung und Zusammenarbeit. Eine unternehmerische Führungslehre, München.

Wunderer, R. & Dick, P. (2002). Personalmanagement: Quo vadis? Analysen und Prognosen zu Entwicklungstrends bis 2010 (III.), Neuwied.

Wunderer, R. & Klimecki, R. (1990). Führungsleitbilder: Grundsätze für Führung und Zusammenarbeit in deutschen Unternehmen, Stuttgart.

Wuppertaler Kreis e.V. Deutsche Vereinigung zur Förderung der Weiterbildung von Führungskräften (2000). Wissensmanagement in mittelständischen Unternehmen – Ein Leitfaden (Bericht 54), Köln.

Anhang I: Leitfaden der Experteninterviews

A: Experten der angewandten Forschung

Vorstellung	Wir möchten uns zunächst einmal kurz vorstellen...
Dank	Zunächst einmal herzlichen Dank für Ihre Bereitschaft und Ihre Zeit, an dem Interview teilzunehmen. Ihre Antworten tragen entscheidend zu unserer Arbeit bei.
Projektbeschreibung	Bevor wir mit den Fragen beginnen, möchten wir Ihnen kurz das Projekt Lernkultur inhaltlich vorstellen und Sie über den Ablauf der Befragung informieren. Das Projekt wurde vom BMBF im Rahmen des Forschungsprogramms „Lernkultur/Kompetenzentwicklung" in Auftrag gegeben. Es hat zum Ziel, ein wissenschaftlich fundiertes Verfahren zur Erfassung von unternehmens-bezogenen Lernkulturen zu entwickeln, das besonders Human Ressource Manager und Personalentwickler anspricht.
Lernkultur	Der Begriff Lernkultur wird von uns definiert als der Stellenwert, den Lernen im Unternehmen bzw. die Pflege des Lernens im Unternehmen hat. In unserem Gespräch geht es also um Lernen im Unternehmen und seine Rahmenbedingungen.
Ziel der Interviews	Die Expertengespräche dienen der praktischen Überprüfung theoretischer Annahmen und sind die Vorstudie zu der eigentlichen Entwicklung des Lernkultur-Instrumentariums. Bisher haben wir 30 Interviews mit Experten aus Unternehmen geführt. Aktuell ergänzen wir dies um 10 Experten aus der Forschung bzw. Wissenschaft.
Dauer und Durchführung des Interviews	Insgesamt wird das Gespräch ca. 2 Stunden dauern. Mit Ihrem Einverständnis würden wir das Gespräch gerne auf Tonband aufnehmen. Zusätzlich wird ... mitprotokollieren. Alle Daten werden vertraulich behandelt und anonym ausgewertet.
Einverständnis und Rückfragen	Sind Sie mit der Vorgehensweise einverstanden? Haben Sie noch Fragen? Wenn Ihnen irgend etwas unklar erscheint, können Sie gerne jederzeit während des Interviews nachfragen.
Inhalt des Gesprächs	Wir geben Ihnen noch den Überblick über die Gesprächsblöcke, so können Sie den Ablauf mitverfolgen.

I. Einstiegsfragen

Forschungsschwerpunkte 1)   Könnten Sie uns zu Beginn kurz Ihre aktuellen Forschungsschwerpunkte beschreiben?

Definition Lernkultur   Wie ich bereits zu Beginn beschrieben habe, dreht sich unser Gespräch heute um das Thema „Lernkultur in Unternehmen".

Uns würden dazu zunächst zwei Dinge interessieren:
2) In welcher Form hatten Sie bisher bereits mit dem Begriff „Lernkultur" zu tun?
3) Was verbinden Sie mit dem Begriff „Lernkultur"?

I. Die Philosophie des Unternehmens

Visionen und Ziele/ Selbstverständnis als lernendes Unternehmen   Lernkultur bezeichnet nach unserer Definition den „Stellenwert, den Lernen im Unternehmen hat." Das Integrieren dieses Stellenwerts in unternehmensbezogene Visionen und Ziele kann die Bedeutung von Lernen für die Unternehmensmitglieder transparent machen.

1) Für wie wichtig oder hilfreich halten Sie eine Unternehmensphilosophie, die auf Lernen im Unternehmen ausgerichtet ist?
2) Wie könnte man Ihrer Meinung nach Lernen in die Unternehmensphilosophie integrieren?
3) Wie könnte man die entsprechenden Visionen und Ziele aus der Unternehmensphilosophie systematisch umsetzen?

Erwartungen an die Mitarbeiter
4) Für wie wichtig halten Sie konkrete Vorstellungen und Erwartungen bzgl. Lernen und Weiterbildung von Unternehmen an die lernenden Mitarbeiter?
5) Welche Erwartungen sollte das Unternehmen in Bezug auf Einstellungen und Verhalten der lernenden Mitarbeiter formulieren?
6) Wie könnten diese Erwartungen des Unternehmens an Einstellungen und Verhalten der lernenden Mitarbeiter kommuniziert und umgesetzt werden?

II. Rahmenbedingungen im Unternehmen

Organisationsstruktur Wir möchten uns mit Ihnen gerne darüber unterhalten, welche Faktoren im Unternehmen die Lernkultur beeinflussen können. Wenn Sie zunächst an die *Organisationsstruktur* in Unternehmen denken:
1) Welche Bedingungen würden Ihnen einfallen und wie wirken sich diese Ihrer Meinung nach auf die Lernkultur aus?

Entgelt- / Anreizsysteme Betrachten wir nun *Entgelt- und Anreizsysteme.*

2) Welche Bedingungen oder Komponenten fallen Ihnen hier ein, und wie ist ihre Wirkung auf Lernkultur?
3) Welche Formen oder Komponenten von Entgelt- und Anreizsystemen halten Sie für sinnvoll?

Arbeitszeitregelung Nach unseren Überlegungen können auch *Arbeitszeitregelungen* Einfluss auf die Lernkultur besitzen.

4) Würden Sie diese Annahme teilen?
5) Für wie wichtig halten Sie flexible Arbeitszeiten, um den Mitarbeitern flexible Freiräume für Lernen zu schaffen?

Veränderungsprozesse Betrachten wir nun die Rolle von Veränderungen bzw. Veränderungsprozessen im Unternehmen (z.B. Strukturveränderungen oder Produktinnovationen).

6) Welche Rolle spielen diese in Bezug auf Lernen und für eine Lernkultur?
7) Wann ist ein Zuviel an Veränderung erreicht?

III. Personalentwicklungsarbeit im Unternehmen

strategische Ausrichtung der PE/PA 1) Wie kann die Relevanz von Lernkultur (oder die Bedeutung von Lernen) strategisch in die Personalentwicklungs- und Weiterbildungsarbeit integriert werden?

Umsetzung 2) Wie könnten solche strategischen Überlegungen umgesetzt werden?

Qualität von Fördermaßnahmen Betrachten wir nun den *qualitativen Aspekt von PE-Maßnahmen*. Als hierfür unterstützende Instrumente können die Bildungsbedarfsanalyse und das Bildungscontrolling betrachtet werden.

3) Welche Rolle spielen Bildungsbedarfsermittlung und Bildungscontrolling im Rahmen einer Lernkultur?

4) Wie könnten diese aussehen, damit eine sinnvolle Weiterbildung – und demnach auch ein sinnvolles Lernen – stattfindet?

IV. Führung

Rolle und Aufgaben der Führungskraft

1) Welche Rolle spielt die Führungskraft und welche Aufgaben hat sie zu erfüllen, um die Kompetenzentwicklung der Mitarbeiter und die Lernkultur im Unternehmen zu unterstützen?

2) Wie kann erreicht werden, dass diese Aufgaben von möglichst vielen Führungskräften wahrgenommen werden? (Verbindlichkeit)

Verankerung in Führungsgrundsätzen

3) Wie sollte bzw. könnte dies inhaltlich in Führungsgrundsätzen verankert werden?

V. Partizipations- und Kommunikationsaspekte

Kommunikation/ Information

1) Welche Rolle spielt die Informationspolitik/die Weitergabe von Informationen über Lernen und Weiterbildung im Unternehmen?

2) Wie sollte eine effektive Informationsweitergabe aussehen?

3) Wie sollten sich Mitarbeiter selbst informieren können?

Partizipation der MA Betrachten wir nun, welche Rolle die Mitarbeiter bei der Gestaltung von Lernprozessen und Weiterbildungsmaßnahmen spielen.

4) Wie beurteilen Sie die Partizipation der Unternehmensmitglieder an der Gestaltung von Weiterbildung (Lernprozessen) im Unternehmen im Rahmen von Lernkultur?

5) Wie sollten Mitarbeiter in Entscheidungen bzgl. der Gestaltung von Weiterbildung einbezogen werden?

Wissensaustausch   6)   Welchen Beitrag liefert der Wissensaustausch innerhalb von Unternehmen zu einer Lernkultur?

7)   Welche Arten von Wissensaustausch halten Sie für besonders relevant und effizient zur Unterstützung einer Lernkultur?

VI. Formen des Lernens im Unternehmen

Kompetenzentwicklung   Das Ziel einer jeden Kompetenzentwicklung ist die Weiterentwicklung bzw. die Kompetenzentwicklung des einzelnen Mitarbeiters. Dabei wird im Allgemeinen die Unterscheidung zwischen Fach-, Methoden-, Sozial- und personaler Kompetenz getroffen.
1)   Welchen Kompetenzbereich betrachten Sie als den wichtigsten im Rahmen einer Lernkultur?

Lernorte   Eine mittlerweile gängige Einordnung der verschiedenen Lernmöglichkeiten lautet: learning on-the-job, near-the-job und off-the-job.
2)   Welchen dieser Bereiche erachten Sie für Lernkultur als den wichtigsten?

3)   Welche Entwicklung wird hier zukünftig stattfinden?

Lernformen   Nach unserer Auffassung drückt sich Lernkultur in zeit- und situationsgemäßen Lernformen aus.
4)   Welche Lernformen würden Sie dazu zählen, und warum?

5)   Wie schätzen Sie die zukünftige Entwicklung diesbezüglich ein?

Transfer   Im Rahmen von Lern- und Weiterbildungsmaßnahmen ist die Sicherung der Übertragung des Gelernten in die Praxis – der Transfer – besonders wichtig.
6)   Welche Instrumente oder Maßnahmen zur Transferunterstützung halten Sie für besonders effizient?

7)   Fallen Ihnen Faktoren ein, die transferfördernd oder -hinderlich wirken?

VII. Umwelt- und Außenkontakte

Außenkontakte
Betrachten wir nun die Bedeutung von Umwelt- und Außenkontakten eines Unternehmens in Bezug auf Lernen und auch auf Lernkultur.
1) Welche Rolle spielen Kontakte des Unternehmens mit seiner Umwelt bzw. seinem Umfeld?
2) Welche Art von Kontakten halten Sie für besonders wichtig?
3) Welche zukünftige Entwicklung sehen Sie hierbei?
4) Wie können Informationen aus solchen Kontakten ins Unternehmen eingebracht und umgesetzt werden?

B: Experten aus der Unternehmenspraxis

Einleitung des Interviews

Begrüßung
Guten Tag, Frau/Herr . . .

Vorstellung
Wir möchten uns zunächst einmal kurz vorstellen. Mein Name ist...; mein Name ist... (jeder der Anwesenden stellt sich und seine Tätigkeit kurz vor).

Dank
Zunächst einmal herzlichen Dank für Ihre Bereitschaft und Ihre Zeit, an dem Interview teilzunehmen. Ihre Antworten tragen entscheidend zu unserer Arbeit bei.

Projektbeschreibung Lernkultur
Bevor wir mit den Fragen beginnen, möchten wir Ihnen kurz das Projekt ‚Lernkultur' inhaltlich vorstellen und Sie über den Ablauf der Befragung informieren.
Das Projekt wurde vom BMBF im Rahmen des Forschungsprogramms „Lernkultur/Kompetenzentwicklung" in Auftrag gegeben. Es hat zum Ziel, ein wissenschaftlich fundiertes Verfahren zur Erfassung von unternehmensbezogenen Lernkulturen zu entwickeln, das besonders Human Ressource Manager und Personalentwickler anspricht.
Der Begriff Lernkultur wird von uns definiert als der Stellenwert, den Lernen im Unternehmen hat bzw. die Pflege des Lernens im Unternehmen. In unserem Gespräch geht es also um Rahmenbedingungen des Lernens im Unternehmen.

Ziel der Interviews
Die Expertengespräche dienen der praktischen Überprüfung theoretischer Annahmen und sind die Vorstudie zu der eigentlichen Entwicklung des Lernkultur-Instrumentariums. Wir befragen Fachleute (HRM und Personalentwickler) aus der OE/PE verschiedener Unternehmen, ebenso wie Experten aus der Wissenschaft.

Dauer und Durchführung des Interviews	Insgesamt wird das Gespräch ca. 1½ Stunden dauern. Wie mit Ihnen schon im Telefonat abgesprochen, werden wir das Gespräch mit Ihrem Einverständnis auf Tonband aufnehmen. Zusätzlich wird Frau XX mitprotokollieren. Alle Daten werden vertraulich behandelt und anonym ausgewertet.
Einverständnis und Rückfragen	Sind Sie mit der Vorgehensweise einverstanden? Haben Sie noch Fragen? Wenn Ihnen irgend etwas unklar erscheint, können Sie gerne jederzeit während des Interviews nachfragen.

Einstiegsfragen

Ich würde Ihnen gerne zu Beginn einige Fragen zu Ihrem persönlichen Hintergrund stellen.

Ausbildung und Werdegang	1)	Könnten Sie bitte *kurz* Ihre berufliche Ausbildung und Ihren anschließenden beruflichen Werdegang beschreiben.
aktuelle Position	2)	Welche Position haben Sie aktuell in diesem Unternehmen?
Unternehmenszugehörigkeit	3)	Wie lange arbeiten Sie schon in diesem Unternehmen?
Aufgabenfeld	4)	Nun zu Ihrem jetzigen Aufgabenfeld. Wie sehen Ihre Aufgaben und Tätigkeiten im betrieblichen Alltag aus?
Definition Lernkultur	5)	Wie ich bereits zu Beginn beschrieben habe, dreht sich unser Gespräch heute um das Thema: *Lernkultur in Unternehmen*. Uns würde interessieren: Was verbinden Sie mit dem Begriff ‚Lernkultur'?

I. Die Philosophie des Unternehmens

Visionen und Ziele/ Selbstverständnis als lernendes Unternehmen	1)	Jedes Unternehmen hat bestimmte Ziele und Visionen. Uns würde interessieren, ob es bei XY bestimmte Visionen und Ziele gibt, die auf Lernen im Unternehmen ausgerichtet sind?
	2)	Wird etwas für die Umsetzung dieser Visionen und Ziele im Unternehmen getan? Und was wird getan?

Erwartungen an die Mitarbeiter	3) In jedem Unternehmen gibt es Vorstellungen über Einstellungen und Verhalten seiner lernenden Mitarbeiter.
	4) Wie werden diese Erwartungen (konkret) kommuniziert?
	5) Werden die kommunizierten Erwartungen von den Mitarbeitern erfüllt?

II. Rahmenbedingungen im Unternehmen

Organisationsstruktur	1) Ihr Unternehmen zeichnet sich durch eine spezifische Organisationsstruktur aus. Welche Elemente dieser Organisationsstruktur erweisen sich als lernförderlich/hinderlich?
	2) Wie könnte man diese im Unternehmen vorhandene Struktur noch lernförderlicher gestalten?
Entgelt-/Anreizsysteme	3) Gibt es bei Ihnen im Rahmen von Entgelt- und Anreizsystemen lernförderliche Komponenten und wie sehen diese aus?
	4) Fallen Ihnen weitere mögliche Komponenten ein, die die lernförderliche Gestaltung von Entgelt- und Anreizsystemen zusätzlich unterstützen könnten?
Arbeitszeitregelung	5) Welche Arbeitszeitregelungen existieren in Ihrem Unternehmen?
	6) Wie sehen die Möglichkeiten der Mitarbeiter aus, ihre Arbeitszeit individuell so zu gestalten, dass sie genügend Freiräume für Lernen haben?
Veränderungsprozesse	Ein interessantes Thema im Rahmen von unternehmensbezogenem Lernen ist der Einfluss von Veränderungsprozessen.
	7) Welche Veränderungsprozesse haben den bedeutendsten Einfluß auf das Lernen der Mitarbeiter?
	8) Ist Lernen in diesem Zusammenhang proaktiv ausgerichtet, oder reaktiv auf die Veränderung?

III. Personalentwicklungsarbeit im Unternehmen

Stellenwert und Themen der PE/PA	1) Welche Abteilung(en) neben der PE ist/sind im Unternehmen für die Bereiche Kompetenzerwerb und Lernen zuständig?

| | 2) | Welchen Stellenwert haben diese Abteilungen im Unternehmen? Woran macht sich dies fest? |

Strategische Ausrichtung der PE/PA   3) Welche strategischen Überlegungen stehen hinter der Personalentwicklungsarbeit?

PE und Mitarbeiter   4) Findet diese Personalförderung für alle Ebenen im Unternehmen statt?

5) Aus Mitarbeitersicht: Wie wird diese Personalförderung von den Mitarbeitern angenommen und genutzt?

6) Wie ermittelt das Unternehmen den Lernbedarf der Mitarbeiter?

Qualität von Fördermaßnahmen   7) Findet im Unternehmen ein Bildungscontrolling statt, das dazu beiträgt, die Qualität der Weiterbildung zu sichern?

IV. Führung

Lernbezogene Führungsprinzipien   1) In Ihrem Unternehmen existieren sicherlich verschiedene Führungsprinzipien und Leitlinien. Enthalten diese Aspekte, die darauf ausgerichtet sind, Mitarbeiter in ihrer beruflichen Kompetenzentwicklung zu fördern und zu führen?

2) Werden diese Prinzipien und Leitlinien tatsächlich umgesetzt?

Aufgaben der Führungskräfte bzgl. des Lernens im Unternehmen   3) Welche Aufgaben/Funktionen hat die Führungskraft in Bezug auf die Weiterentwicklung und das Lernen der Mitarbeiter?

Mitarbeiter und Rolle der Führungskraft im Lernprozess   4) Sind den Mitarbeitern diese Aufgaben/Funktionen im Lernprozess bekannt?

V. Partizipations- und Kommunikationsaspekte

Kommunikation/ Information   1) Wie werden die Mitarbeiter über Lern- und Weiterbildungsangebote informiert?

Partizipation   2) Haben die Mitarbeiter konkrete Partizipationsmöglichkeiten bei Entscheidungen bzgl. der Gestaltung von Weiterbildung?

Wissensaustausch   3) Wie findet Wissensaustausch im Unternehmen statt?

4) Bestehen „interne (informelle, formelle) Netzwerke" zum Zwecke des Lernens und des Informationsaustausches?

VI. Formen des Lernens im Unternehmen

Kompetenzentwicklung Das Ziel einer jeden Lernmaßnahme ist die Weiterentwicklung bzw. die Kompetenzentwicklung des einzelnen Mitarbeiters. Dabei wird im allgemeinen zwischen Fach-, Methoden-, Sozial- und personale Kompetenz unterschieden.
1) Welcher der vier Kompetenzbereiche steht aktuell im Mittelpunkt?
2) Welche der Kompetenzen werden zukünftig von zentraler Bedeutung sein?

Lernorte / -formen Lernen findet in der Arbeit, in Arbeitsnähe oder außerhalb der eigentlichen Arbeit statt. Man kann hier von learning-on-the-job, -near-the-job und -off-the-job sprechen.
3) Welchen der Bereiche erachten Sie für den wichtigsten? Warum?
4) Welcher dieser drei Lernbereiche findet im Unternehmen die häufigste Umsetzung?
5) Wie wird sich diese „Rangreihe der Wichtigkeit" zukünftig entwickeln?

Gruppen-/Teamarbeit Lernen findet auch in Gruppen bzw. Teams statt.
6) Wie unterstützt und fördert das Unternehmen Gruppenlernen?
7) Welchen Stellenwert wird Ihrer Meinung nach Lernen in Gruppen in Zukunft einnehmen?

Selbstorganisiertes Lernen
8) Wird von Unternehmensseite selbstorganisiertes Lernen der Mitarbeiter gewünscht und gefördert?

neue Lernformen
9) In welchem Umfang werden bei ... neue Formen des Lernens praktiziert?
10) Welchen Stellenwert werden diese neuen Lernformen im Vergleich zu traditionellen Lernformen einnehmen?

Transfer Eine Schwierigkeit im Zusammenhang mit Lernen ist die Übertragung des Gelernten in die Arbeitstätigkeit, also der Transfer des Gelernten.
11) Verfolgt das Unternehmen Ansätze/Strategien zur Förderung des Lerntransfers? (Verallgemeinerung und Erhaltung)

Unterstützungsaspekte 12) Wie können von Unternehmensseite Lernprozesse unterstützt werden?

VII. Umwelt-/Außenkontakte

Außenkontakte
1) Bestehen Netzwerke zum Zwecke des Lernens und des Informationsaustausches mit der Umwelt?
2) Welche Relevanz / Bedeutung haben diese Außenkontakte für das Lernen im Unternehmen?
3) Werden diese Außenkontakte von den Mitarbeitern wahrgenommen und genutzt?
4) Wie werden sich diese Kontakte zukünftig entwickeln?

Anhang II: Die Versionen des Lernkulturinventars

1. Expertenversion

Informationen zum Lernkulturinventar

Das Lernkulturinventar ist ein Fragebogen zur Erfassung von Lernkulturen in Unternehmen. Eine *Lernkultur* benennt den Stellenwert, den Lernen im Unternehmen hat. Dieser Stellenwert ist abhängig von:

- der Art und Weise, wie Lernen im Unternehmen gefördert wird
- Wertvorstellungen und Erwartungen im Unternehmen in bezug auf Lernen
- lernförderlichen und lernhinderlichen Rahmenbedingungen im Unternehmen.

Lernen findet heutzutage nicht mehr nur in Trainings und Seminaren im Sinne eines schulischen Lernens statt. Vielmehr kann Lernen auch in der Arbeit oder in Arbeitsplatznähe erfolgen. Dabei sind der Form des Lernens keine Grenzen gesetzt. Es findet am Computer, zusammen mit anderen oder auch selbstinitiiert statt und hat stets zum Ziel, die eigenen Kompetenzen und auch die des Unternehmens zu erweitern. Das Unternehmen hat in diesem Zusammenhang die Möglichkeit, durch geeignete Rahmenbedingungen und Maßnahmen das Lernen seiner Mitarbeiter zu unterstützen und zu fördern. Die Gestaltung einer Lernkultur kann somit dazu dienen, die Lernmotivation der Mitarbeiter zu steigern und ihre Lernpotenziale sowie die des Unternehmens zu verbessern.

Das *Lernkulturinventar* (LKI) ermöglicht es Ihnen, die Ausprägung der Lernkultur in ihrem Unternehmen zu diagnostizieren, Schwachstellen zu identifizieren und daraus mögliche Verbesserungen abzuleiten.

Der Fragebogen ist in folgende Merkmalsbereiche der Lernkultur unterteilt:

- Lernorientierte Unternehmensleitlinien
- Organisationale Rahmenbedingungen des Lernens
- Aspekte der Personalentwicklung im Unternehmen
- Kompetenzentwicklung der Mitarbeiter

- Lern- und Entwicklungsmöglichkeiten im Unternehmen
- Lernorientierte Führungsleitlinien und -aufgaben
- Information und Partizipation im Unternehmen
- Lernkontakte des Unternehmens mit seiner Umwelt

Hinweise zur Bearbeitung

Bitte lesen Sie sich jede Aussage sorgfältig durch und beantworten Sie anschließend offen, inwieweit sie in Ihrem Unternehmen zutrifft. Wir sind sehr an einer ehrlichen Antwort interessiert und bitten Sie deshalb, kein Idealbild eines Unternehmens zu entwerfen!

Bei dem Ihnen vorliegenden Fragebogen handelt es sich um eine Vorversion. Deshalb bitten wir bei der Fragebogenlänge um Ihr Verständnis. Falls Ihnen die Bearbeitung in einem Durchgang zu anstrengend und zeitintensiv ist, können Sie sich den Fragebogen auch abschnittweise vornehmen. Achten Sie bitte darauf, dass **alle Fragen** beantwortet werden.

Bitte entscheiden Sie sich für die Antwortmöglichkeit, die ihrer eigenen Antwort am nächsten kommt.

Der Fragebogen enthält zwei verschiedene Antwortformate, die nachfolgend in einem Beispiel dargestellt werden.

Antwortformat 1:

	trifft gar nicht zu	trifft weniger zu	trifft teilweise zu	trifft eher zu	trifft völlig zu
Das Unternehmen übernimmt die Weiterbildungskosten für seine Mitarbeiter.	1	2	3	4	5

Antwortformat 2:

	ja	nein
In unserem Unternehmen existieren folgende interne Netzwerke:		
... Diskussionsforen im Intranet	1	2

Einige Fragen beinhalten Aspekte, die in ihrem Unternehmen vielleicht *nicht relevant* sind. D.h. in der Frage werden Dinge vorausgesetzt, die in ihrem Unternehmen nicht realisiert sind. Diese Fragen enthalten im Antwortformat ein extra Kästchen, das angekreuzt wird, wenn dies zutrifft.

Hierzu ein Beispiel:

						nicht relevant
Flache Hierarchien wirken sich bei uns lernförderlich aus.	1	2	3	4	5	☐

Gibt es in ihrem Unternehmen keine flachen Hierarchien, machen Sie bitte bei *nicht relevant* ein Kreuz. Die *nicht relevante* Antwort unterscheidet sich von der *trifft gar nicht zu* Antwort, da bei letzterer angenommen wird, dass flache Hierarchien existieren, aber diese nicht lernförderlich sind.

Ihre Angaben werden selbstverständlich vertraulich behandelt und die Auswertung erfolgt in **anonymisierter Form**. Die Ergebnisse dienen uns lediglich zu Forschungszwecken.

Lieber Teilnehmer!

Bevor Sie den Fragebogen bearbeiten, möchten wir Sie bitten, uns einige allgemeine Informationen zum Aufbau Ihres Unternehmens zu geben:

1) **Wie viele Mitarbeiter beschäftigen Sie?** a) am Standort _____

b) deutschlandweit_____

2) **Welche Organisationsform kommt Ihrem Unternehmen am nächsten?**
   Bitte entscheiden Sie sich auf jeden Fall für eine der folgenden Alternativen!

Aufteilung nach:

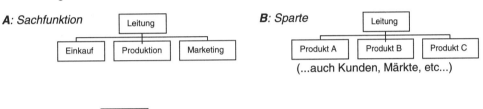

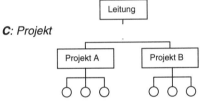

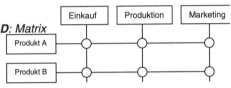

(...auch Kunden, Märkte, etc...)

3) **Wie viele Hierarchieebenen existieren im Unternehmen?** _____ Ebenen

4) Das folgende Kontinuum stellt fünf verschiedene Arten der Partizipation in Unternehmen dar.
   Bitte markieren Sie eine der Varianten, die nach Ihrer persönlichen Einschätzung der Mitarbeiterbeteiligung in Ihrem Unternehmen am nächsten kommt.

Partizipation durch:

❶ ❷ ❸ ❹ ❺

Information	**Vorschlags-möglichkeit**	**Mitbestimmung**	**Vetorecht**	**Autonomie**
d.h. vorherige oder nachträgliche Informationen über Entscheidungen	d.h. Mitarbeiter hat die Chance, eigene Meinung einzubringen	d.h. Berücksichtigung der Mitarbeiter-Meinung bei Entscheidungen	d.h. Entscheidungen der MA blockieren oder lenken Maßnahmen	d.h. Entscheidungen liegen vollständig bei den Mitarbeitern

Beantworten Sie uns bitte nun noch Fragen zu Ihrer Person:

1. Ihr Alter: ____ Jahre

2. Ihr Geschlecht: ☐ männlich ☐ weiblich

3. Wie lange arbeiten Sie bereits in diesem Unternehmen? ____ Jahre

4. Welche Position haben Sie aktuell im Unternehmen?
   _____

5. Was sind Ihre Aufgabenbereiche?
   _____
   _____

6. Was für eine Berufsausbildung haben Sie?
   _____

| | trifft gar nicht zu | trifft teilweise zu | trifft völlig zu | nicht relevant |

I. Lernen als Teil der Unternehmensphilosophie

Lernorientierte Leitlinien

Wir haben im Unternehmen konkrete Leitlinien über zukünftige Ziele und Wege des Lernens entwickelt. ⬇ 1 2 3 4 5 ☐

In unseren Leitlinien betonen wir die Bedeutung von Lernen im Unternehmen. 1 2 3 4 5 ☐

Ein zentraler Aspekt in unseren lernorientierten Leitlinien ist die Eigenverantwortung des Mitarbeiters für seine Weiterentwicklung. 1 2 3 4 5 ☐

In unseren Leitlinien ist der Anspruch formuliert, eine lernende Organisation zu sein. 1 2 3 4 5 ☐

Umsetzung der lernorientierten Leitlinien

Unsere lernorientierten Leitlinien finden sich in strategischen Konzepten des Unternehmens wieder. 1 2 3 4 5 ☐

Die Unternehmensleitung setzt sich aktiv für die Umsetzung der lernorientierten Leitlinien ein. 1 2 3 4 5 ☐

Wir setzen die lernorientierten Leitlinien im Unternehmen in folgenden Maßnahmen bzw. Instrumenten um: ja   nein   ☐

... durch Formulierung einer Personalentwicklungsstrategie   1   2

... durch die Gestaltung lernförderlicher struktureller Rahmenbedingungen   1   2

... im Aus- und Weiterbildungsprogramm   1   2

... durch maßgeschneiderte Entwicklungsmaßnahmen   1   2

... bei der Gestaltung von Veränderungsprozessen   1   2

... mit Hilfe von Führungsinstrumenten   1   2

... Sonstiges: _____

Erwartungen an lernende Mitarbeiter

Wir haben explizite Erwartungen an das Lernverhalten und die Kompetenzentwicklung unserer Mitarbeiter formuliert. 1 2 3 4 5

Wir erwarten von unseren Mitarbeitern, dass sie: ja   nein

... ihr fachliches Wissen und Können selbständig auf aktuellem Stand halten   1   2

... ihr Wissen selbständig erweitern   1   2

... Eigenverantwortung und Eigeninitiative bei ihrer Weiterentwicklung zeigen   1   2

... Sonstiges: _____

	trifft gar nicht zu	trifft teilweise zu	trifft völlig zu	nicht relevant

Die Personalentwicklungsabteilung wirkt bei der Kommunikation dieser Erwartungen unterstützend mit. ① ② ③ ④ ⑤

Es ist Aufgabe der Führungskraft, die Erwartungen in Bezug auf Lernen und Kompetenzentwicklung an ihre Mitarbeiter zu kommunizieren. ① ② ③ ④ ⑤

Wir informieren unsere Mitarbeiter in Informationsveranstaltungen (z.B. für neue Mitarbeiter oder in Mitarbeiterversammlungen) über die Erwartungen an ihr Lernen. ① ② ③ ④ ⑤

Wie beurteilen Sie den Bereich *lernorientierte Unternehmensleitlinien* insgesamt?

Unsere Leitlinien sind lernförderlich. ① ② ③ ④ ⑤

Die Umsetzung dieser Leitlinien ist bei uns lernförderlich. ① ② ③ ④ ⑤

Unsere Erwartungen an den lernenden Mitarbeiter sind lernförderlich. ① ② ③ ④ ⑤

II. Organisationale Rahmenbedingungen des Lernens

Organisationale Strukturen

Unsere organisationalen Strukturen ermöglichen einen bereichsübergreifenden Informationsaustausch. ① ② ③ ④ ⑤

Der strukturelle Aufbau im Unternehmen unterstützt interdisziplinäres Arbeiten. ① ② ③ ④ ⑤

Mangelhaft strukturierte organisationale Abläufe behindern bei uns das gezielte Erproben und Verbessern neuer Vorgehensweisen. ① ② ③ ④ ⑤ ☐

Das Arbeiten in Projektgruppen unterstützt bei uns das Lernen der Mitarbeiter. ① ② ③ ④ ⑤ ☐

Flache Hierarchien wirken sich bei uns lernförderlich aus. ① ② ③ ④ ⑤ ☐

Entgelt- und Anreizsysteme

Die Bereitschaft zu lernen und sich weiterzuentwickeln wird bei uns mit nicht-monetären Anreizen honoriert. ① ② ③ ④ ⑤

Wir versuchen, die Lernbereitschaft unserer Mitarbeiter über entsprechende Entgeltelemente zu fördern. ① ② ③ ④ ⑤

Das Unternehmen übernimmt die Weiterbildungskosten für seine Mitarbeiter. ① ② ③ ④ ⑤

	trifft gar nicht zu	trifft teilweise zu	trifft völlig zu	nicht relevant

Arbeitszeitregelungen

Durch unsere Arbeitszeitregelungen können sich die Mitarbeiter ihre Zeit fürs Lernen selbst einteilen. ① ② ③ ④ ⑤

Die Mitarbeiter bilden sich während der Arbeitszeit weiter. ① ② ③ ④ ⑤

Auch für Arbeitstätigkeiten, die feste Arbeitszeiten erfordern, gibt es Möglichkeiten, sich innerhalb der Arbeitszeit weiterzubilden. ① ② ③ ④ ⑤ ☐

Durch zunehmende Flexibilisierung der Arbeitszeit werden bei uns Freiräume für Lernen geschaffen. ① ② ③ ④ ⑤ ☐

Lernen durch arbeits- und organisationsbezogene Veränderungen

Das Unternehmen unterstützt die Mitarbeiter in Veränderungsprozessen durch konkrete Qualifizierungsmaßnahmen. ① ② ③ ④ ⑤

Bei der Gestaltung von Veränderungsprozessen werden Anforderungen an Lernen und Kompetenzentwicklung der Mitarbeiter besonders berücksichtigt. ① ② ③ ④ ⑤

Veränderungen werden in unserem Unternehmen auch als Chance für persönliche Weiterentwicklung der Mitarbeiter wahrgenommen. ① ② ③ ④ ⑤

Wie beurteilen Sie den Bereich *organisationale Rahmenbedingungen* insgesamt?

Unsere organisationalen Strukturen sind lernförderlich. ① ② ③ ④ ⑤

Unsere Entgelt- und Anreizsysteme sind lernförderlich. ① ② ③ ④ ⑤

Unsere Arbeitszeitregelungen sind lernförderlich. ① ② ③ ④ ⑤

Die Gestaltung unserer Veränderungsprozesse ist lernförderlich. ① ② ③ ④ ⑤

III. Aspekte der Personalentwicklung im Unternehmen

Stellenwert der Personalentwicklungsarbeit

Die Nachfrage nach Personalentwicklungsmaßnahmen im Unternehmen ist groß. ① ② ③ ④ ⑤

Die Unternehmensleitung unterstützt die Arbeit der Personalentwicklung aktiv. ① ② ③ ④ ⑤

Die Führungskräfte unterstützen die Personalentwicklungsarbeit im Unternehmen. ① ② ③ ④ ⑤

	trifft gar nicht zu	trifft teilweise zu	trifft völlig zu	nicht relevant

Auch wenn die wirtschaftliche Situation im Unternehmen schlecht ist, bleibt die Bedeutung der Personalentwicklungsarbeit weiterhin hoch. ① ② ③ ④ ⑤ ☐

Strategische Ausrichtung der Personalentwicklung

Die Arbeit unserer Personalentwicklung ist strategisch ausgerichtet. ① ② ③ ④ ⑤

Die Personalentwicklungsarbeit ist eng gekoppelt mit strategisch ausgerichteten organisationalen Veränderungsprozessen. ① ② ③ ④ ⑤

Die Personalentwicklung hat das Ziel, die Mitarbeiter in ihrer Eigenverantwortung beim Lernen zu stärken. ① ② ③ ④ ⑤

Die Ausrichtung unserer Personalentwicklungsstrategie wird regelmäßig überprüft und angepasst. ① ② ③ ④ ⑤ ☐

Maßnahmen für Lernen und Personalentwicklung sind bei uns in einer strategischen Bildungszentrale (Corporate University) gebündelt. ① ② ③ ④ ⑤

Reichweite und Nutzung von Personalentwicklungsmaßnahmen

Maßnahmen der Personalentwicklung werden für alle Ebenen im Unternehmen angeboten. ① ② ③ ④ ⑤

Die meisten Personalentwicklungsangebote werden für die Führungskräfte gemacht. ① ② ③ ④ ⑤

Die Personalentwicklungsmaßnahmen werden in ihrer inhaltlichen Ausrichtung bedarfsgerecht und zielgruppenspezifisch zugeschnitten. ① ② ③ ④ ⑤

Die Menge der Personalentwicklungsmaßnahmen wird an den jeweiligen Bedarf der Mitarbeitergruppen angepasst. ① ② ③ ④ ⑤

Die Mitarbeiter nutzen die Personalentwicklungsangebote. ① ② ③ ④ ⑤

Die bestehenden Personalentwicklungsmaßnahmen werden überwiegend von den Führungskräften genutzt. ① ② ③ ④ ⑤

Die Nutzung der Personalentwicklungsmaßnahmen ist sehr von der Unterstützung durch die Führungskraft abhängig. ① ② ③ ④ ⑤

Qualitätssicherung der Personalentwicklungsmaßnahmen

Der Lernbedarf der MA wird von uns systematisch erfasst. ① ② ③ ④ ⑤

Die Lernbedarfsbestimmung orientiert sich bei uns auch am zukünftigen Bedarf durch neue Aufgaben. ① ② ③ ④ ⑤

	trifft gar nicht zu	trifft teilweise zu	trifft völlig zu	nicht relevant

Folgende Instrumente und Methoden der Bedarfserfassung finden bei uns Anwendung: ja   nein

... Mitarbeitergespräche / Entwicklungsgespräche / Zielvereinbarungsgespräche   ☐1 ☐2

... regelmäßige Erfassung von Weiterbildungswünschen über schriftliche Umfragen   ☐1 ☐2

... Bedarf wird abgeleitet aus Nachfrage zum bestehenden Weiterbildungsangebot   ☐1 ☐2

... Bedarf wird abgeleitet aus speziellen Abteilungs-/Mitarbeiterwünschen   ☐1 ☐2

... Strategieworkshops zum Personalentwicklungsbedarf   ☐1 ☐2

... Arbeitsanalysen und Anforderungsanalysen   ☐1 ☐2

... Bedarf wird abgeleitet aus Potenzialdiagnosen   ☐1 ☐2

... Bedarfsbestimmung anhand stellenspezifischer Kompetenzmodelle   ☐1 ☐2

... Regelmäßige Befragung der Vorgesetzten durch die Personalentwicklung   ☐1 ☐2

... Sonstiges: _____

Bei uns werden die Personalentwicklungsmaßnahmen regelmäßig evaluiert.   ☐1 ☐2 ☐3 ☐4 ☐5

Die Ergebnisse der Evaluation führen zu einer Überarbeitung oder Neukonzeption von Maßnahmen.   ☐1 ☐2 ☐3 ☐4 ☐5

Wir überprüfen auch den Erfolg von Personalentwicklungsmaßnahmen, die near-the-job und on-the-job stattfinden.   ☐1 ☐2 ☐3 ☐4 ☐5

Folgende Bildungscontrollingmaßnahmen finden bei uns statt: ja   nein

... Fragebogen zur Seminarevaluation   ☐1 ☐2

... Zufriedenheit mit Personalentwicklungsmaßnahmen als Teil einer Mitarbeiter-Befragung   ☐1 ☐2

... Bildungscontrolling im Rahmen von Zielvereinbarungen   ☐1 ☐2

... Feedbackgespräche zwischen dem Mitarbeiter und seiner Führungskraft   ☐1 ☐2

... Zertifizierung von Bildungsangeboten   ☐1 ☐2

... Sonstiges: _____

Wie beurteilen Sie die *Personalentwicklung* in Ihrem Unternehmen insgesamt?

Der Stellenwert der Personalentwicklung in unserem Unternehmen fördert Lernen.   ☐1 ☐2 ☐3 ☐4 ☐5

Die strategische Ausrichtung der Personalentwicklung fördert Lernen.   ☐1 ☐2 ☐3 ☐4 ☐5

Reichweite und Nutzung des Personalentwicklungsangebots im Unternehmen sind gut.   ☐1 ☐2 ☐3 ☐4 ☐5

Methoden der Qualitätssicherung (Lernbedarfsermittlung und Bildungscontrolling) in unserem Unternehmen fördern Lernen.   ☐1 ☐2 ☐3 ☐4 ☐5

| | trifft gar nicht zu | trifft teilweise zu | trifft völlig zu | nicht relevant |

IV. Kompetenzentwicklung der Mitarbeiter

Bei unserer Personalentwicklungsarbeit spielt die Kompetenzmessung und -entwicklung eine große Rolle. [1] [2] [3] [4] [5]

Wir messen die Kompetenzen unserer Mitarbeiter und leiten daraus relevante Entwicklungsmaßnahmen für den Einzelnen ab. [1] [2] [3] [4] [5]

Die Förderung der sozialen und personalen Kompetenz hat im Rahmen unserer Personalentwicklungsarbeit einen eher niedrigen Stellenwert. [1] [2] [3] [4] [5]

Bei der Gestaltung betrieblicher Lernprozesse werden alle Kompetenzbereiche – die Fach-, Methoden, Sozial- und personale Kompetenz – gleichermaßen berücksichtigt. [1] [2] [3] [4] [5]

Für bestimmte Stellen formulieren wir Kompetenzprofile und leiten daraus tätigkeitsspezifische Entwicklungsmaßnahmen ab. [1] [2] [3] [4] [5]

Für bestimmte Mitarbeitergruppen haben wir eine Zertifizierung von relevanten Kompetenzen erarbeitet. [1] [2] [3] [4] [5]

Bei uns im Unternehmen werden Verfahren zur Zertifizierung von am Arbeitsplatz erworbenen Kompetenzen eingesetzt. [1] [2] [3] [4] [5]

Die Verantwortung für ihre Kompetenzentwicklung liegt in hohem Maße bei den Mitarbeitern selbst. [1] [2] [3] [4] [5]

Für die Steuerung ihres persönlichen Fortkommens innerhalb des Unternehmens sind die Mitarbeiter auch selbst verantwortlich. [1] [2] [3] [4] [5]

Wie beurteilen Sie die *Kompetenzentwicklung* in Ihrem Unternehmen insgesamt?

Maßnahmen zur Kompetenzmessung und -entwicklung im Unternehmen fördern Lernen. [1] [2] [3] [4] [5]

V. Lern- und Entwicklungsmöglichkeiten im Unternehmen

Lernorte im Unternehmen

Lernen kann an unterschiedlichen Orten stattfinden: in der Arbeit, in Arbeitsnähe oder außerhalb der eigentlichen Arbeit. Im folgenden sprechen wir hierbei von learning-on-the-job, -near-the-job und -off-the-job.

Lernen und Kompetenzentwicklung finden bei uns hauptsächlich in Seminaren und Trainings statt. [1] [2] [3] [4] [5]

Bei uns wird learning-on-the-job systematisch unterstützt und gefördert. [1] [2] [3] [4] [5]

	trifft gar nicht zu	trifft teilweise zu	trifft völlig zu	nicht relevant

In unserem Unternehmen werden Near-the-job-Maßnahmen wie Coaching bzw. Mentoring eingesetzt.   ① ② ③ ④ ⑤

Wir berücksichtigen bei der Konzeption von Personalentwicklungsmaßnahmen, an welchem Lernort – on-, near- oder off-the-job – die Lerninhalte optimal vermittelt werden können.   ① ② ③ ④ ⑤

Lernformen im Unternehmen

Lernen kann auch in unterschiedlicher Art und Weise stattfinden. Nachfolgend finden Sie Fragen zu ausgewählten Lernformen.

1. Gruppenbezogenes Lernen

Das Unternehmen fördert und unterstützt das Lernen in Gruppen durch: ja   nein

... Projektarbeit   ① ②
... Lernpartnerschaften   ① ②
... Erfahrungsaustausch in Gruppen   ① ②
... Qualitätszirkel / Lernstatt / Werkstattzirkel / Lerninsel   ① ②
... Communities of Practice   ① ②
... Experten-Novizen-Runden   ① ②
... Task-Forces   ① ②
... Sonstiges: _____

Das Unternehmen stellt förderliche Rahmenbedingungen (z.B. Zeit für Gruppengespräche, Moderationsmaterialien) für das Lernen in Gruppen bereit.   ① ② ③ ④ ⑤

2. Informelles Lernen

Das Unternehmen unterstützt und fördert informelles Lernen seiner Mitarbeiter über: ja   nein

... den berufsbezogenen Besuch von Fachmessen und/oder Kongressen   ① ②
... die Teilnahme an kurzzeitigen Veranstaltungen (Vorträge, Halbtagsseminare)   ① ②
... Unterweisung oder Anlernen am Arbeitsplatz   ① ②
... Selbstlernen durch Beobachten und Ausprobieren am Arbeitsplatz   ① ②
... Qualitätszirkel, Werkstattzirkel, Lernstatt etc.   ① ②
... Erweiterung ihrer Aufgaben (job rotation, job enrichment)   ① ②
... Bereitstellen von berufsbezogener Fachliteratur   ① ②
... Sonstiges: _____

Wir unterstützen unsere Mitarbeiter dabei, dass sie auch Lernmöglichkeiten in ihrer Arbeitstätigkeit wahrnehmen.   ① ② ③ ④ ⑤

	trifft gar nicht zu	trifft teilweise zu	trifft völlig zu	nicht relevant

3. Selbstorganisiertes Lernen

Von Unternehmensseite wird gewünscht, dass die Mitarbeiter einen Teil ihrer Lernprozesse selbst organisieren. |1| |2| |3| |4| |5|

Das Unternehmen unterstützt die Mitarbeiter beim selbstorganisierten Lernen, indem es methodische und didaktische Hilfestellung anbietet. |1| |2| |3| |4| |5|

4. Eigenverantwortliches Lernen zur beruflichen Entwicklung

Unser Unternehmen ist daran interessiert, dass der Mitarbeiter seine berufliche Entwicklung in hohem Maße selbst plant und gestaltet. |1| |2| |3| |4| |5|

Wir unterstützen unsere Mitarbeiter im Erwerb von Selbstmanagement-Fähigkeiten, die ihrer beruflichen Entwicklung dienen. |1| |2| |3| |4| |5|

Das Unternehmen berät die Mitarbeiter darin, ihren zukünftigen Lernbedarf selbst zu erkennen und sich dementsprechende Lernziele zu setzen. |1| |2| |3| |4| |5|

Wir bieten unseren Mitarbeitern umfangreiche Möglichkeiten, ihre selbst gesetzten Ziele im Rahmen ihrer beruflichen Entwicklung zu erreichen. |1| |2| |3| |4| |5|

5. Mediengestütztes Lernen (e-learning, blended-learning, multimediales Lernen, CBT / WBT)

Mediengestützte Lernformen werden bei uns in hohem Maße eingesetzt. |1| |2| |3| |4| |5|

Im Unternehmen werden zunehmend die traditionellen Weiterbildungsveranstaltungen durch mediengestützte Lernformen ersetzt. |1| |2| |3| |4| |5|

Mediengestützte Lernformen werden zunehmend gezielter dort eingesetzt, wo sich ein Einsatz auch tatsächlich bewährt hat. |1| |2| |3| |4| |5|

Transfersicherung

Bei uns werden Ansätze und Strategien zur Förderung des Lerntransfers verfolgt. |1| |2| |3| |4| |5|

Die Transferkontrolle bei Seminaren und Trainings erfolgt bei uns in erster Linie über die Befragung der Seminarteilnehmer nach der Veranstaltung. |1| |2| |3| |4| |5|

Der Vorgesetzte unterstützt den Transfer, indem er dem Mitarbeiter nach dem Training Feedback gibt. |1| |2| |3| |4| |5|

Der Vorgesetzte erarbeitet gemeinsam mit dem Mitarbeiter vor einem Training Lernziele und überprüft, ob das Gelernte am Arbeitsplatz angewandt wird. |1| |2| |3| |4| |5|

Die Mitarbeiter werden angehalten, das in Trainings erworbene Wissen an ihre Kollegen weiterzugeben. |1| |2| |3| |4| |5|

	trifft gar nicht zu	trifft teilweise zu	trifft völlig zu	nicht relevant

Wir achten darauf, dass die Mitarbeiter nach einem Training das Gelernte in ihrer alltäglichen Arbeit anwenden können. ☐1 ☐2 ☐3 ☐4 ☐5

Wie beurteilen Sie den Bereich *Lern- und Entwicklungsmöglichkeiten* insgesamt?

Das Lernen an verschiedenen Orten (on, near, off) ist im Unternehmen lernförderlich gestaltet. ☐1 ☐2 ☐3 ☐4 ☐5

Gruppenbezogenes Lernen wird im Unternehmen lernförderlich gestaltet. ☐1 ☐2 ☐3 ☐4 ☐5

Selbstorganisiertes Lernen wird im Unternehmen gut gefördert. ☐1 ☐2 ☐3 ☐4 ☐5

Informelles Lernen wird im Unternehmen gut gefördert. ☐1 ☐2 ☐3 ☐4 ☐5

Eigenverantwortliches Lernen zur beruflichen Entwicklung wird im Unternehmen gut gefördert. ☐1 ☐2 ☐3 ☐4 ☐5

Mediengestütztes Lernen wird im Unternehmen lernförderlich gestaltet. ☐1 ☐2 ☐3 ☐4 ☐5

Maßnahmen zur Transfersicherung im Unternehmen fördern Lernen. ☐1 ☐2 ☐3 ☐4 ☐5

VI. Lernorientierte Führungsleitlinien und -aufgaben

Lernorientierte Führungsleitlinien

In unseren Führungsleitlinien werden Verhalten und Aufgaben der Führungskraft für das Lernen und die Kompetenzentwicklung ihrer Mitarbeiter beschrieben. ☐1 ☐2 ☐3 ☐4 ☐5 ☐

Unsere Führungsleitlinien beinhalten folgende Aspekte, die das Lernen der Mitarbeiter unterstützen: ☐

  ja nein

... Partizipativer / kooperativer Führungsstil ☐1 ☐2

... Förderung der Eigeninitiative der Mitarbeiter ☐1 ☐2

... Motivieren und Unterstützen von Mitarbeitern beim Lernen ☐1 ☐2

... Informieren der Mitarbeiter über Weiterbildungs- und Entwicklungsmöglichkeiten ☐1 ☐2

... Individuelle Unterstützung des einzelnen Mitarbeiters ☐1 ☐2

... Einsatz von Führungsinstrumenten, wie z.B. Zielvereinbarungsgespräche, Mitarbeitergespräche ☐1 ☐2

... Sonstiges: _____

Umsetzung der Führungsleitlinien

Unsere Führungsleitlinien werden umgesetzt durch entsprechende Führungsinstrumente (z.B. Mitarbeitergespräche führen). ☐1 ☐2 ☐3 ☐4 ☐5 ☐

An die Führungskräfte wird genau kommuniziert, wie sie ihre Mitarbeiter beim Lernen begleiten und unterstützen können. ☐1 ☐2 ☐3 ☐4 ☐5

	trifft gar nicht zu	trifft teilweise zu	trifft völlig zu	nicht relevant

Bei uns gibt es Anreize für Führungskräfte, damit sie ihre Mitarbeiter optimal unterstützen und fördern. ☐1 ☐2 ☐3 ☐4 ☐5

Die Personalabteilung unterstützt die Führungskräfte durch Maßnahmen in Form von Seminaren und Coachings dabei, wie sie ihre Mitarbeiter fördern können. ☐1 ☐2 ☐3 ☐4 ☐5

Unsere Führungskräfte erleben die Unterstützungsmaßnahmen der Personalentwicklungsabteilung als sinnvoll und hilfreich. ☐1 ☐2 ☐3 ☐4 ☐5 ☐

Lernorientierte Führungsaufgaben

Die Führungskraft hat bei der Kompetenzentwicklung ihrer Mitarbeiter in unserem Unternehmen eine wichtige Funktion. ☐1 ☐2 ☐3 ☐4 ☐5

Die Führungskraft unterstützt ihre Mitarbeiter in ihrer Eigenverantwortung beim Lernen. ☐1 ☐2 ☐3 ☐4 ☐5

Die Führungskraft unterstützt und fördert ihre Mitarbeiter in der Planung ihres beruflichen Fortkommens. ☐1 ☐2 ☐3 ☐4 ☐5

Von unseren Führungskräften wird erwartet, dass sie mit ihrem eigenen Weiterbildungs- und Lernverhalten ein Vorbild für ihre Mitarbeiter sind. ☐1 ☐2 ☐3 ☐4 ☐5

Die Führungskraft ist bei uns Ansprechpartner für Fragen der Mitarbeiter zum Thema Lernen und Personalentwicklung. ☐1 ☐2 ☐3 ☐4 ☐5

Unsere Mitarbeiter werden darüber informiert, welche Aufgaben ihre Führungskräfte in Bezug auf ihre Kompetenzentwicklung haben. ☐1 ☐2 ☐3 ☐4 ☐5

Wie beurteilen Sie die *Führungsleitlinien und -aufgaben* in ihrem Unternehmen insgesamt?

Unsere Führungsleitlinien sind lernförderlich. ☐1 ☐2 ☐3 ☐4 ☐5

Die Umsetzung dieser Führungsleitlinien im Unternehmen fördert Lernen. ☐1 ☐2 ☐3 ☐4 ☐5

Die im Rahmen der Personalentwicklung den Führungskräften übertragenen Aufgaben unterstützen Lernen. ☐1 ☐2 ☐3 ☐4 ☐5

VII. Information und Partizipation im Unternehmen

Informationswege und -möglichkeiten

Wir informieren unsere Mitarbeiter regelmäßig über Lern- und Entwicklungsangebote. ☐1 ☐2 ☐3 ☐4 ☐5

Es gibt für die Mitarbeiter konkrete Ansprechpartner in der Personalentwicklungsabteilung, die über Lern- und Entwicklungsangebote informieren. ☐1 ☐2 ☐3 ☐4 ☐5

	trifft gar nicht zu	trifft teilweise zu	trifft völlig zu		nicht relevant

Wir achten darauf, dass die weitergegebenen Informationen bedarfsgerecht und zielgruppenspezifisch sind. ① ② ③ ④ ⑤

Das Unternehmen verteilt die Informationen über Lern- und Entwicklungsangebote an die Mitarbeiter über:

	ja	nein
... Aushänge / Schwarzes Brett	①	②
... Weiterbildungsbroschüre	①	②
... Mitarbeiterzeitschrift / Printmedien	①	②
... Intranet	①	②
... Ansprechpartner aus der Personalentwicklung	①	②
... Seminare bzw. Trainings	①	②
... Großveranstaltungen / Informationsveranstaltungen	①	②
... die Führungskräfte	①	②
... Sonstiges: _____		

Von unseren Mitarbeitern erwarten wir, dass sie sich auch selbst um Informationen bemühen. ① ② ③ ④ ⑤

Unsere Mitarbeiter nutzen die angebotenen Informationswege. ① ② ③ ④ ⑤

Partizipationsmöglichkeiten bei der Gestaltung von Lernen und Personalentwicklung

Unsere Mitarbeiter werden in grundlegende Entscheidungen zu Lernen und Personalentwicklung miteinbezogen. ① ② ③ ④ ⑤

Bei uns gibt es einen Vertreter der Mitarbeiterschaft, der in die Planungs- und Gestaltungsaktivitäten zur Personalentwicklung integriert ist. ① ② ③ ④ ⑤

Unsere Mitarbeiter gestalten über folgende Partizipationsmöglichkeiten Maßnahmen der Personalentwicklung mit:

	ja	nein
... Mitarbeitergespräche	①	②
... Mitarbeiterbefragungen	①	②
... Feedback zu Seminaren	①	②
... Konzeption und Planung von Weiterbildungsprogrammen	①	②
... Ideenmanagement	①	②
... im Rahmen von Organisationsentwicklungsprozessen und -workshops	①	②
... Sonstiges: _____		

	trifft gar nicht zu	trifft teilweise zu	trifft völlig zu	nicht relevant

Lernen durch Wissensaustausch

Im Unternehmen existieren Wissensdatenbanken, die vorhandenes Wissen organisieren und bereitstellen.   [1] [2] [3] [4] [5]

Wir unterstützen den informellen Wissensaustausch, indem wir unseren Mitarbeitern Möglichkeiten zum Zusammenkommen bieten (z.B. Kaffeeecken, Sitzgruppen etc.).   [1] [2] [3] [4] [5]

Der Wissensaustausch im Unternehmen wird durch regelmäßige Besprechungen der Teams, Abteilungen etc. unterstützt.   [1] [2] [3] [4] [5]

Die Mitarbeiter nutzen unsere internen Medien, um Wissen auszutauschen.   [1] [2] [3] [4] [5]

Wir stellen den Mitarbeitern ausreichend Zeit zum informellen Austausch von Wissen zur Verfügung.   [1] [2] [3] [4] [5]

Unsere Mitarbeiter teilen ihr Wissen bereitwillig mit ihren Kollegen.   [1] [2] [3] [4] [5]

Bei uns existiert eine Datenbank, in der man Experten für bestimmte Wissensbereiche und Probleme finden kann.   [1] [2] [3] [4] [5]

Die Personalentwicklungsabteilung initiiert interne Netzwerke für einzelne Gruppen (z.B. Trainees, Nachwuchsführungskräfte) im Rahmen ihrer Laufbahnentwicklung.   [1] [2] [3] [4] [5]

Die Personalabteilung organisiert Treffen zur Netzwerkbildung für einzelne Berufsgruppen.   [1] [2] [3] [4] [5]

In unserem Unternehmen existieren folgende interne Netzwerke: ja   nein

... Themenbezogene Foren im Intranet   [1] [2]

... Diskussionsforen im Intranet   [1] [2]

... Erfahrungsaustauschzirkel   [1] [2]

... Newsgroups   [1] [2]

... Communities of Practice   [1] [2]

... Interne Diskussionsrunden   [1] [2]

... Sonstiges: _____

Wie beurteilen Sie den Bereich *Information und Partizipation* insgesamt?

Unser Informationsangebot über Lern- und Entwicklungsmöglichkeiten unterstützt Lernen.   [1] [2] [3] [4] [5]

Die Partizipationsmöglichkeiten für Mitarbeiter fördern Lernen.   [1] [2] [3] [4] [5]

Der Wissensaustausch in unserem Unternehmen ist lernförderlich.   [1] [2] [3] [4] [5]

	trifft gar nicht zu	trifft teilweise zu	trifft völlig zu	nicht relevant

VIII. Lernkontakte des Unternehmens mit seiner Umwelt

Das Unternehmen unterstützt aktiv den Ausbau von lernförderlichen Kontakten zur Umwelt. ① ② ③ ④ ⑤

Unser Unternehmen bietet seinen Mitarbeiten Kontaktmöglichkeiten zu externen Personen und Institutionen an. ① ② ③ ④ ⑤

Bei uns bestehen Netzwerke zum Zwecke des Lernens und des Informationsaustausches mit:

                                                                                             ja nein

. . . anderen Unternehmen (z.B. regionale Fachgruppentreffen) ① ②

. . . Universitäten / wissenschaftlichen Einrichtungen ① ②

. . . Beratungsinstituten ① ②

. . . Kunden ① ②

. . . Lieferanten ① ②

. . . berufsbezogenen / fachbezogenen Arbeitskreisen ① ②

. . . regionalen Lernnetzwerken ① ②

. . . Sonstiges: _____

Unsere Mitarbeiter nehmen aktiv, z.B. mit Vorträgen, an Kongressen und Messen teil. ① ② ③ ④ ⑤

Das Unternehmen pflegt die Möglichkeiten zum Wissensaustausch mit externen Partnern. ① ② ③ ④ ⑤

Unsere Mitarbeiter zeigen große Eigeninitiative beim Aufbau und bei der Pflege von Kontakten mit externen Personen und Institutionen. ① ② ③ ④ ⑤

Die Mitarbeiter nehmen die von Unternehmensseite angebotenen Kontakte nicht ausreichend wahr. ① ② ③ ④ ⑤

Bei uns nehmen nur bestimmte Mitarbeitergruppen die bestehenden Kontaktmöglichkeiten wahr. ① ② ③ ④ ⑤

Benchmarking-Aktivitäten unseres Unternehmens regen auch Lern- und Kompetenzentwicklungsprozesse im Unternehmen an. ① ② ③ ④ ⑤ ☐

Die durch Außenkontakte entstehenden Synergien regen Lern- und Kompetenzentwicklung im Unternehmen an. ① ② ③ ④ ⑤

Wir pflegen und fördern externe Kontakte mit Kunden, da dies zu einer Verbesserung unserer Kundenorientierung führt. ① ② ③ ④ ⑤

Wie beurteilen Sie die *Lernkontakte des Unternehmens* mit seiner Umwelt insgesamt?

    Die bestehenden externen Netzwerke fördern Lernen. ① ② ③ ④ ⑤

2. Mitarbeitversion

Teil I: Das Lernkulturinventar

Das Lernkulturinventar ist ein Fragebogen zur Erfassung von Lernkulturen in Unternehmen. Es erfasst einzelne Merkmale im Unternehmen, die das Lernen der Mitarbeiter unterstützen und fördern.

Mit Hilfe dieses Fragebogens wird die Ausprägung der Lernkultur in dem Unternehmen, in dem Sie arbeiten, bestimmt und es können anschließend mögliche Schwachstellen identifiziert und daraus Verbesserungen abgeleitet werden.

Der Fragebogen ist in folgende Merkmalsbereiche der Lernkultur unterteilt:

- Lernorientierte Unternehmensleitlinien
- Rahmenbedingungen für Lernen im Unternehmen
- Aspekte der Personalentwicklung im Unternehmen
- Kompetenzentwicklung der Mitarbeiter
  (Kompetenzentwicklung bedeutet die Förderung Ihrer fachlichen, methodischen, sozialen und Selbstkompetenz durch Trainings und Seminare.)
- Lern- und Entwicklungsmöglichkeiten im Unternehmen
- Lernatmosphäre und Unterstützung durch Kollegen
- Lernorientierte Aufgaben der Führungskraft
- Information und Partizipation im Unternehmen
- Lernkontakte des Unternehmens mit seiner Umwelt

Hinweise zur Bearbeitung

Bitte lesen Sie sich jede Aussage sorgfältig durch und beantworten Sie anschließend offen, inwieweit sie in Ihrem Unternehmen zutrifft. Wir sind sehr an einer ehrlichen Antwort interessiert und bitten Sie deshalb, kein Idealbild eines Unternehmens zu entwerfen!

Achten Sie bitte darauf, dass **alle Fragen** beantwortet werden.

Bitte entscheiden Sie sich für die Antwortmöglichkeit, die ihrer eigenen Antwort am nächsten kommt.

Der Fragebogen enthält zwei verschiedene Antwortformate, die nachfolgend in einem Beispiel dargestellt werden.

Antwortformat 1:

	trifft gar nicht zu	trifft weniger zu	trifft teilweise zu	trifft eher zu	trifft völlig zu
Das Unternehmen übernimmt meine Weiterbildungskosten.	1	2	3	4	5

Trifft dies für Ihr Unternehmen nur teilweise zu, dann kreuzen Sie bitte die *3* an.

Antwortformat 2:

	ja	nein
Ich erhalte Informationen über Lern- und Entwicklungsangebote über::		
... Aushänge / schwarzes Brett	1	2

Werden Sie nicht durch Aushänge über Lern- und Entwicklungsmöglichkeiten informiert, dann kreuzen Sie bitte die *2 = „nein"* an.

Einige Fragen beinhalten Aspekte, die in ihrem Unternehmen vielleicht *nicht relevant* sind. D.h. in der Frage werden Dinge vorausgesetzt, die in ihrem Unternehmen nicht realisiert sind. Diese Fragen enthalten im Antwortformat ein extra Kästchen, das angekreuzt wird, wenn dies zutrifft.

Hierzu ein Beispiel:

						nicht relevant
Es ist lernförderlich, dass die Hierarchien bei uns eher flach sind.	1	2	3	4	5	☐

Gibt es in ihrem Unternehmen keine flachen Hierarchien, machen Sie bitte bei *nicht relevant* ein Kreuz. Die *nicht relevante* Antwort unterscheidet sich von der *trifft gar nicht zu* Antwort, da bei letzterer angenommen wird, dass flache Hierarchien existieren, aber diese nicht lernförderlich sind.

Angaben zur Person und zum Unternehmen

Bevor Sie den Fragebogen bearbeiten, möchten wir Sie bitten, uns einige allgemeine Informationen zu Ihrer Person und zu dem Unternehmen, in dem Sie arbeiten, zu geben:

1. **Ihr Alter:** ☐ 20-30 ☐ 30-40 ☐ 40-50 ☐ 50-65

2. **Ihr Geschlecht:** ☐ männlich ☐ weiblich

3. **Welchen Schulabschluss haben Sie?**

    Volks-/Hauptschulabschluß ☐
    Mittlere Reife, Realschulabschluß ☐
    Fachhochschulreife/Fachgebundene Hochschulreife ☐
    Abitur/Allgemeine Hochschulreife ☐
    Sonstiger: _____

4. **Was für eine Berufsausbildung haben Sie?**

    Lehre/Ausbildung ☐
    Berufsakademie ☐
    Fachhochschule ☐
    Universität/Technische Hochschule ☐
    Sonstige: _____

5. **Wie lange arbeiten Sie bereits im jetzigen Unternehmen?**

    ☐ < 5 Jahre ☐ 5-10 Jahre ☐ 10-20 Jahre ☐ > 20 Jahre

6. **Wie lange sind Sie schon berufstätig?**

    ☐ < 5 Jahre ☐ 5-10 Jahre ☐ 10-20 Jahre ☐ > 20 Jahre

7. **Welche Position haben Sie aktuell im Unternehmen?**

    _____

8. **In welcher Branche sind Sie tätig?**

Produktion ☐
Dienstleistung ☐
Informationstechnologie ☐
Gesundheitswesen ☐
Medien ☐
Sonstige: _____

9. **Sind Sie Führungskraft?**

☐ ja   ☐ nein (wenn Sie nein ankreuzen, überspringen Sie Frage 10)

10. **Auf welcher Führungsebene arbeiten Sie?**

untere ☐
mittlere ☐
höhere ☐

11. **Das folgende Kontinuum stellt fünf verschiedene Arten der Partizipation in Unternehmen dar.
Bitte markieren Sie eine der Varianten, die nach Ihrer persönlichen Einschätzung der Mitarbeiterbeteiligung in Ihrem Unternehmen am nächsten kommt.**

Partizipation durch:

❶	❷	❸	❹	❺
Information	**Vorschlagsmöglichkeit**	**Mitbestimmung**	**Vetorecht**	**Autonomie**
d.h. vorherige oder nachträgliche Informationen über Entscheidungen	d.h. Mitarbeiter haben die Chance, eigene Meinungen einzubringen	d.h. Berücksichtigung der Mitarbeiter-Meinung bei Entscheidungen	d.h. Entscheidungen der Mitarbeiter blockieren oder lenken Maßnahmen	d.h. Entscheidungen liegen vollständig bei den Mitarbeitern

I. Lernen als Teil der Unternehmensphilosophie

| | trifft gar nicht zu | trifft teilweise zu | trifft völlig zu | nicht relevant |

Lernorientierte Leitlinien ⇩ ⇩ ⇩

In den Leitlinien unseres Unternehmens wird das Thema Lernen von Mitarbeitern angesprochen. [1] [2] [3] [4] [5] □

Unsere lernorientierten Leitlinien beinhalten u.a. folgendes: ja nein □

... welche Bedeutung Lernen im Unternehmen hat [1] [2]

... wie wir Mitarbeiter mit dem Thema Lernen umgehen sollen [1] [2]

... wie das Unternehmen das Lernen seiner Mitarbeiter unterstützt [1] [2]

... Sonstiges: _____

Wir Mitarbeiter werden von Unternehmensseite über die lernorientierten Leitlinien informiert. [1] [2] [3] [4] [5] □

Die lernorientierten Leitlinien werden bei uns tatsächlich gelebt. [1] [2] [3] [4] [5] □

Erwartungen an lernende Mitarbeiter

Das Unternehmen stellt deutliche Erwartungen an uns Mitarbeiter in bezug auf unser Lernen und unsere Kompetenzentwicklung. [1] [2] [3] [4] [5]

Das Unternehmen erwartet von mir, dass ich: ja nein

... mein fachliches Wissen und Können selbständig auf aktuellem Stand halte [1] [2]

... mein Wissen selbständig erweitere [1] [2]

... eigene Initiative bei meiner Weiterentwicklung zeige [1] [2]

... Sonstiges: _____

Unsere Personalentwicklung macht Angebote (z.B. Trainings), die mir helfen, die an mich gestellten Erwartungen zu erfüllen. [1] [2] [3] [4] [5]

Wir Mitarbeiter werden in Informationsveranstaltungen über an uns gestellte Erwartungen informiert. [1] [2] [3] [4] [5]

Wie beurteilen Sie den Bereich *lernorientierte Unternehmensleitlinien* insgesamt?

Die Leitlinien unseres Unternehmens fördern mein Lernen. [1] [2] [3] [4] [5]

Die an mich gestellten Erwartungen fördern mein Lernen. [1] [2] [3] [4] [5]

	trifft gar nicht zu	trifft teilweise zu	trifft völlig zu	nicht relevant

II. Rahmenbedingungen für Lernen im Unternehmen

Organisationsstrukturen im Unternehmen

Unsere Organisationsstrukturen fördern, dass ich mich auch mit Kollegen aus anderen Bereichen/Abteilungen austauschen kann.	1	2	3	4	5
Es ist lernförderlich, dass die Hierarchien bei uns eher flach sind.	1	2	3	4	5	☐

Entgelt- und Anreizsysteme

Lernen und Weiterentwicklung wird bei uns auch durch finanzielle Anreize (z.B. Gehaltsbonus/-prämie, andere Gehaltsstufe) honoriert.	1	2	3	4	5
Das Unternehmen motiviert uns zum Lernen, indem es uns Entwicklungsmöglichkeiten im Unternehmen anbietet (z.B. Laufbahnprogramme).	1	2	3	4	5
Das Unternehmen übernimmt meine Weiterbildungskosten.	1	2	3	4	5

Arbeitszeitregelungen

Unsere Arbeitszeitregelungen ermöglichen es, dass ich mir die Zeit fürs Lernen selbst einteilen kann.	1	2	3	4	5
Während meiner Arbeit habe ich Zeit, mich mit Kollegen auszutauschen.	1	2	3	4	5
Die Arbeitsbelastung ist bei uns so hoch, dass mir keine Zeit fürs Lernen bleibt.	1	2	3	4	5

Lernen in Veränderungsprozessen

In Veränderungsprozessen (z.B. Einführung neuer Technik, Umorganisation, Kulturwandel, neue Unternehmensausrichtung) werden wir Mitarbeiter durch Qualifizierungsmaßnahmen unterstützt.	1	2	3	4	5
Wir Mitarbeiter werden in Veränderungsprozessen auf neue Arbeiten und Aufgaben ausreichend vorbereitet.	1	2	3	4	5
In Veränderungsprozessen lerne ich viel.	1	2	3	4	5

Wie beurteilen Sie den Bereich *Rahmenbedingungen im Unternehmen* insgesamt?

Unsere Organisationsstrukturen unterstützen mich beim Lernen.	1	2	3	4	5
Unsere Entgelt- und Anreizsysteme fördern mein Lernen.	1	2	3	4	5
Unsere Arbeitszeitgestaltung unterstützt mich beim Lernen.	1	2	3	4	5

	trifft gar nicht zu	trifft teilweise zu	trifft völlig zu	nicht relevant

Die Gestaltung von Veränderungsprozessen im Unternehmen fördert mein Lernen.   ☐1 ☐2 ☐3 ☐4 ☐5

III. Aspekte der Personalentwicklung im Unternehmen

Reichweite und Nutzung von Personalentwicklungsmaßnahmen

Die Arbeit unserer Personalentwicklung hat im Unternehmen einen hohen Stellenwert.   ☐1 ☐2 ☐3 ☐4 ☐5

Das Weiterbildungs- und Kompetenzentwicklungsangebot der Personalentwicklung orientiert sich am Bedarf von uns Mitarbeitern.   ☐1 ☐2 ☐3 ☐4 ☐5

Die Personalentwicklung ist offen für Anregungen und Vorschläge von uns Mitarbeitern.   ☐1 ☐2 ☐3 ☐4 ☐5

Uns steht ein umfangreiches Weiterbildungsangebot zur Verfügung.   ☐1 ☐2 ☐3 ☐4 ☐5

Unterstützung durch die Personalentwicklung

Für uns Mitarbeiter gibt es konkrete Ansprechpartner in der Personalentwicklung.   ☐1 ☐2 ☐3 ☐4 ☐5

Ich fühle mich von unserer Personalentwicklung ausreichend bei meiner beruflichen Qualifizierung und Weiterentwicklung unterstützt.   ☐1 ☐2 ☐3 ☐4 ☐5

Erfassung des Lernbedarfs

Lernbedarf umfasst den eigenen Bedarf an Weiterbildung und Kompetenzerwerb. Besteht z.B. Bedarf zu lernen, wie man Gruppen moderiert, dann bietet sich ein Moderationstraining an.

Die Personalentwicklung erfasst den Lernbedarf von uns Mitarbeitern regelmäßig.   ☐1 ☐2 ☐3 ☐4 ☐5

Mein Lernbedarf wird erfasst durch: ja   nein

... Mitarbeitergespräche / Entwicklungsgespräche / Zielvereinbarungsgespräche   ☐1 ☐2

... regelmäßige Erfassung von Weiterbildungswünschen über schriftliche Umfragen   ☐1 ☐2

... regelmäßige Befragung meiner Führungskraft zu meinem Lernbedarf   ☐1 ☐2

... Sonstiges: _____

Wir können uns auch mit speziellen Weiterbildungswünschen an unsere Personalentwicklung wenden.   ☐1 ☐2 ☐3 ☐4 ☐5

	trifft gar nicht zu	trifft teilweise zu	trifft völlig zu	nicht relevant

Bei der Bestimmung meines Lernbedarfs wird auch darauf geachtet, welche Anforderungen zukünftig an mich gestellt werden. ☐1 ☐2 ☐3 ☐4 ☐5

Überprüfung der Qualität der Personalentwicklungsmaßnahmen

Die Personalentwicklungsmaßnahmen, an denen ich teilnehme, werden regelmäßig im Hinblick auf Gestaltung, Inhalte und Durchführung überprüft (z.B. durch Fragebogen zur Seminarbeurteilung). ☐1 ☐2 ☐3 ☐4 ☐5

Wir Mitarbeiter bewerten die Qualität der Personalentwicklungsmaßnahmen anhand folgender Methoden: ja   nein

... über Fragebogen zur Beurteilung von Seminaren / Trainings ☐1 ☐2

... über Abfrage der Zufriedenheit mit Personalentwicklungsmaßnahmen als Teil einer Mitarbeiterbefragung ☐1 ☐2

... in Zielvereinbarungsgesprächen ☐1 ☐2

... in Feedbackgesprächen mit der Führungskraft ☐1 ☐2

... Sonstiges: _____

Wenn ich Änderungswünsche einbringe, werden diese auch zur Kenntnis genommen und umgesetzt. ☐1 ☐2 ☐3 ☐4 ☐5

Wie beurteilen Sie den Bereich *Aspekte der Personalentwicklung im Unternehmen* insgesamt?

Das Angebot an Personalentwicklungsmaßnahmen ist gut. ☐1 ☐2 ☐3 ☐4 ☐5

Wie der Lernbedarf ermittelt und die Qualität von Personalentwicklungsmaßnahmen überprüft wird, fördert Lernen. ☐1 ☐2 ☐3 ☐4 ☐5

IV. Kompetenzentwicklung im Unternehmen

In Seminaren und Trainings wird darauf geachtet, sowohl fachliche als auch soziale Kompetenzen zu schulen. ☐1 ☐2 ☐3 ☐4 ☐5

Für meine Stelle existiert eine Stellenbeschreibung, die auch die hierfür erforderlichen Kompetenzen beschreibt. ☐1 ☐2 ☐3 ☐4 ☐5 ☐

Das Unternehmen zertifiziert in der Arbeitstätigkeit erworbene Kompetenzen. ☐1 ☐2 ☐3 ☐4 ☐5

Wir Mitarbeiter sind in hohem Maße selbst für unsere Kompetenzentwicklung verantwortlich. ☐1 ☐2 ☐3 ☐4 ☐5

Wie beurteilen Sie die *Kompetenzentwicklung* in Ihrem Unternehmen insgesamt?

Die Maßnahmen zur Kompetenzmessung und -entwicklung im Unternehmen fördern mein Lernen. ☐1 ☐2 ☐3 ☐4 ☐5

V. Lern- und Entwicklungsmöglichkeiten im Unternehmen

| | trifft gar nicht zu | trifft teilweise zu | trifft völlig zu | nicht relevant |

Lernformen im Unternehmen

1. Lernen im Arbeitsalltag

Die Personalentwicklung bietet hauptsächlich Seminare und Trainings an und weniger Schulungsmaßnahmen, die am Arbeitsplatz oder in Arbeitsnähe stattfinden. [1] [2] [3] [4] [5]

Das Unternehmen unterstützt mich systematisch dabei, Lernmöglichkeiten bei meiner Arbeit wahrzunehmen (z.B. Lesen von Fachliteratur, Lernen am eigenen Computer). [1] [2] [3] [4] [5]

Meine Arbeitstätigkeit ist so gestaltet, dass ich gefordert bin, immer Neues dazu zu lernen. [1] [2] [3] [4] [5]

Das Unternehmen unterstützt und fördert Lernen im Arbeitsalltag über: ja   nein

... den berufsbezogenen Besuch von Fachmessen und/oder Kongressen   [1] [2]

... die Teilnahme an kurzzeitigen Veranstaltungen (Vorträge, Halbtagsseminare)   [1] [2]

... Unterweisung oder Anlernen am Arbeitsplatz   [1] [2]

... Selbstlernen durch Beobachten und Ausprobieren am Arbeitsplatz   [1] [2]

... Qualitätszirkel, Werkstattzirkel, Lernstatt etc.   [1] [2]

... Bereitstellen von berufsbezogener Fachliteratur   [1] [2]

... Übernahme von mehr Verantwortung   [1] [2]

... Arbeitsplatzwechsel (z.B. job rotation)   [1] [2]

... Sonstiges: _____

2. Gruppenbezogenes Lernen

Das Unternehmen unterstützt Lernen in Gruppen durch: ja   nein

... Projektarbeit   [1] [2]

... Lernpartnerschaften   [1] [2]

... Erfahrungsaustausch in Gruppen   [1] [2]

... Qualitätszirkel / Lernstatt / Werkstattzirkel / Lerninsel   [1] [2]

... Task-Forces   [1] [2]

... Sonstiges: _____

Das Unternehmen schafft geeignete Rahmenbedingungen (z.B. Zeit für Gruppengespräche, Moderationsmaterialien), damit wir uns in Gruppen austauschen und lernen können. [1] [2] [3] [4] [5]

	trifft gar nicht zu	trifft teilweise zu	trifft völlig zu	nicht relevant

3. Selbstorganisiertes Lernen

Das Unternehmen erwartet von mir, dass ich einen Teil meines beruflichen Lernens selbst organisiere. [1] [2] [3] [4] [5]

Das Unternehmen unterstützt selbständiges Lernen durch methodische Hilfestellung (z.B. Selbstlernprogramme, Bibliothek mit Fachliteratur). [1] [2] [3] [4] [5]

4. Eigenverantwortliches Lernen zur beruflichen Entwicklung

Das Unternehmen erwartet von mir, dass ich meine berufliche Entwicklung in hohem Maße selbst plane und gestalte. [1] [2] [3] [4] [5]

Das Unternehmen unterstützt mich dabei, meine berufliche Entwicklung besser planen zu können (z.B. durch Seminare zur beruflichen Standortbestimmung). [1] [2] [3] [4] [5]

Das Unternehmen hilft mir dabei, eigenen Lernbedarf zu erkennen und Lernziele zu setzen. [1] [2] [3] [4] [5]

5. Lernen mit neuen Medien (z.B. e-learning)

Lernen mit neuen Medien (z.B. webbasierte Lernangebote im Intranet, Lernsoftware) wird bei uns in hohem Maße praktiziert. [1] [2] [3] [4] [5]

Das Lernen in Seminaren wird bei uns zunehmend durch Lernen mit neuen Medien ersetzt. [1] [2] [3] [4] [5]

Anwendung des Gelernten und Transfersicherung

Transfer bezeichnet folgendes: wenn Sie für Ihre Arbeit bestimmte Fähigkeiten lernen oder spezielles Wissen erwerben, dann ist es wichtig, dass Sie dies auch in Ihrer Arbeit anwenden können. Diese Anwendung des Gelernten nennt man Transfer. Es gibt verschiedene Möglichkeiten diesen Transfer zu sichern und zu kontrollieren, z.B. über praxisnahe Trainingsinhalte oder Befragung der Seminarteilnehmer etc. Die folgenden Fragen beschäftigen sich mit diesen Arten der Transfersicherung.

Ob wir das in Seminaren und Trainings Gelernte in unserer Arbeit anwenden können, wird anhand einer Befragung der Seminarteilnehmer nach der Veranstaltung überprüft. [1] [2] [3] [4] [5]

Meine Führungskraft unterstützt mich beim Anwenden des Gelernten in meiner Arbeit, indem sie mir dazu Feedback gibt. [1] [2] [3] [4] [5]

Meine Führungskraft erarbeitet gemeinsam mit mir vor einem Training Lernziele und überprüft anschließend ihre Erreichung. [1] [2] [3] [4] [5]

Ich kann das im Training Gelernte in meiner alltäglichen Arbeit anwenden. [1] [2] [3] [4] [5]

Das Unternehmen fördert die Anwendung des Gelernten in der Arbeit, indem es unterstützende Maßnahmen vor, während und nach dem Training einsetzt. (z.B. inhaltliche Informationen vor dem Training, Praxisnähe im Training, Überprüfung durch Führungskraft) [1] [2] [3] [4] [5]

	trifft gar nicht zu	trifft teilweise zu	trifft völlig zu	nicht relevant

Wie beurteilen Sie den Bereich *Lern- und Entwicklungsmöglichkeiten* insgesamt?

Wie das Lernen an verschiedenen Orten unterstützt wird, finde ich gut. ① ② ③ ④ ⑤

Das Lernen in Gruppen wird bei uns gut gefördert. ① ② ③ ④ ⑤

Selbstorganisiertes und eigenverantwortliches Lernen wird bei uns gut gefördert. ① ② ③ ④ ⑤

Lernen im Arbeitsalltag wird bei uns gut gefördert. ① ② ③ ④ ⑤

Lernen mit neuen Medien wird bei uns lernförderlich gestaltet. ① ② ③ ④ ⑤

Die Maßnahmen zur Transfersicherung bei uns unterstützen Lernen. ① ② ③ ④ ⑤

VI. Lernatmosphäre und Unterstützung durch Kollegen

Die Mitarbeiter helfen sich gegenseitig, wenn Probleme auftreten. ① ② ③ ④ ⑤

Wir Mitarbeiter motivieren uns untereinander, neue Dinge zu lernen und auszuprobieren. ① ② ③ ④ ⑤

Meine Kollegen interessieren sich für Dinge, die ich neu gelernt habe. ① ② ③ ④ ⑤

Meine Kollegen lassen mich an ihren Erfahrungen teilhaben. ① ② ③ ④ ⑤

Bei uns herrscht eine Lernatmosphäre ohne Druck und Kontrolle. ① ② ③ ④ ⑤

Wir Mitarbeiter geben uns gegenseitig Rückmeldung über unsere Arbeitsleistung. ① ② ③ ④ ⑤

Meine Kollegen sind offen für neue Ideen. ① ② ③ ④ ⑤

Wir üben untereinander konstruktiv Kritik. ① ② ③ ④ ⑤

Wir haben im Unternehmen eine offene und kooperative Lernatmosphäre. ① ② ③ ④ ⑤

Wie beurteilen Sie die *Lernatmosphäre und die gegenseitige Unterstützung* insgesamt?

Die bei uns herrschende Lernatmosphäre und gegenseitige Unterstützung fördert mein Lernen. ① ② ③ ④ ⑤

| | trifft gar nicht zu | trifft teilweise zu | trifft völlig zu | nicht relevant |

VII. Lernorientierte Führungsaufgaben

Meine Führungskraft unterstützt mich beim Lernen. ☐1 ☐2 ☐3 ☐4 ☐5

Meine Führungskraft unterstützt mich dabei, selbständig zu lernen. ☐1 ☐2 ☐3 ☐4 ☐5

Meine Führungskraft fördert die Planung meines beruflichen Fortkommens. ☐1 ☐2 ☐3 ☐4 ☐5

Meine Führungskraft bildet sich regelmäßig weiter. ☐1 ☐2 ☐3 ☐4 ☐5

Meine Führungskraft ist für mich in bezug auf Lernen ein Vorbild. ☐1 ☐2 ☐3 ☐4 ☐5

Meine Führungskraft lässt mich an neuen Erfahrungen teilhaben. ☐1 ☐2 ☐3 ☐4 ☐5

Meine Führungskraft überträgt uns herausfordernde Aufgaben. ☐1 ☐2 ☐3 ☐4 ☐5

Ich erarbeite gemeinsam mit meiner Führungskraft Lern- und Entwicklungsziele. ☐1 ☐2 ☐3 ☐4 ☐5

Ich führe mit meiner Führungskraft regelmäßig Feedback-Gespräche über meine Arbeit. ☐1 ☐2 ☐3 ☐4 ☐5

Das Unternehmen informiert uns darüber, welche Aufgaben unsere Führungskraft im Rahmen unserer persönlichen Entwicklung hat. ☐1 ☐2 ☐3 ☐4 ☐5

Meine Führungskraft zeigt Interesse für das, was ich lerne. ☐1 ☐2 ☐3 ☐4 ☐5

Meine Führungskraft unterstützt uns Mitarbeiter beim Ausprobieren neuer Lösungen, auch wenn dabei Fehler gemacht werden. ☐1 ☐2 ☐3 ☐4 ☐5

Meine Führungskraft unterstützt mich darin, Personalentwicklungs-Angebote wahrzunehmen und für mich passende Angebote zu finden. ☐1 ☐2 ☐3 ☐4 ☐5

Wie beurteilen Sie die *Aufgabenausführung* Ihrer Führungskraft insgesamt?

Das Verhalten meiner Führungskraft unterstützt mich beim Lernen. ☐1 ☐2 ☐3 ☐4 ☐5

VIII. Information und Partizipation im Unternehmen

| | trifft gar nicht zu | trifft teilweise zu | trifft völlig zu | nicht relevant |

Informationswege und -möglichkeiten

Das Unternehmen informiert uns Mitarbeiter regelmäßig über Lern- und Entwicklungsangebote.   [1] [2] [3] [4] [5]

Ich erhalte Informationen zu Lern- und Entwicklungsangeboten über: ja nein

... Aushänge/Schwarzes Brett   [1] [2]

... Weiterbildungsbroschüre   [1] [2]

... Mitarbeiterzeitschrift/Printmedien   [1] [2]

... Intranet   [1] [2]

... Ansprechpartner aus der Personalentwicklung   [1] [2]

... Seminare/Trainings   [1] [2]

... Führungskräfte   [1] [2]

... Großveranstaltungen/Informationsveranstaltungen   [1] [2]

... Sonstiges: _____

Ich bin mit den angebotenen Informationsmöglichkeiten zufrieden.   [1] [2] [3] [4] [5]

Von Unternehmensseite wird erwartet, dass wir uns selbständig über Lern- und Entwicklungsmöglichkeiten informieren.   [1] [2] [3] [4] [5]

Einflussmöglichkeiten bei der Gestaltung von Lernen und Personalentwicklung

Die Mitarbeiter werden in grundlegende Entscheidungen im Rahmen der Personalentwicklung miteinbezogen.   [1] [2] [3] [4] [5]

Wir Mitarbeiter haben Einfluss auf Maßnahmen der Personalentwicklung über: ja nein

... Gespräche mit der Führungskraft   [1] [2]

... Kontakt mit Personalentwicklungs-Verantwortlichen   [1] [2]

... Mitarbeiterbefragung   [1] [2]

... Feedback zu Seminaren   [1] [2]

... Einbezug in die Konzeption und Planung von Weiterbildungsprogrammen   [1] [2]

... Einreichen von Verbesserungsvorschlägen   [1] [2]

... im Rahmen von Organisationsentwicklungsprozessen und -workshops   [1] [2]

... Sonstiges: _____

	trifft gar nicht zu	trifft teilweise zu	trifft völlig zu	nicht relevant

Lernen durch Wissensaustausch

Wir können auf Wissensdatenbanken zugreifen, die im Unternehmen vorhandenes Wissen organisieren und bereitstellen. ① ② ③ ④ ⑤

Wir haben die Möglichkeit, uns zwischendurch in Kaffeeecken, Sitzgruppen etc. mit Kollegen auszutauschen. ① ② ③ ④ ⑤

In Teams bzw. Abteilungen finden regelmäßige Besprechungen statt, die den Wissensaustausch unterstützen. ① ② ③ ④ ⑤

Im Unternehmen teilen alle ihr Wissen und ihre Erfahrungen mit Kollegen. ① ② ③ ④ ⑤

Interne Netzwerke zum Lernen und Wissensaustausch

Bei uns gibt es organisierte interne Netzwerke zum Wissens- und Erfahrungsaustausch. ① ② ③ ④ ⑤

Ich nutze folgende Netzwerke im Unternehmen: ja   nein

... themenbezogene Foren im Intranet   ① ②   ☐

... Diskussionsforen im Intranet   ① ②   ☐

... Erfahrungsaustauschzirkel   ① ②   ☐

... Newsgroups   ① ②   ☐

... interne Diskussionsrunden   ① ②   ☐

... Kontakt mit Experten über Expertendatenbank   ① ②   ☐

... Sonstiges: _____

Wie beurteilen Sie den Bereich *Information und Partizipation* insgesamt?

Das Informationsangebot über Lern- und Entwicklungsmöglichkeiten unterstützt mich beim Lernen. ① ② ③ ④ ⑤

Ich bin mit den Einflussmöglichkeiten bei der Gestaltung von Lernen und Personalentwicklung zufrieden. ① ② ③ ④ ⑤

Wie der Wissensaustausch im Unternehmen gestaltet ist, fördert Lernen. ① ② ③ ④ ⑤

IX. Wissensaustausch des Unternehmens mit seiner Umwelt

Ich nehme an folgenden Netzwerken zum Zwecke des Lernens und des Informationsaustausches teil: Netzwerke mit...   ja   nein

... anderen Unternehmen   ① ②   ☐

... Universitäten/wissenschaftlichen Einrichtungen   ① ②   ☐

. . . Beratungsinstituten	☐1 ☐2	☐
. . . Kunden	☐1 ☐2	☐
. . . Lieferanten	☐1 ☐2	☐
. . . berufsbezogenen/fachbezogenen Arbeitskreisen	☐1 ☐2	☐
. . . regionalen Lernnetzwerken	☐1 ☐2	☐
. . . Sonstiges: _____		

Das Unternehmen unterstützt aktiv den Ausbau von Kontakten zum Unternehmensumfeld, die der Wissensgewinnung und dem Wissensaustausch dienen.	☐1 ☐2 ☐3 ☐4 ☐5
Das Unternehmen pflegt den Austausch mit Partnern und anderen Firmen.	☐1 ☐2 ☐3 ☐4 ☐5
Ich baue selbständig Kontakte zu relevanten externen Personen und Institutionen auf.	☐1 ☐2 ☐3 ☐4 ☐5
Ich bin mit den von Unternehmensseite angebotenen externen Kontakten zufrieden.	☐1 ☐2 ☐3 ☐4 ☐5
Durch die bestehenden externen Kontakte lerne ich viel Neues.	☐1 ☐2 ☐3 ☐4 ☐5

Wie beurteilen Sie die *Lernkontakte des Unternehmens mit seiner Umwelt* insgesamt?

Die Netzwerke nach außen unterstützen mich beim Lernen.	☐1 ☐2 ☐3 ☐4 ☐5

3. Zusätzliche Skalen der Studie 3

Dieser Fragebogen ist ebenfalls im Rahmen des Forschungsprojektes der Universität Heidelberg zum Thema „Lernkultur im Unternehmen" entwickelt worden. Er erfasst u.a. Aspekte der Einstellung gegenüber der Arbeit, Merkmale einzelner Tätigkeiten und Einschätzungen eigener Fähigkeiten. Aufgrund der Vielfalt der Kriterien ist der Fragebogen aus mehreren Teilen zusammengesetzt.

Es ist wichtig, dass Sie jede Frage sorgfältig durchlesen. Denken Sie nicht zu lange nach und beantworten Sie die Fragen zügig. Sollten Sie bei einzelnen Aussagen unschlüssig sein, überlegen Sie, welcher Antwortmöglichkeit Sie am ehesten zustimmen. Dabei ist es sehr wichtig, die einzelnen Fragen Ihrer eigenen persönlichen Einschätzung nach zu bewerten. Es geht nicht um richtige oder falsche Aussagen, sondern um Ihre persönliche Meinung.

Ihre Angaben werden vollkommen vertraulich behandelt und dienen ausschließlich zu Forschungszwecken. Wir sind nicht an den Ergebnissen von Einzelpersonen interessiert. Bei der Auswertung werden nur Durchschnittswerte berechnet.

Vielen Dank für Ihre Mitarbeit!

I. Fragebogen zu lernrelevanten Merkmalen in der Arbeit

Im folgenden Fragebogen geht es um die Erfassung einzelner *Merkmale Ihrer Arbeitsaufgaben*. Sie sollen also angeben, inwiefern die vorliegenden Aussagen auf Ihre Arbeitsaufgaben zutreffen. Das Antwortformat reicht von 1 = „trifft gar nicht zu" bis 6 = „trifft völlig zu".

Beispiel

	trifft gar nicht zu					trifft völlig zu
In meiner Tätigkeit habe ich die Möglichkeit, mir selbst immer wieder neue Aufgaben zu suchen.	[1]	[2]	[3]	[4]	[5]	[6]

Sind Sie der Meinung, dass Sie nie die Möglichkeit haben, sich selbst neue Aufgaben zu suchen, so kreuzen Sie bitte die 1 = „trifft gar nicht zu" an.

---

		trifft gar nicht zu					trifft völlig zu
1	Ich kann die Reihenfolge der Arbeitsschritte in meiner Tätigkeit selbst bestimmen.	[1]	[2]	[3]	[4]	[5]	[6]
2	Ich kann mein Arbeitstempo selbst bestimmen.	[1]	[2]	[3]	[4]	[5]	[6]
3	Meine Arbeit führe ich nicht nur aus, sondern plane, koordiniere und überprüfe sie auch selbst.	[1]	[2]	[3]	[4]	[5]	[6]
4	Ich sehe, was mit dem Ergebnis der eigenen Arbeit nachher passiert.	[1]	[2]	[3]	[4]	[5]	[6]
5	Wenn mir bei meiner Arbeit Fehler unterlaufen, habe ich die Möglichkeit, diese zu beheben.	[1]	[2]	[3]	[4]	[5]	[6]
6	In meiner Tätigkeit habe ich die Möglichkeit, mir selbst immer wieder neue Aufgaben zu suchen.	[1]	[2]	[3]	[4]	[5]	[6]
7	An meinem Arbeitsplatz habe ich die Möglichkeit, an der Erarbeitung neuer Lösungen teilzunehmen.	[1]	[2]	[3]	[4]	[5]	[6]
8	Ich kann bei meiner Arbeit immer wieder Neues dazulernen.	[1]	[2]	[3]	[4]	[5]	[6]
9	Bei meiner Arbeit habe ich insgesamt gesehen häufig wechselnde unterschiedliche Aufgaben.	[1]	[2]	[3]	[4]	[5]	[6]
10	Meine Arbeit erfordert von mir vielfältige Fähigkeiten und Fertigkeiten.	[1]	[2]	[3]	[4]	[5]	[6]

		trifft gar nicht zu					trifft völlig zu
11	Ich habe bei meiner Arbeit oft selbständige Entscheidungen zu treffen.	1	2	3	4	5	6
12	Ich weiß darüber Bescheid, was die anderen Arbeitskollegen tun.	1	2	3	4	5	6
13	Ich bin darüber im Bild, was in anderen Abteilungen abläuft.	1	2	3	4	5	6
14	Ich weiß, wie die Arbeit in meiner Abteilung abläuft.	1	2	3	4	5	6
15	Meine Vorgesetzten und/oder Kollegen sagen mir, ob sie mit meiner Arbeit zufrieden oder unzufrieden sind.	1	2	3	4	5	6

Wie viele Psychologen braucht man, um eine Glühbirne einzuschrauben?

Nur einen – die Glühbirne muss aber auch wirklich wollen!

II. Kompetenz-Reflexions-Inventar

Das folgende Inventar dient dazu, individuelle Kompetenzen in der Arbeit anhand strukturierter Aussagen zu reflektieren. Es geht um die *Selbsteinschätzung Ihrer Kompetenzen in der Arbeit*. Die Aussagen beziehen sich auf Ihre persönliche Meinung im beruflichen Umfeld, d.h. es gibt keine richtigen oder falschen Antworten. Jede Antwort ist dann zutreffend, wenn Sie ihre persönliche Einschätzung wiedergibt. Bitte bearbeiten Sie die Aussagen offen und ehrlich. Ihre Angaben sind für uns nur dann wertvoll, wenn Sie nicht versuchen, sich besonders positiv (oder negativ) darzustellen.

Bitte überlegen Sie bei jeder Aussage, in welchem Ausmaß die Aussage auf Sie zutrifft.

Für Ihre Antworten steht Ihnen jeweils eine Skala von 0% bis 100% (in 10er Schritten) zur Verfügung. Dabei bedeutet 0% = „trifft überhaupt nicht zu" und 100% = „trifft völlig zu".

Beispiel

	trifft überhaupt nicht zu (%)										trifft völlig zu (%)
Probleme und Veränderungsbedarf in meinem Fachgebiet zu erkennen, fällt mir leicht.	0	10	20	30	40	50	60	70	80	90	100

Schätzen Sie Ihre Fähigkeiten in diesem Bereich mittel gut ausgeprägt ein, so machen Sie bei 50% ein Kreuz.

Fach- und Methodenkompetenz

		trifft überhaupt nicht zu (%)										trifft völlig zu (%)
1	Abläufe und Prozesse in der Organisation in Frage zu stellen, fällt mir leicht.	0	10	20	30	40	50	60	70	80	90	100
2	Probleme und Veränderungsbedarf in meinem Fachgebiet zu erkennen, fällt mir leicht.	0	10	20	30	40	50	60	70	80	90	100
3	„Altbewährtes" bzw. Dinge in meinem Fachgebiet, die schon lange Bestand haben, kritisch zu hinterfragen, ist eine meiner Stärken.	0	10	20	30	40	50	60	70	80	90	100
4	Es ist eine meiner Stärken, neue Ideen in meinem Fachgebiet zu entwickeln.	0	10	20	30	40	50	60	70	80	90	100
5	Neue Ideen zur Verbesserung meiner Arbeit zu entwickeln, ist eine meiner Stärken.	0	10	20	30	40	50	60	70	80	90	100
6	Es ist eine meiner Stärken, verschiedene fachliche Ideen in meinem Fachgebiet miteinander zu verbinden.	0	10	20	30	40	50	60	70	80	90	100

		trifft überhaupt nicht zu (%)											trifft völlig zu (%)

7. Es gelingt mir gut, Vorgehensweisen oder Ergebnisse auch für andere nachvollziehbar zu dokumentieren.
   0 10 20 30 40 50 60 70 80 90 100

8. Es ist eine meiner Stärken, arbeitsbezogene Sachverhalte klar und deutlich darzustellen.
   0 10 20 30 40 50 60 70 80 90 100

9. Es ist eine meiner Stärken, arbeitsbezogene (Zwischen-)Ergebnisse zusammenzufassen.
   0 10 20 30 40 50 60 70 80 90 100

10. Es fällt mir leicht, nach Abschluss eines Projektes oder eines größeren Arbeitsschrittes systematisch zu untersuchen, was gut und was schlecht gelaufen ist.
    0 10 20 30 40 50 60 70 80 90 100

11. Es fällt mir leicht, Ergebnisse meiner Arbeit zu bewerten.
    0 10 20 30 40 50 60 70 80 90 100

12. Es zeichnet mich aus, im Nachhinein zu überlegen, wie ich Schwierigkeiten und Probleme beim nächsten Mal besser lösen kann.
    0 10 20 30 40 50 60 70 80 90 100

Sozialkompetenz

13. Sachliche Kritik (gegenüber meinen Kollegen, Mitarbeitern, Vorgesetzten etc.) zu üben, ist eine meiner Stärken.
    0 10 20 30 40 50 60 70 80 90 100

14. Die eigene Meinung (gegenüber Kollegen, Mitarbeitern etc.) zu vertreten, fällt mir leicht.
    0 10 20 30 40 50 60 70 80 90 100

15. Es fällt mir leicht, kritische Einschätzungen gegenüber Kollegen, Mitarbeitern etc. nachvollziehbar zu begründen.
    0 10 20 30 40 50 60 70 80 90 100

16. Andere (Kollegen, Mitarbeiter, Kunden, Geschäftspartner etc.) zu herausragenden Leistungen anzuspornen, ist eine meiner Stärken.
    0 10 20 30 40 50 60 70 80 90 100

17. Es fällt mir leicht, andere (Kollegen, Mitarbeiter etc.) entsprechend ihren Fähigkeiten zu fördern bzw. zu unterstützen.
    0 10 20 30 40 50 60 70 80 90 100

18. Andere (Kollegen, Mitarbeiter, Kunden, Geschäftspartner etc.) für eine Idee etc. zu begeistern, fällt mir leicht.
    0 10 20 30 40 50 60 70 80 90 100

19. Andere Meinungen (von Kollegen, Mitarbeitern, Geschäftspartnern etc.) zu berücksichtigen, fällt mir leicht.
    0 10 20 30 40 50 60 70 80 90 100

20. Auf Vorschläge anderer (Kollegen, Mitarbeiter, Kunden, Geschäftspartner etc.) einzugehen, ist eine meiner Stärken.
    0 10 20 30 40 50 60 70 80 90 100

		trifft überhaupt nicht zu (%)	trifft völlig zu (%)

21 Ich kann mich gut auf andere einstellen.
    [0] [10] [20] [30] [40] [50] [60] [70] [80] [90] [100]

22 Es fällt mir leicht, auf andere (Kollegen, Mitarbeiter, Kunden oder Geschäftspartner) zuzugehen.
    [0] [10] [20] [30] [40] [50] [60] [70] [80] [90] [100]

23 Neue Arbeitskontakte zu knüpfen, gehört zu meinen Stärken.
    [0] [10] [20] [30] [40] [50] [60] [70] [80] [90] [100]

24 Kontakte innerhalb der Organisation kann ich gut pflegen.
    [0] [10] [20] [30] [40] [50] [60] [70] [80] [90] [100]

Selbstkompetenz

25 Gestaltungsmöglichkeiten innerhalb der Organisation zu nutzen, fällt mir leicht.
    [0] [10] [20] [30] [40] [50] [60] [70] [80] [90] [100]

26 Es gelingt mir gut, Dinge, die ich mir vornehme, auch innerhalb der Organisation umzusetzen.
    [0] [10] [20] [30] [40] [50] [60] [70] [80] [90] [100]

27 Es ist eine meiner Stärken, konkrete Maßnahmen zur Umsetzung von Ideen zu planen.
    [0] [10] [20] [30] [40] [50] [60] [70] [80] [90] [100]

28 Ich neige dazu, mich bei der Arbeit bzw. im Gespräch mit den Kollegen über die Probleme bei der Arbeit zu beklagen.
    [0] [10] [20] [30] [40] [50] [60] [70] [80] [90] [100]

29 Ich lasse mich von Fehlschlägen in der Arbeit leicht entmutigen.
    [0] [10] [20] [30] [40] [50] [60] [70] [80] [90] [100]

30 Bei Schwierigkeiten kann es mir leicht passieren, dass ich auf Autoritäten (Vorgesetzte etc.) verweise.
    [0] [10] [20] [30] [40] [50] [60] [70] [80] [90] [100]

31 Ich habe immer wieder Lust auf Neues in der Arbeit.
    [0] [10] [20] [30] [40] [50] [60] [70] [80] [90] [100]

32 Ich begreife erhöhte Anforderungen an meinen Tätigkeitsbereich als Herausforderung.
    [0] [10] [20] [30] [40] [50] [60] [70] [80] [90] [100]

33 Ich habe immer wieder Interesse an Veränderungen innerhalb der Organisation.
    [0] [10] [20] [30] [40] [50] [60] [70] [80] [90] [100]

34 Meine eigenen Grenzen kenne ich.
    [0] [10] [20] [30] [40] [50] [60] [70] [80] [90] [100]

35 Ich habe Vertrauen in meine Person, z.B. dass ich die Probleme in der Arbeit bewältigen werde.
    [0] [10] [20] [30] [40] [50] [60] [70] [80] [90] [100]

36 Ich kenne meine Schwächen bei der Arbeit.
    [0] [10] [20] [30] [40] [50] [60] [70] [80] [90] [100]

III. Leistungsmotivationsinventar

Mit dem folgenden Fragebogen werden Ihre *Einstellungen gegenüber Arbeit, Beruf und Leistung* erfasst. Nur ihre persönliche Meinung zählt – es gibt weder richtige noch falsche Antworten.

Bitte lesen Sie jede Aussage genau durch und geben Sie an, inwieweit sie auf Sie persönlich zutrifft. Sie können zwischen den Antwortmöglichkeiten 1 und 7 abstufen. Wenn eine Aussage gar nicht auf Sie persönlich zutrifft, markieren Sie die 1. Trifft eine Aussage hingegen vollständig auf Sie zu, markieren Sie die 7. Zwischen 1 und 7 können Sie beliebig abstufen, je nachdem, in welchem Ausmaß die Aussage auf Sie zutrifft.

Beispiel

	trifft gar nicht zu						trifft vollständig zu
Ich erwarte, mich persönlich noch wesentlich weiterzuentwickeln.	1	2	3	4	5	6	7

Stimmen Sie dieser Aussage eher nicht zu, kreuzen Sie die 3 = „trifft eher zu" an.
Schätzen Sie die Aussage für absolut unwahr ein, so kreuzen Sie die 1 = „trifft gar nicht zu" an.

---

		trifft gar nicht zu						trifft vollständig zu
1	Es ist zwar schön, gelegentlich Neues anzufangen, aber beim Bewährten fühle ich mich doch wohler.	1	2	3	4	5	6	7
2	Ich erwarte, mich persönlich noch wesentlich weiterzuentwickeln.	1	2	3	4	5	6	7
3	Seine Freizeit sollte man verwenden, um sich zu erholen, und nicht, um noch etwas dazuzulernen.	1	2	3	4	5	6	7
4	Ich weiß genau, welche berufliche Position ich in den nächsten Jahren erreicht haben möchte.	1	2	3	4	5	6	7
5	Ich glaube, dass ich mich beruflich mehr anstrenge als die meisten meiner Kollegen.	1	2	3	4	5	6	7
6	Meistens bin ich mit dem, was mir gelungen ist, nicht lange zufrieden, sondern versuche, beim nächsten Mal noch mehr zu erreichen.	1	2	3	4	5	6	7
7	Ich suche mir gern Aufgaben, an denen ich meine Fähigkeiten prüfen kann.	1	2	3	4	5	6	7

		trifft gar nicht zu						trifft vollständig zu
8	Auch vor schwierigen Aufgaben rechne ich immer damit, mein Ziel zu erreichen.	1	2	3	4	5	6	7
9	Ich bin allem Neuen gegenüber aufgeschlossen.	1	2	3	4	5	6	7
10	Ich arbeite mehr als die meisten anderen Leute, die ich kenne.	1	2	3	4	5	6	7
11	Wenn ich etwas Neues erfahre, bemühe ich mich, mir möglichst viel davon zu merken.	1	2	3	4	5	6	7
12	Ich kann eine Vielzahl von Weiterbildungen nachweisen, zu denen ich nicht verpflichtet gewesen wäre.	1	2	3	4	5	6	7
13	Obwohl die Zukunft ungewiss ist, habe ich trotzdem langfristige Pläne.	1	2	3	4	5	6	7
14	Ich bin erst zufrieden, wenn ich eine Sache wirklich verstanden habe.	1	2	3	4	5	6	7
15	Was Ausbildung und Beruf anbelangt, wusste ich genau, was ich will.	1	2	3	4	5	6	7
16	Ich habe oft festgestellt, dass ich den springenden Punkt einer Sache schneller erkenne als andere.	1	2	3	4	5	6	7
17	Ich habe mir schon früh vorgenommen, es im Leben zu etwas zu bringen.	1	2	3	4	5	6	7
18	Ich bin überzeugt, mich bisher in Ausbildung und Beruf mehr engagiert zu haben als meine Kollegen.	1	2	3	4	5	6	7
19	Ich brauche mich vor keiner Situation zu fürchten, weil ich mit meinen Fähigkeiten noch überall durchgekommen bin.	1	2	3	4	5	6	7
20	Wenn ich nichts zu tun habe, fühle ich mich nicht wohl.	1	2	3	4	5	6	7
21	Vor neuen Aufgaben war ich immer zuversichtlich, sie zu schaffen.	1	2	3	4	5	6	7
22	Um etwas Neues auszuprobieren, gehe ich schon mal ein Risiko ein.	1	2	3	4	5	6	7
23	Wenn ich mir etwas vornehme, dann gelingt es mir meist besser als anderen Leuten.	1	2	3	4	5	6	7
24	Ich informiere mich über mein Arbeitsgebiet in Zeitschriften, Büchern und Fernsehen.	1	2	3	4	5	6	7
25	Mein Arbeitsalltag ist voller Dinge, die mich interessieren.	1	2	3	4	5	6	7

IV. Skala zur Bewertung der Selbstwirksamkeit

Folgende Skala soll Ihre *persönlichen Erwartungen* in bezug auf Ihre *beruflichen Fähigkeiten* erfa
Auch hier ist es wichtig, dass Sie eine persönliche Einschätzung abgeben, d.h. es gibt keine ricl
falschen Antworten.

Auf einer Stufe von 1 – 5 geben Sie Ihre persönliche Einschätzung ab.
1 bedeutet in diesem Fall „stimmt nicht"; 5 bedeutet „stimmt genau".

Beispiel

	stimmt nicht	stimmt genau
Ich weiß nicht, ob ich genügend Interesse für alle mit meinem Beruf verbundenen Anforderungen habe.	[1] [2] [3] [4]	[5]

Stimmen Sie dieser Aussage voll und ganz zu, so kreuzen Sie hier die 5 = „stimmt genau" an.

---

		stimmt nicht	stimmt g
1	Ich weiß genau, dass ich die an meinen Beruf gestellten Anforderungen erfüllen kann, wenn ich nur will.	[1] [2] [3] [4]	[5]
2	Ich weiß nicht, ob ich die für meinen Beruf erforderlichen Fähigkeiten wirklich habe.	[1] [2] [3] [4]	[5]
3	Ich weiß nicht, ob ich genügend Interesse für alle mit meinem Beruf verbundenen Anforderungen habe.	[1] [2] [3] [4]	[5]
4	Schwierigkeiten im Beruf sehe ich gelassen entgegen, da ich meinen Fähigkeiten vertrauen kann.	[1] [2] [3] [4]	[5]
5	Es bereitet mir keine Schwierigkeiten, meine beruflichen Absichten und Ziele zu verwirklichen.	[1] [2] [3] [4]	[5]
6	Ich glaube nicht, dass ich für meinen Beruf so motiviert bin, um große Schwierigkeiten meistern zu können.	[1] [2] [3] [4]	[5]

V. Lern-/Leistungszielorientierung:

Die folgenden Fragen erfassen verschiedene Verhaltensweisen und Einstellungen in Lernsituationen.
Die Aussagen können auf einer 6-stufigen Antwortskala bewertet werden.
Die 1 bedeutet in diesem Fall „trifft gar nicht zu", die 6 „trifft sehr zu".

<u>Beispiel</u>

	trifft gar nicht zu — trifft sehr zu
Mir ist wichtig, was Andere darüber denken, wie gut ich bestimmte Dinge kann.	[1] [2] [3] [4] [5] [6]

Trifft diese Aussage eher auf Sie zu, als dass sie nicht zutrifft, so kreuzen Sie die 4 = „trifft etwas zu" an.

		trifft gar nicht zu — trifft sehr zu
1	Bevor ich mich an eine Aufgabe mache, bin ich gerne ziemlich sicher, dass ich darin auch Erfolg haben werde.	[1] [2] [3] [4] [5] [6]
2	Wenn ich es nicht schaffe, eine schwierige Aufgabe fertig zu stellen, nehme ich mir vor, das nächste mal härter daran zu arbeiten.	[1] [2] [3] [4] [5] [6]
3	Ich schätze mich als klug ein, wenn ich etwas besser kann als die meisten anderen Leute.	[1] [2] [3] [4] [5] [6]
4	Die Chance, etwas Neues zu lernen, ist mir wichtig.	[1] [2] [3] [4] [5] [6]
5	Mir ist wichtig, was andere darüber denken, wie gut ich bestimmte Dinge kann.	[1] [2] [3] [4] [5] [6]
6	Mir ist die Chance wichtig, herausfordernde Aufgaben bearbeiten zu können.	[1] [2] [3] [4] [5] [6]
7	Am zufriedensten bin ich bei der Arbeit, wenn ich Aufgaben ausführe, von denen ich weiß, dass ich keine Fehler machen werde.	[1] [2] [3] [4] [5] [6]
8	Wenn ich bei der Lösung eines Problems Schwierigkeiten habe, probiere ich gern verschiedene Herangehensweisen aus, um herauszufinden, wie es klappt.	[1] [2] [3] [4] [5] [6]
9	Ich mache lieber Dinge, die ich gut kann, als Dinge, die ich nicht gut kann.	[1] [2] [3] [4] [5] [6]
10	Ich arbeite lieber an Aufgaben, die mich dazu zwingen, neue Dinge zu lernen.	[1] [2] [3] [4] [5] [6]

Anhang III: Itemcodes der Versionen des Lernkulturinventars

A: Items der Expertenversion des Lernkulturinventars mit Itemcodes

I. LERNEN ALS TEIL DER UNTERNEHMENSLEITLINIEN

Lernorientierte Leitlinien

I, 1	Wir haben im Unternehmen konkrete Leitlinien über zukünftige Ziele und Wege des Lernens entwickelt.
I, 2	In unseren Leitlinien betonen wir die Bedeutung von Lernen im Unternehmen.
I, 3	Ein zentraler Aspekt in unseren lernorientierten Leitlinien ist die Eigenverantwortung des Mitarbeiters für seine Weiterentwicklung.
I, 4	In unseren Leitlinien ist der Anspruch formuliert, eine lernende Organisation zu sein.

Umsetzung der lernorientierten Leitlinien

I, 5	Unsere lernorientierten Leitlinien finden sich in strategischen Konzepten des Unternehmens wieder.
I, 6	Die Unternehmensleitung setzt sich aktiv für die Umsetzung der lernorientierten Leitlinien ein.
	Wir setzen die lernorientierten Leitlinien in folgenden Maßnahmen, bzw. Instrumenten um:
I, 7	. . . Durch Formulierung einer Personalentwicklungsstrategie
I, 8	. . . Durch die Gestaltung lernförderlicher struktureller Rahmenbedingungen
I, 9	. . . In Aus- und Weiterbildungsprogrammen
I, 10	. . . Durch maßgeschneiderte Entwicklungsmaßnahmen
I, 11	. . . Bei der Gestaltung von Veränderungsprozessen
I, 12	. . . Mit Hilfe von Führungsinstrumenten
	Sonstiges

Erwartungen an lernende Mitarbeiter

I, 13	Wir haben explizite Erwartungen an das Lernverhalten und die Kompetenzentwicklung unserer Mitarbeiter formuliert.
	Wir erwarten von unseren Mitarbeitern, dass sie
I, 14	. . . Ihr fachliches Wissen und Können selbständig auf aktuellem Stand halten
I, 15	. . . Ihr Wissen selbständig erweitern
I, 16	. . . Eigenverantwortung und Eigeninitiative bei ihrer Weiterentwicklung zeigen
	Sonstiges
I, 17	Die Personalentwicklungsabteilung wirkt bei der Kommunikation dieser Erwartungen unterstützend mit.
I, 18	Es ist Aufgabe der Führungskraft, die Erwartungen in Bezug auf Lernen und Kompetenzentwicklung an ihre Mitarbeiter zu kommunizieren.

I, 19	Wir informieren unsere Mitarbeiter in Informationsveranstaltungen (z.B. für neue Mitarbeiter oder in Mitarbeiterversammlungen) über die Erwartungen an ihr Lernen.
	Wie beurteilen Sie den Bereich lernorientierte Unternehmensleitlinien insgesamt?
I, 20	Unsere Leitlinien sind lernförderlich.
I, 21	Die Umsetzung dieser Leitlinien ist bei uns lernförderlich.
I, 22	Unsere Erwartungen an den lernenden Mitarbeiter sind lernförderlich.

II. ORGANISATIONALE RAHMENBEDINGUNGEN DES LERNENS

Organisationale Strukturen

II, 1	Unsere organisationalen Strukturen ermöglichen einen bereichsübergreifenden Informationsaustausch.
II, 2	Der strukturelle Aufbau im Unternehmen unterstützt interdisziplinäres Arbeiten.
II, 3	Mangelhaft strukturierte organisationale Abläufe behindern bei uns das gezielte Erproben und Verbessern neuer Vorgehensweisen.
II, 4	Das Arbeiten in Projektgruppen unterstützt bei uns das Lernen der Mitarbeiter.
II, 5	Flache Hierarchien wirken sich bei uns lernförderlich aus.

Entgelt- und Anreizsysteme

II, 6	Die Bereitschaft zu lernen und sich weiterzuentwickeln wird bei uns mit nicht-monetären Anreizen honoriert.
II, 7	Wir versuchen, die Lernbereitschaft unserer Mitarbeiter über entsprechende Entgeltelemente zu fördern.
II, 8	Das Unternehmen übernimmt die Weiterbildungskosten für seine Mitarbeiter.

Arbeitszeitregelungen

II, 9	Durch unsere Arbeitszeitregelungen können sich die Mitarbeiter ihre Zeit fürs Lernen selbst einteilen.
II, 10	Die Mitarbeiter bilden sich während der Arbeitszeit weiter.
II, 11	Auch für Arbeitstätigkeiten, die feste Arbeitszeiten erfordern, gibt es Möglichkeiten, sich innerhalb der Arbeitszeit weiterzubilden.
II, 12	Durch zunehmende Flexibilisierung der Arbeitszeit werden bei uns Freiräume für Lernen geschaffen.

Lernen durch arbeits- und organisationsbezogene Veränderungen

II, 13	Das Unternehmen unterstützt die Mitarbeiter in Veränderungsprozessen durch konkrete Qualifizierungsmaßnahmen.
II, 14	Bei der Gestaltung von Veränderungsprozessen werden Anforderungen an Lernen und Kompetenzentwicklung der Mitarbeiter besonders berücksichtigt.
II, 15	Veränderungen werden in unserem Unternehmen auch als Chance für persönliche Weiterentwicklung der Mitarbeiter wahrgenommen
	Wie beurteilen Sie den Bereich organisationale Rahmenbedingungen insgesamt?
II, 16	Unsere organisationalen Strukturen sind lernförderlich.

II, 17	Unsere Entgelt- und Anreizsysteme sind lernförderlich.
II, 18	Unsere Arbeitszeitregelungen sind lernförderlich.
II, 19	Die Gestaltung unsere Veränderungsprozesse ist lernförderlich.

III. ASPEKTE DER PERSONALENTWICKLUNG IM UNTERNEHMEN

Stellenwert der Personalentwicklungsarbeit

III, 1	Die Nachfrage nach Personalentwicklungsmaßnahmen im Unternehmen ist groß.
III, 2	Die Unternehmensleitung unterstützt die Arbeit der Personalentwicklung aktiv.
III, 3	Die Führungskräfte unterstützen die Personalentwicklungsarbeit im Unternehmen.
III, 4	Auch wenn die wirtschaftliche Situation im Unternehmen schlecht ist, bleibt die Bedeutung der Personalentwicklungsarbeit weiterhin hoch.

Strategische Ausrichtung der Personalentwicklung

III, 5	Die Arbeit unserer Personalentwicklung ist strategisch ausgerichtet.
III, 6	Die Personalentwicklungsarbeit ist eng gekoppelt mit strategisch ausgerichteten organisationalen Veränderungsprozessen.
III, 7	Die Personalentwicklung hat das Ziel, die Mitarbeiter in ihrer Eigenverantwortung beim Lernen zu stärken.
III, 8	Die Ausrichtung unserer Personalentwicklungsstrategie wird regelmäßig überprüft und angepasst.
III, 9	Maßnahmen für Lernen und Personalentwicklung sind bei uns in einer strategischen Bildungszentrale (Corporate University) gebündelt.

Reichweite und Nutzung von Personalentwicklungsmaßnahmen

III, 10	Maßnahmen der Personalentwicklung werden für alle Ebenen im Unternehmen angeboten.
III, 11	Die meisten Personalentwicklungsangebote werden für die Führungskräfte gemacht.
III, 12	Die Personalentwicklungsmaßnahmen werden in ihrer inhaltlichen Ausrichtung bedarfsgerecht und zielgruppenspezifisch zugeschnitten.
III, 13	Die Menge der Personalentwicklungsmaßnahmen wird an den jeweiligen Bedarf der Mitarbeitergruppen angepasst.
III, 14	Die Mitarbeiter nutzen die Personalentwicklungsangebote.
III, 15	Die bestehenden Personalentwicklungsmaßnahmen werden überwiegend von den Führungskräften genutzt.
III, 16	Die Nutzung der Personalentwicklungsmaßnahmen ist sehr von der Unterstützung durch die Führungskraft abhängig.

Qualitätssicherung der Personalentwicklungsmaßnahmen

III, 17	Der Lernbedarf der Mitarbeiter wird von uns systematisch erfasst.
III, 18	Die Lernbedarfsbestimmung orientiert sich bei uns auch am zukünftigen Bedarf durch neue Aufgaben.

	Folgende Instrumente und Methoden der Bedarfserfassung finden bei uns Anwendung:
III, 19	... Mitarbeitergespräche/Entwicklungsgespräche/Zielvereinbarungsgespräche
III, 20	... Regelmäßige Erfassung von Weiterbildungswünschen über schriftliche Umfragen
III, 21	... Bedarf wird abgeleitet aus Nachfrage zum bestehenden Weiterbildungsangebot
III, 22	... Bedarf wird abgeleitet aus speziellen Abteilungs-/Mitarbeiterwünschen
III, 23	... Strategieworkshops zum Personalentwicklungsbedarf
III, 24	... Arbeitsanalysen und Anforderungsanalysen
III, 25	... Bedarf wird abgeleitet aus Potenzialdiagnosen
III, 26	... Bedarfsbestimmung anhand stellenspezifischer Kompetenzmodelle
III, 27	... Regelmäßige Befragung der Vorgesetzten durch die Personalentwicklung
	Sonstiges
III, 28	Bei uns werden die Personalentwicklungsmaßnahmen regelmäßig evaluiert.
III, 29	Die Ergebnisse der Evaluation führen zu einer Überarbeitung oder Neukonzeption von Maßnahmen.
III, 30	Wir überprüfen auch den Erfolg von Personalentwicklungsmaßnahmen, die near-the-job und on-the-job stattfinden.
	Folgende Bildungscontrollingmaßnahmen finden bei uns statt:
III, 31	... Fragebogen zur Seminarevaluation
III, 32	... Zufriedenheit mit Personalentwicklungsmaßnahmen als Teil einer Mitarbeiterbefragung
III, 33	... Bildungscontrolling im Rahmen von Zielvereinbarungen
III, 34	... Feedbackgespräche zwischen dem Mitarbeiter und seiner Führungskraft
III, 35	... Zertifizierung von Bildungsangeboten
	Sonstiges
	Wie beurteilen Sie die Personalentwicklung in Ihrem Unternehmen insgesamt?
III, 36	Der Stellenwert der Personalentwicklung in unserem Unternehmen fördert Lernen.
III, 37	Die strategische Ausrichtung der Personalentwicklung fördert Lernen.
III, 38	Reichweite und Nutzung des Personalentwicklungsangebots im Unternehmen sind gut.
III, 39	Methoden der Qualitätssicherung (Lernbedarfsermittlung und Bildungscontrolling) in unserem Unternehmen fördern Lernen.

IV. KOMPETENZENTWICKLUNG DER MITARBEITER	
IV, 1	Bei unserer Personalentwicklungsarbeit spielt die Kompetenzmessung und -entwicklung eine große Rolle.
IV, 2	Wir messen die Kompetenzen unserer Mitarbeiter und leiten daraus relevante Entwicklungsmaßnahmen für den Einzelnen ab.

IV, 3	Die Förderung der sozialen und personalen Kompetenz hat im Rahmen unserer Personalentwicklungsarbeit einen eher niedrigen Stellenwert.
IV, 4	Bei der Gestaltung betrieblicher Lernprozesse werden alle Kompetenzbereiche – die Fach-, Methoden-, Sozial- und personale Kompetenz – gleichermaßen berücksichtigt.
IV, 5	Für bestimmte Stellen formulieren wir Kompetenzprofile und leiten daraus tätigkeitsspezifische Entwicklungsmaßnahmen ab.
IV, 6	Für bestimmte Mitarbeitergruppen haben wir eine Zertifizierung von relevanten Kompetenzen erarbeitet.
IV, 7	Bei uns im Unternehmen werden Verfahren zur Zertifizierung von am Arbeitsplatz erworbenen Kompetenzen eingesetzt.
IV, 8	Die Verantwortung für ihre Kompetenzentwicklung liegt in hohem Maße bei den Mitarbeitern selbst.
IV, 9	Für die Steuerung ihres persönlichen Fortkommens innerhalb des Unternehmens sind die Mitarbeiter auch selbst verantwortlich.
	Wie beurteilen Sie die Kompetenzentwicklung im Unternehmen insgesamt?
IV, 10	Maßnahmen zur Kompetenzmessung und -entwicklung im Unternehmen fördern Lernen.

V. Lern- und Entwicklungsmöglichkeiten im Unternehmen

Lernorte im Unternehmen

V, 1	Lernen und Kompetenzentwicklung finden bei uns hauptsächlich in Seminaren und Trainings statt.
V, 2	Bei uns wird learning-on-the-job systematisch unterstützt und gefördert.
V, 3	In unserem Unternehmen werden Near-the-job-Maßnahmen wie Coaching bzw. Mentoring eingesetzt.
V, 4	Wir berücksichtigen bei der Konzeption von Personalentwicklungsmaßnahmen, an welchem Lernort – on-, near- oder off-the-job – die Lerninhalte optimal vermittelt werden können.

Lernformen im Unternehmen

Gruppenbezogenes Lernen

	Das Unternehmen fördert und unterstützt das Lernen in Gruppen durch:
V, 5	... Projektarbeit
V, 6	... Lernpartnerschaften
V, 7	... Erfahrungsaustausch in Gruppen
V, 8	... Qualitätszirkel/Lernstatt/Lerninsel
V, 9	... Communities of Practice
V, 10	... Experten-Novizen-Runden
V, 11	... Task-Forces

	Sonstiges
V, 12	Das Unternehmen stellt förderliche Rahmenbedingungen (z.B. Zeit für Gruppengespräche, Moderationsmaterialien) für das Lernen in Gruppen bereit.

Informelles Lernen

	Das Unternehmen unterstützt und fördert informelles Lernen seiner Mitarbeiter über:
V, 13	... Den berufsbezogenen Besuch von Fachmessen und/oder Kongressen.
V, 14	... Die Teilnahme an kurzzeitigen Veranstaltungen (Vorträge, Halbtagsseminare)
V, 15	... Unterweisung oder Anlernen am Arbeitsplatz
V, 16	... Selbstlernen durch Beobachten und Ausprobieren am Arbeitsplatz
V, 17	... Qualitätszirkel, Werkstattzirkel, Lernstatt etc.
V, 18	... Erweiterung ihrer Aufgaben (job rotation, job enrichment)
V, 19	... Bereitstellen von berufsbezogener Fachliteratur
	Sonstiges
V, 20	Wir unterstützen unsere Mitarbeiter dabei, dass sie auch Lernmöglichkeiten in ihrer Arbeitstätigkeit wahrnehmen.

Selbstorganisiertes Lernen

V, 21	Von Unternehmensseite wird gewünscht, dass die Mitarbeiter einen Teil ihrer Lernprozesse selbst organisieren.
V, 22	Das Unternehmen unterstützt die Mitarbeiter beim selbstorganisierten Lernen, in dem es methodische und didaktische Hilfestellung anbietet.

Eigenverantwortliches Lernen zur beruflichen Entwicklung

V, 23	Unser Unternehmen ist daran interessiert, dass der Mitarbeiter seine berufliche Entwicklung im hohem Maße selbst plant und gestaltet
V, 24	Wir unterstützen unsere Mitarbeiter im Erwerb von Selbstmanagement-Fähigkeiten, die ihrer beruflichen Entwicklung dienen.
V, 25	Das Unternehmen berät die Mitarbeiter darin, ihren zukünftigen Lernbedarf selbst zu erkennen und sich dementsprechende Lernziele zu setzen.
V, 26	Wir bieten unseren Mitarbeitern umfangreiche Möglichkeiten, ihre selbst gesetzten Ziele im Rahmen ihrer beruflichen Entwicklung zu erreichen.

Mediengestütztes Lernen (e-learning, blended-learning, multimediales Lernen, CBT/WBT)

V, 27	Mediengestützte Lernformen werden bei uns in hohem Maße eingesetzt.
V, 28	Im Unternehmen werden zunehmend die traditionellen Weiterbildungsveranstaltungen durch mediengestützte Lernformen ersetzt.
V, 29	Mediengestützte Lernformen werden zunehmend gezielter dort eingesetzt, wo sich ein Einsatz auch tatsächlich bewährt hat.

Transfersicherung

V, 30	Bei uns werden Ansätze und Strategien zur Förderung des Lerntransfers verfolgt.
V, 31	Die Transferkontrolle bei Seminaren und Trainings erfolgt bei uns in erster Linie über die Befragung der Seminarteilnehmer nach der Veranstaltung

V, 32	Der Vorgesetzte unterstützt den Transfer, indem er dem Mitarbeiter nach dem Training Feedback gibt.
V, 33	Der Vorgesetzte erarbeitet gemeinsam mit dem Mitarbeiter vor einem Training Lernziele und überprüft, ob das Gelernte am Arbeitsplatz angewandt wird.
V, 34	Die Mitarbeiter werden angehalten, das in Trainings erworbene Wissen an ihre Kollegen weiterzugeben.
V, 35	Wir achten darauf, dass die Mitarbeiter nach einem Training das Gelernte in ihrer alltäglichen Arbeit anwenden können.
	Wie beurteilen Sie den Bereich Lern- und Entwicklungsmöglichkeiten insgesamt?
V, 36	Das Lernen an verschiedenen Orten (on, near, off) ist im Unternehmen lernförderlich gestaltet.
V, 37	Gruppenbezogenes Lernen wird im Unternehmen lernförderlich gestaltet
V, 38	Selbstorganisiertes Lernen wird im Unternehmen gut gefördert
V, 39	Informelles Lernen wird im Unternehmen gut gefördert
V, 40	Eigenverantwortliches Lernen zur beruflichen Entwicklung wird im Unternehmen gut gefördert
V, 41	Mediengestütztes Lernen wird im Unternehmen lernförderlich gestaltet
V, 42	Maßnahmen zur Transfersicherung im Unternehmen fördern Lernen

VI. LERNORIENTIERTE FÜHRUNGSLEITLINIEN UND -AUFGABEN

Lernorientierte Führungsleitlinien

VI, 1	In unseren Führungsleitlinien werden Verhalten und Aufgaben der Führungskraft für das Lernen und die Kompetenzentwicklung ihrer Mitarbeiter beschrieben
	Unsere Führungsleitlinien beinhalten folgende Aspekte, die das Lernen der Mitarbeiter unterstützen:
VI, 2	. . . Partizipativer/kooperativer Führungsstil
VI, 3	. . . Förderung der Eigeninitiative der Mitarbeiter
VI, 4	. . . Motivieren und Unterstützen von Mitarbeitern beim Lernen
VI, 5	. . . Informieren der Mitarbeiter über Weiterbildungs- und Entwicklungsmöglichkeiten
VI, 6	. . . Individuelle Unterstützung des einzelnen Mitarbeiters
VI, 7	. . . Einsatz von Führungsinstrumenten, wie z.B. Zielvereinbarungsgespräche, Mitarbeitergespräche
	Sonstiges

Umsetzung der Führungsleitlinien

VI, 8	Unsere Führungsleitlinien werden umgesetzt durch entsprechende Führungsinstrumente (z.B. Mitarbeitergespräche führen)
VI, 9	An die Führungskräfte wird genau kommuniziert, wie sie ihre Mitarbeiter beim Lernen begleiten und unterstützen können

VI, 10	Bei uns gibt es Anreize für Führungskräfte, damit sie ihre Mitarbeiter optimal unterstützen und fördern	
VI, 11	Die Personalabteilung unterstützt die Führungskräfte durch Maßnahmen in Form von Seminaren und Coachings dabei, wie sie ihre Mitarbeiter fördern können	
VI, 12	Unsere Führungskräfte erleben die Unterstützungsmaßnahmen der Personalentwicklungsabteilung als sinnvoll und hilfreich	
Lernorientierte Führungsaufgaben		
VI, 13	Die Führungskraft hat bei der Kompetenzentwicklung ihrer Mitarbeiter in unserem Unternehmen eine wichtige Funktion	
VI, 14	Die Führungskraft unterstützt ihre Mitarbeiter in ihrer Eigenverantwortung beim Lernen	
VI, 15	Die Führungskraft unterstützt und fördert ihre Mitarbeiter in der Planung ihres beruflichen Fortkommens	
VI, 16	Von unseren Führungskräften wird erwartet, dass sie mit ihrem eigenen Weiterbildungs- und Lernverhalten ein Vorbild für ihre Mitarbeiter sind	
VI, 17	Die Führungskraft ist bei uns Ansprechpartner für Fragen der Mitarbeiter zum Thema Lernen und Personalentwicklung	
VI, 18	Unsere Mitarbeiter werden darüber informiert, welche Aufgaben ihre Führungskräfte in Bezug auf ihre Kompetenzentwicklung haben	
	Wie beurteilen Sie die Führungsleitlinien und -aufgaben in Ihrem Unternehmen insgesamt?	
VI, 19	Unsere Führungsleitlinien sind lernförderlich	
VI, 20	Die Umsetzung dieser Führungsleitlinien im Unternehmen fördert Lernen	
VI, 21	Die im Rahmen der Personalentwicklung den Führungskräften übertragenen Aufgaben unterstützen Lernen	

VII. INFORMATION UND PARTIZIPATION IM UNTERNEHMEN

Informationswege und -möglichkeiten

VII, 1	Wir informieren unsere Mitarbeiter regelmäßig über Lern- und Entwicklungsangebote
VII, 2	Es gibt für die Mitarbeiter konkrete Ansprechpartner in der Personalentwicklungsabteilung, die über Lern- und Entwicklungsangebote informieren
VII, 3	Wir achten darauf, dass die weitergegebenen Informationen bedarfsgerecht und zielgruppenspezifisch sind
	Das Unternehmen verteilt die Informationen über Lern- und Entwicklungsangebote an die Mitarbeiter über:
VII, 4	... Aushänge/Schwarzes Brett
VII, 5	... Weiterbildungsbroschüre
VII, 6	... Mitarbeiterzeitschrift/Printmedien

VII, 7	... Intranet
VII, 8	... Ansprechpartner aus der Personalentwicklung
VII, 9	... Seminare bzw. Trainings
VII,10	... Großveranstaltungen/Informationsveranstaltungen
VII,11	... Die Führungskräfte
VII,12	Von unseren Mitarbeitern erwarten wir, dass sie sich auch selbst um Informationen bemühen
VII,13	Unsere Mitarbeiter nutzen die angebotenen Informationswege

Partizipationsmöglichkeiten bei der Gestaltung von Lernen und Personalentwicklung

VII,14	Unsere Mitarbeiter werden in grundlegende Entscheidungen zu Lernen und Personalentwicklung miteinbezogen
VII,15	Bei uns gibt es einen Vertreter der Mitarbeiterschaft, der in die Planungs- und Gestaltungsaktivitäten zur Personalentwicklung integriert ist
	Unsere Mitarbeiter gestalten über folgende Partizipationsmöglichkeiten Maßnahmen der Personalentwicklung mit:
VII,16	... Mitarbeitergespräche
VII,17	... Mitarbeiterbefragungen
VII,18	... Feedback zu Seminaren
VII,19	... Konzeption und Planung von Weiterbildungsprogrammen
VII,20	... Ideenmanagement
VII,21	... Im Rahmen von Organisationsentwicklungsprozessen und -workshops
	Sonstiges

Lernen durch Wissensaustausch

VII,22	Im Unternehmen existieren Wissensdatenbanken, die vorhandenes Wissen organisieren und bereitstellen
VII,23	Wir unterstützen den informellen Wissensaustausch, in dem wir unseren Mitarbeitern Möglichkeiten zum Zusammenkommen bieten (z.B. Kaffeeecken, Sitzgruppen etc.)
VII,24	Der Wissensaustausch im Unternehmen wird durch regelmäßige Besprechungen der Teams, Abteilungen etc. unterstützt
VII,25	Die Mitarbeiter nutzen unsere internen Medien, um Wissen auszutauschen
VII,26	Wir stellen den Mitarbeitern ausreichend Zeit zum informellen Austausch von Wissen zur Verfügung
VII,27	Unsere Mitarbeiter teilen ihr Wissen bereitwillig mit ihren Kollegen
VII,28	Bei uns existiert eine Datenbank, in der man Experten für bestimmte Wissensbereiche und Probleme finden kann
VII,29	Die Personalentwicklungsabteilung initiiert interne Netzwerke für einzelne Gruppen (z.B. Trainees, Nachwuchsführungskräfte) im Rahmen ihrer Laufbahnentwicklung
VII,30	Die Personalentwicklungsabteilung organisiert Treffen zur Netzwerkbildung für einzelne Berufsgruppen

	In unserem Unternehmen existieren folgende interne Netzwerke:
VII,31	... Themenbezogene Foren im Intranet
VII,32	... Diskussionsforen im Intranet
VII,33	... Erfahrungsaustauschzirkel
VII,34	... Newsgroups
VII,35	... Communities of practice
VII,36	... Interne Diskussionsrunde
	Sonstiges
	Wie beurteilen Sie den Bereich Information und Partizipation insgesamt?
VII,37	Unser Informationsangebot über Lern- und Entwicklungsmöglichkeiten unterstützt Lernen
VII,38	Die Partizipationsmöglichkeiten für Mitarbeiter fördern Lernen
VII,39	Der Wissensaustausch in unserem Unternehmen ist lernförderlich

VIII. LERNKONTAKTE DES UNTERNEHMENS MIT SEINER UMWELT	
VIII, 1	Das Unternehmen unterstützt aktiv den Ausbau von lernförderlichen Kontakten zur Umwelt
VIII, 2	Unser Unternehmen bietet seinen Mitarbeitern Kontaktmöglichkeiten zu externen Personen und Institutionen an
	Bei uns bestehen Netzwerke zum Zwecke des Lernens und des Informationsaustausches mit:
VIII, 3	... Anderen Unternehmen (z.B. regionale Fachgruppentreffen)
VIII, 4	... Universitäten/wissenschaftlichen Einrichtungen
VIII, 5	... Beratungsinstituten
VIII, 6	... Kunden
VIII, 7	... Lieferanten
VIII, 8	... Berufsbezogenen/fachbezogenen Arbeitskreisen
VIII, 9	... Regionalen Lernnetzwerken
	Sonstiges
VIII,10	Unsere Mitarbeiter nehmen aktiv, z.B. mit Vorträgen, an Kongressen und Messen teil
VIII,11	Das Unternehmen pflegt die Möglichkeiten zum Wissensaustausch mit externen Partnern
VIII,12	Unsere Mitarbeiter zeigen große Eigeninitiative beim Aufbau und bei der Pflege von Kontakten mit externen Personen und Institutionen
VIII,13	Die Mitarbeiter nehmen die von Unternehmensseite angebotenen Kontakte nicht ausreichend wahr
VIII,14	Bei uns nehmen nur bestimmte Mitarbeitergruppen die bestehenden Kontaktmöglichkeiten wahr

VIII,15	Benchmarking- Aktivitäten unseres Unternehmens regen auch Lern- und Kompetenzentwicklungsprozesse im Unternehmen an
VIII,16	Die durch Außenkontakte entstehenden Synergien regen Lern- und Kompetenzentwicklung im Unternehmen an
VIII,17	Wir pflegen und fördern externe Kontakte mit Kunden, da dies zu einer Verbesserung unserer Kundenorientierung führt
	Wie beurteilen Sie die Lernkontakte des Unternehmens mit seiner Umwelt insgesamt?
VIII,18	Die bestehenden externen Netzwerke fördern Lernen.

B: Items der Mitarbeiterversion des Lernkulturinventars mit Itemcodes

I. LERNEN ALS TEIL DER UNTERNEHMENSPHILOSOPHIE
Lernorientierte Leitlinien

I, 1	In den Leitlinien unseres Unternehmens wird das Thema Lernen von Mitarbeitern angesprochen.
	Unsere lernorientierten Leitlinien beinhalten u.a. folgendes:
I, 2	... welche Bedeutung Lernen im Unternehmen hat
I, 3	... wie wir Mitarbeiter mit dem Thema Lernen umgehen sollen
I, 4	... wie das Unternehmen das Lernen seiner Mitarbeiter unterstützt
I, 5	Sonstiges
I, 6	Wir Mitarbeiter werden von Unternehmensseite über die lernorientierten Leitlinien informiert.
I, 7	Die lernorientierten Leitlinien werden bei uns tatsächlich gelebt.

Erwartungen an lernende Mitarbeiter

I, 8	Das Unternehmen stellt deutliche Erwartungen an uns Mitarbeiter in bezug auf unser Lernen und unsere Kompetenzentwicklung.
	Das Unternehmen erwartet von mir, dass ich:
1, 9	... mein fachliches Wissen und Können selbständig auf aktuellem Stand halte
I, 10	... mein Wissen selbständig erweitere
I, 11	... eigene Initiative bei meiner Weiterentwicklung zeige
I, 12	Sonstiges
I, 13	Unsere Personalentwicklung macht Angebote (z.B. Trainings), die mir helfen, die an mich gestellten Erwartungen zu erfüllen.
I, 14	Wir Mitarbeiter werden in Informationsveranstaltungen über an uns gestellte Erwartungen informiert.
	Wie beurteilen Sie den Bereich lernorientierte Unternehmensleitlinien insgesamt?
I, 15	Die Leitlinien unseres Unternehmens fördern mein Lernen.
I, 16	Die an mich gestellten Erwartungen fördern mein Lernen.

II. RAHMENBEDINGUNGEN IM UNTERNEHMEN
Organisationsstrukturen im Unternehmen

II, 1	Unsere Organisationsstrukturen fördern, dass ich mich auch mit Kollegen aus anderen Bereichen/Abteilungen austauschen kann.
II, 2	Es ist lernförderlich, dass die Hierarchien bei uns eher flach sind.

Entgelt- und Anreizsysteme

II, 3	Lernen und Weiterentwicklung wird bei uns auch durch finanzielle Anreize (z.B. Gehaltsbonus/-prämie, andere Gehaltsstufe) honoriert.

	II, 4	Das Unternehmen motiviert uns zum Lernen, indem es uns Entwicklungsmöglichkeiten im Unternehmen anbietet (z.B. Laufbahnprogramme).
	II, 5	Das Unternehmen übernimmt meine Weiterbildungskosten.
Arbeitszeitregelungen		
	II, 6	Unsere Arbeitszeitregelungen ermöglichen es, dass ich mir die Zeit fürs Lernen selbst einteilen kann.
	II, 7	Während meiner Arbeit habe ich Zeit, mich mit Kollegen auszutauschen.
	II, 8	Die Arbeitsbelastung ist bei uns so hoch, dass mir keine Zeit fürs Lernen bleibt.
Lernen in Veränderungsprozessen		
	II, 9	In Veränderungsprozessen (z.B. Einführung neuer Technik, Umorganisation, Kulturwandel, neue Unternehmensausrichtung) werden wir Mitarbeiter durch Qualifizierungsmaßnahmen unterstützt.
	II, 10	Wir Mitarbeiter werden in Veränderungsprozessen auf neue Arbeiten und Aufgaben ausreichend vorbereitet.
	II, 11	In Veränderungsprozessen lerne ich viel.
		Wie beurteilen Sie den Bereich Rahmenbedingungen im Unternehmen insgesamt?
	II, 12	Unsere Organisationsstrukturen unterstützen mich beim Lernen.
	II, 13	Unsere Entgelt- und Anreizsysteme fördern mein Lernen.
	II, 14	Unsere Arbeitszeitgestaltung unterstützt mich beim Lernen.
	II, 15	Die Gestaltung von Veränderungsprozessen im Unternehmen fördert mein Lernen.

III. ASPEKTE DER PERSONALENTWICKLUNG IM UNTERNEHMEN
Reichweite und Nutzung von Personalentwicklungsmaßnahmen

	III, 1	Die Arbeit unserer Personalentwicklung hat im Unternehmen einen hohen Stellenwert.
	III, 2	Das Weiterbildungs- und Kompetenzentwicklungsangebot der Personalentwicklung orientiert sich am Bedarf von uns Mitarbeitern.
	III, 3	Die Personalentwicklung ist offen für Anregungen und Vorschläge von uns Mitarbeitern.
	III, 4	Uns steht ein umfangreiches Weiterbildungsangebot zur Verfügung.
Unterstützung durch die Personalentwicklung		
	III, 5	Für uns Mitarbeiter gibt es konkrete Ansprechpartner in der Personalentwicklung.
	III, 6	Ich fühle mich von unserer Personalentwicklung ausreichend bei meiner beruflichen Qualifizierung und Weiterentwicklung unterstützt.

Erfassung des Lernbedarfs

III, 7	Die Personalentwicklung erfasst den Lernbedarf von uns Mitarbeitern regelmäßig.
	Mein Lernbedarf wird erfasst durch:
III, 8	... Mitarbeitergespräche/ Entwicklungsgespräche/ Zielvereinbarungsgespräche
III, 9	... regelmäßige Erfassung von Weiterbildungswünschen über schriftliche Umfragen
III, 10	... regelmäßige Befragung meiner Führungskraft zu meinem Lernbedarf
III, 11	Sonstiges
III, 12	Wir können uns auch mit speziellen Weiterbildungswünschen an unsere Personalentwicklung wenden.
III, 13	Bei der Bestimmung meines Lernbedarfs wird auch darauf geachtet, welche Anforderungen zukünftig an mich gestellt werden.

Überprüfung der Qualität der Personalentwicklungsmaßnahmen

III, 14	Die Personalentwicklungsmaßnahmen, an denen ich teilnehme, werden regelmäßig im Hinblick auf Gestaltung, Inhalte und Durchführung überprüft (z.B. durch Fragebogen zur Seminarbeurteilung).
	Wir Mitarbeiter bewerten die Qualität der Personalentwicklungsmaßnahmen anhand folgender Methoden:
III, 15	... über Fragebogen zur Beurteilung von Seminaren/Trainings
III, 16	... über Abfrage der Zufriedenheit mit Personalentwicklungsmaßnahmen als Teil einer Mitarbeiterbefragung
III, 17	... in Zielvereinbarungsgesprächen
III, 18	... in Feedbackgesprächen mit der Führungskraft
III, 19	Sonstiges
III, 20	Wenn ich Änderungswünsche einbringe, werden diese auch zur Kenntnis genommen und umgesetzt.
	Wie beurteilen Sie den Bereich Aspekte der Personalentwicklung im Unternehmen insgesamt?
III, 21	Das Angebot an Personalentwicklungsmaßnahmen ist gut.
III, 22	Wie der Lernbedarf ermittelt und die Qualität von Personalentwicklungsmaßnahmen überprüft wird, fördert Lernen.

IV. KOMPETENZENTWICKLUNG IM UNTERNEHMEN

IV, 1	In Seminaren und Trainings wird darauf geachtet, sowohl fachliche als auch soziale Kompetenzen zu schulen.
IV, 2	Für meine Stelle existiert eine Stellenbeschreibung, die auch die hierfür erforderlichen Kompetenzen beschreibt.
IV, 3	Das Unternehmen zertifiziert in der Arbeitstätigkeit erworbene Kompetenzen.

IV, 4	Wir Mitarbeiter sind in hohem Maße selbst für unsere Kompetenzentwicklung verantwortlich.
	Wie beurteilen Sie die Kompetenzentwicklung in Ihrem Unternehmen insgesamt?
IV, 5	Die Maßnahmen zur Kompetenzmessung und -entwicklung im Unternehmen fördern mein Lernen.

V. LERN- UND ENTWICKLUNGSMÖGLICHKEITEN IM UNTERNEHMEN

Lernformen im Unternehmen

1. Lernen im Arbeitsalltag

V, 1	Die Personalentwicklung bietet hauptsächlich Seminare und Trainings an und weniger Schulungsmaßnahmen, die am Arbeitsplatz oder in Arbeitsnähe stattfinden.
V, 2	Das Unternehmen unterstützt mich systematisch dabei, Lernmöglichkeiten bei meiner Arbeit wahrzunehmen (z.B. Lesen von Fachliteratur, Lernen am eigenen Computer).
V, 3	Meine Arbeitstätigkeit ist so gestaltet, dass ich gefordert bin, immer Neues dazu zu lernen.
	Das Unternehmen unterstützt und fördert Lernen im Arbeitsalltag über:
V, 4	... den berufsbezogenen Besuch von Fachmessen und/oder Kongressen
V, 5	... die Teilnahme an kurzzeitigen Veranstaltungen (Vorträge, Halbtagsseminare)
V, 6	... Unterweisung oder Anlernen am Arbeitsplatz
V, 7	... Selbstlernen durch Beobachten und Ausprobieren am Arbeitsplatz
V, 8	... Qualitätszirkel, Werkstattzirkel, Lernstatt etc.
V, 9	... Bereitstellen von berufsbezogener Fachliteratur
V, 10	... Übernahme von mehr Verantwortung
V, 11	... Arbeitsplatzwechsel (z.B. job rotation)
V, 12	Sonstiges

2. Gruppenbezogenes Lernen

	Das Unternehmen unterstützt Lernen in Gruppen durch:
V, 13	... Projektarbeit
V, 14	... Lernpartnerschaften
V, 15	... Erfahrungsaustausch in Gruppen
V, 16	... Qualitätszirkel/ Lernstatt/ Werkstattzirkel/ Lerninsel
V, 17	... Task-Forces
V, 18	Sonstiges
V, 19	Das Unternehmen schafft geeignete Rahmenbedingungen (z.B. Zeit für Gruppengespräche, Moderationsmaterialien), damit wir uns in Gruppen austauschen und lernen können.

3. Selbstorganisiertes Lernen

V, 20	Das Unternehmen erwartet von mir, dass ich einen Teil meines beruflichen Lernens selbst organisiere.
V, 21	Das Unternehmen unterstützt selbständiges Lernen durch methodische Hilfestellung (z.B. Selbstlernprogramme, Bibliothek mit Fachliteratur).

4. Eigenverantwortliches Lernen zur beruflichen Entwicklung

V, 22	Das Unternehmen erwartet von mir, dass ich meine berufliche Entwicklung in hohem Maße selbst plane und gestalte.
V, 23	Das Unternehmen unterstützt mich dabei, meine berufliche Entwicklung besser planen zu können (z.B. durch Seminare zur beruflichen Standortbestimmung).
V, 24	Das Unternehmen hilft mir dabei, eigenen Lernbedarf zu erkennen und Lernziele zu setzen.

5. Lernen mit neuen Medien (z.B. e-learning)

V, 25	Lernen mit neuen Medien (z.B. webbasierte Lernangebote im Intranet, Lernsoftware) wird bei uns in hohem Maße praktiziert.
V, 26	Das Lernen in Seminaren wird bei uns zunehmend durch Lernen mit neuen Medien ersetzt.

Anwendung des Gelernten und Transfersicherung

V, 27	Ob wir das in Seminaren und Trainings Gelernte in unserer Arbeit anwenden können, wird anhand einer Befragung der Seminarteilnehmer nach der Veranstaltung überprüft.
V, 28	Meine Führungskraft unterstützt mich beim Anwenden des Gelernten in meiner Arbeit, indem sie mir dazu Feedback gibt.
V, 29	Meine Führungskraft erarbeitet gemeinsam mit mir vor einem Training Lernziele und überprüft anschließend ihre Erreichung.
V, 30	Ich kann das im Training Gelernte in meiner alltäglichen Arbeit anwenden.
V, 31	Das Unternehmen fördert die Anwendung des Gelernten in der Arbeit, indem es unterstützende Maßnahmen vor, während und nach dem Training einsetzt. (z.B. inhaltliche Informationen vor dem Training, Praxisnähe im Training, Überprüfung durch Führungskraft)
	Wie beurteilen Sie den Bereich Lern- und Entwicklungsmöglichkeiten insgesamt?
V, 32	Wie das Lernen an verschiedenen Orten unterstützt wird, finde ich gut.
V, 33	Das Lernen in Gruppen wird bei uns gut gefördert.
V, 34	Selbstorganisiertes und eigenverantwortliches Lernen wird bei uns gut gefördert.
V, 35	Lernen im Arbeitsalltag wird bei uns gut gefördert.
V, 36	Lernen mit neuen Medien wird bei uns lernförderlich gestaltet.
V, 37	Die Maßnahmen zur Transfersicherung bei uns unterstützen Lernen.

VI. LERNATMOSPHÄRE UND UNTERSTÜTZUNG DURCH KOLLEGEN

VI, 1	Die Mitarbeiter helfen sich gegenseitig, wenn Probleme auftreten.
VI, 2	Wir Mitarbeiter motivieren uns untereinander, neue Dinge zu lernen und auszuprobieren.
VI, 3	Meine Kollegen interessieren sich für Dinge, die ich neu gelernt habe.
VI, 4	Meine Kollegen lassen mich an ihren Erfahrungen teilhaben.
VI, 5	Bei uns herrscht eine Lernatmosphäre ohne Druck und Kontrolle.
VI, 6	Wir Mitarbeiter geben uns gegenseitig Rückmeldung über unsere Arbeitsleistung.
VI, 7	Meine Kollegen sind offen für neue Ideen.
VI, 8	Wir üben untereinander konstruktiv Kritik.
VI, 9	Wir haben im Unternehmen eine offene und kooperative Lernatmosphäre.
	Wie beurteilen Sie die Lernatmosphäre und die gegenseitige Unterstützung insgesamt?
VI, 10	Die bei uns herrschende Lernatmosphäre und gegenseitige Unterstützung fördert mein Lernen.

VII. LERNORIENTIERTE FÜHRUNGSAUFGABEN

VII, 1	Meine Führungskraft unterstützt mich beim Lernen.
VII, 2	Meine Führungskraft unterstützt mich dabei, selbständig zu lernen.
VII, 3	Meine Führungskraft fördert die Planung meines beruflichen Fortkommens.
VII, 4	Meine Führungskraft bildet sich regelmäßig weiter.
VII, 5	Meine Führungskraft ist für mich in bezug auf Lernen ein Vorbild.
VII, 6	Meine Führungskraft lässt mich an neuen Erfahrungen teilhaben.
VII, 7	Meine Führungskraft überträgt uns herausfordernde Aufgaben.
VII, 8	Ich erarbeite gemeinsam mit meiner Führungskraft Lern- und Entwicklungsziele.
VII, 9	Ich führe mit meiner Führungskraft regelmäßig Feedback-Gespräche über meine Arbeit.
VII, 10	Das Unternehmen informiert uns darüber, welche Aufgaben unsere Führungskraft im Rahmen unserer persönlichen Entwicklung hat.
VII, 11	Meine Führungskraft zeigt Interesse für das, was ich lerne.
VII, 12	Meine Führungskraft unterstützt uns Mitarbeiter beim Ausprobieren neuer Lösungen, auch wenn dabei Fehler gemacht werden.
VII, 13	Meine Führungskraft unterstützt mich darin, Personalentwicklungs-Angebote wahrzunehmen und für mich passende Angebote zu finden.
	Wie beurteilen Sie die Aufgabenausführung Ihrer Führungskraft insgesamt?
VII, 14	Das Verhalten meiner Führungskraft unterstützt mich beim Lernen.

VIII. INFORMATION UND PARTIZIPATION IM UNTERNEHMEN

Informationswege und -möglichkeiten

VIII, 1	Das Unternehmen informiert uns Mitarbeiter regelmäßig über Lern- und Entwicklungsangebote.
	Ich erhalte Informationen zu Lern- und Entwicklungsangeboten über:
VIII, 2	... Aushänge/Schwarzes Brett
VIII, 3	... Weiterbildungsbroschüre
VIII, 4	... Mitarbeiterzeitschrift/Printmedien
VIII, 5	... Intranet
VIII, 6	... Ansprechpartner aus der Personalentwicklung
VIII, 7	... Seminare/Trainings
VIII, 8	... Führungskräfte
VIII, 9	... Großveranstaltungen/Informationsveranstaltungen
VIII, 10	Sonstiges
VIII, 11	Ich bin mit den angebotenen Informationsmöglichkeiten zufrieden.
VIII, 12	Von Unternehmensseite wird erwartet, dass wir uns selbständig über Lern- und Entwicklungsmöglichkeiten informieren.

Einflussmöglichkeiten bei der Gestaltung von Lernen und Personalentwicklung

VIII, 13	Die Mitarbeiter werden in grundlegende Entscheidungen im Rahmen der Personalentwicklung miteinbezogen.
	Wir Mitarbeiter haben Einfluss auf Maßnahmen der Personalentwicklung über:
VIII, 14	... Gespräche mit der Führungskraft
VIII, 15	... Kontakt mit Personalentwicklungs- Verantwortlichen
VIII, 16	... Mitarbeiterbefragung
VIII, 17	... Feedback zu Seminaren
VIII, 18	... Einbezug in die Konzeption und Planung von Weiterbildungsprogrammen
VIII, 19	... Einreichen von Verbesserungsvorschlägen
VIII, 20	Im Rahmen von Organisationsentwicklungsprozessen und -workshops
VIII, 21	Sonstiges

Lernen durch Wissensaustausch

VII, 22	Wir können auf Wissensdatenbanken zugreifen, die im Unternehmen vorhandenes Wissen organisieren und bereitstellen.
VII, 23	Wir haben die Möglichkeit, uns zwischendurch in Kaffeeecken, Sitzgruppen etc. mit Kollegen auszutauschen.
VII, 24	In Teams bzw. Abteilungen finden regelmäßige Besprechungen statt, die den Wissensaustausch unterstützen.
VIII, 25	Im Unternehmen teilen alle ihr Wissen und ihre Erfahrungen mit Kollegen.

	Interne Netzwerke zum Lernen und Wissensaustausch
VIII, 26	Bei uns gibt es organisierte interne Netzwerke zum Wissens- und Erfahrungsaustausch.
	Ich nutze folgende Netzwerke im Unternehmen:
VIII, 27	... themenbezogene Foren im Intranet
VIII, 28	... Diskussionsforen im Intranet
VIII, 29	... Erfahrungsaustauschzirkel
VIII, 30	... Newsgroups
VIII, 31	... interne Diskussionsrunden
VIII, 32	... Kontakt mit Experten über Expertendatenbank
VIII, 33	Sonstiges
	Wie beurteilen Sie den Bereich Information und Partizipation insgesamt?
VIII, 34	Das Informationsangebot über Lern- und Entwicklungsmöglichkeiten unterstützt mich beim Lernen.
VIII, 35	Ich bin mit den Einflussmöglichkeiten bei der Gestaltung von Lernen und Personalentwicklung zufrieden.
VIII, 36	Wie der Wissensaustausch im Unternehmen gestaltet ist, fördert Lernen.

	IX. WISSENSAUSTAUSCH DES UNTERNEHMENS MIT SEINER UMWELT
	Ich nehme an folgenden Netzwerken zum Zwecke des Lernens und des Informationsaustausches teil: Netzwerke mit...
IX, 1	... anderen Unternehmen
IX, 2	... Universitäten/wissenschaftlichen Einrichtungen
IX, 3	... Beratungsinstituten
IX, 4	... Kunden
IX, 5	... Lieferanten
IX, 6	... berufsbezogenen/fachbezogenen Arbeitskreisen
IX, 7	... regionalen Lernnetzwerken
IX, 8	Sonstiges
IX, 9	Das Unternehmen unterstützt aktiv den Ausbau von Kontakten zum Unternehmensumfeld, die der Wissensgewinnung und dem Wissensaustausch dienen.
IX, 10	Das Unternehmen pflegt den Austausch mit Partnern und anderen Firmen.
IX, 11	Ich baue selbständig Kontakte zu relevanten externen Personen und Institutionen auf.
IX, 12	Ich bin mit den von Unternehmensseite angebotenen externen Kontakten zufrieden.
IX, 13	Durch die bestehenden externen Kontakte lerne ich viel Neues.
	Wie beurteilen Sie die Lernkontakte des Unternehmens mit seiner Umwelt insgesamt?
IX, 14	Die Netzwerke nach außen unterstützen mich beim Lernen.

Peter Pawlowsky, Daniela Menzel, Uta Wilkens

Wissens- und Kompetenzerfassung in Organisationen

1 Einleitung

Mit einem einschneidenden Wandel der vorherrschenden Marktkonstellationen durch die wachsende Globalisierung und einer daraus resultierenden Veränderung in den Wertschöpfungsprozessen hin zu einer „innovationszentrierten Produktion mit verstärktem Kundenbezug" (vgl. Baethge & Baethge-Kinsky 2004) sowie problemlösungsorientierten Produkt-Dienstleistungsangeboten rücken selbstorganisierte und schöpferische Handlungsdispositionen in den Vordergrund des Interesses. Nicht zufällig hat sich demnach das Forschungsinteresse in den letzten Jahren vom Qualifikationskonzept zunehmend auf eine Kompetenzdiskussion verlagert. Während Qualifikationen als Kenntnisse, Fähigkeiten und Fertigkeiten zu verstehen sind, die ausgehend von spezifischen Tätigkeitsmerkmalen definiert werden und als fremddefinierte Anforderungen an Mitarbeiter herangetragen werden, impliziert der Kompetenzbegriff die Fähigkeit des Individuums, in ungewissen und komplexen Situationen und bei offenen Aufgabenstellungen in prozessorientierten Arbeitsorganisationen durch selbstorganisiertes Handeln Problemlösungen zu entwickeln sowie selbstorganisiert Neues hervorzubringen (vgl. Pawlowsky & Bäumer 1996, S. 7; Erpenbeck & Sauer 2001, S. 27). Doch was befähigt Individuen, Gruppen, ganze Organisationen oder gar Netzwerke unter diesen Konstellationen kompetent zu handeln und wie können wir derartige Dispositionen erfassen? Diesen Fragen nimmt sich der vorliegende Beitrag an.

Der Kompetenzerfassung wurde in den vergangenen Jahren vermehrte Aufmerksamkeit geschenkt (siehe z.B. Erpenbeck & von Rosenstiel 2003 sowie die Beiträge in diesem Band). Dabei trifft man in diesem Forschungsfeld auf eine Vielzahl von Begriffsdefinitionen, die sich wiederum auf unterschiedliche Kompetenzebenen – Individuum, Gruppe, Organisation, Netzwerk – beziehen und dem jeweiligen Erfassungskonzept zugrunde liegen. Unterschiede in den Begriffsfassungen resultieren nicht zuletzt daraus, dass sich unterschiedliche Wissenschaftsdisziplinen mit den einzelnen Kompetenzebenen auseinandersetzen (vgl. ausführlich Kap. 2). Dennoch ist ein gemeinsames Grundverständnis zu erkennen: Der Kompetenzbegriff beschreibt die situationsübergreifende Orientierungs- und Handlungsfähigkeit; Kompetenz begründet Nachhaltigkeit auf der jeweiligen Betrachtungsebene.

Bei den zahlreichen Instrumenten zur Erfassung von Kompetenz auf den unterschiedlichen Ebenen (zum Überblick vgl. Erpenbeck & von Rosenstiel 2003 und Kap. 3) werden bislang kaum Brücken über die disziplinär geprägten Kompetenzebenen Individuum, Gruppe, Organisation und Netzwerke geschlagen. Damit bleiben Erkenntnisse und Erfassungsformen an die jeweilige Ebene gebunden und können nicht wirksam eingesetzt werden, um den Handlungsbogen zwischen individueller Kompetenz und strategischer Kernkompetenz von Organisationen oder Netzwerkverbünden zu spannen. Selbstorganisiertes Lernen, individuelle Kompetenzentwicklung, lernförderliche Arbeitsplatzgestaltung, Teamentwicklung, strategische Personalentwicklung und betriebliche Weiterbildung folgen damit nicht selten eigenständigen Logiken, die unverbunden nebeneinander stehen und damit einem systematischen Kompetenzaufbau und -einsatz im Wege stehen.

Damit hat die Kompetenzforschung sich zukünftig folgenden Herausforderungen zu stellen:
- Es gilt eine ebenenübergreifende Systematisierung von Kompetenzen und Messinstrumenten zu entwickeln.
- Um eine ebenenübergreifende Verknüpfung dieser Instrumente vorzubereiten, müssen die dahingehenden Anschlussstellen verdeutlicht werden.
- Die Prozessperspektive in der Kompetenzmessung muss stärker hervorgehoben werden, weil erst darüber die Nachhaltigkeit von Kompetenz, d.h. ihre Wirksamkeit auf unterschiedlichen Ebenen verdeutlicht werden kann.
- Die theoretischen Grundlagen, auf denen die jeweilige Kompetenzmessung fußt, gilt es zu spezifizieren, weil sich erst darüber die Wirkungszusammenhänge von Kompetenz aufzeigen lassen.

Der nachfolgende Beitrag stellt sich diesen Herausforderungen. Zunächst wird ein Vorschlag für eine ebenenübergreifende Systematisierung entwickelt, dem sich die unterschiedlichen Definitionen, disziplinspezifischen Zugänge und Messverfahren zur Kompetenz zuordnen lassen. Es wird für jede Kompetenzebene eine Kerndefinition erarbeitet (vgl. Kap. 2), typische Instrumente werden vorgestellt und im Hinblick auf ihre Leistungsfähigkeit entlang eines Bewertungsschemas kritisch gewürdigt (vgl. Kap. 3). Für die Individuums-, Gruppen- und Netzwerkebene erfolgt dies exemplarisch, für die Organisationsebene, die den Fokus dieser Publikation bildet, integriert die Darstellung ein umfassenderes Spektrum von Messansätzen. Den Schwerpunkt dieses Beitrages bildet schließlich die Erarbeitung eines Wissens- und Kompetenzmessinstrumentes, das ausgehend von individuellen Wahrnehmungen die Qualität von Wissensprozessen auf Organisationsebene zu erfassen sucht.

Dieses Instrument ist ein Prozessmodell und wird in inhaltlicher und methodischer Hinsicht aus der wettbewerbs- und lerntheoretischen Perspektive und Forschung abgeleitet (vgl. Kap. 4). Sein Einsatz wird exemplarisch an einer Unternehmensfallstudie veranschaulicht (vgl. Kap. 5). Abschließend werden erste Überlegungen dargestellt, wie die Anschlussstellen und Verknüpfungsmöglichkeiten dieses Instrumentes mit Ansätzen auf der Individuums-, Gruppen- und Netzwerkebene aussehen könnten.

2 Kompetenz – Definitorische Eingrenzung eines Mehrebenenkonzeptes

Der Kompetenzbegriff hat in den letzten Jahren in unterschiedlichen Forschungsdisziplinen eine wichtige Rolle gespielt. Dazu zählen vor allem die Psychologie, die Pädagogik, die Soziologie und die Organisationsforschung. Diese Disziplinen konkretisieren den Kompetenzbegriff auf unterschiedliche Art und Weise und prägen somit ein erkenntnisspezifisches Begriffsverständnis (vgl. Sydow et al. 2003). Gemeinsam ist den unterschiedlichen Definitionen jedoch, dass sie Kompetenz in den Kontext nachhaltig erfolgreichen Handelns stellen.

Orientiert man sich zunächst an einem allgemeinen Kompetenzbegriff, so lässt sich Kompetenz mit Handlungsfähigkeit im Sinne nachhaltig erfolgreichen Handelns übersetzen (vgl. z.B. Weinberg 1996, S. 3ff.; Reuther & Leuschner 1997, S. 367; Erpenbeck & Heyse, 1999a, S. 23). Handlungsfähigkeit zur „Bewältigung konkreter Handlungssituationen" (Weiß 1999, S. 458) stellt dabei ein kontextunabhängiges und situationsübergreifendes Konstrukt dar (siehe auch Bandura 1986). Für eine weiterführende Auseinandersetzung bedarf es allerdings einer Präzisierung des Kompetenzbegriffs für die jeweilige Analyseebene, um diesem „Mehrebenenphänomen" (Sydow et al. 2003, S. 12) gerecht zu werden.

Nachfolgend soll der Kompetenzbegriff für die in den unterschiedlichen Wissenschaftsdisziplinen als relevant angesehenen Analyseebenen – Individuum, Gruppe, Organisation und Netzwerk – spezifiziert werden (zur Übersicht vgl. Abb. 1). Es werden für

Analyseebene	Grundverständnis	Erfolgskriterien	Disziplin / Ansatz
Netzwerk	4 Netzwerkkompetenz a) Kooperationsspezifische Fähigkeiten der Wertgenerierung (soziales Kapital 1) b) Netzwerkbildung (soziales Kapital 2) c) Netzwerkmanagement und Netzwerkqualifikation	Handlungs- und Wettbewerbsfähigkeit Innovationsfähigkeit Mitgliedschaft Koevolution	Wettbewerbstheorie, Beziehungsorientierter Ansatz
Organisation	3 Organisationskompetenz a) spezifische Ressourcenbündel, dynamische Fähigkeiten zur Sicherung von Wettbewerbsvorteilen b) immaterielle Ressourcen, insbes. Organisationswissen	Handlungs- und Wettbewerbsfähigkeit ökonomische Rente, Wertschöpfungsbeiträge Prozessoptimierung	Wettbewerbstheorie, Ressourcenorientierter Ansatz
Gruppe	2 Gruppenkompetenz a) Interaktionsgebundene Handlungsfähigkeit b) Fach-, Methoden-, Sozial- und Selbstkompetenz von Gruppen c) vom Individuum wahrgenommene Handlungsfähigkeit der Gruppe	Handlungs- und Selbststeuerungsfähigkeit von Gruppen, Lern- und Entwicklungsprozess der Gruppe	Sozialpsychologie, Gruppensoziologie
Individuum	1 Individuelle Kompetenz a) Situationsunabhängige Handlungsfähigkeit; Selbstwirksamkeit b) Fach-, Methoden-, Sozial- und Selbstkompetenz c) Qualifikation	Selbstwirksamkeitswahrnehmung, Handlungsfähigkeit individueller Berufserfolg, Eignungsgrad u. zukünftige Anforderungsbewältigung	Pädagogik Individualpsychologie Arbeitswissenschaft

Abb. 1: Kompetenz – Ein Mehrebenenphänomen

die jeweilige Analyseebene Kerndefinitionen herausgearbeitet, um ein Grundverständnis zu entwickeln. Zudem werden wichtige Erfolgskriterien benannt, die vermitteln sollen, wie sich Kompetenz auswirkt bzw. worin sich das Vorhandensein von individueller, Gruppen-, Organisations- bzw. Netzwerkkompetenz jeweils widerspiegelt.

2.1 Individuumsebene

Ihre Wurzeln hat die Kompetenzforschung in der Individualpsychologie und Pädagogik. Damit hat sie sich zunächst auf die Individuumsebene konzentriert (vgl. auch Sydow et al. 2003, S. 16 sowie Erpenbeck & von Rosenstiel 2003) und ist für diese Analyseeinheit am weitesten ausdifferenziert. Auf der Individuumsebene steht der Kompetenzbegriff in engem Zusammenhang mit den Begriffen Intelligenz und Potenzial. Der Intelligenzbegriff stellt vor allem die kognitiven Fähigkeiten in den Vordergrund und der Potenzialbegriff reflektiert die sich daraus ergebenden Entwicklungsfähigkeiten des Individuums. Darauf aufbauend stellt der individuelle Kompetenzbegriff auf die Handlungs- und Problemlösungsfähigkeit des Individuums ab, wobei drei unterschiedliche Lesarten erkennbar sind.

Der ersten Lesart folgend, lässt sich Kompetenz in Anlehnung an Leontjew (1982, zitiert nach Baitsch 1996a, S. 6 ff.) „als das System der innerpsychischen Voraussetzung, das sich in der Qualität der sichtbaren Handlung niederschlägt und diese reguliert" definieren. Auch mit Verweis auf die sozial-kognitive Theorie von Bandura (1986; siehe auch Jonas & Brömer 2002) kann Kompetenz als die subjektive Überzeugung eines Individuums, eine bestimmte Handlung ausüben zu können, verstanden werden. Hinter dieser Überzeugung steht die Bereitschaft zum Lernen und zur Selbstentwicklung. Sie setzt Offenheit und Selbstreflexionsbereitschaft sowie Belastbarkeit und Flexibilität voraus. Diese Überzeugung beeinflusst unabhängig von der konkreten Handlungssituation den Handlungserfolg (siehe auch Bandura 2001; Stajkovic & Luthans 1998). Kompetenz wird als ein Merkmal der Persönlichkeit betrachtet. „Inhaltlich ist damit die systematische und prozessuale Verknüpfung von Werten und Einstellungen mit den Motivzielstrukturen einer Person gemeint, die die Erfahrung prägen und modifizieren, und in die Stabilisierung und Entwicklung von Fertigkeiten, Fähigkeiten und des Wissens dieser Person einfließen" (Baitsch 1996a, S. 6 f.; siehe auch Bandura, 1986). Baitsch (1996a, 1998) schlussfolgert daraus, dass sich Kompetenz einem interpersonellen Vergleich entzieht und sich ausschließlich individuell bestimmen lässt. Es kann festgehalten werden, dass der Kern dieser ersten Lesart des Kompetenzbegriffs in der situations- und kontextunabhängige Handlungsfähigkeit des Individuums liegt. Kompetenzen gelten „als auf Handlungserfolg ausgerichtete Selbstorganisationsdispositionen" (Sydow et al. 2003, S. 17). Kompetenz verleiht dem Individuum dispositive Fähigkeiten (vgl. auch Erpenbeck 1996).

Bei einer zweiten Herangehensweise an den Kompetenzbegriff trifft man auf ein Kategorisierungsschema nach Fach-, Methoden-, Sozial- und Selbstkompetenz (vgl. Bernien 1997, S. 32 ff.; Erpenbeck & Heyse 1996, S. 19 ff.; Erpenbeck & Heyse 1999a,

S. 156 ff.; Frieling et al. 2000, S. 34 ff.). Dabei richtet sich die Fachkompetenz nach dem jeweiligen Arbeitsfeld. Unter Methodenkompetenz versteht man analytisches, strukturiertes Denken, das Erkennen von Zusammenhängen sowie Kreativität und Innovationsfähigkeit. Zur Sozialkompetenz zählt man Interaktionsfähigkeiten, wie Team-, Kooperations- und Kommunikationsfähigkeit, Konfliktlösungs- und Verständigungsbereitschaft. Die in diesem Klassifikationsschema zu findende Selbstkompetenz wird auch als Persönlichkeitskompetenz bezeichnet. Sie entspricht weitestgehend den Handlungs- und Dispositionsfähigkeiten der erstgenannten Begriffsfassung. Daher könnte man annehmen, dass diese zweite Definition die umfassendere Begriffsbestimmung vornimmt. Es wird gezeigt, dass alle vier Kompetenzklassen die berufliche Handlungskompetenz eines Individuums bedingen, sich also in individuellem Berufserfolg niederschlagen (vgl. Kauffeld 2000, S. 36). Gleichzeitig muss jedoch festgestellt werden, dass dieses Klassifikationsschema im Vergleich zur ersten Begriffsfassung Kompetenz eher an den Qualifikationsbegriff der Bildungsforschung anlehnt (dazu siehe unten, dritte Lesart des Kompetenzbegriffs). Im Ergebnis interessiert man sich dann für Eignungsgrade der Person im Hinblick auf organisationale Anforderungen. Die Selbstkompetenz wird bei diesem Definitionsansatz nicht nur in die anderen Kompetenzklassen eingebettet, sondern auch von diesen überschattet. Darüber hinaus werden diesem ersten Ansatz zufolge die Angabe von Ausprägungsmaßen zu den Kompetenzklassen und die Durchführung interindividueller Vergleiche für durchaus möglich gehalten (vgl. Kauffeld, 2000). Auch hierin zeigt sich, dass dieser Ansatz ein externes Anforderungsschema bei der Bestimmung von Kompetenz voraussetzt.

Eine dritte, die Arbeitsplatzebene betreffende Lesart des Kompetenzbegriffs lässt sich nur bedingt in eine Kompetenzanalyse integrieren. Hier steht die Qualifikation im Fokus. Danach bilden die Anforderungen des Arbeitsplatzes den Ausgangspunkt, in dessen Abhängigkeit das individuelle Vermögen der Aufgabenbewältigung bestimmt wird (vgl. Pawlowsky & Bäumer 1996, S. 7; Arnold 1997, S. 270). Qualifikation lässt sich demnach mit dem Erfüllungsgrad hinsichtlich zuvor definierter Anforderungen konkretisieren. Der Erfolg zeigt sich in der Schließung der Deckungslücke zwischen Arbeitsanforderungen und Arbeitsvermögen. Während in der ersten Begriffsfassung zur individuellen Kompetenz die Situationsunabhängigkeit ein wesentliches Element bildete, impliziert der Arbeitsplatzbezug in diesem dritten Ansatz eine stark kontextbezogene Kompetenzbetrachtung im Sinne von Qualifikation. Gleichwohl sind hier historische Wurzeln, insbesondere in der Berufs- und Wirtschaftspädagogik anzuführen, die sich im Sinne der Kompetenzforschung fortführen lassen. Außerdem soll nicht unerwähnt bleiben, dass in der betrieblichen Praxis Kompetenz häufig mit Eignung gleichgesetzt wird, wie sich insbesondere an dort eingesetzten Kompetenzmessinstrumenten zeigt (vgl. Kap. 3.2.2).

In der Berufspädagogik hat eine Weiterentwicklung dieser Perspektive eingesetzt, durch die die Nähe zur letztgenannten Begriffsfassung offensichtlich wird. Es fällt eine Konzentration auf den Begriff der Schlüsselqualifikation (vgl. Mertens 1974) auf. Die Diskussion geht von der Beobachtung aus, dass sich Qualifikationsanforderungen nur noch schwer spezifizieren lassen, weil Aufgabenfelder in der Regel einer ständigen Dynamik unterliegen und von daher auch die kontinuierliche Weiterentwicklung der Arbeitskraft erfordern. Gleichzeitig besteht ein wachsendes Interesse an erhöhter Personaleinsatzflexibilität im Rahmen von Arbeitssystemen. Schlüsselqualifikationen sind dabei die Qualifikationen, die diese Weiterentwicklungsfähigkeit ausmachen. Es handelt sich demzufolge um „an die Person gebundene, fachübergreifende Kompetenzen" (Stabenau 1995, S. 347; zitiert nach Erpenbeck & Heyse 1999a, S. 156). Hierzu kann man wiederum Methoden-, Sozial- und Selbstkompetenz zählen. Eine Loslösung vom Arbeitsanforderungsbezug kann man dabei allerdings nicht feststellen.

Ähnlich zeigt sich dies in der Begriffsfassung von Becker & Rother (1998, S. 11) mit den Termini Können, Wollen und Dürfen. Auch Staudt & Kriegesmann (2002, S. 36) verweisen auf Handlungsfähigkeit, Handlungsbereitschaft und Zuständigkeit. Neben der individuellen Motivation werden hier die Qualifikation und das überwiegend betrieblich definierte System von Verantwortlichkeiten unter den Kompetenzbegriff subsumiert. Von daher sind erhebliche Unterschiede zur ersten Begriffsfassung zu konstatieren, die externe Strukturkomponenten bewusst aus dem Definitionsansatz ausnimmt.

Bezogen auf die Arbeitsplatz-Ebene kann zusammenfassend festgehalten werden, dass Kompetenz hier vor allem im Sinne von Schlüsselqualifikation verstanden wird. Als externes Kriterium für das Vorhandensein entsprechender Kompetenz bzw. von Schlüsselqualifikationen kann die Schließung der Deckungslücke zwischen Arbeitsanforderungen und Arbeitsvermögen gesehen werden, wobei auch eine stärker zukunftsgerichtete dynamische Deckungsfähigkeit zu berücksichtigen ist. Damit wird der bislang vergangenheits- und gegenwartsbezogene Qualifikationsbegriff auf prognostizierbare zukünftige Anforderungskategorien von Arbeitsplätzen bzw. Arbeitssystemen erweitert.

2.2 Gruppenebene

Kompetenz auf der Gruppenebene wird vor allem im Rahmen der Sozialpsychologie und der Gruppensoziologie behandelt. So gibt es seit den 50er Jahren im Rahmen der sozialpsychologischen Gruppenforschung Versuche, Gruppenkompetenzen im Sinne von Interaktionen zu erfassen (vgl. Bales 1950, 1972, 1999; Bales & Cohen 1982). Der Kompetenzbegriff auf der Gruppenebene steht in engem Zusammenhang mit der Interaktion bzw. Interaktionsfähigkeit: „Kompetenzen von Gruppen werden erschlossen aus Handlungen, die einzelne Personen nicht hervorbringen könnten, weil sie an die unmittelbare Interaktion gebunden sind, diese Handlungen also ausschließlich im Gruppenkontext auftauchen können" (Baitsch 1996b, S. 106). Gleichwohl ist an der Interaktion immer auch das handelnde Individuum beteiligt, dessen Sozialkompetenz entsprechend gefordert ist. Gruppenarbeit stellt an die Gruppenmitglieder Anforderungen wie beispielsweise Problemlösefähigkeit, Teamfähigkeit, Konfliktmanagement und Coaching (vgl. Schiersmann & Remmele 2002, S. 44). Da die Gruppenkompetenz jedoch nicht über die Summe individueller Kompetenzen bestimmt werden kann, sondern es um die Qualität der sozialen Handlung als Ganzes geht, lässt sich Gruppenkompetenz als Selbststeuerungsfähigkeit von Gruppen präzisieren. „Kompetenz von Gruppen entspricht der Qualität des Verlaufs der Steuerung von Gruppenprozessen" (Baitsch 1996b, S. 107).

Lernprozesse in Gruppen besitzen in Anlehnung an Kauffeld & Grote (2000, S. 116 f.) drei wichtige Facetten: erstens schult die Gruppe ihre Selbstorganisationsfähigkeit („soziale Lernprozesse"), zweitens weist die Gruppe aufgrund ihres Reflexionsvermögens ein hohes Lernniveau auf („Synergie-Effekt") und drittens erweitern die Gruppenmitglieder durch stattfindende Interaktionen ihre individuellen Kompetenzen („Ausweitung des Lernfeldes"). Damit geht Lernen in Gruppen deutlich über einen Know-how-Transfer (dazu Dybowski et al. 1999, S. 109) hinaus. Das arbeitsbegleitende Lernen in Gruppen (dazu Schiersmann & Remmele 2002) zielt auf ein deutero-learning (dazu Argyris & Schön 1978) ab. Diese zeigt sich auch in den neueren Ansätzen des „Team Learnings" (Senge 1990) und des „Ba"-Konzeptes von Nonaka & Konno (1998), in denen bestimmte Entwicklungsstufen von Gruppenkompetenz (z.B. Phasen des „Containers" im Dialog-Ansatz von Senge, Roberts, Ross, Smith & Kleiner 1994, vgl. Pawlowsky & Reinhardt 2002, S. 23 ff.) als Nährboden von Gruppenvorteil und Gruppenleistung betrachtet werden. Im Ergebnis zeigt sich Gruppenkompetenz in der unmittelbaren Handlungs- und Leistungsfähigkeit von Gruppen sowie dem weiteren gruppenbezogenen Lern- und Entwicklungsprozess.

In anderen Ausführungen zur Gruppenkompetenz fällt die Konzentration auf die Gruppenebene weniger eindeutig aus, da der Begriff in einen engen Zusammenhang zur individuellen Kompetenz gestellt wird. Bandura (2000, 2001) beschreibt das Konstrukt der kollektiven Kompetenz durch die Wahrnehmung des Individuums, in der Gruppe wirksam werden zu können und durch die Wahrnehmung des Individuums hinsichtlich der Wirksamkeit der Gruppe als Ganzes. Eine vom Individuum losgelöste Begriffsfassung fehlt damit. Ähnliches zeigt sich auch am Kasseler-Kompetenz-Raster, einem Ansatz zur Erfassung von Gruppenkompetenz (vgl. Frieling et al. 2000 und Kap. 3.3). Dieses Modell ermittelt in unmittelbarer Analogie zur Individuumsebene die Fach-, Methoden-, Sozial- und Selbstkompetenz von Gruppenmitgliedern im Rahmen von Problemlösungsprozessen und löst sich dabei nicht konsequent von der Individuumsebene.

Während die erste hier vorgestellte Begriffsfassung zur Gruppenkompetenz die schlüssigere ist, weil sie auf die rein interaktionsgebundene Kompetenz abstellt, spielen die zweite und dritte, sich vom Individuum weniger lösenden Begriffsfassungen in Operationalisierungsansätzen für die Praxis derzeit die größere Rolle. In den angenommenen Erfolgskriterien unterscheiden sich die Begriffsfassungen indes nicht.

2.3 Organisationsebene

Die auf die Organisation gerichtete Kompetenzforschung ist in der Organisationsforschung, insbesondere der Wettbewerbstheorie beheimatet. Organisationale Kompetenz bezieht sich auf die Handlungsfähigkeit der Unternehmung (Probst et al. 2000;

Staudt & Kriegesmann 2002), die der nachhaltigen Sicherung der Wettbewerbsposition dient. Es geht um die Frage, ob und inwieweit eine Unternehmung imstande ist, Handlungspotenzial aufgrund von Ressourcen zu aktivieren und wirkungsvoll zu nutzen (vgl. Freiling 2002, 20 f.). Diese Frage ergibt sich aus dem ressourcenorientierten Ansatz (vgl. Wernerfelt 1984; Barney 1991), der zum herrschenden Paradigma in der Wettbewerbstheorie avanciert ist (vgl. Wernerfelt 1995; Bresser 1998). Die Grundannahmen des Ressourcenansatzes wurden in den vergangenen zwanzig Jahren entwickelt und in einer Vielzahl empirischer Studien bestätigt (vgl. Barney & Arikan 2001; Rouse & Daellenbach 2002; Ray, Barney & Muhanna 2004).

Der resource-based view erklärt die Entstehung von Wettbewerbsvorteilen durch die heterogenen, immobilen, nicht imitierbaren, nicht substituierbaren und knappen Ressourcen einer Organisation (vgl. Barney,1991, S. 103 ff.; Rasche 1994, S. 69 ff.; Blohm 2000, S. 89 ff.). Danach bilden unternehmensinterne Ressourcen die Voraussetzung für die Erlangung und die Sicherung dauerhafter bzw. nachhaltiger Wettbewerbsvorteile (vgl. Dierickx & Cool 1989), die durch spezifische Bündelungs- und Kombinationsprozesse dieser Ressourcen erlangt werden (vgl. Rouse & Daellenbach 2002). Hierzu lassen sich in besonderer Weise immaterielle Ressourcen, wie das organisationale Wissen oder Werte und Einstellungen von Mitarbeitern rechnen, die einen hohen Imitationsschutz begründen (vgl. Mahoney 1995; Grant 1996). Die wettbewerbsvorteilssichernde Bedeutung von organisationsspezifischen Ressourcenkombinationen wird besonders deutlich im Kernkompetenzansatz (vgl. Prahalad & Hamel 1990). Kernkompetenzen sind solche Kompetenzen, die in der Wahrnehmung des Kunden einen überdurchschnittlichen Nutzen begründen (vgl. Prahalad & Hamel 1990; Prahalad & Hamel 1991) und damit der Organisation eine ökonomische Quasi-Rente sichern (vgl. dazu Mahoney 1995; Duschek 2002).

Aus einer eher kritischen Perspektive erscheint der resource-based view in seiner Erklärung zur Entstehung von Wettbewerbsvorteilen als zu statisch, weil der Umgang mit dynamischen Umwelten und rasch wandelnden Kundenbedürfnissen zu wenig reflektiert wird (zur Übersicht siehe Duschek 2002). In Erweiterung bezieht sich der dynamic capability approach (Teece, Pisano & Shuen 1997) auf „the firm's ability to integrate, build, and reconfigure internal and external competencies to address rapidly changing environments" (Teece, Pisano & Shuen 1997, S. 516; vgl. auch Winter, 2003). Mittlerweile wurden diese Überlegungen mit dem resource-based view synthetisiert, so dass man zu den Kernkompetenzen sowohl die organisationsinternen Prozesse der Bündelung von Ressourcen als auch die dynamischen Fähigkeiten, d.h. die Erneuerungsprozesse der Ressourcenkombinationen zusammenfasst (vgl. Mahoney 1995; Makadok 2001; Rouse & Daellenbach 2002; Ray, Barney & Muhanna 2004).

Aus dem vorgestellten theoretischen Hintergrund ergibt sich, dass Kernkompetenzen im Sinne spezifischer Ressourcenbündel und dynamischer Fähigkeiten der Erneuerung nur organisationsspezifisch ermittelt werden können und Maßnahmen zu ihrer Entwicklung nicht standardisierbar sind.

Neben der vorgestellten wettbewerbstheoretisch fundierten Definition von Organisationskompetenz trifft man auch auf weniger streng theoretisch hergeleitete Begriffsfassungen, die allerdings unzweifelhaft ein Verwandtschaftsverhältnis zur erläuterten Basistheorie für Organisationskompetenz erkennen lassen. Denn unter den Kompetenzbegriff fasst man ganz allgemein einen Teil der immateriellen Ressourcen einer Organisation. Hierzu zählen insbesondere das intellektuelle und das soziale Kapital (dazu Nahapiet & Ghoshal 1998). Besonders häufig wird argumentiert, dass organisationsspezifisches Wissen die im resource-based view genannten Voraussetzungen für wettbewerbsvorteilssichernde Ressourcen in hervorragender Weise erfüllt (vgl. Barney 2001). Es ist aus dem betrieblichen Interaktionssystem erwachsen und an dieses gebunden, so dass es heterogen, immobil, nicht imitierbar und auch nur schwer substituierbar ist. Dies wird offensichtlich, wenn man sich mit dem Wesen von Wissen beschäftigt (vgl. dazu Polanyi 1966; Foerster 1985; Kleinhans 1989; Pautzke 1989; Berger & Luckmann 1990; Wikström et al.,1992; Pawlowsky 1994; Nonaka & Takeuchi 1995). Daraus ergibt sich die Vorstellung, dass es sich bei Wissen um subjektive Repräsentationen von Wirklichkeit handelt, die in mehr oder minder ausgeprägter Form als Dispositionen von Wahrnehmung und Verhalten betrachtet werden können.

Wissen resultiert aus und führt zu Sinngemeinschaften und gemeinsam geteilten Wirklichkeitskonstruktionen (vgl. Hedberg 1981; Daft & Weick 1984; Sandelands & Stablein 1987; Senge 1990; Weick & Roberts 1993; Cannon-Bowers, Salas & Converse 1993), die für sich genommen ebenfalls als Kernkompetenzen verstanden werden können. Denn dahinter steht eine soziale Komplexität und kausale Ambiguität, die einen hohen Imitationsschutz begründen (vgl. Barney 1991; Wilkens, Menzel & Pawlowsky 2004).

Zur Kernkompetenz von Organisationen werden ferner spezifische Personalpraktiken oder Kommunikationsinstrumente gerechnet, wenn es ihnen gelingt, das organisationale Wissen zu fördern (vgl. Wright, McMahan & McWilliams 1994; Barney & Wright 1998; Wright, McMahan, McCormick & Sherman 1998; Wright, Dunford & Snell 2001). Folgt man der ressourcenorientierten Perspektive, so weist Organisationskompetenz immer einen Kontextbezug auf, aus dem sich die kausale Ambiguität, die den Imitationsschutz begründet, ergibt. Dieses kontextgebundene Wissen verleiht wiederum situationsübergreifende Handlungsfähigkeit, wie insbesondere der dynamic capability approach zeigt (s.o.).

Allgemein gesprochen lässt sich die externe Erfolgswirkung von Organisationskompetenzen – ressourcenorientierten Überlegungen folgend – in einer überdurchschnittlichen ökonomischen Rente erkennen, die durch einen spezifischen Kundennutzen erzielt wird (vgl. Barney 1991). Mittlerweile hat man sich aufgrund damit einhergehender Zuschreibungsprobleme darauf verständigt, dass sich der Erfolg von Organisationskompetenz in der Qualität und Effektivität von Organisationsprozessen, die unmittelbar dadurch berührt werden, zeigt (vgl. Ray, Barney & Muhanna 2004).

2.4 Netzwerkebene

Netzwerke stellen eine intermediäre Organisationsform dar, „die sich durch komplex-reziproke, eher kooperative denn kompetitive und relativ stabile Beziehungen zwischen rechtlich selbständigen, wirtschaftlich zumeist jedoch abhängigen Unternehmen auszeichnet" (Sydow 1992, S. 79). Netzwerke sind damit *eine* Repräsentationsform von Organisation. Folglich bedarf es keiner Betrachtung der Netzwerkebene in Abgrenzung zur Organisationsebene. Eine gesonderte Auseinandersetzung mit dem Begriff der Netzwerkkompetenz wird vielmehr dadurch gerechtfertigt, dass es sich bei Netzwerken um einen sehr bedeutsamen Spezialfall von Organisation handelt.

Der Begriff der Netzwerkkompetenz ist theoretisch im beziehungsorientierten Ansatz (vgl. Dyer & Singh 1998; Sjurts 2000; Duschek 2002, 2004), einem Derivat des ressourcenorientierten Ansatzes, verankert. Der „relational view points out that resources generating competitive advantage often span firm boundaries" (Duschek 2004, S. 61). Dieser Ansatz verweist damit auf die wettbewerbsvorteilssichernde Bedeutung netzwerkspezifischer Aktivitäten und Eigenschaften, wie z.B. Wissensteilung, Ressourcenkomplementarität oder Vertrauen zwischen den Netzwerkpartnern (vgl. Duschek 2004, S. 62 ff.). Analog zur wettbewerbstheoretischen Argumentation des resource-based view wird im relation-based view auf netzwerkspezifische Imitationsbarrieren hingewiesen, die sich aus der Knappheit der Partner für die spezifische Interaktion, sowie der sozialen Komplexität und kausalen Ambiguität ergeben, die sich hinter der Entstehung spezifischer Synergien zwischen Netzwerkpartnern verbergen (vgl. Dyer & Singh 1998; Duschek 2004). So lässt sich mit Mitchell (1969, S. 2) argumentieren, dass die Charakteristika des Beziehungssystems „as a whole may be used to interpret the social behavior of the actors involved". Man gelangt also zu einer ähnlich konstruktivistisch geprägten Argumentation wie bei der Begründung, weshalb es sich bei Organisationswissen um eine Kernkompetenz handeln kann. In ähnlicher Weise ergibt sich aus dem Interaktionsgeschehen zwischen den Netzwerkpartnern eine Handlungsfähigkeit, die unmittelbar an den Interaktionsprozess, insbesondere die Verständigung und gemeinsame Zielwahrnehmung der Akteure, geknüpft ist.

Als Netzwerkkompetenz bezeichnet man mithin die Fähigkeit, über interorganisationale Beziehungen zur Wertschaffung und Wertaneignung zu gelangen (vgl. Hoffmann 2003). Es wird davon ausgegangen, dass das Beziehungssystem selbst eine Ressource darstellt, die nachhaltige Wettbewerbsvorteile sichert, beispielsweise durch Routinen, die die Kombination von Wissensbeständen erleichtern, durch Ressourcenkomplementarität der Netzwerkpartner oder durch eine spezifische „governance structure" (vgl. Duschek 2002, S. 256 ff.; Duschek 2004, S. 64). Netzwerke können als „Ergebnis *und* Medium von Kompetenzentwicklung" (Sydow et al. 2003, S. 47) begriffen werden. Der darin enthaltene spezifische Wertschöpfungsbeitrag zeigt sich insbesondere „bei der Kompetenznutzung und -entwicklung im Kontext der Generierung von Innovationen" (Sydow et al. 2003, S. 45). Auf der Netzwerkebene geht es damit, wie auch auf den anderen Analyseebenen, um „kooperative Kompetenzen, also Fähigkeiten und Fertigkeiten, Beziehungen einzugehen, zu stabilisieren, fortzuentwickeln und auch gekonnt zu beenden"

(Sydow et al. 2003, S. 45). Sie spielen hier aber eine besondere Rolle. Die Netzwerkkompetenz liegt im sozialen Kapital begründet. Dieses lässt sich sowohl als Medium verstehen, über das Handlungsspielräume erweitert werden (vgl. Bourdieu 1983) als auch als Beziehungssystem, welches für sich genommen bereits einen spezifischen Nutzen stiftet (vgl. Coleman 1995). Interessant ist dabei vor allem der Hinweis, dass der Aufbau von interorganisationalem Beziehungskapital nicht unabhängig von der Güte des betriebsinternen Beziehungskapitals zu sehen ist (vgl. Staber 2002; Prusak & Cohen 2001). Netzwerk- und Organisationskompetenz scheinen demnach sowohl in der theoretischen Verankerung als auch in der spezifischen Entwicklung eng miteinander verwoben zu sein. Das zeigt sich auch bei der Auseinandersetzung mit entsprechenden Messinstrumenten (vgl. Abschnitte 3.4 und 3.5).

Die Erfolgswirkung von Netzwerkkompetenz zeigt sich neben der bereits genannten Innovationsfähigkeit, die durch das Beziehungssystem begründet wird, auch in der Mitgliedschaft an sich und in der gemeinsamen und wechselseitigen Entwicklung der Netzwerkpartner.

Ähnlich wie man auf den vorgenannten Analyseebenen immer auch Definitionen angetroffen hat, die weniger konsequent die Spezifik der untersuchten Ebene im Visier hatten, trifft man auch auf der Netzwerkebene auf allgemeine Begriffsfassungen. Nach Ritter (1998, S. 56) lässt sich als Netzwerkkompetenz das „Ausmaß der Erfüllung der Aufgaben eines Netzwerkmanagement und das Ausmaß der Qualifikation der beteiligten Mitarbeiter für das Netzwerkmanagement" bezeichnen. Hier werden also individuelle und organisationale Handlungen und Fähigkeiten heraus gestellt. Zwar ist diese Definition deutlich weniger elaboriert. Es ist aber nicht ausgeschlossen, dass bei der Erfassung von Netzwerkkompetenz wiederum Ansätze überwiegen, die netzwerkbezogene individuelle und organisationale Fähigkeiten erfassen (siehe Abschnitt 3.5).

2.5 Resümee

Im Rahmen dieses Kapitels wurden Kerndefinitionen von Kompetenz für die jeweilige Betrachtungsebene, die Erfolgskriterien und die Wissenschaftsdisziplinen, aus denen diese Überlegungen hervorgehen, vorgestellt (vgl. Abb. 1 zur zusammenfassenden Übersicht). Die Betrachtung der unterschiedlichen Ansätze zeigt, dass die situationsunabhängige Handlungsfähigkeit in den meisten Definitionen ein Kernelement ist. Für die Organisations- und Netzwerkebene wurde darüber hinaus deutlich, dass sie einer gemeinsamen Argumentationsbasis entspringen und nicht klar voneinander zu trennen sind.

Unterschiede in den Begriffsfassungen ließen sich dahingehend erkennen, ob die jeweilige Definition einen theoretischen Ursprung aufweisen konnte oder nicht. Außerdem unterschieden sich die Definitionsansätze darin, ob sie den Kompetenzbegriff an ebenenspezifische Handlungsfähigkeiten geknüpft haben oder allgemeine Fähigkeiten beleuchtet wurden.

Nachfolgend soll nunmehr exemplarisch analysiert werden, welche Ansätze der Kompetenzmessung es für die jeweiligen Ebenen gibt. Dabei sollen jeweils deren theoretische Hintergründe betrachtet werden.

3 Kompetenzmessinstrumente – Übersicht

Nachdem im vorangegangenen Abschnitt eine erste Differenzierung des Kompetenzbegriffes nach Analyseebenen erfolgt ist, sollen im Folgenden ausgewählte Instrumente zur Identifikation und Bewertung von Kompetenzen für die einzelnen Ebenen vorgestellt und kritisch gewürdigt werden (zur Übersicht vgl. Abb. 2). Um eine systematische Einschätzung der exemplarisch ausgewählten Instrumente zu ermöglichen, wird ein Analyseraster zugrunde gelegt. Es ist der Instrumentenbeschreibung voran gestellt (vgl. Abschnitt 3.1).

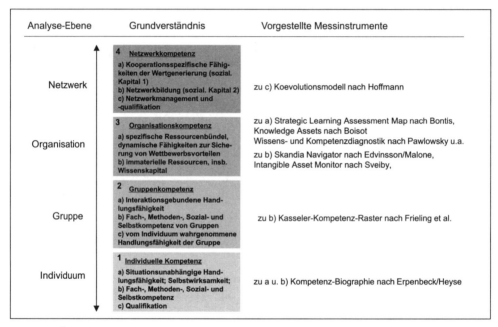

Abb. 2: Übersicht über Kompetenzmesskonzepte

3.1 Kriterien zur Bewertung der Kompetenzmessinstrumente

Das nachfolgend beschriebene Analyseraster wurde erstellt, nachdem eine Vielzahl von Instrumenten zur Kompetenzmessung gesichtet wurden (vgl. Instrumentenübersicht im Anhang). Durch die Sichtung kristallisierten sich die unterschiedlichen Dimensionen, die diese Instrumente erkennen lassen, sowie die Ausprägungen, die diese Dimensionen dabei annehmen können, heraus. Im Ergebnis soll das Raster helfen, eine systematische Auseinandersetzung mit Kompetenzmessinstrumenten zu erleichtern.

1. Analyseebene: Individuum – Gruppe – Organisation – Netzwerk
Die Instrumente lassen sich zunächst nach ihrer vorrangigen Bezugsebene unterscheiden. Nach diesem dominanten Unterscheidungskriterium richtet sich die Grundstruktur des gesamten Beitrages. Es kann dabei weiter unterlegt werden, welches konkrete Kompetenzverständnis für die jeweilige Analyseebene offensichtlich wird und ob dem Verständnis ein theoretisches Fundament zugrunde liegt.

2. Gegenstand der Messung: Bestände oder Prozesse
Die Instrumente lassen sich danach klassifizieren, ob sie Kompetenzen im Sinne von Beständen (z.B. Patente, dokumentiertes Wissen, Erfahrungswissen, Mitarbeiterkompetenzen, Rahmenbedingungen) oder im Sinne von Prozessen (z.B. Interaktionen, Austauschprozesse) erfassen. Für die Individuumsebene lässt sich die Prozesserfassung allerdings nicht sinnvoll annehmen. Daher bezieht sich diese Differenzierung auf die kollektiven Analyseebene.

3. Messmethoden: Bestandsaufnahme oder Prozessanalyse
Nicht nur der Gegenstand der Messung lässt sich danach klassifizieren, ob Bestände oder Prozesse erhoben werden, sondern auch die eingesetzten Methoden differieren danach, ob die Kompetenzen (Bestände oder Prozesse) in Form einer Bestandsaufnahme oder im Rahmen einer Prozessanalyse erfasst werden. Eine Prozessanalyse kann beispielsweise in Form einer Längsschnittstudie oder einer Prozessbegleitung über einen längeren Zeitraum erfolgen. Zudem lassen sich dabei die eingesetzten Erhebungs- und Auswertungsmethoden spezifizieren.

4. Beurteilungsgrad: Erfassung oder Bewertung
Die Instrumente unterscheiden sich danach, ob sie nur der Erfassung von Kompetenzen dienen oder ob sie zusätzlich eine Bewertung entlang von Erfolgskriterien vornehmen.

4.1 Beurteilerperspektive: Selbst- oder Fremdbewertung
Dies schließt die Frage ein, ob die Erfassung und Bewertung der Bestände bzw. Prozesse durch die Kompetenzträger und Akteure selbst (Selbstbeurteilung) oder durch Außenstehende (Fremdbeurteilung) durchgeführt wird.

4.2 Abhängige Variablen: Erfolgskriterien
Im Fall der Bewertung von Kompetenzen benennen die Instrumente entsprechende Erfolgskriterien, die exemplarisch im 2. Kapitel (vgl. Abb. 2.1) benannt wurden. Diese sollen bei der Instrumentbeschreibung spezifiziert und dahingehend gewürdigt werden, ob sie theoretisch hergeleitet wurden.

5. Zeitliche Dimension
Die Instrumente können danach eingeordnet werden, ob Kompetenz im Sinne vergangener oder gegenwärtiger Leistungen bewertet wird oder ob zukünftige Leistungspotenziale damit eingeschätzt werden sollen.

6. Zielperspektive und ebenenübergreifende Bezugspunkte
Die Instrumente unterscheiden sich darin, welcher Zielsetzung sie dienen, ob diese Zielperspektive im Zusammenhang mit einer anderen Kompetenzebene definiert wird, und welche Beziehungskonstellation dabei angenommen wird. Beispielsweise können organisationale Anforderungen zum Ausgangspunkt der Bewertung individueller Kompetenzen gemacht werden, oder Kompetenzen werden als Entwicklungspotenziale verstanden, die es zu entdecken gilt, um die zukünftige Unternehmensstrategie daran auszurichten.

Bei der nachfolgenden Beschreibung von Kompetenzmessinstrumenten entlang des vorgestellten Kategoriensystems werden die Individuums-, Gruppen und Netzwerkebene exemplarisch dargestellt während die Organisationsebene im Zentrum der Betrachtung steht.

3.2 Instrumentbeschreibung für die Individuumsebene

3.2.1 Die Kompetenzbiographie von Erpenbeck & Heyse[1]

Erpenbeck & Heyse (1999a, 1999b) greifen für ihren Ansatz der „Kompetenzbiographie" auf das Instrumentarium der Biographieforschung zurück und betreten damit „theoretisch und praktisch Neuland" (vgl. Erpenbeck & Heyse 1999a, S. 486). Ziel des Instrumentes ist es, mit selbstzentrierten biografischen Tiefeninterviews und flankierenden Fragebögen Kompetenzen zu erfassen sowie Kompetenzaneignungs- und Nutzungsprozesse sichtbar zu machen. Daraus können, so die Autoren, Schlussfolgerungen für die Personal- und Organisationsentwicklung hervorgehen. Gleichzeitig sind Aussagen zu individuellen Potentialen von Mitarbeitern möglich.

Die „Kompetenzbiographie" wurde als Forschungsmethode entwickelt. Die Autoren gehen aber davon aus, dass unter geringfügigen Modifikationen mit der „Kompetenzbiographie" auch ein Instrumentarium für die praktische Kompetenzdiagnostik vorliegt.

Theoretischer Hintergrund
Ausgehend von einer zunehmenden situativen Unsicherheit sowohl für den Einzelnen als auch für Organisationen plädieren Erpenbeck und Heyse (vgl. 1999a, 1999b) für einen Kompetenzbegriff, der *Selbstorganisationsdispositionen* in den Mittelpunkt rückt. Selbstorganisationsdispositionen, das heißt individuelle Potenziale zur Selbstorganisation, versetzen den Einzelnen in die Lage, Unsicherheitssituationen zu überwinden und relative Ziele im Lernen und Handeln auszubilden. Sie sind auch die Voraussetzung für den Prozess gemeinsamen Lernens und Handelns, gemeinsamer, selbstreflexiver Wertgebung und Sinnfindung in Unsicherheitssituationen, in denen die Selbstlerndispositionen Einzelner Niederschlag in der kollektiven Herausforderung unternehmensweiter Veränderungen finden.

---
1   Der Abschnitt 3.2.1 entstand mit Unterstützung durch Maud Krohn.

Nach Erpenbeck und Heyse lassen sich Kompetenzen auffächern und detailliert untersuchen, wobei vier Kategorien unterschieden werden:

1. *Fach- und Methodenkompetenz*: fachliches und methodisches Wissen
2. *sozial-kommunikative Kompetenz*: zusammen- und auseinandersetzen, kooperieren, kommunizieren
3. *personale Kompetenz*: Selbstreflexion, Einstellungen, Werthaltungen, Ideale
4. *Aktivitäts- und Handlungskompetenz*: Umsetzung unter Nutzung aller Kompetenzen.

Die Kompetenzarten 2 bis 4 gelten dabei als nicht direkt, sondern nur aus der realisierten Handlung erschließbar. Sie sind wertzentriert und folglich nur durch Erfahrung bzw. selbstorganisiertes Lernen anzueignen.

Kompetenzen, so Erpenbeck und Heyse (1999a, 1999b), realisieren sich aus den konstituierenden Dispositionen der Menschen. Das erschwere ihre Erfass- und Messbarkeit. Versuchte man Kompetenzen wie Qualifikationen zu erfassen, dann vernachlässige man deren dispositionellen Charakter. Vielmehr seien Kompetenzen als wesentliche Persönlichkeitsmerkmale zu verstehen. Erpenbeck und Heyse sehen Kompetenzen eingebettet in einen sozialhistorischen Prozess der Persönlichkeitsentstehung und Entfaltung von psychosozialen Beziehungen. Sie verweisen deshalb auf die qualitative Sozialforschung zur Erfassung von Kompetenzen. Sie sehen vor allem biografische Ansätze als geeignete Methoden an, um sozialkommunikative und personale Kompetenzen in die Evaluation einzubeziehen. Die „Kompetenzbiographie" nutzt die Methode des narrativen biografischen Interviews in Form der Selbstfokussierung durch den Interviewten.

Das Untersuchungsdesign
Kernstück der Untersuchung ist das selbstfokussierte bzw. selbstzentrierte Interview als biographische Erhebung (vgl. Abb. 3). Es wird flankiert von verschiedenen Fragebögen, die zur Fokussierung während der Erhebung bzw. zur Auswertungsunterstützung beitragen sollen (vgl. Erpenbeck & Heyse 1999a).

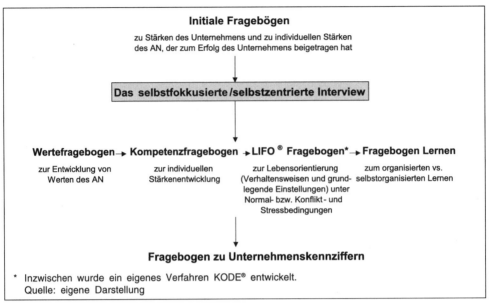

Abb. 3: Das Untersuchungsdesign in zeitlicher Abfolge

- *Initiale Fragebögen:* Begonnen wird mit zwei Fragebögen zu den Stärken des jeweiligen Unternehmens des Interviewten (Einschätzung durch den Interviewten) und zu den individuellen Stärken des Interviewten, die seiner Meinung nach zum Unternehmenserfolg beigetragen haben. Hier (wie auch im Werte- und Kompetenzfragebogen) liegt ein besonderer Schwerpunkt auf der Frage nach der Kompetenzentwicklung. Verfahrenstechnisch wird dies erfragt, indem der Interviewte die Herausbildung bzw. Weiterentwicklung seiner Kompetenzen in den letzten drei Jahren in Form eines Entwicklungspfeils aufzeichnet. Es wird ebenfalls nach dem möglichen Grund für die Entwicklung gefragt (Bearbeitungsdauer: 10 Minuten).
- *Das Selbstfokussierte/selbstzentrierte Interview:* Die initialen Fragebögen dienen als Gesprächsleitfaden für das biografische Tiefeninterview. Es wird nach den benannten Stärken gefragt sowie danach, wo und wie sich diese Stärken nach Meinung der Interviewten herausgebildet habe (Bearbeitungsdauer: 1 Stunde).
- *Wertefragebogen*: Mit diesem Fragebogen wird ein differentiell-polares Werteprofil abgefragt, welches individuelle, soziale und politische Wertvorstellungen offen legt (Bearbeitungsdauer: 10 Minuten).
- *Kompetenzfragebogen*: Der Kompetenzfragebogen wird als Erweiterungsnachfrage zum Interview gesehen. Erfragt werden eine erweiterte Liste möglicher fachlicher, methodischer, sozialer und persönlicher Stärken und ihrer Entwicklung in einem biografischen Zeitintervall (Bearbeitungsdauer: 15 Minuten).
- *LIFO®-Lebensorientierung-Fragebogen:* Dieser Fragebogen untersucht typische Verhaltensweisen und grundlegende Einstellungen des Interviewten, um einen Eindruck von seiner Lebensorientierung, seinen Wertvorstellungen sowie Stärken und Schwächen zu erhalten. Die Autoren haben für aktuellere Untersuchungen ein

daran anknüpfendes Verfahren (KODE®) entwickelt, das ihren Analysen- und Interpretationszielen noch besser entspricht (Bearbeitungsdauer: 15 Minuten).
- *Fragebogen organisiertes vs. selbstorganisiertes Lernen:* Im Mittelpunkt der Untersuchungen steht vor allem die Frage, welche Kompetenzen in welchen Lebenssituationen erworben wurden. Der Fragebogen benennt dabei unterschiedliche Lernsituationen (organisiert und selbstorganisiert) (Bearbeitungsdauer: 15 Minuten).
- *Fragebogen zu Unternehmenskennziffern:* Mit diesem Fragebogen sollen Kennziffern und Strukturdaten zur Unternehmensentwicklung (z.B. Umsatz, Personalkosten, Mitarbeiterzahl, Anzahl Bildungsmaßnahmen, Patente) erfasst werden (Bearbeitungsdauer: 10 Minuten).

Die Datenauswertung umfasst die Auswertung der Fragebögen und Zusammenfassung der Interviewaussagen (vgl. Erpenbeck & Heyse 1999a, S. 257 ff.). Dabei wird die Software ATLAS/ti eingesetzt, welche die Textinterpretation, das Textmanagement, die graphische Ergebnisdarstellung und Theorieentwicklung unterstützt (vgl. Erpenbeck & Heyse 1999a, S. 373 ff.).

Forschungsergebnisse
Der Forschungsansatz wurde zunächst pilotartig erprobt:
a) Kompetenzbiographien von erfolgreichen Unternehmer/innen in klein- und mittelständischen Unternehmen (Stichprobe: 20 Personen, Vergleichsgruppe „Führungskräfte und Mitarbeiter in einem Großunternehmen")
b) Kompetenzbiographien für Führungskräfte mittlerer Ebene und nachgeordneter Mitarbeiter in klein- und mittelständischen Unternehmen (Stichprobe: 20 Personen) und Betriebsräte (Stichprobe: 20 Personen) im Vergleich.

Erfolgreiche Unternehmer/innen, so die Ergebnisse der ersten Untersuchung zeigen auffallend hohe Übereinstimmungen in ihren Lebens- bzw. Lern- und Arbeitsorientierungen. Ihr Erfolg lässt sich auf das Zusammenspiel überdurchschnittlicher personaler Kompetenzen und Handlungskompetenzen zurückführen. Erfolgreiche Unternehmer/innen lernen frühzeitig sehr zeitökonomisch und vorwiegend selbstorganisiert zu handeln (vgl. Erpenbeck & Heyse 1999a). Die Lernmechanismen (learning by doing) der Führungskräfte mittlerer Ebene sowie der Betriebsräte sind denen der Unternehmer/innen ähnlich. Unterschiede zeigen sich eher in einer stärkeren Selbststeuerung/ Innengeleitetheit, höherer Risikobereitschaft sowie früherer Führungsaktivitäten seitens der Unternehmer/innen. Die Autoren verweisen auch auf einen teilweise günstigeren sozioökonomischen Status als Ausgangsbasis für die heutigen Unternehmer/innen (vgl. Erpenbeck & Heyse 1999b).

Kritische Würdigung
Zusammenfassend lässt sich festhalten, dass die Autoren ausgehend von ihren theoretischen Überlegungen zu Kompetenzen als Selbstorganisationsdispositonen ein Untersuchungsdesign erarbeitet haben, das der Unterscheidung in Fach- und Methodenkompetenz, sozial-kommunikative, personale sowie Aktivitäts- und Handlungskompetenz entspricht.

Die Ergebnisse legen nahe, dass sozial-kommunikative und vor allem personale Kompetenzen in großem Maße außerhalb der beruflichen Entwicklung, im sozialen Umfeld und im Alltag erworben werden.

Durch die Erfassung von Kompetenzen im biografischen Verfahren können personale Kompetenzen sowie Handlungskompetenzen isoliert werden, die besondere Auskunft über das mögliche Potenzial eines Arbeitnehmers, erfolgreich Führungspositionen übernehmen zu können, geben.

Ebenfalls zeigen die Untersuchungsergebnisse, dass informelles bzw. selbstorganisiertes Lernen einen beachtlichen Beitrag zur individuellen Kompetenzentwicklung leistet. Dies erlaubt Rückschlüsse für die Bereiche Personalentwicklung und Organisationsgestaltung hinsichtlich der Nutzung von Potenzialen und der Schaffung von Freiräumen.

Die Autoren gehen davon aus, dass die „Kompetenzbiographie" als ein Instrumentarium für praktische Kompetenzdiagnostik nutzbar ist. Sie selber merken kritisch an, dass dazu der Ansatz aber modifiziert werden müsse (vgl. Erpenbeck & Heyse 1999a, S. 469). Mit einem angegebenen Zeitumfang von ca. zwei Stunden Erhebungszeit sowie einer angemessenen Auswertungszeit (die sich bei Nutzung der detaillierten Auswertung ATLAS/ti noch um ca. vier Stunden zuzüglich Verschriftlichungszeit erhöhen würde) stellt sich die „Kompetenzbiographie" als ein zeitintensiver Ansatz dar, der nicht zuletzt einer Qualifizierung der Beurteiler bedarf. Bis jetzt wurde der Ansatz als Forschungsdesign genutzt, der wichtige vergleichende Ergebnisse erbracht hat. Fraglich ist, ob für Einzelanalysen wirklich ein Evaluationsinstrument vorliegt, welches beispielsweise die Bewertung des Erfolges abgeschlossener Weiterbildungsmaßnahmen gestattet (vgl. Erpenbeck & Heyse 1999a, S. 490). Diesbezüglich ist fraglich, ob der hohe Erhebungsaufwand gerechtfertigt ist.

In Erwägung zu ziehen ist die praktische Erprobung des Ansatzes „Kompetenzbiographie" als Diagnostikinstrument für die Aufdeckung von Mitarbeiterpotentialen als Grundlage von Personaleinsatzkonzepten. Dabei gilt es aber zu berücksichtigen, dass es sich um eine reine Selbstbeschreibung der betreffenden Mitarbeiter handelt, die ggf. um Fremdevaluationen erweitert werden müsste. Die Autoren weisen darauf hin, dass in ihren Untersuchungen die Befragung Anderer ein Risiko dargestellt und die notwendige Vertrauensbasis für die Interviews zerstört hätte (Erpenbeck & Heyse 1999a, S. 255).

Zu resümieren ist noch die ebenfalls von den Autoren entwickelten KODE®-Methode, die flankiert zu den initialen Fragebögen und dem Fragebogen zum organisierten vs. selbstorganisierten Lernen laut Autoren ein erstaunlich differenziertes Kompetenzbild ergibt – Erhebungszeit 20-30 Minuten (vgl. Erpenbeck & Heyse 1999b, S. 37). Hier wäre zu untersuchen, ob diese Aussagen durch die Anwendung des komplexen Ansatzes der „Kompetenzbiographie" eine für die Praxis wesentliche Vertiefung darstellen kann.

Abschließend bleibt festzuhalten, dass es dem Ansatz gelingt, die Erfolgswirkung von Kompetenz methodisch zu unterlegen.

Kategorisierung/Zusammenfassung

Kriterium	Kompetenzbiographie
1. Analyseebene und spezifisches Kompetenzverständnis - Auf welcher Anwendungsebene werden Kompetenzen erfasst? - Wie wird der Kompetenzbegriff verstanden bzw. operationalisiert?	Die Kompetenzbiographie erfasst theoretisch fundiert Kompetenzen auf der Individuumsebene. Die Kompetenzbiographie erfasst neben fachlich-methodischen Kompetenzen vor allem sozial-kommunikative, personale und Handlungskompetenzen.
2. Gegenstand der Messung - Werden Kompetenzen als Bestände oder Prozesse erfasst?	Kompetenzbestände (mit dynamischem Charakter, da Schwerpunkt auf sozial-kommunikativen, personalen und Handlungskompetenzen.)
3. Messmethoden - Erfolgt eine Bestandsaufnahme oder eine Prozessanalyse? - Mit welchen Methoden erfasst das Instrument Kompetenzen?	Bestandsanalyse mit Rückgriff auf biographische Prozesse: Durch selbstzentrierte biografische Tiefeninterviews und flankierende Fragebögen erfolgt die Erfassung der Kompetenzen. Für die Auswertung werden sowohl klassische Interpretationsverfahren (Inhaltsanalysen) als auch der Einsatz der Software ATLAS/ti genutzt.
4. Beurteilungsgrad, -perspektiven und -kriterien - Findet eine Erfassung oder eine Bewertung von Kompetenzen statt? - Erfolgt die Bewertung als Selbst- oder Fremdbeurteilung? - Welche Messindikatoren und Bewertungsdimensionen werden verwendet?	Der Schwerpunkt liegt auf der Selbstbewertung von Persönlichkeitsstärken. Es schließt sich eine Fremdbewertung durch Wissenschaftler an, die einen Zusammenhang zum Berufserfolg und zur weiteren Karriereentwicklung herstellt. Außerdem werden Kompetenzen zum Unternehmenserfolg (gemessen an Kennzahlen) in Beziehung gesetzt. Die Erfolgsmessung auf Individuumsebene ist theoretisch fundiert, die angenommenen Zusammenhänge zwischen individueller Kompetenz und Unternehmenserfolg lassen jedoch ein solches Fundament vermissen.
5. Zeitliche Dimension - Werden vergangene, gegenwärtige oder zukünftige Leistungen als Ausdruck von Kompetenz erfasst?	Die Kompetenzbiographie bewertet mit Rückblick auf bereits durchlaufene Entwicklungsprozesse aktuelle und zukünftige Kompetenzen.
6. Zielperspektive und ebenenübergreifende Bezugspunkte - Welcher Zielsetzung dient das Instrument? - Geht es im Zielsystem um ebenenübergreifende Verknüpfungen von Kompetenz, wenn ja in welcher Beziehungskonstellation?	Einerseits werden organisationale Anforderungen zum Ausgangspunkt der Kompetenzbewertung gemacht. Andererseits werden individuelle Potenziale der Mitarbeiter/innen als Ausgangsbasis für zukünftige „unscharfe" Szenarien verstanden. Es geht um die Bewältigung von Situationen mit einem hohen Anteil Ungewissheit und Unbestimmtheit.

3.2.2 Die Wissensbilanz der Volkswagen Coaching AG

Die Wissensbilanz wurde von der VW Coaching AG entwickelt, um dem unkontrollierten Abfluss von Wissen durch Mitarbeiterfluktuation ebenso wie Qualifizierungsüberhängen entgegenzuwirken. Im Zusammenhang mit der eingangs vorgenommenen Unterscheidung von Qualifikationen und Kompetenzen wird „Wissen" im Rahmen der VW-Wissensbilanz als Qualifikation verstanden. Als Messgröße für Wissen wird Lernzeit definiert. Auf dieser Basis erfolgt sowohl eine Wissenserfassung des einzelnen Mitarbeiters (im Sinne von Performanceleistung) als auch die Erfassung des Wissensstands bzw. der Anforderungen in den jeweiligen Arbeits- und Unternehmensbereichen. Mit diesem Ansatz will die VW Coaching AG mehr Transparenz für den Personal- und Qualifikationsbereich schaffen, Planung und Bewertung von Qualifizierungsmaßnahmen ermöglichen sowie Unterstützung bei der Budgetplanung von Qualifizierungskosten bieten.

Das Instrument
Ausgegangen wird von einer Beziehung zwischen Arbeitssystem/Arbeitsaufgabe (Wissen-System = $Wissen_S$) und der Qualifikation von Mitarbeitern (WissenMensch = $Wissen_M$). Sie werden durch Anforderungs- und Qualifikationsprofile in Beziehung gesetzt. Zur zahlenmäßigen Beschreibung der geforderten Qualifikationen werden Kennzahlen eingeführt, die auf der Messgröße *Lernzeit* basieren. Unter *Lernzeit* wird die Zeit verstanden, „die eine grundsätzliche geeignete Person mit durchschnittlicher Begabung nach Abschluss der allgemeinbildenden Schule benötigt, um eine Aufgabe selbständig und in normaler Zeit ausführen zu können" (Kaiser 2002). *Lernzeit* fungiert also als ein Wichtungsfaktor zwischen unterschiedlichen Qualifizierungsstufen, der eine Bilanzierung von $Wissen_S$ und $Wissen_M$ ermöglicht, die wiederum Unter- und Überdeckungen zwischen Arbeitsplatzanforderung und Mitarbeitern erkennen lässt. Auf diese Art und Weise kann man die Wissensbalance auf Arbeitsplatz-Mitarbeiter-Ebene, auf der Arbeitssystem-Ebene (mehrere Arbeitsplätze) oder für den ganzen Unternehmensbereich (alle Arbeitsplätze) vollziehen. Diese Auswertung fließt in die Planung von Personaleinsatz und Qualifizierungsmaßnahmen ein (vgl. auch Abb. 4).

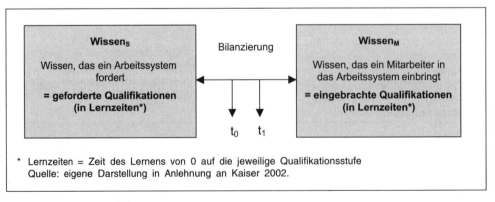

* Lernzeiten = Zeit des Lernens von 0 auf die jeweilige Qualifikationsstufe
Quelle: eigene Darstellung in Anlehnung an Kaiser 2002.

Abb. 4: Die Wissensbilanz

Vorgehensweise
Nach detaillierter inhaltlicher Beschreibung der einzelnen Arbeitsplätze eines Arbeitssystems und der Zuordnung zu Qualifikationsstufen werden die geforderten Qualifikationen pro Arbeitsplatz in *Lernzeiten* angegeben (also in Tagen, Wochen, Monaten). Diese Festlegung wird durch die Meister und Vorarbeiter, wenn nötig auch durch Einbeziehen der jeweiligen Mitarbeiter, in „intersubjektiver Einschätzung" getroffen. In einem zweiten Schritt werden die Qualifikationen der Mitarbeiter – wiederum von ihren Vorgesetzten – bezogen auf die zu besetzenden Arbeitsplätze bewertet. Die jeweiligen Qualifizierungsstufen werden den Mitarbeitern dann als Lernzeit-Konten gutgeschrieben. Das ermöglicht die Angabe des vorhandenen $Wissen_M$ – vergleichbar zur Angabe des benötigten $Wissen_S$ – in Lernzeit-Einheiten. Damit ist ein Vergleichswert geschaffen, der die Bilanzierung ermöglicht. Wird auf Bereichsebene eine Bilanz erstellt, erfolgt neben der globalen Aussage zur möglichen Unterdeckung gleichzeitig die Angabe der Arbeitssysteme bzw. Arbeitsplätze, die die Unterdeckung erzeugen. Das ermöglicht gezielte Maßnahmen, die zur Optimierung des gesamten Bereichs beitragen.

Die Wissensbilanz unterstützt Entwicklungsprozesse, indem sie nicht nur auf fixen Beschreibungen basiert, sondern aktuelle Veränderungen kontinuierlich mit einbezieht. Es wird immer ermittelt, wann ein Mitarbeiter seine Qualifikationen einbringt, aber auch, wann er diese verändert oder verliert. Verändern kann ein Mitarbeiter seine Qualifikationen durch Qualifizierungsmaßnahmen unterschiedlichster Art (Training-on-the-job, Lehrgang etc.). Sein Vorgesetzter schätzt dann den Erfolg der Maßnahme ein und verändert gegebenenfalls das Lernzeit-Konto zu Gunsten des Mitarbeiters. Verlieren kann ein Mitarbeiter seine Qualifikationen zum Beispiel durch längere Nichtanwendung oder durch Weggang wie bei Zeitverträgen, Schwangerschaften, Rente, Kündigung, Versetzung und ähnlichem. In diesem Fall wird die Qualifikationen ($Wissen_M$) des Mitarbeiters „abgeschrieben". Der Eintrag erfolgt sofort, wenn das Ereignis bekannt wird. Diese dynamische Erfassung der Daten ermöglicht eine Bilanzierung zu jedem Zeitpunkt – auch perspektivisch für die Zukunft in Form von Planbilanzen.

Die Datenfülle wird durch eine eigens entwickelte Datenbank zur Wissensbilanz gemanagt, die Abweichungen bzw. Deckungen von $Wissen_M$/$Wissen_S$ in Zahlen (Lernzeiten) ausgibt. Die Eingabe erfolgt durch Kennzahlenvergabe für alle Arbeitsgänge und damit für alle Qualifikationsstufen sowie für alle Mitarbeiter in Form von zeitlicher Aktualität. Die Datenpflege übernehmen – für die Personalplanung – die jeweiligen Meister, für den Qualifikationsbereich extra intern ausgebildete „Organisatoren".

Die Wissensbilanz wurde von VW Coaching bereits in drei Produktions- und Fertigungsbereichen von VW implementiert. Nach eigenen Angaben ist die Resonanz durchweg positiv. Die Implementierung, die eine von VW Coaching unterstützte Erhebungs- und Qualifizierungsphase mit umfasst, dauert nunmehr drei bis sechs Monate.

Kritische Würdigung

Der Wissensbilanz liegt ein Kompetenzverständnis im Sinne von Qualifikation zugrunde und damit lässt sich der Ansatz als eine Skill Management-Methode beschreiben, wie sie seit langen in Unternehmen praktiziert werden. Neu und spannend ist die Überlegung, den dynamischen Wechselprozess von benötigtem und vorhandenem Wissen kontinuierlich in Form von sich verändernden Lernzeit-Konten zu bilanzieren und für den Unternehmensbereich zu vereinheitlichen.

Neben der Bilanzierung von $Wissen_M$/$Wissen_S$ ermöglicht die Wissensbilanz weitere Hilfestellungen für den Personal- und Qualifizierungsbereich, die individuell von Vorgesetzten genutzt werden können. Als Beispiel seien Entwicklungsgespräche genannt. Die Praxis hat ergeben, dass durch die Bilanzierung überqualifizierte Arbeitnehmer identifiziert werden können. Ihnen kann auf der Basis der erhobenen Qualifizierungsstruktur neue Perspektiven aufgezeigt und in konkreten Maßnahmeschritten vorgestellt werden. Das führte in der Anwendung der Wissensbilanz bereits zur Personalbindung von Mitarbeitern, die aufgrund ihrer Überqualifizierung eigentlich den Bereich wechseln wollten.

Die Kompetenzerfassung konzentriert bzw. beschränkt sich in diesem Ansatz im Kern auf die fachlich-methodische Komponente (z.B. „Einlegen Bodenblech von links", Kaiser 2002), die ein Mitarbeiter braucht, um die jeweiligen Arbeitsplätze erfolgreich übernehmen zu können. Für komplexere Arbeitsplätze werden zusätzlich auch Methoden zur Teamführung erhoben. Eine darüber hinausgehende Kompetenzerfassung (z.B. Führungskompetenz, sozial-kommunikative oder personale Kompetenzen) wird so nicht vollzogen. Ausgehend von der Zielsetzung von VW Coaching, Transparenz und Planungshilfe für den Personal- und Qualifikationsbereich in Produktionsbereichen zu schaffen, stellt die Wissensbilanz trotz allem einen praktikablen Ansatz dar. Eine unmodifizierte Übernahme in andere Arbeitszusammenhänge bzw. Unternehmensbereiche, die darüber hinausgehende Kompetenzen erfordern, scheint dagegen fraglich. VW Coaching sehen dieses Problem in ähnlicher Weise und arbeiten aktuell an einer veränderten Fassung der Wissensbilanz für administrative Bereiche.

Abschließend kann festgehalten werden, dass es dem Instrument gelingt, Kompetenz in enger Anlehnung an den Begriff der Qualifikation im Sinne der Schließung der Deckungslücke zwischen Arbeitsanforderungen und Arbeitsvermögen methodisch zu erfassen. Dabei wird sogar eine Dynamisierung von Anforderungen berücksichtigt. Allerdings reicht das Instrument nicht weit genug, um Schlüsselqualifikationen und damit die zukunftsgerichtete Deckungsfähigkeit gegenüber neuen Arbeitsanforderungen in die Analyse zu integrieren.

Kategorisierung/Zusammenfassung

Kriterium	Wissensbilanz der Volkswagen Coaching AG
1. Analyseebene und spezifisches Kompetenzverständnis - Auf welcher Anwendungsebene werden Kompetenzen erfasst? - Wie wird der Kompetenzbegriff verstanden bzw. operationalisiert?	Die Wissensbilanz konzentriert sich auf die Individuumsebene und legt ein Verständnis von Kompetenz im Sinne von Qualifikation zugrunde. Das Kompetenzverständnis wird aus der betrieblichen Alltagserfahrung abgeleitet und ist nicht theoretisch verankert.
2. Gegenstand der Messung - Werden Kompetenzen als Bestände oder Prozesse erfasst?	Die Wissensbilanz erfasst fachlich-methodische Kompetenzbestände von Produktionsmitarbeitern.
3. Messmethoden - Erfolgt eine Bestandsaufnahme oder eine Prozessanalyse? - Mit welchen Methoden erfasst das Instrument Kompetenzen?	Bestandsanalyse: Das Anforderungssystem und die benötigten Kompetenzen für die einzelnen Qualifikationsstufen werden durch Interviews mit den Meistern und Vorarbeitern in „intersubjektiver Einschätzung" erfasst und in Lernzeiten angegeben.
4. Beurteilungsgrad, -perspektiven und -kriterien - Findet eine Erfassung oder eine Bewertung von Kompetenzen statt? - Erfolgt die Bewertung als Selbst- oder Fremdbeurteilung? - Welche Messindikatoren und Bewertungsdimensionen werden verwendet?	Es erfolgt eine Kompetenzbewertung durch die unmittelbaren Vorgesetzten, die sich an dem Erfüllungsgrad der Aufgabe bzw. der Möglichkeit der erfolgreichen Besetzung eines Arbeitsplatzes (Deckungsgrad von 100 %) bemisst. Der Erfolg wird in Lernzeit-Konten ausgedrückt, die die Zeiten angeben, die ein Mitarbeiter ohne Vorerfahrung benötigt, um für den jeweiligen Arbeitsplatz / Aufgabenbereich qualifiziert zu werden. Die Bewertung entspricht gängigen Eignungsuntersuchungen, wird aber nicht theoretisch begründet.
5. Zeitliche Dimension - Werden vergangene, gegenwärtige oder zukünftige Leistungen als Ausdruck von Kompetenz erfasst?	Die Wissensbilanz bewertet vergangene, aktuelle und zukünftige Performanceleistungen, wobei letztere nur in Form von „Verlust" vorbewertet werden können.
6. Zielperspektive und ebenenübergreifende Bezugspunkte - Welcher Zielsetzung dient das Instrument? - Geht es im Zielsystem um ebenenübergreifende Verknüpfungen von Kompetenz, wenn ja in welcher Beziehungskonstellation?	Organisationale Anforderungen werden zum Ausgangspunkt der Bewertung gemacht. Die Schließung der Deckungslücke gilt als Maßstab.

3.3 Instrumentbeschreibung für die Gruppenebene – Das Kasseler-Kompetenz-Raster nach Frieling et al.

Beim Kasseler-Kompetenz-Raster (KKR; vgl. Frieling et al. 2000) handelt es sich um einen Ansatz zur Fremdeinschätzung der Problemlösungskompetenz von Gruppen, bei dem die Fach-, Methoden-, Sozial- und Selbstkompetenz von Gruppenmitgliedern im Rahmen von Problemlösungssitzungen beobachtet und zur Güte der Gruppenlösung sowie zur organisationalen Flexibilität in Beziehung gesetzt werden.

Die Autoren gehen davon aus, dass Arbeitsstrukturen einen entscheidenden Einfluss auf die Nutzung individueller Lernfähigkeit haben und zur Herausbildung von Kompetenz sowie zur effizienten Aufgabenerledigung beitragen. Das Anliegen des KKR ist es dabei, Kompetenz zu spezifizieren, messbar zu machen und ihren Beitrag zum Unternehmenserfolg im engeren und weiteren Sinne zu prüfen (vgl. Abb. 5).

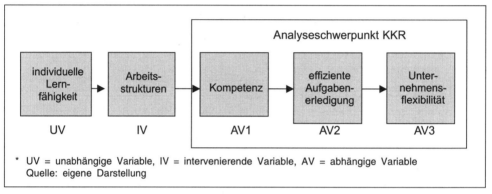

Abb. 5: Der allgemeine Variablenzusammenhang im KKR

Im KKR wird zwischen Fach-, Methoden-, Sozial- und Selbstkompetenz unterschieden (Erläuterung siehe Tab. 1). Da davon ausgegangen wird, dass Kompetenz sich nur berufsbezogen im konkreten Handlungskontext offenbart und erfassen lässt, erfolgt ihre Messung im Rahmen von Problemlösungsprozessen von Arbeitsgruppen. Das KKR stellt dem eigenen Anspruch nach ein objektives Verfahren zur Beschreibung berufsbezogener Handlungskompetenz in Gruppensituationen dar.

Zur Durchführung der Kompetenzmessung werden pro Unternehmen 2 bis 4 repräsentative Gruppen aus dem Produktions- und kaufmännischem Bereich à 5 bis 7 Teilnehmer gebildet, die mit einem Problem konfrontiert werden, für welches ungefähr eine Stunde Bearbeitungszeit zur Verfügung steht. Das zu bearbeitende Problem wird so gewählt, dass die Gruppenmitglieder gefordert werden, aber prinzipiell in der Lage sind es zu lösen. Der Problemlösungsprozess der Gruppe wird auf Video aufgezeichnet. Die verbalen Äußerungen der Gruppenmitglieder während des Problemlösungsprozesses werden in Anlehnung an die Akt-zu-Akt-Kodierung nach Bales (1950) als kodierte Einheiten von dafür geschulten Kräften (studentische Hilfskräfte und wissenschaftliche Mitarbeiter) ausgewertet, indem sie jeweils als Indikator für eines der vier Kompetenzarten gewertet werden, wobei diese in weitere Teilaspekte differenziert sind (zur

Operationalisierung siehe Tab. 1, Sp. 3). Auf diese Weise wird die Häufigkeit, mit der jede Kompetenzart auftritt, erfasst. Die Häufigkeit einer gemessenen Interaktion wird mit der Kompetenzausprägung gleichgesetzt.

Tab. 1: Kompetenz und ihr Einfluss auf Problemlösungsprozesse in Gruppen

Kompetenz-kategorien	Aspekte	Kriterien	Einfluss auf Lösungsgüte
Fach-kompetenz	Differenziertheit Probleme	Problem, Problemerläuterung.	0
	Vernetztheit Probleme	Verknüpfung bei Problemanalyse.	+
	Differenziertheit Lösungen	Sollentwurf, Lösung; Lösungserläuterungen.	+
	Vernetztheit Lösungen	Verknüpfung mit Lösung; Problem mit Lösung.	+
	Äußerungen zur Organisation	Beschreibung von z.B. Abläufen, Prozessen, Maschinen, Arbeitsmitteln in der Organisation.	-
	Äußerungen zum Wissensmanagement	Information, wer was weiß und hinzugezogen werden muss (Wissen Wer); Frage nach Inhalten, Erfahrungen, Meinungen.	-
Methoden-kompetenz	Positive Äußerungen zur Strukturierung	Ziel, Klärung und Konkretisierung von Beiträgen; Verfahrensvorschlag; Verfahrensfrage; Entscheidung/Priorität; Aufgabenverteilung; Visualisierung; Zusammenfassung; Zeitmanagement; Kosten-/Nutzen-Abwägung.	+
	Negative Äußerungen zur Strukturierung	Themenspringen; Verlieren in Details und Beispielen.	-
Sozial-kompetenz	Positiv wertende Äußerungen gegenüber Personen und ihren Handlungen	Ermunternde Direktansprache; Zustimmung/Unterstützung; inhaltliche Ablehnung; Rückmeldung; Lob/Verständnis; atmosphärische Auflockerungen; Trennung von Meinungen und Tatsachen; Ansprache von Gefühlen.	-
	Negativ wertende Äußerungen gegenüber Personen und ihren Handlungen	Tadel/Abwertung; Reputation; Unterbrechung; Seitengespräch.	-
Selbst-kompetenz	Positive Äußerungen zur Mitwirkung	Interesse an Veränderungen; Eigenverantwortung; Maßnahmenplanung.	+
	Negative Äußerungen zur Mitwirkung	Kein Interesse an Veränderung; Jammern; Schuldigensuche; Betonung autoritärer Elemente; Allgemeinplatz; Abbruch.	-

Quelle: Frieling et al. 2000, S. 42

Als von der Kompetenz abhängige Variable wird die Güte der jeweiligen Problemlösung gesehen. Diese wird durch die Experten der Untersuchungsdurchführung mittels eines Multiplikatorwertes bestimmt. Für angerissene Lösungen wird ein Multiplikator von 0,2 vergeben. Vernetzte, mit Vor- und Nachteilen erörterte Lösungen (Problem-Analyse-Schema) erhalten einen Multiplikator von 0,6. Ist der Problemlösungsansatz bis zur Maßnahmenplanung gereift (Erstellung eines Aktionsplans), erhält er den Multiplikatorwert 1. Auf diese Weise wird das Kompetenzprofil für jede untersuchte Gruppe ausgewiesen.

Der Vergleich von guten und weniger guten Problemlösungsgruppen zeigt, dass die Güte der Problemlösung vor allem durch Fachkompetenz beeinflusst wird (vgl. Tab. 1, Sp. 4). Hier gibt es signifikante Unterschiede zwischen den Gruppen und zwar insbesondere bei den drei Dimensionen Vernetztheit der Probleme, Vernetztheit der Lösungen sowie Differenziertheit der Lösungen. Diese Dimensionen der Fachkompetenz führen im Untersuchungsansatz zu einer hohen Güte der Problemlösungen. Darüber hinaus ergeben sich positive Korrelationen zwischen der Methoden- und der Selbstkompetenz und zwar mit Blick auf positive Äußerungen zur Strukturierung bzw. Mitwirkung. Entsprechend beeinträchtigen negative Äußerungen zur Strukturierung und Mitwirkung die Lösungsgüte. Einen erkennbar negativen Einfluss auf die Güte der Problemlösung messen die Kasseler Kompetenzforscher bei Äußerungen zur Organisation und zum Wissensmanagement und im Hinblick auf die Sozialkompetenz. In einem weiteren Untersuchungsschritt wird die Kompetenz der Gruppenmitglieder in Beziehung zur Unternehmensflexibilität gesetzt. Diese wird in Anlehnung an die von der OECD verwendeten Kriterien interne, externe, numerische und funktionale Flexibilität operationalisiert und mittels eines von den Betrieben auszufüllenden Fragebogens gemessen (zur Operationalisierung vgl. Tab. 2).

Tab. 2: Flexibilitätsarten und -dimensionen

Flexibilitätsart	intern	extern	numerisch	funktional
Dimensionen	Technik Arbeitsorganisation und Führung Entgelt Benchmarking KVP und Mängellisten Forschung und Entwicklung	Know-how-Gewinnung Datenaustausch Export und Kooperation Produktvielfalt und Branche Konkurrenz und Wettbewerb Marketing/Öffentlichkeitsarbeit	Outsourcing Personalstruktur Arbeitsverträge Arbeitszeitmodelle	Organisation der Weiterbildung Inhalte der Weiterbildung Weiterbildungsdurchdringung

Aus dieser Messung ergeben sich vier Flexibilitätstypen unterschiedlichen Flexibilitätsgrades und unterschiedlicher Schwerpunktsetzung bei der Flexibilitätserzeugung:
Typ I: die Offensiven mit hoher Flexibilität und einem über alle Flexibilitätsarten eher ausgewogenen Ansatz,

Typ II: die Etablierten mit mittlerer Flexibilität, welche vor allem über interne Flexibilität gesichert wird,

Typ III: die Übergänger zu Typ I mit mittlerer Flexibilität, die vorwiegend aus einer funktionalern Orientierung resultiert und

Typ IV: die Reaktiven mit geringer, vorwiegend numerischer Flexibilität.

Diese Flexibilitätstypen werden mit Blick auf die Kompetenzausprägung und die Lösungsgüte verglichen.

Im Ergebnis zeigt sich, dass Unternehmen mit höherer Flexibilität sich von Unternehmen geringerer Flexibilität durch kompetentere Mitarbeiter in der Fach-, Methoden- und Selbstkompetenz und bessere Problemlösungen unterscheiden. In der Sozialkompetenz gibt es zwischen hoch und wenig flexiblen Unternehmen hingegen kaum Unterschiede. Auf diese Weise beansprucht der Ansatz den Beitrag von Kompetenz zum Unternehmenserfolg sowohl im Hinblick auf das unmittelbare Arbeitsergebnis als auch im Hinblick auf die übergreifende Handlungsfähigkeit in Form von Flexibilität erklären zu können.

Als Referenz wird das Selbstkonzept beruflicher Kompetenz von Sonntag & Schäfer-Rauser (1993) herangezogen, welches eine Kompetenzselbsteinschätzung der Arbeitnehmer vorsieht. Die dabei erhobene Selbsteinschätzung korreliert nicht mit der gemessenen Flexibilität des Unternehmens. Dies werten die Kasseler Autoren als Anhaltspunkt für die hohe Validität ihrer „objektiven" Fremdeinschätzung von Kompetenz.

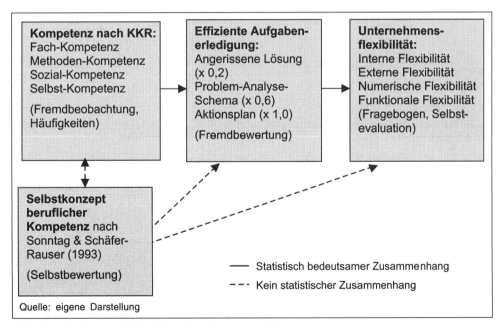

Abb. 6: Analysemodell des Kasseler-Kompetenz-Rasters

Es handelt sich beim KKR damit um ein gruppenbezogenes Messinstrument, welches mittels Beobachtung des Gruppenprozesses eine Fremdbeurteilung des „Kompetenzbestands" anhand von Arbeitsverhalten vornimmt. Das Instrument ist gegenwartsbezogen, definiert Erfolgskriterien der Kompetenz durch die Güte von Problemlösungen und die Unternehmensflexibilität und entspricht eher einem Bewertungs- als einem Erfassungsinstrument.

Kritische Würdigung
Die Kompetenzmessung im KKR ist zeitaufwendig und kann nur von geschulten Experten durchgeführt werden. Pro durchgeführter einstündiger Gruppensitzung wird eine Auswertungszeit von durchschnittlich 30 Stunden kalkuliert. Die Forschergruppe arbeitet entsprechend an einem elektronischen Auswertungsverfahren.

Der Kompetenzbegriff wird umfassend definiert und operationalisiert. Dabei steht die Gruppenkompetenz im Sinne von Selbststeuerungsfähigkeit von Gruppen im Zentrum der Betrachtung. Es wird die Qualität des Verlaufs der Steuerung von Gruppenprozessen erfasst und bewertet. Damit reflektiert der Ansatz in hohem Maße die definitorischen Merkmale von Gruppenkompetenz (vgl. Abschnitt 2.2). Zudem wird ein Zusammenhang zum Unternehmenserfolg hergestellt.

Die Operationalisierung der Kompetenzarten erfolgt jedoch ungleichgewichtig zugunsten einzelner Dimensionen der Fachkompetenz. Hingegen wird die Sozialkompetenz deutlich weniger differenziert. Wissensmanagement als Dimension der Fachkompetenz wird entgegen des allgemeinen Forschungsstandes rein an der Nutzung von Erfahrungswissen festgemacht. Die mindestens ebenso bedeutsame Generierung neuen Wissens, für die ja gerade auch Gruppenprozesse eine wichtige Rolle spielen, bleibt völlig ausgeklammert.

Die Messung der Kompetenzausprägungen an Interaktionshäufigkeiten in Anlehnung an Bales ist nicht unproblematisch. So werden verbale Äußerungen kodiert, wobei die die Sozialkompetenz definierenden Dimensionen i.d.R. gepaart mit anderen Kompetenzarten auftreten dürften. Entsprechend hoch ist in den Untersuchungen die Ausprägung von Sozialkompetenz. Es ist daher in Frage zu stellen, ob das Auswertungsverfahren gleich gut geeignet zur Messung aller Kompetenzarten ist und ob Häufigkeitsauszählungen ausreichend sind.

Die Ergebnisse sind teilweise ein Artefakt des Untersuchungsansatzes, da die beobachteten Gruppensitzungen in Form von Sitzungen zur kontinuierlichen Verbesserung (KVP-Treffen) zumeist im Produktionsbereich gestaltet werden, so dass Problemlösungen oftmals in einem unmittelbaren Zusammenhang mit Fachkompetenz stehen.

Die Ergebnisse sind ferner im Kern ein Artefakt der gewählten Operationalisierung und Erfolgsmessung. Die gemessene positive Korrelation zwischen Fachkompetenz in Form von Vernetztheit der Probleme und Vernetzt- und Differenziertheit der Lösungen sowie Methodenkompetenz in Form von Strukturierung einerseits und der Güte der Arbeitsergebnisse andererseits überrascht nicht. Denn die Bewertung der Lösungsgüte wird ja gerade an der Differenziertheit und Strukturiertheit der Lösung festgemacht. Hingegen muss eine Arbeitsgruppe, die sich im Rahmen einer einstündigen Gruppensitzung darauf verständigt, weitere Fachkompetenz und Erfahrungswissen hinzuzuziehen (= Wissensmanagement im KKR) bei der Bewertung schlecht abschneiden, weil sie dadurch noch nicht zur Erstellung eines Aktionsplans gelangt. Wäre hingegen auch die Generierung neuen Wissens durch die Gruppe erfasst worden, würde das Ergebnis der negativen Korrelation zwischen Wissensmanagement und Lösungsgüte vermutlich in eine positive Korrelation verwandelt.

Die Begrenzung der Erfolgsmessung auf den Aktionsplan erscheint gerade auch vor dem Hintergrund des betrachteten Kompetenzspektrums zu reduktionistisch. So zeigen beispielsweise die Studien von Nonaka et al., dass Seitengesprächen in Gruppenmeetings Kreativität und Innovationen fördern können (vgl. Nonaka, Reinmoeller & Senoo 1998). Die Ergebnisbewertung im KKR lässt für entsprechende Beobachtungen keinen Raum.

Im Ergebnis zeigt sich damit, dass das KKR einen interessanten Ansatzpunkt zur Messung der Kompetenz von Gruppen darstellt, welcher definitorischen Ansprüchen vollständig Rechnung trägt, sofern es gelingt, alle Kompetenzarten in gleicher Güte zu operationalisieren und Kompetenzausprägungen nicht ausschließlich an deren Häufigkeiten im Interaktions- bzw. Kommunikationsprozess festzumachen. Die Bewertung der Güte des Arbeitsergebnisses ist als Operationalisierung hingegen wenig überzeugend. Die gemessene Korrelation zwischen Kompetenz und Unternehmensflexibilität stellt demgegenüber einen interessanten Ansatzpunkt dar, um den Beitrag von Gruppenkompetenz zum Unternehmenserfolg aufzuzeigen und damit ebenenübergreifend zu argumentieren.

Kategorisierung/Zusammenfassung

Analysekriterien	Kasseler-Kompetenz-Raster (KKR)
1. Analyseebene und spezifisches Kompetenzverständnis - Auf welcher Anwendungsebene werden Kompetenzen erfasst? - Wie wird der Kompetenzbegriff verstanden bzw. operationalisiert?	Kompetenzen werden auf der Gruppenebene erfasst und nach Fach-, Methoden-, Sozial- und Selbstkompetenz der Gruppen operationalisiert. Die Kriterien werden theoretisch begründet.
2. Gegenstand der Messung - Werden Kompetenzen als Bestände oder Prozesse erfasst?	Kompetenzen werden als Bestandsgröße erfasst, wobei die Erfassung entlang von Gruppenprozessen erfolgt. Im Mittelpunkt steht das Arbeits- und Problemlösungsverhalten in Gruppen.
3. Messmethoden - Erfolgt eine Bestandsaufnahme oder eine Prozessanalyse? - Mit welchen Methoden erfasst das Instrument Kompetenzen?	Das Instrument beruht auf der Beobachtung von Gruppenverhalten. Die Messung erfolgt als Verlaufsanalyse.
4. Beurteilungsgrad, -perspektiven und -kriterien - Findet eine Erfassung oder eine Bewertung von Kompetenzen statt? - Erfolgt die Bewertung als Selbst- oder Fremdbeurteilung? - Welche Messindikatoren und Bewertungsdimensionen werden verwendet?	Es wird eine Fremdbeurteilung der Kompetenzen durch ein Wissenschaftlerteam vorgenommen. Als abhängige Variablen davon bzw. Erfolgskriterien werden die Problemlösungsgüte und die Unternehmensflexibilität betrachtet.
5. Zeitliche Dimension - Werden vergangene, gegenwärtige oder zukünftige Leistungen als Ausdruck von Kompetenz erfasst?	Das Instrument ist gegenwartsbezogen.
6. Zielperspektive und ebenenübergreifende Bezugspunkte - Welcher Zielsetzung dient das Instrument? - Geht es im Zielsystem um ebenenübergreifende Verknüpfungen von Kompetenz, wenn ja in welcher Beziehungskonstellation?	Das Instrument soll den Einfluss von Arbeitsstrukturen auf die Kompetenz von Gruppen zeigen. Das heißt, hier wird ein Einfluss von der Organisations- auf die Gruppenebene angenommen.

3.4 Instrumente auf der Organisationsebene

Zur Beschreibung von Kompetenzmessinstrumenten auf der Organisationsebene bietet sich eine weitere Systematisierung nach dem zweiten Differenzierungskriterium des zugrunde gelegten Analyserasters an. Die Instrumente lassen sich in Bestands- und Prozessmodelle unterteilen. Die Bestandsmodelle folgen zumeist einer betriebswirtschaftlich-bilanztechnischen Perspektive der Abbildung immaterieller Vermögenswerte. Sie bleiben in ihrer theoretischen Reichweite hinter den Prozessmodellen zurück. Gleichwohl liefern sie wichtige Anhaltspunkte zur Erfassung immaterieller Ressourcen und werden damit einem einfachen Verständnis von Organisationskompetenz (vgl. Abschnitt 2.3) durchaus gerecht. Zudem dominieren sie derzeit noch das Instrumentenspektrum auf Organisationsebene und bedürfen von daher der eingehenderen Auseinandersetzung.

Prozessmodelle sind aufgrund ihrer dezidierteren Theorieperspektive besser in der Lage, das Grundverständnis von Organisationskompetenz im Sinne spezifischer Ressourcenbündel oder dynamischer Fähigkeiten abzubilden (vgl. Abschnitt 2.3). Sie sind jedoch weniger zahlreich in der Forschungslandschaft vertreten.

Bei der Differenzierung zwischen Bestands- und Prozessmodellen handelt es sich um eine analytische Unterscheidung. In der Praxis finden sich, gerade unter den elaborierten Ansätzen oftmals Hybridmodelle, die sowohl Bestands- als auch Prozessdimensionen integrieren. In der nachfolgenden Darstellung werden die Instrumente danach verortet, welche Perspektive bei ihnen überwiegt.

3.4.1 Bestandsmodelle

3.4.1.1 Skandia Navigator[2]

Der Skandia Navigator konzentriert sich auf die Erfassung von Wissenskapital (intellectual capital) als immaterielle Unternehmensressource. Für die Entwicklung des Instrumentes waren die Arbeiten der Manager und Berater Leif Edvinsson und Thomas Malone maßgeblich (Edvinsson & Malone 1997). Das Instrument wird in dem schwedischen Versicherungsunternehmen Skandia und seinen Tochterunternehmen eingesetzt. Bevor der Skandia Navigator genauer dargestellt wird, soll zunächst seine konzeptionelle Herkunft erläutert werden.

Konzeptionelle Vorüberlegungen
Leif Edvinsson war zwischen 1991 und 1999 Chief Knowledge Officer bei dem schwedischen Versicherungskonzern Skandia AFS und gilt als der Vorreiter unter den Managern in Sachen Erfassung und Management von Wissenskapital. Seine Ausgangsargumentation besteht in der Kritik an der klassischen Rechnungslegung, die nicht in der Lage ist,

---

2 Die Darstellung der Instrumente 3.4.1.1, 3.4.1.2, 3.4.1.4, 3.4.2.2 und 3.4.2.3 erfolgte mit Unterstützung durch Rüdiger Reinhardt.

Auskunft über die wissensbezogenen Wertschöpfungskomponenten zu liefern:
„In an age when not only companies but entire product categories can disappear overnight, and where competitors may change their relationships and their relative market shares daily, earning statements and balance sheets offer little more than snapshots of where the company *has been*. Even worse, most of those snapshots are skewed or aimed at the wrong subject. After all, who cares how much land the company owns if its technology is not going to be accepted by the market? And how valuable is inventory, except as landfill, if the market has adopted a different standard?" (Edvinsson & Malone 1997, S. 9).

In einer Reihe von Veröffentlichungen (Edvinsson 1997; Edvinsson & Malone 1997; Roos et al. 1997) verdeutlicht Edvinsson die Vorteile des Skandia-Navigators, dem Instrument zur Erfassung von Wissenskapital, das inhaltlich starke Berührungspunkte mit der Argumentation von Sveiby (vgl. Abschnitt 3.4.1.2) aufweist. Die beiden Ansätze unterscheiden sich hinsichtlich ihres theoretischen Gehalts – Edvinsson verzichtet weitestgehend auf die theoretische Begründung seiner Indikatoren – hinsichtlich ihres Umfangs – Edvinsson & Malone schlagen 165 Indikatoren zur Erfassung von Wissenskapital vor – und schließlich hinsichtlich ihres Verbreitungsgrades. Der Skandia-Navigator war bis Ende der 1990er Jahre zum Führungsinstrument des Skandia-Konzerns avanciert, wobei hier lokale Anforderungen berücksichtigt wurden. Die einzelnen Skandia-Gesellschaften nutzen unterschiedliche Indikatoren zur Erfassung des Wissenskapitals und jeder Regionalleiter von Skandia AFS ist verpflichtet, vier relevante Kennzahlen des Meßsystems zu benennen und daran zu verdeutlichen, welche Zuwächse im Laufe der nächsten Periode zu erwarten sind.

Ausgangspunkt des Skandia Navigators war die Idee, den Wert des Wissenskapitals aus der Differenz zwischen Markt- und Buchwert herzuleiten. Wissenskapital wird – ähnlich wie bei Sveiby (1997) – nach weiteren Dimensionen, Kategorien und Unterkategorien differenziert. Es besteht nach Edvinsson & Malone (1997) aus Humankapital und Strukturkapital, wobei Strukturkapital weiter in Organisationskapital und Kundenkapital untergliedert wird. Dieser Unterteilung folgen weitere Ausdifferenzierungen (vgl. Abb. 7).

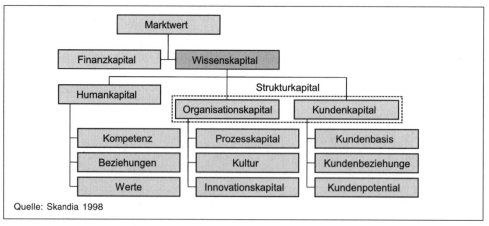

Abb. 7: Strukturmodell des Wissenskapitalansatzes im Skandia Navigator

Der Skandia Navigator

Die Komponenten des Wissenskapitalmodells von Edvinsson & Malone (1997) finden sich im Skandia-Navigator wieder. Der Navigator wurde erstmals 1994 als Anhang zum Jahresbericht des Unternehmens Skandia präsentiert und enthielt etwa 30 Indikatoren (von 165 von Edvinsson & Malone vorgeschlagenen Messgrößen), mit denen fünf Schwerpunktbereiche des Unternehmens beschrieben wurden. Diese Schwerpunktbereiche sind Finanzieller Fokus, Kundenfokus, Prozessfokus, Mitarbeiterfokus und Erneuerungs- und Entwicklungsfokus (vgl. Abb. 8).

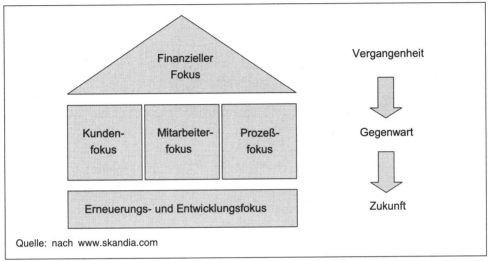

Abb. 8: Schwerpunktbereich des Skandia Navigators

In Tabelle 3 sind die konkreten Messgrößen des Skandia-Navigators für die Perioden zwischen 1994 und 1997 zur Veranschaulichung dargestellt.

Kritische Würdigung

Beim Skandia-Navigator handelt es sich um ein Instrument, welches sich in der Praxis bewährt hat. Edvinsson hat das Instrumentarium im Rahmen seines IC Ratings weiterentwickelt und bietet diese Evaluation als Unternehmensberatung an. Skandia schreibt zum Thema Wissenskapital (Quelle: http://www.skandia.com/en/sustainability/intellectualcapital.shtml, vom 15.01.2002):

„It is well known that a company's value includes more than financial facts and figures presented in the annual report. Today, businesses operate in a fast-paced environment where knowledge and relationships create important intangible assets. At Skandia we will keep up our leading edge work in intellectual capital and knowledge management. We have already pioneered a number of methods and tools, among them the Skandia Navigator, to manage what we call our Intellectual Capital: the unique combination of our Customers, Employees and Processes that drive Skandia's future value creation. We understand how these separate pieces come together to form a coherent framework for the company's future, sustainable development. We have also pioneered the development

Tab. 3: Skandia Navigator für die Gesellschaft „American Skandia" 1998

	1997	1996	1995	1994
Finanzieller Fokus				
Verzinsung Gesamtkapital	21,9	27,1	28,7	12,2
Operatives Ergebnis (Mio. Skr.)	1.027	579	355	115
Prämienvolumen/Mitarbeiter (Tsd. Skr.)	2.616	2.206	1.904	1.666
Kundenfokus				
Anzahl Individualpolicen	189.104	133.641	87.836	59.089
Finanz. Volumen/Vertrag (Tsd. Skr.)	499	396	360	333
Surrender Ratio	4,4	4,4	4,1	4,2
Anzahl Vertriebseinheiten	45.881	33.287	18.012	11.573
Mitarbeiterfokus				
Anzahl der Mitarbeiter (Vollzeit)	599	418	300	220
Anzahl der Manager	88	86	81	62
Prozentsatz weibliche Beschäftigte	50	27	28	13
Weiterbildungsausgaben/Mitarbeiter (Tsd. Skr.)	2,7	15,4	2,5	9,8
Prozessfokus				
Anzahl von Verträgen/Mitarbeiter	316	320	293	269
Verwaltungsaufwendungen/Prämien (%)	3,5	2,9	3,3	2,9
IT-Ausgaben/Verwaltungsausgaben (%)	8,1	12,5	13,1	8,8
Erneuerungs-/Entwicklungsfokus				
Anteil der Prämien von Neuverträgen (%)	0,9	23,7	49,2	11,1
Anstieg Prämienvolumen (%)	31,9	113,7	29,9	17,8
Weiterbildungskosten/ Verwaltungsmitarbeiter (%)	9,8	9,9	10,1	11,6
Anzahl der Mitarbeiter unter 40 Jahren (%)	76	78	81	72

Quelle: www.skandia.com

of new forms of disclosing our intellectual capital to analysts and investors. This disclosure is driven by our firm belief that increased transparency leads to a greater understanding. Skandia has received numerous global awards and recognition *but we still know that we have to continue developing new approaches and improvements to managing all our value creating resources*".

Aus theoretischer Sicht bleibt der Einsatz des Skandia Navigators unbefriedigend: Erstens liegen keine – zumindest nicht veröffentlichte – Evaluationsstudien des Skandia Navigators vor. Somit bleibt unklar, ob die von Skandia ausgewählten Wissenskapitalindikatoren tatsächlich diejenigen wertschöpfungsrelevanten Elemente von Wissenskapital erfassen, die hier – insbesondere aus der Perspektive der „tangible assets" – unterstellt werden. Zweitens scheint die rein quantitative Betrachtung von Wissenskapital – im Gegensatz zum Vorgehen beim „intangible assets monitor" (vgl. Abschnitt 3.4.1.2) stark reduktionistischen Charakter aufzuweisen: Es wird noch nicht einmal der Versuch unternommen, Wissenskapital bzw. entsprechende Einflussfaktoren auch aus einer prozessualen Perspektive zu erfassen.

Kategorisierung/Zusammenfassung

Kriterium	Skandia Navigator
1. Analyseebene und spezifisches Kompetenzverständnis - Auf welcher Anwendungsebene werden Kompetenzen erfasst? - Wie wird der Kompetenzbegriff verstanden bzw. operationalisiert?	Erfassung unterschiedlicher quantifizierbarer Bestandsgrößen auf der Organisationsebene, die Aufschluss über immaterielle Vermögenswerte liefern sollen. Die Operationalisierung lässt keinen theoretischen Hintergrund erkennen.
2. Gegenstand der Messung - Werden Kompetenzen als Bestände oder Prozesse erfasst?	Bestandsgrößen mit Finanz-, Kunden-, Mitarbeiter-, Prozess- und Entwicklungsfokus. Dahinter steht die Überlegung, dass die verwendeten Indikatoren als Mittel oder Output hinsichtlich der Wirksamkeit einzelner wissensbezogener Wertschöpfungsaspekte verstanden werden können.
3. Messmethoden - Erfolgt eine Bestandsaufnahme oder eine Prozessanalyse? - Mit welchen Methoden erfasst das Instrument Kompetenzen?	Bestandsaufnahme am Ende einer Rechnungsperiode durch quantitative Erfassung unterschiedlicher Indikatoren.
4. Beurteilungsgrad, -perspektiven und -kriterien - Findet eine Erfassung oder eine Bewertung von Kompetenzen statt? - Erfolgt die Bewertung als Selbst- oder Fremdbeurteilung? - Welche Messindikatoren und Bewertungsdimensionen werden verwendet?	Das Instrument konzentriert sich auf eine Erfassung von Indikatoren, die zusammen genommen die Organisationskompetenz bewerten und Rechenschaft gegenüber stakeholdern ablegen sollen. Es erfolgt eine Fremdbeurteilung auf Grundlage objektiver Daten.
5. Zeitliche Dimension - Werden vergangene, gegenwärtige oder zukünftige Leistungen als Ausdruck von Kompetenz erfasst?	Es werden sowohl vergangene Leistungen bewertet (alle Indikatoren mit monetären Bezügen), gegenwärtige Leistungen (Kunden-, Mitarbeiter-, Prozessfokus) sowie zukünftige Leistungspotentiale abgeschätzt (alle Indikatoren aus der Kategorie Erneuerung/Entwicklung).
6. Zielperspektive und ebenenübergreifende Bezugspunkte - Welcher Zielsetzung dient das Instrument? - Geht es im Zielsystem um ebenenübergreifende Verknüpfungen von Kompetenz, wenn ja in welcher Beziehungskonstellation?	Der Skandia-Navigator verfolgt eine strategische Zielsetzung, indem Organisationsstrukturdaten das Vertrauen von Investoren sichern sollen. Eine Reflexion ebenenübergreifender Kompetenzentwicklung findet dabei nicht statt.

3.4.1.2 Intangible Assets Monitor/Celemi Monitor

Der Intangible Assets Monitor (IAM) ist ein Instrument zur Erfassung von Organisationskompetenz in Form von Wissenskapital (intellectual capital), für dessen Entwicklung die Arbeiten des schwedischen Wissenschaftlers und Beraters Karl Erik Sveiby federführend waren (Sveiby,1986, 1989, 1990, 1997; Sveiby & Loyd 1989). Er wird in einer Reihe schwedischer Unternehmen wie z.B. PLS Consult, WM-data, KREAB und bei Celemi, einem schwedischen Trainingsunternehmen – unter dem Namen „Celemi Monitor" – eingesetzt. Bevor der IAM als Instrument dargestellt wird, werden zunächst dessen konzeptionelle Herkunft erläutert.

Konzeptionelle Vorüberlegungen
Im Mittelpunkt von Sveibys Argumentation steht die Annahme, dass eine Orientierung am „alten Paradigma", Wertschöpfung ausschließlich aus finanzwirtschaftlicher Perspektive zu betrachten und zu messen, nicht zielführend sein kann: *„If we measure the new, like knowledge, with the tools of the old, we won't „see" the new"* (Sveiby 1997, S. 1). Damit wird die Möglichkeit, Wissenskapital objektiv messen zu können, abgelehnt, da Wissensbestands- und -flussgrößen prinzipiell nur unzureichend in monetären Größen erfassbar sind. Daher geht es für Sveiby in seinen weiteren Arbeiten darum, ein neues Bezugssystem zu entwickeln, das der „Natur" des Untersuchungsgegenstands besser gerecht wird.

Eine weitere Kernannahme von Sveiby ist, dass es *letztlich* Menschen sind, die in einer Organisation wertschöpfend tätig sind. Von Menschen erzielte Gewinne sind lediglich ein Maßstab dafür, wie erfolgreich Menschen zusammenarbeiten; finanzieller Erfolg sollte daher *nicht* als Produktivität des Anlagevermögens interpretiert werden: „Human knowledge has very little to do with money, and very few people handle money. If the notion of people as revenue creators is reasonably correct, we therefore have to come closer to „the source" of their knowledge if we wish to measure it more accurately. This is why I argue that non-financial indicators probably are superior to financial ones" (Sveiby 1996, S. 1).

Diese Perspektive hat für Sveiby zur Konsequenz, menschliche Handlungen – basierend auf dem Know-how ihrer jeweiligen Akteure (*competence*) – in den Mittelpunkt seiner Betrachtung zu stellen. Von menschlichen Kompetenzen sind wiederum Strukturen abhängig, die sich hinsichtlich einer internen (*internal structures*) oder einer externen Perspektive (*external structures*) zuordnen lassen (vgl. Definition 1):

Definition von Wissenskapital nach Sveiby

Wissenskapital = Kompetenz der Mitarbeiter + interne Struktur + externe Struktur

Quelle: Sveiby 1998, S. 19

Im Folgenden werden die drei Dimensionen zunächst kurz erläutert und darauf aufbauend das Messsystem von Celemi dargestellt.
- *Kompetenz der Mitarbeiter:* Hier steht die Hypothese im Mittelpunkt, dass die Wissenseigner die maßgeblichen Besitzer der Produktionsmittel in einem wissensintensiven Unternehmen darstellen. Kompetente Menschen – Menschen mit Knowhow – gelten als der wichtigste Produktionsfaktor eines (Wissens-)unternehmens.
- Die Dimension „*Interne Struktur*" stellt die am leichtesten sichtbar zu machende Komponente des Wissenskapitals dar: Strukturen, Abläufe, Prozeduren und Hilfsmittel sowie die Normen und Werte des Unternehmens sind zentrale Aspekte der internen Effizienz von Unternehmen. Die interne Struktur unterscheidet sich von der Kompetenz der Mitarbeiter dadurch, dass sie sich *nicht* von selbst verändert bzw. erneuert: Kompetenzen, Wissen usw. verändern oder erhöhen sich durch eine Vielzahl – aus Unternehmenssicht – nicht-intentionaler Einflussfaktoren, z.B. durch Privatinteressen, Eigeninitiativen usw., d.h. Veränderung/Verbesserung findet nicht ausschließlich durch Investitionen in das Humankapital statt. Demgegenüber basiert die Gestaltung/Verbesserung der internen Struktur auf zweckbezogenen und somit expliziten Investitionen.
- Unter der Dimension „*Externe Struktur*" werden die externen Beziehungen eines Unternehmens und die daraus resultierenden Vermögenswerte subsumiert. Hierunter fallen zunächst alle in der Bilanz ausweisbaren immateriellen Vermögenswerte, wie z.B. Lizenzen, Copyrights, Patente, sowie Aktiva, die nicht rechtlich geschützt werden können: Image, Vertriebswege, Marketingaufwendungen, verbrachte Zeit mit Neukunden, Altersstruktur der Kundenbeziehungen, Gewinn pro Kunde, Häufigkeit gleicher Bestellungen und Anzahl der Rechnungen pro Stammkunde.

In Ergänzung zu der inhaltlichen Differenzierung in die drei Dimensionen von Wissenskapital orientiert Sveiby die Messung von Wissenskapital auf drei unternehmensbezogene Perspektiven – und zwar hinsichtlich ihres Beitrags zu (a) *Wachstum und Erneuerung*, (b) *Effizienz* und (c) *Stabilität* des Unternehmens. Diese Differenzierung wird von Sveiby theoretisch nicht begründet; aus Sicht der Autoren handelt es sich bei dieser weiteren Kategorisierung um eine Maßnahme zur Reduktion der Komplexität des Messsystems für die Anwender, also die Führungskräfte. Zusätzlich schlagen Sveiby & Loyd (1989) noch weitere Differenzierungen der Messgrößen vor: Im Kontext der Kompetenzen der Mitarbeiter, wird zwischen folgenden Kompetenzbereichen von Experten differenziert:
- „*generators*": Fähigkeit, Neukunden zu gewinnen;
- „*leader*": Fähigkeit, Großprojekte zu leiten;
- „*teacher*": Fähigkeit, eigene Erfahrungen an andere weiterzugeben (Anzahl)

Darüber hinaus unterscheidet Sveiby zwischen folgenden Kundenklassen:
- Kunden, die Gewinn bringen
- Kunden, die die Kompetenz erhöhen
- Kunden, die das Image des Unternehmens verbessern
- Kunden, die Zugang zu anderen Kunden verschaffen

Der Intangible Assets Monitor/Celemi Monitor

Die konzeptionellen Grundlagen von Sveiby finden in dem Messinstrument „Intangible Assets Monitor" Anwendung und werden zur Erfassung bzw. Überwachung von Wissenskapital in einigen Unternehmen eingesetzt (z.B. WM Data oder Celemi). Der Aufbau des Intangible Assets Monitors soll anhand des Fallbeispiels Celemi, einem schwedischen Trainingsunternehmen, dargestellt werden (vgl. Tabellen 4 und 5).

Tab. 4: Intangible Assets Monitor für das schwedische Unternehmen Celemi für das Geschäftsjahr 1998–2000

		2000	1999	1998	Intangible Assets: „Our customers"	2000	1999	1998
Wachstum/ Erneuerung	Wachstum des Eigenkapitals (%)	67%	-3%	-3%	Umsatzwachstum	9%	22%	8%
	Netto Investitions-Verhältnis: Investitionen in Sachanlagen als %-Satz des Sachanlagevermögens	8%	19%	35%	Imagefördernde Kunden	41%	54%	59%
Effizienz	Gewinnspanne: Gewinn vor Steuern/Gesamtumsatz	2%	1%	0%	Umsatz/ Anzahl der Kunden	355	367	306
	Nettoeigenkapitalertrag: Gewinn/Eigenkapital nach Steuerabzug	12%	8%	1%				
	Gewinn-Kapazität: Gewinn in Relation zu F&E-Kosten (aus Gewinn-Verlust-Rechnung)	7%	8%	12%				
Stabilität	Solidität: Eigenkapital/Gesamtvermögen	32%	20%	29%	Kundenzufriedenheits-Index (1–6; 6 = höchster Wert)	5	5	5,18
	Liquide Reserven (Anzahl in Tagen)	19	32	11	Wiederholungs aufträge (%-Satz der Umsätze mit Vorjahreskunden)	78%	68%	66%
					Umsatzanteil der 5 größten Kunden	39%	29%	33%

Quelle: Celemi 2000, S. 21

Tab. 5: Intangible Assets Monitor für das schwedische Unternehmen Celemi für das Geschäftsjahr 1998–2000

		Intangible Assets: „Our Organization"			Intangible Assets: „Our People"			
		2000	1999	1998		2000	1999	1998
Wachstum/Erneuerung	organisationsfördernde Kunden	8%	21%	51%	durchschnittliche Berufserfahrung (Jahre)	10,1	9,2	8,3
	Umsatz durch Neuprodukte	26%	17%	49%	kompetenzfördernde Kunden	44%	27%	59%
	F&E/Umsatz	5%	14%	12%	Wachstum in professioneller Kompetenz	18%	38%	8%
	Investitionen in unsichtbare Vermögenswerte als %-Satz der Wertschöpfung	14%	22%	42%	Experten mit Hochschulabschluss	75%	80%	67%
Effizienz	Verhältnis: administrative MA/Gesamtzahl der MA	13%	20%	25%	Wertschöpfung pro Experte	817	892	802
	Umsatz/administrative MA	127	920	677	Wertschöpfung/Umsatz	48%	49%	47%
		27	5	4				
Stabilität	Fluktuation der administrativen MA	17%	33%	13%	Mitarbeiterzufriedenheitsindex (Anzahl von Beurteilungen in Höhe von 4 oder 5 auf 5er-Skala; Mittelwert)	48%	5	4,62
	durchschnittliche Unternehmenszugehörigkeit pro administrativem MA	4,2	3,8	2,6	Fluktuation Experten	16%	14%	13%
	Rookie-Ratio: Anzahl der MA mit weniger als 2 Jahren Betriebszugehörigkeit	41%	36%	41%	durchschnittliche Unternehmenszugehörigkeit pro Experte	4	4	3,3
					Median: Alter aller Mitarbeiter (Jahre)	39	37	37

Quelle: Celemi 2000, S. 21

Kritische Würdigung

Der Celemi Monitor stellt ein Instrument dar, das sich in der *Praxis bewährt* hat: Aufbauend auf den konzeptionellen Arbeiten von Sveiby hat Celemi bereits im Jahre 1994 damit begonnen, den IAM als Messsystem für Wissenskapital – und somit als externes und internes Kommunikationsinstrument – einzusetzen.

Aus *theoretischer Sicht* bleibt der Einsatz des Instruments allerdings *unbefriedigend*: Es liegen keine – zumindest nicht veröffentlichte – Evaluationsstudien des IAM vor. Somit bleibt ebenso beim Skandia Navigator unklar, ob die von Celemi ausgewählten Wissenskapitalindikatoren tatsächlich diejenigen wertschöpfungsrelevanten Elemente von Wissenskapital erfassen, die hier – insbesondere aus der Perspektive der „tangible assets" – unterstellt werden. Positiv hervorzuheben ist allerdings die Überlegung, Wissenskapital nicht nur rein quantitativ – wie bei dem Skandia Navigator – zu erfassen, sondern zumindest ansatzweise eine qualitative Perspektive bei der Messung mit zu berücksichtigen. Außerdem integriert das Instrument Überlegungen zur ebenenübergreifenden Verknüpfung von Kompetenz.

Kategorisierung/Zusammenfassung

Kriterium	Intangible Assets Monitor / Celemi Monitor
1. Analyseebene und spezifisches Kompetenzverständnis - Auf welcher Anwendungsebene werden Kompetenzen erfasst? - Wie wird der Kompetenzbegriff verstanden bzw. operationalisiert?	Instrument zur Erfassung von Kompetenz in Form von Wissenskapital auf organisationaler Ebene unter Einbeziehung von Indikatoren, die die Individuums- und Netzwerkebene beschreiben. Sie dienen als Informationen für Investoren, Kunden sowie die eigenen Mitarbeiter und werden in Abgrenzung zu traditionellen Prinzipien der Bilanzierung gebildet.
2. Gegenstand der Messung - Werden Kompetenzen als Bestände oder Prozesse erfasst?	Wissensbestände als Ausdruck von Organisationskompetenz, unterlegt durch Indikatoren zur Kundenbeziehung, Organisations- und Mitarbeiterstruktur
3. Messmethoden - Erfolgt eine Bestandsaufnahme oder eine Prozessanalyse? - Mit welchen Methoden erfasst das Instrument Kompetenzen?	Es handelt sich weitestgehend um ein quantitatives Erfassen der Ausprägungen einzelner Indikatoren (auf Verhältniskalenniveau), die durch einige Ratings (auf Nominalskalenniveau) und Befragungen (Kundenzufriedenheit, Mitarbeiterzufriedenheit; auf Intervallskalenniveau) ergänzt werden. Die Erfassung erfolgt zum Ende einer Periode und stellt letztlich eine Bestandsaufnahme dar.
4. Beurteilungsgrad, -perspektiven und -kriterien - Findet eine Erfassung oder eine Bewertung von Kompetenzen statt? - Erfolgt die Bewertung als Selbst- oder Fremdbeurteilung? - Welche Messindikatoren und Bewertungsdimensionen werden verwendet?	Es wird eine *Fremdbeurteilung unter Verwendung objektiver Daten* vorgenommen (z.B. Wertschöpfung/Experte). Daneben existieren einige Indikatoren, die sich auf eine *subjektive Einschätzung* des Managements beziehen, wie z.B. die Differenzierung nach Kunden, die Gewinn bringen, die die Kompetenz erhöhen und die das Image des Unternehmens verbessern. Der IAM stellt hauptsächlich ein Instrument zur *Erfassung von Wissen* dar, welches allerdings durch monetäre Bewertungsdimensionen ergänzt wird, woraus sich – über einige Perioden hinweg – Schlussfolgerungen zwischen der Investition in Wissenskapital und dem finanziellen Ertrag ergeben sollen.
5. Zeitliche Dimension - Werden vergangene, gegenwärtige oder zukünftige Leistungen als Ausdruck von Kompetenz erfasst?	Hinsichtlich der *zeitlichen Dimension* ist festzuhalten, dass hier sowohl vergangene Leistungen als Kompetenzen bewertet werden (alle Indikatoren mit monetären Bezügen), als auch versucht wird, zukünftige Leistungspotenziale abzuschätzen (alle Indikatoren aus der Kategorie Wachstum/Erneuerung).
6. Zielperspektive und ebenenübergreifende Bezugspunkte - Welcher Zielsetzung dient das Instrument? - Geht es im Zielsystem um ebenenübergreifende Verknüpfungen von Kompetenz, wenn ja in welcher Beziehungskonstellation?	Der IAM dient der strategischen Zielsetzung von Unternehmen, indem das Vertrauen von Investoren und Kunden durch Ausweis der Organisationskompetenz gestärkt werden soll. Dabei werden auch ebenenübergreifende Indikatoren in der Weise verwendet, dass Mitarbeiterstrukturdaten und Netzwerkkompetenzen dem Erfolgsausweis der Organisation dienen.

3.4.1.3 Performance Measurement-System

Dieser von Günther (2001) entwickelte Ansatz nimmt die Defizite bisheriger Unternehmensbewertungsansätze zum Ausgangspunkt. Diese liegen nach Ansicht des Autors vor allem darin, dass immaterielle Werte des Unternehmens nach § 248 II HGB nicht aktiviert werden können. Von dieser Regelung gibt es lediglich einzelne Ausnahmefälle nach IAS bzw. US-GAAP für Entwicklungskosten, Computersoftware, Werbeausgaben bzw. Tonträger- und Filmrechte. Da immaterielle Werte von Anlegern bei Kaufentscheidungen jedoch durchaus ins Kalkül gezogen werden, gibt es gerade im tertiären, durch immaterielle Werte geprägten Sektor ein zunehmendes Auseinanderfallen von Markt- und Buchwerten. Aber auch im industriellen Sektor nimmt diese Tendenz zu. Dementsprechend sucht Günther nach Bewertungsansätzen immaterieller Unternehmenswerte, die in der Lage sind, das von Sveiby (1997) aufgezeigte Konzept der unsichtbaren Bilanz auszufüllen. Danach bedarf es ähnlich wie beim Intangible Assets Monitor einer Bewertung der externen und internen Struktur des Unternehmens sowie der Kompetenz der Mitarbeiter.

Eine von Günther & Grüning (2000) durchgeführte Performance Measurement-Studie in 182 Unternehmen zeigt, dass die Unternehmensleitungen den immateriellen Ressourcen als Betrachtungsobjekt in der Balanced Scorecard mittlerweile zwar ähnliche Relevanz einräumen wie klassischen materiellen oder finanziellen Ressourcen, die Abbildung dieser Ressourcen in den Performance Measurement-Systemen jedoch hinter dieser Relevanz zurück bleibt. Die Hauptursachen dafür liegen in der erschwerten wirtschaftlichen Messbarkeit. Bei der Bewertung immaterieller Ressourcen stellen die Validität (wird gemessen, was gemessen werden soll?) und die Reliabilität (wird bei wiederholter Messung das Gleiche messen?) eine große Herausforderung dar, weil diese Werte sich nur indirekt oder auf Basis weicher Größen (z.B. Kundenzufriedenheit, Imagewerte, Patentstatistiken) erfassen lassen.

Performance Measurement-System
Das von Günther vorgeschlagene Performance Measurement-System sieht sowohl eine Erfassung aller immateriellen Unternehmenswerte im Sinne einer möglichst umfassenden Bestandsaufnahme (Inventur) als auch ihre monetäre Bewertung mit dem Ziel der wertorientierten Unternehmenssteuerung vor. Es handelt sich damit um einen an immateriellen Bestandsgrößen orientierten Ansatz zur Erfassung und Bewertung von Kompetenzen auf organisationaler Ebene im Rahmen der Unternehmensrechnung. Eine Unterteilung in Selbst- und Fremdbewertung erweist sich dabei als wenig aussagekräftig. Üblicherweise erfolgt die Bewertung durch unternehmenseigene Controller, jedoch als Evaluation von Unternehmenswerten im Sinne einer Fremdbewertung.

Als im Rahmen der Bestandsaufnahme zu erfassende immaterielle Werte schlägt Günther in Anlehnung an Krüger & Homp (1997) die in Tabelle 6 zusammengefassten Kategoriensysteme und Indikatoren vor. Er räumt dabei ein, dass es unter den genannten immateriellen Werte sowie zwischen immateriellen Werten und dem Sach- und Finanzkapital zu Überlappungen kommt und die immateriellen Werte nie vollständig erfassbar sein werden.

Tab. 6: Inventar immaterieller Werte

Kategorien	Indikatoren
Rechtliche Rahmenbedingungen	*Rechte*: Konzessionen, gewerbliche Schutzrechte, Patente, Lizenzen, Markenrechte, Urheber- und Verlagsrechte, Gebrauchsmuster, Warenzeichen, Geschmacksmuster *Rechtsähnliche Werte*: Belieferungsrechte, Brennrechte, Braurechte, Wassernutzungsrechte, Optionsrechte, Wettbewerbsverbote
Ressourcenvorteile	*Rechtsähnliche Werte*: Belieferungsrechte, Verschmutzungsrechte, Wassernutzungsrechte *Wirtschaftliche Werte*: Standortvorteile
Interaktionsvorteile	*Wirtschaftliche Werte*: Lieferantenbeziehungen, Beschaffungslogistik, Kundenbeziehungen, Vertriebsnetz, Distributionsnetz etc. *Rechte*: Markenwerte
Integrationsvorteile	*Wirtschaftliche Werte*: Verfahrens-Know-how, Fabrikationsverfahren, Rezepturen, Logistik-Know-how, Mitarbeiterwissen

Quelle: eigene Darstellung in Anlehnung an Günther 2001, S. 44 und Krüger & Homp 1997, S. 32

Um nun im Rahmen der Unternehmensführung eine Steuerung immaterieller Werte vornehmen zu können, hält Günther ihre monetäre Bewertung für erforderlich. Hierfür schlägt er fünf alternative Bewertungsansätze vor:

1. Bewertung immaterieller Werte auf der Basis von Zukunftserfolgswerten
Dieser Ansatz wird im Zusammenhang mit der Bewertung der Kundenbeziehung bzw. des Kundenstamms thematisiert. Hierbei geht es darum, einen Customer Life Time Value zu errechnen, indem beispielsweise markenbezogene Rückflüsse und markenbezogene Kosten gegenüber gestellt werden.

2. Multiplikatoransätze
Hier wird für jeden immateriellen Unternehmenswert ein Multiplikatorwert gebildet, mit dem der monätere Wert errechnet wird. Bsp.: Wert des Kundenstamms = Anzahl der Kunden x Multiplikator, Humankapital = Anzahl der Mitarbeiter x Multiplikator.

3. Anschaffungs- und Herstellungskosten
Bewertungsansatz für entgeltlich erworbene immaterielle Vermögensgegenstände bzw. Wirtschaftsgüter des Anlagevermögens nach Handels- und Steuerrecht.

4. Übergewinn-Ansätze
Von der Boston Consulting Group unter der Bezeichnung Real Asset Value Enhancer (RAVE)™ entwickelter Ansatz zur Bewertung des Kundenstamms (Custonomics™) und des Humankapitals (Workonomics™). Hierbei werden die Kosten pro Kunde bzw.

Mitarbeiter in Beziehung gesetzt zur Wertschöpfung pro Kunde bzw. Mitarbeiter. Je höher die Wertschöpfung pro Kunde bzw. Mitarbeiter, je höher der Übergewinn.

5. Indikatorenansätze
Hier geht es darum, Ursache-Wirkungs-Beziehungen bei der betrieblichen Steuerung immaterieller Werte zu erfassen, auch wenn ein direkter Wertbeitrag einer Maßnahme nicht ermittelt werden kann. Günther fasst darunter bspw. den Skandia Navigator (vgl. Abschnitt 3.4.1.1) oder die Wissensbilanz des Austrian Research Centers Seibersdorf (WB-ARCS) (vgl. Abschnitt 3.4.1.4), also Zusatzbilanzen zum Jahresabschluss.

Kritische Würdigung
Der Vorschlag zum Ausweis immaterieller Unternehmenswerte ist begrüßenswert und die Zweiteilung des Performance Measurement-Systems in erstens Erfassung/Inventarisierung immaterieller Unternehmenswerte und zweitens deren monetäre Bewertung eine hilfreiche Vorgehensweise beim Aufbau eines umfassenden Ansatzes zur Messung organisationaler Kompetenzen. Der Ansatz lässt sich damit gut in eine betriebswirtschaftliche Bilanzierungslogik integrieren. Kritisch ist dabei anzumerken, dass es hinsichtlich der eingesetzten Bewertungsverfahren im Performance-Measurement-System noch weiteren Forschungsbedarf gibt.

Entscheidend für die Bewertung immaterieller Unternehmenswerte ist, dass ihre Integration in ein System der Unternehmensrechnungslegung sich nicht nach ihrer Erfassbarkeit, sondern nach ihrer Bedeutung für den Unternehmenserfolg richtet. Das heißt es muss eine Identifikation von Kernkompetenzen zwischen den Ansatz der Inventarisierung und den Ansatz der Bewertung zwischengeschaltet werden. Diese, der ressourcenorientierten Perspektive entstammende Logik der erfolgskritischen wertgenerierenden internen Prozesse, tritt im Ansatz von Günther hinter die bilanztechnische Erfassung von Kompetenz zurück. Von daher ist die umfassendere wettbewerbstheoretische Fundierung des Ansatzes ausbaufähig.

Kategorisierung/Zusammenfassung

Analysekriterien	Performance Measurement System
1. Analyseebene und spezifisches Kompetenzverständnis - Auf welcher Anwendungsebene werden Kompetenzen erfasst? - Wie wird der Kompetenzbegriff verstanden bzw. operationalisiert?	Der Ansatz bezieht sich auf die Organisationsebene. Kompetenzen werden allgemein im Sinne immaterieller Unternehmenswerte verstanden.
2. Gegenstand der Messung - Werden Kompetenzen als Bestände oder Prozesse erfasst?	Es werden Kompetenzen im Sinne von Wissensbeständen als Ausdruck immaterieller Werte erfasst. Dahinter können aber auch betriebliche Prozessabläufe stehen.
3. Messmethoden - Erfolgt eine Bestandsaufnahme oder eine Prozessanalyse? - Mit welchen Methoden erfasst das Instrument Kompetenzen?	Es handelt sich um eine Bestandsaufnahme zur Erfassung und Bewertung von Kompetenzen im Rahmen der Unternehmensrechnung. Die Erfassung erfolgt im Sinne einer Inventarisierung immaterieller Werte.
4. Beurteilungsgrad, -perspektiven und -kriterien - Findet eine Erfassung oder eine Bewertung von Kompetenzen statt? - Erfolgt die Bewertung als Selbst- oder Fremdbeurteilung? - Welche Messindikatoren und Bewertungsdimensionen werden verwendet?	Es werden geschützte Rechte, spezifische Interaktionen und Verfahren erfasst und monetär bewertet. Die Bewertung erfolgt auf der Grundlage von fünf Verfahren: Zukunftserfolgswerte, Multiplikatorenansätze, Anschaffungs- und Herstellungskosten, Übergewinn-Ansätze sowie Indikatorenansätze. Die Bewertung wird von unternehmenseigenen Controllern durchgeführt, jedoch als Evaluation von Unternehmenswerten im Sinne einer Fremdbewertung gestaltet. Die Bewertung ist nicht mit einer Erfolgsmessung gleichzusetzen, die Wirkungszusammenhänge aufzeigt. Ursache-Wirkungs-Beziehungen sollen eher perspektivisch ermöglicht werden, so dass dann der allgemeine Unternehmenserfolg in Abhängigkeit von den immateriellen Unternehmenswerten betrachtet werden kann.
5. Zeitliche Dimension - Werden vergangene, gegenwärtige oder zukünftige Leistungen als Ausdruck von Kompetenz erfasst?	Das Instrument argumentiert im Kern gegenwartsbezogen. Durch die Integration von Zukunftserfolgswerten kommt jedoch ansatzweise auch eine Zukunftsperspektive in den Ansatz hinein.
6. Zielperspektive und ebenenübergreifende Bezugspunkte - Welcher Zielsetzung dient das Instrument? - Geht es im Zielsystem um ebenenübergreifende Verknüpfungen von Kompetenz, wenn ja in welcher Beziehungskonstellation?	Das Ziel liegt in der Bilanzierung immaterieller Vermögenswerte einer Organisation. Dabei werden auch netzwerkbezogene Indikatoren zur Dokumentation von Organisationskompetenz einbezogen.

3.4.1.4 Die Wissensbilanz des Austrian Research Centers Seibersdorf

Die Wissensbilanz des Austrian Research Centers Seibersdorf (WB-ARCS) ist ein Instrument zur Erfassung von Organisationskompetenz im Sinne von Wissenskapital (intellectual capital), für dessen Entwicklung die Arbeiten der österreichischen Wissenschaftler Ursula Schneider, Manfred Bornemann und Karl-Heinz Leitner federführend waren (zur Übersicht: ARCS 1999; Bornemann & Leitner 2002). Bevor die WB-ARCS als Instrument dargestellt wird, wird zunächst dessen konzeptionelle Herkunft erläutert.

Konzeptionelle Vorüberlegungen
Aufbauend auf der Diskussion, dass Wissen als wertgenerierende Ressource aufzufassen ist und dass das traditionelle Berichtswesen nicht genügt, um entsprechende wissensbezogene Wertschöpfungseffekte zu erfassen, ist es nach Ansicht der Autoren gerade für Forschungsunternehmen wie das Austrian Research Center Seibersdorf notwendig, hierfür andere Wege zu beschreiten: So werden Investitionen in wissensbasierte Güter sowie Forschung und Entwicklung (Publikationen, Software, Handbücher etc.) und deren Outputs – der Erarbeitung von neuen Methoden, Gewinnung von Prozess-Know-how oder Entwicklung von Modellen – in den bestehenden Jahresberichten nicht dokumentiert. Die nur unsystematisch erfolgte Dokumentation solcher Leistungen erschwert es vor dem Hintergrund mehrjähriger und kostenintensiver Forschungsprogramme, Werte und Potenziale, aus denen das Unternehmen in Zukunft seine Wertschöpfung ableiten will, für externe Bezugsgruppen hervorzuheben und zu legitimieren. Durch die Wissensbilanz soll es gelingen, höhere Transparenz in den Wertschöpfungsprozess der ARCS zu bringen.

Der WB-ARCS von 1999 liegt ein Prozessmodell zugrunde, das einen Wissenskreislauf innerhalb des Unternehmens über die Zeit abbildet (vgl. Abb. 9). An dem aufgezeigten Prozess der Wertgenerierung wird deutlich, dass die hier gemessenen Organisationskompetenz aus Annahmen des ressourcenorientierten Ansatzes (siehe Abschnitt 2.4) resultiert.

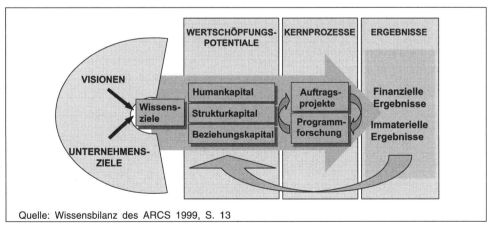

Abb. 9: Wissensbilanzmodell der ARCS

Aus Abbildung 9 lassen sich folgende Strukturelemente der Wissensbilanz identifizieren:
- Zunächst wird deutlich, dass der Prozess der wissensbezogenen Wertschöpfung mit der Definition von Wissenszielen beginnt, die aus der Unternehmensstrategie abgeleitet werden. Sie bilden den Rahmen für den Einsatz des Wissenskapitals der ARCS.
- Das Wissenskapital selbst wird in – die häufig anzutreffende dreiteilige Klassifikation – Human-, Struktur- und Beziehungskapital unterteilt (vgl. Sveiby 1997; Edvinsson & Malone 1997).
- Die wichtigsten Kernprozesse der Forschungsorganisation der ARCS stellen Auftragsprojekte und die Programmforschung dar. Durch diese Prozesse werden die drei Wissenskapitalarten in neues Wissenskapital transformiert.
- Zur Bewertung der Unternehmensleistungen wird der Gewinn als eine nur bedingt geeignete Maßzahl betrachtet. Daher werden im Modell immaterielle Ergebnisse definiert, die erst in Folgeperioden finanziell wirksam werden.

Die Wissensbilanz des Austrian Research Centers Seibersdorf

In den Tabellen 7 bis 9 werden die zentralen Dimensionen und Indikatoren der Wissensbilanz der ARCS aus dem Jahr 1999 wiedergegeben.

Tab. 7: Humankapitel (Ausschnitte) aus der WB-ARCS

Human Resources	**1999**
Zugänge MitarbeiterInnen gesamt	62
wissenschaftliche MitarbeiterInnen	31
Fluktuation MitarbeiterInnen gesamt (in %)	11,7 %
Abgänge MitarbeiterInnen gesamt	56
Wissenschaftliche MitarbeiterInnen gesamt	30
Pensionierungen gesamt	17
Durchschnittliche Betriebszugehörigkeit gesamt (in Jahren)	12
Anteil wissenschaftliche MitarbeiterInnen	43 %
Anzahl Auszeichnungen gesamt	4
Weiterbildung	
Weiterbildungstage pro MitarbeiterIn gesamt	2,75
Weiterbildungstage pro MitarbeiterIn: Kommunikation & Management	1,4
Weiterbildungstage pro MitarbeiterIn: Computer Literacy	0,45
Weiterbildungstage pro MitarbeiterIn: fachlich	0,9
Weiterbildungsaufwendungen in % der Gehaltssumme pro MitarbeiterIn	4,6

Quelle: WB-ARCS 1999, S. 16

Tab. 8: Strukturkapital aus der WB-ARCS

Projektorientierte Kooperation und Vernetzung	1999
EU-Projekte und Kplus (in % aller neuen Aufträge)	9
Geschäftsfeldübergreifende Projekte (in % aller neuen Projekte)	9,2
Forschungstätigkeiten im Ausland in Personenjahren	0
Anzahl internationaler ForscherInnen (in % der wissenschaftlichen MitarbeiterInnen)	6,2
Diffusion und Networking	
Anzahl der besuchten Konferenzen gesamt (pro wissenschaftlichem Mitarbeiter)	1,14
Vorträge bei wissenschaftlichen Konferenzen (pro wissenschaftlichem Mitarbeiter)	0,88
Referees: Journals und Evaluationsgremien (pro wissenschaftlichem Mitarbeiter)	0,15
Teilnahme an Gremien: wissenschaftlich, industriell, politisch (pro wissenschaftlichem Mitarbeiter)	0,65
Lehraufträge (pro wissenschaftlichem Mitarbeiter)	0,19
Kunden, Image und Gesellschafter	
Erstkunde (in % aller neuen Projekte)	18,2
Neue Gesellschafter	6
„Resonanzindikator" (namentliche Erwähnung der ARCS in den Medien)	1353

Quelle: WB-ARCS 1999, S. 20

Tab. 9: Ergebnisse aus der WB-ARCS

Finanzielle Ergebnisse	1999
Gesamtumsatz in Mio. ATS	847
Umsatzwachstum im Vergleich zum Vorjahr	17 %
Eigenfinanzierungsanteil	65 %
Wirtschaftsbezogene Ergebnisse	
Anzahl neu akquirierter Auftragsprojekte mit Kunden	194
Anzahl neuer Kunden in %	18,2%
Anzahl der Projekte mit privaten Kunden in %	74%
Anzahl neuer EU-Aufträge	15
Forschungskoordination und Netzwerkmanagement:	
EU, Kompetenzzentren, Cluster-Initiativen (Prime Contractor)	8
Akkreditierungen und Zertifizierungen	81
Anzahl Spin-offs	2
Anzahl Kunden Aus- und Weiterbildung	271

Quelle: WB-ARCS 1999, S. 26

Kategorisierung/Zusammenfassung

Kriterium	Wissensbilanz des Austrian Research Centers Seibersdorf
1. Analyseebene und spezifisches Kompetenzverständnis - Auf welcher Anwendungsebene werden Kompetenzen erfasst? - Wie wird der Kompetenzbegriff verstanden bzw. operationalisiert?	Bei der WB-ARCS handelt es sich um ein Instrument zur Erfassung von Kompetenz im Sinne von Wissenskapital auf organisationaler Ebene. Unter Kompetenz werden dabei die wertgenerierenden immateriellen Ressourcen des Unternehmens verstanden.
2. Gegenstand der Messung - Werden Kompetenzen als Bestände oder Prozesse erfasst?	Es werden Wissensbestände als Ausdruck von Organisationskompetenz erfasst, von denen angenommen wird, dass sie Mittel und Output des wissensbezogenen Wertschöpfungsprozesses sind. Dazu zählen organisationsinterne Strukturdaten und Charakteristika des organisationsexternen Beziehungssystems.
3. Messmethoden - Erfolgt eine Bestandsaufnahme oder eine Prozessanalyse? - Mit welchen Methoden erfasst das Instrument Kompetenzen?	Bei der WB-ARCS erfolgt eine quantitative Erfassung der Ausprägung der einzelnen Indikatoren (auf Verhältniskalenniveau) zum jeweiligen Ende einer Periode. Es handelt sich dabei um eine Bestandsaufnahme.
4. Beurteilungsgrad, -perspektiven und -kriterien - Findet eine Erfassung oder eine Bewertung von Kompetenzen statt? - Erfolgt die Bewertung als Selbst- oder Fremdbeurteilung? - Welche Messindikatoren und Bewertungsdimensionen werden verwendet?	Die WB-ARCS konzentriert sich auf die Erfassung unterschiedlicher Indikatoren zur Beschreibung interner Ressourcen und des externen Beziehungssystems (Wertschöpfungspotenziale), von denen ein Einfluss auf den Wertschöpfungsprozess angenommen wird. Die Erfassung wird durch monetäre Bewertungsdimensionen ergänzt, woraus sich – über einige Perioden hinweg – Schlussfolgerungen zwischen der Investition in Wissenskapital und dem finanziellen Ertrag ergeben. Die Bewertung basiert auf einer Fremdbeurteilung unter Verwendung objektiver Strukturdaten.
5. Zeitliche Dimension - Werden vergangene, gegenwärtige oder zukünftige Leistungen als Ausdruck von Kompetenz erfasst?	Das Instrument ist vergangenheitsorientiert. Kompetenzen werden anhand von Leistungen der vorausgegangenen Periode bewertet.
6. Zielperspektive und ebenenübergreifende Bezugspunkte - Welcher Zielsetzung dient das Instrument? - Geht es im Zielsystem um ebenenübergreifende Verknüpfungen von Kompetenz, wenn ja in welcher Beziehungskonstellation?	Die WB-ARCS hat zum Ziel, die Leistungen der sich aus unterschiedlichsten Forschungsmitteln finanzierenden Forschungsorganisation Austrian Research Centers Seibersdorf besser und systematischer als bislang zu kommunizieren. Der Hintergrund hierfür ist, dass die Partner nicht nur eine sparsame Mittelverwendung wünschen, sondern in zunehmendem Maße eine externe und interne Transparenz bzgl. dieser Mittelverwendung erwarten. Dabei werden auch individuums- und netzwerkbezogene Daten zum Ausweis der Organisationskompetenz verwendet.

Kritische Würdigung

Abschließend ist festzuhalten, dass die WB-ARCS ein Instrument darstellt, das gerade beginnt, sich in der *Praxis* zu bewähren: Nach der Pilotierung des Instruments für das Jahr 1999 steht die Wiederholung der Erfassung der unsichtbaren Vermögenswerte der ARCS aus. Aus *theoretischer Sicht* ist der Einsatz des Instruments vielversprechend, derzeit aber noch nicht voll gereift: Da bislang noch keine Evaluationsstudien der ARCS vorliegen, bleibt unklar, ob die von dem ARCS ausgewählten Wissenskapitalindikatoren tatsächlich diejenigen wertschöpfungsrelevanten Elemente von Wissenskapital erfassen, die hier unterstellt werden. Gelingt dieser Nachweis, dann kann dem Instrument durchaus die Fähigkeit zuerkannt werden, die Argumentationslogik des ressourcenorientierten Ansatzes widerzuspiegeln. Mit Hilfe des Instrumentes lassen sich die Ressourcen und dynamischen Fähigkeiten spezifizieren, die einer Organisation dauerhaft hohe Wertschöpfungsbeiträge gewähren. Positiv hervorzuheben ist ebenfalls die Anwendung des Instrumentes auf ein Forschungsinstitut, das sich qua definitionem gerade durch die Entwicklung und Verwertung von Wissen auszeichnet.

3.4.2 Prozessmodelle

3.4.2.1 UNIKAT-Potenzialscanner

Der UNIKAT-Potenzialscanner (GEMI u.a. 2000a, 2000b; Schnauffer 2001) geht auf Arbeiten des Projektverbundes GEMI, prospektiv - Gesellschaft für betriebliche Zukunftsgestaltung – und des Fraunhofer Instituts Fabrikbetrieb und -automatisierung zurück. Die Entwicklung des Potenzialscanners basiert auf Überlegungen eines wachsenden Hyperwettbewerbs, dem gerade kleinere und mittlere Unternehmen nicht standhalten können. Mit dem Potenzialscanner soll es möglich werden, die spezifischen Kompetenzen und Potenziale eines Unternehmens zu identifizieren und zu nutzen, auf deren Grundlage ein Unternehmen nachhaltige Wettbewerbsvorteile erlangen kann, die vor marktlichen Verdrängungseffekten schützen. UNIKAT fußt auf dem resource-based view of the firm, wonach knappe, nicht-imitierbare und nicht-substituierbare Ressourcen eines Unternehmens, die beim Kunden einen spezifischen Nutzen stiften, zu überdurchschnittlichen ökonomischen Renten führen. Dies begründet der ressourcenorientierte Ansatz mit der sozialen Komplexität und kausalen Ambiguität spezifischer Ressourcenbündel (vgl. Abschnitt 2.4). Das Ziel des UNIKAT-Potenzialscanners ist es nunmehr, diese Ressourcen messbar zu machen, um sie zunächst zu identifizieren und schließlich für die weitere strategische Entwicklung des Unternehmens zu nutzen.

Der Potenzialscanner zeigt einen Ansatzpunkt auf, um wettbewerbsvorteilsstiftende Ressourcen bzw. betriebliche Kernkompetenzen zu operationalisieren. Dies gilt in der Literatur als äußerst schwieriges Unterfangen, weil die internen wertgenerierenden Prozesse schwer operationalisierbar sind (vgl. Ray, Barney & Muhanna 2004). Zwar beinhaltet der Potenzialscanner keine Prüfung des Gesamtzusammenhanges des resource-based view, versucht aber immerhin, einen Ansatzpunkt zur Identifikation von Kernkompetenzen aufzuzeigen.

Das Scanning-Verfahren setzt zur Identifikation von Kompetenzen zunächst an allen betrieblichen Prozessen und Dokumentationen an. So werden beispielsweise das Leitbild, EDV-gestützte Unternehmens- und Personalplanungssysteme, Vertriebsinformationssysteme, Mitarbeitergespräche, das Ideenmanagement oder auch Controlling-Berichte und Benchmarking-Ergebnisse für die Potenzialanalyse im Rahmen einer Dokumentenanalyse fruchtbar gemacht. Das Ziel ist es dabei, vorhandene Systeme möglichst umfassend zu nutzen, um bei weiteren Erhebungen sparsam und gezielt vorgehen zu können.

In einem weiteren Schritt werden im Potenzialscanner unterschiedliche *Filter* eingesetzt, die im Sinne einer flexiblen Toolbox gehandhabt werden können. Es werden dabei unterschiedliche Know-how-Träger bzw. Informationsquellen befragt, um Potenziale zu identifizieren.

- Durch Befragung unterschiedlicher Unternehmensmitglieder erfolgt eine *Introspektion* der Unternehmensentwicklung. Dabei werden kritische Ereignisse, zentrale Akteure, Quellen von Veränderung, aber auch Identitäten etc. untersucht.
- Nicht bediente *Kundenanfragen* werden ausgewertet, um zu erkennen, welche Kompetenzen Außenstehende beim Unternehmen vermuten.
- Durch Befragung begeisterter *Kunden* werden die Ursachen hoher Kundenzufriedenheit ergründet.
- Über Befragung oder die Marktanalyse von *Wettbewerbern* wird untersucht, vor welchen Kompetenzfeldern Wettbewerber Respekt zeigen und nicht angreifen.
- Eine weitere Stärken-Schwächen-Analyse erfolgt durch Befragung von *Lieferanten*.
- Die Auswertung von *Reklamationen* soll Hinweise auf bislang unerfüllte Kundenwünsche und neue Anwendungsfelder geben.
- *Mitarbeiter* der Unternehmen werden nach positiven individuellen Einzelerlebnissen und Situationen hoher Arbeitszufriedenheit befragt, um die Ursachen von Erfolgserlebnissen zu ergründen.
- *Bewerbungsschreiben*, insbesondere Initiativbewerbungen werden ausgewertet, um zu erkennen, welchen Bewerbertypus das Unternehmen anzieht und welche Kompetenzen Bewerber in dem Unternehmen sehen.
- *Eindrücke neuer Mitarbeiter* werden erfragt, um Unternehmensstärken zu erfassen und übertroffene sowie nicht eingetroffene Erwartungen zu präzisieren.
- Die Interessen und *Entwicklungsziele von Mitarbeitern* werden erfasst, um die in diesem Zusammenhang stehenden Potenziale zu erkennen.
- *Ausscheidende Mitarbeiter* werden nach ihren Erfahrungen, Erkenntnissen und Einsichten über das Unternehmen befragt.

Der Potenzialscanner sieht damit eine *Mehrebenenevaluation* des Unternehmens vor, um Potenziale zu erkennen. Das Anliegen ist es, nach Bedarf dann Primärerhebungen durchzuführen, wenn andere Quellen ausgeschöpft sind. Durch diese selektive Vorgehensweise wird dem Prinzip „Akupunktur statt Operation am offenen Herzen" gefolgt.

Die im Rahmen der Potenzialanalyse unter Einsatz unterschiedlicher Filter identifizierten Kompetenzen werden in einem nächsten Schritt zur Differenzierung des Leistungsangebotes aufbereitet. Das heißt, Potenziale werden in ein strategisches Planungskonzept übersetzt, welches ihre Nutzung zur Marktpositionierung vorsieht. Die Potenzialnutzung wird mit Hilfe der Balanced Scorecard dokumentiert und überwacht.

Kritische Würdigung
Beim Potenzialscanner handelt es sich um ein einfach zu handhabendes und in vielfacher Hinsicht überzeugendes Analysemodell. So stellt die Mehrebenenevaluation einen sinnvollen Zugang zur Identifikation betrieblicher Kernkompetenzen dar. Die wahlweise Handhabung der Filter erlaubt es zudem, sich flexibel auf unterschiedliche Unternehmen einzustellen. Außerdem bieten sie Möglichkeiten der Erweiterung, beispielsweise im Hinblick auf die Beziehungsfähigkeit eines Unternehmens. Auf diese Weise können auch Weiterentwicklungen der theoretischen Grundlagen in Richtung eines relationbased view (Dyer & Singh 1998; Sjurts 2000; siehe auch Abschnitt 2.5) integriert werden. Der Ansatz lässt sich auch auf die Netzwerkebene ausweiten.

Problematisch kann im Einzelfall jedoch sein, dass ein relativ großer Interpretationsspielraum beim Forscher verbleibt und die Rationalitätsannahmen der Befragten das Untersuchungsergebnis beeinflussen. Allerdings gleicht die Mehrebenenbetrachtung dieses methodische Problem auch wieder aus.

Während das eigentliche Scanning-Verfahren zur Potenzialidentifikation überzeugend erscheint, sind die Überlegungen zur Potenzialnutzung wenig elaboriert. So geht mit der theoretischen Grundlage des ressourcenorientierten Ansatzes ein gegenüber traditionellen Planungsansätzen verändertes Strategieverständnis einher (vgl. ausführlich Mintzberg 1994, 1999), welches nicht entsprechend gewürdigt wird. Eine kausale Ambiguität wettbewerbsvorteilsstiftender Ressourcen entzieht sich ja gerade der Planbarkeit und kann nicht in ein einfaches Modell strategischer Planung übersetzt werden. An dieser Stelle reflektiert das Forschungsteam nicht den Stand der Strategieforschung. Gleichwohl bleibt das eigentliche Scanning-Verfahren von dieser Kritik ausgenommen. Sie richtet sich lediglich an die normative Übersetzung der Potenzialanalyse in einen Ansatz der Unternehmensstrategie.

Kategorisierung/Zusammenfassung

Analysekriterien	UNIKAT-Potenzialscanner
1. Analyseebene und spezifisches Kompetenzverständnis - Auf welcher Anwendungsebene werden Kompetenzen erfasst? - Wie wird der Kompetenzbegriff verstanden bzw. operationalisiert?	Der Scanner ist auf die Organisationsebene gerichtet, bezieht bei der Operationalisierung aber auch individuelle Kompetenzen ein. Unter Kompetenzen werden die von stakeholdern identifizierten Potenziale der Organisation verstanden. Es erfolgt dabei keine ex ante-Operationalisierung.
2. Gegenstand der Messung - Werden Kompetenzen als Bestände oder Prozesse erfasst?	Es werden gleichermaßen Prozesse und Bestände erfasst, wobei im Ergebnis eine Bestandsgröße steht.
3. Messmethoden - Erfolgt eine Bestandsaufnahme oder eine Prozessanalyse? - Mit welchen Methoden erfasst das Instrument Kompetenzen?	Es wird eine Bestandserhebung durchgeführt, die sich als Prozessanalyse fortsetzen lässt. Im Mittelpunkt der Kompetenzerfassung stehen Dokumentenanalysen und Befragungen unterschiedlicher externer Akteure zu kritischen Ereignissen – zwei Wege, über die Potenzialindikatoren identifiziert werden.
4. Beurteilungsgrad, -perspektiven und -kriterien - Findet eine Erfassung oder eine Bewertung von Kompetenzen statt? - Erfolgt die Bewertung als Selbst- oder Fremdbeurteilung? - Welche Messindikatoren und Bewertungsdimensionen werden verwendet?	Erfassung und Bewertung von Kompetenzen fallen in starkem Maße zusammen, weil als Potenzial gedeutet wird, was Befragte oder Forscher als solches identifizieren. Kennzeichnend ist die Mehrebenenevaluation durch zahlreiche Außenstehende sowie die Forscher selbst. Das Instrument integriert damit unterschiedliche Varianten der Fremdbewertung von Organisationskompetenz. Da Kompetenz als organisationsspezifisches Potenzial verstanden wird, erfolgt keine Operationalisierung im Vorfeld. Abhängige Variablen und Wirkungszusammenhänge werden nicht eindeutig spezifiziert, können durch die Art des Zugangs aber in allgemeinen Erfolgsindikatoren gesehen werden. Die Zusammenhänge basieren auf Annahmen bzw. Interpretationen der Befragten.
5. Zeitliche Dimension - Werden vergangene, gegenwärtige oder zukünftige Leistungen als Ausdruck von Kompetenz erfasst?	Im Kern orientiert sich der Scanner an vergangenen Leistungen, hat aber das Ziel, daraus ein zukünftiges Profil im Sinne einer strategischen Positionierung vorzunehmen.
6. Zielperspektive und ebenenübergreifende Bezugspunkte - Welcher Zielsetzung dient das Instrument? - Geht es im Zielsystem um ebenenübergreifende Verknüpfungen von Kompetenz, wenn ja in welcher Beziehungskonstellation?	Bei der Zielperspektive geht es um die Formulierung einer Unternehmensstrategie, die die vorhandenen Potenziale stärker nutzt. Das Instrument konzentriert sich ausschließlich auf die Organisationskompetenz, bezieht in deren Erfassung aber auch netzwerkspezifische Indikatoren ein und ließe sich auch auf Netzwerke anwenden.

3.4.2.2 Strategic Learning Assessment Map

Die Strategic Learning Assessment Map (SLAM) ist ein Instrument zur Diagnose von Kompetenzen im Sinne organisationaler Lernprozesse, welches auf den Vorarbeiten von Crossan & Hulland (1997) und Crossan, Lane & White (1999) beruht und von dem kanadischen Wissenschaftler und Berater Nick Bontis implementiert und empirisch untersucht wurde (Bontis 1999; Bontis, Crossan & Hulland 2002). Bevor die SLAM als Instrument dargestellt wird, wird zunächst ihre konzeptionelle Herkunft erläutert.

Konzeptionelle Vorüberlegungen
Die theoretischen Grundlagen der SLAM wurden im „*4-i framework of organizational learning*" von Crossan, Lane & White (1999) entwickelt. Das Phasenmodell organisationalen Lernens nach Crossan et al. beschreibt anhand der vier Sequenzen intuiting, interpreting, integration und institutionalising den Übergang vom individuellen zum organisationalen Wissen (zur Darstellung vgl. Tab. 10). Hervorzuheben ist hierbei die analytische Trennung zwischen Lernebenen und Lernprozessen („4-i") unter Einbeziehung damit korrespondierender spezifischer Inputs und Outputs.

Tab. 10: 4-i Framework of Organizational Learning

Lernebene	Lernprozess	Inputs	Outcomes
individual	**intuiting**	individual experiences images	personal insights
individual	**interpreting**	language metaphor	shared dialogue
group	**integrating**	negotiated action interactive systems	cognitive maps
organizational	**institutionalizing**	routinized actions rules and procedures	knowledge systems

Quelle: Crossan, Lane & White 1999

Aus diesen Vorüberlegungen resultiert die „*Strategic Learning Assessment Map*" (SLAM), mit deren Hilfe die einzelnen Lernprozesse und -ebenen veranschaulicht werden können (vgl. Crossan & Hulland 1997 und Abb. 10).

Abbildung 10 verdeutlicht, dass zunächst zwischen der Input- und Output-Dimension organisationalen Lernens differenziert werden kann, die sich jeweils anhand von drei Lernebenen, nämlich der individuellen, der gruppenbezogenen und der organisationalen Ebene spezifizieren lassen. Das daraus resultierende Neun-Felder-Schema zeigt des Weiteren drei Typen wissensbezogener Bestandsgrößen (individuelle, gruppenbezogene und organisationale), sowie zwei Typen von Wissensflüssen bzw. Lernprozessen (Feed-forward- und Feed-back-Flüsse), die sich zwischen den jeweiligen Lernebenen verorten lassen. In Tabelle 11 werden diese fünf Typen anhand entsprechender Beispiele präzisiert.

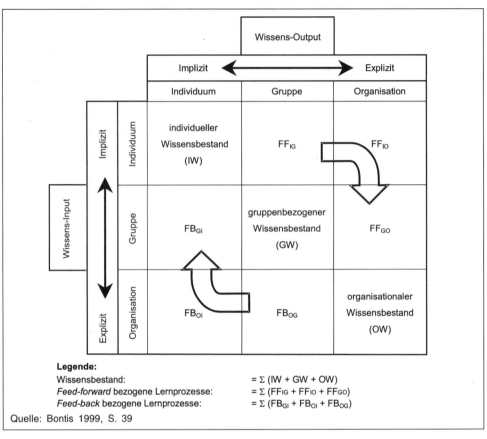

Abb. 10: Die „Strategic Learning Assessment Map"

Tab. 11: Definition der Elemente der SLAM

Abk.	Element	Definition
IW	individual-level knowledge stocks	Individual capability and motivation to do the job, human capital
GW	group-level knowledge stocks	Group dynamics and shared understanding, team learning through dialogue, knowledge embedded in social interactions
OW	organizational-level knowledge stocks	Alignment of non human storehouses of learning including systems, structure, strategy, procedures and culture; knowledge embedded in structural capital, organizational routines
FF	feed-forward learning flows	Whether or how individual learning feeds forward into group learning and learning at the organizational level in terms of changes to structure, systems, products, strategy, procedures and culture, etc.
FB	feed-back learning flows	Whether or how the learning that is embedded in the organizational systems, structure, strategy, etc. impacts group and individual learning

Quelle: Crossan & Hulland 1997; Crossan & Bontis 1998; Bontis 1999, S. 41

Aufbauend auf diesen Überlegungen entwickelt Bontis (1999) ein Diagnoseinstrument organisationaler Kompetenzen, mit dessen Hilfe geprüft werden soll, welche Beziehungen zwischen den beiden Wissensklassen und der Unternehmensleistung existieren.

Die Strategic Learning Assessment Map

Die im SLAM-Konzept enthaltenen Variablen werden mit Hilfe eines Fragebogens erfasst, der Likert-skalierte Items enthält. Die inhaltliche Präzisierung der unabhängigen Variablen erfolgt aufgrund des in Tabelle 11 skizzierten SLAM-Konzepts. Dieser Fragebogen enthält sechs Dimensionen: Fünf Dimensionen, die sich als unabhängige Variablen auf die Erfassung des SLAM-Modells beziehen und die abhängige Dimension der organisationalen Leistungsfähigkeit. In Abbildung 11 wird ein Ausschnitt des Gesamtfragebogens wiedergegeben – er enthält die Dimension „organizational-level knowledge stocks" (als UV) und die Dimension „individual and organizational performance" als abhängige Variable.

The following items relate to how you and your group influence the organization. Please circle only one response per item.

	Strongly Disagree						Strongly Agree
1. Lessons learned by one group are actively shared with others.	1	2	3	4	5	6	7
2. Individuals have input into the organization's strategy.	1	2	3	4	5	6	7
3. Groups propose innovative solutions to organization-wide issues.	1	2	3	4	5	6	7
4. Recommendations by groups are adopted by the organization.	1	2	3	4	5	6	7
5. We do not „reinvent the wheel".	1	2	3	4	5	6	7
6. Individuals compile information for everyone to use.	1	2	3	4	5	6	7
7. Individuals challenge the assumptions of the group.	1	2	3	4	5	6	7
8. The company utilizes the intelligence of its workforce.	1	2	3	4	5	6	7
9. The „left hand" of the organization knows what the „right hand" is doing.	1	2	3	4	5	6	7
10. Results of the group are used to improve products, services and processes.	1	2	3	4	5	6	7

The following items relate to individual, group and organizational performance. Please circle only one response per item.

	Strongly Disagree						Strongly Agree
1. Our organization is successful.	1	2	3	4	5	6	7
2. Our organization meets its clients' needs.	1	2	3	4	5	6	7
3. Our organization's future performance is secure.	1	2	3	4	5	6	7
4. Our organization is well-respected within the industry.	1	2	3	4	5	6	7
5. Our group makes a strong contribution to the organization.	1	2	3	4	5	6	7
6. Our group performs well as a team.	1	2	3	4	5	6	7
7. Our group meets its performance targets.	1	2	3	4	5	6	7
8. Individuals are satisfied working here.	1	2	3	4	5	6	7
9. Individuals are generally happy working here.	1	2	3	4	5	6	7
10. Individuals are satisfied with their own performance.	1	2	3	4	5	6	7

Quelle: Bontis 1999, S. 44 ff.

Abb. 11: „Strategic Learning Assessment Map": Fragebogenausschnitte

Kategorisierung/Zusammenfassung

Kriterium	Strategic Learning Assessment Map
1. Analyseebene und spezifisches Kompetenzverständnis - Auf welcher Anwendungsebene werden Kompetenzen erfasst? - Wie wird der Kompetenzbegriff verstanden bzw. operationalisiert?	SLAM ist ein Instrument zur Erfassung von Kompetenz im Sinne organisationaler Lernprozesse unter Einbeziehung der Lernprozesse auf individueller und gruppenbezogener Ebene.
2. Gegenstand der Messung - Werden Kompetenzen als Bestände oder Prozesse erfasst?	Es werden Prozesse im Sinne organisationaler Lernprozesse erfasst, wobei individuelle und gruppenbezogene Lernprozesse berücksichtigt werden.
3. Messmethoden - Erfolgt eine Bestandsaufnahme oder eine Prozessanalyse? - Mit welchen Methoden erfasst das Instrument Kompetenzen?	Es erfolgt eine Bestandsaufnahme von Wissensprozessen und Erfolgsindikatoren, die sich als Prozessanalyse fortführen lässt. Die Erhebung basiert auf einer standardisierten schriftlichen Befragung von Führungskräften.
4. Beurteilungsgrad, -perspektiven und -kriterien - Findet eine Erfassung oder eine Bewertung von Kompetenzen statt? - Erfolgt die Bewertung als Selbst- oder Fremdbeurteilung? - Welche Messindikatoren und Bewertungsdimensionen werden verwendet?	Die Erfassung von Kompetenzen basiert auf subjektiven Einschätzungen der befragten Personen, zumeist Führungskräften, im Sinne einer Fremdbewertung der Güte organisationaler Lernprozesse. Die Erfassung der abhängigen Variablen erfolgt ebenfalls durch subjektive Bewertung der Befragungspersonen mit Hilfe von Ratingskalen, da mikroökonomische Messgrößen wegen des zu hohen Abstraktionsniveaus für Bontis (1999) als wenig geeignet scheinen, individuelle oder gruppenbezogene Wissenstransferprozesse prüfen zu können. Die mögliche Erfolgswirksamkeit der Organisationskompetenzen ergibt sich aus den errechneten Korrelationen.
5. Zeitliche Dimension - Werden vergangene, gegenwärtige oder zukünftige Leistungen als Ausdruck von Kompetenz erfasst?	Es wird eine gegenwartsbezogene Erhebung vorgenommen.
6. Zielperspektive und ebenenübergreifende Bezugspunkte - Welcher Zielsetzung dient das Instrument? - Geht es im Zielsystem um ebenenübergreifende Verknüpfungen von Kompetenz, wenn ja in welcher Beziehungskonstellation?	Es wird das Ziel verfolgt, den Zusammenhang zwischen organisationalen Kompetenzen im Sinne von Wissensflüssen mit der organisationalen Leistungsfähigkeit zu prüfen. Wissensflüsse auf der Individuums- und Gruppenebene werden dabei als Voraussetzung für organisationale Kompetenzen angesehen.

In der von Bontis durchgeführten Pilotstudie wurden 32 Personen unterschiedlicher Hierarchieebenen, zumeist jedoch Führungskräfte, in 15 Versicherungsunternehmen befragt (Bontis 1999).

Kritische Würdigung
SLAM hält einen konzeptionellen Rahmen für die Diagnose organisationaler Kompetenzen im Sinne von Wissensbeständen und -flüssen bereit. Das Einsatzgebiet ist in erster Linie wissenschaftlicher, hypothesentestender Natur: So werden wissenschaftliche Gütekriterien berichtet (Cronbachs Alpha schwankt zwischen 0,77 und 0,91; vgl. Bontis 1999, S. 20 ff.) und die Skala, die die organisationale Leistung aus der Wahrnehmungsperspektive erfasst, wird anhand des Indikators „Gewinn nach Steuern bzw. Umsatz nach Steuern" validiert. Hierbei beträgt die Korrelation $r = 0.37$ ($p < 0.01$). Somit ist darauf hinzuweisen, dass es Bontis (1999) erstmals in einem hypothesentestenden Verfahren gelingt, kriteriumsvalidierte Aussagen abzuleiten, denen eine aufgrund der Komplexität des Untersuchungsgegenstandes akzeptable externe Validität zugesprochen werden kann.

Auch wenn der Einsatz des Instrumentes bislang wissenschaftlichen Zwecken galt, kann seine Eignung für die betriebliche Kompetenzerfassung als hoch angesehen werden. Der Fragebogen ist für die betriebliche Praxis geeignet und zudem validiert.

3.4.2.3 Die Erfassung von Knowledge Assets

Die Erfassung von Knowledge Assets ist ein Ansatz, mit dessen Hilfe Kompetenzen im Sinne von Wissensprozessen und wissensbezogenen Vermögensgegenständen erfasst werden. Ausschlaggebend hierfür sind die Arbeiten des britischen Wissenschaftlers und Beraters Max Boisot (1995, 1998). Erfahrungen liegen zum Feldeinsatz des Instrumentes bei Unternehmen wie Courtald oder BP vor. Der Darstellung des Verfahrens geht eine Erläuterung seiner konzeptionellen Herkunft voraus.

Konzeptionelle Vorüberlegungen
Boisot (1995) entwickelt ein dreidimensionales System zur Beschreibung von Wissen, den Information-Space (I-Space). Dabei legt er die drei Dimensionen Kodifizierbarkeit (*codification*), Abstraktionsniveau (*abstraction*) und Diffusionsgrad (*diffusion*) zugrunde:
1. *Kodifizierbarkeit:* Diese Dimension beschreibt das Ausmaß, in dem Wissen digitalisierbar ist.
2. *Abstraktionsniveau:* Diese Dimension resultiert aus einer weitergehenden Analyse des Kodifizierungsprozesses. Abstrahieren meint hier, die Anzahl der Kategorien, die zur Beschreibung eines Phänomens notwendig sind, zu reduzieren.
3. *Diffusionsgrad:* Die Dimension Diffusionsgrad bezieht sich auf die Anzahl der Personen, für die ein bestimmtes Wissen verfügbar ist.

Lernprozesse im Information Space (I-Space): Boisot (1995, 1998) integriert die drei wissensbezogenen Dimensionen in ein gemeinsames Modell, den Information Space (I-

Space). Anhand dieses Modells beschreibt Boisot sechs zentrale Prozesse kollektiven Lernens (vgl. Abb. 12).

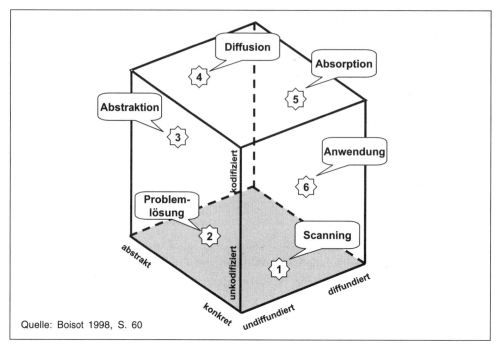

Abb. 12: Der I-Space

Die Elemente des kollektiven Lernzyklus – „*social learning cycle*" – können wie folgt beschrieben werden (vgl. Boisot 1998, S. 59f.):
(1) Beim *Scanning*-Prozess geht es um die Identifikation schwacher und unscharfer Signale, die zwar generell verfügbar sind (hoher Diffusionsgrad), aber einen geringen Kodifizierungsgrad und ein geringes Abstraktionsniveau aufweisen.
(2) Die Interpretation solcher schwachen und unscharfen Signale ist die Basis eines entsprechenden Kodifizierungs- bzw. *Problemlösungsprozesses*: Die Signale werden in Abhängigkeit des bereits bestehenden Wissens kodifiziert, woraus eine erste Spezifizierung bei der Bedeutungszuweisung resultiert.
(3) Im Anschluss daran wird im Rahmen des *Abstraktionsprozesses* geprüft, ob die Gültigkeit gewonnener Daten über die aktuelle Situation hinausreicht. An dieser Stelle ist es wichtig, darauf hinzuweisen, dass sich die Prozesse Problemlösung und Abstraktion gegenseitig ergänzen.
(4) Aufgrund von Konzeptualisierung und Abstraktion entsteht neues Wissen, das mit der Zielgruppe geteilt werden muss. Entsprechende *Diffusionsprozesse* werden initiiert, wobei die Übertragungsgeschwindigkeit von technologischen Rahmenbedingungen abhängt und die Aufnahme- und Verwertungsgüte vom Ausmaß der Überlappung unter Kodifizierung, Normierung, Wertorientierung und Motivation.

(5) Die sich daran anschließende *Absorption* dieses Wissens erfolgt anhand seiner Aneignung (learning by doing), wobei hier ein Prozess der zunehmenden De-Kodifizierung zu beobachten ist: So ist ein Experte jemand, der in einem Bereich Leistung zeigt, ohne auf kodifiziertes Wissen zurückgreifen zu müssen.

(6) Schließlich beinhaltet die *Anwendung* des Wissens die Einbettung bzw. die Inkorporation von Wissen in konkrete Praktiken, z.B. in Form von Artefakten, technischen oder organisationalen Regeln oder in Verhaltensmustern.

Die Erfassung von Knowledge Assets
Das Lernprozessmodell im I-Space bildet die theoretische Grundlage für die Erfassung von Kompetenzen in Form von Wissensprozessen und wissensbezogenen Vermögensgegenständen. Boisot (1998) entwickelt für beide Fälle eine Reihe von Leitfragen, mit deren Hilfe Aussagen über die anzustrebende Qualität der Lernprozesse im I-Space und deren monetäre Bewertung abgeleitet werden können.

Erfassung von Wissens- bzw. Lernprozessen
In Tabelle 12 werden die Statements wiedergegeben, mit deren Hilfe die Qualität der einzelnen Phasen des Lernprozesses im I-Space beurteilt werden kann (vgl. Boisot, 1998, S. 171–174).

Tab. 12: Leitfragen zur Beurteilung der Lernprozesse im I-Space

	Skala Kodifizierbarkeit	Skala Abstraktionsniveau	Skala Diffusionsgrad
Scanning	Wie viel hat das Unternehmen in das Scanning schwacher Signale investiert?	Wie umfassend hat das Unternehmen nach Trends Ausschau gehalten, die sich außerhalb der eigenen Branche zeigen?	Von wie vielen unterschiedlichen internen und externen Ansprechpartnern erhält das Unternehmen Informationen?
Problemlösen	Zu welchem Detaillierungsgrad werden die Problemlöseprozesse realisiert?	Wie spezifisch oder generell ist der Problemfokus?	Wie viel unterschiedliche Personen sind in den Problemlöseprozess einbezogen?
Abstrahieren	Welcher Formalisierungsgrad ist notwendig, um eine generelle Anwendung zu gewährleisten?	Welches sind die Grenzen der Generalisierung einer Anwendung?	In welchem Umfang führt die Generalisierung dazu, dass die Anwendung von einer größeren Gruppe genutzt werden kann?
Diffundieren	Ab welchem Kodifizierungsgrad erfolgt die Diffusion?	Ab welchem Abstraktionsgrad erfolgt die Diffusion?	Wie umfassend ist die Diffusion?
Absorbieren	Bis zu welchem Kodifizierungsgrad erfolgt die Absorption?	In wie vielen unterschiedlichen Situationen sollte eine Absorption stattfinden?	Wie viele Personen nehmen am Absorptionsprozess teil?
Anwenden	Wie strukturiert ist eine bestimmte Anwendung?	Wie spezifisch ist die Anwendung?	Wie viele Personen sind in die Anwendung von absorbierten Wissen einbezogen?

In Abhängigkeit von der Beantwortung der einzelnen Fragen durch ein Managementteam ergeben sich für verschiedene wissensbezogene Produkte unterschiedliche Verläufe des Lernprozesses im I-Space. Eine solche Analyse gibt nach Boisot (1998) Auskunft über die Angemessenheit des Umgangs mit einem spezifischen wissensbezogenen Produkt, wie z.B. bei der Entwicklung oder dem Vertrieb von Software.

Erfassung von wissensbezogenen Vermögensgegenständen
Boisot (1998) entwickelt eine Reihe von Leitfragen, um Aussagen über wissensbezogene Transformationsprozesse und deren monetäre Bewertung abzuleiten (vgl. Tab. 13; vgl. Boisot 1998, S. 65).

Tab. 13: Abstufung der Wissensdimensionen im I-Space

	Codification *Is the knowledge:*	**Abstraction** *Is the knowledge:*	**Diffusion** *Is the knowledge:*
High	Easily captured in figures and formulae? Does it lend itself to standardization and automatization?	Generally applicable to all agents whatever the sector is, they operate in? Is it heavily science-based?	Readily available to all agents who wish to make use of it?
Medium	Describable in words and diagrams? Can it be readily understood by others from documents and written instructions alone?	Applicable to agents within few sectors only? Does it need to be adapted to the context in which it is applied?	Available to only a few agents or to only a few sectors?
Low	Hard to articulate? Is it easier to show someone than to tell them about it?	Limited to a single sector and application within that sector? Does it need extensive adaptation to the context in which it is applied?	Available to only one or two agents within a single sector?

Quelle: Boisot 1998, S. 65

Wie sieht nun der entsprechende Bewertungsprozess aus? Der Messvorgang beginnt (1) mit der individuellen Einschätzung über die Ausprägungen eines wissensbezogenen Gutes oder Prozesses entlang der obigen drei Dimensionen. Daran schließt sich eine individuelle monetäre Bewertung an. Geht man (2) von einem unterschiedlichen Informationsgehalt der einzuschätzenden wissensbezogenen Prozesse bzw. Vermögensgüter für unterschiedliche Akteure aus, so legt dies nahe, mittels eines weiteren gruppenbezogenen Bewertungsprozesses eine Einigung bzgl. dieser drei Dimensionen zu erzielen, um somit eine präzisere Verortung der Beschreibung und des monetären Wertes eines spezifischen wissensbezogenen Vermögenswertes im I-Space zu erreichen. Unterstellt man einen solchen gruppenbezogenen Klassifikationsprozess, so wird neben der Bewertungs- bzw. Erfassungsfunktion deutlich, dass es hiermit gelingt, ein (3) gemeinsames Verständnis über relevante wissensbezogene Prozesse bzw. Vermögensgegenstände zu erzielen. Eine hohe Übereinstimmung in bezug auf spezifische und bedeutsame Vermögensgegenstände kann wiederum als Hinweis zur Identifikation von Kernkompetenzen interpretiert werden.

Kritische Würdigung
Es lässt sich festhalten, dass in Bezug auf die Erfassung von Knowledge Assets nach der Methodik von Boisot nur geringe *praxisbezogene Erfahrungen* vorliegen, was sich auf den hohen Abstraktions- und Komplexitätsgrad der Argumentation, die eine pragmatische Umsetzung erschwert, zurückführen lässt. Demgegenüber führt die *theoretische Analyse* zu einer positiven Bewertung: Aufbauend auf umfassenden theoretischen Vorarbeiten entwickelt Boisot (1998) ein theoriegeleitetes Diagnose- und Bewertungsinstrument, das über die bislang vorgestellten Kompetenzmessinstrumente hinausreicht. So präzisiert Boisot (1995, 1998) beispielsweise mit der Dimension „Kodifizierbarkeit" die Unterscheidung zwischen implizitem und explizitem Wissen (Nonaka & Takeuchi 1995) und verweist somit auf die Grenzen bzw. Gefahren der Kodifizierung von Wissen: Je stärker ein Prozess kodifiziert ist, desto geringer sind die Freiheitsgrade der Handlungen, die im Zusammenhang mit seiner Ausführung stehen. Das heißt im Sinne der Kompetenzforschung wiederum, dass eine rein auf die Explikation von Kompetenzen gerichtete Methode die Gefahr birgt, Kernkompetenzen zu zerstören, da erst ihr Aufdecken die Imitation ermöglicht. Hier leistet Boisots Methode der Gruppeninterpretation einen interessanten Zugang zu Kernkompetenzen über kollektive Verständigungsprozesse, über den sich die kritischen Wissensprozesse für eine Interaktionsgemeinschaft spezifizieren lassen ohne damit für Außenstehende übertragbar zu werden. Durch die Erfassungsmethode entsteht eine Kontextbindung. Boisots Klassifikationsschema (1998) kann als soziale Konstruktion eines wissensbezogenen Prozesses oder Gutes und seiner Bewertung aufgefasst werden. Damit wird das Instrument den Ansprüchen des ressourcenorientierten Ansatzes in hohem Maße gerecht. Lediglich die grundlegende Ausrichtung der Untersuchung in Form einer Expertenbefragung wird diesem Anspruch nicht ganz gerecht, weil sie eine Explikation und Kodifikation des Wissens voraussetzt.

Positiv ist wiederum hervorzuheben, dass sich das Instrument auf unterschiedliche kollektive Ebenen anwenden lässt. Es ist ebenso für einzelne Arbeitsgruppen wie für Organisationsnetzwerke einsetzbar.

Kategorisierung/Zusammenfassung

Kriterium	Erfassung von Knowledge Assets
1. Analyseebene und spezifisches Kompetenzverständnis - Auf welcher Anwendungsebene werden Kompetenzen erfasst? - Wie wird der Kompetenzbegriff verstanden bzw. operationalisiert?	Kompetenz wird im Sinne wissensbezogener Wertschöpfungsprozesse auf Gruppen- und Organisationsebene erfasst. Die Organisation steht im Zentrum, wenn es sich um Bewertungsprozesse des Top-Managementteams hinsichtlich der wissensbezogenen Prozesse handelt. Die Gruppenebene kann erfasst werden, indem sich die Befragung auf kleinere Verantwortungsbereiche konzentriert. Prinzipiell kann das Instrument auch für die Netzwerkebene eingesetzt werden.
2. Gegenstand der Messung - Werden Kompetenzen als Bestände oder Prozesse erfasst?	Es werden Prozesse und Bestände erfasst und bewertet: Knowledge Assets wie Software, Technologien u.ä. werden in Abhängigkeit von ihrer Verortung im *Lernprozess* des I-Space, der ebenfalls Gegenstand der Messung ist, erfasst und monetär bewertet.
3. Messmethoden - Erfolgt eine Bestandsaufnahme oder eine Prozessanalyse? - Mit welchen Methoden erfasst das Instrument Kompetenzen?	Die Erhebung erfolgt als Bestandsanalyse, lässt sich aber als Prozessanalyse fortführen. Die Erfassung der Knowledge Assets basiert auf *Befragungen bzw. mündlichen Einschätzungen* zu den drei Modelldimensionen.
4. Beurteilungsgrad, -perspektiven und -kriterien - Findet eine Erfassung oder eine Bewertung von Kompetenzen statt? - Erfolgt die Bewertung als Selbst- oder Fremdbeurteilung? - Welche Messindikatoren und Bewertungsdimensionen werden verwendet?	Der Erhebungsprozess ist zweigeteilt in eine Erfassung und daran anschließende monetäre Bewertung von Kompetenz durch Führungskräfte. Das zentrale *Erfolgskriterium* dieses Meßsystems besteht in einer Optimierung der Entscheidungsgüte hinsichtlich der Investitionen oder Desinvestitionen in Knowledge Assets durch das bewertende Managementteam: Diese Optimierung ist auf den gemeinsamen Verortungs- und/oder Bewertungsprozess zurückzuführen, der zu einer Erweiterung des gemeinsamen mentalen Modells der Entscheidergruppe führt. Betrachtet man die *Beurteilungsdimensionen* genauer, so wird deutlich, dass es sich hierbei um theoriegeleitete Skalen handelt, auf denen qua *subjektiver Einschätzung* eine Verortung der Knowledge Assets in den organisationalen Lernprozess bzw. eine subjektive Zuordnung eines monetären Wertes zu diesen wissensbezogenen Vermögensgegenstände vorgenommen wird.
5. Zeitliche Dimension - Werden vergangene, gegenwärtige oder zukünftige Leistungen als Ausdruck von Kompetenz erfasst?	Es werden sowohl gegenwärtige als auch zukünftige Aspekte in Abhängigkeit der zugrundeliegenden Fragestellung bewertet.

6. Zielperspektive und ebenenübergreifende Bezugspunkte - Welcher Zielsetzung dient das Instrument? - Geht es im Zielsystem um ebenenübergreifende Verknüpfungen von Kompetenz, wenn ja in welcher Beziehungskonstellation?	Das Ziel des Verortungs- und Bewertungsprozesses besteht in der Identifikation und Bewertung von Knowledge Assets im Sinne von Kernkompetenzen. Durch die Verortung von Kompetenzen im I-Space, deren Vernetzung untereinander und einer anschließenden Bewertung gelingt es, diejenigen Knowledge Assets zu identifizieren, deren Management für die Zukunft von besonderer Bedeutung ist. Zwar ist das Instrument auf unterschiedliche Ebenen kollektiver Kompetenz anwendbar, die Ebenen werden untereinander aber nicht zur Referenz erklärt.

3.5 Instrumentbeschreibung für die Netzwerkebene – Das Koevolutionsmodell nach Hoffmann

Das von Hoffmann (2001, 2003) entwickelte Koevolutionsmodell hat zum Ziel, den Aufbau und die organisatorische Verankerung von Netzwerkkompetenz aus der Perspektive der fokalen Unternehmung aufzuzeigen und dessen Erfolgsbeitrag auf das Netzwerk- bzw. Allianzportfolio zu erfassen. Untersucht wird „die Koevolution interner organisationaler Fähigkeiten mit der verfolgten Strategie und dem Unternehmensumfeld" (Hoffmann 2003, S. 96). Im Fokus steht die Wechselwirkung zwischen Netzwerkpartnern und organisationsinternen Prozessen.

Hoffmann fundiert seine Annahmen auf der Grundlage ressourcenorientierter und beziehungsorientierter Ansätze (vgl. dazu Abschnitte 2.3. und 2.4), die er mit der soziokulturellen Evolutionstheorie verknüpft (dazu Nelson & Winter 1982; Baum & Singh 1994; Aldrich 1999) und durch Überlegungen wissensbasierter Strategieansätze und Ansätze organisationalen Lernens ergänzt. Dies führt zu einer Analyse von Kernkompetenzen unter Einbeziehung von Entwicklungspfaden als Parameter zukünftiger Unternehmensentwicklung, gemeinsam geteilter mentaler Modelle als Speicher der Evolution des Unternehmens und der Ressourcenausstattung als Einflussfaktor auf die zukünftige Unternehmensentwicklung (path creation).

Unter Netzwerkkompetenz wird die organisationale Fähigkeit verstanden, „alle Allianzen des fokalen Unternehmens so zu konfigurieren und zu managen, dass gemeinsam mit den Partnern Wert (Nutzen) geschaffen wird, und dass sich das fokale Unternehmen auch einen fairen Anteil dieses Wertes aneignen kann" (Hoffmann 2003, S. 103 f.). Hinzu kommen Aspekte des Multi-Allianzmanagements, die sich auf das spezifische Portfolio und allianzübergreifende Wissen beziehen. Darunter werden Werthaltungen, Routinen, Infrastrukturen, Spezialisierungen, routinisierte Prozesse und standardisierte Methoden subsumiert (vgl. Hoffmann 2003, S. 104). Diese Kompetenz wird der Logik des resource-based view folgend, als strategische Ressource verstanden, die von entscheidender Bedeutung für die Unternehmensentwicklung ist. Zur Begründung verweist Hoffmann auf kausale Ambiguitäten, die mit der Meta-Fähigkeit Allianzmanagementkompetenz einhergehen und einen spezifischen Imitationsschutz bieten, der durch *time-compression diseconomies* erhöht wird, weil der Aufbau der Meta-Kompetenz Zeit erfordert – ein Prozess, der nicht beliebig beschleunigt werden kann. Ebenso werden die komplementäre Ressourcenausstattung, die im Beziehungssystem selbst verankert ist, und die Unternehmensreputation, die die Partnersuche und -findung erleichtert, hervorgehoben.

Die Operationalisierung der Allianzmanagementkompetenz nach Hoffmann richtet sich auf zwei Aspekte, die Routinisierung bei der Durchführung der Allianzmanagementaufgaben, die am *Formalisierungsgrad* gemessen wird, und die *instrumentelle Unterstützung* des Allianzmanagements. Damit konzentriert Hoffmann sich auf organisationsstrukturelle Charakteristika, die angesichts des theoretischen Zugangs insofern überraschen, als dass sie eine hohe Imitierbarkeit vermuten lassen. Der Autor argumentiert hier, dass auch eine strukturelle und instrumentelle Reifung im Interaktionssystem begründet wird, eine Pfadabhängigkeit impliziert und daher von anderen nicht beliebig schnell übernommen werden kann. Es werden also Kompetenzbestände erfasst, hinter denen eine prozessuale Güte vermutet wird.

Die Messung des Formalisierungsgrades erfolgt auf einer siebenstufigen Ordinalskala, die der Bewertung nachstehender Aufgaben dient:
- Strategische Analyse und Strategiekonzept für einzelne Allianzen
- Partnersuche und -bewertung
- Abwicklung der Transaktion (Konfiguration, Vertragsgestaltung)
- Implementierung und laufendes Management der Allianz
- Überwachung des Allianzerfolges und Rekonfiguration einer bestehenden Allianz
- Beendigung der Allianz
- Formulierung und Implementierung einer Portfoliostrategie
- Portfoliomonitoring
- Allianzübergreifende Koordination
- Allianzübergreifende Wissensmanagement-Infrastruktur.

Die Allianzmanagementinstrumente werden ebenfalls auf einer siebenstufigen Ordinalskala bewertet. Es werden 19 Instrumente benannt, die sich auf die Generierung, Verankerung, Übertragung und Förderung der Anwendung von Allianzmanagementwissen konzentrieren (vgl. Tab. 14).

Der Kern der von Hoffmann durchgeführten Untersuchung zur Netzwerkkompetenz basiert auf einer standardisierten schriftlichen Befragung zur Messung der vorgestellten Indikatoren. Das Instrument wurde im Rahmen einer Querschnittsuntersuchung in 24 großen europäischen Unternehmen (Multi-Allianzen) aus kooperationsintensiven Branchen, darunter Banken, Verlage, Automobilhersteller, Energie-, Telekommunikationsunternehmen oder Transportunternehmen eingesetzt. Der Fragebogen wurde jeweils von einem Allianzexperten in den Unternehmen ausgefüllt. Flankiert wurde die Untersuchung durch eine mündliche Befragung von 43 Führungskräften der beteiligten Unternehmen. Überdies hat der Autor in einem Unternehmen (Siemens) eine retrospektive Längsschnittfallstudie über 10 Jahre in Form einer Dokumentenanalyse durchgeführt. Das Interview- und Dokumentenmaterial wurden qualitativ, der Fragebogen quantitativ mit SPSS ausgewertet.

Tab. 14: Bedeutung und Einsatzhäufigkeit der Instrumente zur Entwicklung von Allianzmanagementwissen

Rang	Instrumente zur Generierung von Allianzmanagementwissen	Bedeutung	Häufigkeit (n=24)
1.	Analyse kritischer Erfolgsfaktoren	5,5	19
2.	Reviews, ex-post Bewertungen	5,1	20
3.	Externes Benchmarking	5,0	11
4.	Periodische Self-Assessments	4,9	12
5.	Internes Benchmarking	4,8	12
6.	Kongresse und Seminare	3,7	14
7.	Interne Fallstudien	3,6	5
	Instrumente zur Verankerung von Allianzmanagementwissen		
1.	Checklisten	5,0	15
2.	Manuals, Leitfäden	4,4	16
3.	Datenbanken	4,3	8
	Instrumente zur Übertragung von Allianzmanagementwissen		
1.	Erfahrungsaustauschgruppen	5,3	17
2.	Interne Seminare, Workshops, Trainings	5,1	17
3.	Job-Rotation	5,0	14
4.	Intranet als Plattform für Wissensaustausch	4,5	10
5.	Interne Beratung	4,4	5
	Instrumente zur Förderung der Anwendung von Allianzmanagementwissen		
1.	Performance Measurement	5,4	16
2.	Anreiz- und Vergütungssysteme	4,9	9
3.	Interne Berater als Manager auf Zeit	4,9	5
4.	Interne Berater als Dealmaker	4,7	10

Bedeutung: unwichtig = 1 ... sehr wichtig = 7
Häufigkeit: Anzahl der befragten Unternehmen, die das jeweilige Instrument einsetzen
Quelle: Hoffmann 2003, S. 125

Im Ergebnis kann Hoffmann auf Grundlage der Längsschnittuntersuchung zeigen, dass mit wachsender Allianzmanagementkompetenz der relative Marktanteil trotz negativer externer Einflüsse (erhebliche Konzentrationstendenzen) kovariiert. Dies wird mit der verbesserten Ressourcenausstattung begründet. Dieses Ergebnis kann tendenziell durch die schriftliche Befragung gestützt werden. „Der Zusammenhang zwischen der Allianzmanagementkompetenz und der wahrgenommenen Zufriedenheit der Unternehmen mit dem Erfolgsbeitrag des Allianzportfolios ist tendenziell signifikant (p < 0,10)" (Hoffmann 2003, S. 137). Die mündliche Befragung unterlegt, dass die betrieblichen Akteure das Ausmaß der Allianzmanagementfähigkeit im Zusammenhang zum Allianzerfolg sehen – ein Ergebnis, das nicht wirklich überrascht. Die Untersuchung von Hoffmann erlaubt es, einen Zusammenhang zwischen der subjektiven Zufriedenheit mit der Performance des Allianzportfolios und der gemessenen Allianzmanagementkompetenz herzustellen. Die Ergänzung der durchgeführten Untersuchung um objektiv messbare Performancegrößen wird vom Autor allerdings selbst als wichtiger weiterer Analyseschritt gesehen.

Schließlich zeigt Hoffmann, dass der Aufbau von Allianzmanagementkompetenz durch den internen und externen Kontext der Unternehmensentwicklung beeinflusst wird. Die Anzahl der Allianzen und der Diversifikationsgrad der fokalen Unternehmung variieren mit dem Institutionalisierungsgrad des Allianzmanagements, der aus dem Formalisierungsgrad ermittelt wird (vgl. Abb. 13).

Die im Rahmen der von Hoffmann durchgeführten Messung zur Allianzmanagementkompetenz erkennbaren Zusammenhänge zwischen Netzwerkkompetenz, internem und externem Kontext und der Allianzperformance sind in Abbildung 13 zusammen gefasst.

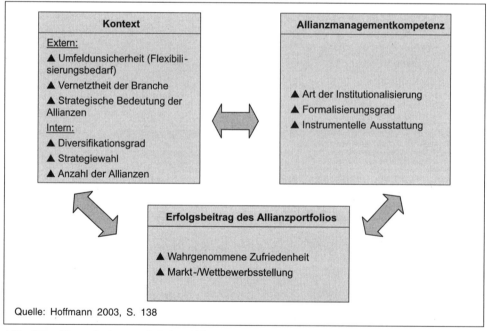

Abb. 13: Koevolutionsmodell der Allianzmanagementkompetenz nach Hoffmann

Kritische Würdigung

Der von Hoffmann unternommene Versuch, Netzwerkkompetenz operational zu erfassen, ist angesichts der geringen instrumentellen Unterstützung in diesem Forschungsfeld positiv zu würdigen. Die vorgestellten Kernüberlegungen zeugen zudem von theoretischer Durchdringung des Untersuchungsgegenstandes. Die konkrete Umsetzung des Messvorhabens bleibt jedoch teilweise hinter den dadurch geweckten Erwartungen zurück. Es kann die Vermutung nicht ausgeräumt werden, dass in einer bestimmten Form der Formalisierung und dem Einsatz spezifischer Instrumente kein dauerhafter Wettbewerbsvorteil geschaffen werden kann. Die von Hoffmann spezifizierten Instrumente sind im Zeitverlauf imitierbar und verlieren darüber ihren Charakter als Kernkompetenz. Lediglich das Argument ihrer Verankerung im Interaktionssystem und des zeitlichen Vorsprungs, der auch durch Pfadabhängigkeiten gesichert wird, lässt die Art der Operationalisierung als gerechtfertigt erscheinen. Gleichwohl hätte man sich hier die Einbeziehung noch weniger tangibler Ressourcen, wie sie durch die Überlegungen zum sozialen Kapital (vgl. Abschnitt 2.5) zum Ausdruck kommen, gewünscht.

Da sich die Erfassung von Netzwerkkompetenz im Kern auf die schriftliche Befragung jeweils eines Unternehmensexperten stützt, werden auch hier methodische Grenzen bei der Erfassung von Kernkompetenzen, die ja eher in einem Interpretationssystem verankert sind (vgl. dazu die Abschnitte 3.4.2.3 und 3.4.2.4), offensichtlich. Das von Hoffmann selbst stark bemühte Argument der kausalen Ambiguität von Kernkompetenzen wird in seinem methodischen Design nicht berücksichtigt. Sein Operationalisierungsvorschlag liegt nicht auf der gleichen Niveaustufe wie seine konstruktivistische Argumentation.

Gleichwohl ist die Kombination einer Quer- und Längsschnittuntersuchung als positives Merkmal des Untersuchungsdesigns hervorzuheben, welches die genannten Schwächen zwar nicht vollständig, aber doch ansatzweise heilt. Allerdings muss dabei auch eingeräumt werden, dass die von Hoffmann erarbeiteten Hinweise auf den Zusammenhang zwischen Netzwerkkompetenz und Performance dabei sehr isoliert aus den einzelnen Instrumenten gezogen werden und in der einfachen Aufsummierung noch keine volle Überzeugungskraft entfalten.

Abschließend ist vor allem darauf hinzuweisen, dass es sich bei dem Untersuchungsansatz bei näherer Betrachtung gar nicht um ein Instrument handelt, welches Netzwerkkompetenz erfasst. Gegenstand der Messung ist nicht das Interaktionssystem – dieses wird auch nicht in den Untersuchungsansatz einbezogen. Vielmehr misst Hoffmann die Netzwerkfähigkeit einer Organisation, so dass das Instrument einen Teilausschnitt der Organisationskompetenz repräsentiert, welcher das Netzwerk zum Referenzpunkt erklärt. Dies ist keine Schwäche des Instrumentes an sich. Es wird nur deutlich, dass der Autor letztlich kein Instrument vorlegen kann, welches tatsächlich Netzwerkkompetenz im Sinne des allgemeinen definitorischen Anspruchs (vgl. Abschnitt 2.5) misst. Hinsichtlich der vom Autor gewählten Definition erfüllt das Instrument allerdings seinen Anspruch.

Kategorisierung/Zusammenfassung

Kriterium	Koevolutionsmodell
1. Analyseebene und spezifisches Kompetenzverständnis - Auf welcher Anwendungsebene werden Kompetenzen erfasst? - Wie wird der Kompetenzbegriff verstanden bzw. operationalisiert?	Obgleich von Netzwerkkompetenz gesprochen wird, richtet sich das Instrument auf die Organisationsebene und misst die Netzwerkfähigkeit anhand der Formalisierung und instrumentellen Ausstattung des Netzwerkmanagements fokaler Unternehmen. Darin soll ihre Fähigkeit zum Management von Netzwerken und zur Wertaneignung durch Netzwerke ausgedrückt werden.
2. Gegenstand der Messung - Werden Kompetenzen als Bestände oder Prozesse erfasst?	Es werden Strukturkomponenten als Bestände erfasst, von denen angenommen wird, dass sie eine Prozessqualität des Netzwerkes abbilden können.
3. Messmethoden - Erfolgt eine Bestandsaufnahme oder eine Prozessanalyse? - Mit welchen Methoden erfasst das Instrument Kompetenzen?	Im Zentrum steht eine Bestandsaufnahme durch schriftlich standardisierte Befragung, die durch Experteninterviews und eine retrospektive Prozessanalyse auf Basis eines Dokumentenstudiums ergänzt wird.
4. Beurteilungsgrad, -perspektiven und -kriterien - Findet eine Erfassung oder eine Bewertung von Kompetenzen statt? - Erfolgt die Bewertung als Selbst- oder Fremdbeurteilung? - Welche Messindikatoren und Bewertungsdimensionen werden verwendet?	Es findet eine Erfassung von Netzwerkkompetenzen statt, die mit einer Gewichtung verbunden wird. Die Einschätzungen werden jeweils von den Allianzverantwortlichen in den Unternehmen abgegeben und kommt damit einer Selbstbewertung der eigenen Arbeit sehr nahe. Da sich die Fragen aber auf die Organisation beziehen, handelt es sich letztlich um eine Fremdbewertung durch unternehmensinterne Experten. Es wird eine Beziehung der organisationalen Netzwerkfähigkeit (Standardisierung und Ausbaustand der Instrumente) zum Netzwerkerfolg, gemessen an der subjektiven Zufriedenheit der Unternehmensvertreter und der Marktanteilsentwicklung hergestellt.
5. Zeitliche Dimension - Werden vergangene, gegenwärtige oder zukünftige Leistungen als Ausdruck von Kompetenz erfasst?	Der Schwerpunkt liegt auf den gegenwärtigen Leistungen – Formalisierung und Ausbaustand der Instrumente. Im Sinne von Pfadabhängigkeitsüberlegungen werden aber auch vergangene Entwicklungen berücksichtigt, um die Erfolgswirksamkeit zu ermitteln.
6. Zielperspektive und ebenenübergreifende Bezugspunkte - Welcher Zielsetzung dient das Instrument? - Geht es im Zielsystem um ebenenübergreifende Verknüpfungen von Kompetenz, wenn ja in welcher Beziehungskonstellation?	Das Instrument zielt darauf ab, die strategischen Fähigkeiten von Organisationen, durch Allianzen zu Wertaneignung zu gelangen, zu erhöhen, indem die dafür kritischen Aktivitäten und Methoden spezifiziert werden. Als Referenz für die Bewertung der organisationalen Netzwerkkompetenz gilt die Performance des Allianzportfolios.

3.6 Resümee

Das Ziel dieses Abschnitts war es, mit unterschiedlichen Konzepten der Kompetenzerfassung auf unterschiedlichen Analyseebenen vertraut zu machen. Dabei ging es neben der grundlegenden Aufarbeitung ausgewählter Instrumente auch darum zu prüfen, inwieweit diese den im zweiten Abschnitt vorgestellten definitorischen Merkmalen des Kompetenzbegriffs gerecht werden bzw. welches spezifische Kompetenzverständnis in dem Instrument zum Ausdruck kommt.

Bei der Auswahl der Instrumente wurden solche herangezogen, die den Stand der Forschung für die jeweilige Betrachtungsebene in hohem Maße reflektieren, sich also als besonders wertvoll für die Kompetenzmessung erweisen. Eine dezidierte Auseinandersetzung fand dabei mit der Messung von Organisationskompetenz statt.

Für die Organisationsebene – gleiches gilt letztlich auch für die Netzwerkebene – stellte sich dabei heraus, dass es sich als besonders schwierig erweist, die wettbewerbstheoretische Argumentationslogik, die der Definition von Kernkompetenzen zugrunde liegt, in ein Messkonzept zu übersetzen. Dies zeigt sich insbesondere an den Bestandsmodellen, die zwar intangible Ressourcen aufspüren, ohne allerdings die tiefergehende ressourcenorientierte Argumentationslogik bei der Kompetenzmessung zu berücksichtigen. Allerdings sollten diese Ansätze auch nicht vorschnell als zu simpel verworfen werden. Ihr Potenzial liegt insbesondere darin, durch die stärkere Kriterienorientierung die Anschlussstellen zu den darunter liegenden Ebenen Gruppe und Individuum zu formulieren. Letztlich verdeutlichen sie gerade die Bedeutung dieser Kompetenzen für die Gesamtorganisation und leisten damit einen Integrationsvorstoß, der von den Instrumenten der anderen Ebenen nicht in dem Maße erfolgt. Diese Überlegung gilt es am Ende dieses Beitrages (vgl. Abschnitt 6) fortzuführen. Außerdem konnte mit der Wissensbilanz ARCS ein Instrument vorgestellt werden, welches wettbewerbstheoretische, prozessbezogene Überlegungen in den Messansatz integriert und damit einen Übergang zu den insgesamt elaborierteren Prozessmodellen zur Messung von Organisationskompetenz erkennen lässt.

In den Prozessmodellen zur Erfassung von Organisationskompetenz wird wettbewerbstheoretische Gesamtargumentation zur Begründung von Kernkompetenzen stärker gewürdigt. Als im positiven Sinne beispielsgebend konnte hier das Knowledge Assets-Konzept nach Boisot vorgestellt werden. Verwendet man diesen Ansatz wie auch die Wissensbilanz ARCS in Längsschnittuntersuchungen, können wertvolle Hinweise zur Wertgenerierung von Organisationskompetenzen gewonnen werden.

Die Grenzen der beiden hier als besonders positiv hervorgehobenen Modelle liegen allerdings dort, wo es um eine Auseinandersetzung mit den wertgenerierenden Mechanismen, die zur Herausbildung von Kernkompetenzen führen, geht. Dieses Erfassungsproblem liegt zunächst einmal in der Natur der theoretischen Grundlage, dem resource-based view, selbst, der hier auf kausale Ambiguitäten verweist. Es wird angenommen, dass sich die Erfolgswirksamkeit der internen Prozesse weder aus einer Innen- noch aus einer Außensicht genauer spezifizieren lässt. Im Ergebnis heißt das, dass das Defizit der Messkonzepte darin liegt, dass sie sich stark auf einzelne Expertenaussagen stützen. Diese Methode ist angesichts der theoretischen Grundannahmen wenig sinnvoll, wenn sie nicht mit anderen Verfahren verbunden wird. Von daher ist Boisots Ansatz der Gruppeninterpretation als besonders vielversprechend und für die weitere Forschung weiter ausbaufähig zu würdigen. Erst die kollektiven mentalen Modelle liefern einen Schlüssel zu den erfolgskritischen internen Prozessen.

Im folgenden Abschnitt soll nun ein eigenes Konzept zur Erfassung von Organisationskompetenz vorgestellt werden, welches die Auseinandersetzung mit organisationsinternen Prozessen noch stärker in den Mittelpunkt stellt und eine methodischen Zugang wählt, der ihre kausale Ambiguität der Erfolgswirkung erschließt ohne damit die identifizierten Kernkompetenzen in der Weise aufzudecken, dass sie für Wettbewerber imitierbar werden.

4 Untersuchungsmethodik und Unternehmensfallstudie – Entwicklung und Erprobung eines Diagnoseinstrumentes zur Bewertung organisationaler Wissensprozesse

4.1 Theoretischer Rahmen: Zugang zu den wertgenerierenden organisationsinternen Prozessen

In Bezug auf die Kompetenzdiskussion wurde bereits eingangs auf zentrale Herausforderungen verwiesen (vgl. Kap. 1). Hierzu zählen unter anderem die explizite Berücksichtigung einer Prozessperspektive sowie die theoretische Fundierung von Wirkungszusammenhängen. Diese Herausforderungen wurden auch im Anschluss an die Instrumentenbeschreibung im Sinne einer kritischen Würdigung der Konzepte zur Kompetenzerfassung aufgegriffen (vgl. Kap. 3.6). Diesbezüglich konnte verdeutlicht werden, dass es den beispielhaft vorgestellten Instrumenten auf der Organisationsebene teilweise an einer theoretischen Verankerung fehlt. Zudem besteht aufgrund der Annahme der kausalen Ambiguität ein Erfassungsproblem im Hinblick auf die Identifizierung wertgenerierender Mechanismen. Diese Herausforderungen der Kompetenzforschung bzw. die Grenzen bestehender Erfassungskonzepte – insbesondere auf der organisationalen Ebene – bilden den Ausgangspunkt für die Entwicklung eines Diagnoseinstrumentes zur Bewertung organisationaler Wissensprozesse.

Bei der Konzeption dieses Diagnoseinstrumentes wurde der Ressourcenansatzes mit den theoretischen Perspektiven des organisationalen Lernens und Wissensmanagements verknüpft. Im Rahmen der ressourcenorientierten Diskussion wird die Entstehung von Kernkompetenzen mit kausaler Ambiguität organisationaler Prozesse erklärt (vgl. Ausführungen unter 2.3). Kausale Ambiguität bedeutet, dass die Zusammenhänge zwischen der Ressourcenausstattung, internen Prozessen und der Generierung von Wettbewerbsvorteilen weder von außen noch von den Organisationsmitgliedern selbst eindeutig bestimmbar sind (vgl. Barney 1991). Somit bleiben gerade organisationale Prozesse der

Entwicklung von Kernkompetenzen oder dynamischen Fähigkeiten eine „black-box" (Sydow & Ortmann 2001; Priem & Butler 2001). Obwohl inzwischen hunderte empirische Analysen existieren, die sich auf den Ressourcenansatz beziehen (vgl. Barney & Arikan 2001; Ray, Barney & Muhanna 2004), konnte der Annahme der kausalen Ambiguität bislang nicht zufriedenstellend Rechnung getragen werden (vgl. auch Abschnitt 3.6).

Lerntheorien und die Perspektive des Wissensmanagement werden im Hinblick auf das vorliegende Untersuchungsdesign als vielversprechend angesehen, um sich den Prozessen, die in der „black-box" ablaufen, anzunähern. Lerntheorien korrespondieren mit dem ressourcenorientierten Denken, da Wissen als kritische Ressource in den Mittelpunkt gerückt wird: „several authors have suggested that knowledge is the most important resource that can be controlled by a firm" (Barney & Arikan 2001, S. 139; Wiklund & Shepherd 2003). Demzufolge liegt der Fokus bei den wissensbezogenen internen Prozessen. Ansätze des organisationalen Lernens (Cyert & March 1963; Argyris & Schön 1978; zum Überblick: Dierkes et al. 1999; Dierkes et al. 2001; Pawlowsky 1992, 2001) führen zu einem Verständnis strategischer Prozesse als emergente Entwicklungsmuster, die auf Interaktionen und der Ressourcenverteilung zwischen verschiedenen organisationalen Akteuren basieren (Mintzberg 1978, 1994; Noda & Bower 1996). Die Lernperspektive spezifiziert somit die individuellen und kollektiven Akteure strategischer Prozesse wie etwa das Top-Management, boundary spanners, knowledge workers oder knowledge communities (vgl. Senge 1990; Nonaka & Takeuchi 1995; Lovas & Ghoshal 2000).

Weiterhin gehen von den genannten Theorieperspektiven Implikationen für die Operationalisierung der Beziehung zwischen organisationalen Prozessen und Kernkompetenzen bzw. dynamischen Fähigkeiten aus. Im Rahmen der Definition organisationaler Kompetenz (vgl. 2.3) wurde Wissen als Resultat und Voraussetzung von Sinngemeinschaften aufgefasst. Das Diagnostikinstrument rückt diese subjektiv geteilte Wirklichkeitskonstruktion der organisationalen Akteure in das Zentrum der Untersuchung. Dieser konstruktivistischen Auffassung des Wissensbegriffs (vgl. Fried 2003) zufolge, kann organisationales Wissen verstanden werden als Ergebnis einer subjektiven Interpretation der Realität durch ihre Mitglieder. Dies führt zu organisational images (Boulding 1956; Argyris 1964), organisational theories-in-action (Argyris & Schön 1978), organisational minds (Sandelands & Stablein 1987), organisational interpretation systems (Daft & Weick 1984) bzw. shared mental models (Senge 1990). Es wird somit davon ausgegangen, dass subjektive Interpretationen der Mitarbeiter Zugang zu den wertgenerierenden, organisationsinternen Prozessen liefern.

Unter Rückgriff auf Konzepte des Wissensmanagement (Pawlowsky 1994, 2001; Crossan et al. 1995; Crossan et al. 1999; Crossan & Berdrow 2003; von Krogh & Venzin 1995; Probst, Raub & Romhardt 1997; Boisot 1995, 1998) lassen sich die Prozesse der Entstehung von Kernkompetenzen und dynamischen Fähigkeiten weiter spezifizieren, wobei diese Konzepte zumeist vier Phasen des organisationalen Lernens unterscheiden. Bei der Entwicklung des Diagnostikinstrumentes (vgl. Abb. 14) wurde angeknüpft an das Prozessmodell des Wissensmanagement nach Pawlowsky (1994, 2001; Pawlowsky & Reinhardt 2002) mit den Phasen Wissensidentifikation und Wissensgenerierung, Wissensteilung, Wissensintegration und Wissensmodifikation sowie Wissenstransfer zum Handeln.

Die genannten Prozesse der Interpretation und Reinterpretation werden von Pawlowsky (1994, 2001) in erster Linie als kollektive Prozesse verstanden. Damit korrespondiert das Modell mit dem bereits dargestellten Aspekt der kausalen Ambiguität bzw. einer subjektiven Wirklichkeitskonstruktion. Wenn eine hinreichend große Zahl von Mitarbeitern befragt wird bzw. man Schlüsselpersonen befragt, die Wissens- oder Innovationspromotoren einer Organisation(-seinheit) sind, so ist davon auszugehen, dass man die subjektiv wahrgenommenen Lern-Defizite bzw. Wissensprobleme in Bezug auf einzelne Lernphasen sowie Kernkompetenzen und dynamische Fähigkeiten einer Unternehmung erfasst.

Das Diagnoseinstrument zur Bewertung organisationaler Wissensprozesse weist damit einen klaren Theoriebezug auf und lässt eine Prozessperspektive erkennen. Das Augenmerk ist auf die strategischen Prozesse innerhalb der „black-box" Organisation gerichtet, die zur Generierung von Kernkompetenzen oder dynamischer Fähigkeiten führen. Die integrative bzw. synthetische Perspektive aus dem resource-based view und der dynamic capability approach lenkt das Augenmerk auf die Prozesse der Entstehung von Kernkompetenzen durch die Kombination von Ressourcen sowie die Prozesse der Entstehung von dynamischen Fähigkeiten durch Erneuerung der Ressourcenkombination (Mahoney 1995; Makadok 2001; Rouse & Dellenbach 2002; Ray, Barney & Muhanna 2004). Die Konzepte des organisationalen Lernens und des Wissensmanagement fungieren als theoretischer Rahmen, um diese organisationalen Prozesse, Interaktionen und Beziehungen zu spezifizieren.

4.2 Operationalisierung und Konzeption des Diagnoseinstrumentes

Vor dem Hintergrund der theoretischen Ausgangsüberlegungen wurde ein Diagnostikinstrument entwickelt, das die Güte der Wissensaktivitäten aus einer Mitarbeiterperspektive hinterfragt und Wissensprozesse in Organisationen hinsichtlich ihrer Relevanz für die Wettbewerbsfähigkeit zu präzisieren versucht. Die Hauptdimensionen des standardisierten Fragebogens veranschaulicht die nachfolgende Abbildung (vgl. Abb. 14).

Im Zentrum des Messinstruments stehen Aktivitäten des Wissensmanagements entlang der Lernphasen und Wissensmanagementprozesse nach Pawlowsky (1994, 2001). Jede der idealtypischen, nicht notwendigerweise sequentiellen Phasen des organisationalen Lernprozesses beinhaltet wichtige Verhaltensweisen und organisationale Routinen im Umgang mit der Ressource Wissen. Diese Wissensaktivitäten fördern Lernprozesse in Organisationen. Für die Ableitung relevanter Untersuchungsdimensionen standen folgende Leitfragen im Mittelpunkt:

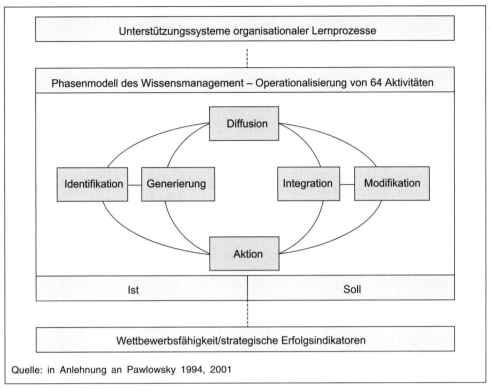

Abb. 14: Bausteine des Diagnostikinstrumentariums

- *Identifikation bestehenden Wissens/Generierung von neuem Wissen:* Wie und von wem werden Informationen über relevante Rahmenbedingungen der Umwelt zusammengetragen und wie gut ist das bereits vorhandene Wissen in der Organisation verknüpft?; Welche Erfahrungen (Wissenspotenziale) existieren in der Unternehmung und wie können diese verknüpft werden, um neues Wissen zu generieren?; Welche internen und externen Potenziale und Möglichkeiten werden zur Generierung neuen Wissens genutzt?
- *Diffusion von Wissen:* Welche Kommunikationskanäle und -formen existieren und wie werden diese genutzt?; Welche Kommunikationsbarrieren struktureller und personeller Art sind vorhanden?
- *Integration und Modifikation in bzw. von Wissensbeständen:* Wie wird geschäftsprozessrelevantes Wissen gesichert, d.h. wie werden Erfahrungen für andere Organisationsmitglieder abrufbar dokumentiert?; Wie werden Routinen überprüft und hinterfragt?
- *Umsetzung von Wissen in Handeln:* Wie können neue Erkenntnisse und Informationen in Aktion umgesetzt, das heißt handlungswirksam werden?; Welche Barrieren der Umsetzung neuen Wissens und von Ideen existieren?; Welche Möglichkeiten des Experimentierens bestehen, und inwieweit erhalten die Mitarbeiter ein regelmäßiges Feedback?

Im Rahmen des entwickelten Erhebungsinstrumentes wurden insgesamt 64 Wissensaktivitäten entsprechend des Modells des organisationalen Lernens und Wissensmanagement von Pawlowsky (1994, 2001) operationalisiert. Im Hinblick auf die Analyse dieser Wissensaktivitäten und Wissensprozesse werden die Organisationsmitglieder zum zentralen Ankerpunkt der Befragung: Sie bewerten einerseits die Bedeutung der einzelnen Phasen bzw. Aktivitäten des Wissensmanagements („Für wie wichtig erachten Sie persönlich diese Aktivitäten?", *Soll-Perspektive*, Skala: 1 „sehr wichtig" bis 5 „unwichtig") und andererseits die tatsächlichen Erfahrungen in ihrem Unternehmen („Welcher Stellenwert wird den folgenden Aktivitäten in Ihrem Unternehmen bzw. ihrem unmittelbaren Arbeitsbereich eingeräumt?", *Ist-Perspektive*, Skala: 1 „sehr hoch" bis 5 „sehr gering") (vgl. Abb. 15, sowie Erhebungsinstrument im Anhang).

Welcher Stellenwert wird den folgenden Aktivitäten in Ihrem Unternehmen bzw. ihrem unmittelbaren Arbeitsbereich eingeräumt?							Für wie wichtig erachten Sie persönlich diese Aktivitäten, um neues Wissen für Ihre Arbeit zu erwerben bzw. zu entwickeln?				
weiß nicht	sehr hoch	hoch	teils/teils	gering	sehr gering	**Wissens- und Erfahrungsquellen** **Entwicklung neuen Wissens**	sehr wichtig	wichtig	teils/teils	weniger wichtig	unwichtig
□	□	□	□	□	□	Analyse von erfolgreichen Projekten	□	□	□	□	□
□	□	□	□	□	□	Analyse von Fehlern	□	□	□	□	□
□	□	□	□	□	□	Gespräche mit Kollegen	□	□	□	□	□
□	□	□	□	□	□	Gespräche mit Vorgesetzten	□	□	□	□	□
□	□	□	□	□	□	Gespräche mit Experten und Beratern	□	□	□	□	□
□	□	□	□	□	□	Gespräche innerhalb von Netzwerken	□	□	□	□	□
□	□	□	□	□	□	Besuch von Kongressen, Seminaren, Tagungen	□	□	□	□	□
□	□	□	□	□	□	Besuch von Weiterbildungsveranstaltungen	□	□	□	□	□
□	□	□	□	□		...	□	□	□	□	□

Abb. 15: Fragebogenausschnitt – Phase Identifikation/Generierung

Diese Form der subjektiven Evaluation ergibt eine Differenz zwischen tatsächlichem und wünschenswertem Verhalten im Umgang mit Wissen. Die zentrale Annahme ist, dass Mitarbeiter in Organisationen am besten selbst einschätzen können, wo und wie Lernprozesse unzureichend erfolgen und in welchen Lernphasen verstärktes Engagement erforderlich ist, um in der Organisation effizienter zu lernen. Untersuchungen zu Selbstbewertungen und subjektiven Einschätzungen zeigen, dass subjektive Bewertungen eine hohe Validität besitzen, insbesondere, wenn die Einschätzungen in unmittelbarem Zusammenhang mit dem Tätigkeitsspektrum des Beurteilers stehen (vgl. Hansson 2001). Wird eine hinreichend große Zahl von Mitarbeitern in einer Abteilung oder in der gesamten Organisation befragt, so ist davon auszugehen, dass die kollektiven Urteilsmuster Stärken und Schwächen im Umgang mit Wissensprozessen abbilden können.

Es wurden darüber hinaus Fragen zum Lernklima (z.B. Fehler- und Erfolgskultur, Lernchancen, räumliche und zeitliche Bedingungen des Informationsaustausches und der Kommunikation), zur Arbeitssituation (z.B. Entscheidungspartizipation, Informationsbereitstellung, Zufriedenheit) sowie zu Wissensproblemen (z.B. Verlust von Wissensträgern, Doppelarbeit, fehlende Vernetztheit) integriert, welche die *Unterstützungssysteme organisationaler Lernprozesse* transparent machen sollen und somit Aussagen zu unternehmensspezifischen Rahmenbedingungen ermöglichen.

Vor dem Hintergrund der theoretischen Überlegungen soll insbesondere der Frage nachgegangen werden, inwieweit Wissensprozesse relevant sind für die Entstehung und Sicherung von Wettbewerbsvorteilen. Um die Zusammenhänge zwischen Kernkompetenzen bzw. dynamischen Fähigkeiten und den Wissensprozessen zu analysieren, wurden *strategische Erfolgsindikatoren* des Unternehmens durch die Mitarbeiter bewertet. Berücksichtigt wurden dabei relevante Herausforderungen (Skala 1 „sehr wichtig" bis 5 „unwichtig"), deren Bewältigungskompetenz (Skala 1 „voll und ganz" bis 5 „gar nicht"), Kernprozesse und Kompetenzen in diesen Kernprozessen (Skala 1 „sehr reichlich" bis 5 „sehr knapp") sowie hauptsächliche strategische Wettbewerbsvorteile des Unternehmens im Vergleich zu den Hauptkonkurrenten (Skala 1 „trifft voll und ganz zu" bis 5 „trifft gar nicht zu").

4.3 Datenerhebung und Stichprobe

Im Sommer 2002 wurde eine Piloterhebung durchgeführt, um das Kompetenz- und Wissensmonitoringsystem zu validieren. Das Diagnostikinstrument für die Erfassung wertschöpfungsrelevanter Wissensprozesse wurde in einem mittelständischen Unternehmen der Telekommunikationsbranche eingesetzt. Das Untersuchungsdesign (vgl. Abb. 16) weist einen Fallstudiencharakter auf. Ausgehend von komplexen Phänomen – wie etwa den Prozessen der Wissensgenerierung, Wissensidentifikation, Wissensdiffusion, Wissensintegration, Wissensmodifikation und Umsetzung in Handlung sowie deren Zusammenhängen zur Entstehung von Kernkompetenzen bzw. dynamischen Fähigkeiten – ermöglichen Fallstudien eine explorative Annäherung und Verständnisvertiefung (vgl. Yin 1984).

Die Auswahl des Unternehmens erfolgte in der vorliegenden Untersuchung in erster Linie nach dem Gesichtspunkt der Praktikabilität. Es handelte es sich um eine bewusste Auswahl eines wissensintensiven Unternehmens (dazu Starbuck 1992; Bonora & Revang 1993). Charakteristisch für wissensintensive Unternehmen ist in diesem Kontext, „dass ihr ökonomischer Erfolg entscheidend durch eine entsprechende Wissensorganisation mitbestimmt ist" (Sydow & van Well 1996, S. 193). Dies trifft in besonderem Maße auf das Telekommunikationsunternehmen zu, welches innovative und effiziente Lösungen ebenso wie eine hohe Qualität technischer Standards anbietet. Das 1997 gegründete Unternehmen entwickelt und vertreibt mit 180 Mitarbeitern zum Erhebungszeitpunkt Produkte und Dienstleistungen als Netzanbieter, wobei Privat- und Geschäftskunden betreut werden. Es konnte eine Rücklaufquote von 64 Prozent realisiert werden. Alles

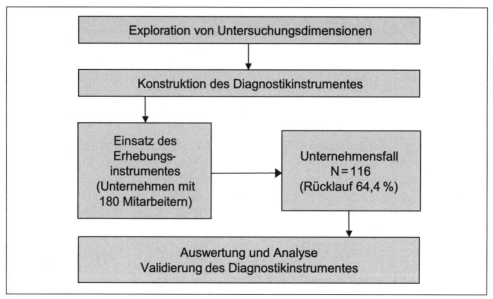

Abb. 16: Untersuchungsdesign

in allem bildeten 116 Fragebogen die Grundlage für die empirisch geleiteten Aussagen zur Güte wissensbezogener Aktivitäten und deren Zusammenhang mit dem Unternehmenserfolg.

4.4 Datenanalyse

Der Anspruch des Diagnostikinstrumentes liegt in der Messbarmachung des Leistungs- und Erfolgsbeitrages von immateriellen Ressourcen und organisationalen Prozessen. Aus einer praxisorientierten Perspektive soll das entwickelte Instrument zudem der Überwachung der Güte wissensbezogener Prozesse und damit der Identifikation von Verbesserungspotential und Interventionsbedarf dienen. Gleichzeitig werden Zusammenhänge zwischen Wissensprozessen und strategischen Erfolgsindikatoren transparent (vgl. Abb. 17).

Auf der Basis von Mittelwerten wurden die Wissensmanagement-Aktivitäten in der Ist-Ausprägung („Welcher Stellenwert wird den Aktivitäten in Ihrem Unternehmen bzw. ihrem unmittelbaren Arbeitsbereich eingeräumt?", Skala: 1 „sehr hoch" bis 5 „sehr gering") (vgl. 4.2) zunächst zu vier neuen Variablen zusammengefasst: (1) Identifikation/Generierung ($\alpha = 0{,}9140$; 22-Item-Skala), (2) Diffusion ($\alpha = 0{,}8657$; 14-Item-Skala), Integration/Modifikation ($\alpha = 0{,}9095$; 13-Item-Skala) und (4) Aktion ($\alpha = 0{,}9045$; 14-Item-Skala). Diese generierten Variablen (deskriptive Statistik vgl. Tab. 15) weisen Reliabilitäten über dem allgemein akzeptierten Wert des Alpha-Koeffizienten von 0.70 auf und gehen als *unabhängige Variablen* in die Datenanalyse ein.

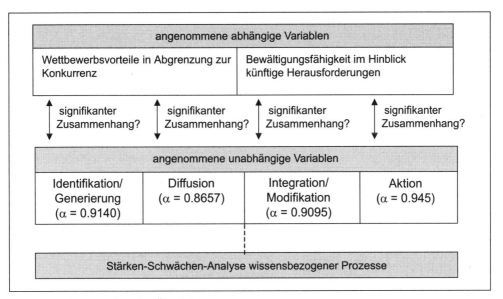

Abb. 17: Datenanalyse im Überblick

Tab. 15: Deskriptive Statistik – Wissensprozesse (Ist-Dimension)

	Mittelwert[1]	Standard-abweichung
Identifikation/Generierung von Wissen	3,04	0.62
Diffusion von Wissen	2,73	0.67
Integration/Modifikation von Wissen	2,80	0.76
Aktion	2,71	0.73

[1] Stellenwert im Unternehmen: Skala (1) „sehr gering" bis (5) „sehr hoch"

Die von Mitarbeitern wahrgenommenen Wettbewerbsvorteile in Abgrenzung zur Konkurrenz und die Bewältigungsfähigkeit wichtiger zukünftiger Herausforderungen werden als *abhängige Variablen* betrachtet (zu den Ergebnissen vgl. Abschnitt 4.5). Um *Zusammenhänge* zwischen Wissensprozessen und Kernkompetenzen bzw. dynamischen Fähigkeiten abzubilden, wurden Korrelationsanalysen durchgeführt. Dabei wurden lediglich die Wettbewerbsvorteile bzw. Herausforderungen einbezogen, die von den Organisationsmitgliedern als bedeutend eingestuft wurden (zu den Ergebnissen vgl. Abschnitt 4.6). Die Analysemethodik und die Untersuchungsergebnisse führen dabei nicht zu der Gefahr, dass die Kernkompetenzen oder dynamischen Fähigkeiten durch die Konkurrenz imitiert werden. Es liegt ein historisch gewachsenes, organisationsspezifisches Interpretationsschema der Wettbewerbsvorteile und wertschöpfungsrelevanten Wissensprozesse vor. Demzufolge birgt das Erhebungsdesign nicht das Risiko, die Wettbewerbsposition zu zerstören (vgl. Wilkens, Menzel & Pawlowsky 2004).

Darüber hinaus können auf Basis der Datenauswertung Stärken und Schwächen wissensbezogener Prozesse analysiert werden (zu den Ergebnissen vgl. Abschnitt 4.7). Die Güte der Wissensaktivitäten kann aus der Bewertung der Ist- und Soll-Perspektive nachvollzogen werden: Aus den individuellen Einschätzungen im Sinne einer subjektiv geteilten Wirklichkeitskonstruktion ergibt sich eine Differenz zwischen tatsächlichem und wünschenswertem Verhalten. Ausgehend von dieser Evaluation der Bedeutung der genannten Lernphasen einerseits und den tatsächlichen Erfahrungen im Unternehmen andererseits, ergeben sich Soll-Ist-Profile (vgl. Abb. 18).

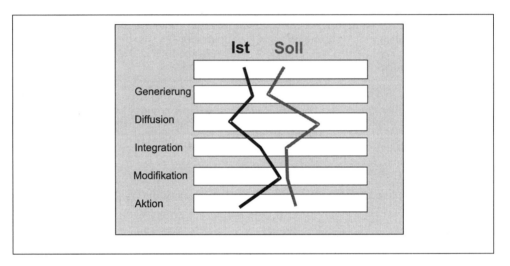

Abb. 18: Kumulative Ist-Soll Profile in einem Organisationsbereich

Es lassen sich somit empirisch fundierte Stärken-Schwächen Profile ableiten, die den Ausgangspunkt für organisationales Wissensmanagement und gezielte Interventionsstrategien bilden. Beispielsweise könnte aufgrund der Itemwerte zur Lernphase „Diffusion" auf einer aggregierten Ebene (Abteilung oder Organisationseinheit) eine signifikante Differenz zwischen Ist und Soll erkennbar werden (vgl. Abb. 18). Damit wäre in Bezug auf Aktivitäten der Wissensteilung eine relevante Diskrepanz zwischen Ist und Soll erkennbar. Mit dem Einsatz des Diagnostikinstrumentariums lassen sich Stärken und Schwächen wissensbezogener Prozesse analysieren und die gewonnenen Informationen können für die Gestaltung und das Management der immateriellen Vermögenswerte Wissen und Kompetenzen genutzt werden.

Die fallstudienspezifischen und fallstudienübergreifenden Kernergebnisse und Schlussfolgerungen der Pilotstudie werden im nächsten Abschnitt vorgestellt.

4.5 Wettbewerbsvorteile und zukünftige Herausforderungen des Telekommunikationsunternehmens

Zunächst wurden diejenigen Wettbewerbsvorteile (Skala: 1 „trifft voll und ganz zu" bis 5 „trifft gar nicht zu") und Herausforderungen (Skala: 1 „sehr wichtig" bis 5 „unwichtig") selektiert, die von den Organisationsmitgliedern als wichtig eingestuft wurden.

angenommene abhängige Variablen	
Wettbewerbsvorteile in Abgrenzung zur Konkurrenz	Bewältigungsfähigkeit im Hinblick auf wichtige künftige Herausforderungen
- Produktqualität - Preis - Fähigkeiten und Kompetenzen der Mitarbeiter	- Finanzsituation - Neue Technologien - Qualitätswettbewerb - Preiswettbewerb - Innovationswettbewerb

Abb. 19: Analyseschritt 1 – Identifikation wichtiger Wettbewerbsvorteile und Bewertung der Bewältigungsfähigkeit von Herausforderungen

Als wichtige Wettbewerbsvorteile im Vergleich zur Konkurrenz und damit Kernkompetenzen benennen die Mitarbeiter des Telekommunikationsunternehmens (vgl. Tab. 16):
- Produktqualität (69,9 % antworteten „trifft voll und ganz zu" bzw. „trifft eher zu"),
- Preis (64,0 %) sowie
- die Qualifikationen, Kompetenzen und Erfahrungen der Arbeitnehmer (58,4 %).

Im Hinblick auf den Preis ist anzumerken, dass dieser ausgehend von ressourcenorientierten Überlegungen vermutlich keine nachhaltigen Wettbewerbsvorteile begründen kann. Die Preispolitik eines Unternehmens ist weitestgehend transparent und kann somit durch Konkurrenten leicht imitiert werden. Demgegenüber können Produktqualität sowie die Kompetenzen und Erfahrungen der Mitarbeiter eher als *dauerhafte Wettbewerbsvorteile* des Unternehmens betrachtet werden.

Die Untersuchungsergebnisse belegen, dass die Finanzsituation (96,0 % „sehr wichtig"- und „wichtig"-Nennungen) als wichtigste Herausforderung des Telekommunikationsunternehmens angesehen wird. Weiterhin zählen neue Technologien (87,4 %), der Qualitätswettbewerb (85,7 %), der Preiswettbewerb (80,7 %) sowie der Innovationswettbewerb (74,3 %) aus Sicht der Beschäftigten zu den besonders relevanten Herausforderungen. Im nächsten Schritt wurde hinterfragt, inwieweit die Mitarbeiter annehmen, dass ihr Unternehmen in der Lage ist, diese wichtigen Herausforderungen bewältigen zu können. Hinter dieser Bewältigungsfähigkeit der strategischen Herausforderungen werden *dynamische Fähigkeiten* (dynamic capabilities) der Organisation vermutet. Hinsichtlich des Qualitätswettbewerbs, neuen Technologien und dem Preiswettbewerb wird dem Unternehmen von den Mitarbeitern am ehesten Bewältigungskompetenz zugesprochen (vgl. Tab. 16).

Tab. 16: Deskriptive Statistik – Wettbewerbsvorteile und Bewältigungsfähigkeit

	Mittelwert	Standardabweichung
Wahrgenommene Wettbewerbsvorteile		
Produktqualität	2.13	0.93
Preis	2.20	0.95
Mitarbeiterkompetenzen und -erfahrungen	2.38	0.76
Dynamische Fähigkeiten zur Bewältigung folgender Herausforderungen		
Finanzsituation	2.95	1.06
Neue Technologien	2.16	0.93
Qualitätswettbewerb	2.09	0.94
Preiswettbewerb	2.31	0.84
Innovationswettbewerb	2.56	0.96

Ausgehend von den theoretischen Überlegungen im Zusammenhang mit der Konstruktion des Diagnostikinstrumentes (vgl. Kap. 4.1 und 4.2) gilt es im nächsten Analyseschritt herauszufinden, welche wissensbezogenen Prozesse mit den wahrgenommenen Wettbewerbsvorteilen bzw. der Bewältigungsfähigkeit von Herausforderungen korrelieren.

4.6 Zusammenhänge zwischen Wissensprozessen und wahrgenommenen Wettbewerbsvorteilen bzw. der Bewältigungsfähigkeit von Herausforderungen

Um den Zusammenhang zwischen Wettbewerbsvorteilen bzw. der Bewältigungsfähigkeit wichtiger Herausforderungen und den Prozessen des Wissensmanagement näher zu untersuchen, wurden Korrelationsanalysen durchgeführt.

Für den Fall, dass signifikante Korrelationskoeffizienten vorliegen, kann davon ausgegangen werden, dass Wissensprozesse die Entstehung von Kernkompetenzen und dynamischen Fähigkeiten beeinflussen.

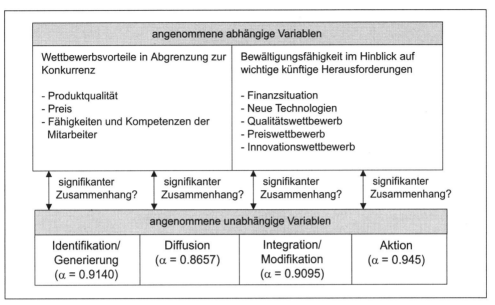

Abb. 20: Analyseschritt 2 – Zusammenhänge zwischen Wissensprozessen und wahrgenommenen Wettbewerbsvorteilen bzw. der Bewältigungsfähigkeit von Herausforderungen

Tab. 17: Korrelationsmatrix

	Identifikation/ Generierung von Wissen	Diffusion von Wissen	Integration/ Modifikation von Wissen	Aktion
Kernkompetenzen				
1. Produktqualität	-0.291**	-0.265**	-0.347**	-0.262**
2. Preis	-0.043	0.011	-0.001	0.043
3. Mitarbeiterkompetenzen und -erfahrungen	-0.279**	-0.237*	-0.189*	-0.217*
Dynamic capabilities				
1. Finanzsituation	-0.463**	-0.387**	-0.324**	-0.299**
2. Neue Technologien	-0.374**	-0.323**	-0.256**	-0.272**
3. Qualitätswettbewerb	-0.282**	-0.210*	-0.204*	-0.210*
4. Preiswettbewerb	-0.335**	-0.321**	-0.316**	-0.308**
5. Innovationswettbewerb	-0.366**	-0.311**	-0.383**	-0.434**

** $p<0.01$ (signifikant auf dem 1-Prozent-Signifikanzniveau);
* $p<0.05$ (signifikant auf dem 1-Prozent-Signifikanzniveau)

Die Ergebnisse der Korrelationsanalyse (vgl. Tab. 17) zeigen, dass Aktivitäten aller vier Phasen des Wissensmanagements die Wettbewerbsfähigkeit des Telekommunikationsunternehmens fördern. Auffällig ist aber, dass für alle Dimensionen der Wettbewerbssituation bis auf den Aspekt „Preis" derartige Zusammenhänge identifiziert werden konnten. Wie bereits ausgeführt, kann dem Preis kein Kernkompetenz-Charakter zugesprochen werden, da er verhältnismäßig einfach zu imitieren ist. Daher ist es interessant, dass die Produktqualität sowie die Mitarbeiterfähigkeiten und Mitarbeiterpotentiale als nicht ohne weiteres imitierbare Wettbewerbsvorteile Korrelationen zu den Wissensaktivitäten aufweisen. Die wissensbezogenen Prozesse beeinflussen auch die Bewältigungsfähigkeit der als wichtig identifizierten Herausforderungen finanzielle Situation, neue Technologien, Qualitäts-, Preis- oder Innovationswettbewerb. Es wird deutlich, dass ausgehend von der Wahrnehmung und Bewertung der Mitarbeiter die Wissensprozessen zur Bewältigung der wichtigsten Herausforderungen beitragen. Darüber hinaus wird aus den Korrelationsergebnissen (vgl. Korrelationskoeffizienten, Tab. 17) ersichtlich, dass alle Phasen des Wissensmanagement für die Entstehung von Kernkompetenzen bzw. dynamischen Fähigkeiten von Bedeutung sind. Dies trifft vor allem auf die Identifikation, Generierung und Diffusion von Wissen zu. In Bezug auf die Wissensteilung lässt sich dies zum Beispiel begründen mit der Entwicklung einer gemeinsam geteilten Wirklichkeitskonstruktion (vgl. Kap. 4.1, 4.2). Da die Phase der Aktion bzw. der Umsetzung von Wissen in Handeln im Rahmen des Erhebungsinstrumentes diverse Aktivitäten enthält, die sich auf Prozesse der Reinterpretation beziehen, kann dieser Phase eine ähnlich hohe Bedeutung zugesprochen werden.

Das identifizierte Einflusspotential lässt sich mit Hilfe des Diagnostikinstrumentes weiter präzisieren, indem auch Zusammenhänge zwischen spezifischen Wissensmanagement-Aktivitäten bezogen auf die jeweiligen Prozessphasen und der organisationalen Fähigkeit, Herausforderungen zu bewältigen, nachgewiesen werden können. Für die Phase der Wissensidentifikation und Wissensgenerierung kann illustriert werden (vgl. Abb. 21), dass aus Sicht der Mitarbeiter bestimmte Aktivitäten die wahrgenommene Bewältigungsfähigkeit der Herausforderungen neue Technologien bzw. Qualitätswettbewerb beeinflussen (die Stärke der Linien entspricht jeweils der Höhe der Korrelationskoeffizienten).

So lässt sich nach Ansicht der Mitarbeiter die Herausforderung „neue Technologien" besser bewältigen, wenn im Unternehmen systematisch Informationen ausgewertet werden (-0,370**), das Wettbewerberverhalten analysiert wird (-0,383**) und zukünftige Entwicklungen frühzeitig antizipiert werden (-0,384**). Zudem sind enge Kontakte zu Lieferanten (-0,343**), Marktforschung (-0,277**), Teilnahme an Weiterbildungsveranstaltungen (-0,288**) sowie die Identifikation von Wissensträgern im Unternehmen (-0,302**) aus Sicht der Belegschaft von besonderer Bedeutung. Qualitätsvorteile im Wettbewerb können aufrechterhalten werden, indem sowohl aus Fehlern (-0,319**), als auch aus erfolgreichen Projekten (-0,296**) gelernt wird, Informationen analysiert werden (-0,305**) bzw. Tätigkeiten und Routinen anderer beobachtet werden (-0,300**). Einzelne Wissensaktivitäten, dargestellt am Beispiel der Identifikation von Wissen bzw. Entwicklung neuen Wissens, können demnach die Wettbewerbsposition des Unternehmens nach Beurteilung der Mitarbeiter entscheidend stärken.

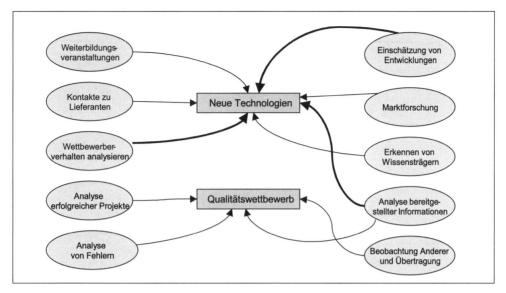

Abb. 21: Wissensidentifikation/Wissensgenerierung und die Bewältigungsfähigkeit zentraler Herausforderungen (signifikante Korrelationen, **p<.01)

4.7 Stärken-Schwächen-Analyse wissensbezogener Prozesse

Mit dem Einsatz des Erhebungsinstrumentes lassen sich zudem Stärken und Schwächen entlang der Wissensmanagement-Aktivitäten eines Unternehmens diagnostizieren. Die Evaluation beruht dabei auf der Befragung der Organisationsmitglieder zur Bedeutung (Soll-Dimension) und dem aktuellen Ausbaustand wissensbezogener Prozesse (Ist-Dimension) (vgl. Abschnitt 4.2).

Es wird deutlich, dass die Mitarbeiter des Telekommunikationsunternehmens bezogen auf die einzelnen Phasen des Wissensprozesses teilweise erhebliche Defizite bekunden, wie aus den Differenzen zwischen der Soll-Perspektive („Für wie wichtig erachten Sie persönlich diese Aktivitäten?", Skala: 1 „sehr wichtig" bis 5 „unwichtig") und der Ist-Perspektive („Welcher Stellenwert wird den folgenden Aktivitäten in Ihrem Unternehmen bzw. ihrem unmittelbaren Arbeitsbereich eingeräumt?", Skala: 1 „sehr hoch" bis 5 „sehr gering") erkennbar wird. Die Soll-Ist-Differenzen können über die Berechung eines t-Tests für gepaarte Stichproben hinsichtlich ihrer statistischen Bedeutsamkeit geprüft werden, indem signifikante Mittelwertunterschiede nachgewiesen werden.

Exemplarisch soll dies für die Phase der Wissensidentifikation und Wissensgenerierung veranschaulicht werden. Die größten Differenzen zwischen bestehenden Verhaltensweisen bzw. Routinen einerseits („Ist") und den Forderungen bzw. Erwartungen der Mitarbeiter andererseits („Soll") zeigen sich im Rahmen der Wissensidentifikation und Wissensgenerierung hinsichtlich (vgl. Abb. 22):
- des systematischen Besuchs von Weiterbildung (Mittelwertdifferenz von 1,50 auf dem 1-Prozent-Signifikanzniveau (**) statistisch signifikant),

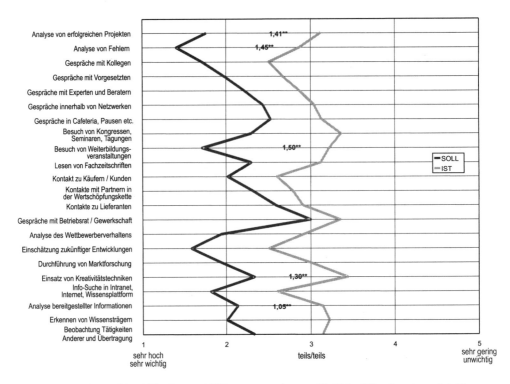

Abb. 22: Wissensidentifikation und Wissensgenerierung (Soll-Ist-Mittelwertvergleich)

- der systematischen Analyse von Fehlern (1,45**),
- der Analyse erfolgreich abgeschlossener Projekte (1,41**),
- des Einsatzes von Kreativitätstechniken (1,30**) sowie
- der Analyse bereitgestellter Informationen (1,05**).

Auf diese Aspekte wird somit aus Mitarbeitersicht zu wenig Augenmerk im Unternehmen gerichtet. Gleichzeitig liegen damit unmittelbar Ansatzpunkte für die Verbesserung der Identifikation und Generierung von Wissen vor. Als weiteres Beispiel soll auf die Phase der Integration und Modifikation von Wissen eingegangen werden (vgl. Abb. 23).

Den Beschäftigten zufolge werden in erster Linie Datenbanksysteme, individuelle Ablagen, die Dokumentationen von Prozessabläufen und Projekten sowie das Intranet zur Speicherung von Wissen und Erfahrungen genutzt (vgl. Ist-Profil). Es fällt jedoch auf, dass das Wissen von Erfahrungsträgern bzw. Experten unzureichend gesichert wird (vgl. Soll-Profil). Ausgehend von dem Mittelwertvergleich ergibt sich aus Sicht der Mitarbeiter konkreter Handlungsbedarf im Hinblick auf die Dokumentation von Erfahrungs- (1,81**) und Expertenwissen (1,53**) sowie die Etablierung eines Mentoring-Modells (1,67**).

Aus der durchgeführten Erhebung bzw. den ermittelten Soll-Ist-Differenzen lassen sich Gestaltungsansätze ableiten, die eine Optimierung von Wissensmanagement-Prozessen

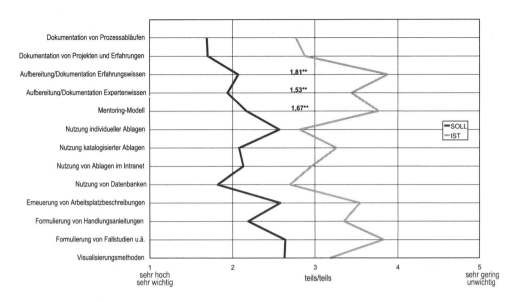

Abb. 23: Wissensintegration und Wissensmodifikation (Soll-Ist-Mittelwertvergleich)

ermöglichen, was wiederum der Sicherung der Wettbewerbsfähigkeit dient. Die Handhabung von Wissensprozessen kann somit einen wichtigen Beitrag zum Unternehmenserfolg leisten (vgl. auch Pawlowsky 1992; Häuser, Wilkens & Pawlowsky 2003).

4.8 Kritische Würdigung

Vom Anspruch her sollte das Diagnostikinstrument in der Lage sein, die Güte von Wissensprozessen und damit organisationale Kompetenz zu erfassen. Diese Zielstellung wurde durch die Bewertung der Ist- bzw. der Soll-Dimension erreicht und mit wettbewerbsrelevanten Aspekten in Beziehung gesetzt. Wie am Beispiel der Unternehmensfallstudie gezeigt werden konnte, sind Wissensprozesse eine Quelle nachhaltiger Wettbewerbsvorteile und sie beeinflussen die Fähigkeit, zukünftige Herausforderungen zu bewältigen. Damit bestätigte sich die Annahme, dass Prozesse des Wissensmanagement und des organisationalen Lernens Kernkompetenzen und dynamische Fähigkeiten generieren (vgl. Rouse & Daellenbach 2002). Das konzipierte Diagnostikinstrument zur Erfassung von organisationalen Wissensprozessen ist in der Lage, kritische Wissensprozesse im Sinne des resource-based view zu identifizieren.

Den Fokus bildeten „organisational minds" (Sandelands & Stablein 1987) bzw. „shared mental models" (Senge 1990) in Bezug auf Stärken und Schwächen wissensbezogener Prozesse sowie die Wettbewerbsposition der Organisation. Insofern stellt das Untersuchungsdesign eine Weiterentwicklung im Vergleich zu vorliegenden empirischen Studien zum Ressourcenansatz dar: „The approach does not only mention causal ambiguity but explores causal ambiguous relations on the basis of a constructivist knowledge perspective" (Wilkens, Menzel & Pawlowsky 2004, S. 23). Die Organisationsmitglieder werden unter Einbeziehung lerntheoretischer und konstruktivistischer Annahmen zum Schlüssel, um die im resource-based view wenig erschlossene black-box Organisation zu öffnen. Zudem konnte verdeutlicht werden, dass organisationsinterne Wissensmanagement- und Lernprozesse einen wichtigen Erklärungsbeitrag für den Erfolg im Wettbewerb leisten. In einem turbulenten Unternehmensumfeld scheinen die Interaktionen zwischen verschiedenen organisationalen Akteuren und entsprechende Aktivitäten der Interpretation und Reinterpretation elementar für die Sicherung der Wettbewerbsfähigkeit von Unternehmen. Entsprechend des Untersuchungsdesigns einer Bewertung ausgehend von subjektiv geteilten Wirklichkeitskonstruktionen müsste die Datenerhebung idealtypisch in Survey-Feedback-Workshops münden, in denen die Mitarbeiter mit den Befunden der Wissens- und Kompetenzdiagnostik konfrontiert werden. Wiederum im Sinne von „shared mental models" (Senge 1990) sollten die Daten durch die Mitarbeiter interpretiert und Verbesserungsmöglichkeiten erarbeitet werden. Diese systematische Datenauswertung übersteigt dabei die Ressourcen und Kapazitäten einer Organisation nicht, so dass das Diagnostikinstrument gerade auch für kleine und mittelständische Unternehmen geeignet ist.

Unmittelbare Schlussfolgerungen hinsichtlich des Zusammenhangs zwischen Wissensaktivitäten und einer überdurchschnittlichen Quasi-Rente im Sinne des resource-based view (vgl. Peteraf 1993; Mahoney 1995) bzw. einer Schumpeter-Rente im Sinne des dynamic capability approach (vgl. Teece, Pisano & Shuen 1997; Duschek 2002) können aus der Untersuchung nicht gezogen werden. Diesbezüglich müsste eine Wiederholungs- bzw. Längsschnitterhebung angestrebt und in das Untersuchungsdesign integriert werden. Gleichzeitig ist zu betonen, dass die Prozessqualität, die im Rahmen des konzipierten Diagnostikinstrumentes als Erfolgsindikator herangezogen wird, eine hohe Aussagekraft besitzt (vgl. Ray, Barney & Muhanna 2004).

Im Rahmen dieses Beitrages wurde lediglich auf eine Unternehmensfallstudie, basierend auf einer Befragung von 116 Mitarbeitern, Bezug genommen. Daher können die Untersuchungsergebnisse nicht unmittelbar verallgemeinert werden. Die Falldarstellung konnte jedoch unternehmensinterne, strategische Prozesse und ihren Beitrag zum Unternehmenserfolg präzisieren. Die Erkenntnisse der Piloterhebung ermutigen daher, die Stichprobe zu erweitern und Unternehmensvergleiche zu realisieren. Weitere Erhebungen mit diesem Instrument wurden und werden zwischenzeitlich durchgeführt.

Wendet man die messtechnischen Gütekriterien Objektivität, Reliabilität und Validität (vgl. Diekmann 1996; Friedrichs 1990; Schnell, Hill & Esser 1999) an, so kann beurteilt werden, inwieweit das entwickelte Instrumentarium bzw. die Piloterhebung diesen Ansprüchen gerecht wird. Hinsichtlich der Zuverlässigkeit und Gültigkeit von Kompetenzmessung ist jedoch in Anlehnung an Weiß immer von einem gewissen „Maß an Unschärfe" (Weiß 1999, S. 449) auszugehen.

Ausgehend von dem grundsätzlichen Charakter einer Piloterhebung wurden bislang weder Wiederholungsuntersuchungen in den beteiligten Unternehmen durchgeführt, noch sind im Untersuchungsdesign Parallelbeurteilungen zum Beispiel durch Interviews vorgesehen. Das Hauptaugenmerk der vorliegenden Untersuchung lag in dem erstmaligen Einsatz des konstruierten Fragebogens, um Schlussfolgerungen für eventuelle Modifizierungen für Folgeerhebungen vornehmen zu können.

Der Diagnostik-Fragebogen wurde nach einer umfassenden theoretischen Analyse und Durchsicht relevanter Literatur (Explorationsphase) konstruiert, so dass von einer inhaltlichen Validität ausgegangen werden kann, also die ausgewählten Items die zu messenden Phänomene (z.B. Sicherung und Bewahrung von Wissen) in hohem Maße repräsentieren. Die Kriteriumsvalidität bezieht sich auf den Zusammenhang zwischen den eigenen empirischen Ergebnissen und externen, durch andere Messungen ermittelten Ergebnissen (vgl. Schnell et al. 1999). Derartige Außenkriterien (wie z.B. Marktanteil, ROI) müssen demnach unabhängig mit anderen Messinstrumenten erhoben worden sein. Unabhängig von der oben skizzierten Legitimation einer subjektiven Evaluation durch die Organisationsmitglieder sollte eine Erweiterung des beschriebenen Untersuchungsdesigns auch auf direkt erfassbare Erfolgsfaktoren im Sinne von Außenkriterien angestrebt werden. Es bietet sich in diesem Zusammenhang eine Komplettierung der Erhebungsmethodik durch Dokumentenanalysen und Interviews an. „Konstruktvalidität liegt dann vor, wenn aus dem Konstrukt empirisch überprüfbare Aussagen über Zusammenhänge dieses Konstruktes mit anderen Konstrukten theoretisch hergeleitet werden können und sich diese Zusammenhänge empirisch nachweisen lassen" (Schnell et al. 1999, S. 150). Zunächst sollten die theoretischen Beziehungen zwischen Konstrukten hergestellt werden, das heißt Hypothesen generiert werden. Die Grundannahme der Wissens- und Kompetenzdiagnostik in Organisationen ist, dass Wissensprozesse die Generierung von Kernkompetenzen ermöglichen und die Bewältigungsfähigkeit von zentralen Herausforderungen erhöhen. Diese vermuteten Zusammenhänge lassen sich mit den theoretischen Fundamenten des resource-based view, der dynamic capability approach, der Perspektive des Wissensmanagements und dem Ansatz des organisationalen Lernens (vgl. Kap. 4.1) unterlegen. Zudem müssen sich zwischen den Operationalisierungen der Konstrukte empirische Beziehungen feststellen lassen. Die Auswertungen der durchgeführten Korrelationsanalysen führten zu signifikanten Zusammenhängen zwischen wissensbezogenen Aktivitäten und Kernkompetenzen bzw. der Bewältigungsmöglichkeiten künftiger Herausforderungen. Strenggenommen lassen sich bislang keine Kausalitäten zwischen den abhängigen und unabhängigen Variablen benennen, sondern die Korrelationsanalysen führen zu Plausibilitätsaussagen. Für kausale Zusammenhänge bedarf es vergleichender Längsschnittuntersuchungen bzw. detaillierter Pfadanalysen, die zur Weiterentwicklung des Instrumentes zu erwägen sind.

Alles in allem kann das Diagnostikinstrument kritische Wissensprozesse erfassen und kann in aufgezeigten Facetten systematisch weiterentwickelt zu werden. Wie bereits durch die Untersuchungsergebnisse der Unternehmensfallstudie verdeutlicht, lassen sich Optimierungsmöglichkeiten identifizieren, so dass das Diagnostikinstrument im Rahmen organisationaler Veränderungsprozesse eingesetzt werden kann. Kernergebnis ist die Präzisierung und der Nachweis des theoretisch begründeten Zusammenhangs zwischen Wissensprozessen und der Wettbewerbsfähigkeit von Unternehmen.

4.9 Analyseraster als zusammenfassende Übersicht

Im 3. Kapitel wurde ein Analyseraster zur systematischen Auseinandersetzung mit Kompetenzmessinstrumenten entwickelt und für die exemplarisch beschriebenen Instrumente jeweils dargestellt. Dieses Analyseraster soll im Sinne eines zusammenfassenden Überblicks auch für das Wissens- und Kompetenzdiagnostik-Instrument aufgegriffen werden.

Kategorisierung/Zusammenfassung

Kriterium	Wissens- und Kompetenzdiagnostik-Instrument
1. Analyseebene und spezifisches Kompetenzverständnis - Auf welcher Anwendungsebene werden Kompetenzen erfasst? - Wie wird der Kompetenzbegriff verstanden bzw. operationalisiert?	Das Wissens- und Kompetenzdiagnostik lässt sich in erster Linie auf organisationaler Ebene einsetzen, kann aber auch auf Gruppen- und Netzwerkebene zur Anwendung gelangen. Unter organisationaler Kompetenz werden die dauerhaften Wettbewerbsvorteile und dynamischen Fähigkeiten sowie die Handlungspotenziale verstanden, Ressourcen zu aktivieren und wirkungsvoll zu nutzen. Das Instrument wird mit dem resource-based view, dem dynamic capability approach sowie Ansätzen des organisationalen Lernens und des Wissensmanagement theoretisch fundiert.
2. Gegenstand der Messung - Werden Kompetenzen als Bestände oder Prozesse erfasst?	Organisationale (Gruppen- bzw. Netzwerk-) Kompetenzen werden als wertgenerierende, organisationsinterne Prozesse identifiziert.
3. Messmethoden - Erfolgt eine Bestandsaufnahme oder eine Prozessanalyse? - Mit welchen Methoden erfasst das Instrument Kompetenzen?	Das Instrument nimmt eine Bestandsanalyse organisationaler Wissens- und Lernprozesse vor, die auch als Prozessanalyse erweitert werden kann. Organisationale Kompetenzen werden durch eine standardisierte Mitarbeiterbefragung, die auf die subjektiv geteilten Wirklichkeitskonstruktionen der Organisationsmitglieder abstellt, erfasst.
4. Beurteilungsgrad, -perspektiven und -kriterien - Findet eine Erfassung oder eine Bewertung von Kompetenzen statt? - Erfolgt die Bewertung als Selbst- oder Fremdbeurteilung? - Welche Messindikatoren und Bewertungsdimensionen werden verwendet?	Es werden die wertgenerierenden organisationsinternen Prozesse erfasst, deren Erfolg an der wahrgenommenen Wettbewerbsfähigkeit und der wahrgenommenen Fähigkeit, zukünftige Herausforderungen bewältigen zu können, gemessen wird. Die Bewertung wird entlang des immateriellen Wertschöpfungsprozesses vollzogen. Sie erfolgt durch Befragung der Mitarbeiter einer Organisation und basiert mithin auf dem kollektiven Gedächtnis eines Unternehmens. Damit weist das Instrument in Richtung Selbstbewertung, sofern man die Organisation als Summe ihrer Mitglieder definiert.
5. Zeitliche Dimension - Werden vergangene, gegenwärtige oder zukünftige Leistungen als Ausdruck von Kompetenz erfasst?	Es werden gegenwärtige Prozesse und zukünftige Herausforderungen bewertet.
6. Zielperspektive und ebenenübergreifende Bezugspunkte - Welcher Zielsetzung dient das Instrument? - Geht es im Zielsystem um ebenenübergreifende Verknüpfungen von Kompetenz, wenn ja in welcher Beziehungskonstellation?	Das Instrument soll die erfolgskritischen Aktivitäten einer Organisation für die Organisationsmitglieder transparent machen ohne sie dabei für Wettbewerber zu entschlüsseln. Dies wird durch Befragung des kollektiven Sinnsystems ermöglicht. Gegenstand der Bewertung sind dabei individuelle, gruppenbezogene und organisationale Aktivitäten, die als Ausdruck von Organisationskompetenz gewertet werden. Das Instrument ist auch für andere kollektive Ebenen einsetzbar.

5 Gesamtresümee und Ausblick

Das Ziel dieses Beitrages war es, sich den Herausforderungen der Kompetenzerfassung zu stellen. Es wurde eine Systematik zur ebenenübergreifenden Kompetenzanalyse entwickelt, unter die unterschiedliche Begriffsdefinitionen von Kompetenz subsumiert werden können. Ebenso wurde mit dem Verweis auf die situationsunabhängige Handlungsfähigkeit ein einheitliches Basisverständnis erarbeitet. Auf dieser Grundlage wurden exemplarisch Instrumente zur Erfassung von Kompetenzen vorgestellt und entlang eines Analyseschemas kritisch gewürdigt. Im Zentrum standen dabei Instrumente zur Erfassung von Organisationskompetenz. Hier zeigen sich in besonderer Weise die Unterschiede in der theoretischen Fundierung der Instrumente, aber auch die Möglichkeiten und Grenzen für den Einsatz in der betrieblichen Praxis. Grundsätzlich können alle Instrumente für den interessierten Praktiker empfohlen werden, wobei die konkrete Eignung jeweils vor dem Hintergrund des Zielsystems der Organisation zu prüfen ist. Abschnitt 3 dient dabei der Entscheidungsunterstützung.

Angesichts der Forschungslücken bei der Erfassung und Bewertung von Organisationskompetenz wurde schließlich ein eigenes Diagnostikinstrument konzipiert, welches die wertgenerierenden internen Prozesse der Entstehung von Kernkompetenzen exploriert. Dieses Instrument berücksichtigt nicht nur bei der Kriterienbildung und Operationalisierung, sondern auch beim eingesetzten Messverfahren die theoretischen Grundlagen des resource-based view, der mit lerntheoretischen Überlegungen gepaart wurde. Dies stellt eine Verbesserung gegenüber bisherigen Messansätzen dar. Denn es gibt zwar eine Reihe von Instrumenten, die die Operationalisierung von Kompetenz auf Basis des resource-based view vornehmen, jedoch die prozessbezogenen Grundannahmen des Ansatzes zur Entstehung von Kompetenz nicht ausreichend reflektieren. Das vorgestellte Instrument kann kausale Ambiguität aufspüren ohne damit die Kernkompetenzen für Wettbewerber zu entschlüsseln. Positiv ist ebenfalls hervorzuheben, dass sich das Wissens- und Kompetenzdiagnostik-Instrument auch auf den anderen Analyseebenen kollektiver Kompetenz – der Gruppen- und Netzwerkebene – einsetzen lässt.

Perspektivisch wird es nunmehr darum gehen, die Methode der Wissens- und Kompetenzdiagnostik mit anderen Instrumenten der Kompetenzerfassung zu kombinieren. Damit könnte ein Erfolgsnachweis darüber erbracht werden, inwieweit sich die individuelle Kompetenzentwicklung im Zeitverlauf auf die kollektiven Kompetenzebenen auswirkt und vice versa. Idealerweise sollte sich beispielsweise eine individuelle Kompetenzerweiterung auf der Organisationsebene als Verbesserung der Wissensprozessmanagementkompetenzen abbilden. Diesbezüglich empfiehlt sich beispielsweise ein kombinierter Einsatz der Kompetenzbiographie nach Erpenbeck & Heyse mit unserer Wissen- und Kompetenzdiagnostik, die für die Gruppen-, Organisations- und gegebenenfalls Netzwerkebene durchgeführt werden kann. Zum weiteren Nachweis der Erfolgswirksamkeit von Kompetenzen sollte schließlich unser Prozessmodell mit einem Bestandsmodell kombiniert werden, welches eine Bewertung unterschiedlicher Kompetenzarten vornimmt, um hier ein weiteres externes Bewertungskriterium zur Validierung von Erfolgsaussagen ableiten zu können. Ebenenübergreifende Zusammenhänge aufzuzeigen und Erfassungsansätze zu kombinieren, erscheint somit als lohnendes Unterfangen weiterer Forschungsbemühungen. In der Auswertungsmethodik müssten dabei Instrumente der qualitativen und quantitativen Pfadanalyse zum Einsatz kommen. Gelingt diese übergreifende Analyse und Betrachtung, so könnte die Kompetenzforschung schon bald ein Instrumentarium bereithalten, welches als modernes Strategiegestaltungs- und Controllinginstrument in wissensintensiven Organisationen einsetzbar ist.

Anhang: Übersicht über recherchierte Instrumente

1. Instrumente auf der Individuumsebene

Instrument	Autoren	Quelle	Kurzbeschreibung
Kompetenzbilanz	Katholische AN Bewegung, Deutsches Jugendinstitut e.V.	KAB & Deutsches Jugendinstitut (2000): Die Kompetenzbilanz – Ein Instrument zur Optimierung betrieblicher Personalarbeit, München.	Auf Grundlage einer Selbstevaluation (Fragebogen, Skalenbewertung) wird ein persönliches Kompetenzprofil für soziale Kompetenzen erstellt.
Kompetenzbiographie	Erpenbeck & Heyse	Erpenbeck, J. & Heyse, V. (1999a): Die Kompetenzbiographie. Münster u.a.	Differenzierte Kompetenzerfassung (Fokus neben fachlich-methodischen Kompetenzen vor allem auf sozial-kommunikativen, personalen und Handlungskompetenzen) mit Hilfe biografischer Interviews und flankierender Fragebögen. Die Kompetenzen werden zum Unternehmenserfolg in Beziehung gesetzt
Kompetenzfragebogen	Stäudel	Stäudel, T. (1988): Der Kompetenzfragebogen. In: Diagnostica, 34, 36-148.	Fragebogen zur Bewertung von Methodenkompetenz der Mitarbeiter
Kompetenz-Kompass	Hänggi	Hänggi, G. (1998): Macht der Kompetenz. Frechen-Königsdorf. Kompetenz-Kompass, CD-Demo-Version, Global Soft, Allschwil.	Selbst- und Fremdbewertung von Fach-, Methoden-, Personen- und Sozialkompetenz zur Personalstammdatenpflege und EDV-gestützten Personalverwaltung.
People Scheduling und Skilldatenbank	Arthur Anderson	TECTEM, Universität St. Gallen (2001): Benchmarking-Projekt Knowledge Management – Schlussbericht, St. Gallen, 52-61.	Mittels einer Datenbank werden vordefinierte Kompetenzen von Mitarbeitern erfasst, wobei die Einträge von den Mitarbeitern selbst eingestellt werden. Selbsteinschätzung entlang der Dimensionen „kein Wissen", „Anfänger", „Fortgeschrittener" und „Experte".
Problemlösefragebogen	Holling et al.	Holling, H. et al. (1980): Spezifische Zusammenhänge zwischen Problemlösefähigkeit, Intelligenz, Temperament, Interessen und Selbsteinschätzung. In: W. Schulz & M. Hautzinger (Hrsg.): Klinische Psychologie und Psychotherapie, Bd. 2, Tübingen, 245-256.	Fragebogen zur Bewertung von Methodenkompetenz auf individueller bzw. Gruppenebene.
Selbstkonzept beruflicher Kompetenz (SBK)	Sonntag & Schäfer-Rauser	Sonntag, K.-H. & Schäfer-Rauser, U. (1993): Selbsteinschätzung beruflicher Kompetenz bei der Evaluation beruflicher Bildungsmaßnahmen. In: Zeitschrift für Arbeits- und Organisationspsychologie, 37 (4), 163-171.	Selbsteinschätzung von Auszubildenden im Hinblick auf ihre Fach-, Methoden- und Sozialkompetenz.

Instrument	Autoren	Quelle	Kurzbeschreibung
Strategische Management Simulation (SMS)	Streufert et al.	Disce GmbH (1991): SMS – Strategische Management Simulation, Gütersloh. Breuer, K. (1992): Cognitive Development Based on Process-Learning Environments. Unveröffentlichtes Manuskript an der Universität Paderborn.	Computerunterstützte Simulation stellt komplexe, dynamische Szenarien dar, in denen die Teilnehmer Entscheidungen nach ihrem subjektiven Ermessen treffen können. Es wird unter anderem ermittelt, wie differenziert ein komplexes dynamisches Geschehen erfasst werden kann (Differenziertheit) und in welchem Ausmaß die ablaufenden Ereignisse aufeinander bezogen und alternativ erklärt werden können (Integrationsniveau).
Test- und Lernphasen bei der Personalauswahl für Call Center	Firma ELIGO, Software CALL ME	Letzing, Montel & Heinrich (2001): Die Kombination von Test- und Lernphasen bei der Personalauswahl für Call Center. In: Personalführung 6, 110-117.	Software simuliert die Arbeit in einem Call Center, wobei Schulungs- mit nachfolgenden Übungs- und Testphasen kombiniert werden. Aussagen zur individuellen Lernfähigkeit werden ermöglicht. Auswertung (quantitativ, computergestützt) nach definierten Erfolgsgrößen wie Richtigkeit, Bearbeitungszeit etc.
Wissensbilanz	VW Coaching AG	TECTEM, Universität St. Gallen (2001): Benchmarking-Projekt Knowledge Management. Schlussbericht; St. Gallen; S. 96-106.	Skill-Management-Ansatz, der den Wechselprozess von benötigten und vorhandenen Qualifikationen in Form sich ändernder Lernzeit-Konten bilanziert. Als Messgröße für relevantes Wissen wird Lernzeit definiert. Die Wissensbilanz erfasst fachlich-methodische Kompetenzen von Produktionsmitarbeitern.
Wissenslandkarte	Allianz Versicherung AG	Vortrag Herr Mathy (Allianz Versicherung AG): 1. Konferenz „Professionelles Wissensmanagement", Baden-Baden, 14.-16. März 2001.	Leistungslandkarten beziehen sich auf Abteilungen und werden strategisch aus Unternehmenszielen abgeleitet, daraus ergeben sich Rollenlandkarten und Kompetenzprofile der Mitarbeiter.

2. Instrumente auf der Gruppenebene

Instrument	Autoren	Quelle	Kurzbeschreibung
Interaktions-Prozess-Analyse (IPA)	Bales	Bales, R.F. (1950): Interaction process analysis – A method for the study of small groups, Chicago. Bales, R.F. (1999): Social interaction systems – Theory and measurement, New Brunswick.	Mit Hilfe eines 12 Kategorien (sozio-emotionaler vs. Aufgabenbereich) umfassenden Beobachtungsschemas werden soziale Interaktionen (verbal und nonverbal) in Gruppen untersucht. Fremdbewertung durch Beobachter des Gruppenprozesses.
Kasseler-Kompetenz-Raster (KKR)	Frieling, E. et al.	Frieling, E. et al. (2000): Flexibilität und Kompetenz: Schaffen flexible Unternehmen kompetente und flexible Mitarbeiter?, Münster.	Ansatz zur Bewertung von Problemlösungskompetenz auf der Gruppenebene mittels Beobachtung. Kompetenzen werden als Bestandsgröße erfasst, wobei die Erfassung entlang von Gruppenprozessen erfolgt.
Problemlösefragebogen	Holling et al.	Holling, H. et al. (1980): Spezifische Zusammenhänge zwischen Problemlösefähigkeit, Intelligenz, Temperament, Interessen und Selbsteinschätzung. In: W. Schulz & M. Hautzinger (Hrsg.): Klinische Psychologie und Psychotherapie, Bd. 2, Tübingen, 245-256.	Fragebogen zur Bewertung von Methodenkompetenz auf individueller bzw. Gruppenebene.
System zur mehrstufigen Beobachtung von Gruppen (SYMLOG)	Bales & Cohen	Bales, R.F. & Cohen, S.P. (1982): SYMLOG – Ein System für die mehrstufige Beobachtung von Gruppen, Stuttgart.	In einem Beobachtungsverfahren werden soziale Interaktionen (verbal und nonverbal), Kommunikationsinhalte und Werte/Einstellungen untersucht. Fremdbewertung durch Beobachter des Gruppenprozesses sowie Selbstanalyse durch die Gruppenmitglieder (SYMLOG-Adjektiv-Rating und SYMLOG-Interaktionssignierung).
The River and Stairs Diagram	BP Amoco p.l.c.	TECTEM, Universität St. Gallen (2001): Benchmarking-Projekt Knowledge Management. Schlussbericht. St. Gallen, 62-71.	Methodik, um unternehmensspezifische Kompetenzen einzelner Unternehmensbereich zu bewerten und Lernbedarf bzw. Expertenwissen pro Bereich abzuleiten.

3. Instrumente auf der Organisations- und Netzwerkebene

Instrument	Autoren	Quelle	Kurzbeschreibung
Wissensbilanz	Austrian Research Center Seibersdorf	Bornemann, M. & Leitner, K.-H. (2002): Entwicklung und Realisierung einer Wissensbilanz für eine Forschungsorganisation. In: P. Pawlowsky & R. Reinhardt (Hrsg.): Wissensmanagement für die Praxis, Neuwied, 335-365. Wissensbilanz 1999 und 2000 des Austrian Research Centers Seibersdorf.	Visionen und Zielen des Unternehmens münden in Wissensziele, die die Grundlage einer 70 Indikatoren und Kennzahlen umfassenden Wissensbilanz bilden. Es werden Wissenskapital (Human-, Struktur- und Beziehungskapital), Wertschöpfungspotenziale, Kernprozesse (Auftragsprojekte und Programmforschung) sowie finanzielle und immaterielle Ergebniskennzahlen berücksichtigt. Basierend auf Unternehmensstatistiken und dem betrieblichen Finanz- und Rechnungswesen.
Enterprise Information Portal	Information Portal der Hyperwave AG	Kappe (2001): Die Schatzkarte zum Wissen. In: Personal (8), 426-430.	Das Portal dient dem Dokumentenmanagement, bietet interne und externe Nachrichtenquellen (z.B. Expertensuche) und schafft Kommunikationsforen (E-Mail-Kontakt, Diskussionsrunden, Chat).
Enterprise-Knowledge-Portal	Credit Suisse	Reich, T. (2001): Entwicklung eines Enterprise-Knowledge-Portals. In: K. Schwuchow & J. Gutmann (Hrsg.): Jahrbuch Personalentwicklung und Weiterbildung 2001/2002, Neuwied, 49-53.	Dokumentation von Wissensquellen und Wissensbeständen zur Optimierung der Prozessabläufe sowie zur Steuerung des Informationsflusses und des Wissenstransfers.
Fraunhofer-IPK-Wissensmanagement-Audit	Fraunhofer IPK (Competence Center Wissensmanagement)	Heisig, P. (2002): Methode des Geschäftsprozessorientierten Wissensmanagements. In: Wissensmanagement für die Praxis. Mertins, K., Heisig, P. & Finke, I. (2001): Wissensmanagement-Audit – Benchmarks für den Umgang mit Wissen. In: K. Schwuchow & J. Gutmann (Hrsg.): Jahrbuch Personalentwicklung und Weiterbildung 2001/2002, Neuwied, 157-162.	Geschäftsprozesse werden im Hinblick auf Kosten-, Zeit- und Qualitätsaspekte sowie den Umgang mit Wissen untersucht (Mitarbeiterbefragung mittels Interviews, Kurzfragebogen, anschließende Feedback-Workshops). Dient der Erfassung praktizierter Wissensmanagement-Aktivitäten unter Einbeziehung relevanter Rahmenbedingungen (z.B. Unternehmenskultur) sowie Identifikation von Verbesserungspotenzial.
Human Capital Index	Watson Wyatt	Watson Wyatt (2000): Watson Wyatt's Human Capital IndexTM – Measuring your organisation's greatest asset. Watson Wyatt (2000): Human Capital IndexTM – Employer Survey 2000. Watson Wyatt (2001): Der Human Capital IndexTM – Europäische Studienergebnisse 2000.	Personalmanagementkompetenz wird auf Organisationsebene anhand einer Maßzahl quantifiziert und in Beziehung zu finanzwirtschaftlichen Erfolgsgrößen gesetzt. Es erfolgt auf der Grundlage von Selbstauskünften der Befragten eine externe Beurteilung durch Watson Wyatt, die sich wiederum an externen Referenzwerten anderer Unternehmen bemisst.

Instrument	Autoren	Quelle	Kurzbeschreibung
Intangible Assets Monitor / Celemi Monitor	Sveiby	Sveiby, K.E. (1986): Kunskapsföretaget (The Know-How Company), Malmö. Sveiby, K.E. (1989): The invisible balance sheet, Stockholm. Sveiby, K.E. (1990): Kunskapsledning (Knowledge Management), Stockholm. Sveiby, K.E. (1997): The new organizational wealth – Managing and measuring knowledge based assets, San Francisco. Sveiby, K.E. 6 Lloyd, T. (1989): Das Management des Know-how; Frankfurt.	Der Intangible Assets Monitor (IAM) ist ein Instrument zur Erfassung von Wissenskapital (intellectual capital).
Intellectual capital indicator	Gjersvik et al., COMPUTAS, Trondheim	Human Resource Management as production process – Managing Intellectual capital at COMPUTAS, Global HRM-Conference CD, Barcelona, 20-22 June 2001.	unternehmensinternes Assessment zum intellectual capital (bestehend aus human capital, relational capital, organisational capital)
Knowledge Assets	Boisot	Boisot, M.H. (1995): Information Space – A framework for learning in organizations, institutions and culture, London. Boisot, M.H. (1993): Knowledge assets, New York.	Die Erfassung von Knowledge Assets stellt einen Ansatz dar, mit dessen Hilfe es gelingt, Wissensprozesse und wissensbezogenen Vermögensgegenstände zu erfassen.
Knowledge Audit	Liebowitz et al.	Mertins, K., Heisig, P. & Finke, I. (2001): Wissensmanagement-Audit – Benchmarks für den Umgang mit Wissen. In: K. Schwuchow & J. Gutmann (Hrsg.): Jahrbuch Personalentwicklung und Weiterbildung 2001/2002, Neuwied, 157-162.	Es handelt sich um eine Unternehmensanalyse (Mitarbeiten beantworten einen Fragenkatalog), um existierendes Wissen und den aktuellen Wissensbedarf zu identifizieren.
Knowledge Capital	Strassmann	Strassmann, P.A. (1996): The value of computers, information and knowledge. http://www.strassmann.com/pubs/cik/cik-value.html. Strassmann, P.A. (1998): The value of knowledge capital. http://www.strassmann.com/pubs/valuekc.html. Strassmann, P.A. (1999a): Information productivity – assessing the information management costs of U.S. industrial corporations, New Canaan. Strassmann, P.A. (1999b): Calculating knowledge capital. http://www.strassmann.com. Strassmann, P.A. (2000): Assessment of productivity, technology and knowledge capital, New Canaan.	Knowledge Capital ist ein Indikator zur Erfassung von wissensbezogener Wertschöpfung. Er wird zum einen als Messgröße zum Monitoring wissensbezogener Wertschöpfungsleistung innerhalb eines Unternehmens und zum anderen als Benchmarking zwischen Unternehmen eingesetzt.

Instrument	Autoren	Quelle	Kurzbeschreibung
SENEKA: virtuelle Plattform	BMBF-Leitprojekt SENEKA	Oertel, R. & Knosp, A. (2002): Ich weiß, du weißt, was wissen wir? – Die virtuelle Plattform und Referenzprozesse zur Entwicklung von Wissensprodukten. In: P. Pawlowsky & R. Reinhardt (Hrsg.): Wissensmanagement für die Praxis, Neuwied, 85-109.	SENEKA (Service-Netzwerke für Aus- und Weiterbildungs- und Innovationsprozesse) ist ein webbasiertes Wissens- und Projektmanagement-Tool zur Unterstützung und Gestaltung von wissensorientierten Arbeitsprozessen, wobei Wissensbestände und Wissensprozesse einfließen.
SENEKA: Referenzprozesse zur Entwicklung von Wissensprodukten	P3 GmbH (Unternehmensberatung)	Oertel, R. & Knosp, A. (2002): Ich weiß, du weißt, was wissen wir? – Die virtuelle Plattform und Referenzprozesse zur Entwicklung von Wissensprodukten. In: P. Pawlowsky & R. Reinhardt (Hrsg.): Wissensmanagement für die Praxis, Neuwied, 85-109.	Das Wissensmanagement-Tool ist ein System zur Steuerung von Projekten mit dem Ziel der Gestaltung, Planung und Steuerung der Abläufe in der Entwicklungsphase von Wissensprojekten.
Skandia Navigator	Edvinsson	Edvinsson, L. (1997): Developing intellectual capital at Skandia. In: Long Range Planning 30 (3), 366-373. Edvinsson, L. & Malone, M.S. (1997): Intellectual capital, New York. Roos, J., Roos, G., Edvinsson, L. & Dragonetti, N. (1997): Intellectual capital – Navigating in the new business landscape, London. Skandia (1998): Supplement zum Geschäftsbericht. www.skandia.com	Der Skandia Navigator ist ein Instrument zur Erfassung von Wissenskapital (intellectual capital).
Strategic Learning Assessment Tool (SLAM)	Crossan, Bontis	Bontis, N. (1996): There is a price on your head – Managing intellectual capital strategically. In: Business Quarterly 60(4), 40-47. Bontis, N. (1999): Managing organizational knowledge by diagnosing intellectual capital – Framing and advancing the state of the field. In: International Journal of Technology Management 18 (5-8), 433-462. Crossan, M. & Hulland, J. (1997): Measuring organizational learning, Boston. Crossan, M., Lane, H.W. & White, R.E. (1999): An organizational learning framework – From intuition to institution. In: Academy of Management Review 24, 337-360.	Die Strategic Learning Assessment Map (SLAM) ist ein Instrument zur Diagnose organisationaler Lernprozesse.
The Knowledge Network Indicator	Siemens ICN VD	Davenport, T.H. & Probst, G.J.B. (2000): Knowledge management case book, München, 218-230.	Monitoring des Wissensaustauschs (Wissensprozesse, Management, Anreizsystem) durch einen Online-Fragebogen, den die Mitarbeiter bearbeiten.

Instrument	Autoren	Quelle	Kurzbeschreibung
The Premium-on-Top bonus System	Siemens ICN	Davenport, T.H. & Probst, G.J.B. (2000): Knowledge management case book, München, 200-217.	System, das internationalen Wissensaustausch und internationale Wertschöpfung auswertet (Projektbeschreibung, best practices) und belohnt (Bonus-on-Top). Wissensaustausch wird durch die Projektleiter und das Topmanagement evaluiert.
Potenzialscanner	Projektverbund GEMI, Schnauffer	GEMI u.a. (2000): Projektbeschreibung: UNIKAT Einzigartigkeit kommt von innen – Wandlungsfähigkeit und Wachstum durch Erschließung strategischer Potenziale. GEMI u.a. (2000): UNIKAT-Potenzialscanner – Auf Schatzsuche im Unternehmen: Potenziale identifizieren und erschließen, Projektbeschreibung. Schnauffer, H.-G. (2001): Wissensmanagement. Naturgesetze, Randbedingungen und Skizzierung neuer Gestaltungsansätze für das Management, Vortrag auf der Know-Tech in Dresden.	Instrument zur Identifikation organisationaler Kernkompetenzen auf der Grundlage unterschiedlicher Bestandsdatenerfassungssysteme und einer Mehrebenenevaluation. Es werden gleichermaßen Prozesse und Bestände erfasst (Dokumentenanalysen, Fragebogen), wobei im Ergebnis eine Bestandsgröße steht.
Unternehmensaudit	Wegemann	Mertins, K., Heisig, P. & Finke, I. (2001): Wissensmanagement-Audit – Benchmarks für den Umgang mit Wissen. In: K. Schwuchow & J. Gutmann (Hrsg.): Jahrbuch Personalentwicklung und Weiterbildung 2001/2002, Neuwied, 157-162.	Die Unternehmensanalyse durch Betrachtung von Kernprozessaktivitäten bezieht sich konkret auf das erforderliche Wissen, das man braucht, um die Unternehmensstrategie zu realisieren.
Wissensbilanzierung	Bürgel & Säubert	Bürgel & Luz (2000): Wissen nutzen – Nutzen messen. In: io-management 13, 18-24.	Das Modell besteht aus einer Kombination der Balanced Scorecard-Perspektive mit der Value-Chain nach Porter und den Bausteinen des Wissensmanagements nach Probst. Es werden Wissenspotenziale, Wissenskapital und Wissenskennzahlen beurteilt.
Wissenskarten	Eppler	Eppler, M.J. (2002): Wissen sichtbar machen – Erfahrungen mit Intranet-basierten Wissenskarten. In: P. Pawlowsky & R. Reinhardt (Hrsg.): Wissensmanagement für die Praxis, Neuwied, 37-60.	Wissenskarten stellen in graphischer und interaktiver Form Wissensquellen, Wissensbestände, Wissensstrukturen, Wissensanwendungen und/oder Wissensentwicklungspfade im Unternehmen zusammen. Es wird neben Bestandserfassung auch der Prozessperspektive (Wissensentwicklung) Rechnung getragen.
Wissens- und Lernportal der SQT	Siemens AG	Seufert, S. & Guttmann, J. (2002): Wissens- und Lernportale auf dem E-Learning Markt – F Fallbeispiel der Siemens AG. In: P. Pawlowsky & R. Reinhardt (Hrsg.): Wissensmanagement für die Praxis, Neuwied, 199-223.	Das Wissens- und Lernportal der SQT (Siemens Qualifizierung und Training) dient der Unterstützung von Wissensmanagement und Lernprozessen (Wissensrepräsentation, -kommunikation, -generierung und -nutzung).

TU Chemnitz
Fakultät für Wirtschaftswissenschaften
Lehrstuhl BWL VI - Personal und Führung

WISSENS- UND KOMPETENZDIAGNOSTIK ©
Wissensprozesse und ihr Beitrag zur Wertschöpfung
- Ausschnitt aus dem Erhebungsinstrument -

Ihre Einschätzung ist uns wichtig!

Eine hohe Güte des Umgangs mit der Ressource Wissen ist eine wichtige Voraussetzung für Innovation, Wettbewerbsfähigkeit und somit langfristigen unternehmerischen Erfolg.

Dieser Fragebogen enthält eine Reihe von Aussagen zum **Umgang mit Wissen**.

Wir bitten Sie, den Umgang mit der Ressource Wissen in Ihrem Unternehmen einzuschätzen. Die Befragung richtet sich dabei insbesondere auf „Erfahrungen zum Wissensmanagement", „Wissensmanagementprozesse" und „strategische Erfolgsfaktoren".

[...]

Sie werden ca. 35 Minuten für das Ausfüllen des Fragebogens benötigen. Wir empfehlen Ihnen hierbei, die entsprechenden Aussagen ohne langes Überlegen auszufüllen. Da es bei dieser Befragung keine „richtigen" oder „falschen" Antworten gibt, möchten wir Sie bitten, jede Aussage nach Ihrer *tatsächlichen* **Einschätzung** zu beurteilen.

Wir sichern Ihnen **absolute Vertraulichkeit** bei der Weiterverarbeitung Ihrer Antworten zu. Alle Angaben, die Sie mit Ihren Antworten und Kommentaren geben, werden selbstverständlich anonym behandelt. Die Fragen nach den statistischen Angaben dient lediglich der Spezifizierung der Auswertung.

Für Ihre Mitarbeit dankt Ihnen

*der Lehrstuhl Personal und Führung
an der TU Chemnitz*

Wissens- und Kompetenzdiagnostik

WISSENSMANAGEMENTPROZESSES

Für die Entwicklung neuen Wissens sind Wissen und Erfahrungen wichtige Ansatzpunkte. Im folgenden bitten wir Sie unterschiedliche Wissens- und Erfahrungsquellen zu betrachten und jeweils anzugeben,

a) welcher Stellenwert den folgenden Aktivitäten in Ihrem Unternehmen bzw. Ihrem unmittelbaren Arbeitsbereich eingeräumt wird <u>und</u>

b) wie wichtig diese Aktivitäten Ihrer Ansicht nach sind, um neues Wissen für Ihre Arbeit zu erwerben bzw. zu entwickeln.

Welcher Stellenwert wird den folgenden Aktivitäten in Ihrem Unternehmen bzw. ihrem unmittelbaren Arbeitsbereich eingeräumt?

Für wie wichtig erachten Sie persönlich diese Aktivitäten, um neues Wissen für Ihre Arbeit zu erwerben bzw. zu entwickeln?

weiß nicht	sehr hoch	hoch	teils/teils	gering	sehr gering	Wissens- und Erfahrungsquellen Entwicklung neuen Wissens	sehr wichtig	wichtig	teils/teils	weniger wichtig	unwichtig
☐	☐	☐	☐	☐	☐	Analyse von erfolgreichen Projekten	☐	☐	☐	☐	☐
☐	☐	☐	☐	☐	☐	Analyse von Fehlern	☐	☐	☐	☐	☐
☐	☐	☐	☐	☐	☐	Gespräche mit Kollegen	☐	☐	☐	☐	☐
☐	☐	☐	☐	☐	☐	Gespräche mit Vorgesetzten	☐	☐	☐	☐	☐
☐	☐	☐	☐	☐	☐	Gespräche mit Experten und Beratern	☐	☐	☐	☐	☐
☐	☐	☐	☐	☐	☐	Gespräche innerhalb von Netzwerken	☐	☐	☐	☐	☐
☐	☐	☐	☐	☐	☐	Gespräche in Cafeteria, Pausen etc.	☐	☐	☐	☐	☐
☐	☐	☐	☐	☐	☐	Besuch von Kongressen, Seminaren, Tagungen	☐	☐	☐	☐	☐
☐	☐	☐	☐	☐	☐	Besuch von Weiterbildungsveranstaltungen	☐	☐	☐	☐	☐
☐	☐	☐	☐	☐	☐	Lesen von Fachzeitschriften	☐	☐	☐	☐	☐
☐	☐	☐	☐	☐	☐	Kontakt zu Käufern / Kunden	☐	☐	☐	☐	☐
☐	☐	☐	☐	☐	☐	Kontakte mit Partnern in der Wertschöpfungskette/internen Kunden	☐	☐	☐	☐	☐
☐	☐	☐	☐	☐	☐	Kontakt zu Lieferanten	☐	☐	☐	☐	☐
☐	☐	☐	☐	☐	☐	Gespräche mit dem Betriebsrat/der Gewerkschaft	☐	☐	☐	☐	☐
☐	☐	☐	☐	☐	☐	Analyse des Wettbewerberverhaltens	☐	☐	☐	☐	☐
☐	☐	☐	☐	☐	☐	Einschätzung zukünftiger Entwicklungen	☐	☐	☐	☐	☐
☐	☐	☐	☐	☐	☐	Durchführung von Marktforschung	☐	☐	☐	☐	☐
☐	☐	☐	☐	☐	☐	Einsatz von Kreativitätstechniken	☐	☐	☐	☐	☐
☐	☐	☐	☐	☐	☐	Informationssuche im Intranet, Internet oder Wissensplattformen	☐	☐	☐	☐	☐
☐	☐	☐	☐	☐	☐	Analyse von bereitgestellten Informationen	☐	☐	☐	☐	☐
☐	☐	☐	☐	☐	☐	Erkennen von Wissensträgern	☐	☐	☐	☐	☐
☐	☐	☐	☐	☐	☐	Beobachtung von Tätigkeiten Anderer und Übertragung auf eigene Aufgaben	☐	☐	☐	☐	☐
☐	☐	☐	☐	☐	☐	*sonstiges:* _____	☐	☐	☐	☐	☐
☐	☐	☐	☐	☐	☐	*sonstiges:* _____	☐	☐	☐	☐	☐

© Lehrstuhl Personal und Führung der TU Chemnitz

Wissens- und Kompetenzdiagnostik

Der Austausch und das Teilen von Informationen und Wissens ist eine wichtige Voraussetzung, um effizient miteinander arbeiten zu können. Im folgenden finden Sie einige Aktivitäten aufgeführt. Bewerten Sie bitte jeweils,

a) welcher Stellenwert den folgenden Aktivitäten in Ihrem Unternehmen bzw. Ihrem unmittelbaren Arbeitsbereich eingeräumt wird <u>und</u>

b) wie wichtig diese Aktivitäten Ihrer Ansicht nach sind, um neues Wissen und Erfahrungen auszutauschen.

Welcher Stellenwert wird den folgenden Aktivitäten in Ihrem Unternehmen bzw. ihrem unmittelbaren Arbeitsbereich eingeräumt?						Teilen von Wissen und Erfahrungen	Für wie wichtig erachten Sie persönlich diese Aktivitäten, um neues Wissen und Erfahrungen auszutauschen?				
weiß nicht	sehr hoch	hoch	teils/teils	gering	sehr gering		sehr wichtig	wichtig	teils/teils	weniger wichtig	unwichtig
☐	☐	☐	☐	☐	☐	Austausch in Projektteams	☐	☐	☐	☐	☐
☐	☐	☐	☐	☐	☐	Austausch in Lern- und Qualitätszirkeln	☐	☐	☐	☐	☐
☐	☐	☐	☐	☐	☐	Erfahrungsaustausch auf Tagungen/Kongressen etc.	☐	☐	☐	☐	☐
☐	☐	☐	☐	☐	☐	Austausch in Wissensnetzwerken, Erfahrungs- und Expertengruppen	☐	☐	☐	☐	☐
☐	☐	☐	☐	☐	☐	Erfahrungsaustausch in Foren / Chats / Groupware	☐	☐	☐	☐	☐
☐	☐	☐	☐	☐	☐	informeller Erfahrungsaustausch (Cafeteria, Pub, Sport etc.)	☐	☐	☐	☐	☐
☐	☐	☐	☐	☐	☐	Erfahrungsaustausch mit Kollegen	☐	☐	☐	☐	☐
☐	☐	☐	☐	☐	☐	Erfahrungsaustausch mit Vorgesetzten	☐	☐	☐	☐	☐
☐	☐	☐	☐	☐	☐	Erfahrungsaustausch durch Arbeitsplatzwechsel (Job Rotation)	☐	☐	☐	☐	☐
☐	☐	☐	☐	☐	☐	Erfahrungsaustausch durch Coaching- und Mentorensysteme	☐	☐	☐	☐	☐
☐	☐	☐	☐	☐	☐	Videokonferenzen	☐	☐	☐	☐	☐
☐	☐	☐	☐	☐	☐	Weitergabe von Wissen aus Weiterbildungen, Tagungen und Kongressen im Unternehmen	☐	☐	☐	☐	☐
☐	☐	☐	☐	☐	☐	Erfahrungsweitergabe an Mitarbeiter (z.B. neue Kollegen, Stellvertreter)	☐	☐	☐	☐	☐
☐	☐	☐	☐	☐	☐	Austausch mit Hilfe von Projektdatenbanken	☐	☐	☐	☐	☐
☐	☐	☐	☐	☐	☐	Austausch mit Hilfe von E-Mail	☐	☐	☐	☐	☐
☐	☐	☐	☐	☐	☐	*sonstige:* _____	☐	☐	☐	☐	☐
☐	☐	☐	☐	☐	☐	*sonstige:* _____	☐	☐	☐	☐	☐

© Lehrstuhl Personal und Führung der TU Chemnitz

Wissens- und Kompetenzdiagnostik

Um wichtiges Wissen für das Unternehmen zu bewahren, bedarf es gezielter Vorkehrungen. Im folgenden finden Sie wiederum eine Reihe von Aktivitäten aufgeführt. Auch hier bitten wir Sie jeweils zu bewerten,

a) welcher Stellenwert den folgenden Aktivitäten in Ihrem Unternehmen bzw. Ihrem unmittelbaren Arbeitsbereich eingeräumt wird <u>und</u>

b) wie wichtig diese Aktivitäten Ihrer Ansicht nach sind, um Wissen zu sichern.

Welcher Stellenwert wird den folgenden Aktivitäten in Ihrem Unternehmen bzw. ihrem unmittelbaren Arbeitsbereich eingeräumt?							Für wie wichtig erachten Sie persönlich diese Aktivitäten, um Wissen zu sichern?				
weiß nicht	sehr hoch	hoch	teils/teils	gering	sehr gering	**Sicherung und Bewahrung von Wissen**	sehr wichtig	wichtig	teils/teils	weniger wichtig	unwichtig
☐	☐	☐	☐	☐	☐	Dokumentation von Prozessabläufen	☐	☐	☐	☐	☐
☐	☐	☐	☐	☐	☐	Dokumentation von Projekten und Erfahrungen	☐	☐	☐	☐	☐
☐	☐	☐	☐	☐	☐	Aufbereitung und Dokumentation von Erfahrungswissen ausscheidender Mitarbeiter (z.B. Austrittinterviews)	☐	☐	☐	☐	☐
☐	☐	☐	☐	☐	☐	Aufbereitung und Dokumentation von Expertenwissen	☐	☐	☐	☐	☐
☐	☐	☐	☐	☐	☐	Mentoring-Modell zur Weitergabe von Erfahrungswissen ausscheidender Mitarbeiter an Nachfolger (Patenschaften)	☐	☐	☐	☐	☐
☐	☐	☐	☐	☐	☐	Nutzung individueller Ablagen	☐	☐	☐	☐	☐
☐	☐	☐	☐	☐	☐	Nutzung einer katalogisierten Ablage mit Register, Suchbegriffen oder Schlagworten	☐	☐	☐	☐	☐
☐	☐	☐	☐	☐	☐	Nutzung von Ablagen im Intranet	☐	☐	☐	☐	☐
☐	☐	☐	☐	☐	☐	Nutzung von Datenbanken	☐	☐	☐	☐	☐
☐	☐	☐	☐	☐	☐	Kontinuierliche Erneuerung von Arbeitsplatzbeschreibungen	☐	☐	☐	☐	☐
☐	☐	☐	☐	☐	☐	Formulierung von Handlungsanleitungen oder Handbüchern über Standards und bewährte Methoden	☐	☐	☐	☐	☐
☐	☐	☐	☐	☐	☐	Formulierung von Fallstudien, Erfahrungsberichten, Erfolgsgeschichten	☐	☐	☐	☐	☐
☐	☐	☐	☐	☐	☐	Visualisierungsmethoden (z.B. Organigramme, Soziogramme etc.)	☐	☐	☐	☐	☐
☐	☐	☐	☐	☐	☐	*sonstige:* _____	☐	☐	☐	☐	☐
☐	☐	☐	☐	☐	☐	*sonstige:* _____	☐	☐	☐	☐	☐

Wissens- und Kompetenzdiagnostik

Um Wissen und Erfahrungen nutzbringend für das Unternehmen anwenden zu können, gibt es eine Reihe von Maßnahmen. Bitte schätzen Sie jeweils ein,

a) welcher Stellenwert den folgenden Aktivitäten in Ihrem Unternehmen bzw. Ihrem unmittelbaren Arbeitsbereich eingeräumt wird und

b) wie wichtig diese Aktivitäten Ihrer Ansicht nach sind, um Wissen in Handlung umzusetzen, d.h. Wissen anzuwenden.

Welcher Stellenwert wird den folgenden Aktivitäten in Ihrem Unternehmen bzw. ihrem unmittelbaren Arbeitsbereich eingeräumt?								Für wie wichtig erachten Sie persönlich diese Aktivitäten, um Wissen in Handlung umzusetzen, d.h. Wissen anzuwenden?				
weiß nicht	sehr hoch	hoch	teils/teils	gering	sehr gering	**Umsetzung von Wissen in Handeln**	sehr wichtig	wichtig	teils/teils	weniger wichtig	unwichtig
☐	☐	☐	☐	☐	☐	Regelmäßige Überprüfung von Erfahrungen und Handlungsroutinen	☐	☐	☐	☐	☐
☐	☐	☐	☐	☐	☐	Nachbereitung von Seminaren, Tagungen etc. zur Ableitung von Handlungskonsequenzen	☐	☐	☐	☐	☐
☐	☐	☐	☐	☐	☐	Einräumen hoher Fehlertoleranzen bei Erprobung neuer Methoden oder Verfahren	☐	☐	☐	☐	☐
☐	☐	☐	☐	☐	☐	Aufzeigen von Vorbildern bzw. vorbildlichen Praktiken, um zur Nachahmung anzuregen	☐	☐	☐	☐	☐
☐	☐	☐	☐	☐	☐	Praktische Erprobung neuer Methoden oder Verfahren	☐	☐	☐	☐	☐
☐	☐	☐	☐	☐	☐	Festlegen von Zeitpunkten, zu denen eine Veränderung von Handlungsroutinen vollzogen sein soll	☐	☐	☐	☐	☐
☐	☐	☐	☐	☐	☐	Festlegen von Indikatoren, nach denen eine Veränderung bewertet werden kann	☐	☐	☐	☐	☐
☐	☐	☐	☐	☐	☐	Formulierung von Handlungsanleitungen zur Anwendung neuen Wissens	☐	☐	☐	☐	☐
☐	☐	☐	☐	☐	☐	Durchführung von Simulationen und Auswertung von Probeläufen, um Ergebnisse möglicher Veränderungen besser einschätzen zu können	☐	☐	☐	☐	☐
☐	☐	☐	☐	☐	☐	Regelmäßige Durchführung von Personalentwicklungsgesprächen zur Festlegung von Veränderungszielen	☐	☐	☐	☐	☐
☐	☐	☐	☐	☐	☐	Regelmäßige Durchführung von Leistungsbeurteilungen zur Bewertung von Verhaltensänderungen	☐	☐	☐	☐	☐
☐	☐	☐	☐	☐	☐	Begleitung von Mitarbeitern oder Teams durch erfahrene Experten	☐	☐	☐	☐	☐
☐	☐	☐	☐	☐	☐	Anreizsysteme, die speziell die Nutzung neues Wissens belohnen	☐	☐	☐	☐	☐
☐	☐	☐	☐	☐	☐	Aktive Unterstützung durch Vorgesetzte	☐	☐	☐	☐	☐
☐	☐	☐	☐	☐	☐	*sonstige:* _____	☐	☐	☐	☐	☐
☐	☐	☐	☐	☐	☐	*sonstige:* _____	☐	☐	☐	☐	☐

© Lehrstuhl Personal und Führung der TU Chemnitz

Wissens- und Kompetenzdiagnostik

DIE WETTBEWERBSSITUATION

Es gibt eine Reihe von Herausforderungen die für Unternehmen heutzutage eine Rolle spielen können. Bitte beurteilen Sie,

a) wie wichtig die Bewältigung dieser Herausforderungen Ihrer Ansicht nach für die Zukunft Ihres Unternehmens ist *und*

b) in welchem Maße Ihr Unternehmen in der Lage ist, die jeweiligen Herausforderungen bewältigen zu können.

Welche Bedeutung hat die Bewältigung folgender Herausforderungen ihrer Ansicht nach für die Zukunft Ihres Unternehmens?								In welchem Maße ist Ihr Unternehmen in der Lage, die folgenden Herausforderungen bewältigen zu können?					
weiß nicht	sehr wichtig	wichtig	teils/teils	weniger wichtig	unwichtig	**Zukünftige Herausforderungen**		voll und ganz	eher	teils/teils	eher nicht	gar nicht	weiß nicht
☐	☐	☐	☐	☐	☐	Internationalisierung / Globalisierung		☐	☐	☐	☐	☐	☐
☐	☐	☐	☐	☐	☐	Preiswettbewerb		☐	☐	☐	☐	☐	☐
☐	☐	☐	☐	☐	☐	Qualitätswettbewerb		☐	☐	☐	☐	☐	☐
☐	☐	☐	☐	☐	☐	Innovationswettbewerb		☐	☐	☐	☐	☐	☐
☐	☐	☐	☐	☐	☐	Schrumpfende Märkte		☐	☐	☐	☐	☐	☐
☐	☐	☐	☐	☐	☐	Veränderung der Kunden-, Vertriebs- und Lieferantenstruktur		☐	☐	☐	☐	☐	☐
☐	☐	☐	☐	☐	☐	Rohstoffknappheit		☐	☐	☐	☐	☐	☐
☐	☐	☐	☐	☐	☐	Personalknappheit an unternehmensrelevanten Arbeitsmärkten		☐	☐	☐	☐	☐	☐
☐	☐	☐	☐	☐	☐	Finanzierung		☐	☐	☐	☐	☐	☐
☐	☐	☐	☐	☐	☐	Börsenentwicklung		☐	☐	☐	☐	☐	☐
☐	☐	☐	☐	☐	☐	Konzentrationstendenzen / Fusionen		☐	☐	☐	☐	☐	☐
☐	☐	☐	☐	☐	☐	Gesetzliche Regelungen und rechtliche Vorgaben / Vorschriften		☐	☐	☐	☐	☐	☐
☐	☐	☐	☐	☐	☐	Neue Technologien		☐	☐	☐	☐	☐	☐
☐	☐	☐	☐	☐	☐	Steigende Personalkosten		☐	☐	☐	☐	☐	☐
☐	☐	☐	☐	☐	☐	Sinkende Bereitschaft der Mitarbeiter, sich langfristig an das Unternehmen zu binden		☐	☐	☐	☐	☐	☐
☐	☐	☐	☐	☐	☐	Steigende Ansprüche der Mitarbeiter an ihre Arbeit		☐	☐	☐	☐	☐	☐
☐	☐	☐	☐	☐	☐	Zunehmende Freizeitorientierung der Mitarbeiter		☐	☐	☐	☐	☐	☐
☐	☐	☐	☐	☐	☐	Wachsende Ansprüche der Vereinbarkeit von Familie und Beruf		☐	☐	☐	☐	☐	☐
☐	☐	☐	☐	☐	☐	Umwelt- und Ressourcenschutz		☐	☐	☐	☐	☐	☐
☐	☐	☐	☐	☐	☐	*sonstige:* _____		☐	☐	☐	☐	☐	☐
☐	☐	☐	☐	☐	☐	*sonstige:* _____		☐	☐	☐	☐	☐	☐

Wissens- und Kompetenzdiagnostik

Der Erfolg und die Zukunftsaussichten eines Unternehmens spiegeln sich in den realisierten Wettbewerbsvorteilen wider. Nachfolgend bitten wir Sie um eine Einschätzung zu den Wettbewerbsvorteilen Ihres Unternehmens.

Wettbewerbsvorteile Welche der nachfolgend genannten Aspekte zählen zu den strategischen Wettbewerbsvorteilen gegenüber Ihren Hauptkonkurrenten?	trifft voll und ganz zu	trifft eher zu	teils/teils	trifft eher nicht zu	trifft gar nicht zu	trifft auf das Unternehmen nicht zu
Vielzahl der Produkte / Produktpalette / kombiniertes Dienstleistungsangebot	☐	☐	☐	☐	☐	☐
Qualität der Produkte bzw. der Dienstleistung	☐	☐	☐	☐	☐	☐
Technische Reife der Produkte bzw. Professionalität der Dienstleistung	☐	☐	☐	☐	☐	☐
Zusatzangebote wie Service, Wartung, Betreuung, Training, Coaching	☐	☐	☐	☐	☐	☐
Fähigkeit, Kundenbedürfnisse zu erkennen und umzusetzen	☐	☐	☐	☐	☐	☐
Preis	☐	☐	☐	☐	☐	☐
Produktionskosten bzw. Entwicklungs- und Projektkosten	☐	☐	☐	☐	☐	☐
Vertriebswege / -netze	☐	☐	☐	☐	☐	☐
Lieferzeiten (Zuverlässigkeit / Verbindlichkeit)	☐	☐	☐	☐	☐	☐
Image und Bekanntheitsgrad des Unternehmens	☐	☐	☐	☐	☐	☐
Werbung	☐	☐	☐	☐	☐	☐
Qualifikationen, Kompetenzen und Erfahrungen der Mitarbeiter	☐	☐	☐	☐	☐	☐
Lernfähigkeit der Mitarbeiter	☐	☐	☐	☐	☐	☐
Eingespielte und professionelle Teams	☐	☐	☐	☐	☐	☐
Motivation und Loyalität der Mitarbeiter	☐	☐	☐	☐	☐	☐
Interne Organisation und Arbeitsabläufe	☐	☐	☐	☐	☐	☐
Schnelle Entwicklung neuer Produkte bzw. Dienstleistungen	☐	☐	☐	☐	☐	☐
Patente / Rechte	☐	☐	☐	☐	☐	☐
Vorhandene Netzwerkbeziehungen / Kontakte	☐	☐	☐	☐	☐	☐
Fähigkeit zur Kooperation mit Partnern	☐	☐	☐	☐	☐	☐
sonstige: _____	☐	☐	☐	☐	☐	☐
sonstige: _____	☐	☐	☐	☐	☐	☐

[...]

© Lehrstuhl Personal und Führung der TU Chemnitz

Literatur

Aldrich, H.E. (1999). Organizations evolving, London.
ARCS (Austrian Research Center Seibersdorf) (Hrsg.) (1999): Wissensbilanz 1999 – Wissen schafft Zukunft, Seibersdorf.
Argyris, C. & Schön, D.A. (1978). Organisational learning – A theory of action perspective, Reading.
Argyris, C. (1964). Integrating the individual and the organisation, New York.
Arnold, R. (1997). Von der Weiterbildung zur Kompetenzentwicklung – Neue Denkmodelle und Gestaltungsansätze in einem sich verändernden Handlungsfeld. In: Arbeitsgemeinschaft Qualifikations-Entwicklungs-Management Berlin (Hrsg.) (1997). Kompetenzentwicklung 1997 – Berufliche Weiterbildung in der Transformation – Fakten und Visionen, Münster, 253-306.
Baethge, M. & Baethge-Kinsky, V. (2004). Kompetenzentwicklung in deutschen Unternehmen – Voraussetzungen, Formen und Veränderungsdynamik. Vortrag auf dem 8. IIR Kongress MUWIT 2004 am 21.4.2004 in Göttingen.
Baitsch, C. (1996a). Lernen im Prozess der Arbeit – ein psychologischer Blick auf den Kompetenzbegriff. In: QUEM-Bulletin 1, 6-8.
Baitsch, C. (1996b). Kompetenz von Individuen, Gruppen und Organisationen – Psychologische Überlegungen zu einem Analyse- und Bewertungskonzept. In: K. Denisow, W. Fricke & B. Stieler-Lorenz (Hrsg). Partizipation und Produktivität – Zukunft der Arbeit 5, Bonn, 102-112.
Baitsch, C. (1998). Viele tun's und keiner merkt's – Vom privaten Lernen für die Arbeitswelt. In: QUEM-report 52, 13-19.
Bales, R.F. & Cohen, S.P. (1982). SYMLOG – Ein System für die mehrstufige Beobachtung von Gruppen, Stuttgart.
Bales, R.F. (1950). Interaction process analysis – A method for the study of small groups, Chicago.
Bales, R.F. (1972). Die Interaktionsanalyse – Ein Beobachtungsverfahren zur Untersuchung kleiner Gruppen. In: R. König (Hrsg.). Beobachtung und Experiment in der Sozialforschung, Köln, 148-167.
Bales, R.F. (1999). Social interaction systems – Theory and measurement, New Brunswick.
Bandura, A. (1986). Social Foundations of Thought and Action – A social cognitive theory, Englewood Cliffs.
Bandura, A. (2000). Exercise of Human Agency Through Collective Efficacy. In: Current Directions in Psychological Science 9 (3), 75-78.
Bandura, A. (2001). Social Cognitive Theory – An Agentic Perspective. In: Annual Review Psychology 52, 1-26.
Barney, J.B. & Arikan, A.M. (2001). The resource-based view – Origins and implications. In: M.A. Hitt, R.E. Freeman & J.S. Harrison (Hrsg.). The Blackwell handbook of strategic management, Oxford, 124-188.
Barney, J.B. & Wright, P.M. (1998). On becoming a strategic partner – The role of human resources in gaining competitive advantage. In: Human Resource Management 37, 31-46.
Barney, J.B. (1991). Firm Resources and Sustained Competitive Advantage. In: Journal of Management 17 (1), 99-120.
Barney, J.B. (2001). Is the resource-based „view" a useful perspective for strategic management research? Yes. In: Academy of Management Review (26), 41-56.
Baum, J. & Singh, J. (Hrsg.) (1994): Evolutionary dynamics of organizations, New York.
Becker, M. & Rother, G. (1998). Kompetenzentwicklung – Diskussionsbeitrag der Wirtschaftswissenschaftlichen Fakultät der Martin-Luther-Universität Halle-Wittenberg 98/22, Halle.
Berger, P.L. & Luckmann, T. (1990). Die gesellschaftliche Konstruktion der Wirklichkeit – Eine Theorie der Wissenssoziologie, Frankfurt.
Bernien, M. (1997). Anforderungen an eine qualitative und quantitative Darstellung der beruflichen Kompetenzentwicklung. In: Arbeitsgemeinschaft Qualifikations-Entwicklungs-Management Berlin (Hrsg.). Kompetenzentwicklung 1997 – Berufliche Weiterbildung in der Transformation – Fakten und Visionen, Münster, 17-83.

Blohm, P. (2000). Strategische Planung von Kernkompetenzen? Möglichkeiten und Grenzen, Wiesbaden.

Boisot, M.H. (1995). Information Space – A framework for learning organisations, institutions and culture, London.

Boisot, M.H. (1998). Knowledge assets – Securing competitive advantage in the information economy, Oxford.

Bonora, E.A. & Revang, Y. (1993). A framework for analysing the storage and protection of knowledge in organizations – Strategic implications and structural arrangements. In: P. Lorange, B. Chakravarthy, J. Roos (Hrsg.). Implementing strategic processes. Change, learning and co-operation, Oxford, 190-213.

Bontis, N. (1999). Managing organizational knowledge by diagnosing intellectual capital – Framing and advancing the state of the field. In: International journal of technology management 18, 433-475.

Bontis, N., Crossan, M. & Hulland, J. (2002). Managing an organizational learning system by aligning stocks and flows. In: Journal of Management Studies 39 (4), 437-469.

Bornemann, M. & Leitner, K.-H. (2002). Entwicklung und Realisierung einer Wissensbilanz für eine Forschungsorganisation. In: P. Pawlowsky & R. Reinhardt (Hrsg.). Wissensmanagement für die Praxis – Methoden und Instrumente zur erfolgreichen Umsetzung, Neuwied, 335-365.

Boulding, K.E. (1956). The image – Knowledge in life and society, Ann Arbor.

Bourdieu, P. (1983). Ökonomisches Kapital, kulturelles Kapital, soziales Kapital. In: Soziale Welt, Sonderband 2, 183-198.

Bresser, R.K.F. (1998). Strategische Managementtheorie, Berlin.

Cannon-Bowers, J.A., Salas, E. & Converse, S. (1993). Shared Mental Models in Team Decision Making. In: J.N. Castellan (Hrsg.): Individual and Group Decision Making, Hillesdale, 221-246.

Celemi (2000). Celemi Monitor 2000, www.celemi.com.

Coleman, J.S. (1995): Grundlagen der Sozialtheorie – Band 1: Handlungen und Handlungssysteme, München.

Crossan, M.M. & Berdrow, I. (2003). Organizational learning and strategic renewal. In: Strategic Management Journal 24, 1087-1105.

Crossan, M.M. & Bontis, N. (1998). The strategic management of organization learning, San Diego.

Crossan, M.M. & Hulland, J. (1997). Measuring organizational learning, Boston.

Crossan, M.M., Lane, H.W. & White, R.E. (1999). An organizational learning framework – From intuition to institution. In: Academy of Management Review 24, 337-360.

Crossan, M.M., Lane, H.W., White, R.E. & Djurfeldt, L. (1995). Organizational learning: dimensions for a theory. In: International Journal of Organizational Analysis 3, 337-360.

Cyert, R.M. & March, J.G. (1963). A behavioral theory of the firm, Englewood Cliffs.

Daft, R.L. & Weick, K.E. (1984). Toward a model of organisations as interpretation systems. In: Academy of Management Review 9 (2), 284-260.

Diekmann, A. (1996). Empirische Sozialforschung – Grundlagen, Methoden, Anwendungen, Reinbek.

Dierickx, I. & Cool, K. (1989). Asset stock accumulation and sustainability of competitive advantage. In: Management Science 35 (12), 1504-1511.

Dierkes, M., Alexis, M., Berthoin Antal, A., Hedberg, B., Pawlowsky, P., Stopford, J. & Tsui-Auch, L.S. (Hrsg.) (1999). The annotated bibliography of organisational learning, Berlin.

Dierkes, M., Berthoin Antal, A., Child, J. & Nonaka, I. (Hrsg.) (2001). Handbook of organizational learning and knowledge, Oxford.

Duschek, S. (2002). Innovation in Netzwerken – Renten, Relationen, Regeln, Wiesbaden.

Duschek, S. (2004). Inter-Firm Resources and Sustained Competitive Advantage. In: management revue, Special Issue: Beyond the Resource Based View 15 (1), 53-73.

Dybowski, G., Töpfer, A., Dehnbostel, P. & Kling, J.(1999). Betriebliche Innovations- und Lernstrategien – Implikationen für berufliche Bildungs- und betriebliche Personalentwicklungsprozesse BILSTRAT. In: Bundesinstitut für Berufsbildung (Hrsg.): Berichte zur beruflichen Bildung 228, Bielefeld.

Dyer, J.H. & Singh, H. (1998). The relational view – Cooperative strategy and sources of interorganizational competitive advantage. In: Academy of Management Review 23 (4), 660-679.

Edvinsson, L. & Malone, M.S. (1997). Intellectual capital, New York.

Erpenbeck, J. & Heyse, V. (1996). Berufliche Weiterbildung und berufliche Kompetenzentwicklung. In: QUEM (Hrsg.). Kompetenzentwicklung 1996 – Strukturwandel und Trends in der betrieblichen Weiterbildung, Münster, 15-152.

Erpenbeck, J. & Heyse, V. (1999a). Die Kompetenzbiographie – Strategien der Kompetenzentwicklung durch selbstorganisiertes Lernen und multimediale Kommunikation, Münster.

Erpenbeck, J. & Heyse, V. (1999b). Kompetenzbiographie – Kompetenzmilieu – Kompetenztransfer, QUEM-report 62, Berlin.

Erpenbeck, J. & Rosenstiel, L. von (2003). Handbuch Kompetenzmessung – Erkennen, verstehen und bewerten von Kompetenzen in der betrieblichen, pädagogischen und psychologischen Praxis, Stuttgart.

Erpenbeck, J. & Sauer, J. (2001). Das Forschungs- und Entwicklungsprogramm „Lernkultur Kompetenzentwicklung. In: QUEM-report 67, 9-66.

Erpenbeck, J. (1996). Kompetenz und kein Ende? In: QUEM-Bulletin 1, 9-13.

Foerster, H. von (1985). Sicht und Einsicht, Braunschweig.

Freiling, J. (2002). Terminologische Grundlagen des Resource-based View. In: K. Bellmann, J. Freiling, P. Hammann & U. Mildenberger (Hrsg.). Aktionsfelder des Kompetenz-Managements – Ergebnisse des II. Symposiums Strategisches Kompetenz-Management, Wiesbaden, 3-28.

Fried, A. (2003). Wissensmanagement aus konstruktivistischer Perspektive – Die doppelte Dualität von Wissen in Organisationen, Frankfurt am Main.

Friedrichs, J. (1990). Methoden empirischer Sozialforschung, Opladen.

Frieling, E., Kauffeld, S., Grote, S. & Bernard, H. (2000). Flexibilität und Kompetenz – Schaffen flexible Unternehmen kompetente und flexible Mitarbeiter? In: Arbeitsgemeinschaft Qualifikations-Entwicklungs-Management Berlin (Hrsg.). Edition QUEM – Studien zur beruflichen Weiterbildung im Transformationsprozess 12, Münster.

GEMI u.a. (2000a). Projektbeschreibung: UNIKAT Einzigartigkeit kommt von innen – Wandlungsfähigkeit und Wachstum durch Erschließung strategischer Potenziale.

GEMI u.a. (2000b). UNIKAT-Potenzialscanner. Auf Schatzsuche im Unternehmen: Potenziale identifizieren und erschließen, Projektbeschreibung.

Grant, R.M. (1996). Toward a knowledge-based theory of the firm. In: Strategic Management Journal 17 (Winter Special Issue), 109-122.

Günther, T. & Grüning, M. (2000). Performance Measurement Systeme im praktischen Einsatz. In: Dresdner Beiträge zur Betriebswirtschaftslehre 44, TU Dresden.

Günther, T. (2001). Neue Systeme zur strategischen Analyse. In: T. Reichmann (Hrsg.). Gesellschaft für Controlling e.V., 16. Deutscher Controlling Congress, Dortmund.

Hansson, B. (2001). Competency Models – Are self-perceptions accurate enough?, Global HRM Conference CD, Barcelona 2001.

Häuser, D., Wilkens, U. & Pawlowsky, P. (2003). Organizational competencies in knowledge management and competitive advantages In: M.J. Morley, P. Gunnigle, N. Heraty, J. Pearson, H. Sheikh & S. Tiernan (Hrsg.). Exploring the mosaic, developing the discipline – Full proceedings of the 7th Conference on International Human Resource Management, June 4-6, 2003, Limerick.

Hedberg, B. (1981). How organizations learn and unlearn. In: P.C. Nyström & W.H. Starbuck (Hrsg.). Handbook of Organizational Design, Oxford, 3-27.

Hoffmann, W.H. (2001). Management von Allianzportfolios – Strategien für ein erfolgreiches Unternehmensnetzwerk, Wien.

Hoffmann, W.H. (2003). Allianzmanagementkompetenz – Entwicklung und Institutionalisierung einer strategischen Ressource. In: G. Schreyögg & J. Sydow, (Hrsg.). Managementforschung 13 – Strategische Prozesse und Pfade, Wiesbaden, 93-150.

Jonas, K. & Brömer, P. (2002). Die sozial-kognitive Theorie von Bandura. In: D. Frey & M. Irle (Hrsg.). Theorien der Sozialpsychologie, Band II, Bern u.a., 277-299.

Kauffeld, S. & Grote, S. (2000). Gruppenarbeit macht kompetent – oder? In: E. Frieling, S. Kauffeld, S. Grote & H. Bernard (Hrsg.). Flexibilität und Kompetenz – Schaffen flexible Unternehmen kompetente und flexible Mitarbeiter? Herausgegeben von der Arbeitsgemeinschaft Qualifikations-Entwicklungs-Management Berlin, Edition QUEM, Studien zur beruflichen Weiterbildung im Transformationsprozess 12, Münster, 115-139.

Kauffeld, S. (2000). Das Kassler-Kompetenz-Raster (KKR) zur Messung der beruflichen Handlungskompetenz. In: E. Frieling, S. Kauffeld, S. Grote & H. Bernard (Hrsg.). Flexibilität und Kompetenz – Schaffen flexible Unternehmen kompetente und flexible Mitarbeiter? Herausgegeben von der Arbeitsgemeinschaft Qualifikations-Entwicklungs-Management Berlin, Edition QUEM, Studien zur beruflichen Weiterbildung im Transformationsprozess 12, Münster, 33-48.

Kleinhans, A. (1989). Wissensverarbeitung im Management, Frankfurt.

Krogh, G. von & Venzin, M. (1995). Anhaltende Wettbewerbsvorteile durch Wissensmanagement. In: Die Unternehmung 49, 417-436.

Krüger, W. & Homp, C. (1997). Kernkompetenz-Management: Steigerung von Flexibilität und Schlagkraft im Wettbewerb, Wiesbaden.

Leontjew, A.N. (1982). Tätigkeit – Bewusstsein – Persönlichkeit, Köln.

Lovas, B. & Ghoshal, S. (2000). Strategy as guided evolution. In: Strategic Management Journal 21, 875-896.

Mahoney, J.T. (1995). The management of resources and the resource of management. In: Journal of Business Research 33, 91-101.

Makadok, R. (2001). Toward a synthesis of the resource-based and dynamic-capability views of rent creation. In: Strategic Management Journal (22), 387-401.

Mertens, D. (1974). Schlüsselqualifikationen – Thesen zur Schulung für eine moderne Gesellschaft. In: Mitteilungen aus Arbeitsmarkt- und Berufsforschung 7, 36-43.

Mintzberg, H. (1978). Patterns in strategy formation. In: Management Science 24, 934-948.

Mintzberg, H. (1994). The rise and fall of strategic planning, New York.

Mintzberg, H. (1999). Strategy Safari, Wien.

Mitchell, J.C. (1969). The concept and use of social networks. In: J.C. Mitchell (Hrsg.). Social networks in urban situations, Manchester, 1-32.

Nahapiet, J. & Ghoshal, S. (1998). Social capital, intellectual capital and the organizational advantage. In: Academy of Management Review 23 (2), 242-266.

Nelson, R.R. & Winter, S.G. (1982). An evolutionary theory of economic change. In: Journal of Economic Literature 33 (1), 48-90.

Noda, T. & Bower, J.L. (1996). Strategy making as iterated processes of resource allocation. In: Strategic Management Journal 17, 159-192.

Nonaka, I. & Konno, N. (1998).The concept of „Ba" – Building a foundation for knowledge creation. In: California Management Review 40 (3), 54-84.

Nonaka, I. & Takeuchi, H. (1995). The knowledge-creating company – How Japanese companies create the dynamics of innovation, New York.

Nonaka, I., Reinmoeller, P. & Senoo, D. (1998). The „ART" of knowledge: systems to capitalize on market knowledge. In: European Management Journal. 16 (6), 673-684.

Pautzke, G. (1989). Die Evolution der organisatorischen Wissensbasis – Bausteine zu einer Theorie des organisatorischen Lernens, Herrsching.

Pawlowsky, P. & Bäumer, J. (1996). Betriebliche Weiterbildung – Management von Qualifikationen und Wissen, München.

Pawlowsky, P. & Reinhardt, R. (2002). Instrumente organisationalen Lernens – Die Verknüpfung zwischen Theorie und Praxis. In: P. Pawlowsky & R. Reinhardt (Hrsg.). Wissensmanagement für die Praxis, Neuwied, 1-35.

Pawlowsky, P. (1992). Betriebliche Qualifikationsstrategien und organisationales Lernen. In: W.H. Staehle & P. Conrad (Hrsg.). Managementforschung 2, Berlin, 177-237.

Pawlowsky, P. (1994). Wissensmanagement in der lernenden Organisation, Habilitationsschrift, Paderborn.

Pawlowsky, P. (2001). The treatment of organisational learning in management science. In: M. Dierkes, A. Berthoin Antal, J. Child & I. Nonaka (Hrsg.). Handbook of organizational learning and knowledge, Oxford, 61-88.

Peteraf, M.A. (1993). The cornerstones of competitive advantages – A resource-based view. In: Strategic Management Journal 14, 179-191.

Polanyi, M. (1966). The Tacit dimension, London.

Prahalad, C.K. & Hamel, G. (1990). The core competence of the corporation. In: Harvard Business Review 68 (3), 79-91.

Prahalad, C.K. & Hamel, G. (1991). Nur Kernkompetenzen sichern das Überleben. In: Harvard Manager 2, 66-78.

Priem, R.L. & Butler, J.E. (2001). Is the resource-based „view" a useful perspective for strategic management research? In: Academy of Management Review 26, 57-66.

Probst, G., Deussen, M., Eppler, M. & Raub, S. (2000). Kompetenzmanagement – Wie Individuen und Organisationen Kompetenz entwickeln, Wiesbaden.

Probst, G., Raub, S. & Romhardt, K. (1997). Wissen managen – Wie Unternehmen ihre wertvollste Ressource optimal nutzen, Wiesbaden.

Prusak, L. & Cohen, D. (2001). Soziales Kapital macht Unternehmen effizienter. In: Harvard Business Manager 6, 27-36.

Rasche, C. (1994). Wettbewerbsvorteile durch Kernkompetenzen – Ein ressourcenorientierter Ansatz, Wiesbaden.

Ray, G., Barney, J.B. & Muhanna, W.A. (2004). Capabilities, business processes, and competitive advantage – Choosing the dependent variable in empirical tests of the resource-based view. In: Strategic Management Journal 25, 23-37.

Reuther, U. & Leuschner, H. (1997). Kompetenzentwicklung für den wirtschaftlichen Wandel – Strukturveränderungen der betrieblichen Weiterbildung. Ein ABWF-Programm. In: Arbeitsgemeinschaft Qualifikations-Entwicklungs-Management Berlin (Hrsg.). Kompetenzentwicklung 1997 – Berufliche Weiterbildung in der Transformation – Fakten und Visionen, Münster, 365-394.

Ritter, T. (1998). Innovationserfolg durch Netzwerk-Kompetenz – Effektives Management von Unternehmensnetzwerken, Wiesbaden.

Roos, J., Roos, G., Edvinsson, L. & Dragonetti, N. (1997). Intellectual capital – Navigating in the new business landscape, London.

Rouse, M.J. & Daellenbach, U.S. (2002). More thinking on research methods for the resource-based perspective. In: Strategic Management Journal 23, 963-967.

Sandelands, L.E. & Stablein, R.E. (1987). The concept of Organisation mind. In: S.B. Bacharach & N. DiTamaso (Hrsg.). Research in the sociology of organisations, Greenwich, 135-161.

Schiersmann, C. & Remmele, H. (2002). Neue Lernarrangements in Betrieben – Theoretische Fundierung, Einsatzfelder, Verbreitung. In: QUEM-report 75.

Schnauffer, H.-G. (2001). Wissensmanagement – Naturgesetze, Randbedingungen und Skizzierung neuer Gestaltungsansätze für das Management, Vortrag auf der Know-Tech in Dresden.

Schnell, R., Hill, P.B. & Esser, E. (1999). Methoden der empirischen Sozialforschung, München.

Senge, P.M. (1990). The Fifth Discipline, New York.

Sjurts, I. (2000). Kollektive Unternehmensstrategie – Grundfragen einer Theorie kollektiven strategischen Handelns, Wiesbaden.

Skandia (1998). Supplement zum Geschäftsbericht. Internet: www.skandia.com

Sonntag, K.-H. & Schäfer-Rauser, U. (1993). Selbsteinschätzung beruflicher Kompetenz bei der Evaluation beruflicher Bildungsmaßnahmen. In: Zeitschrift für Arbeits- und Organisationspsychologie 37 (4), 163-171.

Stabenau, H.-J. (1995). Schlüsselqualifikationen als Schlüssel zum Lean Learning. In: H. Geissler, D. Behrmann & J. Petersen (Hrsg.). Lean Management und Personalentwicklung, Frankfurt am Main, 339-352.

Staber, U. (2002). Soziales Kapital im Management von Unternehmensnetzwerken. In: R. Schmidt, H.-J. Gergs & M. Pohlmann (Hrsg.). Managementsoziologie – Themen, Desiderate, Perspektiven, München, 112-127.

Stajkovic, A.D. & Luthans, F. (1998). Self-Efficacy and Work-Related Performance – A Meta-Analysis. In: Psychological Bulletin 124 (2), 240-261.

Starbuck, W.H. (1992). Learning by knowledge-intensive firms. In: Journal of Management Studies 29, 713-740.

Staudt, E. & Kriegesmann, B. (2002). Zusammenhang von Kompetenz, Kompetenzentwicklung und Innovation – Objekt, Maßnahmen und Bewertungsansätze der Kompetenzentwicklung – Ein Überblick. In: E. Staudt, N. Kailer, M. Kottmann, B. Kriegesmann, A.J. Meier, C. Muschik, H. Stephan, A. Ziegler (Hrsg.). Kompetenzentwicklung und Innovation – Die Rolle der Kompetenz bei Organisations-, Unternehmens- und Regionalentwicklung, Münster, 15-70.

Sveiby, K.E. & Loyd, T. (1989). Das Management des Know-How. Frankfurt.

Sveiby, K.E. (1986). Kunskapsföretaget (The Know-How Company). Malmö.

Sveiby, K.E. (1989). The Invisible Balance Sheet. Stockholm.

Sveiby, K.E. (1990). Kunskapsledning (Knowledge Management). Stockholm.

Sveiby, K.E. (1997). The new organizational wealth – Managing & measuring knowledge-based assets, San Francisco.

Sydow, J. & Ortmann, G. (2001). Vielfalt an Wegen und Möglichkeiten – Zum Stand des strategischen Managements. In: G. Ortmann & J. Sydow (Hrsg.). Strategie und Strukturation – Strategisches Management von Unternehmen, Netzwerken und Konzernen, Wiesbaden, 3-23.

Sydow, J. & Well, B. van (1996). Wissensintensiv durch Netzwerkorganisation – Strukturationstheoretische Analyse eines wissensintensiven Netzwerkes. In: G. Schreyögg & P. Conrad (Hrsg.). Wissensmanagement – Managementforschung Band 6, Berlin, 191-234.

Sydow, J. (1992). Strategische Netzwerke – Evolution und Organisation, Wiesbaden.

Sydow, J., Duschek, S., Möllering, G. & Rometsch, M. (2003). Kompetenzentwicklung in Netzwerken – Eine typologische Studie, Wiesbaden.

Teece, D.J., Pisano, G. & Shuen, A. (1997). Dynamic capabilities and strategic management. In: Strategic Management Journal 18 (7), 509-533.

Weick, K.E. & Roberts, K.H. (1993). Collective mind in organizations – Heedful interrelating on flight decks. In: Administrative Science Quarterly 38, 357-381.

Weinberg, J. (1996). Kompetenzlernen. In: QUEM-Bulletin 1, 3-6

Weiß, R. (1999). Erfassung und Bewertung von Kompetenzen – empirische und konzeptionelle Probleme. In: Arbeitsgemeinschaft Qualifikations-Entwicklungs-Management Berlin (Hrsg.). Kompetenzentwicklung 1999 – Aspekte einer neuen Lernkultur – Argumente, Erfahrungen, Konsequenzen, Münster, 433-493.

Wernerfelt, B. (1984). A Resource-based View of the Firm. In: Strategic Management Journal 5, 171-180.

Wernerfelt, B. (1995). The Resource-Based View of the Firm – Ten years after. In: Strategic Management Journal 16, 171-174.

Wiklund, J. & Shepherd, D. (2003). Knowledge-based resources, entrepreneurial orientation, and the performance of small and medium-sized businesses. In: Strategic Management Journal 24, 1307-1314.

Wilkens, U., Menzel, D. & Pawlowsky, P. (2004). Inside the Black-box – Analysing the generation of core competencies and dynamic capabilities by exploring collective minds – An organisational learning perspective. In: management revue, Special Issue: Beyond the Resource Based View 15 (1), 8-26.

Wilkström, S., Normann, R., Anell, B., Ekvall, G., Forslin, J. & Skörvad, P.-H. (1992). Kunskap och Värde. Företag som ett kunskapsprocessande och värdeskapande system, Stockholm (engl. 1994: Knowledge and Value, London).

Winter, S.G. (2003). Understanding dynamic capabilities. In: Strategic Management Journal (24), 991-995.

Wright, P.M., Dunford, B.B. & Snell, S.A. (2001). Human resources and the resource-based view of the firm. In: Journal of Management 27(6), 701-721.

Wright, P.M., McMahan, G.C. & McWilliams A. (1994). Human resources and sustained competitive advantage – A resource-based perspective. In: International Journal of Human Resource Management 5 (2), 301-326.

Wright, P.M., McMahan, G.C., McCormick, B. & Sherman W.S. (1998). Strategy, core competence, and HR involvement as determinants of HR effectiveness and refinery performance. In: Human Resource Management 1, 17-29.

www.skandia.com/en/sustainability/intellectualcapital.shtml (Abruf am 15.01.2002)

Yin, R.K. (1984). Case study research: Design and methods, Newbury Park.

*Thomas Lang-von Wins, Ursula Gisela Barth,
Andrea Sandor und Claas Triebel*

Grundlagen einer lernenden Kompetenzbeurteilung in Unternehmen

Teil I

1 Aufgabenstellung

1.1 Ausgangsüberlegungen

Die Arbeitspsychologie hat bereits vor mehr als dreißig Jahren begonnen, Humanisierungsgedanken in den Bereich der abhängigen Arbeit einzubringen. Der Kerngedanke der vorwiegend deutschsprachigen Auseinandersetzung war es, den Arbeitnehmern die Möglichkeit zu bieten, sich in ihrer Tätigkeit weiterzuentwickeln. Dieser Gedanke einer Weiterentwicklung bezog sich nicht nur auf eine fachliche Förderung, sondern ging weit darüber hinaus. Er stellte auf der Grundlage eines Menschenbildes, das der damals sehr populären humanistischen Psychologie sehr nahe stand (z.B. den Kerngedanken des Therapeuten Carl R. Rogers), die Persönlichkeitsförderlichkeit der Arbeit in den Mittelpunkt seiner Argumentation (vgl. Ulich, 1990).

Ein wesentliches Kriterium der Arbeitspsychologie für einen persönlichkeitsförderlichen Arbeitsplatz ist die Kontrolle der dort arbeitenden Menschen über die Ausführung der Arbeitstätigkeit, die freie Wahl der dazu eingesetzten Mittel und letztlich sogar die Bestimmung der Ziele der zu verrichtenden Arbeit.

Diese Forderungen wurden häufig als „politisch" eingestuft – eine Werthaltigkeit, die sich nicht mit dem Gedanken einer neutralen Wissenschaft verträgt. Die vergangenen Jahre haben aber gezeigt, dass sie nicht nur berechtigt, sondern auch größtenteils richtig waren. Die Arbeitspsychologie hat sehr zu Unrecht ihre Bedeutung innerhalb der Wirtschaftspsychologie zu einem großen Teil verloren.

Vor dem Hintergrund der Kompetenzdebatte gewinnen die arbeitspsychologischen Forderungen neue Aktualität. Vor allem dann, wenn man Kompetenzen als Selbstorganisationsdispositionen auffasst, ist der Rückbezug auf den persönlichkeitsförderlichen

Kontext augenscheinlich. Gerade bei strukturell definierten eigenen Kontrollmöglichkeiten über die Arbeitssituation können Kompetenzen ausgeübt und entwickelt werden; ist keine Kontrolle gegeben, sind der Anwendung und vor allem dem Erwerb von Kompetenz enge Grenzen gesetzt.

Aus der Debatte um die Humanisierung des Arbeitslebens ergibt sich ein weiterer Gedanke, der einen unmittelbaren Bezug zur Kompetenzdebatte und zur aktuellen Kompetenzforschung hat. Persönlichkeitsförderlichkeit als Kriterium für die Gestaltung der Arbeit bedeutet, dass Menschen die Möglichkeit haben, im Rahmen ihrer Arbeit zu „wachsen", sich weiter zu entwickeln. Der Gedanke, dass die Arbeit damit einem tiefen menschlichen Bedürfnis entspricht, geht zurück auf die klassischen Arbeiten der humanistischen Psychologie, die längst zum Kern psychologischer Werte und Normen geworden sind. Die Möglichkeit, in der Arbeit zu wachsen und sich in eine Richtung weiterzuentwickeln, die auf eine Ganzheit der Person zielt, ist eine – wenngleich nicht deckungsgleiche – Metapher für das „Kompetent-Werden" von Menschen.

1.2 Bedingungen einer operativ einsetzbaren Kompetenzdiagnostik

Vor dem Hintergrund dieser Überlegungen darf die Kompetenzdiagnostik nicht nur aus einer methodischen Perspektive betrachtet werden. Auch die Diagnose von Kompetenz ist Arbeitstätigkeit in dem oben diskutierten Sinn, sie wird von Menschen verrichtet, die andere Menschen beurteilen. Auch im Rahmen dieser Arbeitstätigkeit müssen – wenn man sich den kurzen einleitenden Überlegungen anschließt – Möglichkeiten für die Entwicklung und Ausübung eigener Kompetenz bestehen. Eine Kompetenzdiagnose, die den oben dargelegten Werten und Normen folgt, wäre vollkommen absurd, wenn sie sich nur auf methodische Gesichtspunkte konzentrieren würde und dabei die Arbeitsbedingungen der Anwender aus den Augen verlöre.

Auch die Diagnostiker im Prozess der Kompetenzmessung streben nach einer persönlichen Weiterentwicklung im Rahmen ihrer Berufstätigkeit. Diese Feststellung muss zunächst banal erscheinen – sie ist jedoch alles andere als ein Allgemeinplatz. Folgt man den gängigen Vorstellungen der Eignungsdiagnostik, dann sollte diese Weiterentwicklung aus dem Einsatz methodisch ausgefeilter Instrumente bestehen – eine Vorstellung, die nicht den Prozess des Kompetent-Werdens, sondern ein normatives Ziel betont, das eindeutige Regeln für die „kompetente" Verrichtung der eignungsdiagnostischen Tätigkeit vorgibt. Solche Regeln sind aus verschiedenen Gründen sinnvoll – der überzeugendste dürfte in der hohen Verbreitung indifferenter Grundannahmen und schlecht konstruierter Verfahren in der Praxis liegen, was letztlich zu einem ungerechten Beurteilungsprozess und ebenso ungerechten Ergebnissen führt. Solche Regeln greifen aber notgedrungen zu kurz, wenn sie lediglich versuchen, gute von weniger guten oder sogar schlechten Praktiken abzugrenzen. Sie definieren ein in hohem Maß dynamisches System – das System der betrieblichen Potenzial- und Kompetenzbeurteilung – als statisch und entziehen ihm damit die Lernmöglichkeiten, die es bräuchte, um tatsächlich kompetent zu werden.

Von der wissenschaftlich-psychologischen Diagnostik wird traditionell gefordert, eine Messung müsse objektiv sein, um brauchbare Erkenntnisse liefern zu können. Die Objektivität gilt als die grundlegendste messtheoretische Voraussetzung für die Korrektheit der erfassten Daten; ist sie nicht gegeben, kann eine Messung weder reliabel noch valide sein. Diese Forderung ist alles andere als unberechtigt: Die Literatur über Fehlereinflüsse bei der Erhebung von Daten füllt Bibliotheken und die meisten der dort zusammengetragenen Hinweise und Beweise sind von grundlegender Bedeutung für das Sammeln und Interpretieren von Daten. Zusammenfassend lässt sich sagen: Die Qualität der Erkenntnis – das aus den Daten abgeleitete Urteil – steht und fällt mit der Qualität der Messung. Dieser Sachverhalt ist unbestreitbar richtig, er spielt eine zentrale Rolle für die Messung von Kompetenz. Aus praktischer Sicht ist er zudem eng mit Gerechtigkeitsgesichtspunkten verbunden: Ein diagnostisches Urteil, das aufgrund von unvollständigen oder falschen Daten zu Stande kommt, ist dann notwendigerweise ungerecht, wenn ein bestimmtes Ergebnis davon abhängt.

Die wenigsten Menschen, die Kompetenzdiagnose betreiben, haben das methodische Rüstzeug, um ihr Vorgehen an messtheoretischen Kriterien auszurichten oder ihre Urteile entsprechend zu überprüfen. Sie versuchen, die aus erkenntnis- und messtheoretischer Perspektive höchst komplexe Tätigkeit der Erfassung und Beurteilung von Kompetenzen mit den ihnen zur Verfügung stehenden Mitteln zu bewältigen und nehmen bei der notwendigen Verringerung der Komplexität bewusst Unschärfen in Kauf. Die Forderung nach einer objektiven Erfassung der Daten, auf denen ihr Urteil über die Kompetenzen der von ihnen geprüften Kandidaten beruht, liefe ihrem Selbstverständnis in den meisten Fällen vollkommen entgegen. Es ist im Sinne einer Generalhypothese zu vermuten, dass Personalpraktiker ihr Kompetenzurteil in hohem Maße auf dem persönlichen Eindruck gründen, den sie von den Kandidaten erhalten. Dieser Eindruck unterliegt aus messtheoretischer Perspektive zahllosen verfälschenden Einflüssen; aus der Perspektive des Personalpraktikers ist er unmittelbarer Ausdruck eigener Kompetenz.

Vor allem dann, wenn es sich dabei um Personalpraktiker in kleinen und mittleren Unternehmen handelt, ist die Diagnose von Kompetenz nur *eine* Aufgabe von vielen anderen, vorwiegend operativ ausgerichteten Tätigkeitsbestandteilen. Diese Tätigkeit lässt verhältnismäßig wenig Raum für das Wachsen von diagnostischer Kompetenz (was sich auch in der Mehrzahl der Fallstudien des Projektes deutlich herauskristallisiert). Stellen wir den praktischen Kompetenzdiagnostiker vorläufig in den Mittelpunkt unserer Überlegungen, dann befinden wir uns in einem dreifachen Spannungsfeld zwischen dem messtheoretischen Anspruch der Wissenschaft, den Forderungen nach den Möglichkeiten eines Kompetent-Werdens im Rahmen der Arbeit und den tatsächlichen Bedingungen der Arbeitstätigkeit, die beides offenbar nicht zulassen.

Damit wird deutlich, dass die Ausgangsbedingungen für eine lernende Kompetenzbeurteilung und damit verbundene nachvollziehbare Kompetenzmess- und Zertifizierungsverfahren in der Praxis ausgesprochen problematisch sind. Die entwickelten Verfahren müssen einer Vielzahl unterschiedlicher und sich teilweise widersprechenden Ansprüchen genügen.

1.3 Aufgabenstellung und Ansatzpunkt des Projektes

Ausgehend von der Hypothese, dass sich Personalpraktiker in ihren diagnostischen Urteilen selten auf standardisierte und objektive Verfahren verlassen (hierfür gibt es zahlreiche Belege) und impliziten Hilfskonstrukten im Gegenzug breiten Raum geben, erschien es nicht sinnvoll, ein weiteres objektives Verfahren zu entwickeln, das die Bedürfnisse der Praxis nicht trifft und das damit dem Kriterium der „operativen Einsetzbarkeit" letztlich nicht genügt.

Vielmehr sollte versucht werden, den impliziten Theorien der Praktiker nachzuspüren, und sie hinterfragbar und damit überprüfbar zu machen. Ein über die Einzelperson hinaus reichendes Ziel liegt in der Entwicklung einer „lernenden Kompetenzbeurteilung" im Unternehmen, die durch den intensiven Dialog der Personalpraktiker möglich gemacht werden sollte. Gegenstand dieses Dialoges sollten die impliziten Theorien und das Erfahrungswissen der Beurteiler sein, die damit in einem sozialen Kontext weiter hinterfragbar werden.

In dem Forschungsprojekt „Entwicklung operativ einsetzbarer Kompetenzmess- und Zertifizierungsinstrumente für die Praxis" sollten durch ein an die klassische Aktionsforschung angelehntes Vorgehen Instrumente aus der Wissenschaft für die Praxis entwickelt werden, die für die Personalpraktiker in ihrem Berufsalltag nützlich und die ihnen bei der Beurteilung und Messung von Kompetenzen eine Hilfe sind. Diese Instrumente sollen aber gleichzeitig die Erfahrung und Intuition der Personalpraktiker berücksichtigen. Wichtig ist „Praktiker/innen darin zu schulen, ihre berufliche Tätigkeit zum Gegenstand systematischer Reflexion zu machen und somit auf eigene Faust ‚Aktionsforschung' zu betreiben" (Bortz & Döring, 2002, S. 345). Die Personalauswahl und Kompetenzbeurteilung soll dadurch zu einem lernenden und sich selbst verbessernden Prozess werden. Dies ist vor allem bei Selektionsentscheidungen von Bedeutung, da die Personalpraktiker hier die Kompetenzen der zu beurteilenden Person nur über einen sehr kurzen Zeitraum und aufgrund geringer Informationsmengen beurteilen.

1.4 Das methodische Vorgehen

In insgesamt dreizehn Fallstudien (angestrebt waren fünfzehn Fallstudien; die fünfzehnte Fallstudie musste vorzeitig beendet werden, da ein Ansprechpartner seine Tätigkeit in München aufgab, um in Berlin eine neue Position zu übernehmen; die vierzehnte Fallstudie musste trotz des erklärten Interesses der teilnehmenden Personalpraktikerin unvollständig bleiben, weil von ihrer neuen Vorgesetzten eine weitere Teilnahme untersagt wurde) wurden Personalpraktiker intensiv zu den Theorien und Annahmen befragt, die in ihrem Fall für das Zu-Stande-Kommen eines Kompetenzurteils wesentlich sind. Der inhaltliche Rahmen für die Befragung wurde von den Teilnehmern selbst bestimmt: Sie sollten eine relevante Position wählen, die in naher Zukunft besetzt werden sollte oder deren Besetzung mit Mitwirkung des Interviewpartners erst kurz zurücklag.

Der Fokus des Projektes wurde bewusst sehr weit gewählt, da vermieden werden sollte, dass die zu erarbeitenden Empfehlungen nur unter bestimmten Bedingungen greifen. Bei der Auswahl der Unternehmen wurde deshalb auf eine möglichst breite Streuung geachtet: Die in der Untersuchung vertretenen Unternehmen gehören verschiedenen Branchen an und sind auch von ihrer Größe her sehr unterschiedlich. Bei dem fünfzehnten Unternehmen handelte es sich um ein expandierendes mittelständisches Unternehmen, das sich auf die Fertigung von Bremssystemen spezialisiert hat. Der Ansprechpartner war Personalreferent im Münchner Stammwerk des Unternehmens und übernahm zum Jahreswechsel 2002/2003 eine Position als Personalleiter bei einem Berliner Traditionsunternehmen, das von dem Münchner Unternehmen gekauft worden war. Danach und kurz vor dem Wechsel stand er leider nicht mehr als Interviewpartner zur Verfügung. Das vierzehnte Unternehmen ist ein Großunternehmen im Bereich Handel mit Elektronikgeräten und -bauteilen, in dem nach dem dritten Gespräch ein personeller Wechsel in der Führung der für Personalauswahl und -entwicklung zuständigen Abteilung stattfand. Die neue Führung untersagte der Interviewpartnerin trotz erklärten Interesses die weitere Teilnahme an dem Projekt, weshalb die Fallstudie unvollständig blieb und nicht in die Ergebnisdarstellung mit aufgenommen werden konnte.

Das Projekt wurde explizit so angelegt, dass die Fragestellung Raum zur weiteren Entwicklung hatte. Daher wurden die Gespräche mit den Personalpraktikern in drei Wellen begonnen, um auch das eigene Vorgehen weiterzuentwickeln. Es zeigte sich dabei, dass der methodische Ansatz an bestimmten Punkten weiterentwickelt werden musste, von denen zu reden sein wird.

2 Durchführung des Forschungsprojektes

Der Kontakt zu den Teilnehmern wurde zunächst über in der Süddeutschen Zeitung ausgeschriebene Stellen hergestellt, da in der Situation eines zunehmend geschlossenen Arbeitsmarktes Unternehmen identifiziert werden mussten, die noch freie Stellen zu besetzen hatten. Dies war einerseits eine notwendige Voraussetzung des Projektes, da die Fragestellung für die Teilnehmer relevant sein sollte; andererseits sollte die Tätigkeit der Teilnehmer auch die aktuelle Notwendigkeit einer Reflexion und kritischen Hinterfragung der praktizierten Eignungs- oder Kompetenzmessung aufscheinen lassen. Die in den Stellenanzeigen identifizierten möglichen Teilnehmer wurden in mehreren Wellen angeschrieben, bis die angestrebte Stichprobengröße erreicht war.

Bei der Projektfragestellung handelte es sich um wissenschaftliches Neuland; es sollten erste Ergebnisse generiert werden, die Hinweise für weitere Forschungsarbeiten geben und Möglichkeiten der praktischen Verwertung aufzeigen sollten.

3 Planung und Ablauf des Vorhabens

3.1 Aufbau der Interviews

Für jedes Unternehmen war eine Reihe von Interviews angestrebt, deren genaue Zahl sich erst im konkreten Vorgehen ergab. Im Erstgespräch wurde geklärt, inwieweit der potenzielle Interviewpartner Interesse und auch Zeit für die aufwändige Exploration der Anforderungen und Kompetenzkonstrukte hat. Dieses Erstgespräch dauerte in der Regel etwa 45 Minuten. Im zweiten Gespräch, das bereits auf Band aufgezeichnet wurde, wurde eine Position bestimmt und deren Anforderungen und Tätigkeitsmerkmale gesammelt. Die Besetzung der fraglichen Position sollte einige Aktualität haben und erst kurz zurückliegen oder nahe bevorstehen, da vermutet wurde, dass die persönlichen Konstrukte besonders dann aktiviert werden, wenn sie situativ relevant sind. Diese Bedingung galt auch dann als erfüllt, wenn die Tätigkeit der Beurteilung und Auswahl von Bewerbern für bestimmte Positionen keine Routine ist (diese Bedingung trifft auf alle Unternehmen mit Ausnahme einer Personalberatungsagentur zu). Die Anforderungen und Tätigkeitsmerkmale wurden vor dem dritten Gespräch auf Kärtchen transkribiert. Im Zentrum des dritten Gespräches stand die kognitive Organisation dieser Anforderungen bei den Interviewpartnern, die zunächst mit Hilfe der Repertory-Grid-Technik exploriert und geordnet werden sollte. Im Verlauf der weiteren Interviews ergab sich eine Ausweitung des methodischen Ansatzes, da sich die Technik der Repertory-Grids als zu schwierig für einige Gesprächspartner erwiesen hatte. Es hat sich im Verlauf der folgenden Gespräche gezeigt, dass ein an Mind-Maps bzw. die Strukturlegetechnik angelehntes Vorgehen in diesen Fällen größeren Erfolg verspricht.

3.2 Die Repertory-Grid-Technik

Das Verfahren folgt konstruktivistischen Annahmen und stellt entsprechend der von George A. Kelly entwickelten Psychologie der persönlichen Konstrukte die Realitätskonstruktionen der Befragten in den Mittelpunkt (ausführlicher z.B. Scheer & Catina, 1993a,b). Gerade in Bezug auf die Konstruktion von Kompetenz und die Organisation notwendiger Anforderungen ist die subjektive Repräsentation die wesentliche Grundlage einschlägiger Entscheidungen. Annahmen eines rational agierenden Entscheiders, der im Besitz aller für eine gute Entscheidung notwendigen Informationen ist, sind in diesem Zusammenhang irreführend. Der Kern der von Kelly entwickelten Theorie liegt in der Annahme, dass die subjektive Realität von Menschen in Form von Elementen und den Relationen dieser Elemente untereinander organisiert ist. Die Repertory-Grid-Technik versucht, diese Elemente und die Relationen der Elemente untereinander zu erfassen. Diese Vorgehensweise zur Vertiefung und Explorierung von die eigene Tätigkeit leitenden Vorstellungen hat in der Organisations- und Wirtschaftspsychologie bislang keine große Verbreitung gefunden; entsprechende Arbeiten sind eher die Ausnahme als die Regel. Der Projektverantwortliche hat die Repertory-Grid-Technik allerdings bereits in früheren Forschungsprojekten eingesetzt (vgl. Lang-von Wins, 2004) und konnte eindeutige Anhaltspunkte für die Hypothese identifizieren, dass die Konfrontation mit den eigenen Konstrukten zu einer Vertiefung der Reflexion und einem Lernprozess führt, der – je nach dem Gegenstand der Reflexion – den Kompetenzerwerb beschleunigt.

In der Studie wurden die Interviewpartner entsprechend der klassischen von Kelly empfohlenen Vorgehensweise gebeten, aus willkürlich ausgewählten Dreierkonstellationen der gesammelten Anforderungen, Tätigkeitsmerkmale und danach auch der Eigenschaften und Kompetenzen der auszuwählenden Kandidaten, jeweils zwei Elemente auszuwählen, die sich durch ihre Ähnlichkeit von dem dritten Element abhoben. Danach sollte der Grund für die Ähnlichkeit bzw. die Unähnlichkeit benannt werden.

3.3 Mind-Maps und Strukturlegetechnik

Bei Mind Maps handelt es sich um eine ursprünglich in der Kreativitätsforschung entwickelte Methode der Visualisierung von komplexen Sachverhalten mit geringem Aufwand. Ausgehend von einem Zentralkonstrukt (z.B. die fragliche Tätigkeit) werden inhaltliche Cluster zugehöriger Themen oder Merkmale (z.B. Anforderungen) in lockerer Weise um die Mitte gruppiert. Dabei können auch Querverbindungen zwischen den Clustern hergestellt werden und thematische Hauptarme graphisch z.B. durch besonders dicke Linien hervorgehoben werden.

Die Strukturlegetechnik besteht im Wesentlichen darin, auf Karten notierte Zustands- und Prozessveränderungen danach zu ordnen, welcher Sachverhalt Ursache oder Folge von welchen anderen Sachverhalten ist. Als Resultat ergeben sich Netzwerkstrukturen, die die wechselseitigen Abhängigkeiten deutlich machen. Man kann diese Methode einzeln oder in Gruppen anwenden, um Wissensstrukturen vereinfacht abzubilden (vgl. Frieling & Sonntag, 1999). Die Strukturlegetechnik wird selten als isolierte Methode eingesetzt; häufiger dient sie als Ergänzung anderer Methoden und Verfahren, wie z.B. der Vertiefung von Interviews, wobei das tiefere Verständnis der Strukturen des jeweiligen Gegenstandsbereiches Ziel des Vorgehens ist. In arbeitspsychologischen Zusammenhängen wird die Strukturlegetechnik auch dazu eingesetzt, um Expertenwissen über Ursache-Wirkungs-Zusammenhänge zu explorieren. Im Rahmen des Projektes wurden zunächst die wesentlichen Kategorien exploriert, die als Kompetenzen oder Merkmale erfolgreicher Bewerber bzw. Mitarbeiter von den Interviewpartnern verbalisiert werden konnten. Im Anschluss daran wurden die Konstrukte inhaltlich geclustert und die Beziehungen der einzelnen Konstrukte eines Clusters bzw. der Cluster untereinander näher bestimmt. Die Cluster wurden im Gespräch weiter hinterfragt und es wurde darum gebeten, die hinter den Clustern stehende „Ordnung" zu erläutern. Danach wurden die Kärtchen auf einem Karton fixiert, um anschließend in den Computer übertragen zu werden.

Bei denjenigen Interviewpartnern, die der Repertory-Grid-Technik gegenüber abgeneigt waren, hat sich dieses Vorgehen klar bewährt. In den im Anhang dieses Beitrags wiedergegebenen Fallstudien sind die in den Interviews entwickeltes Strukturen dargestellt.

Im weiteren Verlauf der Interviews wurden die Gesprächspartner zunächst darum gebeten, die Anforderungen und Tätigkeitsmerkmale zu trennen: Was ist Merkmal der Tätigkeit (=Aufgabe), was ist Anforderung an die Person (=Ausgangsbedingung für die Identifizierung von notwendigen Kompetenzen und Qualifikationen)? Bereits dieser Schritt fiel den Interviewpartnern mehrheitlich schwer; Anforderungen und Aufgaben wurden in vielen Fällen implizit gleichgesetzt, was zu einer ersten wesentlichen Unschärfe im Prozess der Kompetenzdiagnose führt.

Die identifizierten Aufgabenmerkmale wurden dann im vierten Gespräch zunächst dazu benutzt, um die Vollständigkeit der abgeleiteten Anforderungen zu prüfen und sie nach ihrer Wichtigkeit zu ordnen. Dabei wurde auch Wert auf unternehmenskulturelle Variablen gelegt, die über der eigentlichen Aufgabe auf einer Metaebene angesiedelt sind. Ebenso wie die sozialen Anforderungen sind sie selten Gegenstand einer mit wissenschaftlichen Mitteln prüfenden Kompetenzdiagnostik und daher von besonderem Interesse für die Erfassung impliziter Theorien in der Personalbeurteilung.

Im vierten Gespräch wurden dann die ermittelten Anforderungen als Grundlage für die Ableitung von Qualifikationen und Kompetenzen benutzt, die ein erfolgreicher Stelleninhaber besitzen sollte. Dabei zeigte sich ein häufig stark verwobenes Bild, das zunächst nur zwischen Fachqualifikationen und Kompetenzen unterscheidet und dessen Bestandteile nur schwer von einander zu trennen waren bzw. zum Teil auch keine feste, „endgültige" Ordnung finden konnten. Im Anschluss daran wurde den Gesprächspartnern eine Skala vorgelegt, auf der sie die von ihnen verbalisierten Kompetenzkonstrukte hinsichtlich der Sicherheit ihres Urteils einstufen sollten. Ebenfalls im vierten Gespräch wurden im Rahmen eines „Kaskadenmodells" für die Sichtung der Bewerbungsunterlagen die Entscheidungsprozesse exploriert, die in diesem einerseits sehr wichtigen und andererseits sich nach unbestimmten Ad-hoc-Vergleichen zwischen den Bewerbungen richtenden Auswahlschritt zum Tragen kommen.

Im fünften Gespräch wurden die Anforderungen der Interviewpartner an ein Methodeninventar exploriert, das sie bei der Kompetenzdiagnose unterstützen kann. Dazu wurde auch der für die schriftliche Befragung entwickelte Fragebogen eingesetzt (vgl. Anhang), der den Interviewpartnern zur Vorbereitung des Gespräches in einer Online-Version zugeschickt wurde. Dieses Vorgehen nutzte gleichzeitig die Interviews der ersten Interviewwelle als Möglichkeit, die Verständlichkeit und Vollständigkeit des Fragebogens zu prüfen.

Im sechsten Gespräch wurden den Interviewpartnern kritische Reflexionen und Empfehlungen aus Sicht der Wissenschaft gegeben. Daneben wurden Vorgehensweisen entwickelt, die der individuellen Situation gerecht werden und die die Anforderungen einer professionellen Kompetenzdiagnose treffen. Parallel dazu wurde in jedem Unternehmen ein Arbeitskreis aktiviert, der dem direkten Austausch und der Reflexion der persönlichen Kompetenzkonstrukte dienen sollte. Auf diese Weise sollte zunächst innerhalb des Personalbereiches eine lernende Kompetenzbeurteilung angestoßen werden, die über die ersten drei Zusammenkünfte von der Arbeitsgruppe für angewandte

Personalforschung begleitet wurde. Im Sommer 2004 fanden zwei Workshops statt, die dem Erfahrungsaustausch der Projektpartner dienten.

4 Theoretische und empirische Anknüpfungspunkte

Da das Feld der operativ einsetzbaren Verfahren zur Kompetenzmessung in der Praxis wissenschaftlich bis heute weithin unbearbeitet geblieben ist, werden der größeren Übersichtlichkeit halber im Folgenden zwei Problembereiche herausgestellt, die sich im Verlauf des Projektes als besonders relevante Fragestellungen erwiesen haben: das Entstehen von impliziten Kompetenzhypothesen bei Praktikern und deren Kriterien an ein „ideales" Verfahren zur Messung von Kompetenz. Zur Vertiefung beider Fragestellungen wurden Diplomarbeiten durchgeführt (Barth, 2003; Sandor, 2003), auf die im Folgenden Bezug genommen wird.

4.1 Die Entstehung impliziter Kompetenzhypothesen

Für die Untersuchung der Entstehung von Kompetenzhypothesen ist zunächst eine genaue Definition von „Kompetenzen" notwendig. Kompetenzen werden im Folgenden im Sinne von Erpenbeck (2003) als Selbstorganisationsdispositionen einer Person aufgefasst. Die Beurteilung von Kompetenzen in einer Organisation wird auch von der dort vorherrschenden Unternehmenskultur mit beeinflusst, da die Beurteilung immer von einer in dem Unternehmen sozialisierten Person und auch zumeist explizit im Sinne einer Stabilisierung der im Unternehmen gelebten Werte durchgeführt wird. Unternehmenskultur schließt alle „von der Unternehmensleitung, allen Führungskräften und Mitarbeitern anerkannten und gelebten Regeln, Normen und Wertvorstellungen ein, die das betriebliche Miteinander, die Leistungen und die Beziehungen prägen" (Becker, 1999). Diese Normen und Wertvorstellungen beeinflussen zum einen, welche Bewerber vom Personalpraktiker als zum Unternehmen – Person-Organisations-Fit – passend beurteilt werden, und darüber hinaus auch den Einsatz von Instrumenten bei der Personalauswahl.

In der Interaktion zwischen Beurteiler und Bewerber liegen eine Reihe von Faktoren, die nach allem, was man bisher weiß, das Urteil über den Bewerber erheblich beeinflussen können. Das Hauptaugenmerk der Forschung liegt bislang auf dem Bewerber (z.B. Lauver & Kristof-Brown, 2001; Bretz et al., 1993; Paunonen et al., 1987; vgl. dazu Robertson & Smith, 2001, ausführlich auch Rastetter, 1996). In diesem Zusammenhang werden u.a. Prozesse wie das *impression management* – die bewusste Steuerung des sozialen Eindrucks – untersucht (z.B. Silvester et al., 2002). Der Beurteiler darf aber bei dieser Interaktion nicht außer Acht gelassen werden. Auch der Personalpraktiker wird in seiner Wahrnehmung und Beurteilung des Bewerbers von verschiedenen Prozessen beeinflusst; der grundsätzlich am besten untersuchte Einflussfaktor auf die soziale Wahrnehmung sind die impliziten Persönlichkeitstheorien, deren Einfluss auf das Eignungsurteil bislang allerdings eher am Rande behandelt wurde.

Es ist anzunehmen, dass auch Berufserfahrung und Expertise das Vorgehen der Personalpraktiker beeinflussen und sich dieser Einfluss vor allem in der Verwendung von Methoden und in den Schlüssen manifestiert, die aus bestimmten Informationen gezogen werden. Berufserfahrung und Expertise hängen unter bestimmten Umständen eng miteinander zusammen, sind aber keinesfalls miteinander zu verwechseln. Nach Posner (1988) ist ein Experte als eine Person zu verstehen, die in ihrem Bereich eine dauerhaft herausragende Leistung erbringt. Eine wesentliche Bedingung dafür ist die Erfahrungskomponente. Das Üben ist nach Gruber und Ziegler (1996) ein entscheidender Prädiktor für Expertise – genau diese Gelegenheiten scheinen vielen Personalpraktikern jedoch zu fehlen oder sie begreifen die von ihnen durchgeführten Übungen nicht als solche. Diese Formulierung ist keineswegs so sarkastisch gemeint, wie sie klingt – Üben bringt in bestimmten Stadien des Lernprozesses nur dann optimale Lernergebnisse, wenn es bewusst geplant, durchgeführt und auf seine beabsichtigten und unbeabsichtigten Folgen hin untersucht wird.

Nach Dreyfus und Dreyfus (1987) findet der Fertigkeitenerwerb der Expertise in fünf Stufen statt. Der erste Schritt besteht im Erlernen von Regeln, die bei der Bewältigung der Aufgabe helfen. Im zweiten Schritt – als fortgeschrittener Anfänger – wurden bereits Erfahrungen gesammelt. Auf der dritten Stufe wird schon eine Leistungsverbesserung erreicht, die sich über Stufe vier (Gewandtheit) zur Expertise wandelt.

In der folgenden Abbildung ist das Modell von Dreyfus und Dreyfus im Überblick wiedergegeben; es wird als theoretische Grundlage für die Interpretation der Ergebnisse eine wichtige Rolle spielen.

Die Entscheidungsprozesse von Experten sind demnach also entscheidend von ihren Ahnungen und Intuitionen beeinflusst. Die Stufen des Modells entsprechen jeweils einer veränderten Wahrnehmung des Aufgabengebiets und damit einem jeweils neuen Verhaltensmodus. Dieser Modus entspricht wiederum der neu erworbenen Fertigkeit. Bei diesem Fünf-Stufen-Modell handelt es sich um ein progressives Modell, bei dem der Fokus auf den Fortschritt von dem „analystischen Verhalten eines distanzierten Subjekts, das seine Umgebung in erkennbare Elemente zerlegt und Regeln befolgt, *hin zu einem* teilnehmenden Können, das sich auf frühere konkrete Erfahrungen stützt und auf ein unbewußtes Erkennen von Ähnlichkeiten zwischen neuen und früheren Gesamtsituationen" (Dreyfus & Dreyfus, 1987, S. 61) gerichtet ist.

Es ist sinnvoll, diese „Intuition durch kontrolliertes diagnostisches Vorgehen zu ergänzen, (*dies*) ist nicht nur insoweit von Vorteil, als dadurch nachweislich die Qualität der Auswahlentscheidung verbessert wird, sondern (*es*) ermöglicht auch, das Zustandekommen dieser Entscheidung zu überprüfen. Prozess und Ergebnis der Diagnose werden überprüfbar und sind damit laufender Verbesserung zugänglich" (Schuler, 1999, S. V). Darin liegt die Grundvoraussetzung einer dynamisch sich weiter entwickelnden „lernenden" Kompetenzbeurteilung in Unternehmen.

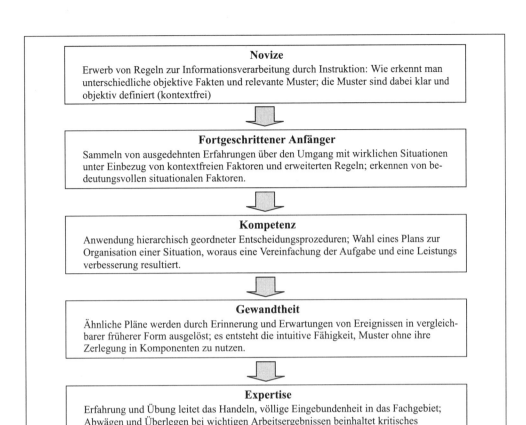

Abb. 1: Fünf-Stufen-Modell des Fertigkeitenerwerbs nach Dreyfus & Dreyfus (1987, aus Barth, 2003)

Wenden wir uns den Daten zu, die von den Personalpraktikern zur Begründung ihres Urteils herangezogen werden. An erster Stelle ist hier sicherlich die Analyse der Bewerbungsunterlagen zu nennen. Die Analyse der Bewerbungsunterlagen gehört zu den am häufigsten eingesetzten Verfahren der Personalvorauswahl (vgl. Seibt & Kleinmann, 1990). Die eingereichten Unterlagen sind meist die erste Kontaktaufnahme des Bewerbers mit dem Unternehmen und damit für den Personalpraktiker der erste Eindruck, den er von einem Bewerber bekommt. Dieser erste Eindruck wirkt sich auch im späteren Verlauf des Auswahlprozesses auf das Interview aus (Schuler, 2002; Dougherty, Turban & Callender, 1994; Macan & Dipboye, 1994). Obwohl „resumes (…) are probably the most commonly used information in personnel selection, yet fairly little is known about the meaning they hold for recruiting decision makers. (…) fairly little research has focused on recruiters' unstructured assessments of biodata in resumes (…)" (Brown & Campion, 1994, S. 897; vgl. dazu auch Robertson & Smith, 2001).

In der Praxis der Personalselektion wird aus den Bewerbungsunterlagen auf weitere Faktoren geschlossen, die zum Teil nicht klar nachvollziehbar sind bzw. aus den

Bewerbungsunterlagen nicht herausgelesen werden können. Der Grund hierfür liegt nach Brown und Campion (1994) darin, dass die Interpretation von biographischen Daten immer durch implizite Persönlichkeitstheorien beeinflusst wird. Die Schlüsse beruhen zumeist „auf Erfahrungen, Alltagsverständnis und Plausibilitäten (Augenscheinvalidität)" (Rastetter, 1996, S. 180).

Ein erster Aspekt der Auswertung in der Praxis sind formale Gesichtspunkte. So wird beispielsweise häufig aus Sauberkeit, Fehlerfreiheit und Gestaltung eine Arbeitsprobe abgeleitet (Schuler, 2002; vgl. auch Seibt & Kleinmann, 1990). Anschreiben dagegen werden aufgrund ihrer starken Vereinheitlichung primär auf negative Aspekte durchgesehen. Außerdem scheint die „Neigung sich selbst attraktiv darzustellen (…) im Anschreiben positiver zu wirken als im Rest der Bewerbungsunterlagen" (Schuler, 2002, S. 49). Von den Personalpraktikern werden hier auch erste Schlüsse auf die Persönlichkeit und den Arbeitsstil des Bewerbers gezogen, die den weiteren Beurteilungsprozess wesentlich beeinflussen können.

Aus dem Lebenslauf werden häufig Schlüsse über kognitive Fähigkeiten, Motivation, soziale Kompetenz und Führungsbefähigung gezogen (Brown & Campion, 1994); der Intelligenzeindruck über einen Kandidaten entsteht zumeist aus den Schul- und Examensnoten, also der Bildungsleistung, und ist gleichzeitig die stärkste einzelne Variable bei der Urteilsbildung (Schuler, 2002, vgl. ausführlich dazu auch Rastetter, 1996).

Das Lichtbild dagegen wird zumeist als Mittel der Selbstrepräsentation interpretiert und bezüglich seiner Angemessenheit – Größe und Qualität des Bildes sowie Kleidung des Bewerbers – interpretiert. Hierbei gibt es nach Schuler und Berger (1979) keine Geschlechtsunterschiede, allerdings wird die „Beurteilung (…) insgesamt stärker durch die äußere Erscheinung geprägt als durch die leistungsbezogenen Informationen" (S. 68).

Die Analyse der Bewerbungsunterlagen dient der Vorauswahl der Bewerber für das Einstellungsinterview, das „die wichtigste Methode zur Auswahl von Mitarbeitern" (Schuler, 2002, S.1) ist. Es gibt verschiedene Begriffe für diese Methode, neben Einstellungsinterview werden auch die Begriffe Auswahl- bzw. Vorstellungsgespräch oder Bewerbungsinterview verwendet; diese Begriffe werden im folgenden synonym verwendet.

Da das Interview eine Übung der Personwahrnehmung ist (Arvey & Campion, 1984), muss angenommen werden, dass es in seinem Ergebnis von verschiedenen personenabhängigen Variablen beeinflusst wird. Diese haben Arvey und Campion (1984) in einer Übersicht zusammengestellt (Abbildung 2). Aus dieser Übersicht ist ersichtlich, dass sowohl auf Seite des Personalpraktikers als auch auf Bewerberseite verhältnismäßig globale Variablen wie Alter, Geschlecht und Aussehen Auswirkungen auf den Verlauf des Interviews und die daraus gezogenen Schlüsse zeitigen. Des Weiteren wird der Ausgang des Interviews durch Faktoren wie die Berufserfahrung und die Erfahrung mit Einstellungsinterviews geprägt.

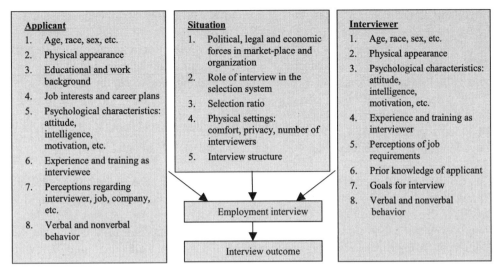

Abb. 2: Person Perception in the Employment Interview (Arvey & Campion, 1984, S. 204)

Wenn diese Variablen das Ergebnis des Interviews beeinflussen, ist es sinnvoll die Maßnahmen zu beachten, die das Interview methodisch verbessern können. Dazu gehört an erster Stelle die anforderungsbezogene Gestaltung des Interviews. Zum zweiten sollten in den Interviews nur die Merkmale erfasst werden, die nicht aus anderen Quellen zuverlässiger gesammelt werden können. Ein weiterer wichtiger Punkt ist die Trennung der Informationssammlung im Interview und der Entscheidung für oder gegen einen Kandidaten. Diese Maßnahmen sind gerade deshalb wichtig, weil das Einstellungsinterview durch „die individuellen Hintergründe des Interviewers – seine Persönlichkeit, seinen Status, seine kognitive Struktur und affektive Variablen – (*bezüglich*) (...) Interviewverlauf und (...) Ergebnis" (Lang-von Wins, 2000, S. 171) beeinflusst wird. Diesen Befund stützen Dougherty, Turban und Callender (1994) mit ihrem Ergebnis, dass „favorable first impressions were followed by interviewers' use of confirmatory behavior and styles, including a positive style of interviewing, selling the company, providing job information to applicants, more confident and effective applicant behavior, and more rapport of applicants with interviewers" (S. 663).

Die Personalauswahl und damit auch die Beurteilung von Kompetenzen von Bewerbern findet in keinem „luftleeren Raum" statt. Außer den kontextuellen Bedingungen wirken verschiedene psychologische Prozesse auf die Auswahlentscheidung mit ein. In der Psychologie gibt es zwei Teilgebiete, die hierzu im speziellen wichtige Erkenntnisse liefern: die Persönlichkeits- und die Sozialpsychologie.

Die hier relevanten Theorien und Erkenntnisse basieren auf Experimenten zur Eindrucksbildung von Solomon Asch (1946). Sowohl die kognitive Sozialpsychologie als auch die Persönlichkeitspsychologie bauen auf den Ergebnissen dieser Experimente auf (Schneider, 1973; Schneewind, 1992; Prose, 1997; Semin, 1997).

Die Wahrnehmung von anderen Personen wird durch unsere personenbezogenen Erfahrungen beeinflusst. Jeder urteilt zu jeder Zeit aufgrund dieser Erfahrungen über andere Personen. In der Persönlichkeitspsychologie wird dieser Bereich unter dem Begriff „Alltagspsychologie" zusammengefasst und untersucht (vgl. Schneewind, 1992). Gegenstand alltagspsychologischer Erfahrungen sind andere Personen, die als Individuen erlebt werden, die bestimmte körperliche und seelische Attribute tragen und die Ursprung von Handlungen und Urherber von Werken sind. Für ihre Einordnung werden Personen zugehörige Merkmale, wie Geschlecht und Größe, und personenunabhängige Gegebenheiten wie Kenntnis der Situation verwendet (Schneewind, 1992).

Das Erfahrungswissen, das wir uns im Laufe unseres Lebens aneignen, hilft uns dabei, andere Personen zu verstehen und ihr Verhalten vorherzusagen. Dadurch lassen sich mit Hilfe der impliziten Persönlichkeitstheorien Erklärungen über jetziges und zukünftiges Verhalten bilden und das Verhalten anderer Personen einordnen. Die Ziele der Alltagspsychologie sind also die Beschreibung, Erklärung, Vorhersage und Veränderung von Verhalten und Entwicklungen.

In den Bereich des alltagspsychologischen Wissens fallen auch die impliziten Persönlichkeitstheorien, die aber auch aus der Perspektive der kognitiven Sozialpsychologie heraus betrachtet werden können (z.B. Frey & Greif, 1992).

Für den Prozess der Personalauswahl und damit auch für die Bildung von Kompetenzhypothesen spielt das alltagspsychologische Wissen eine wesentliche Rolle, denn auf der Grundlage diesen Wissens und dieser Theorien werden die Bewerber von den Personalpraktikern eingeschätzt. Der Auswahlprozess, insbesondere das Interview „ist eine Interaktionssituation, eine zwischenmenschliche Begegnung; die Diagnose erfolgt im Gespräch und durch das Gespräch, sie ist eingebettet in einen Prozess gegenseitiger Steuerung und Urteilsbildung, überlagert durch Absichten und Erwartungen der Gesprächspartner und geprägt durch deren Fähigkeiten, Strebungen und Begrenzungen. Die Interagierenden sind Strategen und Objekte zugleich, Gestalter und dabei selbst das wichtigste Diagnoseinstrument" (Schuler, 2002, S. 41).

Ein Teilbereich der kognitiven Sozialpsychologie ist die Personenwahrnehmung. Sie ist nach Forgas (1994) das erste und entscheidende Stadium in der menschlichen Interaktion und steht am Anfang einer Reihe von Informationsverarbeitungsprozessen, die die Grundlage für das Verhalten bilden (Kanning, 1999). „Persönlichkeitsmerkmale existieren eher im Auge des Betrachters als in der Psyche des Akteurs" (Jones & Nisbett, 1971, zitiert in Forgas, 1995, S. 36), d.h. aus dem Verhalten einer Person wird auf ihre Eigenschaften geschlossen.

Die Urteile, die wir über andere Menschen fällen, werden von unseren momentan vorhandenen Gefühlen, Einstellungen und Motivlagen beeinflusst. „Fühlen wir uns glücklich, werden eher positive, glückliche Gedanken, Konstrukte und Personeneigenschaften aktiviert, und wir sind deshalb geneigt, nicht ganz eindeutiges oder ambiges – eigenes wie fremdes – Verhalten im Lichte dieser Konstrukte zu interpretieren" (Forgas,

1995, S. 32). Dabei ist auch die Selbstwahrnehmung des Personalpraktikers von großer Bedeutung, da „jede Wahrnehmung bzw. Beurteilung immer durch jemanden erfolgt, der selbst Subjekt ist" (Lueger, 1992, S. 144), wobei „die Summe der Wahrnehmungen einer Person über sich selbst (=Selbstwahrnehmung) (...) als Selbstkonzept bezeichnet (*wird*)" (ebd. S. 144). Die Wahrnehmungen im Einstellungsinterview sind daher immer auch von Selbstrelevanz und Selbstbezogenheit geprägt. Für die Personalselektion hat das vor allem folgende Auswirkungen (ebd., S. 149):

1. Selbstrelevante Verhaltensdimensionen werden mit höherer Wahrscheinlichkeit zur Beschreibung und Beurteilung anderer Personen herangezogen. Je weniger strukturiert ein Beurteilungsverfahren (z.B. freie Beurteilung) ist, desto höher ist die Wahrscheinlichkeit der selbstwertbezogenen Auswahl der Beurteilungsdimensionen. Dem Effekt kann daher durch den Einsatz hochstrukturierter Verfahren entgegengewirkt werden.
2. Ein hohes Maß an Selbstreflexion eines Beurteilers, d.h. Kenntnis der Selbstbeschreibungsdimensionen und der Einschätzung auf diesen Dimensionen und die Kenntnis der Wirkung der Selbstwahrnehmung auf die Fremdwahrnehmung verringern das Auftreten von Wahrnehmungsverzerrungen. Diese Kenntnis ist insbesondere beim Einsatz wenig strukturierter Beurteilungsverfahren wichtig.
3. Individuen neigen dazu, Verhaltensskalen selbstwertdienlich zu verankern. Beurteilungsskalen mit wenig oder nicht operationalisierten Merkmalsausprägungen (z.B. Einstufungsskalen) können besonders leicht selbstwertdienlich verankert werden und sollten daher nicht eingesetzt werden. Dies legt den Einsatz von „verhaltensverankerten Beurteilungsskalen" nahe.
4. Schulungen, die eine differenzierte Selbstwahrnehmung der Teilnehmer anstreben (z.B. gruppendynamische Trainings), erfüllen vor diesem Hintergrund auch teilweise die Funktion eines Beurteilungstrainings.
5. Selbstwertdienliche Informationsverarbeitung wird bei emotional wenig ausgereiften Persönlichkeiten eher auftreten, da deren Selbstwert einer ständigen Stützung bedarf. Daher unterstützen alle betrieblichen Maßnahmen zur Persönlichkeitsentwicklung auch das Beurteilungsvermögen von Mitarbeitern.

Auch die Erforschung der sozialen Informationsverarbeitung oder Kognition hat sich aus den Experimenten von Asch entwickelt (vgl. Strack, 1997). Kognitive Theorien umfassen all jene Theorien, die sich auf Annahmen über nicht direkt beobachtbare Prozesse und Strukturen beziehen. Das Verhalten einer Person ist nicht einfach nur die Reaktion auf eine objektive Situation, sondern immer auf die kognitive Repräsentation dieser Situation (vgl. Lueger, 1992; Effler, 1986). „Bewertungen von Personen und sozialen Situationen sind ohne Rückgriff auf frühere Erfahrungen kaum denkbar" (Kanning, 1999, S. 55). Der Mensch wird als „intuitiver Wissenschaftler (*gesehen*), der in seinen Urteilen verfügbare Information nutzt und weitgehend den Regeln wissenschaftlichen Schlussfolgerns folgt" (Schwarz, 1997, S. 356). Das Urteil hängt stark davon ab, welche Informationen aus dem Gedächtnis abgerufen werden können. Da immer nur ein Teil der Information, die wahrgenommen wird, auch im Gedächtnis abgespeichert wird, berücksichtigen die Urteile über andere Personen nur einen Teil der Realität. Verhaltensweisen von Personen werden in Sequenzen abgespeichert, die die

Form allgemeiner Aussagen über die Persönlichkeit haben und somit häufig als stabile Persönlichkeitsmerkmale erinnert werden (Kanning, 1999).

Der Sinn dieser Schemata besteht darin, die Komplexität der Realität zu reduzieren, so dass sie für das kognitive System handhabbar wird. Schemata sind relativ stabil und werden nur dann verändert, wenn sich eine Person mit schemainkonsistenter Information kognitiv auseinandersetzt (Strack, 1997). Aufgrund des Zusammenlebens in einer Kultur werden die Schemata, Stereotype und Vorurteile von sehr vielen Menschen geteilt; „kulturelle und gruppenspezifische Normen und Werte stellen neben individuellen Aspekten die Basis für soziale Kategorisierung dar, die ihrerseits dem Schutz bestehender Werte und Normen und damit wiederum der Aufrechterhaltung des Kategoriensystems dient." (Six 1997, S. 367) Mit Hilfe der Schemata wird zum einen Information sehr abstrakt abgespeichert, zum anderen liefern die Schemata Richtlinien für das Verhalten in bestimmten Situationen, sogenannte Skripts (Six 1997; Kanning, 1999). Die Verwendung dieser Skripts sorgt aber auch für Missverständnisse, wenn z.B. das Skript nicht von den interagierenden Personen geteilt wird. Ramsay, Gallois und Callan (1997) haben herausgefunden, dass das Wissen und Verstehen der sozialen Regeln erfolgskritisch für das Einstellungsinterview ist, wobei als soziale Regeln die der Situation angemessenen Skripts verstanden werden. Die Beurteilung von Bewerbern „is based as much or more on memory as on current observation" (Feldman, 1981, S. 128). Da allerdings die Prototypen auf der Grundlage von Lernerfahrungen ausgebildet werden (Kanning, 1999), geht Feldmann (1981) davon aus, „that categories and their attendent prototypes develop out of observations of the naturally occurring covariation among cues. Given the reasonable assumption that in most cases it is possible to distinguish between employees who are acceptable and those who are utter failures, it would be surprising if experienced evaluators had not at least developed prototypes of good and poor employees. Further, to the extent that the quality of the job performance is specifiable in terms of observation (e.g., parts made to specification, absence, sobriety, courtesy to customers, etc.), the prototype will be valid." (S. 144)

Bei der Beurteilung von Personen können primär zwei Beurteilungsfehler auftreten (Kanning, 1999). Der eine Fehler besteht darin, dass eigene Aussagen falsch erinnert werden oder aber schemaabweichende Information nicht oder falsch, d.h. schemakonsistent erinnert wird. Der zweite Fehler liegt darin (ebd.) dass wiederholte Falschaussagen glaubwürdig wirken, die „subjektive Vertrautheit einer Information (*kann*) nicht mehr von ihrem objektiven Wahrheitsgehalt getrennt werden" (ebd., S. 71). In beiden Fällen kommt es zu Fehlinterpretationen der objektiven Gegebenheiten.

Da diese beiden Beurteilungsfehler auch im Einstellungsinterview bei der Beurteilung des Bewerbers relevant sind, sollte der Personalpraktiker „konkrete Begebenheiten (...) für eine spätere Beurteilung der Person schriftlich (..) fixieren" (ebd., S. 68).

Für die Verbesserung der Personenbeurteilung bei professionellen Beurteilern ist es wichtig, dass *„bestehende Automatismen unterbrochen werden und an ihre Stelle eine ganz bewußt vorgenommene Beurteilung gestellt wird"* (Kanning, 1999, S. 270).

Dafür sind nach Kanning (1999) vor allem folgende Punkte von Bedeutung:
- Eine bewusste Steuerung der Aufmerksamkeit erlaubt es dem Personalpraktiker auf Aspekte zu achten, die bislang unentdeckt waren. Allerdings besteht hierbei die Gefahr einer Übersensibilisierung durch selektive Aufmerksamkeit, wodurch Erwartungen und Vorurteile bestätigt werden, die objektiv betrachtet, falsch sind. Deswegen ist es ratsam, die eigenen Urteile durch Kollegen validieren zu lassen (vgl. dazu auch Schuler, 2002).
- Es besteht die Notwendigkeit, den Prozess der Urteilsfindung und die Kriterien der Beurteilung explizit festzulegen, da sich auf der „Grundlage der alltäglichen Erfahrungen (…) ein Bezugssystem auf(*baut*), dem eine entscheidende Rolle bei der Bewertung zukommt" (S. 272). Eine Möglichkeit diese Bezugssysteme aufzudecken, besteht darin, durch die Supervision des Entscheidungsverhaltens systematische verzerrende Einflüsse zu beseitigen.
- Ein weiteres Problem bei der Personenbeurteilung und -wahrnehmung liegt in der Bevorzugung von generalisierenden Charakterisierungen. Diese Generalisierungen müssen erkannt und und auf ihre Berechtigung hin überprüft werden: Der erste Eindruck muss also explizit hinterfragt werden.
- Personalpraktiker sollten außerdem für den Prozess der Attributionszuschreibung sensibilisiert werden, da die Attribution das Verhalten dem Bewerber gegenüber beeinflusst. Gerade der fundamentale Attributionsfehler sollte bei der Zuschreibung der Kausalerklärung an Situation bzw. Person beachtet werden. Sinnvoll kann es für den Personalpraktiker dabei sein, den Blickwinkel zu wechseln und das Geschehen aus Sicht des Bewerbers zu betrachten.
- Gerade die Verwendung von sozialen Vorurteilen, d.h. die soziale Kategorisierung, führt zu Fehleinschätzungen des Bewerbers. Um diese Fehlerquelle so gering wie möglich zu halten, ist es sinnvoll, Personen aufgrund mehrerer Merkmale zu beschreiben, im Idealfall getrennt durch mehrere Beurteiler, wobei die Einzelurteile im Sinne einer Objektivierung der Entscheidung anschließend ausgetauscht und diskutiert werden sollten.

Ein weiterer für die Beurteilung relevanter Punkt sind die Emotionen des Personalpraktikers, da „negative Stimmungslagen die Bereitschaft zum analytischen Denken fördern, während positive Stimmungen eher zur Verflachung des Denkens führen" (S. 280). Deshalb sollten Beurteilungen hinterfragt werden, „wenn der Beurteiler zum Zeitpunkt seiner Entscheidung allzu guter oder extremer Stimmung war" (S. 280).

4.2 Praxologische Kriterien eines Kompetenzbeurteilungsverfahrens

Wie die vorhergehenden Ausführungen gezeigt haben, gibt es vielfältige Einflussfaktoren, die die Qualität von professionellen Beurteilungen schmälern können. Von wissenschaftlicher Seite werden eine Reihe von Empfehlungen ausgesprochen, wie die Verfahren „narrensicher" gestaltet werden können, um Verzerrungen möglichst auszuschließen. Die Empfehlungen haben eine gemeinsame Richtung: Je rigider der Einfluss der Beurteiler kontrolliert wird, desto höher sind die Chancen, ein abgewogenes und der

Befähigungsstruktur des Bewerbers gerecht werdendes Urteil zu treffen. Doch nach allem, was wir bislang wissen, wehren sich die Praktiker gegen diese Vorgaben zur Regelung ihrer Beurteilungstätigkeit, die für sie zum großen Teil nicht nachvollziehbar bleiben (vgl. z.B. Lang-von Wins, Maukisch & von Rosenstiel, 1998). Hier stellt sich die zentrale Frage, unter welchen Umständen Praktiker ein Beurteilungsverfahren akzeptieren und welche zentralen Attribute dieses Verfahren aufweisen sollte. Im Gegensatz zu den von wissenschaftlicher Seite aufgestellten Qualitätskriterien wurde diese Frage bislang jedoch kaum wissenschaftlich-empirisch untersucht; die Zahl der zu dieser Frage verfügbaren Arbeiten ist so klein, dass im Folgenden auf ein theoretisches Rahmenmodell verwiesen werden soll, das A. Sandor (2003) im Rahmen des Projektes in ihrer Diplomarbeit entwickelt hat und das sich hervorragend als Ordnungsprinzip für das bislang verfügbare relevante Wissen eignet.

Anhand dieses Rahmenmodells der Personalauswahl und -beurteilung sollen Faktoren abgeleitet werden, die den Einsatz und die Akzeptanz von Verfahren bzw. Instrumenten beeinflussen.

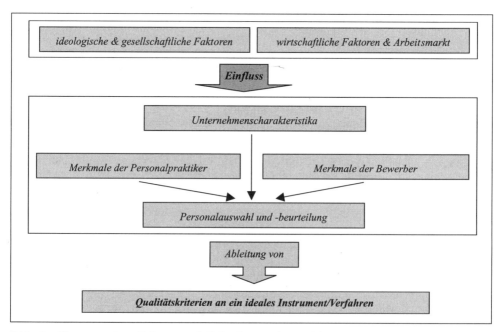

Abb. 3: Ein normatives Rahmenmodell der Personalauswahl und -beurteilung (Sandor, 2003, S. 36)

In dem Modell werden unternehmensinterne und -externe Kontextfaktoren der Personalauswahl sowie Faktoren seitens der Anwender und Bewerber berücksichtigt, die Gegenstand der nächsten Abschnitte sind. In diesem Rahmenmodell wird sowohl eine personalistische als auch situative Sicht der Personalauswahl und -beurteilung betont. So werden zum einen die konkreten Bedürfnisse des Personalpraktikers und zum anderen der Einfluss von Unternehmenscharakteristika als bedeutend erachtet. Da die Einführung eines neuen Instruments als soziotechnische Innovation verstanden werden kann, ist die Bedeutung von Unternehmensmerkmalen für die Art und das Gelingen der Innovation augenscheinlich (vgl. Frese und Brodbeck, 1989; Moser und Zempel, 2000).

Unter unternehmensexternen *Kontextvariablen* der Personalauswahl werden im Rahmen der vereinfachenden Übersicht ideologische und gesellschaftliche Faktoren sowie wirtschaftliche und Arbeitsmarktfaktoren subsumiert. Diese Kontextvariablen haben eine übergeordnete Bedeutung für die Personalauswahl in Unternehmen. Einen Überblick über ideologische (z.B. Akzeptanz der Eignungsdiagnostik) und gesellschaftliche Rahmenbedingungen (Akzeptanz individueller Unterschiede in der Eignungsdiagnostik) der Personalauswahl und -beurteilung gibt Schuler (2000). Wirtschaftliche Veränderungen, der Strukturwandel der Arbeit und die daraus folgenden Implikationen für die Personalauswahl tragen aus vielerlei Perspektiven zum Wandel der Anforderungen und zu einer Dynamisierung der individuellen Erwerbsbiografie bei. Empirische Befunde zur Umweltdynamik liefern u.a. die Untersuchungen von Jackson et al. (1989) und Wilk und Capelli (2003). Hervorzuheben bleibt, dass Unternehmen kompetente Mitarbeiter brauchen, um der Veränderungsdynamik in ihrem Umfeld gerecht zu werden. Personalauswahl muss aus diesem Grund als Kompetenzmessung und -beurteilung begriffen werden.

Auch verschiedene *Organisationsparameter* (z.B. Ziele, Stil bzw. Kultur und Form eines Unternehmens) beeinflussen die Auswahl von Mitarbeitern (vgl. Schuler, 2000). Einige wenige empirische Untersuchungen thematisieren den Einfluss von Unternehmenscharakteristika auf Einsatz und Akzeptanz von Verfahren bzw. bestimmten Personalpraktiken. So untersuchten Jackson et al. (1989) den Einfluss des Industriesektors im Sinne der Branchenzugehörigkeit des Unternehmens (vgl. auch Terpstra & Rozell, 1993, 1997), der Unternehmensstrategie, der vorhandenen Unternehmenstechnologien (vgl. auch Drumm & Scholz, 1988), der Unternehmensstruktur und -größe (vgl. auch Drumm & Scholz, 1988; Terpstra & Rozell, 1993) sowie dem Vorhandensein von Gewerkschaften auf den Einsatz bestimmter Personalpraktiken. Johns (1993) thematisiert im Rahmen seiner Ausführungen u.a. auch den Einfluss des Managements im Sinne von „managerial fads and fashions" (ebd., S. 573) auf die Akzeptanz bestimmter psychologisch fundierter Verfahren.

Es wird deutlich: Personalauswahl in Unternehmen findet in vielfältigen Bezugsräumen statt. Daraus lässt sich die zunächst noch globale Forderung ableiten, dass bestimmte Parameter von Unternehmen bei der Entwicklung und Implementierung des Verfahrens individuell mit einbezogen werden müssen. Ansonsten ist zu vermuten, dass der Einsatz und die Akzeptanz des Instruments leiden werden. Die Ergebnisse der zitierten empirischen Studien unterstreichen dies nachhaltig.

Die Einführung eines neuen Verfahrens zur Messung von Kompetenzen ist nicht nur von Charakteristika des Unternehmens abhängig, sondern wird auch durch personale Faktoren des zukünftigen Anwenders bedingt.

Bei der Implementierung neuer Verfahren – im weitesten Sinne neuer Technologien – müssen bestimmte *Merkmale der Anwender* beachtet werden, die über die empfundene

Nützlichkeit (nicht nur betrachtet als vordergründige Funktionalität) Einsatz und Akzeptanz des Verfahrens nachhaltig beeinflussen können. Frese und Brodbeck (1989, S. 32) haben die wichtigsten Punkte aus arbeitspsychologischer Perspektive herausgearbeitet. Aus ihrer Sicht können bei der Einführung neuer Techniken die folgenden Probleme auftreten:

1. Unterbrechung von Routinen
2. Entwertung der Qualifikation
3. Doppelbelastung in der Einführungsperiode
4. Angst vor Statusverlust
5. Angst vor dem Neulernen
6. Angst, geschaffene Freiräume zu verlieren

Folgen dieser Probleme können auf Seiten der Anwender u.a. Passivität und Reaktanz sein, die eine erfolgreiche Einführung und den Einsatz der neuen Methode verhindern (Frese & Brodbeck, 1988). Als Erklärungsansatz für die Passivität der Betroffenen führen die Autoren die Theorie der gelernten Hilflosigkeit von Seligman (1986) an, die dann Hilflosigkeit und Hoffnungslosigkeit im Sinne von Passivität postuliert, wenn Individuen keine Möglichkeit zur aktiven Beeinflussung einer belastenden Situation sehen (vgl. Frese und Brodbeck, S. 36). Reaktanz gegen neue Techniken bzw. Methoden ist als Reaktion auf eine Einschränkung der Freiheitsspielräume zu interpretieren und kann in diesem Sinne als Versuch gewertet werden, die ursprünglichen Freiheiten wieder herzustellen (Brehm, 1973). Eine Möglichkeit, diese Problematik zu umgehen, liegt in der aktiven Einbindung der Betroffenen bei Entwicklung und Einführung der neuen Technik.

Ein weiterer relevanter Aspekt auf Seiten der Nutzer ist, dass der Einsatz und die Anwendung bestimmter Verfahren entsprechende Kenntnisse im Sinne von Methodenkompetenz erfordern. Dementsprechend sind Aspekte wie die Verständlichkeit bzw. Schwierigkeit des Verfahrens sowie der Aufwand bei der Durchführung entscheidende Faktoren, die als Praktikabilität eines Instruments zu verstehen sind. Einen interessanten Erklärungsansatz für diesen Aspekt liefern Drumm und Scholz (1988), indem sie in diesem Zusammenhang argumentieren, dass bei einem vorhandenen „Kompetenzangstsyndrom" Einsatz und Akzeptanz von Verfahren gefährdet sein kann. Dieses Syndrom entsteht durch die wahrgenommene bzw. empfundene Bedrohung eigener Kompetenzen und wird durch das Reduzieren bzw. Aufheben von Ermessensspielräumen und das Nichtverstehen des neuen Verfahrens von den Personalpraktikern verursacht.

Ein weiterer Einflussfaktor auf Einsatz und Akzeptanz von Instrumenten ist die Entstehung von kognitiver Dissonanz beim Personalpraktiker. Begünstigt wird dies durch Nichtbeachtung von Wertvorstellungen, Alltagstheorien und der Intuition der Personalpraktiker und dem impliziten In-Frage-Stellen ihrer Kompetenz. Die so entstehende Dissonanz kann in einer Vielzahl von Reaktionen Ausdruck finden, die bis zur grundsätzlichen Ablehnung von wissenschaftlichen Erkenntnissen und Methoden für die eigene Arbeit reichen können, da diese als nicht konsonant mit dem Wert-Wissens-System erlebt werden und damit dem eigenen Selbstwert abträglich sind.

Zusammenfassend soll auf die folgende Tabelle hingewiesen werden, die Lang-von Wins (2000) als ein Ergebnis eines explorativen Forschungsprojektes präsentiert.

Tab. 1: Anforderungen von Praxis und Wissenschaft an die Entwicklung und den Einsatz von Potenzialdiagnoseinstrumenten (aus Lang-von Wins, 2000, S. 173)

Anforderungen der Praxis	**Anforderungen der Wissenschaft**
• inhaltliche Beteiligung des Anwenders	• anwenderunabhängiges Instrument (Objektivität)
• hohe Flexibilität und Veränderbarkeit	• robustes und zuverlässiges Messinstrument (Reliabilität)
• geringer Aufwand hinsichtlich Kosten und Durchführung	• theoretisch und empirisch gut abgesichertes Instrument (Validität)
• Bedürfnis nach einem „Werkzeug" mit geringem Pflegeaufwand	• regelmäßige Evaluation und ggf. Anpassung an veränderte Einsatzbedingungen
• kulturelle Passung des Vorgehens an organisationsinternen Vorgaben	• strikter Bezug auf die zugrundeliegenden theoretischen Konstrukte

In der Tabelle werden die gegensätzlichen Ansprüche von Wissenschaft und Praxis akzentuierend gegenübergestellt. Deutlich wird, dass es sich um einen strukturell angelegten Konflikt unterschiedlicher Kriteriensysteme handelt, der nicht durch eine stetige Verfeinerung methodischer Vorgehensweisen aufgelöst werden kann, sondern der ein Zugehen der Wissenschaft auf die Praxis notwendig macht.

Die offensichtliche Diskrepanz zwischen Wissenschaft und Praxis betont von Rosenstiel (2000), indem er ausführt, dass von Psychologen „zu intensiv auf Gütekriterien wie Objektivität, Reliabilität und Validität" geachtet wird und dies letztlich einer angewandtenwissenschaftlichen Forschung nicht gerecht wird, die „nicht nur ‚wahr', sondern auch ‚nützlich' sein sollte". Weiter betont er, dass „ein noch so objektives, reliables und valides Verfahren sich als Fehlentwicklung herausstellen (*kann*), wenn es in der Praxis nicht genutzt wird" (ebd., S. 20). In gleicher Weise argumentiert Wottawa (2000), der diesen Sachverhalt noch drastischer und etwas überspitzt darstellt. So bezeichnet er eignungsdiagnostische Instrumente als „an Universitäten entwickelte Lösungen auf der Suche nach Problemen", die das „Ergebnis von kurzfristigen Projekten, Dissertationen oder sogar Diplomarbeiten mit vorwiegend grundlagenorientierten Interessen" (ebd., S. 41) sind. Ausdrücklich betont er den dadurch nicht vorhandenen „intensive(n) Bezug zur Lösung eines in der Praxis virulenten Problems" (ebd., S. 41) und das Fehlen von Instrumenten „für wirklich praxisrelevante Probleme" (ebd., S. 42). Lang-von Wins (2000) argumentiert in diesem Zusammenhang, dass die „erkennbare Nähe des Verfahrens und seiner theoretischen Annahmen zur konkreten Fragestellung (*der Praxis*) sowie die Beteiligung der Personalexperten von Unternehmen an der Ausgestaltung und der Handhabung entscheidend" (ebd., 2000, S. 172) für dessen Einsatz zu sein scheint.

In der folgenden der Arbeit von Sandor (2003) entnommenen Mind Map sind zusammenfassend die wesentlichsten Anforderungen an ein Kompetenzmessverfahren aus der Sicht von Wissenschaft und Praxis dargestellt.

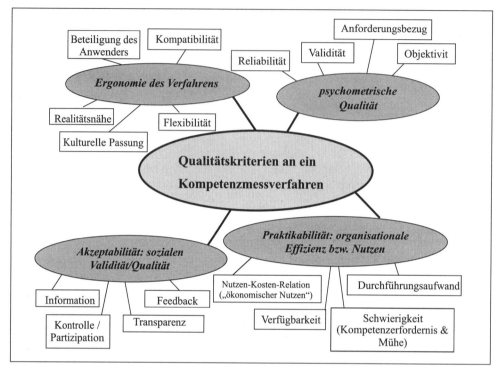

Abb. 4: Qualitätskriterien an ein Kompetenzmessverfahren (aus Sandor, 2003, S. 54)

5 Die Studie und ihre Ergebnisse

Wie bereits dargestellt, wurden die grundsätzlichen Fragestellungen in Form von explorativen Fallstudien durchgeführt. Die Interviewpartner waren Personalfachleute aus unterschiedlichen Unternehmen, mit denen eine Reihe von Interviews geführt wurde, um Ansatzpunkte für eine Weiterentwicklung der bestehenden Beurteilungspraktiken zu finden. In den folgenden Abschnitten sind die wesentlichen Ergebnisse dargestellt.

5.1 Erzielte Ergebnisse

Die Gespräche wurden in Form von zusammenfassenden Falldarstellungen dokumentiert, die im Überblick alle wesentlichen Ergebnisse enthalten. Die Falldarstellungen sind in Teil II dieses Beitrages wiedergegeben. Die Ergebnisdarstellung wird in zwei Teile untergliedert, die als besonders wesentlich aus der Menge der im Projekt gewonnenen und analysierten Daten herausstechen: die Entstehung von impliziten Kompetenzhypothesen und die Kriterien, die von Personalpraktikern an ein ideales Zertifizierungsverfahren angelegt werden.

5.1.1 Ergebnisse zu den impliziten Theorien der Personalpraktiker

Welche Anforderungen wurden genannt?
Von den Personalpraktikern wurden im Laufe des Interviews unterschiedlich viele Anforderungen genannt, die sie bei einem Bewerber für die zu besetzende Stelle als relevant erachten. Dabei wurden folgende Fragestellungen abgeklärt:
1. Wie viele Anforderungen sind dem Personalpraktiker wichtig?
2. Wie viele Anforderungen fragt er im Einstellungsinterview ab?
3. Wie viele unterschiedliche Fragenblöcke verwendet er dafür?

Dabei stellte sich heraus, dass die Personalpraktiker bis zu 42 Anforderungen (Fall 2; Fall 7) nannten, von denen sie aber nur einen Bruchteil (3 Anforderungen in Fall 7) im Interview erfassten. Die Personalfachleute sind sich dieses Missverhältnisses in der Regel nicht bewusst und wiegen sich in der Sicherheit einer durch ihr „Bauchgefühl" abgewogenen Entscheidung.

In den Interviews wurden von den Personalpraktikern insgesamt 267 Anforderungen genannt, die sich in 34 Unterkategorien einteilen lassen, welche dann in neun Kategorien zusammengefasst wurden. Es wurden nach Erpenbeck und Heyse (1999) Teilkompetenzen als Kategorien verwendet; außerdem finden sich noch die Kategorien Person-Organisations-Passung, Person-Job-Passung, Führung sowie Formalien. Anforderungen, die den Personalen Kompetenzen zugeordnet werden können, wurden am häufigsten genannt (82 Nennungen), gefolgt von Anforderungen, die unter die Sozialkompetenzen fallen (55 Nennungen). Am dritthäufigsten wurden die Fachkompetenzen mit 39 Nennungen, gefolgt von den Methodenkompetenzen mit 26 Nennungen aufgeführt. Handlungskompetenzen wurden neun mal als Anforderung aufgenommen.

Auch die Person-Organisations-Passung (19 Nennungen) spielt eine Rolle bei der Auswahl, ebenso die Person-Job-Passung (17 Nennungen), in bestimmten Fällen auch die Führungserfahrung und -qualität (19 Nennungen) sowie Formalitäten (eine Nennung). In der prozentualen Verteilung der Häufigkeiten der Anforderungen ist diese Abfolge ebenfalls ersichtlich (Abbildung 5).

Die Vielzahl an Anforderungen wird von den Personalpraktikern – wie bereits dargestellt – in den Einstellungsinterviews nicht oder nur teilweise erfasst. Von den 267 erfassten Anforderungen nannten die Personalpraktiker 139, die sie auch tatsächlich im Einstellungsinterview erfassen bzw. glauben zu erfassen. Umgekehrt betrachtet wird etwa die Hälfte der als relevant erachteten Anforderungen im Interview nicht thematisiert. Das wäre außerordentlich bedenklich, wenn die von den Personalfachleuten verbalisierten Anforderungen an neue Mitarbeiter als voneinander unabhängig betrachtet werden könnten; tatsächlich aber haben die weiteren Analysen gezeigt, dass die

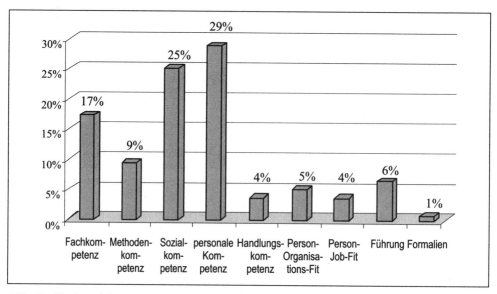

Abb. 5: Nach welchen Anforderungen suchen die Personalpraktiker (in Prozent)?

Anforderungen mental so organisiert sind, dass sie teilweise auf unterschiedlichen Abstraktionsebenen liegen und bestimmte Begriffe wiederum andere mit einschließen. Die befragten Personalfachleute sind sich dieses Sachverhaltes jedoch nicht bewusst und erarbeiteten sich erst im Rahmen der Gespräche durch die intensive Beschäftigung mit den Anforderungen und ihrer praktischen Bedeutung eine teilweise recht schwer verbalisierbare Ahnung davon, worauf sie im Beurteilungsprozess eigentlich achten. So muss davon ausgegangen werden, dass die Urteilsbildung einer Vielzahl verfälschender Einflüsse unterliegt, die sich im Wesentlichen aus der mangelnden Trennschärfe der Anforderungskonstrukte ergeben.

Bei den tatsächlich erfassten Anforderungen werden die Personalen Kompetenzen am häufigsten aufgeführt (40 Nennungen), gefolgt von den Sozialkompetenzen (35 Nennungen). Die Fachkompetenzen folgen an dritter Stelle mit 24 Nennungen, Methodenkompetenzen wurden 13-mal genannt. Gerade fünf Anforderungen tangieren die Teilkompetenzen der Handlungskompetenzen. Der Person-Organisations-Fit wurde siebenmal aufgeführt, der Person-Job-Fit fünfmal; Führung wurde von den Unternehmen, die die Anforderungen für eine Führungsposition genannt hatten, über neun Anforderungen abgefragt (vgl. Abbildung 6).

Bewerbungsunterlagen
Die Untersuchung des Vorgehens bei der Auswahl von Bewerbungsunterlagen konzentrierte sich primär auf zwei Punkte: die Entscheidungswege bei der Auswahl der Bewerbungsunterlagen und die konkrete Begründung dieser Entscheidungen. Zunächst wurde versucht, die Entscheidungswege kaskadenartig nachzubilden. Dieses Kaskadenmodell (vgl. Abbildung 7) stellt insofern ein Hilfskonstrukt dar, als davon ausgegangen werden muss, dass die Linearität des modellierten Ablaufes nicht unbedingt den tat-

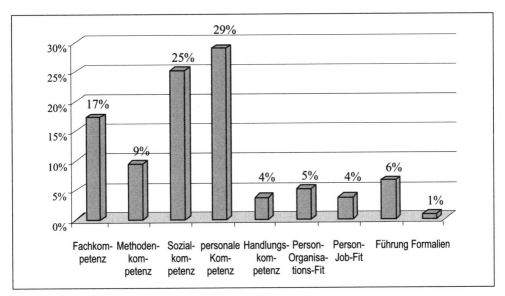

Abb. 6: Welche Anforderungen werden von den Personalpraktikern im Einstellungsinterview abgefragt? (Häufigkeiten in Prozent)

sächlichen Entscheidungsprozessen folgt. Die Interviewpartner wurden gebeten, kaskadenartig ihre Entscheidungswege bei der Sichtung von Bewerbungsunterlagen nachzuvollziehen, wobei bei jedem Schritt Kriterien genannt werden sollten, die zum Aussortieren der Unterlage bzw. zu ihrem weiteren Verbleib in der Menge der interessierenden

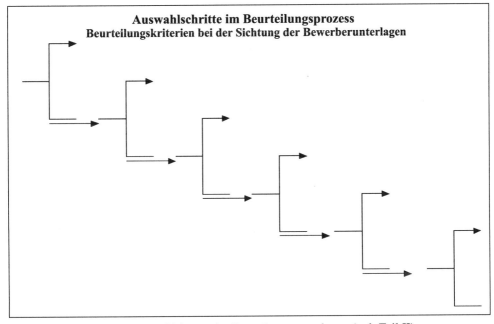

Abb. 7: Kaskadenmodell zur Sichtung der Bewerbungsunterlagen (vgl. Teil II)

Unterlagen führen. Zudem wurde erfragt, an welchen Merkmalen die Personalpraktiker die von ihnen genannten Anforderungen aus den Bewerbungsunterlagen ablesen.

Wesentliche Punkte bei der Analyse von Bewerbungsunterlagen
In der Praxis wird bei der Beurteilung von Bewerbungsunterlagen Wert auf verschiedene Kriterien gelegt. In dieser Untersuchung wurden am häufigsten die formalen Kriterien Ordentlichkeit, Strukturiertheit und Vollständigkeit genannt. Diese Kriterien werden bei der Analyse der Bewerbungsunterlagen in der Regel zu Beginn bewertet, bei einigen Personalpraktikern aber auch erst an dritter Stelle. Drei von acht Personalpraktikern (Fall 6, Fall 13 und Fall 14) nahmen diesen formalen Punkt sogar an zwei Stellen in ihrem Kaskadenmodell auf. Ein Personalpraktiker (Fall 14) wünscht sich „ergonomisch" handhabbare Unterlagen. Der Zeitaufwand für die Analyse der Unterlagen ist zumeist sehr gering gehalten. Durchschnittlich sind es nur zwischen fünf und maximal fünfzehn Minuten, die pro Bewerber aufgebracht werden.

Die Berufserfahrung sowie die fachlichen Qualifikationen werden ebenfalls aus einer Sichtung der Bewerbungsunterlagen heraus beurteilt. Diese beiden Faktoren werden direkt nach den Formalien in die Analyse miteinbezogen. Die Übereinstimmung der Anforderungen mit den für die Stelle erforderlichen Qualifikationen und Berufserfahrungen des Bewerbers ist relevant für die Entscheidung für oder gegen einen Bewerber.

Auch das Anschreiben spielt eine wichtige Rolle bei der Vorauswahl aufgrund der Bewerbungsunterlagen. Für einen Personalpraktiker (Fall 6) stellt das Anschreiben eine Art „persönliche Visitenkarte" des Bewerbers dar, an der er das Interesse des Bewerbers für das Unternehmen ablesen kann. Auf das Interesse wird auch über das Eingehen auf die Anzeige im Anschreiben geschlossen (Fall 1, Fall 6, Fall 7, Fall 9 und Fall 10).

Das Lichtbild spielt für die meisten Personalpraktiker in dieser Untersuchung in ihrer eigenen Einschätzung nur eine untergeordnete Rolle. Das Foto dient in erster Linie als eine Art „Anker", mit dem die Eigenschaften eines Bewerbers erinnert werden. Ein Personalpraktiker (Fall 7) sieht das Foto allerdings auch als Präsentation des Bewerbers dem Unternehmen gegenüber, die er in Hinblick auf ihre „Angemessenheit" dem Unternehmen und der Position gegenüber beurteilt.

Im Normalfall ist der Gesamteindruck der Bewerbungsunterlagen ausschlaggebend. Die einzelnen Anforderungen, die aus den Unterlagen erschlossen werden, können andere nicht erfüllte Anforderungen kompensieren.

Aufgrund des an den Bedürfnissen der Personalpraktiker orientierten Vorgehens wurden von zehn Personalpraktikern die Kaskadenmodelle bearbeitet. Insgesamt wurden folgende Punkte von den Personalpraktikern aufgeführt, die ihnen bei der Analyse der Unterlagen wichtig sind.

Tab. 2: Kriterien bei der Beurteilung von Bewerbungsunterlagen aufgrund der Kaskadenmodelle von 10 Unternehmen

Kriterien	Nennungen	Fall
Formalia: Ordentlichkeit, Strukturiertheit und Vollständigkeit der eingereichten Unterlagen	12	1, 4, 5, 6, 7, 10, 13, 14
Fachliche Qualifikationen	11	1, 3, 4, 5, 6, 9, 14
Berufserfahrung	7	4, 5, 6, 13
Bewerbungsgrund und Bezug zum Unternehmen	5	1, 6, 7, 9, 10
Anschreiben	4	1, 4, 6, 7
Zeugnisse	4	1, 7, 10
Kriterien	**Nennungen**	**Fall**
Alter	4	3, 5, 9, 13
Interessen neben der Arbeit	1	10
Passende Gehaltsvorstellungen	1	14
Art der Bewerbung	1	4
Stammt aus der Gegend	1	3
Ist insgesamt den anderen Bewerbern überlegen	1	10

Legende: In der Spalte „Nennungen" findet sich die Häufigkeit, mit der die Kriterien insgesamt genannt wurden. Manche Kriterien wurden in einem Fall mehrmals genannt; diese Fälle wurden in der Spalte „Fälle" nur einmal aufgeführt. Deswegen gibt es zum Teil einen Unterschied in der Häufigkeit der Nennungen und der Anzahl der aufgeführten Fälle.

Darüber hinaus wurden in den Interviews noch weitere Aussagen der Personalpraktiker mit aufgenommen, die für die Beurteilung der Bewerbungsunterlagen von Bedeutung sind. Diese Aussagen gehen über die im Kaskadenmodell erfassten Schritte der Auswahl hinaus. Einige Personalpraktiker schließen aus den Bewerbungsunterlagen auf die Persönlichkeit des Bewerbers, anderen dagegen dienen die Bewerbungsunterlagen vor allem zur Abklärung der fachlichen Kriterien. An dieser Stelle finden sich auch Aussagen über die Bedeutung und den Einfluss des Bewerbungsfotos.

Aus den Bewerbungsunterlagen abgeleitete Anforderungen
In den Interviews wurde zudem exploriert, wie die Personalpraktiker die von ihnen geforderten Anforderungen aus den Bewerbungsunterlagen herausfiltern. Nach deren Aussage können hier vor allem qualifikatorische Aspekte über den Lebenslauf und die Zeugnisse erkannt werden. Insgesamt gaben die Personalpraktiker 54 Anforderungen an, die sie aus den Unterlagen erschließen können. Unter diesen Anforderungen fanden sich – entgegen der ursprünglichen Aussage der Personalpraktiker – primär Personale Kompetenzen (15 Nennungen). Beinahe ebenso häufig werden jedoch die Fachkompetenzen aus den Unterlagen erschlossen (14 Nennungen).

Tab. 3: Aussagen über die Bedeutung der Bewerbungsunterlagen

Aussagen zu den Bewerbungsunterlagen	Fall
„Je erfahrener der Bewerber, desto mehr ist aus den Bewerbungsunterlagen bzw. seinem Werdegang zu schließen. (…) Bei eher unerfahrenen Bewerbern müssten jedoch nahezu alle genannten Konstrukte im persönlichen Gespräch erfragt werden."	1
Wichtig sind dem Personalpraktiker „interessante Leute", die zum Beispiel interessante Hobbies haben oder ein ungewöhnliches Fach studiert haben.	4
Das Anschreiben ist die „persönliche Visitenkarte" des Bewerbers.	6
Das Abiturzeugnis vermittelt ein „Gefühl für die Persönlichkeit". So schätzt der Personalpraktiker z.B. eine Person, die durchgängig die Note Drei hat, als eine „langweilige Persönlichkeit" ohne Interessen und „Highlights" ein. Aus dem Abiturzeugnis bzw. den Noten und den Zusatzfächern liest er zudem die intrinsische Motivation einer Person heraus.	7
Das Bewerbungsfoto sagt nach Meinung des Personalpraktikers nicht viel über die Person an sich aus, sondern vielmehr darüber, wie die Person sich gerne darstellen möchte. Für ihn stellt sich hier die Frage, ob sich der Bewerber so präsentiert, wie es das Unternehmen von seinen Mitarbeitern erwartet.	7
Insgesamt muss die Bewerbung einen guten „Gesamteindruck" machen, damit der Personalpraktiker den entsprechenden Bewerber zum Gespräch einlädt.	7
Bei den Bewerbungsunterlagen zählt primär der Gesamteindruck.	10
Das Foto ist hierbei der letzte Punkt, den der Personalpraktiker in den Bewerbungsunterlagen anschaut, um möglichst unvoreingenommen die Unterlagen zu prüfen.	10
Grundsätzlich wird aus den Unterlagen primär auf die fachliche Kompetenz geschlossen; über den Bereich, aus dem ein Bewerber kommt und die entsprechenden Arbeitszeugnisse.	10
Aus den Bewerbungsunterlagen kann der Personalpraktiker primär qualifikatorische Aspekte erkennen; die „soften Sachen" kann man seiner Meinung nach „manchmal über das Anschreiben" erkennen, grundsätzlich aber besser im Gespräch.	14
Grundsätzlich ist in dem Anschreiben auch der Bezug zur Anzeige eine wesentliche Entscheidungsgrundlage.	14
Die Bewerbungsunterlagen müssen „ergonomisch" in der Handhabung sein, wobei der Personalpraktiker auch davon ausgeht, dass „Leute, die wirklich gut sind, (…) sich mehr Gedanken bei der Bewerbung" machen.	14

Die prozentuale Häufigkeit, mit der die Personalpraktiker die Anforderungen aus den Bewerbungsunterlagen erschließen, ist in der folgenden Abbildung dargestellt.

Über die Passung zum Unternehmen bieten nach Aussage der Personalpraktiker die Bewerbungsunterlagen nur minimale Information an. Hier wird über die Kontinuität im Lebenslauf und die Verweildauer in vorherigen Unternehmen die Loyalität dem Unternehmen gegenüber sowie die erhoffte Verweildauer im Unternehmen erschlossen (Fall 9 und Fall 14).

Die von den Personalfachleuten genannten Anforderungen werden aus den Bewerbungsunterlagen anhand verschiedener Anhaltspunkte erfasst. Geordnet nach den Teilkompetenzen (nach Erpenbeck & Heyse, 1999) werden die Konstrukte vor allem aus

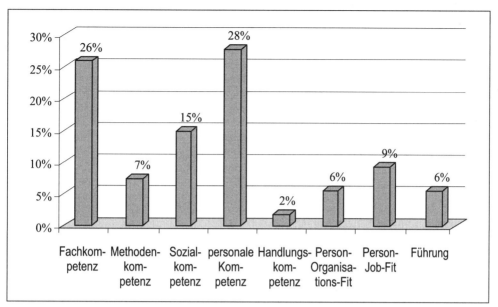

Abb. 8: Welche Anforderungen werden aus den Bewerbungsunterlagen geschlossen? (Häufigkeit in Prozent)

dem Lebenslauf und den Arbeitszeugnissen heraus gelesen. Die Passung der Bewerber zur Organisation oder der Tätigkeit und die Führungserfahrung werden nur zu einem geringen Teil aus den Bewerbungsunterlagen erschlossen (vgl. Tabelle 4)

Die Erfassung der Anforderungen im Bewerbungsinterview
Eine grundlegende Anforderung bei der Besetzung einer Stelle liegt in der fachlichen Passung von Bewerberprofil und Tätigkeitsprofil. Diese fachlichen Qualifikationen werden zwar bei der Analyse der Bewerbungsunterlagen beachtet, aber in der Regel im Einstellungsinterview nochmals hinterfragt. Entweder wird hierzu der Fachbereich miteinbezogen, es wird ein Wissenstest durchgeführt oder das gewünschte Wissen wird in einer Arbeitsaufgabe abgetestet. Einige der befragten Personalfachleute (Fall 7, Fall 8, Fall 9, Fall 12 und Fall 14) legen Wert darauf, dass die Bewerber Inhalte ihres Studiums oder ihrer Diplomarbeit verständlich erklären können. Die Berufserfahrung wird im Interview normalerweise nicht thematisiert, da sie ausreichend aus den Bewerbungsunterlagen erschlossen wird. Die Berufserfahrung spielt aber zum Teil (Fall 3) bei der Zuschreibung eine Rolle, ob ein Bewerber die Anforderungen der Arbeitsaufgabe angemessen bewältigen kann.

Methodenkompetenzen werden von den Personalpraktikern zwar als relevant erachtet, jedoch wurden nur wenige Angaben darüber gemacht, wie sie diese erschließen. Sozialkompetenzen sind den Personalpraktikern auch wichtig, diese werden jedoch aufgrund des persönlichen Eindrucks beurteilt (Fall 1, Fall 5, Fall 7 und Fall 12). Die subjektiv empfundene Qualität des Gesprächs hat hierauf einen das Urteil konstituierenden Ein-

Tab. 4: Welche Kompetenzen werden aus den Bewerbungsunterlagen geschlossen?

Kompetenzen	werden geschlossen aus (Fall)	Fall
Fachkompetenzen	Lebenslauf (1, 9, 13, 14), Werdegang (1), Arbeitszeugnissen (1, 4, 10), Arbeitsproben (1), Berufserfahrung (10) und Stationen im Ausland (13)	1, 4, 9, 10, 13, 14
Berufserfahrung	Arbeitszeugnisse	7, 9, 13
Brachenkenntnisse	Arbeitszeugnisse	1, 13, 14
Methodenkompetenzen	Studium/Studienabschluss (4, 13), Hobbies (4)	4, 13
Sozialkompetenzen	Schlüsselwörter in Zeugnissen (1, 4), Anschreiben (9)	1, 4, 9
Kommunikations-fähigkeit	Aufbau des Bewerbungsschreibens	9, 13
Personale Kompetenzen		
Loyalität	Bei längerer Berufserfahrung: Verweildauer bei vorherigen Arbeitgebern	4, 13
Offenheit	Offenes Umgehen mit Arbeitsplatzverlust	4
Selbständigkeit	Lebenslauf (13), Auslandsaufenthalt (13), wenn sich jemand selbstständig gemacht hat (13), Aufgabenübernahme in Projekten (4)	4, 13
Leistungsbereitschaft	Abiturzeugnis (7), Arbeitszeugnisse (1, 14), Anschreiben (14), gestalteter Lebenslauf (4)	1, 4, 7, 14
Verantwortungs-bewusstsein	Arbeitszeugnisse	3
Flexibilität	Arbeitszeugnisse, Berufserfahrung	1
Handlungskompetenzen	Arbeitszeugnisse	1
Person-Organisations-Fit	Verweildauer bei vorherigen Arbeitgebern (9, 14), Kontinuität im Lebenslauf (9)	9, 14
Person-Job-Fit: spezifische Aufgaben	Lebenslauf (1, 9, 13), Berufserfahrung (1), Arbeitszeugnisse (1)	1, 9, 13
Führung	Arbeitszeugnisse	1
Persönlichkeit	Schul-, Diplom- und eventuell Promotionszeugnis	7

Legende: Die in den Klammern angegebenen Zahlen sind die Nummern der Fälle. Sind keine Zahlen extra angegeben, so wurden die Aussagen in der Spalte „wird geschlossen aus" von alle Personalpraktikern der in der Spalte „Fälle" angegebenen Fälle gleichermaßen getroffen.

fluss. Auch die Beurteilung der Personalen Kompetenzen basiert auf einem allgemeinen Eindruck (Fall 3 und Fall 13), da den Personalpraktikern zum Teil (Fall 6) eine direkte Erfassung im Rahmen des Interviews nicht möglich erscheint.

Die Passung des potenziellen neuen Mitarbeiters zum Unternehmen wird von einigen Personalpraktikern als Kriterium gar nicht aufgeführt. Die Personalpraktiker, die diesen Person-Organisations-Fit als Anforderung aufgeführt haben, schließen die Passung aus dem persönlichen Eindruck, den sie im Verlauf des Gespräches erhalten. Zentral dabei ist ganz offensichtlich die Atmosphäre des Gespräches, die aus Sicht der Personalfachleute ganz wesentlich auf die Bereitwilligkeit der Bewerber zurückgeht, Angebote und Signale ihres Gesprächspartners aufzugreifen und gegebenenfalls zu vertiefen.

Für einige Positionen waren die Führungsqualitäten des Bewerbers eine wesentliche Anforderung. In diesen Fällen (1, 6, 8 und 12) wurde die Führung über Fragen nach dem Umgang mit schwierigen Situationen aus der Vergangenheit bzw. über situative Fragen abgetestet. Ein Personalpraktiker (Fall 7) gab an, dass für ihn die Führungsqualitäten des Bewerbers im Einstellungsinterview nicht erfassbar sind.

Zusammenfassend geben folgende Häufigkeiten an, welche Anforderungen die befragten Personalfachleute aus dem Einstellungsinterview schließen:

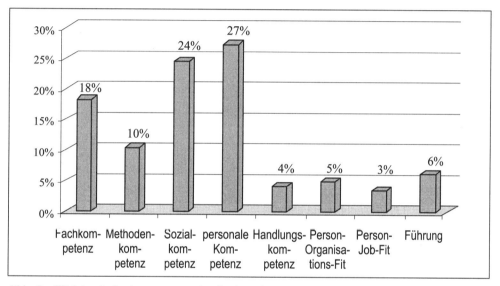

Abb. 9: Welche Anforderungen werden in den Einstellungsinterviews erfasst? (Häufigkeit in Prozent)

Für diese Anforderungen nannten die Personalpraktiker folgende Möglichkeiten zur Erfassung im Bewerbungsinterview:

Tab. 5: Erfassung der Kompetenzen im Bewerbungsinterview

Kompetenzen	werden geschlossen aus (Fall)	Fall
Fachkom-petenzen	▪ Erklärung von Daten aus Lebenslauf/Diplomarbeit (7, 8, 9, 12, 14) ▪ Arbeitsaufgabe, Fragebogen mit Test- bzw. Wissensfragen (3, 4, 10, 12, 13) ▪ Situative Fragen, Fragen aus dem Berufsalltag (5)	3, 4, 5, 7, 8, 9, 10, 12, 13, 14
Berufs-erfahrung	▪ Situative Fragen (3) ▪ Arbeitsaufgabe (3)	3, 5*, 7**, 8**, 9**, 12*, 13*
Branchen-kenntnisse	▪ Über Fragen abfragbar (Namen, Forschung) (1, 14)	1, 7*, 8*, 13*, 14
Methoden-kompetenzen	▪ Vorgehensweisen bei früheren Aufgaben (3, 6, 12) ▪ Rückfragen des Bewerbers (3) ▪ Fallbeispiele aus dem Lebenslauf (12) ▪ Situative Fragen (6) ▪ Sport- und Freizeitaktivitäten (3) ▪ Rollenspiel (12)	3, 4*, 6, 7*, 8*, 10*, 12, 13*, 14***
Sozial-kompetenzen	▪ Umgangsformen (10) ▪ Situative Fragen (5) ▪ Fragen mit Vergangenheitsbezug (5) ▪ Persönlicher Eindruck (1, 5, 7, 12)	1, 5, 7, 9**, 10, 12, 13*
Konflikt- bzw. Kritik-fähigkeit	▪ Situative Fragen (1, 6) ▪ Fragen mit Vergangenheitsbezug (5) ▪ Prospektive Fragen (6)	1, 3*, 5, 6, 7*
Teamfähig-keit	▪ Fragen mit Vergangenheitsbezug (4, 10) ▪ Was versteht der Bewerber darunter? (13) ▪ Arbeitsprobe (14)	4, 7*, 9*, 10, 13, 14
Kommu-nikations-fähigkeit	▪ Sprachlicher Ausdruck (9) ▪ Gutes Gespräch, guter Wortfluss (3, 4, 6, 12, 13, 14) ▪ Präsentation, Fragebogen (6, 9, 10, 12)	3, 4, 6, 7*, 9, 10, 12, 13, 14
Kunden-kontakt	▪ Beispiele aus der Vergangenheit (12) ▪ Gesprächsführung (4) ▪ Arbeitsproben (1) ▪ Persönlicher Eindruck (12)	1, 4, 5*, 7*, 8*, 12
Personale Kompetenzen	▪ Allgemeiner Eindruck/Gesamteindruck (3, 13) ▪ fachliche Qualifikation (14)	3, 6***, 8*, 9*, 10*, 12*, 13, 14
Loyalität	▪ Nicht erfassbar	6, 13
Offenheit	▪ Offenheit in der Bewerbungssituation (14) ▪ Antworten auf Fragen zum Lebenslauf (4)	4, 7*, 9*, 14
Ehrlichkeit	▪ Bemerkungen (4, 7)	4, 5*, 7, 8*, 9*, 13*
Selbständig-keit	▪ Arbeitsaufgabe (3) ▪ „Lebenserfahrung" (4) ▪ prospektive Fragen (13) ▪ allgemeiner Eindruck (12)	3, 4, 12, 13

Leistungs-bereitschaft	▪ Vorbereitung auf das Bewerbungsgespräch (10) ▪ Fragen mit Vergangenheitsbezug (4, 13) ▪ Wichtige Stationen im Lebenslauf (13) ▪ Fragen nach der Arbeitszeit (14) ▪ Situative Fragen, Fallbeispiele (1, 12) ▪ „allgemeines Sprechen", Berichte aus der bisherigen Tätigkeit (1)	1, 3*, 4, 7*, 8*, 10*, 12, 13, 14
Verantwor-tungs-bewusstsein	▪ situative Fragen (6) ▪ Beobachtung (6) ▪ Fragen mit Vergangenheitsbezug (3, 12)	3, 6, 9*, 12
Belastbarkeit	▪ Arbeitsprobe (3, 14) ▪ Fragen nach der Vergangenheit (3, 13) ▪ Fallbeispiele (3, 10)	3, 5*, 8*, 10, 12*, 13, 14
Flexibilität	▪ Situative Fragen (1) ▪ Räumliche Flexibilität erfragbar (13) ▪ Fragen nach der Vergangenheit (10)	1, 10, 13
Lernbereit-schaft	▪ Nicht erfassbar	3, 12, 13
Handlungs-kompetenzen	▪ Fragen nach Beispielen aus der Vergangenheit (14) ▪ Fragen nach der Vergangenheit (12, 13) ▪ Fallbeispiele (1)	1, 12, 13, 14
Person-Orga-nisations-Fit	▪ Persönlicher Eindruck, Gesamteindruck (1, 14)	1, 3*, 5*, 7*, 8*, 9**, 10*, 14
Person-Job-Fit	▪ Lebenslauf, Berufserfahrung und Erfahrungen (1, 13) ▪ Fallbeispiele (6) ▪ Arbeitsprobe (1)	1, 6, 7*, 8*, 9**, 12*, 13, 14*
Führung	▪ Fallbeispiele (1) ▪ Situative Fragen (1) ▪ Fragen nach der Vergangenheit (6, 12)	1, 6, 7***, 8*, 12

Legende: Die in der Spalte „werden geschlossen aus" in Klammern angegebenen Zahlen sind die Nummern der Fälle, deren Personalpraktiker die Anforderung so erschließen. Sind keine Zahlen angegeben, so wurden die Aussagen von allen Personalpraktikern der in der Spalte „Fälle" angegebenen Fälle gleichermaßen getroffen.
* = keine Angaben des Personalpraktikers
** = bereits aus den Bewerbungsunterlagen erschlossen
*** = für den Personalpraktiker nicht erkennbar
Mit welcher Sicherheit können die Konstrukte erfasst werden?

Die Anforderungen können durch die Analyse der Bewerbungsunterlagen und die Interviews unterschiedlich sicher erfasst werden. Manche Anforderungen können nach Aussage der Personalpraktiker direkt erfasst werden, wie z.B. ein Studienabschluss als Indiz für Fachkompetenz. Vor allem Anforderungen, die den Bereich der Personalen Kompetenzen betreffen, sind eher schwierig zu erfassen. Einführend sind anschließend die Sicherheiten der Einschätzungen in den einzelnen Teilkompetenzen mit Unterbereichen aufgeführt:

Tab. 6: Mit welcher Sicherheit können die Kompetenzen eingeschätzt werden? (Häufigkeiten der Nennungen von 9 Personalpraktikern)

Kompetenz	Einschätzung der Sicherheit				
	sehr unsicher	relativ unsicher	teils-teils	relativ sicher	Sehr sicher
Fachkompetenzen	0	1	1	11	18
Methodenkompetenzen	0	2	8	5	0
Sozialkompetenzen	0	2	1	0	2
Konfliktfähigkeit	0	3	1	0	0
Kritikfähigkeit	0	1	1	1	0
Teamfähigkeit	0	3	2	1	0
Kommunikationsfähigkeit	0	0	3	6	4
Kundenkontakt	0	0	1	4	2
Personale Kompetenzen	2	6	8	7	1
Authentizität/Ehrlichkeit	4	3	2	2	1
Offenheit	0	2		2	1
Leistungs-/Lernbereitschaft/ Belastbarkeit/Wille zur Weiterentwicklung	4	2	4	2	1
Handlungskompetenzen	0	2	1	2	0
Passung zum Unternehmen	1	1	1	2	4
Person-Job-Fit	1	1	5	6	6
Führung	0	6	6	5	2

Die Teilkompetenzen können nach Einschätzung der Personalpraktiker unterschiedlich sicher beurteilt werden. Die Fachkompetenz ist hierbei der Bereich, der am sichersten beurteilt werden kann, da vor allem Faktoren wie Studium und Berufsausbildung erfasst werden. Auch die Erfassung von Methodenkompetenzen findet teilweise (5 Nennungen) noch mit „relativ großer" Sicherheit statt; die Mehrzahl der Personalpraktiker (8 Nennungen) schätzt diese Kompetenzen jedoch ambivalent ein – sie können sie weder besonders sicher noch besonders unsicher bewerten. Die Sicherheit der Einschätzung variiert in diesen Fällen in Abhängigkeit vom Bewerber und den von ihm angebotenen Verhaltensausschnitten.

Da die Sozialkompetenzen primär über den persönlichen Eindruck des Personalpraktikers geschlossen werden, variiert die Sicherheit der Erfassung deutlich von „sehr sicher" bis hin zu „relativ unsicher" – wobei diese subjektive Sicherheit nichts mit der objektiven Richtigkeit der Einschätzung zu tun haben muss. Personale Kompetenzen werden mit einer mittleren Sicherheit bis hin zu völliger Unsicherheit erschlossen. Auch die Handlungskompetenzen werden zwischen „relativ sicher" bis „relativ unsicher" erfasst.

Die Einschätzung der Sicherheit steigt bei den Faktoren an, die die Passung zum Unternehmen bestimmen. Dasselbe gilt für die Faktoren, die für die Passung zur spezifischen Stelle relevant sind. Die Führungserfahrung wird von den Personalpraktikern unterschiedlich eingeschätzt. Die Sicherheiten bei der Erfassung liegen hierbei zwischen „sehr sicher" und „relativ unsicher".

Zusammenfassung

Für die Praxis der Weiterqualifizierung wäre es ein sicherlich wünschenswertes Vorgehen, Personalpraktiker aufgrund ihrer Expertise in Gruppen einzuteilen und somit Schulungen gezielter anzusetzen. Auf der Grundlage der bisher dargestellten Ergebnisse stellt sich jedoch die Frage, wie sich Expertise im Bereich der Kompetenzbeurteilung zeigt bzw. wie sie entsteht. Sicher ist, dass Expertise nicht nur aus Ausbildung und Berufserfahrung erwächst – offenbar spielen andere noch nicht näher untersuchte Faktoren eine Rolle bei ihrer Entwicklung. Grundsätzlich können anhand des Fünf-Stufen-Modells nach Dreyfus und Dreyfus (1987) schon erste Ansätze einer Typisierung versucht werden. Für eine genauere Einteilung steht aber noch Forschung sowohl zu den Einflussfaktoren als auch hypothesenprüfend der Einteilung zu verschiedenen Stufen aus.

Die Notwendigkeit weiterer Forschung ergibt sich auch im Bereich der Personalvorauswahl. Das Auswählen geeigneter Kandidaten aus den Bewerbungsunterlagen findet nicht nach anforderungsbezogenen Kriterien statt, sondern aufgrund eines Gesamteindrucks des Beurteilers. Gerade in diesem Bereich könnte die Personalselektion mit praxisnaher Forschung angereichert und verbessert werden.

Insgesamt sind für den Bereich der Kompetenzbeurteilung gesteuerte Lernprozesse dringend notwendig. Hierbei muss besonders auf ein differenziertes Erlernen und Beherrschen der urteilsbildenden Prozesse und vor allem der möglichen Fehlerquellen geachtet werden. Von Wissenschaft und Praxis sollte gemeinsam ein „Ausbildungsprogramm" für Personalpraktiker erarbeitet werden, das sich sowohl an den Bedürfnissen der Praxis als auch den Anforderungen der Wissenschaft orientiert und somit eine valide und effiziente Auswahlpraxis langfristig in die Wege leitet. Für dieses Programm sollte gleichzeitig eine Art „Gütesiegel" entstehen, das die wissenschaftlich fundierte Schulung von der Masse der wenig wissenschaftlich fundierten Programme abhebt.

5.1.2 Ergebnisse zu den Anforderungen an ein „ideales" Instrument

Bedürfnisse der Personalpraktiker hinsichtlich der psychometrischen Qualität des Instruments

Bei den geäußerten Bedürfnissen der Personalpraktiker hinsichtlich der psychometrischen Gestaltung des Instruments wurden am häufigsten Aspekte der Validität des Verfahrens (17 Nennungen), gefolgt von Aspekten der Reliabilität (13 Nennungen) und des Anforderungsbezuges sowie der Objektivität (jeweils eine Nennung) betont. In Abbildung 5 ist die Verteilung der Häufigkeiten der entsprechenden Nennungen zusammenfassend dargestellt.

Unter der Validität des Instruments wurden am häufigsten Bedürfnisse geäußert, die die Beurteilung von Kompetenzen (zehn von 19 Nennungen) betreffen (Fall 1, 3, 6, 8 und 12). Entscheidungen und Urteile über Bewerber sollen durch das zu entwickelnde Instrument „brauchbar" werden und eine möglichst hohe „Prognosegenauigkeit" (Fall 5) aufweisen.

Unter der Reliabilität eines Verfahrens wurde die Sicherheit bei der Beurteilung und Entscheidung am häufigsten betont (z.B. „Finden des richtigen Bewerbers", Fall 8). Die Personalpraktiker suchen in diesem Zusammenhang die „Eindeutigkeit" (Fall 4), „Verlässlichkeit" (Fall 5), „Sicherheit" (Fall 1) und „gute Qualität" (Fall 10), um „fundierte" (Fall 6), „genaue" (Fall 10) und „treffsichere" (Fall 10) Beurteilungen bzw. Entscheidungen vornehmen zu können.

Bedürfnisse der Personalpraktiker hinsichtlich der Praktikabilität bzw. des Nutzen des Verfahrens

Zur Praktikabilität des Instruments im Sinne des ökonomischen Nutzens, des Durchführungsaufwandes, der Schwierigkeit des Instruments und dessen Verfügbarkeit wurden von den Personalpraktikern folgende Bedürfnisse geäußert.

Am häufigsten wurde der Aufwand bei der Durchführung und die Schwierigkeit des Instruments (jeweils 14 Nennungen) genannt. Der ökonomische Nutzen eines Instruments wurde durch zwei Nennungen betont; die Verfügbarkeit des Instruments wurden dagegen nicht angeführt.

Bedürfnisse der Personalpraktiker, die den Aufwand zur Durchführung des Instruments betreffen, betonen vor allem den Zeitaufwand. Sechs Personalpraktiker betonen die Wichtigkeit einer geringen Dauer bzw. schnellen Vorgehens bei der Personalauswahl und -beurteilung (Fall 4, 5, 6, 8, 10 und 14). Eine leichte Anwendbarkeit des Instruments erachten vier Personalpraktiker (Fall 3, 5, 7 und 8) als besonders wichtig, wobei darunter u.a. die Handhabbarkeit (Fall 3), Praktikabilität (Fall 7) und ein gewisser Pragmatismus (Fall 5) des Instruments verstanden wird.

Unter der Schwierigkeit des Instrumentes wurden von den Personalpraktikern vor allem Gesichtspunkte verstanden, die die Verständlichkeit des Instrumentes betreffen. Betont wurden in diesem Zusammenhang vor allem die Unkompliziertheit bzw. Einfachheit (Fall 5, 6, 7 und 14) oder eine überschaubare Komplexität (Fall 7) sowie die klare Struktur (Fall 8) und der selbsterklärende Charakter (Fall 6) des Instruments. Diese Aspekte bedingen ein leichteres Erlernen aufgrund der Schlüssigkeit (Fall 7), ein klares Vorgehen (Fall 6) und die mögliche Anwendbarkeit durch mehrere Fall (Fall 7).

Zwei Bedürfnisse betreffen den Nutzen des Instruments und heben den geringen finanziellen Aufwand hervor.

Bedürfnisse der Personalpraktiker hinsichtlich der Akzeptanz des Verfahrens

Die Akzeptanz eines Verfahrens zur Kompetenzbeurteilung ergibt sich aus Sicht der späteren Anwender im Wesentlichen aus seiner Transparenz, der Möglichkeit, kontrollierend und partizipativ Einfluss auf die Anwendung zu nehmen und den Bewerbern eine Rückmeldung über ihre Einstufung zu geben. Gerade die beiden ersten Punkte – Transparenz sowie Einflussnahme – machen deutlich, warum die bisher von Seiten der Psychologie angebotenen Verfahren so wenig die Akzeptanz der Praxis zu finden vermochten.

Die am häufigsten angesprochenen Merkmale beziehen sich auf die Transparenz und die Außenwirkung des Beurteilungsverfahrens (je sechs Nennungen), Aspekte der Kontrolle bzw. Partizipation wurden dreimal, ein Ermöglichen von Feedback in einem Fall erwähnt.

Bedürfnisse der Personalpraktiker hinsichtlich der Ergonomie des Verfahrens: Berücksichtigung der praktischen Gegebenheiten

Alle Bedürfnisse der Personalpraktiker hinsichtlich der ergonomischen Gestaltung des Instruments im Sinne einer Anpassung an den Personalpraktiker und seine Arbeitsbedingungen sind aus Tabelle 7 ersichtlich. Eine Einordnung der Bedürfnisse wurde hinsichtlich der Berücksichtigung von Anforderungen der Praxis (Realitätsnähe), der Passung des Instruments zum Unternehmen, der Kompatibilität des Instruments mit bereits praktizierten Methoden/Praktiken, der Beteiligung des Anwenders sowie der Flexibilität bzw. Veränderbarkeit des Instruments vorgenommen.

Die positiv formulierten Ansprüche an ein neues Verfahren zur Kompetenzbeurteilung in Organisationen stellen hauptsächlich Kriterien seiner unmittelbaren Nützlichkeit in einer Beurteilungssituation in den Mittelpunkt. Ein Anspruch der Personalpraktiker, der sich im Negativen auch in den nachfolgend referierten Akzeptanzbarrieren zeigt, wird dabei besonders deutlich: das Instrument soll den Beurteilungsprozess auf eine unauffällige und produktive Art unterstützen. Obwohl die Nennungen in ihrer inhaltlichen Ausrichtung auseinandergehen, wird deutlich, dass ein akzeptables Vorgehen die Beurteilungskompetenz der Personalpraktiker lediglich unterstützt, nicht aber gängelt. Es soll die Form von Regeln oder Checklisten haben und flexibel handhabbar sein, aber auch eine Ordnung der eigenen Gedanken und Eindrücke zulassen. Neben dieser „Passung zur Person des Beurteilenden" war es zwei Interviewpartnern wichtig, dass sich das Verfahren auch harmonisch in die gelebten Werte des Unternehmens einfügt. Damit ist nicht lediglich ein „Nicht-den-kulturellen-Anforderungen-des-Unternehmens-Widersprechen" gemeint, sondern ein darüber hinausgehendes „organisches Ganzes" von Unternehmenskultur und Beurteilungskultur bzw. den zur Beurteilung eingesetzten Verfahren. Daneben wünschen sich die Personalfachleute ein Instrument, das mit den Anforderungen bzw. den entsprechenden Fach- und Methodenkompetenzen der Beurteiler dynamisch mitwächst und sich entwickeln kann. Es wird deutlich, dass die bisher zur

Tab. 7: Bedürfnisse der Personalpraktiker hinsichtlich der Ergonomie des Instruments

Realitätsnähe: Relevanz für konkrete Problemfälle bzw. Anforderungen der Praxis	
Rahmen für Überprüfung	Fall 3
Leitfaden	Fall 3+12
Gerüst/Guideline	Fall 13
Entwicklungsinstrument	Fall 6
Personalentwicklungstool	Fall 6
Unternehmensmessinstrument	Fall 6
Checkliste	Fall 8
stellenangepasste Checkliste	Fall 7
Checkliste mit stellenspezifischen Fragen	Fall 7
Basisbogen	Fall 13
Sammlung von Punkten	Fall 13
Fragenkatalog	Fall 9
mehrere Fragen	Fall 14
vernünftige Fragen	Fall 3
Wissensspeicher	Fall 8
Vergleichbarkeit verschiedener Bewerber	Fall 13
Vergleichbarkeit verschiedener Gespräche	Fall 13
Erleichterung	Fall 8
Hilfe bzw. Struktur	Fall 8
mögliche Anlehnung	Fall 8
Strukturierung	Fall 8
strukturierte Vorauswahl	Fall 4
strukturierter Auswahlprozess	Fall 4
Orientierung; Orientierungshilfe	Fall 8; 14
keine Vergessen	Fall 13
Ermöglichen eines Zurückfallens	Fall 13
Ordnen von Gedanken, Eindrücken, Informationen	Fall 5
Professionalisierung	Fall 8
Standardisierung (bei gleichzeitiger Flexibilität) auch Flexibilität zugeordnet	Fall 9
Bewältigung der Anforderungen	Fall 8
Praxistauglichkeit	Fall 6
Praxisbezug	Fall 9
Passung des Verfahrens zum Unternehmen	
Passung zur Unternehmenskultur	Fall 1+12
Passung zur Unternehmensphilosophie	Fall 1
Passung zu Unternehmenszielen	Fall 12
Passung zu Unternehmenswerten	Fall 12
Kompatibilität mit praktizierten Verfahren bzw. Vorgehensweise	
- keine Nennungen -	---
Beteiligung des Anwenders	
Eingehen auf Fragen des Bewerbers ermöglichen	Fall 3
Raum für Entfaltung des Gesprächs	Fall 4
keine Störung der Dynamik der Situation	Fall 4
Instrument nicht im Vordergrund	Fall 4
genügend Raum für eigene Erfahrungen	Fall 7
Flexibilität/Veränderbarkeit des Instruments	
Dynamik des Kontextes berücksichtigen	Fall 12
Berücksichtigung der sich verändernden Anforderungen	Fall 12
flexible Anwendung	Fall 5
positionsübergreifende Anwendbarkeit des Instruments	Fall 4
stellenübergreifende Anwendbarkeit	Fall 9
(Standardisierung bei gleichzeitiger) Flexibilität auch Realitätsnähe zugeordnet	Fall 9

Verfügung stehenden Verfahren und Instrumente diese Ansprüche nicht einlösen können.

Akzeptanzbarrieren
In den Gesprächen konnten folgende Faktoren festgestellt werden, die den Einsatz von neuen Verfahren zur Kompetenzbeurteilung behindern. Analog der Bedürfnisse und favorisierten Aspekte der Personalpraktiker an ein zu entwickelndes Kompetenzmessverfahren sind diese hinsichtlich der psychometrischen Qualität, Praktikabilität, Akzeptabilität und Ergonomie des Verfahrens in Tabelle 8 aufgeführt.

Deutlich wird zunächst, dass die herkömmlichen psychometrischen Ansprüche der Objektivität, Reliabilität und Validität des Verfahrens für die Anwender im Gegensatz zur Wissenschaft offenbar keine bzw. nur eine randständige Rolle spielen. Lediglich drei der befragten Personalfachleute stellen Verletzungen der psychometrischen Voraussetzungen als Barrieren für den Einsatz eines Verfahrens heraus. Ein deutlich größerer Teil der Nennungen bezieht sich auf die Beherrschbarkeit des Verfahrens durch den Anwender. Zentral dabei ist die Komplexität des Verfahrens und seiner theoretischen Grundannahmen: Je ferner sie der Erlebenswelt der Anwender sind, desto unwahrscheinlicher wird ihr Einsatz in der Beurteilungspraxis. Der zeitliche Durchführungsaufwand wird von drei der befragten Personalfachleute in den Mittelpunkt gestellt, finanzielle Gesichtspunkte werden lediglich in einem Fall als Barriere für den Einsatz eines neuen Verfahrens genannt. Der zweite wichtige Punkt bezieht sich auf den unmittelbaren Prozess der Kompetenzbeurteilung: Ein neues Verfahren findet dann die Akzeptanz der Personalpraktiker, wenn es in der Gesprächssituation möglichst wenig spürbar ist und den Ablauf nicht stört. Verfahren, die in dieser Hinsicht als Einengung empfunden werden, dürften in der Praxis kaum Chancen haben, zumal der Ablauf des Beurteilungsgespräches als das zentrale Gütekriterium betrachtet wird. Die unter dem Punkt „Ergonomie des Verfahrens" in der Tabelle aufgeführten Nennungen offenbaren eine kritische Sicht der Nutzbarkeit wissenschaftlicher bzw. „akademischer" Verfahren, die neben der Befürchtung einer eingeschränkten Brauchbarkeit ebenfalls eine übermäßige Einengung des eigenen Vorgehens durch ein fremdentwickeltes Verfahren thematisieren.

Zusammenfassung
Grundsätzlich bleibt festzuhalten, dass aufgrund der Veränderungen für Unternehmen der Bedarf für ein in der Praxis anwendbares Kompetenzmessverfahren besteht, das den Veränderungen auch Rechnung trägt und sich daher auch selbst verändern lässt. Konkret ist von den Personalpraktikern ein Instrument gewünscht, mit dem Kompetenzen und das Potenzial der Bewerber valide und reliabel beurteilt werden können. Fachliche Qualifikationen werden von den meisten Unternehmen in Form von Gesprächen mit Fachvertretern oder in einer Art „Arbeitsprobe" erfaßt und beurteilt. Dieses Instrument muss, um den Anforderungen der Praxis gerecht zu werden, grundsätzlich praktikabel sein, wobei ein geringer Aufwand bei der Durchführung (vor allem der zeitliche Aufwand) sowie eine geringe Schwierigkeit des Instruments (geringe Kompetenzerfordernis) beachtet werden müssen. Des Weiteren führt die Transparenz des Instruments sowie

Tab. 8: Akzeptanzbarrieren aus Sicht der Personalpraktiker

Aspekte der psychometrischen Qualität des Verfahrens	
keine Objektivität	Fall 6
keine Validität	Fall 8
falsche Grundannahmen	Fall 13
Aspekte der Praktikabilität des Verfahrens	
theoretische Komplexität	Fall 5
zu theoretisch	Fall 9
zu wissenschaftlich	Fall 9
geringe Verständlichkeit	Fall 5
zu kompliziertes Instrument	Fall 8
großer Zeitaufwand	Fall 5+8+14
Überforderung	Fall 6
generell großer Aufwand	Fall 8
zu teuer	Fall 9
Aspekte der Akzeptabilität des Verfahrens	
Verunsicherung	Fall 1
Verkrampftheit	Fall 1
Unechtheit	Fall 1
Aufgeregtheit bzw. Angst	Fall 1
Prüfungssituation	Fall 3
unangenehme Situation für Beteiligte	Fall 8
autoritäres Instrument	Fall 3
Negativimage nach außen	Fall 7
keine Berücksichtigung des Bildes nach außen	Fall 7
Nichtbeachtung einer ethischen Grenze, z.B. verletzende Fragen	Fall 8
Aspekte der Ergonomie des Verfahrens	
Standardisierung	Fall 1+3+13
„Kreuzelmachen"	Fall 12
starres Instrument	Fall 1
große Zwanghaftigkeit	Fall 7
Formalisierung	Fall 3
Einschränkung der Flexibilität	Fall 4+12
Leute in Rahmen pressen	Fall 13
Verdecken von Entscheidungspotenzialen	Fall 12
Einengung	Fall 7+8+12
Störung des Gesprächsflusses	Fall 4
Diskrepanz zwischen Praxis und Wissenschaft	Fall 7
Nichtbeachtung der Alltagssprache der Praktiker	Fall 5
keine Beachtung von Anforderungsprofilen	Fall 6
keine Beachtung der praktischen Begebenheiten	Fall 7
keine Berücksichtigung von praktischen Begebenheiten	Fall 12

der Urteile und Entscheidungen bei der Entwicklung zu einer erhöhten Akzeptanz auf Seiten der Bewerber und Personalpraktiker und beeinflusst somit die gewünschte Außenwirkung des Unternehmens. Eine ergonomische Entwicklung des Instruments bedarf einer Berücksichtigung der unternehmensspezifischen Personalauswahl und -beurteilung. Eine Strukturierung oder Professionalisierung der Auswahl wird den Bedürfnissen der Praxis gerecht, wenn das Instrument einen Rahmen vorgibt bzw. eine Orientierungshilfe ist. Eine inhaltliche Beteiligung (vgl. auch Lang-von Wins, 2000) der Personalpraktiker ist grundsätzlich gewünscht, da eine zu starke Einengung und Standardisierung nicht den Bedürfnissen entspricht. Um der Veränderungsdynamik von Unternehmen gerecht zu werden, sollte das Instrument flexibel und veränderbar sein. Dies kann als erfüllt angesehen werden, wenn das Instrument als Rahmen bzw. Orientierungshilfe ohne zwingenden Charakter gesehen wird, der bei entsprechenden Veränderungen diesen angepasst werden kann.

Die dargestellten Anforderungen an ein Verfahren zur Beurteilung von Kompetenzen sind weder objektiv, noch sind sie mit Blick auf die kleine Stichprobe repräsentativ. Doch sind sie bei weitem objektiver und repräsentativer als die gegenwärtig dominierende Sichtweise der Wissenschaft, denn sie beleuchten einen bislang vernachlässigten Bereich und offenbaren bei aller Verschiedenheit gemeinsame Ansprüche an ein Verfahren, das die Kluft zwischen Wissenschaft und Praxis überbrücken könnte. Sie lassen vermuten, warum die bisher von wissenschaftlicher Seite angebotenen Verfahren eine so geringe Verbreitung gefunden haben: Sie werden als schwer handhabbare und die eigenen Überzeugungen nicht wiederspiegelnde Werkzeuge betrachtet. Ohne Zweifel lässt sich dem entgegenhalten, dass auch der Gebrauch von Werkzeugen erlernt werden muss, um sie ihrer Bestimmung entsprechend einzusetzen. Doch präsentieren sich die wissenschaftlich fundierten Verfahren häufig als komplexe, intransparente Maschinen, deren Zweck und Funktionsweise nicht nachvollziehbar ist oder den eigenen Überzeugungen widerspricht und die als verkomplizierender Umweg einen leichteren und eleganteren Weg zum Ziel verstellen. Ein Verfahren zur Kompetenzfeststellung sollte daher aus Sicht der Praktiker im Wesentlichen auf Beurteilungsgesprächen basieren, da deren ökologische Validität unmittelbar nachvollziehbar erscheint.

6   Voraussichtlicher Nutzen und Verwertbarkeit der Ergebnisse

Im Verlauf der Interviews wurde deutlich, dass der ursprüngliche Projektansatz – die Entwicklung eines operativ einsetzbaren Verfahrens zur Kompetenzmessung und -zertifizierung für die Praxis – die sich im Wesentlichen auf die eingangs dargestellte Repertory-Grid-Technik stützen sollte, nicht zu erreichen war und eine – gemessen am gegenwärtigen Erkenntnisstand – möglicherweise sogar verfehlte Fragestellung war. Zu groß waren die Schwierigkeiten der Personalpraktiker im Umgang mit dem von Kelly entwickelten konstruktivistischen Verfahren zur Analyse impliziter Konstrukte, als dass davon ausgegangen werden könnte, dass es im operativen Tagesgeschäft auch tatsächlich zum Einsatz gekommen wäre. Ausgehend von dieser Beobachtung wurden zwei Redefinitionen des Projektauftrages vorgenommen: Einerseits wurde nach anderen Möglichkeiten gesucht, um die impliziten Konstrukte der Personalpraktiker einer bewussten Reflexion zugänglich zu machen, andererseits wurde versucht, die Qualitätskriterien eines Kompetenzbeurteilungsverfahrens aus Sicht der Personalpraktiker zu erfassen, und damit eine wichtige Vorbedingung zum operativen Einsatz von Kompetenzmess- und Zertifizierungsverfahren zu klären.

Entstanden sind so eine Reihe von Empfehlungen an die Personalpraktiker, die zunächst individuellen Nutzen generieren, da sie für die Arbeit der Kompetenzbeurteilung als hilfreich erlebt werden. Sie bieten wirtschaftlichen Nutzen – im Hinblick auf die Unternehmen und im Hinblick auf die Volkswirtschaft, der ein geringerer Schaden durch falsche Entscheidungen entsteht – wenn sie ihr Ziel erreichen, die individuellen Entscheidungsprozesse rationaler und begründbarer zu machen und damit letztlich die Vorbedingungen einer lernenden Kompetenzbeurteilung zu schaffen.

Deutlich wurde im Verlauf der Erarbeitung der Fallstudien auch, dass es nicht darum gehen kann, eine neue Methode zu entwickeln und sie dann den Praktikern zu präsentieren. Es muss vielmehr ein Rahmen gefunden werden, der sich einerseits an den Erfahrungen und der Erlebenswelt der Personalfachleute orientiert und sie in die Entwicklung eines neuen Verfahrens einbezieht sowie andererseits eine Explizierung und Überprüfung der Annahmen der betrieblichen Diagnostiker notwendig macht. Es liegt auf der Hand, dass eine Methode, die diesen Ansprüchen genügen soll, kaum etwas mit herkömmlichen Vorgehensweisen gemeinsam hat. Sie muss den Diagnostiker selbst als Instrument begreifen und – soweit dies möglich ist – auch das System, in das diagnostische Entscheidungen eingebettet sind, mit einbeziehen. Ein solcherart „ganzheitlicher" Ansatz birgt naturgemäß die Gefahr, das Ziel einer kompetenten und im besten Sinne professionellen Kompetenzmessung in Unternehmen mit jedem neuen Aspekt ein wenig mehr aus den Augen zu verlieren. Er kann zudem aus heutiger Sicht nur im Rahmen einer flexiblen Beratung durch gleichermaßen methodenkompetente wie der betrieblichen Praxis aufgeschlossene Fachleute verfolgt werden. Daher ist es notwendig, ein straffes Programm zu entwickeln, das in Form eines mitwachsenden Regelwerkes eine sowohl „ganzheitliche" als auch gezielte Intervention ermöglicht, und den Diagnostikern vor Ort dabei hilft, die Lernchancen, die ihre Tätigkeit ihnen bietet, optimal zu nutzen.

In den folgenden Falldarstellungen werden die Ausgangsbedingungen einer lernenden Kompetenzbeurteilung in den jeweilgen Unternehmen in ihrem „ökologischen" Rahmen dargestellt; sie sind damit möglicherweise verständlicher, als es die vergleichenden Ausführungen in dem vorhergehenden Text waren. Auf jeden Fall stellen sie die Bedürfnisse der Interviewpartner in den Rahmen des Unternehmens, ihrer Tätigkeit und ihres eigenen Selbstverständnisses, wodurch die individuelle Logik der Aussagen deutlich werden dürfte.

Teil II: Falldarstellungen

1. Verlagshaus – Falldarstellung 1

Interviewpartnerin: Frau Z.

Art und Größe des Unternehmens
Das Unternehmen gehört zur Medien- bzw. Verlagsbranche und ist ein renommiertes Unternehmen in Deutschland. Zum Zeitpunkt der Untersuchung sind im Unternehmen 188 Mitarbeiter beschäftigt.

Die Struktur des Unternehmens ist auf die Trennung in zwei verschiedene Verlagsbereiche zurückzuführen, wobei diesen Bereichen jeweils ein Gesellschafter bzw. Geschäftsführer vorsteht. In der Vergangenheit wurde das Unternehmen von Vertretern der Gründerfamilie geleitet.

Aufgrund der jahrelangen Leitung des Unternehmens durch die Gründerfamilie ist die Kultur sehr familiär geprägt. Dies äußert sich u.a. in persönlichen und engen Beziehungen der Mitarbeiter in den einzelnen Abteilungen. In diesem Zusammenhang wird das Unternehmen von Frau Z. als ein „unglaublich kommunikatives, sehr offenes Unternehmen", ein „Familienunternehmen" beschrieben, indem der einzelne Mitarbeiter „sehr viel Freiheit" hat. Sie betont außerdem die Mitarbeiter- und Ergebnisorientierung der Unternehmensführung und ein starkes Qualitätsbewusstsein der Mitarbeiter.

Im Unternehmen existiert ein eigenständiger Personalbereich, in dem drei Personen beschäftigt sind. Diese Besetzung beschreibt Frau Z. allerdings als „eher zu knapp (...)".

Zur Person der Personalverantwortlichen
Im direkten Tätigkeitsbereich von Frau Z. sind zwei weitere Kollegen beschäftigt, wobei Frau Z. die Führungsposition innehat. Der Personalbereich wird von ihr als eigenständiger Verantwortungsbereich empfunden.

Frau Z. hat keine abgeschlossene Fachausbildung und keinen Studienabschluss; nach eigener Angabe ist sie mit dem Unternehmen „mit gewachsen". Sie ist 53 Jahre alt und bereits über 30 Jahre im Personalbereich des Unternehmens beschäftigt. In den vergangenen Jahren war Frau Z. an ca. 80 Auswahl- bzw. Bewerbungsgesprächen beteiligt.

Derzeit ist Frau Z. in den Bereichen Ausbildung, Fort- und Weiterbildung, operative Personalarbeit, Personalauswahl und administrativen Tätigkeiten beschäftigt und hat eine Führungsposition im Personalbereich inne. Neben diesen Schwerpunkten ihrer Tätigkeit wird u.a. die Beratung der Geschäftsführung in arbeitsrechtlichen Angelegenheiten – im Unternehmen existiert keine separate Rechtsabteilung – von Frau Z. ergänzt. Sie ist für Angestellte ohne Führungsaufgaben, kaufmännische Auszubildende, Trainees, mittlere und obere Führungskraft zuständig.

Gute Kenntnisse schreibt sich Frau Z. bei der Analyse der Bewerbungsunterlagen, den Interviews in strukturierter und unstrukturierter Art mit der Fachabteilung und unstrukturierten Einzelgesprächen, Arbeitsproben, Assessment Centern, biographischen Fragebögen und graphologischen Gutachten zu. Keine Kenntnisse liegen hingegen bei multimodalen Interviews und computergestützten Verfahren vor. Als etwas bekannt werden letztlich strukturierte Interviews als Einzelgespräche und alle psychologischen Testverfahren (Intelligenz-, Wissens-, Leistungs- und Persönlichkeitstests) bezeichnet.

Folgende Instrumente/Methoden haben bei der praktischen Tätigkeit von Frau Z. keine Relevanz, d.h. werden nicht genutzt. Neben dem multimodalen Interview sind dies alle psychologischen Testverfahren, computergestützte Verfahren, Assessment Center, biographische Fragebögen und graphologische Gutachten. Häufig gearbeitet wird im Rahmen der Personalauswahl hingegen mit der Analyse der Bewerbungsunterlagen sowie mit unstrukturierten Interviews in Form von Einzelgesprächen oder mit Vertretern der Fachabteilung. Manchmal finden zudem strukturierte Interviews mit der Fachabteilung und unstrukturierte Einzelinterviews statt. Im unternehmensspezifischen Auswahlkontext werden manchmal Arbeitsproben durchgeführt.

Persönlicher Eindruck von der Interviewpartnerin
Frau Z. ist bei Auswahlgesprächen stark darum bemüht, eine angenehme Atmosphäre zu schaffen. Ihre Überzeugung, nur in einem freien Gespräch, den Bewerber „fühlen, kriegen" zu können, unterstreicht diese Annahme.

Aufgrund ihrer jahrelangen Erfahrungen in allen Bereichen der Personalarbeit und ihrer tiefen Verbundenheit mit dem Unternehmen (über 30 Jahre Unternehmenszugehörigkeit) erfolgt die Beurteilung des Bewerbers und dessen Passung zum Unternehmen größtenteils intuitiv bzw. bauchgesteuert. Die Intuition ist auf die enorme Erfahrung von Frau Z. bei der Personalauswahl und -beurteilung zurück zu führen.

In der langen Zugehörigkeit zum Unternehmen kann auch eine der Ursachen gesehen werden, warum die Passung zum Unternehmen und dessen Kultur eine herausragende Bedeutung im Beurteilungs- und Entscheidungsprozess einnimmt. Die systematische Beurteilung der fachlichen Fähigkeiten und Kenntnisse wird dagegen eher vernachlässigt. Bestätigung findet diese Annahme in der Tatsache, dass bei den letzten Fehlentscheidungen fachliche Defizite als Gründe der Nichteignung angeführt wurden.

Zudem ist das Vorgehen bei der Personalauswahl stark geprägt durch die Werte und das Menschenbild von Frau Z. In diesem Zusammenhang betonte sie immer wieder Ehrlichkeit, kein Schubladen-Denken und Gerechtigkeit als wichtige Faktoren.

Der Auswahl- und Beurteilungsprozess
Die unternehmensspezifische Personalauswahl wird von Frau Z. am ehesten mit Aspekten der Potenzialbeurteilung assoziiert. Am wenigsten Übereinstimmung wird mit der Eignungsdiagnostik gesehen, gefolgt von der Kompetenzbeurteilung.

Charakteristika des Auswahlkontexts
Im letzten Jahr wurden für Angestellte ohne Führungsaufgaben sieben Stellen, für kaufmännische Azubis drei Stellen und sowohl für mittlere als auch obere Führungskräfte eine Stelle ausgeschrieben. Aufgrund dieser Ausschreibungen gingen im Personalbereich für kaufmännische Azubis ca. 60 Bewerbungen, für Angestellte ohne Führungsaufgaben 70 bis 80 Bewerbungen, für Trainees 15 bis 20 Bewerbungen, für mittlere Führungskräfte 20 und obere Führungskräfte 30 Bewerbungen ein. Bei Azubis und Trainees wird ein Einstellungsgespräch pro Bewerber geführt, bei Angestellten ohne Führungsaufgaben werden zwei Gespräche, bei mittleren Führungskräften drei und bei oberen Führungskräften drei bis vier Gespräche pro Bewerber durchgeführt.

Beschreibung des allgemeinen Auswahlprozesses
Bei der Neubesetzung einer Stelle wählt Frau Z. nach bestimmten Kriterien aus den Bewerbungsunterlagen Kandidaten für das Vorstellungsgespräch aus. Dabei ist in Abhängigkeit von der zu besetzenden Stelle die Berufserfahrung wichtiger als der Studienabschluss (vgl. Kaskadenmodell zum Vorgehen bei der Beurteilung von Bewerbungsunterlagen). Frau Z. weiß um die Bedeutung von Bewerbungsfotos und leitet unter Umständen die Bewerbungsunterlagen auch ohne Foto an den entsprechenden Fachvorgesetzten weiter („ich hab die Unterlagen dann ohne Bewerbungsfoto an den Vorgesetzten geschickt, weil der hätte mit Sicherheit (…) die nicht eingeladen.").

Die möglichen Kandidaten werden dann durch ein Telefoninterview weiter selektiert. Wichtig ist Frau Z. hierbei, dass die Gehaltsvorstellungen in den Rahmen des Unternehmens passen und der Bewerber glaubhaft machen kann, dass er gerne in dieser Branche in genau diesem Unternehmen arbeiten möchte („„…ich will mich noch ein bisserl mit Ihnen unterhalten, bevor wir einen Termin vereinbaren.' Da hab ich ja schon einen ersten Eindruck."). Frau Z. gibt offen Informationen über das Unternehmen und erwartet vom Bewerber ein ebenso offenes Verhalten.

Nach dem Telefoninterview werden in der Regel zwei bis drei Bewerber zum Gespräch eingeladen. Bei Führungspositionen finden in der Regel zwei Gespräche pro Kandidat statt. Als erster Bewerber wird derjenige eingeladen, den Frau Z. für den Geeignetsten hält. Bei jungen Abteilungsleitern findet das Gespräch gemeinsam statt, bei erfahrenen Abteilungsleitern findet erst ein Gespräch nur mit Frau Z. statt und direkt im Anschluss daran ein Interview mit dem Abteilungsleiter. Der Gesprächsverlauf folgt keiner festgelegten Struktur, da aufgrund der langjährigen Erfahrungen der Interviewpartnerin der „grobe" Ablauf bekannt ist und sich ihrer Meinung nach die Fragen immer wieder ähneln. Im Verlauf der Gespräche macht sich sie „genaue Notizen", welche die Basis für ein ausführliches Feedback an den Fachvorgesetzten darstellen. Diese Notizen sind als eine Kurzaufzeichnung des Gespräches zu verstehen, die der Eindrucksbildung über den Bewerber dienen.

Wenn nach dem ersten Interview der Kandidat schon als zukünftiger Mitarbeiter feststeht, werden die übrigen Interviews abgesagt. Grundsätzlich möchte. Frau Z. „unsere Gespräche überschlafen. Ein/zwei Nächte. Ich möchte mit meiner Kollegin aus dem Fachbereich noch mal reden." Sie macht sich außerdem nach jedem Gespräch umfangreiche Notizen („Was ist mir aufgefallen?") und gibt dann ein begründetes Feedback an den Abteilungsleiter. Eine wesentliche Grundlage der Auswahlentscheidung ist für Frau Z. das Bauchgefühl. Eine besondere Bedeutung im Beurteilungs- und Auswahlprozess wird dabei der Passung des Bewerbers zum Unternehmen und letztlich zum Team beigemessen. Außerdem wird von Frau Z. die Wichtigkeit betont, dass jemand zu uns „passt", unabhängig davon, was für eine „fachliche Koryphäe" er ist. Dem Auswahl- bzw. Bewerbungsgespräch wird bei der Beurteilung der Passung eine zentrale Bedeutung eingeräumt, da Frau Z. hier jemanden besser „kriegen" und „fühlen" kann und dabei auf das notwendige Einfühlungsvermögen verweist. Frau Z. spiegelt auch ihre Eindrücke während des Gesprächs an den Bewerber zurück, um mehr Sicherheit in der Entscheidung zu haben.

Wichtig ist Frau Z. auch, dass alle Gespräche in einem relativ kurzen Zeitraum von maximal einer Woche stattfinden, da sonst der Eindruck „verflacht". Ihr ist auch bewusst, dass „immer der Nachfolger am Vorgänger gemessen (wird), was manchmal sehr schwierig ist."

Eine systematische Evaluation der Personalentscheidungen findet im Unternehmen nicht statt. Praktiziert werden unsystematische Formen der Überprüfung von personellen Entscheidungen, wie z.B. eine unsystematische Beobachtung, die Befragung der Vorgesetzten und die direkte Befragung des neuen Mitarbeiters.

Bewertung des Auswahl- und Beurteilungsprozesses

Das Vorgehen bei der Auswahl und Beurteilung von Bewerbern ist im Unternehmen nicht strukturiert, sondern primär durch das intuitive Vorgehen von Frau Z. – über Jahre hinweg – geprägt. Im Verlauf der Auswahlgespräche werden dabei keine Instrumente bzw. Verfahren eingesetzt; weder ein strukturierter noch ein unstrukturierter Interviewleitfaden wird genutzt.

Bestimmend für das Gespräch ist die Beurteilung der Passung des Bewerbers zum entsprechenden Team und letztlich Unternehmen. Eine explizite Überprüfung der fachlichen Voraussetzungen findet nicht ausreichend statt. In der Zwischenzeit werden Gespräche getrennt zwischen Fachvertretern bzw. -vorgesetzten und Frau Z. geführt und im Anschluss die jeweiligen Eindrücke diskutiert. Grundlage für die Diskussion über die Eignung des Bewerbers sind bei Frau Z. stichpunktartige Notizen des Gespräches. Objektivität ist diesem Vorgehen nicht zu attestieren, da das Urteil von Frau Z. einen „übergewichtigen" Wert zu haben scheint.

Welche Anforderungen sollen erfasst werden?

Im Rahmen der Untersuchung wurden die Anforderungen anhand eines nur kurze Zeit zurückliegenden Falles hinterfragt. Es handelt sich hierbei um die Position eines Chefredakteurs einer renommierten Fachzeitschrift. Die Anforderungen an diese Position sind zum Teil auch auf andere Positionen innerhalb des Verlages zu übertragen und insbesondere die Art und Weise, wie die einzelnen Eignungskonstrukte hinterfragt werden, lässt sich über die Positionen hinweg generalisieren.

Folgende Anforderungen waren für Frau Z. bei der Auswahlentscheidung wichtig:
1. Passung zum Unternehmen: „Bei dem hab ich mir gedacht, wenn der mit Person X zusammenarbeitet, dann könnte das der Abteilung den richtigen Kick geben und die spornen sich gegenseitig so an, dass sich beide ganz toll entwickeln können, wenn die in einem Raum arbeiten."
2. Menschenkenntnis
3. Delegieren können
4. Freiheiten und Eigenverantwortung
5. Entscheidungsfreudigkeit: „also, man sammelt Argumente und ja, man sammelt gerne, aber irgendwann muss natürlich Schluss sein" „und da muss irgendwann jemand auf den Tisch hauen und dann sagen, ‚aus, es wird jetzt (…) und keine Diskussion!'"
6. Teamorientierte Führung: wichtig ist die „Akzeptanz durch das Team"
7. Personalentwicklung
8. Führung Mitarbeiter: hängt eng mit der Menschenkenntnis zusammen
9. Führung freier Mitarbeiter
10. Flexibilität
11. Verantwortung für das pünktliche Erscheinen des Produkts
12. Kundenkontakt
13. Kontakte zu Industrie und Forschung: „...an der Fachkompetenz dieses Gebiets dran sein und sie kennen natürlich auch."
14. Selber schreiben können/stilsicher
15. Marktkenntnis: „...das Ohr am Markt haben."
16. Kostenverantwortung
17. Kritikfähigkeit
18. Konfliktfähigkeit
19. sich selbst zuständig erklären

In welcher Beziehung stehen die Anforderungen und Aufgaben zueinander?

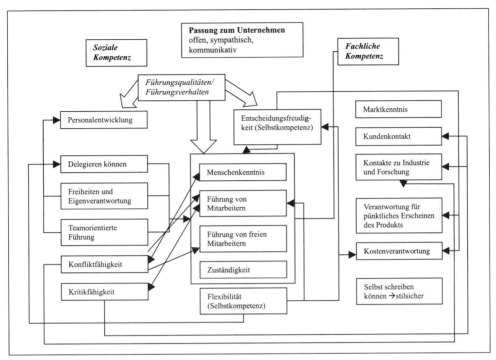

Abb. 1: Beziehung der Anforderungen und Aufgaben

Mit welcher Sicherheit können die Konstrukte beobachtet werden?

Tab. 1: Sicherheit der Beobachtung von Konstrukten

sehr unsicher	relativ unsicher	teils-teils	relativ sicher	sehr sicher
sich selbst zuständig erklären	Führung einer Redaktion/ Mitarbeiter[1] Teamorientierte Führung Menschenkenntnis Flexibilität Konfliktfähigkeit	Verantwortung für pünktliches Erscheinen des Produktes[2] Entscheidungsfreudigkeit[2] Delegieren können	Kritikfähigkeit Führung freier Mitarbeiter Personalentwicklung Freiheiten und Eigenverantwortung Kundenkontakt (Anzeigen, Autoren, Abonnenten) Kontakte zu Industrie und Forschung Verantwortung für pünktliches Erscheinen des Produktes[3] Kostenverantwortung [4] Entscheidungsfreudigkeit Führung einer Redaktion/ Mitarbeiter[4]	Passung zum Unternehmen Schreiben können → Stilsicherheit Marktkenntnis Kostenverantwortung[5] Verantwortung für pünktliches Erscheinen des Produktes[3]

1 junge Führungskraft, 2 allgemein, 3 Person, die bereits in einer vergleichbaren Abteilung gearbeitet hat
4 erfahrene Führungskraft, 5 Person, die bereits an einer vergleichbaren Stelle gearbeitet hat

Wie werden die Konstrukte im Interview beobachtet?

Tab. 2: Möglichkeiten der Beobachtung im Interview

Anforderung	wird im Interview erfasst durch
Personale Kompetenz	
Passung zum Unternehmen	Den Bewerber „im Kopf ins Büro setzen".
Personalentwicklung	Abfragbar: Ist der Bewerber selbst in die Personalentwicklung involviert? Die Qualität der Personalentwicklung des Unternehmens, aus dem der Bewerber kommt, wird erst einmal festgestellt. Dann werden die bisherigen Erfahrungen des Bewerbers abgefragt. Der Bewerber sollte dankbar für die Möglichkeit der Personalentwicklung sein, da sie ein „Bonbon" für Mitarbeiter ist. Wichtig ist hier auch der Gesamteindruck, wie jemand über Menschen spricht.
Menschenkenntnis	Wie spricht jemand über Menschen (erkennt man im ausführlichen Gespräch)? Wie ist das Führungsverhalten? Wie sind die gewohnten Hierarchien? Wie ist das Verhalten im Alltag? Achtung, Respekt anderen gegenüber wahren; hier ist auch ein direkter Bezug zur Passung zum Unternehmen.
Delegieren können	direkte Frage nach den Arbeitszeiten
Freiheiten und Eigenverantwortung	allgemeines Sprechen: Wie war es bisher üblich, wie ist es hier üblich? auch situative Fragen: Wie geht der Bewerber mit bestimmten Situationen um?
Entscheidungsfreudigkeit	Fallbeispiel; situative Frage
teamorientierte Führung	
Führung der Mitarbeiter	direkte Fragen; enger Bezug zum Thema „Delegieren können" direkte Fallbeispiele: „Wie geht jemand mit damit um?" situative Fragen: „Wie würde sich jemand selbst als Vorgesetzten beurteilen?" (vor allem bei jungen Führungskräften)
Führung freier Mitarbeiter	wie „Führung der Mitarbeiter"
Flexibilität	Situative Fragen; „trotzdem schwierig, jemand würde sich in gutem Licht darstellen".
Konfliktfähigkeit	
Kritikfähigkeit	situative Fragen
Sich zuständig erklären	„im Sinne des Unternehmens denken"
Marktbezogene Kompetenzen	
Marktkenntnis	direkt über Fragen abfragbar
Kundenkontakt (Anzeigen, Autoren, Abonnenten)	Arbeitsproben Abfragbar über persönliche Kontakte; der Bewerber muss zumindest die wichtigen Namen kennen.
Kontakte zu Industrie und Forschung	Wird ähnlich erfragt wie Kundenkontakt → direkt mit Namen, wo findet die wichtigste Forschung statt?
Selber schreiben können → stilsicher	Arbeitsproben
Verantwortung für pünktliches Erscheinen des Produktes	über Erfahrung/Lebenslauf/ Berufserfahrung bei Quereinsteigern: schwierig herauszufinden
Kostenverantwortung	Wem gegenüber war der Bewerber kostenverantwortlich? Frage nach der Hierarchie. Was hat er bis jetzt für ein Budget? Was zahlt er bis jetzt für bestimmte Leistungen? Wie würde er mit dem Budget des Unternehmens umgehen? (Fallbeispiel)

Wie werden Konstrukte aus den Bewerbungsunterlagen erschlossen?

Tab. 3: Möglichkeiten der Analyse von Bewerbungsunterlagen

Anforderung	wird aus den Bewerbungsunterlagen erschlossen durch
Personale Kompetenz	
Passung zum Verlag	„nicht zu schließen"
Fachliche Kompetenzen	Aus Lebenslauf/Werdegang/Arbeitszeugnissen und Arbeitsproben
Personalentwicklung	
Menschenkenntnis	Schlüsselwörter in Zeugnissen
Delegieren können	
Freiheiten und Eigenverantwortung	evt. aus Arbeitszeugnissen
Entscheidungsfreudigkeit	evt. aus Arbeitszeugnissen
teamorientierte Führung	Zeugnis
Führung der Mitarbeiter	evt. aus Arbeitszeugnissen
Führung freier Mitarbeiter	evt. aus Arbeitszeugnissen
Flexibilität	vom vorherigen Beruf/evt. aus Arbeitszeugnissen
Konfliktfähigkeit	
Kritikfähigkeit	
Sich zuständig erklären	
Marktbezogene Kompetenzen	
Marktkenntnis	
Kundenkontakt (Anzeigen, Autoren, Abonnenten)	evt. aus Arbeitszeugnissen
Kontakte zu Industrie und Forschung	evt. aus Arbeitszeugnissen
Selber schreiben können → stilsicher	Anschreiben; Arbeitsproben
Verantwortung für pünktliches Erscheinen des Produktes	über Erfahrung/Lebenslauf → Berufserfahrung evt. aus Arbeitszeugnissen
Kostenverantwortung	evt. aus Arbeitszeugnissen

Zusätzlich dazu gab Frau Z. an, dass die berufliche Erfahrung eines Bewerbers entscheidend für die Aussagekraft der Bewerbungsunterlagen ist: „Je erfahrener der Bewerber, desto mehr ist aus den Bewerbungsunterlagen bzw. seinem Werdegang zu schließen." So sagt z.B. das fachliche Image der bisher betreuten Produkte „eine Menge aus. Bei eher unerfahrenen Bewerbern müssten jedoch nahezu alle genannten Konstrukte im persönlichen Gespräch erfragt werden."

Die Anforderungen werden also primär aus dem Bewerbungsgespräch erschlossen, die Bewerbungsunterlagen dienen lediglich der Abklärung verschiedener Kriterien, wie z.B. Studium/ Ausbildung, berufliche Erfahrung und eventuellen Gehaltsvorstellungen. Dennoch erhält Frau Z. aus dem Gesamteindruck nach eigenen Angaben genügend Informationen, um gezielt nur wenige Bewerber einzuladen.

Kaskadenmodell zum Vorgehen bei der Bewertung von Bewerbungsunterlagen

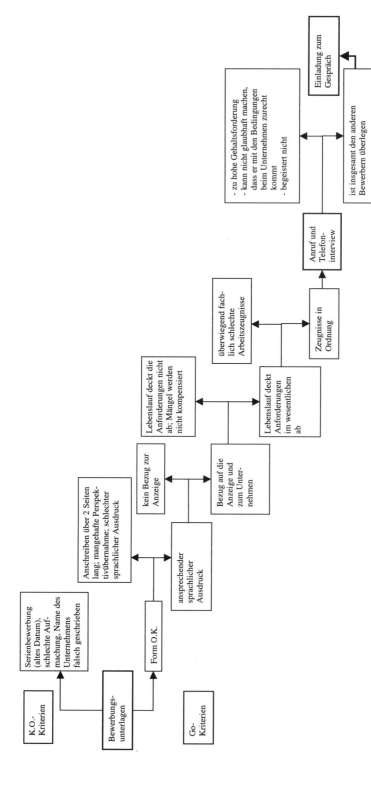

Abb. 2: Kaskadenmodell zu Falldarstellung 1

Bedürfnisse an ein zu entwickelndes Instrument bzw. eine Vorgehensweise zur Beurteilung und Auswahl von Bewerbern

Bedürfnisse der Personalpraktikerin an ein neues Instrument
Frau Z. betont bei Aufzählung ihrer Bedürfnisse Aspekte, wie „Ehrlichkeit nach beiden Seiten", „Echtheit", „Authentizität" sowie „Glaubwürdigkeit bzw. Glaubhaftigkeit".

Dabei soll das neue Verfahren „offen" und „durchschaubar" sein und letztlich zur Unternehmenskultur bzw. -philosophie passen.

„Ehrlichkeit" als eines der zentralsten Bedürfnisse begründet Frau Z. mit ihrer eigenen Person („Ich würde nie jemanden anlügen") und dem Zweifel an Testverfahren, in denen „man viel ausfüllen (kann), das gut aussieht". Sie favorisiert deswegen die freie Gesprächsführung.

Gewünschte Vorteile bzw. favorisierte Aspekte des neuen Instruments
Das neue Verfahren soll dabei dem Bedürfnis von Frau Z. genügen, eine „richtige Einschätzung" der fachlichen Voraussetzungen zu gewährleisten. In der Vergangenheit wurden im Bereich „fachliche Fähigkeiten" Bewerber falsch eingeschätzt und dies mündet in dem Wunsch, „mehr Sicherheit in der fachlichen Beurteilung" zu erlangen.

Ihr Unbehagen wird an der Einstellung und Meinung gegenüber Assessment Centern deutlich, die sie in Seminaren kennen gelernt hat. Sie ist „kein Freund davon" und ist nicht davon überzeugt, dass u.a. Teamfähigkeit durch Assessment Center erkennbar wird bzw. zu erschließen ist („Ich streit' es einfach ab").

Faktoren bzw. Aspekte des neuen Verfahrens, die den Einsatz behindern könnten
In Abgrenzung zu bestehenden Methoden und Verfahren und analog zum Menschenbild und den Wertvorstellungen von Frau Z. sollten „Verunsicherung", „Verkrampftheit", „Unechtheit" und eine „Aufgeregtheit bis hin zur Angst" sowohl bei ihr selbst als auch beim Bewerber durch den Einsatz einer neuen Methode vermieden werden.

Eine „Standardisierung" bzw. ein „starres Instrument" widerspricht der Vorstellung und Erfahrung von Frau Z. („Jedes Gespräch läuft anders ab.") und ihrer Präferenz von Gesprächen („überzeugte Gesprächsfrau"). Sie betonte, sie „habe immer Probleme mit Kartons und Schachteln" und „Schachtel-Denken" widerspreche ihr zutiefst.

2. Lebensmitteltechnologie – Falldarstellung 2

Interviewpartner: Herr G. und Frau K.

Art und Größe des Unternehmens
Das Unternehmen ist Marktführer in einem Segment der Lebensmitteltechnologiebranche und beschäftigt derzeit acht Mitarbeiter. Aufgrund der Größe des Unternehmens arbeiten alle MitarbeiterInnen in einem Großraumbüro zusammen. Daher sind – nach Aussagen der Personalverantwortlichen und des Geschäftsführers – ein offenes Miteinander der Mitarbeiter und eine enge Teamarbeit im Unternehmen unumgänglich.

Im letzten Jahr wurde eine Fusion mit einem anderen Unternehmen vorgenommen, die sich durch zusätzliche operative Arbeit bei den Mitarbeitern des Unternehmens auswirkte.

Aufgrund des Alters des Geschäftsführers ist die Suche nach einem Mitarbeiter, der auf lange Sicht die Nachfolge antreten soll, ein wichtiges Thema. Das Mutterunternehmen mit Sitz im Ausland hat diese Thematik betont und wünscht die Beachtung bei der zukünftigen Auswahl von Mitarbeitern in bestimmten Positionen.

Entscheidenden Einfluss auf die unternehmensinternen Arbeitsabläufe sowie die Atmosphäre und Kultur des Unternehmens hat der Geschäftsführer, der von seiner Kollegin als in seinen Entscheidungen „sprunghaft" bezeichnet wird.

Im Unternehmen existiert kein eigenständiger Personalbereich. Aufgrund der Größe des Unternehmens ist die Personalverantwortliche für das Marketing, den Vertrieb und die Personalarbeit in Personalunion zuständig. Der Geschäftsführer ist in alle Auswahlentscheidungen involviert. Ebenso ist er an der Gestaltung der Stellenanzeige, dem Erstellen des Anforderungsprofils und der Durchführung von Auswahl- und Beurteilungsgesprächen entscheidend beteiligt.

Zur Person des Personalverantwortlichen
Beide Interviewpartner sind schon langjährig in der Personalauswahl tätig, allerdings sind beide primär mit anderen Aufgaben beschäftigt, die Personalauswahl läuft eher nebenbei mit.

Persönlicher Eindruck vom Interviewpartner
In diesem Fall erscheint es ratsam, nicht nur Frau K. als Personalverantwortliche zu beurteilen, sondern auch deren Vorgesetzten, den Geschäftsführer des Unternehmens, in die Darstellung mit einzubeziehen.

Sein Verhalten und Vorgehen bei der Personalauswahl und -beurteilung ist von impliziten Theorien geleitet. Aussagen und Annahmen wie: „In der Ruhe liegt die Kraft" oder: „Das Fachliche kann man lernen, den Charakter dagegen nur schwer" scheinen sein Handeln und Denken zu leiten. Von der Korrektheit seines Verhaltens und seiner Wertvorstellung ist er überzeugt und verweist oft auf seine jahrelange Erfahrung als Fachmann und Führungskraft. Er ist nicht bereit zum Eingestehen von Fehlern, sondern beruft sich auf seine Erfahrungen in der Branche und seine Menschenkenntnis.

Der Auswahl- und Beurteilungsprozess

Beschreibung des allgemeinen Auswahlprozesses
In dem Unternehmen entstand die Notwendigkeit, eine neue Stelle zu schaffen; zum einen konnte der Arbeitsaufwand mit dem bisherigen Personal nicht mehr aufgefangen werden und zum anderen sollte für den Geschäftsführer langfristig ein Nachfolger gefunden werden.

Auf die daraufhin aufgegebene Stellenanzeige gingen im Unternehmen Bewerbungsunterlagen ein, die zuerst nach formalen Kriterien selektiert wurden. Im Anschluss daran wurden verschiedene Bewerber zu einem Interview eingeladen. Die Bewerber, die in die engere Wahl fielen, wurden zu einem zweiten Gespräch eingeladen. Im Anschluss an das zweite Gespräch bekamen die Bewerber eine Arbeitsaufgabe gestellt, die sie bis zum dritten Interview lösen und dann vor Herrn G. und Frau K. präsentieren sollten. Aufgrund dieser Präsentation wurde ein Bewerber als zukünftiger Mitarbeiter ausgewählt.

In Abhängigkeit von der erreichten Stufe im Auswahlprozess wurden bis zu drei Auswahlgespräche mit den Bewerbern geführt.
Die Einstellungsinterviews mit für das Unternehmen interessanten Bewerbern werden anhand eines Interviewleitfadens geführt. Dieser Interviewleitfaden weist folgende Gliederung auf:
1. „Ziel und Zweck der Position"
2. „Tätigkeiten": Beschreibung der Tätigkeitsbereiche
3. „Jobkriterien": Beschreibung der Position im Unternehmen, den internen und externen Kontakten, Anforderungen an die Ausbildung und Berufserfahrung des Bewerbers sowie die Beschreibung der Arbeitszeit

Die Anforderungen an den Bewerber bzw. die Bewerberin werden in einem gesonderten Anforderungsprofil zusammengefasst. Zur Beurteilung der Eignung der BewerberInnen dient eine fünfstufige Skala. „Anforderungsprofil": Beschreibung der Anforderungen an Bewerber und Beurteilungsskala (1 bis 5), wie z.B.:
- „Kenntnisse/Tätigkeiten": „Datenverarbeitung", „Korrespondenz", „Arbeitsorganisation";
- „Fähigkeiten": „Kooperation, Teamfähigkeit", „vernetztes, zielgerichtetes Denken und Handeln", „Organisationsfähigkeit", „Kontaktfreudigkeit", „Motivation", „Kommunikation";

- „Persönliches": „Karriere/Ziele", „Hobbys und andere Interessen", „private Ziele";
- „Gehalt" und
- „Auswertung".

In die Auswertung und Beurteilung fließt die Übereinstimmung der Kenntnisse und Fähigkeiten des Bewerbers mit den Anforderungen sowie dessen Gehaltsforderung mit dem Budget ein. Die Beurteilung der Übereinstimmung wird auf einer mehrstufigen Skala vorgenommen. Basis für die Entscheidung ist letztlich eine Gesamtbeurteilung, bei der zudem die „Stärken", das „Verbesserungspotenzial", das Potenzial und anstehende „Förderungsmaßnahmen" mit einbezogen werden. Im Anschluss daran wird mit den geeignetsten Bewerbern ein weiteres Gespräch geführt. Für dieses Gespräch wird den Bewerbern eine Arbeitsaufgabe in Form einer Hausaufgabe gestellt, die Gegenstand des darauf folgenden Gespräches ist.

Im letzten Gespräch steht die Präsentation der bearbeiteten Aufgabe im Mittelpunkt, die durch Frau K. und Herrn G. mit dem Bewerber diskutiert und letztlich bewertet wird.

Über eine systematische Evaluation von personellen Entscheidungen liegen zum heutigen Kenntnisstand keine Angaben vor. Im Verlauf der Interviews wurde jedoch ein (scheinbar) strukturierter und systematischer Beurteilungsbogen für Mitarbeitergespräche durch Herrn G. und Frau K. vorgestellt.

Bewertung des Auswahl- und Beurteilungsprozesses
Der gesamte Auswahlprozess des Unternehmens ist stark abhängig von der Person des Geschäftsführers und erscheint auf den ersten Blick formalisiert, strukturiert, transparent und objektiv.

Bei den Auswahlgesprächen kommt ein Interviewleitfaden zum Einsatz, der u.a. ein differenziertes Anforderungsprofil und eine mehrstufige Skala zur Beurteilung der verschiedenen Kriterien enthält. Dieser Leitfaden soll eine differenzierte und weniger intuitive Entscheidung ermöglichen und folgt insofern den Empfehlungen der Wissenschaft.

Das Anforderungsprofil erweckt bei näherer Betrachtung allerdings den Eindruck einer Scheindifferenzierung, die eine gewisse Professionalität und Struktur lediglich suggeriert, die sich in der tatsächlichen Praxis und dem konkreten Vorgehen bei der Personalauswahl und -beurteilung allerdings nicht wieder findet.

Während des Auswahl- und Beurteilungsprozesses wird ein strukturierter und standardisierter Interviewleitfaden verwendet. Dieser sieht die Beurteilung einzelner Fähigkeiten, Kenntnisse und Eigenschaften des Bewerbers auf einer mehrstufigen Skala vor, die eine quantifizierte Beurteilung zulässt. Die Struktur des Leitfadens erscheint sinnvoll, jedoch ist die inhaltliche Ausgestaltung mehr als zweifelhaft. Bestimmte Fragen lassen nur einen geringen, meist gar keinen Anforderungs- bzw. Tätigkeitsbezug erkennen. So wird z.B. mit der Frage „Wenn Sie eine Urlaubsreise nur für sich alleine gewinnen, wofür würden Sie sich entscheiden?" und den Antwortalternativen „Ruhe und Abgeschiedenheit" versus „belebter bekannter Ferienort mit Trubel" auf die „Kontaktfreudigkeit" des Bewerbers geschlossen.

Entspricht das Anforderungsprofil den tatsächlichen Aufgaben und den daraus resultierenden Anforderungen?
In der Stellenanzeige des Unternehmens wurde eine Assistenz-Stelle ausgeschrieben. Bezeichnend ist die Darstellung des damaligen unternehmensinternen Umfeldes durch Frau K und Herrn G. Sie berichten von einem enormen Arbeitsaufkommen, woraus das Bedürfnis nach Entlastung – vor allem des Geschäftsführers – seinen Ursprung fand. Die Vermutung liegt nahe, dass die Suche nach einer Assistenzkraft ursprünglich hierauf beruhte. Ungefähr zur gleichen Zeit – die Anzeige war bereits geschaltet – wurden zwei Mitarbeiter entlassen. Daraufhin offenbarte sich der Bedarf an einer kaufmännischen Kraft. Dieser wurde verstärkt durch die Forderung des Mutterunternehmens, die Nachfolge für den Geschäftsführer bei der Einstellung zu beachten.

Zu Beginn der Interviews wurde dies auch explizit von Herrn G. und Frau K. betont, die sich ausdrücklich einen Mitarbeiter wünschten, der den Geschäftsführer entlasten sollte. Zudem sollte dieser vor allem die Ideen des Geschäftsführers „kanalisieren" und „umsetzen".

Augenscheinlich ist die Diskrepanz zwischen den beurteilten Anforderungen im Einstellungsinterview und den Beurteilungskriterien bei dem später folgenden Mitarbeitergespräch. Bei diesem wurden die fachliche, persönliche und soziale Kompetenz sowie die Führungskompetenz des neu eingestellten Mitarbeiters beurteilt. Dabei wurde unter fachlicher Kompetenz – von den ursprünglichen Anforderungen abweichend – u.a. die „praktische Veranlagung", „Interesse am Arbeitsumfeld", „Fähigkeit zur Terminplanung" sowie die „Fähigkeit zum Kostendenken" subsumiert. Unter persönlicher Kompetenz wurden hingegen u.a. die „Pünktlichkeit", das „Arbeitstempo", der „Umgang mit Einrichtungen" und unter der sozialen Kompetenz die „Ehrlichkeit", „Einfühlungsvermögen", „Loyalität" und letzlich unter Führungskompetenz u.a. „Delegationsfähigkeit", „Einsichtigkeit", „Informationsverhalten" beurteilt. Diese Kriterien waren ausschlaggebende Aspekte, an denen die Nichteignung des Mitarbeiters durch Herrn G. und Frau K. manifestiert wurden.

Im Verlauf der Interviews wurde eine Diskrepanz zwischen formellen Kulturanforderungen (wie z.B. Offenheit und enge Zusammenarbeit im Team) und informellen Gegebenheiten (wie z.B. der Laissez-faire- bis autoritäre Führungsstil des Geschäftsführers) offenbar. Dieser wünscht sich grundsätzlich ein selbst- und eigenständiges Arbeiten und hat andererseits konkrete Vorstellungen, wie Tätigkeiten erfüllt werden müssen, um seinen Vorstellungen zu entsprechen.

Welche Anforderungen sollen erfasst werden?
In gelisteter Form ergeben sich so insgesamt aus dem ersten Interview folgende Anforderungen und Aufgaben:

1. männlich,
2. Marketing-Kaufmann (IHK),
3. theoretisches Rüstzeug,
4. hohe Reisebereitschaft,
5. Bereitschaft zur Arbeit am Wochenende,
6. Körpersprache und Outfit müssen stimmen,
7. Flexibilität,
8. Entlastung von Hr. G und/oder Frau K.,
9. bedarfsgerecht und zielgruppenadäquat verkaufen,
10. Kanalisierung der Ideen,
11. muss in die Mannschaft hineinpassen,
12. sich selbst einbringen,
13. eigene Meinung haben und zeigen,
14. bereit sein zur Teamarbeit,
15. offen sein,
16. eigene Ideen haben,
17. Diskussionen in größeren Gruppen führen können,
18. andere im Büro vertreten,
19. offenen Wissensaustausch praktizieren,
20. mit anpacken, wo Not am Mann ist,
21. Bring- und Hol-Schuld einlösen,
22. vorangehen können und Vorbild sein,
23. Übersicht bewahren,
24. integrieren können,
25. Team bilden,
26. soziale Kompetenz,
27. Verantwortungsübernahme,
28. Entscheidungsfähigkeit,
29. moralisch und ethisch den nicht-normativen Ansprüchen genügen,
30. Teamfähigkeit,
31. verkaufen (Türen öffnen),
32. authentisch verkaufen,
33. gute Auffassungsgabe,
34. Problem des Kunden erkennen und durchdringen (Kommunikation),
35. argumentieren können,
36. Zielgruppe kennen und auf die spezifischen Bedürfnisse eingehen,
37. integer verkaufen,
38. geschätzter Gesprächspartner der Kunden sein,
39. Perspektivenübernahme,
40. gute und gründliche Produktkenntnis,
41. Kenntnis der Anwendungen,
42. bedarfsgerechte Kundenberatung.

Wie werden die Konstrukte im Interview beobachtet?

Tab. 4: Möglichkeiten der Beobachtung im Interview

Anforderung	wird im Interview erfasst durch
Männlich	-
theoretisches Rüstzeug → Marketing-Kaufmann (IHK)	Probepräsentation
Hohe Reisebereitschaft	
Bereitschaft zur Arbeit am Wochenende	
Körpersprache und Outfit müssen stimmen	„sieht man"
Flexibilität	
Entlastung von Mitarbeitern	ergibt sich aus der Arbeit
bedarfsgerecht und zielgruppenadäquat verkaufen → integer/authentisch	
Kanalisierung der Ideen	
Muss in die Mannschaft hineinpassen	
Eigene Ideen haben → sich selbst einbringen	
Meinung haben und zeigen	
Teamfähigkeit /bereit zur Teamarbeit	aus dem Interviewleitfaden (Frage: Was hat Ihnen an Ihren früheren Kollegen gut/weniger gut gefallen?)
offen sein	aus dem Interviewleitfaden (Frage: Was hat Ihnen an Ihren früheren Kollegen gut/weniger gut gefallen?)
Diskussionen in größeren Gruppen führen können	
Andere im Büro vertreten	
Offener Wissensaustausch	aus dem Interviewleitfaden (Frage: Was hat Ihnen an Ihren früheren Kollegen gut/weniger gut gefallen?)
Mit anpacken, wo Not am Mann ist	
Bring- und Hol-Schuld einlösen	
Vorangehen können und Vorbild sein	
Übersicht bewahren	
Integrieren können	
Soziale Kompetenz	
Verantwortungsübernahme	aus bisheriger Tätigkeit erschlossen
Entscheidungsfähigkeit	
Moralisch und ethisch den nicht-normativen Ansprüchen genügen	
gute Auffassungsgabe	
Problem des Kunden erkennen und durchdringen (Kommunikation)	aus bisheriger Tätigkeit erschlossen
argumentieren können	
Zielgruppe kennen und auf die spezifischen Bedürfnisse eingehen	bei der Einstellung noch kein Kriterium
Geschätzter Gesprächspartner der Kunden	
Perspektivenübernahme	
gründliche Produktkenntnis, Anwendungskenntnis	bei der Einstellung noch kein Kriterium
Bedarfsgerechte Kundenberatung	aus bisheriger Tätigkeit erschlossen

Diese Anforderungen konnten im Interview ermittelt werden. Bei einem weiteren Gespräch im Unternehmen stellte sich heraus, dass eigentlich auf andere Punkte geachtet wurde. Es ergaben sich folgende Anforderungen:

Tab. 5: Möglichkeiten der Beobachtung im Interview II

Anforderung	wird im Interview erfasst durch
1. Fachliche Kompetenz: Qualität der Arbeit, Kenntnisse der auszuübenden Tätigkeit, der Branche, von Zusammenhängen	
Theoretische Fachkenntnisse aus bisheriger Tätigkeit	aus dem Lebenslauf geschlossen
Umsetzung der früheren Ausbildungsinhalte und Tätigkeiten	Probepräsentation
Theoretische Fachkenntnisse jetzige Tätigkeit	Probepräsentation
Produktkenntnisse	Wurde nicht erfragt.
Marktkenntnisse	Wurde nicht erfragt.
Verkaufskompetenz	Wurde nicht erfragt.
Verhandlungsgeschick	Wurde nicht erfragt.
Sprachliche Ausdrucksfähigkeit	Probepräsentation
Praktische Veranlagung	aus der Ausbildung erschlossen
Fähigkeit zum ganzheitlichen Denken	Situative Standardfrage: „Sie stehen an der Bushaltestelle und stellen fest, dass sie etwas vergessen haben. Sie müssen aber einen Flieger erwischen. Was machen Sie?"
Fähigkeit zur Terminplanung	situative Frage: Postkorb-Frage
Fähigkeit zum Kostendenken	bisherige Tätigkeiten
Interesse am Arbeitsumfeld	Wurde nicht erfragt.
Fremdsprachen	
2. Persönliche Kompetenz: Engagement, Kundenorientiertheit, Arbeitsvolumen, Stressverhalten, Belastbarkeit, Termineinhaltung, Erfüllung von Zielsetzungen, Initiative	
Qualität der Arbeit	Probepräsentation
Zuverlässigkeit	Wurde nicht erfragt.
Pünktlichkeit/Termineinhaltung	Wurde nicht erfragt.
Umsetzung übertragener Aufgaben	aus der bisherigen Tätigkeit erschlossen
Zielorientierung	Abfrage über bisherige Karriereplanung
Kundenorientierung	bisherige Tätigkeiten
Erscheinungsbild	„sieht man"
Arbeitsorganisation	Wurde nicht erfragt.
Selbstorganisation	situative Frage: „Bushaltestelle"
Detailorientierung	Wurde nicht erfragt.
Kreativität	Probepräsentation, Quereinsteiger-Ideen
Einsatzbereitschaft	bisherige Tätigkeiten
Umstellungsbereitschaft	Wurde nicht erfragt.
Arbeitstempo	Wurde nicht erfragt.
Ausdauer	Wurde nicht erfragt.
Stressverhalten	Wurde nicht erfragt.
Umgang mit Einrichtungen	Wurde nicht erfragt.

3. Soziale Kompetenz: Team-, Kommunikations- und Kontaktfähigkeit, Verhalten gegenüber Kunden, Vorgesetzten, Kollegen, Vertretern, Lieferanten, Behörden.	
Teamfähigkeit	„Was hat Ihnen an Ihren früheren Kollegen gut/weniger gut gefallen? Wie können Ihre Kollegen Sie Ihrer Meinung nach bei der Arbeit unterstützen?" „Mit welcher Art von Menschen arbeiten Sie gerne zusammen?" „Was ist für Sie wesentlich beim Umgang mit Menschen?"
Kollegiale Zusammenarbeit	„Was hat Ihnen an Ihren früheren Kollegen gut/weniger gut gefallen? Wie können Ihre Kollegen Sie Ihrer Meinung nach bei der Arbeit unterstützen?" „Mit welcher Art von Menschen arbeiten Sie gerne zusammen?" „Was ist für Sie wesentlich beim Umgang mit Menschen?"
Kommunikation	„Was hat Ihnen an Ihren früheren Kollegen gut/weniger gut gefallen? Wie können Ihre Kollegen Sie Ihrer Meinung nach bei der Arbeit unterstützen?" „Mit welcher Art von Menschen arbeiten Sie gerne zusammen?" „Was ist für Sie wesentlich beim Umgang mit Menschen?"
Informationsmanagement	„Was hat Ihnen an Ihren früheren Kollegen gut/weniger gut gefallen? Wie können Ihre Kollegen Sie Ihrer Meinung nach bei der Arbeit unterstützen?" „Mit welcher Art von Menschen arbeiten Sie gerne zusammen?" „Was ist für Sie wesentlich beim Umgang mit Menschen?"
Ausstrahlung	persönlicher Eindruck
Einfühlungsvermögen (inhaltliche Nähe zu „Auftritt" und „Führungskompetenz")	Wurde nicht erfragt.
Auftritt (inhaltliche Nähe zu „Einfühlungsvermögen" und „Benehmen")	persönlicher Eindruck, Körpersprache
Ausdruck	sprachlicher Ausdruck
Sozialverhalten	persönlicher Eindruck
Benehmen (nach Knigge) (inhaltliche Nähe zu „Auftritt")	Höflichkeit, Erscheinung, Verhalten
Offenheit (inhaltliche Nähe zu „Ehrlichkeit" und zum Thema Glaubwürdigkeit)	
Ehrlichkeit	
Geltungsbedarf	Wurde nicht erfragt.
Selbstbewusstsein	Wurde nicht erfragt.
Loyalität	Wurde nicht erfragt.
Standfestigkeit	Wurde nicht erfragt.
4. Führungskompetenz: Entschlusskraft und Verantwortungsfreude, Fähigkeit Mitarbeiter zu motivieren, zu verstehen, beurteilen und zu fördern.	
Zuverlässigkeit	Wurde nicht erfragt.
Autorität	Wurde nicht erfragt.
Charisma	„sieht man"
Organisatorische Fähigkeiten	bisherige Tätigkeiten
Verantwortungsbereitschaft	bisherige Tätigkeiten
Moderation (flexibel, Perspektivübernahme, Einfühlungsvermögen)	Probepräsentation
Improvisationsfähigkeit	Wurde nicht erfragt.
Delegationsfähigkeit	Wurde nicht erfragt.
Informationsverhalten	Wurde nicht erfragt.
Einsichtigkeit	Wurde nicht erfragt.

Wie werden Konstrukte aus den Bewerbungsunterlagen erschlossen?
Aus den Bewerbungsunterlagen werden in erster Linie formale Kriterien abgeklärt, wie das Geschlecht und die Ausbildung. Des Weiteren wurden verschiedene Konstrukte aus dem Lebenslauf, vor allem aus der bisherigen Tätigkeit, geschlossen: zielgruppenadäquates Verkaufen, Verantwortungsübernahme, Entscheidungsfähigkeit, Probleme des Kunden erkennen und durchdringen können, Kommunikationsfähigkeit und die bedarfsgerechte Kundenberatung.

Bedürfnisse an ein zu entwickelndes Instrument bzw. eine Vorgehensweise zur Beurteilung und Auswahl von Bewerbern
Nach der Fehlbesetzung und der Suche nach einen neuen Mitarbeiter und u.U. Nachfolger für Herrn G. ergab sich ein konkreter und akuter Handlungs- und Beratungsbedarf.

Zusammenfassend und unter Beachtung der konkreten Situation ist ein anforderungsspezifisches und vor allem personenunabhängiges Vorgehen in diesem Unternehmen unumgänglich und notwendig, um erneuten Fehlbesetzungen entgegen zu wirken.

Bedürfnisse der Personalverantwortlichen an ein neues Instrument
Von Herrn G. und Frau K. wird der Grund für die Fehlbesetzung in der Täuschung des Bewerbers gesehen, von welchem sie nach eigenen Angaben geblendet wurden. Tatsächlich sind die Scheindifferenzierung und der nicht existente Anforderungsbezug der Fragen im Auswahlgespräch als wahrscheinlichste Ursachen festzuhalten.

Gewünschte Vorteile bzw. favorisierte Aspekte des neuen Instruments
Aufgrund der resultierenden Konsequenzen aus der Fehlentscheidung ist in Zukunft eine sichere und richtige Entscheidung ein wesentlicher Anspruch an ein neues Verfahren.

3. Software-Unternehmen – Falldarstellung 3

Interviewpartner: Herr S.

Art und Größe des Unternehmens
Das Unternehmen gehört der IT-Branche – primär dem Softwarebereich – an. In dem Start-up-Unternehmen, das nach wie vor stark im Wachstum ist, sind derzeit zehn Personen (davon zwei Geschäftsführer) beschäftigt.

Aufgrund der Größe des Unternehmens ist die Mitarbeiterstruktur auf Angestellte, Fachkräfte und Geschäftsführer beschränkt. Eine Änderung ist mit dem Wachstum des Unternehmens absehbar, wobei Herr S. mindestens eine weitere Einstellung in jedem halben Jahr plant.

Die Unternehmenskultur ist stark geprägt durch die Größe des Unternehmens, die u.a. eine enge Zusammenarbeit aller Mitarbeiter erfordert. Deshalb ist es bislang von besonderer Wichtigkeit, dass jeder Mitarbeiter mit jedem weiteren Mitarbeiter gut zusammenarbeiten kann. Des Weiteren haben die beiden Geschäftsführer durch ihre Personalauswahl maßgeblichen Einfluss auf die Kultur. Kundenorientierung ist ein entscheidendes Kulturmerkmal des Unternehmens („Wir sind kundenorientiert").

Im Unternehmen existiert kein eigenständiger Personalbereich. Alle Aspekte der Personalauswahl – beginnend mit der Analyse der Bewerbungsunterlagen bis hin zur Einstellung – werden durch die beiden Geschäftsführer erledigt. Für die operative Personalarbeit ist ein Mitarbeiter eingestellt worden.

Zur Person des Personalverantwortlichen
Im Tätigkeitsbereich von Herrn S. arbeiten neun Personen. Herr S. ist stark in den täglichen Geschäftsablauf des Unternehmens involviert. Neben seiner Funktion als Geschäftsführer ist er vor allem mit der Personalauswahl betraut.

Persönlicher Eindruck vom Interviewpartner
Herr S. reflektiert über Prozesse der Eignung und die Problematik bei der Einstellung weiterer Personen, wenn das Unternehmen schneller wächst als bislang. Bisher praktiziert er die Strategie, „Klone" als neue Mitarbeiter einzustellen. Das Problem erkennt er allerdings darin, dass diese Strategie dem Unternehmen nicht mehr dienlich sein wird, wenn beispielsweise ein Vertriebsmitarbeiter eingestellt werden soll, dessen Tätigkeits- und Aufgabenbereiche andere Persönlichkeitseigenschaften und Qualifikationen erfordern als die bisherigen Softwareexperten. Grundsätzlich ist Herr S. als unerfahren bei der Personalauswahl zu bezeichnen.

Der Auswahl- und Beurteilungsprozess im Unternehmen ist in starkem Maße von Herrn S. abhängig. Er gesteht selber ein, in der Gründungsphase des Unternehmens an Mitarbeitern interessiert gewesen zu sein, die seiner Person ähnlich sind („Wir versuchen uns weitestgehend zu klonen."). Fachliche Anforderungen werden mit der eigens dafür konzipierten „Probearbeit" überprüft. Diese entspricht im weitestgehend einer Arbeitsprobe im wissenschaftlichen Sinne. Bei der Analyse der Bewerbungsunterlagen und im Verlauf des Auswahlgespräches schreibt sich Herr S. bei der Beurteilung der fachlichen Voraussetzungen des Bewerbers selber Sicherheit zu.

Die Beurteilung von „Soft skills" und die als wichtig erachtete Passung zum Team und letztlich zum Unternehmen bezeichnet er als schwierig und beruft sich auf eine „Bauchentscheidung". Die Schwierigkeit sieht er darin, dass „man überhaupt an die Dinge rankommt". Er fasst zusammen, dass „Sympathie (...) in gewissem Maße die Voraussetzung (ist)".

Grundsätzlich ist die Beurteilung der Bewerber durch Herrn S. als intuitiv und wenig strukturiert zu bewerten. Bei der Beurteilung der Fachkompetenz kann er aufgrund seiner Erfahrungen und Expertise als objektiv eingeschätzt werden.

Der Auswahl- und Beurteilungsprozess

Beschreibung des allgemeinen Auswahlprozesses
Der Auswahl- und Beurteilungsprozess verläuft im Unternehmen nach einem groben Schema und ist nach wissenschaftlichen Kriterien als teilstrukturiert zu bewerten: Nach Eingang der Bewerbungsunterlagen und deren grober Auswahl nach Kriterien wie Nationalität, Berufserfahrung („berufliche Instanzen") und Regionalität werden die Bewerber zu einem ersten Gespräch eingeladen.

Dieses Auswahlgespräch wird ohne Leitfaden geführt, orientiert sich aber grob an folgendem Ablauf:
1) „Small Talk",
2) Vorstellung des Bewerbers,
3) Vorstellung des Unternehmens und
4) Hinterfragen der Interessen der Bewerber.

Das Einstellungsinterview führen beide Geschäftsführer zusammen. Es beginnt mit „Small Talk" als Lockerung, im Anschluss daran folgt die Vorstellung des Bewerbers. Danach stellen die Geschäftsführer bzw. Herr S. das Unternehmen vor. Besonders wichtig ist Herrn S. im Einstellungsinterview, ob der Bewerber Interesse an der Stelle bzw. den Aufgaben hat.

Das eigene Vorgehen beschreibt Herr S. selbst als intuitiv, d.h. er orientiert sich an seinem Bauchgefühl. Beim „Small Talk (...) kommt viel in die Bauchentscheidung rein – wie man andere

Leute kennen lernt, ob die einem jetzt das Ohr abkauen, die langweilig sind (...), aber es gibt keine Kriterienaufstellung, wo ich das jetzt begründen kann". Nachdem er sich einen „Gesamteindruck, (der) hauptsächlich von der Arbeit, die er bislang gemacht hat" geprägt ist, gebildet hat, erfolgt eine Einladung zu einem zweiten Interview und „Probearbeit".

Im zweiten Interview wird dem Bewerber eine Arbeitsaufgabe gestellt, die er in einem bestimmten Zeitraum lösen soll. Bei dieser „Probearbeit", die vor allem inhaltliche Anforderungen der zukünftigen Tätigkeit abbildet, muss der Bewerber eine Aufgabe bewältigen, die nicht nur fachliche Fähigkeiten, sondern auch die Zusammenarbeit mit dem Team erfordert. Die Teammitglieder stehen dem Bewerber dabei während der mehrstündigen Bearbeitung für die Beantwortung der Fragen und das Liefern wichtiger Informationen zur Verfügung. Ausdrücklich wird dabei von Herr S. betont, dass die komplette Bewältigung bzw. Lösung der Aufgabe nicht im Vordergrund steht, sondern neben den fachlichen Voraussetzungen auch der Umgang mit dem Team beobachtet und als wichtig erachtet wird.

Im Anschluss an die Probearbeit gehen alle Mitarbeiter des Unternehmens zusammen essen, um sich persönlich kennen zu lernen. Als Grund hierfür wird die enge Zusammenarbeit der Mitarbeiter im Unternehmen – bedingt durch die Größe des Unternehmens und die räumliche Dichte – angeführt, die eine soziale Passung unerlässlich macht.

Eine Entscheidung wird von Herrn S. aufgrund des „Gesamteindruck(s)" vollzogen, wobei er eingesteht, nur die fachlichen Voraussetzung und somit Eignung einschätzen zu können. Schwierigkeiten gesteht er bei der Beurteilung von „soft skills" ein.

Bewertung des Auswahl- und Beurteilungsprozesses

Das gesamte Vorgehen kann im weitesten Sinne als teilweise strukturiert, aber doch durchdacht bewertet werden. Der Ablauf des Auswahlgespräches ist unstrukturiert und orientiert sich nur an groben Themenschwerpunkten, es wird kein Leitfaden benutzt und keine systematische Auswertung vorgenommen, sondern ganzheitlich („Gesamteindruck") beurteilt, wobei Sympathie und Intuition eine entscheidende Rollen spielen.

Für die Überprüfung und Einschätzung der fachlichen Fähigkeiten wird eine Art Einzelassessment als Arbeitsaufgabe durchgeführt, die meines Erachtens ein relativ valides Urteil über die fachliche Eignung des Bewerbers erlaubt. Auch die damit einher gehende Zusammenarbeit mit dem Team sowie das gemeinsame Essen zur Überprüfung der Passung des Bewerbers können als relativ valides und objektives Vorgehen bewertet werden. Bei der Beurteilung der fachlichen Voraussetzung ist Herr S. für die ihm vertrauten und bekannten Tätigkeitsbereiche als durchaus erfahren einzuschätzen. Die dabei angewandte „Klon"-Strategie und somit das Fokussieren der Fachkompetenz ist aufgrund des Wachstums des Unternehmens und des hohen Arbeitsaufkommens nachvollziehbar, birgt jedoch die Gefahr, andere Dimensionen bei der Beurteilung des Bewerbers zu übersehen.

Den Bedarf an einem veränderten Vorgehen bei der Personalauswahl ist Herrn S. bewusst, denn in der Zukunft ist die Einstellung von Mitarbeitern geplant, die nicht der fachlichen „Klon"-Seite von Herrn S. entsprechen werden (z.B. Mitarbeiter im Vertrieb).

Welche Anforderungen sollen erfasst werden?

Bislang wurden die Anforderungen unsystematisch ermittelt. Durch die Vorgabe, Personen zu suchen, die den Geschäftsführern und den bisherigen Mitarbeitern ähnlich sind, erübrigte sich eine detaillierte Anforderungsermittlung.

Im Tiefeninterview und in der weiteren Vertiefung mit der Repertory-Grid-Methode wurden als Anforderungen für die Position des Softwareentwicklers zunächst sieben Elemente identifiziert:
1. Softwareentwicklung im engeren Sinn,
2. Abstimmung mit den Kunden,
3. Absprachen im Team,
4. Reisetätigkeit,

5. Arbeiten unter Zeitdruck,
6. eigenverantwortliches Handeln,
7. schnelles Hineinfinden in die Arbeit.

Des Weiteren ist für Herrn S. der Faktor „soziale Passung" von hoher Wichtigkeit, der aber nicht in die Elementeliste aufgenommen wurde.

Die Ermittlung dieser Elemente gestaltete sich verhältnismäßig schwerfällig, obwohl Herr S. ein genaues Bild des idealen Bewerbers vor Augen hat. Dieser Bewerber entspricht im Idealfall Herrn S.'s Bild von sich selbst. Es entstand aber der Eindruck, dass Herr S. ein reflektiertes Bild seiner eigenen Fähigkeiten und Eigenschaften besitzt, jedoch Schwierigkeiten hat, dieses zu kommunizieren und zu explizieren.

Es folgt eine Aufstellung der Anforderungen in gelisteter Form sowie dazugehörige Erklärungen, wie der Personalverantwortliche die jeweilige Anforderung verstanden wissen möchte:
1. Verantwortung, Qualitätsbewusstsein,
2. Neugier; Motivation, neue Wege zu finden,
3. zuhören können,
4. schnelle Auffassungsgabe,
5. Identifikation mit der Arbeit,
6. Terminbewusstsein: Einschätzung der Wichtigkeit von Terminen,
7. realistische Einschätzung der Belastung,
8. Grenzen erkennen,
9. unter Zeitdruck arbeiten,
10. fachliche Voraussetzungen,
11. Erfahrungen, wie man Probleme angeht: Für Herrn S. ist dieser Punkt erst in der längeren Zusammenarbeit erkennbar,
12. Selbstvertrauen,
13. alleine arbeiten können: Gegenteil von Hilfe holen und Resultat aus Selbstvertrauen; dieser Punkt kann von Bewerbern auch übererfüllt sein, wenn der Bewerber nicht mehr zur Teamarbeit in der Lage ist,
14. Lernmotivation: hängt mit der allgemeinen Motivation zusammen,
15. eigene Grenzen austesten,
16. Belastbarkeit: unter Druck arbeiten können,
17. hohe Einsatzbereitschaft: freiwillig Einsatz geben im Gegensatz zu Belastbarkeit,
18. Motivation, an anderen Orten mit verschiedenen Menschen zusammenzuarbeiten,
19. Kommunikationsfähigkeit: „wie jemand seine Sachen verständlich macht",
20. Konfliktfähigkeit: auch der „Umgang mit wunden Punkten".

In welcher Beziehung stehen die Anforderungen und Aufgaben zueinander?
Der Versuch, die Elemente nach der Repertory-Grid-Methode in bipolare Beziehung zueinander zu setzen, gestaltete sich als schwierig. Möglicherweise lässt sich dies auf die geringe Erfahrung von Herrn S. bei der Beurteilung von Personen zurückführen. Da er bei der Beurteilung anderer von einer größtenteils gefühlten Ähnlichkeit zur eigenen Person ausgeht, kann vermutet werden, dass sein Erfahrungsschatz noch nicht hinreichend differenziert ist, und ihn die Repertory-Grid-Technik vor zu große Anforderungen stellt. Es wurden daher die Personeneigenschaften aus den Aufgaben abgeleitet:

1. Softwareentwicklung im engere Sinn
    a. Erfahrungsschatz, wie man an Probleme herangeht
    b. Dokumentationen liefern, fachliche Voraussetzungen
    c. Qualitätsbewusstsein

2. Abstimmung mit den Kunden
   a. Kommunikationsfähigkeit
   b. Konfliktlösung
   c. Kundenorientierung
   d. wirtschaftliche Orientierung, Gewinn des eigenen Unternehmens im Auge haben, Vertriebsorientierung
3. Absprachen im Team
   a. Input holen, um Arbeiten selbstständig erledigen zu können
   b. Kommunikationsfähigkeit
   c. Kompromissfähigkeit
   d. zuhören können
4. Reisetätigkeit
   a. Belastbarkeit
   b. Neugier und Motivation, an anderen Orten mit anderen Menschen zusammenzutreffen
   c. realistische Einschätzung der Belastung
5. Arbeiten unter Zeitdruck
   a. Terminbewusstsein, -treue
   b. Stressbewältigung: unter Zeitdruck planen können, effiziente Mittel und Methoden, hohe Einsatzbereitschaft, Identifikation mit der Arbeit
6. Eigenverantwortliches Handeln
   a. Selbstvertrauen, Selbstbewusstsein, mit Neuem zurechtzukommen
   b. Verantwortungsbewusstsein
   c. Grenzen erkennen
   d. alleine arbeiten können
7. Schnelles Hineinfinden in die Arbeit
   a. analytisches Denkvermögen (schnelle Auffassungsgabe)
   b. Lernmotivation, Neugier
   c. eigene Grenzen antesten, Kreativität, neue Wege finden

Es wird deutlich, dass die zunächst relativ knappe Liste von Aufgaben so durch eine umfangreiche Liste von Anforderungen ergänzt werden konnte.

Insgesamt ist Herr S. der Auffassung, dass die Beurteilung der Anforderungen ein „breiter Gesamteindruck (*ist*) – hauptsächlich von der Arbeit, die er bislang gemacht hat". Den sichersten Eindruck bekommt man seiner Meinung nach aus dem „Small Talk drumrum", von dem „viel in die Bauchentscheidung rein(*kommt*) – wie man andere Leute kennen lernt, ob die einem jetzt das Ohr abkaun, ob die langweilig sind (…), aber es gibt jetzt keine Kriterienaufstellung, wo ich das jetzt begründen kann."

Eine wesentliche Anforderung für Herrn S. ist „Ehrlichkeit": „In wie weit traut man den Menschen (…). Ehrlichkeit ist 'ne Grundvoraussetzung, dass man überhaupt an die Dinge (*i.e. Anforderungen*) rankommt." Eine weitere wichtige Anforderung an den Bewerber ist die allgemeine Passung zum Unternehmen, die in erster Linie wieder durch das Sympathieempfinden von Herrn G. ermittelt wird. Für ihn ist „Sympathie (…) in gewissem Maß die Voraussetzung".

Mit welcher Sicherheit können die Konstrukte beobachtet werden?
Im Interview fiel auf, dass sich die Beurteilungskompetenz von Herrn S. in zwei großen Clustern beschreiben lässt. Die Beurteilung der Konstrukte „Neugier, Motivation, Neue Wege finden" und „Zuhören können, schnelle Auffassungsgabe" bei Bewerbern fällt ihm – nach eigenem Bekunden – relativ leicht. Die Anforderungen, die unter dem übergeordneten Konstrukt „Verantwortung, Qualitätsbewusstsein" subsumiert sind, fallen ihm deutlich schwerer. So konnte der Bereich „Verantwortung, Qualitätsbewusstsein" und die darin enthaltenen und davon abgeleiteten Anforderungen als „blinder Fleck" nicht nur in der Beurteilungskompetenz des Herrn S. sondern im gesamten Unternehmen identifiziert werden.

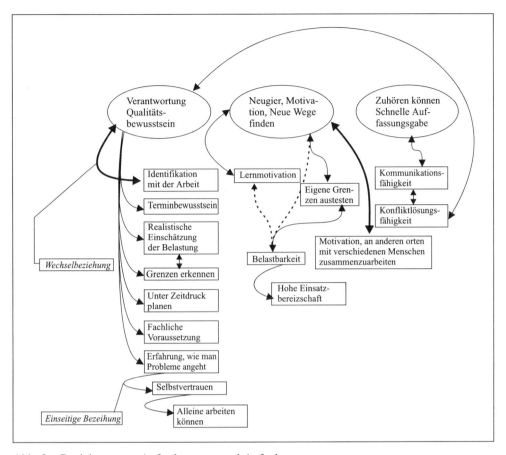

Abb. 3: Beziehung von Anforderungen und Aufgaben

Zusammenfassend schreibt sich Herr S. bei der Beurteilung der fachlichen Eignung eines Bewerbers große Sicherheit zu. In der „Probearbeit" wird von ihm die „Klon"-Seite abgetestet und die fachliche Qualifikation fokussiert. Unsicherheit besteht hingegen bei der Beurteilung von „Soft Skills", wie z.B. die Konstrukte „Konfliktlösungsfähigkeit", „Verantwortung" und „Qualitätsbewusstsein".

Wie werden die Konstrukte im Interview beobachtet?

Tab. 6: Möglichkeiten der Beobachtung im Interview

Anforderung	wird im Interview erfasst durch
Verantwortung, Qualitätsbewusstsein	Berichte über die Vergangenheit
Neugier; Motivation, neue Wege zu finden	„Welche Arbeiten hat jemand schon gemacht?" Die Antwort muss bewertet werden, denn es „ist auch viel Schauspielerei dahinter". Sport und Freizeitaktivitäten
Zuhören können	
Schnelle Auffassungsgabe	Vielschichtig: Wie ist der Bewerber mit vergangenen Aufgaben umgegangen? Wie stellt der Bewerber seine Rückfragen/Rückmeldungen?
Identifikation mit der Arbeit	
Terminbewusstsein	„Kriegt man nicht raus", denn „man kann immer nur über die Vergangenheit reden".
realistische Einschätzung der Belastung	„ein bisschen aus der Arbeitsprobe"
Grenzen erkennen	Frage nach der Vergangenheit: Wo waren Grenzen gesetzt? „Grenzen der Machbarkeit erkennen und flexibel darauf reagieren".
unter Zeitdruck arbeiten	Arbeitsaufgabe
fachliche Voraussetzungen	Arbeitsaufgabe
Erfahrungen, wie man Probleme angeht	Arbeitsaufgabe; situative Frage: Frage aus dem Alltag heraus
Selbstvertrauen	allgemeiner Eindruck Frage: „Trauen Sie sich das zu?"
alleine arbeiten können	Arbeitsaufgabe
Lernmotivation	„Wie leicht ist jemand zu begeistern?" „Hat er Lust und das Selbstbewusstsein das (*i.e. ein neues Aufgabengebiet*) zu machen?"
eigene Grenzen austesten	
Belastbarkeit	Aus der Vergangenheit: „berichten lassen, welcher Stressor, wie der bewältigt wurde, ob der auch angenommen wurde, der Stress, widerstrebend oder positiv"; „sonst allgemeine Fragen über die Zukunft (…), dass da auch Stress entstehen kann".
hohe Einsatzbereitschaft	
Motivation, an anderen Orten mit verschiedenen Menschen zusammenarbeiten	Teamfähigkeit, auch Kunden gegenüber, Einsatzbereitschaft; „gerne mit Kunden zusammenarbeiten"
Kommunikationsfähigkeit	„wie Selbstvertrauen auch im allgemeinen Rahmen erfassen"
Konfliktfähigkeit	Umgang mit „wunden Punkten", z.B. Wechsel der Arbeitstelle

Wie werden Konstrukte aus den Bewerbungsunterlagen erschlossen?

Tab. 7: Möglichkeiten der Analyse von Bewerbungsunterlagen

Anforderung	wird aus den Bewerbungsunterlagen erschlossen durch
Verantwortung, Qualitätsbewusstsein	Zeugnisse
Neugier; Motivation, neue Wege zu finden	Schließen aus Jobben neben dem Studium
Zuhören können; schnelle Auffassungsgabe	
Identifikation mit der Arbeit	
Terminbewusstsein	
realistische Einschätzung der Belastung	
Grenzen erkennen	
unter Zeitdruck arbeiten	
fachliche Voraussetzungen	
Erfahrungen, wie man Probleme angeht	
Selbstvertrauen	
alleine arbeiten können	
Lernmotivation	Schließen aus Jobben neben dem Studium
eigene Grenzen austesten	
Belastbarkeit	
hohe Einsatzbereitschaft	
Motivation, an anderen Orten mit verschiedenen Menschen zusammenarbeiten	
Kommunikationsfähigkeit	
Konfliktfähigkeit	

Kaskadenmodell zum Vorgehen bei der Bewertung von Bewerbungsunterlagen

Die Vorauswahl der Bewerbungsunterlagen findet nach verschiedenen Kriterien statt. Ein wesentlicher Punkt ist die Beurteilung anhand des Lebenslaufs. Dabei ist zum einen die regionale Herkunft von Bedeutung. Herr S. arbeitet gerne mit Personen, die „aus der Gegend" kommen, da er ansonsten eine kürzere Verweildauer in dem Unternehmen und Schwierigkeiten in der Kommunikation aufgrund von Mentalitätsunterschieden befürchtet. Außerdem ist ihm wichtig, dass der Bewerber eine langfristige Beschäftigung anstrebt.

Neben der fachlichen Qualifikation spielt auch das Alter eine wichtige Rolle, momentan sind „junge Leute" entscheidend, obwohl sie oft über sehr wenig bzw. keine Berufserfahrung verfügen, dafür aber von der Altersstruktur in das noch recht kleine Unternehmen passen.

Bedürfnisse an ein zu entwickelndes Instrument bzw. eine Vorgehensweise zur Beurteilung und Auswahl von Bewerbern

Herr S. möchte auf künftigen Wachstumsaufgaben vorbereitet sein. Eine wichtige Aufgabe ist es hier, Strategien und ein Vorgehen zu finden, nach denen man Personen auswählen kann, die nicht dem Vorbild der Unternehmensgründer als „Klon" entsprechen.

Hierbei stellen sich zwei Probleme:
1. In bestimmten Bereichen erkennt Herr S., dass er nicht in der Lage wäre, die Eignung, die Qualifikation und den Nutzen einer Person für das Unternehmen festzustellen.
2. Herr S. erkennt das Problem, dass er in einem wachsenden Unternehmen mit seiner „Klon"-Strategie nicht nur an fachliche Grenzen stoßen kann, sondern auch eine zu große Homogenität Gefahren birgt. Die Chancen einer heterogenen Gruppe sollten thematisiert werden.

Generell ist Herr S. ein reflektierter und lernbereiter Gesprächspartner, der bereit ist, sich differenzierte Gedanken über sein bisheriges, derzeitiges und künftiges Tun zu machen und dieses auch kritisch zu hinterfragen. Allerdings münden diese Reflexionen bislang noch kaum in eine gezielte, hypothesengeleitete Personalauswahl und -beurteilung. Es bleibt eine wichtige Aufgabe, einen klaren Zusammenhang zwischen den Aufgaben, den sich daraus ergebenden Anforderungen, den semantischen und impliziten Zusammenhängen innerhalb dieser Anforderungskonstrukte und konkreten Fragestellungen herzustellen, der in einem Einstellungsinterview gezielt abgearbeitet werden kann.

Bedürfnisse des Personalverantwortlichen an ein neues Instrument
Als globales Bedürfnis an eine neue Methode wünscht sich Herr S.: „Es sollte den Rahmen aufspannen, dass man fachliche Dinge abprüfen, Arbeitsmotivation, Teamfähigkeit abchecken kann". Seinen Vorstellungen entspräche ein Leitfaden, mit dem man mehr „über den Bewerber herausbekommen kann". Im Besonderen möchte er eine „Methode, (mit der) man an nicht fachliche Beurteilungskriterien herankommt".

Für die fachliche Eignung führt er den unternehmenseigenen „Test" bzw. „Workshop" an, mit dem er die fachliche Qualifikation beurteilen kann, jedoch „was wir nicht rausbekommen, ist, wie das Fachliche bei uns ins Einsatzgebiet einzuhängen ist". Als „Einsatzgebiet" versteht er dabei die „Anforderungen der täglichen Arbeit".

Gerade die „Teamfähigkeit" wird nach eigenen Angaben aus einem „Bauchgefühl" heraus beurteilt. Diese Beurteilung will er nachvollziehen, indem neben dem Bauchgefühl „Werkzeuge" bzw. „neue Beurteilungskriterien" zur Verfügung stehen.

Gewünschte Vorteile bzw. favorisierte Aspekte des neuen Instruments
Das neue Instrument soll „Hand in Hand" gehen. Erklärend ergänzt er, man könne nur dann „vernünftige Fragen stellen", wenn man auf Fragen des Bewerbers eingehen kann.

Faktoren bzw. Aspekte des neuen Verfahrens, die den Einsatz behindern könnten
Aus Sicht von Herrn S. ist eine Methode nicht erwünscht, die „den Anderen in eine Prüfungssituation bringt", die letztlich „autoritär" ist. Bezug nehmend auf seine eigenen Erfahrungen wünscht er keine Standardisierung bzw. Formalisierung, weil er es als „schwer (empfindet,) mit Formalisiertem zu arbeiten". Er begründet dies damit, dass eine Standardisierung nur dann sinnvoll ist, wenn bekannt ist, welche genauen Fähigkeiten notwendig sind.

4. Media – Falldarstellung 4

Interviewpartner: Herr C.

Art und Größe des Unternehmens
Das Unternehmen gehört der Medien- und Internetbranche an, wobei der Schwerpunkt der Unternehmenstätigkeit im Medienbereich (primär Werbung) zu sehen ist. Im Unternehmen sind gegenwärtig 45 Mitarbeiter beschäftigt.

Eine geringe hierarchische Struktur ist kennzeichnend für das Unternehmen. Daraus resultiert, dass die Aufstiegschancen innerhalb des Unternehmens begrenzt sind. Jedoch ist eine Ausweitung des „eigenen Horizonts" für Mitarbeiter möglich, indem sie Aufgaben anderer Bereiche – im Sinnes eines Job Enlargements – übernehmen können.

Die Kultur des Unternehmens wird von Herrn C. als offen und äußerst mitarbeiterorientiert beschrieben. Kennzeichnend hierfür ist die Bedeutung von Teamarbeit und einem angenehmen und freundlichen Miteinander. Als weiteres Merkmal der Kultur des Unternehmens wurde von Herrn C. hervorgehoben, dass im Unternehmen eine „bunte Mischung an Leuten" (Betriebswirte,

Geisteswissenschaftler, Ingenieure) existiert und auch für die Zukunft gewünscht ist. Der typische Mitarbeiter des Unternehmens wird u.a. als greifbar, herzlich, lustig, echt, emotional, natürlich und nett beschrieben. Diese Begriffe können als Kulturmerkmale des Unternehmens verstanden werden, die bei der Auswahl bzgl. der Passung in das Unternehmen und das Team eine wesentliche Rolle spielen.

Herr C. betont, dass im Unternehmen „viel gelacht" werde und die Mitarbeiter sich gemeinsam über Erfolge freuen. Er schätze es sehr, dass die Mitarbeiter aus ganz unterschiedlichen Fachrichtungen stammen. Es ist von besonderer Bedeutung, dass die Mitarbeiter unterschiedliche Erfahrungen in das Unternehmen einbringen und diese auch mit den Kollegen teilen. Da die Kultur sehr liberal und wenig hierarchisiert ausgelegt ist, ist es von besonderer Bedeutung, dass diese gemeinschaftlichen Erlebnisse allerdings nicht „von oben verordnet" werden, sondern bereits bei der Personalauswahl im Besonderen darauf geachtet wird, dass eine Person in das Unternehmen und vor allem zum Team passt.

Dieser Kulturaspekt ist auch Teil der Vermarktungsstrategie des Unternehmens. Am Beispiel des Medienberaters – der in den Interviews behandelten Position – bedeutet dies, dass durch die Vielfalt der Erfahrungen der Mitarbeiter auch neue Geschäftsfelder erschlossen werden können, zu denen bestimmte Mitarbeiter durch ihren beruflichen Werdegang oder auch durch ihre persönlichen Erfahrungen, Neigungen oder Hobbys einen besonderen Zugang besitzen. Im Verhältnis zum Kunden bedeutet dies, dass der Medienberater einem Kunden authentisch und an der jeweiligen Branche interessiert gegenübertreten kann und sich somit von den lediglich in Verkaufstechniken geschulten Medienberatern anderer Unternehmen abhebt.

Im Sinne des Unternehmens legt Herr C. auf eine lange Unternehmenszugehörigkeit seiner Mitarbeiter Wert und berichtet von einer – für die Branche untypischen – geringen Fluktuation in den letzten Jahren. Im Unternehmen ist kein eigenständiger Personalbereich etabliert.

Zur Person des Personalpraktikers
Im direkten Tätigkeitsbereich von Herrn C. arbeiten sechs Kollegen und ein Vorgesetzter. Eine Einordnung seines Tätigkeitsbereiches ist schwierig; er hat eine leitende Funktion im Unternehmen (zweite Ebene) und einer seiner Tätigkeitsschwerpunkte ist dabei die Personalauswahl.

Herr C. (46 Jahre) hat Diplom-Psychologie studiert und ist seit 15 Jahren mit personellen Tätigkeiten befasst; hier hat er seine Erfahrungen vor allem bei der Auswahl neuer Mitarbeiter gesammelt. Im vergangenen Jahr war er an ca. 25 Auswahlgesprächen beteiligt. Es ging dabei um die Auswahl von kaufmännischen Auszubildenden, Angestellten ohne Führungsaufgaben und unteren und mittleren Führungskräften.

Seine Kenntnisse – basierend auf seiner eigenen Praxis – hinsichtlich der Analyse von Bewerbungsunterlagen, strukturierten sowie unstrukturierten Interviews mit der Fachabteilung bezeichnet er als gut. Aus der Praxis sind ihm hingegen strukturierte und unstrukturierte Interviews als Einzelgespräche sowie Arbeitsproben kaum bekannt. Im praktischen Einsatz hat er keine Erfahrung mit den Verfahren multimodales Interview, Testverfahren (Intelligenz-, Wissens-, Leistungs- und Persönlichkeitstests), computergestützten Verfahren, Assessment Center, biographischen Fragebögen und graphologische Gutachten.

Bei der Personauswahl/-beurteilung werden häufig die Verfahren Analyse von Bewerbungsunterlagen sowie strukturierte und unstrukturierte Interviews mit der Fachabteilung durchgeführt. Eher selten werden dagegen strukturierte und unstrukturierte Interviews als Einzelgespräche sowie Arbeitsproben praktiziert.

Entsprechend der mangelnden Erfahrung mit bzw. der Nichtkenntnis von multimodalen Interviews, Testverfahren, computergestützten Verfahren, Assessment Centern, biographischen Fragebögen und graphologischen Gutachten finden diese auch keine Anwendung in der Personalarbeit.

Persönlicher Eindruck vom Interviewpartner

Herr C. scheint reflektiert, überlegt und erfahren in seinem Vorgehen („Die Reflexion ist mir wichtiger als das Instrument"). Er wünscht sich von dem Projekt, dass „etwas weitergegeben werden kann" und bezieht sich dabei auf seine Kollegen, die auch mit der Personalauswahl und -beurteilung beschäftigt sind. Bei seinem Vorgehen favorisiert er eine holistische Beurteilung des Bewerbers, ist sich über mögliche Fehlerquellen im Beurteilungsprozess bewusst und bezeichnet diese als „Fallstricke" bestimmter Dimensionen.

Er selbst bezeichnet sein Vorgehen als ein „unvoreingenommenes, offenes Vorgehen" in Abgrenzung zu einem voreingenommenen Vorgehen, dem er stets kritisch hinterfragend gegenüber steht.

Der Auswahl- und Beurteilungsprozess

Die Personalauswahl im Unternehmen wird am ehesten als Potenzialbeurteilung[1] wahrgenommen, wobei Aspekte der Kompetenzbeurteilung als für das Unternehmen unbedeutend bezeichnet werden. Die dargestellte Sicht der Eignungsdiagnostik weist hingegen eher Parallelen zur unternehmensspezifischen Personalauswahl auf.

Charakteristika des Auswahlkontexts

Im vergangenen Jahr wurden im Unternehmen für kaufmännische Auszubildende zwei Stellen, für Angestellte ohne Führungsaufgaben und untere Führungskräfte eine Stelle ausgeschrieben. Auf die ausgeschriebenen Stellen für kaufmännische Auszubildende gingen im Unternehmen zwischen 100 und 250 Bewerbungen und für Angestellte ohne Führungsaufgaben und untere Führungskräfte zwischen 50 und 250 Bewerbungen ein. Insgesamt werden für kaufmännische Auszubildende und untere Führungskräfte im Durchschnitt acht Gespräche und für die Angestellten ohne Führungsaufgaben zehn Gespräche durchgeführt.

Beschreibung des allgemeinen Auswahlprozesses

Bei der Bewertung bzw. Auswertung der Bewerbungsunterlagen sind drei Personen beteiligt, die sämtliche Bewerbungen vollständig durcharbeiten und Kommentare und Benotungen von eins bis fünf abgeben. So kann ein subjektiver Kommentar z.B. darin bestehen, dass der Bewerber „interessante berufliche Highlights oder Erfahrungen" hat. Abschließend wird von jedem „Rater" der „Gesamteindruck" des Bewerbers benotet. In einer anschließenden Diskussion jedes Bewerbers werden Übereinstimmungen und „Extreme" herausgefiltert, bis eine „einstimmige Notengebung" realisiert werden kann. Das unterschiedliche Setzen von Schwerpunkten beim „Begutachten" der Bewerbungsunterlagen – ein „Rater" konzentriert sich auf die Zeugnisse, ein anderer hingegen auf die Biographie des Bewerbers – bleibt in diesem Abschnitt des Auswahlprozesses festzuhalten. Die Benotungen sind wiederum die Entscheidungsgrundlage für eine Einladung zum Auswahl- bzw. Bewerbungsgespräch.

Das anschließende Bewerbungsgespräch findet in teilstrukturierter Form statt, wobei von Herrn C. eine offene Gesprächssituation favorisiert bzw. angestrebt wird. Im Gesprächsverlauf nutzt er die Bewerbungsunterlagen als Leitfaden mit klar formulierten Themen für den Ablauf

---

1 In diesem Zusammenhang wird unter den Begriffen folgendes verstanden:
- Eignungsdiagnostik: Die Anforderungen im Unternehmen verändern sich nicht dramatisch, die Fähigkeiten des Bewerbers verändern sich mit der Zeit kaum. Im Fokus der Personalauswahl liegt die aktuelle Passung.
- Potenzialbeurteilung: Die Anforderungen im Unternehmen verändern sich nicht dramatisch, die Fähigkeiten des Bewerbers werden als veränderbar aufgefasst. Bei der Auswahl wird darauf geachtet, dass sich die Person innerhalb einer relativ festen Struktur entwickeln kann.
Kompetenzbeurteilung: Sowohl die Anforderungen im Unternehmen als auch die Person verändern sich permanent. Bei der Auswahl wird darauf geachtet, dass sich eine Person in einer Weise selbst organisieren und entwickeln kann, dass sie auch künftigen, nicht vorhersehbaren Aufgaben gewachsen ist.

und die Gestaltung des Gespräches. Ein expliziter Fragenkatalog existiert nicht, entscheidend bei der Beurteilung sind die Erfahrungen von Herrn C.

Nach dem ersten Auswahlgespräch findet ein weiteres Gespräch in Anwesenheit des von der Einstellung betroffenen Teams statt. Herr C. betont hierbei, dass die „Atmosphäre im zweiten Gespräch (..) locker (ist)" und der Bewerber hier meist sein „wahres Gesicht" zeige. Den Teammitgliedern wird ein Veto bei der Entscheidung für oder gegen den Bewerber eingeräumt.

Eine systematische oder formalisierte Evaluation der Personalentscheidungen findet im Unternehmen nicht statt. Praktiziert werden hingegen die Befragung der Vorgesetzten und Mitarbeiter sowie eine gelegentliche unsystematische Beobachtung.

Fehler bei personellen Entscheidungen offenbaren sich für Herrn C. „in der Arbeitswirklichkeit" in dem Sinne, dass „jemand den Schritt nicht in die Tätigkeit schafft" und daran scheitert, „seine Aufgaben zu machen".

Bewertung des Auswahl- und Beurteilungsprozesses
Grundsätzlich kann der Ablauf des Auswahlprozesses des Unternehmens als formalisiert bzw. teilstrukturiert beschrieben werden. Laut Herrn C. findet im Unternehmen „keine systematische Beurteilung" statt, denn es existieren zwar für jedes Auswahl- und Beurteilungsgespräch klar formulierte Themen, jedoch kein expliziter Fragenkatalog.

Das Vorgehen bei der Personalauswahl und -beurteilung kann als relativ systematisches Vorgehen bewertet werden. Im Auswahl- und Beurteilungskontext des Unternehmens wird versucht, Entscheidungen aufgrund von mehreren Beurteilungen zu objektivieren. Dabei diskutieren und argumentieren mehrere „Rater" über ihre Einschätzung bzw. „Benotung" des Bewerbers bis eine Urteilsübereinstimmung realisiert wird.

Entsprechend der Unternehmenskultur, die mit „Offenheit" und „Echtheit" zusammenfassend beschrieben werden kann, wird großen Wert auf eine angenehme und lockere Atmosphäre – vor allem im zweiten – Gespräch gelegt. Hier liegt auch eine mögliche Gefahrenquelle, wichtige Aspekte bei der Beurteilung zu übersehen.

Welche Anforderungen sollen erfasst werden?
In den Gesprächen wurden die Anforderungen und Aufgaben eines Medienberaters besprochen. Zunächst beschrieb Herr C. Anforderungen und Aufgaben, die für einen Medienberater im Unternehmen typisch sind und die seine Arbeitsweise und sein Arbeitsumfeld prägen. Im zweiten Schritt wurde Herr C. dann gebeten, die Anforderungen und Aufgaben zu verdichten und die direkt auf die Stelle bezogenen und für den Auswahl Prozess relevanten Anforderungen und Aufgaben anzugeben.

Dabei ergab sich folgende Liste der Anforderungen und Aufgaben:
1. Präsentieren vor dem Kunden: setzt sich zusammen aus Ehrlichkeit, Offenheit und sich in den Kunden hineindenken;
2. proaktiv handeln;
3. selbstständig handeln;
4. kooperativ arbeiten: Verständnis für Probleme bzw. Tätigkeiten anderer Bereiche; auch ein unternehmensklimatischer Faktor: „Vermeiden von Kleinkriegen";
5. organisieren;
6. Zahlenverständnis;
7. Zuverlässigkeit;
8. Ehrlichkeit: „Menschen unter der Oberfläche spüren";
9. Offenheit: steht in Beziehung zur Ehrlichkeit;
10. sich in den Kunden hineindenken: hängt auch mit dem geplanten Vorgehen zusammen;
11. geplantes Vorgehen.

In welcher Beziehung stehen die Anforderungen und Aufgaben zueinander?

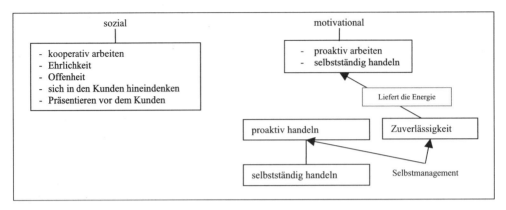

Abb. 4: Beziehung von Anforderungen und Aufgaben

Mit welcher Sicherheit können die Konstrukte beobachtet werden?

Tab. 8: Sicherheit der Beobachtung von Konstrukten

sehr unsicher	relativ unsicher	teils-teils	relativ sicher	sehr sicher
		Proaktiv (-1)	Zuverlässigkeit (+6)	Zahlenverständnis (+9)
		Kooperativ (-1)	Organisieren (+6)	Präsentieren vor Kunden (+7)
		Geplantes Vorgehen (-2)	Sich in den Kunden hineindenken (+5)	Offenheit (+7)
			Selbstständig (+3)	Ehrlichkeit (+7)

Wie werden die Konstrukte im Interview beobachtet

Tab. 9: Möglichkeiten der Beobachtung im Interview

Anforderung	wird im Interview erfasst durch
Präsentieren vor dem Kunden	Gesprächssituation: Bewerber muss erkennen: „Red ich zuviel über das Thema oder geb ich dem Gesprächspartner eine Chance?"
proaktiv handeln	Berichte aus der bisherigen beruflichen Tätigkeit; organisierte schulische Entwicklung; „wenn jemand sein Leben in die Hand nimmt", Pläne fürs Leben hat; der Bewerber präsentiert die Logik seiner Entwicklung.
selbstständig handeln	Dinge, die der Bewerber berichtet; Lebenserfahrung; „unselbstständig sind Leute, die zuviel fragen, wie sie was beigebracht bekommen".
kooperativ arbeiten	„Wie war der Tagesablauf bei der vorherigen Tätigkeit?" „Wie oft hat jemand mit anderen zusammengearbeitet?" „Was war die unglücklichste Situation im Berufsleben?"
organisieren	Hängt sehr eng zusammen mit „geplantem Vorgehen"; jemand, der geplant vorgeht, scheitert weniger oft im Leben; Bezug zur Biographie.
Zahlenverständnis	Mathematiknote; evt. nachfragen
Zuverlässigkeit	
Ehrlichkeit	„Den Menschen unter der Oberfläche spüren"; Gegenteil: „Leute sind bereit, Dinge zu tun, die sie normalerweise nicht tun würden"; „wenn jemand zu konform ist".
Offenheit	Über Klippen im Lebenslauf reden können; Was hat in der Arbeitswelt gefallen/nicht gefallen?
sich in den Kunden hineindenken	„Nimmt der Bewerber mich wahr?" Kann er die Beteiligten am Gespräch zusammenhalten, kann er Fragen stellen, kann er auf Gesprächsangebote eingehen?
geplantes Vorgehen	

Wie werden Konstrukte aus den Bewerbungsunterlagen erschlossen?

Tab. 10: Möglichkeiten der Analyse von Bewerbungsunterlagen

Anforderung	wird aus den Bewerbungsunterlagen erschlossen durch
Präsentieren vor dem Kunden	Setzt sich aus Ehrlichkeit, Offenheit und sich in den Kunden hineindenken zusammen.
proaktiv handeln	gestalteter Lebenslauf: „roter Faden"
selbstständig handeln	Aufgabenübernahme/Verantwortung/Projekte; wohnt jemand noch bei den Eltern?
kooperativ arbeiten	Wenn jemand länger an einer zentralen Stelle gearbeitet hat, an der die Fäden zusammenlaufen.
organisieren	Hat jemand sein Studium durchgezogen? Was hat jemand schon gemacht/wie lange? Hobbies, Funktion in Vereinen.
Zahlenverständnis	Mathematiknote
Zuverlässigkeit	gestalteter Lebenslauf: „roter Faden"
Ehrlichkeit	Wenig in den Bewerbungsunterlagen, gibt Hinweise, z.B. bei Arbeitsplatzverlust.
Offenheit	Wenig in den Bewerbungsunterlagen, gibt Hinweise, z.B. bei Arbeitsplatzverlust.
Sich in den Kunden hineindenken	Anschreiben: Eingehen auf die Anzeige
geplantes Vorgehen	Hat jemand sein Studium durchgezogen? Was hat jemand schon gemacht/wie lange? Hobbies, Funktion in Vereinen.

Bedürfnisse an ein zu entwickelndes Instrument bzw. eine Vorgehensweise zur Beurteilung und Auswahl von Bewerbern

Bedürfnisse des Personalpraktikers an ein neues Instrument

Grundsätzlich wünscht sich Herr C. bereits bei der Vorselektion der Bewerbungsunterlagen, dass „der Auswahlprozess (...) angenehme Arbeit werden" muss. Dies sieht er dadurch realisiert, dass „im Vorfeld möglichst viel mit möglichst wenig Aufwand herausgefiltert werden kann, sodass man sich mit den guten Bewerbungen mit genügend Zeit befassen kann."

Für die konkrete Situation des Auswahlgespräches erachtet er es als besonders wichtig, dass die „individuelle Entfaltung des Gespräches (...) nicht gestört" wird. Dabei wird der dynamische Charakter der Situation sowie die Flexibilität des Bewerbers betont, die durch ein im Vordergrund stehendes Instrument erheblich gestört werden würden.

Gewünschte Vorteile bzw. favorisierte Aspekte des neuen Instruments

Basierend auf den Bedürfnissen von Herrn C. sollte die Vorauswahl strukturierter sein, um die Sicherheit zu gewähren, keine Aspekte im Gespräch zu vernachlässigen. Außerdem sollen interessante, potenzielle Bewerber eindeutig und schnell identifiziert werden.

Faktoren bzw. Aspekte des neuen Verfahrens, die den Einsatz behindern könnten

Eine Einengung des Gesprächsverlaufs, die eine Störung des Gesprächsflusses mit sich bringt, wird von Herrn C. nicht gewünscht.

Kaskadenmodell zum Vorgehen bei der Bewertung von Bewerbungsunterlagen

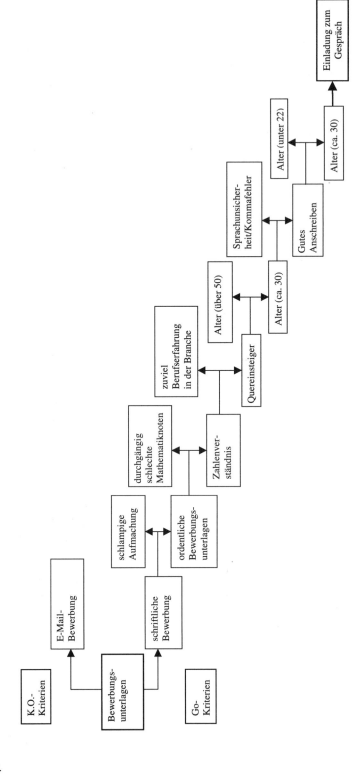

Abb. 5: Kaskadenmodell zu Falldarstellung 4

5. IT-Unternehmen – Falldarstellung 5

Interviewpartner: Herr Dr. X.

Art und Größe des Unternehmens
Das Unternehmen ist ein sehr großes Unternehmen im Großhandel der IT-Branche. Ergänzend ordnet der Personalverantwortliche das Unternehmen der Computer- (Hardware) sowie der Handelsbranche zu. Im Unternehmen sind deutschlandweit ca. 1.700 Mitarbeiter beschäftigt, wovon 700 Mitarbeiter am Standort München arbeiten.

Dem Unternehmen steht ein amerikanisches Mutterunternehmen vor. Jedoch wird das Unternehmen am hiesigen Standort von Dr. X. als nicht zentralisiert, also als weitgehend unabhängig handlungsfähig beschrieben. Zudem besteht eine dezentrale Struktur, bei der Entscheidungen nicht nur vom Management getroffen werden.

Bei der Kultur des Unternehmens betont Dr. X. die Kollegialität der Mitarbeiter und die Bedeutung von Teamarbeit. Zudem wird Wert auf eine starke Kundenorientierung gelegt.

Das Durchschnittsalter der MitarbeiterInnen liegt nach eigenen Angaben des Interviewpartners bei ca. 32 bis 33 Jahren. Das Unternehmen hatte in den letzten Jahren eine starke Fluktuation zu verzeichnen (Fluktuationsrate von 10–12 Prozent) und rekrutierte daher stark.

In den letzten Jahren hat in der Branche ein Wandel des Images zugunsten des Unternehmens stattgefunden. Nach Angaben des Personalpraktikers hatten früher die Hersteller in der IT- und Computerbranche ein besseres Image als die Großhändler.

Im Unternehmen gibt es keinen Betriebsrat, sondern nur einen „Beirat". Ein eigenständiger Personalbereich, der ca. 25 Mitarbeiter umfasst, ist für alle Felder der Personalarbeit im Unternehmen zuständig.

Zur Person des Personalverantwortlichen
Dr. X. hat ein betriebswirtschaftliches Studium abgeschlossen und anschließend promoviert. Er verfügt über psychologische Vorkenntnisse, die er im Rahmen seiner Promotion in den USA erworben hat. Kennzeichnend für sein Wissen ist hierbei ein Schwerpunkt auf behavioristischen Ansätzen. Dr. X. ist 39 Jahre alt und arbeitet seit sieben Jahren im Personalbereich. Im vergangenen Jahr war er an ca. 30 Einstellungsgesprächen beteiligt.

In seinem derzeitigen Tätigkeitsbereich als Leiter der Personalentwicklung sind drei Kollegen und ein weiterer Vorgesetzter tätig. Die Tätigkeitsschwerpunkte liegen in den Bereichen Aus-, Fort- und Weiterbildung, Personalauswahl, operative Personalarbeit, Human Resource Controlling sowie in seiner Funktion als Führungskraft. Neben der Verantwortlichkeit für die Personalentwicklung der Angestellten ist er vor allem für die Entwicklung von Führungskräften auf allen Ebenen zuständig.

Dr. X. kennt aus seiner Praxis der Personalauswahl die Analyse der Bewerbungsunterlagen, Interviews, Arbeitsproben, alle Testverfahren, computergestützte Verfahren sowie Assessment Center gut. Seine Kenntnis von biographischen Fragebögen wird mit „kaum bis etwas" und von graphologischen Gutachten mit „kaum" beschrieben.

Folgende Instrumente der Personalauswahl haben für den Personalpraktiker praktische Relevanz, d.h. werden von ihm bei seiner praktischen Tätigkeit genutzt. Die Analyse der Bewerbungsunterlagen wird häufig vorgenommen. Interviews in strukturierter sowie multimodaler Art – sowohl als Einzelgespräch als auch mit Fachvertretern – werden nie, unstrukturierte Interviews als Einzelgespräche sowie mit der Fachabteilung hingegen häufig praktiziert. Arbeitsproben haben für die Personalauswahl manchmal praktische Relevanz. Bei den psychologischen Testverfahren werden Intelligenz- und Persönlichkeitstests selten, Wissens- und Leistungstests nie bei der Personalauswahl genutzt. Keine praktische Relevanz für die Personalauswahl haben zudem computergestützte Verfahren, biographische Fragebögen sowie graphologische Gutachten. Mit Assessment Centern wird in diesem Unternehmen selten gearbeitet.

Persönlicher Eindruck vom Interviewpartner
Eine gewisse Affinität zu einem pragmatischen, theoretisch fundierten Vorgehen ist bezeichnend für Dr. X. Er beschreibt differenziert, auf welchen Annahmen seine Einstellungsentscheidungen und sein Vorgehen in Bewerbungsverfahren begründet sind und kann schlüssig darstellen, dass er Einflüsse intuitiver Urteile weitgehend zu rationalisieren vermag.

Hervorzuheben ist, dass Dr. X. im Auswahl- und Beurteilungskontext meist eine eher beratende Rolle bei der Entscheidung durch die Fachvertreter einnimmt.

Sein Vorgehen reflektiert der Personalpraktiker und ist sich auf diese Weise potenzieller Fehlerquellen im Auswahl- und Beurteilungsprozess bewusst. Ein Beispiel hierfür ist der kritische Umgang mit Bewerbungsfotos: Der Personalverantwortliche erkennt, dass diese einen Einfluss auf seine Einschätzung der Person haben und kann sich gerade deshalb kritisch von seinem eigenen Urteil distanzieren.

Der Auswahl- und Beurteilungsprozess

Charakteristika des Auswahlkontexts
Im letzten Jahr wurden vom Unternehmen für untere Führungskräfte drei Stellen, für mittlere Führungskräfte zwei Stellen, für obere Führungskräfte eine Stelle und für Angestellte ohne Führungsaufgaben fünf Stellen ausgeschrieben. Daraufhin gingen im Unternehmen ca. 20 Bewerbungen für untere Führungskräfte, zehn Bewerbungen für mittlere Führungskräfte, fünf Bewerbungen für obere Führungskräfte und 30 Bewerbungen für Angestellte ohne Führungsaufgaben ein. Für alle ausgeschriebenen Stellen werden durchschnittlich zwei Gespräche mit den Bewerbern geführt.

Beschreibung des allgemeinen Auswahlprozesses
Bevor eine Stelle ausgeschrieben wird, findet eine Anforderungsermittlung mit Hilfe des „PIQ – Position Information Questionnaire" statt. Dieses Instrument liefert einen klaren Leitfaden hinsichtlich der Stellenanforderungen. Diese Stellenanforderungen werden auch mit einem Fachvertreter diskutiert und so überprüft. Die Bewerbungsunterlagen werden dann nach verschiedenen Gesichtspunkten (vgl. Kaskadenmodell der Bewerbungsunterlagen) aussortiert, wobei hier – im Gegensatz zu den meisten anderen Personalpraktikern – die Ordentlichkeit der Unterlagen kein Kriterium bei der Auswahl ist; hier steht die Übersichtlichkeit im Vordergrund.

Das Einstellungsinterview wird von Dr. X. und/oder einem Fachvertreter geführt, wobei Dr. X. Wert darauf legt, dass nicht mehr als zwei Interviewer an dem Gespräch teilnehmen. Das Vorgehen im Interview ist in einem Ablaufplan festgelegt: Zuerst findet zum „Aufwärmen" eine kurze Begrüßung des Bewerbers statt. Danach wird die Struktur des Gespräches erläutert und die Rollen der Teilnehmer werden abgeklärt. Im dritten Schritt präsentiert der Bewerber seinen Werdegang. Er wird dann bezüglich seiner Motive für einen Wechsel befragt und das notwendige Fachwissen wird getestet. Interessante Stationen aus dem Lebenslauf werden nach dem so genannten STAR-Model (Situation – Target – Action – Results) herausgefiltert und abgefragt; es handelt sich hierbei um einen biographischen Ansatz. Der Bewerber erhält nun Informationen über das Unternehmen und die zukünftigen Aufgaben und kann hier noch offene Fragen stellen. Als letzter Schritt werden die Vertragsmodalitäten geklärt, wie z.B. Kündigungsfristen und Gehaltsvorstellungen. Der Bewerber erhält ein Feedback über den Eindruck, den er bei den Interviewern hinterlassen hat, und erfährt, wie das weitere Vorgehen in seinem Fall aussieht.

Nach dem Vorstellungsgespräch tauschen sich die Interviewer über ihren „Vorstellungseindruck" mit Hilfe einer bipolaren Bewertungsskala aus, in der Auftreten, Arbeitsverhalten, Auffassungsvermögen, Ausdrucksvermögen und Gesamteindruck beschrieben und bewertet werden. Die Entscheidung über die Einstellung wird vom Fachvorgesetzten getroffen, Dr. X. hat hierbei eine beratende Funktion.

Bewertung des Auswahl- und Beurteilungsprozesses
Das Vorgehen bei der Personalauswahl und -beurteilung ist strukturiert und durch die verwendeten Methoden theoretisch fundiert und begründbar.

Während des Auswahl- bzw. Bewerbungsgespräches werden situative Fragen mit Anforderungs- und Vergangenheitsbezug gestellt. Dieses Vorgehen kann durchaus als valide beurteilt werden. Es wird versucht Entscheidungen zu objektiveren, indem die teilnehmenden Unternehmensvertreter aus dem Fach- und Personalbereich ihre Eindrücke diskutieren. Dazu wird eine Methode („Vorstellungseindruck") verwendet, die eine angestrebte Objektivierung unterstreicht.

Welche Anforderungen sollen erfasst werden?
Insgesamt sieht Dr. X. drei Bereiche, in denen die Anforderungen erfasst werden sollen: die fachlichen Anforderungen, die Berufserfahrung und die soziale Kompetenz. Die soziale Kompetenz beinhaltet hierbei Konfliktfähigkeit, Teamfähigkeit und Kommunikationsfähigkeit, worunter eine „Diplomatiefähigkeit" verstanden wird.

Die Anforderungen lassen sich noch weiter aufschlüsseln, woraus sich dann folgende Liste ergab:
1. passende Ausbildung
2. entsprechende Berufserfahrung
3. fachliche Voraussetzung
4. Konfliktfähigkeit
5. mit wechselnden Ansprechpartnern zusammenarbeiten
6. Glaubwürdigkeit einschätzen
7. Fingerspitzengefühl
8. mit Teammitgliedern räumlich nahe zusammenarbeiten können
9. Passung zum Team
10. mit hohen sozialen Anforderungen zurechtkommen
11. „gleiche Sprache sprechen"
12. mit wachsender Eigenverantwortung umgehen können
13. auch kommendem Druck standhalten

In welcher Beziehung stehen die Anforderungen und Aufgaben zueinander?

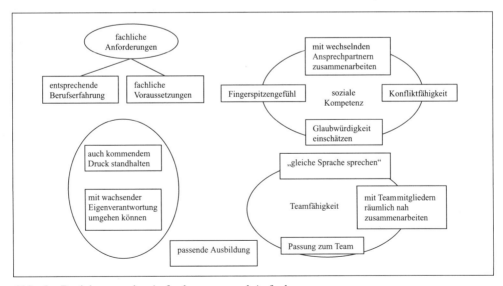

Abb. 6: Beziehungen der Anforderungen und Aufgaben

Wie werden die Konstrukte im Interview beobachtet?

Tab. 11: Möglichkeiten der Beobachtung im Interview

Anforderung	wird im Interview erfasst durch
passende Ausbildung	
entsprechende Berufserfahrung	
fachliche Voraussetzung	Situatives Vorgehen: Was wird gemacht und wie wird es gemacht?
Konfliktfähigkeit	→ über biographische Fragen → Vergangenheitsbezug → Berufserfahrung
mit wechselnden Ansprechpartnern zusammenarbeiten	→ Schließen über den Grad der Extrovertiertheit im Gespräch
Glaubwürdigkeit einschätzen	
Fingerspitzengefühl	situative Fragen zum Umgang mit Konflikten
mit Teammitgliedern räumlich nahe zusammenarbeiten können	
Passung zum Team	
mit hohen sozialen Anforderungen zurechtkommen	situatives Erfragen mit Vergangenheitsbezug Persönlichkeitsmerkmale
„gleiche Sprache sprechen"	
mit wachsender Eigenverantwortung umgehen können	→ intuitives Schließen auf das Potenzial
auch kommendem Druck standhalten	→ intuitives Schließen auf das Potenzial
soziale Kompetenz	Hobbies/Freizeitbeschäftigungen → Gesamteindruck ist entscheidend → situative Fragen

Auffällig ist bei diesem Entscheidungsweg, dass zwei von anderen Personalverantwortlichen sehr häufig genannte Entscheidungsschritte nicht vollzogen werden. Einerseits legt Dr. X. keinen Wert darauf, dass die Bewerbungsunterlagen besonders ordentlich gestaltet sind. Kriterium hier ist eher die Übersichtlichkeit. Wenn die Unterlagen „zerfleddert" sind, wisse man nicht woran das liege, es könne auch Schuld der Post sein. Häufig lesen Personalverantwortliche auch aus dem Anschreiben die Fähigkeit zur Perspektivübernahme. Dr. X. bezeichnet es lediglich als Problem, wenn ein Anschreiben offensichtlich nur kopiert und nicht neu verfasst worden ist; wenn bspw. ein anderer Firmenname darin steht.

Den Einfluss des Bewerbungsfotos kennt Dr. X. Eine besondere Strategie zur Vermeidung eines Einflusses benutzt er nicht. Zu einem gewissen Grad akzeptiert er den Einfluss positiver Fotos. Er kann jedoch glaubhaft darstellen, dass er sich im Entscheidungsprozess des Einflusses bewusst ist.

Auch das Anschreiben erachtet er im Gegensatz zu den meisten anderen Teilnehmern der Studie als nicht interessant.

Bedürfnisse an ein zu entwickelndes Instrument bzw. eine Vorgehensweise zur Beurteilung und Auswahl von Bewerbern

Bedürfnisse des Personalpraktikers an ein neues Instrument

Von Dr. X. wird grundsätzlich der Wunsch bzw. das Bedürfnis geäußert, „etwas" zu haben, um seine „Gedanken, Eindrücke, Informationen zu ordnen, die (er) hatte" und gesteht selbstkritisch ein, manchmal etwas „unstrukturiert" zu sein.

Zusammenfassend hat er folgende Bedürfnisse an ein neues Instrument bzw. eine neue Methode: Die Methode soll „pragmatisch, einfach zu verstehen", „verlässlich", „nachvollziehbar", „Nutzen stiftend" sowie „für alle Positionen anwendbar" sein.

Kaskadenmodell zum Vorgehen bei der Bewertung von Bewerbungsunterlagen

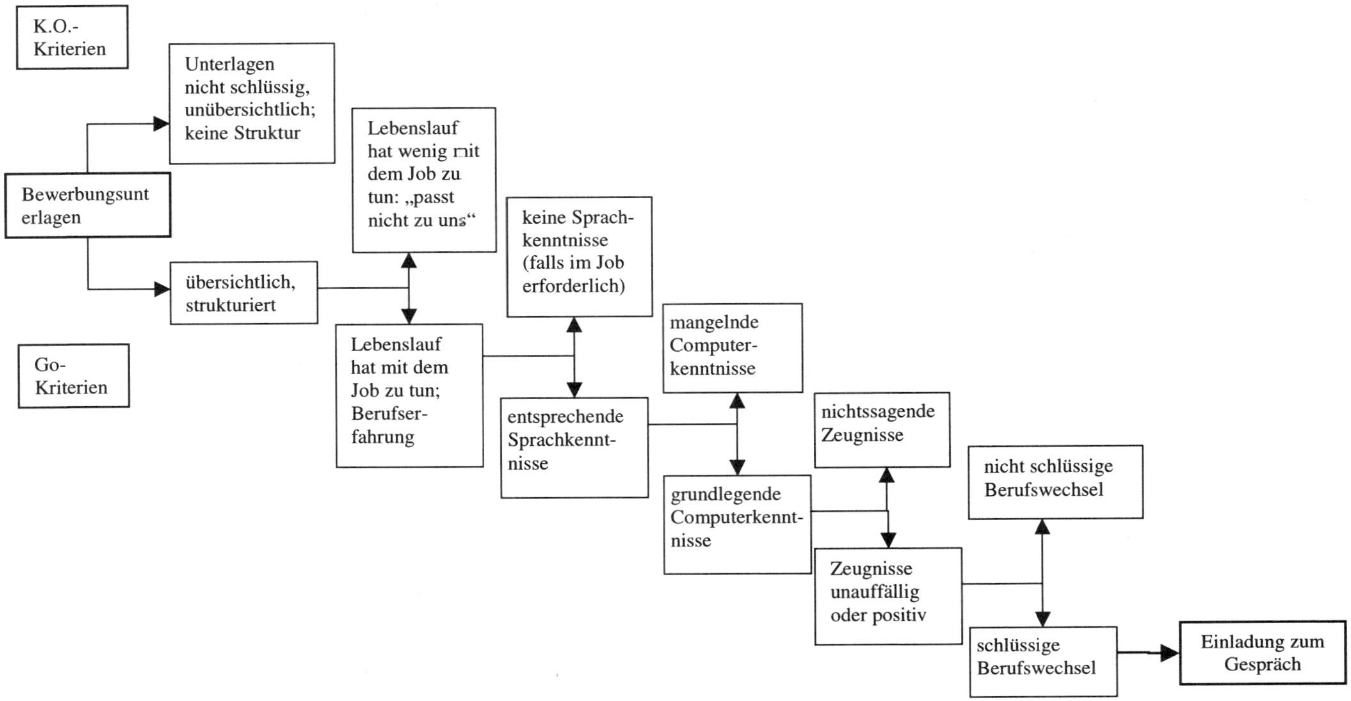

Abb. 7: Kaskadenmodell zu Falldarstellung 5

Unter pragmatisch versteht Dr. X. die leichte und „flexible" Anwendbarkeit, den möglichen Einsatz des Instrumentes in verschiedenen Situationen, dem geringen Zeitaufwand und ein einfaches Verständnis.

Ein Instrument ist für ihn „verlässlich", wenn es eine gewisse Prognosegenauigkeit (im Sinne von prognostischer Validität) aufweist. Besonders wichtig erachtet er an einer neuen Methode, dass diese „nachvollziehbar" hinsichtlich der Entscheidungen ist und erklärt dies mit der Möglichkeit, einer anderen Person erklären zu können, „warum ich mich für oder gegen (einen Bewerber) entschieden habe". Dieses Transparent-Machen seines Urteils hinsichtlich der Eignung eines Bewerbers bezieht sich sowohl auf Kollegen als auch die Bewerber und wird von ihm als „Verfahrenstransparenz" verstanden.

Im Verlauf der Interviews wurden folgende Kriterien eines „idealen" Instrumentes geäußert: „Einfachheit" und „Handhabbarkeit" des Instrumentes bzw. Verfahrens und dessen „nutzenbringenden" Charakter, wobei er darunter „brauchbare Aussagen" für die Personalentscheidung subsumiert.

Nach Ansicht von Dr. X. fördert eine Unkompliziertheit des Instrument dessen Akzeptanz, denn wenn das „Instrument (..) schwierig wird in der Anwendung, ist es schwieriger, Menschen dazu zu bewegen, es auch vernünftig zu nutzen". Grund hierfür sieht er in den begrenzten zeitlichen Kapazitäten der Personalverantwortlichen. Er selbst ist ständig unter Zeitdruck aufgrund seiner zusätzlichen Betreuungsfunktionen und der anstehenden Termine.

Zu guter Letzt soll das neue Instrument für alle Positionen anwendbar sein, d.h. sein Einsatz soll für Einstellungen, die verschiedene Ebenen („Level") im Unternehmen tangieren, relevant sein.

Gewünschte Vorteile bzw. favorisierte Aspekte des neuen Instruments
In Abgrenzung zu bereits bestehenden und bekannten Instrumenten bzw. Methoden wurde „Verständlichkeit" als Überlegenheitskriterium des neuen Instruments genannt. Der theoretische Hintergrund eines Instruments sollte so verständlich sein, dass sich Führungskräfte mit geringem Zeitaufwand und geringen Vorkenntnissen in die Anwendung einarbeiten können.

Zudem sieht Dr. X. einen gewissen „Pragmatismus", den er als „flexible" Anwendung des Instrumentes versteht, als entscheidendes Akzeptanzkriterium. In den Interviews wurde dazu als abgrenzendes Kriterium die „Schwierigkeit" und „Komplexität" näher erläutert (siehe nächster Punkt). Als einfaches, durchaus „plakatives" Verfahren subsumiert er das eigene Vorgehen nach dem „STAR-Modell" bei situativen Fragen. Das Vorgehen nach dem „STAR-Modell" entspricht dem biographieorientierten Ansatz bei der Personalauswahl. Diese Vorgehensweise charakterisiert er als „einfach", „plakativ" und „transparent".

Faktoren bzw. Aspekte des neuen Verfahrens, die den Einsatz behindern könnten
Die neue Methode bzw. das neuen Instrument sollte keine „theoretische Komplexität" aufweisen, um den Ansprüchen des Personalverantwortlichen zu genügen. Theoretische Komplexität hängt – nach Ansicht von Dr. X. – eng mit der Verständlichkeit zusammen. Seine Annahme diesbezüglich ist, dass ein Instrument nur dann von der Praxis akzeptiert wird, „wenn es so gemacht ist, dass es pragmatisch anwendbar ist". Dabei betont er die Wichtigkeit, die Alltagssprache der Praktiker zu beachten. Die komplexe Sprache der Wissenschaft sieht er zum einen als wichtig an, aber bemerkt kritisch, dass sie für jemanden ohne wissenschaftlichen Hintergrund trotzdem verständlich sein muss. Der wissenschaftliche, komplexe Hintergrund muss seiner Ansicht nach in die Alltagssprache der Anwender übersetzt werden. Weiter argumentiert er in diesem Zusammenhang, dass es hinderlich für den Einsatz eines Instrumentes wäre, wenn Führungskräfte sich erst über längere Zeit „einlesen" müssten, um es überhaupt einsetzen zu können.

Ein ideales Instrument der Personalauswahl sieht er nie als endgültig an, sondern gekennzeichnet durch seine fortlaufende Verbesserung und Weiterentwicklung (als kontinuierlicher

Verbesserungsprozess), sieht aber aus zeitlichen Gründen Probleme, die Methode immer wieder neu zu überdenken. Letztlich ist es ihm jedoch wichtig, dass „das Instrument (...) die Chance (hat) zu wachsen".

6. Biotech I – Falldarstellung 6

Interviewpartner: Herr H.

Art und Größe des Unternehmens

In dem Biotechnologieunternehmen arbeiteten im Untersuchungszeitraum ca. 120 Mitarbeiter. Die Anzahl der Mitarbeiter war in den vorangegangenen 24 Monaten sprunghaft von zunächst ca. 40 Mitarbeitern auf diese Zahl angestiegen. Wenige Monate nach Ende der Untersuchung wurden mehr als 30 Mitarbeiter entlassen, da ein Kapitalgeber eine größere Summe zurückgezogen hat.

Nach Angaben von Herrn H. ist das Unternehmen „interdisziplinär organisiert", damit ist gemeint, dass es keine ausgeprägten hierarchischen Strukturen aufweist, sondern „produktbezogen und prozessorientiert" gegliedert ist. Im Unternehmen gibt es nur wenige Ebenen bis zum Vorstand. Daraus ergeben sich „sehr breite, flache Hierarchien". Für Herrn H. liegt darin der Grund für eine gute „Überschaubarkeit" des Unternehmens und aller internen Abläufe.

Er beschreibt die Kultur des Unternehmens als gekennzeichnet durch eine enge Zusammenarbeit bzw. ein „ausgeprägtes Teamworking, das nicht nur in den Geschäftsberichten als Phrase irgendwo drinsteht, sondern das auch tatsächlich praktiziert und absolut lebensnotwendig ist für die Company". Ausdrücklich wird ihm die Notwendigkeit, offen miteinander zu kommunizieren, betont: „Kommunikation ist unabdingbar!", weil ein Mitarbeiter „mit allen Abteilungen kommunizieren muss, ob er will oder nicht", denn „er ist von den Inhalten seiner Tätigkeit her dazu verpflichtet, zu kommunizieren".

Weiterhin prägend für die Zusammenarbeit ist die multikulturelle Zusammensetzung der Mitarbeiterschaft. Im Unternehmen arbeiteten zeitweilig Mitarbeiter aus bis zu 40 verschiedenen Nationen, wobei die „Mehrzahl nicht aus Deutschland" kommt. Dieser Aspekt wird von Herrn H. als äußerst wichtig erachtet: „Unsere Kultur lebt davon!" Daraus ergibt sich, dass im Unternehmen mindestens 50% der schriftlichen und mündlichen Kommunikation in englischer Sprache abgewickelt wird.

Ein weiteres, von Herrn H. als typisch für das Unternehmen hervorgehobenes Kulturmerkmal ist die „Offenheit gegenüber Kritik". So wird dem kritischen Hinterfragen ein hoher Stellenwert eingeräumt. Den Rahmen hierfür bieten u.a. die regelmäßigen Mitarbeitergespräche, bei denen konstruktive Kritik ausdrücklich erwünscht ist, um den Vorgesetzten und Mitarbeitern eine ständige individuelle „Standortbestimmung" zu ermöglichen. So hält Herr H. zusammenfassend fest: „Jeder hier im Unternehmen muss damit umgehen können" und bezieht dabei die Vorstandsebene mit ein.

Der Verwaltung wird im Unternehmen wenig Bedeutung zugeschrieben (Verwaltungsanteil von 10–15 %). Der Fokus ist auf die „gestaltenden Prozesse" gerichtet. Im Unternehmen gibt es aus diesem Grund keine reinen Sekretärinnen oder Schreibkräfte. Ausgedrückt wird dies von Herrn H. durch die Favorisierung von „hands-on"-Persönlichkeiten, d.h. Mitarbeitern, die „selbst Hand anlegen" und die „Ärmel hochkrempeln". Ein weiteres Merkmal für die Kultur ist laut Herrn H. die Ergebnisorientierung in der Arbeit.

Als Besonderheit des Unternehmens ist hervorzuheben, dass die einzelnen Aufgaben für Mitarbeiter des Unternehmens stark „projekt- und prozessorientiert" sind. Klassische, relativ statische Anforderungsprofile sind aufgrund dieser Prozess- und Produktorientierung und des dynamischen Umfeldes des Unternehmens selten. Aufgaben sind eher „weit" definiert und decken

„ein breites Spektrum" ab. Die Anforderungen an Mitarbeiter haben einen erheblich Anteil an heute noch nicht definierten Aspekten, der stark von der Produktentwicklung abhängt.

Im eigenständigen Personalbereich des Unternehmens arbeitet derzeit neben dem Interviewpartner ein weiterer Mitarbeiter.

Zur Person des Personalverantwortlichen
Im direkten Tätigkeitsbereich von Herrn H. arbeiten fünf Kollegen. Es besteht eine Verbindung zu einem Vorgesetzten, der zugleich Unternehmensvorstand ist.

Neben einer abgeschlossenen Fachausbildung zum Industriekaufmann hat Herr H. ein Studium der Wirtschaftswissenschaften an einer Fachhochschule absolviert. Er ist 39 Jahre alt und seit zwölf Jahren im Personalbereich tätig. Im vergangenen Jahr war er an ca. 150 Auswahlgesprächen beteiligt.

Neben den Personalbereichen Aus-, Fort- und Weiterbildung, der Personalauswahl und der operativen Personalarbeit hat Herr H. eine Führungsposition im Personalbereich inne. In seinen Tätigkeitsbereichen ist er für Trainees, technische Auszubildende, Angestellte ohne Führungsaufgaben, mittlere und obere Führungskräfte zuständig.

Aus seiner eigenen Praxis sind Herrn H. die Analyse von Bewerbungsunterlagen, strukturierte und unstrukturierte Interviews als Einzelgespräche und mit Fachvertretern gut bekannt. Etwas bekannt sind ihm Arbeitsproben, Intelligenz- und Persönlichkeitstests, Assessment Center und biographische Fragebögen; kaum bekannt hingegen sind ihm multimodale Interviews und Wissenstests. Leistungstests, computergestützte Verfahren und graphologische Gutachten sind ihm aus seiner eigenen Praxis nicht bekannt.

Eine häufige Analyse von Bewerbungsunterlagen sowie ein häufiges Durchführen von strukturierten und unstrukturierten Interviews als Einzelgespräche und Gespräche mit Fachvertretern sind kennzeichnend für seine Arbeit. Selten finden Arbeitsproben, Assessment Center und biographische Fragebögen Einsatz im Unternehmen. Multimodale Interviews, alle Testverfahren, computergestützte Verfahren sowie graphologische Gutachten werden nicht genutzt.

Persönlicher Eindruck vom Interviewpartner
Herr H. scheint von der Richtigkeit und Professionalität seines Vorgehens überzeugt, signalisiert jedoch in Teilbereichen seinen Lernwillen.

Er ist sehr um das Wohl der Mitarbeiter bemüht und zeigt im Umgang mit ihnen, auch in schwierigen Situationen, sehr viel Fürsorge und persönliches Engagement.

Im Laufe des Untersuchungsprozesses wandelten sich die Gespräche. Zunächst wirkte Herr H. selbst stark durch die sehr werthaltige Unternehmenskultur geprägt. Häufig erwähnte er Schlagwörter wie „hands-on", „Kommunikation ist unabdingbar" usw. Die dahinter stehenden Konstrukte, schienen zunächst zum Teil unklar und wirkten des Öfteren wenig differenziert. Im Verlauf der Interviews rückte Herr H. jedoch von diesen Worthülsen ab und konnte allmählich eine kritische Distanz zum eigenen Handeln aufbauen. Beispielsweise relativiert er seine anfänglich vehement vorgebrachte Überzeugung, „absolut objektiv" und nicht intuitiv vorzugehen, zu Gunsten einer wohl realistischeren Einschätzung, in der er dem persönlichen Eindruck des Bewerbers im Bewerbungsgespräch mehr Gewicht einräumt.

Diese veränderte Haltung ist wohl durch das im Prozess der Untersuchung gewonnene Vertrauensverhältnis entstanden. In der Rückschau macht es den Eindruck, als hätte Herr H. zunächst versucht, ein möglichst positives Bild des Unternehmens und dessen Kultur zu „verkaufen".

Der Auswahl- und Beurteilungsprozess
Die Personalauswahl des Unternehmens wird von Herrn H. in vollem Maße mit Aspekten der Kompetenzbeurteilung, etwas weniger mit Aspekten einer Potenzialbeurteilung und am geringsten mit Aspekten der Eignungsdiagnostik assoziiert.

Charakteristika des Auswahlkontexts
In den 24 Monaten vor Beginn der Untersuchung wurden ca. 70 Mitarbeiter rekrutiert. Dieselbe Anzahl war zu Beginn der Untersuchung für die kommenden 24 Monate geplant. Konkret wurden für Angestellte zehn Stellen, für untere Führungskräfte 20 Stellen, für mittlere fünf und für obere Führungskräfte zehn Stellen ausgeschrieben. Auf die ausgeschriebene Stellen bei Angestellten ohne Führungsaufgaben gingen zwischen 50 bis 100 Bewerbungen, für untere Führungskräfte zwischen 70 und 120 Bewerbungen, für mittlere Führungskräfte zwischen 30 und 40 Bewerbungen und für obere Führungskräfte zwischen 20 und 30 Bewerbungen ein. Im Durchschnitt werden bei Angestellten und mittleren Führungskräften drei, bei unteren Führungskräften zwei und bei oberen Führungskräften drei bis fünf Auswahl- bzw. Bewerbungsgespräche geführt.

Als Besonderheit im Auswahlkontext des Unternehmens ist der beschränkte Bewerbermarkt festzuhalten. Mitarbeiter für den Wissenschaftsbereich werden nur selten über den herkömmlichen Bewerbermarkt rekrutiert. Im Unternehmen spielt „Networking" eine entscheidende Rolle. Auf diesem Weg werden potenzielle und interessante Personen und deren Entwicklung über einen langen Zeitraum verfolgt. Auf „Veranstaltungen, Workshops, Kongressen" werden sie dann von einem Unternehmensvertreter kontaktiert.

Beschreibung des allgemeinen Auswahlprozesses
Der Auswahlprozess erfolgt im Unternehmen in mehreren Stufen bzw. Abschnitten. Zu Beginn muss der Bewerber eine seiner letzten Veröffentlichungen in Form eines Vortrags (in englischer Sprache) vor dem gesamten „Research-Team" – dies können zwischen 20 und 30 Mitarbeiter sein – präsentieren. Diese „klassische Präsentation" bzw. dieses „klassische Ritual" im Unternehmen ist als „fachliche Hürde" bzw. als „Abschätzung der fachlichen Qualifikation" zu verstehen, denn der Bewerber muss eventuell auftretende Fragen der Anwesenden in einer Diskussion beantworten.

Im Anschluss an diese Präsentation findet ein Gruppengespräch statt, an dem zwischen fünf und acht Teammitglieder teilnehmen. Dabei werden dem Bewerber Fragen gestellt, um die „fachlichen Kompetenzen" sowie die Passung zur „Teamkultur, diesem Spirit" einzuschätzen. Im Verlauf dieses Gespräches wird dem Bewerber der Arbeitsplatz gezeigt. Der Beurteilung durch die Teammitglieder wird dabei „eine bedeutende Aufgabe" zugestanden. Dieses Gespräch dient außerdem dazu, dem Bewerber das „Unternehmen näher (zu) bringen". Jeder Mitarbeiter hat einen Beurteilungsbogen, in dessen Feldern er anhand von vorgegebenen Begriffen Kommentare über den Bewerber notieren kann, aber nicht muss. Nach Angaben von Herrn H. werden im Anschluss an dieses Gespräch „alle Fakten und Daten systematisch ausgewertet und dann treffen wir da keine rein demokratische Entscheidung, sondern eine 5:0 (...) Entscheidung." Nur wenn die Abstimmung also einstimmig ist, wird der Bewerber eingestellt. Sollte keine „einstimmige Entscheidung" realisiert werden können, wird der Bewerber zu einem erneuten Gespräch eingeladen um die strittigen Punkte hinterfragen zu können. Die Gespräche dauern im Regelfall zwei, manchmal bis zu drei Stunden.

Je nach zu besetzender Funktion finden im Unternehmen optional Gespräch mit dem Bewerber, Vorstand und Herrn H. statt.

Mit jedem Bewerber – ob er eingestellt wird oder nicht – wird ein Abschlussgespräch bzw. „Schlussinterview" geführt, indem sowohl der Bewerber als auch die Unternehmensvertreter ein Feedback über den Auswahlprozess geben können. Dieses ausgesprochen transparente Vorgehen soll dazu beitragen, das Unternehmen als fair darzustellen und für den Bewerber und dessen Umfeld auch in Zukunft als potenziellen Arbeitgeber attraktiv zu halten.

Nach Angaben von Herrn H. werden Personalentscheidungen im Unternehmen systematisch evaluiert. In regelmäßigen Abständen findet zudem eine Befragung der Vorgesetzten und Mitarbeiter in Form von „Feedbackgesprächen" statt.

Bewertung des Auswahl- und Beurteilungsprozesses

Herr H. ist von der Korrektheit des unternehmensspezifischen Vorgehens bei der Auswahl und Beurteilung von Bewerbern weitgehend überzeugt. Folgende Aussage verdeutlicht diese Annahme: „(...) also wir treffen hier keine Bauchentscheidung, sondern die (Entscheidungen) sind schon anhand der Fakten ziemlich klar und objektiv messbar".

Das Vorgehen kann grundsätzlich als formalisiert bzw. teilstrukturiert bezeichnet werden. Eine tatsächliche Objektivität bei der Urteilsbildung – auch wenn mehrere Personen beteiligt sind – kann diesem Vorgehen nicht attestiert werden. Wie bereits dargestellt relativierte sich die Darstellung des eigenen Vorgehens im Verlaufe der Gespräche und Herr H. gestand mit der Zeit ein, ein gewisses intuitives Vorgehen zu praktizieren („Und man kann dann schon relativ schnell sehen, inwieweit jemand passt.").

Im Unternehmen wird ein spezieller „Interviewleitfaden" eingesetzt, der als „übersichtliches Blatt" bezeichnet wird. Neben einer „Job Description" enthält er „bestimmte Entscheidungskriterien", die ausschlaggebend für das Stattfinden eines zweiten Gespräches sind. Diesen Leitfaden kann jeder beteiligte Mitarbeiter während des Gespräches für eigene Notizen nutzen oder nicht. Die Auswertung basiert auf diesen Notizen und dem Eindruck jedes einzelnen Mitarbeiters. Im Wesentlichen handelt es sich also um einen strukturierten Notiz- und Bewertungsbogen.

Herr H. bezeichnet die im Leitfaden enthaltene „Job Description" als eindeutig. „Dort ist alles ziemlich klar beschrieben und nicht nur stichpunktartig, sondern [...] klar ausformuliert und anhand dessen, was das Team dann sieht, wird die Information zusammengeführt."

Wichtig ist Herrn H. die Außenwirkung des Unternehmens aufgrund des Auswahlprozesses. „Wir als Unternehmen wissen uns auch zu präsentieren gegenüber dem Kandidaten." So sind die Statements nach der Präsentation des Bewerbers „ganz klar", „ganz vorsichtig natürlich". Er betont zudem, „auch unsere Absagen sind unsere Visitenkarten".

Zu Beginn des Auswahl- und Beurteilungsprozesses muss von allen Bewerbern aus dem Wissenschaftsbereich eine der letzten Veröffentlichungen vor Unternehmensvertretern präsentiert werden. Will man dieses Vorgehen systematisch einordnen, so kann man diesen Teil des Verfahrens am ehesten als Arbeitsprobe zur Beurteilung der Fachkompetenz des Bewerbers verstehen.

Welche Anforderungen sollen erfasst werden?

In der vorliegenden Fallstudie wurde die Position eines „Leiter Preclinical Development" besprochen.

Der Leiter der „Vorklinik" nimmt im Unternehmen eine gesonderte Stellung, die sich aus der Gelenkfunktion zwischen Grundlagenforschung und Klinik ergibt, ein. Er muss einerseits die kreativen Ideen der Grundlagenforschung in eine marktfähige Richtung kanalisieren. Andererseits muss er auch mit den Klinikern zusammenarbeiten. Nach den Ausführungen von Herrn H. handelt es sich somit um eine ausgesprochen wichtige Position, für die im gesamten Bundesgebiet nur einige wenige Personen in Frage kommen.

Eine Passung zu dieser Position mit ihren speziellen Anforderungen ergibt sich aus einer spezifischen Biographie, in der der Kandidat breite und tiefe Erfahrung im Forschungsbereich gesammelt haben soll. Er muss bereits möglichst viele Veröffentlichungen (in relevanten Journalen) vorweisen können und mit den Prozessen der Markteinführung eines Medikamentes vertraut sein. Hierzu gehören sowohl die Marktnähe als auch fundierte Kenntnisse in den umfangreichen rechtlichen Vorschriften, die die Markteinführung eines Medikamentes begleiten. Durch diese Kenntnisse kann der Leiter Preclinical Development die Entwicklung auch dahingehend steuern, dass keine Forschung in eine später vielleicht marktfähige, aber den rechtlichen Bedingungen nicht entsprechende Richtung oder auch in eine den rechtlichen Bedingungen entsprechende, nicht marktfähige Richtung betrieben wird.

Aus diesen sehr komplexen Prozessaufgaben ist es schwierig, einzelne Anforderungen zu isolieren, die für die Erfüllung der Aufgaben erforderlich sind. Auch gestaltete es sich zu einem

gewissen Teil problematisch, die Aufgaben isoliert und scharf voneinander abgegrenzt zu erfassen, da es sich bei den Tätigkeiten eines Leiters der Vorklinik um in hohem Maße vernetzte Aufgaben handelt, die personenspezifisch in unterschiedlichem Stil bewältigt werden können. Als sinnvoll stellte sich im Laufe der Untersuchung folgende Liste von Anforderungen heraus:
1. Kritikfähigkeit
2. Konfliktfähigkeit
3. betriebswirtschaftliches Denken
4. Moderation und Präsentation
5. Durchsetzungsvermögen
6. Pragmatismus
7. Führung internationaler Teams
8. Gesprächsführung
9. Leadership: „Heißt u.a. auch die Gesprächsführung, (...) die Führung von internationalen Teams, multikulturell zusammengesetzt, interdisziplinär aufgebaut."
10. Loyalität: sowohl dem Unternehmen als auch den anderen Mitarbeitern gegenüber; Loyalität ist Bestandteil der Firmenkultur.
11. analytisches Denkvermögen
12. strukturiertes Vorgehen
13. Übernahme von Verantwortung
14. zielorientiert arbeiten
15. Hands-on-Persönlichkeit: Jemand soll selber „mit anpacken", z.B. gibt es keine Sekretärinnen in dem Unternehmen; laut Aussage von Herrn H. ist „Pragmatismus (...) Hands-on", gleichzeitig aber mehr, nämlich eine „offene Persönlichkeit, für jeden ansprechbar, also eine open personality"; bei genauerem Nachfragen wurde dieses Konstrukt allerdings als Modewort enttarnt, das von Herrn H. nicht hinterfragt wurde; es spielt also bei der eigentlichen Beurteilung keine Rolle.

In welcher Beziehung stehen die Anforderungen und Aufgaben zueinander?

Tab. 12: Beziehung von Anforderungen und Aufgaben

Ähnliche Elemente	Ähnlichkeit	unähnliches Element	Unähnlichkeit
Hands-on Persönlichkeit – strukturiertes Vorgehen	pragmatisch	Sprachrohr des Vorstandes	Rollenbezeichnung
Hands-on-Persönlichkeit – Sprachrohr des Vorstandes – Loyalität	keine Trennung der Elemente möglich: Teil der Firmenkultur	-	-
Pragmatismus – Hands-on-Persönlichkeit	erlernbar	Loyalität	Charaktereigenschaft
Hands-on-Persönlichkeit – Kritikfähigkeit	offene Persönlichkeit	Pragmatismus	Arbeitsstil
Übernahme von Verantwortung – Durchsetzungsvermögen	Zusammenführen (Prozess), die Rolle an sich	Pragmatismus	der Weg zum Ziel
Loyalität – Konfliktfähigkeit – zielorientiert arbeiten	keine Trennung möglich	-	-
Leadership – Führung internationaler Teams – Gesprächsführung	keine Trennung möglich	-	-
Leadership – Loyalität – Durchsetzungsvermögen	keine Trennung möglich	-	-
Pragmatismus – analytisches Denkvermögen	Voraussetzung	Loyalität	Oberbegriff; Wert, der darüber steht
Führung internationaler Teams – strukturiertes Vorgehen – Übernahme von Verantwortung	gehört zusammen	-	-

Mit welcher Sicherheit können die Konstrukte beobachtet werden?

Tab. 13: Sicherheit der Beobachtung von Konstrukten

sehr unsicher	relativ unsicher	teils-teils	relativ sicher	sehr sicher
Durchsetzungs-vermögen (-7)	Loyalität (-5) Konfliktfähigkeit (-4) Kritikfähigkeit (-4) Zielorientierung (-3)	Pragmatismus (-2) Verantwortung (-2) arbeiten in internationalen Teams (+2)	Sprachrohr des Vorstands (+3) Strukturiert vorgehen (+4) analytisches Denkvermögen (+6)	Leadership (+7) zuhören können (+8) Gesprächsführung (+8) Hands-on (+9) betriebswirtschaftlich orientiert arbeiten (+9) Moderation/Präsentation (+10)

Wie werden die Konstrukte im Interview beobachtet?

Tab. 14: Möglichkeiten der Bobachtung im Interview

Anforderung	wird im Interview erfasst durch
Kritikfähigkeit	prospektive Fragen; Bericht über Erlebtes Präsentation mit anschließender Diskussion im Bewerbungsgespräch
Konfliktfähigkeit	situative Fragen Präsentation mit anschließender Diskussion im Bewerbungsgespräch
Betriebswirtschaftlich denken	Bewerber soll Beispiele nennen
Sprachrohr des Vorstandes	Szenario: „Wie geht der Bewerber mit den Zielen des Vorstandes um?"
Moderation und Präsentation	Präsentation mit anschließender Diskussion im Bewerbungsgespräch
Durchsetzungsvermögen	konkrete Fragestellung zur „intellektuellen Durchsetzungsfähigkeit" emotional Durchsetzungsfähigkeit (schwer erfassbar)
Pragmatismus	Kann nicht erfasst werden.
Führung internationaler Teams	„Welche Erfahrung hat er? Gab es Konflikte? Welche?"
Gesprächsführung	„Welche Kriterien erachtet der Bewerber für wichtig? Wie stellt der Bewerber in einem Gespräch Nähe her?" Ist nahe dem Konstrukt „zuhören können" angesiedelt.
Leadership	Ist nahe dem Konstrukt „Verantwortung übernehmen" angesiedelt. Generelle Frage: „Welche Führungsqualitäten kann der Bewerber aus der jetzigen Situation auf das Unternehmen übertragen?" Wichtig ist hier auch die Kulturelle Passung der Art und Weise, wie der Bewerber führt bzw. wie beim Unternehmen geführt wird.
Loyalität	Seriosität und Glaubwürdigkeit; nur abgeleitet, aber nicht direkt messbar.
„Hands on"	„Wie erstellen Sie Ihre Reports?"
Analytisches Denkvermögen	Die Fragen werden hier vor allem von den Gesprächsteilnehmern aus dem Fachbereich gestellt. Außerdem wird das analytische Denkvermögen aus den bisherigen Arbeitsleitungen erschlossen.
Strukturiertes Vorgehen	„Wie arbeitet der Bewerber vorgegebene Aufgaben ab?" Szenario: „Sie haben 10 Konstrukte und müssen sich für einen einzigen Weg entscheiden. Wie gehen Sie vor, um den richtigen Weg einzuschlagen?" oder „Sie können nicht mehr als 1.000 Tests vornehmen. Wie gehen Sie vor, um herauszufinden, was Sie herausfinden wollen?"
Übernahme von Verantwortung	Situativ: „Berichten Sie von Fehlern im täglichen Arbeitsumfeld. Wie sind Sie vorgegangen?" Beobachtung: Versucht der Bewerber, sich zu rechtfertigen? Übernimmt er Verantwortung für das Team?
Zielorientiert arbeiten	„Wie setzen Sie das Ziel xy um?"

Wie werden Konstrukte aus den Bewerbungsunterlagen erschlossen?
In den Bewerbungsunterlagen werden folgende Aspekte bewertet:
- klarer strukturierter Aufbau,
- sprachliche Gewandtheit,
- beruflicher Werdegang,
- berufsbegleitende Aus- und Weiterbildungsaktivitäten.

Außerdem spielen der inhaltliche Aufbau und die Gliederung des Lebenslaufs sowie die schlüssige Transparenz des Werdegangs eine wichtige Rolle. Das Anschreiben sieht Herr H. als „persönliche Visitenkarte" des Bewerbers. Im Gegensatz zu der in Deutschland gängigen Praxis wird in diesem Unternehmen nach amerikanischem Vorbild ausdrücklich *kein* Bewerbungsphoto verlangt.

Bedürfnisse an ein zu entwickelndes Instrument bzw. eine Vorgehensweise zur Beurteilung und Auswahl von Bewerbern

Bedürfnisse des Personalverantwortlichen an ein neues Instrument
Als globales Bedürfnis an eine neue Methode bleibt der Wunsch nach einer Methode zur Kompetenzbeurteilung im hier verstandenen Sinne festzuhalten. Dabei stellt sich Herr H. die Methode als ein Entwicklungsinstrument, Personalentwicklungstool und letztlich als „Unternehmensmessinstrument" vor.

Dieses Verständnis kommt der in diesem Bericht generell vorgeschlagenen Vorgehensweise einer lernenden Kompetenzbeurteilung, die also eng in die Entwicklung des Unternehmens, dessen Mitarbeiter und dessen Anforderungen eingebunden ist, nahe.

Konkrete Anforderungen sind die Praxistauglichkeit des Instruments bzw. der Methode sowie die „Nachvollziehbarkeit der Urteile", d.h. diese sollen sowohl für die Bewerber als auch das Unternehmen transparent sein.

Unter seinem Wunsch nach „Transparenz" des Verfahrens subsumiert Herr H. „Laientauglichkeit", d.h. die Allgemeinverständlichkeit der zugrunde liegenden Konstrukte sowie den „selbsterklärenden Charakter" der Methode, bspw. auch durch die den Bewerber beurteilenden Teammitglieder.

Des Weiteren hat Herr H. das Bedürfnis, den Bewerbern eine interessante Rückmeldung mit konkreten Verbesserungsvorschlägen geben zu können. In dieser Hinsicht achtet er auch darauf, Personalmarketing zu betreiben, damit das Unternehmen auch für abgelehnte Bewerber interessant bleibt.

Gewünschte Vorteile bzw. favorisierte Aspekte des neuen Instruments
Favorisiert wird von Herrn H. die Ermöglichung von fundierten Entscheidungen auf Basis der neuen Methode. Dabei betont er primär den Wunsch, dass aufgrund der Methode „sichtbar" sein soll, bei welchen Aspekten der Personalbeurteilung eher „objektiv" und bei welchen eher „intuitiv" entschieden wird. Auch diese Anforderung entspricht weitgehend dem Vorgehen der „lernenden Kompetenzbeurteilung", in der intuitive Urteile als solche erkannt und somit hinterfragbar gemacht werden sollen.

In den Auswahlgesprächen des Unternehmens wird derzeit ein Interviewleitfaden eingesetzt, der „Kommentarfelder" enthält, in denen sich der beurteilende Mitarbeiter an vorgegebenen Begriffen orientieren kann. Diese neue „Guideline" ist nach seinen Angaben durch einen „einfachen Weg" gekennzeichnet, sodass man „nicht sehr viel Zeit investieren muss" und eine „klare" Struktur vorherrscht.

Kaskadenmodell zum Vorgehen bei der Bewertung von Bewerbungsunterlagen

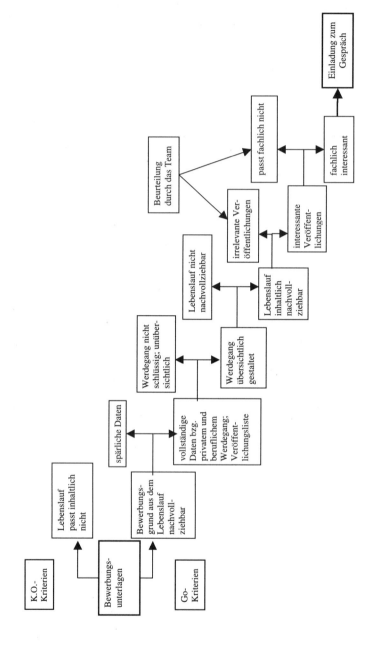

Abb. 8: Kaskadenmodell zu Falldarstellung 6

Faktoren bzw. Aspekte des neuen Verfahrens, die den Einsatz behindern
Herr H. möchte ein Instrument/Verfahren, bei dem die Objektivität erhalten bleibt. Ein Verfahren, welches nicht der Objektivierung dient, entspricht nicht seinen Vorstellungen.

Früher wurden zur Personenbeurteilung Multiple-Choice-Bögen eingesetzt, die aber die Mitarbeiter „überfordert" haben. Als entscheidend wird aber erachtet, dass die „standardisierten Fragebögen, die wir da eingesetzt haben anfangs, (...) uns nicht viel weiter gebracht (haben), weil die Anforderungsprofile mit den Bögen in keinster Weise übereinstimmen, mit dem was wir hier brauchen." Charakteristisch für die Anforderungen im Unternehmen ist, dass sich diese „dynamisch verändern", denn „die Bereiche sind nicht standardisiert". Somit muss der Personalbereich häufig „neue Profile definieren", indem „neue Denkprozesse (...) in neue Profile umgesetzt werden". Abschließend stellt er fest: „Genauso, wie die Company gewachsen ist als Produktentwicklung, so sind auch die Profile mit gewachsen".

7. Biotech II – Falldarstellung 7

Interviewpartner: Herr J.

Art und Größe des Unternehmens
Das Biotechnologieunternehmen befindet sich noch in der Gründungsphase (Gründung vor ca. drei Jahren) und ist auf die Entwicklung von Arzneimitteln zur Krebsbehandlung spezialisiert. Gegenwärtig sind im Unternehmen 67 Mitarbeiter beschäftigt.

Aufgrund der geringen Größe weist das Unternehmen eine zentralisierte Struktur auf. Da es sich um ein Forschungsunternehmen handelt, verändern sich die Anforderungen an die Mitarbeiter permanent durch fachliche Innovationen und daran gekoppelte Umstrukturierung und Neuordnung der Arbeitsprozesse. Da sich das Unternehmen gegenwärtig in der Aufbauphase befindet und noch kein marktfähiges Produkt existiert, ist die Prozesshaftigkeit der Arbeitsweise und der Unternehmensstruktur als besonders ausgeprägt zu bezeichnen. Herr J. betont außerdem eine starke Ergebnisorientierung. Somit ergibt sich eine prozessorientierte Arbeitsweise, in welcher die Ergebnis- bzw. Produktorientierung die Richtung für das Arbeitshandeln bestimmt.

Als ein bedeutendes Kulturmerkmal betont Herr J. die Wichtigkeit und Notwendigkeit von Teamarbeit. Ein „stark vernetztes Arbeiten auch innerhalb der Firma ist notwendig". Kollegialität wird vom Mitarbeiter erwartet.

Im Unternehmen existiert kein eigenständiger Personalbereich. Personalentscheidungen wurden bis vor kurzem sämtlich vom Interviewpartner in seiner Funktion als Geschäftsführer und Vorstandsvorsitzender vorgenommen. Gegenwärtig ist Herr J. nur noch an Gesprächen mit Bewerbern beteiligt, die seine Position tangieren oder die Auswahl von Führungskräften betreffen.

Zur Person des Personalverantwortlichen
Herr J. ist Vorstandsvorsitzender des Unternehmens. In seinem direkten Tätigkeitsbereich arbeiten sechs Kollegen.

Nach der Gründung des Unternehmens war die Tätigkeit von Herrn J. vor allem durch seine Funktion und Aufgaben eines „Gründungsvorstandes" geprägt. In dieser Zeit war die Auswahl von Mitarbeitern eine wichtige Aufgabe. Heute ist er nur noch gelegentlich an der Personalauswahl beteiligt und sein Tätigkeitsbereich ist primär durch seine Funktion als Geschäftsführer des Unternehmens geprägt.

Herr J. hat ein Studium mit naturwissenschaftlichem Schwerpunkt an einer Universität abgeschlossen. Nach seiner Promotion war er in der Industrie als Wissenschaftler und Forscher in einem großen Unternehmen tätig und leitete interkulturelle Teams, an deren Zusammensetzung er auch beteiligt war. Die Auswahl erfolgte dabei eher unsystematisch und war nahezu ausschließlich an den wissenschaftlichen Tätigkeitsschwerpunkten der Bewerber ausgerichtet. In Bezug auf personale Kompetenzen wurde daneben noch Wert darauf gelegt, dass „die Chemie im Bewerbungsgespräch stimmte" und dass der Bewerber zeigen konnte, dass er über ein Netzwerk von Kontakten verfügte.

Herr J. ist 51 Jahre alt und hat seit ca. fünf Jahren Erfahrungen mit der Personalarbeit, vor allem der Personalauswahl gesammelt. Im vergangenen Jahr führte er in seiner Funktion als Geschäftsführer ca. 15 Bewerbungsgespräche.

Aus seiner derzeitigen und früheren Tätigkeit sind ihm die Analyse von Bewerbungsunterlagen, strukturierte Interviews mit der Fachabteilung und biographische Fragebögen gut bekannt. Von „etwas Kenntnissen" aus seiner eigenen Praxis berichtet er hinsichtlich strukturierter und unstrukturierter Interviews in Form von Einzelgesprächen sowie unstrukturierten Interviews mit der Fachabteilung, psychologischen Testverfahren (Intelligenz,- Wissens-, Leistungs- und Persönlichkeitstests) und Assessment Centern. Kaum vorhandene Kenntnisse räumt er hingegen computergestützten Verfahren und graphologischen Gutachten ein. Multimodale Interviews und Arbeitsproben sind ihm nicht bekannt.

Bei der Personalauswahl und -beurteilung werden von Herrn J. häufig die Bewerbungsunterlagen analysiert, häufig unstrukturierte Interviews mit der Fachabteilung in Form von Einzelgesprächen durchgeführt. Strukturierte Interviews mit der Fachabteilung und als Einzelgespräche werden hingegen nur manchmal durchgeführt. Mit Arbeitsproben, psychologischen Testverfahren, computergestützten Verfahren, Assessment Centern, biographischen Fragebögen und graphologischen Gutachten als Instrumente und Verfahren der Personalauswahl wird nie gearbeitet.

Persönlicher Eindruck vom Interviewpartner
Nach einer Reflexion seines bisherigen Vorgehens äußerte Herr J. den Wunsch nach Unterstützung bei der Feststellung schwer „testbarer" bzw. erfragbarer Fähigkeiten und Potenziale. Er gesteht eigene „blinde Flecke" bei der Personenbeurteilung ein und erklärt dies durch seine langjährige Überbewertung der fachlichen Qualifikation. In jüngster Vergangenheit wurde Herr J. zudem von einem Bewerber gezielt getäuscht. Diese Täuschung bot den Anstoß zur Reflexion und Evaluation des eigenen Vorgehens. Dabei handelte es sich um eine Fehlentscheidung hinsichtlich einer Position im oberen Führungsbereich des Unternehmens. Da Herr J. diese Fehlentscheidung auch als persönliche Niederlage empfunden hat, möchte er sich zukünftig nicht mehr auf „sein Bauchgefühl" verlassen, sondern sein intuitives Vorgehen stärker hinterfragen.

Zudem gesteht er ein, dass er bei Vorstellungsgesprächen in der Vergangenheit „viel zu freundlich" war und „oft nicht aggressiv genug geprüft" habe. Dabei hat er „dem Bewerber zu viel Raum (gelassen), sich selbst darzustellen". Heute fasst er ein Vorstellungsgespräch als „Prüfsituation" auf.

Zusammenfassend kann Herr J. als sehr kritisch mit sich selbst und als äußerst reflektiert bewertet werden. Er verfügt über ein breites und differenziertes Wissen, das – in Bezug auf die Personalauswahl und die Beurteilung von Personen – eher intuitiv organisiert zu sein scheint. Letztlich muss er deshalb – nach wissenschaftlichen Gesichtspunkten – als relativ unerfahren bei der systematischen Auswahl und Beurteilung von Bewerbern eingeschätzt werden, da er in der Vergangenheit die rein fachlichen Kompetenzen als Eignungskriterien zu Lasten einer intensiven Betrachtung der Passung des Bewerbers zum Unternehmen vernachlässigt hat.

Insofern besteht eine Diskrepanz zwischen dem vornehmlich fachlich orientiert praktizierten Vorgehen und der Selbstauskunft, dass insbesondere intuitive Beurteilungskriterien für die Auswahl ausschlaggebend sind.

Der Auswahl- und Beurteilungsprozess
Grundsätzlich sieht Herr J. seine Personalauswahl im Unternehmen am ehesten als Kompetenzbeurteilung. In der näheren Betrachtung stimmt der Auswahlprozess außerdem, wenn auch in

einem geringeren Maß, mit Aspekten der Potenzialbeurteilung überein und weist einige wenige Merkmale zur Eignungsdiagnostik auf.

Charakteristika des Auswahlkontexts
Im oberen Führungskräftebereich wurden im letzten Jahr fünf Stellen ausgeschrieben, auf die 10-50 Bewerbungen beim Unternehmen eingingen. Pro Bewerber werden zwei Auswahl- bzw. Bewerbungsgespräche geführt.

Beschreibung des allgemeinen Auswahlprozesses
Vorbemerkung: Kennzeichnend für die Branche ist der begrenzte Bewerbermarkt, aus dem sich eine gewisse Konkurrenzsituation der verschiedenen biotechnologischen Unternehmen hinsichtlich potenzieller Bewerber ergibt. Eine entscheidende Rolle spielt im Auswahlprozess, dass Bewerber meist aus einem Netzwerk um das Unternehmen und seine Mitarbeiter rekrutiert werden. Häufig sind die Bewerber also ehemalige Kollegen der im Unternehmen arbeitenden Mitarbeiter.

Der Auswahlprozess: Nach der Ausschreibung einer Stelle wird eine Vorauswahl anhand der Analyse der Bewerbungsunterlagen vorgenommen. Dabei wird das Hauptaugenmerk auf formale Kriterien, wie die Ordnungsmäßigkeit der Unterlagen gerichtet.

In der Regel wird mit Bewerbern ein Auswahl- bzw. Bewerbungsgespräch geführt; nur bei Führungskräften wird ein Zweitgespräch anberaumt. Herr J. ist nur an Gesprächen beteiligt, die Führungspositionen und seinen eigenen Tätigkeitsbereich betreffen. Alle weiteren Mitarbeiter werden vom jeweiligen Fachvorgesetzten beurteilt und somit weitgehend eigenverantwortlich eingestellt.

Bewertung des Auswahl- und Beurteilungsprozesses
Die Personalauswahl im Unternehmen ist stark personenspezifisch und durch die Erfahrungen von Herrn J. gekennzeichnet. In der Vergangenheit wurde vorwiegend unsystematisch und intuitiv – „Chemie muss stimmen" – bei der Auswahl von Mitarbeitern vorgegangen. Einstellungs- bzw. Bewerbungsgespräche wurden in unstrukturierter Form durchgeführt. Instrumente und Verfahren der Personalauswahl – bis auf die Analyse der Bewerbungsunterlagen – wurden nicht eingesetzt.

Aufgrund seiner früheren Tätigkeit in einem anderen Unternehmen kann sich Herr J. auf eigene Erfahrungen bei der Personalauswahl berufen. Er bezeichnet sein Vorgehen allerdings selber als „nicht professionelle" Personalselektion. So wurden in der Vergangenheit primär aufgrund eines Netzwerkes zu früheren Kollegen potenzielle Kandidaten kontaktiert und selektiert. Herr J. betont die Wichtigkeit und Notwendigkeit dieses Netzwerkes ausdrücklich, da es sich um einen stark beschränkten Bewerbermarkt handelt.

Entscheidungen werden von Herrn J. durch eine „ganzheitliche" Urteilsbildung getroffen („rundes Bild", „Gesamteindruck" von einem Bewerber), wobei die Fachkompetenz einen entscheidenden Einfluss auf das Urteil zu haben scheint.

Repräsentativ für die Fehlentscheidung, welche die Motivation zur Teilnahme am Projekt begründete, scheint folgende Interviewpassage:

„Ich wollte einfach, dass der reinpasst. (…) Ich habe nach den Sachen geguckt, die passen. (…) Ich habe mir gar nicht vorstellen können, dass einer, der so einen Hintergrund hat so wenig engagiert sein kann. Und was ich noch weniger vorstellen konnte, dass mich jemand wissentlich so hinters Licht führen kann. Aber das ist eine Geschichte: Da habe ich meine Unschuld verloren. Nach dem mir da der Reihe nach gekaufte Gutachten vorgelegt wurden, habe ich erstmal mitgekriegt, mit welchen Betrügereien man da auch im täglichen Leben zu tun haben kann, wenn man nicht aufpasst. Nur weil mich diese Bauleute hier (Anm: beim Bau der Firmenzentrale) betrogen haben, bin ich überhaupt erst darauf gekommen, dass der mich vielleicht auch betrügen könnte. Das ist was, was mich hart getroffen hat, dass ich da so naiv rein gegangen bin. Weil ich gedacht habe, meine Intuition macht das schon, habe ich da ein blindes Auge entwickelt, wo ich da nicht hingeschaut habe. Jetzt im Nachhinein merke ich, da gab es ganz viele Sachen, *auf die ich hätte achten können. (...) Das war irgendwie so: das kann nicht sein, was nicht sein darf."*

Herr J. stellt also fest, dass er unbedingt wollte, dass „Herr X." in die neue Position passt. Deshalb blendete er Kritikpunkte aus, bewertete konsonante Informationen als wichtig und wertete dissonante Information ab.

Welche Anforderungen sollen erfasst werden?
Position: „Leiter: Klinik & Produktion"

1. fachlich kompetenter Mediziner
2. klinische Erfahrung
3. praktische Erfahrung als Arzt
4. internationale Erfahrung in der Arzneimittelentwicklung
5. internationale Vorschriften und Standards einhalten und umsetzten
6. Berichte verfassen
7. physiologisch-biologisches Wissen
8. Promotion
9. Stringenz und Effizienz im Entwicklungskonzept
10. Zielorientierung (Zeithorizont und Finanzberücksichtigung)
11. Entscheidungsbäume/Sollbruchstellen
12. nach außen agieren
13. verantwortliche Ärzte motivieren, nicht unter Druck setzen
14. Kontroll- und Überwachungsfunktion
15. präsentieren können
16. ernsthafte ethisch-moralische Grundhaltung
17. Gespür (fachlich und menschlich)
18. guter Ruf
19. Akquise
20. Netzwerk von Kontakten
21. Ehrlichkeit (intern und extern)
22. Authentizität
23. Eloquenz/gutes Auftreten
24. Zuverlässigkeit
25. Arbeit einteilen, anweisen und überprüfen
26. Gehaltsverhandlungen
27. Coaching
28. delegieren können
29. teamfähig sein
30. Kommunikation unter Mitarbeitern fördern à dranbleiben
31. ehrlich sein
32. offenes Verhältnis pflegen
33. positiv auf negative Ereignisse reagieren können
34. Kritikfähigkeit
35. Offenheit gegenüber Fehlern
36. Konflikte zulassen und aushalten können
37. Mitarbeiter auswählen
38. Ziele für die Abteilung definieren können
39. Budgetverwaltung
40. Kosten-Nutzen-Rechnung aus der Erfahrung
41. Umsetzung der fachlich abgeleiteten Strategie

In welcher Beziehung stehen die Anforderungen und Aufgaben zueinander?

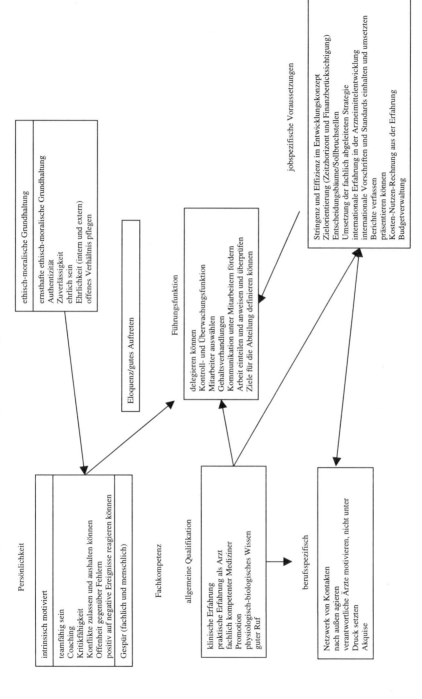

Abb. 9: Beziehung von Anforderungen und Aufgaben

Mit welcher Sicherheit können die Konstrukte beobachtet werden?

Tab. 15: Sicherheit der Beobachtung von Konstrukten

sehr unsicher	relativ unsicher	teils-teils	relativ sicher	sehr sicher
ehrlich sein (-8)	Berichte verfassen (-4) Entscheidungsbäume/ Sollbruchstellen (-3) Kontroll- und Überwachungsfunktion. (-3) Mitarbeiter auswählen (-6) Kommunikation unter Mitarbeitern fördern (-3) Arbeit einteilen, anweisen und überprüfen (-5) Offenheit gegenüber Fehlern (-5) positiv auf negative Ereignisse reagieren können (-5) ernsthafte ethisch-moralische Grundhaltung (-5) Authentizität (-4) offenes Verhältnis pflegen (-5)	präsentieren können (+2) Zielorientierung (Zeithorizont und Finanzberücksichtigung) (+1) Stringenz und Effizienz im Entwicklungskonzept (-2) delegieren können (+2) verantwortliche Ärzte motivieren, nicht unter Druck setzten (-2) Gehaltsverhandlungen (0) Gespür (fachlich und menschlich) (-2) Coaching (0) Konflikte zulassen und aushalten können (+2) Kritikfähigkeit (-2) Ehrlichkeit (intern und extern) (0) Zuverlässigkeit (-1)	Budgetverwaltung (+4) Kosten-Nutzen-Rechnung aus der Erfahrung (+5) Umsetzung der fachlich abgeleiteten Strategie (+5) Akquise (+3) Ziele für die Abteilung definieren können (+4) Netzwerk von Kontakten (+4) nach außen agieren (+4) fachlich kompetenter Mediziner (+6) physiologisch-biologisches Wissen (+4) Eloquenz/gutes Auftreten (+6) teamfähig sein (+3)	Promotion (+10) internationale Erfahrung in der Arzneimittelentwicklung (+8) guter Ruf (+8) klinische Erfahrung (+7) praktische Erfahrung als Arzt (+7) internationale Vorschriften und Standards einhalten und umsetzten (+7)

Wie werden die Konstrukte im Interview beobachtet?

Tab. 16: Möglichkeiten der Beobachtung im Interview

Anforderung	wird im Interview erfasst durch
fachlich kompetenter Mediziner	aus dem Lebenslauf
klinische Erfahrung	aus dem Lebenslauf
praktische Erfahrung als Arzt	aus dem Lebenslauf
internationale Erfahrung in der Arzneimittelentwicklung	aus dem Lebenslauf
internationale Vorschriften und Standards einhalten und umsetzten	Aus dem Lebenslauf; außerdem wird erfragt, inwieweit die Person für die Prozesse verantwortlich war. Wie nah war die Person am Prozess dran?
Berichte verfassen	Aus dem Lebenslauf; außerdem wird erfragt, inwieweit die Person für die Prozesse verantwortlich war. Wie nah war die Person am Prozess dran?
physiologisch-biologisches Wissen	Aus dem Lebenslauf; außerdem wird im Gespräch die Kenntnis neuerer Literatur abgefragt.
Promotion	aus dem Lebenslauf
Stringenz und Effizienz im Entwicklungskonzept	Aus dem Lebenslauf; außerdem wird erfragt, inwieweit die Person für die Prozesse verantwortlich war. Wie nah war die Person am Prozess dran? Hier soll die Person außerdem erklären, wie er/sie die Arbeit gemacht hat.
Zielorientierung (Zeithorizont und Finanzberücksichtigung)	Schwer zu erfassen; erst in der Probezeit zu erfassen.
Entscheidungsbäume/Sollbruchstellen	Das letzte Projekt beschreiben lassen. Welche Milestones gab es da?
nach außen agieren	Aus dem Gespräch; wie stellt sich jemand dar?

verantwortliche Ärzte motivieren, nicht unter Druck setzen	Arroganz und Überheblichkeit werden als Kompensation der eigenen Unsicherheit verstanden.
Kontroll- und Überwachungsfunktion ausüben	Gefühl
präsentieren können	Vortrag über die Arbeit
ernsthafte ethisch-moralische Grundhaltung	Durch Bemerkungen erspürbar, aber ganz besonders schwer zu erfassen.
Gespür (fachlich und menschlich)	durch Bemerkungen erspürbar
guter Ruf	Nachforschungen anstellen. Frühere Arbeitgeber anrufen.
Akquise	Lebenslauf. „Wie habt Ihr bei dieser Studie die Ärzte gefunden?"
Netzwerk von Kontakten	Person soll erzählen, wen sie alles kennt.
Ehrlichkeit (intern und extern)	nicht überprüfbar
Authentizität	im Gespräch spürbar
Eloquenz/gutes Auftreten	Sieht man.
Zuverlässigkeit	Im Grunde erst während der Probezeit zu erfahren; Erscheinungsbild der Bewerbung; Pünktlichkeit, Selbstsicherheit.
Arbeit einteilen, anweisen und überprüfen	
Gehaltsverhandlungen	Wie führt der Bewerber seine eigenen Gehaltsverhandlungen?
Coaching	Im Gespräch nicht feststellbar; wenn, dann über die Souveränität erspürbar.
delegieren können	Auch über die Souveränität erschließbar.
teamfähig sein	Wie geht die Person mit verschiedenen Personen um?
Kommunikation unter Mitarbeitern fördern → dranbleiben	Probezeit
ehrlich sein	nicht feststellbar
offenes Verhältnis pflegen	Art und Weise, wie die Person antwortet.
positiv auf negative Ereignisse reagieren können	kaum feststellbar
Kritikfähigkeit	hinterfragen der Tätigkeiten
Offenheit gegenüber Fehlern	hinterfragen der Tätigkeiten
Konflikte zulassen und aushalten können	kaum feststellbar
Mitarbeiter auswählen	kaum feststellbar
Ziele für die Abteilung definieren können	Gut nachvollziehbar über die Art und Weise, wie die Person Fragen stellt.
Budgetverwaltung	Nur indirekt erfassbar; wenn, dann über Schilderung vergangener Tätigkeiten.
Kosten-Nutzen-Rechnung aus der Erfahrung	Frage: „Haben Sie das bereits gemacht?"
Umsetzung der fachlich abgeleiteten Strategie	Hier wird darauf geachtet, ob die Person eine eher strategische Antwort gibt oder ob ihre Antworten fachlich begründet und abgeleitet sind.

Insgesamt hat Herr J. im Laufe der Interviews festgestellt, dass „ein Bewerbungsgespräch (...) kein sozialer Event (ist), wo man nett und freundlich ist", sondern vielmehr eine „Prüfsituation"; er hat dem Bewerber bisher zuviel Raum gelassen, „sich selbst darzustellen".

Wie werden Konstrukte aus den Bewerbungsunterlagen erschlossen?
Ein wesentlicher Punkt bei der Auswahl der Bewerbungsunterlagen ist die „Ordentlichkeit der Bewerbung". Die Anforderungen an die Bewerbungsunterlagen sind auch stellenabhängig. Grundsätzlich legt Herr J. großen Wert darauf, zu erfahren, warum sich jemand für eine bestimmte Stelle bewirbt.

Wichtig sind außerdem die Schulzeugnisse, Diplom- und eventuell Promotionszeugnis, ebenso wie Arbeitszeugnisse, aus denen die Arbeits- und Berufserfahrung ersichtlich wird. Bei den Arbeitszeugnissen sieht man seiner Meinung nach „mehr an dem, was fehlt, als an dem was drinsteht". Herr J. ist der Meinung, dass das Abiturzeugnis ein „Gefühl für die Persönlichkeit"

Kaskadenmodell zum Vorgehen bei der Bewertung von Bewerbungsunterlagen

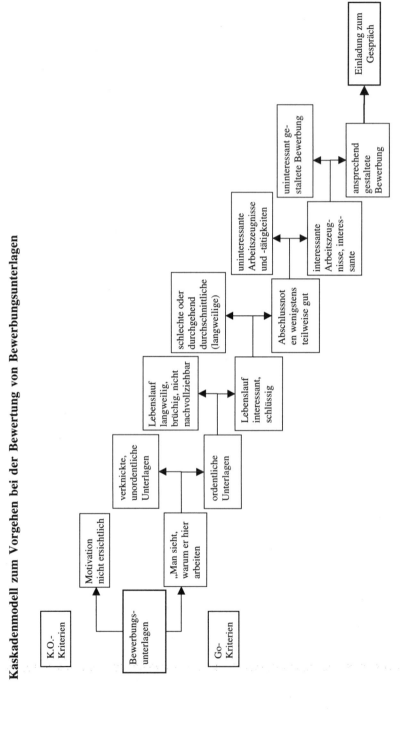

Abb. 10: Kaskadenmodell zu Falldarstellung 7

vermittle. So schätzt er z.B. eine Person, die durchgängig die Note Drei hat, als eine „langweilige Persönlichkeit" ohne Interessen und „Highlights" ein. Aus dem Abiturzeugnis bzw. den Noten und den Zusatzfächern liest er zudem die „intrinsische Motivation" einer Person heraus.

Ein weiterer Punkt, dem Herr J. Bedeutung beimisst, ist das Bewerbungsfoto. Hier ist er nicht der Meinung, dass das Foto viel über die Person an sich aussagt, sondern vielmehr darüber, wie die Person sich gerne darstellen möchte. Für ihn stellt sich hier die Frage, ob sich der Bewerber so präsentiert, wie es das Unternehmen von seinen Mitarbeitern erwartet.

Insgesamt muss die Bewerbung einen guten „Gesamteindruck" machen, damit Herr J. den entsprechenden Bewerber zum Gespräch einlädt.

Bedürfnisse an ein zu entwickelndes Instrument bzw. eine Vorgehensweise zur Beurteilung und Auswahl von Bewerbern

Bedürfnisse des Personalverantwortlichen an ein neues Instrument

Eine „stellenangepasste Checkliste" erachtet Herr J. als ideal und seinen Bedürfnissen entsprechend. Er betont den Wunsch nach Fragen, die explizit stellenspezifisch sind.

Als weiteres Bedürfnis wurde der Raum für eigene Erfahrungen bei der Anwendung des Instruments genannt. Herr J. sieht es als Schwäche anderer Personalverantwortlicher an, wenn diese sich nur auf Instrumente und Methoden anstatt auf die eigene Erfahrung im Umgang mit Menschen verlassen (als Beispiel wurde ein Fragebogen angeführt). So wird „zu viel Zwanghaftigkeit" – in Abgrenzung zu Freiräumen und Raum zum Improvisieren – und die daraus resultierende blockierende Wirkung im Verlauf des Bewerbungsgespräches betont.

Eine „überschaubare Komplexität" und somit die Anwendbarkeit sowie die Möglichkeit zum Erlernen aufgrund der Schlüssigkeit des Instrumentes wird von Herrn J. gewünscht. Wichtig wird von ihm in diesem Zusammenhang erachtet, dass sich das neue Instrument „stimmig anfühlt" und letztlich der Personalverantwortliche selbst seine Fähigkeiten darin einsetzen kann.

Gewünschte Vorteile bzw. favorisierte Aspekte des neuen Instruments

Herr J. kennt aus seiner früheren Tätigkeit in der Industrie u.a. Assessment Center und Fragebögen und bekundet seine Abneigung gegenüber diesen Verfahren und vor allem Tests, d.h. er „hält nicht viel von Tests", da er diese als „trivial" einschätzt. Zudem hat er die Erfahrung gemacht, dass sich manche Bewerber auf solche Tests gezielt mit „Testknackern" vorbereiten.

Viel Wert legt er hingegen auf die soziale Akzeptanz der Instrumente und Verfahren, die er mit der damit einher gehenden Außenwirkung des Unternehmens stark in Verbindung setzt.

Faktoren bzw. Aspekte des neuen Verfahrens, die den Einsatz behindern

Für Herrn J. ist das Bild „seines" Unternehmens wichtig, welches bei Bewerbern hinterlassen wird, die nicht eingestellt wurden. Das Unternehmen befindet sich in einer besonderen Konkurrenzsituation zu anderen Unternehmen in der Branche, weshalb Attraktivität und der Eindruck nach außen als besonders wichtig erachtet werden. Er möchte daher durch den Einsatz bestimmter Methoden und Instrumente auf jeden Fall ein „Negativimage nach außen" vermeiden, aufgrund der Überschaubarkeit der unternehmensspezifischen „Szene".

Als Beispiel für die Diskrepanz zwischen Theorie und Praxis nennt er Mitarbeitergespräche, die er in Seminaren kennen gelernt hat, die aber praktischen Gegebenheiten nicht entsprechen.

8. Unternehmen Netzwerktechnik – Falldarstellung 8

Interviewpartner: Herr Y.

Art und Größe des Unternehmens
Das Unternehmen gehört der IT-Branche – primär dem Softwarebereich – an. Nach Angaben von Herrn Y., der zugleich einer der drei Geschäftsführer des Unternehmens ist, konnte das Unternehmen trotz eines sehr engen Marktes bisher innerhalb bestimmter Grenzen expandieren. Im Unternehmen sind derzeit ca. 50 Mitarbeiter beschäftigt, die an vier verschiedenen Standorten arbeiten.

Charakteristisch für das Unternehmen sind eine flache Hierarchiestruktur und eine ausgeprägte Leistungsorientierung. Herr Y. betont hierbei, dass die Werte „Leistungsbereitschaft" und „die Bereitschaft, für bestimmte Ziele zu kämpfen" im Unternehmen wichtig sind. Daraus ergibt sich für die Geschäftsführung der Leitsatz „Unsere Messlatte ist der Erfolg".

Im Laufe der Interviews bezeichnete Herr Y. das Motto „Würstchen statt Kaviar" als kennzeichnend und prägend für die Unternehmenskultur. Dieses Motto wird unter anderem in Form einer geringen Streuung der Gehälter gelebt. So verfügen u.a. auch Mitarbeiter in Führungspositionen über keine Statussymbole, wie teure Geschäftsautos oder Unterkunft in hochpreisigen Hotels. Großen Wert wird im Unternehmen auf eine langfristige Bindung der Mitarbeiter gelegt. Tatsächlich bezeichnet Herr Y. die Fluktuation im Unternehmen als äußerst gering. Branchenuntypisch gehören die meisten Mitarbeiter bereits zwischen sieben und zehn Jahren dem Unternehmen an. Entsprechend der Unternehmenskultur wird Wert auf eine „gewissen Kontinuität im Lebenslauf" bei allen Mitarbeitern gelegt. Eine starke Kundenorientierung des Unternehmens ist als weiteres Kulturmerkmal zu erwähnen. Dabei wird eine langfristige Zusammenarbeit mit Kunden angestrebt.

Im Unternehmen existiert keine eigenständige Personalabteilung. Nach Angaben von Herrn Y. gibt es „keine feste Zuordnung, keine festen Personaler".

Zur Person des Personalverantwortlichen
Herr Y., dessen Tätigkeit primär durch seine Position als Geschäftsführer geprägt ist, war und ist an allen Auswahlprozessen beteiligt. Neben ihm gibt es zwei weitere Geschäftsführer.

An einer Fachhochschule hat Herr Y. ein Studium der Ingenieurwissenschaften abgeschlossen. Er ist 35 Jahre alt und seit sieben bis acht Jahren im Personalbereich mit der Personalauswahl des Unternehmens betraut. In den vergangenen Jahren war er jährlich an etwa zehn bis dreizehn Auswahl- bzw. Bewerbungsgesprächen beteiligt.

Gegenwärtig sind für Herrn Y. die Aus-, Fort- und Weiterbildung, die Personalauswahl im Personalbereich sowie seine Führungsposition – aufgrund seiner Stellung als Geschäftsführer des Unternehmens – die wichtigsten Tätigkeitsbereiche. Dabei ist er für technische Auszubildende, Angestellte ohne Führungsaufgaben, untere, mittlere und obere Führungskräfte zuständig.

Aus seiner eigenen Praxis sind dem Personalverantwortlichen die Analyse von Bewerbungsunterlagen sowie strukturierte als auch unstrukturierte Interviews als Einzelgespräche gut bekannt. Als etwas bekannt werden von ihm Arbeitsproben und als kaum bekannt Wissenstests und Assessment Center bezeichnet. Das multimodale Interview, Intelligenz-, Leistungs- und Persönlichkeitstests, computergestützte Verfahren, biographische Fragebögen sowie graphologische Gutachten sind ihm aus seiner eigenen Tätigkeit nicht bekannt. (Keine Angaben wurden über strukturierte und unstrukturierte Interviews mit der Fachabteilung gemacht.)

Im Unternehmen wurde in der Vergangenheit – jedoch nicht mehr zum Zeitpunkt der Untersuchung – eine Art Arbeitsprobe durchgeführt. Diese entspricht allerdings nicht dem wissenschaftlichen Verständnis dieses Verfahrens, da keine systematische Beobachtung des Verhaltens stattgefunden hat. Des Weiteren wird im Rahmen von Auswahlgesprächen eine Art Wissenstest angewendet. Dieser äußert sich durch die Abfrage von spezifischem Wissen und wird von Herrn Y. als „dynamisch standardisierter Vorgang" bezeichnet. Auch dieses Vorgehen entspricht zwar nicht den wissenschaftlichen Kriterien eines Testverfahrens, erscheint in der Durchführung jedoch systematisch durchdacht und hat sich in der Durchführung bewährt.

Persönlicher Eindruck vom Interviewpartner
Herr Y. ist als äußerst lernbereit und selbstkritisch hinsichtlich seines eigenen Vorgehens zu bewerten. Sein Anspruch an sich und somit auch an das Unternehmen äußert sich darin, dass es sein „Ziel ist (...), etwas besser zu machen" Er erkennt dabei, dass es notwendig ist, eigene Fehler zu erkennen und einzugestehen („Wir lernen aus unseren Fehlern" bzw. „Fettnäpfchen"). Er möchte Unterstützung bei der Strukturierung und Systematisierung des Vorgehens bei der Personalauswahl und -beurteilung und wünscht sich ein Vorgehen, um eine „Struktur rein(zu)-bringen", weil das Unternehmen „eine hohe Effektivität haben" muss.

Der Auswahl- und Beurteilungsprozess
Am ehesten wird die Personalauswahl im Unternehmen mit Aspekten der Potenzial- und Kompetenzbeurteilung verglichen und ein etwas geringerer Bezug wird den Aspekten einer Eignungsdiagnostik eingeräumt.

Charakteristika des Auswahlkontexts
Im letzten Jahr wurden vom Unternehmen für Angestellte ohne Führungsaufgaben drei Stellen ausgeschrieben. Herr Y. berichtet hierbei von einem „exponentiellen Anstieg" der eingegangenen Bewerbungen in Abhängigkeit von der schlechten wirtschaftlichen Situation. Für die ausgeschriebenen Stellen für Angestellte ohne Führungsaufgaben gingen ca. 150 Bewerbungen im Unternehmen ein (statt wie in den Boom-Jahren ca. 10 Bewerbungen). Zudem erreichten das Unternehmen 50 bis 60 Bewerbungen für eine kaufmännische Ausbildungsstelle. Im Angestelltenbereich werden zwischen zwei und drei Auswahl- bzw. Bewerbungsgespräche geführt.

Beschreibung des allgemeinen Auswahlprozesses
Grundsätzlich werden die zu treffenden Auswahlentscheidungen von einem Gremium bestehend aus zwei bis drei Personen getroffen, wobei die entsprechenden Fachvertreter den zweistufigen Auswahlprozess vorbereiten. Die erste Stufe umfasst dabei alle Maßnahmen der „Vorselektion" und die zweite Stufe betrifft die „eigentliche Findung" des gewünschten Mitarbeiters.

Im Unternehmen wird versucht den Auswahl- und Beurteilungsprozess zu strukturieren, indem Bewerbern im Vorfeld der Auswahlgespräche ein „Bewerberfragebogen" zugeschickt wird. Dieser Fragebogen umfasst Fragen allgemeiner Art, die die bisherige Tätigkeit tangieren sowie Fragen zur „Qualifikation/Erfahrung" und zur „Vergütung" enthalten. Dieses Vorgehen hat einen teilstrukturierten Charakter. Dabei versucht Herr Y. aus den Antworten einzuschätzen, wie erfolgreich der Bewerber in seinen früheren Tätigkeiten war. Die Abfrage dieses Kriteriums erfolgt über eine Frage nach dem erzielten Umsatz und nach der darin enthaltenen Marge. Aus dem Zusammenspiel dieser Zahlen erschließt sich Herr Y. zum einen, ob der Bewerber erfolgreich gewirtschaftet hat und gleicht außerdem diese Erfolgsindikatoren mit der Gehaltsforderung ab. Ergeben diese Zahlen im Zusammenspiel ein „schlüssiges Bild", so schließt Herr Y. hieraus zudem auf Konstrukte wie Bodenständigkeit und Leistungsbereitschaft. Im Unternehmen werden Personen gesucht, die ein „rundes Gesamtbild" abgeben und „die größten Erfolgsaussichten versprechen".

Wichtig ist Herrn Y. außerdem, ob das Team den Bewerber sympathisch findet, ob der Bewerber als Person überzeugt und in das Team passt. Diese Kriterien werden in den Bewerbungsgesprächen abgefragt.

Hier wird außerdem insbesondere darauf geachtet, ob die im Gespräch erhaltenen Informationen zu den Daten aus dem Fragebogen passt, ob der Werdegang des Bewerbers überzeugt, ob „die Geschichte, die der Bewerber über seinen Erfolg erzählt", plausibel ist und ob der Erfolg auf „planvollem Vorgehen" oder Zufall beruht. Der Bewerber muss begreiflich machen können, dass er „mit seiner Art zu arbeiten bei uns Erfolg generieren kann".

Die endgültige Entscheidung über Anstellung oder Abweisung basiert auf der Annahme über den potenziellen (wirtschaftlichen) Erfolg des Bewerbers im Unternehmen und der Passung des Bewerbers zum Team und somit zum Unternehmen.

Bei der Urteilsbildung wird von Herrn Y. ein ganzheitliches Vorgehen praktiziert, bei dem versucht wird, global zu beurteilen, inwieweit der Bewerber für das Unternehmen „nützlich" sein kann. Dabei räumt er seinem eigenen Bauchgefühl eine bedeutende Rolle ein („Ein Stück spielt das Bauchgefühl auch eine Rolle").

Eine systematische Evaluation der Personalentscheidungen wird – nach Angaben von Herrn Y. – im Unternehmen nicht praktiziert, jedoch wird als sonstige Überprüfung der Entscheidung ein wöchentliches Reporting angeführt. Im Unternehmen ist zudem ein Mentorenprogramm für neue Mitarbeiter etabliert. Der Mentor meldet die Bewährung des neuen Mitarbeiters nicht systematisch sondern unformalisiert an das Management rück.

Bewertung des Auswahl- und Beurteilungsprozesses
Von Herrn Y. wurde der Wunsch geäußert, die Personalauswahl zu professionalisieren bzw. zu strukturieren, wobei aus seiner Sicht auch der Einsatz von standardisierten Verfahren in Frage käme. Gerade angesichts der hohen Bewerberzahlen legt er Wert auf eine Rationalisierung des Auswahlprozesses. Vor allem der bei der Vorauswahl eingesetzte Fragebogen soll dabei verbessert werden, um eine gezieltere Auswahl von Bewerbern – mit Fokus auf fachliche und unternehmensspezifische Aspekte – zu realisieren.

Herr Y. räumt selbstkritisch ein, dass der Auswahl- und Beurteilungsprozess in der Vergangenheit „zu dilettantisch" war, denn da haben Unternehmensvertreter „zu zweit den Bewerber zugequatscht". Er signalisiert deutlich Lernbereitschaft und wünscht „Unterstützung" bei der Systematisierung bzw. Strukturierung der Auswahl sowie ein weniger subjektives Vorgehen, da es seiner Meinung nach „Ziel sein muss, das (…) nicht subjektiv zu ermitteln".

Erste Versuche auf Unternehmensseite, den Auswahlprozess zu strukturieren, sind im „Bewerberbogen" im Rahmen der Vorauswahl und dem Beobachtungsbogen für das Einstellungsinterview erkennbar, die er als Versuch bezeichnet, mit „kleinen Instrumentarien" den Auswahlprozess zu strukturieren.

Charakteristisch für die Auswahl im Unternehmen ist die Ausrichtung an zwei zentralen Konstrukten, die über jegliches weitergehende Interesse an einem neuen Bewerber entscheiden. Kann der Bewerber einerseits Erfolg aus früheren Tätigkeiten nachweisen und andererseits den Eindruck erwecken, dass er in die Kultur der „Bodenständigkeit" passt, so werden andere Kriterien diesen beiden generalisierten Konstrukten untergeordnet. Eine Chance für eine lernende Kompetenzbeurteilung läge somit sicherlich an zwei Ansatzpunkten:
- Wie lassen sich die beiden genannten Anforderungen an den Bewerber möglichst valide messen, wenn sie als unumgänglich wichtigste Kriterien bestimmt werden?
- Wie ist es zu vermeiden, dass die generalisierten Konstrukte den systematischen und detaillierten Blick auf die übrigen Auswahlkriterien überdecken?

Handlungsempfehlungen und neue Instrumentarien könnten sicherlich an diesen beiden Punkten in diesem Unternehmen sinnstiftend eingesetzt werden. Sie würden sich u.U. harmonisch in den bisherigen Auswahlprozess einfügen und somit zu hoher Akzeptanz im Unternehmen führen. Zusammenfassend kann die Personalauswahl als systematisch, aber eher unkonventionell beschrieben werden. Neben einem Bewerberbogen, der nach Erhalt der Bewerbungsunterlagen verschickt wird, werden die Auswahlgespräche anhand eines Interviewleitfadens (Beobachtungsbogen) durchgeführt.

Welche Anforderungen sollen erfasst werden?
Herr Y. schilderte die Anforderungen bzw. das Bild eines Mitarbeiters in einer Vertriebsposition. Das Unternehmen sucht in der Regel nicht einen Mitarbeiter, für den ein festes Stellenprofil existiert. Je nach Bewerber gibt es Möglichkeiten, flexibel für verschiedene Positionen eingesetzt zu werden. Herr Y. spricht davon, dass das Unternehmen ein Idealbild des Bewerbers vor Augen hat. Je nach der Art der Bewerber reagiert das Unternehmen und versucht einen Bewerber („den idealen Bewerber wird es wohl selten geben") in optimaler Weise in den Arbeitsprozess einzubinden. Gerade im Vertrieb ist es für das Unternehmen wichtig, optimal Projekte abzuwickeln und Kunden zu betreuen. „Die Messlatte ist hier recht einfach": Es zählt der in Zahlen nachweisbare Erfolg, der auch im verwendeten Fragebogen das zentrale Eingangskriterium darstellt. Herr Y. wünscht deshalb aber nicht „den Einheitsmenschen".

Für das Unternehmen ist wie bereits erwähnt „Bodenständigkeit" ein wichtiger Wert. Hier wird mittel- bis langfristig gedacht. Einerseits werden keine Mitarbeiter gewünscht, die sich vor allem dadurch auszeichnen, möglichst viele Stationen durchlaufen zu haben. In diesem Fall wird davon ausgegangen, dass diese Mitarbeiter auch nicht lange im Unternehmen verbleiben würden. In der Folgerung geht Herr Y. von der Annahme aus, dass eine produktive Bindung an die Kunden und der Kunden an einen neuen Mitarbeiter erst nach ca. einem halben Jahr entstehen kann. Es gehört zur Kultur des Unternehmens, Kunden langfristig binden zu wollen. Das gesamte Vertriebsverhalten ist darauf ausgerichtet nicht, durch einen schnellen Verkaufserfolg eine evtl. langfristige Kundenbindung zu zerstören.

Wenn die Hürden des Erfolgsnachweises und der Bodenständigkeit als Eingangskriterien genommen sind, werden folgende Fähigkeiten und Fertigkeiten des Bewerbers relevant:

1. Bereitschaft, in einem jungen Team zu arbeiten
2. „Kämpfer"
3. cleverer Stratege
4. ehrliche Ausstrahlung
5. Qualifikation und Erfahrung
6. technisches Studium/technische Ausbildung
7. möglichst kurze Einarbeitungszeit
8. Neugierde
9. Gespür für Technik
10. Wille, sich weiterzuentwickeln
11. Discount bei Objekten verhandeln und vereinbaren
12. beraten können
13. Leidenschaft für Inhalte und Wachstum des Unternehmens
14. Bereitschaft, sich in das Unternehmen einzuordnen
15. gemeinschaftliche Pflichten wahrnehmen
16. nicht rein materiell orientiert sein
17. Qualitätskontrolle
18. genauste Produktkenntnis: eigentlich erst ein späteres Ziel
19. Freude daran, mit Kunden eine gute, produktive Geschäftsbeziehung aufzubauen (win-win-Situation)
20. Freude daran, eine gute Losung zu finden
21. delegieren
22. Kontakte zu Fremdfirmen: erst im späteren Arbeitsprozess von Bedeutung
23. Entscheidungen treffen können
24. Freude daran, gewinnen zu wollen
25. quer denken
26. Freude daran, zu spielen
27. extrem technisch fit sein
28. Angebote ausarbeiten
29. Erfolgshungrigkeit
30. Freude daran, Kunden von etwas besonders Gutem zu überzeugen
31. Verfügbarkeit: Kündigungsfristen

Mindmap – Visualisierung der Beziehungen zwischen Anforderungen der Stelle und Eigenschaften des Bewerbers

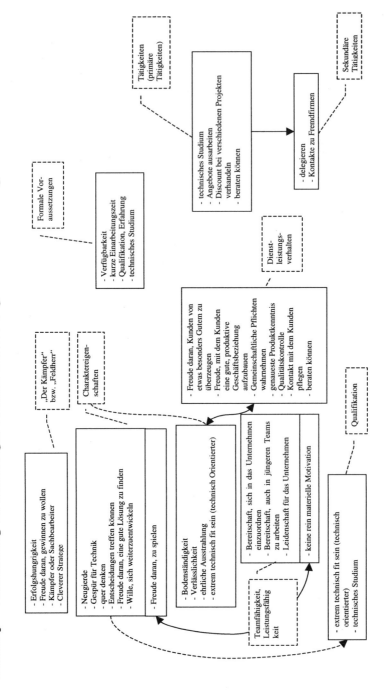

Abb. 11: Mindmap zu Anforderungen und Eigenschaften

Mit welcher Sicherheit können die Konstrukte beobachtet werden?

Tab. 17: Sicherheit der Beobachtung der Konstrukte

sehr unsicher	relativ unsicher	teils-teils	relativ sicher	sehr sicher
Qualifikation und Erfahrung	ehrliche Ausstrahlung	Bereitschaft, in einem jungen Team zu arbeiten	„Kämpfer"	technisches Studium/technische Ausbildung
möglichst kurze Einarbeitungszeit	Willen, sich weiterzuentwickeln	Leidenschaft für die Inhalte und das Wachstum des Unternehmens	Neugierde	Gespür für Technik
	Discount bei Projekten verhandeln und vereinbaren	nicht rein materiell orientiert sein	Gemeinschaftliche Pflichten wahrnehmen	
	Bereitschaft, sich in das Unternehmen einzuordnen	Entscheidungen treffen	quer denken	

Wie werden die Konstrukte im Interview beobachtet?

Die Vielzahl von Anforderungen wird von Herrn Y. im Interview nicht systematisch erschöpfend erfasst. Für das Interview sind aus seiner Sicht folgende Eigenschaften des Bewerbers relevant:

Tab. 18: Möglichkeiten der Beobachtung im Interview

Anforderung	wird im Interview erfasst durch
Bereitschaft, in einem jungen Team zu arbeiten	Nur relevant, wenn der Bewerber älter ist als das Team. Einfache Frage. „Das ist das, worauf Du Dich einlässt." 0
„Kämpfer"	„Kämpfer haben Erfolge vorzuweisen". +1
Ehrliche Ausstrahlung	Schwer messbar: Sind die Erklärungen schlüssig? Wie werden Dinge erklärt? Ist die Story glaubhaft? Wie fühle ich mich als Kunde? -1
Qualifikation und Erfahrung	Aus dem Lebenslauf ersichtlich; wird im Gespräch mit der Fachabteilung abgeprüft. -2
technisches Studium/technische Ausbildung	aus dem Lebenslauf ersichtlich +2
möglichst kurze Einarbeitungszeit	Notendurchschnitt – schnellere Auffassungsgabe. Nicht der Spitzendurchschnitt, sondern oberes Drittel. -2
Neugierde	Unbewusst; wenn die Person detaillierte Rückfragen stellt. Es entsteht ein Dialog. Über den Tellerrand hinausschauen. +1
Gespür für Technik	Skizze an der Tafel aufzeigen; Lebenslauf; Interesse für Details aus bearbeiteten Projekten. +2
Wille, sich weiterzuentwickeln	In welche Subbereiche ist er vorgedrungen? Ich habe mich nicht nur mit meinem Fach, sondern auch mit anderen Dingen beschäftigt. Gesundes Maß an Fortbildungen; Bereitschaft, sich auch in der Freizeit weiterzubilden. –1
Discount bei Projekten verhandeln und vereinbaren	Wie reagiert er bei seiner eigenen Gehaltsverhandlung? -1
Leidenschaft für die Inhalte und das Wachstum des Unternehmens	Ausstrahlung egoistisch? Ist er bereit, auch einen gewissen Verzicht zu üben? Wie viele Wochenstunden? 0
Bereitschaft, sich in das Unternehmen einzuordnen	respektvoller Umgang/Beobachtung -1
gemeinschaftliche Pflichten wahrnehmen	Sich über die bisherige Arbeitsweise informieren; hat der Bewerber bereits für einen längeren Zeitpunkt im Team gearbeitet? In welcher Position – als Leader oder Zuarbeiter? +1
nicht rein materiell orientiert sein	Welche Kompromisse geht der Bewerber selbst ein? Niedrigeres Gehalt bei der Einarbeitung, um Lernphase zu finanzieren. 0
Entscheidungen treffen können	Beobachtung aus der Gehaltsverhandlung; Konfrontation mit Stufenplan 0
quer denken	Allgemeines Gespräch beobachten; erkennen, ob Bewerber Zusammenhänge erkennt. Welche Auswirkungen haben Entscheidungen? +1
Erfolgshungrigkeit	Abfragbar: „Lass ich mir erklären: Wie kommt er dazu, mir zu sagen, dass er erfolgreich ist?"
Verfügbarkeit	direkt abfragbar

Kaskadenmodell zum Vorgehen bei der Bewertung von Bewerbungsunterlagen
Wie bereits erwähnt, bildet hier vor allem der in Zahlen messbare Erfolg die relevante Größe. Wenn ein Bewerber im Fragebogen durch die genannten Zahlen überzeugen kann, wird er interessant. Den Fragebogen erhalten alle Bewerber, sodass eine Hierarchie vornehmlich nach Bewerbungsunterlagen für den Auswahlprozess weitgehend irrelevant ist.

Bedürfnisse an ein zu entwickelndes Instrument bzw. eine Vorgehensweise zur Beurteilung und Auswahl von Bewerbern

Bedürfnisse des Personalverantwortlichen an ein neues Instrument
Ein neues Verfahren sollte – um den Bedürfnissen von Herrn Y. zu entsprechen – eine Standardisierung aufweisen, aber gleichzeitig „flexibel" sein, um für mehrere Positionen relevant zu sein. Dabei sollen die jeweiligen Fragen hinsichtlich bestimmter Anforderungen an alle Bewerber gleich sein. Ein Fragenkatalog mit bestimmten situativen Fragen entspräche den Vorstellungen des Personalverantwortlichen.

Gewünschte Vorteile bzw. favorisierte Aspekte des neuen Instruments
Gegenüber bestehenden oder bekannten Verfahren der Personalauswahl sollte das neue Verfahren „klar strukturiert" sein und über „bessere Kriterien" zur Bewertung des Bewerbers verfügen. Zudem sollte dieses Instrument für alle – Personalverantwortliche, Bewerber und u.a. auch für den Betriebsrat – „nachvollziehbar" bzw. „durchsichtig" sein. Diese Aspekte können unter den Punkt Verfahrenstransparenz subsumiert werden.

Faktoren bzw. Aspekte des neuen Verfahrens, die den Einsatz behindern
Aspekte wie „zu wissenschaftlich" und „zu theoretisch" sind Kriterien, die nicht für ein geeignetes und gewünschtes Instrument sprechen, sondern der konkrete Praxisbezug muss vorhanden und auch erkennbar sein.
Im Hinblick auf das Überprüfen von der Teamfähigkeit eines Kandidaten wird von Herrn Y. auch die mögliche Durchführung eines Assessment Centers in Betracht gezogen, jedoch wird abschließend festgehalten, „bei unseren Stellen muss man sagen, kostet das ein bisserl viel".

9. Versorgungsunternehmen – Falldarstellung 9

Interviewpartner: Herr F.

Art und Größe des Unternehmens
Das Unternehmen ist in die Energiebranche einzuordnen. Aufgrund des Wandels der Unternehmensform im Zuge der Privatisierung und der dadurch veränderten Struktur ist das Unternehmen bestrebt, „kurze" Wege in der Kommunikation zu realisieren, die nicht immer „von oben nach unten" stattfinden soll.
Hinsichtlich der Kultur des Unternehmens gab es in den letzten Jahren starke Veränderungen. Die Unternehmensvision bzw. die „strategischen Ziele(n) der Geschäftsleitung" sind Flexibilität, Innovation und Kundenorientierung und -freundlichkeit. Laut Herrn F. will das Unternehmen „flexibler sein (...), innovativer sein, wir wollen kundenfreundlicher werden." „Wir wollen weg von diesem Behördendenken", fasst Herr F. den Wandel zusammen. Ergänzend fügt er hinzu, das Unternehmen wolle „weg von diesem monopolistischen Gedanken, den wir früher hatten", der sich darin äußerte, dass es „nur schwarz und weiß" gab und ein Arbeiten nach „Vorschriften".

In diesem Zusammenhang wurde ein modernes „Zeitmodell" im Unternehmen eingeführt, das auch dem Mitarbeiter mehr Flexibilität bietet. Bezug nehmend auf die Flexibilität des neuen „Zeitmodell" meint Herr F., dass das Unternehmen diese „Flexibilität, (...) eigentlich auch von den Mitarbeitern erwartet".

Heute wird im Unternehmen – in Abgrenzung zu früher – „Kundenorientierung" groß geschrieben. Kundenkontakte gewinnen an Bedeutung und so soll mit Kunden „vorsichtig und sehr pfleglich" umgegangen werden. Dies bedeutet für das Unternehmen, dass „innovative, motivierte Mitarbeiter", kurz eine „innovative(n) Mitarbeiterschar" gewünscht ist. Aufgrund der veränderten Unternehmensziele und -visionen haben sich auch die Anforderungen an die Mitarbeiter geändert. Diesbezüglich meint Herr F.: „Wir haben jetzt keine ganz eigene Unternehmenskultur (...), wir haben halt gewisse Führungsleitbilder (...) und unter dem Gesichtspunkt muss man halt ein bisschen schauen, ob (*der Bewerber*) teamfähig ist, im Sinne eines Miteinanders, bezüglich der Kommunikation untereinander und (...) halt auch das Einbringen in ein Team." Im Unternehmen wird zudem auf einen längeren Verbleib der Mitarbeiter großen Wert gelegt, d.h. es wird angestrebt, den Mitarbeiter „möglichst lange (*zu*) halten" und dass dieser „ein gewisses Sitzfleisch entwickelt".

Der eigenständige Personalbereich des Unternehmens umfasst ca. 200 Mitarbeiter. Im Zuge der Veränderung der Unternehmensstruktur und -kultur wurde im Personalbereich ein Referentensystem eingeführt, welches zur Abschaffung der Führungspositionen führte.

Zur Person des Personalpraktikers
Im direkten Tätigkeitsbereich von Herrn F. sind 20 Kollegen und zwei Vorgesetzte beschäftigt. Herr F. selbst hatte vor den unternehmensinternen Veränderungen eine Führungsposition inne.

Herr F. ist 44 Jahre alt, kann auf eine fünfjährige Erfahrung mit Personalarbeit zurückblicken und hat ein abgeschlossenes Studium in Verwaltungswissenschaften. Im vergangenen Jahr war er an mehr als 50 Auswahlgesprächen beteiligt. Seine Tätigkeitsschwerpunkte sind die Personalauswahl, die operative Personalarbeit und als sonstiger Tätigkeitsbereich die „Personalfreisetzung". Dabei ist er für ungelernte Arbeiter, Angestellte ohne Führungsaufgaben sowie untere und mittlere Führungskräfte verantwortlich.

Aus der eigenen praktischen Tätigkeit sind Herrn F. die Analyse der Bewerbungsunterlagen, strukturierte Interviews in Form von Einzelgesprächen oder mit Vertretern entsprechender Fachabteilungen, Arbeitsproben, Wissenstests und Assessment Center gut bekannt. Nicht bekannt sind ihm hingegen unstrukturierte Interviews als Einzelgespräche und mit Vertretern entsprechender Fachabteilungen, das multimodale Interview, Intelligenz-, Leistungs- und Persönlichkeitstests, computergestützte Verfahren, biographische Fragebögen und graphologische Gutachten. Aus der Praxis der Personalauswahl ist ihm ein psychologischer EDV-Test (eines fremden Unternehmens) zusätzlich bekannt.

Im Rahmen der Personalauswahl im Unternehmen analysiert Herr F. häufig Bewerbungsunterlagen, führt häufig strukturierte Interviews in Form von Einzelgesprächen und mit Vertretern der Fachabteilungen durch und nutzt häufig Wissenstests. Dabei arbeitet er selten mit Arbeitsproben und Assessment Centern. Nach eigenen Angaben werden Assessment Center standardisiert bei der Besetzung von Führungspositionen durchgeführt bzw. eingesetzt. Keine praktischen Erfahrungen hat er – aufgrund des Nichteinsatzes – mit unstrukturierten Interviews (Einzelgespräche und Gespräche mit Fachvertretern) und multimodalen Interviews, Intelligenz-, Leistungs- und Persönlichkeitstests, computergestützten Verfahren, biographischen Fragebögen und graphologischen Gutachten.

Persönlicher Eindruck vom Interviewpartner
Herr F. kann als erfahren und strukturiert vorgehend bezeichnet werden. Er zeigt sich sehr offen gegenüber Verbesserungsvorschlägen und signalisiert deutlich die Bereitschaft, sein Vorgehen zu hinterfragen und dieses auch gegebenenfalls inhaltlich zu verändern. Sein Vorgehen ist weniger

intuitiv akzentuiert, vielmehr ist es an Informationen über den Bewerber orientiert, die ein relativ objektives Urteil erlauben.

Der Auswahl- und Beurteilungsprozess
Die Personalauswahl des Unternehmens wird durch Herrn F. eher mit Charakteristika der Kompetenzbeurteilung gleichgesetzt. Keine Übereinstimmungen werden mit Aspekten der Eignungsdiagnostik gesehen, einige wenige hingegen mit der Potenzialbeurteilung.

Charakteristika des Auswahlkontexts
Im letzten Jahr wurden im Unternehmen für Angestellte ohne Führungsaufgaben 14 Stellen und für untere Führungskräfte zwei Stellen ausgeschrieben. Auf diese ausgeschriebenen Stellen gingen für Angestellte ohne Führungsaufgaben und für untere Führungskräfte zwischen 50 und 100 und für mittlere Führungskräfte zwischen zehn und 50 Bewerbungen ein. Für alle diese Mitarbeitergruppen wird pro Bewerber jeweils ein Einstellungsgespräch geführt, wobei pro Position ungefähr sechs Gespräche stattfinden.

Beschreibung des allgemeinen Auswahlprozesses
Das Anforderungsprofil der ausgeschriebenen Stelle wird durch Herrn F. mit dem entsprechenden Fachvertreter hinsichtlich der fachlichen Anforderungen sowie der „sozialen Dinge, wie Kommunikationsfähigkeit, Teamfähigkeit oder Teamorientierung" abgeklärt. Anschließend werden diese Anforderungen und Aufgaben mit der unternehmenseigenen Abteilung Personalmarketing besprochen, die dann mit einer Werbeagentur hinsichtlich der inhaltlichen und optischen Gestaltung der Anzeige verhandelt.

Nach Eingang der Bewerbungsschreiben „sortiert" Herr F. die Unterlagen nach den Kriterien fachliche Eignung (z.B. Studium), Alter und letztlich „berufliche Qualifikation". Im Verlauf der Vorauswahl wird dabei von ihm eine „Bewerberliste" – unabhängig davon, wie viele Bewerbungen eingehen – mit den Kategorien „Studium, Fachrichtung", „berufliche Tätigkeiten" und – falls Angaben vom Bewerber gemacht wurden – „Gehaltsvorstellung" erstellt. Er betont ausdrücklich, dass sein Fokus bei der Vorauswahl auf die fachlichen Voraussetzungen des Bewerbers gerichtet ist.

Bei den Auswahlgesprächen sind neben Herrn F. der entsprechende Fachvertreter, ein Vertreter des Betriebsrates und u.U. ein Wirtschaftsprüfer anwesend. Dieses Gespräch bzw. diese „Vorstellungsrunde" unterteilt er in die Bereiche „Präsentation" („in dem Sinne das Vorgeplänkel") und das eigentliche Gespräch. In diesem ersten Teil präsentieren bzw. stellen sich das Unternehmen und der Bewerber vor. Im letzten Teil beginnt „das Abklopfen der fachlichen Qualifikation" durch den Fachvertreter und Herrn F., indem die Angaben in den Bewerbungsunterlagen nochmals im Gespräch überprüft bzw. hinterfragt werden.

Für die Durchführung der Auswahlgespräche wird von Herrn F. ein Interviewleitfaden verwendet, der bestimmte zu besprechende Themen und Fragen enthält und zudem Raum für Notizen und die Niederschrift des ersten Eindrucks bietet. Folgende Themen sind Inhalt des Interviewleitfadens:
1) Vorstellung der Unternehmensvertreter und Vorstellung des Gesprächsablaufs,
2) Vorstellung des Unternehmens und Informationen über die Stelle
3) kurze Vorstellung des Bewerbers,
4) Klärung offener biographischer Fragen,
5) Bewerbungsmotive und Teamarbeit,
6) berufliche und persönliche Kompetenz,
7) Fragen des Bewerbers,
8) festlegen des weiteren Vorgehens im Auswahlprozess (Termin der Rückmeldung, Gehalt) und letztlich
9) die Beurteilung hinsichtlich der allgemeinen Angaben, des sprachlichen Ausdrucks und des Auftretens.

Nach jedem Gespräch findet ein Gedankenaustausch mit dem Bewerber statt, bei dem u.a. hinterfragt wird, als wie fair das Vorgehen empfunden wurde. In diesem Rahmen wird dem Bewerber die Entscheidung mitgeteilt und begründet.

Eine systematische Evaluation der Personalentscheidung wird im Unternehmen nicht durchgeführt bzw. praktiziert. Eine Überprüfung der Entscheidung findet unsystematisch in Form von gelegentlicher Beobachtung, Befragung der Vorgesetzten und des Bewerbers statt. Etwa zur Hälfte der Probezeit wird eine „Probezeitanfrage" mit dem neuen Mitarbeiter und Vorgesetzten durchgeführt, bei der die Erfüllung der Erwartungen durch den Mitarbeiter sowie eventuell bestehende Probleme thematisiert werden. Herr F. äußert Interesse an einem Fragebogen zur systematischen Evaluation der Personalentscheidung.

Bewertung des Auswahl- und Beurteilungsprozesses
Das Hauptaugenmerk im Auswahl- und Beurteilungsprozess wird sowohl bei der Analyse der Bewerbungsunterlagen als auch im Auswahlgespräch auf die fachliche Eignung es Bewerbers gelegt. Dazu äußert Herr F.: „Was bei uns zählt, ist die fachliche und die berufliche Ausbildung und die berufliche Erfahrung – was bringt er mit für unsere Tätigkeiten, die wir hier haben?."

Herr F. hat für Auswahlgespräche zum einen Fragenkatalog, mit „Fragen, die man stellen kann oder sollte in der Bewerberrunde". Der Katalog enthält allgemeine Fragen, Fragen hinsichtlich der „Motivation", „Initiative", „Flexibilität", dem „strukturierten/konzeptionellen Vorgehen", der „Teamfähigkeit", dem „Durchsetzungsvermögen/Verhandlungsgeschick", der „Fachkompetenz" sowie „Kontaktfähigkeit" des Bewerbers. Diese Fragen wurden von Herrn F. aufgrund seiner Erfahrung mit Auswahl- und Bewerbungsgesprächen zusammengestellt. Sie dienen außerdem der inhaltlichen Gestaltung der entsprechenden Leitfäden, die je nach zu besetzender Stelle und den daraus resultierenden Anforderungen unterschiedlich sein können. Der Leitfaden dient u.a. als Grundlage für Notizen während des Gespräches und der Beurteilung des Bewerbers. Ein starres Festhalten an den vorgegebenen Fragen wird von Herrn F. nicht vorgenommen, da das Gespräch meist selbst die Struktur bzw. den Ablauf des Gespräches bestimmt.

Zusammenfassend kann das unternehmensspezifische Vorgehen bei der Personalauswahl als grundsätzlich strukturiert beschrieben werden. Der eingesetzte Leitfaden mit vorgegebenen Fragen zu speziellen Anforderungen erscheint nützlich und durchdacht. Eine Erweiterung und Überarbeitung des „Fragenkatalogs" erachtet Herr F. als wichtig. So wünscht er u.a. eine Erweiterung des Katalogs durch verschiedene Antwortkategorien, die eine Einordnung und valide Beurteilung der Antworten der Bewerber erlauben.

Welche Anforderungen sollen erfasst werden?
In den Interviews wurde der Einstellungsprozess eines „Bilanzbuchhalters" thematisiert. Das Unternehmen ist in einen Konzern mit verschiedenen Töchtern umgewandelt worden. Aus diesem Grund muss eine Bilanz für den gesamten Konzern erstellt werden, eine Aufgabe, die es so bislang nicht gab. Da dieses Know-how bislang in dem Unternehmen noch nicht vorhanden war, sollte die Stelle extern besetzt werden. Neben dem „täglichen" Geschäft fallen vierteljährliche Quartalsabschlüsse sowie verschiedene Sonderprojekte an.

Eine wichtige, regelmäßige Aufgabe des Bilanzbuchhalters ist es, den Jahresbericht, eben die Konzernbilanz zu erstellen und zu präsentieren. Deshalb soll er auch über gute Fähigkeiten im Verfassen und Präsentieren von Texten verfügen. Die Jahresbilanz soll nicht als nüchternes Zahlenwerk, sondern als Aushängeschild des Unternehmens betrachtet werden.

Aus dieser Aufgabenstellung ergeben sich folgende Anforderungen:

1. Studium und Ausbildung
2. Berufserfahrung
3. spezielle Kenntnisse
4. Kommunikationsfähigkeit
   a. mündlich
   b. schriftlich
5. Präsentationsfähigkeit
6. Sorgfalt
7. offener Umgang mit Fragen
8. schriftliche Präsentation
9. Ehrlichkeit
10. Teamfähigkeit
11. Verantwortungsbewusstsein
12. Selbstsicherheit und Durchsetzungsvermögen
13. Betriebszugehörigkeit
14. Selbstreflexion
15. Wille zur Weiterentwicklung
16. soziale Passung
17. logischer Aufbau Bewerbungsschreiben
18. eingehen auf die Anzeige

Mit welcher Sicherheit können die Konstrukte beobachtet werden?

Tab 19: Sicherheit der Beobachtung von Konstrukten

sehr unsicher	relativ unsicher	teils-teils	relativ sicher	sehr sicher
Verantwortungsbewusstsein Selbstsicherheit und Durchsetzungsvermögen soziale Passung	Sorgfalt Teamfähigkeit Selbstreflexion	eingehen auf die Anzeige Wille zur Weiterentwicklung	Kommunikationsfähigkeit (schriftlich) Kommunikationsfähigkeit (mündlich) sprachlicher Ausdruck Umgang mit Fragen Ehrlichkeit Aufbau des Bewerbungsschreibens logischer Aufbau schriftliche Präsentation	Betriebszugehörigkeit Studium Ausbildung spezielle Kenntnisse Berufserfahrung

Wie werden die Konstrukte im Interview beobachtet?

Tab. 20: Möglichkeiten der Beobachtung im Interview

Anforderung	wird im Interview erfasst durch
Studium und Ausbildung	bereits aus den Bewerbungsunterlagen
Berufserfahrung	bereits aus den Bewerbungsunterlagen
spezielle Kenntnisse	wie auch bei der Berufserfahrung aus den Bewerbungsunterlagen
mündliche Kommunikationsfähigkeit	sprachlicher Ausdruck: „keine Ähhs und Öhhs"
schriftliche Kommunikationsfähigkeit	bereits aus den Bewerbungsunterlagen
Präsentationsfähigkeit	Stellenabhängig wird innerhalb des Bewerbungsinterviews vom Bewerber eine Präsentation abgehalten.
Sorgfalt	
offener Umgang mit Fragen	
Ehrlichkeit	eigene Schwächen und Stärken kennen; Selbstreflexion
Teamfähigkeit	
Verantwortungsbewusstsein	
Selbstsicherheit und Durchsetzungsvermögen	
Betriebszugehörigkeit	bereits aus den Bewerbungsunterlagen
Selbstreflexion	
Wille zur Weiterentwicklung	
soziale Passung	
logischer Aufbau Bewerbungsschreiben	bereits aus den Bewerbungsunterlagen
eingehen auf die Anzeige	bereits aus den Bewerbungsunterlagen

In welcher Beziehung stehen die Anforderungen und Aufgaben zueinander?

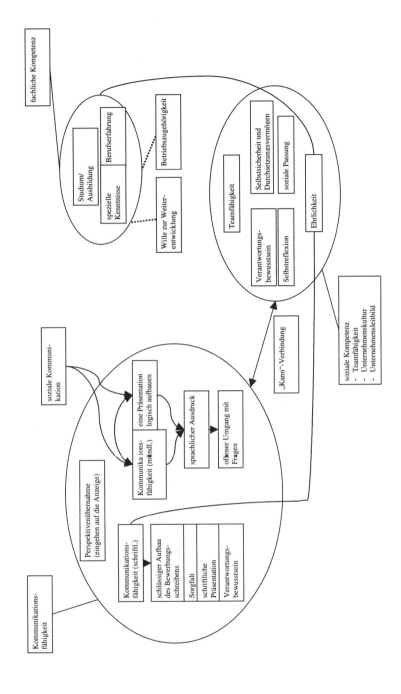

Abb. 12: Beziehung der Anforderungen und Aufgaben zueinander

Dabei gab Herr F. an, in den Bewerbungsinterviews auf folgende Punkte zu achten:
- Wie präsentiert sich der Bewerber? Wie kann er überhaupt präsentieren?
- Wie kann der Bewerber kommunizieren? Blickkontakt?
- Wie ist der sprachliche Ausdruck, der logische Aufbau? Roter Faden?
- Zeigt der Bewerber Verantwortungsbewusstsein?
- Selbstsicherheit und Durchsetzungsvermögen
- soziale Fähigkeiten (Wie geht der Bewerber bspw. mit fachlichen Fragen um? Ablehnend/ bereitwillig?)
- Ist er bereit, sich weiterzuentwickeln?
- Selbstreflexion
- Ehrlichkeit
- soziale Passung
- Grenzen erkennen
- Wie bereits angeführt, existiert außerdem ein Interviewleitfaden (vgl. oben).

Wie werden Konstrukte aus den Bewerbungsunterlagen erschlossen?

Tab. 21: Möglichkeiten der Analyse von Bewerbungsunterlagen

Anforderung	wird aus den Bewerbungsunterlagen erschlossen durch
Studium und Ausbildung	ersichtlich
Berufserfahrung	ersichtlich
spezielle Kenntnisse	wie auch die Berufserfahrung ersichtlich
mündliche Kommunikationsfähigkeit	-
schriftliche Kommunikationsfähigkeit	Logischer Aufbau des Bewerbungsschreibens; der Bewerber soll schlüssig erklären, wieso gerade er für die Arbeit im Unternehmen geeignet ist.
Präsentationsfähigkeit	Logischer Aufbau des Bewerbungsschreibens; der Bewerber soll schlüssig erklären, wieso gerade er für die Arbeit im Unternehmen geeignet ist.
Sorgfalt	ordentliche Bewerbungsunterlagen
offener Umgang mit Fragen	
Ehrlichkeit	
Teamfähigkeit	
Verantwortungsbewusstsein	
Selbstsicherheit und Durchsetzungsvermögen	
Betriebszugehörigkeit	Verweildauer bei vorherigen Arbeitgebern
Selbstreflexion	
Wille zur Weiterentwicklung	
soziale Passung	
logischer Aufbau Bewerbungsschreiben	ersichtlich
eingehen auf die Anzeige	Bewerber soll signalisieren, dass er sich Gedanken darüber gemacht hat, warum er sich beim Unternehmen bewirbt und warum er für diese spezielle Position geeignet ist, z.B. „Ich habe in dem und dem Zeitraum schon einmal eine Bilanzbuchhaltung gemacht. Ich könnte meine Erfahrungen aus den und den Gründen bei dem Unternehmen einbringen."

Kaskadenmodell zum Vorgehen bei der Bewertung von Bewerbungsunterlagen

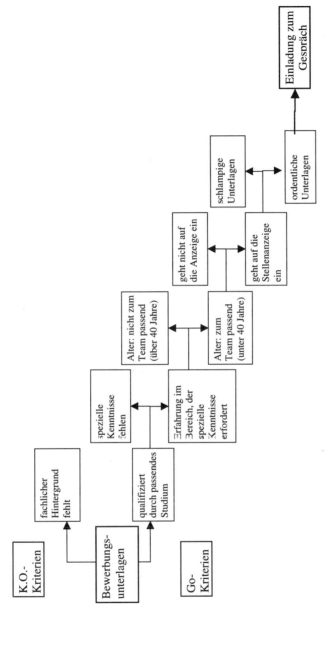

Abb. 13: Kaskadenmodell zur Falldarstellung 9

Bei der Beurteilung der Bewerbungsunterlagen spielen folgende weitere Punkte ebenfalls eine Rolle:
- Sorgfalt des Anschreibens, Lebenslaufes und der Unterlagen insgesamt; Vollständigkeit der Unterlagen und Lückenlosigkeit des Lebenslaufs;
- schriftliche Präsentation, Sprache, Formatierung und der Umgang mit Word;
- Perspektivübernahme und Kommunikation des Bewerbers; wichtig ist hier das „Hineinversetzten in den Leser des Anschreibens", dazu gehört auch die Frage, ob „das Bewerberschreiben interessant verfasst" ist.
- Welchen Bezug hat der Bewerber zum Unternehmen? Hat er sich Gedanken darüber gemacht, in welchem Unternehmen er sich damit bewirbt?
- In Abhängigkeit von der Stelle: Berufserfahrung.

Bedürfnisse an ein zu entwickelndes Instrument bzw. eine Vorgehensweise zur Beurteilung und Auswahl von Bewerbern

Bedürfnisse des Personalpraktikers an ein neues Instrument
Ein neues Verfahren sollte – um den Bedürfnissen von Herrn F. zu entsprechen – eine Standardisierung aufweisen, aber gleichzeitig flexibel genug sein, um für mehrere Positionen relevant zu sein. Dabei sollen die jeweiligen Fragen hinsichtlich bestimmter Anforderungen an alle Bewerber gleich sein. Ein Fragenkatalog mit bestimmten situativen Fragen entspräche dabei den Vorstellungen von Herrn F.

Gewünschte Vorteile bzw. favorisierte Aspekte des neuen Instruments
Gegenüber bestehenden oder bekannten Verfahren der Personalauswahl sollte das neue Verfahren „klar strukturiert" sein und über „bessere Kriterien" zur Bewertung des Bewerbers verfügen. Zudem sollte dieses Instrument für alle, d.h. Herrn F., den Vertreter der Fachabteilung, den Bewerber und auch für den Betriebsrat „nachvollziehbar" bzw. „durchsichtig" sein – es sollte also eine Verfahrenstransparenz gegeben sein.

Faktoren bzw. Aspekte des neuen Verfahrens, die den Einsatz behindern
Aspekte wie „zu wissenschaftlich" und „zu theoretisch" sind Kriterien, die nicht für ein geeignetes und gewünschtes Instrument sprechen. Der konkrete Praxisbezug muss erkennbar und vorhanden sein. Im Hinblick auf die Überprüfung der Teamfähigkeit eines Kandidaten wird von Herrn F. auch die mögliche Durchführung eines Assessment Centers in Betracht gezogen, jedoch wird abschließend festgehalten, „bei unseren Stellen muss man sagen, kostet das ein bisserl viel".

10. Beratungsunternehmen – Falldarstellung 10

Interviewpartner: Herr N.

Art und Größe des Unternehmens
In der Unternehmensberatung sind derzeit 26 Mitarbeiter beschäftigt. Das Unternehmen ist in Projektgruppen organisiert, die flexibel in Abhängigkeit von der Auftragslage zusammenarbeiten. Grundsätzlich versteht Herr N. unter der Kultur seines Unternehmens den Umgang der Mitarbeiter miteinander. Sie basiert für ihn auf „ausgesprochene(n) und unausgesprochene(n) Werte(n)". Kulturmerkmale seines Unternehmens sind für ihn „Offenheit", „Klarheit", „direkt" sein, „Aufrichtigkeit", „Ehrlichkeit", „Loyalität" sowie „Höflichkeit im Umgang miteinander", die er zu 95% gelebt sieht. Als Grund für diesen hohen Prozentsatz sieht er die „Schaffung von Trans-

parenz über diese Werte" an. Zudem werden in regelmäßigen Abständen Maßnahmen wie Teamentwicklung und Coaching im Unternehmen durchgeführt. Um dieses angenehme, nette Miteinander der Mitarbeiter zu verstärken, wird u.a. auch gemeinsam essen gegangen. Zusammenfassend führt Herr N. aus: „(Der) Umgang ist eigentlich bei uns sehr (...) kollegial, manchmal ist er auch hart, manchmal ist er roh, in Stresssituationen ist er etwas rau." Ein Mitarbeiter, der erst in der jüngsten Vergangenheit eingestellt wurde, beschreibt die von ihm erlebte Kultur des Unternehmens als „kollegial und pragmatisch nach innen und professionell nach außen".

Ein eigenständiger Personalbereich ist im Unternehmen nicht etabliert. Personalentscheidungen werden vor allem von den Geschäftsführern getroffen.

Zur Person des Personalverantwortlichen
Im direkten Tätigkeitsbereich von Herrn N. als Führungskraft sind sechs Mitarbeiter beschäftigt. Er hat ein Studium der Wirtschaftswissenschaften abgeschlossen und ist 41 Jahre alt. Früher waren Fort- und Weiterbildung und die Erarbeitung von Konzepten für die Personalarbeit die hauptsächlichen Schwerpunkte seiner Tätigkeit. Heute ist er als einer der drei Geschäftsführer primär mit der Auswahl von Angestellten ohne Führungsaufgaben und mittleren Führungskräften im Unternehmen betraut.

Neben der Analyse der Bewerbungsunterlagen ist Herrn N. auch die Durchführung von strukturierten und unstrukturierten Interviews als Einzelgespräche aus seiner eigenen Praxis gut bekannt. Nach eigenen Angaben sind ihm Arbeitsproben, Wissens- und Persönlichkeitstests und Assessment Center etwas, strukturierte und unstrukturierte Interviews mit der Fachabteilung, Intelligenz- und Leistungstests kaum bekannt. Aus seiner eigenen Praxis sind ihm multimodale Interviews, computergestützte Verfahren, biographische Fragebögen und graphologische Gutachten nicht bekannt.

In seiner Tätigkeit als Personalverantwortlicher führt Herr N. häufig strukturierte Interviews als Einzelgespräche sowie unstrukturierte und strukturierte Interviews mit der Fachabteilung durch. Manchmal analysiert er Bewerbungsunterlagen und nutzt zudem manchmal Wissens- und Persönlichkeitstests. Selten müssen Bewerber Arbeitsproben im Auswahlkontext abliefern. Strukturierte und unstrukturierte Interviews mit der Fachabteilung, multimodale Interviews, Intelligenz- und Leistungstest, computergestützte Verfahren, Assessment Center, biographische Fragebögen und graphologische Gutachten werden von ihm nicht eingesetzt.

Persönlicher Eindruck vom Interviewpartner
Herr N. ist von sich und seinen intuitiven Fähigkeiten überzeugt. Er verfügt nach eigenen Angaben über ein differenziertes und vor allem implizites Wissen, wobei es ihm schwer fällt, dieses zu explizieren. Er fasst zusammen: „Das ist komplex, was in meinem Kopf abgeht."

Als wichtig erachtet Herr N. die Passung eines neuen Mitarbeiters in das Team und Unternehmen und unterstreicht dies dadurch, dass er es als schwierig empfindet, „wenn jemand nicht ins System passt". Bei der Einschätzung der fachlichen Eignung eines Bewerbers urteilt er aufgrund seiner Erfahrungen aus der eigenen Tätigkeit und kann diese relativ gut abschätzen. Dabei legt er großen Wert auf Berufserfahrungen. Bei der Beurteilung der sozialen Kompetenz sowie der Passung ins Unternehmen geht er jedoch überwiegend intuitiv vor, um zu erkennen, ob ein Bewerber pokert oder ehrlich ist („Ich schau' mir auch die Augen an").

Der Auswahl- und Beurteilungsprozess
Die unternehmensspezifische Personalauswahl wird von Herrn N. am stärksten als Kompetenzbeurteilung, etwas weniger stark als Potenzialbeurteilung und überhaupt nicht als Eignungsdiagnostik beurteilt.

Charakteristika des Auswahlkontexts
Im vergangenen Jahr wurden vom Unternehmen zwei Stellen für Angestellte ohne Führungsaufgaben ausgeschrieben. Daraufhin gingen beim Unternehmen zwischen 100 und 250 Bewerbungen ein. Im Unternehmen werden sowohl bei Angestellten als auch bei mittleren Führungskräften zwei bis drei Gespräche geführt.

Beschreibung des allgemeinen Auswahlprozesses
Aufgrund des festgestellten Bedarfs (der Planungszeitraum im Unternehmen beträgt ein Jahr) wird von Herrn N. ein Anforderungsprofil erstellt, nach dem die Stellenanzeige gestaltet wird. Dieses Anforderungsprofil umfasst u.a.:
- die Stellenbezeichnung,
- den „Zweck der Stelle", der die relevanten Tätigkeitsschwerpunkten wiedergibt,
- eine Aufgabenbeschreibung, die sich unterteilt in Haupt- und weitere Aufgaben des Mitarbeiters,
- Anforderungen an den Bewerber, wie „formale Ausbildung", „Berufserfahrung", „spezielle Kenntnisse", „Persönlichkeit", „Fähigkeiten", „Alter" und letztlich unternehmensspezifische Merkmale, wie „Ausstattung der Position", „einzuräumende Kompetenzen" und „Entwicklungsmöglichkeiten".

Nach der „Sichtung" der Bewerbungsunterlagen werden im unternehmenstypischen Auswahlprozess zwei bis drei Gespräche mit den Bewerbern geführt. Bei der Vorauswahl aufgrund der Bewerbungsunterlagen stehen u.a. die Gehaltsvorstellungen, das Alter sowie die Berufserfahrung (vier bis sechs Jahre sind erwünscht) im Vordergrund.

Bei der Planung der Erstgespräche wird zwischen Bewerbern aus dem „nahen" Umkreis des Unternehmens und aus überregionalen Gebieten unterschieden. Aus „wirtschaftlichen Gründen" werden zunächst Bewerber aus der „Nähe" eingeladen und nur für den Fall, dass kein passender Bewerber gefunden wird, geht es in die überregionale Gesprächsrunde.

Das erste Auswahlgespräch führt Herr N. allein mit dem Bewerber, wobei die fachliche Eignung des Bewerbers im Vordergrund steht. Im Verlauf dieses Gespräches wird von Herrn N. ein Gesprächsleitfaden verwendet, über dessen Struktur und Inhalte keine genauen Angaben gemacht wurden. Dieser dient dazu, Antworten des Bewerbers während des Gespräches zu dokumentieren, die die Basis für einen Vergleich der Bewerber untereinander bilden sollen. Herr N. nimmt hierbei die Antworten aus vorangegangenen Gesprächen als Orientierungshilfe und Vergleichsbasis, auch um weitergehende Fragen zu stellen. Ein wesentliches Kriterium bei der Beurteilung von Bewerbern ist für Herrn N. sein „Bauchgefühl". Interessante Kandidaten werden zu einem Zweitgespräch eingeladen, an dem die beiden anderen Geschäftsführer des Unternehmens teilnehmen.

Nach Abschluss dieser beiden Gespräche und nach deren „Reflexion" fällt die Entscheidung über den Bewerber, jedoch wird u.U. ein weiteres Gespräch geführt, in dem letzte Details geklärt werden. Eine systematische Beobachtung im Rahmen der Evaluation von Personalentscheidungen wird im Unternehmen nicht praktiziert. Herr N. berichtet jedoch von einer gelegentlichen systematischen Beobachtung sowie der Befragung von Vorgesetzten und Mitarbeitern.

Bewertung des Auswahl- und Beurteilungsprozesses
Folgende Charakteristika sind bei der Bewertung des Auswahl- und Beurteilungsprozesses fest zu halten: Es besteht eine Personenabhängigkeit durch Herrn N., der die Gespräche in teilstrukturierter Form durchführt, da ihm die freie Gesprächsgestaltung und -durchführung ein Anliegen ist. Es findet kein systematischer Einsatz von Instrumenten statt; es existiert ein personenspezifischer Fragenkatalog, der aufgrund der entsprechenden Lebensläufe als Basis für das Auswahlgespräch verwendet wird. Herr N. gibt eine sehr große Anzahl an verschiedenen Anforderungen an, die aber beim Bewerber weder vollständig noch differenziert überprüft werden.

Dies legt den Schluss nahe, dass es sich hierbei um eine Scheindifferenzierung handelt. Insgesamt wird großen Wert auf die Passung des Bewerbers zum Unternehmen gelegt, dabei ist das Vorgehen bei der Beurteilung sehr stark intuitiv und durch implizite Theorien geleitet.

Welche Anforderungen sollen erfasst werden?

1. Technik: Prozessberatung als fachliche Betreuung bei der Einführung neuer Elemente/Instrumente/Methoden
2. Technik: Terminierung mit Kunden
3. Projektarbeit intern und extern mit Kunden
4. Dokumentation über Projekte bei Kunden
5. praktische Erfahrung: Berufserfahrung in einem Unternehmen (Industrie und Handel)
6. praktische Erfahrung: vier bis sechs Jahre Beratungserfahrung
7. Kenntnis und Beherrschen der Beratungsmethoden
8. Technik: Organisation von Workshops: angelernte Fähigkeit und gleichzeitig eine Aufgabe; der Workshop ist „Mittel zum Zweck"
9. Technik: Durchführung von Workshops
10. Teamfähigkeit
11. angelerntes theoretisches Wissen: Wissen über Personalwesen
12. Akquisitionsfähigkeit
13. praktische Erfahrung: Führungserfahrung in einem Unternehmen
14. angelerntes theoretisches Wissen: BWL-Wissen (Grundlagen)
15. angelerntes theoretisches Wissen: Hochschulstudium
16. Sprachkenntnisse: Englisch, Französisch, gerne auch Spanisch oder Italienisch
17. Branchenkenntnisse (potenzielle Geschäftskontakte)
18. Flexibilität
19. Selbstständigkeit
20. kognitive Fähigkeiten: Strukturiertheit im Denken
21. Disziplin
22. emotionale Fähigkeiten: Empathie
23. Leidensfähigkeit (Ertragen von Kunden)
24. emotionale Fähigkeiten: Glaubwürdigkeit
25. Ausdrucksfähigkeit
26. Perspektivübernahme
27. Fähigkeit zu Auftragsklärung
28. Entscheidungsfähigkeit
29. Selbstvertrauen
30. Stressbelastbarkeit
31. Lernfähigkeit
32. Setzen neuer Impulse/Neugierde
33. Selbstkontrolle
34. Eigenmotivation
35. Kontaktfähigkeit
36. Kommunikationsfähigkeit
37. emotionale Fähigkeiten: Kreativität

Aufgrund der Vielzahl von Anforderungen wurden hier zuerst die Anforderungen zu übergeordneten Konstrukten zusammengefasst. Dabei ergaben sich folgende Cluster:

a. theoretisches Wissen
b. Instrumente
c. praktische Erfahrung
d. Wissen und Erfahrung
e. emotionale Fähigkeiten: „am schwierigsten (*zu erkennen*), aber gleichzeitig am wichtigsten"
f. kognitive Fähigkeiten
g. Disziplin
h. Fähigkeit zum Umgang mit emotionaler Belastung
i. Fähigkeit zur Interaktion
j. Selbstvertrauen
k. Loyalität
l. Lernfähigkeit
m. Flexibilität
n. Eigenmotivation
o. Selbstständigkeit
p. Entscheidungsfähigk
q. eit
r. Sprachkenntnisse: Englisch, Französisch, gerne auch Spanisch oder Italienisch
s. Branchenkenntnisse (potenzielle Geschäftskontakte)
t. Akquisitionsfähigkeit
u. Teamfähigkeit
v. Setzen neuer Impulse
w. Fähigkeit zur Auftragsklärung

In welcher Beziehung stehen die Anforderungen und Aufgaben zueinander?

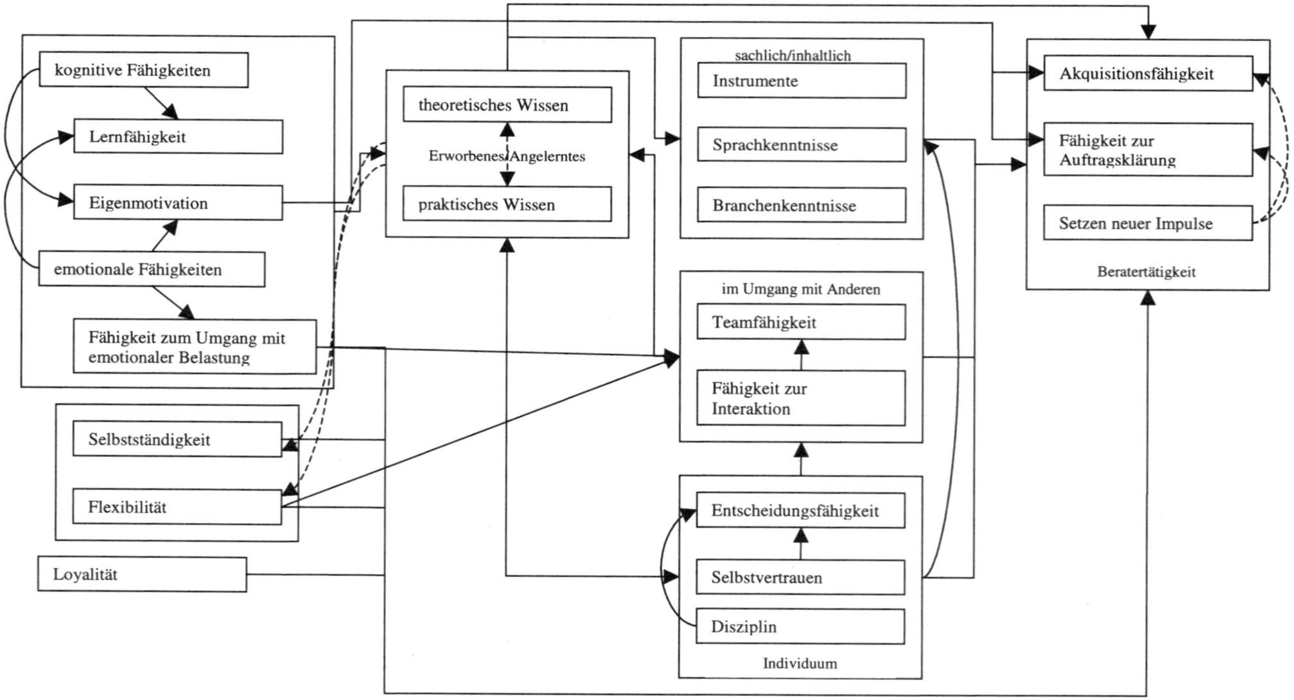

Abb. 14: Beziehung von Aufgaben und Anforderungen

Mit welcher Sicherheit können die Konstrukte beobachtet werden?

Tab. 22: Sicherheit der Beobachtung von Konstrukten

sehr unsicher	relativ unsicher	teils-teils	relativ sicher	sehr sicher
Lernfähigkeit (-10) Loyalität (-10) Integrität (-8)	Selbstvertrauen (-5) Entscheidungsfähigkeit (-5) Empathie (-5) Kreativität (-5) Teamfähigkeit (-5) Disziplin (-5)	Fähigkeit zur Interaktion (0)[1] Akquisitionsfähigkeit (0)[1] Fähigkeit zum Umgang mit emotionaler Belastung (0) Selbstständigkeit (0) Eigenmotivation (0) Flexibilität (0) kognitive Fähigkeiten (0) Authentizität (0)	theoretisches Wissen (+5)[1] praktische Erfahrung (+5)[1] Wissen und Erfahrung (+5)[1] Branchenkenntnisse (potenzielle Geschäftskontakte) (+5)[1] Sprachkenntnisse (+5)[1] Glaubwürdigkeit (+5)	Theoretisches Wissen (+10)[2] praktische Erfahrung (+10)[2] Wissen und Erfahrung (+10)[2] Branchenkenntnisse (potenzielle Geschäftskontakte) (+10)[2] Sprachkenntnisse (+10)[2] emotionale Fähigkeiten Fähigkeit zur Interaktion (+9)[2] Akquisitionsfähigkeit (+8)[2]

1 Aus dem Interview, 2 Aus Bewerbungsunterlagen

Wie werden die Konstrukte im Interview beobachtet?

Tab. 23: Möglichkeiten der Beobachtung im Interview

Anforderung	wird im Interview erfasst durch
theoretisches Wissen	Testfragen, Wissensfragen
Instrumente	
praktische Erfahrung	
Wissen und Erfahrung	
emotionale Fähigkeiten	
kognitive Fähigkeiten	„Wie geht jemand ein Problem an?" Wichtig ist die „Strukturiertheit im Arbeiten".
Disziplin	Optisch: „Wie gibt sich jemand?" Aber kaum richtig erfassbar.
Fähigkeit zum Umgang mit emotionaler Belastung	Situationen aus der Vergangenheit: „Wie gehen Sie damit um?" „Was sind Dinge, die Sie an sich verbessern möchten?"; wichtig ist eine „authentische Antwort".
Fähigkeit zur Interaktion	„Merkt man, fängt am Telefon an."
Selbstvertrauen	„Sammelsurium aus allem", hier ist der gesamte Gesprächsverlauf wichtig, auch die Sicherheit, mit der ein Bewerber auf Fragen antwortet.
Loyalität	
Lernfähigkeit	erst in der Realisation erkennbar
Flexibilität	„Zieht jemand wegen seines Berufs um?"
Eigenmotivation	Fragen: „Was hat jemand bisher gemacht?" „Wo will jemand hin" (Zielerreichung)? „Wenn jemand aktiv viele Fragen stellt"; eine „Mischung aus Abwarten und in Aktion treten"; „wenn jemand seine Themen im Gespräch abarbeitet".
Selbstständigkeit	Fragen: „Wie würden Sie sich verhalten? Wo waren Sie völlig auf sich angewiesen?"
Entscheidungsfähigkeit	Fragen: „Was waren die wichtigsten Stationen? Was hat er bereut? Was würde ich anders machen?" → „spürt man"
Sprachkenntnisse	
Branchenkenntnisse (potenzielle Geschäftskontakte)	
Akquisitionsfähigkeit	Testfragen: „Wie würden Sie ein Gespräch beginnen?" „Was haben Sie gemacht?"
Teamfähigkeit	Was versteht jemand darunter und „woran spürt man das?"
Setzen neuer Impulse	
Fähigkeit zur Auftragsklärung	

Zusätzlich werden im Gespräch noch folgende für den Personalpraktiker wesentliche Anforderungen erfragt:

Empathie	Wissensfragen/Erfahrungsfragen: „Hat jemand schon die Situationen erlebt, dass es Spannungen in der Gruppe gab? Woran merkt man diese Spannungen?"
Glaubwürdigkeit	Aus dem ganzen Gespräch heraus: „Weiß ich aufgrund des Gesprächsverlaufs"
Kreativität	Zum Teil im zweiten Gespräch bei der Präsentation; an den Hobbys: Musik; wenn jemand ein „interessanter Mensch ist".
Authentizität	„über Schwächen reden können"; „mit Selbstvertrauen authentisch sein"
Integrität	Bekommt man im Gespräch nicht heraus.

Wie werden die Konstrukte aus den Bewerbungsunterlagen erschlossen?

Tab. 24: Möglichkeiten der Analyse von Bewerbungsunterlagen

Anforderung	wird aus den Bewerbungsunterlagen erschlossen durch
theoretisches Wissen	„hard facts" aus dem Lebenslauf
Instrumente	
praktische Erfahrung	„hard facts" aus dem Lebenslauf
Wissen und Erfahrung	„hard facts" aus dem Lebenslauf
emotionale Fähigkeiten	
kognitive Fähigkeiten	guter Studienabschluss
Disziplin	
Fähigkeit zum Umgang mit emotionaler Belastung	
Fähigkeit zur Interaktion	Anschreiben
Selbstvertrauen	
Loyalität	Bei längerer Berufserfahrung: „War jemand länger am Arbeitsplatz?"; macht aber nur einen Teil der Bewertung der Loyalität aus.
Lernfähigkeit	
Flexibilität	
Eigenmotivation	
Selbstständigkeit	Lebenslauf: viele Auslandsaufenthalte, ohne Familie im Ausland; wenn sich jemand selbstständig gemacht hat
Entscheidungsfähigkeit	
Sprachkenntnisse	Lebenslauf: Stationen im Ausland
Branchenkenntnisse (potenzielle Geschäftskontakte)	„hard facts" aus dem Lebenslauf
Akquisitionsfähigkeit	z.T. aus dem Lebenslauf
Teamfähigkeit	
Setzen neuer Impulse	
Fähigkeit zur Auftragsklärung	

Kaskadenmodell zum Vorgehen bei der Bewertung von Bewerbungsunterlagen

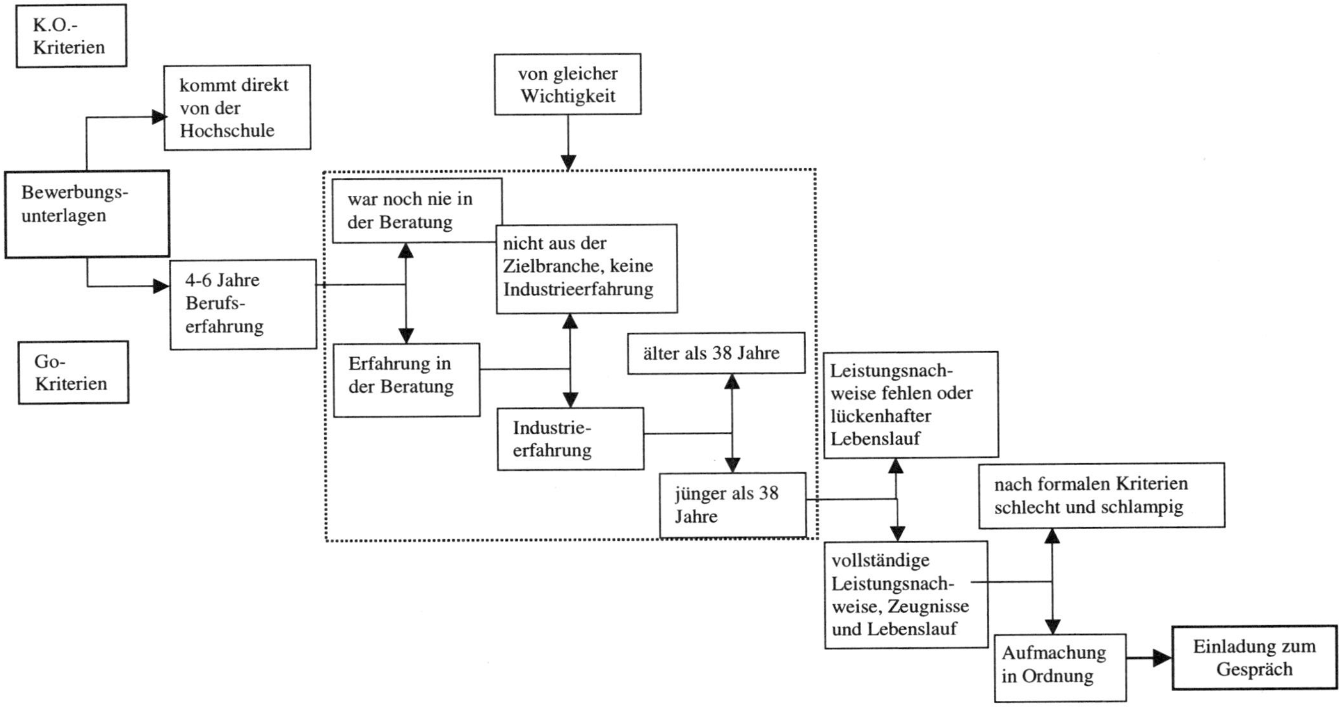

Abb. 15: Kaskadenmodell zu Falldarstellung 10

Bedürfnisse an ein zu entwickelndes Instrument bzw. eine Vorgehensweise zur Beurteilung und Auswahl von Bewerbern

Bedürfnisse des Personalpraktikers an ein neues Instrument
Herr N. wünscht sich seine „Beurteilungen noch schneller und treffsicherer".
Gewünschte Vorteile bzw. favorisierte Aspekte des neuen Instruments
Im Sinne einer Auswertungsobjektivität favorisiert Herr N. ein Instrument, welches bei Anwendung durch verschiedene Personen „möglichst gleiche/ähnliche Resultate" erbringt. Faktoren bzw. Aspekte des neuen Verfahrens, die den Einsatz behindern könnten
Vom Personalpraktiker wurden hierzu keine Angaben gemacht.

11. Software-Unternehmen – Falldarstellung 11

Interviewpartnerin: Frau G.

Art und Größe des Unternehmens
Deutschlandweit sind im Unternehmen ca. 780 Mitarbeiter beschäftigt, davon ca. 60 bis 80 Mitarbeiter im „Headquarter" in München.

Aufgrund der veränderten Marktbedingungen ist ein Wandel in der Unternehmensphilosophie angedacht. Das Unternehmen favorisiert eine stärkere Kundenorientierung. In diesem Sinne sollen die Kunden des Unternehmens nur noch einen Mitarbeiter als Ansprechpartner haben, der sie in allen Fragen berät. Dementsprechend verändern sich die Anforderungen an die bis dahin Beschäftigten und zukünftig neuen Mitarbeiter. Im Rahmen von Personalentwicklungsmaßnahmen (speziell Schulungen) werden momentan im Unternehmen im Sinne dieser neuen Unternehmensphilosophie alle Mitarbeiter qualifiziert.

Aufgrund der in vielen Teams des Unternehmens stattfindenden multikulturellen Zusammenarbeit und der unterschiedlichsten fachlichen Hintergründe der Mitarbeiter bezeichnet der Personalpraktiker dies als „inhomogenen Bereich". Das Unternehmen hatte in der Vergangenheit eine hohe Fluktuation zu verzeichnen. Daraus resultierte eine sich häufig ändernde Zusammensetzung der Teams. In bestimmten Unternehmensbereichen wurde zudem eine mangelnde Motivation der Mitarbeiter festgestellt. Als Grund wird von Frau G. die Routine der Arbeitstätigkeit angenommen.

Zur Person der Personalverantwortlichen
Gegenwärtig umfasst der Tätigkeitsbereich von Frau G. auch die Personalbetreuung (inklusive dem Führen von Mitarbeitergesprächen).

Persönlicher Eindruck von der Interviewpartnerin
Aufgrund des vorzeitigen Abbruches der Interviews ist eine abschließende Bewertung der Personalverantwortlichen nicht möglich.

Der Auswahl- und Beurteilungsprozess

Charakteristika des Auswahlkontextes
Aufgrund der veränderten Marktbedingungen werden im Unternehmen derzeit keine Neueinstellungen, sondern nur „Nachbesetzungen" vorgenommen. Im vergangenen Jahr wurden zehn Stellen ausgeschrieben.

Beschreibung des allgemeinen Auswahlprozesses
Die PersonalreferentInnen sind für die verschiedenen Unternehmensbereiche zuständig. Die Personalverantwortlichen sind dabei für alle Aufgaben von der Personalauswahl (Einstellungsgespräche etc.) bis zur Personalbetreuung (Mitarbeitergespräche „aller Art" etc.) zuständig.

Welche Anforderungen sollen erfasst werden?
In den Interviews mit Frau G. ging es um die Besetzung einer Position im Bereich „Customer Sales". Der Schwerpunkt in diesem Bereich liegt in der Kundenbetreuung und der Bearbeitung von Kundenanfragen und Bestellungen (Inbound Calls). Das Volumen dieser Anrufe liegt an normalen Arbeitstagen bei ca. 60–80 Anrufen am Tag. An Spitzentagen steigt das Volumen auf bis zu 120 Anrufe pro Tag. Neben dieser Tätigkeit haben die Mitarbeiter „Customer Sales" auch die Aufgabe, Outbound Calls zu tätigen. Die Quote liegt hier bei ca. 50–60 Outbound Calls in der Woche. Bei diesen Anrufen muss der Mitarbeiter aktiv auf den Kunden zugehen, aktuelle Angebote der Hersteller unterbreiten, auf besondere Aktionen aufmerksam machen und neue Kunden ansprechen, also klassisches Telefonmarketing betreiben. 2002 wurden hier 10 Mitarbeiter eingestellt. Aufgrund der angespannten Marktsituation sind für 2003 keine Neueinstellungen geplant, sondern lediglich Nachbesetzungen vorgesehen.

Folgende Anforderungen wurden im Interview mit Frau G. ermittelt:
1. Stressresistenz und Belastbarkeit hinsichtlich des täglichen Anrufvolumens;
2. Kundenorientierung: Der Mitarbeiter ist der „Anwalt für den Kunden" und muss „für den Kunden (…) alles erreichen wollen", trotzdem muss er „auch Nein zum Kunden sagen können";
3. Serviceorientierung: Auch hier gilt: der „Mitarbeiter ist Anwalt des Kunden", dazu gehört aber auch eine „gewisse Hilfsbereitschaft" innerhalb des Teams und „schnelle Reaktion" auf Anfragen von Kunden;
4. Kommunikationsfähigkeit: in erster Linie proaktive Kommunikation/proaktives Vorgehen, wie das „Sammeln von Informationen und das für ihn (i.e. den Mitarbeiter) wichtige Herausfiltern und Schnittstellen Kontaktieren und weitere Informationen Einholen", außerdem „Rhetorik, verbale Ausdrucksweise";
5. Fähigkeit zur Entwicklung zum „Relationship-Manager": Die Fähigkeit für den Management-Bereich wird aus der eigenen Präsentation des Bewerbers im Einstellungsgespräch erschlossen und beruht primär auf „persönlichen skills", wie z.B. die Überzeugungsfähigkeit.
6. Teamfähigkeit: Darunter versteht Frau G. „für den anderen einspringen", d.h. „Hilfsbereitschaft", „Kollegen durch die eigene positive Einstellung mitreißen" und „im Sinne der Mannschaft handeln" (Wichtige Anforderung, da die Bewerber in Teams in einer Größe von 8 bis 12 Personen und in Großraumbüros an Tischen bis zu je 4 Personen arbeiten. Zudem war in der Vergangenheit eine hohe Fluktuation im Sales-Bereich zu verzeichnen. Aufgrund mehrerer Umstrukturierungsmaßnahmen ändert/e sich die Teamzusammensetzung häufig.).
7. Multikulturelle Teams. Die Mitarbeiter stammen aus den verschiedensten Fachrichtungen.
8. Veränderungsbereitschaft: Man muss sich „immer wieder auf neue Produkte einstellen", was auch „Eigeninitiative und Interesse" erfordert. Diese Eigenschaft wird positiv bewertet, vertraglich ist ein Aufstieg im Unternehmen allerdings erst nach zwei Jahren möglich. Danach wechseln die MitarbeiterInnen in der Regel in das Marketing. Dahinter steht die Annahme, dass ein Mitarbeiter im Sales-Bereich nach zwei Jahren Telefon-Dienst „ausgebrannt" sei. Außerdem lässt die Motivation nach einiger Zeit stark nach.
9. Schnittstellen-Kompetenz à Beharrlichkeit und Initiative: Das Wissen um konkrete Ansprechpartner im Unternehmen gewinnt an Bedeutung. Der Grund hierfür ist die neue Unternehmensphilosophie: Der Kunde soll nur einen Ansprechpartner im Unternehmen haben, der alle Probleme und Anfragen firmenintern bearbeitet und koordiniert und dem Kunden dann eine Lösung anbieten kann.

10. Kenntnis und Beherrschung der Software (SAP) à „Hard Skills";
11. Branchenkenntnis;
12. Technische Affinität;
13. Arbeiten in multikulturellen Teams: Heterogene Teams hinsichtlich des fachlichen Backgrounds und der Nationalität bzw. Kultur der Teammitglieder.

Mit welcher Sicherheit können die Konstrukte beobachtet werden?

Tab. 25: Sicherheit der Beobachtung von Konstrukten

sehr unsicher	relativ unsicher	teils-teils	relativ sicher	sehr sicher
Arbeiten in multikulturellen Teams	Veränderungsbereitschaft Kundenorientierung Serviceorientierung	Teamfähigkeit	Stressresistenz und Belastbarkeit hinsichtlich des täglichen Anrufvolumens	

Wie werden die Konstrukte im Interview beobachtet?

Tab. 26: Möglichkeiten der Beobachtung im Interview

Anforderung	wird im Interview erfasst durch
Stressresistenz und Belastbarkeit hinsichtlich des täglichen Anrufvolumens	Über Fallbeispiele: „Gesetzt den Fall, du kriegst heute 150 Calls und kaum hast du aufgelegt, klingelt schon wieder der Hörer. Wie fühlst du dich am Abend? Hast du dann noch Lust, privat zu telefonieren?" „Wie verarbeitet man den Tag?" → Überzeugend ist es laut Personalpraktiker immer dann, „wenn er es mit eigenen Erfahrungen aus der Vergangenheit belegen kann", wobei hier auch beurteilt wird, „wie authentisch (...) der Kandidat (ist) und wie realistisch (…) die Geschichten (sind)".
Kundenorientierung	In Fallbeispielen soll der Bewerber seine Auffassung von Kundenorientierung „auf seine Handlungen runterbrechen", es werden auch vom Fachvertreter Fallbeispiele – „Der Kunde kommt mit dem Anliegen XY, wie reagieren Sie?" – gestellt, sodass der Personalpraktiker „im Endeffekt (…) eine Ahnung dessen (bekommt), was er (i.e. der Bewerber) unter Kundenorientierung versteht".
Serviceorientierung	„Wir brechen es runter auf ein Kundenproblem (…). Was tust du und in welcher Geschwindigkeit?"
Kommunikationsfähigkeit	Anhand von Fallbeispielen und Erfahrungsberichten: „Was verstehen Sie unter Kommunikation? Wie haben Sie das in die Praxis umgesetzt? Vielleicht auch ein positives und negatives Beispiel."
Fähigkeit zur Entwicklung zum „Relationship-Manager"	
Teamfähigkeit	„Wie haben Sie bisher gearbeitet? Wie groß waren bei Ihnen die Teams? Haben Sie sich eher in kleineren oder größeren Teams wohlgefühlt? Was ist ihr Benefit für das Team?"
Veränderungsbereitschaft	Direkte Frage: „Die und die Möglichkeiten stehen offen (...). Wo würden Sie sich gerne hinentwickeln? Wie gehst du mit Veränderungen in der IT-Branche um?"
Beharrlichkeit	
Initiative	
Kenntnis und Beherrschung der Software (SAP)	
Branchenkenntnis	
Technische Affinität	konkretes Abfragen des „technischen Know-hows"
Arbeiten in multikulturellen Teams	Indirekt das Gespräch darauf lenken: Die aktuelle Teamzusammensetzung wird geschildert. „Wie gehen Sie damit um?" → direktes Nachfragen; „mit der Tatsache konfrontieren und fragen: ‚Wie war's im Ex-Team?'"

12. Reiseveranstalter – Falldarstellung 12

Interviewpartnerin: Frau P.

Art und Größe des Unternehmens

Das Unternehmen ist der Verkehrs-, Transport- und Touristikbranche zuzuordnen und beschäftigt derzeit ca. 340 Mitarbeiter. Nach einem starken Wachstum des Unternehmens wird momentan von einer eher schlechten wirtschaftlichen Lage in der Branche berichtet, die einen baldigen Stellenabbau wahrscheinlich macht.

Kennzeichnend für die Struktur des Unternehmens ist die Organisation in einzelnen Filialen, die jeweils eigene Leiter haben und ihre Teams selbstständig zusammensetzen, sodass sich dort „eigene Kulturen" unabhängig vom Haupthaus entwickeln. Diese dezentrale Struktur wird von der Personalverantwortlichen generell als positiv beschrieben. Kritik übt Frau P. am zum Teil trägen Informationsfluss; vornehmlich die Leitungsebene kommuniziert offenbar zum Teil unvollständig nach unten.

Frau P. bezeichnet das Unternehmen als ein „sehr soziales Unternehmen", in dem Teamarbeit einen großen Stellenwert hat. Die Kultur bezeichnet sie mit dem Schlagwort „große Familie". Den Mitarbeitern wird von ihr ein hohes Maß an Kollegialität zugeschrieben. Im Unternehmen existiert ein eigenständiger Personalbereich.

Zur Person der Personalverantwortlichen

Im direkten Tätigkeitsbereich der Personalverantwortlichen arbeiten zwei KollegInnen, deren Vorgesetzte Frau P. ist.

Neben einer abgeschlossenen Ausbildung zum Personalfachfrau hat die Personalverantwortliche ein Studium in Ethnologie, Spanisch, Englisch und Deutsch für Ausländer an einer Universität begonnen, jedoch nicht beendet. Sie ist 42 Jahre alt und arbeitet seit sieben Jahren im Personalbereich des Unternehmens, gehört demselben aber bereits 16 Jahre an. Im vergangenen Jahr führte sie ca. 150 Auswahl- bzw. Bewerbungsgespräche selbstständig durch.

Gegenwärtig – und analog zu früheren Tätigkeitsbereichen – ist Frau P. in den Bereichen Ausbildung, Fort- und Weiterbildung, operative Personalarbeit und Personalauswahl tätig und hat zudem eine Führungsposition im Personalbereich inne. Sie bezeichnet sich selbst als aus „der Praxis kommend". Im Rahmen ihrer Tätigkeit ist die Personalverantwortliche für ungelernte Arbeiter, Facharbeiter, kaufmännische Auszubildende, Trainees sowie untere und mittlere Führungskräfte zuständig.

Der Personalverantwortlichen sind aus ihrer eigenen Tätigkeit die Analyse von Bewerbungsunterlagen, strukturierte Interviews mit und ohne Fachvertreter sowie Wissenstests gut bekannt. Als etwas bekannt aus der eigenen Praxis werden unstrukturierte Interviews mit/ohne Fachvertreter sowie Intelligenztests genannt. Das multimodale Interview, Arbeitsproben, Leistungs- und Persönlichkeitstest, computergestützte Verfahren, Assessment Center, biographische Fragebögen und graphologische Gutachten sind der Personalverantwortlichen hingegen aus der eigenen Praxis nicht bekannt.

Aus ihrer eigenen praktischen Tätigkeit und im Rahmen der Personalauswahl werden Bewerbungsunterlagen häufig analysiert. Auch strukturierte Interviews in Form von Einzelgesprächen und mit Fachvertretern sowie Wissenstests werden häufig durchgeführt. Manchmal führt Frau P. unstrukturierte Interviews mit und ohne Fachvertreter durch, selten hingegen wird mit Intelligenztests gearbeitet. Keine Verwendung in ihrer eigenen Personalarbeit finden das multimodale Interview, Arbeitsproben, Leistungs- und Persönlichkeitstests, computergestützte Verfahren, Assessment Center, biographische Fragebögen und graphologische Gutachten.

Persönlicher Eindruck von der Interviewpartnerin

Aufgrund ihrer jahrelangen Tätigkeit und Erfahrung in den Bereichen der Personalbeurteilung und -auswahl besitzt die Personalverantwortliche ein differenziertes, vorwiegend implizites Wissen über relevante Aspekte ihrer Tätigkeit. Ihre Wertvorstellungen (z.B. Fairness und Gerechtigkeit: es werden u.a. auch der soziale Hintergrund und dessen Lernförderlichkeit für Bewerber bei den Entscheidungen berücksichtigt) leiten dabei ihr Vorgehen bei der Personalauswahl und -beurteilung. So wird von der Personalverantwortlichen und letztlich auch der unternehmensspezifischen Personalpolitik die Entwicklungsperspektive und damit einher gehende Schulungsmaßnahmen nie außer acht gelassen.

Frau P. reflektiert ihr eigenes Vorgehen hinsichtlich der Gefahr, „dass man sonst auch dazu neigen kann, blind zu werden, weil man bestimmte Sachen einfach mechanisch macht". Diese Reflexion wird dabei oft durch eine offene Kommunikation mit KollegInnen angestoßen und weist auf ihre Lernbereitschaft hin.

Der Auswahl- und Beurteilungsprozess

Die eigene Personalauswahl wird von der Personalverantwortlichen mit Aspekten der Kompetenz- und Potenzialbeurteilung assoziiert und in geringem Maß mit Aspekten der Eignungsdiagnostik.

Charakteristika des Auswahlkontexts

Im Unternehmen wurden im vergangenen Jahr fünf Stellen für ungelernte Arbeiter, 20 Stellen für Angestellte ohne Führungsaufgaben, 24 Stellen für kaufmännische Auszubildende, 12 Stellen für Trainees und drei Stellen für mittlere Führungskräfte ausgeschrieben. Dabei gingen auf diese Ausschreibungen für ungelernte Arbeiter durchschnittlich zwischen 50 und 100 Bewerbungen, für kaufmännische Auszubildenden mehr als 250 Bewerbungen, für Trainees und mittlere Führungskräfte zwischen zehn und 50 Bewerbungen im Personalbereich des Unternehmens ein. Für alle zu besetzende Stellen werden i.d.R. zwei Gespräche durchgeführt.

Beschreibung des allgemeinen Auswahlprozesses

Frau P. benutzt zur Durchführung des Auswahl- bzw. Bewerbungsgesprächs einen Leitfaden bzw. -bogen, auf dem Notizen in Form von Stichpunkten angefertigt werden (z.B. über Alter, Ausbildung, früherer Tätigkeitsbereich des Bewerbers). Dieser Gesprächsbogen der Personalverantwortlichen dient als Gesprächsgrundlage und soll den Gesamteindruck über den Bewerber abrunden. Die Personalverantwortliche gibt im Verlauf des Gespräches an, dass es in einem Vorstellungsgespräch „Dinge" gibt, die man nur erahnen kann. Darunter versteht sie beispielsweise Konstrukte wie „Teamgeist" und „Eigeninitiative".

Eine systematische Evaluation der Entscheidungen findet im Unternehmen nicht statt, jedoch überprüft die Personalverantwortliche durch ein unsystematisches Beobachten des Mitarbeiters „über Jahre hinweg" ihre Entscheidung. Des Weiteren evaluiert sie ihre Entscheidungen unsystematisch in Form von Telefonaten mit betroffenen Teamleitern und Supervisoren und „frag[t] immer mal einfach nach".

Im Unternehmen werden zudem nach drei bzw. sechs Monaten und anschließend einmal im Jahr Beurteilungsgespräche hinsichtlich des Verhaltens gegenüber Mitarbeitern, Kollegen und Vorgesetzten sowie über die fachliche Entwicklung und die konkrete Leistung durchgeführt. Diese Beurteilungsbögen sind Grundlage für die Personalverantwortliche, um zu überprüfen, „ob das, was ich mir eingebildet habe oder gemeint habe zu sehen – ob das auch wirklich stimmt". Dabei ist Frau P. jedoch das Gespräch mit dem Mitarbeiter wichtiger als der Beurteilungsbogen.

Im Interview berichtet sie von einer Befragung der Vorgesetzten in Form von Mitarbeitergesprächen während bzw. in der Probezeit. Dafür besteht ein unternehmensspezifischer Fragebogen, wobei die Vorgesetzten für die Durchführung von Mitarbeitergesprächen eine Schulungsmaßnahme in Anspruch nehmen können.

Bewertung des Auswahl- und Beurteilungsprozesses
Die Auswahlgespräche im Unternehmen finden nach wissenschaftlichen Gesichtspunkten nicht in systematischer oder strukturierter Form statt. Es wird zwar ein Gesprächsbogen als grober Leitfaden von der Personalverantwortlichen verwendet, dieser wird aber nicht zwingend für den Ablauf und die Gestaltung des Gespräches eingesetzt. Auswahl- bzw. Bewerbungsgespräche werden seit kurzer Zeit zu zweit geführt, um die jeweiligen individuellen Eindrücke über den Bewerber diskutieren zu können und letztlich eine Entscheidung aufgrund der gemeinsamen Beurteilung zu treffen. Des Weiteren decken entsprechende Fachvertreter den „fachlichen Part" bzw. die fachlichen Anforderungen an den Bewerber in Gesprächen ab, von denen Frau P. weniger Kenntnisse („da fehlt mir auch das fachliche Know-how") hat.

Zur Bewertung von Sprachkenntnissen (primär Englisch) existiert ein unternehmensspezifischer Bogen für Bewerber, in dem Bewerber einen deutschen Text ins Englische übersetzen müssen. Dieser Bogen hat den Charakter eines Wissenstests, der die Anforderungen hinsichtlich der Sprachkenntnisse bzw. Sprachkompetenz sowie anderer spezifischer und tätigkeitsrelevanter Anforderungen (u.a. auch Geographiekenntnisse) abfragt. Diese unternehmensinternen Testbögen unterscheiden sich, je nach Bewerbergruppe, hinsichtlich der Schwere der Fragen. So geht es „bei den Reiseverkehrsleuten [...] schon mehr ins Detail" als etwa bei Auszubildenden.

Viel Wert wird von Frau P. aber letztlich auf das Gespräch gelegt, welches die Basis für die „globale" Beurteilung des Bewerbers ist. Der Bogen zur Erfassung tätigkeitsspezifischer Kenntnisse dient dabei lediglich als „Hilfe", ist aber „nicht zwingend ein Kriterium".

Bei der Entscheidung für oder gegen einen Bewerber wird von Frau P. und entsprechenden KollegInnen zudem in Betracht gezogen, welcher Aufwand dem Unternehmen in Form von finanziellen Investitionen für Schulungen voraussichtlich entstehen wird. In Abhängigkeit von der Lage am Arbeits- und somit Bewerbermarkt wird ein Kompensationsmodell bei der Entscheidungsfindung des Personalverantwortlichen angewandt.

Entsprechend der von Frau P. angeführten sehr sozialen Unternehmenskultur wird aber letztlich immer die Passung zum Team als entscheidendes Kriterium angeführt. Auf die Frage nach dem allgemeinen Ziel von Auswahlgesprächen wird die Passung zum Team und somit zum Unternehmen hervorgehoben. „Das ist ganz klar, ob jemand in unser Team hereinpasst. Das Team ist letztlich dann [das] ganz[e] [...] Unternehmen".

Welche Anforderungen sollen erfasst werden?
Zunächst wurde versucht, ein globales Bild von der Tätigkeit einer/eines Reisekauffrau/-mannes zu erhalten. Hauptaufgabe in dieser Position ist es, Kunden – meist telefonisch – bzgl. ihres Reisewunsches zu beraten und mit dem Kunden eine Lösung in Form einer beim Unternehmen gebuchten Reise zu vereinbaren. Hierzu gehören alle Arten von Reisen zwischen einer bloßen Buchung der Anreise, der Planung und Buchung einer Pauschalreise oder einer individuellen Zusammenstellung von Anreise und möglicherweise mehreren Anlaufstellen an einem oder mehreren Zielorten. Auf diese Weise arbeitet die Person nicht nur mit dem Kunden zusammen, sondern auch mit den jeweiligen Reiseveranstaltern, den Fluggesellschaften etc.

Die Person arbeitet in einem Team von 4 bis 20 Mitarbeitern. Innerhalb dieses Teams ist eine enge Zusammenarbeit erwünscht und erforderlich. Diese Zusammenarbeit geschieht informell und vor allem in Form von kollegialer Unterstützung, Informationsaustausch und genereller Kommunikation. So müssen die Reiseverkehrsleute wissen, wen sie aus dem Team wegen eines speziellen Problems befragen können. Eine Begleiterscheinung dieser Arbeitsorganisation ist, dass es am Arbeitsplatz häufig sehr laut ist. Die Mitarbeiter müssen sich also in einer relativ belastenden Umgebung dennoch gut konzentrieren und mit dem Kunden gut kommunizieren können.

Viele der Buchungen und Verhandlungen mit Veranstaltern verlaufen in Englisch, weshalb hier fundierte Kenntnisse erforderlich sind. Da sehr viele Kundenanfragen per Mail eingehen und schriftlich beantwortet werden, sind auch im Schriftdeutsch akkurate Fertigkeiten unerlässlich.

Da die Buchung in elektronischen Buchungssystemen stattfindet, muss die Person zudem sicher mit EDV-Systemen umgehen können.

Generell sind Personen erwünscht, die selbst eine Affinität zum Reisen besitzen. Die Mitarbeiter sollten selber gerne reisen und womöglich auch schon viel gereist sein. Dies ist einerseits Teil der Unternehmenskultur, andererseits steht dahinter aber auch die Überlegung, dass sich die Kundenberater dadurch besser in die Probleme der Kunden hineindenken können und souveräner mit möglichen Problemen im Vorfeld oder während der Reise zu recht kommen. Hand in Hand damit sollte auch ein außenpolitisches Interesse gehen, um Gefahren von Reisen in eventuelle Krisengebiete gut abschätzen zu können.

Es folgt eine Aufstellung der Anforderungen in gelisteter Form, sowie dazugehörige Erklärungen, wie die Personalverantwortliche die jeweilige Anforderung verstanden wissen möchte:
1. fachliche Kompetenz: erlernbar, muss aber in den Teams ausgewogen sein;
2. Teamgeist;
3. Eigenengagement: Eigeninitiative und proaktives Handeln; Fähigkeiten, Prioritäten setzten zu können;
4. Flexibilität und improvisieren können: „weil jeder Tag anders ausschaut";
5. Einsatzbereitschaft: Eigeninitiative;
6. Durchsetzungsvermögen: unverrückbare Tatsachen dem Kunden vor Augen führen und dabei eine „realistische Höflichkeit" walten lassen;
7. Pünktlichkeit: die Arbeit ist in Schichten organisiert, sodass ein Zu-spät-Kommen die Kollegen belastet;
8. seelische Ausgeglichenheit: der berufliche Stress soll nicht auf das Privatleben übertragen werden und umgekehrt;
9. emotionale Belastbarkeit: die Unzufriedenheit der Kunden soll auf einer sachlichen Ebene verarbeitet werden, Kritik darf „nicht persönlich" genommen werden;
10. Belastbarkeit hinsichtlich Stress: bei einem hohen Geräuschpegel konzentriert arbeiten;
11. Einfühlungsvermögen: „sich auf Kunden und Kollegen einstellen können", die Kunden sollen nicht zu etwas überredet werden, sondern es soll mit dem Kunden gemeinsam etwas gestaltet werden;
12. Ordentlichkeit, Genauigkeit: teilweise müssen Arbeitsplätze von Kollegen mit übernommen werden, daher ist ein „transparentes Arbeiten" notwendig;
13. Kreativität;
14. gute schriftliche und mündliche Ausdrucksweise: Stimme und Sprache als „Werkzeug" und „Aushängeschild" des Unternehmens;
15. Passung zum Team: zentrale Anforderung an den neuen Mitarbeiter.

In welcher Beziehung stehen die Anforderungen und Aufgaben zueinander?
Die folgende Tabelle ergab sich durch die Verwendung des Repertory-Grid-Interview-Verfahrens. In diesem Verfahren werden dem Interviewpartner jeweils drei Anforderungen vorgelegt. Die Aufgabe besteht nun darin, zwei ähnliche Anforderungen zusammenzulegen und deren Ähnlichkeit zu benennen sowie außerdem zu bezeichnen, wodurch sich das unähnliche Element von den beiden anderen unterscheidet.

Tab. 27: Beziehung der Aufgaben und Anforderungen

Konstrukte	ähnlich	Ähnlichkeit	Unähnlichkeit
fachliche Kompetenz, Teamgeist, Belastbarkeit hinsichtlich Stress	Teamgeist, Belastbarkeit hinsichtlich Stress	belastbar	fachliche Kompetenz → fachbezogen
Einsatzbereitschaft, emotionale Belastbarkeit, Ordentlichkeit und Genauigkeit	Einsatzbereitschaft, emotionale Belastbarkeit	produktiv	Genauigkeit → nicht prozessbezogen
Eigenengagement, Belastbarkeit hinsichtlich Stress, gute mündliche und schriftliche Ausdrucksweise	Eigenengagement, Belastbarkeit hinsichtlich Stress	dynamisch	gute mündliche und schriftliche Ausdrucksweise → nicht prozessbezogen
Einsatzbereitschaft, seelische Ausgeglichenheit, Kreativität	Einsatzbereitschaft, seelische Ausgeglichenheit	motiviert	Kreativität → ergebnisbezogen
fachliche Kompetenz, Durchsetzungsvermögen, Pünktlichkeit	fachliche Kompetenz, Durchsetzungsvermögen	selbstsicher	Pünktlichkeit → kollegial
Eigenengagement, Flexibilität, Ordentlichkeit und Genauigkeit	Ordentlichkeit und Genauigkeit, Flexibilität	transparent	Eigenengagement → personenbezogen
Einsatzbereitschaft, Belastbarkeit hinsichtlich Stress, Einfühlungsvermögen	Einsatzbereitschaft, Einfühlungsvermögen	kundenbezogen	Belastbarkeit hinsichtlich Stress → ---
Durchsetzungsvermögen, seelische Ausgeglichenheit, emotionale Belastbarkeit	Durchsetzungsvermögen, emotionale Belastbarkeit	harmonisch	Ausgeglichenheit → ---
Teamgeist, Flexibilität, Kreativität	Teamgeist, Flexibilität	teambezogen	Kreativität → ergebnisbezogen
fachliche Kompetenz, Ordentlichkeit und Genauigkeit, gute mündliche und schriftliche Ausdrucksweise	Ordentlichkeit und Genauigkeit, gute mündliche unde schriftliche Ausdrucksweise	grundlegend	fachliche Kompetenz → einsatzortabhängig
Pünktlichkeit, seelische Ausgeglichenheit, Eigenengagement	Eigenengagement, seelische Ausgeglichenheit	motivierend	Pünktlichkeit → kollegial

Wie werden die Konstrukte im Interview beobachtet?

Tab. 28: Möglichkeiten der Beobachtung im Interview

Anforderung	wird im Interview erfasst durch
fachliche Kompetenz	Fragebogen am Ende des Gesprächs
Teamgeist	Vorher in Teams gearbeitet; wie ist jemand mit den Kollegen zurechtgekommen? Lieber größeres oder kleineres Team?
Eigenengagement	Wenn sich jemand auf das Vorstellungsgespräch vorbereitet hat (Informationen über das Unternehmen einholen).
Flexibilität	„Was hat jemand vorher gemacht?" Wichtig ist die Offenheit bezüglich der vorherigen Tätigkeit.
Einsatzbereitschaft	
Durchsetzungsvermögen	
Pünktlichkeit	verspäten; „Einstellungssache" durch prospektive Fragen
seelische Ausgeglichenheit	
emotionale Belastbarkeit	
Belastbarkeit hinsichtlich Stress	Stressige Momente von Bewerbern beurteilen lassen und Frage nach Lösungsmöglichkeiten; der Bewerber wird in eine stressige Situation hineinversetzt.
Einfühlungsvermögen	Umgangsformen; einfühlen in den Kunden: Wie nimmt der Bewerber die Fragen der Personalverantwortlichen wahr? Augenkontakt; gute Kommunikation. „(…) inwieweit hört der einem zu, ist es so jemand, der einen mitten im Satz unterbricht oder ist es jemand, der ununterbrochen redet und gar nicht sieht, dass vielleicht auch mal eine Frage gestellt werden muss? Würde der den Kunden auch wahrnehmen oder würde er ihn jetzt auch so zutexten, wie er mich zutextet oder hat er die Anzeige wahrgenommen oder stellt er Fragen, die er eigentlich schon gesehen haben müsste (…) und dann, inwieweit er sich informiert hat über das Unternehmen"
Ordentlichkeit und Genauigkeit	
Kreativität	
gute schriftliche und mündliche Ausdrucksweise	Teil des Fragebogens
Passung ins Team	

Anmerkung: Für Frau P. gibt es „Dinge, die man im Vorstellungsgespräch nur so erahnen kann, gerade so diese Sachen wie Teamgeist und wie schnell ist die Auffassung und wie viel Eigeninitiative hat er."

Grundsätzlich sind auch „gewisse Umgangsformen (wichtig), wo man sagt, das gehört einfach dazu, sei es jetzt die Hand schütteln, oder einem ins Gesicht gucken und Grüß Gott sagen oder auch lächeln oder so was". „Da punktet der Bewerber schon, wenn er reinkommt."

Außerdem ist die Konzentrationsfähigkeit des Bewerbers von Bedeutung; diese erkennt Frau P. zum Teil daran, ob der Bewerber in dem Gespräch konzentriert bleibt, oder „dann so diesen glasigen Blick" bekommt, „wo man das Gefühl hat, labert man jetzt zu viel und dieses Hypnotisieren mit der Stimme; sollte man jetzt den Bewerber ein bisserl reden lassen, dass er wieder aufwacht".

Wie werden Konstrukte aus den Bewerbungsunterlagen erschlossen?

Tab. 29: Möglichkeiten der Analyse von Bewerbungsunterlagen

Anforderung	wird aus den Bewerbungsunterlagen erschlossen durch
fachliche Kompetenz	Aus welchem Bereich kommt der Bewerber; Zeugnisse; welche Computersysteme?
Teamgeist	
Eigenengagement	
Flexibilität	
Einsatzbereitschaft	
Durchsetzungsvermögen	
Pünktlichkeit	
seelische Ausgeglichenheit	
emotionale Belastbarkeit	
Belastbarkeit hinsichtlich Stress	
Einfühlungsvermögen	
Ordentlichkeit und Genauigkeit	
Kreativität	
gute schriftliche und mündliche Ausdrucksweise	
Passung ins Team	

Anmerkung: Bei den Bewerbungsunterlagen zählt primär der Gesamteindruck. Das Foto ist hierbei der letzte Punkt, den die Personalverantwortliche in den Bewerbungsunterlagen anschaut, um möglichst unvoreingenommen die Unterlagen zu prüfen.

Grundsätzlich wird aus den Unterlagen primär auf die fachliche Kompetenz geschlossen, über den Bereich, aus dem ein Bewerber kommt und die entsprechenden Arbeitszeugnisse.

Bedürfnisse an ein zu entwickelndes Instrument bzw. eine Vorgehensweise zur Beurteilung und Auswahl von Bewerbern

Bedürfnisse der Personalverantwortlichen an ein neues Instrument
Als grundsätzliches Bedürfnis artikuliert die Personalverantwortliche, dass eine genauere Auswahl ermöglicht wird, die sich in einer guten Qualität der Entscheidungen bzw. Beurteilungen zeigt. Die Beurteilung von „soft skills", die sie im Interview auch als „Fragezeichendinger" bezeichnet, steht dabei im Vordergrund, da diese – vor allem Teamfähigkeit, Kooperationsfähigkeit, Kommunikationsfähigkeit, Konfliktlösefähigkeit sowie Kritikfähigkeit – nur intuitiv erschlossen werden und letztlich Schwierigkeiten bereiten. Da das Unternehmen aber gerade die produktive Zusammenarbeit in Teams – die „Passung ins Team" – favorisiert, besteht hier

Kaskadenmodell zum Vorgehen bei der Bewertung von Bewerbungsunterlagen

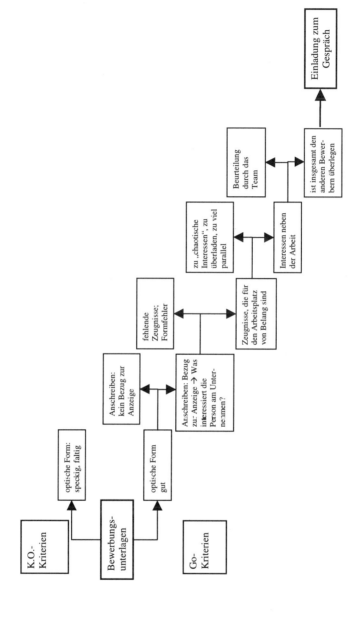

Abb. 16: Kaskadenmodell zu Falldarstelllung 12

entsprechender Beratungsbedarf bzw. Wünsche hinsichtlich der Gestaltung des zu entwickelnden Instrumentes bzw. Verfahrens. Konkret wünscht sich Frau P. einen Leitfaden.

Gewünschte Vorteile bzw. favorisierte Aspekte des neuen Instruments
Die Personalverantwortliche betont hier, dass bisher „Fragezeichendinger" von Bewerbern nur „erahnt" und „nach Gefühl beurteilt" wurden und letztlich eine sichere Einschätzung bzw. Beurteilung dieser sozialen Kompetenzen („soft skills") gewünscht wird.

Das zu entwickelnde Instrument sollte der Kultur, den Zielen und Werten des Unternehmens entsprechen und zudem den veränderten bzw. sich verändernden organisationalen Kontext berücksichtigen. Frau P. beschreibt diese Veränderungsdynamik so, „weil wir auch noch nicht so wissen, was sich alles bei uns so intern entwickelt, auch was die Anforderungen der Mitarbeiter angeht" und fasst zusammen, dass „wir ja auch ganz schön in Entwicklung sind".

Faktoren bzw. Aspekte des neuen Verfahrens, die den Einsatz behindern könnten
Nach Ansicht und Äußerung der Personalverantwortlichen sollte das neue Instrument „Entscheidungspotenziale nicht verdecken".

Im Verlauf der Interviews äußerte Frau P. Bedenken gegenüber Instrumenten – speziell am Beispiel des Assessment Centers – die die interindividuellen Unterschiede spezifischer Bewerbergruppen – hier Auszubildende – nicht berücksichtigen. „Das sind Bewerber zwischen 15 und 25 (Jahren), da hab ich es eigentlich lieber nach dem herkömmlichen Weg. Wenn es so wäre, dass das Bewerberprofil eher ähnlich ist, also dann könnte man es andenken. Was ich halt von Assessment Centern kenne, ist halt das Profil der Leute (...) relativ ähnlich und man sucht den Besten raus oder die Beste, und das ist bei den Azubis ein bisschen schwieriger, finde ich, weil eben der Background so unterschiedlich ist bezüglich Alter und Fachkenntnisse und Schulbildung." Als Vorteil des bisherigen Vorgehens sieht sie, dass sie in einem persönlichen Gespräch „auch [...] Ängste nehmen (...) und jedem eine Chance (...) geben (kann), sich einfach zu zeigen, wie er ist, wie er im Team auch ist."

Eine Einschränkung der eigenen Flexibilität in Form von Einengung sieht Frau P. als nicht konform mit der branchentypischen Flexibilität, „wo man einfach sehr flexibel sein muss, den Freiraum auch braucht." Typisch für diese Branche sind Quereinsteiger, die aufgrund des flexiblen Vorgehens der Personalverantwortlichen als potenzielle Mitarbeiter erkannt werden können. Ein weiterer Aspekt, der die Flexibilität betont, ist die Aussage der Personalverantwortlichen, die sich selbst als einen „Gegner von diesem Kreuzelmachen" bezeichnet.

13. Personalberatung – Falldarstellung 13

Interviewpartner: Herr A.

Art und Größe des Unternehmens
Das Unternehmen ist global dem Dienstleistungssektor zuzuordnen, wobei hauptsächlich Dienstleistungen im Personalbereich erbracht werden. Des Weiteren ist das Unternehmen in den Geschäftsfeldern Medien, Kommunikation, Internet und Consulting aktiv.

In den Interviews mit Herrn A. wurden lediglich dessen Funktion als Personalberater und der entsprechende Unternehmensbereich Gegenstand beleuchtet. Aus seiner Rolle als Personaldienstleister ergeben sich andere Arbeitsbedingungen gegenüber einem Personalverantwortlichen, der Personal innerhalb eines Unternehmens betreut. Deshalb sind für die Personalauswahl die Unternehmenskultur und -struktur nicht in solch hohem Maße relevant wie in den anderen Unternehmen der Stichprobe. Für die Analyse dieses Falles wird deshalb angenommen, dass die Arbeitsweise als Ausdruck der Kultur des Unternehmens zu verstehen ist. Im Kontext seiner

Personalauswahl ist die Kultur des Unternehmens, für das der Interviewpartner MitarbeiterInnen auswählt bzw. vorschlägt, entscheidend.

Zur Person des Personalverantwortlichen
Herr A. hat ein abgeschlossenes Studium der Soziologie und ist zudem mit der psychologischen Terminologie vertraut. Als Projektleiter im Unternehmensbereich Personalmarketing (Headhunting) ist Herr A. für KollegInnen zuständig, die potenzielle Bewerber aufgrund bestimmter Vorgaben der Auftraggeber identifizieren und die erste Ansprache vornehmen. In diesem Tätigkeitsbereich ist Herr A. seit ca. fünf Jahren tätig. Er kann dabei auf eine große Erfahrung mit Beurteilungs- und Auswahlgesprächen zurückgreifen; er führt jährlich ca. 200 Gespräche. In seiner Tätigkeit als Projektleiter hat Herr A. auf Veranlassung des Kunden vereinzelt Assessment Center veranstaltet, diese jedoch letztlich nicht selbst durchgeführt, sondern sich nur mit den jeweiligen Ergebnissen beschäftigt.

Persönlicher Eindruck vom Interviewpartner
Herr A. sieht es als schwierig an, seine „eigene Intuition zu verlassen". Er signalisiert zwar Interesse an einer Annäherung an sein „Bauchgefühl", bezweifelt aber grundsätzlich die Möglichkeit intuitive Entscheidungen auf ojektivierbare Beobachtungen zurückzuführen.
    Eine gewisse Voreingenommenheit kann Herrn A. bzgl. „standardisierter Tools" attestiert werden. Dieser Skepsis liegt die Annahme zu Grunde, standardisierte Verfahren gingen „immer im Vorfeld von etwas Falschem aus". Unter „Falschem" versteht er „bestimmte Annahmen". Deutlich wird seine Einstellung in der Aussage, dass er sich keine Methode vorstellen kann, die wirklich „auf den Kern kommt". Aus den Gesprächen wird deutlich, dass er damit einen mangelnden Anforderungsbezug der Testverfahren meint. Zudem lehnt er Testverfahren offenbar ab, da sie seine Entscheidungsfreiheit beschneiden würden.

Der Auswahl- und Beurteilungsprozess

Charakteristika des Auswahlkontexts
Jährlich führt Herr A. ca. 200 Auswahlgespräche, wobei er dabei Vorgaben und Anforderungen seiner Auftraggeber beachten muss. Herr A. versteht die unternehmensspezifische Personalauswahl sowohl als Eignungsdiagnostik, Potenzial- und Kompetenzbeurteilung. Bei Personen mit einem „lower level", d.h. mit geringeren fachlichen Fähigkeiten assoziiert er seine Kriterien der Personalauswahl eher mit der eignungsdiagnostischen Perspektive und hält letztlich fest, dass grundsätzlich eine Abhängigkeit von der zu besetzenden Stelle gegeben ist.
Beschreibung des allgemeinen Auswahlprozesses
    Das Vorgehen von Herr A. im Rahmen von Beurteilungs- und Auswahlgesprächen orientiert sich – nach seinen Angaben – an drei groben Blöcken, die umschrieben werden können mit:
1. Was hat der Bewerber in der Vergangenheit gemacht?
2. Was erwartet die Auftrag gebende Firma vom Bewerber?
3. Was kann der potenzielle Arbeitgeber dem Bewerber bieten?
    Dabei betont Herr A., „jedes Gespräch hat sein eigenes Drehbuch", das durch den Lebenslauf des Bewerbers bestimmt ist. Dieser bildet die Grundlage für die Gestaltung und den Ablauf des Gespräches. Sein eigenes, eher unstrukturiertes Vorgehen im Rahmen von Auswahlgesprächen bezeichnet er als implizit und intuitiv. Er betont, dass er sich sehr auf sein „Bauchgefühl" verlasse.
    Ausdrücklich hebt er hervor, dass er ein „Interview […] im Vergangenheitsblick" führt und versucht sich in die Person des Bewerbers hinein zu versetzen. Ihn leitet dabei die Frage: „Was für ein Mensch sitzt mir gegenüber?"

Bewertung des Auswahl- und Beurteilungsprozesses
Das Vorgehen bei der Auswahl und Beurteilung von Bewerbern ist unstrukturiert und in Abhängigkeit von der Person Herrn A.'s stark intuitiv und beeinflusst durch sein „Bauchgefühl". Während des Gespräches achtet er auf „besondere Signale" und geht auf die „Erzählung" des Bewerbers ein, um die „Person zu verstehen". Herr A. ist von der Richtigkeit seines Vorgehens in hohem Maße überzeugt. Er bringt dies zum Ausdruck, indem er die Sinnhaftigkeit anderer Vorgehensweisen in Zweifel zieht („Einen Basisbogen finde ich grundlegend gut, aber was kann der schon abdecken?"). Der Herr A. erhebt für sich den Anspruch, alles im Interview betrachten zu können. Er gesteht allerdings ein, dass eine Gefahr für eine „gewisse Überheblichkeit im Sinne von: man ist der beste Interviewer" existiere.

In seiner eigenen Praxis bei der Personalauswahl und -beurteilung setzt Herr A. keine Instrumente ein. Er weist darauf hin, über theoretische Kenntnisse hinsichtlich Assessment Center zu verfügen, selbst jedoch noch keines durchgeführt zu haben. Seine Entscheidung basiert auf einem Eindruck, den er sich über die „Gesamtpersönlichkeit" des Bewerbers macht. Diese Eindrucksbildung ist nach eigenen Angaben „bauchgesteuert". Er selbst kann diesen ganzheitlichen Beurteilungsvorgang nicht erklären und hat „keinen Plan dazu". Er bemerkt lediglich, dass der „Gesamteindruck" für ihn wichtig ist. Des Weiteren ergänzt Herr A., dass bei seinem „subjektiven Entscheiden" durchaus kompensatorische Aspekte eine Rolle spielen, denn „eisenharte KO-Kriterien gibt es weniger" in seinem Vorgehen.

Welche Anforderungen sollen erfasst werden?
Da von dem Unternehmen verschiedene Unternehmen aus unterschiedlichen Branchen betreut werden, stellte es sich zunächst als schwierig heraus, eine für das übliche Vorgehen repräsentative Position auszuwählen. Als *typisch* stellte sich die Position des Einkäufers und der damit verbundene Auswahlprozess heraus, da Herr A. diese Position häufig und in ähnlichen Konstellationen in verschiedenen Unternehmen besetzen muss.

Im Rahmen eines Auftrages erstellt zunächst das Projektteam ein umfangreiches Treatment, in welchem alle Aufgaben der Stelle und Anforderungen an die Bewerber niedergelegt sind. Dieses Treatment bildet die Grundlage für Recruiting-Aktionen und wird auch mit dem Kunden abgestimmt oder in Zusammenarbeit mit dem Kunden erstellt. Nach der Phase, in der potenzielle Kandidaten ausfindig gemacht worden sind, kommt es zu Gesprächen.

Für welche Aufgabe muss eine Person welche Anforderungen mitbringen?
Herrn A. wurden nun auf Karteikärtchen die einzelnen Aufgaben der zu besetzenden Positionen vorgelegt. Diesen ordnete er im nächsten Schritt die Eigenschaften zu, die der Bewerber mitbringen muss, um die künftigen Aufgaben erfolgreich erfüllen zu können.

Aus dem erwähnten Treatment ergeben sich folgende Anforderungen und Aufgaben:

Tab. 30: Anforderungen und Aufgaben

Anforderungen an die Person	
überzeugende und sichere Moderations- und Präsentationstechnik	Interesse an der Wissensweiterentwicklung
selbstbewusstes Auftreten	Urteilsfähigkeit
motivierende Mitarbeiterführung	Überzeugungskraft
Sprachkenntnisse	Ausdauer
idealerweise Erfahrung im Einkauf der Medizintechnik	Selbstbewusstsein/Selbstständigkeit
Denken „über den Tellerrand hinaus"	ist in der Lage, unternehmerische Lösungen zu finden.
fundierte Erfahrungen im strategischen Einkauf	3 Jahre Berufserfahrung im Bereich Einkauf
effiziente und systematische Arbeitsweise	erkennen komplexer Zusammenhänge
gewandtes Auftreten	handelt zielgerichtet
Führungsqualitäten	erkennt Schwierigkeiten rasch
Ingenieurstudium	Erfahrungen auf dem Gebiet Personalführung/Teamleitung
Übernahme von Verantwortung	rasche Anpassung an neue Gegebenheiten
Entscheidungskraft	Durchsetzungsvermögen
Verantwortungsbewusstsein	Kommunikationsfähigkeit
Kontaktfreudigkeit	Belastbarkeit
Verhandlungsgeschick	Engagement
Motivation	

Aufgaben	
Definition der Einkaufspolitik und der Einkaufsbedingungen	motivierende Mitarbeiterführung
Bündelung und Verhandlung sehr großer Volumina	Aufbau strategischer Allianzen
Vertretung des Einkaufs in den Führungsgremien	Qualitätssicherungsvereinbarungen
Training und Coaching der Einkaufsmitarbeiter	Gestaltung und Verhandlung von Verträgen
Weiterentwicklung der Einkaufstools	Beschaffungsmarketing
Einkaufscontrolling	Stetige Abstimmung mit den Bereichen Forschung & Entwicklung und dem Einkauf in den Prozessen
Abschluss von Dienstleistungs- und Entwicklungsverträgen	zielorientierte Mitarbeiterführung
internationale Marktbeobachtung	Beschaffung von Investitionsgütern
Einführung neuer Technologien und Materialien	einkaufsseitige Betreuung von Entwicklungsprojekten

Einkaufsseitige Betreuung von Entwicklungsprojekten:
- Ingenieurstudium
- Idealerweise Erfahrung im Einkauf der Medizintechnik, 3 Jahre Berufserfahrung im Bereich Einkauf: Wichtig ist der Einkauf für einen Herstellerkomplex.
- generelle Grundausstattung, auf der die anderen Anforderungen aufbauen: erkennen komplexer Zusammenhänge, Engagement, Verantwortungsbewusstsein, Ausdauer, Belastbarkeit, effiziente und systematische Arbeitsweise, rasche Anpassung an neue Gegebenheiten, Urteilsfähigkeit, handelt zielgerichtet, Entscheidungskraft, Motivation

Beschaffung von Investitionsgütern (gleichzeitig auch Anforderung):
- 3 Jahre Berufserfahrung im Bereich Einkauf: Wichtig ist der Einkauf für einen Herstellerkomplex.
- bestimmtes Level an Verantwortlichkeiten/Erfahrungen à Ing.-Studium: idealerweise Erfahrung im Einkauf der Medizintechnik

Gestaltung und Verhandlung von Verträgen (diese Aufgabe bezeichnet Herr A. sowohl als Aufgabe und als Anforderung):
- Verhandlungsgeschick, gewandtes Auftreten, Kommunikationsfähigkeit, Kontaktfreudigkeit, Selbstbewusstsein/Selbstständigkeit
- 3 Jahre Berufserfahrung im Bereich Einkauf: Wichtig ist der Einkauf für einen Herstellerkomplex, idealerweise Erfahrung im Einkauf der Medizintechnik.
- Übernahme von Verantwortung, Durchsetzungsvermögen, selbstbewusstes Auftreten, überzeugende und sichere Moderations- und Präsentationstechnik
- ggf. Sprachkenntnisse

Beschaffungsmarketing:
- 3 Jahre Berufserfahrung im Bereich Einkauf, idealerweise Erfahrung im Einkauf der Medizintechnik
- Ingenieurstudium

zielorientierte Mitarbeiterführung:
- gewandtes Auftreten
- Erfahrungen auf dem Gebiet Personalführung/Teamleitung
- Kommunikationsfähigkeit, Übernahme von Verantwortung, Führungsqualitäten, Durchsetzungsvermögen, selbstbewusstes Auftreten
- 3 Jahre Berufserfahrung im Bereich Einkauf: Wichtig ist der Einkauf für einen Herstellerkomplex.
- fundierte Erfahrungen im strategischen Einkauf
- Interesse an der Wissensweiterentwicklung bezüglich der Technologie und neuer Entwicklung
- Ingenieurstudium

motivierende Mitarbeiterführung (Ergänzung zu *zielorientierte Mitarbeiterführung*):
- gewandtes Auftreten
- Erfahrungen auf dem Gebiet Personalführung/Teamleitung
- Kommunikationsfähigkeit, Verhandlungsgeschick, Kontaktfreudigkeit, Selbstbewusstsein/Selbstständigkeit, Übernahme von Verantwortung, Überzeugungskraft, Führungsqualitäten, Durchsetzungsvermögen, selbstbewusstes Auftreten

Einführung neuer Technologien und Materialien:
- technische Basics: Ingenieurstudium, Interesse an der Wissensweiterentwicklung bezüglich der Technologie und neuer Entwicklung
- 3 Jahre Berufserfahrung im Bereich Einkauf, fundierte Erfahrungen im strategischen Einkauf, Idealerweise Erfahrung im Einkauf der Medizintechnik
- Denken „über den Tellerrand hinaus", Überzeugungskraft,
- ist in der Lage, unternehmerische Lösungen zu finden.

Abschluss von Dienstleistungs- und Entwicklungsverträgen:
- Gestaltung und Verhandlung von Verträgen

Einkaufscontrolling (diese Aufgabe bezeichnet Herr A. sowohl als Aufgabe und als Anforderung):
- 3 Jahre Berufserfahrung im Bereich Einkauf: Wichtig ist der Einkauf für einen Herstellerkomplex, fundierte Erfahrungen im strategischen Einkauf.

Qualitätssicherungsvereinbarungen (diese Aufgabe bezeichnet Herr A. sowohl als Aufgabe und als Anforderung):
- 3 Jahre Berufserfahrung im Bereich Einkauf, fundierte Erfahrungen im strategischen Einkauf, idealerweise Erfahrung im Einkauf der Medizintechnik.
- erkennt Schwierigkeiten rasch

- Verhandlungsgeschick, selbstbewusstes Auftreten
- Ingenieurstudium

Weiterentwicklung der Einkaufstools (diese Aufgabe bezeichnet Herr A. sowohl als Aufgabe und als Anforderung):
- 3 Jahre Berufserfahrung im Bereich Einkauf, fundierte Erfahrungen im strategischen Einkauf, idealerweise Erfahrung im Einkauf der Medizintechnik
- Ingenieurstudium, Interesse an der Wissensweiterentwicklung bezüglich der Technologie und neuer Entwicklung
- erkennt Schwierigkeiten rasch
- ist in der Lage, unternehmerische Lösungen zu finden.

Training und Coaching der Einkaufsmitarbeiter:
- Motivierende Mitarbeiterführung entspricht einer zielorientierte Mitarbeiterführung und einem Denken „über den Tellerrand hinaus".

Definition der Einkaufspolitik und der Einkaufsbedingungen:
- 3 Jahre Berufserfahrung im Bereich Einkauf: Wichtig ist der Einkauf für einen Herstellerkomplex, fundierte Erfahrungen im strategischen Einkauf, idealerweise Erfahrung im Einkauf der Medizintechnik.
- erkennt Schwierigkeiten rasch
- ist in der Lage, unternehmerische Lösungen zu finden
- Führungsqualitäten, Durchsetzungsvermögen, selbstbewusstes Auftreten
- überzeugende und sichere Moderations- und Präsentationstechnik

Bündelung und Verhandlung sehr großer Volumina (diese Aufgabe bezeichnet Herr A. als Aufgabe und als Anforderung):
- 3 Jahre Berufserfahrung im Bereich Einkauf, fundierte Erfahrungen im strategischen Einkauf, idealerweise Erfahrung im Einkauf der Medizintechnik
- ist in der Lage, unternehmerische Lösungen zu finden.

Vertretung des Einkaufs in den Führungsgremien:
- gewandtes Auftreten, Kommunikationsfähigkeit, Verhandlungsgeschick
- ist in der Lage, unternehmerische Lösungen zu finden.
- Kontaktfreudigkeit, Selbstbewusstsein/Selbstständigkeit
- 3 Jahre Berufserfahrung im Bereich Einkauf, fundierte Erfahrungen im strategischen Einkauf, idealerweise Erfahrung im Einkauf der Medizintechnik.
- Übernahme von Verantwortung
- Ingenieurstudium
- Überzeugungskraft, Führungsqualitäten
- Denken „über den Tellerrand hinaus", Durchsetzungsvermögen
- selbstbewusstes Auftreten
- ggf. Sprachkenntnisse

Internationale Marktbeobachtung:
- 3 Jahre Berufserfahrung im Bereich Einkauf, fundierte Erfahrungen im strategischen Einkauf, idealerweise Erfahrung im Einkauf der Medizintechnik.
- Interesse an der Wissensweiterentwicklung bezüglich der Technologie und neuer Entwicklung
- Sprachkenntnisse

Aufbau strategischer Allianzen:
- 3 Jahre Berufserfahrung im Bereich Einkauf, fundierte Erfahrungen im strategischen Einkauf, idealerweise Erfahrung im Einkauf der Medizintechnik
- ist in der Lage, unternehmerische Lösungen zu finden

- Verhandlungsgeschick, Überzeugungskraft, überzeugende und sichere Moderations- und Präsentationstechnik
- Übernahme von Verantwortung

Stetige Abstimmung mit den Bereichen Forschung & Entwicklung und dem Einkauf in den Prozessen:
- Ingenieurstudium
- 3 Jahre Berufserfahrung im Bereich Einkauf, fundierte Erfahrungen im strategischen Einkauf, idealerweise Erfahrung im Einkauf der Medizintechnik
- überzeugende und sichere Moderations- und Präsentationstechnik
- Kommunikationsfähigkeit
- erkennt Schwierigkeiten rasch

In welcher Beziehung stehen die Anforderungen und Aufgaben zueinander?

Sortierung der Aufgaben
Da es sich um eine ausgesprochen große Zahl von Anforderungen und Aufgaben handelt, wurde darauf verzichtet, alle Elemente zu einer Mindmap zu organisieren. Vielmehr erschien es sinnvoll, zunächst die Aufgaben nach ihrer Wichtigkeit zu ordnen, wodurch sich auch thematische Zusammenhänge ergaben. Interessant an dieser Aufstellung ist die Abstufung von „strategischen Aufgaben", welche die höchste Priorität haben, bis hinunter zu operativen Aufgaben, die für ein Arbeiten in der Position am wenigsten erfolgskritisch sind.

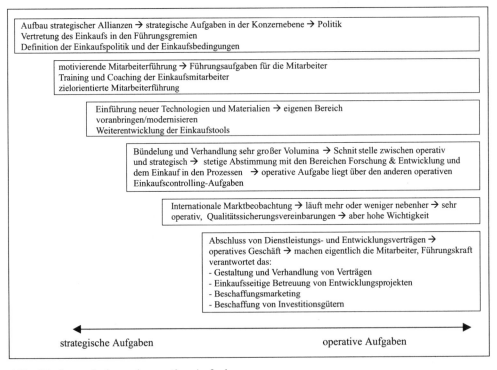

Abb. 17: Strategische und operative Aufgaben

Sortierung der Anforderungen
Ein ähnliches Vorgehen wurde auch hinsichtlich der Anforderungen praktiziert. Hier wurde Herr A. gebeten, die Anforderungen hierarchisch nach ihrer Wichtigkeit zu ordnen. Es ergaben sich abermals Wichtigkeitscluster, die im Folgenden aufgeführt sind. Die einzelnen Cluster sind nicht nur nach Wichtigkeit sondern noch auch nach inhaltlichen Gesichtspunkten zusammengefasst. Die sich ergebenden Cluster sind somit als übergeordnete Aufgabenbereiche zu verstehen, für die jeweils ein bestimmtes „skill-set" benötigt wird.

1. Bereich gut leiten:
- Ingenieurstudium
- 3 Jahre Berufserfahrung im Bereich Einkauf, fundierte Erfahrungen im strategischen Einkauf: Basics à Grundsätze des Geschäfts à Idealerweise Erfahrung im Einkauf der Medizintechnik (Add-on)
- Führungsqualitäten, Erfahrungen auf dem Gebiet Personalführung/Teamleitung, Durchsetzungsvermögen, erkennt Schwierigkeiten rasch, Selbstbewusstsein/Selbstständigkeit: Führungskraft à persönliche Grundvoraussetzungen à Führungsqualitäten: Erfahrung im Führungsbereich

2. Bereich voranbringen:
- Interesse an der Wissensweiterentwicklung bezüglich der Technologie und neuer Entwicklung, Denken „über den Tellerrand hinaus"
- Übernahme von Verantwortung
- ist in der Lage, unternehmerische Lösungen zu finden.

3. Abgerundete Führungspersönlichkeit:
- Überzeugungskraft, gewandtes Auftreten, selbstbewusstes Auftreten,
- Verhandlungsgeschick, Kontaktfreudigkeit, Kommunikationsfähigkeit
- Sprachkenntnisse
- überzeugende und sichere Moderations- und Präsentationstechnik

4. Soft Skills: Chance auf Führungsposition
- Übernahme von Verantwortung
- Denken „über den Tellerrand hinaus"
- Durchsetzungsvermögen (gleichwertig)
- Übernahme von Verantwortung
- Durchsetzungsvermögen

Erklärung durch Herrn A.: „Mit der 1. und 2. Stufe kann er operativ handeln." 3.und 4. Stufe: „Jemand, der nur operativ arbeitet, tut sich im strategischen Bereich schwer."

Mit welcher Sicherheit können die Konstrukte beobachtet werden?

Tab. 31: Sicherheit der Beobachtung von Konstrukten

sehr unsicher	relativ unsicher	teils-teils	relativ sicher	sehr sicher
		motivierende Mitarbeiterführung (+1) Verantwortungsbewusstsein (+2) Verhandlungsgeschick (+2)	überzeugende und sichere Moderations- und Präsentationstechnik (+5) effiziente und systematische Arbeitsweise (+6) Führungsqualitäten (+3) Entscheidungskraft (+4) Motivation (+4) Überzeugungskraft (+4) Selbstbewusstsein/ Selbstständigkeit (+6) Ausdauer (+5)	selbstbewusstes Auftreten (+7) Sprachkenntnisse (+10) idealerweise Erfahrung in einem weiteren Spezialgebiet (+10) Denken über den Tellerrand hinaus (+7) fundierte Erfahrungen im speziellen Teilbereich (+8) gewandtes Auftreten (+9) Studium (+10) Übernahme von Verantwortung (+8) Kontaktfreudigkeit (+9) Interesse an der Wissensweiterentwicklung (+10)

Wie werden die Konstrukte im Interview beobachtet?

Tab. 32: Möglichkeiten der Beobachtung im Interview

Anforderung	wird im Interview erfasst durch
motivierende Mitarbeiterführung	Frage nach dem Führungsstil → Frage nach Konfliktsituationen in der Vergangenheit: „Was macht der Bewerber, wenn jemand überhaupt nicht ins Team einzugliedern ist?" „Als welche Art von Führungskraft präsentiert er sich mir?" → aber: „Ob er das gut macht, kann ich nicht sagen."
3 Jahre Berufserfahrung in dem speziellen Bereich	-
fundierte Erfahrungen in dem speziellen Teilbereich	Herr A. wirbt aus diesem Bereich ab → „jemand muss da eine Basis haben" → „Was macht er in seinem Job?" → Schlagwörter/Vorgehensweisen müssen fallen → Wie hat er etwas gemacht? Wie würde er es machen?
idealerweise Erfahrungen in einem weiteren Spezialgebiet	aus dem Lebenslauf
Führungsqualitäten	„Augenschein, Umgang mit dem Gegenüber, weil Führen auch viel Menschliches ist. Dann die Frage, wie geführt wird, d.h. ob personenbezogen oder zahlenbezogen geführt wird." → Frage mit Problemfall: „Einer passt nicht ins Team oder einer zieht nicht so mit wie die anderen oder einer ist dem Druck nicht gewachsen oder andere grenzen einen aus von den Leuten, die da sind, oder er muss aus Kostengründen drei 'raustun, wie entscheidet er, wer gehen muss? Um zu merken, wie geht es vor. Und dann frag ich die Leute auch ganz einfach, wie sie ihren Führungsstil einschätzen würden." → Selbstreflexion
Interesse an der Wissensweiterentwicklung	Fortbildungen, Sprachkurse; Veröffentlicht jemand selber etwas?
Studium	Lebenslauf
Sprachkenntnisse	Englisch über das direkte Sprechen, sonst schwieriger → stellt sich beim Kunden heraus
Urteilsfähigkeit	„Hat er schon große Fehler gemacht oder nicht? Und hat er etwas aus den Fehlern gelernt?" → „Wenn jemand sagt, da hab ich gedacht, das würde da und da hingehen und dann hab ich das so und so gemacht" → wie schätzt jemand die Interviewsituation ein → sieht sich jemand als geeignet für die Position?
Erkennen komplexer Zusammenhänge	schwer erfassbar
Denken über den Tellerrand hinaus	Rollenspiel: „Wie stellt sich jemand vor, was er auf der neuen Position bewegen kann?" (anhand von Fallbeispielen im Lebenslauf)

effiziente und systematische Arbeitsweise	Fallbeispiel im Lebenslauf; „Problemstellungen, die man im Interview stellt: Wie werden sie vorgehen, gab es in der Vergangenheit mal ein Problem in diesem Bereich? Und dann nachverfolgen, wie und auf welche Weise ist das Problem gelöst worden, um dann zu sehen, wie systematisch geht der Mann vor."
handelt zielgerichtet	schwer erfassbar
erkennt Schwierigkeiten rasch	schwer erfassbar
ist in der Lage, unternehmerische Lösungen zu finden	schwer erfassbar
selbstbewusstes Auftreten	→ Wie „überzeugende und sichere Moderations- und Präsentationstechnik"? → Lässt sich der Bewerber durcheinander bringen? Persönlicher Eindruck: Wie gibt er die Hand, wie ist die Stimme, wie verhält er sich, wenn jemand den Raum betritt?
gewandtes Auftreten	→ „Augenschein"
überzeugende und sichere Moderations- und Präsentationstechnik	Wenn der Bewerber im Gespräch eine Präsentation abhält → guter Wortfluss → wenn der Bewerber „ad hoc längere Sätze sprechen kann ohne größere Schwierigkeiten, mit Zwischenfragen zurechtkommen kann → Frage nach der Vergangenheit: Hat der Bewerber schon Vorträge gehalten vor internationalem Publikum in verschiedenen Sprachen? „Eingedampft ist das wieder: ‚Wie gut redet der Mann mit mir?'" → Analogie
Erfahrungen auf dem Gebiet Personalführung/Teamleitung	schwer erfassbar
rasche Anpassung an neue Gegebenheiten	schwer erfassbar
Übernahme von Verantwortung	„Aus dem Lebenslauf: Hatte er schon Verantwortung? Und dann so einfache Dinge wie: War er in der Schülermitverwaltung? Im Studium engagiert? In Projekten engagiert?" → mehr als Eigenverantwortung → auch Verantwortung für andere → „Alles, was man selber tut, hat für alle anderen auch Folgen."
Entscheidungskraft	→ „Hat er Entscheidungen gefällt? Hat er auch unpopuläre Entscheidungen gefällt? Hat er sich gedrückt vor Entscheidungen? Wie würde er sich entscheiden, wenn das und das wäre?" → „äußert sich in kleinen Details"
Durchsetzungsvermögen	schwer erfassbar
Verantwortungsbewusstsein	„Ist er mit Verantwortung vernünftig umgegangen? Hat er das missbraucht in irgendeiner Form oder einfach nur schleifen lassen? Ist auch schon Missbrauch eigentlich."
Kommunikationsfähigkeit	schwer erfassbar
Kontaktfreudigkeit	persönlicher Eindruck → „Fürchtet er sich vor mir oder nicht?"
Selbstbewusstsein/Selbstständigkeit	„Entwickelt jemand gerne selbst Dinge und setzt die um, im privaten wie im Berufsleben?"
Ausdauer	„Hat er sich durchgebissen?" → nur am Positiven feststellbar
Belastbarkeit	schwer erfassbar
Überzeugungskraft	„wenn jemand eigene Ideen verwirklicht hat"
Verhandlungsgeschick	→ Anhand von Beispielen aus der Vergangenheit: „Wie sind sie da vorgegangen und inwieweit konnten sie ihre Vorstellungen durchsetzen?"
Engagement	schwer erfassbar
Motivation	Lebenslauf geradlinig, sauber → „Ist er bereit, sich weiterzuentwickeln?" → wenn jemand von einem Projekt erzählt (wie gefällt es dem Bewerber, wie klappt das Projekt)

Das Gespräch wird unstrukturiert geführt, wobei der Bewerber frei redet. Hier erkennt Herr A. die „Relevanzstruktur" des Kandidaten. Wichtig sind ihm Fallbeispiele, die er situativ und handlungsorientiert hinterfragt. Er hat aber „keinen Plan", nach dem er die Anforderungen abfragt. Wichtig ist ihm die „Gesamtpersönlichkeit" des Bewerbers. Er versucht, sich „in die Person reinzufragen" und „Was wäre, wenn...?"-Szenarien zu entwerfen.

Herr A. weiß, dass er viele Anforderungen im Interview nicht abfragt, aber eine genaue Tätigkeitsbeschreibung hilft ihm dabei, „nichts aus den Augen zu verlieren". Herr A. neigt dazu, aufgrund seines Gesprächseindruckes und der darin gebildeten Theorien über den Bewerber fehlende Informationen zu einem runden Gesamtbild zu ergänzen.

Bedürfnisse an ein zu entwickelndes Instrument bzw. einer Vorgehensweise zur Beurteilung und Auswahl von Bewerbern

Bedürfnisse des Personalverantwortlichen an ein neues Instrument
Konkret wünscht sich Herr A. einen „Basisbogen" in Form einer „Sammlung von Punkten, die enthalten sind [...], damit man im Gespräch was hat, wo man immer wieder drauf zurückfallen kann, um diese Dinge nicht zu vergessen oder um später auch eine gewisse Vergleichbarkeit zu haben." Dieser Bogen soll als „Gerüst" bzw. „Guideline" dienen, „nicht so packend", dass ein Ausbrechen nicht möglich ist, aber man wiederum jederzeit wieder „zurückkommen" kann.

Gewünschte Vorteile bzw. favorisierte Aspekte des neuen Instruments
Das Vorhandensein bestimmter Fragen erachtet Herr A. als wichtig und notwendig und sieht darin die Möglichkeit, eine Vergleichbarkeit verschiedener Gespräche und somit Bewerber zu gewährleisten.

Faktoren bzw. Aspekte des neuen Verfahrens, die den Einsatz behindern
Eine Standardisierung des Verfahrens erachtet Herr A. als problematisch und bezeichnet dies als „Dilemma", indem er sie einerseits als „sinnvoll" bezeichnet, aber ebenso die „Gefahr" betont, „Leute in einen Rahmen (zu) pressen".

Er persönlich mag keine standardisierten „Tools", da er glaubt, „dass sie im Vorfeld von etwas Falschem ausgehen" und daher finden standardisierte Instrumente in seiner praktischen Tätigkeit keine Verwendung. Dabei gesteht er aber ein, dass es eine „gewisse Überheblichkeit" im Sinne „man ist der beste Interviewer" gibt und man sich daher eher auf die eigene Intuition verlassen wird. Im gleichen Atemzug betont er aber die Gefahr des „Abgleitens" im Verlauf des Gespräches und wünscht sich ein Instrument, welches ihn davon abhält.

Als weiteres Problem sieht Herr A. die begriffliche Klärung der Konstrukte, die er als schwierig ansieht. Dieses Problembewusstsein liegt sehr im Sinne des gesamten Projektes, da es sich in den Interviews als wesentliche Aufgaben herausgestellt hat, die von den Personalverantwortlichen verwendeten Worthülsen zu verstehen und von einem gemeinsamen Vokabular hinsichtlich bestimmter Aufgaben und Anforderungen ausgehen zu können.

14. Elektronikbauteile – Falldarstellung 14

Interviewpartnerin: Frau Z.

Art und Größe des Unternehmens
Das Unternehmen gehört der Elektrotechnikbranche an. Es operiert weltweit mit ca. 3000 Mitarbeitern, von denen ca. 60 in Europa beschäftigt sind. Am Münchener Standort arbeiten ca. 45 MitarbeiterInnen. Die Struktur des Unternehmens bezeichnet Frau Z. als zentralisiert. Entscheidungen werden – ohne dass ein größerer Handlungsrahmen bestünde – von der Unternehmensführung vorgegeben.

Von Frau Z. wird die Niederlassung am Standort München als „mittelständisches Unternehmen" bezeichnet. Die Kultur der Niederlassung bezeichnet sie als offen. Sie betont die Wichtigkeit der Kommunikation der vornehmlich in Teams arbeitenden Beschäftigten. Im Unternehmen ist ein eigenständiger Personalbereich etabliert, wobei er im gesamten Unternehmen ca. 60 Mitarbeiter umfasst.

Zur Person der Personalverantwortlichen
Im direkten Tätigkeitsbereich von Frau Z. arbeiten vier Kollegen und ein Vorgesetzter.

Neben einer abgeschlossenen Ausbildung als Bürokauffrau hat Frau Z. ein Studium in Wirtschaftswissenschaften an einer Fachhochschule beendet. Sie ist 32 Jahre alt. Seit 18 Monaten ist sie im Personalbereich tätig und war im vergangenen Jahr an ca. 100 Bewerbungs- bzw. Auswahlgesprächen beteiligt. Früher war die operative Personalarbeit der Tätigkeitsschwerpunkt der Personalverantwortlichen. Gegenwärtig ist Frau Z. zudem mit den Bereichen Ausbildung, Fort- und Weiterbildung und Personalauswahl betraut und dabei für kaufmännische und technische Auszubildende, Angestellte (ohne Führungsaufgaben), untere, mittlere und obere Führungskräfte zuständig.

Frau Z. sind aus ihrer eigenen Praxis die Analyse von Bewerbungsunterlagen, strukturierte Interviews als Einzelgespräche und unstrukturierte Interviews mit der Fachabteilung gut bekannt. Etwas bekannt sind ihr strukturierte Interviews mit der Fachabteilung, unstrukturierte Interviews als Einzelgespräche, Arbeitsproben und Assessment Center. Das multimodale Interview hingegen sowie alle Testverfahren (Intelligenz-, Wissens-, Leistungs- und Persönlichkeitstests), computergestützte Verfahren und graphologische Gutachten kennt sie aus ihrer Tätigkeit kaum. Biographische Fragebögen sind ihr nicht bekannt.

In der konkreten praktischen Tätigkeit analysiert Frau Z. häufig Bewerbungsunterlagen, führt häufig strukturierte Interviews als Einzelgespräche, unstrukturierte Interviews mit der Fachabteilung sowie Arbeitsproben durch. Manchmal wird mit strukturierten Interviews mit Fachvertretern, unstrukturierten Interviews in Form von Einzelgesprächen und mit multimodalen Interviews gearbeitet. Assessment Center kommen selten zum Einsatz. Testverfahren, computergestützten Verfahren und graphologische Gutachten haben keine Relevanz bei der Personalauswahl im Unternehmen.

Persönlicher Eindruck von der Interviewpartnerin
Grundsätzlich ist Frau Z. als unsicher in ihrem Vorgehen bei der Auswahl und Beurteilung von BewerberInnen einzuschätzen. Der Grund dafür kann in der geringen Erfahrung mit Auswahl- bzw. Bewerbungsgesprächen gesehen werden. Nach eigenen Angaben orientiert sich Frau Z. vor allem an ihren eigenen Erfahrungen mit Bewerbungsgesprächen und schließt davon auf ihr Vorgehen. Sie ahmt also als Interviewerin die Gespräche nach, in denen sie selbst Berwerberin war.

Im Verlauf der Interviews signalisierte sie Lernbereitschaft. In diesem Zusammenhang berichtet sie von ihrer Teilnahme an einem Workshop, in dem die Gestaltung und der Ablauf von Gesprächen Thema war. Seit diesem Workshop vollzogen sich Veränderungen in ihrem Vorgehen bei der Auswahl von Mitarbeitern. Nachdem zu Beginn ihrer Tätigkeit mit einem stark strukturierten Leitfaden mit fest vorgegebenen Fragen gearbeitet wurde, wird dieser heute kaum mehr verwendet. Gegenwärtig favorisiert sie ein relativ freies Vorgehen, wobei der frühere Leitfaden nur als Fragenkatalog und gelegentliche Hilfe fungiert. Zudem versucht sie, Fragen aus den Antworten des Bewerbers zu generieren, um einzelne Aspekte gezielt hinterfragen zu können.

Zusammenfassend ist Frau Z. jedoch ein relativ wenig differenziertes Wissen hinsichtlich der Anforderungen und der dahinter stehenden Konstrukte zu attestieren. Lernbereitschaft ist zwar zu erkennen; sie erweckt dabei aber den Eindruck, als wolle sie vor allem Tools kennen lernen, mit denen sie schneller und sicherer Urteile fällen kann. Ein tieferer Einblick in die Problematik der Interaktionen während eines Bewerbungsgespräches sowie eine Einsicht in mögliche Fehlerquellen des eigenen Urteils war kaum erkennbar. Das Verhalten während der Bewerbungsgespräche erscheint als regelgeleitet, jedoch ohne dass Frau Z. den Sinn einzelner Gesprächsregeln und somit auch ihr eigenes Verhalten kritisch reflektieren würde. Effizienz des Vorgehens und nicht dessen Reflexion scheint eindeutig im Vordergrund zustehen. Bestätigt wird dies durch ihren Wunsch nach einem neuen Verfahren, bei dem für sie im Vordergrund steht, „möglichst viel vom Bewerber „zu erfahren und dabei einen geringen „zeitlichen, personellen sowie finanziellen Aufwand" zu haben.

Der Auswahl- und Beurteilungsprozess
Am ehesten assoziiert Frau Z. ihre und somit die unternehmensspezifische Personalauswahl mit Aspekten der Potenzial- und Kompetenzbeurteilung und weniger mit denen der Eignungsdiagnostik.

Charakteristika des Auswahlkontexts
Für Angestellte ohne Führungsaufgaben wurden im vergangenen Jahr fünf Stellen und für kaufmännische Auszubildende eine Stelle ausgeschrieben. Daraufhin gingen für Angestellte ohne Führungsaufgaben ca. 150 und für kaufmännische Auszubildende ca. 40 Bewerbungen bei der Personalabteilung ein. Nach Angaben von Frau Z. werden bei Angestellten zwei Gespräche sowie bei kaufmännischen Auszubildenden ein Gespräch und ein Assessment Center durchgeführt.

Beschreibung des allgemeinen Auswahlprozesses
Nach Sichtung der Bewerbungsunterlagen wird ein erstes Bewerbungs- bzw. Auswahlgespräch mit Frau Z. in Form eines Einzelgesprächs geführt. Bei entsprechender Eignung der Bewerber wird ein Zweitgespräch mit entsprechenden Fachvertretern (u.U. mit Teammitgliedern) geführt. Im Anschluss daran muss der Bewerber eine zwei- bis dreistündige Arbeitsprobe bewältigen. Diese beinhaltet auch eine Zusammenarbeit mit zukünftigen Kollegen, denen die Möglichkeit eingeräumt wird, ein Statement über den potenziellen Mitarbeiter abzugeben

Das erste Gespräch führt Frau Z. allein und orientiert sich dabei an einem Leitfaden, der die wichtigsten Fragen, die aus ihrer Sicht gestellt werden müssen, enthält. Dieser ist aber nicht zwingend für den Ablauf und die Gestaltung des Gespräches entscheidend. In diesem Gespräch werden von der Personalverantwortlichen die wichtigsten Aufgaben dargestellt. Nach eigenen Angaben dient es dazu die „Person kennen zu lernen". Während oder nach dem Gespräch werden Notizen und Kommentaren auf einem Beurteilungsbogen (u.a. über Alter, Englischkenntnisse, Besonderheiten, wie Projekte, Praktika und den persönlichen Eindruck) gemacht, die dann den entsprechenden Fachverantwortlichen weitergegeben werden. Mittlerweile wird von Frau Z. – wie bereits ausgeführt – die freie Gesprächsführung favorisiert, in der sie gezielter auf die Antworten des Bewerbers eingehen möchte. Der grobe Ablauf, der sich früher in die Vorstellung des Unternehmens durch Frau Z. und das darauf folgende Interview unterteilt hat, wurde auch verändert. So stellt Frau Z. gegenwärtig das Unternehmen, die Kultur und die konkreten Aufgaben und Anforderungen erst nach dem Interviewen des Bewerbers vor. Als Grund für die Veränderung des früheren Ablaufs führt sie an, „dass die Bewerber mir dann viel eher sagen, was ich hören will". Hierbei tritt ein Aspekt zu Tage, der Frau Z. im Auswahlkontext besonders wichtig zu sein scheint: Frau Z. „misstraut" den Bewerbern. Sie vermutet zuweilen Täuschungstendenzen hinter den Aussagen der Bewerber.

In einem zweiten Gespräch, welches von dem entsprechenden Fachvorgesetzten allein oder mit Frau Z. geführt wird, geht es primär um die Überprüfung der fachlichen Eignung. Diese wird vom Fachverantwortlichen hinterfragt und durch eine „kleine Arbeitsaufgabe" überprüft. Hervorzuheben ist, dass diese Arbeitsprobe zudem eine zwei- bis dreistündige Zusammenarbeit mit allen potenziell zukünftigen Teammitgliedern erfordert und diese auch ihr „Statement" über den Bewerber abgeben dürfen. Auf die Teammeinung wird bei der Entscheidung großen Wert gelegt, „weil die müssen ja miteinander arbeiten". Aber auch der Bewerber wird befragt, ob er sich die Zusammenarbeit mit dem Team vorstellen könnte.

Nach einer abschließenden Besprechung bzw. Diskussion („Dann setzen wir uns in einer Runde zusammen und bereden noch mal jeden einzelnen.") zwischen dem Fachverantwortlichen und Frau Z., bei der es um den jeweils gewonnenen Eindruck geht, wird die Entscheidung für oder gegen den Bewerber getroffen.

Nach Angaben von Frau Z. werden die personellen Entscheidungen in Form von gelegentlichen systematischen und unsystematischen Beobachtungen sowie durch die Befragung von Vorgesetzten und Mitarbeitern überprüft. In diesem Zusammenhang berichtet Frau Z. von ihrer eigenen Überprüfung der Personalentscheidung, die sie unabhängig von den unternehmensinternen Vorgaben – wie die regelmäßigen Beurteilungs- bzw. Mitarbeitergespräche – nach einer kurzen Einarbeitungszeit der neuen Mitarbeiter initiiert. Dabei führt sie Gespräche sowohl mit den Fachvorgesetzten als auch dem neuen Mitarbeiter über dessen Bewährung bzw. Eignung, bzgl. Passung zum Team und der Erfüllung der Erwartungen beider Seiten.

Bewertung des Auswahl- und Beurteilungsprozesses
Der Auswahl- und Beurteilungsprozess ist stark geprägt durch die geringe Berufserfahrung und teilweise deutliche Unsicherheit von Frau Z. Sie betont bzw. glaubt u.a., dass „man sich in der Personalauswahl auf sein Bauchgefühl verlassen muss", gesteht aber gleichzeitig ein, manchmal „zu voreingenommen" zu sein. Des Weiteren ist sich Frau Z. dessen bewusst, welche beeinflussende Wirkung der (erste) Eindruck haben kann. Einen wichtigen Stellenwert nimmt dabei der Gesprächsverlauf ein, der erheblichen Einfluss auf die Eindrucksbildung bei Frau Z. zu haben scheint.

Die im Auswahl- und Beurteilungsprozess verwendeten Instrumente – der handschriftliche Leitfaden und der Beurteilungsbogen – sind eher unstandardisiert und wenig strukturiert.

Eine bessere Strukturierung ist subjektiv der durchzuführenden Arbeitsprobe in Form einer „kleinen Arbeitsaufgabe" und der damit einer gehenden und gewollten Zusammenarbeit mit dem Team zu attestieren. Nach wissenschaftlichen Verständnis erfüllt diese Arbeitsaufgabe zwar nicht die Anforderungen hinsichtlich der Beobachtung des konkreten anforderungsbezogenen Verhaltens, scheint aber ein valides Urteil über die Passung des Bewerbers zum Team und dessen fachliche Fähigkeiten zu ermöglichen.

Welche Anforderungen sollen erfasst werden?
In den Interviews wurden die Aufgaben und Anforderungen für einen/eine Konstrukteur/in besprochen. Im Gespräch und durch das Hinterfragen der Tätigkeit ergaben sich folgende Aufgaben für den/die Konstrukteur/in:
- Machbarkeitsstudien
- Konstruktionen konzipieren
- Konstruktionen projektieren
- intern kommunizieren
- extern kommunizieren
- technische Details auch laiengerecht erklären
- arbeiten unter Zeit- und Termindruck
  - Termintreue
  - zeitliche Flexibilität
  - fachliche Flexibilität

In der Tätigkeit enthaltene Anforderungen und Voraussetzungen an die Person
Zunächst wurden hier die Anforderungen und Voraussetzungen erhoben. In einem weiteren Interview wurde Frau Z. gebeten, Aufgaben von Anforderungen zu trennen.

In gelisteter Form ergab sich dabei folgende Unterteilung. Die Reihenfolge der Liste ergibt sich jeweils durch die Wichtigkeit der jeweiligen Anforderung:
- fachliche Anforderungen:
  - Studienabschluss in Maschinenbau, als Techniker oder im Feinelektronikbereich
  - Sprachkenntnisse (insbesondere Englisch)
  - Spezialisierung im Bereich Steckverbindungen
  - Branchenkenntnisse
  - strategisches Denken
  - Kreativität
  - Kontinuität
  - Zielstrebigkeit

- persönliche Anforderungen:
  - Teamfähigkeit
  - Selbstsicherheit
  - Engagement
  - Offenheit

In welcher Beziehung stehen die Anforderungen und Aufgaben zueinander?

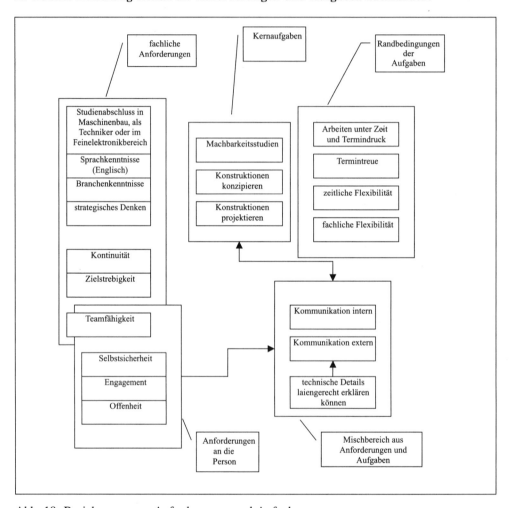

Abb. 18: Beziehungen von Anforderungen und Aufgaben

Mit welcher Sicherheit können die Konstrukte beobachtet werden?

Tab. 33: Sicherheit der Beobachtung der Konstrukte

sehr unsicher 5	relativ unsicher 4	teils-teils 3	relativ sicher 2	sehr sicher 1
Kommunikation intern Termintreue Arbeiten unter Termin- und Zeitdruck Konstruktionen projektieren	Engagement zeitliche Flexibilität	Branchenkenntnisse strategisches Denken Zielstrebigkeit Teamfähigkeit Selbstsicherheit (2–3) Kommunikation extern (2–3) Fachliche Flexibilität Machbarkeitsstudien Konstruktionen konzipieren Kreativität	Studienabschluss/ fachliche Qualifikation Sprachkenntnisse Kontinuität Offenheit technische Details laiengerecht erklären können	

Frau Z. hat die Einordnung der Sicherheit der Konstrukte sehr schnell vorgenommen und sich einer weitergehenden Reflektion verschlossen. Die damit verbundene Unsicherheit, die vermutlich zu einer Interpretation der Situation als Prüfungssituation geführt hat, zeigt sich besonders an dem Konstrukt Teamfähigkeit, das einmal als unter teils-teils und kurz darauf unter relativ unsicher eingestuft wurde.

Wie werden die Konstrukte im Interview beobachtet?

Tab. 34: Möglichkeit der Bobachtung von Konstruktionen im Interview

Anforderung	wird im Interview erfasst durch
Studium/fachliche Qualifikation	„Was fällt jemandem vom Studium ein?" Erklärung von bestimmten Dingen aus dem Studium/der Diplomarbeit
Sprachkenntnisse, v.a. Englisch	Im Gespräch wird auch Englisch gesprochen.
Branchenkenntnisse	Fragen
strategisches Denken	„Wenn jemand 10 Jahre studiert hat und danach noch ein Jahr frei macht", eine „gewisse Linie sollte zu erkennen sein", „ist aber im Interview „nicht klar erkennbar".
Kontinuität	Häufigkeit des Arbeitsplatzwechsels, Kontinuität im Lebenslauf
Kreativität	
Zielstrebigkeit	„Wenn jemand 10 Jahre studiert hat und danach noch ein Jahr frei macht", eine „gewisse Linie sollte zu erkennen sein", „ist aber im Interview „nicht klar erkennbar".
Teamfähigkeit	Lässt sich in der Arbeitsprobe mit dem Team beobachten.
Selbstsicherheit	Fachliche Qualifikation ist Voraussetzung für Selbstsicherheit.
Offenheit	„offen neuen Sachen stellen", „offen auf Menschen zugehen" auch in der Bewerbungssituation
Engagement	Fragen nach Arbeitszeit; Engagement, andere Aufgaben zu übernehmen; mangelndes Engagement: im Interview zu früh nach der Arbeitszeit fragen.
technische Details laiengerecht erklären können	„Was fällt jemandem vom Studium ein?" Erklärung von bestimmten Dingen aus dem Studium/der Diplomarbeit
Kommunikationsfähigkeit	Gutes Gespräch; „wenn jemand das gut erklärt, was er gemacht hat".
organisatorische Fähigkeiten	„nicht feststellbar", evt. über die Arbeitsaufgabe
persönlicher Eindruck	Kommunikation im Gespräch → Bewerber erzählt von seiner Diplomarbeit → Wie war das Vorgehen? Umgang mit Rückschlägen? Kann er das Thema laiengerecht darstellen?

Wie werden Konstrukte aus den Bewerbungsunterlagen erschlossen?

Tab. 35: Möglichkeiten der Analyse von Bewerbungsunterlagen

Anforderung	wird aus den Bewerbungsunterlagen erschlossen durch
Studium/fachliche Qualifikation	Lebenslauf
Sprachkenntnisse, v.a. Englisch	
Branchenkenntnisse	Berufserfahrungen, Zeugnisse
strategisches Denken	
Kontinuität	längere Unternehmenszugehörigkeit; Kontinuität im Lebenslauf
Kreativität	
Zielstrebigkeit	
Teamfähigkeit	
Selbstsicherheit	
Offenheit	
Engagement	Zeugnisse, „Nebenaktivitäten"; nicht gut aus den Unterlagen erkennbar, manchmal über das Anschreiben.
technische Details laiengerecht erklären können	
Kommunikationsfähigkeit	
organisatorische Fähigkeiten	
persönlicher Eindruck	

Aus den Bewerbungsunterlagen kann Frau Z. primär qualifikatorische Aspekte erkennen; die über die Qualifikation hinausgehenden Merkmale kann man ihrer Meinung nach „manchmal über das Anschreiben" erkennen, grundsätzlich aber besser im Gespräch. Grundsätzlich ist in dem Anschreiben auch das Eingehen auf die Anzeige ein Faktor, der die Entscheidung mit beeinflusst. Die Bewerbungsunterlagen müssen „ergonomisch" in der Handhabung sein, wobei Frau Z. auch davon ausgeht, dass „Leute, die wirklich gut sind, […] sich mehr Gedanken bei der Bewerbung" machen.

Bedürfnisse an ein zu entwickelndes Instrument bzw. eine Vorgehensweise zur Beurteilung und Auswahl von Bewerbern

Bedürfnisse der Personalverantwortlichen an ein neues Instrument
Im Vordergrund für Frau Z. steht es „möglichst viel vom Bewerber" zu erfahren und dabei einen geringen „zeitlichen, personellen sowie finanziellen Aufwand" zu haben. Sie stellt sich unter einem hilfreichen Instrument eine „Orientierungshilfe" vor, die analog zu ihrem Leitfaden Fragen und zudem „ruhig auch eine Skala, wo man nach dem Gespräch einträgt", enthält. Dabei sollen diese Skalen „einfach gestrickt" sein.

Gewünschte Vorteile bzw. favorisierte Aspekte des neuen Instruments
Das zu entwickelnde Verfahren bzw. Instrument sollte „noch punktueller und genauer sein" als die bereits bestehenden Verfahren.

Faktoren bzw. Aspekte des neuen Verfahrens, die den Einsatz behindern könnten
Ein größerer zeitlicher Aufwand ist für Frau Z. ein negativ bewerteter Aspekt des neuen Instruments.

Kaskadenmodell zum Vorgehen bei der Bewertung von Bewerbungsunterlagen

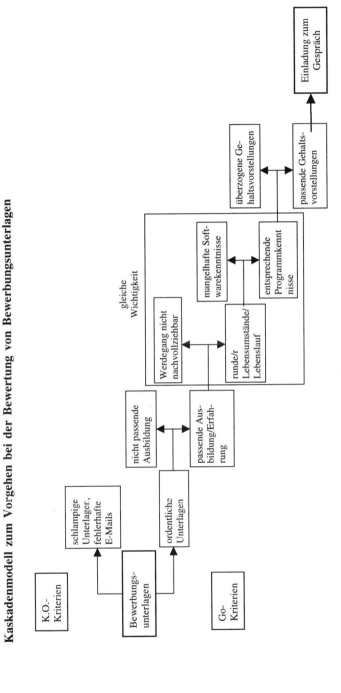

Abb. 19: Kaskadenmodell zu Falldarstellung 14

Literatur

Arvey, R.D. & Campion, J.E. (1984). Person perception in the employment interview. In Cook, M. (Hrsg.). Issues in Person Perception. London; New York.

Asch 1946, zitiert nach: Schneider, D. (1973). Implicit Personality Theory: A review. In Psychological Bulletin, 79, 294-309.

Barth, U.G. (2003). Die Entstehung von Kompetenzhypothesen aufgrund minimaler Information im externen Personalselektionsprozess. Eine empirische Studie über Kompetenzzuschreibung in der Praxis. Unveröffentlichte Diplomarbeit. München: Universität München.

Becker, M. (1999). Personalentwicklung: Bildung, Förderung und Organisationsentwicklung in Theorie und Praxis. 2. Aufl. Stuttgart.

Bortz, J. & Döring, N. (2002). Forschungsmethoden und Evaluation: für Human- und Sozialwissenschaftler. 3. Aufl. Berlin.

Bretz, R.D., Rynes, S.L. & Gerhart, B. (1993). Recruiter Perceptions of Applicant Fit: Implications for Individual Career Preparation and Job Search Behavior. In Journal of Vocational Behavior, 43, 310-327.

Brown, B.K. & Campion, M.A. (1994). Biodata Phenomenology: Recruiters' Perceptions and Use of Biographical Information in Resume Screening. In Journal of Applied Psychology, 79/6, 897-908.

Dougherty, T.W., Turban, D.B. & Callender J.C. (1994). Confirming First Impressions in the Employment Interview: A Field Study of Interviewer Behavior. In Journal of Applied Psychology, 79/5, 659-665.

Dreyfus, H.L. & Dreyfus, S.E. (1987). Künstliche Intelligenz. Von den Grenzen der Denkmaschinen und dem Wert der Intuition. Hamburg.

Drumm, H.J. & Scholz, C. (1988). Personalplanung: Planungsmethoden und Methodenakzeptanz. Regensburger Beiträge zur betriebswissenschaftlichen Forschung. Stuttgart.

Effler, M. (1986). Kausalerklärungen im Alltag: Attributionstheorie. Frankfurt.

Erpenbeck, J. & Heyse, V. (1999). Die Kompetenzbiographie. Strategien der Kompetenzentwicklung durch selbstorganisiertes Lernen und multimediale Kommunikation. Münster.

Erpenbeck, J. & Rosenstiel, L. von (Hrsg.) (2003). Handbuch Kompetenzmessung. Erkennen, verstehen und bewerten von Kompetenzen in der betrieblichen, pädagogischen und psychologischen Praxis. Stuttgart.

Erpenbeck, J. (1999). Qualifikationsanaloge Zertifizierung von Kompetenzen? In QUEM-Bulletin, 4´99, 1-6.

Feldmann, J.M. (1981). Beyond Attribution Theory: Cognitive Processes in Performance Appraisal. In Journal of Applied Psychology, 66/2, 127-148.

Fiedler, K. (1997). Die Verarbeitung sozialer Information für Urteilsbildung und Entscheidung. In Stroebe, W., Hewstone, M. & Stephenson, G.M. (Hrsg.). Sozialpsychologie. Eine Einführung. 3. Aufl. Berlin.

Forgas, J.P. (1994). Soziale Interaktion und Kommunikation: eine Einführung in die Sozialpsychologie. 2. Aufl. Weinheim.

Frese & Brodbeck 1998, zitiert nach: Hoyos, C.G. & Frey, D. (Hrsg.) (1999). Arbeits- und Organisationspsychologie. Ein Lehrbuch. Weinheim.

Frey, D. & Greif, S. (Hrsg.) (1997). Sozialpsychologie: Ein Handbuch in Schlüsselbegriffen. Weinheim.

Frieling, E. & Sonntag, K. (1999). Lehrbuch der Arbeitspsychologie. Bern

Gruber, H. & Ziegler, A. (1996) (Hrsg.). Expertiseforschung. Theoretische und methodische Grundlagen. Opladen.

Hellriegel, D., Slocum, J.W. & Woodman, R.W. (2001). Organizational Behavior. 9. Aufl. Cincinatti, Ohio.

Jackson, S.E., Schuler, R.S. & Rivero, J.R. (1989). Organizational Characteristics as Predictors of Personnel Practices. In: Personnel Psychology, 42, 727-785.

Johns, G. (1993). Constraints on the Adoption of psychology-based Personnel Practices: Lessons from organizational Innovation. In: Personnel Psychology, 46, 569-591.

Kanning, U.P. (1999). Die Psychologie der Personenbeurteilung. Göttingen.

Lang-von Wins, T. (2000). Perspektiven der Potentialbeurteilung in Unternehmen: Probleme und Chancen. In Rosenstiel, L. von & Lang-von Wins, T. (Hrsg.). Perspektiven der Potentialbeurteilung. Göttingen.

Lang-von Wins, T. (2003). Die Kompetenzhaltigkeit von Methoden moderner psychologischer Diagnostik-, Personalauswahl- und Arbeitsanalyseverfahren sowie aktueller Management-Diagnostik-Ansätze. In: Erpenbeck, J. & von Rosenstiel. L. (Hrsg.). Handbuch Kompetenzmessung. Erkennen, verstehen und bewerten von Kompetenzen in der betrieblichen, pädagogischen und psychologischen Praxis. Stuttgart, 585-618.

Lang-von Wins, T., Maukisch, H. & von Rosenstiel, L. (1998). Abschlussbericht des Projektes CLEVER. München: Universität München.

Lauver, K.J. & Kristof-Brown, A. (2001). Distinguishing between Employees' Perceptions of Person-Job and Person-Environment Fit. In Journal of Vocational Behavior, 59, 454 – 470.

Lueger, G. (1992). Die Bedeutung der Wahrnehmung bei der Personalbeurteilung: Zur psychischen Konstruktion von Urteilen über Mitarbeiter. München.

Macan, T.H. & Dipboye, R.L. (1994). The Effects of the Application on Processing of Information from Employment Interview. In Journal of Applied Social Psychology, 24/14, 1291-1314.

Moser, K. & Zempel, J. (2000). Die Implementierung neuer Potentialanalyseverfahren in Organisationen. In: Rosenstiel, L. von & Lang-von Wins, T. (Hrsg.). Perspektiven der Potentialbeurteilung. Göttingen, 181-200.

Paunonen, S.V., Jackson, D.N. & Oberman, S.M. (1987). Personnel Selection Decisions: Effects of Applicant Personality and the Letter of Reference. In Organizational Behavior and Human Decision Processes, 40, 96-114.

Posner (1988) zitiert nach: Gruber, H. & Ziegler, A. (1996) (Hrsg.). Expertiseforschung. Theoretische und methodische Grundlagen. Opladen.

Prose, F. (1997). Gruppeneinfluß auf Wahrnehmungsurteile: die Experimente von Sherif und Asch. In Frey, D. & Greif, S. (Hrsg.). Sozialpsychologie: Ein Handbuch in Schlüsselbegriffen. Weinheim.

Ramsay, S., Gallois, C. & Callan, V.J. (1997). Social rules and attributions in the Personnel selection interview. In Journal of Organizational Psychology, 70, 189-203.

Rastetter, D. (1996). Personalmarketing, Bewerberauswahl und Arbeitsplatzsuche. Stuttgart.

Robertson, T.R. & Smith, M. (2001). Personnel selection. In Journal of Occupational and Organizational Psychology, 74, 441-472.

Rosenstiel, L. von (2000a). Grundlagen der Organisationspsychologie. Stuttgart.

Rosenstiel, L. von (2000b). Potentialanalyse und Potentialentwicklung. In Rosenstiel, L. von & Lang-von Wins, T. (Hrsg.). Perspektiven der Potentialbeurteilung. Göttingen.

Sandor, A. (2003). Wissenschaftliche und praxisnahe Qualitätskriterien an Instrumente und Methoden zur Personalauswahl und -beurteilung. Eine empirische Studie über Bedürfnisse und Anforderungen der Praxis. Unveröffentlichte Diplomarbeit. München: Universität München.

Scheer J. W. & Catina, A. (Hrsg.) (1993a). Einführung in die Repertory Grid-Technik. Bd. 1. Grundlagen und Methoden. Bern.

Scheer J. W. & Catina, A. (Hrsg.) (1993b). Einführung in die Repertory Grid-Technik. Bd. 2. Klinische Forschung und Praxis. Bern.

Schneewind, K.A. (1992). Persönlichkeitstheorien. Bd. 1. Alltagspsychologie und mechanistische Ansätze. 2. Aufl. Darmstadt.

Schneider, D. (1973). Implicit Personality Theory: A review. In Psychological Bulletin, 79, 294-309.

Schuler 1999, zitiert nach: Hoyos, C.G. & Frey, D. (Hrsg.) (1999). Arbeits- und Organisationspsychologie. Ein Lehrbuch. Weinheim.

Schuler, H. & Berger, W. (1979). Physische Attraktivität als Determinante von Beurteilung und Einstellungsempfehlung. In Psychologie und Praxis, 23, 59-70.

Schuler, H. (2000). Psychologische Personalauswahl. Einführung in die Berufseignungsdiagnostik. 3. Aufl. Göttingen.

Schuler, H. (2002). Das Einstellungsinterview. Göttingen.

Schwarz, N. (1997). Urteilsheuristiken und Entscheidungsverhalten. In: Frey, D. & Greif, S. (Hrsg.). Sozialpsychologie: Ein Handbuch in Schlüsselbegriffen. Weinheim.

Seibt, H. & Kleimann, M. (1990). Personalvorauswahl von Hochschulabsolventen: Derzeitiger Stand und Perspektiven. In: Methner, H. & Gebert, A. (Hrsg.). Psychologen gestalten die Zukunft: Anforderungen und Perspektiven; Bericht über die Fachtagung '90 der Sektion Arbeits-, Betriebs- und Organisationspsychologie im BDP, Bad Dürkheim 1990. Bonn.

Seligman, M. (1986). Erlernte Hilflosigkeit. München.

Semin, G.R. (1997). Personenwahrnehmung. In Frey, D. & Greif, S. (Hrsg.). Sozialpsychologie: Ein Handbuch in Schlüsselbegriffen. Weinheim: Psychologie-Verlags-Union Beltz.

Silvester, J., Anderson-Gough, F.M., Anderson, N.R. & Mohamed, A.R. (2002). Locus of control, attributions and impression management in the selection interview. In Journal of Occupational and Organizational Psychology, 75, 59-76.

Six, B. (1997a). Attribution. In: Frey, D. & Greif, S. (Hrsg.). Sozialpsychologie: Ein Handbuch in Schlüsselbegriffen. Weinheim.

Six, U. (1997b). Vorurteile. In: Frey, D. & Greif, S. (Hrsg.). Sozialpsychologie: Ein Handbuch in Schlüsselbegriffen. Weinheim.

Strack, F. (1997). Soziale Informationsverarbeitung. In: Frey, D. & Greif, S. (Hrsg.). Sozialpsychologie: Ein Handbuch in Schlüsselbegriffen. Weinheim.

Terpstra, D.E. & Rozell, E.J. (1997). Why some potentially effective staffing practices are seldom used. In: Public Personnel Management, 26, 4, 483-495.

Ulich, E. (1990). Arbeitspsychologie. Zürich/Stuttgart.

Wilk, S.L. & Sackett, P.R. (1996). Longitudinal Analysis of Ability-Job Complexity Fit and Job Change. In: Personnel Psychology, 49, 937-967.

Wottawa, H. (2000). Perspektiven der Potentialbeurteilung. Themen und Trends. In: Rosenstiel, L. von & Lang-von Wins, T. (Hrsg.). Perspektiven der Potentialbeurteilung. Göttingen, 27-51.

Klaus North, Peter Friedrich, Annika Lantz

Kompetenzentwicklung zur Selbstorganisation

Vorbemerkung

Der Begriff der Selbstorganisation findet zunehmend Eingang in die populäre Management-Literatur. Eine tiefergehende, empirisch fundierte Analyse des Phänomens der Selbstorganisation aus Sicht der Kompetenzforschung fehlt jedoch bisher.

Unser Projekt will einen Beitrag leisten zum Verständnis und zur Entwicklung von Kompetenzen zur Selbstorganisation durch die Erforschung tatsächlich vorhandener Lernkulturen und Kompetenzentwicklungswege, um darauf aufbauend aktuelle und künftige Gestaltungsmöglichkeiten auszuloten. Aus theoretischer Sicht soll die Frage untersucht werden, ob Selbstorganisation als eine „Metakompetenz" aufgefasst werden kann.

Die in diesem Beitrag vorgestellten Ergebnisse sind Resultat einer deutsch-schwedischen Zusammenarbeit der beiden Institute FritzChangeAB (Stocksund) und des Zentrums für Wissens- und Kompetenzmanagement am Fachbereich Wirtschaft der Fachhochschule Wiesbaden. Im Folgenden werden sowohl Ergebnisse des abgeschlossenen Projekts „Kompetenzen zu Selbstorganisation" als auch ein Zwischenstand des noch in Arbeit befindlichen Projekts „Selbstorganisation als Metakompetenz" dargestellt. Wir weisen daher unsere Leser darauf hin, dass Sie im Folgenden kein abgeschlossenes, fertiges Modell – empirisch validiert und poliert – vorfinden werden, sondern wir öffnen unsere Forschungswerkstatt zur Selbstorganisation und Kompetenzentwicklung.

Wir danken den Beteiligten aller Firmen für Ihre Bereitschaft zur Mitwirkung und Unterstützung des Projekts.

1 Einleitung

1.1 Im Wissenswettbewerb bestehen

Mit der Globalisierung wird vielen Unternehmen klar, dass die führenden Industrienationen nur dann nachhaltig wettbewerbsfähig sein können, wenn sie den Produktionsfaktor Wissen besser nutzen. Es vollzieht sich ein struktureller Wandel von arbeitsintensiven zu wissensintensiven Geschäftsfeldern. Unternehmen verkaufen zunehmend Wissen oder intelligente Produkte.

Rascher Wandel von Märkten und steigende Innovationsgeschwindigkeit, die unter anderem in Preisverfall, kürzeren Produktlebenszyklen, Individualisierung von Kundenbedürfnissen und neuen Geschäftsfeldern manifest werden, fordern von Unternehmen, schneller besser zu werden. Solche Veränderungen erfordern beschleunigte Lernprozesse und Problemlösungen nahe am Kunden, die jedoch nicht von zentral gesteuerten, mit einem deterministischen Managementansatz geführten Unternehmen erreicht werden können. Die Komplexität der Informationsverarbeitung und Wissensgenerierung kann nur durch Selbstorganisation organisatorischer Einheiten und deren Vernetzung beherrschbar werden. Ein auf gemeinsamen Werten beruhender Integrationsprozess hat sicherzustellen, dass die Balance zwischen Selbstorganisation und Fremdorganisation zu einer Optimierung der Wertschöpfung eines Unternehmens führt.

In Situationen, die durch ständige Veränderung hohe Anforderungen an die Flexibilität stellen, neue und unbekannte Begebenheiten im näheren Arbeitsumfeld der Mitarbeiter zu bewältigen, ist es für das Management unmöglich, notwendige Entwicklungen im Alleingang an jedem einzelnen Arbeitsplatz zu planen und durchzuführen. Gruppenarbeit kann hier in vielen Unternehmen die Funktion einer Veränderungsagens übernehmen. Letztendlich haben die Auffassungen des Managements zum essentiellen Charakter von Gruppen und Gruppenarbeit – und damit auch für die Entwicklung von Kompetenz zur Selbstorganisation – entscheidenden Einfluss auf das praktizierte Führungshandeln, was sich auch in den umgesetzten Konzepten zum Wissensmanagement widerspiegelt.

Ein adäquates Wissensverständnis für die Kompetenzentwicklung zur Selbstorganisation in Unternehmen ist durch den Ansatz „der Wissensökologie" gegeben (vgl. North, 2002): Danach entsteht Wissen vielfach aus und lebt von der Interaktion von Menschen, die in unterschiedlichen, z.T. zufälligen Kontexten zusammenfinden. Explizites und implizites Wissen sind untrennbar verbunden und bestimmen die Qualität des Handelns. Wissen entsteht im Prozess der Interaktion von Personen, der weitgehend selbstorganisiert ist. Eine Organisation kann daher Rahmenbedingungen schaffen, damit selbstorganisierte Kompetenzentwicklung und Lernen möglich werden sowie Wissensgemeinschaften entstehen, die Wissen generieren und austauschen sowie dieses Wissen in den Wertschöpfungsprozess des Unternehmens einbringen können.

Schnelle Veränderungen, beschleunigte Lernprozesse und Problemlösungen nahe am Kunden können jedoch nicht mit zentral gesteuerten, mit einem deterministischen

Managementansatz geführten Mitarbeitern erreicht werden. Die Komplexität der Informationsverarbeitung und Wissensgenerierung kann nur durch Selbstorganisation einzelner organisatorischer Einheiten und von Netzwerken geschehen.

In diesem Zusammenhang gewinnt die Fähigkeit zur Selbstorganisation an Bedeutung. Die Ergebnisse der empirischen Studie von Zulieferbeziehungen aus der Perspektive der Selbstorganisation gibt Hinweise darauf, dass eine Selbstorganisationskompetenz nicht isoliert von anderen eventuell vorhandenen Kompetenzen betrachtet werden kann. Im laufenden Forschungsprojekt arbeiten die Autoren daran, Selbstorganisation als Metakompetenz zu modellieren. Die empirischen Untersuchungen sollen uns dabei in erster Linie helfen, die theoretischen Bestandteile des Konstruktes „Selbstorganisation" greifbar, begreifbar und daraus folgend auch gestaltbar zu machen.

Lernprozesse sind in Unternehmen jedoch häufig fremdgesteuert. Kompetenzentwicklung zur Selbstorganisation beruht auf dem Ansatz des situativen bzw. sozialen Lernens, der im Kontrast zu einer traditionellen Sicht des Lernens bzw. der Aus- und Weiterbildung in Unternehmen deutlich wird (Wenger, 1998): *„Unsere Institutionen, soweit sie Fragen des Lernens explizit aufgreifen, beruhen weitgehend auf der Annahme, dass Lernen ein individueller Prozess ist, der Anfang und Ende hat und der am besten vom Rest unserer anderen Aktivitäten getrennt wird und dass Lehren die Quelle des Lernens ist. So lehren wir in Seminarräumen, gestalten computerunterstützte Trainingprogramme mit individualisierten Sessions, wir prüfen Lernerfolg mit individuellen Tests. Ergebnis ist, dass ein großer Teil unserer institutionalisierten Aus- und Weiterbildung als langweilig und irrelevant für die praktische Anwendung angesehen wird."*

Die Grundannahmen des sozialen bzw. situativen Lernens sehen Lernen dagegen als einen Gruppenprozess, der zeitlich unbegrenzt ist, zum Teil unbewusst abläuft. Lernen findet im Kontext des Handelns statt. Das bedeutet, Situationen, z.B. Kundengespräche gemeinsam zu erleben und darüber zu diskutieren, wie man diese verbessern kann oder Erfahrungen auszutauschen, anstatt Ausbildung und Weiterbildung primär an abstrakten Prozessbeschreibungen zu orientieren. Das situative bzw. soziale Lernen beruht weiterhin auf einer Vielfalt von Lehr- und Lernformen möglichst nah an der Erfahrungswelt der Lernenden und Lehrenden.

Ausgangspunkt für unser Projekt war die Beobachtung, dass Unternehmen sowohl eine Sensibilisierung für Selbstorganisation als auch vielfach Methoden und Instrumente fehlen, um Selbstorganisation zu entwickeln und zu „organisieren" und um die Entwicklung der für die Selbstorganisation wichtigen Kompetenzen zu unterstützen. Dies führt dazu, dass Mitarbeitern Kompetenzen zur Selbstorganisation fehlen oder im besten Falle, diese nicht entdeckt werden können.

Hier soll das in diesem Bericht vorgestellte Projekt ansetzen, und zwar indem die Entwicklung eines Konzeptes zum integrierten Wissens- und Kompetenzmanagement eingeleitet wird.

1.2 Zielsetzung praxisrelevanter Forschung zur Selbstorganisation

Das vorgestellte Projekt leistet einen Beitrag zum Verständnis und zur Entwicklung von der Fähigkeit zur Selbstorganisation durch die Erforschung tatsächlich vorhandener Lernkulturen und Kompetenzentwicklungswege, um darauf aufbauend aktuelle und künftige Gestaltungsmöglichkeiten auszuloten sowie die Zusammenhänge zwischen Selbstorganisation und Kompetenz modellhaft zu beschreiben.

Als **Zielsetzung und erwarteter Erkenntnisgewinn** wurde daher für unser Projekt formuliert:
1. Verstehen, welche Kompetenzen (Kompetenzfacetten) zur Entwicklung der Fähigkeit zur Selbstorganisation beitragen und wie diese entwickelt werden können,
2. Verstehen, welche Einflussfaktoren die Entwicklung der Fähigkeit zur Selbstorganisation unterstützen,
3. Verstehen wie Selbstorganisationshandeln mit individuellen und gruppenbezogenen Lernprozessen und Kompetenzentwicklung zusammenhängt,
4. Modellhafte Beschreibung einer eventuellen Metakompetenz „Selbstorganisation",
5. Sensibilisierung von Unternehmen und Mitarbeiter für die Bedeutung der Fähigkeit zur Selbstorganisation,
6. Werkzeuge für die Entwicklung der Fähigkeit zur Selbstorganisation entwickeln.

Um diesen Zielsetzungen gerecht zu werden, wurden praktisch exemplarische Tatsachenfelder ausgewählt, in denen einerseits die Notwendigkeit zur Entwicklung von Fähigkeiten zur Selbstorganisation von den Unternehmen gesehen wurde und zweitens Selbstorganisationshandeln von Außenstehenden gut beobachtbar war. Die Notwendigkeit zur Entwicklung der Fähigkeit zur Selbstorganisation wurde von den Unternehmen nicht unbedingt so ausgedrückt, wie wir das beschreiben haben, sondern eher so wie wir das einleitend als Reaktion auf Veränderlichkeit beschrieben haben.

Das Unternehmen für die Aktionsforschungsstudie „Gruppenarbeit" hat dies in der Beschreibung der strategischen Bedeutung seiner Angestellten (Balanced Score Card) wie folgt ausgedrückt; „atttract, develop, retain creative, competent, motivated employees willing to take responsibility who align with corporate values and strategic objectives".

1.3 Beschreibung der Tatsachenfelder

Die vorliegende Untersuchung baut auf drei empirischen Teilen auf (s. Abb 1.1), die nacheinander durchgeführt wurden:
1. Aktionsforschung „Zuliefererbeziehung"; explorierende Studie zum Konzept der Selbstorganisationskompetenz (abgeschlossen)
2. Fragebogenstudie zum Thema „Gruppenarbeit"; um theoretische Zusammenhänge für die Entwicklung von Metaroutinen in Richtung der Fähigkeit zur Selbstorganisation zu erforschen. Um dadurch weitere ‚theoretische Bausteine' für ein Modell der Fähigkeit zur Selbstorganisation zu entdecken. (laufend)

3. Aktionsforschung „Entwicklung von Gruppenarbeit"; explorierende Studie um die Fähigkeit zur Selbstorganisation in Gruppenarbeit zu entwickeln. (laufend)
4. Fragebogenstudie um das entwickelte Modell „Selbstorganisation als Metaroutine" empirisch zu überprüfen (Ergebnisse: Oktober 2004).

Für die weitere Argumentation stützen sich die Autoren auf die empirischen Ergebnisse der oben aufgeführten Studien. Da unser Ziel hier ist, einen Beitrag zur Entwicklung 1) eines theoretischen Modells zur Fähigkeit der Selbstorganisation und 2) von praxisrelevanten Instrumenten zu leisten, wird im Rahmen dieses Aufsatzes über die einzelnen empirischen Ergebnisse nicht detailliert berichtet werden können. Für den interessierten Leser möchten wir auf folgende Berichte verweisen; North & Friedrich, 2002; Lantz & Brav, 2004, North, Friedrich & Lantz, 2004.

Wir haben uns für die Auswahl der praktisch exemplarischen Tatsachenfelder Zulieferbeziehungen und Gruppenarbeit entschieden und zwar aus folgenden Gründen:

Tatsachenfeld „Zulieferbeziehung" (Studie 1)
Durch die Reduktion von Fertigungstiefen bei den so genannten Original Equipment Manufacturer (OEM) werden auch Aufgaben, die über die reine Fertigung hinausgehen, zunehmend auf Zulieferer übertragen. Probleme, die früher innerorganisatorischer Natur waren, werden zu organisationsübergreifenden Problemen. Die konkrete Ausgestaltung von Rahmenverträgen bleibt vielfach den Akteuren vor Ort überlassen. Sowohl in der Produktdefinition, als auch in der operativen Zusammenarbeit und der detaillierten Gestaltung der rechtlich kaufmännischen Zusammenarbeit wird von den Mitarbeitern der betroffenen Unternehmen selbstorganisiertes Handeln in einem oft nur vage abgesteckten Rahmen beobachtbar. Hinzu kommt, dass unterschiedliche Organisations- und Lernkulturen aufeinandertreffen. Da Zulieferbeziehungen vielfach Länder übergreifend entwickelt werden, haben wir auch diese Dimension in unserem Projekt berücksichtigt, indem wir einen schwedischen OEM und seine deutschen Zulieferer in die Untersuchung einbezogen haben.

Tatsachenfeld „Gruppenarbeit" (Studie 2, 3 und 4)
Schon die erste Studie gab deutliche Hinweise dafür, dass Selbstorganisation ein Zusammenspiel zwischen Individuen voraussetzt. Arbeit ist per Definition eine kommunikative Handlung; das was eine einzelne Person tut, steht in irgendeiner Beziehung zu anderen und Arbeit beinhaltet immer einen sozialen Zusammenhang. Aus diesem Zusammenhang/Kontext heraus, werden Kompetenzen eingebracht und entwickelt, mit denen dann Probleme/Aufgaben definiert und u.a. durch Selbstorganisation gelöst werden sollen. Daraus mussten wir folgern, dass die Art und Weise, wie sich das Zusammenspiel gestaltet, auswirkt wie sich Selbstorganisation, Selbstorganisationskompetenz, Selbstorganisationsdisposition und Selbstorganisationshandeln manifestieren. Aus dieser Sicht ist eine eventuelle Metakompetenz „Selbstorganisation" sowohl Resultat als auch Bedingung des Zusammenwirkens von Individuen. Es lag hier nahe, sich von den Theorien und Modellen zum Lernen in Gruppen inspirieren zu lassen und Gruppenarbeit als empirisches Untersuchungsfeld zu wählen.

Untersuchte Faktoren	Studie 1 Aktionsforschung „Zusammenspiel in Zulieferbeziehungen"	Studie 2 Modellentwicklung zur Vorbereitung der Studie 2 und 3	Studie 2 Fragebogenstudie zum Zusammenspiel bei „normaler" Gruppenarbeit	Studie 3 Aktionsforschung: Zusammenspiel in Gruppen	Geplante Studie 4 Empirische Analyse des Zusammenspiels ausgehend vom Modell „SO als Metaroutine"
1. Gegebene Arbeit wird innerhalb gegebener Rahmenbedingungen ausgeführt					
2. Reflexion über Arbeit, Rahmenbedingungen und Effekte					
2.1 Was tun wir und *was wollen wir tun*?					
2.2 Wie tun wir es zusammen und *wie wollen wir es tun*? (Klima gewohnheitsmäßige Routinen)					
2.3 Welche Ressourcen unterstützen unser Zusammenspiel und *welche Ressource benötigen wir*?					
2.4 Unter welchen Voraussetzungen führen wir Arbeit aus? *Welche Voraussetzungen benötigen wir*?					
2.5 Die gegebene organisatorische Arbeitsverteilung und *welche möchten wir*?					
3. Entwicklung von kollektiver Selbstwirksamkeitswahrnehmung					
4. Selbstorganisationshandeln					
5. Effekte in Form von veränderungsorientierter Handlungen	Explorierende Studie zum Zusammenhang Kompetenzen und Selbstorganisation	Modellentwicklung zur Fähigkeit der Selbstorganisation, der „Bausteine des Modells"	Überprüfung der Modellannahmen anhand empirischer Untersuchungen	Entwicklung des Modells „Selbstorganisation als Metaroutine"	Empirische Überprüfung des Modells

Abb 1.1: Durchgeführte Studien für die Entwicklung des Modells „Selbstorganisation als Metaroutine"

1.3.1 Die Untersuchungsfelder: Unternehmen und Vorgehensweise

Studie 1:
Die Untersuchungen wurden durchgeführt mit einem schwedischen Hersteller von Industrierobotern, der zu den führenden Anbietern am internationalen Markt gehört. Die Industrieroboter werden in vielfältigen Einsatzgebieten der Montage, des Lackierens, Schneidens, Versiegelns, Polierens, des Handlings von Material und des Verpackens eingesetzt. Diese vielfältigen Einsatzgebiete verlangen dann auch für die Zulieferer, Module zu entwickeln, die diesen vielfältigen Einsatzgebieten, die nicht detailliert dokumentiert und planbar sind, gerecht zu werden. Der schwedische Roboterhersteller konzentriert Entwicklung, Produktion und Vertrieb an einem Standort in Schweden unweit von Stockholm. Wir geben dem Hersteller den fiktiven Namen „Robotic". Von „Robotic" wurden zwei deutsche Getriebehersteller benannt, die so genannte strategische Zulieferer sind, da ihre Produkte einen signifikanten Einfluss auf die Funktionsfähigkeit des Endprodukts haben. Daher ist eine enge Zusammenarbeit mit diesen Herstellern notwendig. Ein Zulieferer, den wir mit dem Pseudonym „Rex" kennzeichnen, ist ein mittelständiges Unternehmen, das Teil einer internationalen Unternehmensgruppe ist. „Rex" fertigt mit ca. 250 Mitarbeitern auf einer Produktionsfläche von 17.000 m^2 nach den Prinzipien des Lean Management hochleistungsfähige Getriebe. Neben der Planung, Projektierung und Getriebeauslegung bietet dieses Unternehmen sowohl Einzelprodukte als auch Systemlösungen an.

In der empirischen Untersuchung zur Entwicklung von Kompetenzen für die Selbstorganisation wurden Interviews und Workshops in den jeweils beteiligten Unternehmen durchgeführt und eine so genanntes Critical Event Forum arrangiert (für eine detaillierte Beschreibung der Vorgehensweise siehe North & Friedrich, 2002).

Durch diese Vorgehensweise ist es nicht nur gelungen, Selbstorganisationshandeln praktisch, exemplarisch zu analysieren, sondern auch Instrumente zu schaffen, die von den Unternehmen genutzt werden können. Die Zeit, die von beiden Unternehmen „Robotic" und „Rex" dem Projekt gewidmet wurde, die Teilnahme der Mitarbeiter einschließlich Unternehmensleitung von „Rex" am Critical Events Forum in Schweden gemeinsam mit den Partnern von „Robotic" zeigt, wie praxisrelevant unsere Arbeiten eingeschätzt wurden.

Ausgehend von der ersten Studie „Kompetenzentwicklung von Selbstorganisation" haben wir uns der zweiten Studie die Aufgabe gestellt, „Selbstorganisation als Metakompetenz" modellhaft zu beschreiben (siehe Kapitel 5 und 7). Um die Gültigkeit dieses Modells zu untersuchen, ist es wichtig zu zeigen, dass die gewählten theoretischen Bausteine zur Erklärung von Selbstorganisation beitragen und auch erste Informationen zu dem Prozess der Entwicklung der Fähigkeit der Selbstorganisation geben.

Die Ergebnisse bauen auf zwei Untersuchungen auf, einer quantitativen Studie (2) mit 40 Gruppen und einer qualitativen Studie der Prozesse (3) in vier aus der größeren Population ausgewählten Gruppen. Wir haben diese Kombination von quantitativem und qualitativem Ansatz gewählt, um theoretische Bausteine des Konstrukts „Selbstorganisation" zu identifizieren. Die Studie 2 diente dazu, Methoden zu entwickeln, deren Zuverlässigkeit zu überprüfen, die Gültigkeit der gewählten theoretischen Bausteine zu überprüfen und auch, um die Ausgangssituation in den Gruppen für die qualitative Studie zu beschreiben.

Studie 2: Fragebogenstudie mit 40 Produktionsgruppen
Die quantitative Studie von Gruppenarbeit umfasste 40 Gruppen in drei verschiedenen Produktionsanlagen in drei Unternehmen. Die Produktionsstätten wurden so gewählt, dass Produktion, Produktionstechnik, Größe der Gruppen und die Qualifikationskriterien bei der Anstellung in den Gruppen vergleichbar waren.

Die Gruppen wurden so ausgewählt, dass folgende Variablen vergleichbar waren: Weiterbildungsmöglichkeiten im Unternehmen, Führungsstil für Gruppenarbeit, gruppeninterne Arbeitsorganisation (Job Rotation und Gruppenführer), Qualifikationskriterien bei der Anstellung im Unternehmen (Industriearbeiter ohne Berufsausbildung), Alter der Gruppe und demographische Variablen, wie Alters- und Geschlechterzusammensetzung.

Sämtliche Gruppenteilnehmer beantworteten einen Fragebogen, in dem die in Kapitel 5 angegebenen Variablen operationalisiert waren. Jedes Individuum beschrieb die eigenen Kompetenzen mit Hilfe eines erprobten Erhebungsinstrumentes ICA (Lantz & Friedrich, 2003). Die Arbeitsaufgaben sämtlicher Gruppenmitglieder wurde mit Hilfe des Arbeitsanalyseinstruments REBA (Richter 2000) analysiert. Produktivität, Innovationskraft, Effektivität und Qualität der jeweiligen Gruppen wurde von dem Vorgesetzten der Gruppe anhand einer fünfstufigen Beurteilungsskala beurteilt. Die Reliabilität der gewählten Untersuchungsdimensionen war durchgehend hoch und jede Dimension konnte mit einem Maß zusammengefasst werden.

Während drei separater, zeitlich dicht aufeinanderfolgenden Treffen mit der jeweiligen Gruppe wurde eine quantitative Vorstudie durchgeführt, um die Gültigkeit der theoretischen Bausteine zu überprüfen und um den Gruppen deren Ausgangslage zu beschreiben (September–Oktober 2003). Die Datenerhebung für die quantitative Hauptstudie wurde im Frühjahr und Spätsommer des Jahres 2004 durchgeführt,

Studie 3: Aktionsforschung mit 4 Produktionsgruppen
Die vertiefende qualitative Studie von vier Produktionsgruppen wurde in ein- und demselben Unternehmen durchgeführt. Für diese Studie wurde ein Produktionsstandort eines multinationalen Unternehmens, das eine führende Stellung in der Produktion von u.a. Schienenfahrzeugen hat, ausgewählt. Der entscheidende Grund dafür war, dass die Interessen der Unternehmensleitung neue Wege der Gruppenentwicklung zu beschreiben mit unserem Forschungsinteresse Hand in Hand gingen. Die für diese Studie ausgewählten Gruppen sind in der Montage von elektrischen Komponenten tätig.

Diese Gruppen wurden nach dem Zufallsprinzip aus einer Population von 14 Gruppen ausgewählt, d.h. eine Gruppe von jeder Produktionslinie.

Diese Gruppen arbeiteten mit der Critical Event Methode (North & Friedrich 2004). Die Anwendung dieser Methode hatte das Ziel, den Gruppen einen Lern- und Diskussionsraum zu geben, in dem Gruppenmitglieder ihre unterschiedlichen individuellen Kompetenzen nutzen, um selbst identifizierte Probleme in der Arbeit (instrumenteller bzw. sozioemotionaler Natur) zu lösen, auch im Zusammenspiel mit anderen Funktionen und zur Gruppe externen Personen. Diese Methode beinhaltet fünf Bestandteile:

- Beschreibung der Voraussetzungen innerhalb der Gruppe; Identifikation von gewohnheitsmäßigen Routinen, Problemen und Kompetenzen (Punkte 2.1, 2.2 und 2.3 in Abb. 1.1 oben).
- Beschreibung und Analyse der äußeren Voraussetzungen und der eigenen Kompetenz und die von anderen, um Probleme zu lösen (Punkte 2.4 und 2.5 in Abb. 1.1 oben).
- Beschreibung des Problemlösungsprozesses; wie identifiziert die Gruppe welche Kompetenzen zur Problemlösung erforderlich sind und wie sollen die Kompetenzen genutzt werden, um das Problem zu lösen (Punkte 2.3 und 2.5 in Abb. 1.1 oben).
- Beschreibung und Analyse der eigenen Kompetenz nach der Problemlösung; Entwicklung der kollektiven Selbstwirksamkeitswahrnehmung bzw. ‚group efficacy' (nach Bandura, 1996).
- Reflexion über den Problemlösungsprozess und die Entwicklung von Metaroutinen für die weitere Problemlösung.

Nachdem die Unternehmensleitung die Durchführung dieser Studie akzeptiert hatte, wurden die teilnehmenden Gruppen mündlich und schriftlich über die Planung der Studie, die ethischen Prinzipien der Teilnahme, die Freiwilligkeit der Teilnahme und über die Art der geplanten Rückkopplung der Ergebnisse informiert.

Die Aktionsforschungsstudie wurde vom Dezember 2003 bis August 2004 durchgeführt. Die teilnehmenden Gruppen erhielten eine mündliche Information über das Ziel, die Planung, die Prinzipien der Auswahl als auch des Gebots der Freiwilligkeit. Die Studie wurde während der normalen Arbeitszeit wie folgt durchgeführt

- Information und Diskussion über bestehende Probleme und Identifikation neuartiger Probleme,
- Wahl einer Kontaktperson für die Gruppe, um dafür zu sorgen, dass die Gruppe kontinuierlich mit ‚unseren' Fragestellungen arbeitete,
- Durchführung von vier Critical Event Foren pro Gruppe (von à 2 Stunden), um über die eigenen Problemlösungsprozesse und Arbeitsroutinen zu reflektieren (Dezember 2003, Januar, April, Juni 2004),
- In der Zeit zwischen den Treffen Probleme in der täglichen Arbeit lösen und die dafür benutzten Strategien anhand bereitgestellter Formulare dokumentieren,
- Zwischen den Treffen Rückkopplung und Berichterstattung an Forscher mittels e-mail und
- Abschluss und Auswertung im August 2004.

Nach dieser Beschreibung des methodischen Vorgehens soll im folgenden Kapitel zunächst auf Grundlagen der Selbstorganisation eingegangen werden, bevor dann im dritten Kapitel die Entwicklung von Kompetenzen für Selbstorganisation thematisiert wird.

2 Bedeutung der Selbstorganisation für Unternehmen

2.1 Begriffsbestimmung

Wollen wir die Bedeutung der Selbstorganisation für Unternehmen erfassen, so scheint es sinnvoll, sich der Thematik situativ zu nähern. Die Fähigkeit, spontan auf Kundenwünsche einzugehen, insbesondere auf solche, die nicht vorgesehen sind, wird von den Kunden honoriert. Dies setzt aber voraus, dass ein Mitarbeiter handeln kann, ohne dass klare Verfahrensanweisungen vorliegen. Wie oft haben wir schon die Aussage gehört: „Ich muss erst meinen Chef fragen, der ist aber erst übermorgen wieder erreichbar." Ein Qualitätsproblem schnell und realitätsnah mit Zulieferern zu klären, erfordert, dass dieses Problem als solches erkannt wird, dass durch Selbstorganisationshandeln Wege zur Lösung gefunden werden. Auch das Erkennen von Marktchancen und das darauf abgestimmte Handeln kann nicht durch Arbeitsanweisungen und Algorithmen vollständig beschrieben werden. Die Bedeutung der Eigeninitiative und der intelligenten Interpretation von Anweisungen sowie des sich über Regeln Hinwegsetzens wird deutlich, wenn man sich einmal mit dem Phänomen des „Dienstes nach Vorschrift" auseinandersetzt. Mitarbeiter haben schon lange erkannt, dass das sklavische Befolgen von Arbeitsanweisungen und Vorschriften dazu führt, dass eine Organisation nicht mehr handlungsfähig ist. Dies wird genutzt, um mit dem „Dienst nach Vorschrift", seiner Unzufriedenheit mit Arbeitsbedingungen, Entlohnung usw. Ausdruck zu geben.

Die Ausblendung von Selbstorganisation führt zur Paralyse. Während deterministische Managementmodelle auf Planbarkeit, Vorhersagbarkeit und Beschreibbarkeit unternehmerischen Handelns aufbauen, verneinen eben diese Ansätze das Selbstorganisationshandeln. Auf allen Ebenen einer Organisation und über deren Grenzen hinweg gestalten Menschen ihre Aufgaben und Beziehungen. Dieses aktive Gestalten wird auch. mit dem Begriff des „job crafting" bezeichnet. Wrzesniewski und Dutton (2001) definieren job crafting „*as the physical and cognitive changes individuals make in the task or relational boundaries of their work*"

Selbstorganisation wozu:
- Spontan auf Kundenwünsche eingehen (**und nicht** „ich muss erst meinen Chef fragen", „der ist aber erst übermorgen wieder erreichbar"),
- Eine Marktchance erkennen und handeln,
- Ein Qualitätsproblem schnell und realitätsnah mit Zulieferern klären (**und nicht** „die da oben haben das Problem doch gar nicht erkannt"),
- Auf neue technischen Entwicklungen vorbereiten, z.B. ‚e-commerce'.

2.1.1 Selbstorganisation als Resultat

Versuchen wir der Erklärung und Beschreibung des Phänomens Selbstorganisation in der Theorie nachzugehen, so hat Probst (1987) „Selbst-Organisationsprozesse in sozialen Systemen aus ganzheitlicher Sicht" ausführlich analysiert. Den Autoren ist keine weitere Abhandlung bekannt, die sich so umfassend mit der Thematik im Hinblick auf die Konsequenzen für Führung, Organisation und Lernen in Unternehmen beschäftigt. Probst (1987, S. 71) beschreibt humane, soziale Systeme als Systeme vieler Wirklichkeiten, die individuell und sozial konstruiert sind. Sie verändern sich mit den Erwartungen, Wahrnehmungen, Auffassungen und Wertstrukturen.

Diese Charakterisierung hat für die Selbstorganisationsfrage zwei Implikationen. Die erste Implikation ist, dass Ordnung bzw. Selbstorganisation subjektiv definiert wird. Eine beobachtende Person schließt aufgrund ihrer Erfahrungen über Veränderungen, dass sich ein System „spontan" organisiert hat und Ordnung entstanden ist und zwar unabhängig von eigenen Aktivitäten oder einer erkennbaren Intervention und schließt daraus auf Selbstorganisation eines Systems. Das gilt z.B. für eine Führungskraft im Unternehmen. Selbstorganisation ist daher abhängig vom Bild der Ordnung, die sich diese Führungskraft im Unternehmen macht. Zweite Implikation für die Selbstorganisationsforschung humaner Systeme ist das Versagen von Analogien zu biologischen und physikalischen Modellen, die insofern ungenügend bleiben, als sie bewusste Wahl und Entscheidungsmöglichkeiten, die Individuen in humanen Systemen haben, nicht berücksichtigen können (Probst 1987, S. 69). Ein Konzept, das Selbstorganisation in humanen, sozialen Systemen verstehen will, muss diese Möglichkeiten mit einbeziehen.

Probst (1987, S. 11) beschreibt Selbstorganisation als eine resultierende Ordnung, die vom Beobachter aus unabhängig seiner Intervention oder der Intervention isolierbarer, einzelner Gestalter und Lenker feststellbar ist. Ein selbstorganisierendes System kann nach Probst mit den Begriffen komplex, redundant, dynamisch, nicht deterministisch, prozessorientiert, interaktiv, selbstreferenziell, autonom gekennzeichnet werden. Dies bedeutet auch, dass Selbstorganisation als konzeptueller Denkrahmen es nicht erlaubt, einige wenige, konkrete, kausale Regeln zur „Organisation von Selbstorganisation" abzuleiten.

Wir definieren mit Probst Selbstorganisation als ein Metakonzept für das Verstehen der Entstehung, Aufrechterhaltung und Entwicklung von Ordnungsmustern.

Bezogen auf die Praxis stellt Probst die Frage, was Organisieren oder Führen eines selbstorganisierenden Systems bedeutet oder wie gestaltende und lenkende Prozesse Selbstorganisation fördern und zu Selbstorganisationshandeln führen. Eine zumindest partielle Antwort auf diese Frage findet sich bei North (2002) in seinem Konzept zur wissensorientierten Unternehmensführung bzw. im Ansatz des systemischen Wissensmanagement von Willke (1998). North geht in seinem Konzept der Wissensökologie davon aus, dass wissensorientierte Unternehmensführung vor allem bedeutet, *Rahmenbedingungen* zu gestalten, d.h. die Ökologie, in der Lösungen für Kundenprobleme „heranwachsen", in der in einer Forschungs- und Entwicklungsökologie neue Produkte entstehen, als nicht deterministisch steuerbare Prozesse zu betrachten. Wir stellen uns aber auch die Frage, wie sich Selbstorganisation aus der Sicht des einzelnen Mitarbeiters entwickeln kann. Wie man erkennt, dass es Selbstorganisation gibt, wie man daran teilnimmt, welche Voraussetzungen man von selbst einbringen sollte usw.

2.1.2 Selbstorganisation – Prozess bzw. Entwicklungsstufe reflexiver Kompetenzentwicklung

Unternehmensführung bedeutet in der Praxis oftmals ein Zusammenspiel von deterministischen Ansätzen, die erst durch Selbstorganisation Bedeutung gewinnen, moduliert und weiterentwickelt werden können. Damit meinen wir die Gestaltung von Rahmenbedingungen, die Mitarbeitern und Mitarbeitergruppen die Freiheit lassen, Entscheidungen und Handlungen im Rahmen ihres eigenen und gemeinsamen impliziten und expliziten Wissens zu treffen. Organisieren wird aus dieser Sicht zur Frage, ob durch Interventionen z.B. eines Coaches, Facilitators, Moderators usw. das System vermehrt selbstorganisierend wird, so dass es Wandel im System und Veränderungen der Umwelt besser integrieren, sich entwickeln und lernen kann. Organisieren heißt demnach weniger einen Ordnungszustand herzustellen. Auf individueller Ebene bedeutet dies, Organisationsmitglieder in die Lage zu versetzen, Probleme selbst zu erkennen, selbst interpersonelle Beziehungen experimentell zu erproben und selbst organisatorische Bedingungen zu schaffen, die ihren Bedürfnissen angemessen sind, und selbst auf die eigenen Kompetenzen und der der organisatorischen Umgebung zu vertrauen.

Aufgabe eines wie auch immer gearteten „Organisators" in humanen, sozialen Systemen ist damit die Wahrnehmung gegebener Kontexte als auch die Schaffung und Erneuerung von Kontexten, die die Freiheitsgrade oder Wahlmöglichkeiten erhöhen und damit das Potenzial für die Selbstregulierung und Innovation für alle Beteiligten vergrößern (vgl. dazu Probst, 1987, S. 113).

Wir können davon ausgehen (eine Hypothese), dass bei der Tätigkeitsausführung in selbstorganisierenden Systemen auf Spezialisierungen von Experten weniger Rücksicht genommen wird und nicht nur Probleme präsentiert werden, die gemäß irgendwelcher Expertiseklassifikationen gelöst werden können. Dies bedeutet für die Kompetenzentwicklung, dass Fähigkeit zur Selbstorganisation Teil der Kompetenzstruktur von mehreren Personen sein sollten, die transversal zu rein fachlichen Spezialisierungen entwickelt werden. Man könnte argumentieren, dass die Fähigkeit zur Selbstorganisation eine Metakompetenz darstellt, die das Entwickeln von selbstorganisierten Systemen (auch temporären) ermöglicht, die aber auch erst im Rahmen der beruflichen Biographie erworben werden muss. Dies impliziert für unser Projekt, dass Lerndesigns zu gestalten sind, indem selbstorganisiertes Handeln bewusst erlebbar wird und *reflektiert* werden kann.

2.1.3 Selbstorganisation – ein individuelles oder organisatorisches Phänomen?

Kompetenz ist nach unserem Verständnis ein Teil der Handlungsfähigkeit einer Person, während Motivation ein Bestandteil der Handlungsbereitschaft ist. Aber Motivation ist nicht nur personenabhängig, sie hat auch situative Voraussetzungen. Sowohl eine Gruppe als auch eine einzelne Person können handlungsfähig sein, d.h. das entsprechende Wissen,

Fähigkeiten und Erfahrungen zur Handlungsausführung besitzen. Handlungsbereitschaft wird aber u.a. auch von der einzelnen Person, von deren Motivation, beeinflusst. Das wiederum heißt Selbstorganisation (auch als organisatorische Kompetenz) ist vom Einzelnen abhängig.

Es wird in der Literatur (siehe z.B. Probst, 1987) davon ausgegangen, dass sich Selbstorganisation bei allen komplexen Systemen beobachten lässt, d.h. sowohl bei Individuen, Gruppen/Teams, Unternehmen/Organisationen, Regionen usw., d.h. Entwicklungen lassen sich als *Kette von Prozessen der Selbstorganisation* betrachten.

In der vorliegenden Untersuchung wurde Selbstorganisation in *Gruppierungen* untersucht, die sich als Zulieferer-Abnehmer Beziehung beschreiben lässt. Auf der einen Seite haben wir Repräsentanten des Zulieferers und auf der anderen Seite Repräsentanten der Abnehmer (OEM). Weder die Individuen auf der Zuliefererseite noch die Individuen auf der Abnehmerseite gehören zu einer (von wem auch immer definierten) gemeinsamen organisatorischen Einheit im jeweiligen Unternehmen, und auch deren Forum für Zusammenarbeit ist nicht organisatorisch definiert. Erst durch die Schaffung einer „organisatorischen Infrastruktur" wird eine gemeinsame organisatorische Einheit geschaffen.

In der zweiten Studie wurde Selbstorganisation in Arbeitsgruppen studiert, dort gehören die Teilnehmer per Definition zur gleichen organisatorischen Einheit. Es zeigte sich aber im weiteren Verlauf der Studie, dass es für das Selbstorganisationshandeln der Gruppen wichtig war, weitere Teilnehmer hinzuzuziehen, die organisatorisch zu anderen Bereichen gehörten. Es scheint, dass die Fähigkeit zur Selbstorganisation eine organisatorische Dimension beinhaltet.

2.2 Selbstorganisation in der Praxis

Woran wird Selbstorganisationshandeln in der Praxis deutlich? Wie können wir das Ergebnis von Selbstorganisation beschreibbar machen? Diese Fragen müssen wir beantworten, um im weiteren Verlauf auf die Entwicklung der Fähigkeit zur Selbstorganisation einzugehen, denn Kompetenzen sind ja nicht als solche direkt messbar, sondern werden erst über die ausgeführten Handlungen messbar. Im Folgenden erarbeiten wir daher ein – nicht vollständiges – Repertoire von Selbstorganisationshandeln erarbeiten. Das Repertoire ist Resultat der Interviews, die wir mit den Beteiligten an Zulieferbeziehungen in unseren Projektunternehmen geführt haben.

Wir haben in unseren Interviews nach typischen Situationen in der Gestaltung von Zulieferbeziehungen gefragt, z.B. nach Fragestellung und Vorgehensweisen in der Systemdefinition, d.h. der gemeinsamen Definition und Entwicklung eines Produktes mit Zulieferer und Abnehmer. Daraus wird dann deutlich, wie stark individuell Situationen gestaltet werden, welche Rahmenbedingungen fördernd oder hinderlich wirken.

So haben Erpenbeck und Heyse (1999a, S. 17ff.) am Beispiel der Installation eines Spritzgussautomaten in Portugal herausgearbeitet, was Selbstorganisation in einem solch konkreten Fall bedeuten kann. Sie belegen Selbstorganisation mit den Attributen: im Chaos zu bestehen, Situationen von Unsicherheit zu bewältigen, Alternativen trotz nicht Entscheidbarkeit zu entscheiden.

Aus unseren Erhebungen wurden weitere **Attribute von Selbstorganisation** deutlich:
- Mir oder meiner Arbeitsgruppe das geeignete Umfeld schaffen können (das bedeutet Verfügung über Gestaltung des Arbeitsplatzes, situativ Wahl des Arbeitsortes, z.B. *kann ich als Entwickler einmal drei Tage bei meinem Zulieferpartner arbeiten, ohne vorher lange Entscheidungswege abwarten zu müssen),*
- ohne Auftrag und Anweisung handeln dürfen,
- Probleme und Potenziale erkennen und selbstständig lösen,
- Freiräume schaffen,
- mit Unsicherheiten umgehen können,
- auf Leute zugehen,
- Arbeit einteilen können,
- Erfahrungen systematisieren und reflektieren,
- Wissensträger und Wissensquellen identifizieren, d.h. selbstständig geeignete Partner für irgendwelche Fragestellungen suchen,
- zieloffen handeln (z.B. ein Projekt beginnen, ohne vorher dem Auftraggeber ein klares Ergebnis zu versprechen; die Freiheit haben, ein Projekt zu verändern; neue Suchrichtungen einzuschlagen),
- Mitstreiter suchen und finden,
- Kundenwünsche vorausahnen, sich selbst oder der Arbeitsgruppe Ziele stecken,
- sich die adäquaten Arbeitsmethoden selbst aussuchen,
- Zeit, zum Nachdenken und Lernen zu haben,
- in gewissem Umfang Fehler machen zu dürfen.

Wenn wir diese Beispiele als konkrete Ausformungen von Selbstorganisation betrachten, wird klar, dass deterministische Managementansätze eine Reihe dieser Handlungen nicht tolerieren, sondern beschneiden werden. Wollen wir Selbstorganisation fördern, gilt es daher dafür adäquate *Rahmenbedingungen* zu schaffen, die wir weiter unten in Kap. 6 ausführlicher diskutieren werden. Die Frage, die sich stellt, ist, ob diese Reflexion über und Beeinflussung von Rahmenbedingungen ein wesentlicher Bestandteil von Selbstorganisation ist. Oder ist es nur dann Selbstorganisation, wenn Handlungen möglich sind, die sich mit den Rahmenbedingungen beschäftigen; d.h. im weitesten Sinne das (auch von Unternehmen gewünschte) veränderungsorientierte Handeln.

3 Entwicklung von Kompetenzen zur Selbstorganisation

Unsere Absicht ist es Selbstorganisation als einen Begriff zu verstehen, der mit Kompetenz beschrieben werden kann. Es gibt eine Reihe verschiedener Kompetenzdefinitionen und eine genauso umfassende Ansammlung von Kompetenzeinteilungen (siehe u.a. Erpenbeck & von Rosenstiel 2003).

Kompetenz verstehen wir als in Handlungen umgesetzte Fähigkeiten, Fertigkeiten und Wissen in unterschiedlichen Arbeits- und Handlungsfeldern. In unserem Kompetenzverständnis fokussieren wir darauf, was mit Wissen, Fähigkeiten und Fertigkeiten geschieht, d.h. wie diese konkret in der Praxis angewandt werden.

Der hier benutzte Kompetenzbegriff ist durch folgende Qualitäten gekennzeichnet:
1. Kompetenz beinhaltet immer eine Handlungskomponente, Kompetenzen manifestieren sich in Handlung (physisches- und Denkhandeln), d.h. auch wenn sich Kompetenzen nicht beobachten lassen, kann man trotzdem von der Beobachtung/Beschreibung von Handlung auf Kompetenz schließen.
2. Kompetenz lässt sich für verschiedene *Handlungs- und Kompetenzfelder* definieren: Die Differenzierung und Wahl dieser Handlungsfelder wird davon geprägt, was in der jeweiligen Gesellschaft und in den Organisationen/Unternehmen als wichtig angesehen wird.
3. Kompetenzen sind veränderlich und veränderbar (eine Veränderungsdimension), d.h. Kompetenzen können sich nicht nur fortentwickeln, sondern auch zurückentwickeln, wenn sie nicht mehr für Handlungen nutzbar gemacht werden (vgl. Chomsky 1973). Daraus folgt, dass Kompetenzen für Handlung sich nicht nur nach Handlungsfeldern differenzieren, sondern auch nach *unterschiedlichen Niveaus* unterscheiden lassen.
4. Der *Bewusstseinsgrad von Kompetenzen* ist eine wichtige Komponente dieser Stufung, Erst wenn ein höherer Grad an Bewusstsein (Kenntnis) über die eigenen Kompetenzen vorhanden ist, können auch diese höheren Kompetenzstufen erreicht werden. Dann ist die Qualität der Handlungen auf andere Ziele gerichtet.

Daraus ergeben sich mindestens folgende Möglichkeiten Selbstorganisation als Kompetenz zu verstehen:
1. ein Kompetenztyp, der in den bestehenden Kategoriensammlungen (siehe Erpenbeck & von Rosenstiel 2003) schon erfasst ist; aber dann wahrscheinlich unter einem anderen Begriff,
2. eine völlig neue Kompetenztyp, der noch niemals erfasst wurde,
3. eine Kombination verschieder Kompetenzen bzw. Facetten von Kompetenzen, die unter bestimmte Kriterien *zusammenwirken* (s. Abb. 3.1). Theoretisch denken wir, dass dieses Zusammenspiel verschiedener Kompetenzfacetten irgendwie gesteuert wird, z.B. durch Metaroutinen. Da dieses Zusammenspiel von Kompetenzen in ein Kontext eingebunden ist, gehen wir davon aus, dass es eine Reihe von Einflussfaktoren gibt, die dessen Wirkung ermöglichen bzw. begrenzen: Diese kontextuellen Faktoren sollten beachtet werden.

Wir schließen Punkt 2 aus und gehen davon aus, dass Selbstorganisation mit der Entwicklung von Metaroutinen zusammenhängt. Um solche Metaroutinen zu erfassen, zu beschreiben, deren Bestandteile zu charakterisieren, gehen wir von einem erprobten Kompetenzmodell aus.

Im folgenden Kapitel steht die Aufgabe im Zentrum, das Konstrukt der Selbstorganisation mit Hilfe eines kompetenztheoretischen Ansatzes zu erfassen und zu beschreiben. Ausgehend von unserem Verständnis von Selbstorganisation und der Aufarbeitung des Begriffes Selbstorganisation aus einer Kompetenzperspektive, wird ein Kompetenzmodell vorgestellt, dass ermöglichen soll, die kompetenzmäßigen Qualitäten der Fähigkeit zur Selbstorganisation zu erfassen.

Die Anwendbarkeit dieses Modells (dessen Begrenzungen und Möglichkeiten) und die zugrundeliegenden theoretischen Annahmen über Selbstorganisation als eine Fähigkeit werden anhand der Resultate einer empirischen Untersuchung überprüft und diskutiert. Darauf aufbauend werden unsere Überlegungen zu möglichen Lösungswegen aufgezeigt, die zur Entwicklung von SO-Fähigkeiten beitragen können, und die dann im Critical Event Forum (siehe Kapitel 8) umgesetzt werden.

3.1 Selbstorganisation aus kompetenztheoretischer Sicht

In den vorangegangenen Überlegungen zum Begriff Selbstorganisation wurde deutlich, dass damit die Handhabung des Unbekannten, des plötzlich sich Verändernden, des Veränderlichen, des Veränderbaren usw. gemeint ist. Dabei ist klar, dass die Beschreibung der *Entwicklung von Kompetenzen* (als Resultat) an sich, d.h. die Abgrenzung von niedrigeren von höheren Stufen einer Kompetenz, das Thema nicht erschöpfend behandelt, sondern es geht darum, diesen *Prozess* kompetenztheoretisch zu beschreiben und zu erfassen.

Es treten dabei aber mindestens drei Probleme auf, zu der die bisherige psychologische Forschung kein akzeptierbares erklärungsfähiges Theoriengebäude liefern konnte (siehe Abb. 3.1). Einerseits geht es um die *theoretische* Abgrenzung verschiedener Stufen von Kompetenz (A) innerhalb desselben Kompetenzbereichs; andererseits um ein theoretisches Modell, dass den *Übergang von einer Stufe zur nächsten erklären kann (B)*; und drittens um die Erklärung der *Übertragbarkeit von Kompetenzen zwischen verschiedenen Kontexten (C)*.

Wir glauben, dass die Lösung für einen Ansatz zur Erklärung, Beschreibung und Analyse von Selbstorganisation als Fähigkeit darin liegt, diese drei Überlegungen modelltheoretisch zu integrieren. Abb. 3.1 ist dabei als ein spekulativer Ausgangspunkt für unsere weiteren Überlegungen zu verstehen.

Um uns einem solchen Lösung zu nähern, werden im Folgenden (siehe Abschnitt 3.1.1) unterschiedliche Aspekte/Qualitäten der Fähigkeit zur Handhabung von Veränderlichkeit (wie z.B. Veränderungs- und Lernkompetenz, übertragbare Kompetenzen), der Motivation zur Veränderlichkeit und der Verortung von Veränderlichkeit im Spannungsfeld Individuum – Organisation, diskutiert. Diese Aspekte müssen letztendlich beachtet werden, falls wir zu einem kompetenztheoretischen Konzept für das Konstrukt Selbstorganisation kommen wollen.

Kompetenzstufung nach ICA (Lantz & Friedrich 2003)	(A) Abgrenzung von Stufen von Kompetenz?	(B) Prozess der Kompetenzentwicklung von Stufe zu Stufe?	(C) Übertragbarkeit von Kompetenzen zwischen verschiedenen Kontexten/ Situationen?
(1) Kompetenzen für aufgabenorientierte Handlungen	Ausführung von Handlungen ohne dass vorgegebene Ziele und Zusammenhänge mit anderen Arbeitsgebieten in Beziehung gesetzt werden.		
(2) Kompetenzen für zielorientierte Handlungen	Ausführung von Handlungen unter aktiver Berücksichtigung von Zielen.		*Hypothese 2: Erst dieses Kompetenzniveau erlaubt dem Einzelnen, im Zusammenspiel mit anderen die Mitwirkung bei/ Entwicklung von Selbstorganisation*
(3) Kompetenzen für veränderungsorientierte Handlungen	Kompetenzen für die Entwicklung des jeweiligen Handlungsfeldes, im Zusammenspiel mit anderen Teilen der Organisation, um zu neuen/veränderten Zielen beizutragen.	*Hypothese 1: Erst wenn Personen dieses Niveau erreicht haben, kann der Prozess der Selbstorganisation initiiert werden*	*Hypothese 3: Selbstorganisation als Handlung erfordert die Kombination von B3 und C2*

Abb. 3.1: Kompetenztheoretischer Ausgangspunkt zur Erklärung von Selbstorganisation

3.1.1 Für Selbstorganisation relevante Tatbestände oder andere Bezeichnungen für Selbstorganisation?

Veränderlichkeit – eine Voraussetzung für Selbstorganisation?

Unter Veränderlichkeit verstehen wir jeden Wechsel in der Arbeitsumgebung, den Arbeitsbeziehungen, den organisatorischen Voraussetzungen usw. im Tätigkeitsumfeld einer Person, ganz gleich ob dies eine passive Verhaltensweise auslöst oder durch aktives Handeln initiiert wird. Aus psychologischer Sicht bedeutet diese Veränderlichkeit, dass sich *Arbeitsaufgaben* verändern, neue hinzukommen oder vorhandene obsolet werden.

Nicht alle Situationen im Leben erfordern bzw. machen Selbstorganisation möglich. Nach Erpenbeck & Heyse (1999, S. 157) werden in der Regel „*Handlungen, deren Ergebnisse aufgrund der Komplexität des Individuums, der Situation oder des Verlaufs (System, Systemumwelt, Systemdynamik) nicht oder nicht vollständig voraussagbar sind selbstorganisiert*". „Selbstorganisation" ist deshalb notwendig, weil in Unternehmen, forciert durch umfangreiche Restrukturierungsmaßnahmen oder parallel laufende Veränderungsprojekte, immer wieder neuer Aufgaben und Situationen für Mitarbeiter entstehen, für die neue, spezifische Lösungen entwickelt werden müssen (Frieling et al. 2000, S. 35).

Das heißt es müssen Anforderungen vorhanden sein (geplant oder ungeplant), die als Problem, Herausforderung, Möglichkeit usw. aufgefasst werden und die bearbeitet werden sollen. Dabei muss es sich nicht unbedingt nur um die ‚normale' Arbeitsaufgabe handeln, d.h. diejenige, die z.B. in der Arbeitsbeschreibung beschrieben ist.

Wir gehen davon aus, dass Kompetenz entwickelbar ist, sei es durch üben, durch *reflektierte Erfahrung* und/oder andere Lernprozesse. Das heißt aber auch, dass Stufen/ Niveaus von Kompetenz erkennbar/messbar sein müssen. Aber gerade dieser Schritt der Entwicklung, von einem Niveau von Kompetenz zum nächsthöheren Niveau, lässt uns die Frage stellen, ob dies erstens durch Handlungen abgebildet wird und zweitens, welche Kompetenzen dafür erforderlich sind. Ist die Verfolgung dieses Schrittes von einer Stufe zur nächsten mit den Begriffen „Lernkompetenz" und „Veränderungskompetenz" abzudecken? Oder ist dies eine Facette der Fähigkeit der Selbstorganisation, und zwar Selbstorganisation des Lernens, des Veränderns, im Sinne von Erpenbeck & Heyse (1999) als eine „*Disposition (Anlagen, Fähigkeiten, Bereitschaft)*" selbstorganisiert zu handeln.

Lernkompetenz wird auch als *Metakompetenz* bezeichnet, da sie *eine von bestimmten Inhalten unabhängige Fähigkeit* darstellt (Weinert, 1999). Lernkompetenz wird als Fähigkeit zum erfolgreichen Lern-Handeln verstanden und konstituiert sich aus der Kompetenz zur Selbststeuerung und Kompetenz zur Kooperation (Mandl & Krause, 2001). Nach Weinert (1982) ist Lernen dann selbstgesteuert, wenn der Lernende das „*ob, was, wann, wie und woraufhin er lernt, (...) beeinflussen kann*".

Die weiter unten vorgeschlagene Differenzierung notwendiger Kompetenzen erfolgt mit der Zielsetzung, Unternehmen und deren Personal-, Organisations- und Wissensentwicklung dahin zu entwickeln, dass sie nicht nur mehr in der Kategorie „Anpassungskompetenzen" (Anpassung an sich ändernde Gegebenheiten) denken, sondern sich dafür einsetzen „Veränderungskompetenzen" zu entwickeln, was den besonderen Ansprüchen moderner Unternehmen entspricht. Mit Veränderung ist dabei gemeint, sich selbst als auch die Dimensionen der einzelnen Handlungsfelder zu entwickeln.

Anpassungskompetenzen zielen darauf, sich an von außen vorgegebenen Anforderungen anpassen zu können. Veränderungskompetenzen zielen darauf hin, Individuen, Gruppen und Unternehmen so zu entwickeln, dass sie Agensen sein können, die aktiv nach neuen Situationen und Bedingungen suchen oder sie schaffen (alleine oder zusammen mit anderen). Diese Veränderungskompetenzen geben dem Einzelnen und dem Unternehmen die Möglichkeit und das Handlungspotenzial, um:

- Veränderungsbedarf (auf individueller, Organisations- und Unternehmensebene) erkennen und analysieren zu können,
- Fähigkeiten und Fertigkeiten als auch Wissen entwickeln zu können, um Veränderungen vorzubereiten, zu organisieren und durchzuführen, als ein Bestandteil ihrer „normalen" Arbeit (und nicht als einmalige Aufgaben),
- Organisationsformen zu entwickeln, die ausreichende Freiheitsgrade für Grenzüberschreitungen, kreatives Denken und qualitative Veränderungen beinhalten.

Kompetenz um Kompetenzen zu übertragen – eine Facette der Fähigkeit der Selbstorganisation

In vielen Arbeiten zu Kompetenzfragen wird deren Kontext- und Erfahrungsgebundenheit betont, d.h. es wird mehr oder weniger davon ausgegangen, dass bestimmte Kompetenzen kaum oder nur unter großen Schwierigkeiten in anderen Zusammenhängen genutzt werden können. Der hier vertretene Ausgangspunkt ist, dass auch wenn Kompetenzlernen situativ ist, sollte eine Loslösung des Wissens und von Kompetenzen (Dekontextualisierung), die dann wiederum die Wissens- und Kompetenzanwendung in anderen Zusammenhängen (z.B. anderen Arbeitsplätzen, anderen Situationen) ermöglicht, denkbar sein. Dieser Prozess ist nicht selbstverständlich, sondern muss gezielt gewollt und unterstützt werden. Diese Dekontextualisierungsleistung bzw. -handlung kann unserem Verständnis nach gerade ein Zeichen für die Fähigkeit zur Selbstorganisation sein.

Nach Bergmann et al., (2000, S. 21) ist Kompetenz auf hoher Niveaustufe (Expertise) *„die Motivation und Befähigung einer Person zur selbstständigen Weiterentwicklung von Wissen und Können auf einem Gebiet"*. Nach Hacker (1998, S. 389) sind Experten *als Personen, …, dadurch charakterisiert, dass sie eine Aufgaben- bzw. Problemlösung auch bei neuartigen Aufgaben beherrschen.*

Zusammenfassend können wir feststellen, dass bei der Definition von hohen Kompetenzstufen auf die Befähigung verwiesen wird, Wissen für neue Aufgaben umzukonstruieren, passfähig zu machen oder neues Wissen zu generieren, also auf die Befähigung zum Transfer oder zur Übertragbarkeit.

Wenn die Fähigkeit zur Selbstorganisation darin besteht, Kompetenzen, Wissen und Erfahrungen auf andere/neue Zusammenhängen (Kontexte) zu übertragen bzw. dafür weiterzuentwickeln, dann sollten folgende Fragen überprüft werden:
- Wenn Selbstorganisation eine Übertragungsleistung ist, wie gestalten sich die entsprechenden Handlungen?
- Sind Übertragungsleistungen von Kompetenzen auf niedrigerem Niveau („Nichtexperten") auch möglich (und damit selbstorganisationales Handeln) oder sind diese Kompetenzen per Definition nicht übertragbar? Was wiederum charakterisiert Kompetenzen auf niedrigerem Niveau, die diese Übertragungsleistung nicht ermöglichen?
- Wie lassen sich Niveaus von Kompetenzen theoretisch so abgrenzen, so dass man diese individuelle (bzw. gruppeneigene) Befähigung für diese Übertragungshandlung als eigenständigen Kompetenzbestandteil beschreiben kann ?

Unser Verständnis von Selbstorganisation geht weiter als damit nur die Fähigkeit zu bezeichnen *„dass sich das Individuum selbst Ziele setzt, Pläne und Strategien zu ihrer Verwirklichung erprobt und aus dabei entstehenden Erfahrungen lernt"* (Bergmann 1999, S. 32). Es ist gerade die Übertragungsleistung, die durch die Fähigkeit zur Selbstorganisation ermöglicht wird.

Interaktion und Kombination von Kompetenzen – eine Facette der Fähigkeit der Selbstorganisation?

Die unterschiedlichen Kompetenzfelder in dem weiter unten beschriebenen Kompetenzmodell stehen in einer bestimmten Relation zueinander. Kompetenzen zur Handhabung der organisatorischen Voraussetzungen, Kompetenzen zur Zusammenarbeit und Kommunikation als auch Kompetenzen zur Prioritätensetzung und Koordination haben „Mittelcharakter", d.h. sie dienen dazu, zur Zielerreichung von Wertschöpfungshandlungen, zur Handhabung von Störungen, zur Qualitätsarbeit und der Handhabung der physischen Umgebungsbedingungen beizutragen; d.h. um andere Kompetenzen besser nutzen zu können.

Es stellt sich die Frage, wie die verschiedenen Kompetenzbestanteile zusammenwirken. Ist möglicherweise eine Facette der Fähigkeit zur Selbstorganisation, dass sie das Zusammenwirken der verschiedenen Kompetenzbestandteile bewirkt/steuert (siehe Abb. 3.2). Dies ist natürlich eine Frage analytischer Natur. Wir stellen uns vor, dass Kompetenz als Phänomen ein sehr komplexes Gebilde ist, wo die einzelnen analytisch getrennten Kompetenzbestandteile in Wirklichkeit sehr stark interagieren. Diese Überlegung gilt natürlich auf individueller Ebene aber ist noch interessanter, wenn das Zusammenspiel der Kompetenzen mehr als eine Person betreffen, z.B. Gruppen, organisatorische Einheiten, Netzwerke, Zulieferbeziehungen usw.

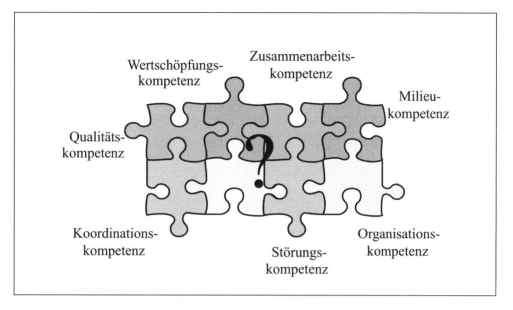

Abb. 3.2: Das Zusammenwirken von Kompetenzbestandteilen eine Facette der Fähigkeit zur Selbstorganisation

Motivation – eine Voraussetzung für die Fähigkeit der Selbstorganisation?

Ein wichtiger Aspekt von Selbstorganisationsprozessen ist die Motivation (Erpenbeck 1997), die sich ausdrückt in einer *Offenheit* für neue Aufgaben und Bedingungen, in einem Sich-zuständigfühlen für neue Aufgaben, bzw. einer Sensitivität für neue Probleme und dem Aufspüren eigener Schwachstellen (Bergmann et al. 2000, S. 22ff.). Nach unserem Verständnis kann eine Person Kompetenz besitzen, ohne dass sie dazu bereit ist, d.h. genug motiviert ist, diese Kompetenz zu nutzen

Wir gehen davon aus, dass die Handlungsfähigkeit einer Person (Kompetenz) einerseits natürlich von deren eigener Handlungsbereitschaft und andererseits von der organisatorisch-technologischen Einbindung in einen institutionellen/organisatorischen Kontext abhängt. Diese persönlichen Eigenschaften – auch personale Eigenschaften genannt – fließen bei der Genese von Kompetenzen ein, d.h. sie beeinflussen den Kompetenzentwicklungsprozess (Frei, Duell & Baitsch 1984). Diese Überlegung unterstützt unsere Entscheidung diesen Bereich nicht als separates Kompetenzfeld einzuführen. Wir gehen davon aus, dass die Entwicklung der Handlungsbereitschaft und die Entwicklung von Kompetenz, aus einer individuellen Perspektive gesehen, unterschiedlichen Entwicklungspfaden folgen (Friedrich, Lantz & Andersson 2001).

3.2 Wie untersucht man Selbstorganisation empirisch?

Aufbauend auf den oben beschriebenen theoretischen Überlegungen wie Selbstorganisation als Kompetenz begriffen werden kann, wurde zum Zeitpunkt der empirischen Untersuchung gefolgert, dass folgende Wege beschritten werden könnten, um Selbstorganisations-Kompetenz und deren Entwicklung in einer empirischen Wirklichkeit zu erfassen. Hierzu haben wir vier, sich nicht ausschließende Hypothesen formuliert:

Hypothese 1: Selbstorganisation beschreibt die Interaktion der unterschiedlichen Kompetenzbereiche (s. Abb. 3.3).

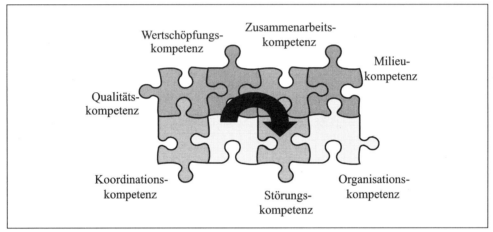

Abb. 3.3: Hypothese 1 zur Selbstorganisation

Hypothese 2: Selbstorganisation ist eine Stufe jeder Kompetenz; d.h. als ein Grad von Expertise, die in allen Kompetenzfeldern (z.B. Fach-, Methodenkompetenz usw.) vorkommen kann (s. Abb. 3.4).

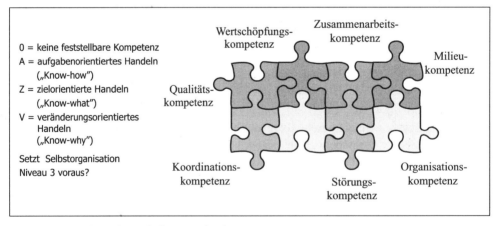

Abb. 3.4: Hypothese 2 zur Selbstorganisation

Hypothese 3: Selbstorganisation beschreibt die Entwicklung von einem Kompetenzniveau zum nächsten (s. Abb.3.5).

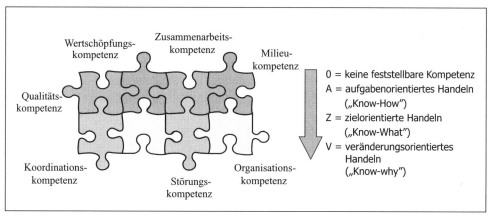

Abb. 3.5:   Hypothese 3 zur Selbstorganisation

Hypothese 4: Selbstorganisation ist eine besondere Qualität von Kompetenz, die neben anderen Kompetenzen (z.B. Fach-, Methoden-, Sozial- oder Selbstkompetenz) existiert. (s. Abb. 3.6).

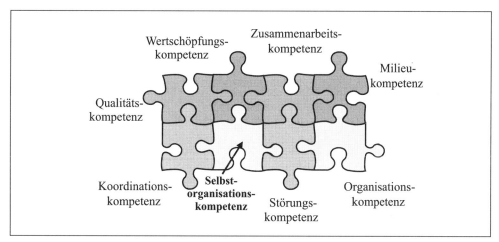

Abb. 3.6:   Hypothese 4 zur Selbstorganisation

Wir entschieden uns für unterschiedliche Vorgehensweisen. In der Zuliefererstudie wurde ein Weg gewählt, durch den geprüft werden sollte, ob Selbstorganisation als eine besondere Qualität von Kompetenz (neben anderen Kompetenzen) verstanden werden konnte, als auch ob Selbstorganisation ein Niveau von Kompetenz ist. In der Gruppenstudie wurde ein Untersuchungsdesign gewählt, dass SO als Prozess abbilden sollte. Diese Wahl hat natürlich eine Reihe von Implikationen dafür, welche Erkenntnisse überhaupt im Rahmen dieser Untersuchung gewonnen werden können (s. Abb. 3.7).

Fragen, die das gewählte Untersuchungsdesign beantworten kann?	SO als ein besonderer Kompetenztyp?	SO als ein Niveau von Kompetenz?	SO als „Übertragbarkeitskompetenz"	SO als Kombinationskompetenz	SO als ein Prozess
… zur Interaktion mit anderen Kompetenzen?	x			x	x
… zum Verständnis und der Gestaltung des Prozesses zum Erwerb/zur Entwicklung von Selbstorganisationskompetenz (wie geht das vor sich)?		x	x		x
… zum Verständnis und der Gestaltung der Rahmenbedingungen & des Lerndesigns zur Förderung von Kompetenzen der Selbstorganisation?	x	x	x	x	x

Abb. 3.7: Untersuchungsdesigns zur Erforschung von Selbstorganisation (SO)

Wir gehen von einem dialektischem Verhältnis aus, d.h. Kompetenz wird durch eigenes Handeln (in Zusammenarbeit/Zusammenspiel mit anderen) entwickelt, sei es physisches- oder Denkhandeln, aber Kompetenz ermöglicht auch situationsadäquates Handeln. Das bedeutet aber auch, dass wir die Frage stellen müssen, ob der Einzelne Einfluss über das „ob, was, wann, wie und woraufhin" (vgl. Lernkompetenz) der Handlung nehmen kann oder ob alle Handlungen aufgrund des vorhandenen Zusammenhangs mehr oder weniger gegeben sind.

3.3 Kompetenzmodell zur Untersuchung von Selbstorganisation in Arbeitstätigkeiten

In der einschlägigen Forschungsliteratur gibt es eine Vielzahl von Ansätzen, um Kompetenzen zu beschreiben und zu analysieren. Die am weitesten verbreitete Differenzierung ist die in Fach-, Methoden-, Sozial- und Selbstkompetenz (Sonntag & Schaper 1992; Frieling et al. 2000).

Dieses Modell wurde für unsere Fragestellungen verfeinert, um entsprechenden theoretische Schnittstellen zu den oben gestellten Fragen zur Qualität von Selbstorganisationskompetenz zu erhalten, d.h. konkrete Kompetenzbereiche, die die Veränderlichkeit im Unternehmen und am einzelnen Arbeitsplatz abbilden (siehe für eine umfassende Beschreibung in Erpenbeck & von Rosenstiel 2003). Das von uns vorgeschlagene Modell geht davon aus, dass Kompetenz außer in der „wertschöpfenden" Arbeit vor allem dann vorhanden sein muss, wenn es darum geht, veränderte (passive Verhaltensweise) bzw.

veränderbare (aktive Verhaltensweise) Bedingungen als auch Arbeitsaufgaben in der Arbeitstätigkeit zu handhaben. Die Tätigkeit einer einzelnen Person ist in einem modernen Unternehmen in eine Reihe von Zusammenarbeitskonstellationen, sowohl innerhalb als auch außerhalb des Unternehmens, eingebettet. Wahl und Veränderung der Arbeits-, Produktions- und Unternehmensorganisation hat großen Einfluss auf die Stabilität und die Entwicklungsmöglichkeiten am einzelnen Arbeitsplatz. Genauso transportieren Fragen der Qualität und der Arbeitsumgebung Veränderlichkeit in Form von z.B. veränderten Kundenerwartungen bzw. neu zu beachtenden Umweltaspekten.

3.3.1 Handlungs- und Kompetenzfelder

Das hier benutzte Kompetenzmodell geht davon aus, dass moderne Organisationen nur dann erfolgreich sein können, wenn ihre Mitarbeiter in einer Vielzahl unterschiedlicher Handlungs- und Gestaltungsfelder Kompetenzen besitzen und entwickeln können (Mansfield & Mitchell 1996). Ausgehend von diesen Überlegungen wurden von Friedrich & Lantz (2002) sieben Kompetenzfelder differenziert:

- *Wertschöpfungs- oder funktionsnahe Kompetenz*; Kompetenzen zur Ausführung von Handlungen, die direkt darauf gerichtet sind, die mit der Funktion des Arbeitsplatzes verbundenen Ziele zu erreichen; wie z.B. Montage von Einzelteilen, Führung von Mitarbeitern, Erstellung eines Zuliefervertrages.
- *Kompetenz für die Prioritätensetzung und Koordination von Arbeitsaufgaben*; Handhabung von Situationen mit unterschiedlichen und auch konkurrierenden Arbeitsaktivitäten. Was wird getan (und von welcher Zielsetzung geleitet), um Gleichgewicht zwischen verschiedenen Aktivitäten zu schaffen, um zu priorisieren, und trotzdem die gewünschten Resultate sicherzustellen?
- *Kompetenz für die Handhabung von Störungen und Neuigkeiten*; Aktivitäten, die sich mit Abweichungen von einem gedachten Normalverlauf auseinandersetzen, das Entdecken/Lösen von akuten und potentiellen Störungen, das Auftreten von Neuigkeiten usw.
- *Kompetenz für die Handhabung von arbeitsbezogenen Kontakten und Kommunikation*; an den meisten Arbeitsplätzen ist die Kontaktaufnahme mit Kollegen, Kunden, Zulieferern, anderen Abteilungen usw. eine unabdingbare Notwendigkeit, um die konkreten Zielsetzungen in der eigenen Arbeit erreichen zu können. Es interessiert was der Mitarbeiter im Rahmen dieser Kontakte tut und um welche Ziele zu erreichen.
- *Kompetenz für die Handhabung organisatorischer Voraussetzungen*; Aktivitäten die darauf gerichtet sind, die gegebenen organisatorischen Verhältnisse (z.B. Arbeits- und Produktionsorganisation) für die Aufgabenerfüllung in den anderen Arbeitsfeldern zu nutzen bzw. zu verändern.
- *Kompetenz für die Ausführung von Qualitätsarbeit*; Handlungen, die darauf gerichtet sind Qualitätsziele umzusetzen bzw. weiterzuentwickeln/zu verändern.
- *Kompetenz für die Handhabung der physischen Umgebung des Arbeitsplatzes*; Handlungen, die auf die aktive Auseinandersetzung des Mitarbeiters mit den physischen Voraussetzungen des Arbeitsplatzes gerichtet sind; Umgang mit speziellen

Materialien, Handhabung gefährlicher Materialien, Entsorgung von Material, Berücksichtigung von Arbeitssicherheits- und Umweltvorschriften usw.

Diese Handlungsfelder sind so gewählt, damit Bereiche abgedeckt werden, die Veränderungen in der Umwelt des eigenen Arbeitsplatzes verursachen können, und die dann Handlungen (von Individuen und Organisationen) erfordern.

Die oben beschriebenen Kompetenzfelder sind unterschiedliche Qualitäten einer „Totalität", die als Kompetenz bezeichnet wird. Analytisch und empirisch können diese Komponenten voneinander separiert werden. Damit ist aber nicht gemeint, dass sie auch separat gelernt werden können.

3.3.2 Kompetenzstufen

Die Kompetenzen einer Person werden nicht nur nach Kompetenzbereichen differenziert, sondern auch innerhalb des jeweiligen Bereiches wird danach unterschieden, ob eine Person mehr oder weniger Kompetenzen besitzt. Dazu wird eine vierstufige Skala mit der Stufung 0(O), 1(A), 2(Z), und 3(V) benutzt, wobei 3 den höchsten Wert angibt. Die Unterscheidung der einzelnen Stufen baut auf handlungstheoretischen Überlegungen zur Komplexität von Handlungen auf (Volpert et al. 1983). Die Absicht mit dieser Vorgehensweise ist, die populäre Vorstellung, dass man entweder Kompetenzen besitzen kann oder auch keine, durch eine Perspektive zu ersetzen, die es erlaubt, dass man mehr oder weniger Kompetenzen besitzen kann. Damit ist ein anderer theoretischer Ausgangspunkt verknüpft und zwar, dass es immer möglich ist, bestehende Kompetenzen weiter zu entwickeln und zu lernen. Mehr oder weniger bezieht sich dabei nicht darauf in wie vielen Handlungsfeldern der Einzelne Kompetenzen besitzt, sondern auf eine qualitative Analyse der Kompetenz im jeweiligen Handlungsfeld.

Die einzelnen Skalenstufen (0–3) bauen aufeinander auf, d.h. das beurteilte Merkmal (Kompetenz in einem Handlungsfeld) ist stetig und die gewählte Skala bildet ein Kontinuum ab. Dies bedeutet, dass eine Bewertung auf einem höheren Niveau, automatisch voraussetzt, dass die Kriterien für die darunter liegenden Niveaus erfüllt werden.

- *Nichtvorhanden (O):* Keine Kompetenzen feststellbar, da aus unterschiedlichen Gründen keine entsprechenden Handlungen ausgeführt werden.
- *Kompetenzen auf Ausführungsniveau (A):* Die Handlungen in einem Tätigkeitsfeld werden in einer Weise beschrieben, dass daraus zu schließen ist, dass die jeweilige Person nur Kompetenzen zur bloßen Ausführung konkreter Arbeitsanweisungen, (innerhalb des eigenen Arbeitsgebiets) entwickelt hat, ohne dass sie diese Handlungen zu den Zielen für die Arbeit in Beziehung setzt.
- *Kompetenzen auf Zielorientierungsniveau (Z):* Die Handlungen in einem Tätigkeitsfeld werden in einer Weise beschrieben, dass daraus zu schließen ist, dass der Einzelne Kompetenz entwickelt hat, die sich dadurch auszeichnet, dass beim eigenen Handeln (im Rahmen des Zusammenspiels des eigenen Arbeitsbereichs mit anderen Arbeitsbereichen) angestrebte Ziele/Resultate aktiv berücksichtigt werden.

- *Kompetenzen auf Veränderungsniveau (V)*: Die Tätigkeiten in einem Tätigkeitsfeld werden in der Weise beschrieben, dass daraus zu schließen ist, dass die jeweilige Person Kompetenz zur Veränderung der entsprechenden Ziele oder Arbeitsweisen (im Zusammenspiel mit anderen Funktionsträgern des eigenen oder anderer Arbeitsbereiche) entwickelt hat.

Mit Hilfe dieser vierstufigen Skala wird beurteilt, inwieweit und auf welcher „Entwicklungsstufe" der Mitarbeiter die eigene Arbeit zu Zielen in Beziehung setzt. Auf dem höchsten Niveau trägt man aktiv zur Veränderung der Arbeit im jeweiligen Kompetenzfeld bei. Es ist offenbar, dass diese Stufung mit der im Wissensmanagement oft benutzten Einteilung in „know what", „know how" und „know why" Gemeinsamkeiten hat.

3.3.3 Kompetenzentwicklung

Das hier vorgeschlagenen Kompetenzmodell bildet die einzelnen Kompetenzstufen als Punkte auf einem Kontinuum ab. Die Entwicklung längs dieser Stufen, d.h. der Sprung vom Ausführungsniveau zum Zielorientierungsniveau und der Prozess vom Zielorientierungsniveau zum Veränderungsniveau weckt natürlich unser Interesse, wenn wir über Selbstorganisation reden (s. Abschnitt 3.1.1). Unser Ausgangspunkt ist, dass die Entwicklung vom Zielorientierungsniveau zum Veränderungsniveau Aspekte von Selbstorganisation beinhaltet, aber auch, dass erst auf dem Veränderungsniveau Selbstorganisation als Handlung stattfinden kann (s. Abb. 3.1).

Die beispielhaften Niveaudefinitionen in Abb. 3.8 machen deutlich, dass Kompetenzen auf dem höchsten Niveau die Interaktion mit dem organisatorischen Kontext erfordern. Die Frage, die sich stellt ist, ob die Kompetenz, die es ermöglicht den organisatorischen Rahmen selbst zu schaffen, Selbstorganisationskompetenz (als Metakompetenz) ist oder ob sie nur eine Facette jeden einzelnen Handlungsfeldes ist?

3.4 Untersuchungsmodell

Aus den oben beschriebenen Überlegungen heraus wurde ein Modell zur Beschreibung und Entwicklung der Fähigkeit zur Selbstorganisation (Selbstorganisations-Kompetenz) erarbeitet (Abb. 3.9), das die Elemente dem an anderer Stelle beschriebenen Ansatzes der Wissensökologie (North 2002) mit dem soeben diskutierten Kompetenzmodell nach Lantz & Friedrich (2003) verbindet:

Handlungs-felder	Kompetenz auf Ausführungsniveau	Kompetenz auf Zielorientierungsniveau	Kompetenz auf Veränderungsniveau
Wertschöpfungshandlungen	(1) Arbeit wird gemäß Vorgaben ausgeführt (2) Arbeitsaufgaben werden allgemein beschreiben	(1) die Ziele sind in konkreter (überprüfbarer) Form bekannt (2) die Arbeit wird an konkreten Zielen ausgerichtet (3) Arbeitsabläufe werden flexibel im Sinne der Zielerreichung variiert (4) ein Zusammenhang mit der eigenen Abteilung/ Kollegen wird hergestellt	(1) Änderungen im Arbeitsumfeld (intern/extern) werden registriert (2) Ziele werden aufgrund dieser Wahrnehmungen verändert bzw. neu formuliert (3) Die Realisierung neuer Ziele erfolgt in Kooperation mit den betroffenen und relevanten Personen
Handhabung organisatorischer Voraussetzungen	(1) die Arbeit wird in der vorgegebenen Arbeitsorganisation ausgeführt (2) die Arbeitsorganisation und ihr Zweck wird allgemein beschrieben (3) der Einfluss der Arbeitsorganisation auf die Ausführung der Arbeit in den anderen Arbeitsrollen wird allgemein beschrieben (4) der arbeitsorganisatorische Zusammenhang mit anderen Arbeitsplätzen wird allgemein beschrieben (5) die Aufrechterhaltung und Veränderung der Arbeitsorganisation obliegt anderen Personen	(1) die Arbeitsorganisation wird konkret in ihrem Gesamtzusammenhang (Abteilungsstruktur, Zusammenspiel zwischen Abteilungen) beschrieben (2) die Arbeitsorganisation wird als Mittel zur Erreichung bestimmter Ziele betrachtet (3) der Nutzen der Arbeitsorganisation für die anderen Handlungsfelder wird konkret beschrieben (4) die Arbeit wird in der vorgegebenen Arbeitsorganisation ausgeführt (5) organisatorische Probleme werden erkannt und an die zuständige Person gemeldet	(1) die Arbeitsorganisation wird als beeinflussbar betrachtet (2) es werden Verbesserungen der Arbeitsorganisation vorgeschlagen (3) die Arbeitsorganisation wird eigeninitiativ, im Zusammenspiel mit den betroffenen und relevanten Akteuren auf neue Ziele ausgerichtet
Kommunikations- und Zusammenarbeitshandeln	(1) Zusammenarbeit erfolgt entsprechend den Vorgaben (2) der Sinn von Zusammenarbeit wird allgemein, ohne Darstellung des konkreten Nutzens für die anderen Handlungsfelder beschrieben	(1) der Zweck der Arbeitskontakte ist in konkreter Form bekannt (2) die Zusammenarbeit erfolgt zur Erreichung bestimmter Ziele (3) der Nutzen der Zusammenarbeit für die KollegInnen/ gesamte Abteilung wird berücksichtigt (4) die Wahrnehmung der Arbeitskontakte wird flexibel im Sinn der Zielerreichung variiert	(1) die Qualität der Arbeitskontakte wird reflektiert (2) die Umfeldbedingungen (intern/extern) der Arbeitskontakte werden reflektiert (3) Rahmenbedingungen für die Arbeitskontakte werden konkret beschrieben (4) Rahmenbedingungen für die Arbeitskontakte werden aktiv verändert (5) konkrete Handlungsstrategien zur Veränderung der Rahmenbedingungen werden beschrieben
Handhabung von Qualität	(1) qualitätssichernde Handlungen werden beschrieben (2) qualitätssichernde Tätigkeiten werden gemäss Vorgaben ausgeführt (3) Qualitätsziele bzw. die verwendeten System sind in allgemeiner Form bekannt	(1) Qualitätsziele sind in konkreter (überprüfbarer) Form bekannt (2) es wird ein Zusammenhang mit den übergeordneten Qualitätszielen hergestellt (3) Techniken der Qualitätssicherung werden beherrscht und entsprechend den Zielen eingesetzt (4) die qualitätsbezogenen Tätigkeiten erfolgen in Abstimmung mit dem gesamten Prozess der Qualitätssicherung	(1) „Qualität" wird reflektiert und kritisch hinterfragt (2) Qualitätsziele werden eigeninitiativ verändert bzw. neu formuliert (3) die Weiterentwicklung erfolgt in Kooperation mit den betroffenen und relevanten Personen (4) Beiträge zur Einführung neuer Techniken der Qualitätssicherung werden geleistet

Abb. 3.8: Kompetenzstufen – Beispiele von Kompetenzentwicklung als kontinuierlicher Prozess

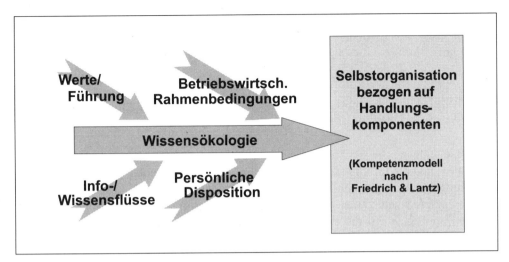

Abb. 3.9: Untersuchungsmodell

Ausgehend von der oben eingeführten Definition von Kompetenz wird die Fähigkeit zur Selbstorganisation auf die möglichen Aktivitätsfelder der Arbeitstätigkeit bezogen. Wichtig für die Ausprägung der Kompetenz sind auch die Verhältnisse unter welchen die Handlungsausführung stattfindet. Zum einen deswegen, weil diese erlebten Verhältnisse als bestimmend für die Handlungsausführung (und damit nutzbaren Kompetenzen) aufgefasst werden können, und zum anderen, weil die mehr oder weniger bewusste Einverleibung/Integration/Auseinandersetzung mit diesen Rahmenbedingungen in die Handlungsausführung eine Komponente von (höherer) Kompetenz, in unserem Sinne der Fähigkeit zur Selbstorganisation ist. Als Kategorien für Rahmenbedingungen wurden im Modell Führung/Werte, betriebswirtschaftliche Rahmenbedingungen, Informations-/Wissensflüsse (Organisation) sowie persönliche Verhaltensweise zur Arbeitssituation formuliert. Die empirische Fundierung sowie Kategorien der Rahmenbedingungen werden im Kapitel 6 eingehend erläutert.

Diese *Rahmenbedingungen* haben in vorliegender Untersuchung also eine zweifache Bedeutung:
1. als Voraussetzung für eventuelle Selbstorganisation; sozusagen als *Schwellenwert* (erfüllen die Rahmenbedingungen bestimmte Voraussetzungen nicht, ist Selbstorganisation quasi unmöglich)
2. als Anforderungen/Handlungskomponenten/Handlungsmöglichkeiten, mit denen der Einzelne/eine Gruppierung/eine organisatorische Einheit umgehen muss (d.h. deren Bedeutung erkennen und eventuell deren Ausprägung ändern), um bestimmte Ziele zu erreichen. Diese Art von Handlungsausführung kann auch als selbstorganisationales Handeln bezeichnet werden und erfordert Selbstorganisations-Kompetenzen.

Daraus könnte gefolgert werden, dass erst, wenn dieser Schwellenwert überwunden ist, die Fähigkeit der Selbstorganisation als Handlung verifiziert werden kann (siehe auch

Abb. 3.1). Ist dieser Schwellenwert überschritten, ist es gerade die Handhabung der beschriebenen kontextuellen Verhältnisse, die die Fähigkeit der Selbstorganisation ausmacht.

4 Zulieferbeziehungen – Selbstorganisation im Zusammenspiel zwischen Unternehmen

Wie schon eingangs beschrieben, zeichnen sich Zuliefererbeziehungen durch besondere Qualitäten aus, die im Grunde Anforderungen an eine wie immer auch geartete Form von Selbstorganisation stellen. Durch das empirische Studium von Zuliefererbeziehungen sollte es möglich sein Daten zu erheben, die genauere Aussagen zu diesem Phänomen zulassen, und auch um die Frage beantworten zu können, wie die Entwicklung von Kompetenzen zur Selbstorganisation verstanden werden kann.

Für die Erfassung der untersuchten Zuliefererbeziehungen wurden Einzelinterviews mit sechs Personen beim Abnehmer und ein Gruppeninterview mit vier Personen beim Zulieferer durchgeführt (siehe für eine detaillierte Beschreibung North & Friedrich 2002).

Die Interviews zielten in ihren inhaltlichen Schwerpunkten auf folgende drei Aspekte:
- Probleme aller Art (technischer, Zusammenarbeit, organisatorischer Art usw.) und die zu ihrer Lösung in Erwägung gezogenen Handlungen,
- Kompetenzen (d.h. Anwendung von Wissen, Erfahrungen, Qualifikationen) – d.h. sowohl inhaltliche als auch motivationale Aspekte – die von den Interviewpersonen mit der Zuliefererbeziehung in einen Zusammenhang gebracht wurden,
- Zusammenspiel zwischen Personen in den beiden Unternehmen.

4.1 Critical Events – eine andere Art von Arbeit

Die Dimension Arbeit (Arbeitsaufgaben, Arbeitstätigkeiten usw.) wird mit Hilfe der Critical Events beschreiben. Die Aussagen zu schwierigen Problemen (Critical Events) sind eine Beschreibung der Arbeit, die ausgeführt werden soll, ohne dass im Sinne einer Arbeitsbeschreibung bereits einzelne Arbeitsaufgaben und Arbeitstätigkeiten definiert sind.

Mit Critical Event sind in diesem Falle alle Situationen und Vorkommnisse gemeint, die von mindestens einer Person so aufgefasst werden, dass die Zusammenarbeit, der Problemlösungs- und Lernprozess zwischen Zulieferer und Abnehmer verbessert werden sollte.

Mit Hilfe der Critical Events Formulare wurden solche Situationen von den Beteiligten beschrieben. Es wurden dabei 14 verschiedene Probleme benannt, die in der folgenden Abbildung aufgeführt sind (siehe Abb. 4.1).

„**Critical Events**"
(1) No delivery notes are enclosed with the goods.
(2) The purchase order no. on the delivery note is not always correct.
(3) Wrong price on the invoice.
(4) ROBOTIC drawing number is not on the invoice.
(5) Wrong delivery dress in the paper works. Mixed up customer numbers (repaired material will be lost etc.).
(6) Paper works in German. Difficult to understand for staff at parts receiving departments as well as staff in the accounting department.
(7) It takes a long time to get any feedback on field-returns. Long procedure for offers on repair.
(8) Approved warranties are quite rare. Overload is the most faulty reason. Technicians are doubtful about the analyse result.
(9) Price management for after sales. This event is as important for Robotic as the price management for products in production is.
(10) Leakage ax1 at installed robots at four different customers.
(11) Outer bearing ring of intermediate shaft loosens its fit in gear cover, with bearing/gearbox breakdown of customer robot.
(12) Rex new foundry supplier will use different primer to its new castings. After a month, Rex supplied a can with Primer asked for.
(13) When I send a question to Technical Dep. of Rex, sometimes the answer is in German and/or is not send back to me, but to someone else.
(14) Rex grey iron supplier used too much primer to its new castings.

Abb. 4.1: Arbeit in der Zuliefererbeziehung

4.2 Kompetenzstatus der Zuliefererbeziehung

Die Analyse der Interviewdaten ergab, dass die Aussagen in den Einzel- und Gruppeninterviews, wie erhofft, sehr viele Informationen zum Kompetenzstatus der Zuliefererbeziehung beinhalteten. In den meisten Fällen wurden diese als Handlungen beschrieben. Daneben wurden eine Reihe von konkreten Problemen beschrieben, die mit der Arbeit, Einstellungen, Entscheidungen und Informationen im jeweils anderen Unternehmen zu tun hatten. Nur im Ausnahmefall wurden Probleme auch im eigenen Unternehmen erkannt.

Bei der Analyse des Kompetenzstatus der Zulieferbeziehung wurden die Interviewdaten in einem dreistufigen Verfahren klassifiziert. Zunächst wurden die Aussagen nach folgenden Kriterien differenziert:
1. Eigene Kompetenzen des OEM (gewünschte und vorhandene)
2. Eigene Kompetenzen des Zulieferers (gewünschte und vorhandene)
3. Kompetenzen, die der OEM vom Zulieferer wünscht (die noch nicht vorhanden sind)
4. Kompetenzen, die der Zulieferer vom OEM wünscht (die noch nicht vorhanden sind)

Danach wurden die von den einzelnen Interviewpersonen beschriebenen Handlungen, Fähigkeiten, Aspekte von Wissen, Erfahrungen usw. dem jeweiligen Handlungsfeld zugeordnet (für eine Beschreibung siehe Kap. 3). Weiterhin wurden die Handlungen einem bestimmten Kompetenzniveau zugeordnet (siehe dazu, die in Kap. 3 beschriebenen theoretischen Überlegungen).

Diese Kompetenzanalyse ergab folgende Ergebnisse (siehe auch Abb. 4.2), die sich wie folgt zusammenfassen lassen:
- Kompetenzen zur Ausführung von Handlungen im Bereich der Wertschöpfungsarbeit (d.h. was soll denn eigentlich in der Zulieferbeziehung erreicht werden) werden wenig genannt.
- Kompetenzen zur Handhabung der organisatorischen Voraussetzungen der Zulieferbeziehung (sei es beim Anwender bzw. Zulieferer oder in einer gemeinsamen Organisation) werden sehr oft genannt, wobei beide Seiten sehr oft über wünschenswerte Kompetenzen reden.
- Kompetenzen zur Handhabung von Zusammenarbeits- und Kommunikationshandeln werden häufig genannt, wobei hier die Kompetenzerwartungen an den jeweiligen Partner sehr groß sind. Eigene vorhandene Kompetenzen werden kaum genannt.
- Kompetenzen zur Handhabung von Neuigkeiten und Störungen werden nur als Kompetenzerwartungen an das jeweilige Partnerunternehmen benannt.
- Kompetenzen zur Handhabung von Qualitätsfragen (in diesem Falle die Qualität der Zuliefererbeziehung) werden sehr wenig beachtet.
- Kompetenzen der Prioritätensetzung (d.h. welche der genannten Kenntnisse/Kompetenzen sollen vorrangig und nach welchen Prinzipien behandelt werden) werden überhaupt nicht benannt.
- Kompetenzen zur Handhabung der physischen Umgebung werden nicht angesprochen. Wahrscheinlich sind diese von geringer Bedeutung im Rahmen einer Zuliefererbeziehung.

Bei der weiteren Interpretation und Diskussion ist jedoch zu beachten, dass das vorliegende empirische Material relativ begrenzt ist. Ziel dieser Studie 1 war es auch, nicht durch empirisches Material Hypothesen zu überprüfen, sondern es handelt sich um eine explorierende Studie, bei der das zugrunde liegende empirische Material uns Anhaltspunkte für ein Konzept zur Entwicklung der Fähigkeit zur Selbstorganisation geben sollte.

4.3 Reflexives Zusammenspiel

Ein wichtiger Bestandteil des hier vertretenen theoretischen Ansatzes zum Verständnis von Selbstorganisation ist, dass diese Fähigkeit im Zusammenspiel mit anderen entwickelt wird, und dass dabei Reflexion und reflexive Handlungen eine wichtige Rolle spielen. Die in dieser Studie durchgeführten Critical Event Foren (CEF) sind auch Plätze für Reflexion. Wir unterscheiden zwischen Reflexionsthemen, Reflexionstiefe und eventuell auch Reflexionswillen.

In der Zuliefererstudie als auch der Gruppenstudie war es die Aufgabe der Aktionsforschung diese Parameter in das Zusammenspiel einzubringen. Im Folgenden daher die Beschreibung von möglichen Reflexionsthemen, die zu einem gewissen Grad dann auch in den CEF abgehandelt wurden.

4.3.1 Keine Konsistenz zwischen beschriebenen Problemen, Kompetenzen und Problemlösung

Es konnte eine gewisse Diskrepanz zwischen beschriebenen Problemen, angesprochenen Kompetenzen und Problemlösungen festgestellt werden. Kurz gesagt, behandelten fast alle sich im Prozess der Lösung befindlicher Probleme Fragen technischer Art (am vom Zulieferer zu liefernden Produkt). Die beschriebenen Probleme einer wenig effektiven Austauschbeziehung und der für eine Verbesserung eventuell notwendigen Kompetenzen und Anwendung von Kompetenzen wurden dagegen selten als reelle Handlungen genannt.

Kompetenzen bezüglich	Rex			Robotic		
	Eigene gewünschte Kompetenz	Eigene vorhanden Kompetenz	Von OEM erwartete Kompetenz	Vom Zulieferer erwartete Kompetenz	Eigene vorhandene Kompetenz	Eigene gewünschte Kompetenz
Wertschöpfungshandlungen	-	ZZ	ZZ	AAZV	Z	V
Handhabung von organisatorischen Voraussetzungen	AAAZV	AAAA	A	ZZZ	AAA AVA	AAAAA AAAZV V
Zusammenarbeits- & Kommunikationshandlungen	-		AAAZ	AAAAA ZZZZ	AAA	-
Handhabung von Neuigkeiten & Störungen	-	-	AZZV	AAZZ	-	-
Handhabung von Qualität	-	ZZ	Z	Z	-	-
Prioritätensetzung und Koordination	-	-	---	---	-	-
Handhabung der physischen Umgebung	-	-	---	---	-	-

Abb. 4.2: Vergleich der Kompetenzen und Kompetenzerwartungen in einzelnen Handlungsfeldern zwischen „Robotic" (n = 6) und „Rex" (n = 4); (A = aufgabenorientierte Kompetenz, Z = zielorientierte Kompetenz, V = veränderungsorientierte Kompetenz; für weitere Erklärungen siehe Kap 3).

Abbildung 4.2 zeigt, dass die Handhabung der organisatorischen Voraussetzungen der Zuliefererbeziehung in beiden Unternehmen im Fokus steht. Auch die Kompetenzen zur Handhabung von Zusammenarbeits- und Kommunikationshandlungen sind von großer Bedeutung.

Bei einer genaueren Analyse der *Kompetenzstufen* fällt auf, dass die meisten Aussagen, sowohl auf der Seite von Rex als auch von Robotic, Kompetenzen auf Ausführungsniveau (A) zuzuordnen sind. Nur in sehr wenigen Fällen werden Aussagen gemacht, die Kompetenzen auf Veränderungsniveau ansprechen. Kompetenzen auf Zielorientierungsniveau werden häufiger angesprochen. Dabei ist aber zu beachten, dass dies Ziele sind, die fast ausschließlich nur für den Rahmen der eigenen Organisation (Rex oder Robotic) Geltung haben, und nicht gemeinsam für beide Organisationen (siehe Abb. 4.2). Die folgenden Beispiele für Organisationsarbeit (Abb. 4.3) und Zusammenarbeit (Abb. 4.4) sind konkrete Beschreibungen einzelner Interviewpersonen, die beispielhaft den jeweiligen Kompetenzstufen zugeordnet wurden.

Kompetenzstufe	Ausführung	Zielorientierung	Veränderung
Eigene gewünschte Kompetenz	(1) „wäre interessant zu wissen, wie ein deutsches Unternehmen funktioniert" (2) „würde gerne wissen wollen, wie andere Abteilungen in meiner Nähe arbeiten" (3) „wäre gut die Abläufe bei Robotic zu kennen"	(1) „es gibt leider keine strategische Planung für die Zuliefererbeziehung" (2) „wenn das Problem flacher gehandhabt würde, dann wäre das früher gegangen. Ich weiß nicht wie die Kompetenzverteilung bei Robotic aussieht"	(1) „Cross Functional Team ist der bestmögliche Weg um Verbesserungen voranzutreiben, um proaktive Fragen der Prozesssicherung zu betreiben – im Moment sind wir zu sehr von aktuellen Vorkommnissen gesteuert" (2) „unsere Einkaufsabteilung sollte ein ganz anderes Verständnis für die produzierenden Zulieferer entwickeln. Heute verhandeln sie in der Hauptsache über Verträge, haben aber schlechten Einblick in Qualitäts- und Prozesssicherungsfragen" (3) „wir müssen intern besser werden, um auch von Robotic etwas fordern zu können"
Eigene vorhandene Kompetenz	(1) „Verständnis darüber wie das andere Unternehmen funktioniert" (2) „wir arbeiten stark im Team zusammen und fällen gemeinsame Entscheidungen; es gibt klare Zuweisungen, wo welche Entscheidungen getroffen werden"	----	(1) „wir bieten unsere Zukunftsvision an (single source) und versuchen unsere Werte zu vermitteln"
Von Anwender erwartete Kompetenz	(1) „die Richtlinien der Zusammenarbeit müssen klar definiert sein"	(1) „wir wollen, dass sie unsere Routinen verstehen"	---

Abb. 4.3: Interviewaussagen zum Handlungsfeld „Organisationsarbeit" und deren Zuordnung zu Kompetenzstufen

Die Zusammenstellung der Aussagen zum Handlungsfeld „Zusammenarbeit" (Abb. 4.4) zeigt, dass dies als ein Problembereich angesehen wird, der mit dem Können, Wissen, Fähigkeiten usw. des jeweils anderen zu tun hat. Es gibt keine Aussagen, die darauf hindeuten, dass die eigene Kompetenz in diesem Handlungsfeld entwickelt werden sollte. Auch gibt es keine Aussagen, die darauf hindeuten, dass Kompetenzen auf Veränderungsniveau von Interesse sind.

Kompetenz-stufe	Ausführung	Zielorientierung	Veränderung
Eigene gewünschte Kompetenz	-	--	--
Eigene vorhanden Kompetenz	(1) „Robotic ist eine offene Organisation" (2) „wir gehen offen mit allen Infos innerhalb des Unternehmens um"	--	--
Von Anwender erwartete Kompetenz	(1) „Sprachkenntnisse müssen verbessert werden" (2) „Offenheit" (3) „bei Robotic fehlt die Verantwortung ja zu sagen; Entscheidungen können sehr lange dauern"	(1) „man muss die treffen können, die die Entscheidung fällen. Ohne Dialog funktioniert das nicht" (2) „was bedeutet gemeinsame Entwicklung? Wir haben Einwände gegen die konstruktive Lösung, aber wenn dann Probleme auftauchen, dann ist es unser Fehler"	--

Abb. 4.4: Interviewaussagen zum Handlungsfeld „Zusammenarbeit" und deren Zuordnung zu Kompetenzstufen

Für die hier gestellte Frage der Fähigkeit zur Selbstorganisation, sind die oben beschriebenen Ergebnisse der Kompetenzanalyse interessant, da

1. *Organisationshandlungen* und die dafür notwendigen Kompetenzen zwar angesprochen werden aber vor allem als *fehlende Kompetenzen*
2. *Zusammenarbeitshandlungen* – ein wichtiges Werkzeug um Selbstorganisation zu verwirklichen – als *Kompetenzproblem des jeweils anderen Partners* definiert werden
3. *Kompetenzen zur Handhabung von Neuigkeiten und Störungen* überhaupt nicht genannt werden, obwohl diese Phänomene gerade die Situationen kennzeichnen, die von den einzelnen Personen als Problem beschrieben werden und die den Charakter von Veränderlichkeit erfüllen.

4.3.2 Paradoxale Handlungsweisen

Die vom Zulieferer und OEM für den jeweiligen „Critical Event" vorgeschlagenen Lösungen, d.h. vorgeschlagene Handlungen wurden auch anhand des oben beschriebenen Systems zur Analyse von Handlungen für Kompetenz klassifiziert (Abb. 4.5). Die jeweiligen Vorschläge wurden mit Hilfe der einzelnen Handlungsfelder kategorisiert. Es zeigt sich dabei, dass für das Unternehmen „Robotic" die große Mehrzahl der Vorschläge in den Kategorien „Wertschöpfungshandeln" bzw. „Qualitätshandeln" einzuordnen sind (siehe Spalte 3 in Abb. 4.5).

Die Vorschläge der Mitarbeiter des Zulieferers „Rex" unterscheiden sich in gravierender Weise von denen des Unternehmens „Robotic". Die Mehrzahl der vorgeschlagenen Handlungen gelten der Handhabung organisatorischer Voraussetzungen und der Zusammenarbeit. Die einzige Gegebenheit, die diesen prägnanten Unterschied erklären könnte ist, dass die Mitarbeiter von „Rex" ihre Handlungen nach der Durchführung des CEF beschrieben haben, während die Mitarbeiter von „Robotic" dies vor dem CEF taten. Kann dies als ein Beleg für den Erfolg des gewählten Lerndesigns gedeutet werden?

Kompetenz- & Handlungsfelder	(1) Von Rex-Mitarbeitern genannte Kompetenzen (*vor* der Durchführung des CEF)	(2) Von Robotic-Mitarbeitern genannte Kompetenzen (*vor* der Durchführung des CEF)	(3) Verteilung der von Robotic-Mitarbeitern vorgeschlagenen Handlungen (n = 13) zur Behebung von Problemen auf die einzelnen Kompetenzfelder (*vor* der Durchführung des CEF)	(4) Verteilung der von Rex-Mitarbeitern vorgeschlagenen Handlungen (n = 12) zur Behebung von Problemen auf die einzelnen Kompetenzfelder (*nach* der Durchführung des CEF)
Wertschöpfungsarbeit	15%	13%	48 % (7 von 13)	17% (2 av 12)
Handhabung der Organisation	40%	49%	11%	50% (6 av 12)
Zusammenarbeits- und Kommunikations-handeln	20%	27%	0	33% (4 av 12)
Handhabung von Neuigkeiten und Störungen	15%	9%	11%	-
Handhabung der Qualität	10%	2%	30% (4 von 13)	-
Prioritätensetzung & Koordination	-	-	-	-
Handhabung des physischen Umgebung	-	-	-	-

Abb. 4.5: Vergleich von vorgeschlagenen Handlungen ((3) und (4)) und fokussierte Kompetenz- und Handlungsfelder ((1) und (2)) der Interviewpersonen bei „Robotic" und „Rex" (prozentueller Anteil an der Gesamtheit aller genannten Handlungen bzw. Kompetenzen)

Abbildung 4.5 zeigt ein überraschendes Ergebnis. Bei den vorgeschlagenen Handlungen (Spalte 3), d.h. um die gemeldeten „Critical Events" zu lösen, fokussieren die Betroffenen bei „Robotic" auf Wertschöpfungsarbeit und Qualitätsarbeit. Dagegen zeigen die Interviewaussagen zu den Kompetenzen, dass Organisationsarbeit und Zusammenarbeit als wichtige Kompetenzfelder angesehen werden, um die Zulieferbeziehung zu verbessern.

4.4 Die „Gestalt" der Kompetenzen als System – ein Zwischenergebnis auf dem Weg zur Metakompetenz?

Die Analyse der Zuliefererbeziehung aus kompetenztheoretischer Perspektive macht deutlich, dass diese organisatorische Beziehung von den Beteiligten in erster Linie als ein System der Arbeitsteilung bzw. als Abhängigkeitsverhältnis (Abnehmer-Zulieferer) betrachtet wird. In diesem System werden Probleme und Informationen und eventuelle Lösungen hin- und hergeschickt, ohne sich darüber Gedanken zu machen, darüber zu reflektieren, ob die einzelnen Teile einer gemeinsamen Logik folgen, und wie diese in Arbeitsteilung geteilten Teile wieder zusammengefügt werden sollten. Die Realität ist, dass die einzelnen Experten nicht das Gesamtsystem sehen, bzw. ihre Rolle, bzw. ihre Kompetenzen im Gesamtsystem, sondern sie sehen nur ihre Funktion im Teilsystem.

Von unserem theoretischen Verständnis ausgehend, tragen folgende Verhältnisse dazu bei, dass in der bisherigen Form der Zulieferbeziehung, die Fähigkeit zur Selbstorganisation noch nicht entwickelt wurde:
- Zwar gibt es bei sowohl Robotic als auch Rex eine Reihe von Kompetenzen unterschiedlicher Art auf Ausführungsniveau, diese aber nicht koordiniert gemeinsam genutzt, da u.a. nicht darüber reflektiert wird und weil gemeinsame Ziele fehlen.
- Es gibt keine gemeinsamen Zielsetzungen für die Nutzung der Zusammenarbeits- und Organisationskompetenzen.
- Informationen werden bewusst ausgetauscht, dagegen gibt es kaum ein Bewusstsein darüber, welche Kompetenzen vorhanden sind und wie sie für welche gemeinsamen Ziele genutzt werden können.
- Es werden keine Kompetenzen nachgefragt, sondern Lösungen und Informationen.
- Es wird davon ausgegangen, dass die Mittel zur Lösung der Probleme immer der andere hat; und nur selten sind es die eigenen Kompetenzen bzw. die Kombination von unter-schiedlichen Kompetenzen.

Die Beobachtungen individueller Verhaltensweisen in der Zuliefererstudie und die oben gemachte Analyse sind Anlass genug, unser am Anfang formuliertes theoretisches Verständnis zur Selbstorganisation durch weitere Aspekte zu vervollständigen:
(1) Reflexives und bewusstes Verhalten zu Kompetenzen ist wichtig.
(1.1) Bewusstsein für die eigenen Kompetenzen und die anderer entwickeln.
(1.2) Sich die Unterschiede zwischen Informationen, Wissen und Kompetenzen klarmachen
(2) Die Unterscheidung einzelner Typen von Kompetenz ist eine notwendige Voraussetzung, um Prioritäten setzen zu können zwischen einzelnen Kompetenzen.

Kompetenzen der Zusammenarbeit, Organisationsarbeit, Prioritätensetzung und Koordination haben eine andere Bedeutung als jene für Wertschöpfungs- und Qualitätsarbeit.

(3) Reflexion über Gemeinsamkeiten (Ziele) und deren Handhabung ist besser als nur blind auf Unterschiede zu fokussieren

(4) Bewusste Schaffung einer Mikroebene (Mikroorganisation; informelle Organisation innerhalb einer formellen Organisation), um zur Lösung von Problemen, die als gemeinsam aufgefasst werden; mit gemeinsamen Kompetenzen beitragen zu können. Das heißt eventuell eine temporäre (virtuelle?) organisatorische Einheit zu bilden und dafür eigene Ziele und Mittel für die Zielerreichung zu definieren.

(5) Möglichkeit der Reflexion über die gemeinsame Definition dieser organisatorischen Mikroebene (Mitglieder? Ziele usw.)

Fasst man die obigen Überlegungen zusammen, dann kommen wir zu dem Schluss, dass eine zentrale Voraussetzung für die Entwicklung der Fähigkeit zur Selbstorganisation das Ersetzen des Expertentums durch ein System von Kompetenzen ist (s. Abb. 4.6, Spalte 3). Sowohl die vom Unternehmen benutzte Klassifizierung von Personen in unterschiedliche Positionen (s. Abb. 4.6, Spalte 1) als auch die von den Verfassern vorgeschlagene Einteilung in Rollen (s. Abb. 4.6, Spalte 2) bedeutet, dass implizit bestimmte Kompetenzerwartungen an die einzelnen Personen gestellt werden. Diese Kompetenzerwartungen verhalten sich kontraproduktiv zu dem Anspruch, die Fähigkeit zur Selbstorganisation zu entwickeln. Von vorneherein wird – durch die Erwartungshaltung bestimmt – auf bestimmte Kompetenzen fokussiert. Kompetenzen, die mit der Handhabung organisatorischer Voraussetzungen, mit Zusammenarbeit und mit Prioritätensetzung zu tun haben, werden dadurch kaum Beachtung finden. Außerdem wird die Übertragbarkeit von Kompetenzen nicht beachtet, da von Anfang an bestimmte Personen für bestimmte Kompetenzen zuständig sind.

Erst die Auflösung dieses Vorbestimmtseins durch die Entwicklung einer „Gestalt", die wir „System von Kompetenzen" nennen wollen, ermöglicht es die Handlungsfähigkeit einzelner Personen in eine Fähigkeit der Selbstorganisation umzusetzen. Durch die Reflexion über und die Entwicklung/Veränderung gemeinsamer Ziele, der Kenntnis und Bewusstseinmachung sämtlicher Kompetenzen, kann der nächste Schritt getan werden, die vorhandenen Kompetenzen durch Selbstorganisationshandeln auf neue Bereiche/ Situationen zu übertragen. Diese Vorgehensweise hat möglicherweise auch einen positiven Einfluss auf die Handlungsbereitschaft des Einzelnen und dadurch indirekt auf das Selbstorganisationshandeln.

Eine mögliche Infrastruktur für die Umsetzung eines solchen Systems von Kompetenzen ist das CEF, als ein Forum für die Entwicklung der Fähigkeit zur Selbstorganisation. Durch die Festlegung einer solchen organisatorischen Mikroebene, die Beachtung und Bewusstseinmachung sämtlicher Kompetenzen der daran teilnehmenden Personen, und die Ausrichtung auf die gemeinsame Nutzung und Übertragung dieser Kompetenzen auf neue Probleme/Handlungen, denken wir, Voraussetzungen für Selbstorganisation schaffen zu können.

Verortung von Kompetenzen / Beschreibungskriterien	(1) Positionen innerhalb einer Organisation	(2) Rollen in einer Zulieferer-beziehung	(3) System von Kompetenzen (und Kompetenzstufen)
Klassifizierungssystem	Konstrukteur	Systemdefinition und -veränderung	Wertschöpfungsarbeit
	„Strategic purchaser"	kommerziellen und juristischen Rahmen schaffen	Handhabung Neuigkeiten und Störungen
	Strategic purchaser after-sales	Operative Abwicklung	Prioritätensetzung und Koordination von Aufgaben
	Materialplanung		Handhabung organisatorischer Voraussetzungen
			Zusammenarbeit und Kommunikation
			Qualitätsarbeit
			Handhabung der physischen Umgebungsbedingungen
Kompetenzlogik	Verteilte Verantwortlichkeit	Abgrenzung von Kompetenzen in einer zeitlichen Dimension	Entwicklung einer Gestalt (einer Gesamtheit) von vorhandenen Kompetenzen
Voraussetzungen für Selbstorganisation?	Keine natürliche Plattform für Selbstorganisation vorhanden		**Selbstorganisation ist möglich**

Abb. 4.6: Bedeutung der Verortung von Kompetenzen für die Entwicklung von Selbstorganisation

Diese Erkenntnis wurde im CEF genutzt, um auf Fragen der Organisation und Zusammenarbeit zu fokussieren und weniger auf die konkreten technischen Probleme. Die Aussagen der Mitarbeiter von „Rex" bestätigen (siehe Abb. 4.5), dass das CEF zu einer anderen Fokussierung der vorgeschlagenen Handlungen geführt hat. Handlungen in den Kompetenzfeldern Organisationsarbeit und Zusammenarbeit werden in größerem Umfang vorgeschlagen als Handlungen zur Lösung der „technischen Probleme".

Sollte in weiteren Studien gezeigt werden können, dass dieser prägnante Unterschied dem CEF zugeschrieben werden kann, dann stellt sich die interessante Frage, welche aus kompetenztheoretischer Perspektive interessanten Aspekte der CEF diese Veränderung erklären können, dass die Beteiligten plötzlich ganz andere Handlungsfelder als wichtig erachten. Oder anders gefragt, welche Kompetenzen der Mitarbeiter von „Rex" und „Robotic" hat das CEF freigelegt, die sich sonst nicht bemerkbar gemacht hätten, und wie. Dies unterstützt auch unser Verständnis, dass die Nutzung/Übertragung von individuellen Kompetenzen auf eine kollektive Ebene ein Kennzeichen und eine Voraussetzung der Fähigkeit zur Selbstorganisation ist.

Um diese Frage zu beantworten, wurden in der folgenden Gruppenarbeitsstudie auch Aspekte untersucht, die helfen sollen, das oben beschriebene Phänomen zu verstehen. Folgende Dimensionen wurden dafür gewählt:
- Arbeit und Arbeitsroutinen
- Zusammenspiel und sozioemotionales Klima
- Gruppenzusammensetzung
- Kollektive Selbstwirksamkeitserwartung
- Unterstützung durch die Führung

Für eine Beschreibung dieser Variablen siehe das folgende Kapitel 5.2.

5 Gruppenarbeit – Selbstorganisation im Zusammenspiel innerhalb eines Unternehmens

Die Zuliefererstudie hat gezeigt, dass die Dimension des Zusammenwirkens zwischen verschiedenen Rollen/Positionen/Funktionen zwischen Unternehmen eine wichtige Voraussetzung ist, um
1. Probleme zu lösen,
2. sich eine eigene organisatorische Umwelt zu schaffen, d.h. ein Platz für sich zu entwickeln, um sich u.a. seiner Kompetenzen bewusst werden zu können,
3. Vertrauen für andere zu entwickeln.

Aber ist diese Beschreibung schon gleichzusetzen mit Selbstorganisationshandeln? Wir wissen nur, dass das von uns im Critical Event Forum geförderte Zusammenspiel dazu geführt hat, bestimmte Probleme zu lösen. Ob dies auch dazu geführt hat, dass sich die Fähigkeit zur Selbstorganisation entwickelt hat, so dass die Teilnehmer die Lösung ähnlicher Probleme in Zukunft selbst organisieren können, ist noch unklar. Wir wissen nämlich nicht, zu welchem Lernen dieses Zusammenwirken geführt hat, d.h. gibt es irgendwelche Veränderungen in Kompetenzfacetten oder haben sich andere übergreifende Routinen herausgebildet?

Ausgangspunkt ist das in Abbildung 5.1 visualisierte Untersuchungsmodell. Die folgenden Ausführungen sollen dies näher beleuchten. Zunächst zeigen wir in Kapitel 5.1 anhand ausgewählter empirischer Ergebnisse der Zulieferstudie noch einmal die Bedeutung des Zusammenspiels. Danach versuchen wir mit Hilfe der Gruppenstudie Antworten auf obengestellte Fragen zu finden.

5.1 Zusammenspiel für Selbstorganisation

Empirische Ergebnisse der Zuliefererstudie zeigen, dass *Probleme der Zusammenarbeit* insbesondere durch zu geringen Austausch impliziten Wissens entstehen. Es mangelt vor allem an einem *gemeinsamen Verständnis* des „know why", d.h. *der implizit vorhandenen Normen, Werte, Annahmen der Zusammenarbeit*.

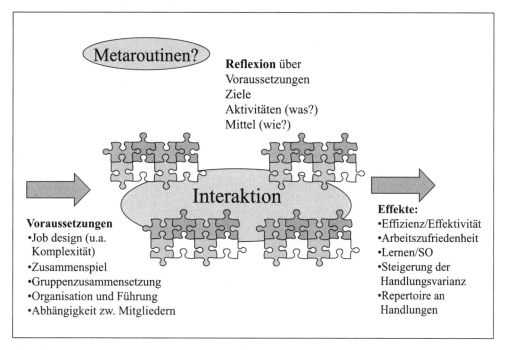

Abb. 5.1: Modell zur Untersuchung von Selbstorganisation als Metaroutine

Es wurden vier Themen deutlich, die gemeinsame Reflexion verlangen:
- Verstehen, wie die Partner bei „Robotic" denken und arbeiten (Qualitätsleiter: *„Für mich ist „Robotic" eine Black Box, ich weiß nicht, wie sie arbeiten."*)
- Nutzungsbedingungen der Robotergetriebe bei den Kunden von „Robotic" sind dem Getriebehersteller nicht bekannt. Es ist deswegen schwer, gemeinsam Anforderungen und Produktstandards abzustimmen (Qualitätsleiter: *„Wir haben unterschiedliche Auffassungen, was eine Reklamation ist."*).
- Gemeinsame Verantwortung tragen für Problemlösungen und Änderungen am Produkt (Entwicklungsleiter: *„Es hat ein halbes Jahr gedauert, bis die Konturänderung am Gehäuse des Getriebes abgesegnet wurde, durch ein gemeinsames Value Engineering könnten beide Unternehmen Kosten sparen."* Qualitätsleiter: *„Wir handeln zum Teil nach dem Prinzip: der Kunde wird's nicht merken."*).
- Betriebswirtschaftliche Rahmenbedingungen nicht ständig in Frage stellen (Vertriebsleiter: *„Die von „Robotic" veranstalteten Zuliefertage vermitteln uns weniger eine Vision der Zukunft, sondern machen noch mehr Druck. Da kann kein Vertrauen und keine Offenheit entstehen."*).

Es zeigte sich auch, dass ein *Zusammenspiel* dadurch erschwert wird, dass Zulieferer und Abnehmer nicht genau wissen, *wer für welche Fragestellungen denn ein kompetenter Ansprechpartner sein könnte.*

Kontakte werden über Vertriebsleiter, Key Account Manager gehandhabt, so dass eine Zusammenarbeit auf der Ebene derjenigen, die ein Problem miteinander lösen könnten, oft nur schwer hergestellt werden kann. Aus dieser Sicht ist es sinnvoll, Rollen in der Zulieferer-Abnehmer-Beziehung zu definieren und Mitarbeitern bewusst zu machen, welche Rolle sie ausfüllen.

Erst dieses *Bewusstsein über die eigene Position in einem Gesamtsystem*, und dadurch die Notwendigkeit des Zusammenspiels zu erkennen, ermöglicht die Strukturierung selbstorga-nisierten Handelns. Unsicherheit über die eigene Rolle scheint selbstorganisiertes Handeln zu verhindern. Dies wird anhand von drei Beispielen verdeutlicht, die jeweils Zusammenspiel erfordern, um die jeweiligen Inhalte zu definieren.

Rolle: Systemdefinition und -veränderungen
In dieser Rolle wird das System (der Liefergegenstand) in unterschiedlich intensiver Zusammenarbeit zwischen Zulieferer und Abnehmer konzipiert bzw. verändert. Problematisch hierbei ist, dass im allgemeinen die letzte Verantwortung („der schwarze Peter") beim Zulieferer bleibt. Daraus resultieren oft langwierige Abstimmungsprozesse, da keiner so richtig die Verantwortung übernehmen möchte. Viele technische Probleme fallen in eine Grauzone, die vertraglich nicht so richtig geregelt ist oder werden kann. Die Nutzung der Selbstorganisationspotenziale setzt ein *gemeinsames Verstehen* der Nutzungsbedingungen der Produkte und der Vorgehensweisen des Partners, sowie eine *gemeinsame Verantwortung* für das System und dessen Änderungen voraus. Dadurch kann die Systemdefinition und -veränderung wesentlich beschleunigt werden und es können bessere Lösungen gefunden werden. Ein Lösungsweg wäre für „Robotic" die Definition der kritischen Komponenten des Roboters und für jede Komponente die Bildung von übergreifenden Teams mit den Zulieferern, die gemeinsam Verantwortung für eine solche Komponente tragen und über weitgehenden Handlungsspielraum verfügen, was die Ausgestaltung dieser Komponenten angeht.

Rolle: Kommerziellen und juristischen Rahmen schaffen
In dieser Rolle wird festgelegt, welche Stückzahlen, welche Preise, welche Qualitäten zu liefern sind und unter welchen rechtlichen Bedingungen agiert werden kann. Diese Rolle hat aber auch zu klären, welche Freiräume für selbstorganisiertes Handeln der beiden anderen Rollen geschaffen werden kann, z.B. die Frage wie stimmen wir ab, was eine Reklamation ist, welche Entscheidungsbefugnis hat welcher Partner, wie schaffen wir ein gemeinsames „know why". Ein Beitrag hierzu war z.B., dass „Rex" Fertigungsmitarbeitern das Kennenlernen der „Robotic" Fertigung in Schweden ermöglichte.

Rolle: Operative Abwicklung
Diese Rolle sorgt für die zeit-, mengen-, und qualitätsgerechte Abwicklung von Aufträgen, von zu bearbeitenden Reklamationen und löst die vielen kleinen (manchmal auch großen) Probleme, die sich aus Planungsabweichungen oder aus inadäquater Systemdefinition ergeben. So war z.B. ein langanhaltendes Problem die Beschädigung der Getriebe beim Einbau bei „Robotic", während jedoch „Robotic" behauptete, dass bereits

defekte Getriebe geliefert wurden. Die Frage der Schuldzuweisung, die akribische Verfolgung, wo der Schaden aufgetreten sein könnte, ohne dass eine eindeutige Lösung hierfür gefunden wurde, haben in der Vergangenheit viel Aufwand verursacht.

Selbstorganisationspotenzial ist hier insbesondere gegeben durch das Kennen und Verstehen der Fertigung und Montage des jeweils anderen Partners, Lernen voneinander, wie Probleme angegangen werden und eine Lösungsfindung nahe am Ort der Problementstehung. Das später vorgestellte Lerndesign des Critical Events Forums kann hier eine effiziente Hilfestellung sein, wie wir zeigen konnten.

Die Schlussfolgerungen, die wir aus der Analyse der Erhebungen im Tatsachenfeld „Zuliefererbeziehungen" **für die Entwicklung der Fähigkeit zur Selbstorganisation** gezogen werden sollen im Folgenden in Form von Anforderungen an das zu entwickelnde Modell formuliert werden:
1. Es sollte sowohl die individuelle als auch die Gruppen- bzw. organisatorische Ebene als Forum der Entwicklung der Fähigkeit zur Selbstorganisation beachtet werden.
2. Die Interaktion von Individuen und organisatorischen Rahmenbedingungen sollte beschreibbar sein.
3. Rahmenbedingungen, unter denen Selbstorganisationshandeln stattfindet, gefördert oder unterdrückt wird, sollten im Modell abgebildet werden.
4. Selbstorganisationshandeln muss tätigkeits- bzw. rollenbezogen beschreibbar sein, da die Fähigkeit der Selbstorganisation sich auf diese Tätigkeit/Rolle auswirken, bzw. in dieser Rolle lernbar sein wird.
5. Das zu entwickelnde Modell sollte dynamisch sein, d.h. Veränderungen über die Zeit beschreibbar machen.
6. Das Modell sollte durch entsprechende Instrumente ergänzt werden, die als Lerndesign für die Entwicklung der Fähigkeit zur Selbstorganisation dienen.

5.2 Selbstorganisation als Metaroutine/Metakompetenz

Mit Routinen werden wiederkehrende Verhaltensweisen beschrieben, wie Individuen handeln. Mit Metaroutinen sind die Routinen bzw. Verhaltensmuster gemeint, die Gruppen entwickelt haben, um die eigenen Routinen zu beschreiben, zu diskutieren und darüber zu reflektieren.

Wir wollen im Folgenden verstehen, inwieweit die Fähigkeit zur Selbstorganisation mit dem Vorhandensein von Metaroutinen, d.h. dem Inhalt und der Art und Weise der Reflexion über folgende Aspekte zusammenhängt:
(1) Arbeitsaufgaben und Arbeitsroutinen,
(2) Zusammenspiel zwischen einzelnen Individuen (innerhalb von Gruppen oder anderen Gruppierungen),
(3) vorhandene Ressourcen, auch aufgrund der Gruppenzusammensetzung,
(4) Support durch die eigene Organisation (ob Gruppe oder Gruppierung) in Aspekten der Führung, des Informations- und Wissensflusses, der gemeinsamen Werte,

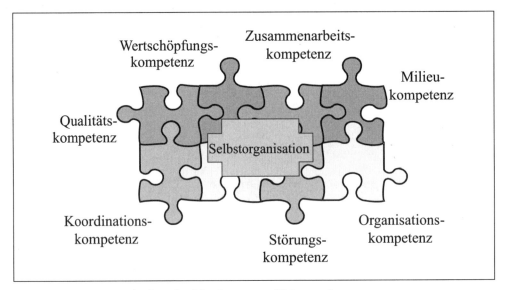

Abb. 5.2: Selbstorganisation als „Metakompetenz"/Metaroutinen

(5) vorhandene betriebswirtschaftliche Rahmenbedingungen (Arbeitsverteilung zwischen produktionsorganisatorischen Einheiten).

In den unten folgenden Ausführungen lassen wir uns von den in Studien über Gruppenarbeit gemachten Überlegungen zum Verhältnis zwischen Input, Prozess und Output leiten (McGrath 1964; Guzzo & Shea 1992; Hackman & Gersick 1992; Tannenbaum, Beard & Salas 1992) Wir gehen aber darüber hinaus, da diese Modelle nicht den iterativen Prozess der Beeinflussung des Inputs durch einen früheren Output berücksichtigen.

Des Weiteren bauen wir auf dem Modellen von Campion, Medsker & Higgs (1993) und Campion, Papper & Medsker (1996) auf, da dort die Gestalt der Arbeit (Job design), Abhängigkeiten (interdependence), Gruppenzusammensetzung (group composition), Rahmenbedingungen (context) und Prozess (process) als Dimensionen beachtet werden, die Effektivität, Produktivität und Arbeitszufriedenheit beeinflussen können (s. auch Abb. 5.1).

5.2.1 Die Bedeutung der Qualität der Arbeit für das Vorhandensein von Metaroutinen

Die Durchführung der ersten explorierenden Studie (Studie 1) zur Selbstorganisation (North & Friedrich 2002) ließ die Frage aufkommen, ob die Entwicklung von Selbstorganisation mit der Qualität der auszuführenden Arbeitsaufgaben zusammenhängt, d.h. ob ein bestimmtes Niveau an Arbeitsinhalten erforderlich ist, um die Entwicklung von Selbstorganisation zu ermöglichen.

In der Studie von Baethge (2003) zum Thema Lebenslanges Lernen und Arbeit wird eindeutig festgestellt, dass „die Arbeit einen eigenständigen Prägefaktor zur Entfaltung von Lernkompetenzen im Erwachsenenalter darstellt" (S. 98), wobei damit ein neuer Typ von „selbstorganisiertem" Lernen gemeint ist, der sich aus Antizipationsfähigkeit, Kompetenzentwicklungsaktivität und Selbststeuerungsdisposition zusammensetzt (s. ebd., S. 95). Selbststeuerungsdisposition ist die „Fähigkeit und Bereitschaft zur Selbststeuerung und Selbstorganisation von Lernen" (ebd.). Dieselbe Studie zeigt auch, dass Arbeitserfahrungen und insbesondere die gewählte betriebliche Organisation der Arbeit große Bedeutung für die Lernförderlichkeit der Arbeit haben.

Die Arbeitsaufgabe ist die zentrale Analyseneinheit der europäischen Arbeitspsychologie aber dennoch ist sie bisher bei Gruppenstudien kaum beachtet worden. Wir entwickeln das Modell von Campion et al. (1996) weiter, indem wir die Dimension „Arbeitsaufgabe" hinzufügen. Die Beschreibung und Analyse weiterer Merkmale der Arbeit ausgehend von Pohlandt, Debitz, Schulze & Richter (2003) soll uns helfen, den Einfluss der Dimension Arbeit für die Entwicklung der Fähigkeit zur Selbstorganisation noch besser verstehen zu können.

Lernen und Reflexion
Lernen beinhaltet immer auch Reflexion über Arbeitshandlungen, über Geschehnisse und Voraussetzungen am Arbeitsplatz, über den Kontext für die zu verrichtenden Arbeitsaufgaben. Lernen und Reflexion bedingen sich gegenseitig. Warum sollte man über Arbeitsaufgaben, deren Ziele und zu nutzende Mittel reflektieren? Natürlich um die Effektivität zu verbessern. Erst dieses übergreifende Ziel gibt dann auch Anlass zum Lernen. Lernen ohne Veränderung der vorhandenen Arbeit bzw. deren Voraussetzungen ist eigentlich nur ein Anlernen, dass nicht ausreicht, um die Fähigkeit zu entwickeln sein eigenes Lernen organisieren und kontrollieren zu können (Metaroutinen).

Sowohl Forscher als auch Praktiker unterstützen die Auffassung, dass genügend Zeit für Reflexion vorhanden sein muss, um alle Formen von Weiterentwicklung voranzutreiben. Reflexion in Gruppen wird als Voraussetzung für innovatives Handeln betrachtet und es wird sogar empfohlen die „normale" Arbeit dafür zu unterbrechen (West et al. 2004). Ausgehend von Seibert (1999) kann man Reflexion in strukturierte – und aktionsorientierte („in-action") Reflexion unterscheiden. Bei der erstgenannten wird davon ausgegangen, dass das Unternehmen Reflexionsinstrumente zur Verfügung stellt, damit Mitarbeiter ihre Erfahrungen und ihr Lernen durchdenken können. Die zweite Form ist sozusagen in ‚real time', d.h. man reflektiert und agiert direkt während der Ausführung der Arbeit, und dann auch eher informell.

Es wird angenommen, dass Reflexion zu Lernen führt (Brusling & Strömqvist 1996; Daudelin 1996). In diesem Prozess des Lernens abstrahiert das Individuum neue Meinungsinhalte aus Erfahrungen, reinterpretiert die Wirklichkeit, wird offener für alternative Betrachtungsweisen und hinterfragt eher bisher akzeptierte Annahmen (Smith 1996). Lern- und Reflexionsprozesse werden oft in Niveaus (Driver 2003) bzw. als aufeinanderfolgende (Daudelin 1996) Stufen beschrieben.

Im Folgenden werden die gewählten Einflussfaktoren auf die Entwicklung der Fähigkeit zur Selbstorganisation sowohl anhand der Ergebnisse der **quantitativen Studie** (Studie 2) als auch der **Aktionsforschungsstudie** (Studie 3) beleuchtet werden.

Anspruchsvolle Tätigkeiten als Voraussetzung für Metaroutinen:
Die Gestaltung der Arbeit hat ausgehend von den Ergebnissen der **quantitativen Studie** (Studie 1) große Bedeutung für das Vorhandensein/Entwicklung von Metaroutinen, d.h. anspruchsvolle Arbeitstätigkeiten führen eher zur Entwicklung von Metaroutinen als weniger anspruchsvolle Tätigkeiten ($r = .43$ **$p<0.01$).

Die Gestalt der Arbeit (Job Design) wurde als ein komplexer Indikator konstruiert, der sich aus 22 Aspekten (Cronbachs Alpha = .90) zusammensetzt, die in die folgenden fünf Beschreibungsdimensionen eingehen:
- Ganzheitlichkeit der Aufgabenstellung
- Anforderungen an Zusammenarbeit
- Lernpotenzial
- Verantwortung
- Kognitive Anforderungen.

Mit dem Begriff Metaroutinen wird hier das Vorhandensein von *Routinen für Reflexion* beschrieben. Für die benutzen Fragen (Edmondson 1999) wurde ein Indikator konstruiert (Cronbachs Alpha = .88), der folgende Dimensionen beinhaltet:
- Reservierte Zeit und Treffen für Reflexion
- Teilnahme relevanter anderer (nicht zur Gruppe gehörender) Personen
- Führung für Reflexion
- Diskussion über die Bedeutung von Metaroutinen
- Diskussion und kritisches Hinterfragen

Die Ergebnisse der Aktionsforschungsstudie (Studie 3) zeigen, dass es große Unterschiede zwischen den Gruppen gab. Und zwar nicht in Bezug auf die „objektive" Gestalt der Arbeit, sondern bezüglich deren subjektiven Wahrnehmung der Arbeit und dem Ziel der Arbeit. Trotz (von außen gesehen) relativ gleichartigen Arbeitsaufgaben, vertrat die Gruppe H2 die Auffassung, dass es die Notwendigkeit und auch die Möglichkeit gab über die eigene Arbeit und die Arbeitsgestaltung zu problematisieren und zu reflektieren. Die Gruppe D1 dagegen, meinte das dies nicht nötig war.

Die Unterschiede zwischen den Gruppen hängen damit zusammen wie die Gruppen die Arbeit wahrnehmen und definieren, und welche Möglichkeiten die bestehenden Rahmenbedingungen ermöglichen. Die Gruppe H2 bearbeitet die kognitiven Anforderungen, die die Arbeit stellt, in dem sie über die Ziel-Mittel-Relation der Arbeitsaufgabe reflektiert, die Arbeit in Beziehung zu den Zielen ausführt, Autonomie nutzt, die es zu nutzen gibt, und versteht, dass diese Arbeit das Zusammenwirken in der Gruppe und mit anderen erfordert.

Die Gruppe D1 dagegen führt die Arbeit ohne deutliche Beziehung zum Ziel, nur im Rahmen des Gegebenen, aus, ohne dass sie zeigt, dass sie Arbeit als etwas Gestaltbares auffasst. In der Gruppe H2 ist die Arbeit und deren Gestalt ein „Eigentum" der Gruppe, während in der Gruppe D1 die Arbeit von außen gegeben ist. Dieses von außen Gegebene muss wahrgenommen, verstanden und integriert werden, bevor man darüber reflektieren kann, wie Arbeit sich verändern und entwickeln kann.

Wenn wir hier über Arbeit und Arbeitsaufgaben gesprochen haben, dann ist es nicht selbstverständlich, dass damit nur die Teile der Tätigkeit gemeint sind, die geplant und erwartet werden, sondern es können gerade die Aspekte sein, die man eigentlich nicht erwartet hatte. Zwar gibt es oft eine allgemeine Akzeptanz des beschriebenen Phänomens dieser Arbeit: z.B. als „Problem", „Veränderlichkeit", usw. Aber dass damit auch neue Aufgaben entstehen, die eventuell im Zusammenspiel mit anderen Personen, in anderen Teilen der Organisation und auch mit Veränderung von Rahmenbedingungen, ausgeführt werden sollen und können, wird oftmals vergessen.

Vielleicht ist es gerade diese Situation der Veränderung von Rahmenbedingungen aufgrund neuer Aufgaben, die für eine effektive Nutzung von Kompetenzen im Zusammenspiel erforderlich ist, die den eigentlichen Kern der Fähigkeit zur Selbstorganisation ausmacht?

5.2.2 Ein geordnetes Zusammenspiel unterstützt die Entwicklung von Metaroutinen

Die Bezeichnung habituelle Routinen wird verwendet wenn „eine Gruppe in einer gegebenen Situation wiederholt dieselben funktionellen Handlungsverläufe aufzeigt ohne explizit nach alternativen Wegen gesucht zu haben" (Hackman & Gersick 1990, S. 69). Diese gewohnheitsmäßigen Routinen können sich sowohl für die Ausführung der Arbeit (*Arbeitsroutinen*) entwickeln als auch *sozioemotionaler* Natur sein. Metaroutinen können auch zu den habituellen Routinen gehören. In der Gruppenforschung wurde als bedeutend hervorgehoben, dass Gruppen Routinen haben; um Ziele zu verdeutlichen, dass man Routinen für den Austausch von Auffassungen zur Qualität hat, für die Kommunikation mit und den Austausch von Informationen mit relevanten Personen im Produktionsprozess (Campion, 1996).

Sozioemotionale Prozesse, oft als Unterstützungsfunktion beschrieben (instrumentelle, realistische, emotionale und informative Unterstützung), haben eine zentrale Bedeutung für Gruppenperformance und Arbeitszufriedenheit. Für die Reflexionsbereitschaft in Gruppen ist jedoch die Dimension ‚Gruppengeborgenheit' („team safety") noch wichtiger. Sie ist weitergehender als persönliches Vertrauen und trägt dazu bei Risikobereitschaft und den Willen zum Erproben des Unbekannten zu erhöhen (Edmondson 1999).

Der schon in der explorierenden Studie 1 diskutierte Zusammenhang zwischen dem Vorhandensein von *Arbeitsroutinen* und der sozioemotionalen Situation in Gruppen und der Entwicklung von Metaroutinen wird in der **quantitativen Studie** empirisch bestätigt. Arbeitsroutinen (r = .52 **p<0.01) und die sozioemotionale Situation der Gruppe (r = .49 **p<0.01) korrelieren mit dem Vorhandensein von Metaroutinen.

Für den Begriff *Arbeitsroutinen* wurde ein Indikator konstruiert (Cronbachs Alpha = .75), der folgende Dimensionen beinhaltet:
- Klarheit über die Arbeitstätigkeit
- Deutliche Ziele
- Verdeutlichung von Zielen
- Klarheit über die Qualität der zu verrichtenden Arbeitstätigkeit
- Routine für gruppeninterne Arbeitsteilung
- Kommunikation mit allen Personen, die mit demselben Produkt arbeiten
- Funktion der Zusammenarbeit, um die Aufgabe ausführen zu können
- Ausreichende Information von anderen Betroffenen, um die Aufgabe ausführen zu können

Die sozioemotionale Situation wurde ausgehend von Edmondsons Forschung (1999) als ein Indikator (Cronbachs Alpha = .76) anhand folgender Dimensionen gemessen:
- Soziale Unterstützung innerhalb der Gruppe
- Psychologische Sicherheit (Gruppengeborgenheit)
- Kommunikation während der Ausführung der Arbeit.

Je reicher oder weiter entwickelt die Arbeitsroutinen in Gruppen sind und je weiter entwickelt die sozioemotionale Situation in den Gruppen ist, desto weiter fortgeschritten ist die Entwicklung von Metaroutinen. Sind in einer Gruppe Arbeitsroutinen vorhanden, die die Ausführung der vorhandenen Arbeitstätigkeiten unterstützen, dann ist es auch eher möglich, dass diese Gruppen reflektive Metaroutinen entwickeln. Dies ist natürlich nur dann wahr, falls das sozioemotionale Klima dies zu lässt.

Ein weiteres interessantes Ergebnis der quantitativen Studie zeigt, dass es keinen statistischen Zusammenhang zwischen den Indikatoren „Gestaltung der Arbeit", „Arbeitsroutinen" und der „soziemotionalen Situation" gibt. Das heißt, auch bei weniger interessanter Arbeit kann es in Gruppen Arbeitsroutinen und ein Minimum von sozioemotionalem Verständnis geben, um die Arbeitsaufgaben entsprechend den gegebenen Zielen ausführen zu können. Dagegen reichen weniger anspruchsvolle Arbeitsinhalte nicht aus, um die Entwicklung von Metaroutinen zu initiieren. Es gibt wahrscheinlich nicht genug Themen über die man reflektieren kann.

Die **Aktionsforschungsstudie** zeigt, dass die Gruppe H2 (in einem embryonalen Zustand der Selbstorganisation, wie wir später sehen werden) sich von den anderen Gruppen, die kaum Zeichen von Selbstorganisation aufzeigen, sehr stark bezüglich Arbeitsroutinen und sozioemotionalen Routinen unterscheidet. In der Gruppe D1 z.B. ist der soziale Austausch zwischen den Gruppenmitgliedern minimal und es ist keine Dynamik innerhalb der Gruppe festzustellen. In der Gruppe H2 dagegen gibt es diese Dynamik aber auch Spannungen: Dies wird von der Gruppe jedoch bewusst und offen gehandhabt.

In der Gruppe H2 ist die Gruppengeborgenheit ausreichend, um Schwierigkeiten zu begegnen und Konflikten nicht auszuweichen. Alle anderen Gruppen loben ihr Gruppenklima aber man will den „guten Geist" in der Gruppe nicht dadurch riskieren, indem man z.B. über unterschiedliche Auffassungen diskutiert.

Ein gutes sozioemotionales Klima ist wichtig für die Reflexion aber sie ist an sich kein Motiv für Reflexion. Ein Gruppendynamik mit Spannungen bezüglich unterschiedlicher Auffassungen (z.B. über die Arbeit) stimuliert zur Reflexion, vorausgesetzt man fühlt sich in der Gruppe ausreichend sicher und geborgen.

Alle Gruppen haben ihre Arbeitsroutinen, aber sie unterscheiden sich darin, ob es kollektive Routinen sind oder ob ein einzelnes Gruppenmitglied Routinen entwickelt hat. Mehr oder weniger effektive Arbeitsroutinen gibt es in allen Arbeitsgruppen, aber sie müssen gemeinsam entwickelt sein und verantwortet werden, falls sich die Gruppe daran wagen soll, diese zu problematisieren und darüber zu reflektieren.

5.2.3 Gruppenzusammensetzung und Ressourcen in der Gruppe

In unserem Ansatz gehen wir davon aus, dass die objektiv messbare Kompetenzzusammensetzung der Gruppe, als auch die gruppeninterne Wahrnehmung der in der Gruppe vorhandenen Kompetenzen als Ressource für die Entwicklung von Metaroutinen als auch der Selbstwirksamkeitserwartung Bedeutung haben sollte.

Aufgabenbezogene Attribute (z.B. Ausbildung, Qualifikationen und Kompetenzen) und personenbezogene Variablen (Geschlecht, Alter, Persönlichkeit, ethnische Herkunft usw.) sind die dominierenden Klassifizierungen, um Diversifikation in Gruppen zu beschreiben West, Giles, Richter & Shipton 2004). Homogenität als auch Heterogenität der Gruppen-zusammensetzung wird als sowohl positiv als auch negativ für Effekte wie Gruppenprozesse, Gruppeneffektivität und Resultate (Pelled, Eisenhardt & Xin 1999; Shaw & Barett-Power 1997), als auch Innovationskraft (West et al. 2004) angesehen. Auch wenn es hier unterschiedliche Resultate gibt, kann man daraus schließen, dass Gruppenzusammensetzung Bedeutung hat für die Entwicklung von Metaroutinen.

Die Ergebnisse der **quantitativen Studie** zeigen, dass es signifikante Zusammenhänge gibt zwischen Gruppenzusammensetzung/Ressourcen in der Gruppe und dem Vorhandensein von Metaroutinen ($r = .27$, $p < 0.01$). Nicht ganz unerwartet wird gezeigt, dass heterogene Gruppenzusammensetzung und das Vorhandensein gruppengemeinsamer Kompetenz(en) sich positiv auf die Reflexion über Rahmenbedingungen auswirkt. Gruppenzusammensetzung und Ressourcen in der Gruppe korrelieren mit Arbeitsroutinen ($r = .45$, $p<0.01$) und der sozioemotionalen Situation der Gruppe ($r = .40$, $p<0.01$).

Für den Begriff Kompetenzzusammensetzung der Gruppe wurde ein Indikator konstruiert (Cronbachs Alpha = .64), der folgende Dimensionen (vgl. Campion 1996; Edmondson 1999) beinhaltet:

- Verteilung unterschiedlicher Kenntnisse auf die Gruppenmitglieder
- Individuelle Biographien und Erfahrungen der Gruppenmitglieder
- Grad der Komplettierung unterschiedlicher Kenntnisse und Erfahrungen in der Gruppe
- Beurteilung des Kompetenzpotenzials der Gruppe um arbeitsrelevante Probleme in der Gruppe zu lösen
- Beurteilung, inwieweit alle Gruppenmitglieder ausreichendes Training und Erfahrungen haben, um die geforderte Arbeit auszuführen,
- Stellungnahme dazu ob es in der Gruppe Mitglieder gibt, die die spezielle Kompetenz(en) für Gruppenarbeit nicht besitzen.

Die Gruppen in der **Aktionsforschungsstudie** unterscheiden sich vor allem in der Wahrnehmung der Kompetenz(en) der anderen Gruppenmitglieder und der gesamten Gruppe. Diese Wahrnehmung ist der erste Schritt die vorhandenen Kompetenzen zu einer kollektiven Ressource zu machen.

Diese Erkenntnis ist wichtig für unser Modell aber auch ein innovativer Beitrag zur Forschung zum Zusammenspiel in Gruppen und in anderen organisatorischen Einheiten. Nach unserer Kenntnis ist bisher die Tatsache, inwieweit Gruppenmitglieder im Detail und nuanciert eigene Kompetenzen und die anderer wahrnehmen, nicht Gegenstand der Forschung gewesen, sondern es wird fast immer von „objektiven" Variabeln wir Berufsausbildung, Berufserfahrung und integrierten Massen für die Kompetenzzusammensetzung der Gruppen ausgegangen.

Die Kompetenzzusammensetzung der Gruppen anhand von diesen Variablen zu diskutieren ist nicht ausreichend. Aufbauend auf den Ergebnissen der qualitativen Studie können wir behaupten, dass für die Entwicklung und die Nutzung von kollektiven (Kompetenz)ressourcen die Wahrnehmung der Kompetenzen aller Gruppenmitglieder auch deshalb von großer Bedeutung ist, damit sich in der nächsten Stufe Metaroutinen entwickeln können.

5.2.4 Unterstützung durch die „eigene" Führung

Für fast alle Tätigkeiten gilt, dass es eine organisatorische Umgebung gibt, die auf die eine oder andere Weise die „gruppeninternen" Prozesse und deren Entwicklung beeinflusst. Dies gilt unserer Meinung nach im Besonderen bei der Entwicklung der Fähigkeit zur Selbstorganisation.

Zu den Formen dieser Art von Unterstützung rechnen wir z.B. die im Unternehmen vorhandenen Möglichkeiten der Weiterbildung und Kompetenzentwicklung, das Vertrauen der Unternehmensführung für Zusammenarbeit als auch deren Bedeutung und die soziale Unterstützung der Gruppe durch die Führung. Ausgehend von früherer Forschung (Campion et al. 1996; Lantz & Brav 2004; Edmondson 1999) wurde ein

zusammenfassendes Maß (Cronbachs Alpha = .92) konstruiert, dass aus 16 Items besteht, die folgende Aspekte erfassen:.
- Umfang der Möglichkeiten für Kompetenzentwicklung, Ausbildung für die Arbeitstätigkeit und Training für Gruppenarbeit
- Inwieweit glaubt die Unternehmensleitung an den Erfolg von Gruppenarbeit?
- Inwieweit gibt die Unternehmensleitung ausreichende Unterstützung sozialer, instrumenteller, realistischer und informativer Natur?
- Initiierung und Durchführung von Treffen und Diskussionen über die Entwicklung von Gruppenarbeit durch die Führung? Nähe der Führung zu den Gruppen?

Die Ergebnisse der **quantitativen Studie** zeigen, dass das die Art und das Ausmaß an Unterstützung durch die eigene Führung ein wesentlicher theoretischer Baustein für die Entwicklung der Fähigkeit zur Selbstorganisation, verstanden als Metaroutine, ist ($r = .36$, $p < 0.01$). Die Bedeutung der Unterstützung durch die Führung wird weiterhin durch die positiven Zusammenhänge mit Arbeitsroutinen ($r = .49$, $p < 0.01$) und der sozioemotionalen Situation in der Gruppe ($r = .35$, $p < 0.01$) bestätigt.

In der **Aktionsforschungsstudie** wird diese Bedeutung der Unterstützung durch die Führung abgebildet, da sich dort zeigt, dass da Nichtvorhandensein dieser Unterstützung die Entwicklung von Metaroutinen und damit der Fähigkeit zur Selbstorganisation erschwert.

Die nächsten Vorgesetzten der Gruppen, die nicht den embryonalen Zustand von Selbstorganisation erreichten, haben in ihrem Zusammenspiel mit der Gruppe ausschließlich auf die Produktion und deren Messzahlen fokussiert. Soziale Unterstützung gab es nur um direkte Produktionsprobleme zu lösen, damit die Produktion wie gewünscht ablaufen konnte.

Der Vorgesetzte der Gruppe H2 hatte eine eher ambivalente Haltung zu den Möglichkeiten der Gruppe. Einerseits hatte er großes Vertrauen in das Potenzial von Gruppenarbeit für die Erreichung von veränderungsorientiertem Handeln. Andererseits war die Führungsarbeit doch in der Hauptsache fokussiert auf die Produktion und deren Messzahlen. Einerseits unterstützte er Reflexion und Diskussion in der Gruppe, andererseits kam es bei zeitlichen Engpässen leicht vor, dass er die Gruppe aufforderte bereits geplante Treffen in der Gruppe selbst und mit anderen relevanten Funktionen der Produktionsarbeit zu „opfern". Die Unternehmensleitung unterstützte zwar Gruppenarbeit aber deren Verhaltensweise war zweideutig. Man wollte innovative Gruppenarbeit haben, schaffte aber keine positiven Rahmenbedingungen um Reflexion und die Entwicklung der Fähigkeit zur Selbstorganisation zu entwickeln.

5.2.5 Bedeutung kollektiver Selbstwirksamkeitserwartung für die Entwicklung von Metaroutinen

Die Selbsteinschätzung und die Überzeugung der Gruppe von den eigenen (bereichsspezifischen) Handlungskompetenz(en) ist deshalb wichtig, weil sie darauf Einfluss haben wird, welche Ziele sich Gruppen setzen, wie viel Anstrengung sie gemeinsam in ein Projekt investieren und wie viel Wiederstand sie leisten, wenn Barrieren auftreten.

Mit Selbstwirksamkeitswahrnehmung (group efficacy) bezeichnen wir den kollektiven Glauben/die kollektive Wahrnehmung der Gruppe effektiv zu sein und effektiv sein zu können. Dieser Einflussfaktor auf die Gruppenleistung kann sowohl positive (Guzzo et al. 1992) als auch negative (Guzzo & Dickson 1996) Auswirkungen haben.

Für unsere Studie ist weniger interessant, dass mit der Selbstwahrnehmungserwartung der Gruppe Gruppenprozesse beschrieben werden können, als dass diese Größe als eine vermittelnde Variable zwischen Lernen, Kompetenzentwicklung und Gruppeneffekten genutzt werden kann.

Die Erfassung dieses Konstrukts geschieht mittels Abbildung der individuellen Perzeption der Bewältigungskompetenz einer Bezugsgruppe. Ausgehend von Edmondson (1999) wurden folgende Dimensionen erfasst, um den Indikator „kollektive Selbstwirksamkeitserwartung" zu konstruieren (Cronbachs Alpha = .72):
- Selbstbeurteilung der Möglichkeit der Gruppe ihr Ziel zu erreichen
- Selbstbeurteilung, inwieweit die Gruppe ihre Arbeitsaufgaben ausführen kann ohne außergewöhnlich viel Zeit und Energie in Anspruch zu nehmen
- Selbstbeurteilung, inwieweit die Gruppe welches Ziel auch immer erreichen kann.

Die **quantitative Untersuchung** zeigt, dass es einen statistisch sichergestellten Zusammenhang zwischen der kollektiven Selbstwirksamkeitserwartung und dem Vorhandensein von Metaroutinen ($r = .31$, $p < 0.01$) gibt. Der Zusammenhang zwischen Metaroutinen und kollektiver Selbstwirksamkeitserwartung kann darauf hindeuten, dass das Vorhandensein von kollektiver Selbstwirksamkeitserwartung eine Voraussetzung dafür ist, dass eine Gruppe sich an die Entwicklung von Metaroutinen heranwagt.

In der **Aktionsforschungsstudie** zeigt nur die Gruppe D1 ein anfängliches Vertrauen in ihre kollektiven Fähigkeiten. Die übrigen Gruppen haben die Voraussetzungen für diese Entwicklung noch nicht untersucht und können deshalb auch noch keine Ergebnisse aufzeigen. Eine Gruppe (C6/C7) hat nach unserer Auffassung ein fälschliches Bild von den eigenen Fähigkeiten. Dieses idealisierte Bild der eigenen Fähigkeit hindert nach unserer Auffassung die Gruppe daran, die Fähigkeit der Selbstorganisation zu entwickeln. Der Unterschied zur Wirklichkeit ist so groß, dass die Gruppe es nicht wagt, die eigene kollektive Fähigkeit zu testen, um die Selbstwirksamkeitserfahrung zu entwickeln, weil es sich ja zeigen könnte, dass die Fähigkeiten wesentlich geringer sind.

Statistisch gesehen, bestehen zwischen den gewählten theoretischen Bausteinen starke positive Abhängigkeiten (s. Tab. 5.1). Zwar sind die Zusammenhänge stark, aber nicht so stark, dass wir befürchten müssen, dass die sieben, gewählten Dimension eigentlich zu einer übergreifenden Dimension gehören. In der laufenden empirischen Untersuchung (Studie 4) werden wir mit verfeinerten Instrumenten der Datenerhebung auch Aussagen über deren Bedeutung für die Entwicklung der Fähigkeit der Selbstorganisation als Prozess machen können.

Tab. 5.1: Die benutzten theoretischen Bausteine und deren statistische Abhängigkeiten

REBA (s. Richter 2000)	Metaroutinen	Arbeitsroutinen	Sozioemotionale Prozesse	Selbstwirksamkeitserwartung	Einstellung zu Gruppenarbeit	Kompetenz	Unterstützung durch Führung
REBA Sum	.43**	.12	.29	.00	.09	.00	.06
Metaroutinen	1	.52**	.49**	.31**	.24*	.28**	.36**
Arbeitsroutinen	.52**	1	.54**	.42**	.35**	.45**	.45**
Sozioemotionale Prozesse	..49**	.54**	1	.39**	.39**	.40**	.35**
Selbstwirksamkeitserwartung	.31**	.42**	.39**	1	.09	.17**	.48**
Einstellung zur Gruppenarbeit	.24**	.35**	.39**	.09	1	.34**	.17**
Kompetenz	.28**	.45**	.40**	.17**	.34**	1	.39**
Unterstützung durch Führung	.36**	.49**	.35**	.48**	.17*	.39**	1

*p<0.05, **p<0.01

Die Gesamtheit der Ergebnisse der quantitativen Ergebnisse der Studie 2 sind in Tabelle 5.1 oben zusammengefasst. Diese Resultate und die Ergebnisse der qualitativen Studien (Studie 1 und 3) sind in das weiter unten präsentierte Modell der *Fähigkeit der Selbstorganisation als Metaroutine* eingegangen (siehe Kap. 7). Diese Resultate werden u.a. dazu genutzt werden, um
- unsere Erhebungsinstrumente zu verfeinern,
- unser Verständnis über die theoretischen Bausteine des präsentierten Modells zu vertiefen und eventuell neue oder veränderte Bausteine hinzuzufügen,
- die Gültigkeit des präsentierten Modells zu überprüfen, und zwar vor allem bezüglich der Zusammenhänge zwischen den theoretischen Bausteinen als auch dem Prozess der Entwicklung der Fähigkeit der Selbstorganisation.

Wir haben oben betont, wie wichtig es ist, Raum für Selbstorganisation zu lassen und zu schaffen. Welche Faktoren gibt es in der betrieblichen Realität, die Selbstorganisation behindern bzw. fördern? Dieser Frage wollen wir im folgenden Kapitel anhand unserer Ergebnisse von der Zuliefererstudie (Studie 1) nachgehen.

6 Rahmenbedingungen für Selbstorganisation gestalten

Wenn Unternehmensführung zunehmend bedeutet, Kontexte zu schaffen, damit Potenziale erkannt und genutzt werden können, sowie Probleme einer Lösung zugeführt werden oder allgemein Verhaltensmöglichkeiten erhalten und vergrößert werden, so stellt sich für praktisches Führungshandeln die Frage, welcher Art diese Kontexte denn sein sollten.

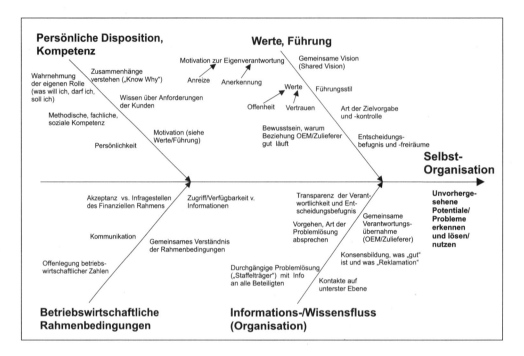

Abb. 6.1: Rahmenbedingungen für Selbstorganisation – Ergebnisse der Zuliefererstudie (Studie 1)

In unserem Projekt haben wir daher in der Zuliefererstudie im Rahmen eines Workshops bei „Rex" mit Mitgliedern der Geschäftsleitung und Vertretern der oben beschriebenen Rollen (Systemdefinition, operative Abwicklung, Schaffung juristisch, kommerzieller Rahmenbedingungen) erfragt, welche Faktoren Selbstorganisation fördern oder hindern. Anhand des aus dem Qualitätswesen bekannten Fishbone- oder Ishikawa-Diagramms wurden die Aussagen strukturiert und in einer Feedbackpräsentation am Ende des Workshops den Teilnehmern vorgestellt, die Ergänzungen bzw. Begriffsklärungen vornehmen konnten. In einem zweiten Workshop in Schweden im Rahmen des Critical Events Forums wurde eine englische Übersetzung dieses Fishbone-Diagrammes (Abb. 6.1 oben) vorgestellt und von „Robotic", d.h. den Vertretern der Abnehmerseite validiert. Führungskräfte von „Robotic" als auch von „Rex" bestätigten, dass die Visualisierung in Form eines Fishbone-Diagramms gut geeignet sei, Anregungen für die praktische Gestaltung der Rahmenbedingungen in Zulieferbeziehungen zu geben und eine Diskussionsgrundlage zwischen Zulieferer und Abnehmer zu bilden. Aufgrund des

Diagramms wurde dann ein Test zur Beurteilung der Rahmenbedingungen für Selbstorganisation entwickelt, der weiter unten beschrieben wird.

Die Rahmenbedingungen für Selbstorganisation wurden ausgehend von den Ergebnissen der empirischen Erhebung 1 in vier Kategorien eingeteilt:
1. Werte und Führung
2. Persönliche Disposition und Kompetenz
3. Informations- bzw. Wissensfluss (Organisation)
4. Betriebswirtschaftliche Rahmenbedingungen

Für jede der Kategorien werden, wie im Fishbone-Diagramm üblich, weitere Einflussfaktoren definiert. Im Folgenden sollen die wichtigsten dieser Einflussfaktoren beschrieben werden. Im Testverfahren wird jeder dieser Einflussfaktoren mit einer Frage erfasst und kann beurteilt und eingestuft werden. Diese Fragen werden jeweils am Ende jeder der vier Kategorien dargestellt.

„Werte und Führung"
In unserer Erhebung wurde betont, dass selbstorganisiertes Handeln nicht stattfinden wird, wenn die Mitglieder des betrachteten Systems sich nicht mit Offenheit begegnen und keine Vertrauensbasis aufgebaut haben. Des Weiteren ist eine gemeinsame Vision, in unserem Fall zwischen Zulieferer und Abnehmer von Bedeutung und hier kommt die schon öfters erwähnte Frage des „know why" zum tragen, d.h. ein gemeinsames Verständnis über Art der Leistungserbringung, Leistungsversprechen und der „raison d'être" der Zulieferbeziehung wurde von unsern Interviewpartnern als entscheidende Rahmenbedingung angesehen, damit Selbstorganisation stattfindet.

Exkurs: Know-why, know-what, know-how
Normatives Wissen (Know-why) bezieht sich auf die erwünschten Werte und Verhalten, die für eine langfristige, nachhaltige Wettbewerbsfähigkeit relevant sind.
Strategisches Wissen (Know-what) beinhaltet zum einen, wie wir unser bestehendes Wissen in Geschäftserfolge umsetzen können, zum anderen, welches Wissen wir zur Realisierung neuer strategischer Optionen benötigen, um das gewünschte Wachstum zu erzielen.
Operatives Wissen (Know-how) bezieht sich auf „das tägliche Geschäft", die Beherrschung von Prozessen.

Wenn eine gemeinsame Vision, Offenheit und Vertrauen existieren, muss der Führungsstil so gestaltet sein, dass Freiräume erhalten und geschaffen werden. Dies steht in engem Zusammenhang mit der Art und Weise, wie Ziele vorgegeben und kontrolliert werden. Wurde „Management by Objectives" in der Vergangenheit als Errungenschaft gefeiert, den Mitarbeitern bei der Zielerreichung mehr Freiheitsgrade als beim rein deterministischen Managementprozess einzuräumen, so bedeutet jedoch eine detaillierte Zielvorgabe auch, dass Selbstorganisation nur im Rahmen dieser Ziele stattfinden kann, auch wenn es vielleicht viel sinnvoller wäre, die Ziele zu variieren, um unvorhergesehene Potenziale zu nutzen. Weiterhin ist ein Bewusstsein zu schaffen, welcher Art der

Zusammenarbeit von OEM und Zulieferer als gut bezeichnet wird, d.h. eine Möglichkeit der Reflexion über die Beziehungen sollte Teil der gelebten Werte und Führung im Unternehmen sein. Vielfach wurde auch betont, dass auf individueller Ebene eine Motivation für die Übernahme von Eigenverantwortung geschaffen werden muss. Anerkennung für das Ergebnis selbstorganisierten Handelns, für das Ergreifen von Initiativen und Anreizsysteme, die sich nicht nur an vorgegebenen Zielen orientieren, sondern auch die Innovationen und leichten Verbesserungen honorieren, sind hier zu empfehlen.

Persönliche Disposition und Kompetenz
Diese Kategorie beinhaltet die individuelle Wahrnehmung der Rahmenbedingungen. Man könnte argumentieren, dass sie nicht Teil der von der Führung zu gestaltenden Rahmenbedingungen ist, sondern unter der individuellen Kompetenz abzuhandeln ist. Wir haben uns jedoch entschieden, diese Kategorie mit aufzunehmen, da hier unter dem Gesichtspunkt der Konstruktion vielfältiger Wirklichkeiten der Übergang von individueller zur Gruppen- oder Organisationssicht manifest wird. Als bestimmend dafür, ob Selbstorganisation und in welchem Grade stattfindet, wurde im Workshop vielfach die Bedeutung der Wahrnehmung der eigenen Rolle „Was will ich?, Was darf ich?, Was soll ich?" genannt. Denn je nachdem, wie die eigene Rolle im System wahrgenommen wird, werden die Handlungen gesteuert. Dies bedeutet wieder, wie schon mehrfach erwähnt, dass Zusammenhänge verstanden werden müssen, Wissen über Anforderungen nicht nur der Kunden, sondern auch über Anforderungen der Kunden unserer Kunden verfügbar sein sollte. Hier zeigte sich, dass in den analysierten Zuliefererbeziehungen Wert auf diese Art von Wissen und die Reflexion der eigenen Rolle gelegt werden sollte. Ob unvorhergesehene Potenziale erkannt, genutzt werden bzw. Probleme einer Lösung zugeführt werden, hängt sicher auch mit der Interaktion unterschiedlicher Persönlichkeiten zusammen. Auch wenn wir dieses Feld in unserer Untersuchung nicht vertieft behandelt haben, wurde jedoch deutlich, dass gerade in Zuliefererbeziehungen die Persönlichkeit („die Chemie stimmt oder stimmt nicht") ausschlaggebend ist, ob einvernehmliche Lösungen für Probleme gefunden werden oder Initiativen ergriffen werden.

Informations- und Wissensfluss (Organisation)
Die Transparenz „Wer weiß was?" und freie Informationsverfügbarkeit im System, so dass alle auf einem ähnlichen Informationsstand sein können, ist Grundvoraussetzung für selbstorganisiertes Handeln. Als wichtige Rahmenbedingungen wurden genannt: eine durchgängige Problemlösung in Analogie eines Staffellaufes mit Information an alle Beteiligten, um hier möglichst schnelles Handeln zum Teil parallel und eine Abschätzung zu ermöglichen, welche Konsequenzen eine Initiative hat, bzw. wie sie sich auf mögliche andere Fragestellungen auswirkt. Auch sollten Möglichkeiten geschaffen werden, über Vorgehensweisen und Art einer Problemlösung zu sprechen, d.h. den Weg zu skizzieren, den mehrere Beteiligte in einer Zuliefererbeziehung gemeinsam gehen wollen, um z.B. ein Produkt zu ändern oder die Auftragsabwicklung zu verbessern.

In der Analyse unserer Zulieferbeziehungen zeigte sich auch, dass keine Transparenz herrschte, wer für welche Frage verantwortlich ist und welche Entscheidungsbefugnis hatte. Diese Frage zu klären und auf beiden Seiten zu kommunizieren, wurde als entscheidend zur Förderung von Selbstorganisation angesehen.

Des weiteren wurde betont, wie wichtig eine gemeinsame Verantwortungsübernahme von OEM und Zulieferer für einzelne Fragestellungen ist. Selbstorganisation setzt voraus, dass es auch einen Konsens gibt, dass ein Ergebnis, ob es gut oder unbefriedigend ist, gemeinsam von den Beteiligten getragen wird. Vielfältige Probleme entstehen in einer Zulieferbeziehung deswegen, weil keine Möglichkeiten zur Konsensbildung geschaffen werden, was „gute Qualität" ist und z.B. eine Reklamation. Selbstorganisiertes Handeln z.B. um die Qualität von Produkten und Dienstleistungen zu verbessern, bedeutet, dass hier ein gemeinsames explizites und auch implizites Wissen geschaffen werden muss, um Sachverhalte wie z.B. die Qualität, Qualitätsansprüche zu beurteilen und darauf aufbauend zu handeln. Um einen möglichst direkten, umweglosen Informations- und Wissensfluss zu ermöglichen, sollten Rahmenbedingungen geschaffen werden, die Kontakte auf unterster Ebene zwischen Zulieferer und Abnehmer ermöglichen. Ein Managementansatz, der vorsieht, dass Probleme zunächst über die Hierarchie von unten nach oben beim Zulieferer und dann über die Hierarchie von oben nach unten beim Abnehmer weitergegeben werden, bedeutet viel Informationsverlust und eine ineffiziente Problemlösung.

Betriebswirtschaftliche Rahmenbedingungen
Eine Stabilität und Akzeptanz der betriebswirtschaftlichen und rechtlichen Rahmenbedingungen ist wohl die wichtigste Grundlage überhaupt für die Bereitschaft zur Selbstorganisation. Wird, wie in der Zusammenarbeit von „Rex" und „Robotic", zu oft über Rahmenbedingungen diskutiert, bzw. vom Abnehmer Druck ausgeübt diese entsprechend zu verändern, so beeinflusst dies die Bereitschaft, selbstorganisiert zu handeln negativ. Initiativen werden nicht ergriffen, man hofft, dass Fehler nicht entdeckt werden, man verzögert, man macht „Dienst nach Vorschrift". Nicht nur eine gewisse Stabilität, sondern auch ein gemeinsames Verständnis, was in den Rahmenbedingungen festgelegt wird und wie sie verändert werden können, ist grundlegend für die Zuliefererbeziehungen. Hierbei geht es auch um Regeln bezüglich des Zugriffs und der Verfügbarkeit von Informationen. So wurde z.B. vom Zulieferer „Rex" beklagt, dass die im so genannten „Supplier-Web" verfügbaren Informationen nicht aktuell sind, bzw. dass Daten über Marktenwicklungen kommuniziert wurden, die unrealistisch sind und den Zulieferer zu falschen Investitionsentscheidungen und Dispositionen führen. Auch die Forderung der Offenlegung betriebswirtschaftlicher Zahlen und formale Festlegung von Kommunikationswegen und -frequenzen wirken sich eher hinderlich auf selbstorganisiertes Handeln aus.

7 Versuch einer Modellbildung „Selbstorganisation als Metakompetenz"

Die ersten vorläufigen Analysen der Aktionsforschungsstudie (Studie 3) unterstützen uns in der Annahme, dass wir uns auf einem vielversprechenden Weg befinden, um die Fähigkeit zur Selbstorganisation modelltheoretisch abzubilden. Ohne im jetzigen Zeitpunkt zu umfassende Schlüsse aus dieser Studie zu ziehen, so zeigt Tabelle 7.1, dass es klare Unterschiede gibt zwischen Gruppen die sich auf dem Weg zur Selbstorganisation befinden und solchen die dies nicht sind. Wir werden die unten zusammengefassten Ergebnisse im laufenden Projekt noch weiter aufarbeiten, um zu verhindern, dass wir zu weit gehende Schlüsse ziehen (North, Friedrich & Lantz 2004).

Unsere Studien bringen uns zu der Auffassung, dass es zwingende Voraussetzungen gibt, damit die Fähigkeit der Selbstorganisation sich entwickeln kann (vgl. Abschnitt 7.1). Wir haben auch schon eine theoretisch fundierte Vorstellung darüber, wie dieser Entwicklungsprozess aussehen kann und gehen schon so weit, dass wir ein Prozessmodell der Entwicklung der Fähigkeit der Selbstorganisation präsentieren (vgl. Abschnitt 7.2).

7.1 Zwingende Voraussetzungen für Selbstorganisation

Selbstorganisation ist ein Begriff der sowohl einen Inhalt als auch eine Richtung beinhaltet. In unseren bisherigen Überlegungen haben wir Selbstorganisation als einen Begriff aufgefasst, der positiv geladen ist, d.h. diejenigen die selbst organisieren, erreichen einen positives Ergebnis. Vielleicht kann man Selbstorganisation als positives Pedant zum Begriff Selbstdestruktion verstehen? Wir haben in der früheren Kapiteln eine Reihe von Faktoren aufgezeigt, die für die Entwicklung der Fähigkeit zur Selbstorganisation wichtig sind (s. Tab. 5.1 und 7.1). Aber dies trifft nur, wenn der Prozessverlauf so ist, wie er hier unten in idealer Weise beschrieben ist.

Eine grundlegende Voraussetzung für die Entwicklung der Fähigkeit zur Selbstorganisation ist *Reflexion der Beteiligten im Zusammenspiel*. Damit diese Reflexion zustande kommen kann, ist es notwendig, dass bestimmte Anforderungen (kognitiver Art) gestellt werden, die wir als *Job-Design* bezeichnen möchten. Der Reflexionsprozess zu Fragen der Arbeit wird dann durch bereits vorhandene *Arbeitsroutinen* kanalisiert, und je nach deren Qualität der Arbeitsroutinen besser oder schlechter. Wie sich diese entwickeln ist nicht Gegenstand dieser Untersuchung.

Für das Zusammenspiel (der Gruppe bzw. von Gruppierungen) sind die dort vorhandenen *Ressourcen* in Form von z.B. Kompetenzen, als einer von vielen Aspekten der *Gruppenzusammensetzung,* von Bedeutung. Daneben sind die *soziemotionalen Prozesse* (d.h. wie die Gruppe/die Gruppenmitglieder mit sich selbst umgehen) wichtig. Aber vor allem aber ist die Reflexion über diese Aspekte ausschlaggebend für das Zusammenspiel der Gruppe/Gruppierung.

„Theoretische" Bausteine	Gruppe D1	Gruppe C6/C7	Gruppe K3	Gruppe H2
1) Kompetenzzusammensetzung				
Variation der Kompetenzbreite (7 Kompetenzfelder)	Majorität hat Kompetenzen in *vier* Handlungsfeldern	Majorität hat Kompetenzen in *fünf* Handlungsfeldern	Majorität hat Kompetenzen in *fünf* Handlungsfeldern	Majorität hat Kompetenzen in *sechs* Handlungsfeldern
Variation der Kompetenztiefe (Stufen)	Homogenes Kompetenzbild auf *Ausführungsniveau*	Heterogenes Kompetenzbild mit Schwerpunkt auf *Ausführungsniveau*; vereinzelt auch auf *Zielniveau*	Homogenes Kompetenzbild mit Schwerpunkt auf *Ausführungsniveau*; vereinzelt auch auf *Zielniveau*	Homogenes Kompetenzbild mit Schwerpunkt auf *Zielniveau*, vereinzelt auch auf *Veränderungsniveau*
2) Reflexion				
Reflexionswillen	Nicht vorhanden	Nicht kollektiv/ gruppengemeinsam	Nicht kollektiv/ gruppengemeinsam	Gruppengemeinsamer Reflexionswillen
Reflexionsthemen	Keine Themen	Keine gruppengemeinsame Themen	Gruppengemeinsame Themen aber es ist nicht die Aufgabe der Gruppe zu reflektieren	Gruppengemeinsame Themen in Richtung veränderungsorientiertes Handeln
3) Kollektive Selbstwirksamkeitserfahrung (group efficacy)	Keine	Keine	Unrealistische	Realistische
4) Auffassung der Gruppe zu				
Arbeitsaufgaben	Man ist sich einig, dass Wertschöpfungsarbeit die zentrale Aufgabe ist; Arbeitsroutinen funktionieren einwandfrei	Ziel der Arbeit wird diskutiert, unterschiedliche Ambitionen; interne Arbeitsverteilung ist problematisch. Gruppe ist Eigentümer der Probleme	Einigkeit über Zielorientierung der Arbeit aber von außen zu Notlösungen gezwungen; Arbeitsverteilung in der Gruppe funktioniert nicht. Probleme sind von außen gegeben	Einigkeit über Zielorientierung der Arbeit; Arbeitsverteilung funktioniert nicht optimal. *Probleme liegen innerhalb der Gruppe bzw. im Zusammenspiel mit dem „Meister"*
Zusammenspiel in der Gruppe	Sehr schwaches und unterentwickeltes Zusammenwirken	Kein gruppengemeinsames Zusammenwirken	Reiches soziales Zusammenspiel	Reiches soziales Zusammenspiel inkl. *Findhabung von Spannungen*
vorhandenen Ressourcen	Keine Wahrnehmung gruppengemeinsamer Kompetenz	Keine Wahrnehmung gruppengemeinsamer Kompetenz	Keine Wahrnehmung gruppengemeinsamer Kompetenz	*Beginn der Wahrnehmung gruppengemeinsamer Kompetenz*
von außen gegebenen Voraussetzungen	werden *unreflektiert* akzeptiert	werden *unreflektiert* akzeptiert	werden kritisiert ohne Veränderungshandlung	werden problematisiert und Veränderungshandlung werden untersucht
produktionsorganisatorischer Arbeitsverteilung	*Keine Kenntnisse* vorhanden	Wird *unreflektiert* akzeptiert	Wird als Argument angeführt warum Veränderungen nicht möglich sind	wird *problematisiert*
5) Fähigkeit der SO	**Kein Verständnis**	**Kein Verständnis**	**Kein Verständnis**	**Am Anfang stehend**

Tab. 7.1: Beschreibung der inhaltlichen Unterschiede der Gruppen auf dem Weg zur Selbstorganisation

Dieses Zusammenspiel findet nicht in einem neutralen Raum statt, sondern ist von gewissen *organisatorischen Voraussetzungen* beeinflussbar. Führung, die gemeinsamen Werte in der Organisation, als auch Informations- und Wissensflüsse dienen dazu, diese Reflexionsprozesse zu unterstützen. Selbstorganisation geht aber noch weiter und hinterfragt, ob die bestehenden *betriebswirtschaftliche/produktionsorganisatorische Arbeitsverteilung* die vorhandenen Kompetenzen freisetzen und zur Anwendung bringen kann.

Zu einem gewissen Zeitpunkt trägt diese gemeinsame Reflexion über obengenannte Aspekte dazu bei, dass Vertrauen der Gruppe in die gruppeneigene Handlungskompetenz weiter zu entwickeln. In Anlehnung an Bandura (1995) bezeichnen wir dies als *kollektive Selbstwirksamkeitserwartung (group efficacy)*.

Ausgehend von obiger Beschreibung stellt sich die Frage ob Selbstorganisation sowohl ein Prozess als auch ein Resultat eines Prozesses ist? Oder ist Selbstorganisation eine *Verhaltensweise*, die sowohl bestimmte interne als auch externe Voraussetzungen erfüllen muss?

Die Fähigkeit zur Selbstorganisation ist eine Folge des Zusammenspiels von Facetten von Kompetenzen
Die Ergebnisse der hier präsentierten Studien deuten darauf hin, dass die Fähigkeit zur Selbstorganisation eine Art *resultierende Kompetenz* des Zusammenwirkens einer Reihe unterschiedlicher Kompetenzfacetten ist:
- Die Fähigkeit zur Selbstorganisation kann in unterschiedlichen Handlungsfeldern wirken. Sie setzt aber voraus, dass auf individueller Ebene in einem oder mehreren Handlungsfeldern veränderungsorientierte Handlungen ausgeführt werden können; d.h. es müssen bereits Kompetenzen (auf Veränderungsniveau) vorhanden sein, die darauf gerichtet sind zu neuen/veränderten Zielen beizutragen.
- Erst wenn Personen dieses Veränderungsniveau erreicht haben, besteht die Möglichkeit einen Selbstorganisationsprozess zu *initiieren*.
- Der Einzelne kann im Selbstorganisationsprozess *mitwirken*, wenn in seinen/ihren Handlungen die Ziele im jeweiligen Handlungsfeld aktiv berücksichtigt werden, d.h. Kompetenzen auf Zielorientierungsniveau vorhanden sind.
- Um die Fähigkeit zur Selbstorganisation entwickeln zu können, müssen beide oben genannten Voraussetzungen erfüllt sein. Erst dann können vorhandenes Wissen, Erfahrungen und Fähigkeiten auf neue Zusammenhänge übertragen werden.

Die Entwicklung der Fähigkeit zur Selbstorganisation geschieht im Grenzschnitt zwischen individueller und organisatorischer Ebene
Die Initiierung von selbstorganisationalem Handeln setzt eine Integration/Verflechtung verschiedener Kompetenzentwicklungsprozesse auf organisatorischer Ebene voraus. Ausgehend von vorliegenden Untersuchungen, mit all ihren Begrenztheiten, ist die Entwicklung der Fähigkeit zur Selbstorganisation auf organisatorischer Ebene zu verorten. Es setzt aber voraus, dass individuelle Kompetenzen auf sowohl Zielorientierungs- als auch Veränderungsniveau existieren (s. Kap. 3 und Abb. 3.1).

Die Entwicklung der Fähigkeit zur Selbstorganisation baut auf der Möglichkeit zu gemeinsamer Reflexion und Zusammenspiel auf

Auf individueller Ebene bedeutet dies, Organisationsmitglieder in die Lage zu versetzen, Probleme selbst zu erkennen, selbst interpersonelle Beziehungen experimentell zu erproben und selbst organisatorische Bedingungen zu schaffen, die ihren Bedürfnissen angemessen sind. Das heißt Reflexion muss möglich und gewünscht sein.

Für die Kompetenzentwicklung bedeutet dies, dass die Fähigkeit zur Selbstorganisation kaum Teil der Kompetenzstruktur von einzelnen Personen sein kann, sondern sich situationsadäquat zwischen verschiedenen Personen transversal zu rein fachlichen Spezialisierungen entwickeln. Man könnte argumentieren, dass diese Fähigkeit zur Selbstorganisation eine Metakompetenz darstellt, die das Entwickeln und Überleben in und von selbstorganisierten Systemen sichert, die aber auch erst einmal in selbstorganisierenden Systemen oder Situationen in ihren Bestandteilen/Facetten (im Sinne von anderen Kompetenzen), im Rahmen der beruflichen Biographie, auf höchstes Niveau entwickelt werden müssen.

Rahmenbedingungen sind Voraussetzung und Anforderung an die Fähigkeit der Selbstorganisation

Die Tätigkeitsausführung ist eingebettet in Rahmenbedingungen, die die Entwicklung der Fähigkeit zur Selbstorganisation fördern bzw. behindern können, und die damit als Bestandteil von/Voraussetzung für die Entwicklung von Selbstorganisation abgebildet werden müssen. Als Kategorien für Rahmenbedingungen wurden die Aspekte Führung/Werte, betriebswirtschaftliche Rahmenbedingungen, Informations-/Wissensflüsse (Organisation) und persönliche Disposition/Kompetenz berücksichtigt.

Die vorliegenden Untersuchungen deuten an, dass diese Rahmenbedingungen eine zweifache Bedeutung haben:
- als Voraussetzung für eventuelle Selbstorganisation; sozusagen als *Schwellenwert* (d.h. erfüllen die Rahmenbedingungen bestimmte Voraussetzungen nicht, ist Selbstorganisation quasi unmöglich),
- als Anforderungen/Handlungskomponenten/Handlungsmöglichkeiten mit denen der Einzelne/eine Gruppierung/eine organisatorische Einheit mit umgehen muss (d.h. deren Bedeutung erkennen und eventuell deren Ausprägung ändern), um bestimmte Ziele zu erreichen.

Daraus kann gefolgert werden, dass erst, wenn dieser Schwellenwert überwunden ist, Selbstorganisation als Prozess verifiziert werden kann (siehe auch Abb. 3.1). Ist dieser Schwellenwert überschritten, ist es gerade die Handhabung der beschriebenen kontextuellen Verhältnisse, die die Fähigkeit zur Selbstorganisation ausmacht.

7.2 Vorläufiges Modell der Selbstorganisation

Aus den vorangegangen Analysen und Diskussionen der empirischen Untersuchungen und Aktionsforschungsstudien ist nun langsam eine Gestalt der Fähigkeit zur Selbstorganisation herangewachsen (s. Abb. 7.1). Um es vorweg zu nehmen, dies ist ein vorläufiges Modell, dass empirisch noch geprüft wird. Die vorläufigen Ergebnisse der bereits laufenden Fragebogenstudie (Studie 4) werden genutzt werden, die Gesamtheit dieses Modells zu überprüfen (North, Friedrich & Lantz 2004).

Unser jetziges Verständnis von Selbstorganisation als Fähigkeit ist, dass sich diese als Metaroutine(n) abbilden lassen. Diese Metaroutine(n) sind durch Inhalte aber auch durch einen Prozess gekennzeichnet (siehe Abb. 7.1 unten). Kern der Metaroutine(n) sind Routinen, die die Reflexion (von Gruppen/Gruppierungen) über zentrale Elemente der Selbstorganisation steuern.

Die zentralen Elemente sind die Arbeit, die Rahmenbedingungen (in Form von gruppeninternen Ressourcen und gruppenexternen Voraussetzungen), der Status der Selbstwirksamkeitserwartung und des Selbstorganisationshandelns als auch der angestrebten Effekte.

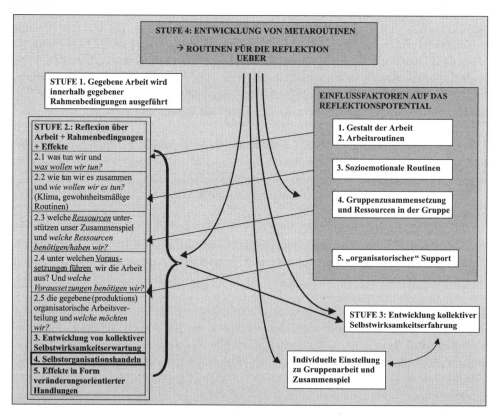

Abb. 7.1: Modell zur Gestalt der Selbstorganisation

Diese Elemente werden von einer Reihe von Faktoren beeinflusst, die Bedeutung für das *Reflexionspotenzial* der zusammenwirkenden organisatorischen Einheit haben. Mit Reflexionspotenzial ist hier gemeint, worüber man wie und mit wem unter welchen Voraussetzungen reflektieren kann. Unsere Vorstellung ist, wenn diese Einflussfaktoren bestimmte Schwellenwerte erreichen, dann ist Reflexion in Richtung Fähigkeit der Selbstorganisation überhaupt erst möglich.

Diese verschiedenen Bestandteile des Modells müssen natürlich in einer realen Wirklichkeit zusammenwirken. Ausgehend von Beobachtungen und der aktiven Teilnahme in der zweiten Aktionsforschungsstudie möchten wir von einem Prozess der Entwicklung der Metaroutine(n) „Fähigkeit der Selbstorganisation" reden.

Eine erste Voraussetzung ist, dass im Zusammenspiel der je nach organisatorischer Einheit teilnehmenden Individuen die „gegebene Arbeit" nur ausgeführt werden (Stufe 1) soll oder ob weitergehende Möglichkeiten in der Arbeitstätigkeit überhaupt in Frage kommen (siehe die weiteren Stufen).

Danach tritt dann die Phase (Stufe 2) ein, in der die Mitglieder der organisatorischen Einheit sowohl über Arbeit, Rahmenbedingungen, Effekte, das Vertrauen der „Gruppe" in das eigene Handlungsvermögen (kollektive Selbstwirksamkeitserwartung) als auch über den Status des Selbstorganisationshandelns reflektieren.

Diese reflektierende Arbeit im Zusammenspiel in Stufe 2 bringt natürlich auch Erfahrungen und Beweise, inwieweit die Gruppe Vertrauen in ihres eigenen Handlungsvermögen haben kann oder nicht (Stufe 3). Diese Selbstwirksamkeitserfahrungen sind wichtig für die Selbstwirksamkeitserwartungen der Gruppe. Diese sind notwendig, um im Reflexions-prozess weiter voranzuschreiten und um sich auch mit Fragen zu beschäftigen, die bisher außerhalb deren Verantwortungsbereiche lagen.

Mit Hilfe des Zusammenspiels in der „Gruppe", mit immer besser werdenden Kenntnis der gruppeninternen Voraussetzungen (auch Kompetenzen) und der immer höheren kollektiven Selbstwirksamkeitserwartung kann die „Gruppe" soweit gehen, über gruppenexterne (organisatorische) Voraussetzungen zu reflektieren. Dies erscheint uns der eigentliche Geburtsmoment der Selbstorganisation zu sein. Die betreffende „organisatorische Einheit" kommt zu einem Punkt, wo sie einsieht (und auch danach handelt), dass weitere Verbesserungen nur erreicht werden können, wenn die Voraussetzung für die Nutzung der Gesamtheit der Kompetenzen nur durch eine Veränderung von weiteren Rahmenbedingungen möglich ist.

Das Durchlaufen dieser Stufen führt dann letztendlich dazu, dass sich Handlungsmuster entwickeln können, Metaroutinen, die diesen Verlauf in Zukunft steuern (Stufe 4). Diese Metaroutine(n) haben dann zur Aufgabe die beschriebenen komplexen Zusammenhänge aus Einflussfaktoren, Rahmenbedingungen, Zusammenspiel und individuellen Voraussetzungen zu beachten, auseinander zu halten und zu steuern.

Diese Ausführungen stellen unseren derzeitigen Erkenntnisstand zur Thematik da, der im laufenden Projekt noch einer weiteren Detaillierung und Prüfung unterzogen werden wird. Auch wenn die Modellbildung noch nicht abgeschlossen ist, so haben wir doch in unseren Forschungen Instrumente entwickelt und erfolgreich getestet, die in der Praxis Selbstorganisation erlebbar machen und sozusagen ein Lernlabor darstellen.

8 Instrumente zur Entwicklung von Metaroutinen zur Selbstorganisation

Der Ansatz unseres Projektes, Selbstorganisationsphänomene in konkreten Untersuchungsfeldern der betrieblichen Praxis zu verankern, hat sich als tauglich zur Sensibilisierung für die Thematik erwiesen. Zulieferbeziehungen aber auch Arbeit in Produktionsgruppen sind geprägt durch Anforderungen an ein schnelles Reaktionsvermögen und sind nur beschränkt planbar. Daher kann anhand von typischen Problemen einer Zulieferbeziehung und der Arbeit in Gruppen die Bedeutung von Selbstorganisation und der Nutzen für die Wertschöpfung aufgezeigt werden.

Es wäre wünschenswert, Selbstorganisation und den Erwerb der spezifischen Fähigkeit der Selbstorganisation auch in anderen Bereichen exemplarisch aufzuzeigen. Besonders relevant sind Tätigkeitsfelder, die komplexe Prozesse bei erwartetem schnellem Reaktionsvermögen beinhalten. Beispiele hierfür finden sich u.a. im Gesundheitswesen, im Verkehr, in der Wartung und im Service.

Die vorliegende Studie hat bisher zu zwei praktischen Instrumenten beigetragen, die sich für die Entwicklung von Metaroutinen zur Selbstorganisation als nützlich erwiesen haben. Es sind Instrumente die die Reflexionsprozesse auf dem Weg zur Selbstorganisation unterstützen.

Das Critical Even Forum
Das Critical Event Forum hat seine ersten Praxistests hinter sich und ist ein Instrument, das gut in den Arbeitsfluss von Zulieferbeziehungen als auch der Entwicklung von Gruppenarbeit integriert werden kann. Es bietet eine zeitökonomische Basis zur Reflexion über das „was" der Arbeit, das „wie" der Zusammenarbeit und das „was" der organisatorischen Voraussetzungen. Selbstorganisationsprozesse können bewusst gemacht, analysiert und als Teil des Arbeitshandelns begriffen werden. Das Critical Events Forum ermöglicht, implizites Wissen explizit und damit diskutierbar zu machen, um es im nächsten Schritt dann wieder zu geteiltem impliziten Wissen zu internalisieren.

Test für Rahmenbedingungen
Der entwickelte Test der Rahmenbedingungen zur Selbstorganisation mit Auswertungssystem ist eine praxisorientierte Aufbereitung unserer empirischen Erhebungen. Der Test dient sowohl zur Sensibilisierung als auch zum Aufzeigen von Gestaltungsmöglichkeiten Selbstorganisation fördernder Rahmenbedingungen. (Der Test kann unter *www.north-online.de* heruntergeladen werden.)

Sowohl der Test zu Rahmenbedingungen für Selbstorganisation als auch das Lerndesign des Critical Events Forum wurden in der Praxis sehr positiv aufgenommen. Der Roboterhersteller hat dieses Lerndesign in seinem „Supplier-Web" softwaremäßig aufbereitet, so dass zwischen OEM und Zulieferern Selbstorganisation lernbar und erfahrbar wird. Dieses konkrete Lerndesign und Empfehlungen zur Verbesserung der Zusammenarbeit zwischen OEM und Zulieferern sind auch auf andere inner- und intraorganisatorische Netzwerke (ggf. mit Einschränkungen) übertragbar.

8.1 Das Critical Event Forum

„Wir sitzen in Gräben und schießen aufeinander. Bei jeder Mail von „Robotic" denke ich, welche Absicht steckt dahinter? Das Critical Events Forum hat mir gezeigt, dass wir mehr darüber reden sollten, wie wir miteinander umgehen und gemeinsame Lösungen finden können. Das CEF ist nützlich Fronten aufzubrechen und besser zusammenzuarbeiten. Jetzt kennen sich die Partner persönlich und verstehen, wie jeder denkt und warum er in gewissen Situationen wie gehandelt hat. Darauf aufbauend können wir jetzt viel freier und offener handeln und auch bei Unsicherheit Entscheidungen verantworten." So fasste sinngemäß der Geschäftsführer des Zulieferers „Rex" seine Eindrücke vom Critical Events Forum zusammen, das im September 2001 gemeinsam mit „Robotic" in Göteborg durchgeführt wurde.

Das im Projekt entwickelte Critical Events Forum als Lerndesign für die Entwicklung der Fähigkeit zur Selbstorganisation baut auf drei Grundlagen auf:
1. Selbstorganisationshandeln wird in konkreten Situationen manifest, das bedeutet, dass eine Reflexion über Selbstorganisation an solchen Situationen festgemacht werden soll. **„Critical Events"** sind Begebenheiten und Probleme, die von mindestens einem der Partner in der Zuliefererbeziehung als unbefriedigend angesehen werden und bei denen der Wunsch besteht, eine Besserung zu erreichen.
2. Selbstorganisation bedingt die Konstruktion einer *gemeinsamen Wirklichkeit* der Akteure. Dies bedeutet, dass eine Fragestellung, ein Problem gemeinsam wahrgenommen werden sollte, gemeinsam darüber reflektiert werden sollte, um darauf aufbauend Lösungen zu finden. Bei der Benennung von Critical Events durch die beiden Partner der Zuliefererbeziehung konnten wir feststellen, dass eine große Divergenz bestand, was als Problem von jeder Seite angesehen wird.
3. Um die Fähigkeit für Selbstorganisation zu entwickeln, ist eine Möglichkeit zu schaffen, über *Selbstorganisationsprozesse* gemeinsam mit allen Akteuren zu reflektieren. Das „Wie" der Wahrnehmung, Entstehung und Lösung von Problemen bzw. der Nutzung von Potenzialen muss diskutierbar gemacht werden.

Diese drei Aspekte, konkrete Situation, Konstruktion einer gemeinsamen Wirklichkeit und Reflexion über die Art und Weise des Selbstorganisationsprozesses, bilden die Grundlage für das im Projekt entwickelte Critical Events Forum als Lerndesign für die Entwicklung der Fähigkeit zur Selbstorganisation. Im Folgenden soll das Critical Events

Forum vorgestellt werden. Das CEF wurde für Zuliefernetzwerke erarbeitet und auch in der Gruppenstudie erfolgreich angewandt.

8.1.1 Die Schritte zur Durchführung eines CEF

Im Folgenden sollen rezeptartig die Schritte zur Durchführung eines CEF erläutert werden. Ein englischsprachiges Manual befindet sich im Anhang.

Schritt 1: Benennen Sie jeweils für Zulieferer und OEM einen CEF Koordinator. Dies kann z.B. ein Key Account Manager beim Zulieferer oder jemand aus dem Kreis derjenigen Personen sein, die die intensivsten Kontakte zwischen Zulieferer und Abnehmer haben.

Schritt 2: Die CEF Koordinatoren identifizieren die betroffenen Mitarbeiter in jedem Unternehmen und laden sie zur Mitarbeit im CEF ein. Es sollten die Rollen der Systemdefinition und -veränderung, der operativen Abwicklung und der rechtlich juristischen Rahmenbedingungen abgedeckt sein.

Schritt 3: Über eine festzulegende Zeit notieren die Beteiligten auf beiden Seiten so genannte Critical Events, das sind Vorkommnisse, die ein Problem für die Zusammenarbeit darstellen, ungelöste technische Fragestellungen oder auch Potenziale, die genutzt werden könnten. Dieser Critical Event wird im unten dargestellten „Critical Events Reporting Sheet" (Abb. 8.1) formuliert. Critical Events sollten auch so beschrieben werden, wie sie jeweils persönlich vom Beschreiber gesehen werden. Die Prozessdimension sollte herausgestellt werden (was ist in welcher Abfolge passiert und was ist die Konsequenz?). Es sollten Vorschläge für eine mögliche Lösung gegeben werden und weiterhin sollte angegeben werden, welche die richtige Person auf der „Gegenseite" ist, die zu einer Lösung beitragen könnte. Weiter unten stellen wir beispielhaft dar, wie ein Critical Events Forum ablaufen kann.

Schritt 4: Zu einem gegebenen Termin werden die Critical Event Reporting Sheets zu den jeweiligen CEF Koordinatoren per E-Mail gesandt und zwischen beiden Firmen ausgetauscht, bzw. in ein gemeinsames Diskussionsforum eingestellt. Die Koordinatoren erstellen eine Liste der Critical Events und ordnen sie den drei oben genannten Rollen Systemdefinition, operative Abwicklung, kommerzielle und rechtliche Rahmenbedingungen zu. Die CEF Koordinatoren bitten ihre entsprechenden Kollegen, die Critical Event Reporting Sheets der jeweiligen anderen Seite zu kommentieren und direkt zum betroffenen Kollegen zurückzuschicken (mit Kopie an den CEF Koordinator). So kann ein direkter Dialog zwischen den Partnern etabliert werden und einige Probleme könnten bereits auf dieser Ebene gelöst werden. Ziel ist ein Vorgehen auf beiden Seiten abzustimmen, dass das Entstehen eines ähnlichen Critical Events in der Zukunft vermeidet. Die CEF Koordinatoren richten eine Datenbasis ein, in der die Critical Events Reporting Sheets nach Rollen und Themen abgelegt werden, so dass die gelösten Probleme mit den vereinbarten Vorgehensweisen der Zukunft dokumentiert werden. So entsteht eine

```
┌─────────────────────────────────────────────────────────────────┐
│                  Critical Event Reporting Sheet                 │
│ Please use one sheet for each event                             │
│                                                                 │
│ Name:         _____                       │
│ e-mail:       _____                       │
│                                                                 │
│   Position: _____                         │
├─────────────────────────────────────────────────────────────────┤
│ (1) Describe here briefly the critical event, problem (when,    │
│ how often, who was involved, description of the problem):       │
│                                                                 │
│ (2) Comment by counterpart:                                     │
│                                                                 │
│ (3) Proposed solution:                                          │
│                                                                 │
│ (4) Comment by counterpart:                                     │
│                                                                 │
│ (5) Our agreement to solve the problem and timetable            │
│                                                                 │
│ 6) Responsible for implementation:                              │
│                                                                 │
└─────────────────────────────────────────────────────────────────┘
```

Abb. 8.1:   Muster eines Critical Event Reporting Sheets

Fortschreibung und Ausfüllung der Rahmenbedingungen, die im Unternehmen nachvollziehbar ist, bei zukünftigen Rahmenverträgen beachtet werden kann und auch nützlich ist für die Übertragung auf andere Zulieferer.

Ein Critical Events Forum kann auch neben der diskontinuierlichen Durchführung wie oben beschrieben als ein moderiertes Diskussionsforum zwischen Zulieferer und OEM ablaufen. Durch den Koordinator ist jedoch sicherzustellen, dass aufgeführte Critical Events auch weiterverfolgt werden.

Schritt 5: Durchführung eines Critical Events Forums entweder als Videokonferenz oder besser mit physischer Präsenz der beteiligten Personen von Zulieferer und Abnehmer, um bedeutsame Critical Events zu diskutieren und anhand dieser über die Art und Weise der Zusammenarbeit zu reflektieren. Ein solches Forum sollte von einem neutralen externen Moderator geleitet werden.

Als Ergebnis unseres Pilotforums in Göteborg mit Vertretern von „Rex" und „Robotic" schließen wir, dass auf jeden Fall in regelmäßigem Abstand solche Critical Events Foren mit physischer Präsenz durchgeführt werden sollten, da diese eine viel intensivere Interaktion der beteiligten Personen, ein Kennenlernen von Personen, die sich bisher nur über Korrespondenz kannten und eine vertiefte Diskussion von Problemsituationen und wie man damit in Zukunft umgehen möchte, ermöglichen. Wir schlagen vor, dass solch ein Forum mindestens einmal jährlich stattfinden sollte. Daneben können Critical

Events Reporting Sheets kontinuierlich zwischen den für die einzelnen Rollen verantwortlichen Partner ausgetauscht werden. Aufgabe des CEF Koordinators ist, darauf zu achten, dass dieser Reflexionsprozess über die Art und Weise der Zusammenarbeit nicht einschläft. Es sollte insbesondere bewusst gemacht werden, dass Probleme oder Verbesserungsmöglichkeiten neben einer technischen Dimension immer auch eine Prozessdimension (das „Wie" der Realisierung) haben.

8.1.2 Ergebnisse eines Critical Events Forums

Sehen wir uns einmal an einem Beispiel an, was die Durchführung eines Critical Events Forums bewirken kann. Aus den von „Robotic" und „Rex" zusammengestellten Critical Event Reporting Sheets konnten wir ersehen, dass zum Teil ähnliche Probleme aus unterschiedlicher Sicht beschrieben wurden. So benannte „Robotic" als Critical Event die lange Zeitdauer bis ein Angebot zur Reparatur von Getrieben erstellt wird. „Rex" beklagte, dass Getriebe zur Reparatur geschickt werden, ohne die entsprechenden Informationen mitzuliefern.

Zur Verdeutlichung, was ein Critical Events Forum für die Entwicklung der Fähigkeit zur Selbstorganisation bewirken kann, verweisen wir auf Abbildung 8.2 (siehe auch Abb. 4.5 in Kap. 4), dort sind Handlungsfelder für Selbstorganisation und das Verhalten der beteiligten Mitarbeiter von „Rex" und „Robotic" vor der Durchführung eines Critical Events Forums und nach der Durchführung eines Critical Events Forums gegenübergestellt.

Bezüglich des Handhabens von Störungen zeigte sich vor der Durchführung des Critical Events Forums auf beiden Seiten ein Abwarten, eine Weitergabe von möglichst wenigen Informationen mit der Konsequenz, dass „Rex" nicht die richtigen und genügend Informationen für die Abschätzung des Reparaturaufwandes hatte, andererseits „Robotic" lange warten musste, bis es zu einem Reparaturangebot und dann der Abwicklung der Reparatur kam. Im Critical Events Forum wurde dann zunächst einmal klar, wer auf beiden Seiten mit der Thematik befasst ist. Insbesondere betroffen sind diejenigen, die die Rolle operative Abwicklung in beiden Unternehmen ausführen.

Die Handhabung von Störungen unter Selbstorganisationsgesichtspunkten hat zwei Elemente: Zunächst überlegen die zuständigen Mitarbeiter gemeinsam, wie Getrieberücksendungen möglichst vermieden bzw. reduziert werden könne, z.B. könnte als Experiment versucht werden, Getriebe direkt bei den Kunden zu reparieren. Hier **Freiraum für Experimente zu schaffen**, ist Teil der Entwicklung einer Selbstorganisationskompetenz. Auch für die Prioritätensetzung wurde aufgrund des Critical Events Forum vereinbart, dass die zuständigen Mitarbeiter auf beiden Seiten miteinander telefonieren bzw. per E-Mail festlegen, in welcher Reihenfolge mit welcher Dringlichkeit Getriebe repariert werden sollen.

Zentrale Bedeutung kommt der **Handhabung von Kontakten und Kommunikation** zu. Hier ist neben „Robotic" und „Rex" auch noch der jeweilige Kunde beteiligt. „Rex" und „Robotic" muss gemeinsam daran gelegen sein, möglichst viel über die Ursache des Getriebeschadens herauszufinden. Andererseits ist der Kunde nicht immer bereit zu kooperativem Verhalten, da Ursache von Getriebeschäden auch eine falsche Nutzung der Roboter, wie z.B. Überlast, Stöße usw. sein können. Daher ist es wichtig, dass „Rex"- und „Robotic"-Mitarbeiter einerseits einen gemeinsamen Fragebogen entwickeln, in dem die wichtigsten Informationen, die beide Seiten benötigen, enthalten sind. Dies wurde im Critical Events Forum vereinbart. Andererseits sind kurzfristige Anfragen durch „Rex" auch beim Kunden zu ermöglichen. Hier hatte „Robotic" bisher gemauert. Aufgrund des CEF wurde jedoch ein Verfahren vereinbart, das „Rex" ermöglicht, direkt mit dem Kunden Kontakt aufzunehmen, bzw. dass „Rex"- und „Robotic"-Mitarbeiter bei größeren Schäden den Kunden aufsuchen und die Nutzungsbedingungen und Ursachen der Schäden analysieren.

Während vor der Durchführung des Critical Events Forums das **Ausführen von Organisationsarbeit** auf die höhere Ebene der Account Manager oder Geschäftsführer verlegt wurde, die versuchten Vorgehensweisen und Verfahren abzusprechen, bedeutet die Selbstorganisationslösung aufgrund eines CEFs, dass die zuständigen Mitarbeiter gemeinsam z.B. eine Datenbank einrichten, in der Status und Fragen der Reparatur von Getrieben einsehbar sind.

Bezüglich des **Handlungsfeldes Qualitätsarbeit** wurden ursprünglich möglichst wenig Informationen weitergegeben, um Fehler nicht nachweisbar zu machen. „Robotic" machte sich die Position zu eigen, dass der Zulieferer erst einmal selbst herausfinden sollte, was an seinem Getriebe defekt ist und damit relativ wenig Informationen preisgab. Selbstorganisierte Qualitätsarbeit bedeutet hier eine offene Informationspolitik und auch eine Diskussion, welche Schlüsse aus den Getriebefehlern und -defekten für die zukünftige Getriebeentwicklung und für die Nutzungsbedingungen bzw. Information und Unterweisung der Kunden gezogen werden könnten. Hierzu kann z.B. eine Community of Practice von Mitarbeitern des Zulieferers bzw. des Roboterherstellers entstehen.

Die Analyse dieses einen Critical Events (siehe Abb. 8.2) zeigt deutlich, dass das CEF eine Reflexionsplattform für die Beteiligten ist. Man nutzt die Freiheit des Gedankenaustausches, um über gemeinsame Problem, Mittel und Lösungen nachzudenken. Ein Schlüssel für die Entwicklung der Fähigkeit zur Selbstorganisation scheint dieser Reflexionsprozess zu sein.

Handlungsfelder	Vor Durchführung eines CEF	Nach Durchführung eines CEF „Die Selbstorganisationslösung"
– Handhaben von Störungen	Z: Die wollen uns nur schikanieren, das Getriebe kann gar nicht defekt sein, wir warten erst mal ab. OEM: Mal sehen, wie lange Z diesmal für ein Reparaturangebot braucht.	Die zuständigen Mitarbeiter überlegen gemeinsam, wie Getrieberücksendungen möglichst vermieden, reduziert werden können; es wird als Experiment versucht Getriebe direkt beim Kunden zu reparieren.
– Prioritätensetzung	Z: Erst mal alle zurückgeschickten Getriebe auf einen Haufen legen, wenn wir dann die Infos vom OEM bekommen, schauen wir mal.	OEM und Z Mitarbeiter sprechen ab, in welcher Reihenfolge und mit welcher Dringlichkeit Getriebe repariert werden sollen.
– Handhabung von Kontakten und Kommunikation	Z: Wir bekommen die defekten Getriebe ohne genügend Info, was passiert ist. Wir raten dann, was defekt sein könnte. OEM: Warum braucht Z denn so lange für ein Reparaturangebot, wir müssen mal Druck machen.	OEM avisiert per E-Mail, dass ein defektes Getriebe auf dem Weg ist, gibt Infos zu Ansprechpartnern bei Kunden, um über Nutzungsbedingungen Klarheit zu bekommen, Z sucht aktiv nach den benötigten Infos und gibt kurzfristige, grobe Abschätzungen des Reparaturaufwandes.
– Ausführung von „Organisationsarbeit"	Z/OEM: Über das Reparaturproblem sollte mal beim nächsten Treffen der Key Account Manager oder Geschäftsführer gesprochen werden.	Die zuständigen Mitarbeiter bei OEM und Z richten sich eine gemeinsame Datenbank ein, in der Status und Fragen zur Reparatur einsehbar sind.
– Qualitätsarbeit	Z: Möglichst wenig Infos weitergeben, dann bleiben Fehler nicht nachweisbar. OEM: Z soll mal selbst herausfinden, was an seinen Getrieben defekt ist.	Z und OEM Mitarbeiter für operative Abwicklung und Systemdefinition diskutieren periodisch, was aus den Reparaturfällen für Schlüsse für Systemverbesserung, Nutzungsbedingungen und Information bzw. Weiterbildung der Kunden zu ziehen sind, eine Community of Practice entsteht.

Z = Zulieferer
OEM = Roboterhersteller

Abb. 8.2: Effekte des CEF am Beispiel des Critical Event „Reparatur von Getrieben"

Literatur

Baethge, M. (2003). Lebenslanges Lernen und Arbeit: Weiterbildungskompetenz und Weiterbildungsverhalten der deutschen Bevölkerung, SOFI-Mitteilungen 31, Göttingen.

Bandura, A. (1995). Exercise of personal and collective efficacy. In: A. Bandura (Hrsg.). Self-efficacy in changing societies, New York, 1-45.

Bergmann, B. (1999). Training für den Arbeitsprozess. Entwicklung und Evaluation aufgaben- und zielgruppenspezifischer Trainingsprogramme, Zürich.

Bergmann, B., Fritsch, A., Göpfert, P., Richter, F., Wardanjan, B. & Wilczek, S. (2000). Kompetenzentwicklung und Berufsarbeit, edition QUEM, Bd. 11, Münster.

Bergmann, B. (2001). Berufliche Kompetenzentwicklung. In: R.K. Silbereisen & M. Reitzle (Hrsg.). Psychologie 2000, Lengerich, 530-540.

Brusling, C. & Strömqvist, G. (1996). Reflektion och praktik i läraryrket, Lund.

Campion, M.A., Medsker, G.J. & Higgs, A.C. (1993). Relations between Work Group Characteristics and Effectiveness: Implications for Designing Effective Work Groups. In: Personnel Psychology 46, 823-850.

Campion, M.A., Papper, E.M. & Medsker, G.J. (1996). Relations between Work Team Characteristics and Effectiveness: A Replication and Extension. In: Personnel Psychology 49, 429-451.

Chomsky, N. (1973). Aspekte der Syntax Theorie, Frankfurt a. M.

Daudelin, M.W. (1996). Learning from Experience Through Reflection. In: Organizational dynamics, 36-48.

Driver, M. (2003). Diversity and learning in groups. In: The Learning Organization 10, 149-166.

Edmondson, A. (1999). Psychological Safety and Learning Behavior in Work Teams. In: Administrative Science Quarterly 44, 350-383.

Erpenbeck, J. (1997). Selbstgesteuertes, selbstorganisiertes Lernen. In: Arbeitsgemeinschaft Qualifikations-Entwicklungs-Management (Hrsg.). Kompetenzentwicklung '97. Berufliche Weiterbildung in der Transformation – Fakten und Visionen, Münster, 310-316.

Erpenbeck, J. & Heyse, V. (1999a). Kompetenzbiographie – Kompetenzmilieu – Kompetenztransfer, QUEM-report 62, Berlin.

Erpenbeck, J. & Heyse, V. (1999). Die Kompetenzbiographie. Strategien der Kompetenzentwicklung durch selbstorganisiertes Lernen und multimediale Kommunikation, edition QUEM, Bd. 10, Münster.

Erpenbeck, J. & von Rosenstiel, L. (2003). Handbuch Kompetenzmessung, Stuttgart.

Frei, F., Duell, W. & Baitsch, C. (1984). Arbeit und Kompetenzentwicklung. Theoretische Konzepte zur Psychologie arbeitsimmanenter Qualifizierung, Bern.

Friedrich, P., Lantz, A. & Andersson, K. (2001). Mobility – a task and result of life long learning?! IFAU-workshop „Effekter av vuxenlärande", Uppsala, 17-18 Dezember.

Frieling, E., Kauffeld, S., Grote, S. & Bernard, H. (2000). Flexibilität und Kompetenz: Schaffen flexible Unternehmen kompetente und flexible Mitarbeiter? edition QUEM, Bd. 12, Münster.

Guzzo, R.A. & Dickson, M.W. (1996). Teams in Organizations: Recent Research on Performance and Effectiveness. In: Annual Review Psychology 47, 307-338.

Guzzo, R.A. & Shea, G.P. (1992). Group Performance and Intergroup Relations. In: M.D. Dunnette & L.M. Hough (Eds.). Handbook of Industrial and Organizational Psychology, Palo Alto, CA, 269-313.

Hacker, W. (1998). Allgemeine Arbeitspsychologie. Psychische Regulation von Arbeitstätigkeiten, Bern.

Hackman, J.R. & Gersick, C.J.G. (1990). Habitual routines in task-performing groups. In: Organizational behaviour and human decision processes 47, 65-97.

Lantz, A. & Brav, A. (2004). Can meaningless work form meaningful group work? Proceedings, 8th International work shop on team working, Trier, September 16-17.

Lantz, A. & Friedrich, P. (2003). ICA – Instrument for Competence Assessment. In: J. Erpenbeck & L. von Rosenstiel (Hrsg.). Handbuch Kompetenzmessung, Stuttgart.

Mandl, H. & Krause, U.-M. (2001). Lernkompetenz für die Wissensgesellschaft, Forschungsbericht 145, Lehrstuhl für Empirische Pädagogik und Pädagogische Psychologie, Ludwig-Maximilians-Universität München.

Mansfield, B. & Mitchell, L. (1996). Towards a Competent Workforce, London.

McGrath, J. (1964). Groups: Interaction and Performance, New Jersey.

North, K. & Friedrich, P. (2002). Kompetenzentwicklung zur Selbstorganisation, Abschlussbericht, ABWF/QUEM.

North, K., Friedrich, L. & Lantz, A. (2004). Selbstorganisation als Metakompetenz, Abschlussbericht, ABWF/QUEM, in Vorbereitung.

North, K. (2002). Wissensorientierte Unternehmensführung, 3. Auflage, Wiesbaden.

Pelled, L.H., Eisenhardt, K.M. & Xin, K.R. (1999). Exploring the black box: an analysis of work group diversity, conflict and performance. In: Administrative Science Quarterly 44 (1), 1-28.

Pohlandt, A., Debitz, U., Schulze, F. & Richter, P. (2003). A Tool for Human-Centred Job Design. In: G. Zülch, S. Stowasser & H.S. Jagdev (Eds.). Human Aspects in Production Management. Proceedings of the IFIP WG 5.7 Working Conference on Human Aspects. In: Production Management 1 (5), Aachen, 90-98.

Probst, G.J.B. (1987). Selbst-Organisation: Ordnungsprozesse in sozialen Systemen aus ganzheitlicher Sicht, Berlin.

Richter, P. (2000). REBA – ein rechnergestütztes Verfahren zur Integration der Bewertung psychischer Belastungen in die gesundheitsförderliche Arbeitsgestaltung. In: B. Badura, M. Litsch & C. Vetter (Hrsg.). Fehlzeitenreport '99. Psychische Belastungen am Arbeitsplatz, Berlin, 212-222.

Seibert, K.W. (1999). Reflection-in-Action: Tools for cultivating On-the-Job Learning conditions. In: Organizational dynamics 27 (3), 54-65.

Smith, R.M. (1996). Learning to Learn. Adult Education. In: A.C. Tuijnman (Ed.). International encyclopedia of adult education and training, 2nd edition, New York, 418-422.

Sonntag, K.-H. & Schaper, N. (1999). Förderung beruflicher Handlungskompetenz. In: K.-H. Sonntag (Hrsg.). Personalentwicklung in Organisationen, Göttingen, 211-244.

Tannenbaum, S.I., Beard, R.L. & Salas, E. (1992). Team building and its influence on team effectiveness: An examination of conceptual and empirical developments. In: K. Kelly (Ed.). Issues, Theory, and Research in Industrial/Organizational Psychology, Amsterdam, 117-154.

Volpert, W., Österreich, R., Gablenz-Kolokovic, T. & Resch, M. (1983). Verfahren zur Ermittlung von Regulationserfordernissen in der Arbeitstätigkeit (VERA). Handbuch und Manual, Köln.

Wenger, E. (1998). Communities of Practice: Learning, meaning, and identity, Cambridge.

Weinert, F.E. (1999): Concepts of Competence. Contribution with the OECD project Definition and Selection of Competencies: Theoretical and Conceptual Foundations (DeSeCo), München.

West, M.A., Hirst, G. & Shipton, H. (2004). Twelve steps to heaven: Successfully managing change through developing innovative teams. In: European work and organizational psychology 13 (2), 269-299.

Willke, H. (1998). Systemisches Wissensmanagement, Stuttgart.

Wrzesniewski, A. & Dutton, J.E. (2001). Crafting a job: Revisioning employees as active crafters of their work. In: Academy of Management Review 26 (2), 179-201.

Heinz-Jürgen Rothe, Liane Hinnerichs

Wissens- und Kompetenzmanagement – verhaltensbeeinflussende subjektive und organisationale Bedingungen

1 Leitfragen des Forschungsprojekts

Arbeitsverhalten und Leistungen eines Organisationsmitgliedes resultieren einerseits aus seiner Motivation und Volition sowie seinem Wissen und Können und sie hängen andererseits von den sozialen Normen in der Organisation und den konkreten Arbeitsaufgaben und -bedingungen ab (s. v. Rosenstiel 2000).

Das realisierte Projekt trug den Charakter einer Pilotstudie. Es wurde in einem mittelständischen Handels- und Dienstleistungsunternehmen durchgeführt. Ziel des Projekts war die Gewinnung von Erkenntnissen über das Arbeitsverhalten und die Leistungen von Mitarbeitern aus vier Tätigkeitsgruppen des Unternehmens in Abhängigkeit von den gegebenen organisationalen Rahmenbedingungen, speziell dem Wissensmanagement im Unternehmen, und von den individuumsspezifischen Ausprägungen des fachspezifischen Wissens sowie den erlebten arbeitsbedingten Belastungen und Ressourcen. Im Einzelnen sollten folgende Fragen geklärt werden:
1. Auf welche Art und Weise wird das organisationale und individuelle Wissen im Unternehmen gemanagt?
2. Worin unterscheiden sich fachspezifisches Wissen, erlebte Arbeitsbelastungen und Leistungen zwischen den Mitarbeitern der ausgewählten Tätigkeitsbereiche?
3. Welche wechselseitigen Zusammenhänge bestehen zwischen fachspezifischem Wissen, erlebter Arbeitsbelastung und Leistung?

Im Folgenden werden die Ergebnisse der komplexen empirischen Analyse vorgestellt und Schlussfolgerungen sowohl bezüglich arbeitsgestalterischer Maßnahmen zur Verbesserung des Wissens- und Kompetenzmanagements im Unternehmen als auch hinsichtlich Effizienz und Diagnostizität der eingesetzten Methoden gezogen.

2 Konzeptionelle Grundlagen zum Wissens- und Kompetenzmanagement

2.1 Wissen und Kompetenz

Wissen ist ursprünglich immer etwas im Gedächtnis eines Individuums Gespeichertes. Wissen existiert nicht „an sich", sondern es ist die intellektuelle Disposition zur Lösung von Aufgaben und Problemen und damit wesentliche Grundlage für die bedingungsangepasste Verhaltensregulation des Individuums in seiner Umgebung. Quellen des individuellen Wissens sind nach Klix (1992) das Erbgut, die individuelle Erfahrung, die sprachliche Belehrung durch andere und das eigene Denken. Zur differenzierten Charakterisierung von Wissen eignen sich verschiedene Klassifizierungen. Diese lassen sich u. E. drei Gruppen zuordnen:

(1) *Klassifizierungen nach formalen Merkmalen des Wissens.* Hierzu kann man die Unterscheidung zwischen vagem und exaktem Wissen rechnen. Ersteres sind unvollständige, letzteres vollständige Angaben über Merkmale von Objekten, Ereignisse, Sachverhalten und deren Beziehungen untereinander. Die Klassifizierung setzt allerdings die Kenntnis voraus, welche Wissenskomponenten notwendigerweise im vollständigen Wissenskörper enthalten sein müssen. Eine weitere Klassifizierung bezieht sich auf die Verbalisierbarkeit von Wissen. Es wird zwischen verbalisierbarem, nur unter bestimmten Bedingungen oder durch bestimmte Interventionen verbalisierbarem und schwer verbalisierbarem „schweigenden" Wissen unterschieden. Häufig wird Nichtverbalisierbarkeit des Handlungswissens unterstellt (s. z.B. Nisbett & Wilson 1977; Oswald & Gadenne 1984).

(2) *Klassifizierungen nach strukturellen Merkmalen des Wissens.* Auf einer kognitionspsychologisch definierten Mikroebene lässt sich nach Klix (1992) stationäres von prozeduralem Wissen unterscheiden. Zu ersterem rechnet er Objektbegriffe, Ereignisbegriffe und relationale Begriffe mit ihren spezifischen Bedeutungen, Inhalten und Strukturen sowie auf Grund konditionaler, kausaler und konsekutiver Zusammenhänge gestiftete Ereignisfolgen. Dem gegenübergestellt werden die Prozeduren für elementare kognitive Operationen wie Aktivation, Inhibition, Substitution, Transition, Projektion und Inversion, die Prozeduren für Vergleiche, Verkettungen, Verdichtungen und Verkürzungen von stationären Wissensstrukturen sowie die „höheren" kognitiven Prozesse des induktiven und deduktiven Schließens und der Analogiebildung. Gewissermaßen auf einer Makroebene hat sich die auf Ryle (1949) zurückgehende Differenzierung zwischen deklarativem oder Faktenwissen und prozeduralem oder Handlungswissen in der Wissenspsychologie (z.B. Kluwe 1988) und in der Arbeitspsychologie (Hacker 1992; Dutke 1994) als fruchtbar erwiesen. Deklaratives Wissen umfasst Wissen über Begriffe, Zustände, Ereignisse, gesetzmäßige Zusammenhänge zwischen Zuständen, Bedingungen und deren Relevanz. Prozedurales Wissen stellt das Wissen über Techniken und Methoden zur Lösung von Aufgaben und Problemen dar. Innerhalb dieses Wissens kann zwischen problembereichsspezifischen Handlungssequenzen und dem Wissen über allgemeine Lösungsstrategien (Metaprozeduren) unterschieden werden.

(3) *Klassifizierungen nach semantischen Merkmalen des Wissens.* Vom Inhalt her ist Wissen sehr vielgestaltig. Es umfasst individualspezifische „Bilder" über Kindheitserlebnisse, Urlaub, Krankheit, Theaterbesuche, Einkäufe usw. ebenso wie Erkenntnisse über zeitabhängige Veränderungen in der Natur, subjektive Theorien über physikalische, chemische Gesetzmäßigkeiten, biologische Vorgänge, historische Ereignisse u.ä. oder Wissen über Normen und Werte in der jeweiligen Kultur des Individuums. Beliebig differenzierte Klassifikationen nach unterschiedlichen Sachgebieten sind möglich. Für uns relevant ist die Unterscheidung zwischen dem Allgemeinwissen, das sich ein Individuum im Verlaufe seiner Ontogenese durch eigene Erfahrung und schulische Belehrung aneignet, und dem spezifischen Wissen, das im Rahmen von beruflicher Ausbildung oder Studium und durch Arbeit erworben wird.

Der Begriff Wissen umfasst also mehr als Daten und Informationen. Wissen ergibt sich aus deren Verarbeitung mittels Intelligenz und Lernen, d.h. es entsteht aus Erfahrungen und verschiedensten Erkenntnissen, die das Individuum in seinem Leben macht.

Die Weitergabe, der Austausch von Wissen zwischen Individuen erfolgt im Wesentlichen mündlich und/oder schriftlich (Erpenbeck & Heyse 1999). Das ist die Grundlage für das Wissen einer Organisation. Organisationales Wissen wird nicht nur in Dokumenten und elektronischen Speichermedien aufbewahrt, sondern es drückt sich auch in herrschenden Praktiken und Normen, organisatorischen Routinen sowie Arbeitsprozessen aus (von Felbert 1998; Flüter-Hoffmann & Willeke 2001).

Wissen ist *der* strategische Wettbewerbsfaktor und damit das Wertschöpfungspotenzial eines Unternehmens. Bedeutsame Wissensklassen sind z.B. das fachliche Know-how, das Wissen über Kunden, Märkte und Produkte, Erfahrungen über Veränderungen und Lernprozesse oder Wissen über Mitarbeiterführung. Die Ressource Wissen unterliegt permanenten wirtschaftlichen Veränderungen und muss an die veränderten Gegebenheiten angepasst werden, damit das Unternehmen wettbewerbsfähig bleibt (Flüter-Hoffmann & Willeke 2001).

Vom Wissen ist die *Kompetenz* zu unterscheiden. Wissen ist zwar notwendige, aber nicht hinreichende Voraussetzung für kompetentes Handeln. Unter Kompetenz wird die Befähigung einer Person verstanden, sein Handeln selbst so zu organisieren, dass Aufgaben und Probleme in einem bestimmten Tätigkeitsbereich effizient gelöst werden können. Nach Bergmann (1999) „betrifft (Kompetenz) die Befähigung, Wissen für neue Aufgaben umzukonstruieren, passfähig zu machen oder neues Wissen zu generieren" (S. 32). Es sei „ein Konstrukt, das sich aus der Wechselwirkung von Motivation, selbstorganisiertem Lernen und Wissen entwickelt" (S. 34). Kompetenzen lassen sich nach Erpenbeck und Heyse (1996) in mehrere (Grund-)Kompetenzen klassifizieren:
- *Fachkompetenz* (Dispositionen, um kognitiv selbstorganisiert zu handeln, wie Fachwissen, EDV-Wissen, Allgemeinwissen, Sprachkenntnisse etc.),
- *Methodenkompetenz* (Dispositionen, um instrumentell selbstorganisiert zu handeln, wie Zusammenhänge und Wechselwirkungen erkennen, ganzheitliches und strukturiertes Denken, konzeptionelle Fähigkeiten etc.),

- *Sozialkompetenz* (Dispositionen, um kommunikativ und kooperativ selbstorganisiert zu handeln, wie Kommunikations- und Teamfähigkeit, Kooperations- und Konfliktlösungsbereitschaft etc.),
- *Personale Kompetenz* oder Individualkompetenz (Dispositionen, um reflexiv selbstorganisiert zu handeln, wie Belastbarkeit, Flexibilität, Lern-, Leistungs- und Selbstentwicklungsbereitschaft etc.).

Aus diesen vier Kompetenzen resultiert die Gesamtheit der *Handlungskompetenz* im beruflichen und persönlichen Lebensbereich. Die berufliche Handlungskompetenz umfasst also Fähigkeiten zur anforderungs- und situationsgerechten Nutzung und Veränderung von Wissen (Bergmann 2000).

2.2 Wissensmanagement in Klein- und mittelständischen Unternehmen

Außer Zweifel steht, dass Innovationsprozesse in Unternehmen auf dem Wissen und der Kompetenz ihrer Mitarbeiter basieren. In Zeiten erhöhten Wettbewerbsdruckes muss sich das Management darauf konzentrieren, die Effizienz von Produktions- und Dienstleistungsprozessen zu erhöhen. Es geht insbesondere um den bewussten Umgang mit der Ressource Wissen, um wissensorientierte Unternehmensführung. Mit dem Begriff *Wissensmanagement* wird dieser „Führungsansatz" beschrieben. Wissensmanagement ist die „systematische und zielorientierte Nutzung, Entwicklung und Anwendung von Wissen und Fähigkeiten von Einzelpersonen oder einer Organisation, um diese handlungsfähiger, innovativer und effizienter zu machen und einem Erfahrungsverlust durch Personalwechsel vorzubeugen" (Flüter-Hoffmann & Willeke 2001, S. 217).

Gerade Klein- und mittelständische Unternehmen (KMU) sind vom Wissen und den individuellen Kompetenzen ihrer Mitarbeiter abhängig. Das Ausscheiden von Organisationsmitgliedern gefährdet die Wettbewerbsfähigkeit des Unternehmens. Aufgabe der KMU muss daher der sinnvolle Einsatz geeigneter Methoden und Maßnahmen des Wissensmanagements sein. Die Unternehmen verfügen aufgrund ihrer Struktur über bestimmte Unternehmensmerkmale, welche die Umsetzung von Wissensmanagement begünstigen: der Mitarbeiterstab ist überschaubar. Jeder kennt jeden und meist ist ein nahezu familiäres, von Vertrauen und Offenheit gekennzeichnetes Betriebsklima vorherrschend. Die Mitarbeiter identifizieren sich mit „ihrem" Unternehmen. Der Informations- und Erfahrungsaustausch erfolgt überwiegend mündlich, auf informellen Wegen, z.B. in der Kantine. Die Unternehmenskultur ist sehr stark durch die Persönlichkeit des Unternehmers geprägt. Dieser bestimmt durch sein Auftreten, seine Ansichten, sein Engagement sehr stark die Haltung der Mitarbeiter zum Unternehmen. Die Mitarbeiter schauen zu „ihrem" Chef auf. Er hat für sie eine Vorbildwirkung. Die Organisation kleiner Unternehmen ist durch flache Hierarchien, kurze Informationswege, hohe Entscheidungsflexibilität und wenige Organisationsbarrieren gekennzeichnet. Das bedeutet auch, dass Wissen schnell und ungehindert im gesamten Unternehmen verteilt werden kann (s. Pawlowsky 1995; Kurtzke & Popp 1998; North 1999; Bildungswerk der Thüringer Wirtschaft e.V. 2001; Flüter-Hoffmann & Willeke 2001).

Eine Umfrage des Meinungsforschungsinstituts Infratest Burke 1999 bei 201 KMU ergab folgende Nutzenaspekte des Wissensmanagements:

    Kundennähe verbessern   (69%)
    Innovationsfähigkeit erhöhen   (59%)
    Produktqualität verbessern   (59%)
    Kosten senken   (57%)
    Kreativität der Mitarbeiter fördern   (57%)
    Wachstum steigern   (55%)
    Produktivität erhöhen   (53%)
    Durchlaufzeiten minimieren   (45%)
    (aus: Flüter-Hoffmann & Willeke 2001, S. 9)

Bei der Einführung von Wissensmanagement sollte man sich die Besonderheiten der KMU zu Nutze machen. Ziel des Wissensmanagements sollte es sein, das in den Köpfen der Mitarbeiter vorhandene Wissen aufzuspüren, gegebenenfalls weiterzuentwickeln und dem gesamten Unternehmen zur Verfügung zu stellen. Dazu müssen andererseits die Rahmenbedingungen zur Umsetzung von Wissensmanagement seitens des Unternehmens geschaffen werden. Die Besonderheiten und Zusammenhänge zwischen dem individuellen und organisationalen Wissensmanagement werden im folgenden Abschnitt näher betrachtet.

2.3 Individuelles und organisationales Wissensmanagement: Abgrenzung und Zusammenhang

Das *organisationale Wissen*, also die Wissensbasis eines Unternehmens, „setzt sich aus unternehmenseigenem Wissen über interne Abläufe, Geschäftsprozesse, Patente, Technologien und dem *individuellen Wissen* der Mitarbeiter, der Kooperationspartner oder der Kunden zusammen. Ein wesentlicher Teil des wertvollen Wissens in Unternehmen ist dabei das Erfahrungswissen der Mitarbeiter." (Flüter-Hoffmann & Willeke 2001, S. 14) Das *organisationale Wissensmanagement* ist somit auf die Gestaltung des Wissenstransfers zwischen den Organisationsmitgliedern einschließlich effizienter Funktionsteilungen gerichtet. Ziel des *individuellen Wissensmanagements* ist die Optimierung des persönlichen Wissenserwerbs, die Speicherung und interpersonale Kommunikation erworbenen Wissens sowie dessen aufgabenadäquate Nutzung durch die Organisationsmitglieder.

Die theoretische Grundlage unserer empirischen Untersuchungen bildete das Modell von v. Rosenstiel (2000) über Handeln von Individuen in Organisationen (s. Abb. 1).

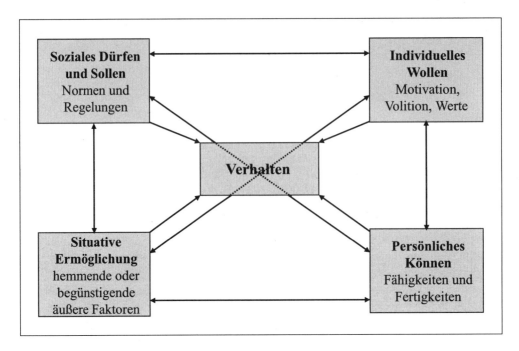

Abb. 1: Modell von v. Rosenstiel (2000)

Nach diesem Modell resultiert das konkrete Verhalten eines Organisationsmitglieds einerseits aus seiner Motivation und Volition sowie seinem Wissen und Können (*individuelles Wissensmanagement*). Andererseits hängt individuelles Verhalten von den sozialen Normen in der Organisation und den Merkmalen der Arbeitssituation ab (*organisationales Wissensmanagement*). Eine Steigerung des Wissens und Könnens, also der individuellen Fähigkeiten, Fertigkeiten, Kompetenzen eines Organisationsmitglieds wird längerfristig durch Lernen und eine Veränderung seiner Motivation und Volition erreicht. Wenn man das Handeln der Organisationsmitglieder erfolgreich modifizieren will, reicht jedoch eine Wissens- und Motivationssteigerung allein nicht aus. Dazu gehört ferner eine Veränderung der organisationalen Bedingungen und Normen. Diese wechselseitige Abhängigkeit zwischen individuellem und organisationalem Wissensmanagement bildete die Basis der Analysen und der daraus abgeleiteten Gestaltungsmaßnahmen.

2.4 Die Aufgaben und Bausteine des Wissensmanagements

Mit Hilfe des Wissensmanagements sollte jeder Mitarbeiter in der Lage sein, schnell das für die Erledigung seiner Aufgaben notwendige Wissen im Unternehmen ausfindig zu machen. Nicht jeder muss alles wissen, aber jeder muss wissen, wo was zu finden ist! Nach Flüter-Hoffmann & Willeke (2001) werden die Aufgaben des Wissensmanagements mit folgenden Leitfragen beschrieben:

- Wo ist Wissen im Unternehmen vorhanden?
- Wie kann dieses Wissen identifiziert werden?
- Wie kann das Wissen in eine übersichtliche Struktur gebracht werden?
- Ist weiteres Wissen notwendig? Soll es von außen „eingekauft" werden?
- Wie kann das Wissen weiterentwickelt werden?
- Wie kann das Wissen optimal gespeichert werden?
- Wie kann das Wissen so verteilt werden, dass jeder Mitarbeiter den größten Nutzen davon hat?

Die *(Schlüssel-)Aufgaben* des Wissensmanagements bestehen also aus:
- der Identifikation von Wissenspotenzialen im Unternehmen,
- der Akquisition neuen (externen) Wissens,
- der Wissensstrukturierung,
- der Entwicklung vorhandener Wissenspotenziale,
- der Speicherung von Wissen,
- der Verteilung des Wissens im Unternehmen
- sowie der Individualisierung des Wissenszugriffs.

In der Literatur lassen sich zahlreiche Konzepte zum Wissensmanagement finden. Das besonders bewährte Konzept von Probst, Raub und Romhardt (1997) soll in den Grundzügen erläutert werde (s. Abb. 2):

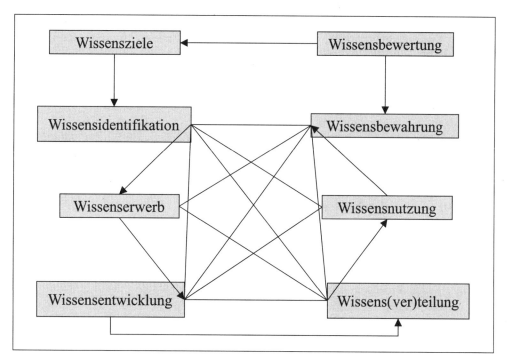

Abb. 2: Bausteine des Wissens (Probst, Raub & Romhardt 1997, S. 56)

Zunächst müssen so genannte *Wissensziele* festgelegt werden, um zu spezifizieren, auf welchen Ebenen welche Fähigkeiten aufgebaut werden sollen. Probst et al. (1997) unterscheiden hier zwischen normativen, strategischen und operativen Wissenszielen. *Normative Wissensziele* sind auf eine wissensbewusste Unternehmenskultur gerichtet. Damit wird die Basis zur Einführung des Wissensmanagements im Unternehmen geschaffen. Darauf aufbauend müssen das organisationale Wissen oder die Wissensbasis definiert und der (zukünftige) Wissensbedarf beschrieben werden (*strategische Wissensziele*). Die *operativen Wissensziele* legen dann ganz klar fest, mit welchen konkreten Mitteln und Maßnahmen Wissensmanagement im Unternehmen umgesetzt werden soll.

Als nächster Schritt werden intern und extern vorhandene Wissensquellen transparent gemacht (*Wissensidentifikation*). Externes Wissen kann u.a. beim Kunden, Lieferanten, Partner, Konkurrenten, Experten u. Ä. „eingekauft" werden (*Wissenserwerb*). Bei der *Entwicklung* von *Wissen* geht es um die Kreativität und Innovationsfähigkeit eines Unternehmens einschließlich seiner Mitarbeiter bei der Entfaltung neuer Ideen, der Ausbildung neuer Fähigkeiten, Herstellung neuer Produkte usw. Auf diesem Weg kann die Wissensbasis des Unternehmens erweitert und verbessert werden. Bei der Verteilung des so angereicherten organisationalen Wissens richten sich alle weiteren Aktivitäten nach der Leitfrage: Wer sollte was in welchem Umfang wissen oder können und wie kann ich die Prozesse der *Wissensverteilung* erleichtern? Das aufbereitete Wissen kann nun an geeigneter Stelle optimal im und für das Unternehmen eingesetzt werden (*Wissensnutzung*). Was passiert jedoch mit dem Wissensschatz, den ein Mitarbeiter im Laufe der Arbeit angereichert hat, wenn dieser das Unternehmen verlässt? Wie schütze ich mein Unternehmen vor dem Erfahrungsverlust bei Pensionierung oder Kündigung meiner Mitarbeiter? Das Lösen derartiger Probleme ist mit *Wissensbewahrung* gemeint. Der gesamte Wissensmanagement-Prozess endet schließlich mit einer Erfolgskontrolle. Methoden zur Messung der zu Beginn aufgezählten Wissensziele sollen die Bemühungen des Wissensmanagements einschätzen (*Wissensbewertung*). Daraufhin kann der hier beschriebene Kreislauf wieder in Gang gesetzt werden, um neue Ziele zu erreichen. Zur Umsetzung dieses Wissensmanagement-Ansatzes bedarf es geeigneter Mittel und Methoden.

2.5 Instrumente des Wissensmanagements

Mit Hilfe spezieller Techniken und Instrumente wird es möglich, das im Unternehmen verstreute Wissen aufzufinden, weiterzuentwickeln, es zu verteilen, zu nutzen und abzuspeichern. Dadurch kann ein Unternehmen z.B. laufende Projekte besser realisieren, anstehende Probleme schneller lösen, effektivere Strategien planen und Entscheidungen treffsicherer fällen. Einige der *Instrumente* des Wissensmanagements sollen hier aufgeführt und in den Prozess des Wissensmanagements eingefügt werden.

2.5.1 Wissen identifizieren und bewahren

Zunächst wird unternehmensinternes Wissen identifiziert. Dieses Wissen soll in einem ersten Schritt transparent und seine Wissensträger ausfindig gemacht werden. Wissensträger oder auch -quellen sind beispielsweise:
- einzelne Personen (Mitarbeiter und Führungskräfte),
- schriftliche Unterlagen (z.B. Produktbeschreibungen, Ausbildungsmaterialien, Ablaufpläne, Checklisten),
- Datenträger (z.B. Datenbanken, Statistiken u.ä.).

Hilfen zum Auffinden dieser Wissensträger sind die so genannten *Gelben Seiten*. Es handelt sich dabei um firmeneigene (Online-)Branchenbücher, die als erweiterte Telefonlisten geführt werden können. Hier werden Angaben zur Person, dem Aufgabenbereich, Telefon- und Faxnummer, E-Mail-Adresse, Spezialkenntnisse usw. des Wissensträgers eingetragen. Dadurch finden andere Mitarbeiter gezielt einen Ansprechpartner bei spezifischen, aufgabenübergreifenden Problemen (Schüppel 1996; Reinmann-Rothmeier & Mandl 2000; Flüter-Hoffmann & Willeke 2001).

Insbesondere bei hoher Fluktuation müssen Organisationen dafür Sorge tragen, dass neu entwickeltes und kommuniziertes Wissen ebenso wie das Expertenwissen von Leistungsträgern in der Organisation erhalten bleibt und zur Lösung von Aufgaben genutzt werden kann. Um das Wissen in der Zukunft möglichst unabhängig von konkreten Personen zu machen, sollte es gezielt in Dokumenten oder Handlungsabläufen gespeichert werden. Die Materialisierung von Wissen in Dokumenten, Datenbanken oder Inter- und Intranet unterstützt also die Anwendung des zuvor erworbenen Wissens. Verschwindet das Wissen in persönlichen Ordnern oder Dateien, so kann es nur noch von den Urhebern genutzt werden. (Bullinger & Prieto 1998; Romhardt 1998; Flüter-Hoffmann & Willeke 2001).

2.5.2 Wissen erwerben und weiterentwickeln

Beim Erwerb und der Entwicklung von Wissen geht es um den Zuwachs von Knowhow, das sich außerhalb des Unternehmens befindet und sozusagen „eingekauft" oder importiert wird. Bei häufig wechselnden Aufträgen geht es um Produkt- und Methodenwissen, bei relativ konstanten Aufgaben auch um Wissen über Kundenbedürfnisse. Darüber hinaus wird Wissen über technische Entwicklungen und Trends benötigt. Am häufigsten wird dieses Wissen über technische Speichermedien beschafft, wie z.B. Bücher, Datenbanken, Software oder über andere Wissensprodukte wie z.B. Lizenzen oder Patente. In die Maßnahmen zur Wissensbeschaffung lassen sich auch Mitarbeiter-schulen-Mitarbeiter-Konzepte sowie die Zusammenarbeit mit den Kunden, Lieferanten und Wettbewerbern einordnen. Durch Kunden- oder Konkurrenzanalysen (Benchmarking), durch Marktforschung und durch Kooperation mit anderen Wettbewerbern in Netzwerken wird für das Unternehmen Wissen erworben, das es im Weiteren anzuwenden gilt. Personalorientierte Wissensbeschaffungsstrategien umfassen die Gewinnung neuer Mitarbeiter mit Wissenspotenzialen, die qualitativ und quantitativ in die Wissenslücken des

Unternehmens passen. (Schüppel 1996; Bullinger & Prieto 1998; Romhardt 1998; Flüter-Hoffmann & Willeke 2001; Tan 2001)

2.5.3 Wissen verteilen und nutzen

Nachdem das Wissen zusammengetragen wurde, wird es nicht automatisch wirksam. Organisationales Wissen ist unwirksam, wenn es nicht in individuelles Handeln umgesetzt wird. Durch die Zusammenarbeit von erfahrenen und neuen Mitarbeitern können Methoden- und Erfahrungswissen an Ort und Stelle eingesetzt werden. Dies geschieht durch die Bildung von Patenschaften oder ein Mentorensystem. Ein anderes Instrument zur Nutzung von Wissen ist das zeitweilige Arbeiten an einem anderen Arbeitsplatz bzw. in einer anderen Abteilung des Unternehmens (Job-Rotation). Ein Mitarbeiter des Einkaufs kann z.B. für einige Zeit die Aufgaben eines Verkäufers übernehmen. Der Einkäufer eignet sich so Kenntnisse über den Warenverkauf, das Kundenverhalten u.ä. an, die ihm bei seiner Einkaufstätigkeit sehr nützlich sein können (z.B. bei der Preiskalkulation).

Zu beachten ist weiterhin, dass isoliert vorhandenes Wissen für das Unternehmen wenig nützlich ist, sodass es an die richtigen Orte im Unternehmen gebracht werden muss, anstatt nur bei einigen wenigen Experten zu verbleiben. Es geht um die gezielte Verteilung entsprechend dem jeweiligen Wissensbedarf der Zielgruppen. Eine Informationsüberflutung ist zu vermeiden. Sie entsteht, wenn das Wissen an maximal viele potenzielle Wissensträger gereicht wird. Die Verteilung von Wissen und Informationen kann z.B. in formellen Treffen, Sitzungen, Firmenbesprechungen stattfinden. Die neuesten Nachrichten und Termine können effektiv und zielgerichtet mit Hilfe eines Info-Centers oder Info-Bretts in den Umlauf gebracht werden. In der firmeneigenen Kantine oder durch entsprechende Arbeitsplatzgestaltung und -anordnung werden persönliche und arbeitsbezogene Erfahrungen ausgetauscht. In solchen Gesprächen entwickeln die Mitarbeiter nicht selten kreative Ideen und diskutieren über arbeitsbezogene Probleme. Viele der hier angesprochenen Themen können gesammelt und in offizieller Runde beim nächsten Firmenmeeting Gehör finden. Damit bleibt das Wissen nicht an einer Stelle, wo es nur einem oder keinem nutzt, sondern kommt der gesamten Organisation zugute (Romhardt 1998; Tan 2001).

3 Empirische Untersuchungen zum Wissens- und Kompetenzmanagement in einem Handels- und Dienstleistungsunternehmen

3.1 Unternehmensprofil

Die empirischen Untersuchungen wurden in der HIWESO GmbH (**HI**nnerichs-**W**Erkzeuge-**SO**nneborn GmbH) in Gotha (Thüringen) durchgeführt. Diese wurde 1990 in Sonneborn gegründet. 1993 vergrößerte sich die Firma und verlagerte ihren Standort nach Gotha. Das vielseitige und umfangreiche Warenangebot des Unternehmens besteht aus Werkzeugen, Maschinen, Industriebedarf, technischen Gasen, Schweißtechnik, chemisch-technischen Artikeln, Druckluft- und Hochfrequenztechnik, Befestigungstechnik, Arbeitsschutz sowie Leitern und Gerüsten.

Mehr als 1.000 Kunden nehmen die Dienste der HIWESO GmbH regelmäßig in Anspruch. Das Handels- und Dienstleistungsunternehmen beschäftigt heute insgesamt 29 Mitarbeiter. Davon arbeiten 25 am Standort Gotha, eine Reinigungskraft und drei männliche Angestellte in der Reparaturwerkstatt in Sonneborn. Die Belegschaft in Gotha setzt sich aus einem Geschäftsführer, zwei Verkäuferinnen, fünf Außendienstmitarbeitern, einem Verkaufsleiter, zwei weiblichen und vier männlichen Produktmanagern, einem PC-Anwendungsberater, drei Mitarbeiterinnen in der Buchhaltung, einem weiblichen und einem männlichen Lagerarbeiter, einem Kraftfahrer sowie drei männlichen Auszubildenden zusammen. Die Beschäftigten der HIWESO GmbH haben alle ein unbefristetes Arbeitsverhältnis, arbeiten nach Stellenbeschreibungen sowie Dienstvorschriften und haben flexible Arbeitszeiten aufgrund der durchgehenden Geschäftszeiten von 7.00–19.00 Uhr. In dieser Firma gibt es keinen Betriebsrat.

Für alle Angestellten besteht die Möglichkeit und Verpflichtung, an Weiterbildungsmaßnahmen/Schulungen teilzunehmen. Die Außendienstmitarbeiter und der Verkaufsleiter erhalten ein Festgehalt mit Provision, während alle anderen nach Vereinbarungen mit dem Geschäftsführer vergütet werden und eine Ertragsprämie bzw. Umsatzbeteiligung erhalten.

Die HIWESO GmbH ist Mitglied in den verschiedensten Einkaufs-, Fach- bzw. Interessenverbänden. Um den Markterfordernissen der nächsten Jahre gewachsen zu sein, hat die Firma im Jahr 2000 mit sechs weiteren, gleichartig gelagerten Handels- und Dienstleistungsunternehmen eine Gesellschaft, die *plus 6 GmbH*, gegründet. Ziele der Gesellschaft sind die Zusammenarbeit ihrer Mitglieder bei der Planung und Umsetzung gemeinsamer Marktstrategien im Produktionsverbindungshandel und der gemeinsame Einkauf.

Nachfolgend werden die Tätigkeitsbereiche genauer charakterisiert, die in die Untersuchungen einbezogen waren.

3.2 Charakteristik der einzelnen Tätigkeitsbereiche

3.2.1 Außendienst

Aufgabenbereich
Die Hauptaufgaben der Außendienstmitarbeiter bestehen darin, „ihre" Kunden zu betreuen und Waren zu verkaufen. Das schließt Beratungen vor Ort inklusive Vorführung von Maschinen ein. Sie müssen Angebote erstellen, Konditionsgespräche mit dem Kunden führen und zu reparierende Maschinen annehmen. Wenn etwas dringend zu einem Kunden angeliefert werden muss, transportiert der entsprechende Außendienstmitarbeiter in Verbindung mit seinem Tourenplan die Waren zu dem betreffenden Kunden. Die Neukundenakquisition gehört ebenfalls zu den wichtigen Aufgaben eines Außendienstmitarbeiters.

Anforderungscharakteristik
Ein Außendienstmitarbeiter muss produktiv sowie flexibel denken und handeln. Bei der effektiven und freundlichen Zusammenarbeit mit den Kunden, Lieferanten und mit den Kollegen sollte er stets verschiedene Möglichkeiten in Betracht ziehen, was auch spezifisch technische Aspekte bei der Lösung von Schwierigkeiten mit einschließt. Angemessen und gewandt kommunizieren zu können ist ebenso wichtig, wie die Fähigkeit, schnell und mit Freude Beziehungen aufzubauen.

Bei der Kundenbetreuung und -beratung sowie beim Führen von Lieferantengesprächen muss der Außendienstmitarbeiter eigenverantwortlich Entscheidungen treffen können. Zur Anforderungscharakteristik eines Außendienstmitarbeiters gehören außerdem sowohl psychomotorische als auch wahrnehmungsspezifische Fertigkeiten. So muss dieser schnell und geschickt mit größeren Gegenständen umgehen können, was bei Maschinenvorführungen direkt beim Kunden oder beim Verladen der Ware unumgänglich ist.

3.2.2 Produktmanager

Aufgabenbereich
Die Aufgaben des Produktmanagers umfassen die Kundenberatung und den Telefonverkauf, das Anlegen von Aufträgen am PC sowie das Erstellen von Angeboten. Der Produktmanager bestellt bei zugeordneten Lieferanten die Waren für die Aufträge und den erforderlichen Lagerbestand. Er muss neue Artikel in Dateien aufnehmen und Verhandlungen über Rabatte, Konditionen u.Ä. mit den jeweiligen Lieferanten für die HIWESO GmbH führen.

Anforderungscharakteristik
Ein Produktmanager muss produktiv und flexibel denken sowie handeln und sich auf die anstehenden bzw. wechselnden Aufgaben ohne Weiteres einstellen können.

Bei der Erledigung seiner Aufgaben sollte ein Produktmanager möglichst kreativ sein, in dem Sinne, dass er viele Seiten, Gründe, Möglichkeiten usw. bei der Zusammenarbeit mit den Kunden, Lieferanten und Kollegen in Betracht zieht. Dies schließt auch spezifische technische Aspekte bei der Lösung von Schwierigkeiten mit ein.

Sich über einen bestimmten Zeitraum zu konzentrieren, dabei zügig zu arbeiten und eine große Anzahl von Aufgaben zu erledigen (z.B. Anlegen von Aufträgen, Erstellen von Angeboten oder Bestellen von Waren), gehört ebenfalls zu den Anforderungen im Produktmanagement.

Der sichere Umgang mit der Sprache bei der Arbeit am PC, beim ständigen Kontakt mit den Kunden am Telefon, bei der Zusammenarbeit mit den Kollegen anderer Abteilungen sowie bei Verhandlungen mit Lieferanten, also angemessen und gewandt kommunizieren zu können, ist für einen Produktmanager unerlässlich. Er muss in der Lage sein, schnell Beziehungen mit anderen aufbauen zu können, rasch mit Menschen „warm zu werden". Die Fähigkeit, freundlichen, teilnehmenden und kooperativen Kontakt mit anderen Menschen aufzubauen sowie mit Kunden, Lieferanten oder Kollegen effektiv zusammenzuarbeiten, spielt eine entscheidende Rolle für seinen beruflichen Erfolg. Schließlich muss ein Produktmanager eigenverantwortlich und rasch Entscheidungen mit einem gewissen kalkulierbaren Risiko – z.B. beim Telefonverkauf oder bei Lieferantenverhandlungen – treffen können.

3.2.3 Verkauf

Aufgabenbereich
Im Verkauf werden Abhole- und Telefonkunden beraten, Waren verkauft und zusammengestellt, Lieferscheine bzw. Rechnungen bei Barzahlungen am PC ausgedruckt, Waren kommissioniert und Regale gepflegt. „Regalpflege" bedeutet, Waren in die Regale zu räumen, Sonderangebote extra auszuweisen und entsprechend zu platzieren usw.

Anforderungscharakteristik
Die Aufgabenerledigung erfordert Konzentration, wobei eine große Anzahl von Aufgaben erledigt werden muss. Auch das produktive, flexible sowie kreative Denken und Handeln sind beim Umgang mit den Kunden und der Zusammenarbeit mit den Kollegen notwendig.

Durch den ständigen Kundenkontakt im Ladenverkauf und der engen Zusammenarbeit mit den Kollegen sind sprachliche Fertigkeiten, wie angemessen und gewandt kommunizieren zu können, ausschlaggebend. Schnell und mit Freude Beziehungen mit anderen Menschen aufbauen zu können sowie freundlichen und teilnehmenden Umgang mit anderen zu haben, sind für die Mitarbeiter im Verkauf charakteristisch. Die Zusammenarbeit innerhalb einer Gruppe (Kunden und Kollegen) sollte effektiv und kooperativ sein.

3.2.4 Service

Aufgabenbereich
Die Mitarbeiter aus dem Servicebereich reparieren defekte Maschinen, bestellen Ersatzteile und bauen sie anschließend ein. Außerdem müssen sie Reparaturaufträge am PC anlegen, Lieferscheine schreiben und Kostenvoranschläge für den Kunden erarbeiten. Daneben werden Reparaturen und Wartung von Maschinen direkt beim Kunden durchgeführt. Zum weiteren Tätigkeitsbereich eines Servicemitarbeiters gehört es, Probeläufe der reparierten Maschinen durchzuführen und die Sicherheitstechnik zu überprüfen (z.B. Messung von Drehmomenten und Prüfung von Rückschlagsicherungen).

Anforderungscharakteristik
Bei der Ausübung seiner Tätigkeit muss ein Mitarbeiter im Service konzentriert arbeiten, d.h. die Aufmerksamkeit über einen bestimmten Zeitraum auf seine Aufgabe gerichtet halten sowie gründlich, gewissenhaft und zügig arbeiten, wobei eine große Anzahl von Reparaturen erledigt werden sollen. Er muss fähig sein, Informationen langfristig zu speichern und bei Bedarf abzurufen.
Der sichere Umgang mit der Sprache bei sprachgebundenen Aufgaben sowie die Fähigkeit, schnell Beziehungen mit anderen Menschen aufbauen zu können, gehören ebenfalls zum Anforderungsprofil eines Mitarbeiters im Service.

Darüber hinaus muss er über ein gut ausgebildetes auditives und visuelles Wahrnehmungsvermögen verfügen, z.B. visuelles Material schnell erfassen bzw. prüfen oder akustische Signale sehr rasch erkennen und entsprechend reagieren können. Gerade bei der Fehlerdiagnose und der anschließenden Kontrolle der Maschinen sind diese Eigenschaften von entscheidender Bedeutung.

3.3 Organisationales Wissensmanagement

3.3.1 Wissensinventur

Zunächst sollte geprüft werden, wie Wissen in der HIWESO GmbH gemanagt wird. Es wurde eine *Wissensinventur* im Unternehmen zur Untersuchung des organisationalen Wissens durchgeführt. Aus Dokumenten- und Arbeitsanalysen sowie Mitarbeiter- bzw. Expertengesprächen wurden Erkenntnisse über den prototypischen Ablauf bez. des Umgangs mit Wissen im Unternehmen gewonnen. Bei den Untersuchungen wurde sichtbar, dass die einzelnen Tätigkeitsbereiche, repräsentiert durch die Mitarbeiter des Unternehmens, die Wissensträger darstellen. Bei den Mitarbeitern läuft das Wissen zusammen, wird von ihnen genutzt, z.T. weiterentwickelt, dann auch wieder an die entsprechenden Stellen im Unternehmen verteilt usw.

Viele der vorgestellten Instrumente des Wissensmanagements konnten bei der Wissensinventur identifiziert werden. Allerdings wurden auch Defizite aufgedeckt. Tab. 1 gibt die Ergebnisse der Wissensinventur wieder.

Wissensidentifikation und -bewahrung	
Instrumente des Wissensmanagements im Unternehmen: - Gelbe Seiten (Telefon-, Fax-, E-Mail-Listen) - Individuelle PCs - Datenbank und Intranet (Angaben über Artikel-, Lieferanten- und Kundendaten) - Internetzugang	*Defizite:* - keine eindeutigen Regelungen bez. des Umgangs mit Faxeingängen und Post - kein verbindliches Ablagesystem für Lieferantenunterlagen wie Kataloge, Preislisten u.ä. - keine einheitliche Regelung, wo Unterlagen am jeweiligen Arbeitsplatz aufzubewahren sind
Wissenserwerb und -entwicklung	
Instrumente des Wissensmanagements im Unternehmen: - Benchmarking und Konkurrenzanalyse mit vergleichbaren Unternehmen - Vertreterlisten vom Außendienst über Kundenspezifika - Netzwerk (Firmenverband mit weiteren gleichartigen Unternehmen in Deutschland) - Erwerb von Fachwissen durch Kataloge, Fachzeitschriften, Internet, CD-Roms, Software, learning-by-doing etc. - Weiterbildung (externe und interne Schulungen, Besuch von Messen, Workshops etc.) - Stakeholder-Management (Kooperation mit Kunden, Lieferanten, Wettbewerbern)	*Defizite:* - Keine eindeutige Stellvertreterregelung im Produktmanagement - kein geregelter Umgang mit Vorschlägen bzw. Kritik der Mitarbeiter („Vorschlagswesen") - kein Anreizsystem für besonderes Engagement der Mitarbeiter - hohe Belastung durch störende Telefonate
Wissens(ver)teilung und -nutzung	
Instrumente des Wissensmanagements im Unternehmen: - Mitarbeiter-schulen-Mitarbeiter-Konzepte - Mentorensystem (erfahrene Mitarbeiter vermitteln neuen Mitarbeitern bzw. Auszubildenden ihr Wissen) - Patenschaftsmodelle (feste Ansprechpartner für bestimmten Produktbereich durch Spezialisierung der Produktmanager) - Dezentrale Info-Center bzw. Info-Brett (im gesamten Unternehmen verteilte Bekanntmachungen) - Informelle Treffen (Austausch) in der Kantine (Kaffee-Ecken) - Persönliche Gespräche zwischen Geschäftsführer und Mitarbeitern zu ihrem Wissens- und Leistungsstand - Institutionalisierte Sitzungen bzw. formelle Treffen (z.B. Montagsbesprechung aller Außendienstmitarbeiter und Produktmanager, Vertreter aus dem Verkauf und dem Lager) - Space-Management (Arbeitsplatzgestaltung und -anordnung zum optimalen Informationsaustausch)	*Defizite:* - keine eindeutige Regelung der Zuständigkeit und der Aufgabenbereiche der Produktmanager - unklare Verantwortlichkeiten, Rechte und Pflichten der Produktmanager - keine eindeutige Stellvertreterregelung im Produktmanagement - keine eindeutigen Regelungen bez. der Zusammenarbeit zwischen Produktmanagement und Außendienst - kein geregelter Einsatz der Auszubildenden im Arbeitsprozess

Tab. 1: Ergebnisse der Wissensinventur: Eingesetzte Instrumente des Wissensmanagements und hemmende organisationale Bedingungen

3.3.2 Selbstmanagement und Arbeitsorganisation der Produktmanager

Ergänzend zur Wissensinventur wurden Analysen zum Selbstmanagement und zur persönlichen Arbeitsorganisation im Produktmanagement durchgeführt. Dazu wurden einerseits Tätigkeits- sowie Zeitanalysen, andererseits Interviews durchgeführt. Die Interviewten sollten z.B. ihre Tagesplanung erläutern, Prioritäten bei ihrer Aufgabenerledigung begründen und die Ablage bzw. Aufbewahrung ihrer Unterlagen erklären. Beobachtet und/oder erfragt wurden auch sog. Zeitfallen. Dazu gehören z.B. schlechte Tagesplanung, mit Papieren überhäufte Schreibtische, Privatgespräche, Unfähigkeit „nein" zu sagen u.ä.

Die Tätigkeits- und Zeitanalysen wurden quantitativ (nach Anzahl der Tätigkeiten und Störungen/Unterbrechungen) sowie qualitativ (nach Art der Tätigkeiten und Störungen) ausgewertet. Die Interviewprotokolle wurden mit den Tätigkeits- und Zeitanalysen sowie den Beobachtungen am jeweiligen Arbeitsplatz abgeglichen und interpretiert.

Es konnten individuumsspezifische Kompetenzdefizite bez. *Selbstmanagement* und *persönlicher Arbeitsorganisation* der Produktmanager ermittelt werden. Mehreren Produktmanagern bereitete es Schwierigkeiten ihren Arbeitstag zu organisieren. Sie stellten zu Arbeitsbeginn weder einen Zeitplan noch eine Prioritätenliste über die an diesem Tag zu erledigenden Dinge auf. So verloren sie den Überblick über Erledigtes bzw. Unerledigtes, waren nicht mehr in der Lage systematisch an einer Aufgabe weiterzuarbeiten und ließen ihren Tagesablauf zu sehr von außen bestimmen (z.B. von anderen Kollegen). Außerdem überluden sie teilweise ihre Arbeitsplätze mit kleinen Notizzetteln, erledigten bzw. unerledigten Angeboten, Aufträgen, Anfragen und Katalogen. An entsprechender Stelle wurde dann lange nach den benötigten Unterlagen gesucht. Ein weiterer wichtiger Aspekt betraf die Terminplanung. Es wurde festgestellt, dass einige Produktmanager ihre Termine häufig nicht schriftlich fixierten, was dazu führte, dass der Termin schließlich vergessen wurde. Die Analyse der *Störungen/Unterbrechungen* (s. Tab. 2) machte insbesondere deutlich, dass eine Entlastung der Produktmanager von Telefonaten eine wesentliche Arbeitserleichterung darstellen würde.

3.4 Individuelles Wissens- und Kompetenzmanagement

3.4.1 Vorbereitung der Wissensdiagnosen

3.4.1.1 Festlegung des Wissensbereichs und der Wissensgenerierung

Zur Erfassung des individuellen Wissens wurden die Wissensdomäne und die Mitarbeiter im Ergebnis eines Interviews mit dem Geschäftsführer ausgewählt. So sollte das Wissen im Sortimentsbereich *Schweißen* – speziell das Elektroden- und MIG/MAG-Schweißen – erfasst werden, da ein profundes Fachwissen in diesem Sortimentsbereich unumgänglich ist.

Tab. 2: Auswertung Tätigkeits- und Zeitanalyse

Vpn-Code	Mittlere Häufigkeit der erledigten Arbeitsaufgaben pro Stunde	mittlere Häufigkeit der Störungen/Unterbrechungen			
		Telefonate		Sonstige Störungen*	
		Wichtig **	Unwichtig ***	Wichtig **	Unwichtig ***
HUT	3,5	0,7	1,5	0,4	0
MET	4	3	1	1	1,5
RAL	4	2	0,3	0,3	2
EER	3,5	3,5	2	0,7	1
EST	3	3	3	0,2	0,3
BAS	6	5,5	3,5	0,7	1
Produktmanagement gesamt	*4,0*	*3,0*	*1,9*	*0,6*	*1,0*

* z.B. mündliche Informationen von Kollegen bzgl. Aufgabenbearbeitung; Privatgespräche führen
** gehören zur Aufgabenabwicklung
*** gehören nicht zur Aufgabenabwicklung

Nachdem der Wissensbereich festgelegt worden war, erfolgte eine intensive Einarbeitung der Untersucher in den ausgewählten Sortimentsbereich. Dazu wurden Dokumentenanalysen einschlägiger Fachliteratur (z.B. Kataloge, Bedienungsanleitungen verschiedener Schweißgeräte, betriebliche Unterlagen, Fachbücher) und Expertenbefragungen durchgeführt. Zusätzlich fanden Vorführungen zur Handhabung und zum Aufbau einzelner Elektroden- und MIG/MAG-Schweißgeräte mit den Schweißexperten statt. So konnte ein fundiertes Grundwissen in diesen Bereichen erlangt werden, welches schriftlich fixiert wurde und die Grundlage für die anschließenden Analysen darstellte.

3.4.1.2 Anfertigen der Wissensmodelle zum Sortimentsbereich Schweißen

Auf der Basis der Dokumentenanalysen und Expertenbefragungen wurden zwei aus mehreren Modulen bestehende hypothetische Wissensmodelle (Soll-Wissen) erarbeitet. Ein Modell bildete das Soll-Wissen der Mitarbeiter im Verkauf, Außendienst und Produktmanagement ab, während ein zweites Wissensmodell für die Mitarbeiter im Servicebereich aufgebaut wurde.

Eine solche Differenzierung musste vorgenommen werden, weil die Aufgabenbereiche der zu untersuchenden Mitarbeitergruppen abweichendes domänespezifisches Wissen verlangen. So benötigen Mitarbeiter im Service insbesondere Kompetenzen zur Reparatur und Wartung von Maschinen bzw. Geräten. Der Aufgabenschwerpunkt der anderen drei Mitarbeitergruppen ist jedoch im Verkauf und Einkauf zu finden. Die Wissensmodelle enthalten das jeweils erforderliche Soll-Wissen im Bereich *Schweißen* (s. Abb. 3).

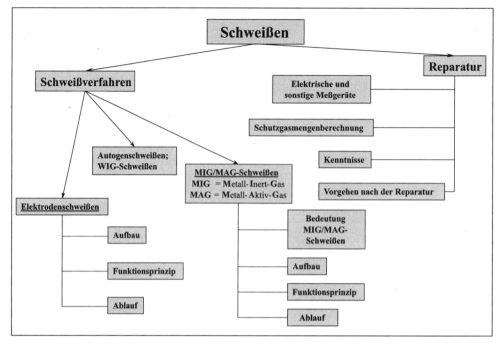

Abb. 3: Rahmenmodell des Soll-Wissens im Sortimentsbereich *Schweißen* der Mitarbeiter im Service

3.4.2 Wissensdiagnose auf der Basis von Interviews

3.4.2.1 Entwicklung von Interviewleitfäden und Durchführung von strukturierten Interviews

Für die nun folgende Wissenserfassung wurde aus dem in den Modellen verankerten Fachwissen zum *Schweißen* je ein Interviewleitfaden entwickelt. So beinhalteten die Interviewleitfäden z.B. Fragestellungen zu gängigen Schweißverfahren, zum Aufbau spezieller Schweißgeräte, zu Arbeitsschutz- und Brandvorsorgemaßnahmen, zum Funktionsprinzip, zu Vor- bzw. Nachteilen sowie zum Ablauf der Vor- und Nachbereitung beim Elektroden- und MIG/MAG-Schweißen. Die für die Servicemitarbeiter zusammengestellten Fragen betreffen neben Aufbau, Funktionsprinzip und Ablauf des Elektroden- sowie MIG/MAG-Schweißens auch elektronische Bauteile solcher Schweißgeräte oder die zur Reparatur gehörigen Kenntnisse einschließlich der über Messgeräte.

Neben der reinen Wissenserfassung wurden „Zusatzfragen" in die Leitfäden integriert, um Informationen zum Wissenserwerb und -transfer sowie motivationale Hintergründe der Wissensaneignung zu erhalten.

Zusatzfragen:
- Woher kommt das genannte Wissen?
- Haben Sie dieses Wissen eigen- oder fremdbestimmt erworben (welche Motive)?
- An wen und wie (mit welchen Mitteln/auf welchem Weg) geben Sie dieses Wissen weiter?

Die Beantwortung dieser Fragen wurde bei der Interpretation der Interviewinhalte mit aufgetretenen Wissenslücken oder Spezialwissen in Zusammenhang gebracht. Unter Verwendung der Interviewleitfäden wurde bei den ausgewählten Vertretern der vier Mitarbeitergruppen mittels strukturierter Interviews eine Wissensdiagnose zum *Schweißen* durchgeführt. Die Stichprobe setzte sich aus 5 Außendienstmitarbeitern, 3 Produktmanagern, 2 Verkäuferinnen und 2 Mitarbeitern des Servicebereiches zusammen.

3.4.2.2 Qualitative Inhaltsanalyse der Interviewprotokolle

Die Auswertung der Protokolle sollte nach inhaltlichen Gesichtspunkten erfolgen, da die Qualität der Antworten den individuellen Wissensstand widerspiegelt. Eine inhaltsanalytische Methode ist die *Strukturierung* von Textmaterial. Dabei wird mit Hilfe eines Kategoriensystems der zu analysierende Text systematisch aufbereitet (*inhaltliche Strukturierung*). Nach folgendem Schema wurde ausgewertet (K – Hauptkategorien, NK – Nebenkategorien):

K1 Schweißverfahren
K2 MIG/MAG-Schweißen
    NK2.1 Bedeutung „MIG/MAG-Schweißen"
    NK2.2 Schweißbare Materialien
    NK2.3 Aufbau
    NK2.4 Funktionsprinzip
    NK2.5 Ablauf
    NK2.6 Vor- und Nachteile
K3 Elektrodenschweißen
    NK3.1 Schweißbare Materialien
    NK3.2 Aufbau
    NK3.3 Funktionsprinzip
    NK3.4 Ablauf
    NK3.5 Vor- und Nachteile
K4 Arbeitsschutz, Unfallverhütung, Brandvorsorge
K5 Reparatur
    NK5.1 Messgeräte zur Reparatur
    NK5.2 Messgerät zur Bestimmung der Schutzgasmenge
    NK5.3 Schutzgasmengenberechnung
    NK5.4 Kenntnisse
    NK5.5 Vorgehen nach der Reparatur

Im vorliegenden Fall wurde neben einer rein inhaltlichen Einschätzung des individuellen Wissens auch eine Einstufung des jeweiligen Wissensumfangs vorgenommen (*skalierende Strukturierung*). Dazu wurden Definitionen und Kodierregeln zu den einzelnen Kategorien auf der Grundlage des entsprechenden Wissensmodells *Schweißen* erarbeitet und die Kodierungen in Punkt- bzw. Prozentwerten festgelegt. Tab. 3 zeigt einen Ausschnitt aus dem Bewertungssystem.

Tab. 3: Ausschnitt aus dem Bewertungsschema für die Inhaltsanalyse für die Kategorie NK 2.6

Kodierung (Pkte. bzw. %)	Definition	Kodierregel
NK 2.6-1: Spezialwissen > 100%	über das Basiswissen hinausgehend	Es sind alle inhaltlich korrekten Antworten als richtig zu kodieren und der jeweiligen Ausprägung lt. Definition zuzuordnen bzw. andere adäquate Vor- und/oder Nachteile entsprechend zu kodieren.
NK 2.6-2: Basiswissen 100–80% (6 Pkte. = 100%)	• große Schweißgeschwindigkeit, minimale Nacharbeit, geringer Verzug (wenig Spannung, wenig Verbiegen) → hohe Wirtschaftlichkeit • hohe Schweißnahtfestigkeit, hervorragende Dünnblecheigenschaften (besonders gut für dünnes Blech geeignet), einfache und sichere Handhabung bei Stahl, Aluminium und Edelstahl → universell einsetzbar • Schutzgas verhindert, dass atmosphärische Luft an das Schmelzbad kommt, da sonst Lufteinschlüsse u.ä. in die Schweißnaht kommen → Qualitätsminderung • geringe bzw. keine Nacharbeit erforderlich • Schutzgas kann bei Wind im Freien oder bei Zugluft in Räumen weggeblasen werden →MIG/MAG-Schweißen in geschlossenen Räumen (Werkstatt o.ä.) oder im Freien durch Zelt geschützt • MIG/MAG-Schweißen weist ca. 1/3 tieferen Einbrand gegenüber Elektrodenschweißen auf → Punktschweißungen möglich. Beim Punkten geht man immer davon aus, dass mit hohem Strom und kurzer Zeit gearbeitet wird.	
NK 2.6-3: Unzureichendes Wissen < 80%	weniger als das Basiswissen	

Entsprechend diesem Schema wurden die Interviewprotokolle ausgewertet und bezogen auf die Tätigkeitsbereiche zusammengefasst. Wie Abb. 4 zeigt, unterscheidet sich der diagnostizierte Wissensbesitz sowohl bezogen auf die Wissensmodule (K1-K5) als auch zwischen den Mitarbeitergruppen bzw. Tätigkeitsbereichen.

Über das Basiswissen hinausgehendes Spezialwissen konnte nur bezüglich Wissensmodul K1 (Schweißverfahren) bei den Außendienstmitarbeitern identifiziert werden, alle anderen verfügten über ausreichendes Basiswissen. Die Mitarbeiter der Tätigkeits-

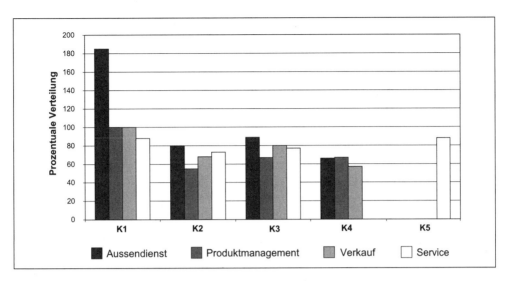

Abb. 4: Wissensverteilung bezogen auf Wissensmodule und Mitarbeitergruppen (Tätigkeitsbereiche: K1 Schweißverfahren, K2 MIG/MAG Schweißen, K3 Elektrodenschweißen, K4 Arbeitsschutz, Unfallverhütung, Brandvorsorge, K5 Reparatur)

bereiche Außendienst, Produktmanagement und Verkauf haben Wissenslücken bezüglich des Wissensmoduls K4 (Arbeitsschutz). Bezüglich der Wissensmodule K2 (MIG/MAG-Schweißen) und K3 (Elektrodenschweißen) ist das Wissen bei den Außendienstmitarbeitern ausreichend. Größere Wissenslücken haben insbesondere die Produktmanager und die Mitarbeiter aus dem Verkauf.

Gemittelt über die jeweils 4 Wissensmodule (ohne Berücksichtigung von Spezialwissen) bestätigt sich, dass in der Tendenz die Außendienstmitarbeiter über das meiste fach-

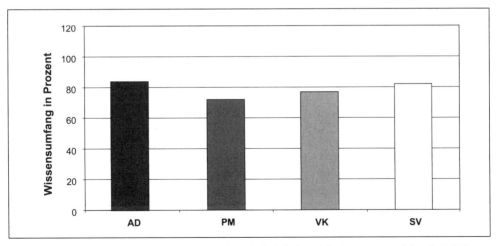

Abb. 5: Wissensbesitz der Mitarbeiter in den Tätigkeitsbereiche bezogen auf das Soll-Wissen (AD Aussendienst, PM Produktmanagement, VK Verkauf, SV Service)

spezifische Wissen verfügen, gefolgt von den Mitarbeitern im Service und im Verkauf. Über den geringsten Wissensbestand verfügen die Produktmanager (s. Abb. 5)

3.4.3 Wissensdiagnose auf der Basis von Assoziieren und Struktur-Legen

3.4.3.1 Wissensdiagnostischer Prozess

Mit Hilfe einer Methodenkombination aus Wort-Assoziations-Versuch und einer modifizierten Form der Struktur-Lege-Technik (Scheele & Groeben 1984) wurden differenzierte Wissensdiagnosen – bezogen auf die ausgewählte Domäne – durchgeführt. Damit sollen der Inhalt und die Organisation dieses im Gedächtnis gespeicherten individuellen Wissens ermittelt sowie quantitativ charakterisiert werden.

Beim Wort-Assoziations-Versuch wird davon ausgegangen, dass auf einen Stimulusbegriff hin gerade jene Begriffe genannt werden, die mit diesem im Individualgedächtnis verknüpft sind. Bei der Interpretation von Ergebnissen aus Assoziations-Versuchen geht man von der Annahme einer netzwerkanalogen Gedächtnisrepräsentation aus (s. Strube 1984). Die geäußerten Assoziationen sind durch wohl definierte, logisch unterscheidbare semantische Relationen miteinander verbunden. Klix (1992) unterscheidet zwischen innerbegrifflichen Relationen (z.B. Ober-/Unterbegriffs- oder Nebenordnungsrelation) und zwischenbegrifflichen Relationen (z.B. Objekt- oder Lokalisationsrelation). Durch die Struktur-Lege-Technik lässt sich deren Repräsentation aufdecken und visualisieren. Das Ziel der Diagnose ist die Erfassung und Bewertung des von Individuen verbalisierbaren Fakten- und Handlungswissens (s. Rothe 2003). Im vorliegenden Fall wurden differenzierte Analysen zum Fachwissen der Wissensdomäne *Schweißen* mit 6 Mitarbeitern des Außendiensts, 5 Produktmanagern, 2 Verkaufsmitarbeitern und 3 Servicemitarbeitern durchgeführt.

Wort-Assoziations-Versuch
Zuerst wurden die übereinstimmenden, zentralen Sachverhalte der Wissensdomäne *Schweißen* aus den Wissensmodellen und den Interviewprotokollen ermittelt. Für die Assoziations-Versuche wurden 26 Stimulusbegriffe extrahiert (s. Abb. 6). Bei Vorgabe dieser Stimulusbegriffe hatten die Mitarbeiter der vier Tätigkeitsbereiche frei und fortgesetzt zu assoziieren, also mit einzelnen Wörtern oder Wortgruppen, aber nicht mit vollständigen Sätzen zu antworten. Die Assoziationen wurden mit einem Diktiergerät aufgezeichnet und später transkribiert. Nach einer längeren Pause (ca. 2 min) bzw. dann, wenn die jeweilige Person anmerkte, dass ihr „nichts mehr einfällt", wurde der Einzelversuch jeweils beendet.

Struktur-Lege-Technik
Für das Struktur-Legen wurden als „semantische Kerne" einerseits die Stimulusbegriffe „Elektrodenschweißprinzip und MIG/MAG-Schweißprinzip" (*Prinzip*) sowie „Elektroden- und MIG/MAG-Schweißgerät" (*Aufbau*) ausgewählt. Nacheinander sollten also

1.	Schweißverfahren	14.	Schweißbare Materialien beim MAG-Schweißen
2.	Elektrodenschweißen	15	MIG/MAG-Schweißgerät
3.	Schweißbare Materialien beim Elektrodenschweißen	16	MIG/MAG-Schweißprinzip
4.	Elektrodenschweißgerät	17	Vorbereitung zum MIG/MAG-Schweißen
5.	Elektrodenschweißprinzip	18	Nachbereitung zum MIG/MAG-Schweißen
6.	Vorbereitung zum Elektrodenschweißen	19	Vorteile des MIG/MAG-Schweißen
7.	Nachbereitung beim Elektrodenschweißen	20	Nachteile des MIG/MAG-Schweißen
8.	Vorteile des Elektrodenschweißens	21	Arbeitsschutz beim Schweißen
9.	Nachteile des Elektrodenschweißen	22	Brandschutz beim Schweißen
10.	Metall-Schutzgas-Schweißen	23	Reparatur von Schweißgeräten
11.	MIG-Schweißen	24	Fehlersuche an Schweißgeräten
12.	MAG-Schweißen	25	Sicherheitstechnische Überprüfung von Schweißgeräten
13.	Schweißbare Materialien beim MIG-Schweißen	26	Messgeräte zur Überprüfung und Reparatur von Schweißgeräten

Abb. 6: Stimulusbegriffe für das Assoziieren

zwei Netze mit vorgegebenen Begriffs- und Relationskarten gelegt werden. Die Begriffskarten waren jeweils mit den Stimulusbegriffen und den auf diese von mindestens zwei Mitarbeitern assoziierten Wörtern oder Wortgruppen beschriftet. Der Untersucher selbst erstellte auf der Basis der Wissensmodelle und der ausgewerteten Interviewprotokolle der bisherigen Analysen zwei Referenznetzwerke. In diesen Netzwerken enthaltene, aber nicht assoziierte Begriffe wurden ermittelt, ebenfalls auf Karten geschrieben und zusätzlich vorgegeben. Die Relationskarten waren mit den auf der linken Hälfte der in Abb. 7 dargestellten Erläuterungen zu den inner- und zwischenbegrifflichen Relationen beschriftet.

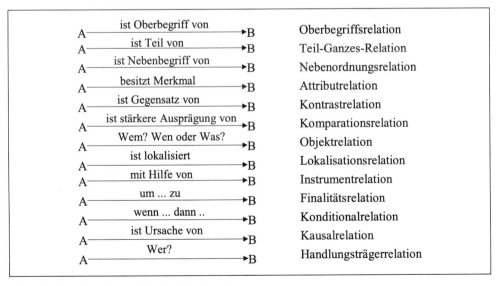

Abb. 7: Relationskarten für das Struktur-Legen

Bei den Einzelversuchen wurden den Mitarbeitern jeweils die entsprechenden Begriffs- und Relationskarten vorgelegt. Sie waren instruiert, daraus Netze zu legen, die ihrem Verständnis von den Zusammenhängen entsprechen. Es mussten nicht alle vorgegebenen Karten verwendet werden, vermeintlich fehlende konnten selbst beschriftet und ausgelegt werden. In einem Vorversuch wurden die Bedeutungen der semantischen Relationen erläutert und an einem Alltagsbeispiel geübt. Die gelegten Strukturen der verschiedenen Mitarbeiter wurden aufgezeichnet, um sie später auswerten zu können. Abb. 8 zeigt beispielhaft einen Netzwerkausschnitt.

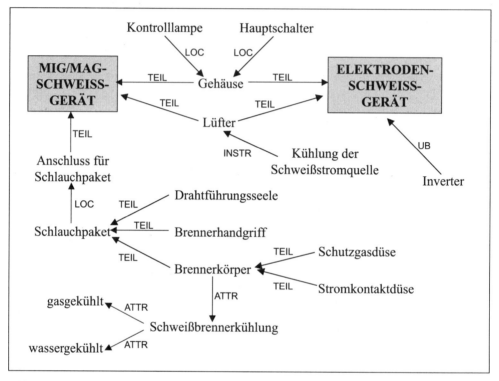

Abb. 8: Ausschnitt eines gelegten Netzwerks zum „Aufbau von Elektroden- und MIG/MAG-Schweißgerät"

3.4.3.2 Ermittlung von wissensdiagnostischen Kenngrößen

Wort-Assoziations-Versuch
Quantitative Kenngrößen des Assoziierens sind die Anzahl assoziierter Begriffe pro Mitarbeiter (*absolute Assoziationen*) oder die Anzahl assoziierter Begriffe, die von mindestens zwei Mitarbeitern genannt wurden (*relevante Assoziationen*). Für jeden Tätigkeitsbereich wurden jeweils die individuellen Werte der zugehörigen Mitarbeiter über alle Stimuli gemittelt. Abb. 9 zeigt das Ergebnis. Allerdings sind die Differenzen auf Grund der kleinen Stichproben und der hohen Standardabweichungen statistisch

nicht signifikant. Gleichwohl stimmen die Ergebnisse im wesentlichen mit denen der inhaltanalytischen Auswertung der strukturierten Interviews bezüglich des fachspezifischen Wissens überein: Außendienst- und Servicemitarbeiter wissen mehr als Produktmanager und Verkaufsmitarbeiter.

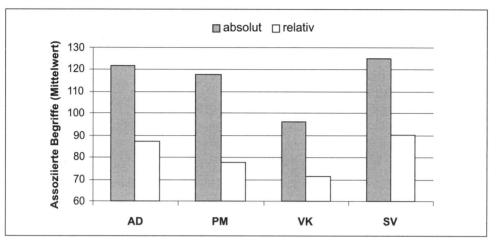

Abb. 9: Absolute und relevante Assoziationen gemittelt über die Mitarbeiter pro Tätigkeitsbereich (AD Aussendienst, PM Produktmanagement, VK Verkauf, SV Service)

Vergleicht man aber die Assoziationsergebnisse der einzelnen Mitarbeiter, so erkennt man z.T. hoch signifikante Unterschiede. Im Extremgruppenvergleich zwischen den vier Mitarbeitern mit den meisten und den vier Mitarbeitern mit den wenigsten Assoziationen sieht man, dass die „guten Wisser" fast doppelt so viele Begriffe assoziieren wie die „schlechten Wisser" (s. Abb. 10).

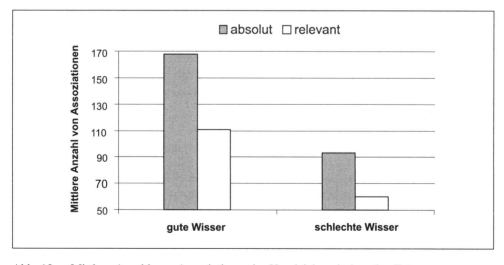

Abb. 10: Mittlere Anzahl von Assoziationen im Vergleich zwischen den Extremgruppen

Zu den „guten Wissern" gehörten ein Außendienstmitarbeiter, ein Produktmanager und zwei Servicemitarbeiter. Die vier „schlechten Wisser" stammen aus den Tätigkeitsbereichen Produktmanagement (2), Verkauf (1) und Service (1).

Struktur-Legen
Für die Beschreibung der gelegten Strukturen zum *Aufbau* (Elektroden- und MIG/MAG-Schweißgerät) und *Prinzip* (Elektroden- und MIG/MAG-Schweißprinzip) wurden in Anlehnung an Eckert (2000) folgende quantitative Kennwerte herangezogen:
a) *Anzahl der Knoten* (N)
b) *Umfang* (U = Anzahl der Verknüpfungen innerhalb des Netzwerks)
c) *Durchmesser* (D = längste der kürzesten Kantenfolgen zwischen zwei Knoten eines Netzwerks).

Abb. 11 zeigt zunächst die Ergebnisse bezüglich der Anzahl gelegter Begriffskarten und des Umfangs der Netze. Es wird deutlich, dass sich die mittleren Werte zwischen Außendienstmitarbeitern, Produktmanagern und Servicemitarbeitern kaum unterscheiden. Lediglich die Verkaufsmitarbeiter liegen etwas unter den Ergebnissen der anderen Mitarbeitergruppen.

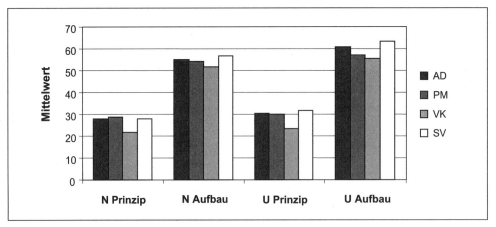

Abb. 11: Mittlere Anzahl der Knoten (N) und Umfang (U) der Netze der Mitarbeiter pro Tätigkeitsbereich bzgl. *Prinzip* und *Aufbau* (AD Außendienst, PM Produktmanagement, VK Verkauf, SV Service)

Bezogen auf den *Durchmesser* der Netze teilen sich Außendienst- und Servicemitarbeiter jeweils die ersten beiden Plätze, die Produktmanager und die Verkaufsmitarbeiter folgen (s. Abb. 12). Die Verkaufsmitarbeiter haben im Vergleich mit den Produktmanagern einen etwas größeren mittleren Durchmesser ihrer Netze beim *Aufbau*. Bei den *Prinzip*-Netzen ist es umgekehrt. Fasst man die Werte für die Außendienst- und Servicemitarbeiter zusammen ($M = 6.22$, $SD = 0.83$), unterscheiden sie sich beim Durchmesser bez. *Aufbau* signifikant von den zusammengefassten Werten für die Produktmanager und die Verkaufsmitarbeiter ($M = 4.43$, $SD = 1.72$; $t[14] = 2.761$, $p = .0075$). Bezüglich *Prinzip* ist die Differenz nicht signifikant.

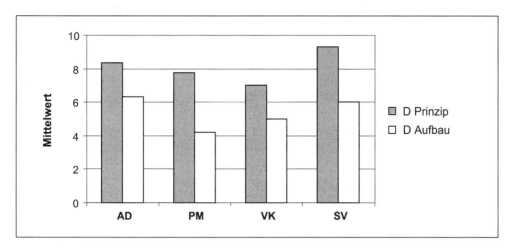

Abb. 12: Mittlere Durchmesser der Netze der Mitarbeiter pro Tätigkeitsbereich (AD Außendienst, PM Produktmanagement, VK Verkauf, SV Service)

Diese Auswertung der gelegten Strukturen erbrachte keine wesentlichen neuen Erkenntnisse in Bezug auf das analysierte Wissen. Die Wissensdefizite im Produktmanagement und Verkauf wurden aber durch die Ergebnisse des Struktur-Legens bestätigt.

3.4.4 Leistungsbeurteilungen durch den Geschäftsführer

3.4.4.1 Vorgehen

Neben Wissensdiagnosen stellen Leistungsbeurteilungen durch Vorgesetzte einen weiteren Zugang zur Bewertung des individuellen Wissens und der Kompetenz dar. Im Rahmen des Projekts sollte geklärt werden, nach welchen Kriterien und wie der Geschäftsführer der HIWESO GmbH die Leistungen seiner Mitarbeiter beurteilt. Dazu wurde folgendermaßen vorgegangen:

1. Schritt
Der Geschäftsführer hatte die Kriterien zu benennen und zu erläutern, die er für leistungsrelevant hält. In Tab. 4 sind die neun von ihm genannten Kriterien mit ihren Operationalisierungen zusammengestellt.

2. Schritt
Das Ausmaß der Erfüllung jedes Kriteriums durch die einzelnen Mitarbeiter musste an Hand einer 5-stufigen Skala eingeschätzt werden. In Analogie zu den Schulnoten bedeutete:
1 = außergewöhnlich übertroffen, 2 = deutlich übertroffen, 3 = einwandfrei erfüllt, 4 = meistens erfüllt, 5 = kaum erfüllt.

Leistungskriterium	Operationalisierung des Kriteriums
Fachkompetenz	• das zur Aufgabenerfüllung notwendige Wissen • Kenntnis des Angebots und der Abläufe • Verständnis der technischen Zusammenhänge
Soziale Kompetenz	• außerbetrieblich, nach außen gerichtet • bezogen auf Umgang mit Kunden, Lieferanten
Teamfähigkeit	• innerbetrieblich, nach innen gerichtet • bezogen auf Umgang mit Kollegen • gemeinsames Arbeiten an Problemen, Aufträgen
Qualität der Arbeit	• Fehlerfreiheit bzw. Fehlerquote • Anzahl von Reklamationen, Beschwerden
Quantität der Arbeit	• Zahl bearbeiteter Bestellungen, Aufträge, Reparaturen, Verkäufe, Neukunden
Effizienz der Arbeit	• in engem Bezug zur Quantität der Arbeit stehend • gute Organisation der Arbeitsaufträge
Arbeitsengagement	• bezogen auf die Arbeitsaufgaben • Begeisterung und Initiative bei der Aufgabenerfüllung
Zuverlässigkeit	• in Beziehung zur Qualität der Arbeit stehend • pünktliche Realisierung übertragener Aufträge • Verlass auf Aufgabenerfüllung, kein Nachfragen nötig
Logisches Denkvermögen	• nicht primär auf Arbeitsaufgaben bezogen • allgemeine Fähigkeit des Mitarbeiters • Erkennen von Zusammenhängen

Tab. 4: Leistungskriterien und deren Operationalisierung durch den Geschäftsführer

3. Schritt
Mittels Paarvergleich hatte der Geschäftsführer die Leistungskriterien hinsichtlich der Bedeutsamkeit für ihn zu gewichten.

4. Schritt
Aus den Einzeldaten für die Mitarbeiter in den vier Tätigkeitsbereichen wurde sowohl die mittlere Bewertung jedes Kriteriums als auch die mittlere Gesamtbeurteilung aus den Produkten von Rating und Gewichtskoeffizient der jeweiligen Kriterien bestimmt.

3.4.4.2 Ergebnisse der Leistungsbeurteilung

Wir beschränken uns hier auf die Darstellung der Gesamtbeurteilung und der Einschätzung der Fachkompetenz.

Wie Abb. 13 zeigt, beurteilt der Geschäftsführer die Gesamtleistung für die Außendienstmitarbeiter und die Servicemitarbeiter deutlich besser als die der Produktmanager und der Mitarbeiter im Verkauf. Noch deutlicher fallen die Unterschiede zwischen Außendienstmitarbeitern und Servicemitarbeitern einerseits und Produktmanagern und Mitarbeitern im Verkauf andererseits bezogen allein auf die fachliche Kompetenz aus.

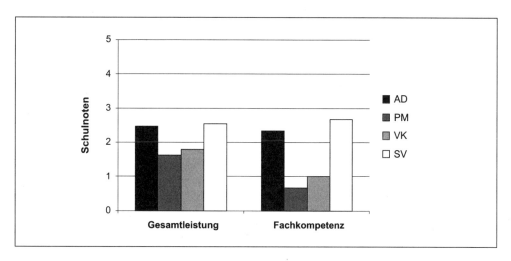

Abb. 13: Gesamtleistung und Fachkompetenz der Tätigkeitsbereiche (AD Außendienst, PM Produktmanagement, VK Verkauf, SV Service)

Interessanterweise stimmen die Befunde qualitativ mit denen der Wissensdiagnosen überein. Im Detail werden die Zusammenhänge nachfolgend geprüft.

3.4.5 Zusammenhang zwischen Leistung und Wissen

3.4.5.1 Beurteilung der Leistung bzw. der Fachkompetenz und Anzahl assoziierter Begriffe

Mit der Berechnung von Rangkorrelationen zwischen Gesamtleistungs- und Fachkompetenzbeurteilung einerseits und Anzahl relevanter Assoziationen andererseits wurde der Hypothese nachgegangen, dass ein enger Zusammenhang zwischen den beiden Leistungsvariablen und den Assoziationen bestehen sollte. Genauer gesagt, wird ein Mitarbeiter für kompetenter und leistungsfähiger gehalten, müsste auch sein Wissen umfangreicher sein. Die Korrelationen über alle Mitarbeiter fallen gering aus: $r_{Gesamtleistung-Assoziationen} = .391$, $p = .060$; $r_{Fachkompetenz-Assoziationen} = .325$, $p = .101$. Allerdings muss berücksichtigt werden, dass hier nur ein geringer Ausschnitt des Fachwissens, nämlich das über Schweißen und Schweißgeräte, herangezogen wurde. Die Beurteilungen durch den Geschäftsführer bezogen sich aber auf die Gesamttätigkeit der Mitarbeiter.

Immerhin unterscheiden sich die Urteile sowohl bezüglich Gesamtleistung als auch bezüglich Fachkompetenz deutlich zwischen den Extremgruppen „guter" vs. „schlechter" Wisser (s. Abb. 14). Die *Gesamtleistung* „guter Wisser" ($M = 2.25$, $SD = 0.19$) wird vom Geschäftsführer höher eingeschätzt, als die „schlechter Wisser" ($M = 3.20$, $SD = 0.70$). Der Unterschied ist statistisch signifikant ($t[6] = 2.626$, $p = .02$). Auch die *Fachkompetenz* „guter Wisser" ($M = 3.00$, $SD = 1.15$) wird besser als die „schlechter Wisser" ($M = 4.00$, $SD = 0.82$) beurteilt.

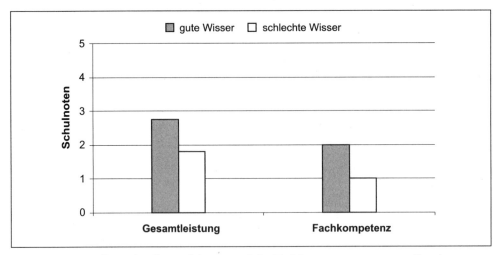

Abb. 14: Beurteilung der Gesamtleistung und der Fachkompetenz von „guten" und „schlechten Wissern"

3.4.5.2 Beurteilung der Gesamtleistung bzw. der Fachkompetenz und Kennwerte der gelegten Strukturen

Die ermittelten Zusammenhänge sind zusammenfassend in Tab. 5 dargestellt.

Tab. 5: Korrelationen zwischen Gesamtleistung/Fachkompetenz und Struktur-Lege-Kennwerten

	Knoten (N)	Umfang (U)	Durchmesser (D)
Gesamtleistung	$r = .282$ $p = .291$	$r = .282$ $p = .289$	$r = .510*$ $p = .044$
Fachkompetenz	$r = .085$ $p = .775$	$r = .073$ $p = .789$	$r = .336$ $p = .203$

$p = .203$
(Rangkorrelation, Signifikanz 2-seitig)
*Korrelation ist auf dem Niveau von 0,05 signifikant (2-seitig)

Es zeigt sich zwar, dass zwischen den Urteilen des Geschäftsführers und den Kennwerten der gelegten Strukturen Korrelationen in erwarteter Richtung bestehen. Allerdings ist lediglich die Korrelation zwischen der Gesamtleistung und dem Durchmesser gelegter Netze statistisch signifikant.

3.5 Belastungsanalyse

3.5.1 Beschreibung der eingesetzten Verfahren

Entsprechend der theoretischen Annahmen (v. Rosenstiel 2000) sollte schließlich geprüft werden, welche Zusammenhänge zwischen Wissen und Arbeitsleistung einerseits und psychischen Belastungen und Beanspruchungen sowie dispositionellen Merkmalen des Arbeitsverhaltens der Mitarbeiter der HIWESO GmbH andererseits bestehen. Belastungen und Beanspruchungen wurden mit den arbeitsanalytischen Verfahren „Screening psychischer Arbeitsbelastungen" (SPA) von Metz und Rothe (2001) und „Salutogenetische Subjektive Arbeitsanalyse" (SALSA) von Rimann und Udris (1997) ermittelt. Dispositionelle Merkmale des Arbeitsverhaltens wurden mit dem Fragebogen „Arbeitsbezogenes Verhaltens- und Erlebensmuster" (AVEM) von Schaarschmidt und Fischer (1996) erhoben.

Screening psychischer Arbeitsbelastungen – SPA
Das Verfahren dient der Ermittlung und Bewertung arbeitsbedingter psychischer Fehlbelastungen und ist als Screeninginstrument konzipiert. Es besteht aus einem bedingungsbezogenen (SPA-S) und zwei personenbezogenen Teilverfahren (SPA-P1 und SPA-P2). Analysiert werden Merkmale der Arbeitssituation in 5 Analysebereichen:
- *Entscheidungsspielraum* (ESPR),
- *Komplexität/Variabilität* (KV),
- *Qualifikationserfordernisse* (QU),
- *Risikobehaftete Anforderungen/Besondere Anforderungen an die Handlungszuverlässigkeit* (RA),
- *Belastende Ausführungsbedingungen* (BA)

Das SPA-S umfasst insgesamt 37 Merkmale, die in 74 Aussagen als extreme Merkmalsausprägungen formuliert sind und von einem externen, geschulten Untersucher zustimmend oder ablehnend beantwortet werden müssen. Die personbezogenen Verfahrensteile SPA-P ermitteln an Hand von Fragebögen die individuelle Reflexion der Arbeitssituation (SPA-P1) sowie die individuelle Bewertung der erlebten Beanspruchung (SPA-P2) durch die betroffenen Arbeitspersonen selbst. Die Analysebereiche sind identisch mit denen des SPA-S. In einem sechsten Analysebereich wird zusätzlich nach der Belastung durch die *sozialen Beziehungen* (S) gefragt. Das SPA-P enthält 60 Items. Der Grad der Zustimmung wird vier-stufig erfasst. Die Items von SPA-S und SPA-P sind direkt aufeinander bezogen, d.h., zu jeder SPA-S-Aussage gehören ein oder mehrere SPA-P-Items.

Bei der Auswertung ist sequenziell vorzugehen. In einem ersten Schritt werden zunächst durch Vergleich mit vorgegebenen Grenzwerten auf der Itemebene Fehlbelastungsindikatoren bestimmt. Im zweiten Schritt werden auf der Merkmalsebene jene Analysebereiche mit Fehlbelastungsausprägung ermittelt und im dritten Schritt werden auf der Teilverfahrensebene (SPA-S, SPA-P1, SPA-P2) Zuordnungen zu Fehlbelastungsstufen vorgenommen: Stufe 0 = *Fehlbelastungen sind unwahrscheinlich,* Stufe 1 = *Fehl-*

belastungen sind wahrscheinlich, Stufe 2 = *Fehlbelastungen sind hoch wahrscheinlich,* Stufe 3 = *Fehlbelastungen liegen vor.*

Salutogenetische Subjektive Arbeitsanalyse – SALSA
Hierbei handelt es sich ebenfalls um einen Fragebogen, an Hand dessen Arbeitspersonen Merkmale ihrer Arbeitssituation beurteilen sollen. Entsprechend dem theoretischen Konzept der Autoren werden sowohl belastende Arbeitsmerkmale als auch Ressourcen in der Arbeit erfragt. Das Verfahren gliedert sich in fünf Merkmalsbereiche mit verschiedenen Skalen:
- *Aufgabencharakteristik* (Ganzheitlichkeit, Qualifikationsanforderungen und Verantwortung)
- *Arbeitsbelastungen* (Überforderung, Unterforderung durch die Arbeitsaufgaben, belastendes Sozialklima, belastendes Vorgesetztenverhalten)
- *Organisationale Ressourcen* (Aufgabenvielfalt, Qualifikationspotenzial, Tätigkeitsspielraum, Partizipationsmöglichkeiten, persönliche Gestaltungsmöglichkeiten, Spielraum für private Dinge)
- *Soziale Ressourcen* (positives Sozialklima, mitarbeiterorientiertes Vorgesetztenverhalten, soziale Unterstützung durch Kollegen und Vorgesetzte)
- *Belastungen durch äußere Tätigkeitsbedingungen* (Zeitdruck, Lärm, ungünstige Beleuchtung, Wartezeiten u.ä.)

Mit Ausnahme des Merkmalsbereiches *Belastungen durch äußere Tätigkeitsbedingungen,* wo sechsstufige Antwortmöglichkeiten vorgegeben sind, muss ansonsten an Hand einer fünfstufigen Ratingskala geurteilt werden.

Die Auswertung erfolgt über Mittelung der Itemurteile zu den Skalen der Merkmalsbereiche. Für unterschiedliche Arbeitsbereiche werden im Manual Vergleichsprofile angegeben. Wir haben die Angaben für Dienstleistungsunternehmen herangezogen.

Arbeitsbezogenes Verhaltens- und Erlebensmuster – AVEM
Hierbei handelt es sich um ein mehrdimensionales, persönlichkeitsdiagnostisches Verfahren, mit dem differenzierte Selbsteinschätzungen von Arbeitspersonen zu ihrem Verhalten und Erleben in Bezug auf Arbeit und Beruf erhoben werden. 66 Items mit 5-stufigen Antwortmöglichkeiten sind 11 Dimensionen zugeordnet, die ihrerseits in 3 Faktoren klassifiziert sind. Die Urteile beziehen sich (1) auf das *Arbeitsengagement* (subjektive Bedeutsamkeit der Arbeit, beruflicher Ehrgeiz, Verausgabungsbereitschaft, Perfektionsstreben, Distanzierungsfähigkeit), (2) auf die *Widerstandsfähigkeit gegenüber Belastungen* (Resignationstendenz bei Misserfolgen, aktive Problembewältigung, Ausgeglichenheit) und (3) auf *berufsbegleitende Emotionen* (Erfolgserleben in der Arbeit, Lebenszufriedenheit, Erleben sozialer Unterstützung). Die individuellen Antwortprofile können nach von den Autoren wohl begründeten Algorithmen Persönlichkeitstypen zugeordnet werden:
- *Typ G* zeichnet sich aus durch hohen beruflichen Ehrgeiz, nicht excessive Verausgabungsbereitschaft, aber hohe Distanzierungsfähigkeit und Widerstandsfähigkeit gegenüber Belastungen sowie positive Lebensgefühle.

- *Typ S* ist gekennzeichnet durch ein sehr geringes Arbeitsengagement, hohe Distanzierungsfähigkeit und Widerstandsfähigkeit gegenüber Belastungen und eine allgemeine Lebenszufriedenheit, die vorrangig aus außerberuflichen Aktivitäten resultiert.
- *Typ A* engagiert sich außerordentlich in der Arbeit und verfügt über die geringste Distanzierungsfähigkeit. Die Widerstandsfähigkeit gegenüber Belastungen ist vermindert und das Lebensgefühl ist eingeschränkt.
- *Typ B* hat wie Typ S ein geringes Arbeitsengagement, das aber mit einer eingeschränkten Distanzierungsfähigkeit einhergeht. Die Widerstandsfähigkeit gegenüber Belastungen ist am geringsten und auch das Lebensgefühl zeigt die niedrigste Ausprägung.

3.5.2 Ergebnisse der Belastungsanalyse

3.5.2.1 Screening psychischer Arbeitsbelastungen – SPA

Aus den Expertenurteilen des bedingungsbezogenen Verfahrensteils SPA-S resultierte für die Tätigkeitsbereiche Außendienst, Produktmanagement, Verkauf und Service jeweils die Fehlbelastungsstufe 1, d.h. psychische Fehlbelastungen sind bei den betroffenen Mitarbeitern wahrscheinlich (s. Tab. 6). Allerdings wurden die Analysebereiche und damit die Gründe für die Belastungseinstufung durchaus unterschiedlich beurteilt.

	Außendienst		Produktmanagement		Verkauf		Service	
	SPA-S	SPA-P1	SPA-S	SPA-P1	SPA-S	SPA-P1	SPA-S	SPA-P1
ESPR	+	-	-	-	-	-	-	+
KV	+	-	-	-	-	+	+	-
QU	+	+	+	+	-	-	-	-
RA	-	-	+	-	+	-	+	-
BA	+	+	+	+	+	+	+	+
F	1	3	1	3	1	2	1	2

Tab. 6: Fehlbelastungsurteile für die vier Tätigkeitsbereiche (+ = unkritischer Analysebereich, - = kritischer Analysebereich, F = Fehlbelastungsstufe)

Die Mitarbeiter selbst schätzten ihre psychische Arbeitsbelastung generell kritischer ein als der Untersucher. Die Produktmanager und Außendienstmitarbeiter beurteilen übereinstimmend ihren *Entscheidungsspielraum (ESPR)*, die *Komplexität/Variabilität (KV)* ihrer Arbeitsaufgaben und die *Besonderen Anforderungen an die Handlungszuverlässigkeit (RA)* während der Arbeit als kritisch. Danach liegen psychische Fehlbelastungen vor (Stufe 3).

Bei den Verkäufern haben die Merkmale *Entscheidungsspielraum (ESPR)*, *Qualifikationserfordernisse (QU)* und *Besondere Anforderungen an die Handlungszuverlässigkeit (RA)* die Stufe 2 – psychische Fehlbelastung hoch wahrscheinlich – ergeben, während die Servicemitarbeiter auf Grund ihrer Beurteilung der Merkmale *Komplexität/Variabilität (KV)*, *Qualifikationserfordernisse (QU)* und *Besondere Anforderungen an die Handlungszuverlässigkeit (RA)* die Fehlbelastungsstufe 2 erhielten.

Von den Mitarbeitern in allen 4 Tätigkeitsbereichen wurde ihre psychische Beanspruchung (SPA-P2) als unkritisch erlebt. Offensichtlich halten sie die als problematisch beurteilten Belastungen für zu ihrer Tätigkeit gehörend. Die *sozialen Beziehungen* wurden ebenfalls unkritisch bewertet. Trotz der Beurteilung nach SPA-P2 gibt es aber offensichtlich Merkmale der Arbeitssituation, die als kritisch und zudem in großer Übereinstimmung zwischen den Mitarbeitern und dem externen Untersucher als problematisch eingestuft wurden. Solche kritischen Merkmale sind:
- der *Entscheidungsspielraum (ESPR)*, der vor allem im Produktmanagement und im Verkauf eingeschränkt ist, weil der Umfang der Tätigkeit vom Mitarbeiter nicht beeinflussbar und der Arbeitstag nicht planbar ist,
- die mangelnde *Komplexität und Variabilität (KV)* der Arbeitsaufgaben bei den Produktmanagern, die einseitige, sich häufig wiederholende Sinnesleistungen erfordern (Eingaben am PC),
- die mangelnden *Qualifikationserfordernisse (QU)* im Verkaufs- und im Servicebereich,
- die *besonderen Anforderungen an die Handlungszuverlässigkeit (RA)* bei den meisten Mitarbeitern, die sich daraus ergeben, dass Arbeitsaufgaben nicht kontinuierlich ohne Ablenkung ausführbar sind, oft mehrere Aufgaben gleichzeitig erledigt werden müssen und die Mitarbeiter häufig unter Zeitdruck geraten sowie
- *belastende Ausführungsbedingungen (BA)*, die insbesondere die zahlreichen unvorhersehbaren Störungen und Unterbrechungen während der Arbeit oder die Übernahme von Aufgaben erkrankter Kollegen betreffen.

Insgesamt machen die Ergebnisse deutlich, dass in allen Tätigkeitsbereichen, besonders im Produktmanagement und Verkauf, Interventionsbedarf bez. Arbeitsinhalt/Arbeitsgestaltung besteht.

3.5.2.2 Salutogenetische Subjektive Arbeitsanalyse – SALSA

Die Auswertung bezieht sich zunächst auf die HIWESO GmbH als Ganzes. Dazu wird jeweils über die Urteile aller in die Untersuchung einbezogenen Beschäftigten gemittelt. Die Ergebnisse werden mit denen im Manual des Verfahrens angegebenen Werte von Dienstleistungsfirmen verglichen. Es ergeben sich nur geringfügige Unterschiede (s. Abb. 15). Die Mitarbeiter der HIWESO GmbH schätzten die *Arbeitsbelastungen* bez. ihrer *Überforderung* (3, 4 und 5) bzw. *Unterforderung* (6) durch die Arbeitsaufgaben etwas ungünstiger ein als die Mitarbeiter in anderen Dienstleistungsfirmen. *Belastendes Sozialklima (Kollegen)* (7) und *belastendes Vorgesetztenverhalten* (8) beurteilten sie dagegen im Vergleich zu anderen Dienstleistungsfirmen positiver. Noch günstiger fällt der Vergleich bez. *organisationaler Ressourcen* aus. Allein bezüglich der Skala *Spielraum für persönliche und private Dinge am Arbeitsplatz* (14) sind die Urteile der Mitarbeiter der HIWESO GmbH geringfügig negativer als die von den Referenzfirmen. Ein Vergleich der *sozialen Ressourcen* ergab keine wesentlichen Unterschiede.

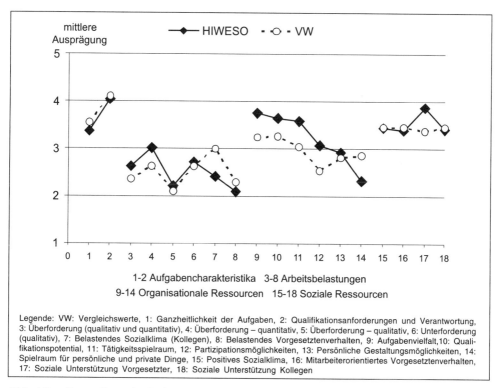

Legende: VW: Vergleichswerte, 1: Ganzheitlichkeit der Aufgaben, 2: Qualifikationsanforderungen und Verantwortung, 3: Überforderung (qualitativ und quantitativ), 4: Überforderung – quantitativ, 5: Überforderung – qualitativ, 6: Unterforderung (qualitativ), 7: Belastendes Sozialklima (Kollegen), 8: Belastendes Vorgesetztenverhalten, 9: Aufgabenvielfalt, 10: Qualifikationspotential, 11: Tätigkeitsspielraum, 12: Partizipationsmöglichkeiten, 13: Persönliche Gestaltungsmöglichkeiten, 14: Spielraum für persönliche und private Dinge, 15: Positives Sozialklima, 16: Mitarbeiterorientiertes Vorgesetztenverhalten, 17: Soziale Unterstützung Vorgesetzter, 18: Soziale Unterstützung Kollegen

Abb. 15: Beurteilung der Belastungen und Ressourcen der HIWESO-Mitarbeiter im Vergleich mit denen aus Unternehmen im Dienstleistungsbereich

Im nächsten Auswertungsschritt wurden Unterschiede zwischen den Tätigkeitsbereichen Außendienst, Produktmanagement, Verkauf und Service bzgl. der SALSA-Merkmalsbereiche und -Skalen untersucht. (s. Abb. 16). Die Servicemitarbeiter schätzten die *Aufgabencharakteristik* (1 und 2) am positivsten ein (M = 4.38, SD = .00). Die Werte unterschieden sich signifikant vom Außendienst (M = 3.58, SD = 0.23), t[5] = - 4.636, p = .003) und Produktmanagement (M = 3.78, SD = 0.43, U = 0.00, Z = -2.012, p = .022). Am geringsten wurde der Merkmalsbereich von den Mitarbeitern im Verkauf beurteilt (M = 3.15, SD = 0.38), was sich vor allem in dem kritischen Wert für die *Ganzheitlichkeit der Aufgaben* (1) ausdrückt (M = 2.67, SD = 0.94).

Im Bereich der *Arbeitsbelastungen* zeigen sich die deutlichsten Unterschiede zwischen den Tätigkeitsbereichen bei der *Überforderung durch die Arbeitsaufgaben* (3, 4 und 5). Sie wird von den Verkaufsmitarbeitern am höchsten eingestuft, vor allem hinsichtlich der *quantitativen Überforderung* (4) (M = 3.67, SD = .00). *Qualitative Unterforderung* (6) erleben vor allem die Produktmanager (M = 3,44, SD = .60)

Bei den *organisationalen Ressourcen* gibt es die größten Unterschiede bez. der Skalen *Aufgabenvielfalt* (9), *persönliche Gestaltungsmöglichkeiten* (13) und *Spielraum für persönliche und private Dinge* (14) (s. Abb. 16). Zusammengefasst beurteilen die Verkaufsmitarbeiter ihre Ressourcen deutlich negativer (M = 2.58, SD = 0.12) als die

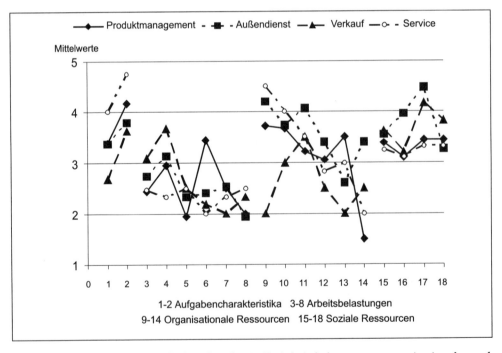

Abb. 16: Beurteilung der *Aufgabencharakteristik, Arbeitsbelastungen, organisationalen* und *sozialen Ressourcen* durch die Mitarbeiter der Tätigkeitsbereiche in der HIWESO GmbH (AD Aussendienst, PM Produktmanagement, VK Verkauf, SV Service)

Mitarbeiter der anderen Tätigkeitsbereiche. Der Außendienst verfügt über die meisten organisationalen Ressourcen (M = 3.57, SD = 0.46). Er unterscheidet sich signifikant vom Produktmanagement (M = 3.11, SD = 0.19), t[9] = -2.214, p = .027) und vom Verkauf (M = 2,58, SD = t[5] = -2.811, p = .019). Die *sozialen Ressourcen* werden von den Mitarbeitern aller Tätigkeitsbereiche positiv eingeschätzt, wobei die Außendienstmitarbeiter das *mitarbeiterorientierte Vorgesetztenverhalten* (M = 3.96, SD = 0.38) und die *soziale Unterstützung durch den Vorgesetzten* (M = 4.47, SD = 0.51) jeweils am höchsten einstufen.

Die Belastungen durch äußere Tätigkeitsbedingungen wurden gemittelt über alle Mitarbeiterurteile ausgewertet. Danach sind die Urteile bezüglich *Zeitdruck* (M = 3.73, SD = 0.96) und *ungünstige Körperhaltung* (M = 3.00, SD = 1.07) als kritisch zu betrachten (s. Abb. 17). Die Stärke der Belastung durch *Zeitdruck* tendiert zu „ziemlich stark".

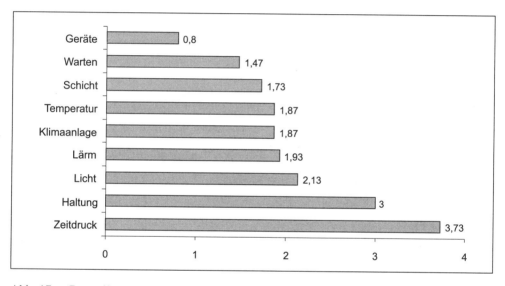

Abb. 17: Beurteilung der Belastungen der Mitarbeiter der HIWESO GmbH durch *äußere Tätigkeitsbedingungen*

3.5.2.3 Arbeitsbezogenes Verhaltens- und Erlebensmuster – AVEM

Der Auswertung des AVEM zufolge sind mehr als die Hälfte der untersuchten Mitarbeiter der vier Tätigkeitsbereiche einem der beiden Risikotypen zuzuordnen. Insbesondere dominierte der Risiko-Typ B im Produktmanagement und im Verkauf (s. Tab. 7).

Tab. 7: Verteilung der AVEM-Typen auf die Tätigkeitsbereiche

	G	S	A	B	A/G	B/S
Außendienst	1	1	1		1	1
Produktmanager	1		1	3	1	
Verkauf				2		
Service				1		1
gesamt	2	1	2	6	2	2

Abb. 18 enthält die Auswertung bezüglich der AVEM-Dimensionen. Als Referenz ist das Werteprofil des G-Typs eingezeichnet.

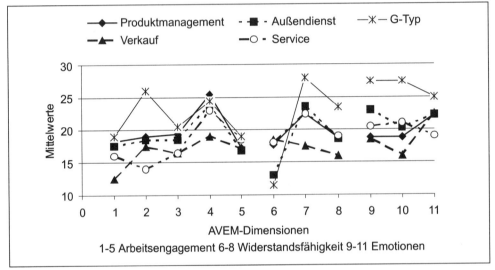

Abb. 18: AVEM-Profile der Mitarbeiter in den Tätigkeitsbereichen im Vergleich

Es zeigt sich, dass die Produktmanager und die Außendienstmitarbeiter dem wünschenswerten Erleben und Verhalten des G-Typs hinsichtlich des *Arbeitsengagements* am nächsten kommen. Lediglich ihr *beruflicher Ehrgeiz* (2) ist deutlich geringer als beim G-Typ. Das *Arbeitsengagement* der Mitarbeiter im Verkauf und im Servicebereich weicht stärker von dem des G-Typs ab. Die Verkaufsmitarbeiter fallen durch die am geringsten beurteilte *Bedeutsamkeit der Arbeit* (1) und durch das geringste *Perfektionsstreben* (4) auf. Die *Widerstandsfähigkeit gegenüber Belastungen* ist bei allen HIWESO-Mitarbeitern im Vergleich zum G-Typ geringer. Die Abweichungen sind bei den Außendienstmitarbeitern noch am kleinsten, da ihre *Resignationstendenz* (6) denen des G-Typs entspricht. Die Mitarbeiter aus dem Verkauf beurteilen ihre *Resignationstendenz* (6) am höchsten und ihre *offensive Problembewältigung* (7) sowie ihre *innere Ruhe/Ausgeglichenheit* (8) am niedrigsten. Die *berufsbegleitenden Emotionen* sind ebenfalls bei allen

HIWESO-Mitarbeitern weniger positiv ausgeprägt als beim G-Typ. Zwischen den Tätigkeitsgruppen sind die Unterschiede gering, aber Produktmanager und Verkaufsmitarbeiter beurteilen ihr *Erfolgserleben* (9) und ihre *Lebenszufriedenheit* (10) am niedrigsten.

Insgesamt bestätigt die differenzierte Auswertung die globale Typenzuordnung: Insbesondere die Mitarbeiter im Verkauf, aber in der Tendenz auch die Produktmanager erleben ihre Arbeitssituation negativer als die Mitarbeiter im Außendienst. Die Servicemitarbeiter zeigten keine Auffälligkeiten.

3.5.3 Zusammenhang zwischen Belastung, Leistung und Wissen

3.5.3.1 Zusammenhang zwischen Belastung und Leistung

Die Leistungsbeurteilung durch den Geschäftsführer (Gesamtleistung und Fachkompetenz) wurde jeweils mit den Skalen der einzelnen Fragebögen korreliert, um die Zusammenhänge zu spezifizieren. Zwischen den SPA-P1-Urteilen der Beschäftigten und deren Leistungsbeurteilung durch den Geschäftsführer lagen überwiegend geringe Korrelationen vor. Lediglich für die Skala *Qualifikationserfordernisse* sind Zusammenhänge mit der Leistung signifikant geworden (s. Tab. 8)

Tab. 8: Zusammenhang zwischen Gesamtleistung und Fachkompetenz mit der Skala *Qualifikationserfordernisse* des SPA-P1

	Gesamtleistung	Fachkompetenz
Qualifikationserfordernisse	r = .538* p = .038	r = .666* p = .007

Rangkorrelation; 2-seitig
*Korrelation auf dem Niveau von 0.05 signifikant

Rangkorrelation; 2-seitig
*Korrelation auf dem Niveau von 0.05 signifikant

Je geringer die Qualifikationserfordernisse sind, desto schlechter werden die Leistungen beurteilt.

Analoge Ergebnisse wurden mittels SALSA erhalten. Auch hier erwies sich der Zusammenhang zwischen dem eingeschätzten Qualifikationspotenzial der Arbeit und der Gesamtleistungsbeurteilung durch den Geschäftsführer als tendenziell bedeutsam. Es zeigte sich auch, dass je schlechter die Gesamtleistung eines Mitarbeiters beurteilt wurde, desto höher sich dieser selbst qualitativ und quantitativ überfordert fühlte (s. Tab. 9).

Tab. 9: Zusammenhang zwischen Gesamtleistung und Fachkompetenz mit den Skalen *Überforderung* und *Qualifikationspotenzial* des SALSA

	Gesamtleistung	Fachkompetenz
Überforderung	r = -.428 p = .111	r = -.142 p = .613
Qualifikationspotenzial	r = .455 p = .088	r = .114 p = .685

(Rangkorrelation; 2-seitig)

Zwischen dispositionellen Verhaltens- und Erlebensweisen und der Gesamtleistungsbeurteilung ergaben sich mehrere bedeutsame Zusammenhänge (s. Tab. 10).

Tab. 10: Zusammenhang zwischen Gesamtleistung sowie Fachkompetenz und AVEM-Skalen

	Gesamtleistung	Fachkompetenz
Subjektive Bedeutsamkeit	r = .478 p = .072	r = .110 p = .696
Resignationstendenz	r = -.783** p = .001	r = -.545* p = .036
Offensive Problembewältigung	r = .633* p = .011	r = .325 p = .238
Erfolgserleben im Beruf	r = .660** p = .007	r = .432 p = .108
Lebenszufriedenheit	r = .555* p = .032	r = .450 p = .092

(Rangkorrelation, 2-seitig)
* Korrelation ist auf dem Niveau von 0,05 signifikant (2-seitig)
** Korrelation ist auf dem Niveau von 0,01 signifikant (2-seitig)

So besteht eine sehr hohe negative Korrelation zwischen Gesamtleistung und *Resignationstendenz*, d.h. je besser demnach die Leistung eines Mitarbeiters beurteilt wird, desto geringer ist seine Resignationstendenz ausgeprägt. Außerdem verfügen Mitarbeiter mit guter Gesamtleistung offensichtlich über eine bessere *offensive Problembewältigung* (mittlere Korrelation) als jene Mitarbeiter mit schlechter Leistung. Das *Erfolgserleben im Beruf* und die *Lebenszufriedenheit* sind bei Mitarbeitern mit guter Gesamtleistung ebenfalls stärker ausgeprägt. Es besteht ein mittlerer Zusammenhang zwischen den Variablen.

3.5.3.2 Zusammenhang zwischen Belastung und Wissen

Hier beziehen wir uns auf den Extremgruppenvergleich zwischen „guten" und „schlechten Wissern". Wie Abb. 19 zeigt, beurteilen die „schlechten Wisser" in vier von sechs Analysebereichen das Fehlbelastungspotenzial bei ihrer Arbeit tendenziell höher als die „guten Wisser". Allerdings sind alle Differenzen statistisch nicht signifikant.

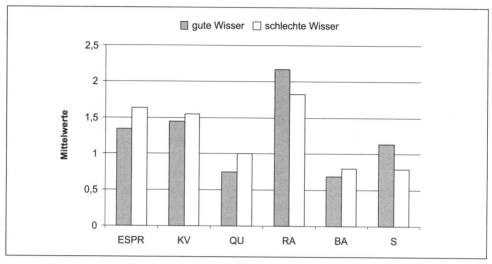

Abb. 19: SPA-P1-Urteile der Analysebereiche durch „gute" und „schlechte Wisser"

Gleichwohl wird dieser Befund durch die SALSA-Ergebnisse bekräftigt. Es liegen signifikante Unterschiede zwischen „guten" und „schlechten Wissern" bezüglich *Aufgabencharakteristik* (M = 4.11, SD = 0.42 vs. M = 3.40, SD = 0.09; t[6] = -3.374, p = .0075) und *organisationalen Ressourcen* (M = 3.36, SD = 0.32 vs. M = 2.90, SD = 0.30; t[6] = -2.075, p = .0415) vor (s. Abb. 20).

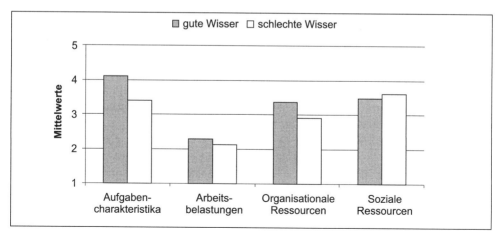

Abb. 20: Beurteilungen der SALSA-Merkmalsbereiche durch „gute" und „schlechte Wisser"

Bei den *Arbeitsbelastungen* und den *sozialen Ressourcen* sind die Differenzen nicht signifikant.

Hinsichtlich arbeitsbezogener Erlebens- und Verhaltensweisen unterscheiden sich die „guten" ebenfalls von den „schlechten Wissern" (s. Abb. 21). Die „guten Wisser" haben insbesondere eine signifikant größere *Distanzierungsfähigkeit* (5) und ein größeres *Erfolgserleben im Beruf* (9) als „schlechte Wisser" (Distanzierungsfähigkeit: M = 20.25, SD = 2.36 vs. M = 15.00, SD = 1.63; t[6] = -3.656, p = .006; *Erfolgserleben*: M = 21.50, SD = 1.29 vs. M = 17.50, SD = 1.29; t[6] = -4.382, p = .002).

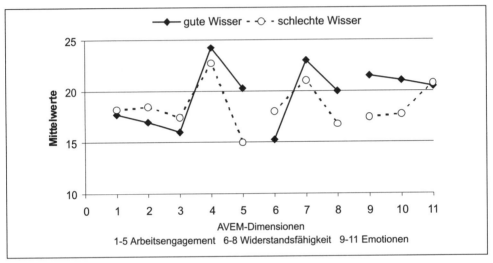

Abb. 21: Ausprägung der AVEM-Skalen bei „guten" und „schlechten Wissern"

4 Diskussion

4.1 Empirische Befunde

Ziel des Projektes war es, in einem mittelständischen Handels- und Dienstleistungsunternehmen Wissens- und Kompetenzanalysen unter Berücksichtigung wesentlicher, das Arbeitsverhalten der Organisationsmitglieder beeinflussender subjektiver Faktoren und organisationaler Rahmenbedingungen durchzuführen. Aus den Analyseergebnissen sollten Interventionen zur Verbesserung des individuellen und organisationalen Wissensmanagements und damit zur Effizienzsteigerung der Dienstleistungsprozesse des Unternehmens ableitbar sein. Zugleich sollten methodische Zugänge erprobt und Analyseverfahren und -instrumente hinsichtlich ihrer Praxistauglichkeit überprüft werden. Die gewonnenen Erkenntnisse zu den Untersuchungsgegenständen lassen sich in folgenden Punkten zusammenfassen:
- Die am theoretischen Konzept des Wissensmanagements in Organisationen orientierte sog. Wissensinventur ermöglichte einen systematischen Überblick sowohl über bereits erfolgreich eingesetzte Mittel und Methoden als auch über Mängel und Defizite

bez. der Identifikation und Bewahrung des in der Organisation vorhandenen Wissens, des Erwerbs und der Entwicklung neuen Wissens sowie der Verteilung und Nutzung des organisationalen Wissens. Die Ergebnisse der Wissensinventur bildeten die Grundlage zur Durchführung einer Strategietagung mit den Innendienstmitarbeitern des Unternehmens.

- Die exemplarisch in der Mitarbeitergruppe der Produktmanager durchgeführten Tätigkeits- und Zeitanalysen erbrachten Aufschluss über individuelle Arbeitsweisen zur Lösung der Arbeitsaufgaben und zum Umgang mit unvorhergesehenen Störungen. Individuelle Kompetenzdefizite im Selbstmanagement und in der persönlichen Arbeitsorganisation konnten identifiziert werden und waren Ausgangspunkte für Coachings.
- Im Vorfeld von Wissensdiagnosen sind zwei grundlegende Probleme zu klären. Einerseits muss festgelegt werden, um welche Wissensdomäne es inhaltlich bei dem diagnostischen Prozess gehen soll. Andererseits bedarf es eines Referenz-Wissenskörpers, zu dem erhobenes individuelles Wissen in Bezug gesetzt werden kann, um diagnostische Aussagen zu Qualität und Quantität des von einer Person ermittelten Wissens machen zu können. Im vorliegenden Fall wurde nach Beratung mit dem Geschäftsführers der HIWESO GmbH eine sehr spezielle, aber überschaubare Wissensdomäne ausgewählt. Die Entscheidung für *Schweißen* erfolgte auch unter der Maßgabe, Mitarbeiter unterschiedlicher Tätigkeitsbereiche hinsichtlich ihres Wissensbesitzes miteinander vergleichen zu können. Von geringfügigen Abweichungen bei den Servicemitarbeitern abgesehen, sollten nach Auskunft des Geschäftsführers alle Mitarbeiter gleichermaßen über Wissen in der ausgewählten Domäne verfügen. Ein Referenzwissenskörper wurde nach Dokumentenstudium und Expertenbefragung als hypothetisches Modell durch den Untersucher erstellt. Dies ermöglichte zwar den Aufbau eines differenzierten Fragenschemas für strukturierte Interviews und die Auswahl von zentralen Begriffen als Stimuli für die Wort-Assoziations-Versuche. Auf Grund seines hypothetischen Charakters wurden aber keine normativen Werte abgeleitet. Alle diagnostischen Aussagen sind somit nur bezogen auf miteinander verglichene Personengruppen. Dies erschien uns im Rahmen des Projektes vertretbar.
- Die gewählten wissensdiagnostischen Zugänge – strukturiertes Interview mit anschließender inhaltsanalytischer Auswertung der Interviewprotokolle und Wort-Assoziations-Versuch ergänzt durch Struktur-Legen – erbrachten als Hauptergebnis übereinstimmend, dass die Außendienst- und Servicemitarbeiter über mehr Wissen bezogen auf die ausgewählte Wissensdomäne verfügen als die Produktmanager und die Verkaufsmitarbeiter.
- Als Maß für die Mitarbeiterkompetenz wurde die Leistungsbeurteilung durch den Geschäftsführer verwendet, die auf der Basis eines differenzierten Urteilsprozesses für jeden Mitarbeiter vorgenommen worden war. Hierbei handelt es sich zweifellos um völlig subjektive Angaben, allerdings liegen diese auch allen Rückmeldungen bzw. Verhaltensweisen, die der Geschäftsführer gegenüber seinen Mitarbeitern äußert bzw. zeigt, zu Grunde, sodass sie für diese eine objektive Verbindlichkeit besitzen. Überdies belegen die Ergebnisse einer nachfolgenden Studie in der HIWESO GmbH, dass Kundenurteile bez. wahrgenommener Kompetenzen zwischen den Mitarbeiter-

gruppen weitaus weniger differenzieren (s. Rothe u a., 2004). Entscheidend ist, dass die Urteile des Geschäftsführers über die Mitarbeiter der verschiedenen Tätigkeitsbereiche in den resultierenden Hauptaussagen mit denen der Wissensdiagnosen übereinstimmen: Die Leistungen der Innendienstmitarbeiter (Produktmanagement und Verkauf) werden deutlich schlechter beurteilt als die der Außendienst- und Servicemitarbeiter. Im Extremgruppenvergleich konnte gezeigt werden, dass die Leistungen bzw. die Fachkompetenz der „guten Wisser" signifikant höher als die der „schlechten Wisser" eingeschätzt wurden. Das heißt, offensichtlich sind die wissensdiagnostischen Kenngrößen, insbesondere die Anzahl von Wort-Assoziationen, Indikatoren für berufliche Leistungsvoraussetzungen.

- Neben dem fachspezifischen Wissen und der beruflichen Kompetenz sind die objektiv vorliegenden Arbeitsbelastungen, deren Reflexion durch die betroffenen Personen, die daraus resultierenden Beanspruchungen bzw. Beanspruchungsfolgen sowie arbeitsbezogenen Verhaltens- und Erlebensweisen bedeutsame Einflussfaktoren für Leistung und Wohlbefinden von Mitarbeitern einer Organisation. Die diesbezüglichen differenzierten Ergebnisse, die im Rahmen der Projektuntersuchungen in der HIWESO GmbH gewonnen wurden, lassen sich zu folgenden Hauptaussagen zusammenfassen: In allen Tätigkeitsbereichen gibt es einzelne Arbeitsmerkmale, die psychische Fehlbelastungen anzeigen. Im Durchschnitt über alle Bereiche gemittelt, beurteilen die HIWESO-Mitarbeiter ihre Arbeitsbelastungen und ihre in der Arbeitssituation vorliegenden gesundheitsrelevanten Ressourcen im Wesentlichen genauso wie eine repräsentative Stichprobe von Mitarbeitern aus Unternehmen der Dienstleistungsbranche in Deutschland und der Schweiz (s. Rimann & Udris 1997). Zwischen den einzelnen Tätigkeitsbereichen gibt es aber deutliche Unterschiede. Die Verkaufsmitarbeiter und die Produktmanager beurteilen ihre Arbeitssituation negativer als die Außendienst- und Servicemitarbeiter. Die Mitarbeiter im Verkauf und im Produktmanagement sind bez. ihrer arbeitsbezogenen Verhaltens- und Erlebensweisen überwiegend dem Risikotyp B zuzuordnen. Das heißt, im Vergleich zu den Mitarbeitern der beiden anderen Tätigkeitsbereiche verfügen sie über eine geringere Widerstandsfähigkeit gegenüber Belastungen, sie haben ein geringeres Erfolgserleben in der Arbeit und eine niedriger ausgeprägte Lebenszufriedenheit.
- Die psychische Beanspruchung, das Erleben der gesamten Arbeitssituation und die arbeitsbezogenen Verhaltensweisen der Mitarbeiter der HIWESO GmbH müssen auf Grund der ermittelten korrelativen Zusammenhänge in Beziehung zu ihrem fachspezifischem Wissen gesehen werden. Mitarbeiter mit umfangreichem Wissen werden nicht nur als leistungsfähiger beurteilt, sie fühlen sich auch weniger belastet und erleben ihre Arbeitssituation positiver als Mitarbeiter mit unterdurchschnittlichem Wissen. „Gute Wisser" nutzen mehr Entscheidungsspielräume, schöpfen ihr Qualifikationspotenzial besser aus, resignieren bei Misserfolgen weniger, können sich besser von Arbeitsproblemen distanzieren und haben dann auch mehr Erfolgserlebnisse im Beruf und sind mit ihrem Leben zufriedener. Die Verallgemeinerbarkeit der hier gefundenen Zusammenhänge zwischen Wissen, Beanspruchung, arbeitsbezogenem Verhalten und Erleben ist Gegenstand weiterer, kausalanalytischer Forschungen.

4.2 Methodenkritik

Die vorliegende Studie sollte insbesondere auch Erkenntnisse über Möglichkeiten und Grenzen von Methoden zur Erfassung und Diagnose von fachspezifischem Wissen erbringen.

Zunächst wurden Dokumentenanalysen und Expertenbefragungen durchgeführt, um ein hypothetisches Wissensmodell über die Wissensdomäne *Schweißen* zu bilden und einen Interviewleitfaden ableiten zu können. Die Protokolle über die Interviews wurden inhaltsanalytisch ausgewertet und in Relation zum Soll-Wissen wurde das extrahierte Wissen bewertet. Zusätzlich waren Wissensdiagnosen mit einer Methodenkombination aus Wort-Assoziations-Versuchen und Struktur-Lege-Technik – bezogen auf die ausgewählte Domäne – durchgeführt worden. Die Kenndaten wurden zu Leistungsbeurteilungen der HIWESO-Mitarbeiter durch den Geschäftsführer in Beziehung gesetzt.

Unter Feldbedingungen in Unternehmen muss der Untersuchungsaufwand für Arbeitspersonen immer minimiert werden. Daher konnte sich die Wissensdiagnose nicht auf *das* fachspezifische Wissen der HIWESO-Mitarbeiter beziehen. Wie die Befunde zeigen, ist mit der ausgewählten Wissensdomäne aber offensichtlich ein repräsentativer, prototypischer Ausschnitt aus dem Gesamtwissen bestimmt worden. Von besonderer Relevanz ist, dass die einerseits mittels Interview und inhaltsanalytischer Protokoll-Auswertung und andererseits mittels Wort-Assoziations-Versuch bezogen auf *Schweißen* ermittelten diagnostischen Kenngrößen zu gleichen inhaltlichen Aussagen führen. Allerdings ist sowohl der Durchführungs- als auch der Auswerteaufwand im Falle der Interviews um ein Vielfaches höher als beim Wort-Assoziations-Versuch. Dem Wort-Assoziations-Versuch ist daher der Vorzug zu geben. Bei einzelnen Arbeitspersonen aufgetretene Verständnisschwierigkeiten mit der Instruktion konnten durch Erläuterungen und Übungen an Beispielen aus dem Allgemeinwissen behoben werden.

Kritisch zu werten ist in der vorliegenden Studie die Effizienz der Struktur-Lege-Technik. Sie ist für die Arbeitsperson und den Untersucher ein sehr aufwändiges Verfahren, obwohl hier der zu legende Wissensbereich nochmals eingeschränkt wurde auf das *Funktionsprinzip beim Elektroden- und MIG/MAG-Schweißen* und auf den *Aufbau von Elektroden- und MIG/MAG-Schweißgeräten*. Hinzu kommt, dass die hier ermittelten Kenngrößen über die gelegten Strukturen keine zusätzlichen neuen Erkenntnisse im Vergleich zu denen, die bereits aus den Assoziationsdaten gewonnen worden waren, erbracht haben. In nachfolgenden Untersuchungen sind weitere, über die formalen Quantifizierungen hinausgehende qualitative Aspekte bei den Strukturanalysen bezüglich ihrer diagnostischen Relevanz zu prüfen.

Zusammenfassend kann festgestellt werden, dass sich die Anzahl von Assoziationen als brauchbarer Indikator für das fachspezifische Wissen von Arbeitspersonen erwiesen hat, der auch Prädiktionen auf deren Kompetenz und Leistung erlaubt.

5 Schlussfolgerungen

5.1 Personbezogene Interventionen

Neben Wissens- und Belastungsanalysen wurden im Tätigkeitsbereich Produktmanagement auch Beobachtungsinterviews zum Selbstmanagement und zur persönlichen Arbeitsorganisation durchgeführt. Es konnten bei allen Mitarbeitern Kompetenzdefizite aufgedeckt werden. Sie bildeten den Ausgangspunkt für personspezifische Interventionen. Jedem Produktmanager wurde zunächst ein individuelles Feedback zu den Ergebnissen aus der Tätigkeits- und Zeitanalyse und den Interviews zur Arbeitsorganisation gegeben. Durch gezielte Hilfestellungen hinsichtlich Selbstmanagement konnten Verbesserungen erreicht werden, die in der Folge auch zu einem effizienteren individuellen Wissensmanagement beitragen können. Abb. 22 zeigt exemplarisch die Interventionsvorschläge für einen Produktmanager.

Code: RAL
- Kataloge, Preislisten und sämtliche Unterlagen zum Arbeitsschutz ins Regal hinter dem Arbeitsplatz einsortieren → Zeiteinsparung
- erledigte Angebote, Bestellungen, Aufträge, Anfragen sammeln und einmal pro Tag oder Woche in die entsprechenden Ordner abheften → Zeiteinsparung
- Ordner mit unerledigten Vorgängen etc. anlegen
- Postablagefach
- zugeordnete Lieferantenunterlagen aktualisieren (neue Preislisten, Konditionen, Kataloge etc. ein- und alte aussortieren)
- „Zettelwirtschaft" einschränken
- Ablagefächer für zu erledigende Aufgaben wie Angebote, Aufträge, Anfragen etc. nutzen → nicht auf dem Schreibtisch lagern
- PC-Anwendung optimieren
- noch fehlende Produktkenntnis und Erfahrungen im Bereich „Arbeitsschutz" erfordern Mehraufwand und die Aufgabenerledigung erfordert zusätzliche Zeit → Produktkenntnis vertiefen, Erfahrungen sammeln im Laufe der Zeit

---

Abb. 22: Vorschläge zur Verbesserung des Selbstmanagements, die dem Mitarbeiter RAL (Code) unterbreitet wurden

5.2 Maßnahmen zur Verbesserung des organisationalen Wissensmanagements und der Arbeitsorganisation

Die aus den Analysen zum Wissensmanagement gewonnenen Erkenntnisse wurden zunächst mit der Geschäftsleitung und einem Vertreter des Innendienstes diskutiert. Gemeinsam wurde ein Maßnahmenkatalog im Sinne der Personal- und Organisationsentwicklung aufgestellt. Es sollte eine Effizienzsteigerung im Innendienst erzielt werden. In einer *Strategietagung* wurden den Mitarbeitern aus dem Produktmanagement und sonstigen Innendienstmitarbeitern die in Tab. 11 aufgeführten Gestaltungsvorschläge unterbreitet. Unter Beteiligung der Mitarbeiter konnte so ein vorläufiges Programm erarbeitet werden, das konkrete Maßnahmen mit Verantwortlichkeiten und Terminen enthält.

Entscheidend dabei ist, dass die erwartete Effizienzsteigerung nicht direkt durch die Maßnahmen erfolgt, sondern vermittels der Optimierung von Kernprozessen des Wissens-

Tab. 11: Maßnahmenkatalog zur Optimierung des Wissensmanagements

Inhalt der Strategietagung vom 25/04/2002
(Bezug zum Wissensmanagement)
Beschlossene Gestaltungsvorschläge
Zuständigkeit der Produktmanager   *(Wissens(ver)teilung und -nutzung)*   Jeder Produktmanager ist für die Aktualisierung der Unterlagen der ihm zugeordneten Lieferanten zuständig.   Grundsätzliche Verantwortlichkeit für die Preise im System liegt beim Produktmanager.   *Verantwortlich:* alle Produktmanager   *Termin:* ab sofort
Einsatz Auszubildende   *(Wissens(ver)teilung und -nutzung)*   Bei Bedarf können in Abstimmung mit dem Geschäftsführer und/oder Mitarbeiter JRS* die Auszubildenden im Produktmanagement etc. eingesetzt werden, um z.B. Preislisten einzupflegen.   *Verantwortlich:* alle Mitarbeiter im Innendienst   *Termin:* ab sofort
Umgang mit Faxeingängen   *(Wissensidentifikation und -bewahrung)*   Faxe – insbesondere Angebote, Auftragsbestätigungen, Bestellungen u.Ä. – die über PC verschickt werden, nicht ausdrucken und aufbewahren, da diese 3 Monate gespeichert bleiben.   Angebote bzw. Anfragen nach dieser Zeit aus dem Speicher entfernen, um eine PC-Überlastung zu verhindern und den Überblick zu behalten.   *Verantwortlich:* alle Mitarbeiter   *Termin:* ab sofort
Stellenbeschreibungen   *(Wissens(ver)teilung und -nutzung)*   Verantwortlichkeiten, Rechte, Pflichten, Aufgaben werden auf der Grundlage der von den Mitarbeitern der jeweiligen Stellen entworfenen Aufgabencharakteristik neu definiert und im Arbeitsvertrag verankert.   Überschneidungen sollen überdacht und evtl. vermieden werden sowie „Grauzonen" in der Aufgabenabwicklung definiert und Verantwortlichen zugeordnet werden.   *Verantwortlich:* Geschäftsführer   *Termin:* 30/06/2002
Anreizsystem   *(Wissenserwerb und -entwicklung)*   Mitarbeiter, die sich über ihren eigentlichen Verantwortlichkeitsbereich hinaus für das Unternehmen engagieren (z.B. „Training on the Job" mit anderen Mitarbeitern; Anlernen von Azubis), werden je nach Art des Engagements belohnt (z.B. Geld- oder Sachgeschenke).   *Verantwortlich:* Geschäftsführer   *Termin:* ab sofort
Telefon   *(Wissenserwerb und -entwicklung)*   Zentraleingang Telefon übernimmt Mitarbeiter MIT* und die 2. Schaltung Mitarbeiter AOG*;   Wer einen Anruf entgegennimmt, soll die Fragen beantworten, also das Problem versuchen zu lösen.   Daraus resultierende Rückrufe sollen kurzfristig erledigt werden.   *Verantwortlich:* MIT*; AOG*   *Termin:* Umstellung durch Telekom

Diskutierte Gestaltungsvorschläge
Stellvertreter Produktmanagement   *(Wissenserwerb und -entwicklung)*   Feste Stellvertreterzuordnung mit der Konsequenz, dass einer der beiden Produktmanager immer da ist.   Die Stellvertreter sollen an den Produktschulungen des jeweils zu vertretenden Produktmanagers teilnehmen, um ihn auch fachlich vertreten zu können.   *Verantwortlich:* alle Produktmanager   *Termin:* 31/05/2002
Arbeitsplatzorganisation   *(Wissensidentifikation und -bewahrung)*   Es sollen künftig 3 Ablagefächer „Auftragseingang", „in Bearbeitung" und „Erledigt" auf jedem Arbeitsplatz für laufende Aufgaben aufgestellt und genutzt werden.   Ein Ablagefach für „Post" wird bei jedem Produktmanager, dem Geschäftsführer, in der Buchhaltung und den kaufmännischen Angestellten zur Verfügung gestellt.   *Verantwortlich:* HLG*   *Termin:* ab sofort
Posteingang   *(Wissensidentifikation und -bewahrung)*   Zentrale Ablagefächer für den Posteingang werden allen Außendienstmitarbeitern, dem Lager, Ladenverkauf und der Werkstatt bereitgestellt. Diese sind regelmäßig von den Mitarbeitern zu leeren/kontrollieren.   Die Produktmanager, Buchhaltung, kaufmännische Angestellte und Geschäftsführer bekommen jeweils ihr Ablagefach „Post" am eigenen Arbeitsplatz.   *Verantwortlich:* HLG*   *Termin:* ab sofort
Unterlagenbibliothek   *(Wissensidentifikation und -bewahrung)*   Einführung einer Unterlagenbibliothek nach einem von Mitarbeiter JRS* entwickelten und erläuterten System;   Systemerweiterung, d.h. der Produktmanager kann künftig aktuelle Unterlagen beim Lieferanten anfordern (per Fax aus diesem System verschicken). Die Erweiterung wird von Mitarbeiter JRS* entwickelt und ins System integriert.   *Verantwortlich:* JRS*, alle Produktmanager   *Termin:* ab sofort
„Meckerkasten"   *(Wissenserwerb und -entwicklung)*   Es wird ein Briefkasten in der Kantine angebracht, wo „Vorschläge/Probleme" [auch anonym] der Mitarbeiter gesammelt und in den Belegschaftssitzungen etc. vorgetragen und diskutiert werden können.   Ein entsprechender Anreiz für eingehende Vorschläge ist durch den Geschäftsführer vorgesehen.   *Verantwortlich*: HLG*   *Termin*: ab sofort
Zuordnung Außendienstmitarbeiter-Produktmanager   *(Wissens(ver)teilung und -nutzung)*   Das Pro und Kontra dieser Maßnahme wurde diskutiert.   Es soll ein Erfahrungsaustausch mit anderen Mitarbeitern, die dieses Modell bereits praktizieren, stattfinden. Eine endgültige Entscheidung wurde bis auf Weiteres vertagt.   *Verantwortlich:* Geschäftsführer   *Termin:* 30/06/2002

*Mitarbeiter-Code

managements. So ist z.B. die exakte Klärung der Zuständigkeiten von Produktmanagern wesentliche Voraussetzung für den reibungslosen Wissenstransfer im Innendienst. Die Einführung eines Anreizsystems zur Förderung von Engagement und selbstgesteuertem Lernen bewirkt eine Verbreiterung und Vertiefung des organisationalen Wissens, wodurch die Ziele des Unternehmens besser erreicht werden können.

Die Neuregelung bez. der Telefoneingänge zielt auf den Abbau von Störungen bei der Erledigung von Arbeitsaufgaben und damit auf die Gewinnung von Zeit, z.B. zur erweiterten Wissensentwicklung im Bereich des Produktmanagements. In Tab. 11 sind die einzelnen Maßnahmen jeweils den Wissensmanagementprozessen zugeordnet, zu denen aus unserer Sicht die engsten Bezüge bestehen.

Literatur

Bergmann, B. (1999). Training für den Arbeitsprozess. Entwicklung und Evaluation aufgaben- und zielgruppenspezifischer Trainingsprogramme, Zürich.
Bergmann, B. (2000). Kompetenzentwicklung im Arbeitsprozess. In: Zeitschrift für Arbeitswissenschaft 2, Stuttgart, 138-144.
Bildungswerk der Thüringer Wirtschaft e.V. (Hrsg.) (2001). Wissensmanagement für Kleinunternehmen, Teil 1: Einführung, Reihe: Aus der Praxis für die Praxis 39.
Bullinger, H.-J. & Prieto, J. (1998). Wissensmanagement: Paradigma des intelligenten Wachstums – Ergebnisse einer Unternehmensstudie. In: P. Pawlowsky (Hrsg.). Wissensmanagement: Erfahrungen und Perspektiven, Wiesbaden, 87-118.
Dutke, S. (1994). Mentale Modelle: Konstrukte des Wissens und Verstehens. Kognitionspsychologische Grundlagen für die Software-Ergonomie, Göttingen.
Eckert, A. (2000). Die Netzwerk-Elaborierungs-Technik (NET) – Ein computerunterstütztes Verfahren zur Diagnose komplexer Wissensstrukturen. In: H. Mandl & F. Fischer (Hrsg.). Wissen sichtbar machen. Wissensmanagement mit Mapping-Techniken, Göttingen, 137-157.
Erpenbeck, J. & Heyse, V. (1996). Berufliche Weiterbildung und berufliche Kompetenzentwicklung. In: Arbeitsgemeinschaft Qualifikations-Entwicklungs-Management (Hrsg.). Kompetenzentwicklung '96. Strukturwandel und Trends in der betrieblichen Weiterbildung, Münster, 15-152.
Erpenbeck, J. & Heyse, V. (1999). Die Kompetenzbiographie. Strategien der Kompetenzentwicklung durch selbstorganisiertes Lernen und multimediale Kommunikation, edition QUEM, Bd. 10, Münster.
Felbert v., D. (1998). Wissensmanagement in der unternehmerischen Praxis. In: P. Pawlowsky (Hrsg.). Wissensmanagement: Erfahrungen und Perspektiven, Wiesbaden, 119-141.
Flüter-Hoffmann, C. & Willeke, K. (Redaktion) (2001). Handlungsanleitung zur Einführung von Wissensmanagement in Kleinen und Mittleren Unternehmen (KMU). KluG-Projekt, 2. Entwurf (unveröff.).
Hacker, W. (1992). Expertenkönnen, Erkennen und Vermitteln, Göttingen.
Heyse, V. & Erpenbeck, J. (1997). Der Sprung über die Kompetenzbarriere. Kommunikation, selbstorganisiertes Lernen und Kompetenzentwicklung von und in Unternehmen, Bielefeld.
Klix, F. (1992). Die Natur des Verstandes, Göttingen.
Kluwe, R.H. (1988). Methoden der Psychologie zur Gewinnung von Daten über menschliches Wissen. In: H. Mandl & H. Spada (Hrsg.). Wissenspsychologie, München, 359-385.
Kurtzke, C. & Popp, P. (1998). Wertschöpfung durch Innovation und Capability Management im Lernenden Unternehmen. In: P. Pawlowsky (Hrsg.). Wissensmanagement: Erfahrungen und Perspektiven, Wiesbaden, 177-198.

Metz, A.-M. & Rothe, H.-J. (2001). Screening psychischer Arbeitsbelastungen. Manual, Potsdam.

Nisbett, R.E. & Wilson, T. (1977). Telling more than we can know: Verbal reports on mental processes. In: Psychological Review 84, San Jose, 231-259.

North, K. (1999). Wissensorientierte Unternehmensführung: Wertschöpfung durch Wissen, 2. aktualisierte und erw. Aufl., Wiesbaden.

Oswald, M. & Gadenne, V. (1984). Wissen, Können und künstliche Intelligenz. Eine Analyse der Konzeption des deklarativen und prozeduralen Wissens. In: Sprache & Kognition 3, Bern, 173-184.

Pawlowsky, P. (1995). Von betrieblicher Weiterbildung zum Wissensmanagement. In: H. Geißler (Hrsg.). Organisationslernen und Weiterbildung, Neuwied, 435-457.

Probst, G., Raub, S. & Romhardt, K. (1997). Wissen managen. Wie Unternehmen ihre wertvollste Ressource optimal nutzen, Wiesbaden.

Reinmann-Rothmeier, G. & Mandl, H. (2000). Individuelles Wissensmanagement. Strategien für den persönlichen Umgang mit Informationen und Wissen am Arbeitsplatz, Bern.

Rimann, M. & Udris, I. (1997). Subjektive Arbeitsanalyse: Der Fragebogen SALSA. In: O. Strohm & E. Ulich (Hrsg.). Unternehmen arbeitspsychologisch bewerten. Ein Mehr-Ebenen-Ansatz unter besonderer Berücksichtigung von Mensch, Technik und Organisation, Zürich, 281-298.

Romhardt, K. (1998). Die Organisation aus der Wissensperspektive – Möglichkeiten und Grenzen der Intervention, Wiesbaden.

Rosenstiel v., L. (2000). Wissen und Handeln in Organisationen. In: H. Mandl & J. Gerstenmaier (Hrsg.). Die Kluft zwischen Wissen und Handeln. Empirische und theoretische Lösungsansätze, Göttingen, 95-138.

Rothe, H.-J. (2003). Wissensdiagnose auf der Basis von Assoziieren und Struktur-Legen. In: J. Erpenbeck & L. v. Rosenstiel (Hrsg.). Handbuch Kompetenzmessung, Stuttgart, 114-125.

Rothe, H.-J., Metz, A.-M., Böwe, H. & Schumann, J. (2004). Kundenzufriedenheit – Der Einfluss von Stabilität des Kontakts zwischen Unternehmensmitarbeitern und Kunden. In: W. Bungard, B. Koop & C. Liebig (Hrsg.). Psychologie und Wirtschaft leben. Aktuelle Themen der Wirtschaftspsychologie in Forschung und Praxis, München, 567-573.

Ryle, G. (1949). The concept of mind, London.

Schaarschmidt, U. & Fischer, A.W. (1996). AVEM – Arbeitsbezogenes Verhaltens- und Erlebensmuster, Frankfurt/M.

Scheele, B. & Groeben, N. (1984). Die Heidelberger Struktur-Lege-Technik (SLT). Eine Dialog-Konsens-Methode zur Erhebung subjektiver Theorien mittlerer Reichweite, Weinheim.

Schüppel, J. (1996). Wissensmanagement. Organisatorisches Lernen im Spannungsfeld von Wissens- und Lernbarrieren, Wiesbaden.

Strube, G. (1984). Assoziation. Berlin.

Tan, Y. (2001). Wissensmanagement im Help Desk, Zürich.

Wildenmann Consulting, Karlsbad
(Bearbeitung durch Stefanie Lowey, Stefan Czempik, Birgitt Lütze)[1]

Die Kompetenzhaltigkeit moderner betrieblicher Assessments

1   Einleitung und Ziele

Managementpotenzial zu einem möglichst frühen Zeitpunkt der persönlichen Entwicklung zu identifizieren, ist eine zentrale Aufgabe der Personalentwicklung. Je größer die Vorhersagefähigkeit, je früher die Identifikation geeigneter Kandidaten möglich ist, desto eher sind eine gezielte Förderung und die Vermeidung von Streuverlusten realisierbar.
Da Kosteneinsparungen und gezielter Mitteleinsatz für viele Unternehmen zentrale Themen sind, gelten Potenzialeinschätzungsverfahren als probates Mittel, um eine gezielte Managementnachwuchsförderung zu betreiben.

Wir sind seit vielen Jahren in der Managementberatung tätig und dementsprechend an vielen Verfahren zur Einschätzung von Führungspotenzial direkt oder indirekt beteiligt. Da wir Unternehmen zum Teil über viele Jahre begleiten, haben wir oft Gelegenheit, den Werdegang der rekrutierten bzw. der geförderten und nicht geförderten Mitarbeiter über mehrere Jahre zu verfolgen.
Ohne eine quantitative Auswertung vorgenommen zu haben, ist für uns doch auffällig, dass die Auswahl oft eher zufällig erscheint, das Potenzial mancher sehr stark geförderter Führungskraft mit 50 Jahren noch nicht zum Tragen gekommen ist, während andere offenbar gar nicht Gelegenheit haben, ihr Können unter Beweis zu stellen.
Dies führte uns zu der Frage, was Potenzial eigentlich ist und was Potenzialeinschätzungsinstrumente eigentlich messen.

Bei der Betrachtung der ersten Frage ist es unseres Erachtens essenziell, Potenzial von Kompetenzen zu differenzieren, da es ja auch darum gehen soll, Personen zu identifizieren, die noch keine Gelegenheit hatten, ihre Führungskompetenzen zu entwickeln. Das heißt, bei der Suche nach Potenzial geht es um die Voraussetzungen für die Entwicklung

---

[1] Zum Zeitpunkt der Abfassung des Beitrages waren die drei Autoren für Wildenmann Consulting tätig.

eines breiten und flexiblen Sets von Management-Kompetenzen (Kap. 2 u. 3). Auf dieser Basis haben wir nach Ansätzen gesucht, die diese Auffassung von Potenzial teilen, und sind vor allem in der amerikanischen Literatur fündig geworden. Diese dient uns als Anregung zur Entwicklung eines eigenen Konzeptes, das wir vornehmlich aus der Beobachtung und Analyse von Managerkarrieren entwickelt haben.

Im zweiten Schritt haben wir Assessment Center unter die Lupe genommen (Kap. 4), die in der Personalentwicklung das wesentliche Instrument zur Potenzialeinschätzung darstellen. Nach unserer Abgrenzung messen viele ACs, die zur Potenzialeinschätzung konzipiert worden sind, Kompetenzen. Sofern eine Führungskraft diese auch schon in hohem Maße entwickelt hat, dürften solche Ansätze vor allem bei erfahrenen Führungskräften recht erfolgreich zur Potenzial- und Kompetenzmessung eingesetzt werden können. Sie versagen jedoch bei relativ jungen Menschen, die noch nicht ausreichend Gelegenheit hatten, spezifische Kompetenzen zu entwickeln. Aus diesem Grunde haben wir selbst Vorschläge erarbeitet, wie Potenzial in Auswahlverfahren, vor allem im AC erfasst werden kann (Kap. 5).

2 Kompetenzen: Begriff und Beurteilung

2.1 Der Kompetenzbegriff

2.1.1 Zur Entwicklung des Kompetenzbegriffs

Geht man auf die Suche nach der Herkunft des Kompetenzbegriffs, so stößt man zunächst auf Beiträge in der englischsprachigen Literatur. Unter dem Titel „Testing for competence rather than for intelligence" (1973) legte McClelland dar, dass weder der traditionell eingesetzte „Intelligenztest" noch die während der schulischen und universitären Ausbildung erzielten Zensuren in der Lage seien, zuverlässig den Berufserfolg eines Menschen vorherzusagen. Sein Anspruch war es daher, die tatsächlich für eine bestimmte Position erfolgsrelevanten Anforderungen zu eruieren. Diese nannte er *„competency"-Variabeln*. Zu diesem Zweck führte er in einem Kontrastgruppendesign Interviews durch. In Bezug auf eine bestimmte Position betrachtete er Gruppen, die sich in ihrer Leistung deutlich unterschieden. Sowohl die Hochleistungskandidaten als auch die Kandidaten, die weniger gute Leistungen erzielten, wurden nach jeweils drei Situationen befragt, in denen sie sehr erfolgreich bzw. bei denen sie weniger erfolgreich waren. Erfragt wurden Ausgangssituation, Handlung, einflussnehmende Rahmenbedingungen sowie das jeweils erzielte Ergebnis. Nach Auswertung und Vergleich der beiden Gruppen ermittelte McClelland die speziellen *competencies*, die die Hochleistungskandidaten gegenüber den weniger erfolgreichen ausgewiesen. McClelland folgte so der Idee der „Critical Incident Methode" (CTI) von Flanagans, erweiterte sie aber durch den Aspekt, dass er nicht ausschließlich das Verhalten, sondern auch Situation, Rahmenbedingungen, Gedanken, Gefühle und Motive integrierte. Neben der „Kreation" des Kompetenzbegriffs hat Mc Clellands vor diesem Hintergrund zu seiner Zeit vor allem einen entscheidenden *methodischen* Beitrag zur

Ermittlung tatsächlicher Anforderungs- oder Kompetenzprofile geleistet. Die Frage, die sich allerdings stellte und bis heute stellt, ist, worin der tatsächliche Unterschied zwischen den so ermittelten „Competencies" und den bis dato definierten „Anforderungen" oder Fähigkeiten und Fertigkeiten liegt

2.1.2 Definition von Kompetenzen

Untersucht man die von McClelland induktiv ermittelten Kompetenzen, so stellt man fest, dass seine Liste der Competencies unterschiedliche Faktoren beinhaltet. Neben klassischen Fähigkeiten und Fertigkeiten sind auch Persönlichkeitsmerkmale, Werte, Verhaltensweisen, Motive, etc. zu finden (vgl. Boyatzis 1982). Sarges (2001) stellt hierbei fest, dass etliche Competencies „Konfigurationen (Bündelungen) aus verschiedenen Einzelmerkmalen sind" oder nur situationsgerechte Ausprägungen verschiedener anderer Merkmale (Wunderer & Bruch 2000). So kommt Sarges zu dem Schluss, dass viele Competencies zum Zwecke seriöser Messung entsprechend „entknäuelt" werden müssten. (Sarges 2001).

Spencer und Spencer (1993) legen eine andere Definition vor. Nach dieser ist eine Kompetenz ein zugrundeliegendes Merkmal eines Individuums, das ursächlich für eine mit Kriterien messbare effektive Leistung bzw. Hochleistung in einem Job oder einer Situation verantwortlich ist.

Damit ist gemeint, dass Kompetenzen
- tief in der Persönlichkeit verwurzelt und damit ein dauerhafter Teil der Persönlichkeit sind,
- kausal das Verhalten und die Leistung einer Person vorhersagbar machen,
- in der Lage sind vorherzusagen, welche Personen eine bestimmte Situation anhand messbarer Kriterien gut bzw. schlecht meistern werden.

Sarges kommt zum Schluss, dass aber genau so auch die klassischen Anforderungs- bzw. Eignungsprofile definiert sind. „Demnach gibt es auf dieser Betrachtungsebene keinen Unterschied zwischen Competencies und Anforderungen. Methodisch gesehen könnten wir daher den Disput ‚Competencies statt Anforderungen' als reinen Streit über Namen/Bezeichnungen für ein und dieselbe Sache und damit als irrelevant abtun..." (Sarges 2001).

Aus diesem Grund konzentrieren sich die Forscher der Arbeitsgemeinschaft QUEM auf eine darunter liegende Betrachtungsebene, auf der die folgenden Fragen zu stellen sind:
Was passiert, wenn soziale Systeme miteinander in Kommunikation treten? Was passiert, wenn Menschen miteinander kooperieren um bestimmte Leistungen zu vollbringen? Was passiert im eigentlichen Lernprozess? Welche Kompetenzen brauchen diese sozialen Systeme eigentlich?

Erpenbeck/Heyse stellen in zahlreichen Veröffentlichungen (QUEM Bulletin 1998 und 1999) dar, dass sich obige Prozesse am besten anhand der Synergetik beschreiben lassen. Dies ist folgendermaßen zu verdeutlichen:

Das sich selbst organisierende „soziale System" besteht aus interagierenden Individuen, ihrerseits soziale Systeme, die mit unterschiedlichen Kompetenzen als Selbstorganisationsdispositionen ausgestattet sind. Die miteinander kommunizierenden Individuen sind eingebunden in äußere Rahmenbedingungen (geistige, materielle, räumliche und zeitliche Ressourcen). Zusätzlich existieren in diesem System sogenannte Kontrollparameter (äußere Umwelteinflüsse, System-Umwelt-Kopplungen). Durch die Interaktion zwischen den verschiedenen Individuen entwickelt das System spezifische Werte und Normen, die wiederum ihrerseits als Ordnungsparameter die Art und Weise des sozialen Handelns und Kommunizierens innerhalb des sozialen Systems bestimmen und damit in den Bestand der individuellen Kompetenzen eingehen (vgl. Erpenbeck 1999a).

Obige Ausführungen machen deutlich, dass Individuen – bewegen sie sich und handeln sie in sozialen Systemen – in ständige, selbstreflexive und komplexe Kommunikations- und Lernschleifen eingebunden sind. Entscheidend für eine positive Verarbeitung dieser Komplexität ist die Fähigkeit, all diese Informationen immer wieder zu verarbeiten, mit bisherigem Wissen und Erfahrungen abzugleichen, daraus für die jeweilige Situation gültige Verhaltensweisen und Handlungen abzuleiten und diese umzusetzen, kurz: die Selbstorganisationsfähigkeit.

Dieser Auffassung zufolge sind Kompetenzen von Qualifikationen abzugrenzen, weil letztere auf Resultate gerichtet sind, während Kompetenzen sich auf die Dispositionen beziehen und nur indirekt aus der Realisierung der Dispositionen überprüfbar werden (vgl. Erpenbeck o.J., S.4) Somit werden in diesem von der Synergetik ausgehenden Ansatz Kompetenzen als Selbstorganisationsdispositionen beschrieben (vgl. Erpenbeck & Heyse o.J. (a)). Dementsprechend stellen Erpenbeck und Heyse fest: „Kompetenz bringt im Unterschied zu anderen Konstrukten wie Können, Fertigkeiten, Fähigkeiten, Qualifikation usw. die als Disposition vorhandene *Selbstorganisationsfähigkeit* des konkreten Individuums auf den Begriff." (Erpenbeck & Heyse o.J. (b)).

Erpenbeck (o.J., S.5) zufolge beinhaltet diese Selbstorganisationsfähigkeit die folgenden Komponenten:
- Verfügbarkeit von Wissen
- Selektive Bewertung von Wissen
- Einordnung von Wissen in umfassendere Wertbezüge
- Interpolationsfähigkeit
- Handlungsorientierung
- Handlungsfähigkeit
- Integration zur kompetenten Persönlichkeit

Eine kritische Auseinandersetzung mit dieser Definition erfolgt in Abschnitt 2.3.

2.1.3 Ableitung spezifischer Kompetenzen

Aus den Handlungsfeldern, die das Individuum in seinem komplexen Umfeld zu bewältigen hat, ergeben sich die Kompetenzbereiche. Nach Erpenbeck (2000, S. 25) geht es darum,
1. „geistige und instrumentelle Handlungen kreativ und methodisch selbst zu organisieren,
2. selbstorganisiert und zieloffen soziale Beziehungen aufzubauen und auf dieser Basis zu kommunizieren
3. Selbsteinschätzungen, Selbstveränderungen und Selbstkonzeptbildungen eigenständig vorzunehmen und sich selbstreflexiv in Lern- und Handlungsprozesse einzubringen,
4. ganzheitlich und selbstorganisiert das eigene Antriebsgeschehen zu steuern und auf diese Weise zu lernen."

Aus diesen Handlungsfeldern werden die sogenannten Grundkompetenzen abgeleitet (Erpenbeck 2000, S. 26):
- Fachkompetenzen
- Methodenkompetenzen
- Sozial-/kommunikative Kompetenzen
- Personale Kompetenzen
- Handlungskompetenzen

2.2 Erklärungsanspruch des Kompetenz-Konzeptes

Nach Sarges lassen sich folgende Vorteile des Kompetenz-Konzeptes gegenüber anderen Qualifikations- oder Anforderungsmodellen anführen (Sarges 2001):
- größere Nähe zur Alltagssprache;
- Ausrichtung auf die Zukunft;
- Kompetenzen als allgemeiner, übergreifender Bezugsrahmen für HR-Aktivität;
- die Entwicklung von Kompetenzmodellen;
- die Möglichkeit zur Berücksichtigung übergreifender Trends und Anforderungsmerkmale.

Nähe zur Alltagssprache:
Auffallend ist, dass die meisten Kompetenzbegriffe stärker an der Sprache der Arbeitswelt orientiert sind als an abstrakten Dispositions- und Fähigkeitsbegriffen der Psychologie. Damit wird ein „Übersetzen" der Begriffe für den eigentlichen Nutzer (Personalentwickler, Führungskraft, Mitarbeiter) erleichtert oder gar unnötig. Häufig sind spezifische Kompetenzbezeichnungen auch stark an der Kultur und damit der Sprache des Unternehmens orientiert, in dem sie zum Einsatz kommen sollen.

Zukunftsorientierung:
Die meisten Kompetenzmodelle sind nicht vergangenheitsorientiert, sondern richten sich an der Zukunft aus. So ist es beispielsweise üblich, aus der Strategie und den Herausforderungen, die in den nächsten Jahren an das Unternehmen gestellt werden,

die Sollkompetenzen für die Führungskräfte dieses Unternehmens abzuleiten (vgl z.B. Lombardo & Eichinger 1996). Damit werden Kompetenzmodelle stärker den Anforderungen unseres sich rasant änderndes Wirtschaftlebens gerecht. Zudem hat die Personalentwicklung damit ein wirkungsvolles Instrument für „strategieumsetzende Personal- und Unternehmensentwicklung" in der Hand.

Kompetenzmodelle als allgemeiner Bezugsrahmen für die Personalarbeit:
Im Idealfall werden Kompetenzmodelle als übergreifender Bezugsrahmen von der Rekrutierung der Mitarbeiter, über deren Entwicklung, Leistungsbeurteilung, als Grundlage zur Entgeltgestaltung und -entwicklung, etc. eingesetzt (Lütze 2000).

Entwicklung zahlreicher Kompetenzmodelle:
Aus der umfangreichen Arbeit mit Kompetenzen haben viele Beratungsunternehmen firmenübergreifende, job-spezifische Kompetenzmodelle entwickelt, die als Basis für firmenspezifische Kompetenzmodelle genutzt werden können. Dabei fällt auf, dass die Benennung der Kompetenzen allgemein gehalten sind, die dazugehörigen Verhaltensbeschreibungen und Beispiele für unterschiedliche Ausprägungen an den jeweiligen Job angepasst werden. (Spencer & Spencer 1993).

Berücksichtigung übergreifender Trends und Anforderungsmerkmale:
Sarges fordert darüber hinaus die Berücksichtigung sog. „Core Competencies", die zur Bewältigung der wachsenden Dynamik und Komplexität unerlässlich sind. Als Beispiel führt er hier *Vernetztes Denken, Intuition, Umsetzungskompetenz* und *allgemeines Lernpotential* auf. Dass diese Faktoren zunehmend wichtiger werden, ist auch unseres Erachtens unstrittig. Unserer Ansicht nach sind sie jedoch nicht den Kompetenzen, sondern dem Potenzial zuzuordnen (vgl. hierzu das Folgende).

2.3 Kritische Reflexion des QUEM-Kompetenz-Konzeptes

Unser aus der Praxis generierter Begriff von Kompetenzen unterscheidet sich weniger auf der Handlungs- und Diagnoseebene als vielmehr auf der theoretischen Ebene vom QUEM-Konzept.
Die in Abschnitt 2.1 dargestellten Komponenten von Kompetenzen: Verfügbarkeit von Wissen, selektive Bewertung von Wissen, Einordnung von Wissen in umfassendere Wertbezüge, Interpolationsfähigkeit, Handlungsorientierung, Handlungsfähigkeit, Integration zur kompetenten Persönlichkeit beschreiben Fähig- und Fertigkeiten, die über eine einzelne Kompetenz weit hinaus gehen. Das heißt, mit einer Kompetenz wie Qualität von Entscheidungen werden auch ganz wesentlich Selbstorganisationsfähigkeiten erfasst, die ausschlaggebend für die Realisierung anderer Kompetenzen wie z.B. Verhandlungsgeschick sind. Dementsprechend bietet es sich unserer Auffassung nach geradezu an, hier nicht einen Strauß unterschiedlicher Kompetenzen als Selbstorganisationsdispositionen zu kreieren, die sich im wesentlichen lediglich durch das spezifische Wissen unterscheiden, sondern die Gemeinsamkeiten bezüglich der internen Parameter der Selbstorganisation zusammenzufassen.

Dies geschieht durch die Arbeitsgemeinschaft QUEM in den sogenannten Grundkompetenzen (oder core competencies). Die diesbezügliche Differenzierung in geistige, soziale, lern- und handlungsbezogene Fähigkeiten erscheint uns plausibel und hat eine hohe Übereinstimmung mit dem Konstrukt, das wir als Mangementpotenzial bezeichnen. Dieses Managementpotenzial ist Voraussetzung für die Entwicklung von Kompetenzen, steht demzufolge also in einer kausalen Beziehung zu letzteren.
Auf Kompetenzen bezogen sehen wir auch die postulierte Zieloffenheit als kritisch an. Hätte Columbus gesagt: „Keine Ahnung wohin es geht – wollt ihr mitkommen?" (Erpenbeck 2000, S. 24), so hätte er vermutlich allein reisen müssen. Westindien war das topographische Ziel, der Erwerb von Reichtum ein materielles, Ruhm und das Erleben von Abenteuern immaterielle Ziele. Eine Führungskraft erhält Kompetenzbeurteilungen und entwickelt Kompetenzen (sie entwickelt i.d.R. nicht ihre Selbstorganisationsdisposition, sondern nutzt diese), um ihre fachliche oder Führungsleistung zu verbessern (=Ziel). Dies bedeutet, dass für uns die Gleichsetzung von Kompetenzen mit Selbstorganisationsdispositionen Kompetenz-Konzepte überstrapaziert.

Die in Abschnitt 2.2. skizzierte Praxisnähe des Kompetenzbegriffes erscheint uns in dieser Auffassung eher nicht vorzuliegen. Zu groß ist u.e. die Kluft zwischen theoretischem Konzept und praxisrelevanter Definition.
Im Unterschied zur QUEM-Auffassung definieren wir Managementkompetenzen auf der Grundlage spezifischer Anforderungen. Sie spiegeln Handlungsmöglichkeiten wider, die situationsspezifisch und zielgerichtet aktiviert werden, lassen sich daher nur über die Ergebnisse des Handelns erfassen.
Auf der pragmatischen Ebene scheinen dagegen die Unterschiede zu verschwinden. Wie wir der Literatur entnommen haben, sind im Grundsatz die von uns verwendeten Managementkompetenzen (s.u.) deckungsgleich mit Kompetenzen, die im QUEM-Ansatz zitiert werden. Auch im Hinblick auf den Erklärungswert (Abschnitt 2.2) ergeben sich mit Ausnahme der genannten core competencies, die weitgehend Persönlichkeits- oder Potenzialfaktoren entsprechen, keine Differenzen zu Einsatzbereichen und Konzeption des Kompetenzmodells.

2.4 Praxisbeispiel: Kompetenzmodell für das Management

Um unsere Auffassung von Kompetenzen zu verdeutlichen, bzw. ihre Anwendungsbereiche deutlich zu machen, stellen wir im folgenden ein Kompetenzmodell vor, das wir für das Thema Management und Leadership entwickelt haben (vgl. Wildenmann 1999). In diesem Modell wird unterschieden zwischen Grundhaltungen, Persönlichkeits-, Potenzial-, Spin-out-Faktoren, Kompetenzen und Handlungsbereichen. Diese Differenzierung wird zum einen vorgenommen, weil hier Kausalrelationen und Rückkoppelungsprozesse zwischen den verschiedenen Persönlichkeitsebenen vorliegen, zum anderen führt diese Differenziertheit zu einem gezielten Einsatz in der Praxis, weil sich auf dieser Basis spezifische Problemfaktoren erkennen lassen und damit gezielte Ansatzpunkte für die individuelle Weiterentwicklung identifizierbar sind.

Darüber hinaus werden wie auch bei Lombardo und Eichinger (1996) Spin-out-Faktoren in unserem Modell berücksichtigt, weil sich in unserem Beratungskontext zeigt, dass es nicht nur das Vorhandensein oder die Abwesenheit von Persönlichkeitsmerkmalen, sondern auch deren negative Ausprägung ist, die eine Karriere entscheidend beeinflussen kann.

Die am einfachsten operationalisierbare Ebene stellen die Handlungsbereiche dar, die im inneren und äußeren Kreis der Führung sichtbar sind.

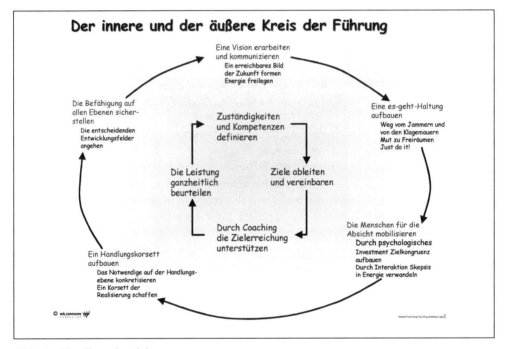

Abb. 1: Handlungsbereiche

Auf der Ebene der Handlungsbereiche liegen erreichte, messbare Tatsachen und Fakten (Ergebnisse) des Führungshandelns vor. Hier ist direkt messbar, wie gut die Führungskraft ihre tatsächlichen Führungsaufgaben ausgeführt hat.
Beispielsweise kann relativ einfach nachvollzogen werden, ob eine Führungskraft Kompetenzen und Zuständigkeiten klar definiert hat. So lässt sich z.B. durch ein Interview, einen Monitor oder ein 360°-Feedback deutlich ermitteln, inwieweit dieses Ergebnis sichtbar ist. Ergo sind die Handlungsbereiche sach- und ergebnisbezogen.

Hingegen sind Kompetenzen – wie im QUEM-Ansatz – subjektbezogen: Zur Realisierung von Ergebnissen kann eine Person verschiedene Kompetenzen einsetzen und auch miteinander kombinieren. Die Handlungsbereiche geben noch keine Auskunft darüber, welche Kompetenzen die Führungskraft einsetzt oder einsetzen kann, um die erwünschten Ergebnisse zu erzielen bzw. welche Kompetenzen gut bzw. weniger gut entwickelt sind. Hierzu ist eine genaue Analyse der unterschiedlichen Ebenen des Modells erforderlich.

Im folgenden sind die einzelnen Kompetenzen und die sie in unserem 360°-Feedback (Leadership Circle) operationalisierenden Items kurz dargestellt:

Kompetenzen

1. Geschäfte entwickeln
1.1 Hat einen außerordentlichen Geschäftssinn, mit dem er Erfolge am Markt erzielt.
1.2 Denkt und handelt unternehmerisch.

2. Kundenorientierung
2.1 Stellt die Kundenzufriedenheit immer in den Mittelpunkt seines Handelns.
2.2 Stellt langfristige und tragfähige Beziehungen zu seinen Kunden her.

3. Positiver Umgang mit Konflikten
3.1 Geht Konflikte ohne Aufschub aktiv an, mit dem Ziel, diese konstruktiv zu lösen.
3.2 Legt bei Konflikten seine Interessen offen.
3.3 Verhält sich in Auseinandersetzungen fair und achtet darauf, dass der Konfliktgegner sein Gesicht wahrt.

4. Effektiv kommunizieren
4.1 Ist ein guter Zuhörer.
4.2 Ist in der Lage, in adressatengerechten Präsentationen verschiedenste Menschen mit seinen Botschaften zu erreichen.
4.3 Versteht es, komplexe Sachverhalte auf den Punkt zu bringen.

5. Visionen entwickeln
5.1 Hat eine sehr gute Fähigkeit, Trends und zukünftige Entwicklungen in seinem Arbeitsgebiet zu erkennen.
5.2 Ist in der Lage, Möglichkeiten in Visionen zu verwandeln.

6. Strategisches Handeln
6.1 Gibt eine klare strategische Richtung und Orientierung vor.
6.2 Lässt hinter seinen Entscheidungen und Aktivitäten eine eindeutige Linie erkennen.

7. Selbstmanagement
7.1 Bleibt auch in Stresssituationen souverän und kalkulierbar.
7.2 Hat seine Zeit- und Aufgabenplanung sehr gut organisiert.

8. Qualität der Entscheidungen
8.1 Berücksichtigt alle wesentlichen Einflussfaktoren bei der Entscheidungsfindung.
8.2 Trifft unter Druck auch bei unvollständigen Informationen rechtzeitig Entscheidungen.
8.3 Hat ein Gespür für die richtige Entscheidung.

9. Planen und Organisieren
9.1 Setzt Ressourcen und Mitarbeiter durch eine gute Organisation effektiv und effizient ein.
9.2 Sichert durch fundierte Planung die termingerechte Bewältigung aller Aufgaben.

10. Systematisches Vorgehen
10.1 Schafft Klarheit, Transparenz und Orientierung durch konkrete Strategien und logische Vorgehensweisen.
10.2 Strukturiert Projekte so, dass auch komplexe Vorhaben Schritt für Schritt umgesetzt werden können.

11. Konfrontation und Durchsetzungsfähigkeit
11.1 Konfrontiert unzureichende Leistung oder unpassendes Verhalten.
11.2 Setzt sich auch mit unpopulären Standpunkten/Entscheidungen durch.

12. Wertschätzung vermitteln
12.1 Nimmt gute Leistungen wahr und gibt ehrliche Anerkennung und positives Feedback.
12.2 Hat stets ein offenes Ohr für die Anliegen seiner Mitarbeiter.

13. Politisches Geschick
13.1 Akzeptiert, dass Politik ein natürliches Geschehen des Unternehmens ist, sieht die Tretminen und kann mit ihnen umgehen.
13.2 Findet für notwendige Auseinandersetzungen den richtigen Stil.

14. Konstruktive Zusammenarbeit in alle Richtungen gestalten
14.1 Hat eine produktive und vertrauensvolle Beziehung zu seinen Vorgesetzten und bekommt dadurch Unterstützung für sich und sein Team.
14.2 Arbeitet produktiv und ohne Reibungsverluste mit Kollegen und Mitarbeitern zusammen.

15. Interkulturelle Kompetenz
15.1 Kennt und berücksichtigt die kulturellen Besonderheiten seiner Mitarbeiter und Geschäftspartner.
15.2 Ist gewandt im Umgang mit Menschen anderer Kulturen oder nationaler Herkunft.

16.	**Innovationen entwickeln und ein Innovationsklima schaffen**
16.1	Entwickelt häufig neue, zukunftsweisende Ideen.
16.2	Schafft ein Arbeitsklima, in dem ein innovativer Geist vorherrscht und in dem Raum für innovatives Arbeiten vorhanden ist.
17.	**Fachliches Know-how**
17.1	Verfügt über ein umfangreiches und fundiertes Wissen in seinem Arbeitsgebiet.
17.2	Ist immer auf dem Laufenden, was aktuelle Entwicklungen im Fachgebiet betrifft.
18.	**Überblick haben**
18.1	Versteht die Wirkkräfte des Marktes, der Unternehmung und des Arbeitsbereiches.
18.2	Kennt die für den Erfolg seines Arbeitsbereiches notwendigen Ansatzpunkte.
19.	**Handlungsflexibilität**
19.1	Ist mitfühlend und verständnisvoll, wenn notwendig aber auch hart und konsequent gegenüber anderen.
19.2	Ist flexibel und offen, kann aber auch unnachgiebig und entschlossen in der Durchsetzung seiner Interessen sein.

Tab. 1 (aus: Leadership Circle, Wildenmann Tools & Services 2001)

Die Ausprägung und Vielfalt dieser Kompetenzen, Breite der Einsatzmöglichkeiten und ihre Entwicklungsfähigkeit sind wiederum von Potenzial- und Persönlichkeitsfaktoren bestimmt, wobei die Potenzialfaktoren eine Teilmenge der Persönlichkeitsfaktoren darstellen.

In der Arbeit mit diesem Modell werden spezifische Anforderungsprofile definiert, Fremd- und Selbsteinschätzungen ausgewertet sowie Entwicklungsfelder bestimmt.

Möchte man die hier genannten, auf die Position einer Führungskraft abgestimmten Kompetenzen, wiederum einer allgemeineren Ordnungslogik zuführen, so kann man diese direkt den oben dargelegten Klassifikationen zuordnen.

Basiskompetenzen	**Führungskompetenzen**
Fachliche Kompetenzen	Fachliches Know-how
	Überblick haben
Methodenkompetenzen	Qualität der Entscheidungen
	Planen und Organisieren
	Systematisches Vorgehen
Sozial-kommunikative Kompetenzen	Positiver Umgang mit Konflikten
	Effektiv kommunizieren
	Konfrontations- und Durchsetzungsfähigkeit
	Wertschätzung vermitteln
	Konstruktive Zusammenarbeit in alle Richtungen gestalten
Personale Kompetenzen	Kundenorientierung
	Selbstmanagement
	Politisches Geschick
	Handlungsflexibilität
Handlungskompetenzen	Geschäfte entwickeln
	Visionen entwickeln
	Strategisches Handeln
	Innovationen entwickeln und ein Innovationsklima schaffen

3 Potenzial

3.1 Zum Zusammenhang zwischen Kompetenzen und Potenzial

Wie bereits erwähnt, sehen wir eine hohe Übereinstimmung zwischen den Konzepten Managementpotenzial und Selbstorganisationsfähigkeit. Letzteres bezeichnet für uns vor allem reflexives, skriptfreies Handeln; für den Managementkontext sind jedoch unserer Auffassung nach bestimmte Spezifizierungen erforderlich.
Managementpotenzial zeigt im Unterschied zu unserem Kompetenzbegriff eine längerfristige Entwicklungsperspektive auf. Potenzial bezieht sich auf die maximal entwickelbare Führungsleistung, nicht aber auf einzelne, spezifisch definierte Kompetenzen. Es erleichtert das Erlernen von Kompetenzen, ihre Weiterentwicklung und Ausdifferenzierung sowie ihren situationsadäquaten Einsatz. Es bildet somit den Saatboden für die Entwicklung von Kompetenzen.

Der Verzicht einer Differenzierung von Kompetenzen und Potenzial hat unserer Auffassung nach entsprechende Folgen für die Auswahl und Förderung von Führungskräften: Eine erfahrene Führungskraft, die Gelegenheit hatte, ihr Potenzial weitgehend auszuschöpfen, wird eine Vielzahl von Handlungsmöglichkeiten, i.e. Kompetenzen besitzen, die sie situationsgerecht anwenden kann. In diesem Fall ist es auch relativ einfach und geradezu verführerisch, Kompetenzmodelle (ohne Differenzierung von Kompetenzen und Potenzialen) zur Ermittlung des Managementpotenzials einer Führungskraft einzusetzen.

Die Rekrutierung von Führungskräften im Bereich der Nachwuchsentwicklung muss jedoch oft in Bereichen ansetzen, wo noch keine betriebliche Führungserfahrung vorhanden ist. Das heißt, Kompetenzen wie Verhandlungsgeschick, Motivieren von Mitarbeitern oder die Kompetenz gute und zeitgerechte Entscheidungen fällen zu können, deren Niveau sehr stark von den gemachten Erfahrungen bestimmt ist, sind oft noch gar nicht erfassbar. Ein Potenzialeinschätzungsinstrument muss sich also auf die den Kompetenzen zugrunde liegenden Faktoren fokussieren. Solche Faktoren sollten der Grundkonzeption zufolge relativ invariant sein, damit sich eine längerfristige Prognose der Führungsleistung daraus ableiten lässt, d.h. als Potenzial sind personal traits zu identifizieren, die künftigen Führungserfolg wahrscheinlich machen.
Ein weitere Argument, das gegen die Ermittlung von Kompetenzen in diesem Zusammenhang spricht, ist dass Führungskompetenzen, die den erfolgreichen Leader auszeichnen, oft nicht ausmachbar. Offenbar gibt es sehr unterschiedliche Wege, zum Ziel zu kommen (vgl. dazu auch Boyett & Boyett 1999, S. 26ff).
Darüber hinaus verlangen spezifische Unternehmenskontexte auch spezifische Kompetenzen. Das heißt, hier hat der Faktor Erfahrung bei einer internen Karriere eine hohe Bedeutung. Eine Person mit geringem Managementpotenzial, die aufgrund ihrer Persönlichkeit über bestimmte Kompetenzen verfügt, kann durchaus eine erfolgreiche Führungskraft sein und die ihr zur Verfügung stehenden Kompetenzen fruchtbringend einsetzen. Sofern eine Veränderung der Situation ihr neue Kompetenzen abverlangt, wird sie wahrscheinlich Schwierigkeiten haben, ihre Kompetenzen flexibel zu handhaben und neue Fertigkeiten zu entwickeln.

Im Folgenden werden kurz wesentliche Ansätze der amerikanischen Potenzialforschung zum Begriff und seinen Dimensionen dargestellt.

3.2 Potenzialkonzepte

3.2.1 Elliott Jaques

Jaques (1989 sowie Jaques & Cason 1994) sieht in seinem Ansatz die Komplexitätsverarbeitungsfähigkeit einer Person als die entscheidende Komponente für Potenzial. Je höher die Komplexitätsverarbeitungsfähigkeit ist, desto höher ist ihr Potenzial.
Der Grad der Komplexität einer Aufgabe bemisst sich nach der Anzahl der Variablen, mit denen sie verbunden ist (vgl. Abschnitt 5.1.). Je höher die Komplexitätsverarbeitungsfähigkeit einer Person ist, desto höher ist die Anzahl der Variablen, die sie einbeziehen, strukturieren und auswerten kann.
Dementsprechend ist der Ansatz Jaques' ein stark kognitiver. Auf den theoretisch 24 Stufen der Komplexitätsverarbeitungsfähigkeit, die er differenziert, sind am oberen Ende Genies wie Einstein oder Sokrates angesiedelt. Das heißt, es geht hier um eher universelles kognitives Potenzial; das für die erfolgreiche Führungskraft erforderliche Niveau ist lediglich eine Stufe im Kontinuum, im dritten Viertel der Skala angesiedelt.
Persönlichkeitsorientierte Faktoren werden von Jaques nur am Rande einbezogen, d.h. er fordert, dass eine Führungskraft frei sein muss von Charaktereigenschaften, die zwischenmenschliche Beziehungen spürbar beeinträchtigen können.

Jaques schlägt zwei Wege der Messung von Komplexitätsverarbeitungsfähigkeit vor: 1) der maximal bewältigbare Zeithorizont für die Bearbeitung eines Arbeitsvorhabens oder Projektes. Dies fußt auf der Annahme, dass die Komplexität mit zunehmender notwendiger Bearbeitungszeit steigt.
Da die Arbeitsleistung infolge der zunehmenden Erfahrung mit dem Alter steigt, steigt die maximal bewältigbare Bearbeitungsdauer von Projekten mit demselben.
Eine Person, die mit 35 Jahren ein Projekt mit einer Laufzeit von 2 Jahren bearbeiten kann, wird mit 50 Projekte von 6 Jahren bearbeiten können. In der Potenzialhierarchie ist sie damit schon im höheren Managementbereich einer großen Organisation zu sehen. Eine wesentliche Schwierigkeit bei der Messung von Potenzial auf diesem Wege ist sicherlich, dass die Anzahl der zu handelnden Variablen nicht unbedingt mit der Zeitdauer eines Projektes steigt. So kann es auch relativ kurzfristige Projekte geben, die das Handling einer großen Zahl von Variablen erfordern. Darüber hinaus wird hier offenbar ein Stabilitätseffekt vorausgesetzt. Der Gewinn von spezifischer, aufgabenbezogener Erfahrung ist umso größer, je ähnlicher die zu bearbeitenden Aufgaben sind, d.h. innerhalb der selben Branche oder gar Organisation sind solche Erfahrungszuwächse wesentlich größer als bei einem Einstieg in ein völlig neues Aufgabenfeld.

2) Ein zweites Verfahren ist die Analyse von Sprachniveau und Argumentationsmustern. Den Probanden werden bestimmte Themen zur Diskussion gestellt, ihre Beiträge in Hinblick auf die Komplexität der Argumentation sowie das Abstraktionsniveau der

Sprache analysiert. Diese beiden Dimensionen sind unabhängig voneinander.
Im Hinblick auf die Argumentationsmuster lassen sich die vier folgenden unterscheiden:
1. Disjunktive Bearbeitung: Die Argumente sind unabhängig voneinander, werden nicht miteinander verknüpft.
2. Kumulative Bearbeitung: Die Argumente sind nicht explizit miteinander verknüpft, ergänzen aber einander und sind in ihrer Summe überzeugend.
3. Serielle Bearbeitung: Es wird eine Argumentationskette aufgebaut. Jedes Argument führt zum nächsten. Die Beziehung zwischen den Argumenten ist eindeutig.
4. Parallele Bearbeitung: In der Argumentation werden mehrere Ketten aufgebaut, so können z.B. verschiedene Ergebnisse einer Entscheidung in Betracht gezogen werden.

Die Sprachniveaus:
A. Konkreter verbaler Ausdruck, die materielle Welt wird in der Sprache abgebildet.
B. Symbolische Begriffe werden verwendet. Es gibt eine Vorstellung von der materiellen Welt.
C. Abstrakte und konzeptuelle Repräsentation: Begriffe mit indirektem empirischem Bezug, hypothetische Konstrukte werden verwendet.
D. Die Welt der Genies: höchstes Abstraktionsniveau, in Poppers Sinn die dritte Welt, die aus hochkomplexen hypothetischen Konstrukten besteht.

Anhand dieser Kriterien werden Interviews und Diskussionen ausgewertet. Jaques gibt dazu ausreichende Beispiele, sodass diese auch als Lernmaterial zur Durchführung und Auswertung eigener Interviews dienen können. Für das Management ist Jaques zufolge ein Komplexitätsverarbeitungsgrad der Stufe C3, d.h. serielle Argumentation, abstrakte und konzeptuelle Repräsentation ausreichend, für das Top-Management C4. Ein höheres Niveau beträfe die Welt der Wissenschaft.

An dieser Stelle setzt auch unsere Kritik ein: Komplexitätsverarbeitungsfähigkeit wird hier als einziges Merkmal für Potenzial gesehen, d.h. eine Person, die als Wissenschaftler ausgewiesen ist, müsste grundsätzlich auch hohes Managementpotenzial haben, demzufolge auch ein guter Manager sein können. Das einzige Problem könnte sein, dass sie sich unterfordert fühlt. Dies greift unserer Erfahrung nach zu kurz. Darüber hinaus erscheint uns das Messverfahren problematisch:
1) Unseres Erachtens ist die Zeitdauer eines Projektes nicht allein ausschlaggebend für dessen Komplexität, sondern die Vielzahl der Variablen muss einbezogen werden.
2) Argumentationsstruktur und Abstraktionsniveau der Sprache sind nicht unabhängig voneinander. Realiter dürfte daher die Mehrzahl der zu bildenden Kombinationen überhaupt nicht existieren (z.B. C1, D1, D2).

3.2.2 Lombardo und Eichinger: Choices

Zentraler Faktor im Potenzialkonzept Lombardos und Eichingers (1994) ist die Fähigkeit, aus Erfahrung zu lernen. Hier besteht ein deutlicher Unterschied zum Lernen, das sich auf die Akkumulation von Wissen bezieht wie es in den Bildungsinstitutionen geschieht. Dieses Lernen aus Erfahrung unterscheidet sich grundsätzlich vom Erwerb von Fachwissen und ist auch nicht von der Intelligenz eines Menschen abhängig. Menschen mit hohem Potenzial sind in der Lage, ihre Erfahrungen auszuwerten und so zu nutzen, dass sie daraus neue Kompetenzen und Verhaltensweisen entwickeln können. Potenzialträger suchen nach und stellen sich neuen, herausfordernden Situationen und sind somit in hohem Maße in der Lage, neue Handlungsstrategien zu entwickeln. Aus der Kenntnis des Potenzials ist damit relativ langfristig die Leistung einer Person vorhersagbar.

Personen mit hohem Potenzial haben eine Vielzahl unterschiedlicher Lernstrategien, die sie auch effektiver einsetzen als Menschen mit geringerem Potenzial.
Aus mehreren Forschungsprojekten entwickelten Lombardo und Eichinger ein Konzept, in dem fünf Faktoren Managementpotenzial beschreiben. Diese fünf Faktoren sind wie folgt charakterisiert:

Mentale Agilität
Durchdenkt Probleme gründlich, kann gut mit Komplexität und Mehrdeutigkeit umgehen, diese wenn notwendig auch reduzieren; kann Gedanken und Vorgehensweisen anderen erklären, hilft anderen, Probleme zu durchdenken; ist neugierig.
Dieser Faktor setzt sich im einzelnen aus 8 Dimensionen zusammen:
1. hinterfragend, besitzt große Neugierde, empfindet Neues als Herausforderung;
2. erkennt das Wesentliche, interessiert sich für Ursachen, kann Wichtiges von Unwichtigem trennen;
3. ist erfinderisch, entwickelt neue Ideen, kommt gut mit unstrukturierten Situationen klar;
4. kann gut mit Komplexität umgehen, bezieht eine Vielzahl von Faktoren und Lösungen ein, vereinfacht Dinge nur dort, wo es auch angebracht ist;
5. stellt Verbindungen zu anderen Bereichen her, findet Parallelen und Gegensätze aus anderen Gebieten, verbindet scheinbar unzusammenhängende Dinge;
6. ist visionär: kann verschiedene Zukünfte entwerfen und unterschiedliche Strategien zur Realisierung dieser Zukünfte entwickeln;
7. ist in der Lage, andere Menschen im Denkprozess zu unterstützen;
8. kann zuhören und auch Argumente akzeptieren, mit denen er/sie nicht übereinstimmt.

Persönliche Agilität
Kennt sich selbst gut, sucht Feedback und lernt auch daraus; verhält sich gegenüber anderen konstruktiv und unterstützend; hat eine experimentelle Einstellung zum Leben und probiert neue Herangehensweisen an Probleme aus.
Die 7 Dimensionen für persönliche Agilität sind im einzelnen:
1. kennt eigene Stärken und Schwächen, steht zu den Schwächen;
2. wendet das Prinzip der kontinuierlichen Verbesserung an, sieht Fehler als Lernchance, ist in der Lage, sich zu verändern;
3. ist offen für Ideen und Meinungen von anderen, kann seine/ihre Meinung ändern, Unterschiede und Abweichungen regen ihn/sie an;

4. probiert alles Neue aus, lehnt nichts ab, ohne sich damit auseinandergesetzt zu haben;
5. ist in der Lage, unterschiedliche Rollen auszufüllen, kann führen und folgen, übernimmt die Verantwortung für sein Handeln;
6. kann gut mit Konflikten und Auseinandersetzungen umgehen, versteht andere, hat ein echtes Interesse an ihrer Meinung, dringt zur Substanz vor;
7. unterstützt andere auf ihrem Weg zum Erfolg.

Lernagilität
Nutzt eine Vielfalt von Lernquellen, um Herausforderungen zu bewältigen und Probleme zu lösen; hat vielfältige Interessen und Kontakte.
Es werden zwei Dimensionen für Lernagilität unterschieden:
1. hat viele Interessen, liest viel, hat viele Freunde und Bekannte;
2. lernt von anderen Menschen, fühlt sich wohl in Situationen, in denen er/sie mit Vielfalt konfrontiert ist, ist in Lerngruppen aktiv.

Veränderungsagilität
Treibt kontinuierlich Veränderung voran, sucht immer nach Neuem; akzeptiert die daraus resultierende Konsequenz, sich damit bei anderen nicht unbedingt beliebt zu machen.

Veränderungsagilität umfasst die folgenden 4 Dimensionen:
1. sucht nach Neuem, ist neugierig, kann viele Sachen gleichzeitig bearbeiten, bezieht eine Vielzahl von Quellen ein;
2. schätzt es, neue Ideen und Produkte zu testen, sucht immer nach einer besseren Lösung, ändert Dinge bis zur letzten Minute;
3. ist energiegeladen, leidenschaftlich und durchsetzungsfähig, macht sich nichts aus den Reaktionen anderer auf eigene Fehler, treibt die Dinge voran, schwimmt auch gegen den Strom, wenn er sich ein Ziel gesetzt hat;
4. kennt die persönlichen Konsequenzen, die damit einhergehen, wenn er/sie den Wandel vorantreibt und ist bereit damit zu leben; weiß, dass Menschen Probleme mit Veränderung haben.

Kommunikative Agilität
Kommuniziert klar und passt seinen Kommunikationsstil an das jeweilige Publikum an. Nimmt auch subtile Rückmeldungen wahr, passt sich unterschiedlichen Situationen an. Kommunikative Agilität wird durch zwei Dimensionen operationalisiert:
1. beobachtet sich selbst und die Reaktionen anderer auf seine/ihre Kommunikation genau, passt sich unmittelbar an die Reaktionen seiner Umwelt an, steht im dauernden Dialog mit sich selbst über die Veränderungen in seiner Umwelt;
2. passt seinen Kommunikationsstil hinsichtlich Wortwahl, Niveau und Geschwindigkeit seinem Publikum an; hat ein hohes Maß an Selbstkontrolle.

Bei Lombardo und Eichinger zeigt sich als Kernthema Flexibilität. Lern- und Veränderungsfähigkeit sind wesentliche Potenzialfaktoren, die sich durch alle anderen Faktoren, hier Agilitätsfaktoren hindurchziehen. In einer neueren Überarbeitung haben

Lombardo und Eichinger hier auch eine Anpassung vorgenommen: Lernagilität ist kein eigener Faktor mehr, sondern Kernbestandteil aller anderen.

3.2.3 McCall: High Flyers

McCall (1998) lehnt sehr deutlich ein starres Modell des Potenzials ab. Dies bedeutet zum einen Ablehnen von Linearität, zum anderen das Postulat von Entwicklungsfähigkeit und Dynamik in der Führungskräfteentwicklung. Ähnlich wie bei Lombardo und Eichinger ist hier zentraler Faktor das Lernen aus herausfordernden Situationen. Demnach geht es in der Potenzialdiagnose darum herauszufinden, wer wie lernfähig ist und nicht das derzeitige Know-how oder Kompetenzen abzuprüfen. Darüber hinaus benennt McCall noch 10 weitere Faktoren, die Managementpotenzial ausmachen:

Tab. 2: Potenzialfaktoren

Potenzialfaktoren nach McCall
1. Sucht nach Lernmöglichkeiten Sucht nach Erfahrungen, aus denen er lernen kann. Nutzt Gelegenheiten, die neue Lernerfahrungen bieten. Hat in beobachtbarem Zeitraum neue Kompetenzen entwickelt, hat sich verändert.
2. Handelt mit Integrität Sagt die Wahrheit, wird als ehrlich wahrgenommen, übernimmt Verantwortung für sein Handeln.
3. Passt sich an kulturelle Differenzen an Nimmt kulturelle Unterschiede wahr, arbeitet daran, sie zu verstehen, und verändert sein Verhalten.
4. Commitment Ist verpflichtet, Unterschiede zu machen – absoluter Leistungswille, macht auch persönliche Opfer für den Job, Leidenschaft und Verpflichtung gegenüber dem Job, Ergebnisorientierung.
5. Breites Interesse Schaut über den Tellerrand hinaus. Ist vielseitig interessiert, versucht zu verstehen, wie die unterschiedlichen Teile des Business zusammenpassen.
6. Fördert das Beste in den Menschen Sucht sich leistungsfähige Teams zusammen, kann mit unterschiedlichen Menschen gut zusammenarbeiten, holt das Beste aus ihnen heraus.
7. Sieht Dinge aus neuen Perspektiven Andere bewundern seine Intelligenz, seine Fähigkeit die richtigen Fragen zu stellen, die entscheidenden Punkte herauszufinden.
8. Hat den Mut Risiken einzugehen Geht auch gegen Widerstand Risiken ein, hat den Mut, gegen den Strom zu schwimmen.
9. Sucht und nutzt auch Feedback Fragt nach Feedback, hat sich auch schon nach Feedback geändert.
10. Lernt aus Fehlern Kann sich umorientieren, wenn der bisherige Pfad nicht funktioniert, geht nicht in die Verteidigungshaltung, fängt nach Rückschlägen von vorn an.
11. Ist offen gegenüber Kritik Effektiver Umgang mit Kritik, fühlt sich nicht bedroht, geht nicht zu stark in die Defensive

Allein fünf der genannten elf Indikatoren sind Faktoren, die mit Lernfähigkeit bzw. -willigkeit unmittelbar zusammenhängen (1,5,9,10,11). Darüber hinaus werden zwischenmenschliche Fähigkeiten genannt, indirekt Komplexitätsverarbeitungskapazität sowie persönliche Grundvoraussetzungen, die die Basis für eine Verantwortungsübernahme in einem Unternehmen bilden (Integrität, Commitment).

3.3 Konsequenzen für das Potenzialmodell

Die in den dargestellten Ansätzen genannten Potenzialfaktoren haben wir ausgewertet, zusammengefasst und in unserem Beratungskontext konsequent beobachtet. Dabei kam es uns darauf an, ein Konzept zu entwickeln, das
a) Faktoren erfasst, die im Zeitverlauf relativ invariant sind. Das heißt, im obigen Sinne sollen Potenzialfaktoren Persönlichkeitseigenschaften darstellen, die für die Ausbildung von Managementkompetenzen relevant sind.
b) nur wenige Faktoren umfasst, um das oben genannte Saatboden-Modell abbilden zu können und nicht in Gefahr zu laufen, eine Vielzahl von Kompetenzen einzubeziehen.

Denn auf dieser Vermengung beruht unseres Erachtens ein Großteil der Kritik an Potenzialansätzen. So werden mit dem Anspruch der Einschätzung allgemeinen Managementpotenzials spezifische Kompetenzen ermittelt, die eher die Eignung für spezifische Positionen in spezifischen Unternehmen erfassen (vgl. Becker 1991).

Die Auswertung der Ansätze, die hier stellvertretend dargestellt worden sind, ergibt folgende Kernfaktoren.
In allen Potenzialkonzepten kommt kognitiven Faktoren eine herausragende Bedeutung zu. Dies betrifft zum einen die Lernfähigkeit, zum anderen die Komplexitätsverarbeitungsfähigkeit. Letztere ist eine rein kognitive Fähigkeit, die die Ausbildung verschiedener Kompetenzen begünstigt. So sind z.B. die Fähigkeit, Prozesse strukturieren zu können, Visionen zu formulieren, Strategien zu entwickeln oder effektiv zu kommunizieren Kompetenzen, die ganz wesentlich von der Komplexitätsverarbeitungsfähigkeit abhängen. Lernfähigkeit ist keineswegs deckungsgleich mit Komplexitätsverarbeitungsfähigkeit: Sie erfordert zwar ein gewisses Maß an Auffassungsgabe und Komplexitätsverarbeitungsfähigkeit; je mühevoller (vgl. dazu White u.a. 1997) das Lernen jedoch ist, desto höher ist das erforderliche Maß an psychischer Flexibilität. Der Schwierigkeitsgrad des Lernens wächst mit dem Maß der daraus resultierenden Veränderung. Während lineares Anpassungslernen lediglich alternative Handlungsmuster erfordert und damit das klassische Lernen im Alltag darstellt, erfordert die höchste Stufe, das reflexive Prozesslernen, die Rekonstruktion von Identitäten und der Wirklichkeit. In einer hochdynamischen Umwelt, in der Fusionen, Kooperationen, turnarounds und Stellenabbau realistische Umweltbedingungen sind, vertikale, gesicherte Karrierewege an Bedeutung verlieren, Seitensprünge und Sackgassen fast schon zur Normalität werden, ist reflexives Prozesslernen essenziell. Wir haben in unserer Beratungspraxis sehr häufig mit Führungskräften zu tun, die hieran scheitern; Veränderungsnotwendigkeiten nicht erkennen, Verände-

rungen nicht als Chance sehen etwas zu lernen, vor persönlichen Veränderungsnotwendigkeiten die Augen verschließen.
Insofern kommt dem Faktor Flexibilität als persönliche Voraussetzung für die Lernfähigkeit eine entscheidende Bedeutung zu. In der Operationalisierung dieser Variable ergeben sich gewisse Analogien zur Neurotizismus-Variablen der „Big Five". Dementsprechend sind Komplexitätsverarbeitung und Flexibilität Bereiche, die wir in unserem Potenzialmodell abbilden.

Im Lombardo'schen Konzept steht der Faktor Flexibilität noch vor dem akkumulierenden Lernen oder strukturierenden Verarbeiten von Komplexität. Dieser Faktor ist u.E. besonders für die Umsetzung relevant. Nur Lernen, das sich in verändertem Verhalten niederschlägt, ist wirklich effektiv. Hierzu bedarf es sowohl intellektueller als auch psychischer Flexibilität.
Bezogen auf die zwischenmenschliche Ebene besteht jeweils eine große Gefahr, auf die Ebene der Kompetenzen zu geraten, wenn es doch eigentlich um Potenziale gehen soll. Dies geschieht z.B. bei Lombardo in der Operationalisierung, in der einzelne Aussagen aus Choices (Lombardo & Eichinger 1994) kaum noch vom Kompetenzen messenden Career Architect (Lombardo & Eichinger 1996) zu unterscheiden sind.

Andererseits ist die zwischenmenschliche Ebene nicht einfach durch die anderen Faktoren abbildbar. Eine Person, die andere Menschen nicht für sich gewinnen kann, andere nicht bewegen kann, etwas zu tun, wird wohl schwerlich eine erfolgreiche Führungskraft werden. Unserer Erfahrung nach gilt hier sehr ausgeprägt: „Viele Wege führen zum Ziel." Wir beobachten Führungskräfte, die sehr personenorientiert führen, Nähe zu ihren Mitarbeitern schaffen, eine persönliche Bindung aufbauen und damit erfolgreich sind, andere, die deutlich Distanz zu Mitarbeitern haben, stärker über Fach- und Entscheidungskompetenz führen und solche, die über Visionen und deren konsequente Realisierung ihre Mitarbeiter zu motivieren vermögen. Aus diesem Grund kennzeichnen wir als Faktor das Ergebnis erfolgreichen Führungsverhaltens und nennen diesen „Einfluss auf andere" (vgl. dazu Boyett & Boyett 1999, S. 26ff.).

Bei den intrapsychischen Voraussetzungen werden von McCall vor allem Faktoren genannt, die geradezu grundsätzliche Voraussetzungen für die Übernahme einer verantwortungsvollen Positionen in einem Unternehmen sind (Integrität, Commitment), nicht aber unbedingt Managementpotenzial kennzeichnen. Daher ist es sicherlich wichtig, diese Faktoren in einem Verfahren, in dem der Führungsnachwuchs rekrutiert wird, abzuprüfen, sie gehören jedoch u.E. nicht zum Potenzial im engeren Sinne.
Kommunikation ist unseres Erachtens eine Kompetenz, die sich gut entwickeln lässt, wenn die entsprechenden Potenzialfaktoren Komplexitätsverarbeitungsfähigkeit und psychische und intellektuelle Flexibilität gegeben sind.
In allen Konzepten vermissen wir einen Faktor, den wir als sehr entscheidend für den Führungserfolg ansehen: Gestaltungskraft.
Diese umfasst zum einen den Willen etwas zu gestalten und zu verändern, zum anderen eine klare Ergebnis- und Zielorientierung. Wir haben viele Projekte scheitern sehen, weil die entscheidenden Führungskräfte nicht genügend ergebnisorientiert waren, sich in

schwierigen Situationen verzettelt haben, nicht etwa, weil ihre Komplexitätsverarbeitungsfähigkeit nicht genug ausgeprägt war, sondern weil sie in dem Bestreben, die Vielzahl der Baustellen zu managen, das Ziel aus den Augen verlieren.

Somit ist die psychische und intellektuelle Flexibilität ähnlich wie in den amerikanischen Konzepten für uns ein Grundfaktor des Potenzials, dennoch nicht hinreichend. Wenn nämlich die anderen Faktoren fast nicht vorhanden sind, dürfte es sehr schwer fallen, diese entsprechend zu entwickeln.
Dementsprechend umfasst unser Ansatz die folgenden Faktoren:
- Komplexitätsverarbeitungsfähigkeit
- Psychische und intellektuelle Flexibilität
- Einfluss auf andere ausüben können
- Gestaltungskraft

Diese sind in Abschnitt 5.1 operationalisiert.

4 Verfahren zur Messung von Potenzial

Nachfolgend werden wesentliche Potenzialeinschätzungsverfahren erläutert und kritisch betrachtet.

Choices
Wie gezeigt wurde, werden die Potenzialfaktoren von Lombardo und Eichinger in Form einer standardisierten Befragung erfasst, mittels Fremd- und Selbsteinschätzung. Die Selbsteinschätzung erfolgt nach flacher Sortierung, d.h. die Anzahl der Zuordnungen zu einer Kategorie (z.B. zeigt dies mehr/weniger als andere Leute) ist a priori festgelegt. Die Fremdeinschätzung erfolgt durch eine oder mehrere Personen, die den Kandidaten relativ gut kennen. Dies gestaltet sich in der Praxis oft schwierig. Häufig gibt es nur eine Person, die den Einzuschätzenden wirklich beurteilen kann, sodass hier erhebliche Verzerrungen auftreten können. Darüber hinaus ist das Verfahren damit grundsätzlich bei neu einzustellenden Mitarbeitern ungeeignet.

Elliott Jaques
In letzterem Fall eignet sich die von Jaques vorgeschlagene Interviewtechnik deutlich eher. Allerdings tauchen hier beträchtliche Zweifel bezüglich der Anwendbarkeit im Managementkontext auf. In der Regel wird der Führungsnachwuchs aus Hochschulabsolventen rekrutiert. Führungskräfte, die allenfalls kumulativ argumentieren bzw. nicht mehr als alltagstaugliche Gespräche führen können, dürften damit so deutlich in der Minderzahl sein, dass dieses Instrument unserer Erfahrung nach nicht genug differenziert. Sofern man davon ausgeht, dass das Niveau 3 bezüglich der Argumentationsstruktur für höhere Führungsaufgaben ausreichend ist, möchten wir aus unserer Erfahrung behaupten, dass dieses in den meisten Branchen und Unternehmen eine Selbstverständlichkeit ist. Die Analyse verleitet in dem Fall dazu, für die Wissenschaft taugliche Führungskräfte zu rekrutieren, was jedoch auch nach Jaques nicht Ziel der Analyse sein sollte.

Die Schwierigkeiten, die sich aus der Einschätzung der maximal möglichen Projektbearbeitungsdauer ergeben, sind bereits erwähnt worden. Hier ist jedoch eine Modifizierung des Indikators möglich (s.o.).

Weitere Verfahren

Darüber hinaus existieren folgende Verfahren zur Potenzialeinschätzung (vgl. dazu Becker 1991):
- Diagnoseorientierte Verfahren: Sie fußen auf Leistungsbeurteilung von Mitarbeitern, sind daher nur für bestimmte Zielgruppen geeignet. Die Kritik bezieht sich darauf, dass diese primär vergangenheitsorientiert sind, und einzelne Qualifikationsmerkmale weniger theorieorientiert als vielmehr willkürlich ausgewählt werden.
- Biographische Verfahren: Sie beruhen auf Fragebögen, in denen biographische Daten (Persönlichkeitsmerkmale und Verhaltensmuster) ermittelt werden. Personen mit ähnlichen Merkmalen werden Clustern zugeordnet, für die jeweiligen Cluster jeweils ein spezifisches Potenzial prognostiziert. Auch hier werden fehlender Theoriebezug und die Validität kritisiert, darüber hinaus der nicht vorhandene Anforderungsbezug.
- Verhaltensorientierte Verfahren: Hiermit sind vor allem Assessment Center gemeint (für einen Überblick s. Schuler & Stehle 1992). Die Kritik an ACs ist vielfältig (vgl. hierfür stellvertretend Veil 1995). Sie bezieht sich zum einen auf spezifische Durchführungsmerkmale, die durchaus kontrolliert werden können (wie z.B. das Verliererphänomen, Begünstigung eloquenter Teilnehmer, fehlende Konstruktvalidität). Zum anderen resultiert Kritik auf dem zugrunde liegenden eigenschaftsorientierten Menschenbild, welches konstruktivistische und systemische Zusammenhänge nicht ausreichend berücksichtige (vgl. Veil 1995).

Unserer Auffassung nach sind ACs jedoch insbesondere für die Potenzialeinschätzung besser als andere Verfahren geeignet. Dies zum einen, weil im wesentlichen Anwendungsbereich, der Ermittlung von Führungsnachwuchs, intern wie extern oft keine Verhaltensdaten aus der betrieblichen Praxis vorliegen, oft keine Fremdeinschätzungen von Potenzialfaktoren vorliegen können. Zum anderen ist unserer Erfahrung nach – unter spezifischen Design-Voraussetzungen – potenzialrelevantes Verhalten relativ gut beobachtbar, sodass entsprechende Schlüsse auf das Managementpotenzial der beteiligten Personen gezogen werden können.

Nachfolgend werden zwei klassische ACs dargestellt, wie sie in der Praxis eingesetzt werden, um Kompetenzen zu messen. Anschließend werden Ansatzpunkte aufgezeigt, aufgrund derer ein Design für ein Potenzial-AC entwickelt werden kann.

4.1 Kompetenzen und Potenziale im Assessment Center

4.1.1 Analyse der Beobachtungskriterien zum Auswahl-AC

Dieses Assessment Center wird zur Auswahl von Fach- und Führungskräften eingesetzt. Es besteht aus einem „Gerüst" von operationalisierten Beobachtungskriterien, verschiedenen Zeitplänen für vier bis acht Teilnehmer und vier bis sechs Beobachter sowie einem „Übungspool", aus dem je nach zu besetzender Position passende Übungstypen ausgewählt und individuell auf die Anforderungen der Position zugeschnitten werden. Die Beobachtungskriterien sind in ihrer positiven Ausprägung definiert. Als Bewertungshilfe gibt es zusätzlich zu dieser Definition für jedes Kriterium eine Stufendefinition für die verwendete Fünfer-Bewertungsskala.

Die sieben verwendeten Beobachtungskriterien, von denen in der Regel fünf Kriterien pro Assessment Center – je nach Aufgabenstellung – zum Einsatz kommen werden im folgenden aufgeführt und definiert:
- Planung, Organisation, Koordination
- Stabilität
- Persönlichkeitskompetenz
- Qualität der Beiträge
- Führung, Initiative
- Soziale Kompetenz, Kommunikation, Kontakt
- Verkäuferische Kompetenz

Aus der Analyse der Kriterien und der langjährigen Durchführungspraxis dieses Assessment Center-Konzeptes können wir ableiten, dass in den Beobachtungskriterien Elemente enthalten sind, die Potenzial messen. Dies sind die Kriterien „Qualität der Beiträge" (mit den Potenzialfaktoren: Erkennen komplexer Zusammenhänge und Flexibilität) sowie „Führung" und „Persönlichkeitskompetenz" (mit den Potenzialfaktoren Einfluss nehmen und Gestaltungskraft). Die anderen Beobachtungskriterien messen überwiegend Kompetenzen.

Planung, Organisation, Koordination
Definition: Planung, Organisation und Koordination kommen zum Ausdruck
a) in der Qualität der Analyse, Strukturierung und des logischen Aufbaus von Aufgaben,
b) in der rationellen Gestaltung von Arbeitsabläufen,
c) in der Angemessenheit, mit der Termine geplant und Zeiten eingeteilt werden,
d) in der Logik und Übersicht, mit der mehrere Aktivitäten koordiniert werden,
e) in der Fähigkeit, sachgerecht und entsprechend der Leistungsfähigkeit des Adressaten Aufgaben zu delegieren.

Stabilität
Definition: Stabilität wird erkennbar
a) in der Selbstsicherheit und situationsadäquaten Gelassenheit des Teilnehmers,
b) bei der Bewältigung persönlich herausfordernder Situationen, bei Stress und hoher Belastung oder in Entscheidungssituationen,
c) in der Beherrschung des Teilnehmers bei Misserfolgen und Frustrationen oder bei Provokationen und Ablehnungen von Seiten anderer.

Persönlichkeitskompetenz
Definition: Persönlichkeitskompetenz wird erkennbar
a) in der Fähigkeit, eigenständig zu urteilen, zu entscheiden und zu handeln und dabei Chancen und Risiken richtig abwägen zu können,
b) in der Ausprägung der Glaubwürdigkeit und Vorbildfunktion, die jemand vorlebt,
c) in der positiven Wirkung, die jemand auf andere hat,
d) in der Art, wie jemand Konflikten positiv und konstruktiv begegnet,
e) in der Fähigkeit zur Selbstreflexion und -entwicklung.

Qualität der Beiträge
Definition: Die Qualität der Beiträge kommt zum Ausdruck
a) in der Fähigkeit, das Wesentliche sowie komplexe Zusammenhänge zu erkennen und dieses Wissen konstruktiv umzusetzen,
b) in der Sachlichkeit, Logik und Stichhaltigkeit der Argumente, auch bei komplexen Problemen,
c) in der intellektuellen Aufgeschlossenheit des Teilnehmers gegenüber neuen Situationen oder ungewohnten Gesichtspunkten (Flexibilität),
d) in der Originalität und Kreativität seiner Beiträge zur Problemlösung.

Führung, Initiative
Definition: Führung und Initiative werden sichtbar
a) in dem Ausmaß, mit dem Beiträge, Vorschläge oder Ideen des Teilnehmers bei der Gruppe Beachtung finden bzw. befolgt werden,
b) in dem Ausmaß an Selbstbehauptung und Überzeugungskraft bei Widerständen, Meinungsverschiedenheiten oder Konflikten,
c) im Ehrgeiz und in der Dynamik, mit welcher der Teilnehmer Ideen und Ziele verfolgt,
d) im Ausmaß an Initiative, die der Teilnehmer vor allem in Leistungssituationen ergreift.

Soziale Kompetenz, Kommunikation, Kontakt
Definition: Sozialkompetenz, Kommunikation und Kontakt werden erkennbar
a) in der Fähigkeit, sich in die Lage anderer zu versetzen, deren Anliegen zu verstehen und die eigene Person zugunsten des „Wir" zurückzunehmen,
b) in der freundlichen, ungezwungenen und kollegialen Art, mit der der Teilnehmer auf andere zugeht und Akzeptanz findet,
c) in der sprachlichen Gewandtheit, im Ausdruck sowie im Diskussions- und Verhandlungsgeschick,
d) in dem Ausmaß, in welchem der Teilnehmer von anderen verstanden wird und diese versteht.

Verkäuferische Kompetenz
Definition: Verkäuferische Kompetenz wird erkennbar
a) in der Ungezwungenheit, mit welcher der Teilnehmer aktiv auf den Kunden zugeht,
b) in dem Ausmaß, in welchem der Teilnehmer Kundenwünsche erfragt, erkennt und auf diese eingeht,

c) in dem Ausmaß, in dem er in der Lage ist, den Kunden für das Angebot zu begeistern,
d) in dem Ausmaß, in welchem der Teilnehmer Verkaufssignale erkennt, aktiv zuhört, eigene Verkaufsstrategien entwickelt und umsetzt und abschlussorientiert vorgeht (z.B. situationsgerechter Einsatz von „Cross-selling" sowie der Einsatz von Verkaufshilfen),
e) in seiner Fähigkeit, das Verkaufsgespräch zu steuern, sein Verhandlungsgeschick einzusetzen, mit Einwänden und Konflikten umzugehen und Lösungen für Probleme anzubieten,
f) in seiner Fähigkeit, auch am Telefon einen positiven Eindruck zu vermitteln und zielgerichtete Verkaufsgespräche zu führen,
g) in der Fähigkeit, sich in die Situation des Kunden zu versetzen,
h) in dem Ausmaß, in welchem der Teilnehmer die Struktur des Verkaufsprozesses berücksichtigt und einsetzt (Vor- und Nachbereitung des Verkaufsgesprächs), sich seines eigenen Kommunikationsverhaltens bewusst ist und darüber reflektieren kann,
i) in dem Ausmaß, in welchem der Teilnehmer ertragsorientiert vorgeht, die Kunden- und Geschäftsstrukturen berücksichtigt und damit seine unternehmerische Kompetenz unter Beweis stellt.

Um den Bezug zu den Potenzial-Aspekten weiter zu konkretisieren, sind im folgenden zu den Beobachtungskriterien „Qualität der Beiträge" und „Führung" die Stufendefinitionen aufgeführt:

Tab. 3: Stufendefinition für das Beobachtungskriterium „Qualität der Beiträge"

Ausprägung	Anker für die Skalenstufen
5	Argumentiert inhaltlich sehr präzise. Erkennt die Bedeutung der Informationen für die gestellte Aufgabe und setzt dieses Wissen durchgängig konstruktiv ein. Denkt häufig weiter als andere. Seine Konzeptionen sind originell und enthalten meist neuartige Elemente.
4	Argumentiert inhaltlich präzise. Erkennt die Bedeutung der Informationen für die gestellte Aufgabe und setzt dieses Wissen öfter konstruktiv ein. Denkt öfter weiter als andere. Seine Konzeptionen enthalten in entscheidenden Momenten neuartige Elemente und originelle Ansätze.
3	Erkennt wesentliche Aspekte der Aufgabenstellung. Zieht öfter folgerichtige Schlüsse. Bringt phasenweise Impulse und Gedankenansätze in die Arbeitsweise der Gruppe bzw. in die Aufgabenlösung ein.
2	Bringt wenig qualifizierte, fundierte Beiträge. Trennt Informationen kaum in wesentliche und unwesentliche. Hält sich bei Nebensächlichkeiten auf. Zieht gelegentlich richtige Schlüsse. Äußert nur sehr vage Ideen. Hat Schwierigkeiten bei der Wortwahl.
1	Bringt keine/so gut wie keine qualifizierten, fundierten Beiträge. Trennt Informationen nicht in wesentliche und unwesentliche. Zieht keine richtigen Schlüsse. Entwickelt keine neuartigen Konzeptionen. Steht gelegentlich sogar anderen Gruppenmitgliedern bei der Entwicklung von Lösungsmöglichkeiten im Wege. Findet meist keine passende Formulierung für einen Sachverhalt.

Tab. 4: Stufendefinition für das Beobachtungskriterium „Führung"

Ausprägung	Anker für die Skalenstufen
5	Kommt sehr oft zu Wort, kann aussprechen und findet Beachtung. Übernimmt wiederholt Führungsrollen, z.B. durch Zieldefinition, Zusammenfassungen o.ä. und wird dabei akzeptiert. Behauptet den eigenen Standpunkt durch überzeugende Argumente. Andere gehen auf die Vorschläge und Lösungsansätze ein und orientieren sich häufig daran. Arbeitet gleichbleibend aktiv an der gestellten Aufgabe, ohne Leistungsschwankungen zu zeigen.
4	Kommt öfter zu Wort, kann aussprechen und findet Beachtung. Übernimmt öfter Führungsrollen und wird dabei akzeptiert. Behauptet meist den eigenen Standpunkt durch gute Argumente. Andere gehen öfter auf die Vorschläge und Lösungsansätze ein und arbeiten damit. Arbeitet in entscheidenden Momenten aktiv an der gestellten Aufgabe.
3	Kommt zu Wort, kann meist aussprechen und findet zuweilen Beachtung. Liefert Beiträge zu Vorgehensweise, Arbeitsstil und Inhalt. Die Beiträge werden aufgegriffen, und es wird mit ihnen gearbeitet. Aktivität und Passivität sind ausgewogen.
2	Beteiligt sich nur gelegentlich oder selten an der Diskussion über die Wege zum Ziel oder über Inhalte. Die eigenen Beiträge werden kaum aufgegriffen oder beachtet. Viele passive Phasen.
1	Beteiligt sich überhaupt nicht an der Diskussion über Vorgehensweisen oder über Inhalte. Verhält sich gleichgültig in Bezug auf die Wege der Aufgabenlösung. Überlässt anderen vollständig die Initiative.

4.1.2 Kurzbeschreibung des Planspiels VIVA – Zielsetzung, Inhalte, Beobachtungskriterien

Das Assessment Center-Planspiel VIVA soll Führungspotenzial messen und ist für die Zielgruppe zukünftiger Führungskräfte konzipiert, die anschließend – bei erfolgreichem Assessment Center – ein mehrjähriges, berufsbegleitendes Führungskräfte-Entwicklungsprogramm durchlaufen.

Bei näherer Betrachtung handelt es sich bei den Beobachtungskriterien allerdings überwiegend um Kompetenzen und Einstellungen und nicht um planspiel-unabhängige Potenzialfaktoren. Diejenigen Beobachtungskriterien, in denen wir nach unserer inhaltlichen Analyse Potenzialaspekte vermuten, sind in der „Anlage Beobachtungskriterien" *fett kursiv* gekennzeichnet und definiert. Diese Beobachtungskriterien sind darüber hinaus bei der folgenden Beschreibung der VIVA-Übungen *kursiv* gekennzeichnet. Demnach werden in allen VIVA-Übungen (Ausnahme Fall 3) in einem gewissen, kleineren Umfang Beobachtungskriterien verwendet, die mit Potenzialmessung zu tun haben.

Planspielbeschreibung VIVA
Die Teilnehmer des Assessment Center-Planspiels VIVA simulieren in der Position eines Gebietsleiters Marketing/Vertrieb ein Geschäftsjahr in einem Versicherungsunternehmen mit dem Namen VIVA. Dieses AC-Planspiel kann mit acht bis zwölf

Teilnehmern durchgeführt werden. Das Setting wird so ausgerichtet, dass es jeweils mehrere Gebietsleiter (Kandidaten) gibt, die für unterschiedliche Regionen im Unternehmen zuständig sind, aber natürlich – wie im richtigen Leben – miteinander zu tun haben. Jeder hat drei Mitarbeiter, kann aber innerhalb seiner Budgetverantwortung auch weitere Mitarbeiter einstellen, wenn sie sich „rechnen". Die einzelnen Übungen sind z.T. miteinander vernetzt, d.h. je mehr Übungen durchlaufen werden, desto mehr Informationen erhalten die Kandidaten über das Unternehmen und die handelnden Personen. Die Fähigkeit zum vernetzten Denken wird als Beobachtungskriterium aber lediglich durch das Kriterium Verarbeitungskapazität abgefragt, da eine übungsübergreifende Bewertung einzelner Kandidaten für die Beobachter zu schwierig und komplex erschien.

Im Folgenden werden die verwendeten Übungen skizziert und den Beobachtungskriterien zugeordnet. Die Beobachtungskriterien sind Unterkriterien der *5 Hauptkriterien des Planspiels*:
- Arbeitsorganisation
- Persönlichkeitskompetenz
- Interpersonale Kompetenz
- Intellektuelle Ausprägungen
- Unternehmerisches Handeln

(vgl. Anhang „Beobachtungskriterien" zur Zuordnung Hauptkriterien und Unterkriterien).

Die 22 Unterkriterien sind so über die Übungen verteilt, dass jedes Unterkriterium insgesamt drei- bis fünfmal vertreten ist. Den Zusammenhang mit Potenzialaspekten sehen wir bei den Hauptkriterien:
- Arbeitsorganisation (im Unterkriterium Initiative),
- Persönlichkeitskompetenz (in den Unterkriterien Kreativität, Flexibilität, Risikoverhalten),
- Intellektuelle Ausprägungen (im Unterkriterium Verarbeitungskapazität).

1 Übung Budgetentwurf
Die Teilnehmer (Gebietsleiter) sollen für ihren Verantwortungsbereich ein Jahresbudget planen.
Dabei zu beachten: Zeitmanagement, Einarbeitung neuer Mitarbeiter, benötigte EDV-Ausstattung, zu definierende Umsatzziele, Kostenplanung, einzuplanende Schulungen für die eigenen Referenten u.a.
Beobachtungskriterien: Organisation, *Kreativität*, Risikoverhalten, Sorgfalt, *Verarbeitungskapazität*, Unternehmerisches Handeln.

2 Übung Postkorb
Der Teilnehmer (Gebietsleiter) fährt morgen in den Urlaub und hat noch verschiedene Dinge im Büro zu organisieren (12 Postkörbe).
Auswertung nach:
- Zusammenhänge zwischen den Postkörben erkannt?
- Sofortige Erledigung erforderlich?

- Wie wird die erwünschte Handlung beschreiben?

Beobachtungskriterien: *Kreativität*, Delegation, Sorgfalt, Konfliktverhalten, *Verarbeitungskapazität*.

3 Übung Budgetabstimmung

Jeder Gebietsleiter hat sein eigenes Budget geplant. Änderung durch den Vorstand: Gesamtbudget muss gekürzt werden. Die Gebietsleiter sollen zunächst eigene Vorschläge als Team machen, wie durch Nutzen von Synergieeffekten Einsparungen möglich sind. Auswertung: Wie wird in der Gruppendiskussion von den Gebietsleitern argumentiert? Wie wird auf die Argumente der anderen eingegangen? Wer tut etwas in welcher Weise für eine gemeinsame Budgetlösung?

Beobachtungskriterien: *Initiative*, Ausdauer, *Flexibilität*, Konfliktverhalten, Einfühlungsvermögen, Überzeugungskraft.

4 Rollenspiel 1 – Überzeugungsgespräch

Ein neues Versicherungsprodukt soll erweitert werden. Der Markteinführungstermin soll allerdings nicht verschoben werden. Der Gebietsleiter muss nun den Leiter der EDV-Entwicklungsabteilung überzeugen, die notwendigen Änderungen außerplanmäßig noch vor der Markteinführung einzubauen.

Beobachtungskriterien: Überzeugungskraft, persönliche Wirkung, Delegation, Risikoverhalten, Kooperation, Kontaktfähigkeit.

5 Fall 1 – Spannungen in der Gruppe

Gereizte Stimmung in der Gruppe; ein Referent schmückt sich mit fremden Federn; die Kollegen sind daher gereizt und „mobben" ihn.

Auswertung: Wie wird erkannt, das die Mitarbeiter sich nicht mehr gegenseitig unterstützen (Problem- und Ursachenanalyse)? Ziel: Einzelgespräch mit „Sündenbock", Gruppensitzung mit allen Beteiligten; Kooperation planen und später überprüfen; ggf. Maßnahmen zur Teamentwicklung.

Beobachtungskriterien: Entscheidungsverhalten, *Flexibilität*, Glaubwürdigkeit, Integration, Einfühlungsvermögen, mündliche Kommunikationsfähigkeit.

6 Rollenspiel 2 – Mitarbeitergespräch

Ein Referent möchte gern eine Projektleitung übernehmen. Der Vorstand hat aber einen externen Bewerber dafür vorgesehen. Der Referent hat inoffiziell davon Wind bekommen und will nun vom Gebietsleiter wissen, was Sache ist. Der Gebietsleiter muss loyal sein, sich auf Ärger des Mitarbeiters einstellen und ihm andere Perspektiven aufzeigen.

Beobachtungskriterien: Entscheidungsverhalten, Glaubwürdigkeit, Konfliktverhalten, Integration, Kontaktfähigkeit, Unternehmerisches Handeln.

7 Beschwerde

Ein Referent hat auf einer Infoveranstaltung für Vermittler bei einem Vermittler einen schlechten Eindruck hinterlassen (Technikprobleme, am Thema vorbei referiert, zu langatmig). Sein Gebietsleiter muss ein Antwortschreiben an den Vermittler formulieren und weitere Maßnahmen vorsehen.

Beobachtungskriterien: Einfühlungsvermögen, schriftliche Kommunikationsfähigkeit, Sorgfalt, *Verarbeitungskapazität*, Unternehmerisches Handeln.

8 Artikel
Der Gebietsleiter muss für den Vorstand einen Artikel in einer Versicherungszeitschrift schreiben; der Artikel soll das positive Image der Versicherung erhöhen; Thema: Sind die Renten noch sicher? Oder: Die Versicherung als Geldanlage nutzen.
Beobachtungskriterien: Organisation, *Kreativität*, Überzeugungskraft, schriftliche Kommunikationsfähigkeit.

9 Rollenspiel 3 – Verhandlung
Der Gebietsleiter soll mit einem Großvermittler (Privatbank) darüber verhandeln, unter welchen Provisionsregelungen der VIVA-Aussendienst für einen Kunden der Bank (überregionales mittelständiges Unternehmen) für deren Mitarbeiter ein Rentenversicherungsprodukt anbieten darf. Die Privatbank hat nicht das Außendienstlernetz (wohl aber die VIVA), will aber bei dem Geschäft gut mitverdienen, da es ja ihr Kunde ist.
Beobachtungskriterien: *Initiative*, Ausdauer, Flexibilität, Kontaktfähigkeit, *Verarbeitungskapazität*, Unternehmerisches Handeln.

10 Präsentation
Der bereits geschriebene Artikel für die Versicherungszeitschrift soll nun für eine Präsentation mit Vermittlern genutzt werden. Die Präsentation findet statt.
Beobachtungskriterien: Organisation, *Kreativität*, persönliche Wirkung, Überzeugungskraft, mündliche Kommunikationsfähigkeit.

11 Fall 2 – Steuerung Außendienst.
Die angestellten Bezirksdirektoren waren früher dem Vorstand unterstellt und werden jetzt regional den Gebietsleitern zugeordnet. Da der Vorstand früher am langen Zügel führte, gibt es keine einheitliche Linie unter den Bezirksdirektoren, wie ihr Geschäft zu machen ist. Es gibt darüber auch Reibereien untereinander. Der Gebietsleiter muss nun Struktur hineinbringen, die Reibereien auflösen und neue Wege der Führung gehen.
Beobachtungskriterien: Entscheidungsverhalten, *Initiative*, Konfliktverhalten, Informationsverhalten, schriftliche Kommunikationsfähigkeit, Unternehmerisches Handeln.

12 Interview
Außerhalb des VIVA-Szenarios: Vorstellung des persönlichen Lebensweges jedes Teilnehmers; teilstrukturiertes Interview mit Analyse nach Erfolg und Zielorientierung über die Lebensstationen; Analyse auch nach Stärken, Führungsinitiative und Wünschen.
Beobachtungskriterien: Organisation, Glaubwürdigkeit, persönliche Wirkung, mündliche Kommunikationsfähigkeit, Risikoverhalten, Informationsverhalten.

13 Leistungsbeurteilung
Leistungsbeurteilung eines Referenten; Daten über Stärken und Schwächen über den Zeitraum eines Jahres liegen vor; die Daten sollen analysiert werden, das Gespräch soll

geführt und Entwicklungsmaßnahmen sollen ausgelotet werden.
Beobachtungskriterien: Organisation, Ausdauer, Kooperation, Integration, *Verarbeitungskapazität*.

14 Fall 3 – Motivation zur Mehrarbeit
Der Gebietsleiter hat den Auftrag, ein wichtiges Referat im Bankverband zu halten. Er hat aber zu wenig Zeit zur Vorbereitung und muss einen Referenten motivieren, Teile der Vorbereitung zu übernehmen. Der Referent ist aber auch stark zeitlich eingebunden. Der Referent soll nun motiviert werden, trotzdem mit Engagement die Vorbereitungen zu machen.
Beobachtungskriterien: Konfliktverhalten, Einfühlungsvermögen, Überzeugungskraft, Kontaktfähigkeit, Delegation.

15 Gruppendiskussion 2 – Gebietsneustrukturierung
Der Vertrieb soll von vier auf fünf Gebiete umstrukturiert werden (bisher gibt es vier Gebietsleiter, die jetzt miteinander diskutieren). Die Gebietsleiter sollen nun entscheiden, welcher ihrer Referenten der geeigneteste ist, um der fünfte Gebietsleiter zu werden.
Beobachtungskriterien: *Initiative*, Ausdauer, Kooperation, Kontaktfähigkeit, Informationsverhalten, Entscheidungsverhalten.

Die Beobachtungskriterien sind im Anhang spezifisch definiert.

4.2 Defizite und Weiterentwicklungsbedarf

Wie anhand dieses aus der Vielfalt der ACs ausgewählten Beispiels deutlich wird, werden Kompetenzen und Potenziale nicht differenziert. Das hat zur Folge, dass Teilnehmer, die über entsprechende Erfahrung und bereits entwickelte Kompetenzen verfügen, grundsätzlich bei der Auswahl bevorzugt werden. Dies wiegt umso schwerer, da bestimmte Potenzialfaktoren wie Gestaltungskraft und Flexibilität nur unzureichend oder gar nicht berücksichtigt werden. Flexibilität meint hier zum Beispiel im wesentlichen Anpassungsfähigkeit, nicht aber Lernfähigkeit. In dem hier vorgestellten Fall heißt das, dass – vorausgesetzt die Auswahlkriterien greifen – eher erfahrene Führungskräfte ausgewählt werden, die entscheidende Führungskompetenzen bereits entwickelt haben. Auffällig ist, dass das Thema Flexibilität/Lernen fast keine Rolle spielt, sodass die Auswahl durchaus auf Teilnehmer mit starrer Persönlichkeitsstruktur fallen könnte, zumal die Kriterien Ausdauer und Flexibilität hier (s. Anhang) geradezu ein Paradoxon bilden.
Dies zeigt, dass es für ein AC entscheidend ist, die Zielgruppe und Auswahlkriterien klar zu definieren.

5 Schlussfolgerungen für ein Assessment Center zur Potenzialeinschätzung

5.1 Operationalisierung der Dimensionen

Nachfolgend werden die von uns entwickelten Potenzialfaktoren operationalisiert, um daraus ein praxistaugliches Assessment-Design entwickeln zu können.

Komplexitätsverarbeitung:
Komplexität steigt mit der Anzahl der Variablen, ihrer Verschiedenartigkeit, der Zahl der Beziehungen zwischen den Variablen und deren Verschiedenartigkeit.
- Differenziertheit: Bezieht er/sie verschiedene Standpunkte und Sichtweisen in die Argumentation ein?
- Parallelität: Kann er/sie eine Vielzahl von Variablen gleichzeitig bearbeiten?
- Auffassungsgabe: Versteht er/sie rasch um was es geht? Erkennt er/sie das Wesentliche?
- Komplexitätsreduktion: Ist er/sie in der Lage zwischen wichtigem und unwichtigem zu unterscheiden? Inwieweit bringt er/sie die Dinge auf den Punkt?

Psychische und intellektuelle Flexibilität:
- Reflexivität: eigenes Verhalten/Denken kritisch hinterfragen zu können;
- Alltagserfahrungen auswerten können, daraus lernen;
- nach Feedback Verhalten konstruktiv verändern können;
- Veränderungslernen: Ziele/Strategien, die sich als nicht tragfähig erwiesen haben, aufgeben zu können.

Gestaltungskraft:
- Gestaltungswille: Inwieweit zeigt der Teilnehmer unaufgefordert Initiative? Inwieweit nimmt er/sie in unstrukturierten Situationen das Heft in die Hand?
- Ergebnisorientierung: Wie zielstrebig werden Vorhaben realisiert? Verzettelt er/sie sich oder bringt er/sie trotz Hindernissen Vorhaben zu einem erfolgreichen Ende?

Einfluss auf andere:
- Inwieweit kann er/sie andere bewegen, etwas zu tun?
- Inwieweit kann er/sie Widerstand in konstruktive Energie verwandeln?
- Inwieweit wird ihm/ihr von den anderen Teilnehmern eine Führungsposition übertragen?

5.2 Konzeption der Übungen

Dieses AC ist für Führungsnachwuchskräfte angelegt, da hier im wesentlichen die Potenzial- und nicht die Ermittlung von Kompetenzen im Vordergrund stehen soll. Aus diesem Grunde sind die Übungsbeispiele weniger aus dem beruflichen Alltag als vielmehr aus dem privaten Kontext herausgegriffen.

Im folgenden haben wir kein komplettes AC entwickelt, sondern im wesentlichen Übungen konzipiert, die helfen, die von uns entwickelten Potenzialfaktoren auf der Verhaltensebene zu operationalisieren.

Komplexität
1 Fest
Zum runden Geburtstag eines geschätzten Verwandten ist ein großes Fest zu organisieren. Hierfür sind Räume anzumieten, die Gäste einzuladen, der Bürgermeister zu Grußworten zu überzeugen, eine Band zu organisieren, etc. Es gibt sich widersprechende Anforderungen – sowohl zeitlich als auch inhaltlich. Der Teilnehmer übernimmt die Koordinationsaufgabe, hat Unterstützung durch den 18-jährigen Bruder.
Parallelität, Komplexitätsreduktion

2 Situationsdarstellung
Darstellung einer Entscheidungssituation, die von verschiedenen Standpunkten aus in mehreren Dokumenten geschildert wird. Beschreibung des Kernproblems, Entwicklung einer Lösung und Einbeziehung der unterschiedlichen Sichtweisen.
Auffassungsgabe, Komplexitätsreduktion, Differenziertheit

3 Interview
Schildern Sie Ihr bisher schwierigstes und komplexestes Projekt:
- Was war der Zeithorizont?
- Wie viele andere Personen waren einbezogen?
- Was waren die größten Schwierigkeiten?
- Wie haben Sie sie in den Griff bekommen?
- Was haben Sie nicht in den Griff bekommen?

Psychische und intellektuelle Flexibilität
4 Lernen aus Feedback
Im AC werden am Ende des ersten Tages Feedback-Schleifen durchgeführt, die sich nicht auf die Potenzialfaktoren, sondern auf von den Teilnehmern gezeigte konkrete Verhaltensweisen (z.B. Diskussionsverhalten, Präsentationstechnik) beziehen.
Beobachtung: Wie wird mit dem Feedback umgegangen? Am zweiten Tag wird beobachtet, inwieweit die Teilnehmer in der Lage sind, das Feedback in verändertes Verhalten umzusetzen.

5 Interview
Veränderungen von persönlich wichtigen Zielen oder Entscheidungen, die bereits getroffen waren. Hat der Teilnehmer eine Situation vor Augen, über die er berichten möchte? Was hat ihn dazu bewogen, das Ziel aufzugeben, die Entscheidung zu verändern? Wie war das? Wie ist er/sie damit umgegangen? Welche Konsequenzen hatte dies?
Auswertung: Lernen aus Alltagserfahrungen, Reflexivität, Veränderungslernen

Einfluss auf andere

6 Verhandlungsspiel

Vier Freunde, die zusammen in den Urlaub fahren wollen, haben unterschiedliche Interessen und Zielvorstellungen. Sie versuchen jedoch, ein gemeinsames Ergebnis zu finden.

Beobachtung: Gibt es eine Einigung? Welche Rollen nehmen die Teilnehmer ein? Wer führt die Teilnehmer zu einem gemeinsamen Ergebnis?

Auswertung: Konstruktiver Umgang mit Widerstand, andere bewegen

7 Soziogramm

Schriftliche Kurzbefragung der Teilnehmer gegen Ende des ACs:
- Wen würden Sie aus dieser Gruppe als Hauptorganisator für ein Fest wählen?
- Mit wem würden Sie am liebsten als Projektkollegen zusammenarbeiten?
- Wer wäre der geeignete Moderator für den Abend?
- Wer sollte die Begrüßungsreden halten?
- Mit wem würden Sie nach getaner Arbeit etwas trinken gehen?
- Mit wem würden Sie über Ihre Enttäuschung über ein schlecht gelaufenes Gespräch reden?

Auswertung: Wem werden Führungsrollen zugedacht (Organisator, Moderator, Begrüßung)?

Gestaltungskraft

8 Übung Brückenbau

Von den Teilnehmern ist mit einem Minimum an Material eine Brücke zu bauen. Diese soll eine gewisse Tragfähigkeit aufweisen (z.B. einen Bierkasten tragen können) sowie einen Architekturpreis gewinnen. Die Brücke wird anschließend präsentiert.

Beobachtung: Wer fängt an, wer führt was zu einem Ergebnis? Wer strukturiert die Situation? Wie organisiert sich die Gruppe? Welche Interaktion und Arbeitsteilung? Welche Rolle spielt dabei jeder einzelne?

9 Übung Kochduell

Zwei Gruppen erhalten Zutaten, die sie zu einem Essen verarbeiten sollen, das anschließend gemeinsam verzehrt wird. Alle Zutaten müssen verarbeitet werden. Als Hilfestellung dient lediglich ein Kochbuch, aus dem Rezepte entnommen werden können.

Beobachtung: Wer fängt an, wer führt was zu einem Ergebnis? Wer strukturiert die Situation? Wie organisiert sich die Gruppe? Welche Interaktion und Arbeitsteilung? Welche Rolle spielt dabei jeder einzelne? Welche Rolle spielt die Qualität des Gerichtes?

10 Übung zur Beobachtung verschiedener Potenzialfaktoren: Sänftenbau

Die Teilnehmer werden in drei Gruppen aufgeteilt. Sie erhalten die Aufgabe, aus fest definierten Materialien einen Gegenstand zu bauen, mit dem sich eine Person transportieren lässt. Die Bauten der drei Gruppen müssen identisch sein, obwohl die Gruppen keinen direkten Kontakt miteinander haben. Sie haben dafür eine begrenzte Zeit, für die Abstimmung der Gruppen wird jeweils ein Botschafter entsendet. Die Abstimmungs-

zeit darf z.B. insgesamt nicht mehr als 20 Minuten betragen. Für das Objekt ist ein Konstruktionsplan anzufertigen sowie eine Präsentation vorzunehmen.
Beobachtung:
Gestaltungskraft: Wer zeigt Initiative, nimmt die Dinge in die Hand? Wer strukturiert die Situation?
Komplexitätsverarbeitung v.a. beim Botschafter: Komplexitätsreduktion durch visuelle Darstellung, Beschreibung des Vorhabens
Einfluss auf andere: Wer wird gewählt als Verhandler; wer setzt sich wie in den Verhandlungen durch? Wie werden unterschiedliche Interessen in Einklang gebracht? Wie wird die Rückmeldung in die Gruppe akzeptiert?

Diese Übungen, Interviews und Diskussionen geben somit einen Ansatzpunkt zur Ausgestaltung von Potenzialassessments. Wichtig ist dabei, darauf zu achten, dass diese so konzipiert werden, dass sie weitgehend voraussetzungsfrei sind, um dem Ziel der Potenzialermittlung möglichst gut entsprechen zu können.
Mit einer solcherart vorgenommenen Differenzierung von Kompetenzen und Potenzial wird unseres Erachtens eine Personalauswahl und -entwicklung möglich, die den Teilnehmern ebenso wie den Unternehmensinteressen weitaus gerechter wird als herkömmliche Verfahren.

Anhang
Definition der Beobachtungskriterien

Hauptkriterium Arbeitsorganisation	*Positive Ausprägung*	*Negative Ausprägung*
Organisation und Planung	Geht systematisch vor Setzt Prioritäten Strukturiert Aufgaben Hat Überblick Erarbeitet klare Konzepte zur Lösung	Geht planlos vor Hat keinen Überblick
Entscheidungsverhalten	Versucht alle Informationen in der Entscheidung zu berücksichtigen Trifft auch unpopuläre (angemessene, eindeutige) Entscheidungen Übernimmt Verantwortung Beachtet die Konsequenzen der Entscheidung Informiert sich selbst Beachtet die Konsequenzen der Entscheidung	Schiebt die Verantwortung auf andere ab (z.B. Geschäftsleitung) Scheut sich, klare Entscheidungen zu treffen Konsequenzen werden nicht beachtet Berücksichtigt nicht alle Informationen
Initiative	Gibt Handlungsanstöße **Leitet notwendige Maßnahmen von sich aus in die Wege** Beginnt das Gespräch Bringt neue Anregungen in die Diskussion ein	Ist passiv Geht Dingen, die nicht zur Routine gehören, eher aus dem Weg

Hauptkriterium Arbeitsorganisation	*Positive Ausprägung*	*Negative Ausprägung*
Delegation/Kontrolle	Überträgt Aufgaben, Verantwortung und Kompetenz an die Mitarbeiter Erteilt Weisungen präzise Kontrolliert Ergebnisse Überprüft die Zielerreichung Macht nur selbst, was von den Mitarbeitern nicht erledigt werden kann und wozu keine Kapazitäten frei sind	Erledigt das meiste selbst Traut seinen Mitarbeitern wenig zu Lässt seinen Mitarbeitern zu viel oder zu wenig Spielraum
Sorgfalt	Arbeitet genau und gründlich Lässt nichts wesentliches aus Erfüllt die gesetzten Qualitätsmaßstäbe Nimmt ungewollte Abweichungen im Ergebnis nicht hin	Arbeitet oberflächlich Übersieht wichtige Details Hält sich nicht an vorgegebene Anweisungen
Ausdauer	Bleibt bis zum Ende (der Diskussion/Übung) aktiv Vertritt einen als richtig erkannten Weg auch bei auftretenden Schwierigkeiten Verfolgt gesetzte Ziele konsequent	Lässt sich leicht ablenken Gibt bei auftretenden Schwierigkeiten schnell auf Versucht, die Aufgabe ohne Beachtung der Qualität rasch zu erledigen Lässt schwierige Sachverhalte auf sich beruhen
Kreativität/Originalität	Findet Lösungen außerhalb der eingefahrenen Wege Verbindet Argumente so, dass neue Argumentationsmuster entstehen Weiß sich zu helfen, lässt sich etwas einfallen	Orientiert sich an herkömmlichen Lösungen Zeigt wenig Einfallsreichtum Weiß sich nicht zu helfen

Hauptkriterium Persönlichkeitskompetenz	Positive Ausprägung	Negative Ausprägung
Flexibilität	Kann sich wechselnden Situationen anpassen Kann sich von einmal getroffenen Entscheidungen lösen	Zeigt gleichbleibende Verhaltensweisen auch in wechselnden Situationen Kann sich nicht von einmal getroffener Strategie/Meinung lösen
Persönliche Wirkung	Subjektive Beurteilung, ob der Teilnehmer dem Gespräch/der Diskussion einen positiven Verlauf gibt Subjektive Beurteilung, ob es dem Teilnehmer gelingt, eine angenehme Atmosphäre aufzubauen	Subjektive Beurteilung, ob der Teilnehmer keine positive Wirkung erzeugen kann Subjektive Beurteilung, ob der Teilnehmer z.B. ungeduldig, gereizt, gelangweilt, überheblich wirkt
Vorbildfunktion/ Glaubwürdigkeit	Verlangt vom Mitarbeiter nur das Verhalten, dass er selbst vorlebt Hält sich an Absprachen und geht offen und fair vor Setzt sich für seine Mitarbeiter ein Lässt persönlichen Ärger nicht an anderen aus Kann Fehler eingestehen	Verlangt ein Verhalten, dass er selbst nicht vorlebt Versucht zu manipulieren, um eigene Ziele zu erreichen Überträgt die Verantwortung für Fehler auf andere Geht unfair mit anderen um
Risikoverhalten	Findet Ausgleich zwischen Streben nach Sicherheit und der Akzeptanz von Unsicherheit Scheut nicht vor unpopulären Maßnahmen zurück, wenn dadurch bessere Chancen möglich sind Trifft Entscheidungen eindeutig auch dann, wenn aufgrund der Problemlage mehrere Wege mit Stärken und Schwächen möglich sind	Trifft Entscheidungen, die entweder nur sehr hohe oder nur sehr geringe Erfolgswahrscheinlichkeiten haben
Konfliktverhalten	Flüchtet nicht vor Konflikten, wenn sie unausweichlich sind Spricht Konflikte je nach Situation offen bzw. diplomatisch an Sucht nach konstruktiven Lösungen für entstandene Konflikte	Flüchtet vor Konflikten, spricht Konflikte nicht an und trägt nicht zu deren Lösung bei Lenkt auch bei vermeidbaren Konflikten nicht ein Verweigert unnötigerweise Zustimmung Ist auch mit logischen Argumenten nicht zu überzeugen Zieht sich bei Konflikten zurück

Hauptkriterium Interpersonale Kompetenz	Positive Ausprägung	Negative Ausprägung
Kooperation	Trägt durch Mitarbeit zur gemeinsamen Zielerreichung bei Stellt eigenes Ziel zugunsten einer gemeinsamen Lösung zurück Hilft, konstruktive Lösungen zu erarbeiten Zeigt Verständnis für andere Standpunkte, unterstützt Vorschläge Willigt in Regelungen ein Sorgt dafür, dass die Gruppe auch nach der Entscheidung zusammen arbeiten kann	Setzt sich auf Kosten anderer durch, setzt Machtmittel ein Ist nicht bereit, Teilarbeiten zu übernehmen Verweigert unnötigerweise Konsens
Integration	Findet tragfähige Kompromisse Erkennt unterschiedliche Interessenlagen und schafft Ausgleich Fördert den Zusammenhalt der Gruppe Hört abweichende Meinungen an, ohne gleich zu werten Richtet konkurrierende Interessen auf ein Ziel aus Erfragt die Meinung anderer, bezieht ruhige Teilnehmer in die Diskussion ein, ermuntert andere	Versteht es nicht, unterschiedliche Meinungen auf einen Nenner zu bringen Beharrt auf der eigenen Meinung, ohne andere Gesichtspunkte gelten zu lassen
Einfühlungsvermögen	Berücksichtigt beim Handeln Gefühle und Bedürfnisse anderer Geht auf die Probleme/Situation anderer ein Zeigt Verständnis	Stellt eigene Interessen in den Vordergrund Geht im eigenen Verhalten nicht auf andere Menschen ein
Überzeugungskraft	Begründet mit Argumenten und kann sich durchsetzen Vorgetragene Argumente wirken überzeugend Erreicht das Ziel Steht hinter dem, was er tut	Seine Meinung wird nur selten akzeptiert Kann sich nicht durchsetzen
Kontaktfähigkeit	Kommt schnell mit anderen Menschen ins Gespräch Bleibt sachlich, besonnen Hält Blickkontakt	Hat Schwierigkeiten, Kontakt zu knüpfen und/oder aufrecht zu halten Wirkt eher zurückgezogen, arbeitet gern allein Zeigt Zurückhaltung
Informationsverhalten	Gibt alle wichtigen Informationen weiter Informiert sich und andere (MA, Kunden, Geschäftsleitung) angemessen Fragt nach Klärt Missverständnisse	Hält Informationen ungerechtfertigt zurück Gibt Informationen weiter, die nicht weiter gegeben werden sollen

Hauptkriterium Intellektuelle Ausprägungen	*Positive Ausprägung*	*Negative Ausprägung*
Schriftliche Kommunikationsfähigkeit	Drückt sich klar, kurz, verständlich und anregend aus Man kann den Gedanken gut folgen Rückfragen sind nicht notwendig	Formulierungen klingen hölzern Vergreift sich im Ton Formuliert zu schematisch oder zu kompliziert
Mündliche Kommunikationsfähigkeit	Versteht es, auch schwierige Sachverhalte klar, verständlich und anregend (fesselnd, lebendig, Interesse weckend) darzulegen Ist gut zu verstehen Formuliert flüssig	Drückt sich stockend oder ungenau aus Ist schwer zu verstehen Formuliert ungenau Formuliert kompliziert
Verarbeitungskapazität	*Kann wichtiges von unwichtigem trennen* *Lässt sich auch von einer Fülle von Informationen nicht verunsichern* *Erkennt, worauf es ankommt* *Kann komplexe und umfangreiche Sachverhalte ohne Schwierigkeiten aufnehmen und verarbeiten*	Verliert den Überblick Setzt falsche Prioritäten Erfasst keine Zusammenhänge Denkt nicht folgerichtig

Hauptkriterium Unternehmerisches Handeln	*Positive Ausprägung*	*Negative Ausprägung*
Unternehmerisches Handeln	Setzt sich für die Ziele des Bereichs/Unternehmens ein Schließt keine Kompromisse, die den Zielen hinderlich sind Beachtet bei Entscheidungen die Auswirkungen für den Erfolg des Unternehmens/Bereiches	Verliert das Ziel aus den Augen Schließt „faule" Kompromisse Beachtet die Auswirkungen der Entscheidungen für das Unternehmen/den Bereich nicht

Literatur

Becker, F. (1991). Potenzialbeurteilung: Eine Kafaeske Komödie?! In: ZfP 1/91, 63-78.
Boyatzis, R.E. (1982). The competent manager, New York.
Boyett, J.H. & Boyett, J.T. (1999): Management Guide, München.
Erpenbeck, J. (o.J.). Wissensmanagement als Kompetenzmanagement, unveröff. Vortrag.
Erpenbeck, J. (1999a). Wissensmanagement, Kompetenzentwicklung und Lernkultur. In: QUEM-Bulletin 3/99, 2-7.
Erpenbeck, J. (1999b). Qualifikationsanaloge Zertifizierung von Kompetenzen? QUEM-Bulletin 4/1999, 1-6.
Erpenbeck, J. (2000). Zertifizierung von Kompetenzen in Analogie zu Qualifikationen? In: Personalführung I/2000, 22-29.
Erpenbeck, J. & Heyse, V. (o.J.) (a): Kompetenzentwicklung als Forschungsfrage, unveröff. Vortrag.
Erpenbeck, J. & Heyse, V. (o.J.) (b): Selbstgesteuertes, selbstorganisiertes Lernen, unveröff. Vortrag.
Lombardo, M.M. & Eichinger, R.W. (1994): The Choices Architect. Talent Management Tool, o.O.
Lombardo, M.M. & Eichinger, R.W. (1996). The Leadership Architect Suite. Incl. The Career Architect and The Organizational Architect. Manual and Sorting Cards, Minneapolis.
Jaques, E. (1989): Requisite Organisation – A Total System for Effective Managerial Organisation and Managerial Leadership for the 21st Century, Arlington, VA.
Jaques, E. & Cason, K. (1994): Human Capability – A Study of Individual Potential and its Application, Falls Church, VA.
Lütze, B. (2000). Weg vom klassischen „Aufstiegsmodell": kompetenzorientierte Entwicklung und Beurteilung. In: H. Schuler & J. Pabst (Hrsg). Personalentwicklung der Zukunft, Neuwied/Kriftel, 144-164.
McCall, M. Jr. (1998). High Flyers – Developing the Next Generation of Leaders, Boston, Mass.
McClelland, D.C.(1973). Testing for competence rather than for intelligence. In: American Psychologist, 28, 1-14.
Sarges, W. (2001). Competencies statt Anforderungen – nur alter Wein in neuen Schläuchen? In: H.-C. Riekhof (Hrsg.). Strategien der Personalentwicklung. 5. überarb. u. erw. Aufl., Wiesbaden, 285-300.
Schuler, H. & Stehle, W. (1992). Assessment Center als Methode der Personalentwicklungen, Göttingen.
Spencer, L.M., Jr. & Spencer, S.M. (1993). Competence at work – Models for superior performance, New York.
Veil, C. (1995). Wohin geht die Assessment-Center-Entwicklung? In: Zeitschrift für Personalforschung, 9, 380-399.
White, R.P., Hodgson, P. & Crainer, S. (1997): Überlebensfaktor Führung: über den zukünftigen Umgang mit Risiko und Unsicherheit im Management, Wien.
Wildenmann, B. (1999). Professionell Führen. 4. überarb. u. erw. Aufl., Neuwied/Kriftel.
Wildenmann Tools & Services (2001). Leadership Circle, o.O.
Wunderer, R. & Bruch, H. (2000). Umsetzungskompetenz – Diagnose und Förderung in Theorie und Unternehmenspraxis, München.

Autorinnen und Autoren

Barth, Ursula Gisela, Dipl.-Psych., „...Perform – Arbeitsgruppe für angewandte Personalforschung" München
E-Mail: ursula.barth@perform-muenchen.de

Czempik, Stefan, z.Z. der Erarbeitung des Beitrags tätig bei Wildenmann Consulting, Karlsbad
E-Mail: Consulting@wildenmann.com

Erpenbeck, John, Prof. Dr., Arbeitsgemeinschaft Betriebliche Weiterbildungsforschung e.V./Projekt Qualifikations-Entwicklungs-Management, Berlin
E-Mail: Erpenbeck@abwf.de

Friebe, Judith, Dipl.-Psych., Ruprecht-Karls-Universität Heidelberg, Psychologisches Institut, Abt.: Arbeits-, Betriebs- und Organisationspsychologie
E-Mail: Judith.Friebe@psychologie.uni-heidelberg.de

Friedrich, Peter, Dr., FRITZChange AB, Stocksund (Schweden)
E-Mail: fritz@jobtransfer.com

Hinnerichs, Liane, Dipl.-Psych., Universität Potsdam, Humanwissenschaftliche Fakultät, Institut für Psychologie
E-Mail: rothe@rz.uni-potsdam.de

Lang-von Wins, Thomas, Dr., „...Perform – Arbeitsgruppe für angewandte Personalforschung" München
E-Mail: lvw@perform-muenchen.de

Lantz, Annika, Dr., FRITZChange AB, Stocksund (Schweden)
E-Mail: fritz@jobtransfer.com

Lowey, Stefanie, z.Z. der Erarbeitung des Beitrags tätig bei Wildenmann Consulting, Karlsbad
E-Mail: Consulting@wildenmann.com

Lütze, Birgitt, z.Z. der Erarbeitung des Beitrags tätig bei Wildenmann Consulting, Karlsbad
E-Mail: Consulting@wildenmann.com

Menzel, Daniela, Dipl.-Soz., Technische Universität Chemnitz, Fakultät für Wirtschaftswissenschaften, Lehrstuhl Personal und Führung
E-Mail: daniela.menzel@wirtschaft.tu-chemnitz.de

North, Klaus, Prof. Dr., Fachhochschule Wiesbaden, Fachbereich Wirtschaft
E-Mail: K.North@bwl.fh-wiesbaden.de

Pawlowsky, Peter, Prof. Dr., Technische Universität Chemnitz, Fakultät für Wirtschaftswissenschaften, Lehrstuhl Personal und Führung
E-Mail: p.pawlowsky@wirtschaft.tu-chemnitz.de

Rothe, Heinz-Jürgen, Prof. Dr., Universität Potsdam, Humanwissenschaftliche Fakultät, Institut für Psychologie
E-Mail: rothe@rz.uni-potsdam.de

Sandor, Andrea, Dipl.-Psych., „...Perform – Arbeitsgruppe für angewandte Personalforschung" München
E-Mail: andrea.sandor@perform-muenchen.de

Schaper, Niclas, Prof. Dr., Universität Paderborn, Fakultät für Kulturwissenschaften, Lehrstuhl für Arbeits- und Organisationspsychologie
E-Mail: niclas.schaper@uni-paderborn.de

Sonntag, Karlheinz, Prof. Dr., Ruprecht-Karls-Universität Heidelberg, Psychologisches Institut, Abt.: Arbeits-, Betriebs- und Organisationspsychologie
E-Mail: Karlheinz.Sonntag@psychologie.uni-heidelberg.de

Triebel, Claas, Dipl.-Psych., „...Perform – Arbeitsgruppe für angewandte Personalforschung" München
E-Mail: claas.triebel@perform-muenchen.de

Wildenmann, Bernd, Dr., Wildenmann Consulting, Karlsbad
E-Mail: Consulting@wildenmann.com

Wilkens, Uta, Prof. Dr., Wissenschaftliche Hochschule Lahr (WHL), Lehrstuhl Allgemeine BWL
E-Mail: uta.wilkens@akad.de

edition **QUEM**

Studien zur beruflichen Weiterbildung im Transformationsprozeß
Herausgegeben von der Arbeitsgemeinschaft Qualifikations-Entwicklungs-Management

Band 1: John Erpenbeck, Johannes Weinberg
Menschenbild und Menschenbildung
Bildungstheoretische Konsequenzen der unterschiedlichen Menschenbilder in der ehemaligen DDR und in der heutigen Bundesrepublik
1993, 239 Seiten, geb., 25,50 EUR, ISBN 3-89325-199-5

Band 2: Volker Heyse, Klaus Ladensack
Management in der Planwirtschaft
Personal- und Organisationsentwicklung in der ehemaligen DDR
1994, 176 Seiten, geb., 25,50 EUR, ISBN 3-89325-209-6

Band 3: Volker Heyse, John Erpenbeck
Management und Wertewandel im Übergang
Voraussetzungen, Chancen und Grenzen betrieblicher Weiterbildung im Transformationsprozeß
1994, 280 Seiten, geb., 25,50 EUR, ISBN 3-89325-214-2

Band 4: Volker Heyse, Helmut Metzler
Die Veränderung managen, das Management verändern
Personal- und Organisationsentwicklung im Übergang zu neuen betrieblichen Strukturen – Trainingskonzepte zur Erhöhung von Kompetenzen
1995, 372 Seiten, geb., 25,50 EUR, ISBN 3-89325-334-3

Band 5: Wolfram Knöchel, Matthias Trier
Arbeitslosigkeit und Qualifikationsentwicklung
Perspektiven der beruflichen Weiterbildung in einer Gesellschaft im Übcrgang
1995, 168 Seiten, geb., 15,30 EUR, ISBN 3-89325-354-8

Band 6: Rolf Dobischat u. Antonius Lipsmeier; Ingrid Drexel
Der Umbruch des Weiterbildungssystems in den neuen Bundesländern
Zwei Untersuchungen
1996, 304 Seiten, geb., 25,50 EUR, ISBN 3-89325-395-5

Band 7: Erich Staudt u.a.
Weiterbildung von Fach- und Führungskräften in den neuen Bundesländern
1996, 292 Seiten, geb., 25,50 EUR, ISBN 3-89325-403-X

Band 8: Martin Baethge u.a.
Die berufliche Transformation in den neuen Bundesländern
Ein Forschungsbericht
1996, 248 Seiten, geb., 25,50 EUR, ISBN 3-89325-404-8

Band 9: **Aspekte der beruflichen Bildung in der ehemaligen DDR**
Anregungen, Chancen und Widersprüche einer gesamtdeutschen Weiterbildungsdiskussion
1996, 398 Seiten, geb., 25,50 EUR, ISBN 3-89325-462-5

Band 10: John Erpenbeck, Volker Heyse
Die Kompetenzbiographie
Strategien der Kompetenzentwicklung durch selbstorganisiertes Lernen und multimediale Kommunikation
1999, 680 Seiten, geb., 34,80 EUR, ISBN 3-89325-690-3

Band 11: Bärbel Bergmann u.a.
Kompetenzentwicklung und Berufsarbeit
2001, 275 Seiten, geb., 25,50 EUR, ISBN 3-8309-1018-5

Band 12: Ekkehart Frieling, Simone Kauffeld, Sven Grote, Heike Bernhard
Flexibilität und Kompetenz: Schaffen flexible Unternehmen kompetente und flexible Mitarbeiter?
2001, 304 Seiten, geb., 25,50 EUR, ISBN 3-8309-1019-3

Band 13: **Kompetenzen entwickeln – Veränderungen gestalten**
2001, 565 Seiten, geb., 34,80 EUR, ISBN 3-8309-1021-5

Band 14: Erich Staudt, Norbert Kailer, Marcus Kottmann, Bernd Kriegesmann, Andreas J. Meier, Claus Muschik, Heidi Stephan, Arne Ziegler
Kompetenzentwicklung und Innovation
2002, 494 Seiten, geb., 29,90 EUR, ISBN 3-8309-1242-0

Band 15: Hermann Veith
Kompetenzen und Lernkulturen
Zur historischen Rekonstruktion moderner Bildungsleitsemantiken
2003, 456 Seiten, geb., 29,90 EUR, ISBN 3-8309-1357-5

Band 16: Martin Baethge, Volker Baethge-Kinsky
Mit einem Beitrag von Rudolf Woderich, Thomas Koch und Rainer Ferchland
Der ungleiche Kampf um das lebenslange Lernen
2004, 358 Seiten, geb., 25,50 EUR, ISBN 3-8309-1461-X

Band 17: Bärbel Bergmann u.a.
Arbeiten und Lernen
2004, 322 Seiten, geb., 25,50 EUR, ISBN 3-8309-1470-9

WAXMANN VERLAG GMBH
Münster · New York · München · Berlin

Kompetenzentwicklung

Herausgegeben von der Arbeitsgemeinschaft Betriebliche Weiterbildungsforschung e.V. Projekt Qualifikations-Entwicklungs-Management

Globalisierung der Märkte, weltweiter Wettbewerbsdruck, höhere Qualitätsansprüche an Produkte und Dienstleistungen sowie rasante technische Veränderungen erfordern neue Kompetenzen am Arbeitsplatz, um im wirtschaftlichen Wandel zu bestehen. Die Reihe Kompetenzentwicklung begleitet in einer Folge von Jahrbüchern diese Prozesse. Forschungsergebnisse, Erfahrungen aus Förderprogrammen und Berichte aus der Praxis analysieren aktuelle Fragestellungen in Personalentwicklung, betrieblicher Weiterbildung und Führungsqualifikation.

Band 1 **Kompetenzentwicklung '96**

Strukturwandel und Trends in der betrieblichen Weiterbildung
1996, 464 Seiten, br., 19,50 EUR, ISBN 3-89325-473-0

mit Beiträgen von Bärbel Bergmann, John Erpenbeck, Gernold P. Frank, Volker Heyse, Andreas J. Meier, Erich Staudt und dem Kuratorium der Arbeitsgemeinschaft Qualifikations-Entwicklungs-Management (QUEM)

Band 2 **Kompetenzentwicklung '97**

Berufliche Weiterbildung in der Transformation – Fakten und Visionen
1997, 398 Seiten, br., 19,50 EUR, ISBN 3-89325-560-5

mit Beiträgen von Günter Albrecht, Rolf Arnold, Maritta Bernien, Ingrid Drexel, John Erpenbeck, Peter Faulstich, Hans Leuschner, Ursula Reuther und Artur Wollert

Band 3 **Kompetenzentwicklung '98**

Forschungsstand und Forschungsperspektiven
1998, 340 Seiten, br., 19,50 EUR, ISBN 3-89325-676-8 (vergriffen)

mit Beiträgen von Martin Baethge, Christof Baitsch, Harald Geißler, Elke Gorhan, Reinhard Keil-Slawik, Michael Kerres, Christiane Schiersmann, Harald Selke, Matthias Trier, Reinhold Weiß

Band 4 **Kompetenzentwicklung '99**

Aspekte einer neuen Lernkultur – Argumente, Erfahrungen, Konsequenzen
1999, 496 Seiten, br., 19,50 EUR, ISBN 3-89325-818-3 (vergriffen)

mit Beiträgen von Reinhard Bahnmüller, Christof Baitsch, Hans Joachim Buggenhagen, Ingrid Drexel, Ekkehart Frieling, Klaus Henning, Jörg Knoll, Yves Lichtenberger, Thomas Stahl, Erich Staudt, Johannes Weinberg, Reinhold Weiß

Band 5 Kompetenzentwicklung 2000
Lernen im Wandel – Wandel durch Lernen
2000, 340 Seiten, br., 19,50 EUR, ISBN 3-89325-996-1

mit Beiträgen von Gerhard Bosch, Horst Dräger, John Erpenbeck, Maritta Flasse, Hans Paul Frey, Peter Nadermann, Johannes Sauer, Hubertus Schmoldt, Brigitte Stieler-Lorenz, Gerald A. Straka, Sonja Thiemann

Band 6 Kompetenzentwicklung 2001
Tätigsein – Lernen – Innovation
2001, 418 Seiten, br., 19,50 EUR, ISBN 3-8309-1117-3

mit Beiträgen von Alexandra Angress, Bärbel Bergmann, Peter Dehnbostel, Dieter Kirchhöfer, Annegret Köchling, Burkart Lutz, Lutz von Rosenstiel, Eckart Severing, Horst Siebert, Thomas Stahl, Volker Volkholz, Monika Wastian

Band 7 Kompetenzentwicklung 2002
Auf dem Weg zu einer neuen Lernkultur
Rückblick – Stand – Ausblick
2002, 540 Seiten, br., 24,00 EUR, ISBN 3-8309-1236-6

mit Beiträgen von Manfred Adamski, Martin Baethge, Volker Baethge-Kinsky, Daniel Bastian, Lothar Böhnisch, Rainer Ferchland, Ernst A. Hartmann, Volker Heyse, Jörg Knoll, Thomas Koch, Peter Meyer-Dohm, Ulrich Mignon, Margit Osterloh, Johannes Sauer, Wilhelm Schickler, Wolfgang Schröer, Antoinette Weibel, Rudolf Woderich

Band 8 Kompetenzentwicklung 2003
Technik – Gesundheit – Ökonomie
2003, 410 Seiten, br., 19,50 EUR, ISBN 3-8309-1359-1

mit Beiträgen von Dietrich Brandt, Friedrich-Wilhelm Bruns, Janko Černetič, Dieter Dohmen, Gerd Gidion, Ernst A. Hartmann, Steffen Kinkel, Eva Kirner, Rajesh Kochhar, Simone Martinetz, Frédérique Mayer, Klaus-Peter Meinerz, Wolfgang Nahrstedt, Bojan Nemec, Josef Reindl, Eric Scherer, Harry Schröder, David Smith, Robert Soultanian, Larry Stapleton, Giuseppe Strina, Jürgen Wengel

Band 9 Kompetenzentwicklung 2004
Lernförderliche Strukturbedingungen
2004, 424 Seiten, br., 19,80 EUR, ISBN 3-8309-1444-X

mit Beiträgen von Sibylle Adenauer, Werner Dostal, Torsten Dunkel, Stefan Gärtner, Ernst A. Hartmann, Mirko Klich, Thomas Koch, Annegret Köchling, Thomas Langhoff, Isabelle Le Mouillour, Angelika Müller, Michaela Pfadenhauer, Lutz von Rosenstiel, Hans-Dieter Schat, Konrad Siegel, Wendelin Sroka, Volker Volkholz und Rudolf Woderich

WAXMANN VERLAG GMBH
Münster · New York · München · Berlin

Stefan Hofer

Internationale Kompetenzzertifizierung
Vergleichende Analysen und Rückschlüsse
für ein deutsches System

2004, 168 Seiten, br., 24,90 €, ISBN 3-8309-1429-6

Berufliche Platzierungsentscheidungen werden heute auf der Basis vielfältiger Anforderungsdimensionen getroffen. Große Unternehmen können diese in einer umfangreichen Personaldiagnostik erfassen, während kleine und mittelständische Unternehmen weder über die finanziellen noch über die personellen Ressourcen verfügen, um eine hochwertige Diagnostik sicherzustellen. Diese Zielgruppe benötigt Informationen über Kompetenzen, die über schulische und berufliche Qualifikationen hinausgehen. Diese nicht fachlichen Kompetenzen werden jedoch in Deutschland im Gegensatz zu Fachkompetenzen nicht in Zeugnissen festgehalten.

Wie können derartige Informationen aufbereitet werden? Ein Blick auf andere Länder zeigt, dass dort abhängig vom wirtschaftlichen, politischen und sozialen Hintergrund vielfältige Zertifikate entstanden sind. So gibt es z.B. in Großbritannien die sehr stark fachlich orientierten, standardisierten „National Vocational Qualifications" und in Frankreich die individuell ausgerichteten „bilan de competences", die hohe nicht fachliche Anteile enthalten. Auch in Deutschland gibt es regionale bzw. gruppenspezifische Verfahren, die jedoch für eine umfassende Kompetenzanerkennung ein breiteres Fundament benötigen. Eine Analyse der international vorhandenen Methoden liefert bestimmte Gestaltungsmerkmale, vor deren Hintergrund ein Zertifizierungsansatz für Deutschland entwickelt werden kann. Dieses Buch liefert Vorschläge für ein solches Verfahren.

Waxmann Verlag GmbH
Postfach 8603 · D–48046 Münster
Fon 0251/26504-0 · Fax 0251/26504-26
E-Mail: info@waxmann.com
www.waxmann.com

Rita Meyer, Peter Dehnbostel, Dierk Harder, Thomas Schröder (Hrsg.)

Kompetenzen entwickeln und moderne Weiterbildungsstrukturen gestalten

Schwerpunkt: IT-Weiterbildung

2004, 220 Seiten, br., 22,50 €, ISBN 3-8309-1386-9

Das Buch thematisiert die Kompetenzentwicklung im Kontext von Personalentwicklung, Organisationsentwicklung sowie Berufs- und Betriebspädagogik. Zunächst werden aktuelle Tendenzen, Strukturen und Formen der Weiterbildung diskutiert. Daran schließen sich als weitere Themen die Erfassung und Bewertung von Kompetenzen sowie die Gestaltung arbeitsprozessorientierter Weiterbildung im IT-Bereich an.

Volker Heyse, John Erpenbeck, Horst Max (Hrsg.)

Kompetenzen erkennen, bilanzieren und entwickeln

2004, 154 Seiten, br., 24,90 €, ISBN 3-8309-1430-X

In der heutigen wirtschaftlichen, politischen und globalen Komplexität und Dynamik sind die Fähigkeiten von Menschen, sich in unüberschaubaren und schwierigen Situationen selbstständig und flexibel zurechtzufinden, wichtiger denn je. Um diese Fähigkeiten entwickeln und fördern zu können, entwarf das ACT Audit Coaching Training in Düsseldorf vor fünf Jahren KODE®, ein Verfahren zur Kompetenzdiagnostik und -entwicklung. Dieser Band will nach fünf Jahren der praktischen Anwendung der Verfahren KODE® und KODE®X eine Bilanz ziehen und Erfahrungsberichte aus den unterschiedlichsten Einsatzfeldern vorstellen. Zu diesen zählen Weiterbildung, Training von Führungskräften und Personalentwicklung vor dem Hintergrund strategischer Unternehmensziele oder Investorenpräferenzen. Doch auch an den Hochschulen konnte sich der Einsatz von Kompetenzdiagnostik und -entwicklung in der Lehre ebenso wie bei der Studierendenauswahl bewähren. Zudem wird der Nutzen von KODE® in erweiterten Einsatzfeldern wie der Betreuung von Arbeitssuchenden vorgestellt. Über diesen praxisbezogenen Teil hinaus schließt das Buch mit einer vergleichenden methodenkritischen Positionsbestimmung der ACT-Verfahren.